高等学校经济学、管理学类研究生教学用书

高级计量经济学

主编　陈诗一　陈登科

高等教育出版社·北京

内容简介

本书较为系统地介绍了计量经济学相关数学工具和经典计量经济学知识，在此基础上深入介绍了因果推断（Causal Inference）以及结构式估计（Structural Estimation）等现代计量经济学的流行方法或新近发展，并有机融入了数值优化（Numerical Optimization）、蒙特卡罗模拟（Monte Carlo Simulation）、动态规划（Dynamic Programming）以及机器学习（Machine Learning）等内容。形成了从统计关系到因果关系再到结构关系的有机联系递进内容体系。

本书的主要特色体现在如下方面：计量理论介绍与典型中国经济案例剖析并重；坚持细化数学推导过程的同时注重数学公式的直观解释；借助大量直观图形来展示计量方法；强调重要计量方法的动机和发展历程，并力求多视角来介绍这些方法；Stata、MATLAB 以及 LaTex 等流行软件的使用贯穿全书，并提供相应的原始程序供读者参考学习。

本书适用于经济、金融与管理类专业研究生和高年级本科生，也适合（但不限于）从事经济学、金融学、管理学、统计学、社会学、量化历史以及政治学等相关科学研究的学者或教师作为参考书使用。

图书在版编目（C I P）数据

高级计量经济学 / 陈诗一，陈登科主编. --北京 ：高等教育出版社，2022.4

ISBN 978-7-04-057388-6

Ⅰ. ①高… Ⅱ. ①陈… ②陈… Ⅲ. ①计量经济学-研究生-教材 Ⅳ. ①F224.0

中国版本图书馆 CIP 数据核字(2021)第 248775 号

Gaoji Jiliang Jingjixue

策划编辑 施春花 责任编辑 施春花 李斐琳 封面设计 姜 磊 版式设计 杨 树
插图绘制 于 博 责任校对 吕红颖 责任印制 朱 琦

出版发行	高等教育出版社	网　　址	http://www.hep.edu.cn
社　　址	北京市西城区德外大街 4 号		http://www.hep.com.cn
邮政编码	100120	网上订购	http://www.hepmall.com.cn
印　　刷	涿州市京南印刷厂		http://www.hepmall.com
开　　本	787mm×1092mm 1/16		http://www.hepmall.cn
印　　张	31.75		
字　　数	760 千字	版　　次	2022 年 4 月第 1 版
购书热线	010-58581118	印　　次	2022 年 4 月第 1 次印刷
咨询电话	400-810-0598	定　　价	79.00 元

物 料 号 57388-00

作 者 简 介

陈诗一，男，复旦大学特聘教授，国家杰青，博士生导师，韩国庆北国立大学计量经济学博士。现任安徽大学党委副书记、常务副校长，复旦大学经济学院数量经济学教研室主任、复旦大学泛海国际金融学院绿色金融研究中心主任。长期从事中国经济与计量经济的研究与教学工作，先后荣获孙冶方经济科学奖、张培刚发展经济学奖等奖项，主持国家自然科学基金创新研究群体项目与国家社会科学基金重大项目。目前还兼任国家自然科学基金委员会中韩基础科学联委会中方委员、中国工业经济学会副会长、中国数量经济学会副理事长、上海市数量经济学会副理事长、*Journal of Asian Economics* 主编。

陈登科，男，复旦大学经济学院讲师，复旦大学经济学博士。从事计量经济学与发展经济学研究与教学工作，在《中国社会科学》《经济研究》以及《统计研究》等权威期刊发表多篇学术论文。先后荣获第六届洪银兴经济学奖(青年)、第九届黄达-蒙代尔经济学奖、中国经济学优秀博士论文奖、教育部第八届高等学校科学研究优秀成果奖、《金融研究》年度优秀论文奖等奖项。目前任中文核心期刊《世界经济文汇》编辑。

前　言

以世界计量经济学会(Econometric Society)1930年成立及其所创办的学术刊物《计量经济学》杂志(*Econometrica*)1933年正式出版为标志，**计量经济学**(Econometrics)正式成为一门独立的学科，到目前为止，已有近百年的发展历史。正如马克思指出的那样，在一门学科中能够使用数学是该学科成熟的重要标志。计量经济学正是运用数学和统计学对经济学进行定量分析的一门学科。首届诺贝尔经济学奖于1969年颁发给了弗里希(Frish)和丁伯根(Tinbergen)两位计量经济学家，计量经济学在经济学中的地位可见一斑。计量经济学在中国的传播和发展也已接近40年。当前，计量经济学更是与政治经济学、微观经济学与宏观经济学一道成为国内经济管理类专业学生的必修核心课程。不仅如此，计量经济学还与社会学、生物统计学、卫生健康学、量化历史以及大数据分析等学科领域有机融合，并被广泛应用于这些领域。

经过近百年的发展和完善，计量经济学已经成为了一门涵盖内容浩瀚的经济学学科。我们不求全面地介绍这些内容，而是将介绍的重点放在当前比较流行的**微观计量经济学**(Microeconometrics)部分。这主要基于如下两方面的考虑：第一，微观计量经济学既是现代计量经济学研究的重要前沿，也是当前经管类学生学习、学者们开展实证研究所必经的一项基本训练；第二，微观计量经济学与计量经济学的另一重要组成部分——**时间序列分析**(Time Series Analysis)所需要的基础数学工具存在差异。特别是，它们分析估计量大样本性质所需的大数定律和中心极限定理存在较大的差异(参见White,1984,2001)。将介绍的重点放在微观计量经济学部分有助于我们将教材内容放在一个相对统一的框架内，从而也有助于降低读者学习的难度。

国内外都有非常优秀的计量经济学教材或研究专题，比如，洪永淼(2011)，李子奈和潘文卿(2020)，White(1984,2001)，Davidson and MacKinnon(1993)，Newey and McFadden(1994)，Hayashi(2000)，Cameron and Trivedi(2005)，Angrist and Pischke(2008)，Train(2009)，Wooldridge(2002,2010)，Greene(2012)，Hsiao(2014)，Imbens and Rubin(2015)以及Hansen(2017,2021)等。这些教材或研究专题在计量经济学教学和研究的推广和发展上发挥了非常重要的作用。一方面，本教材受益于这些教材或者研究专题，另一方面，与这些教材或者研究专题相比，本教材具有比较鲜明的特色，这些特色集中体现在如下六大方面：

1. 形成了从统计关系到因果关系再到结构关系的逻辑体系

一般地，我们总是可以通过某种优化方法得到变量之间的统计关系(或者预测关系)，但是统计关系并不一定具有因果解释。事实上，统计关系具有因果解释通常需要满足函数形式设定正确与不存在内生性问题这两个条件。本书的一大特色是，在系统介绍计量经济学核心统计方法的基础上，通过因果识别方法的介绍给读者搭建了一条从统计关系通向因果关系的桥梁。与统计关系相比，虽然我们更加关注因果关系，但是因果效应模型本身往往面临着外部有效性、估计系数缺乏经济含义、难以刻画一般均衡效应以及无法有效实施“反事实”分析等挑战。即便是最理想的因果识别方法——随机化实验也难以有效缓解这些问题。因此，结构模型估计(及其与因果效应模型的有机融合)成为了近年来计量经济学理论和实证研究前沿推进的重要方向，但是目前还没有计量经济学教材专门对此进行较为系统的讲解。因此在介绍因果关系的基础上，进一步介绍计量经济学**结构式估计**(Structural Estimation)也是本教材的重要特色。

2. 理论介绍和中国经济案例剖析并重

长期以来，计量经济学教材中缺少能够反映改革开放以来中国经济社会发展的计量经济学案例，是教师教学、学生学习的重大难点和痛点。有鉴于此，本教材的一大特色是，将具有代表性的中国特色计量经济学案例有机融入计量经济学理论知识的讲解过程中。比如，以中国教育收益率问题为例来展示 OLS 和 IV 方法的实际应用，以微观企业生产函数估计为例来介绍面板数据模型的应用，以贸易开放对中国资源配置效率的提升为例展示**双重差分模型**(Difference in Differences,DID)的应用，以中国退休消费之谜检验为例介绍**断点回归设计**(Regression Discontinuity Design,RDD)的应用，以中国家庭金融市场投资为例介绍 Tobit 模型和离散选择模型，等等。这样既能缓解学生学习计量经济学的畏难情绪，也有助于引导学生运用所学的计量经济学知识来分析现实经济问题。

3. 细化关键知识点数学推导的同时，注重从直观上阐释和挖掘数学公式的含义

计量经济学是运用数学和统计学对经济学进行定量分析的一门学科，其建立、发展和完善都离不开数学工具。经过多年的计量经济学教学实践，并结合自身学习经验，我们发现计量经济学之所以难的一个重要原因在于，现有计量经济学教材在相关知识点的数学推导过程中通常存在跳步的问题，导致读者在读后似懂非懂。比如，以三大检验、最大似然估计量有效性，以及 Hausman 检验等重要知识点为例，现有高级计量经济学教材往往只是给出了其基本原理和少量的数学推导，这事实上反而增加了读者学习的难度。为此，本教材坚持细化关键知识点数学推导的原则，即对于比较重要的模型或者知识点，在介绍基本原理或者直观解释的同时，尽可能给出一步一步的数学推导过程。更为重要的是，本书中数学公式并不是“为了推导而推导”，我们在给出重要命题证明细节的同时，更加注重挖掘和阐释数学表达式本身的蕴含直观含义。比如，对于估计量标准误、三大检验、Hausman 检验、信息矩阵等式、最优工具变量定理、倾向值匹配定理以及 LATE 定理等等，我们都介绍了其直观含义。

4. 从多个视角和维度来介绍同一个知识点

计量经济学方法论存在着密切的内在联系，从多个不同的视角来介绍同一个知识点既有助于读者深入理解相关知识点，也有助于读者从枯燥的学习过程中领悟到计量经济学的美感。比如，单变量工具变量方法、2SLS 方法、GMM 方法以及联立方程组估计都可以归类为工具变量方法。不仅如此，处理效应模型中的随机化实验、断点回归设计、局部平均处理效应方法以及边际处理效应方法本质上也都可以视为工具变量方法。若选择方程中包含结构方程中不包含的外生变量，Heckman 样本选择模型甚至也可以视为一种工具变量方法。

5. 将计量经济学新近的发展引入教材

本教材引入了近年来发展和流行的计量经济学方法：机器学习(Machine Learning)(比如，初步介绍了 LASSO 回归,Ridge 回归以及期望最大值算法(Expectation Maximum Algorithm,EM)

等)、Bartik IV 和 Granular IV 方法、边际处理效应模型、嵌入个体动态优化行为的动态离散选择模型以及处理离散选择模型内生性的方法(控制函数方法、完全信息最大似然估计以及 BLP 方法)等。

6. 尽可能阐释清楚重要模型或知识点的动机

本教材尽可能将重要模型或知识点的动机阐述清楚。如中心极限定理的动机：估计量的小样本分布很难获得，中心极限定理确保在满足特定条件的情形下估计量的大样本分布是相对“简单的”正态分布。换言之，中心极限定理将估计量难以分析的小样本分布转化为容易分析的正态分布；再比如最大似然估计的动机：由于 MLE 方法充分利用了所有可得信息(随机变量的整个分布)而非仅仅是某一部分信息(特定阶矩)，因此在模型设定正确的条件下，MLE 估计量是最有效的估计量。

全书主体部分共分为数学基础、核心估计方法、因果识别策略以及结构模型四部分内容。第一章为导论，第一部分数学基础包含一章(第二章)内容；第二部分核心估计方法包括最小二乘估计(第三章)、M 估计(第四章)以及最大似然估计(第五章)三章内容；第三部分因果识别策略包括工具变量方法(第六章)、面板数据模型(第七章)、处理效应模型(第八章)、Tobit 模型(第九章)；最后一部分为结构模型(第十章)。

导论旨在厘清计量经济学中常见但又难以透彻理解的关键概念。在这一章中，我们具体介绍计量经济学的两个公理及含义，本书矩阵符号与使用习惯，最优预测的含义，解释变量随机与否及其影响，统计识别、因果识别与结构识别以及同方差无自相关假定等。熟悉和掌握这些内容对于本书相关计量经济学理论的学习非常有帮助。这些核心概念往往是计量经济学学习的重要难点。比如，识别是计量经济学中最常使用的词汇之一，它同样包含多个维度的含义：统计识别、因果识别、结构识别、参数识别、非参数识别、函数形式识别、点识别、集合识别、全局识别以及局部识别等。另外，高级计量经济学中庞杂的符号表述也是读者学习过程中所普遍面临的难题。为此，这部分具体介绍本教材所使用的符号及使用习惯(比如，在本教材中,所有向量均使用列向量表示)。可以说，厘清这些核心概念是学好计量经济学的重要起点。

第一部分数学基础。本部分除了介绍矩阵代数与概率论等现有计量经济学教材所普遍介绍的数学基础知识之外，还进一步系统介绍了数值优化方法、数值模拟以及动态优化三个现有计量经济学教材较少系统涉及的数学知识。纳入数值优化方法使得本教材能够深入介绍非线性回归模型。纳入数值模拟与动态优化方法使得本教材能够深入介绍结构模型。本部分遵循三个原则：一是，给出计量经济学使用这些数学知识的动机；二是，将数学知识限定在本教材所需的最低程度；三是，尽可能直观地介绍这些知识点。以中心极限定理这一计量经济学最常使用的数学知识为例，我们首先给出了计量经济学使用中心极限定理的动机——估计量的小样本分布很难获得，中心极限定理确保了满足特定条件的情形下估计量的大样本分布是“简单的”正态分布。换言之，中心极限定理将估计量难以分析的小样本分布转化为容易分析的正态分布。在介绍中心极限定理的过程中，我们将数学知识限定在本教材所需的最低程度。对应不同数据生成过程所得到的样本，中心极限定理具有不同的形式：独立同分布样本适用的是 Lindeberg-Levy 中心极限定理；独立不同分布样本适用的是 Lindeberg-Feller 中心极限定理；不独立不同分布样本适用的则是 Wooldridge-White 中心极限定理。由于本教材假定简单随机抽样(样本服从独立同分布)，因此我们只介绍与此相对应的 Lindeberg-Levy 中心极限定理。另外，不同于现有计量经济学教材普遍从纯数学视角来介绍中心极限定理，我们进一步给出了中心极限定理的图形演示。

第二部分核心估计方法。该部分可以视为第三部分因果识别策略与第四部分结构模型估计的统计基础。具体包括最小二乘估计、M 估计以及最大似然估计三章内容。本部分假设读者已经学过初级或者中级计量经济学，遵循一般和特殊并重的原则来介绍计量经济学中的核心估计方法。M 估计这一章在非常一般地设定下介绍了计量经济学参数的统计识别、估计与推断，使读者在学习中级或者初级计量经济学的基础上能够以更大的视野来理解计量经济学。最小二乘估计与最大似然估计则是具体的方法，都可以视为 M 估计方法的特例。因此，读者可以在阅读最小二乘估计、最大似然估计章后再回头重新阅读 M 估计章。本部分遵循现代计量经济学分析范式，将解释变量视为随机变量。此外，由于本部分是后续章节的基础，我们尽可能给出重要定理的详细证明，同时为看清矩阵的内部结构，尽可能将矩阵打开。

第三部分因果识别策略。第二部分可以看作数学上的优化运算，所得到的是变量间的统计关系或者预测关系。理论上，任何两个变量都可以通过构建目标函数来进行优化运算得到统计关系，然而统计关系不一定具有因果解释。值得指出的是，大卫·卡德(David Card)、约书亚·安格里斯特(Joshua Angrist)以及吉多·英本斯(Guido Imbens)因在因果识别方面的贡献而获得 2021 年诺贝尔经济学奖。统计关系具有因果解释往往需要满足两个条件：模型不存在内生性问题以及模型函数形式设定正确。本部分介绍工具变量方法、面板数据方法、处理效应模型以及 Tobit 系列模型等处理内生性问题或者函数形式设定偏误的因果识别方法。其中，工具变量方法、面板数据方法与处理效应模型所针对的是内生性问题，Tobit 系列模型则涉及函数形式设定问题。本部分各章的一个重要特色是，在统一的框架内介绍系列方法。工具变量章介绍工具变量方法、两阶段最小二乘方法(2SLS)、GMM 方法、联立方程估计等，着重介绍这些方法的内在联系，延伸介绍了非线性 GMM 方法。面板数据章依次介绍了混合最小二乘估计(POLS)、面板数据广义最小二乘模型(GLS)、随机效应模型(Random Effect Model)、固定效应模型(Fixed Effect Model)、最小二乘虚拟变量模型(LSDV)以及 Hausman-Taylor 模型等，综合比较了这些模型的识别假设。**处理效应模型**(Treatment Effect Model)是近 30 年来兴起的因果识别策略，它主要基于潜在结果框架来表述。我们在 **Roy 模型**这个统一的框架内来介绍处理效应模型，包括目前流行的随机化实验、双重差分模型、匹配方法、工具变量方法、断点回归设计以及近年越来越受到计量经济学家关注的边际处理效应模型等。Tobit 系列模型章涵盖了角点解、数据缺失或者样本选择造成的不同类型的 Tobit 模型。一般地，采用 OLS 估计这些模型参数将会出现回归模型函数形式设定偏误。最后值得指出的是，虽然统计关系不一定具有因果解释，但因果关系的估计都需要借助统计模型，因此本教材在介绍因果识别的过程中，不仅不会割裂本部分因果识别模型与第二部分统计模型的关系，相反会尽可能地向读者介绍两类模型的内在联系。

第四部分结构模型。与统计关系相比，因果关系通常是我们更加关心的。尽管如此，因果效应模型往往面临着诸如外部有效性、估计系数缺乏明确的经济学含义、无法刻画一般均衡效应和溢出效应、难以实施“反事实”分析等挑战。即便最理想的因果识别方法——随机化实验也难以有效缓解这些问题。鉴于此，结构模型估计成为了近年来计量经济学研究前沿推进的重要方向。但是目前还没有计量经济学教材对此专门进行较为系统的介绍。一般地，基于行为个体效用(利润)最大化行为的经济理论模型能退化为离散选择模型。它是计量经济学结构模型估计的重要组成部分，并被广泛应用到公共经济学、劳动经济学、城市经济学、国际贸易、实证产业组织等多个经济学领域。由于结构模型中的参数来自经济学理论，因此在模型设定正确的条件下，它不存在外部有效性和估计系数缺乏经济学含义的问题。如果所使用的经济理论是一般均衡模型，结构模型估计也能够有效缓解因果效应模型无法刻画一般均衡效应和溢出效应以及难以实施“反事实”分析等问题。在经典计量经济学中，离散选择模型的个体优化行为基本都是静态的，即行为个体只考虑当期决策。而在当前计量经济学结构模型中，离散选择模型的个体优化行为则是动态的，即将个体跨期的决策行为嵌入离散选择模型中。因此，本部分在介绍静态离散选择模型的基础上，进一步介绍动态离散选择模型。值得指出的是，结构模型不代表不存在内生性问题，本部分还介绍了考虑内生性问题的离散选择模型。可以看出，本部分所介绍的模型具有高度非线性的特点，且嵌入了行为个体的动态优化行为，因此数值优化、数值模拟以及动态优化等第二部分的数学基础知识将在本部分得到广泛的应用。

本书适用于经济、金融与管理类专业研究生和高年级本科生，也适合(但不限于)从事经济学、金融学、统计学、管理学、社会学、量化历史学以及政治学等相关科学研究的学者或教师作为参考书使用。

作　者

2021 年夏于复旦园

目　　录

第一部分　数学基础

第二部分　核心估计方法

第三部分　因果识别策略

第四部分 结构模型

第一章　导　论

导论旨在介绍与本书密切相关的计量经济学基本理念、基本方法和重要概念。具体内容包括计量经济学的两个公理及含义,矩阵符号,最优预测的含义,解释变量随机与否及影响,统计识别、因果识别与结构识别以及同方差无自相关假定等。熟悉和掌握这些内容对于本书相关计量经济学理论的学习非常有帮助。

1. 计量经济学的两个公理及含义

一般而言,无须验证、大家普遍认同并接受的公理是一门逻辑自洽学科体系建立、发展和完善的基石。作为一门独立的学科,现代计量经济学体系通常被认为建立在如下两个重要的公理之上(洪永淼,2011):

公理 1: 任何经济系统都可视为服从一定概率法则的**随机过程**(Stochastic Process)。

公理 2: 任何经济现象,通常以数据的形式呈现,可视为上述随机**数据生成过程**(Data Generating Process,DGP)的实现(Realizations)。

在这两个公理中,**数据生成过程**(DGP)是一个关键概念,它在一定意义上可以理解为计量经济学家为研究问题构建的**理论模型**(Theoretical Model)或**基本信念**(Belief),既可以是非常简单的单方程线性模型,也可以是非常复杂的系统模型。一般地,理论模型是研究者在观察现实的基础上逻辑推演的结果,只能被证伪,无法被证实。值得指出的是,数据生成过程(或者理论模型)是服务于研究问题本身的。对于同一个研究问题,不同学者所构建的数据生成过程(理论模型)通常存在差异。此外,根据研究者所关注问题的不同,计量经济学中的数据生成过程大致可以划分为三类:一是刻画**统计关系**(Statistical Relationship)的数据生成过程;二是刻画**因果关系**(Causal Relationship)的数据生成过程;三是刻画**结构关系**(Structural Relationship)的数据生成过程。① 依次介绍这三类关系所对应的计量经济学模型也是贯穿本书的一条主线。

一旦给定数据生成过程,计量经济学家的一个重要目的就是基于现有观测(实验)数据来估计这个数据生成过程。如果数据生成过程是**参数模型**(Parametric Model),那么研究者面临的问题则简化为估计数据生成过程中的参数。值得指出的是,对于绝大多数经济学问题,数据生成过程本身无法被观测到。一般地,计量估计结果只能(在概率意义上)无限接近而无法

① 以教育收益率问题为例,(给定线性模型)统计关系刻画的是受教育年限和收入的相关度,或者受教育年限对收入的预测;因果关系刻画的是,给定其他因素(当然,这些因素不包括教育影响收入的中介变量)不变(Ceteris Paribus),受教育年限增加一年所引起的收入变化量;当教育收益率模型基于相关经济理论推演得到,那么模型所刻画的就是结构关系了。

确切等于现实经济问题的数据生成过程。事实上，数据生成过程的意义往往并不在于要求研究者精确地估计它，而在于明确了研究者计量估计的目标。而不同的研究目标又对应不同的计量分析要求。具体地，当研究目标为考察经济变量间的预测关系时(即估计统计关系数据生成过程)，回归分析通常就能满足研究需要；当研究目标为考察经济变量间的因果关系时(即估计因果关系数据生成过程)，开展回归分析之前，往往还需要对**内生性问题**(Endogeneity)进行处理；当研究目标为考察经济变量间的结构关系时(即估计结构关系数据生成过程)，则需要设定相关经济学模型。

从前述两个公理中可发现，计量经济学中的数据生成过程是**随机的**(Stochastic)。经济现象(经济数据)是随机数据生成过程的一个实现的重要内涵是：**任何尝试使用确定性函数关系来刻画经济变量之间关系的努力都是徒劳的**(Haavelmo,1944)。使用随机数据生成过程来刻画经济变量之间的关系是计量经济学家在长期观察经济现实的基础上形成的深刻洞见。我们知道，凯恩斯在《货币、就业与利息通论》中所提出的消费收入方程($C=a+b\cdot Y$,其中 C 和 Y 对应表示消费和 GDP)可能是宏观经济学家争议最少的模型之一。即便如此，这个确定性模型也无法完美刻画现实中消费和收入间的关系。图 1-1 基于 2018 年中国地级市数据直观地展示了这一点。能够看出，大部分数据点落在图中直线的附近，只有极个别数据点恰好落在该直线上。

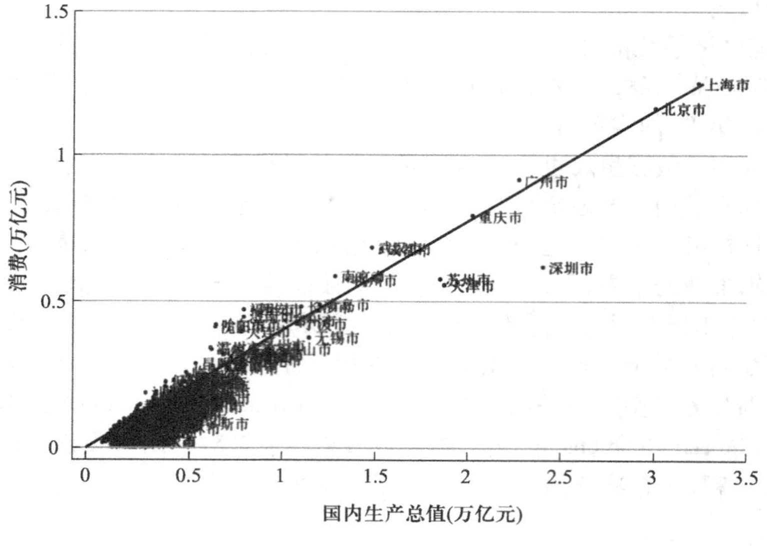

图 1-1 国内生产总值与消费水平(数据生成过程的随机性)

注释：数据来源为 2018 年《中国城市统计年鉴》。图形中每一个点代表一个地级市。纵坐标变量消费利用社会消费品零售额来表示，图中直线为拟合线。

任何经济现象(经济数据)都是随机数据生成过程一个实现的另一重要内涵是：**经济数据样本本身是随机的**，随机数据生成过程不同的实现得到的样本通常是不同的。为了清楚看出这一点，考虑从 0 至 1 的均匀分布的总体中抽取 5 000 个样本点$\{x_1,x_2\}$。可以发现，在这里数据生成过程为 0 至 1 的均匀分布，数据生成过程的实现为样本点$\{x_1,x_2\}$。从图 1-2 中可以清楚地看到，对于不同的实现，$\{x_1,x_2\}$具体取值往往不相同，也就是说样本x_1和x_2都是随机变量。在计量经济学中，**估计量**(Estimator)通常是样本的函数。比如，期望值估计量的表达式为$\bar{x}=\frac{\sum_{i=1}^{n}x_i}{n}$，OLS 估计量的表达式为$\hat{\boldsymbol{\beta}}_{\mathrm{OLS}}=(\sum_{i=1}^{n}\boldsymbol{x}_i\boldsymbol{x}_i')^{-1}(\sum_{i=1}^{n}\boldsymbol{x}_i y_i)$(参见本书第三章)。由于样本是随机的，因此**估计量也是随机的**。分析其性质(如小样本性质——无偏性和有效性,大样本性质——一致性和渐近有效性)需要使用概率论知识。值得注意的是，一旦给定样本取值，估计量的取值也就确定了，这时估计量被称为**估计值**(Estimate)。Stock and Watson(2012)强调了区分估计量和估计值的重要性。

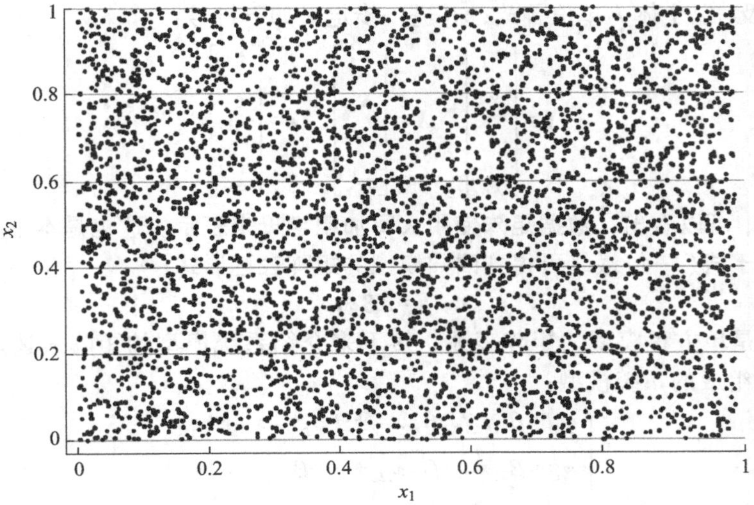

图 1-2 从 0 至 1 的均匀分布中抽取 5 000 个样本点

注释：在这里，数据生成过程为 0 至 1 的均匀分布，图形中的每一个数据点对应数据生成过程的一个特定实现(Realization)。

2. 矩阵符号

初级计量经济学中的模型相对简单，不需引入**矩阵符号**(Matrix Notations)。然而，在高级计量经济学中，模型复杂度大幅增加，矩阵符号就成了必不可少的简化分析工具(Theil,1983)。一般来说，矩阵表述通常具有一目了然、简化推导的特点。因此，**矩阵表述实际上是降低了而非增加了计量经济模型分析的难度**。熟悉矩阵表达对于高级计量经济学的学习非常有帮助。为此，本节介绍单方程和系统方程回归模型的矩阵表达，并以此来说明全书矩阵符号的使用习惯。

考虑如下计量经济学中常见的单方程模型：

$$y_i=\beta_1 x_{i1}+\beta_2 x_{i2}+\cdots+\beta_K x_{iK}+\epsilon_i \tag{1-1}$$

其中，i 表示个体下标，K 表示解释变量个数。

与 Hayashi(2000),Cameron and Trivedi(2005)以及 Greene(2012)等流行研究生计量经济学教材类似,如不特别指明,**本书中的向量均采用小写加粗字母来表示,且是列向量**。基于这一规则,定义如下参数和解释变量向量:

$$\boldsymbol{\beta}=\begin{bmatrix}\beta_1\\\beta_2\\\vdots\\\beta_K\end{bmatrix}\quad \boldsymbol{x}_i=\begin{bmatrix}x_{i1}\\x_{i2}\\\vdots\\x_{iK}\end{bmatrix} \tag{1-2}$$

利用式(1-2)可以将式(1-1)给出的模型简洁地表述为:

$$y_i=\boldsymbol{x}_i'\boldsymbol{\beta}+\epsilon_i \tag{1-3}$$

将y_i,$\boldsymbol{x}_i'$以及ϵ_i以个体为单位叠放,并进一步定义如下符号:

$$\boldsymbol{y}=\begin{bmatrix}y_1\\y_2\\\vdots\\y_N\end{bmatrix}\quad \boldsymbol{X}=\begin{bmatrix}\boldsymbol{x}_1'\\\boldsymbol{x}_2'\\\vdots\\\boldsymbol{x}_N'\end{bmatrix}\quad \boldsymbol{\epsilon}=\begin{bmatrix}\epsilon_1\\\epsilon_2\\\vdots\\\epsilon_N\end{bmatrix} \tag{1-4}$$

从式(1-4)中可以看出,**数据矩阵使用大写加粗字母来表示**。这也是本书矩阵表述所遵循的一个习惯。基于式(1-4)最终可得到回归模型的矩阵表达形式:

$$\boldsymbol{y}=\boldsymbol{X\beta}+\boldsymbol{\epsilon} \tag{1-5}$$

以上介绍的是单方程模型的矩阵表述,接下来介绍系统模型的矩阵表述。具体地,考虑如下由 G 个方程组成的系统模型:

$$\begin{cases}y_{i1}=\beta_{11}x_{i11}+\beta_{12}x_{i12}+\cdots+\beta_{1K_1}x_{i1K_1}+\epsilon_{i1}\\ y_{i2}=\beta_{21}x_{i21}+\beta_{22}x_{i22}+\cdots+\beta_{2K_2}x_{i2K_2}+\epsilon_{i2}\\ \qquad\cdots\cdots\cdots\cdots\\ y_{ig}=\beta_{g1}x_{ig1}+\beta_{g2}x_{ig2}+\cdots+\beta_{gK_g}x_{igK_g}+\epsilon_{ig}\\ y_{iG}=\beta_{G1}x_{iG1}+\beta_{G2}x_{iG2}+\cdots+\beta_{GK_G}x_{iGK_G}+\epsilon_{iG}\end{cases} \tag{1-6}$$

其中,i 表示个体下标,g 表示方程下标,K_g表示方程 g 的解释变量个数。特别地,y_{i1}表示个体 i 第一个方程的被解释变量,x_{i1k}表示个体 i 第一个方程中的第 k 个解释变量。

与单方程情形类似,定义如下参数和解释变量向量:

$$\boldsymbol{\beta}_g=\begin{bmatrix}\beta_{g1}\\\beta_{g2}\\\vdots\\\beta_{gK_g}\end{bmatrix}\quad \boldsymbol{x}_{ig}=\begin{bmatrix}x_{ig1}\\x_{ig2}\\\vdots\\x_{igK_g}\end{bmatrix} \tag{1-7}$$

基于式(1-7)可以将式(1-6)简洁地表示为:

$$\begin{cases}y_{i1}=\boldsymbol{x}_{i1}'\boldsymbol{\beta}_1+\epsilon_{i1}\\ y_{i2}=\boldsymbol{x}_{i2}'\boldsymbol{\beta}_2+\epsilon_{i2}\\ \qquad\cdots\cdots\cdots\cdots\\ y_{iG}=\boldsymbol{x}_{iG}'\boldsymbol{\beta}_G+\epsilon_{iG}\end{cases} \tag{1-8}$$

定义如下符号：①

$$\boldsymbol{y}_i=\underbrace{\begin{bmatrix} y_{i1}\\ y_{i2}\\ \vdots\\ y_{iG}\end{bmatrix}}_{G\times 1}\quad \boldsymbol{X}_i'=\underbrace{\begin{bmatrix} \boldsymbol{x}_{i1}' & \boldsymbol{0} & \cdots & \boldsymbol{0}\\ \boldsymbol{0} & \boldsymbol{x}_{i2}' & \cdots & \boldsymbol{0}\\ \vdots & \vdots & & \vdots\\ \boldsymbol{0} & \boldsymbol{0} & \cdots & \boldsymbol{x}_{iG}'\end{bmatrix}}_{G\times(K_1+K_2+\cdots+K_G)}\quad \boldsymbol{\beta}=\underbrace{\begin{bmatrix} \boldsymbol{\beta}_1\\ \boldsymbol{\beta}_2\\ \vdots\\ \boldsymbol{\beta}_G\end{bmatrix}}_{(K_1+K_2+\cdots+K_G)\times 1}\quad \boldsymbol{\epsilon}_i=\underbrace{\begin{bmatrix} \epsilon_{i1}\\ \epsilon_{i2}\\ \vdots\\ \epsilon_{iG}\end{bmatrix}}_{G\times 1} \tag{1-9}$$

式(1-6)给出的系统模型能够进一步简化表述为：

$$\boldsymbol{y}_i=\boldsymbol{X}_i'\boldsymbol{\beta}+\boldsymbol{\epsilon}_i \tag{1-10}$$

将$\boldsymbol{y}_i$、$\boldsymbol{X}_i'$以及误差项$\boldsymbol{\epsilon}_i$以个体为单位叠放并定义符号：

$$\boldsymbol{y}=\begin{bmatrix} \boldsymbol{y}_1\\ \boldsymbol{y}_2\\ \vdots\\ \boldsymbol{y}_N\end{bmatrix}\quad \boldsymbol{X}=\begin{bmatrix} \boldsymbol{X}_1'\\ \boldsymbol{X}_2'\\ \vdots\\ \boldsymbol{X}_N'\end{bmatrix}\quad \boldsymbol{\epsilon}=\begin{bmatrix} \boldsymbol{\epsilon}_1\\ \boldsymbol{\epsilon}_2\\ \vdots\\ \boldsymbol{\epsilon}_N\end{bmatrix} \tag{1-11}$$

基于式(1-11)可得：

$$\boldsymbol{y}=\boldsymbol{X}\boldsymbol{\beta}+\boldsymbol{\epsilon} \tag{1-12}$$

综上所述，如不特别指明，本书在使用矩阵表述计量模型的过程中遵循如下两条规则：第一，向量采用小写加粗字母来表示，且是列向量；第二，数据矩阵使用大写加粗字母来表示。矩阵表述会在本书第三章、第六章以及第七章中较多地涉及。

3. 最优预测的含义

在实际应用中，研究者通常希望在给定解释变量 $\boldsymbol{x}$ 的情形下来最优预测被解释变量 y。根据**损失函数**(Loss Function)的不同，计量经济学中的最优预测(Optimal Prediction)具有不同的含义(详细介绍参见 Manski,1988)。所谓损失函数一般是指预测误差的特定函数。一般而言，最优预测的含义就是使得这些损失函数最小。不同的损失函数对应不同的计量估计方法。本节具体介绍计量经济学中常见的损失函数及其所对应的计量估计方法。

令 $m(\boldsymbol{x})$表示解释变量 $\boldsymbol{x}$ 的任一函数，预测误差平方期望值$\mathbb{E}\,[y-m(\boldsymbol{x})]^2$是计量经济学中最常见的损失函数，它对应**最小二乘估计方法**(Least Squares Methods)。根据条件期望的性质，条件期望$\mathbb{E}\,(y\,|\,\boldsymbol{x})$是所有关于 $\boldsymbol{x}$ 的函数中使$\mathbb{E}\,[y-m(\boldsymbol{x})]^2$这个损失函数最小的函数(具体证明过程参见第二章)。② 正式地，

---

① 如果不同方程中的参数(个数与取值)相等，即$\boldsymbol{\beta}_1=\boldsymbol{\beta}_2=\cdots=\boldsymbol{\beta}_G$，那么$\boldsymbol{X}_i'$可以简化表示为$\boldsymbol{X}_i'=\begin{bmatrix} \boldsymbol{x}_{i1}'\\ \boldsymbol{x}_{i2}'\\ \vdots\\ \boldsymbol{x}_{iG}'\end{bmatrix}$。常系数面板数据模型属于这一类，参见本书第七章。

② 需要说明的是，条件期望$\mathbb{E}\,(y\,|\,\boldsymbol{x})$是关于 $\boldsymbol{x}$ 的函数，更详细的介绍参见第二章。

$$\mathbb{E}(y \mid \boldsymbol{x}) = \arg \min_{\{m(\boldsymbol{x}) \in \mathscr{M}\}} \mathbb{E}[y-m(\boldsymbol{x})]^2 \quad (1-13)$$

其中，$\mathscr{M}$ 表示所有关于 $\boldsymbol{x}$ 函数的集合。

特别地，如果将式(1-13)中的 $m(\boldsymbol{x})$ 设定为线性函数 $l(\boldsymbol{x})$，那么则有：

$$\mathbb{L}(y \mid \boldsymbol{x}) = \arg \min_{\{l(\boldsymbol{x}) \in \mathscr{L}\}} \mathbb{E}[y-l(\boldsymbol{x})]^2 \quad (1-14)$$

其中，$\mathbb{L}(y \mid \boldsymbol{x})$ 表示条件**线性投影**(Linear Projection)。$\mathscr{L}$ 表示所有关于 $\boldsymbol{x}$ 线性函数的集合。线性投影 $\mathbb{L}(y \mid \boldsymbol{x})$ 是关于 $\boldsymbol{x}$ 的所有**线性**函数中使得损失函数 $\mathbb{E}[y-l(\boldsymbol{x})]^2$ 最小的函数。这个损失函数对应的是计量经济学中最常见的**普通最小二乘方法**(Ordinary LS,OLS)。本书第三章详细介绍了 OLS 方法。

在式(1-13)和式(1-14)中，损失函数是以预测误差平方的形式来表示的。事实上，损失函数还可以以预测误差绝对值的形式来表示。预测误差绝对值的期望 $\mathbb{E}|y-m(\boldsymbol{x})|$ 也是计量经济学中比较常见的损失函数，它对应**中位数回归**(Median Regression)。根据条件中位数的性质我们知道，条件中位数 $\mathrm{Med}(y \mid \boldsymbol{x})$ 是所有关于 $\boldsymbol{x}$ 的函数中使得 $\mathbb{E}|y-m(\boldsymbol{x})|$ 这个损失函数最小的函数。正式地，

$$\mathrm{Med}(y \mid \boldsymbol{x}) = \arg \min_{\{m(\boldsymbol{x}) \in \mathscr{M}\}} \mathbb{E}|y-m(\boldsymbol{x})| \quad (1-15)$$

在计量经济学中，预测误差是一个非常广义的概念。不仅可以是变量预测值和真实值的差异，而且还可以是预测分布和真实分布的差异。将真实条件分布记为 $f(y \mid \boldsymbol{x})$，对真实条件分布的预测记为 $h(y \mid \boldsymbol{x})$，那么则有：

$$f(y \mid \boldsymbol{x}) = \arg \min_{\{h(y \mid \boldsymbol{x}) \in \mathscr{H}(y \mid \boldsymbol{x})\}} \{\mathscr{K}(f,h)\} \quad (1-16)$$

其中，$\mathscr{K}(f,h) \equiv \mathbb{E}_F\left\{\log\left[\frac{f(y \mid \boldsymbol{x})}{h(y \mid \boldsymbol{x})}\right]\right\}$ 为**库尔贝克-莱布勒散度**(*Kullback-Leibler* Divergence)。可以看出，$\log\left[\frac{f(y \mid \boldsymbol{x})}{h(y \mid \boldsymbol{x})}\right]$ 度量了预测分布和真实分布之间的距离，从而可视为一种预测误差。本书第五章给出了式(1-16)的详细证明过程。可以看出，式(1-16)的含义是，真实分布 $f(y \mid \boldsymbol{x})$ 是所有关于 y 的(条件)分布中使得 $\mathscr{K}(f,h)$ 这个损失函数最小的分布。损失函数 $\mathscr{K}(f,h)$ 对应的是**最大似然估计方法**(Maximum Likelihood Estimation,MLE)。本书第五章详细介绍了 MLE 方法。

最后，关于式(1-13)至式(1-16)有如下两点说明：第一，除了式(1-14)之外，这几个模型的解都是函数(即优化的选择变量是函数)，从而是**泛函优化问题**(Functional Optimal Problem)。实际应用中，研究者通常将模型参数化，将复杂的泛函问题转化为相对简单的参数优化问题；第二，基于这几个模型得到的估计结果具有预测层面的含义，是否具有因果含义或者结构含义取决于模型设定和假设。以式(1-13)给出的模型为例，其估计结果具有因果含义通常需要满足没有内生性问题假定和函数形式设定正确假定(参见本书第三部分前言的讨论)。

4. 解释变量随机与否及影响

在经典计量经济学中，解释变量通常被视为**确定性变量**(Nonrandom Regressors)，计量模型的随机性只是来自被解释变量(误差项)。在本节可以清楚地看到，该设定的优点是大大简

化了计量分析，缺点是无法讨论**内生性**(Endogeneity)这类比较重要的问题，从而难以开展因果效应分析。这是因为，确定性解释变量与(结构)误差项总是不相关。

这里我们以 OLS 估计量$\hat{\boldsymbol{\beta}}_{\text{OLS}}$的性质为例来介绍解释变量随机与否及影响。考虑$\hat{\boldsymbol{\beta}}_{\text{OLS}}$的**无偏性**(Unbiasedness)。① 若将解释变量 $\boldsymbol{x}$ 视为确定性变量，那么容易得到：

$$\begin{aligned}\mathbb{E}(\hat{\boldsymbol{\beta}}_{\text{OLS}}) &= \mathbb{E}\left[\left(\sum_{i=1}^{n}\boldsymbol{x}_i\boldsymbol{x}_i'\right)^{-1}\left(\sum_{i=1}^{n}\boldsymbol{x}_i y_i\right)\right] \\ &= \mathbb{E}\left[\left(\sum_{i=1}^{n}\boldsymbol{x}_i\boldsymbol{x}_i'\right)^{-1}\right]\mathbb{E}\left(\sum_{i=1}^{n}\boldsymbol{x}_i y_i\right) \\ &= \boldsymbol{\beta} + \mathbb{E}\left[\left(\sum_{i=1}^{n}\boldsymbol{x}_i\boldsymbol{x}_i'\right)^{-1}\right]\mathbb{E}\left(\sum_{i=1}^{n}\boldsymbol{x}_i \epsilon_i\right)\end{aligned} \quad (1-17)$$

其中，第一个等式用到 OLS 估计量的定义(参见第三章)，第二个等式用到了解释变量 $\boldsymbol{x}$ 是确定性变量以及期望算子的性质(参见第二章)，最后一个等式用到的是$y_i=\boldsymbol{x}_i'\boldsymbol{\beta}+\epsilon_i$。

若将解释变量视为**随机变量**(Random Regressors)，那么由于$\left(\sum_{i=1}^{n}\boldsymbol{x}_i\boldsymbol{x}_i'\right)^{-1}\left(\sum_{i=1}^{n}\boldsymbol{x}_i y_i\right)$是$\boldsymbol{x}_i$的**非线性函数**且期望算子$\mathbb{E}(\cdot)$是**线性算子**(Linear Operator)，因此：

$$\mathbb{E}\left[\left(\sum_{i=1}^{n}\boldsymbol{x}_i\boldsymbol{x}_i'\right)^{-1}\left(\sum_{i=1}^{n}\boldsymbol{x}_i y_i\right)\right] \neq \mathbb{E}\left[\left(\sum_{i=1}^{n}\boldsymbol{x}_i\boldsymbol{x}_i'\right)^{-1}\right]\mathbb{E}\left(\sum_{i=1}^{n}\boldsymbol{x}_i y_i\right) \quad (1-18)$$

直观上理解，式(1-18)中两个表达式不相等是因为，期望算子无法穿过非线性函数，这将显著增加分析估计量无偏性的难度。

如前所述，将解释变量视为确定性变量无法讨论诸如内生性这样的关键问题。为此，**现代计量经济学通常将解释变量视为随机变量**。根据式(1-18)我们已经知道，给定解释变量随机，考察$\hat{\boldsymbol{\beta}}_{\text{OLS}}$的无偏性比较困难。现代计量经济学更多关注$\hat{\boldsymbol{\beta}}_{\text{OLS}}$的**一致性**(Consistency)(大样本性质)。② 考察一致性往往比考察无偏性更加容易，这是因为根据**斯勒茨基定理**(Slutsky's Theorem)(参见第二章)：

$$\text{Plim}\left[\left(\sum_{i=1}^{n}\boldsymbol{x}_i\boldsymbol{x}_i'\right)^{-1}\left(\sum_{i=1}^{n}\boldsymbol{x}_i y_i\right)\right] = \text{Plim}\left[\left(\sum_{i=1}^{n}\boldsymbol{x}_i\boldsymbol{x}_i'\right)^{-1}\right]\text{Plim}\left(\sum_{i=1}^{n}\boldsymbol{x}_i y_i\right) \quad (1-19)$$

其中，Plim 为**依概率收敛算子**(Convergence in Probability Operator)。直观上理解，式(1-19)成立是因为依概率收敛算子可穿过(连续的)非线性函数(斯勒茨基定理)。

5. 统计识别、因果识别与结构识别——以教育收益率为例

识别(Identification)是计量经济学中最重要和最常见的概念之一。非正式地，计量经济学中的识别实际上只意味着一件事——基于生成观测数据的**总体**(Population)唯一地确定模型的参数或者特征(Lewbel,2019)。值得指出的是，识别基于生成样本的总体而非观测样本定义，它与总体能否实际被观测到无关。换言之，识别回答的是，如果总体能够被观测到，模型的参数或者特征能否被唯一地确定。根据视角的不同，识别可以划分为不同的种类。Lewbel

① 无偏性是指，估计量的期望等于真实参数，属于**小样本性质**(Finite Sample Property)。

② 一致性是指，估计量依概率收敛到真实参数，属于**大样本性质**(Large Sample Property)。

(2019)列举了计量经济学中出现的近40种不同的识别概念。在这里，我们以教育收益率为例来直观地介绍与本书密切相关的三个识别概念：**统计识别**(Statistical Identification)、**因果识别**(Casual Identification)以及**结构识别**(Structural Identification)。

特别地，考虑如下关于个人工资收入与接受大学教育的模型：

$$W_i=\alpha+\rho C_i+\epsilon_i \tag{1-20}$$

其中，i表示个体，W_i表示工资(通常采用对数形式)，C_i表示接受大学教育虚拟变量(如果接受大学教育取值为1,否则取值为0)，ϵ_i为误差项。

根据研究者所感兴趣问题的不同，式(1-20)给出的模型具有不同的含义。具体地，若研究者目的是获取接受大学教育对工资收入的**最优线性预测**(Optimal Linear Prediction)，那么式(1-20)通常被认为是**统计模型**(Statistical Model)或**简约模型**(Reduced Form Model)。其中，$\alpha+\rho C_i$则表示W_i在C_i上的线性投影，它是所有关于C_i线性函数中使得$\mathbb{E}[y-l(C_i)]^2$最小的函数。ϵ_i为**回归误差项**，根据线性投影的性质，ϵ_i与解释变量C_i不相关(参见第三章)。该情形下，ρ刻画的是统计关系。根据初级计量经济学介绍的OLS相关知识我们知道，ρ可以通过表达式$\rho=\dfrac{\text{Cov}(C_i,W_i)}{\text{Var}(C_i)}$来识别。这时，$\rho$的识别通常被认为是**统计识别问题**。可以看出，为保证ρ能够被识别需要假设$\text{Var}(C_i)\neq 0$，即C_i不能是常数。考虑到模型中包含了常数项α，解释变量C_i不能是常数的识别假设意味着，模型不能存在**(完全)多重共线性问题**(Perfect Multi-Collinearity)。

如果研究者关心的是接受大学教育对工资收入的因果影响，即教育收益率问题，[①] 那么式(1-20)则是**因果效应模型**(Casual Effect Model)。[②] 其中，ρ表示(给定其他影响工资的因素不变)接受大学教育所引起的工资收入增加，即接受大学教育的**处理效应**(Treatment Effects)。ϵ_i为**结构误差项**(Structural Error)，它有明确的经济含义，表示除了C_i之外其他影响个人工资收入的因素(比如,能力、工作经验以及父母受教育年限等)。可以看出，与回归误差项与解释变量C_i一定不相关不同，结构误差项通常与结构误差项相关，这就是计量经济学中常见的**内生性**(Endogeneity)问题。[③] 这时，ρ的识别通常被认为是**因果识别**问题。我们知道，如果存在内生性问题，那么$\rho\neq\dfrac{\text{Cov}(C_i,W_i)}{\text{Var}(C_i)}$。为识别因果效应参数$\rho$通常需要借助工具变量$Z_i$。根据初级计量经济学知识我们知道，如果$Z_i$同时满足外生性和相关性假定，那么$\rho$可以通过表达式$\rho=\dfrac{\text{Cov}(Z_i,W_i)}{\text{Cov}(Z_i,C_i)}$来识别。

Deaton(2010)指出，以上因果识别模型的一个重要缺陷在于，其忽略了因果效应的**异质性**(Heterogeneity)。[④] 事实上，我们很难期望现实中每个人的大学收益率都相同。在异质性因

① 对于教育收益率感兴趣的读者可以阅读Card(1999)这个经典综述。

② 值得说明的是，与纯粹刻画统计关系的简约式模型相比，因果关系模型具有一定的经济和政策含义从而有时也被称为**结构模型**(Structural Model)，但是与经济和政策含义更加丰富的教育收益率模型(比如,刻画异质性因果效应的模型)相比，刻画因果关系的模型又是相对“简约的”模型。

③ 在第三章，我们详细讨论了回归误差项和结构误差项的区别与联系。

④ Heckman et al.(2006)将异质性因果效应称为**基础异质性**(Essential Heterogeneity)。

果效应下，式(1-20)变为：

$$W_i=\alpha+\rho_i C_i+\epsilon_i \tag{1-21}$$

其中，ρ_i表示接受大学教育对个体i工资收入的因果效应，ϵ_i为结构误差项，表示除了是否接受大学教育之外其他影响个体i工资收入的因素。注意到，与式(1-20)模型的一个重要差异是，这里的因果效应参数ρ_i随着个体变化。

给定异质性教育收益率，即便能够获取同时满足外生性和相关性假定的工具变量也无法识别平均因果(处理)效应$\rho\equiv\mathbb{E}(\rho_i)$(Average Treatment Effect,ATE)(参见第八章)，① 只能识别**局部平均处理效应**(Local ATE,LATE)(具体参见 Imbens and Angrist,1994 和本书第八章)。为识别$\mathbb{E}(\rho_i)$，现有相关文献的一个常见做法是对ρ_i进行显性建模，比如，本书第八章所介绍的**控制函数方法**(Control Function Method)(Heckman,1978;Heckman and Robb,1985;Wooldridge,2008;Blundell and Dias,2009)和**边际处理效应模型**(Marginal Treatment Effect Model,MTE)(Björklund and Moffitt,1987;Heckman and Vytlacil,1999;Heckman and Vytlacil,2005;Heckman and Vytlacil,2007;Carneiro et al.,2011;Brinch et al.,2017)。一般地，这些模型都属于**结构模型**(Structural Model)。这时，ρ的识别通常被认为是**结构识别问题**。具体地，结构识别的通常做法是对个人是否接受大学进行显性建模。一般而言，个人是否接受大学教育取决于接受大学教育带来的效用是否高于不接受大学教育。个体赖以做出选择的效用既可以是静态的，也可以是动态的。前者涉及的是计量教科书中常见的**静态离散选择模型**(Static Discrete Choice Models)，后者涉及的是**动态(结构)离散选择模型**(Dynamic Discrete Choice Structural Models)(参见第十章)。②

6. 同方差无自相关假定

同方差无自相关假定(Homoskedasticity and Non-autocorrelation Assumption)是计量经济学中

---

① 为了在模型中显性表示平均处理效应$\rho\equiv\mathbb{E}(\rho_i)$，通常将式(1-21)等价地写作：

$$W_i=\alpha+\rho C_i+v_i$$

其中，$v_i=(\rho_i-\rho)C_i+\epsilon_i$表示复合误差项。

② 长久以来，计量经济学家对于因果识别模型和结构识别模型存在非常广泛的争论，大致存在三个阵营：Lalonde(1986)，Banerjee and Duflo(2005)，Angrist and Pischke(2010)以及 Imbens(2010)等探讨了结构识别模型存在的潜在问题，这包括对模型施加过多先验假定、难以处理因样本选择、测量误差与数据截取等导致的内生性，参数识别来源**不透明**，难以开展稳健性分析以及刻画动态行为所导致的海量运算等，这个阵营的学者倡导使用基于**随机化**(Randomization)思想的因果识别模型。随机化可来源于**实验**(Experiment)也可以来源于**拟自然实验**(Quasi Natural Experiment)。基于随机化思想的因果识别通常被称为现代计量经济学中的**因果推断革命**(Casual Inference Revolution)(Angrist and Pischke,2008,2010)。另外一些计量经济学家强调了因果识别模型存在的潜在问题，比较有代表性的是 Deaton(2010)和 Heckman(2010)。他们指出，因果识别模型对异质性因果效应的处理不够充分，所识别的参数缺乏经济学含义，估计结果缺乏外部有效性(即难以外推)，难以得到**政策相关**(Policy Relevant)的处理效应，忽略考察一般均衡效应，无法有效开展“反事实”分析等。该阵营的学者倡导使用基于经济学理论的结构模型。以 Chetty(2009)和 Lewbel(2019)为代表的学者则阐释了有机融合因果识别模型和结构识别模型优势的重要性。特别是，Chetty(2009)倡导使用**充分统计量**(Sufficient Statistics)这个介于因果识别模型和结构识别模型之间的方法。充分统计量可以追溯到 Marschak(1953)和 Harberger(1964)，其基本思想是，为达到特定分析目的，不一定要识别结构模型中每一个**原始参数**(Primitive Parameters)或者**深层次参数**(Deep Parameters)，只需识别原始参数以特定形式形成的组合(即充分统计量)。简言之，充分统计量囊括了研究者(为达到特定分析目的，比如开展福利分析)关心的所有信息，知道充分统计量后，就不需要知道其他参数信息了。

最常见的假定之一。根据初级计量经济学知识我们知道，为得到有效估计量，古典计量经济学通常对模型施加同方差无自相关假定。在这里，我们想特别强调的是，无论是考察估计量的有效性(小样本性质)还是考察估计量的**渐近有效性**(Asymptotic Efficiency)(大样本性质)，同方差无自相关假定通常是指(给定解释变量的)**条件**(Conditional)同方差无自相关假定而非**无条件**(Unconditional)同方差无自相关假定。事实上，如果给定**独立同分布**(Independent and Identically Distributed, *i. i. d*)这一常见数据生成过程，那么误差项无条件同方差无自相关自然成立(从而不是一个假设)。

正式地，条件同方差无自相关假定可以表示为：

$$\mathbb{E}(\boldsymbol{\epsilon}\boldsymbol{\epsilon}'|\boldsymbol{X})=\begin{bmatrix}\sigma^2 & & & \\ & \sigma^2 & & \\ & & \ddots & \\ & & & \sigma^2\end{bmatrix}=\sigma^2\boldsymbol{I} \tag{1-22}$$

其中，$\boldsymbol{\epsilon}$ 和 $\boldsymbol{X}$ 由前述式(1-4)给出，σ^2 为误差项方差，$\boldsymbol{I}$ 为单位矩阵。

为了清楚地看出计量经济分析为什么通常需要的是条件同方差无自相关假定(而非无条件同方差无自相关假定)，考虑最小二乘估计量 $\hat{\boldsymbol{\beta}}_{\mathrm{OLS}}=(\boldsymbol{X}'\boldsymbol{X})^{-1}\boldsymbol{X}'\boldsymbol{y}$ 的方差和渐近方差。首先来看 OLS 估计量 $\hat{\boldsymbol{\beta}}_{\mathrm{OLS}}$ 的方差，给定同方差无自相关假定成立可以得到：

$$\mathrm{Var}(\hat{\boldsymbol{\beta}}_{\mathrm{OLS}}|\boldsymbol{X})=(\boldsymbol{X}'\boldsymbol{X})^{-1}\boldsymbol{X}'\mathbb{E}(\boldsymbol{\epsilon}\boldsymbol{\epsilon}'|\boldsymbol{X})\boldsymbol{X}(\boldsymbol{X}'\boldsymbol{X})^{-1}=\sigma^2(\boldsymbol{X}'\boldsymbol{X})^{-1} \tag{1-23}$$

其中，第一个等式成立的证明过程参见第三章，第二个等式成立用到了条件同方差无自相关假定，无条件同方差无自相关 $\mathbb{E}(\boldsymbol{\epsilon}\boldsymbol{\epsilon}')=\sigma^2\boldsymbol{I}$ 无法保证第二个等式成立。注意到，式(1-23)考察的是(给定解释变量的)条件方差 $\mathrm{Var}(\hat{\boldsymbol{\beta}}_{\mathrm{OLS}}|\boldsymbol{X})$。这是因为，现代计量经济学通常将解释变量视为随机变量，如果考察无条件方差 $\mathrm{Var}(\hat{\boldsymbol{\beta}}_{\mathrm{OLS}})$ 需要对(随机)数据矩阵 $\boldsymbol{X}$ 和 $\boldsymbol{y}$ 的联合分布进行建模，在大多数情形下，这是一件几乎不可能完成的任务。

再来看 OLS 估计量 $\hat{\boldsymbol{\beta}}_{\mathrm{OLS}}$ 的渐近方差，给定同方差无自相关假定成立可以得到：

$$\sqrt{N}(\hat{\boldsymbol{\beta}}_{\mathrm{OLS}}-\boldsymbol{\beta})\xrightarrow{d}\mathcal{N}(\boldsymbol{0},[\mathbb{E}(\boldsymbol{x}\boldsymbol{x}')]^{-1}\mathbb{E}(\epsilon^2\boldsymbol{x}\boldsymbol{x}')[\mathbb{E}(\boldsymbol{x}\boldsymbol{x}')]^{-1})=\mathcal{N}(\boldsymbol{0},\sigma^2[\mathbb{E}(\boldsymbol{x}\boldsymbol{x}')]^{-1}) \tag{1-24}$$

其中，关于 $\sqrt{N}(\hat{\boldsymbol{\beta}}_{\mathrm{OLS}}-\boldsymbol{\beta})$ 渐近分布的证明参见第三章，$[\mathbb{E}(\boldsymbol{x}\boldsymbol{x}')]^{-1}\mathbb{E}(\epsilon^2\boldsymbol{x}\boldsymbol{x}')[\mathbb{E}(\boldsymbol{x}\boldsymbol{x}')]^{-1}=\sigma^2[\mathbb{E}(\boldsymbol{x}\boldsymbol{x}')]^{-1}$ 利用到了条件同方差无自相关假定。为了看出这一点，根据迭代期望定律(参见第二章)可得 $\mathbb{E}(\epsilon^2\boldsymbol{x}\boldsymbol{x}')=\mathbb{E}[\mathbb{E}(\epsilon^2\boldsymbol{x}\boldsymbol{x}')|\boldsymbol{x}]=\mathbb{E}[\boldsymbol{x}\boldsymbol{x}'\mathbb{E}(\epsilon^2|\boldsymbol{x})]=\sigma^2[\mathbb{E}(\boldsymbol{x}\boldsymbol{x}')]^{-1}$。

尽管条件同方差无相关是计量经济分析的一个常见假定，但是这个假定在现实中往往并不一定成立。观察式(1-22)可以注意到，条件同方差无自相关假定的一个重要含义是，误差项方差不随解释变量的变化而变化。图 1-3 基于 2018 年中国地级市数据比较直观地展示了实际应用中的**异方差**(Heteroskedasticity)问题。具体做法是，利用消费对国内生产总值进行回归得到回归残差，然后绘制回归残差与国内生产总值的散点图。从图中可以清楚地看到，误差项离散程度随着解释变量国内生产总值的变化而变化，这一结果显然违背了条件同方差无自相关假定。有鉴于此，在实际应用中，研究者通常报告**怀特稳健标准误**(White Robust Standard Errors)(White, 1980)或者**聚类标准误**(Cluster Standard Errors)

（Moulton，1986；Bertrand et al.，2004）。

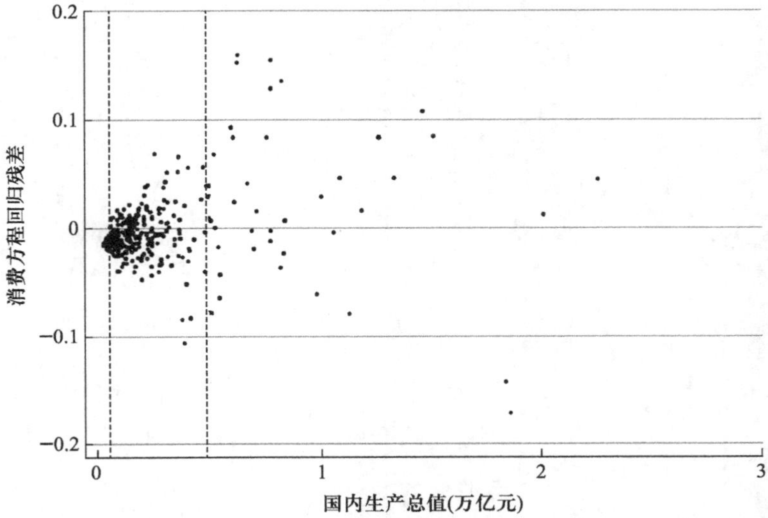

图 1-3　消费方程回归残差与国内生产总值（异方差问题展示）

注释：数据来源为 2018 年《中国城市统计年鉴》，图中一个点代表一个地级市，纵坐标为消费对国内生产总值回归的误差项。

第一部分

数学基础

第二章 数学工具

作为一门独立的经济学学科，计量经济学本身并不是数学，但数学作为一种严谨的语言是计量经济学用以刻画现实世界的有力工具，从而也是学习和理解计量经济学所必备的基础。我们假定读者已经修读**矩阵代数**(Matrix Algebra)和**概率论**(Probability Theory)等基础课程，它们包含现有计量经济学教材所通常介绍的数学知识，因此本章在内容的安排上不求全面介绍或证明这些数学知识，而是选择那些与本书相关性较强且现有计量经济学教材介绍较为简略的内容进行重点讲解。[①] 除了介绍矩阵代数和概率论外，本书还重点介绍了**数值优化**(Numerical Optimization)、**蒙特卡罗模拟**(Monte Carlo Simulation)与**动态规划**(Dynamic Programming)等数学知识。它们也是与本书内容密切相关的数学知识。具体地，在计量经济学中，除少数模型(线性 OLS 模型)外，大部分模型的估计量无法显式地表示为观测数据的函数，从而需要借助数值优化方法来得到参数估计值。本章具体介绍**牛顿-拉普森法**(Newton-Rapson)与**最速上升法**(Steepest Ascent)这两个经典的数值优化方法。另外两个常见的数值优化方法 **BHHH** 法(Berndt, Hall, Hall and Hausman, 1974)与 **BFGS** 法(Broyden-Fletcher-Goldfarb-Shanno)需用到最大似然估计的相关知识，我们将它们放在第五章最大似然估计介绍。最近机器学习领域流行的数值优化方法——**EM 算法**(Expectation Maximization Algorithm)则放到第十章离散选择模型来介绍。此外，计量经济学模型往往需要计算随机变量的积分(比如面板数据随机系数模型与离散选择模型)，然而大部分积分不具有显式解，从而需要借助数值积分方法近似，在本章，读者将会看到**牛顿-科茨方法**(Newton-Cotes)与**高斯积分法**(Gaussian Quadrature)这两个经典的数值积分方法通常面临**维度诅咒**(Curse of Dimensionality)问题，因此蒙特卡罗模拟方法是目前计算随机变量积分的主要方法。动态规划是本书结构计量模型——**动态离散选择结构模型**(Dynamic Discrete Choice Structural Models)所涉及的核心数学知识点。在该模型中，行为个体在进行决策的过程中同时关注当期和未来的效用，且当期的决策会对其未来的(期望)效用产生影响，从而是一个动态规划问题。

1. 矩阵代数

如第一章导论所述，对于高级计量经济学，矩阵代数是必不可少的简化分析工具(Theil, 1983)。本节具体介绍与本书内容密切相关的矩阵代数基础知识。

---

① 对矩阵代数与概率论基础知识感兴趣的读者，可以参考陈诗一和陈登科(2019)《计量经济学》教材。

1.1 矩阵符号

矩阵(Matrix)是将一些数排成行和列的长方形阵列。$m\times n$ 矩阵是指排成 m 行和 n 列的矩阵。一个 $m\times n$ 矩阵一般记作：

$$\boldsymbol{A}=[a_{ij}]=\begin{bmatrix} a_{11} & a_{12} & \cdots & a_{1n} \\ a_{21} & a_{22} & \cdots & a_{2n} \\ \vdots & \vdots & & \vdots \\ a_{m1} & a_{m2} & \cdots & a_{mn} \end{bmatrix} \tag{2-1}$$

其中，a_{ij}表示第 i 行、第 j 列元素，$\boldsymbol{A}=[a_{ij}]$是矩阵的简略表达式。

特别地，当 $m=n$ 时，矩阵 $\boldsymbol{A}$ 为 m 阶**方阵**(Square Matrix)。非对角线元素取值都等于 0 的方阵被称为**对角矩阵**(Diagonal Matrix)，m 阶对角矩阵通常记为 $\boldsymbol{D}=\begin{bmatrix} d_1 & & & \\ & d_2 & & \\ & & \ddots & \\ & & & d_m \end{bmatrix}$。对角线元素都等于 1 的对角矩阵 $\boldsymbol{I}=\begin{bmatrix} 1 & & & \\ & 1 & & \\ & & \ddots & \\ & & & 1 \end{bmatrix}$被称为**单位矩阵**(Identity Matrix)，在矩阵代数中，习惯上用符号 $\boldsymbol{I}$ 来专门表示单位矩阵。

此外，一个 $1\times m$ 的矩阵被称为一个 m 维**行向量**(Row Vector)。向量一般采用小写粗体字母来表示，一个 m 维行向量可以记作：$\boldsymbol{a}=[a_1,a_2,\cdots,a_m]$；一个 $m\times 1$ 的矩阵被称为一个**列向量**(Column Vector)，记作 $\boldsymbol{a}=\begin{bmatrix} a_1 \\ a_2 \\ \vdots \\ a_m \end{bmatrix}$。这里值得特别强调的是，在计量经济学中，如不特别指明，**通常使用大写加粗字母表示矩阵，小写加粗字母表示向量，小写字母表示矩阵中的元素**。本书遵循该惯例。

矩阵 $\boldsymbol{A}=\begin{bmatrix} a_{11} & a_{12} & \cdots & a_{1n} \\ a_{21} & a_{22} & \cdots & a_{2n} \\ \vdots & \vdots & & \vdots \\ a_{m1} & a_{m2} & \cdots & a_{mn} \end{bmatrix}$能够写成如下**分块矩阵**(Partitioned Matrix)的形式：

$$\boldsymbol{A}=\begin{bmatrix} \boldsymbol{A}_{11} & \boldsymbol{A}_{12} \\ \boldsymbol{A}_{21} & \boldsymbol{A}_{22} \end{bmatrix} \tag{2-2}$$

其中，$A_{11}=\begin{bmatrix} a_{11} & a_{12} \\ a_{21} & a_{22} \end{bmatrix}$，$A_{12}=\begin{bmatrix} a_{13} & a_{14} & \cdots & a_{1n} \\ a_{23} & a_{24} & \cdots & a_{2n} \end{bmatrix}$，$A_{21}=\begin{bmatrix} a_{31} & a_{32} \\ a_{41} & a_{42} \\ \vdots & \vdots \\ a_{m1} & a_{m2} \end{bmatrix}$，$A_{22}=\begin{bmatrix} a_{33} & a_{34} & \cdots & a_{3n} \\ a_{43} & a_{44} & \cdots & a_{4n} \\ \vdots & \vdots & & \vdots \\ a_{m3} & a_{m4} & \cdots & a_{mn} \end{bmatrix}$。

如果$\boldsymbol{a}_i$表示矩阵 $\boldsymbol{A}$ 的第 i 行向量，即$\boldsymbol{a}_i=[a_{i1},a_{i2},\cdots,a_{in}]$，那么矩阵 $\boldsymbol{A}$ 可以表达为 $\boldsymbol{A}=\begin{bmatrix} \boldsymbol{a}_1 \\ \boldsymbol{a}_2 \\ \vdots \\ \boldsymbol{a}_m \end{bmatrix}$这一分块矩阵形式；若$\boldsymbol{a}_j$表示矩阵 $\boldsymbol{A}$ 的第 j 列向量，即$\boldsymbol{a}_j=\begin{bmatrix} a_{1j} \\ a_{2j} \\ \vdots \\ a_{mj} \end{bmatrix}$，那么矩阵 $\boldsymbol{A}$ 可表达为 $\boldsymbol{A}=[\boldsymbol{a}_1,\ \boldsymbol{a}_2,\ \cdots,\ \boldsymbol{a}_n]$ 这一分块矩阵形式。

1.2 矩阵运算

1.2.1 矩阵转置

令 $\boldsymbol{A}=[a_{ij}]$表示一个矩阵，那么它的**转置**(Transpose)记为$\boldsymbol{A}'$，可表示为$\boldsymbol{A}'=[a_{ji}]$。换言之，转置运算表示将矩阵的行列互换。具体地，对于矩阵 $\boldsymbol{A}=[a_{ij}]=\begin{bmatrix} a_{11} & a_{12} & \cdots & a_{1n} \\ a_{21} & a_{22} & \cdots & a_{2n} \\ \vdots & \vdots & & \vdots \\ a_{m1} & a_{m2} & \cdots & a_{mn} \end{bmatrix}$取转置可得：

$$\boldsymbol{A}'=[a_{ji}]=\begin{bmatrix} a_{11} & a_{21} & \cdots & a_{m1} \\ a_{12} & a_{22} & \cdots & a_{m2} \\ \vdots & \vdots & & \vdots \\ a_{1n} & a_{2n} & \cdots & a_{mn} \end{bmatrix} \tag{2-3}$$

特别地，对列向量 $\boldsymbol{a}=\begin{bmatrix} a_1 \\ a_2 \\ \vdots \\ a_m \end{bmatrix}$转置则有：

$$\boldsymbol{a}'=[a_1,a_2,\cdots,a_m] \tag{2-4}$$

1.2.2 矩阵加法

令 $\boldsymbol{A}=[a_{ij}]$与 $\boldsymbol{B}=[b_{ij}]$表示两个 $m\times n$ 矩阵，那么矩阵加法可以简洁地表示为：

$$\boldsymbol{A}+\boldsymbol{B}=[a_{ij}+b_{ij}] \tag{2-5}$$

从式(2-5)中可以看出，两矩阵相加的含义是，两个矩阵对应元素相加。由此可见，只有行列数对应相等的矩阵才能进行加法运算。矩阵加法满足如下性质：

性质1：交换律(Commutative Law)：

$$\boldsymbol{A}+\boldsymbol{B}=\boldsymbol{B}+\boldsymbol{A}$$

性质2：结合律(Associative Law)：

$$(\boldsymbol{A}+\boldsymbol{B})+\boldsymbol{C}=\boldsymbol{A}+(\boldsymbol{B}+\boldsymbol{C})$$

性质3：加法的转置(Transpose of Addition)：

$$(\boldsymbol{A}+\boldsymbol{B})'=\boldsymbol{A}'+\boldsymbol{B}'$$

1.2.3 矩阵乘法

常数与矩阵相乘意味着将该常数与矩阵每一个元素分别相乘。正式地令 ρ 表示任意常数，$\boldsymbol{A}=[a_{ij}]$表示一个 $m\times n$ 矩阵，那么

$$\rho\boldsymbol{A}=[\rho\, a_{ij}] \tag{2-6}$$

令 $\boldsymbol{A}=[a_{ik}]$表示一个 $n\times p$ 矩阵，$\boldsymbol{B}=[b_{kj}]$表示一个 $p\times q$ 矩阵，那么：

$$\underbrace{\boldsymbol{A}}_{n\times p}\ \underbrace{\boldsymbol{B}}_{p\times q}=\left[\sum_{k=1}^{p}a_{ik}\,b_{kj}\right]\equiv\underbrace{\boldsymbol{C}}_{n\times q}=[c_{ij}] \tag{2-7}$$

也就是说，矩阵 $\boldsymbol{AB}$ 的第 i 行第 j 列元素等于，矩阵 $\boldsymbol{A}$ 中第 i 行元素与矩阵 $\boldsymbol{B}$ 中第 j 列元素对应乘积相加。可以发现，进行矩阵乘法运算 $\boldsymbol{AB}$，要求矩阵 $\boldsymbol{A}$ 的列数等于矩阵 $\boldsymbol{B}$ 的行数。注意到 $\boldsymbol{AB}\neq\boldsymbol{BA}$，即矩阵乘法不满足交换律。图 2-1 直观地展示了矩阵的乘法运算。

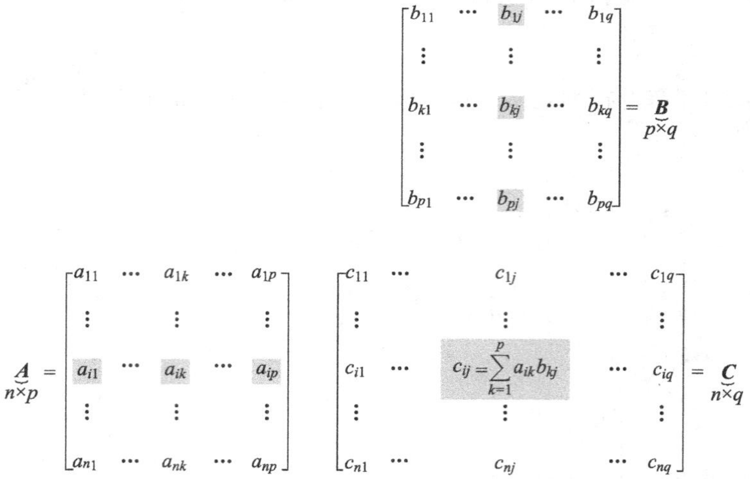

图 2-1 矩阵乘法运算示意图

特别地，若 $\boldsymbol{a}=\begin{bmatrix}a_1\\a_2\\\vdots\\a_k\end{bmatrix}$，$\boldsymbol{b}=\begin{bmatrix}b_1\\b_2\\\vdots\\b_k\end{bmatrix}$，则有

$$a'b=\sum_{i=1}^{k}a_i b_i,\ a b'=\begin{bmatrix} a_1 b_1 & a_1 b_2 & \cdots & a_1 b_k \\ a_2 b_1 & a_2 b_2 & \cdots & a_2 b_k \\ \vdots & \vdots & & \vdots \\ a_k b_1 & a_k b_2 & \cdots & a_k b_k \end{bmatrix} \tag{2-8}$$

容易验证，矩阵乘法运算满足如下性质：

性质 1：结合律(Associative Law)：

$$(\boldsymbol{AB})\boldsymbol{C}=\boldsymbol{A}(\boldsymbol{BC})$$

性质 2：分配律(Distributive Law)：

$$\boldsymbol{A}(\boldsymbol{B}+\boldsymbol{C})=\boldsymbol{AB}+\boldsymbol{AC}$$

性质 3：乘积的转置(Transpose of Product)：

$$(\boldsymbol{AB})'=\boldsymbol{B}'\boldsymbol{A}',\ (\boldsymbol{ABC})'=\boldsymbol{C}'\boldsymbol{B}'\boldsymbol{A}'$$

两个矩阵正交是基于矩阵的乘法定义的。两个非零矩阵 $\boldsymbol{A}$ 与 $\boldsymbol{B}$ **正交**(Orthogonal)(一般记为 $\boldsymbol{A}\perp\boldsymbol{B}$)的充分必要条件为：

$$\boldsymbol{AB}=\boldsymbol{0} \tag{2-9}$$

正交矩阵也是基于矩阵的乘法定义的。如果方阵 $\boldsymbol{A}$ 与其转置 $\boldsymbol{A}'$ 的乘积等于单位矩阵，那么方阵 $\boldsymbol{A}$ 则被称为正交矩阵(Orthogonal Matrix)，即

$$\boldsymbol{A}\boldsymbol{A}'=\boldsymbol{A}'\boldsymbol{A}=\boldsymbol{I} \tag{2-10}$$

1.2.4 矩阵的逆运算

在计量经济学模型参数估计和统计推断过程中，广泛用到矩阵的**逆**(Inverse)运算。对于方阵 $\boldsymbol{A}$，如果存在一个矩阵 $\boldsymbol{B}$ 使得如下等式成立：

$$\boldsymbol{AB}=\boldsymbol{BA}=\boldsymbol{I} \tag{2-11}$$

那么矩阵 $\boldsymbol{A}$ 可逆，矩阵 $\boldsymbol{B}$ 被称为矩阵 $\boldsymbol{A}$ 的逆，记为 $\boldsymbol{A}^{-1}$。

如果一个矩阵可逆，那么这个矩阵被称为**非奇异矩阵**(Nonsingular Matrix)，反之是**奇异矩阵**(Singular Matrix)。一般而言，计算矩阵的逆比较烦琐，尤其是在矩阵的阶较高的情形下。回忆线性代数基础知识可发现，这是因为计算 m 阶矩阵的逆需要计算 m^2 个 $(m-1)\times(m-1)$ 行列式。**因此求高阶矩阵的逆是计量经济学分析所面临的一个重要难点**。

特别地，如果 $\boldsymbol{A}=\begin{bmatrix} a_1 & & & \\ & a_2 & & \\ & & \ddots & \\ & & & a_n \end{bmatrix}$，即矩阵 $\boldsymbol{A}$ 为对角矩阵，那么根据矩阵逆的定义则可以很方便地得到：

$$A^{-1}=\begin{bmatrix}\frac{1}{a_1} & & & \\ & \frac{1}{a_2} & & \\ & & \ddots & \\ & & & \frac{1}{a_n}\end{bmatrix} \tag{2-12}$$

关于矩阵的逆运算，一个重要结论是：矩阵 $\boldsymbol{A}$ 如果存在逆，那么这个逆是唯一的。该结论可以通过反证法很容易地证明。具体来说，假设矩阵 $\boldsymbol{A}$ 存在两个不同的逆矩阵 $\boldsymbol{B}$ 和 $\boldsymbol{C}$，那么根据 $\boldsymbol{BAC}=(\boldsymbol{BA})\boldsymbol{C}=\boldsymbol{C}$，$\boldsymbol{BAC}=\boldsymbol{B}(\boldsymbol{AC})=\boldsymbol{B}$，然而该结论与 $\boldsymbol{B}\neq\boldsymbol{C}$ 相矛盾。

如果矩阵 $\boldsymbol{A}$、矩阵 $\boldsymbol{B}$ 与矩阵 $\boldsymbol{C}$ 的逆矩阵都存在，那么则有：

$$(\boldsymbol{AB})^{-1}=\boldsymbol{B}^{-1}\boldsymbol{A}^{-1},\ (\boldsymbol{ABC})^{-1}=\boldsymbol{C}^{-1}\boldsymbol{B}^{-1}\boldsymbol{A}^{-1} \tag{2-13}$$

对于分块矩阵而言，矩阵的逆运算有如下两个计量经济分析经常用到的重要结论：

$$\begin{bmatrix}\boldsymbol{A}_{11} & \boldsymbol{0}\\ \boldsymbol{0} & \boldsymbol{A}_{22}\end{bmatrix}^{-1}=\begin{bmatrix}\boldsymbol{A}_{11}^{-1} & \boldsymbol{0}\\ \boldsymbol{0} & \boldsymbol{A}_{22}^{-1}\end{bmatrix} \tag{2-14}$$

以及 Goldberger(1964)证明

$$\begin{bmatrix}\boldsymbol{A}_{11} & \boldsymbol{A}_{12}\\ \boldsymbol{A}_{21} & \boldsymbol{A}_{22}\end{bmatrix}^{-1}=\begin{bmatrix}\boldsymbol{A}_{11}^{-1}(\boldsymbol{I}+\boldsymbol{A}_{12}\boldsymbol{G}\boldsymbol{A}_{21}\boldsymbol{A}_{11}^{-1}) & -\boldsymbol{A}_{11}^{-1}\boldsymbol{A}_{12}\boldsymbol{G}\\ -\boldsymbol{G}\boldsymbol{A}_{21}\boldsymbol{A}_{11}^{-1} & \boldsymbol{G}\end{bmatrix} \tag{2-15}$$

其中，$\boldsymbol{G}=(\boldsymbol{A}_{22}-\boldsymbol{A}_{21}\boldsymbol{A}_{11}^{-1}\boldsymbol{A}_{12})^{-1}$。

1.2.5 矩阵的迹运算

迹(Trace)这一概念是对于方阵而言的，它等于矩阵主对角线元素相加。正式地，$n\times n$ 矩阵 $\boldsymbol{A}$ 的迹为：

$$\text{trace}(\boldsymbol{A})=\sum_{i=1}^{N}a_{ii} \tag{2-16}$$

其中，a_{ii}为矩阵 $\boldsymbol{A}$ 的对角线元素。

容易验证，若 $\boldsymbol{A}$ 和 $\boldsymbol{B}$ 为具有同样维度的方阵，c 为任意常数，矩阵的迹运算满足如下性质：

性质 1：

$$\text{trace}(\boldsymbol{A}+\boldsymbol{B})=\text{trace}(\boldsymbol{A})+\text{trace}(\boldsymbol{B})$$

性质 2：

$$\text{trace}(\boldsymbol{AB})=\text{trace}(\boldsymbol{BA})$$

性质 3：

$$\text{trace}(c\boldsymbol{A})=c[\text{trace}(\boldsymbol{A})]$$

1.2.6 矩阵拉直运算

矩阵**拉直运算**(Matrix Vector Operator)也被称为向量化运算，具体是指将矩阵元素一列接一列的拼接为一个长列向量。具体而言，对矩阵 $\boldsymbol{A}=\begin{bmatrix} a_{11} & a_{12} \\ a_{21} & a_{22} \\ a_{31} & a_{32} \end{bmatrix}$ 进行拉直运算可得：

$$\mathrm{vec}(\boldsymbol{A})=\mathrm{vec}\begin{bmatrix} a_{11} & a_{12} \\ a_{21} & a_{22} \\ a_{31} & a_{32} \end{bmatrix}=\begin{bmatrix} a_{11} \\ a_{21} \\ a_{31} \\ a_{12} \\ a_{22} \\ a_{32} \end{bmatrix} \tag{2-17}$$

1.2.7 矩阵克罗内克积

在计量经济学中，系统方程模型与面板数据模型广泛地应用到**克罗内克积**(Kronecker Product)运算。若 $\underbrace{\boldsymbol{A}}_{m\times n}=\begin{bmatrix} a_{11} & a_{12} & \cdots & a_{1n} \\ a_{21} & a_{22} & \cdots & a_{2n} \\ \vdots & \vdots & & \vdots \\ a_{m1} & a_{m2} & \cdots & a_{mn} \end{bmatrix}$，$\underbrace{\boldsymbol{B}}_{p\times q}=\begin{bmatrix} b_{11} & b_{12} & \cdots & b_{1q} \\ b_{21} & b_{22} & \cdots & b_{2q} \\ \vdots & \vdots & & \vdots \\ b_{p1} & b_{p2} & \cdots & b_{pq} \end{bmatrix}$ 为任意矩阵，那么矩阵 $\boldsymbol{A}$ 与矩阵 $\boldsymbol{B}$ 的克罗内克积的定义如下：

$$\underbrace{\boldsymbol{A}\otimes\boldsymbol{B}}_{mp\times nq}=\begin{bmatrix} a_{11}\boldsymbol{B} & \cdots & a_{1n}\boldsymbol{B} \\ \vdots & & \vdots \\ a_{m1}\boldsymbol{B} & \cdots & a_{mn}\boldsymbol{B} \end{bmatrix},\ \underbrace{\boldsymbol{B}\otimes\boldsymbol{A}}_{pm\times qn}=\begin{bmatrix} b_{11}\boldsymbol{A} & \cdots & b_{1q}\boldsymbol{A} \\ \vdots & & \vdots \\ b_{p1}\boldsymbol{A} & \cdots & b_{pq}\boldsymbol{A} \end{bmatrix} \tag{2-18}$$

从式(2-18)中可以看出，$\boldsymbol{A}\otimes\boldsymbol{B}$ 为 $mp\times nq$ 矩阵，$\boldsymbol{B}\otimes\boldsymbol{A}$ 为 $pm\times qn$ 矩阵，$\boldsymbol{A}\otimes\boldsymbol{B}\neq\boldsymbol{B}\otimes\boldsymbol{A}$，即克罗内克积不满足交换律。容易验证克罗内克积运算满足结合律 $\boldsymbol{A}\otimes\boldsymbol{B}\otimes\boldsymbol{C}=(\boldsymbol{A}\otimes\boldsymbol{B})\otimes\boldsymbol{C}=\boldsymbol{A}\otimes(\boldsymbol{B}\otimes\boldsymbol{C})$ 与分配律 $\boldsymbol{A}\otimes(\boldsymbol{B}+\boldsymbol{C})=\boldsymbol{A}\otimes\boldsymbol{B}+\boldsymbol{A}\otimes\boldsymbol{C}$。除了这两条性质之外，在计量经济分析中，容易验证克罗内克积运算的常用性质还有：

性质 1：克罗内克积与转置：

$$(\boldsymbol{A}\otimes\boldsymbol{B})'=\boldsymbol{A}'\otimes\boldsymbol{B}'$$

性质 2：克罗内克积与矩阵的逆：若矩阵 $\boldsymbol{A}$ 与 $\boldsymbol{B}$ 为方阵且可逆(即非奇异)，则有

$$(\boldsymbol{A}\otimes\boldsymbol{B})^{-1}=\boldsymbol{A}^{-1}\otimes\boldsymbol{B}^{-1}$$

性质 3：若矩阵 $\boldsymbol{A}$ 与矩阵 $\boldsymbol{C}$ 的乘积存在，矩阵 $\boldsymbol{B}$ 与矩阵 $\boldsymbol{D}$ 的乘积存在，则有

$$(\boldsymbol{A}\otimes\boldsymbol{B})(\boldsymbol{C}\otimes\boldsymbol{D})=\boldsymbol{AC}\otimes\boldsymbol{BD}$$

性质 4：若矩阵 $\boldsymbol{A}$ 与矩阵 $\boldsymbol{B}$ 都为方阵，则有

$$\mathrm{trace}(\boldsymbol{A}\otimes\boldsymbol{B})=\mathrm{trace}(\boldsymbol{A})\,\mathrm{trace}(\boldsymbol{B})$$

性质 5：克罗内克积与拉直运算：若矩阵 $\boldsymbol{A}$、矩阵 $\boldsymbol{B}$ 与矩阵 $\boldsymbol{C}$ 的积 $\boldsymbol{ABC}$ 存在，则有

$$\mathrm{vec}(\boldsymbol{ABC})=(\boldsymbol{C}'\otimes\boldsymbol{A})\,\mathrm{vec}(\boldsymbol{B})$$

1.3 矩阵的秩

根据矩阵代数基础知识，对于任意 $m\times n$ 矩阵 $\boldsymbol{A}$，总可以经过初等变换(行变换和列变换)

把它转化为如下标准型：

$$\underset{m\times n}{\underbrace{F}} = \begin{bmatrix} I_r & 0 \\ 0 & 0 \end{bmatrix} \tag{2-19}$$

其中，I_r为 r 阶单位矩阵，r 被称为矩阵 A 的**秩**(Rank)。特别地，对于 m 阶方阵 A 而言，如果 $r=m$，那么方阵 A 则为**满秩矩阵**(Full Rank Matrix)。显然地，满秩矩阵可逆。事实上，在矩阵代数中，**可逆矩阵、非奇异矩阵以及满秩矩阵是等价的三个概念**，它们都是针对方阵而言的。接下来，具体给出矩阵秩的常用性质：

性质 1：对于任意 $m\times n$ 矩阵 A

$$\mathrm{rank}(A)=\mathrm{rank}(A')\leqslant \min\{m,\ n\}$$

性质 2：对于任意矩阵 A

$$\mathrm{rank}(A)=\mathrm{rank}(A'A)=\mathrm{rank}(AA')$$

性质 3：若矩阵 A 与矩阵 B 的积 AB 存在，则有：

$$\mathrm{rank}(AB)\leqslant \min\{\mathrm{rank}(A),\ \mathrm{rank}(B)\}$$

性质 4：若矩阵 P 与矩阵 Q 是满秩(可逆、非奇异)矩阵，且矩阵的积 PAQ 存在，则有：

$$\mathrm{rank}(PAQ)=\mathrm{rank}(A)$$

1.4 矩阵的对角化

在矩阵运算过程中，对角矩阵处理起来比较方便，本小节简要介绍矩阵的**对角化**(Diagonalization)问题。首先来看矩阵的特征值和特征向量这两个概念：假设 A 为 m 阶矩阵，若数 λ 与 m 维的非零向量 c 使如下关系式成立：

$$Ac=\lambda c \tag{2-20}$$

那么，λ 与 c 分别被称为 A 的特征值(Characteristic Value)和特征向量(Characteristic Vector)。

令$[\lambda_1,\lambda_2,\cdots,\lambda_m]$与$[c_1,c_2,\cdots,c_m]$表示 m 阶矩阵 A 的特征值及其对应的特征向量，根据式(2-20)可得

$$A[c_1,c_2,\cdots,c_m]=[c_1,c_2,\cdots,c_m]\begin{bmatrix} \lambda_1 & & & \\ & \lambda_2 & & \\ & & \ddots & \\ & & & \lambda_m \end{bmatrix} \tag{2-21}$$

令 $C=[c_1,\ c_2,\ \cdots,\ c_m]$，$\Lambda=\begin{bmatrix} \lambda_1 & & & \\ & \lambda_2 & & \\ & & \ddots & \\ & & & \lambda_m \end{bmatrix}$，那么式(2-21)可以写作 $AC=C\Lambda$，若矩阵 C 可逆，则有如下对角化公式：

$$C^{-1}AC=\Lambda \tag{2-22}$$

进一步地，如果 A 为实对称矩阵，那么式(2-20)给出的对角化公式则可写作：

$$C'AC=\Lambda \tag{2-23}$$

其中，利用到的矩阵代数知识点是，对于实对称矩阵而言，$C^{-1}=C'$。

1.5 幂等矩阵、投影矩阵、残差制造矩阵

本小节介绍计量经济分析中经常用到的几个特殊矩阵：如果矩阵 $\boldsymbol{A}$ 为方阵，并且 $\boldsymbol{A}^2=\boldsymbol{A}$，那么矩阵 $\boldsymbol{A}$ 被称为**幂等矩阵**(Idempotent Matrix)。对于 $m\times n$ 矩阵 $\boldsymbol{X}$，若 $\boldsymbol{X}'\boldsymbol{X}$ 可逆，那么 $\boldsymbol{P}=\boldsymbol{X}(\boldsymbol{X}'\boldsymbol{X})^{-1}\boldsymbol{X}'$ 为**投影矩阵**(Projection Matrix)，$\boldsymbol{M}=\boldsymbol{I}-\boldsymbol{X}(\boldsymbol{X}'\boldsymbol{X})^{-1}\boldsymbol{X}'=\boldsymbol{I}-\boldsymbol{P}$ 为**残差制造矩阵**(Residual Maker Matrix)。显然，$\boldsymbol{P}$ 与 $\boldsymbol{M}$ 均为 m 阶方阵。注意到，m 维的向量 $\boldsymbol{y}$ 可写作 $\boldsymbol{y}=\boldsymbol{P}\boldsymbol{y}+\boldsymbol{M}\boldsymbol{y}$。

投影矩阵 $\boldsymbol{P}$ 和残差制造矩阵 $\boldsymbol{M}$ 具有如下常用性质：

性质 1：$\boldsymbol{P}$ 与 $\boldsymbol{M}$ 都是对称矩阵

$$\boldsymbol{P}=\boldsymbol{P}',\ \boldsymbol{M}=\boldsymbol{M}'$$

性质 2：$\boldsymbol{P}$ 与 $\boldsymbol{M}$ 都是幂等矩阵

$$\boldsymbol{PP}=\boldsymbol{P},\ \boldsymbol{MM}=\boldsymbol{M}$$

性质 3：$\boldsymbol{P}$ 与 $\boldsymbol{M}$ 正交

$$\boldsymbol{PM}=\boldsymbol{MP}=\boldsymbol{0}$$

以上三个性质很容易验证，留作课后练习。

性质 4：若 $\boldsymbol{A}$ 为非奇异矩阵(可逆、满秩)，则有

$$\boldsymbol{P}_{XA}=\boldsymbol{P}_X$$

证明：

$$\begin{aligned}\boldsymbol{P}_{XA}&=(\boldsymbol{XA})[(\boldsymbol{XA})'(\boldsymbol{XA})]^{-1}(\boldsymbol{XA})'\\&=\boldsymbol{XA}\,\boldsymbol{A}^{-1}(\boldsymbol{X}'\boldsymbol{X})^{-1}(\boldsymbol{A}')^{-1}\boldsymbol{A}'\boldsymbol{X}'\\&=\boldsymbol{X}(\boldsymbol{X}'\boldsymbol{X})^{-1}\boldsymbol{X}'\\&=\boldsymbol{P}_X\end{aligned}$$

□

性质 5：$\boldsymbol{PX}=\boldsymbol{X}$，$\boldsymbol{MX}=\boldsymbol{0}$

性质 6：将 $\boldsymbol{X}$ 写成分块矩阵的形式 $\boldsymbol{X}=[\boldsymbol{X}_1\quad \boldsymbol{X}_2]$，则有

$$\boldsymbol{P}_X\boldsymbol{P}_{X_1}=\boldsymbol{P}_{X_1},\ \boldsymbol{M}_X\boldsymbol{M}_{X_1}=\boldsymbol{M}_X$$

证明：

利用性质 5 容易证明 $\boldsymbol{P}_X\boldsymbol{X}_1=\boldsymbol{X}_1$：

$$\boldsymbol{P}_X\boldsymbol{X}_1=\boldsymbol{P}_X\boldsymbol{X}\begin{bmatrix}\boldsymbol{I}\\\boldsymbol{0}\end{bmatrix}=\boldsymbol{X}\begin{bmatrix}\boldsymbol{I}\\\boldsymbol{0}\end{bmatrix}=\boldsymbol{X}_1$$

进一步利用 $\boldsymbol{P}_X\boldsymbol{X}_1=\boldsymbol{X}_1$ 可得：

$$\boldsymbol{P}_X\boldsymbol{P}_{X_1}=\boldsymbol{P}_X\boldsymbol{X}_1(\boldsymbol{X}_1'\boldsymbol{X}_1)^{-1}\boldsymbol{X}_1'=\boldsymbol{X}_1(\boldsymbol{X}_1'\boldsymbol{X}_1)^{-1}\boldsymbol{X}_1'=\boldsymbol{P}_{X_1}$$

最后，基于残差制造矩阵和投影矩阵的定义则有：

$$\begin{aligned}\boldsymbol{M}_X\boldsymbol{M}_{X_1}&=(\boldsymbol{I}-\boldsymbol{P}_X)(\boldsymbol{I}-\boldsymbol{P}_{X_1})\\&=\boldsymbol{I}-\boldsymbol{P}_X-\boldsymbol{P}_{X_1}+\boldsymbol{P}_X\boldsymbol{P}_{X_1}\\&=\boldsymbol{I}-\boldsymbol{P}_X=\boldsymbol{M}_X\end{aligned}$$

□

性质 7：若 $\boldsymbol{A}$ 为非奇异矩阵（可逆、满秩），$\boldsymbol{X}=[\boldsymbol{X}_1 \quad \boldsymbol{X}_2]$，则有

$$\boldsymbol{M}_{X_1A}\boldsymbol{M}_X=\boldsymbol{M}_X$$

证明：

因为$\boldsymbol{P}_{X_1A}=\boldsymbol{P}_{X_1}$（性质 4），所以如下等式成立：

$$\boldsymbol{M}_{X_1A}=\boldsymbol{I}-\boldsymbol{P}_{X_1A}=\boldsymbol{I}-\boldsymbol{P}_{X_1}=\boldsymbol{M}_{X_1}$$

进一步利用$\boldsymbol{M}_X\boldsymbol{M}_{X_1}=\boldsymbol{M}_X$（性质 6）可得：

$$\boldsymbol{M}_{X_1A}\boldsymbol{M}_X=\boldsymbol{M}_{X_1}\boldsymbol{M}_X=\boldsymbol{M}_X$$

□

本小节最后，考虑一个特殊的残差制造矩阵。若 $\boldsymbol{X}$ 为 N 维的单位向量，即 $\boldsymbol{X}=\boldsymbol{i}=\begin{bmatrix}1\\1\\\vdots\\1\end{bmatrix}$，那么则有：

$$\boldsymbol{M}_X=\boldsymbol{M}_i=\boldsymbol{I}-\boldsymbol{P}_i=\boldsymbol{I}-\boldsymbol{i}\ (\boldsymbol{i}'\boldsymbol{i})^{-1}\boldsymbol{i}'\equiv\boldsymbol{M}^0$$

对于 N 维的列向量 $\boldsymbol{a}=\begin{bmatrix}a_1\\a_2\\\vdots\\a_N\end{bmatrix}$，容易验证如下两个等式成立：

$$\begin{bmatrix}a_1-\bar{a}\\a_2-\bar{a}\\\vdots\\a_N-\bar{a}\end{bmatrix}=\boldsymbol{M}^0\boldsymbol{a} \tag{2-24}$$

以及

$$\sum_{i=1}^{N}(a_i-\bar{a})^2=\boldsymbol{a}'\boldsymbol{M}^0\boldsymbol{a} \tag{2-25}$$

性质 8：若矩阵 $\boldsymbol{A}$ 与非单位矩阵 $\boldsymbol{B}$ 正交，那么

$$\boldsymbol{P}_A=\boldsymbol{M}_B$$

证明：

$$\begin{aligned}\boldsymbol{P}_A\boldsymbol{M}_B&=\boldsymbol{A}\ (\boldsymbol{A}'\boldsymbol{A})^{-1}\boldsymbol{A}'[\boldsymbol{I}-\boldsymbol{B}\ (\boldsymbol{B}'\boldsymbol{B})^{-1}\boldsymbol{B}']\\&=\boldsymbol{A}\ (\boldsymbol{A}'\boldsymbol{A})^{-1}\boldsymbol{A}'-\boldsymbol{A}\ (\boldsymbol{A}'\boldsymbol{A})^{-1}\boldsymbol{A}'\boldsymbol{B}\ (\boldsymbol{B}'\boldsymbol{B})^{-1}\boldsymbol{B}'\\&=\boldsymbol{A}\ (\boldsymbol{A}'\boldsymbol{A})^{-1}\boldsymbol{A}'=\boldsymbol{P}_A\end{aligned}$$

其中，最后一个等式成立用到矩阵 $\boldsymbol{A}$ 与 $\boldsymbol{B}$ 正交，即$\boldsymbol{A}'\boldsymbol{B}=\boldsymbol{0}$。

进一步利用$\boldsymbol{P}_A\boldsymbol{P}_A=\boldsymbol{P}_A$可得，

$$\boldsymbol{P}_A=\boldsymbol{M}_B$$

故性质 8 得证。

□

1.6 矩阵微分

若$f(\boldsymbol{x})=f(x_1,x_2,\cdots,x_n)$，$\boldsymbol{x}=\begin{bmatrix}x_1\\x_2\\\vdots\\x_n\end{bmatrix}$，那么$f(\boldsymbol{x})$关于$\boldsymbol{x}$的一阶微分$\frac{\partial f(\boldsymbol{x})}{\partial \boldsymbol{x}}$，**即得分向量**(Score Vector)为：

$$\frac{\partial f(\boldsymbol{x})}{\partial \boldsymbol{x}}=\begin{bmatrix}\frac{\partial f(\boldsymbol{x})}{\partial x_1}\\\frac{\partial f(\boldsymbol{x})}{\partial x_2}\\\vdots\\\frac{\partial f(\boldsymbol{x})}{\partial x_n}\end{bmatrix} \tag{2-26}$$

类似地，$f(\boldsymbol{x})$关于$\boldsymbol{x}'$的一阶微分$\frac{\partial f(\boldsymbol{x})}{\partial \boldsymbol{x}'}$为：

$$\frac{\partial f(\boldsymbol{x})}{\partial \boldsymbol{x}'}=\left[\frac{\partial f(\boldsymbol{x})}{\partial x_1},\ \frac{\partial f(\boldsymbol{x})}{\partial x_2},\ \cdots,\ \frac{\partial f(\boldsymbol{x})}{\partial x_n}\right] \tag{2-27}$$

$f(\boldsymbol{x})$的二阶微分$\boldsymbol{H}(\boldsymbol{x})=\frac{\partial^2 f(\boldsymbol{x})}{\partial \boldsymbol{x}\,\partial \boldsymbol{x}'}$，即**海森矩阵**(Hessian Matrix)为：

$$\boldsymbol{H}(\boldsymbol{x})=\begin{bmatrix}\frac{\partial^2 f(\boldsymbol{x})}{\partial x_1\,\partial x_1} & \frac{\partial^2 f(\boldsymbol{x})}{\partial x_1\,\partial x_2} & \cdots & \frac{\partial^2 f(\boldsymbol{x})}{\partial x_1\,\partial x_n}\\\frac{\partial^2 f(\boldsymbol{x})}{\partial x_2\,\partial x_1} & \frac{\partial^2 f(\boldsymbol{x})}{\partial x_2\,\partial x_2} & \cdots & \frac{\partial^2 f(\boldsymbol{x})}{\partial x_2\,\partial x_n}\\\vdots & \vdots & & \vdots\\\frac{\partial^2 f(\boldsymbol{x})}{\partial x_n\,\partial x_1} & \frac{\partial^2 f(\boldsymbol{x})}{\partial x_n\,\partial x_2} & \cdots & \frac{\partial^2 f(\boldsymbol{x})}{\partial x_n\,\partial x_n}\end{bmatrix} \tag{2-28}$$

若$\boldsymbol{a}=\begin{bmatrix}a_1\\a_2\\\vdots\\a_n\end{bmatrix}$，$\boldsymbol{A}=[a_{ij}]=\begin{bmatrix}a_{11} & a_{12} & \cdots & a_{1n}\\a_{21} & a_{22} & \cdots & a_{2n}\\\vdots & \vdots & & \vdots\\a_{n1} & a_{n2} & \cdots & a_{nn}\end{bmatrix}$，那么则有如下常用等式成立：

$$\frac{\partial \boldsymbol{a}'\boldsymbol{x}}{\partial \boldsymbol{x}}=\boldsymbol{a},\quad \frac{\partial \boldsymbol{A}\boldsymbol{x}}{\partial \boldsymbol{x}}=\boldsymbol{A}',\quad \frac{\partial \boldsymbol{A}\boldsymbol{x}}{\partial \boldsymbol{x}'}=\boldsymbol{A},\quad \frac{\partial \boldsymbol{x}'\boldsymbol{A}\boldsymbol{x}}{\partial \boldsymbol{x}}=(\boldsymbol{A}+\boldsymbol{A}')\boldsymbol{x},\quad \frac{\partial \boldsymbol{x}'\boldsymbol{A}\boldsymbol{x}}{\partial \boldsymbol{x}'}=\boldsymbol{x}'(\boldsymbol{A}+\boldsymbol{A}'),\quad \frac{\partial \boldsymbol{x}'\boldsymbol{A}\boldsymbol{x}}{\partial \boldsymbol{A}}=\boldsymbol{x}\,\boldsymbol{x}' \tag{2-29}$$

2. 概率论

一般地，现实世界中经济变量之间的关系是不确定的。正如 Haavelmo(1944)所指出的那样，任何尝试在观测经济变量间建立**确定性函数关系**的努力都将是徒劳的。比如，在图 2-2 所示的数据中，任何确定性的函数关系都无法精确刻画随机变量 Y 与 X 之间的关系(我们在第一章中也对此进行过讨论)。也就是说，我们无法在给定 X 的条件下，准确地确定 Y 的数值，只能确定 Y 的平均取值，或者确定 Y 取值介于特定区间的概率。换言之，我们只能够用概率语言来描述变量 Y 与 X 间的关系。因此，**概率论**(Probability Theory)是计量经济学用以刻画经济变量之间关系的核心数学工具。如果说矩阵代数的一个重要作用是简化计量模型分析，那么概率论则是计量模型分析必不可少的。本小节具体介绍概率论中与本书密切相关的知识点。

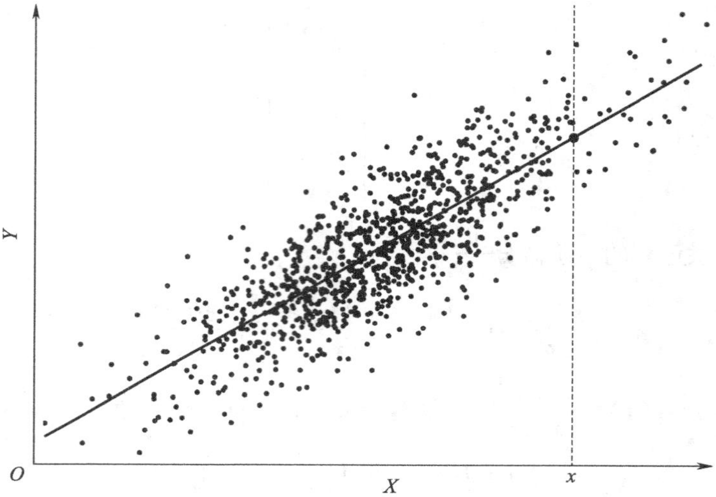

图 2-2 经济变量间的(不确定性)关系

2.1 概率论基础

2.1.1 累积概率分布函数与概率密度函数

随机变量分为离散型和连续型两类。如果随机变量 X 是离散型的，那么一般可以使用两种等价的方式来刻画这个随机变量的分布：一是 X 等于特定数值 x 的概率 $p(X=x)$；另一个是 X 取值小于特定数值 x 的概率 $F(x)\equiv p(X\leqslant x)$，$F(x)$ 被称为**累积概率分布函数**(Cumulative Distribution Function,CDF)。如果随机变量 X 是连续型的，那么 X 等于特定数值 x 的概率 $p(X=x)$ 没有数学含义，但是连续型随机变量的分布仍然可以使用累积概率分布函数 $F(x)$ 来刻画。进一步地，根据 $F(x)$ 的定义，连续型随机变量 X 取值介于区间 $(a,b]$ 的概率可以表示为：

$$p(a<X\leqslant b)=F(b)-F(a) \tag{2-30}$$

如果我们进一步定义 $f(x)=\dfrac{\mathrm{d}F(x)}{\mathrm{d}x}$，那么则有：

$$p(a < X \leqslant b) = \int_a^b f(x)\,\mathrm{d}x \tag{2-31}$$

其中，$f(x)=\frac{\mathrm{d}F(x)}{\mathrm{d}x}$被称为**概率密度函数**(Probability Density Function,PDF)。不难看出，连续型随机变量可以通过累积概率分布函数和概率密度函数这两个等价的方式来表述。累积概率分布函数和概率密度函数的关系可以直观地利用图 2-3 来表示。与连续型随机变量相比，离散型随机变量具有概念上的直观性，不失一般性，接下来我们以离散型随机变量为例来介绍本书常用的概率论基础知识。①

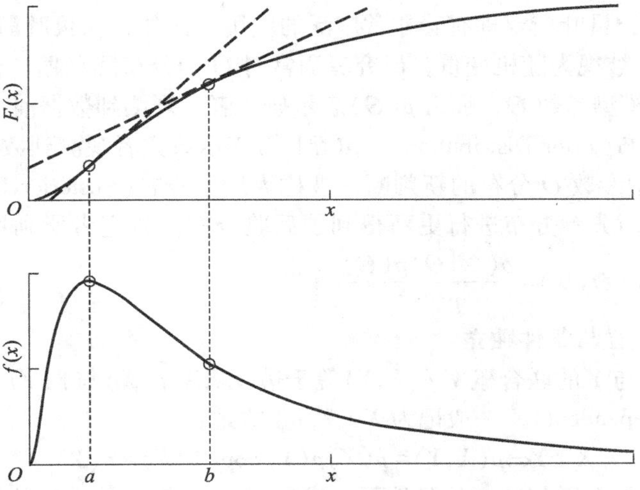

图 2-3 分布函数与概率密度函数关系示意图

2.1.2 联合概率、条件概率与边缘概率

随机变量 X 与 Y 的**联合概率**(Joint Probabilities)被定义为：

$$p_{X,Y}(X,Y)=p_{Y|X}(Y|X)p_X(X) \tag{2-32}$$

其中，$p_{Y|X}(Y|X)$表示**条件概率**(Conditional Probability)，$p_X(X)$被称为**边缘概率**(Marginal Probability)。注意到，由于联合概率、条件概率以及边缘概率可能具有不同的函数形式，我们为式(2-32)中的概率符号 p 添加了下标以示区分。接下来，考虑到符号的简洁性，在不引起混淆的情形下，我们略去概率符号中的下标。

根据式(2-32)，条件概率 $p(Y|X)$可以表示为：

$$p(Y|X)=\frac{p(X,Y)}{p(X)} \tag{2-33}$$

边缘概率 $p(X)$可以表示为：

$$p(X)=\sum_y p(X|Y=y)p(Y=y)=\sum_y p(X,Y=y) \tag{2-34}$$

在概率论中，式(2-32)被称为**乘法法则**(Product Rule)，它可以很自然地拓展为如下链式

① 这些内容可以很自然地推广至连续型随机变量的情形。

法则(Chain Rule):

$$p(X_1,X_2,\cdots,X_N)=p(X_1)p(X_2|X_1)\cdots p(X_N|X_{N-1},\cdots,X_1)$$
$$=\prod_{n=2}^{N}p(X_n|X_{n-1},\cdots,X_1)p(X_1) \tag{2-35}$$

2.1.3 贝叶斯定理

结合以上联合概率公式以及条件概率公式可以很容易得到概率论中非常重要的**贝叶斯定理**(Bayes Theorem):

$$p(Y|X)=\frac{p(X,Y)}{p(X)}=\frac{p(X|Y)p(Y)}{p(X)} \tag{2-36}$$

在计量经济学中，贝叶斯定理有着非常广泛的应用。比如，在**贝叶斯分析**(Bayesian Analysis)中，模型参数 Θ 被视为随机变量，研究者通常对 Θ 的分布感兴趣。若将式(2-36)中的 X 视为数据 $\mathscr{D}$，Y 视为模型参数 Θ，那么 $p(\Theta)$ 表示研究者在观测到数据前对模型参数 Θ 分布的判断，被称为**先验分布**(Prior Distribution)，$p(\Theta|\mathscr{D})$ 表示研究者观测到数据 $\mathscr{D}$ 之后(即获得了进一步的信息)对模型参数 Θ 分布的新判断，被称为**后验分布**(Posterior Distribution)，可以发现，研究者基于数据对先验分布进行更新得到了后验分布。研究者所利用的更新规则就是贝叶斯定理，正式地，$p(\Theta|\mathscr{D})=\dfrac{p(\mathscr{D}|\Theta)p(\Theta)}{p(\mathscr{D})}$。

2.1.4 无条件独立与条件独立

如果随机变量 X 与 Y 的联合概率 $p(X,Y)$ 等于边缘概率 $p(X)$ 与 $p(Y)$ 之积，那么这两个随机变量**相互独立**(Independent)，一般记为 $X\perp Y$，正式地：

$$X\perp Y\Leftrightarrow p(X,Y)=p(X)p(Y)\Leftrightarrow p(Y|X)=p(Y) \tag{2-37}$$

可以看出，在 X 与 Y 互相独立的条件下，式(2-32)所给出的乘法法则转化为式(2-37)。事实上，式(2-37)是**无条件独立**(Unconditionally Independent)，然而在实际应用中，这通常是一个比较强的限定，计量经济学应用更多的是**条件独立**(Conditionally Independent)，即在给定其他信息(用符号 $\mathscr{I}$ 表示)的条件下，X 与 Y 互相独立，一般记为 $X\perp Y|\mathscr{I}$:

$$X\perp Y|\mathscr{I}\Leftrightarrow p(X,Y|\mathscr{I})=p(X|\mathscr{I})p(Y|\mathscr{I})\Leftrightarrow p(Y|X,\mathscr{I})=p(Y|\mathscr{I}) \tag{2-38}$$

值得指出的是，由于 $p(\cdot)$ 表示随机变量分布，因此式(2-37)和式(2-38)也分别被称为**无条件分布独立**(Unconditionally Independent in Distribution)和**条件分布独立**(Conditionally Independent in Distribution)。

2.1.5 随机变量分布的转换(Transformations)

计量经济学中，经常遇到的一个问题是：在已知随机变量 X 服从特定分布以及函数关系 $Y=\kappa(X)$ 的条件下获取随机变量 Y 的分布。如果 X 是离散型随机变量，用 $p_X(X)$ 表示它的概率分布，那么随机变量 Y 的概率分布可以表示为：

$$p_Y(y)=\sum_{x:\kappa(x)=y}p_X(x) \tag{2-39}$$

式(2-39)的含义非常直观，它表示随机变量 Y 取特定数值 y 的概率等于所有使得等式 $y=\kappa(x)$ 成立随机变量 X 的取值概率相加。但若 X 是连续型随机变量，$p_X(x)$ 不具有数学含义，因此无法利用式(2-39)得到随机变量 Y 的概率。该情形下随机变量 Y 的概率密度函数可以通过如下命题给出。

命题 2.1：若将 X 的累积概率分布记为$F_X(x)$，概率密度函数记为$f_X(x)$，那么在 $\kappa(\cdot)$严格单调且可导的条件下，Y 的概率密度函数$f_Y(y)$可以表示为：

$$f_Y(y)=\left|\frac{\mathrm{d}x}{\mathrm{d}y}\right|f_X(x) \tag{2-40}$$

证明：

根据累积概率密度函数的定义可得：

$$F_Y(y)=p(Y\leqslant y)=p(\kappa(X)\leqslant y)=p(X\leqslant \kappa^{-1}(y))=F_X(\kappa^{-1}(y))$$

其中，利用了 $\kappa(\cdot)$严格单调，从而可逆。

进一步对上式求导可得：

$$f_Y(y)=\frac{\mathrm{d}}{\mathrm{d}y}F_Y(y)=\frac{\mathrm{d}}{\mathrm{d}y}F_X(\kappa^{-1}(y))=\left|\frac{\mathrm{d}x}{\mathrm{d}y}\right|\left[\frac{\mathrm{d}}{\mathrm{d}x}F_X(x)\right]=\left|\frac{\mathrm{d}x}{\mathrm{d}y}\right|f_X(x)$$

其中，第三个等式利用的是累积概率分布函数与概率密度函数之间的关系以及 $\kappa(\cdot)$可导。注意到概率密度函数总是非负，因此在上式中添加绝对值符号是为了保证$f_Y(y)$具有数学上的意义。

故命题得证。

□

下面我们介绍式(2-40)的一个具体应用。根据概率论知识我们知道如下命题成立：若随机变量 X 的累积概率分布函数$F_X(X)$严格单调，令 $Y=F_X(X)$，那么随机变量 Y 则服从 0 至 1 的均匀分布，即 $Y\sim U(0,1)$。该命题的常用证明方式如下：

$$F_Y(y)=p(Y\leqslant y)=p(F_X(X)\leqslant y)=p(X\leqslant F_X^{-1}(y))=F_X(F_X^{-1}(y))=y \tag{2-41}$$

如果$F_X(X)$严格单调且可导，除了式(2-41)所给出的证明方式之外，我们可以直接利用式(2-40)来更简洁地证明 $Y=F_X(X)$服从 0 至 1 的均匀分布。具体而言，由于 $y=F_X(x)$表示随机变量 $X=x$ 时累积概率，根据累积概率分布函数与概率密度函数的关系可得$\frac{\mathrm{d}x}{\mathrm{d}y}=\frac{1}{f_X(x)}$，因此有$f_Y(y)=\left|\frac{\mathrm{d}x}{\mathrm{d}y}\right|f_X(x)=1$，从而得到 $Y=F_X(X)$服从 0 至 1 的均匀分布。

2.1.6 截断分布

本书广泛利用到**截断分布**(Truncated Distribution)。所谓截断分布是指，随机变量的取值范围被限制在特定区间的分布。正式地，用$f_X(x)$来表示随机变量 X 的概率密度函数，现假设随机变量 X 的取值被限定在区间$[a,b]$之内，并用符号$f_Y(y)$来表示截断分布概率密度函数，那么则有：

$$f_Y(y)=\frac{f_X(x)}{F_X(b)-F_X(a)} \tag{2-42}$$

其中，$F_X(\cdot)$表示随机变量 X 的累积概率分布函数。观察式(2-42)可以发现，利用$F_X(b)-F_X(a)$来除$f_X(x)$确保了$\int_a^b f_Y(y)\mathrm{d}y=1$。

截断分布最常见的形态是断尾分布，即随机变量的取值被限定为大于特定数值(左断尾分布)或者小于特定数值(右断尾分布)。若将截断阈值记为 c，那么根据式(2-42)可以很容易得到，左断尾概率密度函数为$\frac{f_X(x)}{1-F_X(c)}$，右断尾概率密度函数为$\frac{f_X(x)}{F_X(c)}$。图 2-4 以左断尾为例给出了断尾分布示意图。

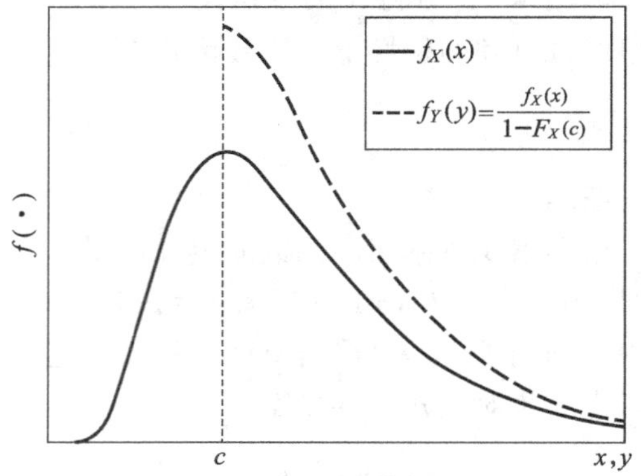

图 2-4 断尾分布示意图

2.1.7 经验概率分布

基于观测数据 $\mathscr{D}=\{x_1,x_2,\cdots,x_N\}$，可以定义**经验分布**（Empirical Distribution）：

$$p(\Omega)=\frac{1}{N}\sum_{i=1}^{N}I(x_i\in\Omega) \tag{2-43}$$

其中，$I(x_i\in\Omega)$为示性函数：当$x_i\in\Omega$时，$I(x_i\in\Omega)=1$；当$x_i\notin\Omega$时，$I(x_i\in\Omega)=0$。正式地，$I(x_i\in\Omega)=\begin{cases}1 & x_i\in\Omega\\0 & x_i\notin\Omega\end{cases}$。

2.2 正态分布

正态分布是计量经济学应用最为广泛的分布，本小节对正态分布进行重点介绍。我们将看到正态分布具有诸多优良的性质。

2.2.1 一元正态分布

如果随机变量 X 服从均值为μ，方差为σ^2的**正态分布**（Normal Distribution）或者**高斯分布**（Gaussian Distribution），那么它的概率密度函数为：

$$f_X(x)=\frac{1}{\sqrt{2\pi\sigma^2}}\exp\left[-\frac{(x-\mu)^2}{2\sigma^2}\right] \tag{2-44}$$

一般地，利用符号 $X\sim\mathscr{N}(\mu,\sigma^2)$来简洁地表示$f_X(x)=\frac{1}{\sqrt{2\pi\sigma^2}}\exp\left[-\frac{(x-\mu)^2}{2\sigma^2}\right]$，从该表达式中可以很容易发现，正态分布概率密度函数呈现“中间高、两头低”的钟形。特别地，如果μ等于 0，σ^2等于 1，那么随机变量 X 服从**标准正态分布**（Standard Normal Distribution）。习惯上分别利用符号 $\phi(X)$与 $\Phi(X)$来表示标准正态分布随机变量 X 的概率密度函数与累积概率分布函数。

命题 2.2：如果 $X\sim\mathscr{N}(\mu,\sigma^2)$，$Y=aX+b$（其中 $a\neq0$），那么随机变量 Y 服从如下正态分布：

$$Y\sim\mathscr{N}(a\cdot\mu+b,a^2\cdot\sigma^2) \tag{2-45}$$

命题 2.2 意味着，正态分布随机变量的线性函数同样服从正态分布。注意到，随机变量 Y 是随机变量 X 的严格单调且可导的函数，因此该命题可直接利用式（2-40）来简洁地证明。下面给出命题的具体证明过程。

证明：

直接利用式（2-40）并结合式（2-44）可得：

$$
\begin{aligned}
f_Y(y) &= \left|\frac{\mathrm{d}x}{\mathrm{d}y}\right| f_X(x) \\
&= \left|\frac{1}{a}\right| \frac{1}{\sqrt{2\pi\sigma^2}} \exp\left[-\frac{(x-\mu)^2}{2\sigma^2}\right] \\
&= \left|\frac{1}{a}\right| \frac{1}{\sqrt{2\pi\sigma^2}} \exp\left[-\frac{\left(\frac{y-b}{a}-\mu\right)^2}{2\sigma^2}\right] \\
&= \frac{1}{\sqrt{2\pi(a\cdot\sigma)^2}} \exp\left[-\frac{(y-a\cdot\mu-b)^2}{2(a\cdot\sigma)^2}\right]
\end{aligned}
$$

其中，与前述内容类似，符号 x 对应随机变量 X 的特定取值，符号 y 对应随机变量 Y 的特定取值。第一行等式用到的是式(2-40)，第二行等式用到的是式(2-44)，第三行等式用到的是 $Y=aX+b$。

故命题得证。

□

值得指出的是，**对数正态分布**(Log Normal Distribution)与正态分布具有非常类似的形式，且存在简单的转换关系，因此这里一并介绍对数正态分布。如果随机变量 X 服从参数为 μ 和 σ^2 的对数正态分布，那么该随机变量的概率密度函数为：

$$
f_X(x) = \frac{1}{\sqrt{2\pi}\sigma x} \exp\left[-\frac{(\ln x-\mu)^2}{2\sigma^2}\right] \tag{2-46}
$$

习惯上将式(2-46)简洁地用符号 $X\sim\ln\mathcal{N}(\mu,\sigma^2)$ 来表示。可以注意到对数正态分布随机变量概率密度函数中含有 $\ln x$，因此对数正态分布随机变量的取值要严格地大于零。图 2-5 直观地展示了对数正态分布与正态分布之间的这种转换关系。

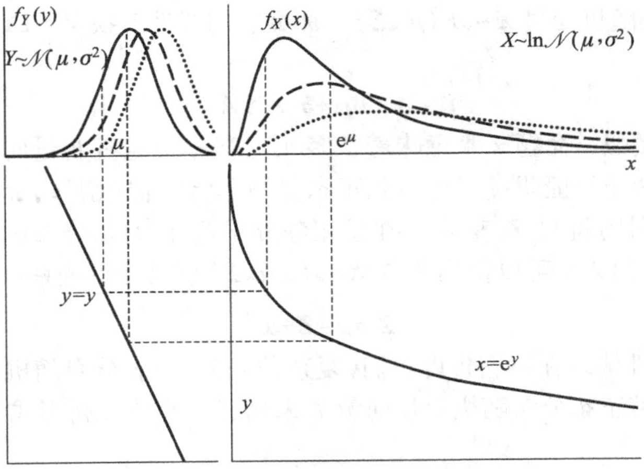

图 2-5　正态分布与对数正态分布关系示意图

正式地，对数正态分布与正态分布之间的关系可以简洁地总结在如下命题中：

命题 2.3：如果 $X\sim\ln\mathcal{N}(\mu,\sigma^2)$，那么

$$Y \equiv \ln X \sim \mathcal{N}(\mu, \sigma^2)$$

命题 2.3 意味着，服从对数正态分布的随机变量取对数后服从正态分布。利用式(2-40)可以非常容易地证明该命题。

证明：

直接利用式(2-40)并结合式(2-46)可得：

$$\begin{aligned} f_Y(y) &= \left|\frac{\mathrm{d}x}{\mathrm{d}y}\right| f_X(x) \\ &= |\mathrm{e}^y| \frac{1}{\sqrt{2\pi}\sigma x} \exp\left[-\frac{(\ln x-\mu)^2}{2\sigma^2}\right] \\ &= |\mathrm{e}^y| \frac{1}{\sqrt{2\pi}\sigma \mathrm{e}^y} \exp\left[-\frac{(y-\mu)^2}{2\sigma^2}\right] \\ &= \frac{1}{\sqrt{2\pi\sigma^2}} \exp\left[-\frac{(y-\mu)^2}{2\sigma^2}\right] \end{aligned}$$

故命题得证。

□

2.2.2 多元正态分布

以上介绍的是一元正态分布，本小节介绍多元正态分布。如果 n 维随机变量 $\boldsymbol{X}$ 的概率密度函数由下式给出：

$$f_X(\boldsymbol{x}) = \left(\frac{1}{\sqrt{2\pi}}\right)^n |\boldsymbol{\Sigma}|^{-\frac{1}{2}} \exp\left[-\frac{1}{2}(\boldsymbol{x}-\boldsymbol{\mu})'\boldsymbol{\Sigma}^{-1}(\boldsymbol{x}-\boldsymbol{\mu})\right] \tag{2-47}$$

那么，$\boldsymbol{X}$ 服从参数为 $\boldsymbol{\mu}$(均值)和 $\boldsymbol{\Sigma}$(方差协方差矩阵)的**多元正态分布**(Multivariate Normal Distribution)。$\boldsymbol{\mu}$ 为 $n\times 1$ 向量，$\boldsymbol{\Sigma}$ 为 $n\times n$ 矩阵。通常利用符号 $\boldsymbol{X} \sim \mathcal{N}(\boldsymbol{\mu}, \boldsymbol{\Sigma})$ 来简洁地表示式(2-47)。

命题 2.4：若 n 维随机变量 $\boldsymbol{X} \sim \mathcal{N}(\boldsymbol{\mu}, \boldsymbol{\Sigma})$，那么它的线性变换 $\boldsymbol{Y}=\boldsymbol{AX}+\boldsymbol{b}$ 服从如下多元正态分布：

$$\boldsymbol{Y} \sim \mathcal{N}(\boldsymbol{A\mu}+\boldsymbol{b}, \boldsymbol{A\Sigma A}') \tag{2-48}$$

与一元正态分布类似，命题 2.4 意味着，多元正态分布随机变量向量的线性转换同样服从多元正态分布。该命题的证明过程与一元正态分布非常类似(留作课后练习)，这里不再重复给出。特别地，若利用符号 $\boldsymbol{Z}$ 表示 n 维互相独立的标准正态分布随机变量向量，即 $\boldsymbol{Z} \sim \mathcal{N}(\boldsymbol{0}, \boldsymbol{I})$，那么利用命题 2.4 可以得到 $\boldsymbol{Z}$ 与 $\boldsymbol{X} \sim \mathcal{N}(\boldsymbol{\mu}, \boldsymbol{\Sigma})$ 满足如下关系：

$$\boldsymbol{X} = \boldsymbol{\Sigma}^{\frac{1}{2}}\boldsymbol{Z}+\boldsymbol{\mu} \tag{2-49}$$

式(2-49)的重要性体现在，它告诉我们(复杂的)多元正态分布随机变量向量 $\boldsymbol{X}$ 可以基于(简单的)多元独立标准正态分布随机变量向量 $\boldsymbol{Z}$ 来构造。此外，利用式(2-49)可以非常简便地证明如下命题 2.5。

命题 2.5：如果 $\boldsymbol{X} \sim \mathcal{N}(\boldsymbol{\mu}_X, \boldsymbol{\Sigma}_X)$，$\boldsymbol{Y} \sim \mathcal{N}(\boldsymbol{\mu}_Y, \boldsymbol{\Sigma}_Y)$，且 $\boldsymbol{X}$ 与 $\boldsymbol{Y}$ 的维度相同，那么 $\boldsymbol{X}$ 与 $\boldsymbol{Y}$ 的线性组合 $\boldsymbol{AX}+\boldsymbol{BY}$ 服从如下正态分布：

$$\boldsymbol{AX}+\boldsymbol{BY} \sim \mathcal{N}(\boldsymbol{A}\boldsymbol{\mu}_X+\boldsymbol{B}\boldsymbol{\mu}_Y, \boldsymbol{A}\boldsymbol{\Sigma}_X\boldsymbol{A}'+\boldsymbol{B}\boldsymbol{\Sigma}_Y\boldsymbol{B}'+2\boldsymbol{A}\boldsymbol{\Sigma}_X^{\frac{1}{2}}\boldsymbol{\Sigma}_Y^{\frac{1}{2}}\boldsymbol{B}')$$

命题 2.5 意味着，正态分布随机变量(向量)的线性组合仍然服从正态分布。该命题基于式(2-49)可以很容易证明。

证明：

利用式(2-49)可得：

$$\boldsymbol{X}=\boldsymbol{\Sigma}_X^{\frac{1}{2}}\boldsymbol{Z}+\boldsymbol{\mu}_X,\quad \boldsymbol{Y}=\boldsymbol{\Sigma}_Y^{\frac{1}{2}}\boldsymbol{Z}+\boldsymbol{\mu}_Y$$

因此，

$$\boldsymbol{AX}+\boldsymbol{BY}=(\boldsymbol{A}\,\boldsymbol{\Sigma}_X^{\frac{1}{2}}+\boldsymbol{B}\,\boldsymbol{\Sigma}_Y^{\frac{1}{2}})\boldsymbol{Z}+(\boldsymbol{A}\,\boldsymbol{\mu}_X+\boldsymbol{B}\,\boldsymbol{\mu}_Y)$$

利用命题 2.4 可以得到：

$$\boldsymbol{AX}+\boldsymbol{BY}\sim\mathcal{N}(\boldsymbol{A}\,\boldsymbol{\mu}_X+\boldsymbol{B}\,\boldsymbol{\mu}_Y,\boldsymbol{A}\,\boldsymbol{\Sigma}_X\boldsymbol{A}'+\boldsymbol{B}\,\boldsymbol{\Sigma}_Y\boldsymbol{B}'+2\boldsymbol{A}\,\boldsymbol{\Sigma}_X^{\frac{1}{2}}\boldsymbol{\Sigma}_Y^{\frac{1}{2}}\boldsymbol{B}')$$

故命题得证。

□

如果 n 维随机变量 $\boldsymbol{X}\sim\mathcal{N}(\boldsymbol{\mu},\boldsymbol{\Sigma})$，令 $\boldsymbol{X}=\begin{pmatrix}\boldsymbol{X}_1\\ \boldsymbol{X}_2\end{pmatrix}$(其中，$\boldsymbol{X}_1$为$n_1\times1$ 维向量，$\boldsymbol{X}_2$为$n_2\times1$ 维向量)，

$$\boldsymbol{\mu}=\begin{pmatrix}\underbrace{\boldsymbol{\mu}_1}_{n_1\times1}\\ \underbrace{\boldsymbol{\mu}_2}_{n_2\times1}\end{pmatrix},\quad \boldsymbol{\Sigma}=\begin{pmatrix}\underbrace{\boldsymbol{\Sigma}_{11}}_{n_1\times n_1} & \underbrace{\boldsymbol{\Sigma}_{21}}_{n_1\times n_2}\\ \underbrace{\boldsymbol{\Sigma}_{21}}_{n_2\times n_1} & \underbrace{\boldsymbol{\Sigma}_{22}}_{n_2\times n_2}\end{pmatrix}$$

，那么可以得到关于多元正态分布的如下命题：

命题 2.6： 若$\boldsymbol{X}_1$和$\boldsymbol{X}_2$不相关(即$\boldsymbol{\Sigma}_{12}=\boldsymbol{\Sigma}_{21}=\boldsymbol{0}$)，且具有相同的维度(即$n_1=n_2$)，那么则有：

$$\boldsymbol{X}_1+\boldsymbol{X}_2\sim\mathcal{N}(\boldsymbol{\mu}_1+\boldsymbol{\mu}_2,\boldsymbol{\Sigma}_{11}+\boldsymbol{\Sigma}_{22})$$

证明：

令 $\boldsymbol{A}=(\boldsymbol{I}_{n_1\times n_1}\quad \boldsymbol{I}_{n_2\times n_2})$，$\boldsymbol{b}=\boldsymbol{0}$ 可得：

$$\boldsymbol{X}_1+\boldsymbol{X}_2=\boldsymbol{AX}+\boldsymbol{b}$$

利用命题 2.4 则有

$$\boldsymbol{X}_1+\boldsymbol{X}_2\sim\mathcal{N}(\boldsymbol{A\mu}+\boldsymbol{b},\boldsymbol{A\Sigma}\,\boldsymbol{A}')=\mathcal{N}\left(\boldsymbol{\mu}_1+\boldsymbol{\mu}_2,\boldsymbol{A}\begin{pmatrix}\boldsymbol{\Sigma}_{11} & \boldsymbol{0}\\ \boldsymbol{0} & \boldsymbol{\Sigma}_{22}\end{pmatrix}\boldsymbol{A}'\right)=\mathcal{N}(\boldsymbol{\mu}_1+\boldsymbol{\mu}_2,\boldsymbol{\Sigma}_{11}+\boldsymbol{\Sigma}_{22})$$

其中，$\boldsymbol{\Sigma}=\begin{pmatrix}\boldsymbol{\Sigma}_{11} & \boldsymbol{0}\\ \boldsymbol{0} & \boldsymbol{\Sigma}_{22}\end{pmatrix}$，利用到的是假设条件$\boldsymbol{X}_1$和$\boldsymbol{X}_2$不相关。

故命题得证。

□

注意到，命题 2.6 也可以直接利用命题 2.5 来证明。此外，命题 2.6 的结论可以很自然地推广至更一般的情形：

$$\sum_{i=1}^{N}\boldsymbol{X}_i=\mathcal{N}\left(\sum_{i=1}^{N}\boldsymbol{\mu}_i,\ \sum_{i=1}^{N}\boldsymbol{\Sigma}_i\right)$$

其中，$\{\boldsymbol{X}_i\}$不相关，$\boldsymbol{\mu}_i$与$\boldsymbol{\Sigma}_i$分别对应$\boldsymbol{X}_i$的均值与方差协方差矩阵。

命题 2.7： 随机变量$\boldsymbol{X}_1$服从均值为$\boldsymbol{\mu}_1$，方差协方差矩阵为$\boldsymbol{\Sigma}_{11}$的正态分布，即

$$X_1 \sim \mathcal{N}(\boldsymbol{\mu}_1, \boldsymbol{\Sigma}_{11})$$

证明：

令 $\boldsymbol{A}=(\boldsymbol{I}_{n_1\times n_1} \quad \boldsymbol{0})$，$\boldsymbol{b}=\boldsymbol{0}$ 可得：

$$\boldsymbol{X}_1=\boldsymbol{A}\boldsymbol{X}+\boldsymbol{b}$$

利用命题 2.4 则有

$$\boldsymbol{X}_1 \sim \mathcal{N}(\boldsymbol{A}\boldsymbol{\mu}+\boldsymbol{b}, \boldsymbol{A}\boldsymbol{\Sigma}\boldsymbol{A}')=\mathcal{N}(\boldsymbol{\mu}_1, \boldsymbol{\Sigma}_{11})$$

故命题得证。

□

命题 2.8：若$\boldsymbol{X}_1$和$\boldsymbol{X}_2$不相关（$\boldsymbol{\Sigma}_{12}=\boldsymbol{\Sigma}_{21}=\boldsymbol{0}$），那么$X_1$和$X_2$独立，即

$$f_X(\boldsymbol{x})=f_{X_1}(\boldsymbol{x}_1)\cdot f_{X_2}(\boldsymbol{x}_2) \tag{2-50}$$

证明：

$$\begin{aligned}
f_X(\boldsymbol{x})&=\left(\frac{1}{\sqrt{2\pi}}\right)^n|\boldsymbol{\Sigma}|^{-\frac{1}{2}}\exp\left[-\frac{1}{2}(\boldsymbol{x}-\boldsymbol{\mu})'\boldsymbol{\Sigma}^{-1}(\boldsymbol{x}-\boldsymbol{\mu})\right]\\
&=\left(\frac{1}{\sqrt{2\pi}}\right)^n\begin{vmatrix}\boldsymbol{\Sigma}_{11} & \boldsymbol{0}\\ \boldsymbol{0} & \boldsymbol{\Sigma}_{22}\end{vmatrix}^{-\frac{1}{2}}\exp\left[-\frac{1}{2}\left[\begin{pmatrix}\boldsymbol{x}_1\\ \boldsymbol{x}_2\end{pmatrix}-\begin{pmatrix}\boldsymbol{\mu}_1\\ \boldsymbol{\mu}_2\end{pmatrix}\right]'\begin{pmatrix}\boldsymbol{\Sigma}_{11} & \boldsymbol{0}\\ \boldsymbol{0} & \boldsymbol{\Sigma}_{22}\end{pmatrix}^{-1}\left[\begin{pmatrix}\boldsymbol{x}_1\\ \boldsymbol{x}_2\end{pmatrix}-\begin{pmatrix}\boldsymbol{\mu}_1\\ \boldsymbol{\mu}_2\end{pmatrix}\right]\right]\\
&=\left\{\begin{array}{l}\left(\frac{1}{\sqrt{2\pi}}\right)^{n_1}|\boldsymbol{\Sigma}_{11}|^{-\frac{1}{2}}\exp\left[-\frac{1}{2}(\boldsymbol{x}_1-\boldsymbol{\mu}_1)'\boldsymbol{\Sigma}_{11}^{-1}(\boldsymbol{x}_1-\boldsymbol{\mu}_1)\right]\cdot\\ \left(\frac{1}{\sqrt{2\pi}}\right)^{n_2}|\boldsymbol{\Sigma}_{22}|^{-\frac{1}{2}}\exp\left[-\frac{1}{2}(\boldsymbol{x}_2-\boldsymbol{\mu}_2)'\boldsymbol{\Sigma}_{22}^{-1}(\boldsymbol{x}_2-\boldsymbol{\mu}_2)\right]\end{array}\right\}\\
&=f_{X_1}(\boldsymbol{x}_1)\cdot f_{X_2}(\boldsymbol{x}_2)
\end{aligned}$$

其中，$\boldsymbol{\Sigma}=\begin{pmatrix}\boldsymbol{\Sigma}_{11} & \boldsymbol{0}\\ \boldsymbol{0} & \boldsymbol{\Sigma}_{22}\end{pmatrix}$，利用的是假设条件$\boldsymbol{X}_1$和$\boldsymbol{X}_2$不相关。最后一个等式用到的是命题 2.7。

故命题得证。

□

由于$\boldsymbol{X}_1$和$\boldsymbol{X}_2$独立一定意味着$\boldsymbol{X}_1$和$\boldsymbol{X}_2$不相关，因此命题 2.8 意味着，对于服从正态分布的随机变量而言，相关性与独立性等价，这也是正态分布随机变量的重要特性。

式(2-50)中的结果可以很自然地推广到如下一般情形：

$$f_X(\boldsymbol{x})=f_{X_1}(\boldsymbol{x}_1)\cdot f_{X_2}(\boldsymbol{x}_2)\cdots f_{X_N}(\boldsymbol{x}_N)=\prod_{i=1}^{N}f_{X_i}(\boldsymbol{x}_i) \tag{2-51}$$

其中，$\{\boldsymbol{X}_i\}$不相关或独立。

命题 2.9：给定$\boldsymbol{X}_2$，$\boldsymbol{X}_1$的条件分布为：

$$\boldsymbol{X}_1|\boldsymbol{X}_2 \sim \mathcal{N}(\boldsymbol{\mu}_1+\boldsymbol{\Sigma}_{12}\boldsymbol{\Sigma}_{22}^{-1}(\boldsymbol{X}_2-\boldsymbol{\mu}_2),\ \boldsymbol{\Sigma}_{11}-\boldsymbol{\Sigma}_{12}\boldsymbol{\Sigma}_{22}^{-1}\boldsymbol{\Sigma}_{21})$$

证明：(＊)

将$\boldsymbol{X}_1$写成如下恒等式：

$$\boldsymbol{X}_1=\boldsymbol{X}_1-\boldsymbol{\Sigma}_{12}\boldsymbol{\Sigma}_{22}^{-1}\boldsymbol{X}_2+\boldsymbol{\Sigma}_{12}\boldsymbol{\Sigma}_{22}^{-1}\boldsymbol{X}_2$$

其中，容易验证$\boldsymbol{\Sigma}_{12}\boldsymbol{\Sigma}_{22}^{-1}$表示$(\boldsymbol{X}_1-\boldsymbol{\mu}_1)$对$(\boldsymbol{X}_2-\boldsymbol{\mu}_2)$的最小二乘回归(OLS)系数(参见本书第三

章)。即

$$\boldsymbol{\Sigma}_{12}\boldsymbol{\Sigma}_{22}^{-1}=\arg\min_{\{\boldsymbol{\Pi}\in\mathscr{B}\}}\mathbb{E}\left[(\boldsymbol{X}_1-\boldsymbol{\mu}_1)-\boldsymbol{\Pi}(\boldsymbol{X}_2-\boldsymbol{\mu}_2)\right]^2$$

可以发现,$(\boldsymbol{X}_1-\boldsymbol{\mu}_1)-\boldsymbol{\Sigma}_{12}\boldsymbol{\Sigma}_{22}^{-1}(\boldsymbol{X}_2-\boldsymbol{\mu}_2)$为回归残差项。根据最小二乘法性质,$(\boldsymbol{X}_1-\boldsymbol{\mu}_1)-\boldsymbol{\Sigma}_{12}\boldsymbol{\Sigma}_{22}^{-1}(\boldsymbol{X}_2-\boldsymbol{\mu}_2)$与$\boldsymbol{X}_2$不相关。由于$\boldsymbol{X}_1-\boldsymbol{\Sigma}_{12}\boldsymbol{\Sigma}_{22}^{-1}\boldsymbol{X}_2$是$\boldsymbol{X}_1$和$\boldsymbol{X}_2$的线性组合,因此利用命题 2.5 可得$\boldsymbol{X}_1-\boldsymbol{\Sigma}_{12}\boldsymbol{\Sigma}_{22}^{-1}\boldsymbol{X}_2$服从多维正态分布。进一步利用命题 2.8 中的结论可得$\boldsymbol{X}_1-\boldsymbol{\Sigma}_{12}\boldsymbol{\Sigma}_{22}^{-1}\boldsymbol{X}_2$与$\boldsymbol{X}_2$独立。

给定$\boldsymbol{X}_2$,$\boldsymbol{X}_1$的条件均值$\mathbb{E}(\boldsymbol{X}_1|\boldsymbol{X}_2)$为:

$$\begin{aligned}\mathbb{E}(\boldsymbol{X}_1|\boldsymbol{X}_2)&=\mathbb{E}\left[(\boldsymbol{X}_1-\boldsymbol{\Sigma}_{12}\boldsymbol{\Sigma}_{22}^{-1}\boldsymbol{X}_2+\boldsymbol{\Sigma}_{12}\boldsymbol{\Sigma}_{22}^{-1}\boldsymbol{X}_2)|\boldsymbol{X}_2\right]\\&=\mathbb{E}\left[(\boldsymbol{X}_1-\boldsymbol{\Sigma}_{12}\boldsymbol{\Sigma}_{22}^{-1}\boldsymbol{X}_2)|\boldsymbol{X}_2\right]+\mathbb{E}(\boldsymbol{\Sigma}_{12}\boldsymbol{\Sigma}_{22}^{-1}\boldsymbol{X}_2|\boldsymbol{X}_2)\\&=\mathbb{E}(\boldsymbol{X}_1-\boldsymbol{\Sigma}_{12}\boldsymbol{\Sigma}_{22}^{-1}\boldsymbol{X}_2)+\boldsymbol{X}_2\mathbb{E}(\boldsymbol{\Sigma}_{12}\boldsymbol{\Sigma}_{22}^{-1})\\&=\boldsymbol{\mu}_1+\boldsymbol{\Sigma}_{12}\boldsymbol{\Sigma}_{22}^{-1}(\boldsymbol{X}_2-\boldsymbol{\mu}_2)\end{aligned}$$

其中,第三个等式利用了$\boldsymbol{X}_1-\boldsymbol{\Sigma}_{12}\boldsymbol{\Sigma}_{22}^{-1}\boldsymbol{X}_2$与$\boldsymbol{X}_2$独立。

给定$\boldsymbol{X}_2$,$\boldsymbol{X}_1$的条件方差 $\mathrm{Var}(\boldsymbol{X}_1|\boldsymbol{X}_2)$为:

$$\begin{aligned}\mathrm{Var}(\boldsymbol{X}_1|\boldsymbol{X}_2)&=\mathrm{Var}\left[(\boldsymbol{X}_1-\boldsymbol{\Sigma}_{12}\boldsymbol{\Sigma}_{22}^{-1}\boldsymbol{X}_2+\boldsymbol{\Sigma}_{12}\boldsymbol{\Sigma}_{22}^{-1}\boldsymbol{X}_2)|\boldsymbol{X}_2\right]\\&=\mathrm{Var}\left[(\boldsymbol{X}_1-\boldsymbol{\Sigma}_{12}\boldsymbol{\Sigma}_{22}^{-1}\boldsymbol{X}_2)|\boldsymbol{X}_2\right]\\&=\mathrm{Var}(\boldsymbol{X}_1-\boldsymbol{\Sigma}_{12}\boldsymbol{\Sigma}_{22}^{-1}\boldsymbol{X}_2)\\&=\mathrm{Var}(\boldsymbol{X}_1)+\mathrm{Var}(\boldsymbol{\Sigma}_{12}\boldsymbol{\Sigma}_{22}^{-1}\boldsymbol{X}_2)-2\mathrm{Cov}(\boldsymbol{X}_1,\boldsymbol{\Sigma}_{12}\boldsymbol{\Sigma}_{22}^{-1}\boldsymbol{X}_2)\\&=\boldsymbol{\Sigma}_{11}-\boldsymbol{\Sigma}_{12}\boldsymbol{\Sigma}_{22}^{-1}\boldsymbol{\Sigma}_{21}\end{aligned}$$

其中,第三个等式利用了$\boldsymbol{X}_1-\boldsymbol{\Sigma}_{12}\boldsymbol{\Sigma}_{22}^{-1}\boldsymbol{X}_2$与$\boldsymbol{X}_2$独立。

故命题得证。

□

2.3 本书其他常用分布:卡方分布、I 类极值分布

除了正态分布之外,本书常用的重要分布还有卡方分布、I 类极值分布。本小节对此简要介绍。

2.3.1 卡方分布

如果 $\boldsymbol{Z}=\begin{bmatrix}Z_1\\Z_2\\\vdots\\Z_n\end{bmatrix}$为独立标准正态分布随机变量向量,即 $\boldsymbol{Z}\sim\mathcal{N}(\boldsymbol{0},\boldsymbol{I})$,那么$\boldsymbol{Z}'\boldsymbol{Z}$服从自由度为 n 的**卡方分布**(Chi-square Distribution):

$$\boldsymbol{Z}'\boldsymbol{Z}=\sum_{i=1}^{n}Z_i^2\sim\chi^2(n)\tag{2-52}$$

显然,服从卡方分布随机变量的取值不能小于 0。图 2-6 展示了不同自由度的卡方分布,从图形中可以直观地看出,随着自由度的增加,卡方分布整体向右移动,且随机变量取值也越来越分散。

命题 2.10:如果 n 维向量 $\boldsymbol{X}\sim\mathcal{N}(\boldsymbol{\mu},\boldsymbol{\Sigma})$,那么

$$(\boldsymbol{X}-\boldsymbol{\mu})'\boldsymbol{\Sigma}^{-1}(\boldsymbol{X}-\boldsymbol{\mu})\sim\chi^2(n) \tag{2-53}$$

证明：

利用命题 1.4 可得

$$\boldsymbol{\Sigma}^{-\frac{1}{2}}(\boldsymbol{X}-\boldsymbol{\mu})\sim\mathcal{N}(\boldsymbol{0},\boldsymbol{I})$$

因此根据式(2-52)可得

$$(\boldsymbol{X}-\boldsymbol{\mu})'\boldsymbol{\Sigma}^{-1}(\boldsymbol{X}-\boldsymbol{\mu})=[\boldsymbol{\Sigma}^{-\frac{1}{2}}(\boldsymbol{X}-\boldsymbol{\mu})]'[\boldsymbol{\Sigma}^{-\frac{1}{2}}(\boldsymbol{X}-\boldsymbol{\mu})]\sim\chi^2(n)$$

故命题得证。

□

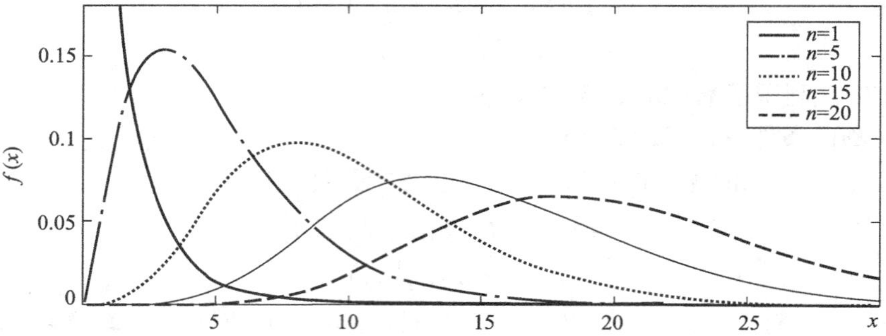

图 2-6 不同自由度的卡方分布

2.3.2 I 类极值分布

若随机变量 X 服从标准 **I 类极值分布**（Type I Extreme Value Distribution），那么它的概率密度函数为：

$$f_X(x)=\mathrm{e}^{-x}\mathrm{e}^{-\mathrm{e}^{-x}} \tag{2-54}$$

累积概率密度函数为：

$$F_X(x)=\int_{-\infty}^{x}\mathrm{e}^{-t}\,\mathrm{e}^{-\mathrm{e}^{-t}}\mathrm{d}t=\mathrm{e}^{-\mathrm{e}^{-x}} \tag{2-55}$$

2.4 期望

随机变量的概率分布形态可以利用一些数字特征来具体概括。其中，最为重要的就是**期望**（Expectation）。随机变量的其他数字特征一般都是基于期望定义的。

2.4.1 期望

若 X 为离散型随机变量，$X=x$ 的概率记为$p_X(x)$，那么 X 的期望$\mathbb{E}(X)$可表示为：

$$\mathbb{E}(X)=\sum_x x\cdot p_X(x) \tag{2-56}$$

若 X 为连续型随机变量，概率密度函数为$f_X(x)$，那么 X 的期望$\mathbb{E}(X)$可表示为：

$$\mathbb{E}(X)=\int_{-\infty}^{\infty}x f_X(x)\,\mathrm{d}x \tag{2-57}$$

期望算子具有如下性质：

性质 1：如果 c 为任意常数，那么

$$\mathbb{E}(c)=c,\ \mathbb{E}(cX)=c\,\mathbb{E}(X)$$

值得指出的是，由于随机变量(函数)的期望是常数，因此根据性质 1，可以将随机变量(函数)的期望移至期望算子外。

性质 2：设 X 与 Y 为两个随机变量，那么

$$\mathbb{E}(X+Y)=\mathbb{E}(X)+\mathbb{E}(Y)$$

结合性质 2 与性质 3 可以得到：

$$\mathbb{E}\left(\sum_{i=1}^{N} a_i X_i\right)=\sum_{i=1}^{N} a_i\,\mathbb{E}(X_i)$$

根据期望的性质可以看出，期望算子$\mathbb{E}(\cdot)$是线性算子。因此若 $g(\cdot)$为**非线性函数**，那么：

$$\mathbb{E}[g(X)]\neq g(\mathbb{E}(X)) \tag{2-58}$$

直观上，式(2-58)可以理解为，“期望算子不能穿过非线性函数”。只有在 $g(\cdot)$为**线性函数**的特殊情形下，等式$\mathbb{E}[g(X)]=g(\mathbb{E}(X))$才成立。

期望值可以理解为随机变量的均值，一般用来刻画随机变量的集中趋势。刻画随机变量发散程度最常使用的特征值是**方差**(Variance)，对于随机变量 X 而言，方差表达式如下：

$$\mathrm{Var}(X)=\mathbb{E}[X-\mathbb{E}(X)]^2 \tag{2-59}$$

两个随机变量 X 与 Y 的**协方差**(Covariance)$\mathrm{Cov}(X,Y)$也是基于期望值定义的：

$$\mathrm{Cov}(X,Y)=\mathbb{E}([X-\mathbb{E}(X)][Y-\mathbb{E}(Y)]) \tag{2-60}$$

协方差 $\mathrm{Cov}(X,Y)$用于表示随机变量 X 与 Y 联动方向：若 $\mathrm{Cov}(X,Y)>0$，则 X 与 Y 同向变动；若 $\mathrm{Cov}(X,Y)<0$，则 X 与 Y 反向变动；若 $\mathrm{Cov}(X,Y)=0$，则 X 与 Y 不存在联动性。可以看出，协方差存在量纲，即 X 与 Y 单位变动会影响 $\mathrm{Cov}(X,Y)$的大小。为剔除量纲的影响，利用$\sqrt{\mathrm{Var}(X)}\sqrt{\mathrm{Var}(Y)}$对 $\mathrm{Cov}(X,Y)$进行如下标准化，则得到 X 与 Y 的**相关系数**(Correlation Coefficient)$\rho_{X,Y}$的表达式：

$$\rho_{X,Y}=\frac{\mathrm{Cov}(X,Y)}{\sqrt{\mathrm{Var}(X)}\sqrt{\mathrm{Var}(Y)}} \tag{2-61}$$

利用下面即将介绍的柯西-施瓦茨(Cauchy-Schwartz)不等式，可以很容易证明$|\rho_{X,Y}|\leqslant 1$。这里读者可以验证$|\rho_{X,Y}|=1$ 的充分必要条件是 $Y=a+bX$(其中 $b\neq 0$)。为帮助读者直观地感受$\rho_{X,Y}$取值的含义，图 2-7 绘制了相关系数$\rho_{X,Y}$取不同值时变量 X 与 Y 的散点图。

接下来介绍几个与期望密切相关的重要不等式。

柯西-施瓦茨不等式(Cauchy-Schwartz Inequality)：

$$|\mathbb{E}(XY)|\leqslant\sqrt{\mathbb{E}(X^2)}\sqrt{\mathbb{E}(Y^2)} \tag{2-62}$$

证明：

将 Y 进行如下恒等变换：

$$Y=\frac{\mathbb{E}(XY)}{\mathbb{E}(X^2)}X+\left[Y-\frac{\mathbb{E}(XY)}{\mathbb{E}(X^2)}X\right]$$

等式两边平方并取期望可得：

$$\begin{aligned}\mathbb{E}(Y^2)&=\mathbb{E}\left\{\left[\frac{\mathbb{E}(XY)}{\mathbb{E}(X^2)}X\right]^2\right\}+2\,\mathbb{E}\left\{\left[\frac{\mathbb{E}(XY)}{\mathbb{E}(X^2)}X\right]\cdot\left[Y-\frac{\mathbb{E}(XY)}{\mathbb{E}(X^2)}X\right]\right\}+\mathbb{E}\left[Y-\frac{\mathbb{E}(XY)}{\mathbb{E}(X^2)}X\right]^2\\&=\left[\frac{1}{\mathbb{E}(X^2)}\right][\mathbb{E}(XY)]^2+0+\mathbb{E}\left[Y-\frac{\mathbb{E}(XY)}{\mathbb{E}(X^2)}X\right]^2\\&=\left[\frac{1}{\mathbb{E}(X^2)}\right][\mathbb{E}(XY)]^2+\mathbb{E}\left[Y-\frac{\mathbb{E}(XY)}{\mathbb{E}(X^2)}X\right]^2\end{aligned}$$

整理上式可得：

$$\mathbb{E}(X^2)\mathbb{E}(Y^2)\geqslant[\mathbb{E}(XY)]^2\Leftrightarrow|\mathbb{E}(XY)|\leqslant\sqrt{\mathbb{E}(X^2)}\sqrt{\mathbb{E}(Y^2)}$$

□

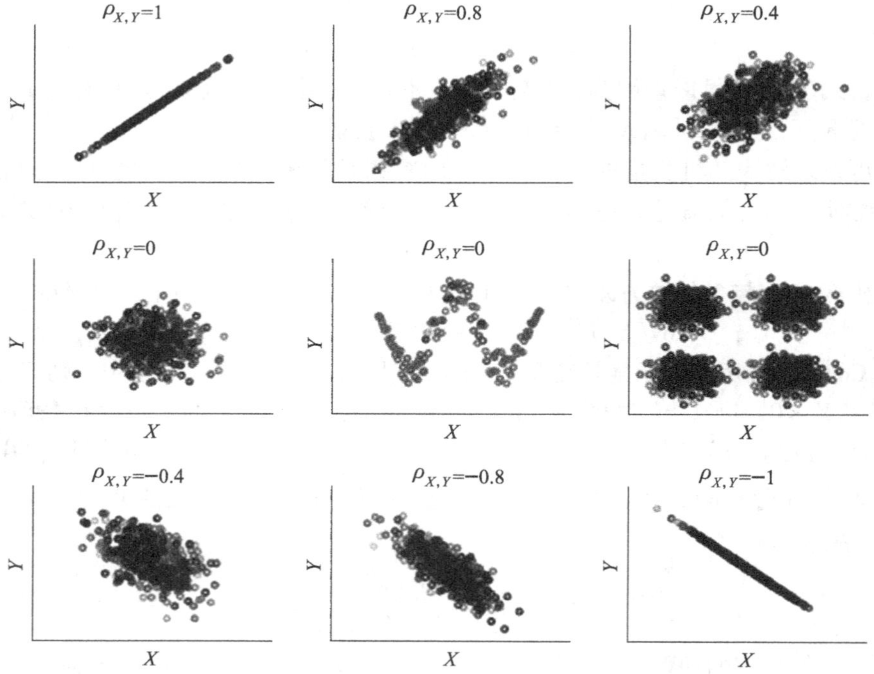

图 2-7 相关系数示意图

利用柯西-施瓦茨不等式可以很容易地证明两个随机变量相关系数绝对值小于等于 1，即 $|\rho_{X,Y}|\leqslant 1$。具体地，由于 $\rho_{X,Y}=\dfrac{\mathrm{Cov}(X,Y)}{\sqrt{\mathrm{Var}(X)}\sqrt{\mathrm{Var}(Y)}}=\dfrac{\mathbb{E}([X-\mathbb{E}(X)][Y-\mathbb{E}(Y)])}{\sqrt{\mathbb{E}[X-\mathbb{E}(X)]^2}\sqrt{\mathbb{E}[Y-\mathbb{E}(Y)]^2}}$，因此根据柯西-施瓦茨不等式得 $|\mathbb{E}([X-\mathbb{E}(X)][Y-\mathbb{E}(Y)])|\leqslant\sqrt{\mathbb{E}[X-\mathbb{E}(X)]^2}\sqrt{\mathbb{E}[Y-\mathbb{E}(Y)]^2}$，从而 $|\rho_{X,Y}|\leqslant 1$。

简森不等式(Jensen's Inequality)：若 $g(X)$ 为**凸函数**(Concave Function)，那么则有

$$\mathbb{E}[g(X)]\leqslant g(\mathbb{E}(X)) \tag{2-63}$$

简森不等式意味着，对于凸函数而言，函数的期望小于等于期望的函数(凹函数的情形则相反)。图 2-8 直观地展示了简森不等式，容易看出，图形中的 $\dfrac{x_1+x_2}{2}$，$\dfrac{g(x_1)+g(x_2)}{2}$ 以及

$g\left(\frac{x_1+x_2}{2}\right)$ 分别与简森不等式中的$\mathbb{E}(X)$，$\mathbb{E}[g(X)]$ 以及 $g(\mathbb{E}(X))$ 对应。图 2-8 具有直观形象的优点，但是不够严谨。接下来，我们给出简森不等式具体证明。

证明：

由于 $g(X)$ 为凸函数，因此根据凸函数的性质，总存在一个线性函数 $h(X)$ 使得如下两个关系式成立（如图 2-9 所示）：

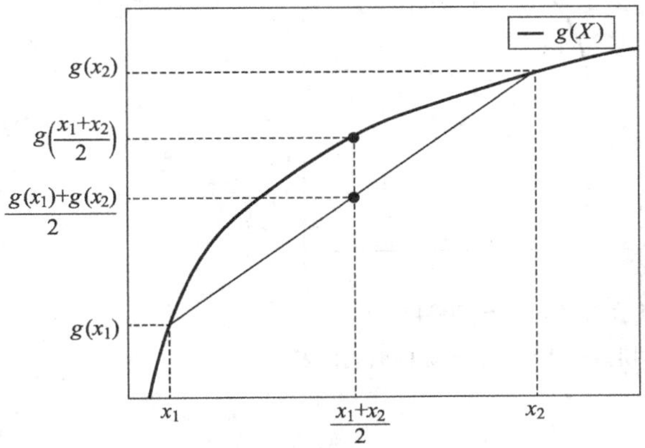

图 2-8　简森不等式示意图

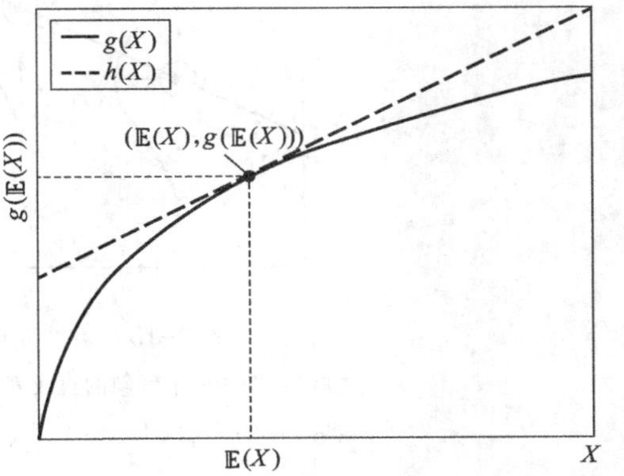

图 2-9　凸函数总是位于特定直线下方

$$g(X) \leqslant h(X),\ g(\mathbb{E}(X)) = h(\mathbb{E}(X))$$

根据这两个关系式可得：

$$g(\mathbb{E}(X)) = h(\mathbb{E}(X)) = \mathbb{E}[h(X)] \geqslant \mathbb{E}[g(X)]$$

其中，第二个等式 $h(\mathbb{E}(X)) = \mathbb{E}[h(X)]$ 用到的是期望算子是线性算子。

□

2.4.2　条件期望

上一节介绍的是**无条件期望**（Unconditional Expectation），本节介绍**条件期望**（Conditional Expectation），给定随机变量 X 的条件期望一般记为$\mathbb{E}(Y|X)$。与无条件期望类似，如果 Y 为离散型随机变量，给定 $X=x$，$Y=y$ 的条件概率记为$p_{Y|X}(y|x)$，那么条件期望$\mathbb{E}(Y|X)$可表示为：

$$\mathbb{E}(Y|X) = \sum\nolimits_y y \cdot p_{Y|X}(y|x) \tag{2-64}$$

如果 Y 为连续型随机变量，给定 $X=x$，$Y=y$ 的条件概率密度函数为$f_{Y|X}(y|x)$，那么条件期望$\mathbb{E}(Y|X)$可表示为：

$$\mathbb{E}(Y|X) = \int_{-\infty}^{\infty} y \cdot f_{Y|X}(y|x)\,\mathrm{d}y \tag{2-65}$$

图 2-10 直观地给出了条件期望的演示图。可以看出，条件期望$\mathbb{E}(Y|X)$随着随机变量 X 的变化而变化，从而是 X 的函数。

根据式(2-64)和式(2-65)中可看出一个重要结论：如果随机变量 Y 与 X 分布独立，即 $p_{Y|X}(y|x)=p_Y(y)$或者$f_{Y|X}(y|x)=f_Y(y)$，那么可以得到：

$$\mathbb{E}(Y|X)=\mathbb{E}(Y) \tag{2-66}$$

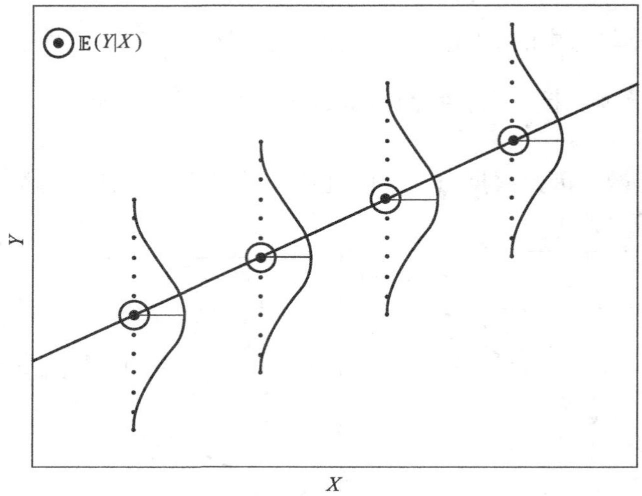

图 2-10 条件期望的演示图(Gujarati,2004)

注释：图中向上倾斜的直线表示条件期望$\mathbb{E}(Y|X)$，竖立的曲线代表条件分布$f_{Y|X}(y|x)$。

式(2-66)被称为**均值独立**(Independent in Expectations)，它意味着$\mathbb{E}(Y|X)$不随X取值的变化而变化。显然，分布独立则一定均值独立，反之则不一定。

与无条件期望相比，计量经济分析通常更加关注条件期望。简单理解，这是因为条件期望刻画的是随机变量之间的关系。更为重要的原因是，对于条件期望而言，如下命题成立：

命题 2.11：如果$g(X)$表示X的任一函数，那么则有

$$g^*(X) \equiv \mathbb{E}(Y|X) = \arg\min_{\{g(X)\in\mathscr{G}\}} \mathbb{E}[Y-g(X)]^2 \tag{2-67}$$

从命题 2.11 中可以看出，在关于X的所有函数中，条件期望$\mathbb{E}(Y|X)$使得$\mathbb{E}[Y-g(X)]^2$最小。由于$Y-g(X)$可视为利用$g(X)$预测Y的误差，$\mathbb{E}[Y-g(X)]^2$从而表示预测误差平方期望值。因此命题 2.11 意味着，在X的所有函数中，条件期望$\mathbb{E}(Y|X)$能够最好地拟合Y与X，图 2-11 较为直观地展示了这一点。证明命题 2.11 需要用到条件期望的性质，因此在具体证明该命题之前，首先来介绍条件期望的一些重要性质。

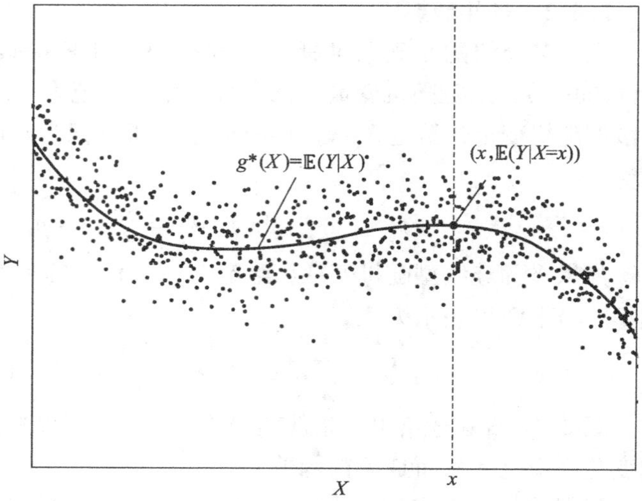

图 2-11 条件期望$\mathbb{E}(Y|X)$与Y对X的拟合

性质 1：若$g(X)$，$h(X)$为随机变量X的任意函数，$\{Y_i, i=1,2,\cdots,K\}$为随机变量，那么

$$\mathbb{E}\left[\sum_{i=1}^{K} g(X)\,Y_i + h(X)\,\Big|X\right] = \sum_{i=1}^{K} g(X)\,\mathbb{E}(Y_i \mid X) + h(X) \tag{2-68}$$

性质 2：迭代期望定律（Law of Iterated Expectations, LIE）：条件期望$\mathbb{E}(Y|X)$的期望$\mathbb{E}[\mathbb{E}(Y|X)]$等于无条件期望$\mathbb{E}(Y)$，即

$$\mathbb{E}[\mathbb{E}(Y|X)] = \mathbb{E}(Y) \tag{2-69}$$

迭代期望定律是计量经济分析应用最为广泛的条件期望性质之一。不失一般性，下面以离散型随机变量为例来证明迭代期望定律：①

证明：

$$\begin{aligned}
\mathbb{E}[\mathbb{E}(Y|X)] &= \mathbb{E}_X[\mathbb{E}_{Y|X}(Y|X)] \\
&= \sum_x [\mathbb{E}_{Y|X}(Y|X=x)]\,p_X(x) \\
&= \sum_x \left(\sum_y y\cdot p_{Y|X}(y|x)\right) p_X(x) \\
&= \sum_x \left(\sum_y y\cdot p_{X,Y}(x,y)\right) \\
&= \sum_y y\left(\sum_x p_{X,Y}(x,y)\right) \\
&= \sum_y y\cdot p_Y(y) = \mathbb{E}(Y)
\end{aligned}$$

其中，注意到由于$\mathbb{E}(Y|X)$是随机变量 X 的函数，因此$\mathbb{E}[\mathbb{E}(Y|X)]$中的外层期望是关于 X 的。

□

迭代期望定律更一般的形式是：

$$\mathbb{E}[\mathbb{E}(Y|X_1,X_2)|X_1] = \mathbb{E}(Y|X_1) \tag{2-70}$$

式(2-70)并不是非常直观，对其简单变形得到$\mathbb{E}[Y-\mathbb{E}(Y|X_1,X_2)|X_1]=0$后，则相对容易理解。从形式上，$\mathbb{E}[Y-\mathbb{E}(Y|X_1,X_2)|X_1]=0$可以理解为，一旦将$X_1$与$X_2$的信息——$\mathbb{E}(Y|X_1,X_2)$从 Y 中剔除，那么X_1与 Y 就独立了。下面给出式(2-70)的具体证明过程。

证明：

$$\begin{aligned}
\mathbb{E}[\mathbb{E}(Y|X_1,X_2)|X_1] &= \mathbb{E}_{X_2|X_1}[\mathbb{E}_{Y|X_1,X_2}(Y|X_1,X_2)|X_1] \\
&= \sum_{x_2} \mathbb{E}(Y|X_1=x_1,X_2=x_2)\,p_{X_2|X_1}(x_2|x_1) \\
&= \sum_{x_2}\sum_y [y\cdot p_{Y|X_1,X_2}(y|x_1,x_2)]\,p_{X_2|X_1}(x_2|x_1) \\
&= \sum_{x_2}\sum_y y\cdot p_{Y,X_2|X_1}(y,x_2|x_1) \\
&= \sum_y y\sum_{x_2} p_{Y,X_2|X_1}(y,x_2|x_1) \\
&= \sum_y y\cdot p_{Y|X_1}(y|x_1) = \mathbb{E}(Y|X_1)
\end{aligned}$$

□

---

① 连续型情形的证明过程如下：

$$\begin{aligned}
\mathbb{E}[\mathbb{E}(Y|X)] &= \int\left[\mathbb{E}_{Y|X}(Y|X=x)\right] f_X(x)\,\mathrm{d}x \\
&= \int\left[\int y f_{Y|X}(y|x)\,\mathrm{d}y\right] f_X(x)\,\mathrm{d}x \\
&= \int y\left[\int f_{X,Y}(x,y)\,\mathrm{d}x\right]\mathrm{d}y \\
&= \int y f_Y(y)\,\mathrm{d}y = \mathbb{E}(Y)
\end{aligned}$$

迭代期望定律另外一个形式是：

$$\mathbb{E}[\mathbb{E}(Y|X_1)|X_1, X_2]=\mathbb{E}(Y|X_1) \tag{2-71}$$

式(2-71)给出的迭代期望定律非常容易证明：由于$\mathbb{E}(Y|X_1)$是随机变量X_1的函数，因此一旦给定X_1和X_2，$\mathbb{E}(Y|X_1)$是一个常数，而常数的期望等于它自身。

性质3：如果随机变量X和Y均与U独立，那么则有：

$$\mathbb{E}(Y|X,U)=\mathbb{E}(Y|X) \tag{2-72}$$

证明：

显然地，证明性质3只需要证明如下等式成立即可：

$$p_{Y|X,U}(y|x,u)=p_{Y|X}(y|x)$$

结合贝叶斯定理以及随机变量X和Y均与U独立这一条件可得：

$$p_{Y|X,U}(y|x,u)=\frac{p_{Y,X,U}(y,x,u)}{p_{X,U}(x,u)}=\frac{p_{Y,X}(y,x)p_U(u)}{p_X(x)p_U(u)}=p_{Y|X}(y|x)$$

其中，第一个等式用到的是贝叶斯定理，第二个等式用到的是随机变量X和Y均与U独立。

所以可以得到：

$$\mathbb{E}(Y|X,U)=\int Y\cdot p_{Y|X,U}(y|x,u)\mathrm{d}y=\int Y\cdot p_{Y|X}(y|x)\mathrm{d}y=\mathbb{E}(Y|X)$$

故命题得证。

□

对于性质3，值得特别强调的是，要保证等式$\mathbb{E}(Y|X,U)=\mathbb{E}(Y|X)$成立需要随机变量$X$和$Y$均与$U$独立，在仅给定$Y$与$U$独立的条件下，无法保证该等式成立。

性质4：定义$u=Y-\mathbb{E}(Y|X)$(等价地，$Y=\mathbb{E}(Y|X)+u$)，那么则有u与X均值独立，即

$$\mathbb{E}(u|X)=0 \tag{2-73}$$

证明：

对于等式$u=Y-\mathbb{E}(Y|X)$两边同时取给定X的条件期望可得

$$\mathbb{E}(u|X)=\mathbb{E}[Y-\mathbb{E}(Y|X)|X]$$

进一步利用迭代期望定律可得：

$$\mathbb{E}(u|X)=0$$

故命题得证。

□

性质5：若$\mathbb{E}(\epsilon|X)=0$，那么$\mathbb{E}(\epsilon)=0$(利用迭代期望定律得$\mathbb{E}[\mathbb{E}(\epsilon|X)]=\mathbb{E}(\epsilon)=0$)。

性质6：若$\mathbb{E}(\epsilon|X)=0$，令$g(X)$表示随机变量X的任意函数，那么则有：

$$\mathbb{E}[g(X)\epsilon]=0$$

证明：

$$\mathbb{E}[g(X)\epsilon]=\mathbb{E}(\mathbb{E}[g(X)\epsilon|X])=\mathbb{E}[g(X)\mathbb{E}(\epsilon|X)]=0$$

其中，第一个等式用到了迭代期望定律；第二个等式用到的是，在给定X的条件下，$g(X)$为常数，从而可以移到期望算子之外。

故命题得证。

□

性质 5 与性质 6 的一个重要应用是，若$\mathbb{E}(\epsilon|X)=0$，那么ϵ与X不相关，即

$$\mathrm{Cov}(X,\epsilon)=0$$

证明：

$$\mathrm{Cov}(X,\epsilon)=\mathbb{E}([X-\mathbb{E}(X)][\epsilon-\mathbb{E}(\epsilon)])=\mathbb{E}([X-\mathbb{E}(X)]\epsilon)=0$$

其中，第二个等式用到了性质 5，即$\mathbb{E}(\epsilon|X)=0\Rightarrow\mathbb{E}(\epsilon)=0$；第三个等式则用了性质 6。

故命题得证。

□

有了以上几个条件期望的性质，现在我们就可以证明命题 2.11 了，即$g^*(X)\equiv\mathbb{E}(Y|X)=\arg\min\limits_{\{g(X)\in\mathscr{G}\}}\mathbb{E}[Y-g(X)]^2$。下面，我们给出命题 2.11 具体的证明步骤。

证明：

$$\begin{aligned}\mathbb{E}[Y-g(X)]^2&=\mathbb{E}[Y-\mathbb{E}(Y|X)+\mathbb{E}(Y|X)-g(X)]^2\\&=\mathbb{E}[Y-\mathbb{E}(Y|X)]^2+\mathbb{E}[\mathbb{E}(Y|X)-g(X)]^2+2\mathbb{E}\{[Y-\mathbb{E}(Y|X)][\mathbb{E}(Y|X)-g(X)]\}\\&=\mathbb{E}[Y-\mathbb{E}(Y|X)]^2+\mathbb{E}[\mathbb{E}(Y|X)-g(X)]^2\\&\geqslant\mathbb{E}[Y-\mathbb{E}(Y|X)]^2\end{aligned}$$

其中，$\mathbb{E}\{[Y-\mathbb{E}(Y|X)][\mathbb{E}(Y|X)-g(X)]\}=0$，利用的是性质 4 和性质 6。

故命题得证。

□

对应无条件期望情形，条件期望的简森不等式可以表示为：

$$\mathbb{E}[g(Y)\mid X]\leqslant g(\mathbb{E}(Y|X))\tag{2-74}$$

其中，$g(X)$为凸函数。

2.4.3 条件方差

上小节介绍了条件期望，下面介绍**条件方差**（Conditional Variance）。基于条件期望$\mathbb{E}(Y|X)$可以很容易地定义条件方差的$\mathrm{Var}(Y|X)$：

$$\mathrm{Var}(Y|X)=\mathbb{E}\{[Y-\mathbb{E}(Y|X)]^2\mid X\}=\mathbb{E}(Y^2|X)-[\mathbb{E}(Y|X)]^2\tag{2-75}$$

值得指出的是，由于条件期望$\mathbb{E}(Y|X)$是X的函数，根据式(2-75)可得$\mathrm{Var}(Y|X)$同样是X的函数。基于条件方差可以得到如下计量经济分析常用到的重要命题：

命题 2.12：方差分解公式（Decomposition of Variance）：

$$\mathrm{Var}(Y)=\mathbb{E}[\mathrm{Var}(Y|X)]+\mathrm{Var}[\mathbb{E}(Y|X)]\tag{2-76}$$

方差分解公式意味着，随机变量Y的方差$\mathrm{Var}(Y)$能够分解为两个部分：一是可以被条件期望变异解释的部分，$\mathrm{Var}[\mathbb{E}(Y|X)]$；二是无法被条件期望变异解释的部分，$\mathbb{E}[\mathrm{Var}(Y|X)]$。

证明：

$$\begin{aligned}\mathrm{Var}(Y)&=\mathbb{E}[Y-\mathbb{E}(Y)]^2\\&=\mathbb{E}[Y-\mathbb{E}(Y|X)+\mathbb{E}(Y|X)-\mathbb{E}(Y)]^2\\&=\mathbb{E}[Y-\mathbb{E}(Y|X)]^2+\mathbb{E}[\mathbb{E}(Y|X)-\mathbb{E}(Y)]^2+2\mathbb{E}\{[Y-\mathbb{E}(Y|X)][\mathbb{E}(Y|X)-\mathbb{E}(Y)]\}\\&=\mathbb{E}[Y-\mathbb{E}(Y|X)]^2+\mathbb{E}[\mathbb{E}(Y|X)-\mathbb{E}(Y)]^2\\&=\mathbb{E}\{\mathbb{E}([Y-\mathbb{E}(Y|X)]^2\mid X)\}+\mathbb{E}\{\mathbb{E}(Y|X)-\mathbb{E}[\mathbb{E}(Y|X)]\}^2\\&=\mathbb{E}[\mathrm{Var}(Y|X)]+\mathrm{Var}[\mathbb{E}(Y|X)]\end{aligned}$$

其中，第四个等式用到的是$\mathbb{E}\{[Y-\mathbb{E}(Y|X)][\mathbb{E}(Y|X)-\mathbb{E}(Y)]\}=0$，前述已介绍该等式成立的原因，第五个等式用到了迭代期望定律，最后一个等式用到了条件方差的定义式$\mathrm{Var}(Y|X)=\mathbb{E}\{[Y-\mathbb{E}(Y|X)]^2|X\}$。

故命题得证。

□

命题 2.13：条件方差分解公式(Decomposition of Conditional Variance)：对于随机变量X，Y和Z而言，如下不等式成立：

$$\mathrm{Var}(Y|X)=\mathbb{E}[\mathrm{Var}(Y|X,Z)|X]+\mathrm{Var}[\mathbb{E}(Y|X,Z)|X] \tag{2-77}$$

命题 2.13 的证明过程与命题 2.12 非常类似。① 对式(2-76)给出的条件方差分解公式应用迭代期望定律可以直接得到如下重要不等式：

命题 2.14：对于随机变量X，Y和Z而言，如下不等式成立：

$$\mathbb{E}[\mathrm{Var}(Y|X)]\geqslant\mathbb{E}[\mathrm{Var}(Y|X,Z)] \tag{2-78}$$

命题 2.14 含义非常直观：**平均而言，额外的信息会降低随机变量的方差**。式(2-78)中添加期望算子的原因是，X与Z是随机的，而$\mathrm{Var}(Y|X)$与$\mathrm{Var}(Y|X,Z)$分别是它们的函数，从而也是随机的。特别地，当X与Z表示确定性常数(或信息)时，式(2-78)则退化为$\mathrm{Var}(Y|X)\geqslant\mathrm{Var}(Y|X,Z)$。

2.4.4 断尾正态分布的条件期望和条件方差

现在具体介绍断尾正态分布的条件期望和条件方差。在本书的第九章 Tobit 模型部分会经常用到这个内容。

命题 2.15：若X服从标准正态分布，即$X\sim\mathcal{N}(0,1)$，c为任意常数，那么$\mathbb{E}(X|X\geqslant c)$的表达式为：

$$\mathbb{E}(X|X\geqslant c)=\frac{\phi(c)}{1-\Phi(c)} \tag{2-79}$$

其中，$\Phi(\cdot)$为标准正态分布概率密度函数，$\Phi(\cdot)$为标准正态分布累积概率分布函数。

证明：

$$\begin{aligned}\mathbb{E}(X|X\geqslant c)&=\int_c^{\infty}x\frac{\phi(x)}{1-\Phi(c)}\mathrm{d}x\\&=\frac{1}{1-\Phi(c)}\int_c^{\infty}x\frac{1}{\sqrt{2\pi}}\mathrm{e}^{-\frac{x^2}{2}}\mathrm{d}x\end{aligned}$$

---

① 命题 2.13 的具体证明过程如下：

$$\begin{aligned}\mathrm{Var}(Y|X)&=\mathbb{E}\{[Y-\mathbb{E}(Y|X)]^2|X\}\\&=\mathbb{E}\{[Y-\mathbb{E}(Y|X,Z)+\mathbb{E}(Y|X,Z)-\mathbb{E}(Y|X)]^2|X\}\\&=\mathbb{E}\{[Y-\mathbb{E}(Y|X,Z)]^2|X\}+\mathbb{E}\{[\mathbb{E}(Y|X,Z)-\mathbb{E}(Y|X)]^2|X\}\\&=\mathbb{E}(\mathbb{E}\{[Y-\mathbb{E}(Y|X,Z)]^2|X,Z\}|X)+\mathbb{E}\{[\mathbb{E}(Y|X,Z)-\mathbb{E}(\mathbb{E}(Y|X,Z)|X)]^2|X\}\\&=\mathbb{E}[\mathrm{Var}(Y|X,Z)|X]+\mathrm{Var}[\mathbb{E}(Y|X,Z)|X]\end{aligned}$$

其中，第三个等式用到$\mathbb{E}\{[Y-\mathbb{E}(Y|X,Z)][\mathbb{E}(Y|X,Z)-\mathbb{E}(Y|X)]|X\}=0$(利用条件期望的性质 4 和性质 6 可以很容易证明)，第四个等式用到的是迭代期望定律，最后一个等式用到的是条件方差的定义。

$$= \frac{1}{1-\Phi(c)} \frac{1}{\sqrt{2\pi}} e^{-\frac{c^2}{2}}$$

$$= \frac{\phi(c)}{1-\Phi(c)}$$

故命题得证。

□

命题 2.16：条件方差 $\mathrm{Var}(X \mid X \geqslant c)$ 的表达式为：

$$\mathrm{Var}(X \mid X \geqslant c) = 1 + c\frac{\phi(c)}{1-\Phi(c)} - \left[\frac{\phi(c)}{1-\Phi(c)}\right]^2 \tag{2-80}$$

证明：

根据条件方差的定义：

$$\mathrm{Var}(X \mid X \geqslant c) = \mathbb{E}(X^2 \mid X \geqslant c) - [\mathbb{E}(X \mid X \geqslant c)]^2$$

因此，计算 $\mathrm{Var}(X \mid X \geqslant c)$ 只需分别计算 $\mathbb{E}(X^2 \mid X \geqslant c)$ 与 $[\mathbb{E}(X \mid X \geqslant c)]^2$。首先来看 $\mathbb{E}(X^2 \mid X \geqslant c)$ 的具体表达式：

$$\begin{aligned}
\mathbb{E}(X^2 \mid X \geqslant c) &= \int_c^{\infty} x^2 \left[\frac{\phi(x)}{1-\Phi(c)}\right] dx \\
&= \frac{1}{1-\Phi(c)} \int_c^{\infty} x^2 \left[\frac{1}{\sqrt{2\pi}} \exp\left(-\frac{x^2}{2}\right)\right] dx \\
&= -\frac{1}{1-\Phi(c)} \int_c^{\infty} x \frac{\partial}{\partial x}\left[\frac{1}{\sqrt{2\pi}} \exp\left(-\frac{x^2}{2}\right)\right] dx \\
&= -\frac{1}{1-\Phi(c)} \left[x \frac{1}{\sqrt{2\pi}} \exp\left(-\frac{x^2}{2}\right)\right]_c^{\infty} + \frac{1}{1-\Phi(c)} \int_c^{\infty} \left[\frac{1}{\sqrt{2\pi}} \exp\left(-\frac{x^2}{2}\right)\right] dx \\
&= c\frac{\phi(c)}{1-\Phi(c)} + \frac{1}{1-\Phi(c)}[1-\Phi(c)] \\
&= c\frac{\phi(c)}{1-\Phi(c)} + 1
\end{aligned}$$

其中，第一行等式成立用到的是 $\mathbb{E}_{X \mid X>c}(x \mid x \geqslant c) = \dfrac{\phi(x)}{1-\Phi(c)}$，即断尾分布的概率密度公式。

又因为

$$[\mathbb{E}(X \mid X \geqslant c)]^2 = \left[\frac{\phi(c)}{1-\Phi(c)}\right]^2$$

所以

$$\mathrm{Var}(X \mid X \geqslant c) = 1 + c\frac{\phi(c)}{1-\phi(c)} - \left[\frac{\phi(c)}{1-\Phi(c)}\right]^2$$

故命题得证。

□

2.5 渐近理论

一般而言，在概率论中，**渐近理论**(Asymptotic Theory)是刻画随机变量在极限附近特征的理论。本节给出与本书内容密切相关的结论，详细证明所有结论超出了本书范围，对具体证明感兴趣的读者可参考 Rao(1973)，Lukacs(1975)与 White(1984,2001)这几本经典教材。与现有流行的微观计量经济学教材类似，本书介绍的模型均假定**独立同分布**(Independent and Identically Distributed,*i. i. d*)数据生成过程，因此本节所介绍的渐近理论是对于独立同分布数据生成过程而言的。

2.5.1 为什么需要渐近理论

在介绍渐近理论的具体内容之前，首先来回答计量经济分析为什么需要渐近理论。我们知道，模型参数 $\boldsymbol{\Theta}$ 的估计量$\hat{\boldsymbol{\Theta}}$往往是数据 $\mathscr{D}=\{\boldsymbol{y},\ \boldsymbol{X}\}$(其中,$\boldsymbol{y}$ 为被解释变量数据矩阵,$\boldsymbol{X}$ 为解释变量数据矩阵)的特定函数。① 特别地，在第三章中读者将看到，线性模型$y_i=\boldsymbol{x}'_i\boldsymbol{\Theta}+\epsilon_i$参数 $\boldsymbol{\Theta}$ 的最小二乘估计量(Ordinary Least Squares Estimator,OLS)可以表示为：

$$\hat{\boldsymbol{\Theta}}_{\mathrm{OLS}}=\left(\sum_{i=1}^{N}\boldsymbol{x}_i\boldsymbol{x}_i'\right)^{-1}\left(\sum_{i=1}^{N}\boldsymbol{x}_i y_i\right)=(\boldsymbol{X}'\boldsymbol{X})^{-1}\boldsymbol{X}'\boldsymbol{y} \tag{2-81}$$

其中，$\boldsymbol{X}=\begin{bmatrix}\boldsymbol{x}_1'\\ \boldsymbol{x}_2'\\ \vdots\\ \boldsymbol{x}_N'\end{bmatrix}$，$\boldsymbol{y}=\begin{bmatrix}y_1\\ y_2\\ \vdots\\ y_N\end{bmatrix}$，$\boldsymbol{x}_i$表示个体 i 解释变量的取值，y_i为个体 i 被解释变量的取值。

由于数据 $\mathscr{D}=\{\boldsymbol{y},\ \boldsymbol{X}\}$本身是随机的，因此参数估计量$\hat{\boldsymbol{\Theta}}$是随机变量。回忆初(中)级计量经济学相关知识点我们知道，获取估计量后，可以通过无偏性和有效性来判断这个估计量的优劣：如果$\mathbb{E}(\hat{\boldsymbol{\Theta}})=\boldsymbol{\Theta}$，那么这个估计量被称为**无偏估计量**(Unbiased Estimator)；给定相同的条件，如果 $\mathrm{Var}(\hat{\boldsymbol{\Theta}})$比其他估计量小，那么这个估计量被称为(相对)**有效估计量**(Efficient Estimator)。无偏性的直观含义是，虽然(由于随机性的存在)$\hat{\boldsymbol{\Theta}}$不等于参数的真实值 $\boldsymbol{\Theta}$，但是平均来说$\hat{\boldsymbol{\Theta}}$取值等于 $\boldsymbol{\Theta}$。有效性的直观含义是，$\hat{\boldsymbol{\Theta}}$为 $\boldsymbol{\Theta}$ 最为准确的估计量。显然，兼具无偏性和有效性的估计量是一个比较理想的估计量。除了考察无偏性和有效性之外，计量经济学家还往往还进行统计推断(比如,通过假设检验来判断参数估计值是否显著)。

注意到，判断估计量的无偏性和有效性都需要期望算子，统计推断需要知道估计量的概率分布。**在初(中)级计量经济学中，通常假设解释变量是非随机的**，即解释变量数据矩阵 $\boldsymbol{X}$ 为常数，模型的随机性只是来自被解释变量 $\boldsymbol{y}$(或者误差项)，且通常将模型误差设定为正态分布。因此判断估计量的无偏性和有效性以及统计推断都相对比较容易。以最小二乘估计量$\hat{\boldsymbol{\Theta}}_{\mathrm{OLS}}=(\boldsymbol{X}'\boldsymbol{X})^{-1}\boldsymbol{X}'\boldsymbol{y}$ 为例，由于 $\boldsymbol{X}$ 为常数，因此有如下等式成立：

---

① 在线性模型中，估计量$\hat{\boldsymbol{\Theta}}$往往可以写作数据 $\mathscr{D}=\{\boldsymbol{y},\ \boldsymbol{X}\}$ 的显性函数，比如$\hat{\boldsymbol{\Theta}}=g(\mathscr{D})$；而在非线性模型中，$\hat{\boldsymbol{\Theta}}$与数据 $\mathscr{D}=\{\boldsymbol{y},\ \boldsymbol{X}\}$ 的关系通常是以隐性函数的形式存在的，比如 $h(\mathscr{D},\hat{\boldsymbol{\Theta}})=0$。

$$\mathbb{E}(\hat{\Theta}_{OLS})=\mathbb{E}[(X'X)^{-1}X'y]=\mathbb{E}[(X'X)^{-1}]\mathbb{E}(X'y)=\Theta+\mathbb{E}[(X'X)^{-1}]\mathbb{E}(X'\epsilon) \quad (2-82)$$

基于式(2-82)能够容易地判断估计量的无偏性，由于 Var($\hat{\Theta}$)本质上是个期望算子，有效性的判断也相对比较简单(参见本书第三章)。此外，在 X 非随机且模型误差服从正态分布的条件下，$\hat{\Theta}_{OLS}=\Theta+(X'X)^{-1}X'\epsilon$ 显然亦服从正态分布，统计推断从而也非常简单。然而将解释变量设定为非随机变量具有一个非常大的缺点：该情形下，解释变量与误差项将一定不相关，从而排除了模型内生性这一重要内容。有鉴于此，**在高级计量经济学中，解释变量通常被视为随机变量**，即解释变量数据矩阵 X 为随机的，且放松了模型误差项服从正态分布的假定。这大大增加了判断估计量的无偏性和有效性以及统计推断的难度。同样以最小二乘估计量$\hat{\Theta}_{OLS}$为例，由于 X 不再是常数，因此：

$$\mathbb{E}(\hat{\Theta}_{OLS})=\mathbb{E}[(X'X)^{-1}X'y]\neq\mathbb{E}[(X'X)^{-1}]\mathbb{E}(X'y)=\Theta+\mathbb{E}[(X'X)^{-1}]\mathbb{E}(X'\epsilon) \quad (2-83)$$

从式(2-83)中可以看出，在解释变量随机的情形下，判断估计量无偏性的难度大大增加了，由于 Var($\hat{\Theta}$)本质上是个期望算子，因此估计量有效性的判断也变得非常复杂。再来看统计推断。一般而言，统计推断需要知道$\hat{\Theta}_{OLS}=\Theta+(X'X)^{-1}X'\epsilon$ 的分布，然而，在 X 随机以及模型误差项 ϵ 不服从正态分布的条件下，很难得到$\hat{\Theta}_{OLS}$的分布。

综上可知，判断估计量的无偏性和有效性以及统计推断所面临的困难主要体现在两个方面：第一，$\mathbb{E}(\hat{\Theta})=\mathbb{E}[g(\mathscr{D})]\neq g(\mathbb{E}(\mathscr{D}))$，即期望算子无法穿过非线性函数，特别地，对于 OLS 估计量而言，$\mathbb{E}(\hat{\Theta}_{OLS})=\mathbb{E}[(X'X)^{-1}X'y]\neq\mathbb{E}[(X'X)^{-1}]\mathbb{E}(X'y)$；第二，难以获取估计$\hat{\Theta}$的精确分布。然而，在本节读者将看到，这两个方面的难点都能够通过渐近分析很容易地得到解决：首先，对于任意连续函数 $g(\cdot)$，渐近分析中的依概率收敛算子 Plim 都满足等式 Plim $g(\mathscr{D})=g(\text{Plim}\mathscr{D})$，即依概率收敛算子可以穿过(连续)非线性函数，这就是著名的**斯勒茨基定理**(Slutsky's Theorem)。其次，渐近分析中的中心极限定理保证，当样本量趋近于无穷大时，估计量$\hat{\Theta}$的分布为正态分布。**由此可见，渐近理论实际上是简化了计量经济分析**。基于渐近理论所得到的参数估计量的性质被统称为**大样本性质**。

2.5.2 收敛与有界

本小节简要复习高等数学中确定性数列的**收敛**(Convergence)和**有界**(Bounded)。这两个概念是后续渐近分析的基础。令$\{b_n\}$表示实数序列，直观上看，数列收敛的含义是，随着 n 趋近于无穷大，b_n的取值无限接近某一特定数值；数列$\{b_n\}$有界的含义是，数列中所有的数值都介于某一区间内。收敛和有界的正式定义如下：

收敛(Convergence)：若对于任意大于 0 的实数 δ，存在一个有限的正整数N_δ，使得当 $n\geqslant N_\delta$时，$|b_n-b|<\delta$，那么数列$\{b_n\}$收敛至 b，或者说数列$\{b_n\}$的极限为 b，通常记作：

$$\lim_{n\to\infty}b_n=b，\text{或}b_n\longrightarrow b$$

有界(Bounded)**定义 1**：若对于任意正整数 n，存在一个大于 0 的实数 Δ 使$|b_n|<\Delta$ 成立，那么数列$\{b_n\}$有界。

有界(Bounded)**定义 2**：若对于某一大于 0 的实数 Δ，存在一个有限的正整数N_Δ，使得当

$n\geqslant N_\Delta$时，$|b_n|<\Delta$，那么数列$\{b_n\}$有界。

以上两个数列有界的定义虽然形式不同，但是本质上是等价的。具体而言，基于定义1显然可以直接得到定义2。在定义2中，由于在N_Δ前的项数$(N_\Delta-1)$是有限的，从而总是存在最大值和最小值，结合N_Δ后的b_n满足$|b_n|<\Delta$可得定义1。数列有界定义1的优点是比较直观，定义2的优点是与收敛的定义具有相似的表述结构。关于有界与收敛的关系有如下重要命题：

命题2.17：有界数列不一定收敛，收敛数列一定有界。

证明：

由于数列$\{-1^n\}$有界但是不收敛，因此有界数列不一定收敛；基于收敛的定义与数列有界定义2可以直接得到收敛数列一定有界。

□

若数列$\left\{\frac{b_n}{N^\lambda}\right\}$收敛至0，即$\frac{b_n}{N^\lambda}\longrightarrow 0$，那么数列$\{b_n\}$为$o(N^\lambda)$，记为$b_n=o(N^\lambda)$。特别地，当$\lambda=0$时，数列$\{b_n\}$收敛至0，记为$b_n=o(1)$。若数列$\left\{\frac{b_n}{N^\lambda}\right\}$有界，那么数列$\{b_n\}$为$O(N^\lambda)$，记为$b_n=O(N^\lambda)$。特别地，当$\lambda=0$时，数列$\{b_n\}$有界，记为$b_n=O(1)$。基于这些定义可以得到如下常用命题：

命题2.18：假设$\kappa>\lambda$可得：

(1) 如果$a_n=O(N^\lambda)$，$b_n=O(N^\kappa)$，那么则有$a_n+b_n=O(N^\kappa)$和$a_nb_n=O(N^{\lambda+\kappa})$；

(2) 如果$a_n=o(N^\lambda)$，$b_n=o(N^\kappa)$，那么则有$a_n+b_n=o(N^\kappa)$和$a_nb_n=o(N^{\lambda+\kappa})$；

(3) 如果$a_n=O(N^\lambda)$，$b_n=o(N^\kappa)$，那么则有$a_n+b_n=O(N^\kappa)$和$a_nb_n=o(N^{\lambda+\kappa})$。

证明：(White,1984,2001) *

(1) 因为$a_n=O(N^\lambda)$和$b_n=O(N^\kappa)$，所以存在一个实数Δ，使得$\left|\frac{a_n}{N^\lambda}\right|\leqslant\Delta$和$\left|\frac{b_n}{N^\kappa}\right|\leqslant\Delta$对于所有的$N$都成立，进而可以得到$\left|\frac{a_n+b_n}{N^\kappa}\right|\leqslant\left|\frac{a_n}{N^\kappa}\right|+\left|\frac{b_n}{N^\kappa}\right|\leqslant\left|\frac{a_n}{N^\kappa}\right|+\left|\frac{b_n}{N^\lambda}\right|<2\Delta$，因此$a_n+b_n=O(N^\kappa)$。此外，容易看出$\left|\frac{a_nb_n}{N^{\lambda+\kappa}}\right|=\left|\frac{a_n}{N^\lambda}\right|\left|\frac{b_n}{N^\kappa}\right|<\Delta^2$，从而有$a_nb_n=O(N^{\lambda+\kappa})$。

(2) 利用收敛的定义，证明过程与(1)完全类似。

(3) 因为$b_n=o(N^\kappa)$，即$\frac{b_n}{N^\kappa}\longrightarrow 0$，根据命题2.17可得，$\left\{\frac{b_n}{N^\kappa}\right\}$为有界数列，即$b_n=O(N^\kappa)$，进一步利用前述结论(1)可得，$a_n+b_n=O(N^\kappa)$。现在来证明$a_nb_n=o(N^{\lambda+\kappa})$。因为$a_n=O(N^\lambda)$，所以存在一个实数$\Delta$使$\left|\frac{a_n}{N^\lambda}\right|\leqslant\Delta$对于所有的$N$都成立。设$\delta$为任意大于0的实数，且令$\tilde{\delta}=\frac{\delta}{\Delta}$，那么根据$b_n=o(N^\kappa)$，总存在一个有限的正整数$N_{\tilde{\delta}}$，使得当$n\geqslant N_{\tilde{\delta}}$时，$\left|\frac{b_n}{N^\kappa}-0\right|<\tilde{\delta}$。据此可得$\left|\frac{a_nb_n}{N^{\lambda+\kappa}}\right|=\left|\frac{a_n}{N^\lambda}\right|\left|\frac{b_n}{N^\kappa}\right|<\Delta\cdot\tilde{\delta}=\delta$，因此$a_nb_n=o(N^{\lambda+\kappa})$。

□

当 $\lambda=\kappa=0$ 时，可以得到命题 2.18 的非常有用的特殊情形：对应于命题 2.18 的第一个结论有，两个有界数列之和为有界数列，两个有界数列之积为有界数列；对应于命题 2.18 的第二个结论有，两个收敛至 0 的数列之和为收敛至 0 的数列，两个收敛至 0 的数列之积为收敛至 0 的数列；对应于命题 2.18 的第三个结论有，有界数列 $O(1)$ 与收敛至 0 的数列 $o(1)$ 之和为有界数列 $O(1)$，有界数列 $O(1)$ 与收敛至 0 的数列 $o(1)$ 之积为收敛至 0 的数列 $o(1)$。

连续函数：对于任意 $b_n \longrightarrow b$ 的数列 $\{b_n\}$，都有

$$g(b_n) \longrightarrow g(b)$$

那么函数 $g(\cdot)$ 为**连续函数**(Continuous Function)。

最后值得指出的是，以上定义和命题可以直接推广到向量和矩阵的情形。

2.5.3 依概率收敛与依概率有界

上一小节介绍的是确定性数列的有界和收敛问题，本小节介绍随机数列的有界和收敛问题。与确定性数列的一个最大的不同是，由于随机性的存在，通常情形下，随机数列不会确定性地位于特定区间内，也不会确定性地收敛至特定数值。为了比较直观地理解这一点，考虑抛掷一枚均匀硬币的试验。令数列 $\{b_n: n=10, 20, 30, \cdots\}$ 表示抛掷 n 次硬币正面朝上频率的序列。特别地，b_{20} 表示抛掷 20 次硬币正面朝上的频率。显然，数列 $\{b_n\}$ 是随机的，b_n 为随机变量，具体而言，对于不同的试验，数列 $\{b_n\}$ 是不同的。图 2-12 绘制了基于四次试验所得到的数列，不难发现，这四个数列均存在差异，比如，在这四次试验中，b_{200} 的取值均不相同(在图中用较大的圆点标注)。从图 2-12 中可以看出，随着抛掷次数的增加，硬币正面朝上的频率落在概率 0.5 附近的可能性越大。但是不论抛掷次数多么大，由于随机性的存在，硬币正面朝上的频率都不会确定的等于 0.5。最后一幅子图给出了抛掷 2 000 次硬币，正面朝上的频率较远偏离 0.5 的情形。事实上，对于任意大的抛掷次数，硬币正面朝上的频率都有可能较远偏离 0.5，只是可能性任意小。

由于随机性的存在，因此需要借助于概率语言来描述随机数列的收敛和有界。事实上，随机变量 b_n 可视为定义在空间 Ω 上的函数，令 w 表示 Ω 中的一个特定元素，那么 $b_n(w)$ 则表示随机变量的一个实现。随机数列收敛与有界的定义具体如下：

依概率收敛(Convergence in Probability)[①]：若对于任意大于 0 的实数 δ，均有如下等式成立：[②]

$$\lim_{n\to\infty}\Pr(w: |b_n(w)-b|<\delta)=1$$

那么数列 $\{b_n\}$ **依概率收敛**至实数 b，通常记作 $\text{Plim}\ b_n=b$ 或者 $b_n \xrightarrow{p} b$。

依概率有界(Bounded in Probability)：若对于某一大于 0 的实数 Δ，均有如下等式成立：[③]

$$\lim_{n\to\infty}\Pr(w: |b_n(w)|>\Delta)=0$$

那么数列 $\{b_n\}$ **依概率有界**。

---

① 除了依概率收敛之外，随机数列常用收敛定义还有**几乎必然收敛**(依概率 1 收敛)(Almost Sure Convergence)和 r **阶矩收敛**(Convergence in rth Moment)。本书常用的是依概率收敛。

② 考虑到符号的简便性，$\lim\limits_{n\to\infty}\Pr(w: |b_n(w)-b|<\delta)=1$ 通常简写为，$\lim\limits_{n\to\infty}\Pr(|b_n-b|<\delta)=1$。

③ 考虑到符号的简便性，$\lim\limits_{n\to\infty}\Pr(w: |b_n(w)|>\Delta)=0$ 通常简写为，$\lim\limits_{n\to\infty}\Pr(|b_n|>\Delta)=0$。

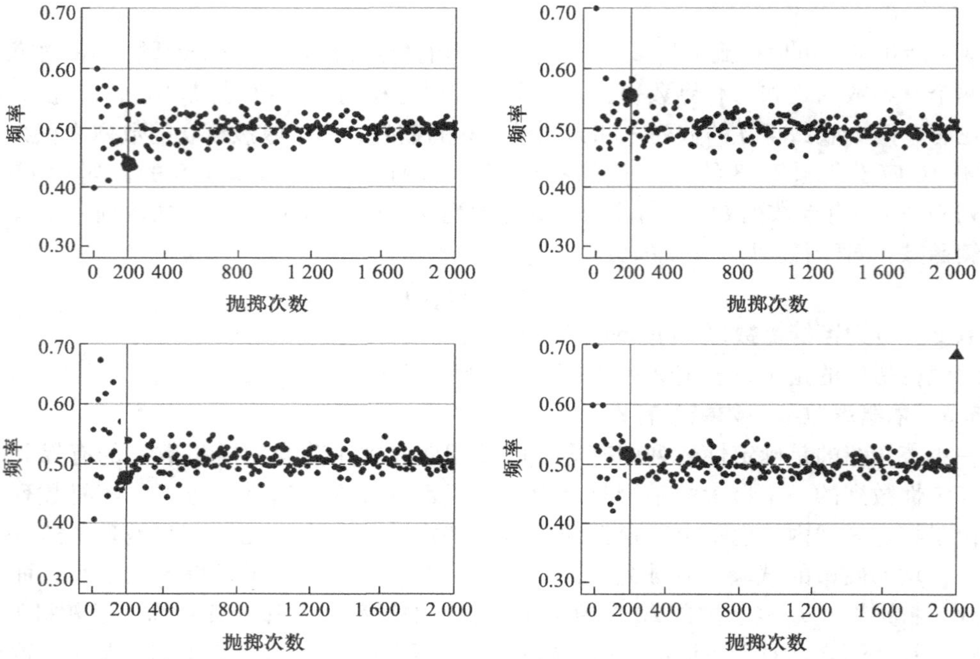

图 2-12 抛掷硬币模拟

注释：模拟抛掷 n 次硬币正面朝上频率b_n的具体做法是：从 0 至 1 的均匀分布里抽取 n 个随机数，用大于 0.5 的随机数个数除以 n 即得到b_n。

对应确定性数列的命题 2.17 可以得到：

命题 2.19：依概率有界数列不一定依概率收敛，依概率收敛数列一定依概率有界。

与确定性数列类似，若数列$\left\{\frac{b_n}{N^\lambda}\right\}$依概率收敛至 0，即$\frac{b_n}{N^\lambda}\xrightarrow{p}0$，那么$\{b_n\}$为$o_p(N^\lambda)$，记为$b_n=o_p(N^\lambda)$。特别地，当 $\lambda=0$ 时，数列$\{b_n\}$依概率收敛至 0，记为$b_n=o_p(1)$。若数列$\left\{\frac{b_n}{N^\lambda}\right\}$依概率有界，那么数列$\{b_n\}$为$O_p(N^\lambda)$，记为$b_n=O_p(N^\lambda)$。特别地，当 $\lambda=0$ 时，数列$\{b_n\}$依概率有界，记为$b_n=O_p(1)$。

对应确定性数列的命题 2.18 可以得到：

命题 2.20：将命题 2.18 中的 o 和 O 符号对应替换为o_p与O_p即可。①

基于依概率收敛可以定义参数估计量的一致性：

一致性(Consistency)：将模型参数 Θ 的估计量记为$\hat{\Theta}$，如果$\hat{\Theta}$依概率收敛至 Θ，即 Plim $\hat{\Theta}=\Theta$，那么$\hat{\Theta}$是参数 Θ 的一个**一致估计量**(Consistent Estimator)。

---

① 假设 $\kappa>\lambda$ 可得：(1)如果$a_n=O_p(N^\lambda)$，$b_n=O_p(N^\kappa)$，那么则有$a_n+b_n=O_p(N^\kappa)$和$a_nb_n=O_p(N^{\lambda+\kappa})$；(2)如果$a_n=o_p(N^\lambda)$，$b_n=o_p(N^\kappa)$，那么则有$a_n+b_n=o_p(N^\kappa)$和$a_nb_n=o_p(N^{\lambda+\kappa})$；如果$a_n=O_p(N^\lambda)$，$b_n=o_p(N^\kappa)$，那么则有$a_n+b_n=O_p(N^\kappa)$和$a_nb_n=o_p(N^{\lambda+\kappa})$。

接下来，介绍渐近分析中的一个非常重要的定理：

斯勒茨基定理(Slutsky's Theorem)：若 $g(\cdot)$ 为连续函数，$\text{Plim}\ b_n=b$，那么则有：

$$\text{Plim}\ g(b_n)=g(\text{Plim}\ b_n)$$

或者等价地记为 $g(b_n)\xrightarrow{p}g(b)$。

斯勒茨基定理意味着，Plim 算子可以穿过连续函数。值得注意的是，根据前述介绍，期望算子$\mathbb{E}(\cdot)$不具有这一性质，具体地，若 $g(\cdot)$ 为非线性函数，那么$\mathbb{E}[g(b_n)]\neq g(\mathbb{E}(b_n))$。正是因为如此，考察估计量的一致性比无偏性更容易。

值得指出的是，以上本小节所介绍的定义、命题和定理都可以直接推广至向量和矩阵的情形。

命题 2.21：$\{\boldsymbol{B}_n\}$ 为随机方阵数列，令 $\boldsymbol{B}$ 表示一个可逆的非随机矩阵，若$\boldsymbol{B}_n\xrightarrow{p}\boldsymbol{B}$，那么则有：

$$\boldsymbol{B}_n^{-1}\xrightarrow{p}\boldsymbol{B}^{-1}$$

2.5.4 大数定律

本小节介绍依概率收敛的一个非常重要应用——大数定律。随机序列$\{\boldsymbol{x}_i: i=1, 2, \cdots, N\}$呈现如下几种情形：独立同分布(Independent and Identically Distributed, *i.i.d*)、独立不同分布(Independent and Heterogeneously Distributed)、相关同分布(Dependent and Identically Distributed)以及相关不同分布(Dependent and Heterogeneously Distributed)。对应于不同的情形，大数定律具有不同的表述方式,[①] 但是这些表述都具有如下形式：

White(1984,2001)：对序列$\{\boldsymbol{x}_i: i=1, 2, \cdots, N\}$在矩(Moments)、相关性(Dependence)以及异质性(Heterogeneity)等方面施加特定约束后，可得：

$$\bar{\boldsymbol{x}}_N\equiv\frac{1}{N}\sum_{i=1}^{N}\boldsymbol{x}_i\xrightarrow{p}\mathbb{E}\left(\frac{1}{N}\sum_{i=1}^{N}\boldsymbol{x}_i\right)$$

这里具体介绍序列$\{\boldsymbol{x}_i: i=1, 2, \cdots, N\}$独立同分布情形下的大数定律：

柯尔莫果夫大数定律(Kolmogorov Law of Large Numbers, LLN)：令$\{\boldsymbol{x}_i: i=1, 2, \cdots, N\}$表示**独立同分布**(Independent and Identically Distributed, *i.i.d*)的 $K\times1$ 随机向量序列，且$\mathbb{E}(|x_{ik}|)<\infty$，$k=1, 2, \cdots, K$，那么则有：

$$\bar{\boldsymbol{x}}_N\equiv\frac{1}{N}\sum_{i=1}^{N}\boldsymbol{x}_i\xrightarrow{p}\mathbb{E}\left(\frac{1}{N}\sum_{i=1}^{N}\boldsymbol{x}_i\right)=\mathbb{E}(\boldsymbol{x}_i) \tag{2-84}$$

以上大数定律又被称为**弱大数定律**(Weak LLN)。不难看出，大数定律本质上是随机序列$\{\bar{\boldsymbol{x}}_N: N=1, 2, \cdots\}$的依概率收敛问题。在实际应用中，$\{\boldsymbol{x}_i: i=1, 2, \cdots, N\}$中的 N 通常表示样本容量。因此，大数定律的含义非常直观：当样本容量 N 非常大时，样本均值$\bar{\boldsymbol{x}}_N$以很高的可能性接近总体均值$\mathbb{E}(\boldsymbol{x}_i)$。

图 2-13 通过计算机模拟的方式直观地展示了大数定律。具体地，我们从期望值(总体均

---

① 与独立同分布随机情形对应的是柯尔莫果夫(Kolmogorov)大数定律，与独立不同分布情形对应的是马尔可夫(Markov)大数定律，与相关同分布情形对应的是遍历定理(Ergodic Theorem)，与相关不同分布情形对应的是麦克利什(McLeish)大数定律。

值）为 0.5 的伯努利分布中分别抽取容量为 25、50、100、200、1 000 与 10 000 的样本，每个样本容量的样本均抽取 5 000 次，每次抽取的样本都对应计算样本均值。图 2-13 不同样本容量下样本均值的分布。可以看出，当样本容量逐渐增大时，样本均值越来越密集地集中在总体均值 0.5 附近。

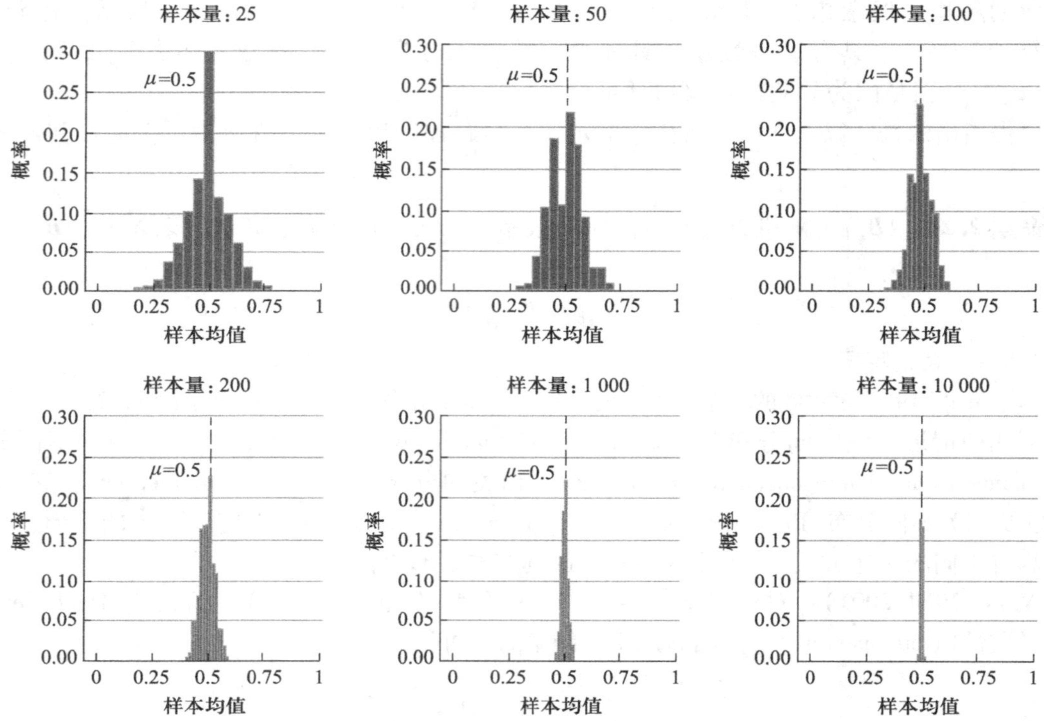

图 2-13 大数定律（Law of Large Numbers，LLN）模拟演示

注释：从期望值为 0.5 的伯努利分布中分别抽取了容量 n 为 25、50、100、200、1 000 与 10 000 的样本，每一容量的样本均抽取 5 000 次。相应地计算每次抽取的样本均值 $\bar{x}$，也就是，在每个样本容量情形下，都得到了 5 000 个样本均值，将这 5 000 个均值以直方图的形式呈现。

大数定律的重要意义至少体现在两个方面：第一，由于在现实数据中，我们通常无法知道总体均值 $\mathbb{E}(\boldsymbol{x}_i)$，只能观测到样本均值 $\bar{\boldsymbol{x}}_N$ 的一个特定的实现。大数定律意味着，在样本容量非常大时，能够采用样本均值 $\bar{\boldsymbol{x}}_N$ 来近似总体期望值 $\mathbb{E}(\boldsymbol{x}_i)$。这是因为，$\bar{\boldsymbol{x}}_N$ 以很高的概率接近 $\mathbb{E}(\boldsymbol{x}_i)$，自然地意味着它特定的实现值与 $\mathbb{E}(\boldsymbol{x}_i)$ 接近的可能性较大。第二，计量经济学中的大部分参数估计量或者统计量都是观测数据样本均值的函数，比如，OLS 估计量 $\hat{\Theta}_{\text{OLS}} = \left(\dfrac{\sum_{i=1}^{N} \boldsymbol{x}_i \boldsymbol{x}_i'}{N}\right)^{-1}\left(\dfrac{\sum_{i=1}^{N} \boldsymbol{x}_i y_i}{N}\right)$，因此大数定律是考察参数估计量一致性所必需的工具。

2.5.5 依分布收敛

随机变量总是服从特定分布，本小节介绍随机变量数列在极限附近的分布。

依分布收敛（Convergence in Distribution）：令 $F_n(x)$ 与 $F(x)$ 分别表示随机变量 X_n 和 X 的累

积概率分布函数，若有如下等式成立

$$\lim_{n\to\infty}F_n(x)=F(x)$$

那么则说随机数列$\{X_n\}$**依分布收敛**至 X，通常记作$X_n\xrightarrow{d}X$。其中，$F(x)$被称为X_n的**极限分布**(Limiting Distribution)。

与依概率收敛和依概率有界的关系相对应，依分布收敛和依概率有界的关系具体由如下命题给出：

命题 2.22：若$X_N\xrightarrow{d}X$，那么$X_N=O_p(1)$。

可以看出，命题 2.22 的一个重要作用是，可以通过随机数列$\{X_n\}$的依分布收敛性来判断其依概率有界。

与依概率收敛的斯勒茨基定理相对应，对于依分布收敛有以下定理：

连续映射定理(Continuous Mapping Theorem)：若$g(\cdot)$为连续函数，$X_N\xrightarrow{d}X$，那么则有：

$$g(X_N)\xrightarrow{d}g(X)$$

渐近等价定理(Asymptotic Equivalence Theorem)：如果$X_N-Y_N\xrightarrow{p}0$，且$X_N\xrightarrow{d}X$，那么则有：

$$Y_N\xrightarrow{d}X$$

不难推知，渐近等价定理的重要意义在于：实际应用中，如果随机数列$\{Y_n\}$的极限分布难以获取，在$X_N-Y_N\xrightarrow{p}0$ 的成立的条件下，可以通过求$\{X_n\}$的极限分布来获取$\{Y_n\}$的极限分布。

同样地，以上本小节所介绍的定义、命题和定理都可直接推广至向量和矩阵的情形。

命题 2.23：$\{\boldsymbol{x}_N\}$为 K 维随机向量数列，$\boldsymbol{A}$ 为任意 $M\times K$ 非随机矩阵，若$\boldsymbol{x}_N\xrightarrow{d}\mathcal{N}(\boldsymbol{0},\boldsymbol{V})$，那么则有：

$$\boldsymbol{A}\boldsymbol{x}_N\xrightarrow{d}\mathcal{N}(\boldsymbol{0},\boldsymbol{AVA}'),\ \boldsymbol{x}_N'\boldsymbol{V}^{-1}\boldsymbol{x}_N\xrightarrow{d}\chi^2(K)$$

2.5.6 中心极限定理

本小节介绍依概率收敛的一个重要应用——中心极限定理。如前所述，模型参数估计量或者统计量一般是样本均值的函数，因此考察模型参数估计量或者统计量的分布需要知道样本均值的分布。然而，在小样本情形下，即便样本基于非常简单的分布生成，也很难获取样本均值的分布。中心极限定理给出了样本均值的极限分布。与大数定律类似，中心极限定理也具有不同的表述方式，[①] 但是这些表述都具有如下形式：

White(1984,2001)：对序列$\{\boldsymbol{x}_i: i=1,2,\cdots,N\}$在矩(Moments)、相关性(Dependence)以及异质性(Heterogeneity)等方面施加特定约束后，可得：

$$\boldsymbol{\Omega}^{-\frac{1}{2}}\left(\frac{1}{N}\sum_{i=1}^{N}\boldsymbol{x}_i-\boldsymbol{\mu}\right)\xrightarrow{d}\mathcal{N}(\boldsymbol{0},\boldsymbol{I})$$

---

① 与独立同分布随机情形对应的是林德伯格-列维(Lindeberg-Levy)中心极限定理，与独立不同分布情形对应的是林德伯格-费勒(Lindeberg-Feller)中心极限定理，与相关同分布情形对应的是斯考特(Scott)中心极限定理，与相关不同分布情形对应的是伍德里奇-怀特(Wooldridge-White)中心极限定理。

其中，$\boldsymbol{\mu}=\mathbb{E}\left(\frac{\sum_{i=1}^{N}\boldsymbol{x}_i}{N}\right)$，$\boldsymbol{\Omega}=\mathrm{Var}\left(\frac{\sum_{i=1}^{N}\boldsymbol{x}_i}{N}\right)$。

这里具体介绍序列$\{\boldsymbol{x}_i: i=1, 2, \cdots, N\}$独立同分布情形下的中心极限定理：

林德伯格－列维中心极限定理（Lindeberg－Levy Central Limit Theorem, CLT）：令$\{\boldsymbol{x}_i: i=1, 2, \cdots, N\}$表示独立同分布（$i.i.d$）的$K\times1$随机向量序列，$\boldsymbol{\mu}=\mathbb{E}(\boldsymbol{x}_i)$，$\boldsymbol{V}=\mathrm{Var}(\boldsymbol{x}_i)$，且假设$\mathbb{E}(x_{ik}^2)<\infty$，$k=1, 2, \cdots, K$以及$\boldsymbol{V}$为正定矩阵（本书总是维持该假定成立），那么则有：

$$\left(\frac{\boldsymbol{V}}{N}\right)^{-\frac{1}{2}}\left(\frac{1}{N}\sum_{i=1}^{N}\boldsymbol{x}_i-\boldsymbol{\mu}\right)\xrightarrow{d}\mathcal{N}(\boldsymbol{0},\boldsymbol{I}) \tag{2-85}$$

其中，由于$\mathbb{E}\left(\frac{\sum_{i=1}^{N}\boldsymbol{x}_i}{N}\right)=\boldsymbol{\mu}$，$\mathrm{Var}\left(\frac{\sum_{i=1}^{N}\boldsymbol{x}_i}{N}\right)=\frac{\boldsymbol{V}}{N}$，因此$\left(\frac{\boldsymbol{V}}{N}\right)^{-\frac{1}{2}}\left(\frac{\sum_{i=1}^{N}\boldsymbol{x}_i}{N}-\boldsymbol{\mu}\right)$为**标准化的**（Standardized）样本均值。

进一步整理式（2-85）可得到如下计量经济学中更加常见的形式：

$$\sqrt{N}\left(\frac{1}{N}\sum_{i=1}^{N}\boldsymbol{x}_i-\boldsymbol{\mu}\right)\xrightarrow{d}\mathcal{N}(\boldsymbol{0},\boldsymbol{V}) \tag{2-86}$$

在式（2-86）中可以看到，中心极限定理需要在$\frac{1}{N}\sum_{i=1}^{N}\boldsymbol{x}_i-\boldsymbol{\mu}$之前乘以$\sqrt{N}$。这是因为$\frac{1}{N}\sum_{i=1}^{N}\boldsymbol{x}_i-\boldsymbol{\mu}$的极限方差为$\lim_{N\to\infty}\frac{\boldsymbol{V}}{N}=\boldsymbol{0}$，从而不存在**非退化的**（Nondegenerate）极限分布。虽然$\frac{1}{N}\sum_{i=1}^{N}\boldsymbol{x}_i-\boldsymbol{\mu}$不存在（非退化的）极限分布，但是基于式（2-86）可以注意到，当样本量N比较大时，可以利用$\mathcal{N}\left(\boldsymbol{0},\ \frac{\boldsymbol{V}}{N}\right)$来**近似**（Approximate）$\frac{1}{N}\sum_{i=1}^{N}\boldsymbol{x}_i-\boldsymbol{\mu}$的真实分布，$\mathcal{N}\left(\boldsymbol{0},\ \frac{\boldsymbol{V}}{N}\right)$被称为$\frac{1}{N}\sum_{i=1}^{N}\boldsymbol{x}_i-\boldsymbol{\mu}$的**渐近分布**（Asymptotic Distribution），一般记作：

$$\frac{1}{N}\sum_{i=1}^{N}\boldsymbol{x}_i-\boldsymbol{\mu}\overset{a}{\sim}\mathcal{N}\left(\boldsymbol{0},\ \frac{\boldsymbol{V}}{N}\right) \tag{2-87}$$

图2-14通过计算机模拟的方式直观地展示了中心极限定理。具体地，我们从期望值为0.3的伯努利分布中分别抽取了容量N为1、2、5、10、20与100的样本，每一容量的样本都抽取了5 000次。图2-14展示了不同样本容量N下标准化样本均值$\frac{\bar{x}_i-\mathbb{E}(\bar{x}_i)}{\mathrm{Var}(\bar{x}_i)}$的分布。可以看出，当$N$逐渐增大时，$\frac{\bar{x}_i-\mathbb{E}(\bar{x}_i)}{\mathrm{Var}(\bar{x}_i)}$的分布越来越趋近于标准正态分布。

最后，关于中心极限定理有以下几点值得强调：第一，中心极限定理刻画的是样本均值的依分布收敛；第二，为保证样本均值具有非退化的极限分布，需要乘以$\sqrt{N}$；第三，中心极限定理没有对$\boldsymbol{x}_i$的分布做出特别限定，换而言之，无论$\boldsymbol{x}_i$来自任何分布，在满足林德伯格－列维中心极限定理假设的前提下，$\sqrt{N}\left(\frac{1}{N}\sum_{i=1}^{N}\boldsymbol{x}_i-\boldsymbol{\mu}\right)$均服从正态分布$N(\boldsymbol{0},\boldsymbol{V})$，这体现了中心

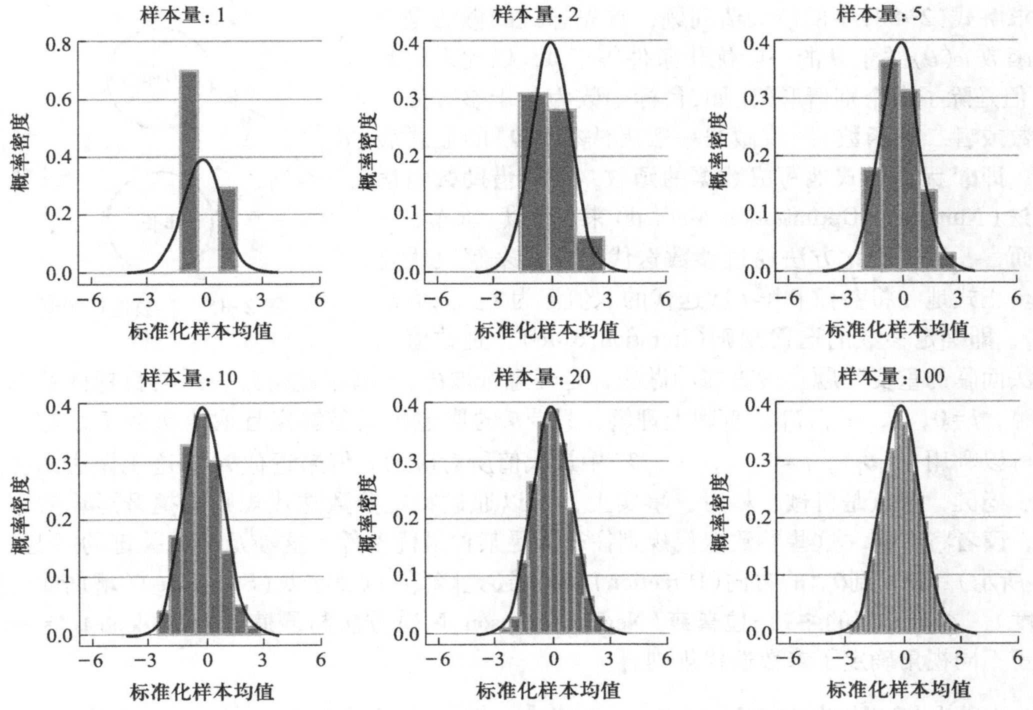

图 2-14　中心极限定理(Central Limit Theorem, CLT)模拟演示

注释：从期望值为 0.3 的伯努利分布中分别抽取了容量 n 为 1、2、5、10、20 与 100 的样本，每一容量的样本均抽取 5 000 次，相应地计算每次抽取的样本均值 $\bar{x}$，也就是，在每个样本容量情形下，都得到了 5 000 个样本均值，将这 5 000 个均值标准化 $\frac{\bar{x}_i-\mathbb{E}(\bar{x}_i)}{\mathrm{Var}(\bar{x}_i)}=\frac{\bar{x}_i-0.3}{\sqrt{\frac{0.3\cdot(1-0.3)}{n}}}$ 后以直方图的形式呈现。图形中的曲线是标准正态分布的概率密度函数。

极限定理具有很强的一般性；第四，由于样本均值的小样本分布很难获取(比如从图 2-14 中能够看出，即便对于伯努利分布这样简单分布，样本均值的小样本分布也很难刻画)，因此，中心极限定理的意义在于将复杂的分布(样本均值的小样本分布)转化为简单的正态分布(样本均值的极限分布或者渐近分布)，但成本是需要大样本。

3. 数值优化

计量经济模型中的参数估计一般可以抽象为如下最大值问题：①

$$\boldsymbol{\theta}^*=\arg\max_{\{\boldsymbol{\theta}\in\boldsymbol{\Theta}\}}\kappa(\boldsymbol{\theta},\mathscr{D}) \tag{2-88}$$

其中，$\kappa(\boldsymbol{\theta},\mathscr{D})$ 为目标函数，$\boldsymbol{\theta}$ 为我们所感兴趣的参数，$\mathscr{D}$ 表示数据。为简化符号表述，接下来将 $\kappa(\boldsymbol{\theta},\mathscr{D})$ 写作 $\kappa(\boldsymbol{\theta})$。

① 最小值问题可以通过对目标函数取负转化为最大值问题。

求解式(2-88)中的最大值问题，首先想到的做法是令目标函数 $\kappa(\boldsymbol{\theta})$ 关于 $\boldsymbol{\theta}$ 的一阶优化条件等于 $\mathbf{0}$，以此来得到 $\boldsymbol{\theta}^*$。但是除了极个别情形(比如，目标函数为关于参数的一次函数或者二次函数)，该做法一般无法得到 $\boldsymbol{\theta}^*$ 的显式表达式，即 $\boldsymbol{\theta}^*$ 无法显式地写成数据的函数，需要借助**数值优化方法**(Numerical Optimization Method)来(近似)求解 $\boldsymbol{\theta}^*$。一般而言，数值优化方法通过参数迭代的方式来解决优化问题。正式地，将参数 $\boldsymbol{\theta}$ 第 t 次迭代的取值记为 $\boldsymbol{\theta}_t$。如何确定 $\boldsymbol{\theta}_{t+1}$，即确定参数的**迭代规则**(Iteration Rule)，是数值优化方法面临的重要问题。最直接的做法，是任意选取 $\boldsymbol{\theta}_{t+1}$，基于此得到一系列目标函数的取值 $\{\kappa(\boldsymbol{\theta}_t),\ t=0,\ 1,\ \cdots,\ T\}$。直观上理解，只要 $\boldsymbol{\theta}_t$ 的取值区间足够宽且取值次数 T 足够大，那么则可以利用 $\{\kappa(\boldsymbol{\theta}_t),\ t=0,\ 1,\ \cdots,\ T\}$ 中最大值所对应的 θ 值来近似 $\boldsymbol{\theta}^*$。这一做法的优点是直观、稳健，缺点是机械、耗时。事实上，可以通过特定参数迭代规则来提升运算效率，在本节，读者将看到，这些参数迭代规则往往满足某种最优条件。这涉及两个关键的问题(如图 2-15 所示)：从 $\boldsymbol{\theta}_t$ 到 $\boldsymbol{\theta}_{t+1}$ 的**方向**(Direction)(增加还是降低)以及**步长**(Step Size)(增加或者降低的幅度)。本节介绍的**牛顿-拉普森**(Newton-Rapson, NR)方法与**最速上升**(Steepest Ascent)方法基于不同视角确定了参数迭代规则。

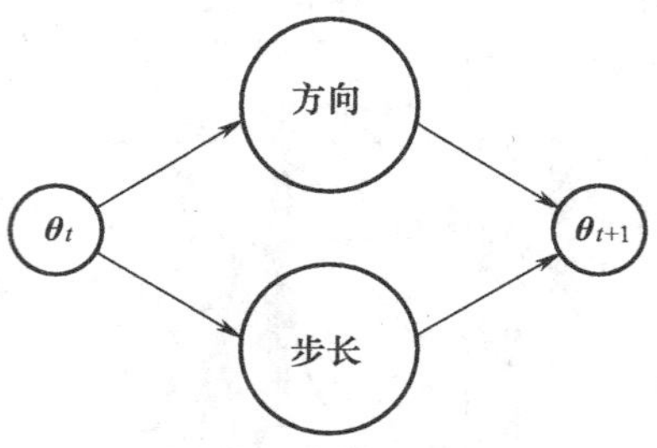

图 2-15 参数迭代规则

3.1 牛顿-拉普森方法

假定 $\kappa(\boldsymbol{\theta})$ 为关于参数 $\boldsymbol{\theta}$ 的严格凸函数。为确定参数迭代规则，牛顿-拉普森的做法是首先将 $\kappa(\boldsymbol{\theta}_{t+1})$ 在 $\boldsymbol{\theta}_t$ 处进行如下二阶泰勒展开：

$$\kappa(\boldsymbol{\theta}_{t+1}) \approx \kappa(\boldsymbol{\theta}_t)+(\boldsymbol{\theta}_{t+1}-\boldsymbol{\theta}_t)'\boldsymbol{g}(\boldsymbol{\theta}_t)+\frac{1}{2}(\boldsymbol{\theta}_{t+1}-\boldsymbol{\theta}_t)'\boldsymbol{H}(\boldsymbol{\theta}_t)(\boldsymbol{\theta}_{t+1}-\boldsymbol{\theta}_t) \tag{2-89}$$

其中，$\boldsymbol{g}(\boldsymbol{\theta}_t)=\left.\dfrac{\partial\kappa(\boldsymbol{\theta})}{\partial\boldsymbol{\theta}}\right|_{\boldsymbol{\theta}_t}$ 与 $\boldsymbol{H}(\boldsymbol{\theta}_t)=\left.\dfrac{\partial^2\kappa(\boldsymbol{\theta})}{\partial\boldsymbol{\theta}\,\partial\boldsymbol{\theta}'}\right|_{\boldsymbol{\theta}_t}$ 分别表示得分向量和海森矩阵在 $\boldsymbol{\theta}_t$ 处的取值。

注意到，式(2-89)是关于 $\boldsymbol{\theta}_{t+1}$ 的二次型，为确定使得 $\kappa(\boldsymbol{\theta}_{t+1})$ 最大的参数值，求解 $\kappa(\boldsymbol{\theta}_{t+1})$ 关于 $\boldsymbol{\theta}_{t+1}$ 的导数 $\dfrac{\partial\kappa(\boldsymbol{\theta}_{t+1})}{\partial\boldsymbol{\theta}_{t+1}}$，并令这个导数等于 $\mathbf{0}$，可得：

$$\frac{\partial\kappa(\boldsymbol{\theta}_{t+1})}{\partial\boldsymbol{\theta}_{t+1}}=\boldsymbol{g}(\boldsymbol{\theta}_t)+\boldsymbol{H}(\boldsymbol{\theta}_t)(\boldsymbol{\theta}_{t+1}-\boldsymbol{\theta}_t)=\mathbf{0} \tag{2-90}$$

如果海森矩阵 $\boldsymbol{H}(\boldsymbol{\theta}_t)$ 可逆，那么则有：

$$\boldsymbol{\theta}_{t+1}=\boldsymbol{\theta}_t+[-\boldsymbol{H}^{-1}(\boldsymbol{\theta}_t)]\ \boldsymbol{g}(\boldsymbol{\theta}_t) \tag{2-91}$$

式(2-91)就是牛顿-拉普森方法的参数迭代规则。给定 $\boldsymbol{\theta}$ 的初始值 $\boldsymbol{\theta}_0$，利用式(2-91)给出的迭代规则不断更新参数 $\boldsymbol{\theta}$ 的取值，直至 $\boldsymbol{\theta}_{t+1}$ 与 $\boldsymbol{\theta}_t$ 之间的差别非常小，利用最后一次迭代中参数的取值来近似 $\boldsymbol{\theta}^*$。

在式(2-91)中，得分向量$\boldsymbol{g}(\boldsymbol{\theta}_t)$与$\boldsymbol{\theta}_t$到$\boldsymbol{\theta}_{t+1}$的方向相关，海森矩阵$\boldsymbol{H}(\boldsymbol{\theta}_t)$与$\boldsymbol{\theta}_t$到$\boldsymbol{\theta}_{t+1}$的步长相关。这可以比较直观地从$\boldsymbol{\theta}$中只包含一个参数的情形中看出来。这时式(2-91)可以写作$\theta_{t+1}=\theta_t-\frac{\kappa'(\theta_t)}{\kappa''(\theta_t)}$，其中$\kappa'(\theta_t)$与$\kappa''(\theta_t)$分别表示目标函数$\kappa(\theta_t)$的一阶导数和二阶导数。根据高等数学基础知识，严格凸函数$\kappa(\theta)$具有两个重要性质：第一，若θ的取值位于最优值(如果存在的话)θ^*左侧，那么一阶导数$\kappa'(\theta)$大于0；反之，$\kappa'(\theta)$小于0；第二，二阶导数$\kappa''(\theta)$小于0。综合严格凸函数这两条性质，并利用$\theta_{t+1}=\theta_t-\frac{\kappa'(\theta_t)}{\kappa''(\theta_t)}$可得，当$\theta_t<\theta^*$时，$\theta_{t+1}>\theta_t$，当$\theta_t>\theta^*$时，$\theta_{t+1}<\theta_t$。可见，一阶导数$\kappa'(\theta)$的符号确定了$\theta_t$到$\theta_{t+1}$的方向，图2-16中上图直观地展示了该结论。此外，$\kappa''(\theta_t)$之所以确定θ_t到θ_{t+1}的步长是因为，它反映了$\kappa(\theta)$的**弯曲程度**(Degree of Curvature)。$\kappa''(\theta)$的绝对值越大表示$\kappa(\theta)$越弯曲，$\kappa(\theta)$关于θ^*的信息密度也就越高，从而意味着θ的取值离θ^*可能越近。这一点能够很容易地从图2-16中的下图中看出。具体来说，给定与最大值的距离(图中线段MN)，图中大曲率函数$\kappa_2(\theta)$参数取值θ_2与θ^*的距离由线段BO表示，图中小曲率函数$\kappa_1(\theta)$参数取值θ_1与θ^*的距离由线段AO表示。显然$BO<AO$。

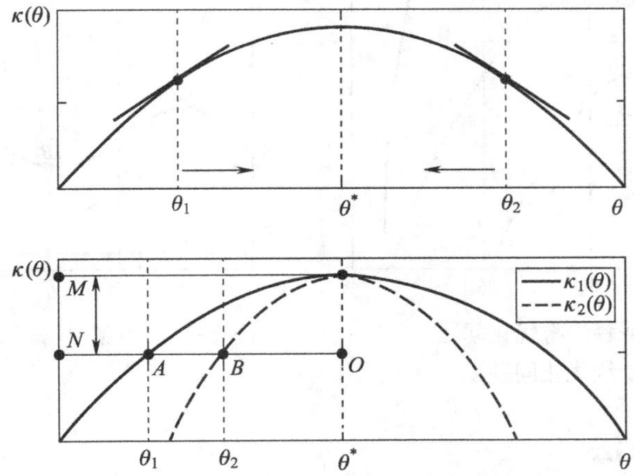

图2-16　牛顿-拉普森方法中的得分向量和海森矩阵的直观含义

可以发现，式(2-89)至式(2-91)是二次型优化问题，而我们知道，二次型优化问题可以很容易地得到显式解。因此，**牛顿-拉普森方法可以理解为，将复杂函数的优化问题转化为多个简单的二次型优化问题**。特别地，当$\boldsymbol{\theta}$中只包含一个参数时，牛顿-拉普森方法将复杂函数的优化问题转化为多个抛物线优化问题。图2-17对此进行了演示。选择任意初始值θ_0，在点$(\theta_0,\kappa(\theta_0))$处(图2-16下图点$A$)做与目标函数$\kappa(\theta)$相切的抛物线$Q_1(\theta)$，将使得$Q_1(\theta)$最大的参数记为$\theta_1$，在点$(\theta_1,\kappa(\theta_1))$处(图2-16下图点$B$)做与目标函数$\kappa(\theta)$相切的抛物线$Q_2(\theta)$，将使得$Q_2(\theta)$最大的参数记为$\theta_2$，以此类推。

最后，关于牛顿-拉普森方法有几点需要进行说明：第一，在目标函数为严格凸函数的情形下，通过牛顿-拉普森法能够比较快速地逼近最大值处的参数值，事实上，如果目标函数本身就是二次型，只要经过一次参数迭代即可得到最大值处的参数。但是如果目标函数不是严格凸函数，牛顿拉普森迭代有可能向目标函数最小值处收敛。在图 2-18 中，如果参数初始值θ_0落在大于c_1的区间内(在该区间内，$\kappa(\theta)$为严格凸函数)，迭代过程收敛至最大值(图 2-18A点)，而如果参数初始值θ_0落在c_2至c_1的区间(在该区间内，$\kappa(\theta)$为严格凹函数)，那么迭代过程收敛至最小值(图 2-18B点)。第二，牛顿-拉普森法所得到的可能只是**局部最大值**(Local Maximum)，而非**全局最大值**(Global Maximum)。如图 2-18 所示，当参数初始值θ_0落在小于c_2的区间内，牛顿-拉普森迭代收敛至局部最大值(图 2-18C点)。牛顿-拉普森面临的以上两个问题可以比较容易地通过选择不同的初始值来缓解。第三，注意到牛顿-拉普森方法需要计算海森矩阵$\boldsymbol{H}(\boldsymbol{\theta})$的逆，这使得牛顿-拉普森面临两个问题：一是，海森矩阵$\boldsymbol{H}(\boldsymbol{\theta})$并不一定可逆；二是，即便$\boldsymbol{H}(\boldsymbol{\theta})$可逆，在$\boldsymbol{\theta}$包含大量参数的情形下，计算$\boldsymbol{H}(\boldsymbol{\theta})$逆的运算量很大。在第五章最大似然估计中介绍的 **BHHH 法**(Berndt, Hall, Hall and Hausman, 1974)与 **BFGS 法**(Broyden-Fletcher-Goldfarb-Shanno)能够有效缓解这两个方面的问题。

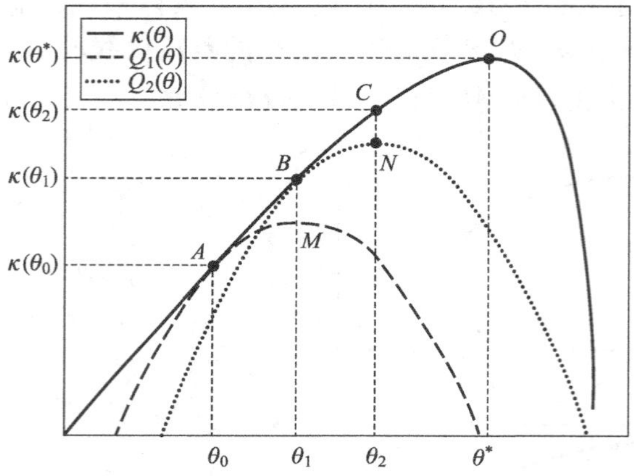

图 2-17 牛顿-拉普森法将优化问题转化为多个抛物线优化问题

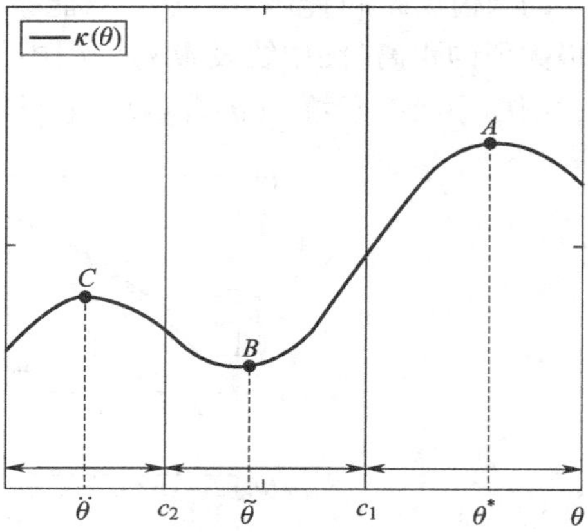

图 2-18 牛顿-拉普森迭代收敛面临的问题

3.2 最速上升方法

最速上升方法的基本原理是：给定$\boldsymbol{\theta}_{t+1}$与$\boldsymbol{\theta}_t$的(足够小)距离，选择使得$\kappa(\boldsymbol{\theta})$上升最大的那个参数作为$\boldsymbol{\theta}_{t+1}$。为确定参数迭代规则，最速上升法将$\kappa(\boldsymbol{\theta}_{t+1})$在$\boldsymbol{\theta}_t$处进行一阶泰勒展开：

$$\kappa(\boldsymbol{\theta}_{t+1}) \approx \kappa(\boldsymbol{\theta}_t)+(\boldsymbol{\theta}_{t+1}-\boldsymbol{\theta}_t)'\boldsymbol{g}(\boldsymbol{\theta}_t) \tag{2-92}$$

其中，$\boldsymbol{g}(\boldsymbol{\theta}_t)=\left.\dfrac{\partial\kappa(\boldsymbol{\theta})}{\partial\boldsymbol{\theta}}\right|_{\boldsymbol{\theta}_t}$表示得分向量在$\boldsymbol{\theta}_t$处的取值。

在距离$d=(\boldsymbol{\theta}_{t+1}-\boldsymbol{\theta}_t)'(\boldsymbol{\theta}_{t+1}-\boldsymbol{\theta}_t)$内选择$\boldsymbol{\theta}_{t+1}$使得$\kappa(\boldsymbol{\theta}_{t+1})$最大，即最大化如下拉格朗日函数：

$$L(\boldsymbol{\theta}_{t+1})=\kappa(\boldsymbol{\theta}_t)+(\boldsymbol{\theta}_{t+1}-\boldsymbol{\theta}_t)'\boldsymbol{g}(\boldsymbol{\theta}_t)+\lambda[d-(\boldsymbol{\theta}_{t+1}-\boldsymbol{\theta}_t)'(\boldsymbol{\theta}_{t+1}-\boldsymbol{\theta}_t)] \tag{2-93}$$

其中，λ为拉格朗日乘子。

求解$L(\boldsymbol{\theta}_{t+1})$关于$\boldsymbol{\theta}_{t+1}$的导数$\dfrac{\partial L(\boldsymbol{\theta}_{t+1})}{\partial\boldsymbol{\theta}_{t+1}}$，并令这个导数等于 **0**，整理可得：

$$\boldsymbol{\theta}_{t+1}=\boldsymbol{\theta}_t+\rho\boldsymbol{g}(\boldsymbol{\theta}_t) \tag{2-94}$$

其中，$\rho=\frac{1}{2\lambda}$。式(2-94)就是最速上升法的参数迭代规则。可以发现，最速上升法的参数迭代沿着目标函数导数方向进行，而我们知道导数方向是函数增加(下降)最快的方向，这也是最速上升法名称的由来。观察式(2-94)可发现，最速上升法不需要计算海森矩阵的逆，从而大大降低了运算量。但值得指出的是，由于最速上升法利用了一阶泰勒展开式，因此只有在$\boldsymbol{\theta}_{t+1}$与$\boldsymbol{\theta}_t$差距非常小情形下，最速上升法才比较准确。这要求 ρ 的绝对值不能过大。Murphy(2012)利用最速上升法考察了函数 $\kappa(\boldsymbol{\theta})=-\frac{1}{2}[(\theta_1^2-\theta_2)^2+(\theta_1-1)^2]$ 的最值问题。理论上，$\kappa(\boldsymbol{\theta})$在(1,1)处取最大值。图 2-19 展示了 ρ 取不同值情形下，最速上升法求解函数 $\kappa(\boldsymbol{\theta})=-\frac{1}{2}[(\theta_1^2-\theta_2)^2+(\theta_1-1)^2]$ 最大值处参数的收敛性。可以看出，随着 ρ 绝对值的增加，最速上升法越来越难以向最大值收敛。

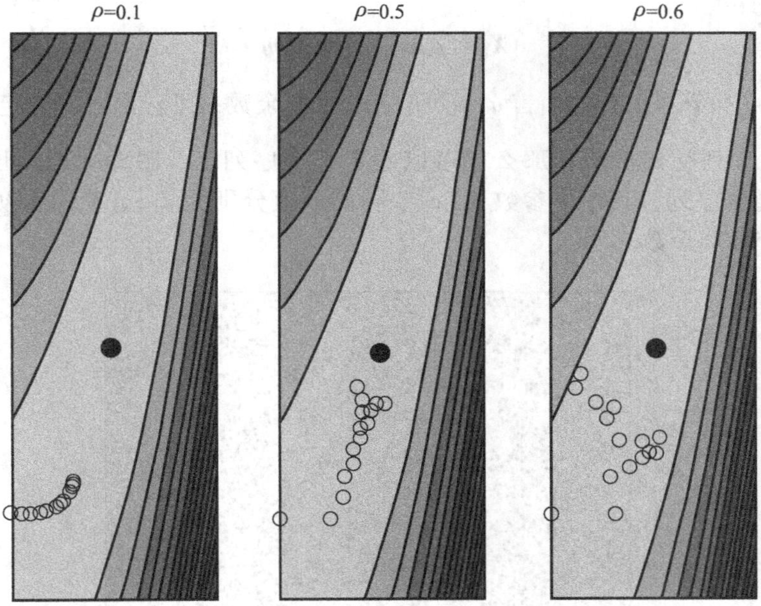

图 2-19 最速上升法的步长与收敛性

注释：实心点(1,1)表示函数 $\kappa(\boldsymbol{\theta})=-\frac{1}{2}[(\theta_1^2-\theta_2)^2+(\theta_1-1)^2]$ 取最大值时的参数值，参数初始值设定为(0,0)，共进行了 15 次参数迭代。

4. 蒙特卡罗模拟

一般地，通过生成大量随机数来解决计算问题的方法被称为**蒙特卡罗模拟方法**(Monte Carlo Simulation)。考虑利用蒙特卡罗模拟来计算圆的面积问题。其基本思想是，向圆的外切正方形中随机地投掷微小的沙粒，计算落在圆中沙粒的比例，然后用这个比例乘圆外切正方形的面积即可(近似)得到圆的面积。这一过程可以利用计算机模拟的方式来实现(参见图 2-20)。具体而言，首先基于均匀分布生成大量的随机坐标点(横纵坐标分别从相同的均匀分布中抽取,以保证随机坐标点落在正方形内)，然后计算离圆心距离小于圆半径的随机坐标点占比，最后利用这个比例乘以外切正方形面积即(近似)得到圆面积。不难推知，计算机生成的随机坐标点数量越大，圆面积的计算也就越精确。

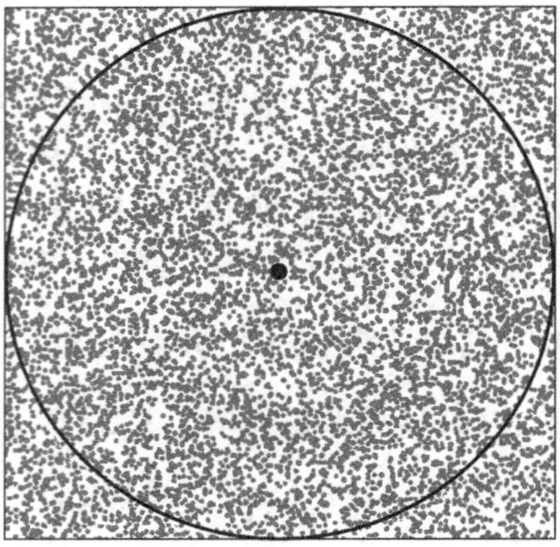

图 2-20 利用蒙特卡罗模拟来计算圆的面积

注释：基于均匀分布生成 10 000 个随机坐标点。

值得指出特别的是，蒙特卡罗模拟需要计算机生成大量随机数，然而这些随机数并不真正随机，只是满足随机数的某些特性，从而是**伪随机数**(Pseudo Random Number)。比如，计算机可以通过如下余数运算生成伪随机数序列：

$$X_i=(\rho X_{i-1}+c)\bmod m \tag{2-95}$$

其中，mod 表示余数算子，具体而言 a mod b 表示$\frac{a}{b}$的余数；可看出，若给定参数 ρ、c 和 m 的具体取值以及序列初始值X_0，那么就可以确定整个序列了。图 2-21 给出了一个基于式(2-95)生成的随机序列，其中，参数 ρ、c 与 m 的取值分别为 2.5、3、3，初始值X_0设定为 0.8，共生成了 5 000 个数。

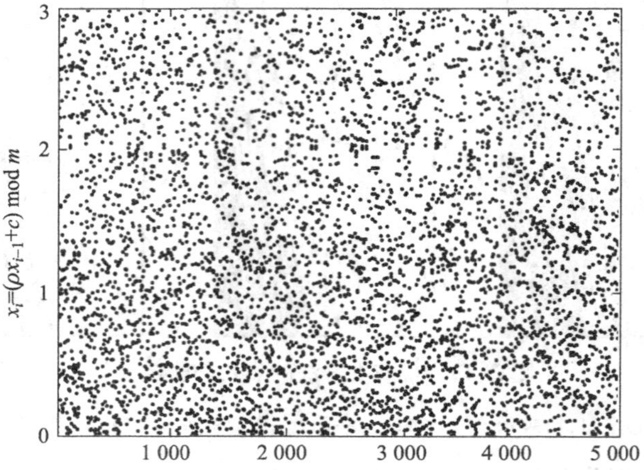

图 2-21 基于$X_i=(\rho X_{i-1}+c)$ mod m 生成的伪随机数序列

注释：参数 ρ、c 与 m 的取值分别为 2.5、3、3，初始值X_0设定为 0.8，共生成了 5 000 个数。横坐标为 i，纵坐标为X_i。

以上通过圆面积的计算简单揭示了蒙特卡罗模拟的基本思想。事实上，蒙特卡罗模拟方法的应用非常广泛(计量经济学中的一个比较重要的应用是模拟估计量或者统计量的小样本分布)，存在不同的变化形式。本节重点介绍的是，通过蒙特卡罗方法来计算随机变量

(函数)的期望，这是本书结构模型部分的重要基础。具体地，令 $Q(X)$ 表示随机变量 X 的任意函数，$f(x)$ 表示 X 的概率密度函数，我们对 $Q(X)$ 的期望 $\mathbb{E}[Q(X)]$ 感兴趣。根据期望的定义：

$$\mathbb{E}[Q(X)] = \int Q(x) \cdot f(x) \mathrm{d}x \tag{2-96}$$

根据高等数学基础知识，积分在绝大多数情形下不具有解析表达式，通常需要利用数值方法来(近似)求解。在具体介绍蒙特卡罗模拟这个数值方法前，首先来简要介绍(近似)计算积分的两个经典数值方法：**牛顿-科茨积分法**(Newton-Cotes)与**高斯积分法**(Gaussian Quadrature)。本节介绍内容的主要参考资料是 Miranda and Fackler(2004)、Cameron and Trivedi(2005)、Train(2009)以及 Steyvers(2011)。对本节内容感兴趣的读者可以进一步参考这些文献。

4.1 牛顿-科茨积分法

考虑积分 $\int_a^b \kappa(x)\mathrm{d}x$ 的计算问题。①根据积分的性质，计算该积分相当于计算曲线 $\kappa(x)$ 在区间 $[a,b]$ 内的面积。**牛顿-科茨积分法**的基本思想非常简单：在足够窄的区间内，利用简单函数来近似 $\kappa(x)$，然后计算简单函数曲线下方的面积，将这些面积相加以此来近似积分 $\int \kappa(x)\mathrm{d}x$，分割越细，近似也就越精确。**梯形规则**(Trapezoid Rule)在足够窄的区间内利用曲线 $\kappa(x)$ 上两点构成的线性函数来近似 $\kappa(x)$，从而将曲线 $\kappa(x)$ 下方面积近似分割成大量梯形(图2-22)。正式地，令 $x_i = a + (i-1)h$，其中，$i=1, 2, \cdots, n$，$h = \frac{b-a}{n}$。经过曲线 $\kappa(x)$ 上 $(x_i, \kappa(x_i))$，$(x_{i+1}, \kappa(x_{i+1}))$ 这两点直线下方的面积(梯形面积)为 $\frac{h}{2}[\kappa(x_i) + \kappa(x_{i+1})]$。基于此，积分 $\int_a^b \kappa(x)\mathrm{d}x$ 能够近似地表示为：

$$\int_a^b \kappa(x)\mathrm{d}x \approx \sum_{i=1}^{N} \frac{h}{2}[\kappa(x_i) + \kappa(x_{i+1})] \tag{2-97}$$

可以清楚地看到，当 $\kappa(x)$ 是线性函数时，基于梯形规则的牛顿-科茨积分法能够精确计算 $\int_a^b \kappa(x)\mathrm{d}x$。式(2-97)可以等价地表述为如下形式：

$$\int_a^b \kappa(x)\mathrm{d}x \approx \sum_{i=1}^{N} w_i \kappa(x_i) \tag{2-98}$$

其中，w_i 表示权重。当 $i=1, n$ 时，$w_i = \frac{h}{2}$；当 $1<i<n$ 时，$w_i = h$。

---

① 令 $\kappa(x) = Q(x) \cdot f(x)$，在积分下限 a 足够小、积分上限 b 足够大的情形下，计算积分 $\int_a^b \kappa(x)\mathrm{d}x$ 就近似转化为了期望 $\mathbb{E}[Q(X)] = \int Q(x) \cdot f(x)\mathrm{d}x$ 的计算问题。

牛顿-科茨积分法中**辛普森规则**(Simpson's Rule)的具体做法是：利用经过曲线 $\kappa(x)$ 上足够窄区间内三点二次函数(抛物线)来近似 $\kappa(x)$(参见图 2-23)。正式地，令 $x_i=a+(i-1)h$，其中 $i=1,\ 2,\ \cdots,\ n$，$h=\dfrac{b-a}{n-1}$，n 为奇数。利用高等数学中关于积分的基础知识容易验证，经过曲线 $\kappa(x)$ 上 $(x_{2k-1},\kappa(x_{2k-1}))$，$(x_{2k},\kappa(x_{2k}))$ 与 $(x_{2k+1},\kappa(x_{2k+1}))$ 三点二次函数下方面积为 $\dfrac{h}{3}[\kappa(x_{2k-1})+4\kappa(x_{2k})+\kappa(x_{2k+1})]$。基于此，积分 $\int_a^b \kappa(x)\mathrm{d}x$ 能够近似地表示为：

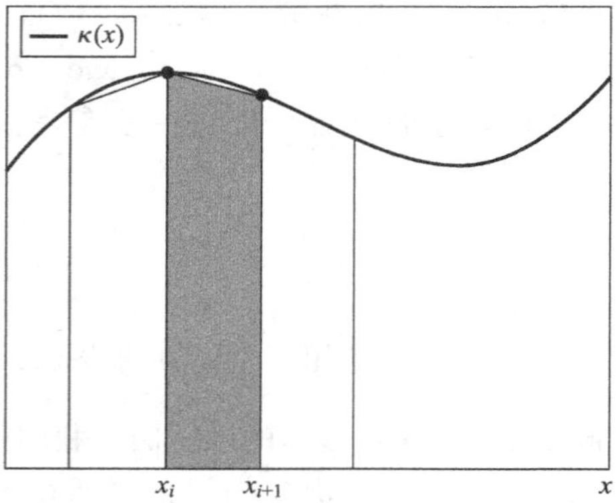

图 2-22 牛顿-科茨积分法的梯形规则

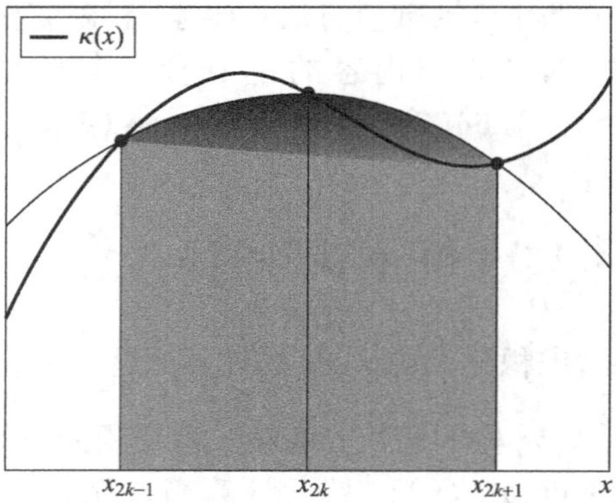

图 2-23 牛顿-科茨积分法的辛普森规则(Simpson's Rule)

$$\int_a^b \kappa(x)\mathrm{d}x \approx \sum_{k=1}^{\frac{n-1}{2}} \frac{h}{3}[\kappa(x_{2k-1}) + 4\kappa(x_{2k}) + \kappa(x_{2k+1})] \tag{2-99}$$

不难发现，当 $\kappa(x)$ 为二次函数时，基于辛普森规则的牛顿-科茨积分法能够精确计算 $\int_a^b \kappa(x)\mathrm{d}x$。

式(2-99)可以等价地表述为如下形式：

$$\int_a^b \kappa(x)\mathrm{d}x \approx \sum_{i=1}^{N} w_i\kappa(x_i) \tag{2-100}$$

其中，w_i 表示权重。当 $i=1$ 或者 $i=n$ 时，$w_i=\dfrac{h}{3}$；当 $1<i<n$ 且为奇数时，$w_i=\dfrac{2h}{3}$；当 $1<i<n$ 且为偶数时，$w_i=\dfrac{4h}{3}$。

4.2 高斯积分法

与牛顿-科茨积分法类似，**高斯积分法**同样是利用加权和来近似积分，即：

$$\int_a^b \kappa(x)\mathrm{d}x \approx \sum_{i=1}^{N} w_i\kappa(x_i) \tag{2-101}$$

这里介绍最简单的高斯积分法——**高斯-勒让德积分法**(Gauss-Legendre Quadrature)。该方法利用求解如下 $2n$ 个矩条件(Moment Condition)来确定式(2-101)中的权重 $\{w_i,\ i=1,\ 2,\ \cdots,\ n\}$ 和插入点 $\{x_i,\ i=1,\ 2,\ \cdots,\ n\}$：

$$\int_a^b x^r \mathrm{d}x = \sum_{i=1}^{N} w_i x_i^r,\ r=0,\ 1,\ \cdots,\ 2n-1 \tag{2-102}$$

可以从泰勒公式的角度来理解高斯积分法的基本原理。具体而言，根据泰勒公式，由于$\kappa(x)$可以近似写成x的高阶多项式，因此满足式(2-102)的权重$\{w_i,\ i=1,\ 2,\ \cdots,\ n\}$和插入点$\{x_i,\ i=1,\ 2,\ \cdots,\ n\}$近似满足式(2-101)。

根据以上介绍，牛顿-科茨积分法与高斯积分法均基于$\int_a^b \kappa(x)\mathrm{d}x \approx \sum_{i=1}^{n} w_i \kappa(x_i)$的形式来近似积分。推广至$K$维变量的情形则有：

$$\int_{a_1}^{b_1}\cdots\int_{a_K}^{b_K} \kappa(x_1,\cdots,x_K)\mathrm{d}x_1\cdots\mathrm{d}x_K \approx \sum_{i_1=1}^{n_1}\cdots\sum_{i_K=1}^{n_K}\left[\kappa(x_{1,i_1},\cdots,x_{K,i_K})\prod_{k=1}^{K} w_{i_k}\right] \tag{2-103}$$

根据式(2-103)牛顿-科茨积分法与高斯积分法显然面临**维度诅咒**(Curse of Dimensionality)问题。具体而言，这两个方法需要确定权重和插入点，随着K的增加，计算式(2-103)右边连加和所需要的运算量迅速增加。

4.3 蒙特卡罗积分

牛顿-科茨积分法以及高斯积分法面临维度诅咒问题，运算量比较大。蒙特卡罗积分能够有效降低积分计算过程中的运算量。具体而言，蒙特卡罗方法通过如下方式来近似期望$\mathbb{E}[Q(X)]=\int Q(x)\cdot f(x)\mathrm{d}x$：

$$\mathbb{E}[Q(X)]=\int Q(x)\cdot f(x)\mathrm{d}x \approx \frac{1}{n}\sum_{i=1}^{N} Q(x_i) \tag{2-104}$$

其中，x_i为从分布$f(x)$中抽取的随机数。利用蒙特卡罗方法来计算积分只需要从分布中抽取随机数(多维情形下,从联合分布中抽取随机数)，计算函数$Q(X)$在随机数处的取值将这些取值相加取平均即可。可见，蒙特卡罗方法大大简化了积分的计算。

蒙特卡罗积分的基本原理是大数定律。根据前述介绍的大数定律我们知道：

$$\mathrm{Plim}\frac{1}{n}\sum_{i=1}^{N} Q(x_i)=\mathbb{E}[Q(X)] \tag{2-105}$$

根据式(2-105)，只要n足够大，式(2-104)就近似成立。需要指出，虽然蒙特卡罗积分的运算量相对较低，但是它的难点在于如何从特定分布中抽取随机数(即如何生成服从特定分布的随机数)。在下一小节中，我们专门介绍从分布中抽取随机数这个内容。

4.4 从分布中抽取随机数

生成服从特定分布的随机数是蒙特卡罗积分方法的关键所在。服从常见分布(比如标准均匀分布、标准正态分布以及Gamma分布等)的随机数通常能够通过商业软件中现成命令直接生成。对于绝大多数分布而言，商业软件并未提供能够生成随机数的现成命令，从而需要通过特定的方式转化为容易生成的随机数。

4.4.1 利用乔利斯基分解生成随机数

在实际应用中，通常需要生成多元正态分布随机数。通过**乔利斯基分解**(Cholesky Decomposition)能够将生成多元正态分布随机数问题简化为生成多个标准正态分布随机数问题。正式地，

令 $\boldsymbol{x}$ 表示服从联合正态分布 $\mathcal{N}(\boldsymbol{b},\boldsymbol{\Omega})$ 的 $K\times1$ 随机变量，$\boldsymbol{\epsilon}$ 表示服从联合正态分布 $\mathcal{N}(\boldsymbol{0},\boldsymbol{I})$ 的 $K\times1$ 随机变量(即 $\boldsymbol{\epsilon}$ 中的每个元素都服从标准正态分布,且互相独立)。由于方差协方差矩阵 $\boldsymbol{\Omega}$ 可以利用乔利斯基方法分解为 $\boldsymbol{\Omega}=\boldsymbol{L}\boldsymbol{L}'$(其中 $\boldsymbol{L}$ 为下三角矩阵)，因此 $\boldsymbol{x}$ 与 $\boldsymbol{\epsilon}$ 的关系可以表示为：

$$\boldsymbol{x}=\boldsymbol{b}+\boldsymbol{L}\boldsymbol{\epsilon} \tag{2-106}$$

特别地，在 $K=3$ 的情形下，式(2-106)可以具体写作：

$$\begin{bmatrix} x_1 \\ x_2 \\ x_3 \end{bmatrix}=\begin{bmatrix} a_{11} & 0 & 0 \\ a_{21} & a_{22} & 0 \\ a_{31} & a_{32} & a_{33} \end{bmatrix}\begin{bmatrix} \epsilon_1 \\ \epsilon_2 \\ \epsilon_3 \end{bmatrix} \tag{2-107}$$

从式(2-106)中可以清楚地看出，从联合正态分布 $\mathcal{N}(\boldsymbol{b},\boldsymbol{\Omega})$ 中抽取随机数可通过如下步骤来实现：首先，从标准联合正态分布 $\mathcal{N}(\boldsymbol{0},\boldsymbol{I})$ 中抽取随机变量 $\boldsymbol{\epsilon}$ 的随机数；其次，对 $\boldsymbol{\Omega}$ 进行乔利斯基分解得到 $\boldsymbol{L}$；最后，利用式(2-106)生成随机变量 $\boldsymbol{x}$ 的随机数。

4.4.2 利用累积分布函数的逆(Inverse of CDF)生成随机数

根据本章第 2 节的介绍我们已经知道，若连续随机变量 X 的累积概率分布函数 $F(x)$ 严格单调，那么 $F(x)$ 服从 0 至 1 的均匀分布，即 $F(x)\sim U(0,1)$。利用该结论，可采取如下步骤从累积分布函数为 $F(x)$ 的分布中抽取随机数：首先，从均匀分布 $U(0,1)$ 中抽取一个随机数，记为$u^{(1)}$；其次，令 $F(x^{(1)})=u^{(1)}$，求解该等式得到$x^{(1)}=F^{-1}(u^{(1)})$，那么$x^{(1)}$则为从累积分布函数为 $F(x)$ 的分布中抽取的一个随机数。图 2-24(a)对此进行了展示。图 2-24 (b) 则直观地展示了之所以能够利用累积分布函数的逆来生成随机数据的基本逻辑。具体而言，考虑两个累积分布函数 $F_1(x)$ 和 $F_2(x)$，与 $F_1(x)$ 相比，$F_2(x)$ 在中间位置相对比较陡峭，在尾部比较平坦(也就是说,大部分随机数分布在均值处)。从图 2-24(b)中可看出，给定($u^{(1)}$，$u^{(2)}$) 为以 0.5 为中心的区间，基于分布函数 $F_2(x)$ 映射得到的区间($\tilde{x}^{(1)}$，$\tilde{x}^{(2)}$) 小于基于分布函数 $F_1(x)$ 映射得到的区间($x^{(1)}$，$x^{(2)}$)。

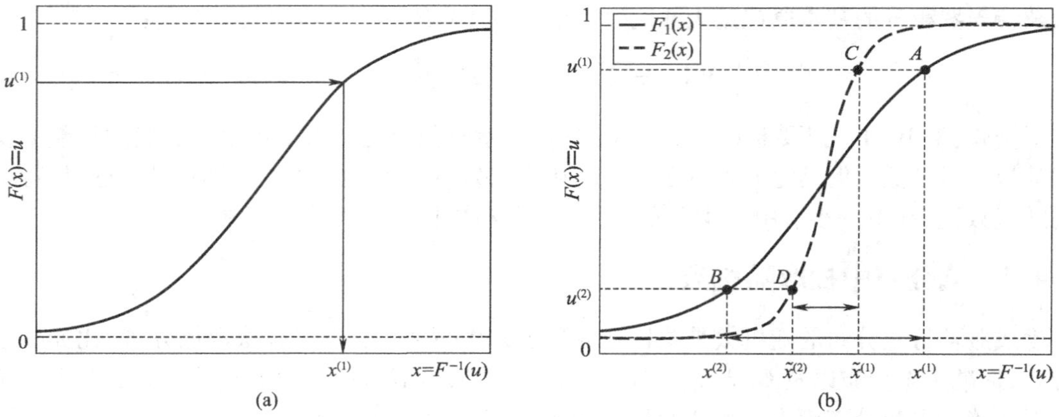

图 2-24 利用累积分布函数的逆生成随机数示意图

最后，值得指出的是，基于累积分布函数的逆生成随机数要求累积分布函数可逆，因此该方法无法应用于从多元随机变量分布中抽取随机数。除此之外，该方法还要求累积分布函数简单易得。

4.4.3 拒绝式抽样

与前述两小节介绍的方法类似，**拒绝式抽样**(Rejection Sampling)同样是将从复杂分布中抽取随机数的问题转换为从简单分布中抽取随机数的问题。考虑从概率密度函数$f(x)$中抽取随机数的问题，$f(x)$为**目标分布**(Target Distribution)。拒绝式抽样的步骤是：首先，确定一个容易实现抽样的分布$g(x)$，这个分布被称为**参考分布**(Proposal Distribution)；其次，引入常数κ，使得$\kappa \cdot g(x) \geqslant f(x)$对于$x$所有的取值都成立；再次，从参考分布$g(x)$抽取一个随机数，记为$x^{(1)}$，同时从0至$\kappa \cdot g(x^{(1)})$的均匀分布中抽取随机数$u^{(1)}$，若$u^{(1)} \leqslant f(x^{(1)})$则保留$x^{(1)}$，反之舍弃$x^{(1)}$，即$x^{(1)}$被保留的概率为$\frac{f(x^{(1)})}{\kappa \cdot g(x^{(1)})}$，不断重复这一过程，直至生成所需数量的随机数。图2-25非常直观地阐释了拒绝式抽样的基本思想。可以看出，当$f(x)$与$\kappa \cdot g(x)$这两条曲线越近，基于参考分布$g(x)$生成的随机数越容易被保留。这也非常容易理解，$f(x)$与$\kappa \cdot g(x)$越接近意味着，基于参考分布$g(x)$中生成的随机数也越有可能同时来自目标分布$f(x)$。此外，为方便读者阅读，我们还将以上步骤总结在表2-1中。

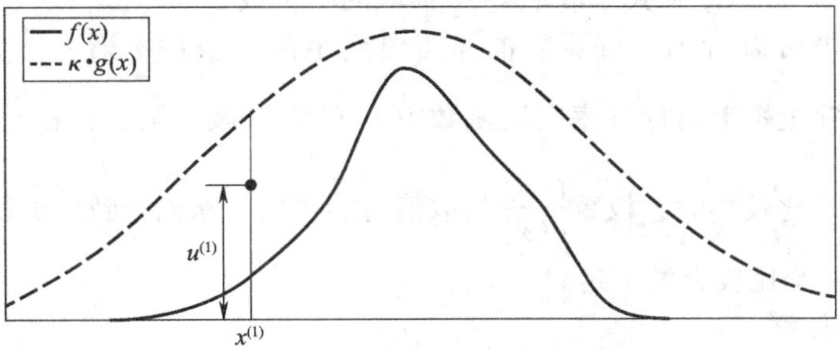

图2-25 拒绝式抽样示意图

在实际应用中，拒绝式抽样通常面临的一个问题是存在过多舍弃抽样值的问题。平均而言，基于参考分布$g(x)$生成随机数被保留的概率为：

$$\int_{x \in X} \frac{f(x)}{\kappa \cdot g(x)} g(x)\,\mathrm{d}x = \frac{1}{\kappa} \int_{x \in X} f(x)\,\mathrm{d}x \tag{2-108}$$

因此，为避免过多舍弃抽样值、提升抽样效率，常数κ的取值应在满足$\kappa \cdot g(x) \geqslant f(x)$的条件下尽可能地小。

表2-1 拒绝式抽样的基本步骤

1. 确定参考分布$g(x)$。
2. 引入常数κ，使得对于x所有的取值如下不等式都成立：
$$\kappa \cdot g(x) \geqslant f(x)$$
3. 从$g(x)$中抽取一个随机数，记为$x^{(1)}$。
4. 从0至$\kappa \cdot g(x^{(1)})$的均匀分布中抽取随机数，记为$u^{(1)}$。
5. 如果$u^{(1)} \leqslant f(x^{(1)})$则保留$x^{(1)}$，反之舍弃$x^{(1)}$，即$x^{(1)}$被保留的概率为：
$$\frac{f(x^{(1)})}{\kappa \cdot g(x^{(1)})}$$
6. 重复3—5步直至生成所需数量的随机数。

4.4.4 重要度抽样

考虑期望$\mathbb{E}[Q(X)] = \int Q(x)f(x)\mathrm{d}x$的计算问题。如果从概率密度函数$f(x)$中抽取随机数比较困难，但是从概率密度函数$g(x)$中抽取随机数相对容易。那么**重要度抽样**(Importance Sampling)可以通过如下方式将从分布$f(x)$中抽取随机数的问题转化为从概率密度函数$g(x)$中抽取随机数：

$$\mathbb{E}[Q(X)] = \int Q(x)f(x)\mathrm{d}x = \int\left[Q(x)\frac{f(x)}{g(x)}\right]g(x)\mathrm{d}x \tag{2-109}$$

其中，$\frac{f(x)}{g(x)}$为权重或者重要度，$f(x)$为目标概率密度函数，$g(x)$为参考概率密度函数。

基于式(2-109)，期望$\mathbb{E}[Q(X)]$可以利用如下方式来近似：

$$\mathbb{E}[Q(X)] \approx \frac{1}{n}\sum_{i=1}^{N}\left[Q(x_i)\frac{f(x_i)}{g(x_i)}\right] \tag{2-110}$$

其中，$\{x_i,\ i=1,\ 2,\ \cdots,\ n\}$为从分布$g(x)$中抽取的随机数。

从式(2-109)中可以看出，重要度抽样需要满足两个条件：第一，参考概率密度函数$g(x)$的定义域能够完全覆盖目标概率密度函数$f(x)$的定义域；第二，权重$\frac{f(x)}{g(x)}$为有限的数。在实际应用中，$g(x)$比较小时，权重$\frac{f(x)}{g(x)}$的取值可能很大，从而导致生成随机数的方差很大。这是重要度抽样的一个比较大的不足。

4.4.5 吉布斯抽样

对于多元分布而言，如果从联合分布中抽取随机数比较困难，但从条件分布中抽取随机数比较容易，那么**吉布斯抽样**(Gibbs Sampling)通常用于该情形下的随机数抽取。考虑从联合分布$f(x_1,x_2)$中抽取随机数，条件分布记为$f(x_1 \mid x_2)$和$f(x_2 \mid x_1)$。吉布斯抽样的具体步骤为：第一，确定x_1的初始值$x_1^{(0)}$；第二，从条件分布$f(x_2 \mid x_1^{(0)})$中抽取随机数，记为$x_2^{(0)}$；第三，从条件分布$f(x_1 \mid x_2^{(0)})$中抽取随机数，记为$x_1^{(1)}$；第四，从条件分布$f(x_2 \mid x_1^{(1)})$中抽取随机数，记为$x_2^{(1)}$，如此等等。表2-2总结了吉布斯抽样的具体步骤，图2-26同时给出了吉布斯抽样的示意图。

表2-2 通过吉布斯抽样从联合分布$f(x_1,x_2)$中抽取随机数的步骤

1. 确定x_1的初始值$x_1^{(0)}$。
2. 从条件分布$f(x_2 \mid x_1^{(0)})$中抽取随机数，记为$x_2^{(0)}$。
3. 确定$x_1^{(t)}$与$x_2^{(t)}$的取值：

    从条件分布$f(x_1 \mid x_2^{(t-1)})$中抽取随机数，记为$x_1^{(t)}$

    从条件分布$f(x_2 \mid x_1^{(t)})$中抽取随机数，记为$x_2^{(t)}$

4. 对于$t=1,\ 2,\ \cdots,\ T$，重复步骤3。

为更好地理解吉布斯抽样，考虑从如下联合正态分布中抽取随机数：

$$\begin{bmatrix} x_1 \\ x_2 \end{bmatrix} \sim \mathcal{N}\left(\begin{bmatrix} u_1 \\ u_2 \end{bmatrix}, \begin{bmatrix} 1 & \rho \\ \rho & 1 \end{bmatrix}\right) \tag{2-111}$$

根据前述多元正态分布的介绍，给定x_2，x_1的条件分布为：

$$x_1 \mid x_2 \sim \mathcal{N}(u_1+\rho(x_2-u_2),\ 1-\rho^2) \tag{2-112}$$

给定x_1，x_2的条件分布为：

$$x_2 \mid x_1 \sim \mathcal{N}(u_2+\rho(x_1-u_1),\ 1-\rho^2) \tag{2-113}$$

因此利用吉布斯抽样从联合分布 $\mathcal{N}\left(\begin{bmatrix} u_1 \\ u_2 \end{bmatrix}, \begin{bmatrix} 1 & \rho \\ \rho & 1 \end{bmatrix}\right)$ 中抽取随机数的步骤为：首先，确定x_1的初始值$x_1^{(0)}$；其次，从条件分布 $\mathcal{N}(u_2+\rho(x_1^{(0)}-u_1),\ 1-\rho^2)$ 中抽取随机数，记为$x_2^{(0)}$；最后，对于$t=1,2,\cdots,T$，重复如下两个步骤：第一，从条件分布$x_1 \mid x_2 \sim \mathcal{N}(u_1+\rho(x_2^{(t-1)}-u_2),\ 1-\rho^2)$ 中抽取随机数，记为$x_1^{(t)}$，第二，从条件分布$x_2 \mid x_1 \sim \mathcal{N}(u_2+\rho(x_1^{(t)}-u_1),\ 1-\rho^2)$ 中抽取随机数，记为$x_2^{(t)}$。

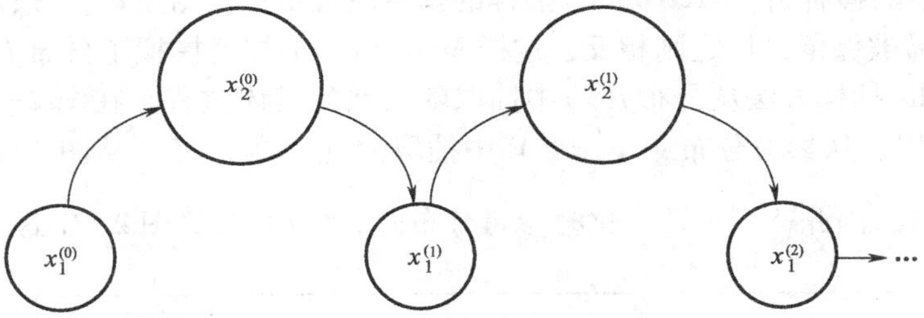

图 2-26 吉布斯抽样示意图

4.4.6 马尔科夫链蒙特卡罗抽样

马尔科夫链蒙特卡罗抽样(Markov Chain Monte Carlo, MCMC)能够从任意分布中抽取随机数。本小节具体介绍两个马尔科夫链蒙特卡罗抽样方法：**Metropolis 抽样方法**及其拓展 **Metropolis-Hastings 抽样方法**。

Metropolis 抽样方法最早由 Metropolis *et al.* (1953)提出。假设我们的目的是从分布$f(x)$中抽取随机数，因此$f(x)$为**目标分布**。Metropolis 抽样方法的具体步骤为：第一，确定x的初始值$x^{(0)}$。第二，从**参考分布** $g(x \mid x^{(t)})$ 抽取随机数，记为x^*。第三，确定$x^{(t+1)}$，具体地，$x^{(t+1)}$的取值以概率 $\min\left\{1, \frac{f(x^*)}{f(x^{(t)})}\right\}$ 等于x^*，以概率 $1-\min\left\{1, \frac{f(x^*)}{f(x^{(t)})}\right\}$ 等于$x^{(t)}$。概率 $\min\left\{1, \frac{f(x^*)}{f(x^{(t)})}\right\}$ 被称为**接受率**(Acceptance Rate)。第三步的具体实现方法是，从 0 至 1 的均匀分布中抽取随机数u，若$u \leqslant \min\left\{1, \frac{f(x^*)}{f(x^{(t)})}\right\}$，$x^{(t+1)}=x^*$，反之$x^{(t+1)}=x^{(t)}$。第四，重复第三步直至获取所需数量的随机数。表 2-3 总结了 Metropolis 抽样的具体步骤。

表 2-3 Metropolis 抽样的步骤

1. 确定 x 的初始值 $x^{(0)}$。
2. 从参考分布 $g(x \mid x^{(t)})$ 抽取随机数，记为 x^*。
3. 确定 $x^{(t+1)}$ 的取值：

   $x^{(t+1)}$ 的取值以概率 $\min\left\{1, \frac{f(x^*)}{f(x^{(t)})}\right\}$ 等于 x^*，$x^{(t+1)}$ 的取值以概率 $1-\min\left\{1, \frac{f(x^*)}{f(x^{(t)})}\right\}$ 等于 $x^{(t)}$：

   $$x^{(t+1)}=\begin{cases} x^* \text{ if } u \leqslant \min\left\{1, \frac{f(x^*)}{f(x^{(t)})}\right\} \\ x^{(t)} \text{ if } u > \min\left\{1, \frac{f(x^*)}{f(x^{(t)})}\right\} \end{cases}$$

   其中，u 为从 0 至 1 的均匀分布中抽取随机数。
4. 对于 $t=0, 1, \cdots, T$，重复步骤 3。

从以上步骤中能够看出，**Metropolis 抽样的基本原理是**：在给定 $x^{(t)}$ 的条件下，$f(x^*)$ 的取值越大，x^* 越容易被保留，反之则相反，这样 Metropolis 抽样就模拟了分布 $f(x)$。图 2-27 展示了基于 Metropolis 抽样方法从分布 $f(x)$ 中抽取随机数的具体过程。在图 2-27 中，给定当前生成的随机数为 $x^{(t)}$，从参考分布 $g(x \mid x^{(t)})$ 中抽取的随机数为 x^*，从图 2-27 的中间图中可以看出，$\frac{f(x^*)}{f(x^{(t)})}>1$，因此 $x^{(t+1)}=x^*$，这时参考分布向右移动(参见图 2-27 最下图)。

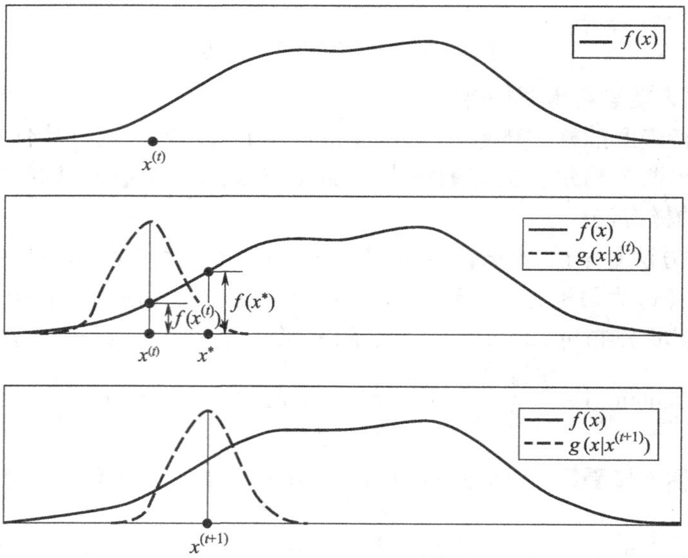

图 2-27 Metropolis 抽样示意图

注释：$f(x)$ 为目标分布，$g(x \mid x^{(t)})$ 为参考分布。

Hastings(1970)进一步拓展了 Metropolis 抽样方法，得到了 Metropolis-Hastings 抽样方法

（通常简写为 MH 方法）。Metropolis-Hastings 抽样方法与 Metropolis 抽样方法类似，唯一的不同是，在 Metropolis 抽样方法中，接受率为 $\min\left\{1,\ \dfrac{f(x^*)}{f(x^{(t)})}\right\}$，而在 Metropolis-Hastings 抽样方法中，接受率为 $\min\left\{1,\ \dfrac{f(x^*)}{f(x^{(t)})}\cdot\dfrac{g(x^{(t)}\mid x^*)}{g(x^*\mid x^{(t)})}\right\}$。其中，$\dfrac{g(x^{(t)}\mid x^*)}{g(x^*\mid x^{(t)})}$用以矫正参考分布的非对称性。具体来说，如果参考分布倾向于向右移动（比如,在参考分布左偏的情形下,均值位于中位数左侧,参考分布生成的随机数倾向于落在均值右侧），那么添加$\dfrac{g(x^{(t)}\mid x^*)}{g(x^*\mid x^{(t)})}$则能够矫正这种倾向。特别地，当参考分布为对称分布时，$\dfrac{g(x^{(t)}\mid x^*)}{g(x^*\mid x^{(t)})}=1$，Metropolis-Hastings 抽样方法就变为了 Metropolis 抽样方法。表 2-4 总结了 Metropolis-Hastings 抽样的具体步骤。

表 2-4 Metropolis-Hastings 抽样步骤

1. 确定 x 的初始值$x^{(0)}$。
2. 从参考分布 $g(x\mid x^{(t)})$ 抽取随机数，记为x^*。
3. 确定$x^{(t+1)}$的取值：

   $x^{(t+1)}$的取值以概率 $\min\left\{1,\ \dfrac{f(x^*)}{f(x^{(t)})}\cdot\dfrac{g(x^{(t)}\mid x^*)}{g(x^*\mid x^{(t)})}\right\}$等于$x^*$，$x^{(t+1)}$的取值以概率 $1-\min\left\{1,\ \dfrac{f(x^*)}{f(x^{(t)})}\cdot\dfrac{g(x^{(t)}\mid x^*)}{g(x^*\mid x^{(t)})}\right\}$等于$x^{(t)}$：

$$x^{(t+1)}=\begin{cases}x^* & \text{if}\quad u\leqslant\min\left\{1,\ \dfrac{f(x^*)}{f(x^{(t)})}\cdot\dfrac{g(x^{(t)}\mid x^*)}{g(x^*\mid x^{(t)})}\right\}\\[2ex] x^{(t)} & \text{if}\quad u>\min\left\{1,\ \dfrac{f(x^*)}{f(x^{(t)})}\cdot\dfrac{g(x^{(t)}\mid x^*)}{g(x^*\mid x^{(t)})}\right\}\end{cases}$$

   其中，u 为从 0 至 1 的均匀分布中抽取随机数。
4. 对于 $t=0,\ 1,\ \cdots,\ T$，重复步骤 3。

Metropolis-Hastings 抽样方法可以很自然地推广至多元分布变量情形，只需将 x 替换为向量 $\boldsymbol{x}$ 即可。然而，当向量 $\boldsymbol{x}$ 的维度过高时，直接利用表 2-4 给出的步骤来生成随机数——即对向量 $\boldsymbol{x}$ 同时进行更新（Block-wise Updating）——往往会出现接受率过低的问题。为缓解该问题，通常采用对 $\boldsymbol{x}$ 分块的方式来生成随机数，即对向量 $\boldsymbol{x}$ 进行分块更新（Component-wise Updating）。考虑将 $\boldsymbol{x}$ 分为$\boldsymbol{x}_1$和$\boldsymbol{x}_2$两个部分的情形。该情形下，表 2-4 中 Metropolis-Hastings 抽样步骤则相应地变化为表 2-5 给出的步骤：

表 2-5 多元分布 Metropolis-Hastings 抽样步骤（分块更新）*

1. 确定$\boldsymbol{x}_1$和$\boldsymbol{x}_2$的初始值$\boldsymbol{x}_1^{(0)}$与$\boldsymbol{x}_2^{(0)}$。
2. 从参考分布 $g(\boldsymbol{x}_1\mid\boldsymbol{x}_1^{(t)})$ 和 $g(\boldsymbol{x}_2\mid\boldsymbol{x}_2^{(t)})$ 抽取随机数，分别记为$\boldsymbol{x}_1^*$与$\boldsymbol{x}_2^*$。

续表

3. 给定$\boldsymbol{x}_2^{(t)}$，确定$\boldsymbol{x}_1^{(t+1)}$的取值：

$\boldsymbol{x}_1^{(t+1)}$的取值以概率$\min\left\{1,\ \dfrac{f(\boldsymbol{x}_1^*,\boldsymbol{x}_2^{(t)})}{f(\boldsymbol{x}_1^{(t)},\ \boldsymbol{x}_2^{(t)})}\cdot\dfrac{g(\boldsymbol{x}_1^{(t)}\mid\boldsymbol{x}_1^*)}{g(\boldsymbol{x}_1^*\mid\boldsymbol{x}_1^{(t)})}\right\}$等于$\boldsymbol{x}_1^*$，$\boldsymbol{x}_1^{(t+1)}$的取值以概率$1-\min\left\{1,\ \dfrac{f(\boldsymbol{x}_1^*,\boldsymbol{x}_2^{(t)})}{f(\boldsymbol{x}_1^{(t)},\ \boldsymbol{x}_2^{(t)})}\cdot\dfrac{g(\boldsymbol{x}_1^{(t)}\mid\boldsymbol{x}_1^*)}{g(\boldsymbol{x}_1^*\mid\boldsymbol{x}_1^{(t)})}\right\}$等于$\boldsymbol{x}_1^{(t)}$：

$$\boldsymbol{x}_1^{(t+1)}=\begin{cases}\boldsymbol{x}_1^* & \text{if}\quad u\leqslant\min\left\{1,\ \dfrac{f(\boldsymbol{x}_1^*,\boldsymbol{x}_2^{(t)})}{f(\boldsymbol{x}_1^{(t)},\ \boldsymbol{x}_2^{(t)})}\cdot\dfrac{g(\boldsymbol{x}_1^{(t)}\mid\boldsymbol{x}_1^*)}{g(\boldsymbol{x}_1^*\mid\boldsymbol{x}_1^{(t)})}\right\}\\ \boldsymbol{x}_1^{(t)} & \text{if}\quad u>\min\left\{1,\ \dfrac{f(\boldsymbol{x}_1^*,\boldsymbol{x}_2^{(t)})}{f(\boldsymbol{x}_1^{(t)},\ \boldsymbol{x}_2^{(t)})}\cdot\dfrac{g(\boldsymbol{x}_1^{(t)}\mid\boldsymbol{x}_1^*)}{g(\boldsymbol{x}_1^*\mid\boldsymbol{x}_1^{(t)})}\right\}\end{cases}$$

其中，u为从0至1的均匀分布中抽取随机数。

4. 给定$\boldsymbol{x}_1^{(t+1)}$，确定$\boldsymbol{x}_2^{(t+1)}$的取值：

$\boldsymbol{x}_2^{(t+1)}$的取值以概率$\min\left\{1,\ \dfrac{f(\boldsymbol{x}_1^{(t+1)},\ \boldsymbol{x}_2^*)}{f(\boldsymbol{x}_1^{(t+1)},\ \boldsymbol{x}_2^{(t)})}\cdot\dfrac{g(\boldsymbol{x}_2^{(t)}\mid\boldsymbol{x}_2^*)}{g(\boldsymbol{x}_2^*\mid\boldsymbol{x}_2^{(t)})}\right\}$等于$\boldsymbol{x}_2^*$，$\boldsymbol{x}_2^{(t+1)}$的取值以概率$1-\min\left\{1,\ \dfrac{f(\boldsymbol{x}_1^{(t+1)},\ \boldsymbol{x}_2^*)}{f(\boldsymbol{x}_1^{(t+1)},\ \boldsymbol{x}_2^{(t)})}\cdot\dfrac{g(\boldsymbol{x}_2^{(t)}\mid\boldsymbol{x}_2^*)}{g(\boldsymbol{x}_2^*\mid\boldsymbol{x}_2^{(t)})}\right\}$等于$\boldsymbol{x}_2^{(t)}$：

$$\boldsymbol{x}_2^{(t+1)}=\begin{cases}\boldsymbol{x}_2^* & \text{if}\quad u\leqslant\min\left\{1,\ \dfrac{f(\boldsymbol{x}_1^{(t+1)},\ \boldsymbol{x}_2^*)}{f(\boldsymbol{x}_1^{(t+1)},\ \boldsymbol{x}_2^{(t)})}\cdot\dfrac{g(\boldsymbol{x}_2^{(t)}\mid\boldsymbol{x}_2^*)}{g(\boldsymbol{x}_2^*\mid\boldsymbol{x}_2^{(t)})}\right\}\\ \boldsymbol{x}_2^{(t)} & \text{if}\quad u>\min\left\{1,\ \dfrac{f(\boldsymbol{x}_1^{(t+1)},\ \boldsymbol{x}_2^*)}{f(\boldsymbol{x}_1^{(t+1)},\ \boldsymbol{x}_2^{(t)})}\cdot\dfrac{g(\boldsymbol{x}_2^{(t)}\mid\boldsymbol{x}_2^*)}{g(\boldsymbol{x}_2^*\mid\boldsymbol{x}_2^{(t)})}\right\}\end{cases}$$

其中，u为从0至1的均匀分布中抽取随机数。

5. 对于$t=0,\ \cdots,\ T$，重复步骤3和步骤4。

我们利用表2-5中Metropolis-Hastings抽样步骤从分布$f(x_1,x_2)=\mathcal{N}\left(\begin{bmatrix}0\\0\end{bmatrix},\ \begin{bmatrix}2 & 0.5\\0.5 & 2\end{bmatrix}\right)$中抽取了10 000个随机样本，图2-28左图展示了基于这10 000个随机样本绘制的直方图，图2-28右图为$f(x_1,x_2)$的理论分布。

4.4.7 从截断分布中抽取随机数

以上以非截断分布为例介绍了生成随机数的不同方法，这些方法也可以应用到截断分布的情形。本小节对此进行简要介绍。

考虑从截断分布$f(x)\,(a<x<b)$中抽取随机数这个问题。若累积分布函数$F(x)$在定义域内可逆，那么从截断分布$f(x)\,(a<x<b)$中抽取随机数可以利用**累积分布函数的逆**来实现，具体步骤是：首先，从0至1的均匀分布中抽取一个随机数，记为$u^{(1)}$；其次，计算$\bar{u}^{(1)}=(1-u^{(1)})F(a)+u^{(1)}F(b)$，注意到这一步是为了保证$\bar{u}^{(1)}$介于$F(a)$至$F(b)$之间；最后，令$F(x^{(1)})=\bar{u}^{(1)}$，求解该等式得到$x^{(1)}=F^{-1}(\bar{u}^{(1)})$，那么$x^{(1)}$则为从截断分布$f(x)\,(a<x<b)$中抽取的一个随

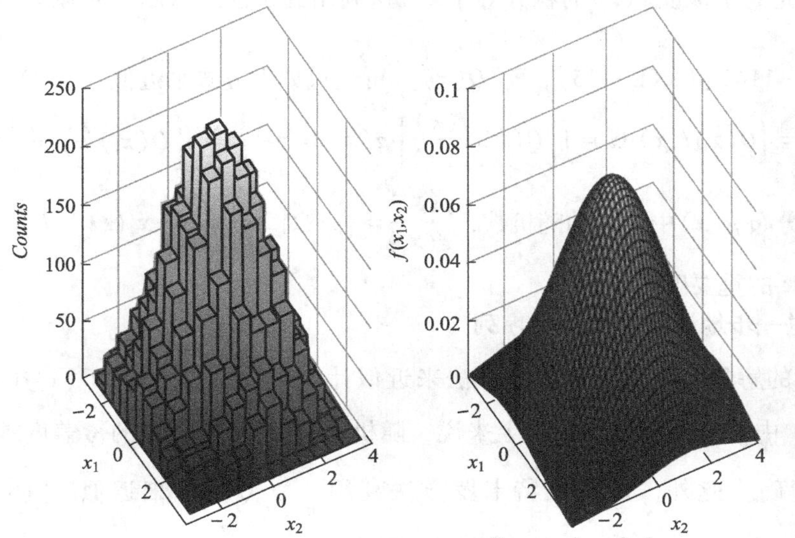

图 2-28　利用 Metropolis-Hastings 方法从分布 $\mathcal{N}\left(\begin{bmatrix}0\\0\end{bmatrix}, \begin{bmatrix}2 & 0.5\\0.5 & 2\end{bmatrix}\right)$ 中抽样展示图

注释：利用表 2-5 中 Metropolis-Hastings 抽样步骤从分布 $f(x_1, x_2)=\mathcal{N}\left(\begin{bmatrix}0\\0\end{bmatrix}, \begin{bmatrix}2 & 0.5\\0.5 & 2\end{bmatrix}\right)$ 中抽取了 10 000 个随机样本，左图为基于这 10 000 个随机样本绘制的直方图，右图为 $f(x_1, x_2)$ 的理论分布。MATLAB 程序基于 Steyvers(2011)。

机数。此外，还可采用**拒绝式抽样**方法，具体步骤为：从非截断分布 $f(x)$ 中抽取随机数，若这个随机数落在 a 和 b 间，那么保留这个随机数，反之则舍弃，不断重复这个过程，直到获取所需数量的随机数。

考虑积分 $\mathbb{E}[Q(x)]=\int Q(\boldsymbol{x})f(\boldsymbol{x})\mathrm{d}\boldsymbol{x}$ 的计算问题，其中 $\boldsymbol{x}$ 为 K 维随机变量，$f(\boldsymbol{x})$ 为概率密度函数，它具体表达式是：

$$f(\boldsymbol{x})=\kappa\left(\frac{1}{\sqrt{2\pi}}\right)^{K}|\boldsymbol{\Omega}|^{-\frac{1}{2}}\exp\left(-\frac{1}{2}\boldsymbol{x}'\boldsymbol{\Omega}^{-1}\boldsymbol{x}\right), \quad \boldsymbol{x}>\boldsymbol{0} \tag{2-114}$$

其中，假设 κ 为已知常数，用以使得 $\int_0^\infty f(\boldsymbol{x})\mathrm{d}\boldsymbol{x}=1$，即通过标准化保证 $f(\boldsymbol{x})$ 满足概率密度函数的性质。

计算 $\mathbb{E}[Q(\boldsymbol{x})]$ 最直接的做法是，从截断分布 $f(\boldsymbol{x})$ 中抽取随机数。然而，这一做法具有一定的难度。事实上，可以通过**重要度抽样**的方式来计算 $\mathbb{E}[Q(\boldsymbol{x})]$。具体地，分别从 K 个截断点位于 0 处的独立标准正态分布中抽取随机数，根据前述介绍，这一步既可以利用累积分布函数的逆也可以使用拒绝式抽样方法来实现，显然这些随机数相当于来自如下简单分布：

$$g(\boldsymbol{x})=2^{K}\left(\frac{1}{\sqrt{2\pi}}\right)^{K}\exp\left(-\frac{1}{2}\boldsymbol{x}'\boldsymbol{x}\right), \quad \boldsymbol{x}>\boldsymbol{0} \tag{2-115}$$

其中，出现2^K是为了保证$g(\boldsymbol{x})$的积分等于1，这利用到了前述截断分布概率密度函数的公式(2-42)。

基于式(2-114)和式(2-115)，$\mathbb{E}[Q(\boldsymbol{x})]$可通过如下方式来近似：

$$\mathbb{E}[Q(\boldsymbol{x})]=\int Q(\boldsymbol{x})f(\boldsymbol{x})\mathrm{d}x=\int\left[Q(\boldsymbol{x})\frac{f(\boldsymbol{x})}{g(\boldsymbol{x})}\right]g(\boldsymbol{x})\mathrm{d}x\approx\frac{1}{n}\sum_{i=1}^{n}\left[Q(\boldsymbol{x}_i)\frac{f(\boldsymbol{x}_i)}{g(\boldsymbol{x}_i)}\right] \tag{2-116}$$

其中，$\boldsymbol{x}_i$为从分布$g(\boldsymbol{x})$中抽取的随机数，$\dfrac{f(\boldsymbol{x}_i)}{g(\boldsymbol{x}_i)}=\dfrac{\kappa}{2^K}|\boldsymbol{\Omega}|^{-\frac{1}{2}}\exp\left[-\dfrac{1}{2}\boldsymbol{x}_i'(\boldsymbol{\Omega}^{-1}-I)\boldsymbol{x}_i\right]$为随机数$\boldsymbol{x}_i$的权重，刻画了$\boldsymbol{x}_i$的重要度。

4.4.8 进一步地讨论：Halton 序列

根据前面的解释，利用蒙特卡罗方法来近似计算$\mathbb{E}[Q(X)]=\int Q(x)f(x)\mathrm{d}x$的关键在于从分布$f(x)$中抽取随机数。理论上来说，随机数对$f(x)$定义域的覆盖度越高，蒙特卡罗积分也就越精确。此外，由于蒙特卡罗方法利用$\frac{1}{n}\sum_{i=1}^{n}Q(x_i)$来近似$\mathbb{E}[Q(X)]$，因此在$\frac{1}{n}\sum_{i=1}^{n}Q(x_i)$是$\mathbb{E}[Q(X)]$无偏估计量的条件下，它的方差越小，对$\mathbb{E}[Q(X)]$的近似也就越精确。一般而言，$x_i$之间存在负相关性能够降低$\frac{1}{n}\sum_{i=1}^{n}Q(x_i)$的方差。考虑$n=2$的情形，当抽取随机数$x_1$与$x_2$独立（从而$Q(x_1)$与$Q(x_2)$独立）时，$\mathrm{Var}\left(\dfrac{Q(x_1)+Q(x_2)}{2}\right)=\dfrac{\mathrm{Var}(Q(x_1))+\mathrm{Var}(Q(x_2))+2\mathrm{Cov}(Q(x_1),Q(x_2))}{4}=\dfrac{\mathrm{Var}(Q(x_i))}{2}$(其中,$i=1,2$)。事实上，当$Q(x_1)$与$Q(x_2)$负相关时，$\mathrm{Var}\left(\dfrac{Q(x_1)+Q(x_2)}{2}\right)$可以进一步下降，特别地，若$Q(x_1)$与$Q(x_2)$完全负相关，$\mathrm{Var}\left(\dfrac{Q(x_1)+Q(x_2)}{2}\right)=0$。

以生成0至1之间的均匀分布随机数为例，与直接从均匀分布中抽取的随机数相比，**哈尔顿序列**(Halton Sequence)能够更全面地覆盖分布的定义域，且保证观测值之间存在负相关性。正式地，哈尔顿序列通过如下递归等式给出：

$$s_{i+1}=\left\{s_i,\ s_i+\frac{1}{k^i},\ s_i+\frac{2}{k^i},\ \cdots,\ s_i+\frac{k-1}{k^i}\right\},\ i=1,\ 2,\ \cdots \tag{2-117}$$

其中，s_1可设定为介于0和1之间的数值，k为大于1的素数(只能够被1和自身整除的自然数)。

特别地，考虑$k=3$的情形：

$$s_{i+1}=\left\{s_i,\ s_i+\frac{1}{3^i},\ s_i+\frac{2}{3^i}\right\},\ i=1,\ 2,\ \cdots \tag{2-118}$$

当 $i=2$ 时，基于式(2-118)给出的迭代规则可以得到哈尔顿序列的前 9 个数值：

$$\left\{\begin{array}{lll} \left.\begin{array}{l}0\end{array}\right\}s_1 & & \\ 0+\frac{1}{3}=\frac{1}{3}, & & 0+\frac{2}{3}=\frac{2}{3} \quad \}s_2 \\ 0+\frac{1}{9}=\frac{1}{9}, & \frac{1}{3}+\frac{1}{9}=\frac{4}{9}, & \frac{2}{3}+\frac{1}{9}=\frac{7}{9} \\ 0+\frac{2}{9}=\frac{2}{9}, & \frac{1}{3}+\frac{2}{9}=\frac{5}{9}, & \frac{2}{3}+\frac{2}{9}=\frac{8}{9} \end{array}\right\}s_3$$

类似于 Train(2009)，图 2-29 记录了这 9 个数值的具体生成过程。从图 2-29 中可以清楚地看出，哈尔顿序列之所以能够更全面地覆盖分布的定义域，且保证观测值之间存在负相关性是因为：**它能够不断地填充区间 0 至 1 内的空白**，从而一方面保证了该数列的覆盖率比较高，另一方面保证了数列中的取值存在负相关性（直观上理解，**哈尔顿序列所具有的填充特性意味着，新出现在数列中的数字会尽可能“避开”数列中已经存在的数值**）。

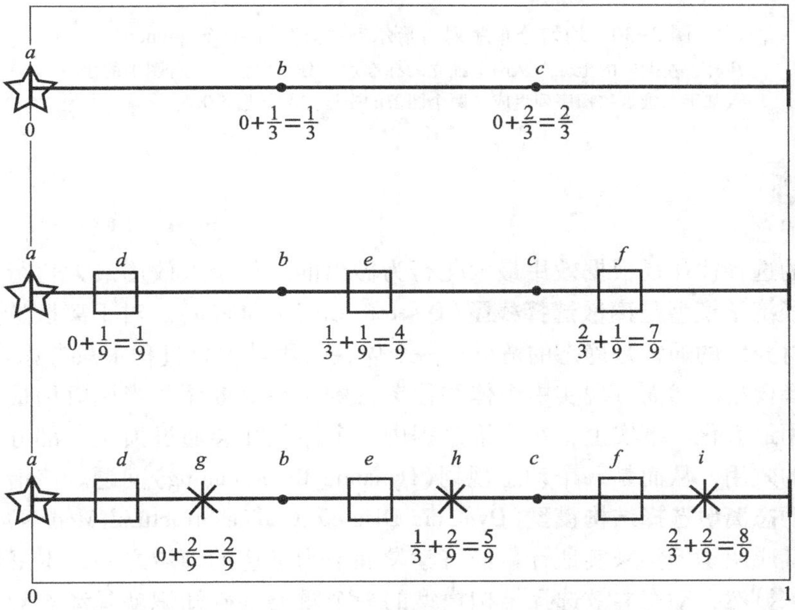

图 2-29　基于式(2-118)生成的哈尔顿序列(Halton Sequence)前 9 个数

注释：图形中五角星代表数列的起点，圆点、方形和星号分别表示对于区间[0,1]的三次切割。数列中的数值根据字母顺序依次排列。

与基于均匀分布生成的序列相比，哈尔顿序列能够更加均匀地覆盖随机变量的定义域，这一点能够从图 2-30 中直观地看出。

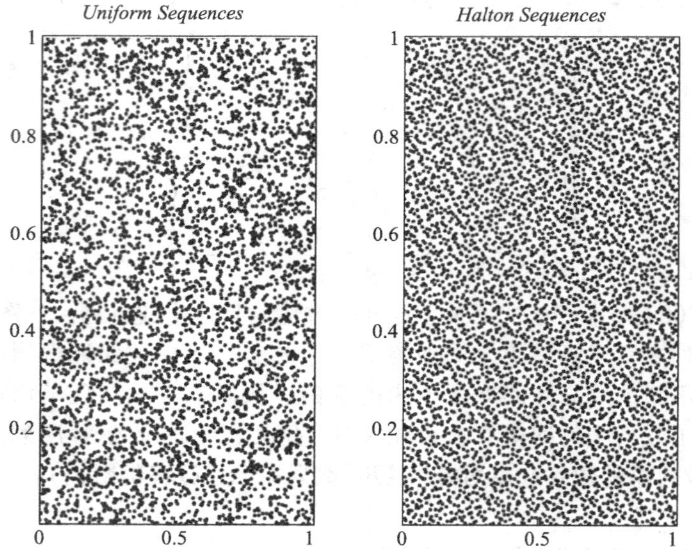

图 2-30 均匀分布序列与哈尔顿序列(Halton Sequence)

注释：左图中的坐标点从两个独立的标准均匀分布中抽取，右图中的坐标点基于二维哈尔顿序列生成。两个图形的坐标点数都是 5 000。

5. 动态规划

行为个体的选择往往是根据效用最大化行为做出的。与个人效用最大化行为密切相关的一类经典计量经济学模型是**离散选择模型**(Discrete Choice Model)。对于离散选择模型，现有计量经济学教材介绍的通常是静态的情形——个体在效用最大化过程中只考虑当期效用水平，即静态离散选择模型。然而，现实中个体往往考虑的是终身效用，当期效用最大化并不一定意味着终身效用最大化。事实上，在决策过程中，个体往往会通过损失一部分当期的效用来换取未来更大的效用，从而是一个动态规划(Dynamic Programming)问题。该情形下的离散选择模型被称为**动态离散选择结构模型**(Dynamic Discrete Choice Structural Models)。动态离散选择结构模型及其应用是近年来实证计量经济学发展最为迅速的领域之一，本书最后一部分重点介绍该内容。显然，动态离散选择结构模型的一个重要基础知识就是动态规划，本节对此进行介绍。

5.1 基本设定与基本原理

行为个体的终身效用通常由如下形式给出：

$$\mathbb{E}\left[\sum_{t=0}^{T}\rho^{t}U(a_t,S_t)\right] \tag{2-119}$$

其中，ρ 表示折现因子，$U(a_t,S_t)$表示行为个体 t 期当期效用，T 为期限的总数，它既可以有限，也可以无限。重要的是，上述表达形式区分了效用 $U(a_t,S_t)$ 中的两类变量：一类是**控制**

变量(Control Variables)，利用符号a_t来表示，刻画了行为个体的选择决策；另一类是**状态变量**(State Variables)，利用符号S_t来表示，刻画了影响行为个体决策的因素。

为了刻画式(2-119)中的期望算子，需要假定状态变量S随时间的演化模式。在动态规划中，通常假设状态变量服从**受控一阶马尔可夫过程**(Controlled First Order Markov Process)：

$$F(S_{t+1} \mid a_t, \mathscr{T}_t) = F(S_{t+1} \mid a_t, S_t) \tag{2-120}$$

其中，$F(S_{t+1} \mid a_t, \mathscr{T}_t)$表示状态变量的**转移概率分布**(Transition Probability Distribution)，它刻画了行为个体对下一期状态变量分布的(主观)信念。[①] $\mathscr{T}_t$为个体在t期的**信息集**(Information Set)，信息集刻画了个体决策时能够获得的所有信息。显然，t期及前所有状态变量$\{S_0, S_1, \cdots, S_t\}$以及$t$期前所有的控制变量$\{a_0, a_1, \cdots, a_{t-1}\}$都是$\mathscr{T}_t$的子集。“受控”这个定语的含义是，状态变量的转移概率分布受到控制变量的影响。显然，式(2-120)意味着一旦给定t期状态变量S_t，信息集$\mathscr{T}_t$中其他信息对于$t+1$期状态变量S_{t+1}便没有预测作用了。

行为个体面临的优化问题如下：

$$\max_{\{a_t\}_0^T} \left\{ \mathbb{E}\left[\sum_{t=0}^{T} \rho^t U(a_t, S_t) \right] \right\} \tag{2-121}$$

注意到，式(2-121)优化问题的解是**数列**(Sequence)，$\{a_t^*\}_0^T$。

根据 Bellman(1957)提出的**最优性原理**(Principle of Optimality)，最大化终身效用$\mathbb{E}\left(\sum_{t=0}^{T} \rho^t U(a_t, S_t)\right)$意味着，任意时期往后的(期望)加总效用都达到了最大水平。这一原理非常容易理解：假如t期往后的加总效用尚未达到最大水平，那么增加这个加总效用，并不会改变该t期前的加总效用，从而可提升终身效用。

正式地，个体在t时期往后的加总效用由如下表达式给出：

$$\mathbb{E}\left[\sum_{j=0}^{T-t} \rho^j U(a_{t+j}, S_{t+j}) \right] \tag{2-122}$$

根据最优性原理，式(2-120)给出的最优化问题可以等价地表述为：

$$\max_{\{a_t\}_t^T} \left\{ \mathbb{E}\left[\sum_{j=0}^{T-t} \rho^j U(a_{t+j}, S_{t+j}) \right] \right\} \tag{2-123}$$

对于T有限的情形——有限期模型，令$\mathbb{V}_t(S_t) \equiv \max_{\{a_t\}_t^T} \left\{ \mathbb{E}\left(\sum_{j=0}^{T-t} \rho^j U(a_{t+j}, S_{t+j}) \right) \right\}$，结合式(2-120)给出的受控一阶马尔可夫过程假定，式(2-123)可以进一步等价地表述为：

$$\begin{aligned}
\mathbb{V}_t(S_t) &\equiv \max_{\{a_t\}_t^T} \left\{ \mathbb{E}\left[\sum_{j=0}^{T-t} \rho^j U(a_{t+j}, S_{t+j}) \right] \right\} \\
&= \max_{\{a_t\}_t^T} \left\{ U(a_t, S_t) + \mathbb{E}\left[\sum_{j=1}^{T-t} \rho^j U(a_{t+j}, S_{t+j}) \right] \right\} \\
&= \max_{\{a \in \mathscr{A}(S_t)\}} \{ U(a, S_t) + \rho\, \mathbb{E}(\mathbb{V}_{t+1}(S_{t+1})) \} \\
&= \max_{\{a \in \mathscr{A}(S_t)\}} \left\{ U(a, S_t) + \rho \int_{S_{t+1}} \mathbb{V}_{t+1}(S_{t+1}) \mathrm{d}F(S_{t+1} \mid a, S_t) \right\}
\end{aligned} \tag{2-124}$$

① **理性预期**(Rational Expectation)假定行为个体对于$F(S_{t+1} \mid a, S_t)$的(事前)信念与(事后)真实分布一致。

其中，$\mathbb{V}_t(S_t)$被称为**值函数**(Value Function)，即给定状态变量S_t效用的最大值。$U(a,S_t)+\rho\int_{S_{t+1}}\mathbb{V}_{t+1}(S_{t+1})\mathrm{d}F(S_{t+1}\mid a,S_t)$表示**特定选择效用**(Choice Specific Utility)，它刻画的是控制变量等于特定数值给行为个体带来的效用。

对于T无限的情形——无限期模型，值函数与时期无关，因此有：

$$\begin{aligned}\mathbb{V}(S_t) &= \max_{\{a\in\mathscr{A}(S_t)\}}\{U(a,S_t)+\rho\,\mathbb{E}(\mathbb{V}(S_{t+1}))\} \\ &= \max_{\{a\in\mathscr{A}(S_t)\}}\left\{U(a,S_t)+\rho\int_{S_{t+1}}\mathbb{V}(S_{t+1})\mathrm{d}F(S_{t+1}\mid a,S_t)\right\}\end{aligned} \tag{2-125}$$

式(2-124)和式(2-125)就是**贝尔曼方程**(Bellman Equation)。与式(2-121)的表述方式相比，贝尔曼方程这个表述方式的好处至少体现在两方面：第一，将**数列求解优化问题**转化为**函数求解优化问题**；第二，从贝尔曼方程中能够更清楚地看出，行为个体在决策选择过程中对于当期效用和未来效用的权衡。具体而言，从式(2-124)或者式(2-125)中可以看出，个体当期决策a不仅会对当期效用$U(a,S_t)$产生影响，而且还会通过状态变量的转移概率分布$F(S_{t+1}\mid a,S_t)$影响未来期望效用$\mathbb{E}(\mathbb{V}(S_{t+1}))$。

可以发现，式(2-124)和式(2-125)中优化问题的选择变量是函数$a(S_t)$，从而是**泛函优化**(Functional Optimality)问题。使得效用最大的$a(S_t)$——不妨记为$a^*(S_t)$——被称为**策略函数**(Policy Function)，正式地，以T无限的情形为例：

$$a^*(S_t)=\arg\max_{\{a\in\mathscr{A}(S_t)\}}\left\{U(a,S_t)+\rho\int_{S_{t+1}}\mathbb{V}(S_{t+1})\mathrm{d}F(S_{t+1}\mid a,S_t)\right\} \tag{2-126}$$

策略函数$a^*(S_t)$刻画了给定状态变量S_t条件下，行为个体最优决策的规则。给定策略函数，状态变量随时间的演化过程可以直观地展示在图 2-31 中。

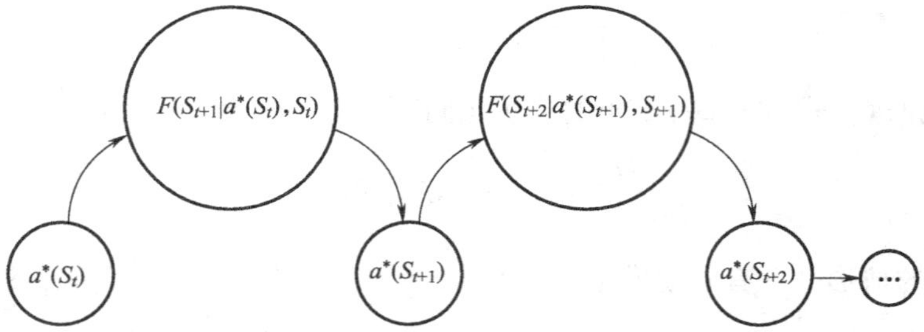

图 2-31 给定策略函数状态变量随时间的演化过程

由于随机性的存在，在实际应用过程中，通常采用数值模拟的方式来确定状态变量随时间的演化过程。具体而言，给定状态变量S_0，根据策略函数确定$a^*(S_0)$，将$a^*(S_0)$代入$F(S_{t+1}\mid a_t,S_t)$得到$F(S_1\mid a^*(S_0), S_0)$，从中抽取S_1的一个随机实现$S_1^{(r)}$；然后给定$S_1^{(r)}$，根据策略函数确定$a^*(S_1^{(r)})$，将策略函数$a^*(S_1^{(r)})$代入$F(S_{t+1}\mid a_t,S_t)$得到$F(S_2\mid a^*(S_1^{(r)}), S_1^{(r)})$，从中抽取$S_2$的一个随机实现$S_2^{(r)}$……，如此重复上述过程$R$次。最后，计算$S_t^{(r)}$的平均值$\ddot{S}_t=\frac{1}{R}\sum_{r=1}^{R}S_t^{(r)}$，以此作为$S_t$的模拟值。具体过程总结在表 2-6 中。

表 2-6 模拟状态变量给定策略函数条件下随时间的演化过程

1. 状态变量S_0。

2. 对于 $t=1, 2, \cdots, T$

   从 $F(S_t \mid a^*(S_{t-1}^{(r)}), S_{t-1}^{(r)})$ 中抽取S_t的一个随机实现$S_t^{(r)}$；

   给定$S_t^{(r)}$，根据策略函数确定$a^*(S_t^{(r)})$，将策略函数$a^*(S_t^{(r)})$ 代入 $F(S_{t+1} \mid a_t, S_t)$得到：

$$F(S_{t+1} \mid a^*(S_t^{(r)}), S_t^{(r)})$$

   从 $F(S_{t+1} \mid a^*(S_t^{(r)}), S_t^{(r)})$ 中抽取S_{t+1}的一个随机实现$S_{t+1}^{(r)}$。

3. 将步骤 2 重复 R 次。

4. 计算S_t的模拟值：

$$\ddot{S}_t \equiv \frac{1}{R}\sum_{r=1}^{R} S_t^{(r)}$$

以上介绍了动态规划的基本设定和基本原理。关于动态规划严谨的数学性质，Lucas, Stockey and Prescott(1989)，Judd(1998)以及 Acemoglu(2009)进行了比较全面的介绍，对此感兴趣的读者可以参考这三个资料。

5.2 求解方法

本小节介绍贝尔曼方法的具体求解方法。在这之前，重要的是首先了解什么是贝尔曼方程的解，即我们需要知道贝尔曼方程解的含义。考虑式(2-125)给出的贝尔曼方程：

$$\mathbb{V}(S_t) = \max_{\{a \in \mathscr{A}(S_t)\}} \left\{ U(a, S_t) + \rho \int_{S_{t+1}} \mathbb{V}(S_{t+1}) \mathrm{d}F(S_{t+1} \mid a, S_t) \right\} \tag{2-127}$$

贝尔曼方程的解通常包含两个层面的内容：第一，策略函数$a^*(S_t)$——给定状态变量S_t行为个体最优决策的规则；第二，值函数$\mathbb{V}(S_t)$——给定状态变量S_t行为个体(t 期及之后时期的期望加总)效用的最大值。由于$a^*(S_t)$与$\mathbb{V}(S_t)$都是函数，因此求解贝尔曼方程是一个泛函问题。另外，观察式(2-127)可以发现，求解贝尔曼方程还是一个**不动点问题**(Fixed Point Problem)。一般而言，$a^*(S_t)$与$\mathbb{V}(S_t)$不具有解析形式，要利用数值法近似求解。求解贝尔曼方程的数值方法主要包括**倒推法**(Backward Recursion Method)、**函数迭代法**(Function Iteration Method)、**策略迭代法**(Policy Iteration Method)以及**配点法**(Collocation Method)。简便起见，在介绍这几个方法时均假定状态变量与控制变量都是离散型变量(连续型变量情形能够通过格点近似转化为离散型变量情形)。正式地，假设状态变量 S 有 m 个取值$\{S_1, S_2, \cdots, S_m\}$，控制变量 a 具有 n 个不同的取值。

5.2.1 有限期模型贝尔曼方程求解——倒推法

倒推法(Backward Recursion)适用于有限期模型。在状态变量 S 取离散数值的设定下，给定S_t的取值为S_i，式(2-124)可以表示为：

$$\mathbb{V}_t(S_i)=\max_{\{a\in\mathscr{A}(S_i)\}}\left\{U(S_i,a)+\rho\sum_{j=1}^{m}p_{ij}^{(a)}\mathbb{V}_{t+1}(S_j)\right\} \tag{2-128}$$

其中，S_j表示 $t+1$ 期状态变量的可能取值，$p_{ij}^{(a)}$表示给定控制变量 a 以及 t 期状态变量的取值 S_i，$t+1$ 期状态变量取值为S_j的概率。

由于式(2-128)对于 $i=1, 2, \cdots, m$ 都成立，因此

$$\begin{bmatrix}\mathbb{V}_t(S_1)\\\mathbb{V}_t(S_2)\\\vdots\\\mathbb{V}_t(S_m)\end{bmatrix}=\max_{\{a_i\in\mathscr{A}(S_i)\}}\left\{\begin{bmatrix}U(S_1,a_1)\\U(S_2,a_2)\\\vdots\\U(S_m,a_m)\end{bmatrix}+\rho\begin{bmatrix}p_{11}^{(a_1)}&p_{12}^{(a_1)}&\cdots&p_{1m}^{(a_1)}\\p_{21}^{(a_2)}&p_{22}^{(a_2)}&\cdots&p_{2m}^{(a_2)}\\\vdots&\vdots&&\vdots\\p_{m1}^{(a_m)}&p_{m2}^{(a_m)}&\cdots&p_{mm}^{(a_m)}\end{bmatrix}\begin{bmatrix}\mathbb{V}_{t+1}(S_1)\\\mathbb{V}_{t+1}(S_2)\\\vdots\\\mathbb{V}_{t+1}(S_m)\end{bmatrix}\right\} \tag{2-129}$$

其中，需要指出的是，为了区分不同状态所对应的控制变量，对字母 a 添加了下标。

式(2-129)可以用矩阵符号简洁地表述为：

$$\boldsymbol{V}_t=\max_{\{\boldsymbol{a}\}}\{\boldsymbol{U}(\boldsymbol{a})+\rho\boldsymbol{P}(\boldsymbol{a})\boldsymbol{V}_{t+1}\} \tag{2-130}$$

其中，$\boldsymbol{V}_t=\begin{bmatrix}\mathbb{V}_t(S_1)\\\mathbb{V}_t(S_2)\\\vdots\\\mathbb{V}_t(S_m)\end{bmatrix}$，$\boldsymbol{a}=\begin{bmatrix}a_1\\a_2\\\vdots\\a_m\end{bmatrix}$，$\boldsymbol{U}(\boldsymbol{a})=\begin{bmatrix}U(S_1,a_1)\\U(S_2,a_2)\\\vdots\\U(S_m,a_m)\end{bmatrix}$，$\boldsymbol{P}(\boldsymbol{a})=\begin{bmatrix}p_{11}^{(a_1)}&p_{12}^{(a_1)}&\cdots&p_{1m}^{(a_1)}\\p_{21}^{(a_2)}&p_{22}^{(a_2)}&\cdots&p_{2m}^{(a_2)}\\\vdots&\vdots&&\vdots\\p_{m1}^{(a_m)}&p_{m2}^{(a_m)}&\cdots&p_{mm}^{(a_m)}\end{bmatrix}$，

$\boldsymbol{V}_{t+1}=\begin{bmatrix}\mathbb{V}_{t+1}(S_1)\\\mathbb{V}_{t+1}(S_2)\\\vdots\\\mathbb{V}_{t+1}(S_m)\end{bmatrix}$。通过倒推法求解方程(2-130)非常直观，具体步骤由表 2-7 给出：

表 2-7 倒推法求解方程(2-130)(有限期模型贝尔曼方程)的具体步骤

1. 确定 $\boldsymbol{U}(\boldsymbol{a})$与 $\boldsymbol{P}(\boldsymbol{a})$的具体形式，确定最后一期值函数$\boldsymbol{V}_T$的取值。

2. 对于 $t=T-1, T-2, \cdots, 1$，通过如下方式来计算值函数$\boldsymbol{V}_t$与策略函数$\boldsymbol{a}_t$：

$$\boldsymbol{V}_t=\max_{\{\boldsymbol{a}\}}\{\boldsymbol{U}(\boldsymbol{a})+\rho\boldsymbol{P}(\boldsymbol{a})\boldsymbol{V}_{t+1}\}$$

$$\boldsymbol{a}_t=\arg\max_{\{\boldsymbol{a}\}}\{\boldsymbol{U}(\boldsymbol{a})+\rho\boldsymbol{P}(\boldsymbol{a})\boldsymbol{V}_{t+1}\}$$

5.2.2 无限期模型求解——函数迭代法与策略迭代法

注意到，倒推法只适用于有限期模型贝尔曼方程的求解。对于无限期模型，通常使用**函数迭代法**(Function Iteration Method)和**策略迭代法**(Policy Iteration Method)来求解贝尔曼方程。由于无限期模型的值函数与时期无关，因此只需将式(2-130)的时间下标去掉(其他不变)即可表示无限期模型贝尔曼方程：

$$\boldsymbol{V}=\max_{\{\boldsymbol{a}\}}\{\boldsymbol{U}(\boldsymbol{a})+\rho\boldsymbol{P}(\boldsymbol{a})\boldsymbol{V}\} \tag{2-131}$$

与前所述，式(2-131)是一个不动点问题。利用函数迭代法来求解式(2-131)的具体步骤由表 2-8 给出。

表 2-8 函数迭代法求解方程(2-131)(无限期模型贝尔曼方程)的具体步骤

1. 确定 $\boldsymbol{U}(\boldsymbol{a})$ 与 $\boldsymbol{P}(\boldsymbol{a})$ 的具体形式，给定值函数 $\boldsymbol{V}$ 的初始值 $\boldsymbol{V}_0$。
2. **函数迭代**(Function Iteration)：

$$\boldsymbol{V}_\tau=\max_{\{\boldsymbol{a}\}}\{\boldsymbol{U}(\boldsymbol{a})+\rho\boldsymbol{P}(\boldsymbol{a})\boldsymbol{V}_{\tau-1}\}$$

其中，τ 为正整数，表示第 τ 次迭代(注意,τ 并非时期)。

3. 确定函数迭代终止条件：

若 $\|\boldsymbol{V}_\tau-\boldsymbol{V}_{\tau-1}\|<\kappa$($\kappa$ 为研究者预先设定的很小的数值)，那么 $\boldsymbol{V}_\tau$ 则为值函数的近似解，并利用如下方式确定策略函数的近似解：

$$\boldsymbol{a}=\arg\max_{\{\boldsymbol{a}\}}\{\boldsymbol{U}(\boldsymbol{a})+\rho\boldsymbol{P}(\boldsymbol{a})\boldsymbol{V}_\tau\}$$

否则，回到第 2 步继续函数迭代。

利用**策略迭代法**(Policy Iteration Method)来求解式(2-131)的具体步骤由表 2-9 给出。接下来，我们具体介绍第 3 步中 $\boldsymbol{V}_\tau=[\boldsymbol{I}-\rho\boldsymbol{P}(\boldsymbol{a}_\tau)]^{-1}\boldsymbol{U}(\boldsymbol{a}_\tau)$ 这个表达式的推导过程。注意到式(2-131)给出的不动点求解问题可以等价地表述为如下方程根的求解问题：

$$\boldsymbol{V}-\max_{\{\boldsymbol{a}\}}\{\boldsymbol{U}(\boldsymbol{a})+\rho\boldsymbol{P}(\boldsymbol{a})\boldsymbol{V}\}=\boldsymbol{0} \tag{2-132}$$

求解方程(2-132)根的迭代规则可以通过对 $\boldsymbol{V}_\tau-\max_{\{\boldsymbol{a}\}}\{\boldsymbol{U}(\boldsymbol{a})+\rho\boldsymbol{P}(\boldsymbol{a})\boldsymbol{V}_\tau\}$ 在 $\boldsymbol{V}_{\tau-1}$ 处进行一阶泰勒展开，并令这个展开式等于 $\boldsymbol{0}$ 得到：

$$\boldsymbol{V}_{\tau-1}-\max_{\{\boldsymbol{a}\}}\{\boldsymbol{U}(\boldsymbol{a})+\rho\boldsymbol{P}(\boldsymbol{a})\boldsymbol{V}_{\tau-1}\}+\left[\boldsymbol{I}-\left.\frac{\partial\max_{\{\boldsymbol{a}\}}\{\boldsymbol{U}(\boldsymbol{a})+\rho\boldsymbol{P}(\boldsymbol{a})\boldsymbol{V}\}}{\partial\boldsymbol{V}}\right|_{\boldsymbol{V}_{\tau-1}}\right](\boldsymbol{V}_\tau-\boldsymbol{V}_{\tau-1})=\boldsymbol{0} \tag{2-133}$$

在 $\boldsymbol{a}$ 取第 τ 次迭代最优值 $\boldsymbol{a}_\tau$ 的情形下，式(2-133)可以表示为：

$$\boldsymbol{V}_{\tau-1}-[\boldsymbol{U}(\boldsymbol{a}_\tau)+\rho\boldsymbol{P}(\boldsymbol{a}_\tau)\boldsymbol{V}_{\tau-1}]+[\boldsymbol{I}-\rho\boldsymbol{P}(\boldsymbol{a}_\tau)](\boldsymbol{V}_\tau-\boldsymbol{V}_{\tau-1})=\boldsymbol{0} \tag{2-134}$$

整理式(2-134)即可得到表 2-9 中第 3 步值函数更新表达式：

$$\boldsymbol{V}_\tau=[\boldsymbol{I}-\rho\boldsymbol{P}(\boldsymbol{a}_\tau)]^{-1}\boldsymbol{U}(\boldsymbol{a}_\tau) \tag{2-135}$$

表 2-9 策略迭代法求解方程(2-131)(无限期模型贝尔曼方程)的具体步骤

1. 确定 $\boldsymbol{U}(\boldsymbol{a})$ 与 $\boldsymbol{P}(\boldsymbol{a})$ 的具体形式，给定值函数 $\boldsymbol{V}$ 的初始值 $\boldsymbol{V}_0$。
2. **策略迭代**(Policy Iteration)：

$$\boldsymbol{a}_\tau=\arg\max_{\{\boldsymbol{a}\}}\{\boldsymbol{U}(\boldsymbol{a})+\rho\boldsymbol{P}(\boldsymbol{a})\boldsymbol{V}_{\tau-1}\}$$

其中，τ 为正整数，表示第 τ 次迭代(注意,τ 并非时期)。

3. 利用如下表达式更新值函数：

$$\boldsymbol{V}_\tau=[\boldsymbol{I}-\rho\boldsymbol{P}(\boldsymbol{a}_\tau)]^{-1}\boldsymbol{U}(\boldsymbol{a}_\tau)$$

4. 确定迭代终止条件：

若 $\|\boldsymbol{V}_\tau-\boldsymbol{V}_{\tau-1}\|<\kappa$($\kappa$ 为研究者预先设定的很小的数值)，那么 $\boldsymbol{V}_\tau$ 为值函数的近似解，$\boldsymbol{a}_\tau$ 为策略函数的近似解：

否则，回到第 2 步和第 3 步继续策略迭代和更新值函数。

可以发现，利用倒推法、函数迭代法或者策略迭代法来求解贝尔曼方程均面临**维度诅咒**问题(Curse of Dimensionality)。具体地，Miranda and Fackler(2004)总结了求解贝尔曼方程的三层循环：**外层循环**(Outer Loop)是倒推迭代、函数迭代或策略迭代，**中层循环**(Middle Loop)是状态变量的取值，**内层循环**(Inner Loop)是控制变量的取值。以函数迭代法为例，给定第 τ 次函数迭代以及状态变量的取值都需要计算控制变量不同取值情形下效用的大小，以便得到使得效用最大的控制变量取值，这是内层循环。对于每一状态变量的取值，这个内层循环都需进行一次，这是中层循环。对于不同次数的函数迭代，这个中层循环都需要进行一次，这是外层循环。特别地，假设函数迭代次数为 l，状态变量 S 的取值个数为 m，控制变量 a 的取值个数为 n，那么求解贝尔曼方程的计算次数则达到 $l\times m\times n$ 次。这还只是一维控制变量和一维状态变量的情形。考虑多维状态变量和多维控制变量的情形，若假定状态变量个数为 P，每个状态变量的取值个数为 m，控制变量个数为 Q，每个控制变量的取值个数为 n，那么求解贝尔曼方程的计算次数则高达 $l\times m^P\times n^Q$ 次。

5.2.3 配点法(Collocation Method)简介

配点法能够缓解求解贝尔曼方程所面临的维度诅咒问题。其基本原理是，对值函数进行参数化处理从而将泛函求解问题转化为参数求解问题。具体而言，考虑式(2-127)给出的贝尔曼方程：

$$\mathbb{V}(S_t)=\max_{\{a\in\mathscr{A}(S_t)\}}\left\{U(a,S_t)+\rho\int_{S_{t+1}}\mathbb{V}(S_{t+1})\mathrm{d}F(S_{t+1}\mid a,S_t)\right\} \tag{2-136}$$

配点法利用如下参数表达式来近似$\mathbb{V}(S)$：

$$\mathbb{V}(S)\approx\sum_{j=0}^{K}c_j\,\phi_j(S) \tag{2-137}$$

其中，$\phi_j(S)$为**基函数**(Basis Functions)，c_j为未知参数。对于基函数$\phi_j(S)$，最简单的设定是S^j，该情形下，相当于利用高次不等式来近似函数$\mathbb{V}(S)$。可以发现，配点方法相当于将函数$\mathbb{V}(S)$投射到$\{\phi_j(S)\}$空间，因此也被称为**投射方法**(Projection Method)

将式(2-137)代入式(2-136)可得：

$$\sum_{j=0}^{K}c_j\,\phi_j(S_t)=\max_{\{a\in\mathscr{A}(S_t)\}}\left\{U(a,S_t)+\rho\int_{S_{t+1}}\sum_{j=0}^{K}c_j\,\phi_j(S_{t+1})\mathrm{d}F(S_{t+1}\mid a,S_t)\right\} \tag{2-138}$$

可以发现，式(2-138)是参数$\{c_j\}$的求解问题，不再是函数$\mathbb{V}(S_t)$求解的泛函问题，从而大大简化了计算过程。

习题

1. 验证分块矩阵逆公式成立：

$$\begin{bmatrix}\boldsymbol{A}_{11} & \boldsymbol{A}_{12}\\ \boldsymbol{A}_{21} & \boldsymbol{A}_{22}\end{bmatrix}^{-1}=\begin{bmatrix}\boldsymbol{A}_{11}^{-1}(\boldsymbol{I}+\boldsymbol{A}_{12}\boldsymbol{G}\boldsymbol{A}_{21}\boldsymbol{A}_{11}^{-1}) & -\boldsymbol{A}_{11}^{-1}\boldsymbol{A}_{12}\boldsymbol{G}\\ -\boldsymbol{G}\boldsymbol{A}_{21}\boldsymbol{A}_{11}^{-1} & \boldsymbol{G}\end{bmatrix}$$

其中，$\boldsymbol{G}=(\boldsymbol{A}_{22}-\boldsymbol{A}_{21}\boldsymbol{A}_{11}^{-1}\boldsymbol{A}_{12})^{-1}$。

2. $\boldsymbol{P}=\boldsymbol{X}(\boldsymbol{X}'\boldsymbol{X})^{-1}\boldsymbol{X}'$**为投影矩阵**(Projection Matrix)，$\boldsymbol{M}=\boldsymbol{I}-\boldsymbol{X}(\boldsymbol{X}'\boldsymbol{X})^{-1}\boldsymbol{X}'=\boldsymbol{I}-\boldsymbol{P}$ **为残差制造矩阵**(Residual Maker Matrix)，验证如下三条性质：

（1）$\boldsymbol{P}$ 与 $\boldsymbol{M}$ 都是对称矩阵：

$$\boldsymbol{P}=\boldsymbol{P}', \quad \boldsymbol{M}=\boldsymbol{M}'$$

（2）$\boldsymbol{P}$ 与 $\boldsymbol{M}$ 都是幂等矩阵：

$$\boldsymbol{PP}=\boldsymbol{P}, \quad \boldsymbol{MM}=\boldsymbol{M}$$

（3）$\boldsymbol{P}$ 与 $\boldsymbol{M}$ 正交：

$$\boldsymbol{PM}=\boldsymbol{MP}=\boldsymbol{0}$$

3. 证明命题 2.4：若 n 维随机变量 $\boldsymbol{X}\sim\mathcal{N}(\boldsymbol{\mu},\boldsymbol{\Sigma})$，那么它的线性变换 $\boldsymbol{Y}=\boldsymbol{AX}+\boldsymbol{b}$ 服从如下多元正态分布：

$$\boldsymbol{Y}\sim\mathcal{N}(\boldsymbol{A\mu}+\boldsymbol{b},\boldsymbol{A\Sigma A}')$$

4. 给定X_1，X_2与 Y 是连续型随机变量，证明迭代期望定律：

$$\mathbb{E}\left[\mathbb{E}(Y|X_1,X_2)|X_1\right]=\mathbb{E}(Y|X_1)$$

5. 类似于图 2-12，利用统计软件(Stata, MATLAB, R 或者 Python 等)模拟抛掷骰子的试验。

6. 设计计算机程序，利用数值方法求解方程：

$$x^3-2=0$$

7. 为什么说蒙特卡罗积分的基本原理是大数定律？

第二部分

核心估计方法

第三章　最小二乘法

作为计量经济学最为基础的估计方法，最小二乘方法同时也是计量经济学最为重要的估计方法之一。本章主要内容有，**最小二乘方法**的逻辑起点，**线性最小二乘法**(OLS)，**非线性最小二乘法**(NLS)、**系统最小二乘方法**(SOLS)以及**广义最小二乘法**(GLS)。线性最小二乘方法是本章的重点。我们着重介绍了线性最小二乘估计量的**小样本性质**(Small Sample Properties)和**大样本性质**(Large Sample Properties)。与大样本性质相比，推导估计量的小样本性质通常需要更强的假定。紧接着放松线性模型的限定，介绍了非线性最小二乘法。在本章读者将看到，非线性最小二乘估计量无法显式地写作数据的函数，需要借助于数值优化方法来估计模型参数。一般地，考察非线性最小二乘估计量(大样本)性质的基本思路是，通过**中值定理**(Mean Value Theorem)将非线性问题转化为线性问题。此外，我们将单方程模型进一步拓展到多方程模型介绍了系统最小二乘方法。系统方程模型在计量经济学中的重要性体现在它的一般性上。具体地，单方程模型可视为只含有一个方程的特殊系统方程模型，更重要的是，诸多重要计量模型都属于系统方程模型。[①] 本章最后介绍了广义最小二乘法，读者将看到**广义最小二乘方法提升估计量的有效性并不是没有成本**，其成本是保证估计量一致性需要对模型施加更强的外生性假定。

在学习本章内容的过程中，重要的是记住**最小二乘估计本质上只是一个优化运算，其估计系数并不必然具有因果解释**(Causal Interpretation)。考虑到表述的简便性，本章总是假定解释变量中包括常数项。鉴于本章是后续章节的基础，我们尽可能地给出重要命题的详细证明过程。在经典计量经济学中，解释变量通常被视为**非随机的**(Non-Stochastic)，而在现代计量经济学中，解释变量则通常被视为**随机的**(Stochastic)。显然地，在解释变量被视为非随机变量的情形下，解释变量**内生性问题**(Endogeneity)——解释变量与**结构误差项**(Structural Errors)[②]具有相关性——这个计量经济学的核心概念没有合理的含义。有鉴于此，我们遵循现代计量经济学的分析范式将解释变量视为随机变量。这将大大增加分析估计量小样本性质的难度，其原因在于，计算估计量的期望值需要刻画解释变量和被解释变量的联合分布。在阅读本章内容的过程中，一个需要注意的地方是，独立同分布数据生成过程意味着变量的**无条件分布**相同，但并不一定意味着变量的**条件分布**相同。

---

① 这些模型包括**看似不相关模型**(Seemingly Uncorrelated Model, SUR)、**面板数据模型**(Panel Data Model)、**联立方程组模型**(Simultaneous Equations Model)、**系统 GMM 模型**(System Generalized Methods of Moments, SGMM)以及**向量自回归模型**(Vector Autoregression Model, VAR)，等等。可以说，**深入理解系统方程模型的基本性质是打开这些模型学习大门的钥匙。**

② 在本章，我们将着重区分回归误差项和结构误差项。

1. 最小二乘方法的逻辑起点

我们通常需要在给定某些变量 $\boldsymbol{x}$（解释变量）的情形下对特定变量 y（被解释变量）做出预测。根据第二章数学基础的介绍，我们已经了解到条件期望 $\mathbb{E}(y|\boldsymbol{x})$ 使得预测误差平方期望值 $\mathbb{E}[y-m(\boldsymbol{x})]^2$ 最小：

$$m^*(\boldsymbol{x}) \equiv \mathbb{E}(y|\boldsymbol{x}) = \arg\min_{\{m(\boldsymbol{x})\in\mathscr{M}\}} \mathbb{E}[y-m(\boldsymbol{x})]^2 \tag{3-1}$$

式(3-1)意味着，从预测误差平方期望值视角来看，条件期望 $\mathbb{E}(y|\boldsymbol{x})$ 是给定 $\boldsymbol{x}$ 情形下对 y 的最好预测（如果不特别指明，本章“最好预测”含义均是基于预测误差平方期望值这个视角的）。一般地，式(3-1)所给出的优化问题便是**最小二乘方法**（Least Squares Method）的逻辑起点。注意到式(3-1)给出的优化问题的选择变量是函数，从而是相对比较复杂的**泛函优化问题**。为简化分析，通常将函数 $m(\boldsymbol{x})$ 进行参数化处理，不失一般性，假定 $m(\boldsymbol{x})=g(\boldsymbol{x},\boldsymbol{\beta})$ 则有：

$$\boldsymbol{\beta}_{LS} = \arg\min_{\{\boldsymbol{\beta}\in\mathscr{B}\}} \mathbb{E}[y-g(\boldsymbol{x},\boldsymbol{\beta})]^2 \tag{3-2}$$

其中，$\boldsymbol{x}=\begin{bmatrix}x_1\\x_2\\\vdots\\x_K\end{bmatrix}$，$\boldsymbol{\beta}=\begin{bmatrix}\beta_1\\\beta_2\\\vdots\\\beta_K\end{bmatrix}$。可以发现，式(3-2)是常规的**参数优化问题**，它明确给出了最小二乘参数 $\boldsymbol{\beta}_{LS}$ 的具体内涵。值得指出的是，$g(\boldsymbol{x},\boldsymbol{\beta}_{LS})$ 并不一定等于条件期望 $\mathbb{E}(y|\boldsymbol{x})$。这是因为，条件期望是所有关于 $\mathbb{E}(y|\boldsymbol{x})$ 的函数（在图 3-1 中利用大圆来表示）中使得预测误差期望值最小的函数，而 $g(\boldsymbol{x},\boldsymbol{\beta}_{LS})$ 只是 $\{g(\boldsymbol{x},\boldsymbol{\beta}),\ \boldsymbol{\beta}\in\mathscr{B}\}$ 这个函数集合（在图 3-1 中利用小圆来表示）中使得预测误差期望值最小的函数。

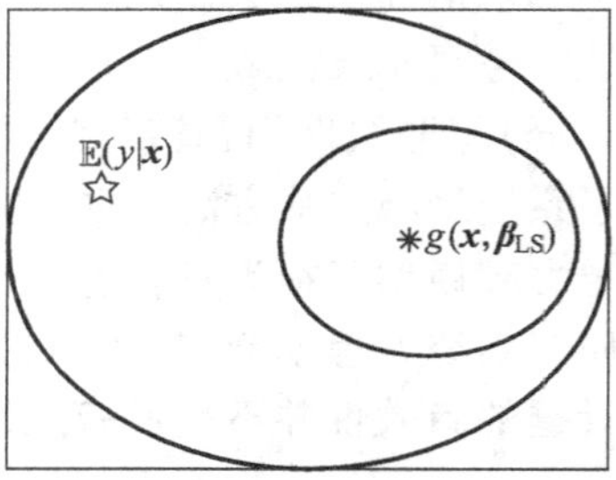

图 3-1　条件期望 $\mathbb{E}(y|\boldsymbol{x})$ 与 $g(\boldsymbol{x},\boldsymbol{\beta}_{LS})$

注释：条件期望 $\mathbb{E}(y|\boldsymbol{x})$（利用五角星符号来标注）是所有关于 $\boldsymbol{x}$ 函数（大圆集合表示）中使得预测误差期望值最小的函数，而 $g(\boldsymbol{x},\boldsymbol{\beta}_{LS})$（利用米星符号来标注）只是 $\{g(\boldsymbol{x},\boldsymbol{\beta}),\ \boldsymbol{\beta}\in\mathscr{B}\}$ 这个函数集合（小圆集合表示）中使得预测误差期望值最小的函数。

2. 线性最小二乘方法

将 $g(\boldsymbol{x},\boldsymbol{\beta})$ 设定为线性函数 $\boldsymbol{x}'\boldsymbol{\beta}$ 就得到线性最小二乘方法或**普通最小二乘方法**（Ordinary Least Squares Method，OLS）：

$$\boldsymbol{\beta}_{OLS} = \arg\min_{\{\boldsymbol{\beta}\in\mathscr{B}\}} \mathbb{E}(y-\boldsymbol{x}'\boldsymbol{\beta})^2 \tag{3-3}$$

从式(3-3)中能够看出，在所有关于解释变量 $\boldsymbol{x}$ 的**线性**函数中，$\boldsymbol{x}'\boldsymbol{\beta}_{OLS}$ 是被解释变量 y 最好的预测。

命题 3.1：若条件期望 $\mathbb{E}(y|\boldsymbol{x})$ 是 $\boldsymbol{x}$ 的线性函数，那么

$$\mathbb{E}(y|\boldsymbol{x}) = \boldsymbol{x}'\boldsymbol{\beta}_{OLS}$$

证明：

在关于 $\boldsymbol{x}$ 的**所有函数**中，$\mathbb{E}(y|\boldsymbol{x})$使$\mathbb{E}[y-m(\boldsymbol{x})]^2$最小，在关于 $\boldsymbol{x}$ 的**所有线性函数**中，$\boldsymbol{x}'\boldsymbol{\beta}_{\mathrm{OLS}}$使$\mathbb{E}[y-m(\boldsymbol{x})]^2$最小，所以当$\mathbb{E}(y|\boldsymbol{x})$是线性函数时，$\mathbb{E}(y|\boldsymbol{x})=\boldsymbol{x}'\boldsymbol{\beta}_{\mathrm{OLS}}$。

□

2.1 最小二乘参数的识别与估计

2.1.1 最小二乘参数的识别

在具体介绍 OLS 估计量之前，首先来看 OLS 参数的**识别**(Identification)问题。一般地，为识别参数$\boldsymbol{\beta}_{\mathrm{OLS}}$需要如下假设：

OLS 假设 1：$\mathbb{E}(\boldsymbol{xx}')$可逆，即$\mathbb{E}(\boldsymbol{xx}')$为满秩矩阵：

$$\mathrm{rank}[\mathbb{E}(\boldsymbol{xx}')]=K$$

其中，K 为 $\boldsymbol{x}$ 中变量个数。

OLS 假定 1 排除了解释变量存在**完全多重共线性**(Perfect Multi-collinearity)的可能。根据式(3-3)给出的定义，$\boldsymbol{\beta}_{\mathrm{OLS}}$可以通过对目标函数$\mathbb{E}(y-\boldsymbol{x}'\boldsymbol{\beta})^2$求解关于参数 $\boldsymbol{\beta}$ 的一阶导数并令一阶导数等于 $\mathbf{0}$ 来得到，即

$$\mathbb{E}[\boldsymbol{x}(y-\boldsymbol{x}'\boldsymbol{\beta}_{\mathrm{OLS}})]=\mathbf{0} \tag{3-4}$$

式(3-4)被称为 OLS 方法的**矩条件**(Moment Condition)或者**正则条件**(Orthogonality Condition)。值得指出的是，给定式(3-3)对参数$\boldsymbol{\beta}_{\mathrm{OLS}}$的定义，式(3-4)是必然成立的一阶条件(而非假设)。整理式(3-4)可得：

$$\boldsymbol{\beta}_{\mathrm{OLS}}=[\mathbb{E}(\boldsymbol{xx}')]^{-1}\mathbb{E}(\boldsymbol{x}y) \tag{3-5}$$

其中，$[\mathbb{E}(\boldsymbol{xx}')]^{-1}$利用到了 OLS 假定 1。

2.1.2 最小二乘参数的估计

可以看出，最小二乘参数$\boldsymbol{\beta}_{\mathrm{OLS}}$是**总体**(Population)表达式，在实际应用中，无法被观测到。根据**类比原则**(Analogy Principle)(Goldberger，1968；Manski，1988)，$\boldsymbol{\beta}_{\mathrm{OLS}}=[\mathbb{E}(\boldsymbol{xx}')]^{-1}\mathbb{E}(\boldsymbol{x}y)$对应的样本表达为：

$$\hat{\boldsymbol{\beta}}_{\mathrm{OLS}}=\left(\sum_{i=1}^{N}\boldsymbol{x}_i\boldsymbol{x}_i'\right)^{-1}\left(\sum_{i=1}^{N}\boldsymbol{x}_i y_i\right) \tag{3-6}$$

其中，i 为表示个体的符号，N 表示样本容量，$\boldsymbol{x}_i=\begin{bmatrix}x_{i1}\\x_{i2}\\\vdots\\x_{iK}\end{bmatrix}$。$\hat{\boldsymbol{\beta}}_{\mathrm{OLS}}$被称为 **OLS 估计量**(OLS Estimator)。

若令 $\underbrace{\boldsymbol{X}}_{N\times K}=\begin{bmatrix}\boldsymbol{x}_1'\\\boldsymbol{x}_2'\\\vdots\\\boldsymbol{x}_N'\end{bmatrix}=\begin{bmatrix}x_{11}=1 & x_{12} & \cdots & x_{1K}\\x_{21}=1 & x_{22} & \cdots & x_{2K}\\\vdots & \vdots & & \vdots\\x_{N1}=1 & x_{N2} & \cdots & x_{NK}\end{bmatrix}$，$\underbrace{\boldsymbol{y}}_{N\times 1}=\begin{bmatrix}y_1\\y_2\\\vdots\\y_N\end{bmatrix}$，那么式(3-6)简洁地用如下矩阵形式来表述：

$$\hat{\boldsymbol{\beta}}_{\mathrm{OLS}}=(\underbrace{\boldsymbol{X}'\boldsymbol{X}}_{K\times K})^{-1}(\underbrace{\boldsymbol{X}'\boldsymbol{y}}_{K\times 1}) \tag{3-7}$$

其中，$\boldsymbol{X}'\boldsymbol{X}=\sum_{i=1}^{N}\boldsymbol{x}_i\boldsymbol{x}_i'=\begin{bmatrix}\sum_{i=1}^{N}x_{i1}x_{i1} & \sum_{i=1}^{N}x_{i1}x_{i2} & \cdots & \sum_{i=1}^{N}x_{i1}x_{iK}\\ \sum_{i=1}^{N}x_{i2}x_{i1} & \sum_{i=1}^{N}x_{i2}x_{i2} & \cdots & \sum_{i=1}^{N}x_{i2}x_{iK}\\ \vdots & \vdots & & \vdots\\ \sum_{i=1}^{N}x_{iK}x_{i1} & \sum_{i=1}^{N}x_{iK}x_{i2} & \cdots & \sum_{i=1}^{N}x_{iK}x_{iK}\end{bmatrix}$，$\boldsymbol{X}'\boldsymbol{y}=\sum_{i=1}^{N}\boldsymbol{x}_i y_i=\begin{bmatrix}\sum_{i=1}^{N}x_{i1}y_i\\ \sum_{i=1}^{N}x_{i2}y_i\\ \vdots\\ \sum_{i=1}^{N}x_{iK}y_i\end{bmatrix}$。

可以看出，矩阵形式具有表述简洁的优点，但其缺点是不容易直接看出表达式内部的结构。

2.2 总体模型与样本模型

上一小节定义了参数$\boldsymbol{\beta}_{\mathrm{OLS}}$及其估计量$\hat{\boldsymbol{\beta}}_{\mathrm{OLS}}$，我们在本小节介绍几个与$\boldsymbol{\beta}_{\mathrm{OLS}}$和$\hat{\boldsymbol{\beta}}_{\mathrm{OLS}}$密切相关的重要概念。一般地，基于$\boldsymbol{\beta}_{\mathrm{OLS}}$定义的概念是**总体**(Population)层面的，基于$\hat{\boldsymbol{\beta}}_{\mathrm{OLS}}$定义的概念是**样本**(Sample)层面的。

2.2.1 总体模型

总体回归误差项(Population Regression Error Term)的定义式如下：

$$e=y-\boldsymbol{x}'\boldsymbol{\beta}_{\mathrm{OLS}} \tag{3-8}$$

可以看出，回归误差项 e 依赖于回归系数$\boldsymbol{\beta}_{\mathrm{OLS}}$的存在，本身没有独立的含义。总体回归残差项具有如下两条重要性质：

性质 1：回归误差项 e 的期望值等于 0

$$\mathbb{E}(e)=0 \tag{3-9}$$

性质 2：回归误差项 e 与解释变量不相关，即

$$\mathrm{Cov}(\boldsymbol{x},e)=\boldsymbol{0} \tag{3-10}$$

从性质 2 中可以清楚地看到，解释变量 $\boldsymbol{x}$ 与回归误差项不相关是必然成立的性质，而非假定。接下来具体证明回归误差项的上述两个性质。

证明：

首先来证明性质 1：根据$\mathbb{E}[\boldsymbol{x}(y-\boldsymbol{x}'\boldsymbol{\beta}_{\mathrm{OLS}})]=\boldsymbol{0}$，同时结合误差项 e 的定义 $e=y-\boldsymbol{x}'\boldsymbol{\beta}_{\mathrm{OLS}}$可得，$\mathbb{E}(\boldsymbol{x}e)=\boldsymbol{0}$，又因为 $\boldsymbol{x}$ 中含有取值都等于 1 的变量(即常数项)，因此$\mathbb{E}(e)=0$。

现在来证明性质 2：由于 $\mathrm{Cov}(\boldsymbol{x},e)=\mathbb{E}[(\boldsymbol{x}-\mathbb{E}(\boldsymbol{x}))(e-\mathbb{E}(e))]=\mathbb{E}[\boldsymbol{x}(e-\mathbb{E}(e))]$，因此利用$\mathbb{E}(e)=0$可得，$\mathrm{Cov}(\boldsymbol{x},e)=\mathbb{E}(\boldsymbol{x}e)$，又因为根据式(3-4)和式(3-8)，$\mathbb{E}(\boldsymbol{x}e)=\mathbb{E}[\boldsymbol{x}(y-\boldsymbol{x}'\boldsymbol{\beta}_{\mathrm{OLS}})]=\boldsymbol{0}$，所以 $\mathrm{Cov}(\boldsymbol{x},e)=\boldsymbol{0}$。

□

根据回归误差项的定义 $e=y-\boldsymbol{x}'\boldsymbol{\beta}_{\mathrm{OLS}}$可得：

$$y=\boldsymbol{x}'\boldsymbol{\beta}_{\mathrm{OLS}}+e \tag{3-11}$$

式(3-11)就是线性最小二乘法**总体回归模型**(Population Regression Model)。图3-2给出了最小二乘参数$\boldsymbol{\beta}_{\mathrm{OLS}}$、回归误差项以及回归表达式的定义顺序。最小二乘回归模型另一常见表达式是在变量和误差项上添加表示观测值的下标i，以表示来自总体**一般个体**(Generic Draw)的回归模型：

$$y_i=\boldsymbol{x}_i'\boldsymbol{\beta}_{\mathrm{OLS}}+e_i \tag{3-12}$$

值得指出的是，式(3-11)与式(3-12)并没有本质上的差别。特别地，对于简单随机抽样而言，$\{y_i, \boldsymbol{x}_i, e_i\}$独立同分布，其分布与$\{y, \boldsymbol{x}, e\}$相同，该情形下，式(3-11)和式(3-12)给出的回归模型完全相同。

对于$i=1, 2, \cdots, N$，令$\boldsymbol{y}=\begin{bmatrix} y_1 \\ y_2 \\ \vdots \\ y_N \end{bmatrix}$，$\boldsymbol{X}=\begin{bmatrix} \boldsymbol{x}_1' \\ \boldsymbol{x}_2' \\ \vdots \\ \boldsymbol{x}_N' \end{bmatrix}$，$\boldsymbol{e}=\begin{bmatrix} e_1 \\ e_2 \\ \vdots \\ e_N \end{bmatrix}$，可将式(3-12)给出的回归模型写成矩阵形式：

$$\boldsymbol{y}=\boldsymbol{X}\boldsymbol{\beta}_{\mathrm{OLS}}+\boldsymbol{e} \tag{3-13}$$

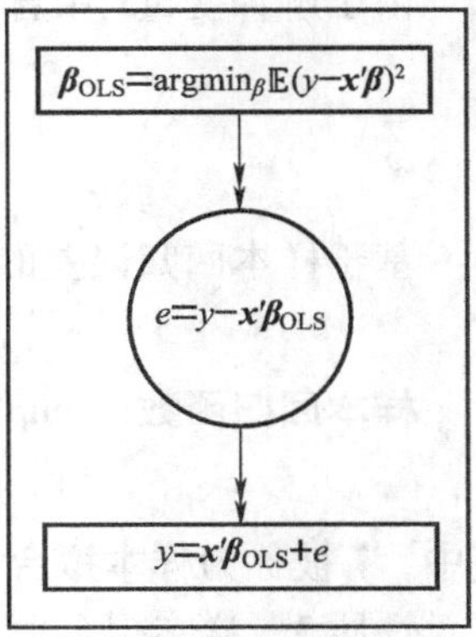

图3-2 总体回归系数$\boldsymbol{\beta}_{\mathrm{OLS}}$、回归残差与总体回归模型的定义顺序

需要说明的是，由于式(3-11)、式(3-12)以及式(3-13)中的参数$\boldsymbol{\beta}_{\mathrm{OLS}}$是总体参数，因此**它们都是总体回归模型**。根据表述的方便性，我们交替使用这三个表述方式。以式(3-12)的表述为例，**总体回归函数**(Population Regression Function, PRF)为：[1]

$$\tilde{y}_i=\boldsymbol{x}_i'\boldsymbol{\beta}_{\mathrm{OLS}} \tag{3-14}$$

2.2.2 样本模型

与总体回归误差项类似，**样本回归误差项**(Sample Regression Error Term)的定义式如下[2]：

$$\hat{e}_i=y_i-\boldsymbol{x}_i'\hat{\boldsymbol{\beta}}_{\mathrm{OLS}} \tag{3-15}$$

性质：样本回归残差项$\hat{e}_i$满足：

$$\sum_{i=1}^{N}\boldsymbol{x}_i\hat{e}_i=\boldsymbol{0}, \quad \sum_{i=1}^{N}\hat{e}_i=0 \tag{3-16}$$

证明：

利用$\hat{e}_i$与$\hat{\boldsymbol{\beta}}_{\mathrm{OLS}}$的定义可得：

$$\begin{aligned}\sum_{i=1}^{N}\boldsymbol{x}_i\hat{e}_i &= \sum_{i=1}^{N}\boldsymbol{x}_i(y_i-\boldsymbol{x}_i'\hat{\boldsymbol{\beta}}_{\mathrm{OLS}}) \\ &= \sum_{i=1}^{N}\boldsymbol{x}_i y_i-\sum_{i=1}^{N}\boldsymbol{x}_i\boldsymbol{x}_i'\hat{\boldsymbol{\beta}}_{\mathrm{OLS}}\end{aligned}$$

---

① 式(3-11)和式(3-13)表述所对应的总体回归函数分别为：$\tilde{y}=\boldsymbol{x}'\boldsymbol{\beta}_{\mathrm{OLS}}$和$\tilde{\boldsymbol{y}}=\boldsymbol{X}\boldsymbol{\beta}_{\mathrm{OLS}}$。

② 样本回归误差项的常见表述方式还有：$\hat{e}=y-\boldsymbol{x}'\hat{\boldsymbol{\beta}}_{\mathrm{OLS}}$和$\hat{\boldsymbol{e}}=\boldsymbol{y}-\boldsymbol{X}\hat{\boldsymbol{\beta}}_{\mathrm{OLS}}$。

$$
\begin{aligned}
&= \sum_{i=1}^{N} \boldsymbol{x}_i y_i - \left(\sum_{i=1}^{N} \boldsymbol{x}_i \boldsymbol{x}_i'\right) \hat{\boldsymbol{\beta}}_{\text{OLS}} \\
&= \sum_{i=1}^{N} \boldsymbol{x}_i y_i - \left(\sum_{i=1}^{N} \boldsymbol{x}_i \boldsymbol{x}_i'\right) \left(\sum_{i=1}^{N} \boldsymbol{x}_i \boldsymbol{x}_i'\right)^{-1} \left(\sum_{i=1}^{N} \boldsymbol{x}_i y_i\right) \\
&= \sum_{i=1}^{N} \boldsymbol{x}_i y_i - \sum_{i=1}^{N} \boldsymbol{x}_i y_i = \boldsymbol{0}
\end{aligned}
$$

由于解释变量$\boldsymbol{x}_i$中含有常数项，即$\boldsymbol{x}_i$中的第一个元素的取值总是等于 1，因此：

$$
\sum_{i=1}^{N} \hat{e}_i = 0
$$

□

基于样本回归误差的定义，可得**样本回归模型**(Sample Regression Model)：[①]

$$
y_i = \boldsymbol{x}_i' \hat{\boldsymbol{\beta}}_{\text{OLS}} + \hat{e}_i \tag{3-17}
$$

样本回归函数(Sample Regression Function, SRF)为：

$$
\hat{y}_i = \boldsymbol{x}_i' \hat{\boldsymbol{\beta}}_{\text{OLS}} \tag{3-18}
$$

其中，$\hat{y}_i$被称为**样本拟合值**(Sample Fitted Value)。样本回归函数具有如下两个重要性质：

性质 1：样本拟合值之和等于样本之和：

$$
\sum_{i=1}^{N} \hat{y}_i = \sum_{i=1}^{N} y_i \tag{3-19}
$$

性质 2：样本回归函数经过样本均值点$(\bar{\boldsymbol{x}}', \bar{y})$，即

$$
\bar{y} = \bar{\boldsymbol{x}}' \hat{\boldsymbol{\beta}}_{\text{OLS}} \tag{3-20}
$$

其中，$\bar{y} = \frac{1}{N} \sum_{i=1}^{N} y_i$，$\bar{\boldsymbol{x}}' = \frac{1}{N} \sum_{i=1}^{N} \boldsymbol{x}_i'$。

证明：

利用$\hat{y}_i$的定义与 $\sum_{i=1}^{N} \hat{e}_i = 0$ 可得：

$$
\begin{aligned}
\sum_{i=1}^{N} y_i &= \sum_{i=1}^{N} \left(\boldsymbol{x}_i' \hat{\boldsymbol{\beta}}_{\text{OLS}} + \hat{e}_i\right) \\
&= \sum_{i=1}^{N} \boldsymbol{x}_i' \hat{\boldsymbol{\beta}}_{\text{OLS}} + \sum_{i=1}^{N} \hat{e}_i \\
&= \sum_{i=1}^{N} \boldsymbol{x}_i' \hat{\boldsymbol{\beta}}_{\text{OLS}} \\
&= \sum_{i=1}^{N} \hat{y}_i
\end{aligned}
$$

对于等式$\hat{y}_i = \boldsymbol{x}_i' \hat{\boldsymbol{\beta}}_{\text{OLS}}$两边求样本和，同时利用 $\sum_{i=1}^{N} \hat{y}_i = \sum_{i=1}^{N} y_i$ 可得：

$$
\sum_{i=1}^{N} \hat{y}_i = \sum_{i=1}^{N} \boldsymbol{x}_i' \hat{\boldsymbol{\beta}}_{\text{OLS}} \Rightarrow \sum_{i=1}^{N} y_i = \sum_{i=1}^{N} \boldsymbol{x}_i' \hat{\boldsymbol{\beta}}_{\text{OLS}} \Rightarrow \bar{y} = \bar{\boldsymbol{x}}' \hat{\boldsymbol{\beta}}_{\text{OLS}}
$$

---

① 样本回归模型的常见表述方式还有：$y = \boldsymbol{x}' \hat{\boldsymbol{\beta}}_{\text{OLS}} + \hat{e}$和 $\boldsymbol{y} = \boldsymbol{X} \hat{\boldsymbol{\beta}}_{\text{OLS}} + \hat{\boldsymbol{e}}$。

□

比较总体回归函数和样本回归函数可以得到如下两个结论：第一，总体回归函数是$\boldsymbol{\beta}_{\mathrm{OLS}}$的函数，$\boldsymbol{\beta}_{\mathrm{OLS}}$是不随样本变化的总体参数，因此总体回归函数是唯一确定的。样本回归函数是$\hat{\boldsymbol{\beta}}_{\mathrm{OLS}}$的函数，而$\hat{\boldsymbol{\beta}}_{\mathrm{OLS}}$又是样本的函数，因此样本回归函数随样本的变化而变化。第二，由于$\boldsymbol{\beta}_{\mathrm{OLS}}$是无法观测的，因此总体回归函数无法观测，然而一旦给定样本，即可计算$\hat{\boldsymbol{\beta}}_{\mathrm{OLS}}$，因此样本回归函数是可观测的。假设$\boldsymbol{x}$中只包含一个常数项和一个解释变量，图 3-3 给出了总体回归函数与样本回归函数的示意图。给定样本，样本回归函数与总体回归函数完全重合是一个几乎不可能事件，但是样本回归函数有可能从平均意义上来看等于总体回归函数，这涉及估计量$\hat{\boldsymbol{\beta}}_{\mathrm{OLS}}$的无偏性，或者随着样本量的增加，样本回归函数越来越(依概率)接近总体回归函数，这涉及估计量$\hat{\boldsymbol{\beta}}_{\mathrm{OLS}}$的一致性。关于$\hat{\boldsymbol{\beta}}_{\mathrm{OLS}}$的无偏性和一致性，我们将在本章接下来的内容中重点介绍。

2.3 方差分析、拟合优度与机器学习初步

在实证分析过程中，研究者经常关心模型对数据的解释能力。为此计量经济学家引入了三个概念：第一，**总平方和**(Total Sum of Squares，TSS)，$\sum_{i=1}^{N}(y_i-\bar{y})^2$，用以度量样本的总变异；第二，**解释平方和**(Explained Sum of Squares，ESS)，$\sum_{i=1}^{N}(\hat{y}_i-\bar{y})^2$，用以度量模型拟合值的变异，刻画了模型所能够解释的变异；第三，**残差平方和**(Residual Sum of Squares，RSS)，$\sum_{i=1}^{N}\hat{e}_i^{\,2}$，用以度量残差的变异，刻画了无法被模型解释的变异。图 3-4 给出了样本总变异分解示意图，可以看出，解释平方和之所以无法全部解释样本总变异是因为并非所有的样本点都落在样本回归函数上。

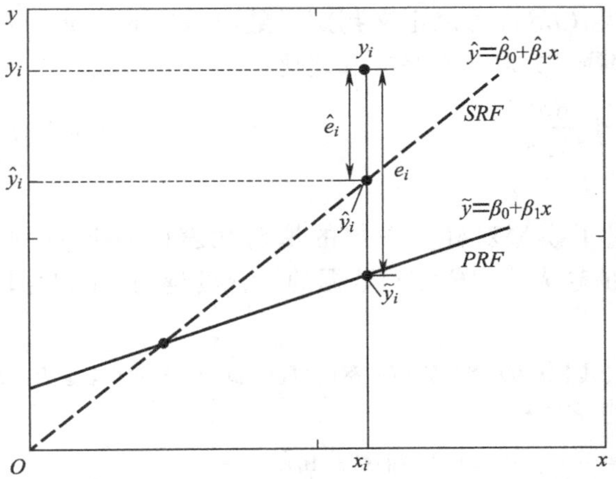

图 3-3 总体回归函数与样本回归函数

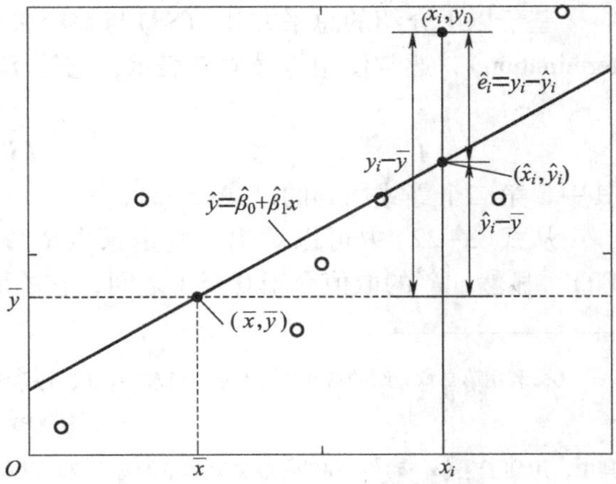

图 3-4 被解释变量样本变异分解示意图

总平方和、解释平方和与残差方和的关系可以表示为：①

$$\sum_{i=1}^{N}(y_i-\bar{y})^2=\sum_{i=1}^{N}(\hat{y}_i-\bar{y})^2+\sum_{i=1}^{N}\hat{e}_i^{\,2} \tag{3-21}$$

式(3-21)意味着，样本变异可以分解为能够被模型所解释的变异$\sum_{i=1}^{N}(\hat{y}_i-\bar{y})^2$和无法被模型所解释的变异$\sum_{i=1}^{N}\hat{e}_i^{\,2}$。

证明：

$$\begin{aligned}\sum_{i=1}^{N}(y_i-\bar{y})^2&=\sum_{i=1}^{N}(y_i-\hat{y}_i+\hat{y}_i-\bar{y})^2\\&=\sum_{i=1}^{N}(y_i-\hat{y}_i)^2+\sum_{i=1}^{N}(\hat{y}_i-\bar{y})^2+2\sum_{i=1}^{N}(y_i-\hat{y}_i)(\hat{y}_i-\bar{y})\\&=\sum_{i=1}^{N}\hat{e}_i^{\,2}+\sum_{i=1}^{N}(\hat{y}_i-\bar{y})^2+2\sum_{i=1}^{N}\hat{e}_i(\hat{y}_i-\bar{y})\\&=\sum_{i=1}^{N}\hat{e}_i^{\,2}+\sum_{i=1}^{N}(\hat{y}_i-\bar{y})^2+2\sum_{i=1}^{N}\hat{e}_i\hat{y}_i-2\bar{y}\sum_{i=1}^{N}\hat{e}_i\\&=\sum_{i=1}^{N}\hat{e}_i^{\,2}+\sum_{i=1}^{N}(\hat{y}_i-\bar{y})^2+2\sum_{i=1}^{N}\hat{e}_i\boldsymbol{x}_i'\hat{\boldsymbol{\beta}}_{\mathrm{OLS}}+0\\&=\sum_{i=1}^{N}\hat{e}_i^{\,2}+\sum_{i=1}^{N}(\hat{y}_i-\bar{y})^2\end{aligned}$$

其中，最后两行等式成立用到的是式(3-16)所给出的样本回归误差项的性质，$\sum_{i=1}^{N}\hat{e}_i=0$以及$\sum_{i=1}^{N}\boldsymbol{x}_i\hat{e}_i=\mathbf{0}$。

故命题得证。

□

基于以上介绍的总平方和(TSS)与解释平方和(ESS)可以定义**判定系数**(Coefficient of Determination)，通常使用符号R^2来表示，它等于解释平方和与总平方和之比：

$$R^2=\frac{ESS}{TSS}=1-\frac{RSS}{TSS} \tag{3-22}$$

其中，第二个等式用到的是式(3-21)。

从式(3-22)中可以看出，判定系数R^2度量了模型对样本数据的**拟合优度**(Goodness of Fit)。显然，R^2的取值介于0至1之间，它的取值越大代表模型对数据的拟合度越高。既然如

① 利用第二章介绍的特殊残差制造矩阵$\boldsymbol{M}^0=\boldsymbol{I}-\boldsymbol{i}(\boldsymbol{i}'\boldsymbol{i})^{-1}\boldsymbol{i}'$，(其中，$\boldsymbol{i}$为元素都是1的$N\times1$向量)。式(3-21)可以表述为：

$$\boldsymbol{y}'\boldsymbol{M}^0\boldsymbol{y}=\hat{\boldsymbol{y}}'\boldsymbol{M}^0\hat{\boldsymbol{y}}+\hat{\boldsymbol{e}}'\boldsymbol{M}^0\hat{\boldsymbol{e}}$$

其中，用到了$\sum_{i=1}^{N}(a_i-\bar{a})^2=\boldsymbol{a}'\boldsymbol{M}^0\boldsymbol{a}$(参见第二章的式2-25)以及$\bar{\hat{e}}=\frac{1}{n}\sum_{i=1}^{N}\hat{e}_i=0$(参见本章的式3-16)。

证明：利用$\boldsymbol{y}=\hat{\boldsymbol{y}}+\hat{\boldsymbol{e}}$可得：

$$\boldsymbol{y}'\boldsymbol{M}^0\boldsymbol{y}=\hat{\boldsymbol{y}}'\boldsymbol{M}^0\hat{\boldsymbol{y}}+\hat{\boldsymbol{e}}'\boldsymbol{M}^0\hat{\boldsymbol{e}}+2\hat{\boldsymbol{e}}'\boldsymbol{M}^0\hat{\boldsymbol{y}}=\hat{\boldsymbol{y}}'\boldsymbol{M}^0\hat{\boldsymbol{y}}+\hat{\boldsymbol{e}}'\boldsymbol{M}^0\hat{\boldsymbol{e}}$$

其中，利用到了$\hat{\boldsymbol{e}}'\boldsymbol{M}^0\hat{\boldsymbol{y}}=\sum_{i=1}^{N}\hat{e}_i\boldsymbol{x}_i'\hat{\boldsymbol{\beta}}_{\mathrm{OLS}}=(\sum_{i=1}^{N}\hat{e}_i\boldsymbol{x}_i')\hat{\boldsymbol{\beta}}_{\mathrm{OLS}}=\mathbf{0}$，参见本章式(3-16)。 □

此，R^2是不是越高越好呢？一般而言，答案是否定的。原因在于，R^2**只是代表模型对从总体中抽取样本的拟合程度，并不代表对总体的拟合程度**，而后者恰恰是我们最终关心的。在实际应用中，R^2过高往往预示着模型设定存在**过度拟合**(Overfitting)问题。考虑一个特殊情形，对于图 3-5 给出的样本而言，如果我们将这些数据用折线直接连起来(见图 3-5 左图)，那么这个折线模型的R^2等于 1，这是**样本内拟合**(In-Sample Fit)，但是它通常并不是一个好的模型，这是因为该模型对于从总体中抽取的其他样本点不一定能够较好地拟合，即**样本外拟合**(Out-of-Sample Fit)(见图 3-5 右图)。事实上，最近**机器学习**(Machine Learning)领域非常流行的**套索模型**(Least Absolute Shrinkage and Selection Operator, LASSO)和**岭回归模型**(Ridge Regression)就是通过在最小二乘回归模型的基础上添加惩罚项来实现样本内拟合和样本外拟合的最佳平衡。对此感兴趣的读者可以参考 Hastie et al. (2008)以及 Murphy(2012)这两本经典的机器学习教材。

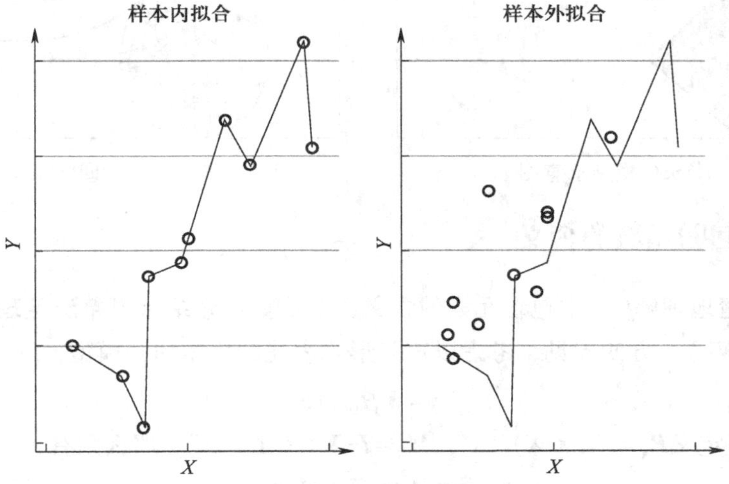

图 3-5 样本内拟合与样本外拟合

注释：折线完全拟合第一张图中的样本(样本内拟合)，但是对于第二张图中样本的拟合(样本外拟合)较差。

正式地，LASSO 估计量可以表示为：

$$\hat{\boldsymbol{\beta}}_{\text{LASSO}} = \arg\min_{\{\boldsymbol{\beta} \in \mathscr{B}\}} \left\{ \sum_{i=1}^{N} \left(y_i - \beta_0 - \sum_{k=1}^{K} x_{ik}\beta_k\right)^2 + \lambda \sum_{k=1}^{K} |\beta_k| \right\}$$

其中，λ 为大于 0 的实数，$\lambda\sum_{k=1}^{K}|\beta_k|$为在 OLS 的基础上所添加的惩罚项。从式(3-22)中可以很容易看出 LASSO 模型的基本原理：随着回归中解释变量的增加，OLS 模型对**样本的拟合度提升**(这往往伴随着样本外拟合的变差)，LASSO 通过在优化问题中添加 $\lambda\sum_{k=1}^{K}|\beta_k|$的方式来“惩罚”增加解释变量的影响，以此来达到样本内拟合和样本外拟合的“平衡”，最终达到较好拟合总体的目的。图 3-6 给出了 LASSO 方法的常见示意图。

与 LASSO 模型使用参数绝对值作为惩罚项不同，岭回归使用参数平方作为惩罚项。正式地，岭回归估计量可以表示为：

$$\hat{\boldsymbol{\beta}}_{\text{Ridge}} = \arg\min_{\{\boldsymbol{\beta}\in\mathscr{B}\}} \left\{ \sum_{i=1}^{N} \left(y_i - \beta_0 - \sum_{k=1}^{K} x_{ik}\beta_k\right)^2 + \lambda \sum_{k=1}^{K} \beta_k^2 \right\}$$

其中，λ 为大于 0 的实数，$\lambda\sum_{k=1}^{K}\beta_k^2$为在 OLS 的基础上所添加的惩罚项。岭回归的基本原理与 LASSO 类似，这里不再赘述。图 3-7 给出了岭回归模型常见示意图。

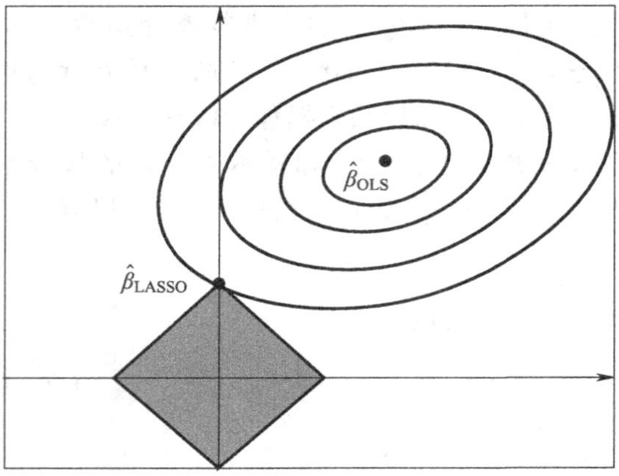

图 3-6　LASSO 模型示意图

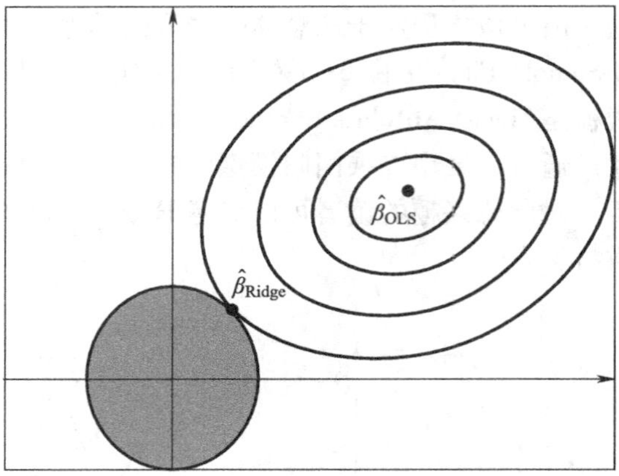

图 3-7　岭回归模型示意图

2.4　多元回归系数的含义

为了更加清楚地理解$\hat{\boldsymbol{\beta}}_{\text{OLS}}$中包含元素的含义，本节重点介绍**弗里希沃定理**(Frisch-Waugh-Lovell Theorem, FWL)。方便起见，考虑以矩阵形式表述的样本回归模型：

$$\boldsymbol{y}=\boldsymbol{X}\hat{\boldsymbol{\beta}}_{\text{OLS}}+\hat{\boldsymbol{e}} \tag{3-23}$$

命题 3.2：若定义$\boldsymbol{P_X}=\boldsymbol{X}(\boldsymbol{X}'\boldsymbol{X})^{-1}\boldsymbol{X}'$，$\boldsymbol{M_X}=\boldsymbol{I}-\boldsymbol{X}(\boldsymbol{X}'\boldsymbol{X})^{-1}\boldsymbol{X}'$，那么则有：

$$\hat{\boldsymbol{y}}=\boldsymbol{P_X}\boldsymbol{y},\ \hat{\boldsymbol{e}}=\boldsymbol{M_X}\boldsymbol{y}$$

其中，$\boldsymbol{P_X}$表示关于矩阵 $\boldsymbol{X}$ 的投影矩阵(将 $\boldsymbol{y}$ 投影至 $\boldsymbol{X}$ 的空间，参见图 3-8)，$\boldsymbol{M_X}$表示关于矩阵 $\boldsymbol{X}$ 的残差制造矩阵(生成残差$\hat{\boldsymbol{e}}$)。

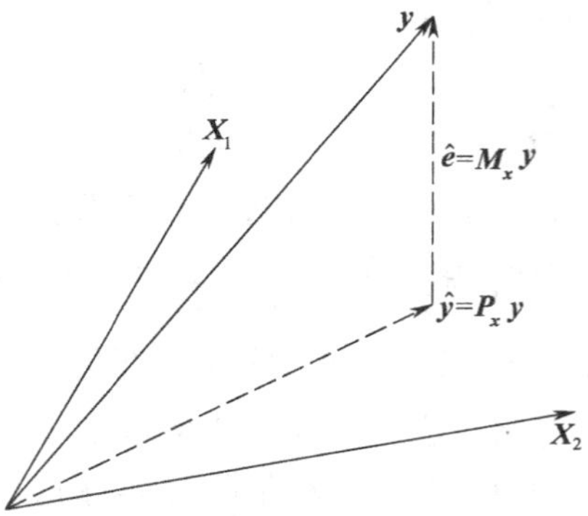

图 3-8　将 $\boldsymbol{y}$ 投影到 $\boldsymbol{X}=[\boldsymbol{X}_1\quad \boldsymbol{X}_2]$空间示意图

证明：

利用定义$\hat{\boldsymbol{\beta}}_{\text{OLS}}=(\boldsymbol{X}'\boldsymbol{X})^{-1}(\boldsymbol{X}'\boldsymbol{y})$可得：

$$\hat{\boldsymbol{y}}=\boldsymbol{X}\hat{\boldsymbol{\beta}}_{\text{OLS}}=\boldsymbol{X}(\boldsymbol{X}'\boldsymbol{X})^{-1}\boldsymbol{X}'\boldsymbol{y}=\boldsymbol{P}_X\boldsymbol{y}$$

利用$\hat{\boldsymbol{e}}=\boldsymbol{y}-\hat{\boldsymbol{y}}$可得：

$$\hat{\boldsymbol{e}}=\boldsymbol{y}-\boldsymbol{P}_X\boldsymbol{y}=[\boldsymbol{I}-\boldsymbol{X}(\boldsymbol{X}'\boldsymbol{X})^{-1}\boldsymbol{X}']\boldsymbol{y}=\boldsymbol{M}_X\boldsymbol{y}$$

故命题得证。

□

若令$\boldsymbol{X}=[\boldsymbol{X}_1\quad\boldsymbol{X}_2]$，$\hat{\boldsymbol{\beta}}_{\text{OLS}}=\begin{bmatrix}\hat{\boldsymbol{\beta}}^1_{\text{OLS}}\\ \hat{\boldsymbol{\beta}}^2_{\text{OLS}}\end{bmatrix}$，那么式(3-23)可重新表述为：

$$\boldsymbol{y}=\boldsymbol{X}_1\hat{\boldsymbol{\beta}}^1_{\text{OLS}}+\boldsymbol{X}_2\hat{\boldsymbol{\beta}}^2_{\text{OLS}}+\hat{\boldsymbol{e}} \tag{3-24}$$

弗里希沃定理：若定义$\boldsymbol{M}_{X_2}$表示关于$\boldsymbol{X}_2$的残差制造矩阵，即$\boldsymbol{M}_{X_2}=\boldsymbol{I}-\boldsymbol{X}_2(\boldsymbol{X}_2'\boldsymbol{X}_2)^{-1}\boldsymbol{X}_2'$，那么则有：

$$\hat{\boldsymbol{\beta}}^1_{\text{OLS}}=[(\boldsymbol{M}_{X_2}\boldsymbol{X}_1)'(\boldsymbol{M}_{X_2}\boldsymbol{X}_1)]^{-1}(\boldsymbol{M}_{X_2}\boldsymbol{X}_1)'(\boldsymbol{M}_{X_2}\boldsymbol{y})=[(\boldsymbol{M}_{X_2}\boldsymbol{X}_1)'(\boldsymbol{M}_{X_2}\boldsymbol{X}_1)]^{-1}(\boldsymbol{M}_{X_2}\boldsymbol{X}_1)'\boldsymbol{y} \tag{3-25}$$

其中，根据命题 3.2 可知，$\boldsymbol{M}_{X_2}\boldsymbol{y}$ 表示 $\boldsymbol{y}$ 对$\boldsymbol{X}_2$进行回归的残差，$\boldsymbol{M}_{X_2}\boldsymbol{X}_1$表示$\boldsymbol{X}_1$对$\boldsymbol{X}_2$进行回归的残差。

从式(3-25)中不难看出，弗里希沃定理意味着$\hat{\boldsymbol{\beta}}^1_{\text{OLS}}$可以通过如下两个方式来得到：**方式 1**，首先利用 $\boldsymbol{y}$ 和$\boldsymbol{X}_1$分别对$\boldsymbol{X}_2$进行 OLS 回归得到残差$\boldsymbol{M}_{X_2}\boldsymbol{y}$ 和$\boldsymbol{M}_{X_2}\boldsymbol{X}_1$；再利用$\boldsymbol{M}_{X_2}\boldsymbol{y}$ 对$\boldsymbol{M}_{X_2}\boldsymbol{X}_1$进行 OLS 回归。**方式 2**，首先利用$\boldsymbol{X}_1$对$\boldsymbol{X}_2$进行回归得到残差$\boldsymbol{M}_{X_2}\boldsymbol{X}_1$；再利用 $\boldsymbol{y}$ 对$\boldsymbol{M}_{X_2}\boldsymbol{X}_1$进行 OLS 回归。弗里希沃定理含义非常直观：$\boldsymbol{X}_1$系数的 OLS 回归估计量$\hat{\boldsymbol{\beta}}^1_{\text{OLS}}$可以理解为净化(Netting Out)掉$\boldsymbol{X}_2$的效应之后的回归系数。因此，$\hat{\boldsymbol{\beta}}^1_{\text{OLS}}$通常被称为**偏回归系数**(Partial Regression Coefficients)。由此可见，弗里希沃定理提供了一个理解多元回归系数含义的方式。接下来，我们给出式(3-25)的具体证明过程。

证明：(方法 1) *

利用$\hat{\boldsymbol{\beta}}_{\text{OLS}}=(\boldsymbol{X}'\boldsymbol{X})^{-1}(\boldsymbol{X}'\boldsymbol{y})$以及$\boldsymbol{X}=[\boldsymbol{X}_1\quad\boldsymbol{X}_2]$，$\hat{\boldsymbol{\beta}}_{\text{OLS}}=\begin{bmatrix}\hat{\boldsymbol{\beta}}^1_{\text{OLS}}\\ \hat{\boldsymbol{\beta}}^2_{\text{OLS}}\end{bmatrix}$可得，

$$\begin{bmatrix}\hat{\boldsymbol{\beta}}^1_{\text{OLS}}\\ \hat{\boldsymbol{\beta}}^2_{\text{OLS}}\end{bmatrix}=\begin{bmatrix}\boldsymbol{X}_1'\boldsymbol{X}_1 & \boldsymbol{X}_1'\boldsymbol{X}_2\\ \boldsymbol{X}_2'\boldsymbol{X}_1 & \boldsymbol{X}_2'\boldsymbol{X}_2\end{bmatrix}^{-1}\begin{bmatrix}\boldsymbol{X}_1'\boldsymbol{y}\\ \boldsymbol{X}_2'\boldsymbol{y}\end{bmatrix}$$

整理可得：

$$\begin{bmatrix}\boldsymbol{X}_1'\boldsymbol{X}_1 & \boldsymbol{X}_1'\boldsymbol{X}_2\\ \boldsymbol{X}_2'\boldsymbol{X}_1 & \boldsymbol{X}_2'\boldsymbol{X}_2\end{bmatrix}\begin{bmatrix}\hat{\boldsymbol{\beta}}^1_{\text{OLS}}\\ \hat{\boldsymbol{\beta}}^2_{\text{OLS}}\end{bmatrix}=\begin{bmatrix}\boldsymbol{X}_1'\boldsymbol{y}\\ \boldsymbol{X}_2'\boldsymbol{y}\end{bmatrix} \tag{3-26}$$

求解$\hat{\boldsymbol{\beta}}_{\text{OLS}}^1$和$\hat{\boldsymbol{\beta}}_{\text{OLS}}^2$的方式与解一元二次方程非常类似。利用式(3-26)中的矩阵的第二行可很容易求解得出$\hat{\boldsymbol{\beta}}_{\text{OLS}}^2$的表达式：

$$\hat{\boldsymbol{\beta}}_{\text{OLS}}^2=(\boldsymbol{X}_2'\boldsymbol{X}_2)^{-1}\boldsymbol{X}_2'(\boldsymbol{y}-\boldsymbol{X}_1\hat{\boldsymbol{\beta}}_{\text{OLS}}^1) \tag{3-27}$$

利用式(3-26)中的矩阵的第一行可得

$$\boldsymbol{X}_1'\boldsymbol{X}_1\hat{\boldsymbol{\beta}}_{\text{OLS}}^1+\boldsymbol{X}_1'\boldsymbol{X}_2\hat{\boldsymbol{\beta}}_{\text{OLS}}^2=\boldsymbol{X}_1'\boldsymbol{y} \tag{3-28}$$

因此式(3-27)代入式(3-28)，经过简单整理可得：

$$\boldsymbol{X}_1'\boldsymbol{X}_1\hat{\boldsymbol{\beta}}_{\text{OLS}}^1+\boldsymbol{X}_1'\boldsymbol{X}_2(\boldsymbol{X}_2'\boldsymbol{X}_2)^{-1}\boldsymbol{X}_2'(\boldsymbol{y}-\boldsymbol{X}_1\hat{\boldsymbol{\beta}}_{\text{OLS}}^1)=\boldsymbol{X}_1'\boldsymbol{y} \tag{3-29}$$

整理式(3-29)可得：

$$\begin{aligned}
\hat{\boldsymbol{\beta}}_{\text{OLS}}^1&=[\boldsymbol{X}_1'\boldsymbol{X}_1-\boldsymbol{X}_1'\boldsymbol{X}_2(\boldsymbol{X}_2'\boldsymbol{X}_2)^{-1}\boldsymbol{X}_2'\boldsymbol{X}_1]^{-1}[\boldsymbol{X}_1'-\boldsymbol{X}_1'\boldsymbol{X}_2(\boldsymbol{X}_2'\boldsymbol{X}_2)^{-1}\boldsymbol{X}_2']\ \boldsymbol{y}\\
&=[\boldsymbol{X}_1'(\boldsymbol{I}-\boldsymbol{X}_2(\boldsymbol{X}_2'\boldsymbol{X}_2)^{-1}\boldsymbol{X}_2')\ \boldsymbol{X}_1]^{-1}[\boldsymbol{X}_1'(\boldsymbol{I}-\boldsymbol{X}_2(\boldsymbol{X}_2'\boldsymbol{X}_2)^{-1}\boldsymbol{X}_2')\ ]\ \boldsymbol{y}\\
&=(\boldsymbol{X}_1'\boldsymbol{M}_{X_2}\boldsymbol{X}_1)^{-1}(\boldsymbol{X}_1'\boldsymbol{M}_{X_2})\boldsymbol{y}\\
&=(\boldsymbol{X}_1'\boldsymbol{M}_{X_2}'\boldsymbol{M}_{X_2}\boldsymbol{X}_1)^{-1}(\boldsymbol{X}_1'\boldsymbol{M}_{X_2}'\boldsymbol{M}_{X_2})\boldsymbol{y}\\
&=[(\boldsymbol{M}_{X_2}\boldsymbol{X}_1)'(\boldsymbol{M}_{X_2}\boldsymbol{X}_1)]^{-1}(\boldsymbol{M}_{X_2}\boldsymbol{X}_1)'(\boldsymbol{M}_{X_2}\boldsymbol{y})\\
&=[(\boldsymbol{M}_{X_2}\boldsymbol{X}_1)'(\boldsymbol{M}_{X_2}\boldsymbol{X}_1)]^{-1}(\boldsymbol{M}_{X_2}\boldsymbol{X}_1)'\boldsymbol{y}
\end{aligned}$$

故命题得证。

□

证明：（方法 2）＊

由于

$$\begin{bmatrix}\hat{\boldsymbol{\beta}}_{\text{OLS}}^1\\ \hat{\boldsymbol{\beta}}_{\text{OLS}}^2\end{bmatrix}=\begin{bmatrix}\boldsymbol{X}_1'\boldsymbol{X}_1 & \boldsymbol{X}_1'\boldsymbol{X}_2\\ \boldsymbol{X}_2'\boldsymbol{X}_1 & \boldsymbol{X}_2'\boldsymbol{X}_2\end{bmatrix}^{-1}\begin{bmatrix}\boldsymbol{X}_1'\boldsymbol{y}\\ \boldsymbol{X}_2'\boldsymbol{y}\end{bmatrix}$$

因此，直接利用第二章给出的分块矩阵逆公式：

$$\begin{bmatrix}\boldsymbol{A}_{11} & \boldsymbol{A}_{12}\\ \boldsymbol{A}_{21} & \boldsymbol{A}_{22}\end{bmatrix}^{-1}=\begin{bmatrix}\boldsymbol{A}_{11}^{-1}(\boldsymbol{I}+\boldsymbol{A}_{12}\boldsymbol{G}\,\boldsymbol{A}_{21}\boldsymbol{A}_{11}^{-1}) & -\boldsymbol{A}_{11}^{-1}\boldsymbol{A}_{12}\boldsymbol{G}\\ -\boldsymbol{G}\,\boldsymbol{A}_{21}\boldsymbol{A}_{11}^{-1} & \boldsymbol{G}\end{bmatrix},\quad \boldsymbol{G}=(\boldsymbol{A}_{22}-\boldsymbol{A}_{21}\boldsymbol{A}_{11}^{-1}\boldsymbol{A}_{12})^{-1}$$

即可得到：

$$\hat{\boldsymbol{\beta}}_{\text{OLS}}^1=[(\boldsymbol{M}_{X_2}\boldsymbol{X}_1)'(\boldsymbol{M}_{X_2}\boldsymbol{X}_1)]^{-1}(\boldsymbol{M}_{X_2}\boldsymbol{X}_1)'(\boldsymbol{M}_{X_2}\boldsymbol{y})=[(\boldsymbol{M}_{X_2}\boldsymbol{X}_1)'(\boldsymbol{M}_{X_2}\boldsymbol{X}_1)]^{-1}(\boldsymbol{M}_{X_2}\boldsymbol{X}_1)'\boldsymbol{y}$$

故命题得证。

□

2.5 一个至关重要的区分：回归模型与因果模型

到目前为止，我们所介绍的模型（比如，$y=\boldsymbol{x}'\boldsymbol{\beta}_{\text{OLS}}+e$）都是回归模型或者**简约式模型**（Reduced Form Model）。回归模型参数$\boldsymbol{\beta}_{\text{OLS}}$的含义是使$\mathbb{E}(y-\boldsymbol{x}'\boldsymbol{\beta})^2$最小的参数值，并不一定具有**因果意义上的解释**（Causal Interpretation）。为区分于回归模型，我们用如下符号来表示**因果模型**：

$$y=\boldsymbol{x}'\boldsymbol{\beta}^*+\epsilon \tag{3-30}$$

其中，$\boldsymbol{\beta}^*$为具有因故含义的参数，具体表示解释变量$\boldsymbol{x}$变化一单位所引起的被解释变量y的变动量。误差项ϵ具有（独立于参数$\boldsymbol{\beta}^*$）明确的经济学含义。具体而言，若y表示个人收入，那么$\boldsymbol{x}$表示影响的可观测因素（比如，受教育年限、婚姻状态、健康状况以及性别等），ϵ表示影响收入的不可观测因素（比如，能力）。也有计量经济学文献将式（3-30）给出的模型称为**结构式模型**（Structural Form Model），① 误差项ϵ从而也被称为**结构误差项**（Structural Error）。值得指出的是，将模型写成如式（3-30）所示的形式相当于隐含地对模型施加了线性假定。

区分回归模型$y=\boldsymbol{x}'\boldsymbol{\beta}_{\text{OLS}}+e$和结构模型$y=\boldsymbol{x}'\boldsymbol{\beta}^*+\epsilon$至关重要。一般而言，这两个模型具有如下差异：首先，参数$\boldsymbol{\beta}_{\text{OLS}}$是基于优化运算定义的，不一定具有因果含义，而$\boldsymbol{\beta}^*$表示$\boldsymbol{x}$变化一单位所引起的$y$变动量，从而具有因果含义；其次，回归误差项$e$取决于$\boldsymbol{\beta}_{\text{OLS}}$，从而没有独立的经济含义，而$\epsilon$表示影响$y$的不可观测因素，具有独立的经济含义；最后，回归误差项e与解释变量$\boldsymbol{x}$一定不相关，即$\text{Cov}(\boldsymbol{x},e)=\boldsymbol{0}$，这是由$\boldsymbol{\beta}_{\text{OLS}}$的定义所决定的必然结论，而结构误差项$\epsilon$与解释变量$\boldsymbol{x}$很有可能相关，即$\text{Cov}(\boldsymbol{x},\epsilon)\neq\boldsymbol{0}$，这就是**内生性**（Endogeneity）问题，在本章后续章节会对该问题重点介绍和讨论。以受教育年限对收入影响的研究为例，受教育年限很有可能与包含在结构误差项ϵ中的能力相关。

2.6 OLS 估计量的性质

以上给出了 OLS 估计量$\hat{\boldsymbol{\beta}}_{\text{OLS}}$的表达式，本小节具体介绍$\hat{\boldsymbol{\beta}}_{\text{OLS}}$的性质。值得特别指出的是，由于抽样的随机性，样本本身是随机的，而$\hat{\boldsymbol{\beta}}_{\text{OLS}}$是样本的函数（对于从总体中抽取的不同样本的$\hat{\boldsymbol{\beta}}_{\text{OLS}}$具体取值一般是不同的），因此$\hat{\boldsymbol{\beta}}_{\text{OLS}}$是随机的（事实上，若$\hat{\boldsymbol{\beta}}_{\text{OLS}}$是确定性变量，那么也就没有分析其无偏性、一致性或者有效性的必要了，这三个特性都是针对随机变量而言的）。本小节分别介绍 OLS 估计量$\hat{\boldsymbol{\beta}}_{\text{OLS}}$的**小样本性质**（Small Sample Properties）和**大样本性质**（Large Sample Properties）。小样本性质一般包括**无偏性**（Unbiasedness）和**有效性**（Efficiency），大样本性质一般包括**一致性**（Consistency）、**渐近正态性**（Asymptotic Normality）以及**渐近有效性**（Asymptotic Efficiency）。读者将看到，刻画$\hat{\boldsymbol{\beta}}_{\text{OLS}}$的小样本性质所需的模型假设通常远强于大样本性质。换言之，在施加同样假定的条件下，分析$\hat{\boldsymbol{\beta}}_{\text{OLS}}$小样本性质的难度一般大于大样本性质。

考察估计量$\hat{\boldsymbol{\beta}}_{\text{OLS}}$性质需要首先确定参照。以**一致性**（Consistency）这个大样本性质为例，当我们说$\hat{\boldsymbol{\beta}}_{\text{OLS}}$是某个参数的一致估计量时，这个参数就是参照（或标的）。一般地，考察$\hat{\boldsymbol{\beta}}_{\text{OLS}}$性质既可以以刻画预测关系（线性投影或者条件期望）的总体参数作为参照，也可以以刻画因果关系的总体参数作为参数。由于$\boldsymbol{x}'\boldsymbol{\beta}_{\text{OLS}}$表示**线性投影**（Projection），因此当我们对投影感兴趣时，考察$\hat{\boldsymbol{\beta}}_{\text{OLS}}$的性质以$\boldsymbol{\beta}_{\text{OLS}}$作为参照；如果利用$\boldsymbol{\beta}^{\mathbb{E}}$来表示条件期望$\mathbb{E}(y\mid\boldsymbol{x})$中的参数（根据前述介绍，只有在条件期望是线性函数的情形下，$\boldsymbol{\beta}_{\text{OLS}}=\boldsymbol{\beta}^{\mathbb{E}}$才成立），那么当我们对条件期望感兴趣时，考察$\hat{\boldsymbol{\beta}}_{\text{OLS}}$的性质以$\boldsymbol{\beta}^{\mathbb{E}}$作为参照；当我们对因果关系感兴趣时，考察$\hat{\boldsymbol{\beta}}_{\text{OLS}}$的性质则要以$\boldsymbol{\beta}^*$作为参

---

① 一般而言，简约式模型与结构式模型这两个概念是相对而言的。与模型$y=\boldsymbol{x}'\boldsymbol{\beta}_{\text{OLS}}+e$相比，$y=\boldsymbol{x}'\boldsymbol{\beta}^*+\epsilon$中参数的经济含义更加丰富，从而更加结构化。但是与基于经济学理论推导出的模型相比，$y=\boldsymbol{x}'\boldsymbol{\beta}^*+\epsilon$可能是一个简约式模型。

照(参见图 3-9)。在推导估计量性质的过程中，选择不同的参照所需要的假定往往存在差异。**考虑到因果效应是更为重要的变量间关系**，我们以 $\boldsymbol{\beta}^*$ 作为参照来具体考察$\hat{\boldsymbol{\beta}}_{\text{OLS}}$的性质。

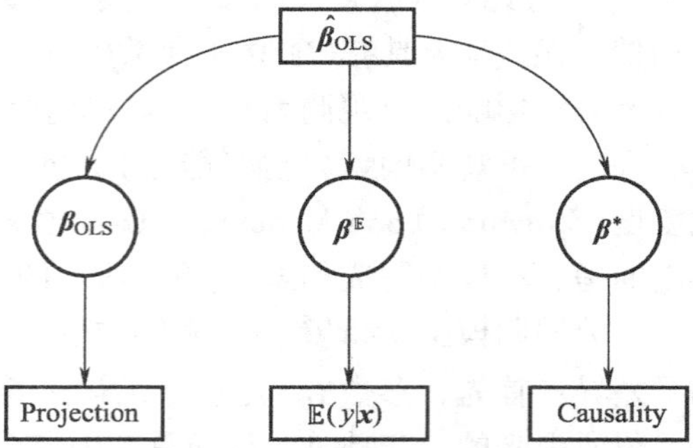

图 3-9 考察估计量$\hat{\boldsymbol{\beta}}_{\text{OLS}}$性质的三个参照

2.6.1 OLS 估计量的小样本性质(Small Sample Properties)

1. 无偏性(Unbiasedness)

由于抽样随机性的存在，OLS 估计量$\hat{\boldsymbol{\beta}}_{\text{OLS}}$与因果效应参数$\boldsymbol{\beta}^*$恰好相等是一个几乎不可能事件。计量经济学家通常关心的问题是，从平均意义上来看$\hat{\boldsymbol{\beta}}_{\text{OLS}}$是否等于$\boldsymbol{\beta}^*$？该情形下探讨的就是 OLS 估计量$\hat{\boldsymbol{\beta}}_{\text{OLS}}$的**无偏性**(Unbiasedness)问题。一般地，若$\hat{\Theta}$是我们所感兴趣参数，则 Θ 是无偏估计量的含义是：

$$\mathbb{E}(\hat{\Theta})=\Theta \tag{3-31}$$

那么，OLS 估计量$\hat{\boldsymbol{\beta}}_{\text{OLS}}$是不是$\boldsymbol{\beta}^*$的无偏估计量呢？一般而言，只是 **OLS 假设 1** 成立的条件下，一般无法得到$\hat{\boldsymbol{\beta}}_{\text{OLS}}$是$\boldsymbol{\beta}^*$无偏估计量的结论。这一点可以在下式中清楚地看到：

$$\begin{aligned}\mathbb{E}(\hat{\boldsymbol{\beta}}_{\text{OLS}}) &= \mathbb{E}\left[\left(\sum_{i=1}^{N}\boldsymbol{x}_i\boldsymbol{x}_i'\right)^{-1}\left(\sum_{i=1}^{N}\boldsymbol{x}_i y_i\right)\right]\\ &= \mathbb{E}\left[(\boldsymbol{X}'\boldsymbol{X})^{-1}(\boldsymbol{X}'\boldsymbol{y})\right]\\ &= \boldsymbol{\beta}^* + \mathbb{E}\left[(\boldsymbol{X}'\boldsymbol{X})^{-1}(\boldsymbol{X}'\boldsymbol{\epsilon})\right]\\ &= \boldsymbol{\beta}^* + \mathbb{E}_{\boldsymbol{X},\boldsymbol{\epsilon}}\left[(\boldsymbol{X}'\boldsymbol{X})^{-1}(\boldsymbol{X}'\boldsymbol{\epsilon})\right]\\ &\neq \boldsymbol{\beta}^* + \mathbb{E}_{\boldsymbol{X}}\left[(\boldsymbol{X}'\boldsymbol{X})^{-1}\right]\mathbb{E}_{\boldsymbol{X},\boldsymbol{\epsilon}}(\boldsymbol{X}'\boldsymbol{\epsilon})\end{aligned} \tag{3-32}$$

其中，由于 $\boldsymbol{X}$ 是随机的，所以$\mathbb{E}[(\boldsymbol{X}'\boldsymbol{X})^{-1}(\boldsymbol{X}'\boldsymbol{\epsilon})]$ 这个期望算子是同时关于 $\boldsymbol{X}$ 和 $\boldsymbol{\epsilon}$ 的。由于$(\boldsymbol{X}'\boldsymbol{X})^{-1}(\boldsymbol{X}'\boldsymbol{\epsilon})$为 $\boldsymbol{X}$ 的非线性函数，因此$\mathbb{E}_{\boldsymbol{X},\boldsymbol{\epsilon}}[(\boldsymbol{X}'\boldsymbol{X})^{-1}(\boldsymbol{X}'\boldsymbol{\epsilon})] \neq \mathbb{E}_{\boldsymbol{X}}[(\boldsymbol{X}'\boldsymbol{X})^{-1}]\,\mathbb{E}_{\boldsymbol{X},\boldsymbol{\epsilon}}(\boldsymbol{X}'\boldsymbol{\epsilon})$。可以发现第二行中的 $\boldsymbol{y}$ 是用因果模型 $\boldsymbol{y}=\boldsymbol{X}\boldsymbol{\beta}^*+\boldsymbol{\epsilon}$ 来替换，如果我们关心$\hat{\boldsymbol{\beta}}_{\text{OLS}}$是否是$\boldsymbol{\beta}_{\text{OLS}}$的无偏估计量时，则要用回归模型 $\boldsymbol{y}=\boldsymbol{X}\boldsymbol{\beta}_{\text{OLS}}+\boldsymbol{e}$ 来替换第二行中的 $\boldsymbol{y}$。

若进一步施加如下 **OLS 假设 2**，那么则可以保证 OLS 估计量$\hat{\boldsymbol{\beta}}_{\text{OLS}}$是$\boldsymbol{\beta}^*$的无偏估计量。

OLS 假设 2：总体回归误差项 $\boldsymbol{\epsilon}$ 与解释变量数据矩阵 $\boldsymbol{X}$ 均值独立，即

$$\mathbb{E}(\boldsymbol{\epsilon}\mid\boldsymbol{X})=\boldsymbol{0} \tag{3-33}$$

可以注意到，**OLS 假设 2** 要求ϵ_i与所有个体的解释变量$\{\boldsymbol{x}_i,\ i=1,2,\cdots,N\}$都独立，该假定有时也被称作**严格外生性假定**(Strict Exogeneity Assumption)。**OLS 假设 2** 是一个比较强的假定。

命题 3.3：在 **OLS 假设 1** 和 **OLS 假设 2** 的成立条件下，最小二乘估计量$\hat{\boldsymbol{\beta}}_{\text{OLS}}$是$\boldsymbol{\beta}^*$的无偏估计量，即：

$$\mathbb{E}(\hat{\boldsymbol{\beta}}_{\text{OLS}})=\mathbb{E}(\hat{\boldsymbol{\beta}}_{\text{OLS}}\mid\boldsymbol{X})=\boldsymbol{\beta}^* \tag{3-34}$$

证明：

$$\begin{aligned}\mathbb{E}(\hat{\boldsymbol{\beta}}_{\mathrm{OLS}}) &= \boldsymbol{\beta}^* + \mathbb{E}[(\boldsymbol{X}'\boldsymbol{X})^{-1}(\boldsymbol{X}'\boldsymbol{\epsilon})] \\ &= \boldsymbol{\beta}^* + \mathbb{E}(\mathbb{E}[(\boldsymbol{X}'\boldsymbol{X})^{-1}(\boldsymbol{X}'\boldsymbol{\epsilon}) \mid \boldsymbol{X}]) \\ &= \boldsymbol{\beta}^* + \mathbb{E}[(\boldsymbol{X}'\boldsymbol{X})^{-1}\boldsymbol{X}'\mathbb{E}(\boldsymbol{\epsilon} \mid \boldsymbol{X})] \\ &= \boldsymbol{\beta}^*\end{aligned}$$

其中，第二个等式用到的是迭代期望定律（参见第二章数学基础），最后一个等式利用到了 **OLS 假设 2**，$\mathbb{E}(\boldsymbol{\epsilon} \mid \boldsymbol{X}) = \boldsymbol{0}$。此外，由于识别$\hat{\boldsymbol{\beta}}_{\mathrm{OLS}}$需要$\mathbb{E}(\boldsymbol{x}\boldsymbol{x}')$可逆，因此以上证明过程隐含利用到了 **OLS 假设 1**。

$$\mathbb{E}(\hat{\boldsymbol{\beta}}_{\mathrm{OLS}} \mid \boldsymbol{X}) = \boldsymbol{\beta}^* + \mathbb{E}[(\boldsymbol{X}'\boldsymbol{X})^{-1}(\boldsymbol{X}'\boldsymbol{\epsilon}) \mid \boldsymbol{X}] = \boldsymbol{\beta}^* + (\boldsymbol{X}'\boldsymbol{X})^{-1}\boldsymbol{X}'\mathbb{E}[\boldsymbol{\epsilon} \mid \boldsymbol{X}] = \boldsymbol{\beta}^*$$

故命题得证。

□

2. 有效性(Efficiency)

无偏性所探讨的是估计量的期望。接下来介绍估计量的有效性，它所关注的是估计量的方差。值得指出的是，计算 OLS 估计量$\hat{\boldsymbol{\beta}}_{\mathrm{OLS}}$的方差 $\mathrm{Var}(\hat{\boldsymbol{\beta}}_{\mathrm{OLS}})$通常比较困难，这是因为计算 $\mathrm{Var}(\hat{\boldsymbol{\beta}}_{\mathrm{OLS}})$需要知道 $\boldsymbol{X}$ 与 $\boldsymbol{\epsilon}$ 的联合分布。因此，在计量经济学中，探讨$\hat{\boldsymbol{\beta}}_{\mathrm{OLS}}$有效性这个小样本性质一般是基于条件方差 $\mathrm{Var}(\hat{\boldsymbol{\beta}}_{\mathrm{OLS}} \mid \boldsymbol{X})$的。首先来看 $\mathrm{Var}(\hat{\boldsymbol{\beta}}_{\mathrm{OLS}} \mid \boldsymbol{X})$的具体表达式：

$$\begin{aligned}\mathrm{Var}(\hat{\boldsymbol{\beta}}_{\mathrm{OLS}} \mid \boldsymbol{X}) &= \mathrm{Var}((\boldsymbol{X}'\boldsymbol{X})^{-1}\boldsymbol{X}'\boldsymbol{y} \mid \boldsymbol{X}) \\ &= \mathrm{Var}(\boldsymbol{\beta}^* + (\boldsymbol{X}'\boldsymbol{X})^{-1}\boldsymbol{X}'\boldsymbol{\epsilon} \mid \boldsymbol{X}) \\ &= (\boldsymbol{X}'\boldsymbol{X})^{-1}\boldsymbol{X}'\mathrm{Var}(\boldsymbol{\epsilon} \mid \boldsymbol{X})\boldsymbol{X}(\boldsymbol{X}'\boldsymbol{X})^{-1} \\ &= (\boldsymbol{X}'\boldsymbol{X})^{-1}\boldsymbol{X}'\mathbb{E}(\boldsymbol{\epsilon}\boldsymbol{\epsilon}' \mid \boldsymbol{X})\boldsymbol{X}(\boldsymbol{X}'\boldsymbol{X})^{-1}\end{aligned} \tag{3-35}$$

其中，最后一个等式中 $\mathrm{Var}(\boldsymbol{\epsilon} \mid \boldsymbol{X}) \equiv \mathbb{E}([\boldsymbol{\epsilon} - \mathbb{E}(\boldsymbol{\epsilon} \mid \boldsymbol{X})][\boldsymbol{\epsilon} - \mathbb{E}(\boldsymbol{\epsilon} \mid \boldsymbol{X})]' \mid \boldsymbol{X}) = \mathbb{E}(\boldsymbol{\epsilon}\boldsymbol{\epsilon}' \mid \boldsymbol{X})$利用到了 **OLS 假设 2**，$\mathbb{E}(\boldsymbol{\epsilon} \mid \boldsymbol{X}) = \boldsymbol{0}$。在计量经济学中，为了保证估计量的有效性，通常对 $\mathbb{E}(\boldsymbol{\epsilon}\boldsymbol{\epsilon}' \mid \boldsymbol{X})$施加一定的限制。

OLS 假设 3：条件(Conditional)同方差和无自相关假定(Homoskedasticity and Non-autocorrelation)：

$$\mathbb{E}(\boldsymbol{\epsilon}\boldsymbol{\epsilon}' \mid \boldsymbol{X}) = \begin{bmatrix} \sigma^2 & & & \\ & \sigma^2 & & \\ & & \ddots & \\ & & & \sigma^2 \end{bmatrix} = \sigma^2 \boldsymbol{I} \tag{3-36}$$

这里需要特别注意的是，由于$\epsilon_i = y_i - \boldsymbol{x}_i'\boldsymbol{\beta}^*$，因此给定样本$\{y_i, \boldsymbol{x}_i\}$独立同分布，$\{\epsilon_i\}$独立同分布，从而有**无条件**期望$\mathbb{E}(\boldsymbol{\epsilon}\boldsymbol{\epsilon}') = \sigma^2\boldsymbol{I}$，但是$\{\epsilon_i\}$独立同分布并不一定意味着**条件**期望 $\mathbb{E}(\boldsymbol{\epsilon}\boldsymbol{\epsilon}' \mid \boldsymbol{X}) = \sigma^2\boldsymbol{I}$。这也是在$\{y_i, \boldsymbol{x}_i\}$独立同分布情形下$\mathbb{E}(\boldsymbol{\epsilon}\boldsymbol{\epsilon}' \mid \boldsymbol{X}) = \sigma^2\boldsymbol{I}$ 是一个假定的原因。

事实上，条件异方差问题$\mathbb{E}(\boldsymbol{\epsilon}\boldsymbol{\epsilon}' \mid \boldsymbol{X}) \neq \begin{bmatrix} \sigma^2 & & & \\ & \sigma^2 & & \\ & & \ddots & \\ & & & \sigma^2 \end{bmatrix}$，非常广泛地存在于微观计量经济

学所聚焦的实证研究领域中。考虑一个基于简单随机抽样从同一总体(比如,我国全体居民的可支配收入)中抽取容量为 N 的样本$\{y_i, i=1, 2, \cdots, N\}$，显然$\{y_i, i=1, 2, \cdots, N\}$独立同分布。若令$x_i$表示个体 i 所在的地区，那么$\{y_i | x_i, i=1, 2, \cdots, N\}$就很有可能不再独立同分布了。由于所处经济发展阶段不同，各地区居民收入差别通常存在显著不同。为了便于读者直观地理解条件异方差问题，图 3-10 给出了一个示意图。

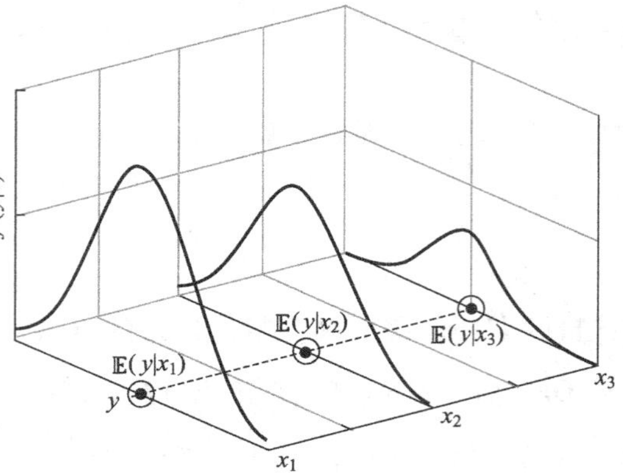

图 3-10 条件异方差示意图

命题 3.4：在 **OLS 假设 1**，**OLS 假设 2** 以及 **OLS 假设 3** 成立的条件下，条件方差 $\mathrm{Var}(\hat{\boldsymbol{\beta}}_{\mathrm{OLS}} | \boldsymbol{X})$ 的表达式为：

$$\mathrm{Var}(\hat{\boldsymbol{\beta}}_{\mathrm{OLS}} | \boldsymbol{X}) = (\boldsymbol{X}'\boldsymbol{X})^{-1}\boldsymbol{X}'\mathbb{E}(\boldsymbol{\epsilon}\boldsymbol{\epsilon}' | \boldsymbol{X})\boldsymbol{X}(\boldsymbol{X}'\boldsymbol{X})^{-1} = \sigma^2(\boldsymbol{X}'\boldsymbol{X})^{-1} \tag{3-37}$$

证明：

利用式(3-35)所给出的 $\mathrm{Var}(\hat{\boldsymbol{\beta}}_{\mathrm{OLS}} | \boldsymbol{X})$ 表达式可得

$$\mathrm{Var}(\hat{\boldsymbol{\beta}}_{\mathrm{OLS}} | \boldsymbol{X}) = (\boldsymbol{X}'\boldsymbol{X})^{-1}\boldsymbol{X}'\mathbb{E}(\boldsymbol{\epsilon}\boldsymbol{\epsilon}' | \boldsymbol{X})\boldsymbol{X}(\boldsymbol{X}'\boldsymbol{X})^{-1} = \sigma^2(\boldsymbol{X}'\boldsymbol{X})^{-1}$$

其中，最后一个等式用到的是 **OLS 假设 3**。

故命题得证。

□

命题 3.5(OLS 估计量的有效性)：在 **OLS 假设 1**，**OLS 假设 2** 与 **OLS 假设 3** 成立的条件下，最小二乘估计量$\hat{\boldsymbol{\beta}}_{\mathrm{OLS}}$是$\boldsymbol{\beta}^*$所有线性无偏估计量中最有效的估计量。正式地，若令$\widetilde{\boldsymbol{\beta}}$表示给定 $\boldsymbol{X}$ 情形下$\boldsymbol{\beta}^*$的任一线性无偏估计量，即$\mathbb{E}(\widetilde{\boldsymbol{\beta}} | \boldsymbol{X}) = \boldsymbol{\beta}^*$，那么则有：

$$\mathrm{Var}(\hat{\boldsymbol{\beta}}_{\mathrm{OLS}} | \boldsymbol{X}) \leqslant \mathrm{Var}(\widetilde{\boldsymbol{\beta}} | \boldsymbol{X}) \tag{3-38}$$

证明：

不失一般性，令$\widetilde{\boldsymbol{\beta}} = \boldsymbol{C}\boldsymbol{y}$ 可得

$$\begin{aligned}\widetilde{\boldsymbol{\beta}} - \boldsymbol{\beta}^* &= \widetilde{\boldsymbol{\beta}} - \hat{\boldsymbol{\beta}}_{\mathrm{OLS}} + \hat{\boldsymbol{\beta}}_{\mathrm{OLS}} - \boldsymbol{\beta}^* \\ &= (\widetilde{\boldsymbol{\beta}} - \hat{\boldsymbol{\beta}}_{\mathrm{OLS}}) + (\hat{\boldsymbol{\beta}}_{\mathrm{OLS}} - \boldsymbol{\beta}^*)\end{aligned}$$

$$=\underbrace{[C-(X'X)^{-1}X']}_{D}y+(X'X)^{-1}X'\epsilon$$
$$=Dy+(X'X)^{-1}X'\epsilon$$

又因为$\widetilde{\beta}$是β的一个线性无偏估计量$\mathbb{E}(\widetilde{\beta}|X)=\beta^*$，利用迭代期望定律有$\mathbb{E}(\widetilde{\beta})=\beta^*$，据此可得：

$$\mathbb{E}(\widetilde{\beta})=\mathbb{E}(Cy)=\mathbb{E}[C(X\beta^*+\epsilon)]=\beta^*$$

所以

$$CX=I\Rightarrow CX=(X'X)^{-1}X'X\Rightarrow[C-(X'X)^{-1}X']X=0\Rightarrow DX=0$$

最终，可得如下不等式成立：

$$\begin{aligned}\mathrm{Var}(\widetilde{\beta}|X)&=\mathbb{E}_{\epsilon}[(\widetilde{\beta}-\mathbb{E}(\widetilde{\beta}|X))(\widetilde{\beta}-\mathbb{E}(\widetilde{\beta}|X))'|X]\\&=\mathbb{E}_{\epsilon}[(\widetilde{\beta}-\beta^*)(\widetilde{\beta}-\beta^*)'|X]\\&=\mathbb{E}_{\epsilon}\{[Dy+(X'X)^{-1}X'\epsilon][Dy+(X'X)^{-1}X'\epsilon]'|X\}\\&=\sigma^2[(D+(X'X)^{-1}X')(D+(X'X)^{-1}X')']\\&=\sigma^2(X'X)^{-1}+\sigma^2DD'\\&\geqslant\sigma^2(X'X)^{-1}=\mathrm{Var}(\hat{\beta}_{\mathrm{OLS}}|X)\end{aligned}$$

故命题得证。

□

关于命题 3.5 值得说明的一点是，$\hat{\beta}_{\mathrm{OLS}}$是$\beta^*$所**有线性无偏估计量**中最有效的估计量，不一定是β^*所有估计量中最有效的估计量。因此，命题 3.5 给出的是**相对有效性**(Relative Efficiency)。

无偏性与有效性都是估计量的重要特性，比较理想的估计量兼具无偏性和有效性，一般而言，在无法找到这种理想估计量的情形下，计量经济学家通常尽可能在无偏性和有效性间做出平衡。为方便表述，令Θ表示我们所关心的总体参数，$\hat{\Theta}$表示Θ的特定估计量。若$\hat{\Theta}$是Θ无偏估计量但其方差非常大，那么$\hat{\Theta}$无法被认为是Θ较为理想的估计量；反过来，若$\hat{\Theta}$的方差非常小但$\mathbb{E}(\hat{\Theta})$与Θ的差距非常大，那么$\hat{\Theta}$同样也无法被认为是Θ较为理想的估计量(参见图 3-11)。事实上，我们可以通过判断$\mathbb{E}[(\hat{\Theta}-\Theta)'(\hat{\Theta}-\Theta)]$的大小来对估计量的无偏性与有效性进行综合考虑。这一点可以从如下等式中清楚地看到：

$$\begin{aligned}&\mathbb{E}[(\hat{\Theta}-\Theta)'(\hat{\Theta}-\Theta)]\\&=\mathbb{E}\{[\hat{\Theta}-\mathbb{E}(\hat{\Theta})+\mathbb{E}(\hat{\Theta})-\Theta]'[\hat{\Theta}-\mathbb{E}(\hat{\Theta})+\mathbb{E}(\hat{\Theta})-\Theta]\}\\&=\mathbb{E}\{[\hat{\Theta}-\mathbb{E}(\hat{\Theta})]'[\hat{\Theta}-\mathbb{E}(\hat{\Theta})]\}+\mathbb{E}\{[\mathbb{E}(\hat{\Theta})-\Theta]'[\mathbb{E}(\hat{\Theta})-\Theta]\}+0\\&=\mathbb{E}\{[\hat{\Theta}-\mathbb{E}(\hat{\Theta})]'[\hat{\Theta}-\mathbb{E}(\hat{\Theta})]\}+\mathbb{E}\{[\mathbb{E}(\hat{\Theta})-\Theta]'[\mathbb{E}(\hat{\Theta})-\Theta]\}\end{aligned}\tag{3-39}$$

其中，可以清楚地看到，$\mathbb{E}\{[\hat{\Theta}-\mathbb{E}(\hat{\Theta})]'[\hat{\Theta}-\mathbb{E}(\hat{\Theta})]\}$度量了估计量$\hat{\Theta}$的有效性，$\mathbb{E}\{[\mathbb{E}(\hat{\Theta})-\Theta]'[\mathbb{E}(\hat{\Theta})-\Theta]\}$度量了估计量$\hat{\Theta}$的无偏性。

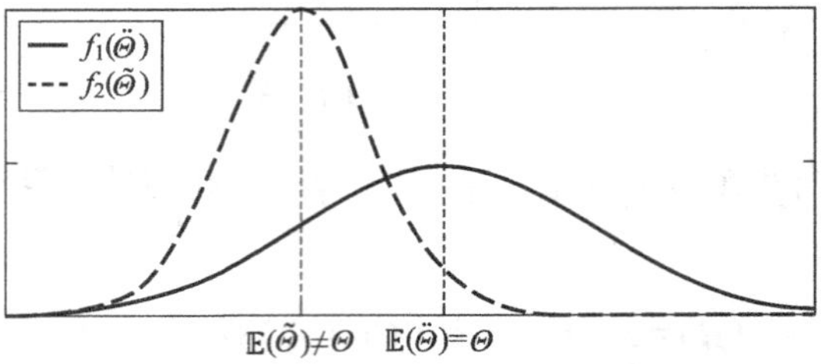

图 3-11 估计量无偏性和有效性之间的平衡

3. 正态性(Normality)

统计推断一般需要用到$\hat{\boldsymbol{\beta}}_{\text{OLS}}$的分布。现在来介绍$\hat{\boldsymbol{\beta}}_{\text{OLS}}$的分布，由于$\hat{\boldsymbol{\beta}}_{\text{OLS}}$同时是 $\boldsymbol{X}$ 和 $\boldsymbol{\epsilon}$ 的函数，因此刻画$\hat{\boldsymbol{\beta}}_{\text{OLS}}$的小样本分布通常非常之困难。有鉴于此，计量经济学家往往在给定 $\boldsymbol{X}$ 的条件下来探讨$\hat{\boldsymbol{\beta}}_{\text{OLS}}$的小样本分布。为得到$\hat{\boldsymbol{\beta}}_{\text{OLS}}$的小样本分布，需要对误差项 $\boldsymbol{\epsilon}$ 的分布做出假定，最常见的假定是正态分布。

OLS 假设 4：给定 $\boldsymbol{X}$，误差项 $\boldsymbol{\epsilon}$ 服从联合正态分布：

$$\boldsymbol{\epsilon}\mid\boldsymbol{X}\sim\mathcal{N}(\boldsymbol{0},\text{Var}(\boldsymbol{\epsilon}\mid\boldsymbol{X})) \tag{3-40}$$

命题 3.6：在 **OLS 假设 1**，**OLS 假设 2** 与 **OLS 假设 4** 成立的条件下，最小二乘估计量$\hat{\boldsymbol{\beta}}_{\text{OLS}}$给定 $\boldsymbol{X}$ 的条件分布为如下正态分布：

$$\hat{\boldsymbol{\beta}}_{\text{OLS}}\mid\boldsymbol{X}\sim\mathcal{N}(\boldsymbol{\beta}^*,(\boldsymbol{X}'\boldsymbol{X})^{-1}\boldsymbol{X}'\mathbb{E}(\boldsymbol{\epsilon}\boldsymbol{\epsilon}'\mid\boldsymbol{X})\boldsymbol{X}(\boldsymbol{X}'\boldsymbol{X})^{-1}) \tag{3-41}$$

证明：

因为在给定 $\boldsymbol{X}$ 的条件下，$\hat{\boldsymbol{\beta}}_{\text{OLS}}$是 $\boldsymbol{\epsilon}$ 的线性函数，所以在 **OLS 假设 4** 成立的条件下，$\hat{\boldsymbol{\beta}}_{\text{OLS}}\mid\boldsymbol{X}$服从正态分布。确定了期望值$\mathbb{E}(\hat{\boldsymbol{\beta}}_{\text{OLS}}\mid\boldsymbol{X})$和方差 $\text{Var}(\hat{\boldsymbol{\beta}}_{\text{OLS}}\mid\boldsymbol{X})$，也就确定了$\hat{\boldsymbol{\beta}}_{\text{OLS}}\mid\boldsymbol{X}$的分布。

根据命题 3.3，在 **OLS 假设 1** 与 **OLS 假设 2** 成立的条件下有

$$\mathbb{E}(\hat{\boldsymbol{\beta}}_{\text{OLS}}\mid\boldsymbol{X})=\boldsymbol{\beta}^*$$

根据式(3-35)可得：

$$\text{Var}(\hat{\boldsymbol{\beta}}_{\text{OLS}}\mid\boldsymbol{X})=(\boldsymbol{X}'\boldsymbol{X})^{-1}\boldsymbol{X}'\mathbb{E}(\boldsymbol{\epsilon}\boldsymbol{\epsilon}'\mid\boldsymbol{X})\boldsymbol{X}(\boldsymbol{X}'\boldsymbol{X})^{-1}$$

因此

$$\hat{\boldsymbol{\beta}}_{\text{OLS}}\mid\boldsymbol{X}\sim\mathcal{N}(\boldsymbol{\beta}^*,(\boldsymbol{X}'\boldsymbol{X})^{-1}\boldsymbol{X}'\mathbb{E}(\boldsymbol{\epsilon}\boldsymbol{\epsilon}'\mid\boldsymbol{X})\boldsymbol{X}(\boldsymbol{X}'\boldsymbol{X})^{-1})$$

故命题得证。

□

进一步地，若 **OLS 假设 3** 成立，那么式(3-41)则简化为：

$$\hat{\boldsymbol{\beta}}_{\text{OLS}}\mid\boldsymbol{X}\sim\mathcal{N}(\boldsymbol{\beta}^*,\sigma^2(\boldsymbol{X}'\boldsymbol{X})^{-1}) \tag{3-42}$$

2.6.2 OLS 估计量的大样本性质(Large Sample Properties)

本小节介绍最小二乘估计量$\hat{\boldsymbol{\beta}}_{\text{OLS}}$的大样本性质。在本小节将看到，推导$\hat{\boldsymbol{\beta}}_{\text{OLS}}$的大样本性质所需要的假定一般弱于小样本性质。

1. 一致性(Consistency)

一般地，$\hat{\Theta}$是我们所感兴趣参数 Θ 一致估计量的含义是：

$$\text{Plim}\ \hat{\Theta}=\Theta \tag{3-43}$$

为保证$\hat{\boldsymbol{\beta}}_{\text{OLS}}$是$\boldsymbol{\beta}^*$的一致估计量，通常需要对解释变量 $\boldsymbol{x}$ 与结构误差项 ϵ 之间的相关性做出限定。

OLS 假设 5：结构误差项ϵ_i与解释变量$\boldsymbol{x}_i$不相关，即

$$\text{Cov}(\boldsymbol{x}_i,\epsilon_i)=\mathbf{0} \tag{3-44}$$

可以看出，**OLS 假设 5** 这个假定弱于 **OLS 假设 2**。具体地，**OLS 假设 5** 只要求个体 i 的结构误差项ϵ_i与其自身解释变量$\boldsymbol{x}_i$不相关，并不要求ϵ_i与其他个体解释变量$\boldsymbol{x}_j(j\neq i)$不相关，也不要求独立性。因此，**OLS 假设 5** 也被称为**弱外生性假定**(Weak Exogeneity Assumption)。

命题 3.7：在 **OLS 假设 1** 与 **OLS 假设 5** 成立的条件下，最小二乘估计量$\hat{\boldsymbol{\beta}}_{\text{OLS}}$是$\boldsymbol{\beta}^*$的一致估计量，即：

$$\text{Plim}\ \hat{\boldsymbol{\beta}}_{\text{OLS}}=\boldsymbol{\beta}^* \tag{3-45}$$

证明：

$$\begin{aligned}
\text{Plim}\ \hat{\boldsymbol{\beta}}_{\text{OLS}} &= \text{Plim}[(\boldsymbol{X}'\boldsymbol{X})^{-1}\boldsymbol{X}'\boldsymbol{y}] \\
&=\text{Plim}\left[\left(\sum_{i=1}^{N}\boldsymbol{x}_i\boldsymbol{x}_i'\right)^{-1}\left(\sum_{i=1}^{N}\boldsymbol{x}_i y_i\right)\right] \\
&=\text{Plim}\left\{\left(\sum_{i=1}^{N}\boldsymbol{x}_i\boldsymbol{x}_i'\right)^{-1}\left[\sum_{i=1}^{N}\boldsymbol{x}_i(\boldsymbol{x}_i'\boldsymbol{\beta}^*+\epsilon_i)\right]\right\} \\
&=\boldsymbol{\beta}^*+\text{Plim}\left[\left(\frac{1}{N}\sum_{i=1}^{N}\boldsymbol{x}_i\boldsymbol{x}_i'\right)^{-1}\left(\frac{1}{N}\sum_{i=1}^{N}\boldsymbol{x}_i\epsilon_i\right)\right] \\
&=\boldsymbol{\beta}^*+\text{Plim}\left[\left(\frac{1}{N}\sum_{i=1}^{N}\boldsymbol{x}_i\boldsymbol{x}_i'\right)^{-1}\right]\text{Plim}\left(\frac{1}{N}\sum_{i=1}^{N}\boldsymbol{x}_i\epsilon_i\right) \\
&=\boldsymbol{\beta}^*+[\mathbb{E}(\boldsymbol{x}\boldsymbol{x}')]^{-1}\mathbb{E}(\boldsymbol{x}\epsilon) \\
&=\boldsymbol{\beta}^*+\mathbf{0}=\boldsymbol{\beta}^*
\end{aligned}$$

其中，第三个等式利用因果模型$y_i=\boldsymbol{x}_i'\boldsymbol{\beta}^*+\epsilon_i$替换$y_i$。$\text{Plim}\left[\left(\frac{1}{N}\sum_{i=1}^{N}\boldsymbol{x}_i\boldsymbol{x}_i'\right)^{-1}\left(\frac{1}{N}\sum_{i=1}^{N}\boldsymbol{x}_i\epsilon_i\right)\right]=\text{Plim}\left[\left(\frac{1}{N}\sum_{i=1}^{N}\boldsymbol{x}_i\boldsymbol{x}_i'\right)^{-1}\right]\text{Plim}\left(\frac{1}{N}\sum_{i=1}^{N}\boldsymbol{x}_i\epsilon_i\right)$ 利用的是**斯勒茨基定理**，$\text{Plim}\left[\left(\frac{1}{N}\sum_{i=1}^{N}\boldsymbol{x}_i\boldsymbol{x}_i'\right)^{-1}\right]=[\mathbb{E}(\boldsymbol{x}\boldsymbol{x}')]^{-1}$以及$\text{Plim}\left(\frac{1}{N}\sum_{i=1}^{N}\boldsymbol{x}_i\epsilon_i\right)=\mathbb{E}(\boldsymbol{x}\epsilon)$ 利用的是**独立同分布**($i.i.d$) 样本条件下的大数定律，$\mathbb{E}(\boldsymbol{x}\epsilon)=\mathbf{0}$ 用到了 **OLS 假设 5**。在**非独立同分布样本**情形下，只需将式中的$[\mathbb{E}(\boldsymbol{x}\boldsymbol{x}')]^{-1}$与$\mathbb{E}(\boldsymbol{x}\epsilon)$ 分别替换为$\mathbb{E}\left[\left(\frac{1}{N}\sum_{i=1}^{N}\boldsymbol{x}_i\boldsymbol{x}_i'\right)^{-1}\right]$与$\mathbb{E}\left[\frac{1}{N}\sum_{i=1}^{N}\boldsymbol{x}_i\epsilon_i\right]$即可 。

故命题得证。

□

值得注意的是，以$\boldsymbol{\beta}_{\text{OLS}}$作为参照来考察$\hat{\boldsymbol{\beta}}_{\text{OLS}}$的一致性不需要假定 $\text{Cov}(\boldsymbol{x}_i,e_i)=\mathbf{0}$，因为

$\mathrm{Cov}(\boldsymbol{x}_i, e_i)=\boldsymbol{0}$是必然成立的等式。与命题 3.7 类似，容易证明在 **OLS 假设 1** 成立的条件下，$\hat{\boldsymbol{\beta}}_{\mathrm{OLS}}$是$\boldsymbol{\beta}_{\mathrm{OLS}}$的一致估计量。①

2. 独立同分布($i.i.d$)数据生成过程条件下的渐近正态性

本小节介绍独立同分布样本条件下最小二乘估计量$\hat{\boldsymbol{\beta}}_{\mathrm{OLS}}$的渐近正态性。由于$\hat{\boldsymbol{\beta}}_{\mathrm{OLS}}-\boldsymbol{\beta}^*=\left(\frac{1}{N}\sum_{i=1}^{N}\boldsymbol{x}_i\boldsymbol{x}'_i\right)^{-1}\left(\frac{1}{N}\sum_{i=1}^{N}\boldsymbol{x}_i\epsilon_i\right)$的**极限分布**(Limiting Distribution)是退化的(参见第二章)，因此我们考察$\sqrt{N}(\hat{\boldsymbol{\beta}}_{\mathrm{OLS}}-\boldsymbol{\beta}^*)$的极限分布。

命题 3.8：若假设独立同分布($i.i.d$)数据生成过程，那么在 **OLS 假设 1** 与 **OLS 假设 5** 成立的条件下，可以得到$\sqrt{N}(\hat{\boldsymbol{\beta}}_{\mathrm{OLS}}-\boldsymbol{\beta}^*)$的极限分布为：

$$\sqrt{N}(\hat{\boldsymbol{\beta}}_{\mathrm{OLS}}-\boldsymbol{\beta}^*)\xrightarrow{d}\mathcal{N}(\boldsymbol{0},[\mathbb{E}(\boldsymbol{xx}')]^{-1}\mathbb{E}(\epsilon^2\boldsymbol{xx}')[\mathbb{E}(\boldsymbol{xx}')]^{-1}) \tag{3-46}$$

证明：

$$\begin{aligned}\sqrt{N}(\hat{\boldsymbol{\beta}}_{\mathrm{OLS}}-\boldsymbol{\beta}^*)&=\left(\frac{1}{N}\sum_{i=1}^{N}\boldsymbol{x}_i\boldsymbol{x}'_i\right)^{-1}\left[\sqrt{N}\left(\frac{1}{N}\sum_{i=1}^{N}\boldsymbol{x}_i\epsilon_i\right)\right]\\&=\{[\mathbb{E}(\boldsymbol{xx}')]^{-1}+o_p(1)\}\left[\sqrt{N}\left(\frac{1}{N}\sum_{i=1}^{N}\boldsymbol{x}_i\epsilon_i\right)\right]\\&=[\mathbb{E}(\boldsymbol{xx}')]^{-1}\sqrt{N}\left(\frac{1}{N}\sum_{i=1}^{N}\boldsymbol{x}_i\epsilon_i\right)+o_p(1)\,O_p(1)\\&=[\mathbb{E}(\boldsymbol{xx}')]^{-1}\sqrt{N}\left(\frac{1}{N}\sum_{i=1}^{N}\boldsymbol{x}_i\epsilon_i\right)+o_p(1)\end{aligned}$$

其中，$\left(\frac{1}{N}\sum_{i=1}^{N}\boldsymbol{x}_i\boldsymbol{x}'_i\right)^{-1}=[\mathbb{E}(\boldsymbol{xx}')]^{-1}+o_p(1)$成立用到的是大数定律，$\mathrm{Plim}\left(\frac{1}{N}\sum_{i=1}^{N}\boldsymbol{x}_i\boldsymbol{x}'_i\right)^{-1}=[\mathbb{E}(\boldsymbol{xx}')]^{-1}$。$\sqrt{N}\left(\frac{1}{N}\sum_{i=1}^{N}\boldsymbol{x}_i\epsilon_i\right)=O_p(1)$是因为$\sqrt{N}\left(\frac{1}{N}\sum_{i=1}^{N}\boldsymbol{x}_i\epsilon_i\right)\xrightarrow{d}\mathcal{N}(\boldsymbol{0},\mathbb{E}(\epsilon^2\boldsymbol{xx}'))$(**林德伯格 - 列维**中心极限定理)以及依分布收敛随机变量必然依概率有界(见命题 2.22)。$o_p(1)\,O_p(1)=o_p(1)$利用到的是依概率收敛至 0 的数列乘以依概率有界数列得到的数列依概率收敛至 0。

---

① 在 **OLS 假设 1** 成立的条件下，$\hat{\boldsymbol{\beta}}_{\mathrm{OLS}}$是$\boldsymbol{\beta}_{\mathrm{OLS}}$的一致估计量的具体证明过程如下：

$$\begin{aligned}\mathrm{Plim}\,\hat{\boldsymbol{\beta}}_{\mathrm{OLS}}&=\mathrm{Plim}\left[\left(\sum_{i=1}^{N}\boldsymbol{x}_i\boldsymbol{x}'_i\right)^{-1}\left(\sum_{i=1}^{N}\boldsymbol{x}_iy_i\right)\right]\\&=\mathrm{Plim}\left\{\left(\sum_{i=1}^{N}\boldsymbol{x}_i\boldsymbol{x}'_i\right)^{-1}\left[\sum_{i=1}^{N}\boldsymbol{x}_i(\boldsymbol{x}'_i\boldsymbol{\beta}_{\mathrm{OLS}}+e_i)\right]\right\}\\&=\boldsymbol{\beta}_{\mathrm{OLS}}+\mathrm{Plim}\left[\left(\frac{1}{N}\sum_{i=1}^{N}\boldsymbol{x}_i\boldsymbol{x}'_i\right)^{-1}\left(\frac{1}{N}\sum_{i=1}^{N}\boldsymbol{x}_ie_i\right)\right]\\&=\boldsymbol{\beta}_{\mathrm{OLS}}+\mathrm{Plim}\left[\left(\frac{1}{N}\sum_{i=1}^{N}\boldsymbol{x}_i\boldsymbol{x}'_i\right)^{-1}\right]\mathrm{Plim}\left(\frac{1}{N}\sum_{i=1}^{N}\boldsymbol{x}_ie_i\right)\\&=\boldsymbol{\beta}_{\mathrm{OLS}}+[\mathbb{E}(\boldsymbol{xx}')]^{-1}\mathbb{E}(\boldsymbol{x}e)\\&=\boldsymbol{\beta}_{\mathrm{OLS}}+\boldsymbol{0}=\boldsymbol{\beta}_{\mathrm{OLS}}\end{aligned}$$

其中，第二个等式利用回归模型$y_i=\boldsymbol{x}'_i\boldsymbol{\beta}_{\mathrm{OLS}}+e_i$替换$y_i$，$\mathbb{E}(\boldsymbol{x}e)=\boldsymbol{0}$为必然成立的等式而非假定。

由于 $\sqrt{N}(\hat{\boldsymbol{\beta}}_{\text{OLS}}-\boldsymbol{\beta}^*)=[\mathbb{E}(\boldsymbol{x}\boldsymbol{x}')]^{-1}\sqrt{N}(\frac{1}{N}\sum_{i=1}^{N}\boldsymbol{x}_i\epsilon_i)+o_p(1)$，因此根据第二章介绍的**渐近等价性定理**，$\sqrt{N}(\hat{\boldsymbol{\beta}}_{\text{OLS}}-\boldsymbol{\beta}^*)$ 与 $[\mathbb{E}(\boldsymbol{x}\boldsymbol{x}')]^{-1}\sqrt{N}(\frac{1}{N}\sum_{i=1}^{N}\boldsymbol{x}_i\epsilon_i)$ 的极限分布相同。根据林德伯格－列维中心极限定理可得 $\sqrt{N}(\frac{1}{N}\sum_{i=1}^{N}\boldsymbol{x}_i\epsilon_i)\xrightarrow{d}\mathcal{N}(\mathbf{0},\mathbb{E}(\epsilon^2\boldsymbol{x}\boldsymbol{x}'))$，从而有：

$$[\mathbb{E}(\boldsymbol{x}\boldsymbol{x}')]^{-1}\sqrt{N}(\frac{1}{N}\sum_{i=1}^{N}\boldsymbol{x}_i\epsilon_i)\xrightarrow{d}\mathcal{N}(\mathbf{0},[\mathbb{E}(\boldsymbol{x}\boldsymbol{x}')]^{-1}\mathbb{E}(\epsilon^2\boldsymbol{x}\boldsymbol{x}')[\mathbb{E}(\boldsymbol{x}\boldsymbol{x}')]^{-1})$$

所以

$$\sqrt{N}(\hat{\boldsymbol{\beta}}_{\text{OLS}}-\boldsymbol{\beta}^*)\xrightarrow{d}\mathcal{N}(\mathbf{0},[\mathbb{E}(\boldsymbol{x}\boldsymbol{x}')]^{-1}\mathbb{E}(\epsilon^2\boldsymbol{x}\boldsymbol{x}')[\mathbb{E}(\boldsymbol{x}\boldsymbol{x}')]^{-1})$$

故命题得证。

□

基于命题 3.8 可以很容易得到 $\hat{\boldsymbol{\beta}}_{\text{OLS}}$ 的**渐近分布**(Asymptotic Distribution)：

$$\hat{\boldsymbol{\beta}}_{\text{OLS}}\overset{a}{\sim}\mathcal{N}(\boldsymbol{\beta}^*,\frac{1}{N}[\mathbb{E}(\boldsymbol{x}\boldsymbol{x}')]^{-1}\mathbb{E}(\epsilon^2\boldsymbol{x}\boldsymbol{x}')[\mathbb{E}(\boldsymbol{x}\boldsymbol{x}')]^{-1}) \tag{3-47}$$

其中，$\frac{[\mathbb{E}(\boldsymbol{x}\boldsymbol{x}')]^{-1}\mathbb{E}(\epsilon^2\boldsymbol{x}\boldsymbol{x}')[\mathbb{E}(\boldsymbol{x}\boldsymbol{x}')]^{-1}}{N}\equiv\text{Avar}(\hat{\boldsymbol{\beta}}_{\text{OLS}})$ 表示 $\hat{\boldsymbol{\beta}}_{\text{OLS}}$ 的渐近方差。

命题 3.9：若假设独立同分布($i.i.d$)数据生成过程，那么在 **OLS 假设 1** 与 **OLS 假设 5** 成立的条件下，$\hat{\boldsymbol{\beta}}_{\text{OLS}}$ 渐近方差 $\text{Avar}(\hat{\boldsymbol{\beta}}_{\text{OLS}})$ 可以通过如下估计量一致地估计：

$$\begin{aligned}\widehat{\text{Avar}}(\hat{\boldsymbol{\beta}}_{\text{OLS}})&\equiv\frac{1}{N}(\frac{1}{N}\sum_{i=1}^{N}\boldsymbol{x}_i\boldsymbol{x}_i')^{-1}(\frac{1}{N}\sum_{i=1}^{N}\hat{e}_i^2\boldsymbol{x}_i\boldsymbol{x}_i')(\frac{1}{N}\sum_{i=1}^{N}\boldsymbol{x}_i\boldsymbol{x}_i')^{-1}\\&=\frac{1}{N}(\frac{\boldsymbol{X}'\boldsymbol{X}}{N})^{-1}(\frac{\boldsymbol{X}'\hat{\boldsymbol{e}}\hat{\boldsymbol{e}}'\boldsymbol{X}}{N})(\frac{\boldsymbol{X}'\boldsymbol{X}}{N})^{-1}\end{aligned} \tag{3-48}$$

其中，$\hat{e}_i=y_i-\boldsymbol{x}_i'\hat{\boldsymbol{\beta}}_{\text{OLS}}$。

证明：

$$\begin{aligned}\text{Plim}\,\widehat{\text{Avar}}(\hat{\boldsymbol{\beta}}_{\text{OLS}})&=\text{Plim}\left[\frac{1}{N}(\frac{1}{N}\sum_{i=1}^{N}\boldsymbol{x}_i\boldsymbol{x}_i')^{-1}(\frac{1}{N}\sum_{i=1}^{N}\hat{e}_i^2\boldsymbol{x}_i\boldsymbol{x}_i')(\frac{1}{N}\sum_{i=1}^{N}\boldsymbol{x}_i\boldsymbol{x}_i')^{-1}\right]\\&=\frac{1}{N}\left[\text{Plim}(\frac{1}{N}\sum_{i=1}^{N}\boldsymbol{x}_i\boldsymbol{x}_i')^{-1}\text{Plim}(\frac{1}{N}\sum_{i=1}^{N}\hat{e}_i^2\boldsymbol{x}_i\boldsymbol{x}_i')\text{Plim}(\frac{1}{N}\sum_{i=1}^{N}\boldsymbol{x}_i\boldsymbol{x}_i')^{-1}\right]\\&=\frac{1}{N}[\mathbb{E}(\boldsymbol{x}\boldsymbol{x}')]^{-1}\text{Plim}(\frac{1}{N}\sum_{i=1}^{N}\hat{e}_i^2\boldsymbol{x}_i\boldsymbol{x}_i')[\mathbb{E}(\boldsymbol{x}\boldsymbol{x}')]^{-1}\end{aligned}$$

其中，第三个等式用到的是斯勒茨基定理，最后一个等式用到的是大数定律。

如果能够证明 $\text{Plim}(\frac{1}{N}\sum_{i=1}^{N}\hat{e}_i^2\boldsymbol{x}_i\boldsymbol{x}_i')=\mathbb{E}(\epsilon^2\boldsymbol{x}\boldsymbol{x}')$，那么则证明了 $\text{Plim}\,\widehat{\text{Avar}}(\hat{\boldsymbol{\beta}}_{\text{OLS}})=\text{Avar}(\hat{\boldsymbol{\beta}}_{\text{OLS}})$。现在来证明 $\text{Plim}(\frac{1}{N}\sum_{i=1}^{N}\hat{e}_i^2\boldsymbol{x}_i\boldsymbol{x}_i')=\mathbb{E}(\epsilon^2\boldsymbol{x}\boldsymbol{x}')$ 成立。

$$\begin{aligned}\text{Plim}(\hat{e}_i^2)&=\text{Plim}(y_i-\boldsymbol{x}_i'\hat{\boldsymbol{\beta}}_{\text{OLS}})^2\\&=\text{Plim}[\epsilon_i-\boldsymbol{x}_i'(\hat{\boldsymbol{\beta}}_{\text{OLS}}-\boldsymbol{\beta}^*)]^2\end{aligned}$$

$$=\text{Plim}\{\epsilon_i^2-2\epsilon_i\boldsymbol{x}_i'(\hat{\boldsymbol{\beta}}_{\text{OLS}}-\boldsymbol{\beta}^*)+[\boldsymbol{x}_i'(\hat{\boldsymbol{\beta}}_{\text{OLS}}-\boldsymbol{\beta}^*)]^2\}$$
$$=\text{Plim}(\epsilon_i^2)=\epsilon_i^2$$

其中，第三个等式利用了 OLS 假设 1 与 OLS 假设 5 成立的条件下，$\text{Plim}\,\hat{\boldsymbol{\beta}}_{\text{OLS}}=\boldsymbol{\beta}^*$，从而有 $\text{Plim}(\hat{\boldsymbol{\beta}}_{\text{OLS}}-\boldsymbol{\beta}^*)=\mathbf{0}$

因此$\hat{e}_i^2=\epsilon_i^2+o_p(1)$，将该式代入 $\text{Plim}(\frac{1}{N}\sum_{i=1}^{N}\hat{e}_i^2\boldsymbol{x}_i\boldsymbol{x}_i')$可得：

$$\begin{aligned}\text{Plim}\left(\frac{1}{N}\sum_{i=1}^{N}\hat{\epsilon}_i^2\boldsymbol{x}_i\boldsymbol{x}_i'\right)&=\text{Plim}\left[\frac{1}{N}\sum_{i=1}^{N}(\epsilon_i^2+o_p(1))\boldsymbol{x}_i\boldsymbol{x}_i'\right]\\&=\text{Plim}\left[\frac{1}{N}\sum_{i=1}^{N}\epsilon_i^2\boldsymbol{x}_i\boldsymbol{x}_i'+o_p(1)\right]\\&=\text{Plim}\left(\frac{1}{N}\sum_{i=1}^{N}\epsilon_i^2\boldsymbol{x}_i\boldsymbol{x}_i'\right)\\&=\mathbb{E}(\epsilon^2\boldsymbol{x}\boldsymbol{x}')\end{aligned}$$

故命题得证。

□

OLS 假设 6：条件同方差(Conditional Homoskedasticity)

$$\mathbb{E}(\epsilon^2\mid\boldsymbol{x})=\sigma^2 \tag{3-49}$$

注意到，该假设允许$\mathbb{E}(\epsilon_i\epsilon_j\mid\boldsymbol{X})\neq 0$。显然，OLS 假设 6 弱于 OLS 假设 3。

命题 3.10：如果 **OLS 假设 1**，**OLS 假设 5** 与 **OLS 假设 6** 成立，那么

$$\sqrt{N}(\hat{\boldsymbol{\beta}}_{\text{OLS}}-\boldsymbol{\beta}^*)\xrightarrow{d}\mathcal{N}(\mathbf{0},\sigma^2[\mathbb{E}(\boldsymbol{x}\boldsymbol{x}')]^{-1})$$

证明：

在 OLS 假设 6 成立的条件下可以很容易得到：

$$\boldsymbol{B}\equiv\mathbb{E}(\epsilon^2\boldsymbol{x}\boldsymbol{x}')=\mathbb{E}[\mathbb{E}(\epsilon^2\boldsymbol{x}\boldsymbol{x}')\mid\boldsymbol{x}]=\sigma^2\mathbb{E}(\boldsymbol{x}\boldsymbol{x}')=\sigma^2\mathbb{E}(\boldsymbol{x}\boldsymbol{x}')$$

因此

$$[\mathbb{E}(\boldsymbol{x}\boldsymbol{x}')]^{-1}\mathbb{E}(\epsilon^2\boldsymbol{x}\boldsymbol{x}')[\mathbb{E}(\boldsymbol{x}\boldsymbol{x}')]^{-1}=\sigma^2[\mathbb{E}(\boldsymbol{x}\boldsymbol{x}')]^{-1}$$

从而有

$$\sqrt{N}(\hat{\boldsymbol{\beta}}_{\text{OLS}}-\boldsymbol{\beta}^*)\xrightarrow{d}\mathcal{N}(\mathbf{0},[\mathbb{E}(\boldsymbol{x}\boldsymbol{x}')]^{-1}\mathbb{E}(\epsilon^2\boldsymbol{x}\boldsymbol{x}')[\mathbb{E}(\boldsymbol{x}\boldsymbol{x}')]^{-1})=\mathcal{N}(\mathbf{0},\sigma^2[\mathbb{E}(\boldsymbol{x}\boldsymbol{x}')]^{-1})$$

其中，$\sqrt{N}(\hat{\boldsymbol{\beta}}_{\text{OLS}}-\boldsymbol{\beta}^*)\xrightarrow{d}\mathcal{N}(\mathbf{0},[\mathbb{E}(\boldsymbol{x}\boldsymbol{x}')]^{-1}\mathbb{E}(\epsilon^2\boldsymbol{x}\boldsymbol{x}')[\mathbb{E}(\boldsymbol{x}\boldsymbol{x}')]^{-1})$ 用到了 OLS 假设 1 和 OLS 假设 5。

故命题得证。

□

3. 一般数据生成过程条件下的渐近正态性(*)

一般数据生成过程(涵盖独立同分布、独立不同分布、不独立同分布以及既不独立又不同分布情形)模型不是本书关注的重点，但是了解一般数据生成过程条件下估计量的渐近分布非常有帮助于深入理解本书内容。本节介绍一般数据生成过程条件下$\hat{\boldsymbol{\beta}}_{\text{OLS}}$的渐近分布。区别于独立

同分布数据生成过程，对于一般数据生成过程，$\text{Plim}(\frac{1}{N}\sum_{i=1}^{N}\boldsymbol{x}_i\boldsymbol{x}_i')$ 通常无法写成$\mathbb{E}(\boldsymbol{x}\boldsymbol{x}')$ 这个简单形式，而等于$\mathbb{E}(\frac{1}{N}\sum_{i=1}^{N}\boldsymbol{x}_i\boldsymbol{x}_i') = \mathbb{E}(\frac{\boldsymbol{X}'\boldsymbol{X}}{N})$，另外，$\sqrt{N}(\frac{1}{N}\sum_{i=1}^{N}\boldsymbol{x}_i\epsilon_i)$ 的极限分布也不再是$\mathcal{N}(\mathbf{0},\mathbb{E}(\epsilon^2\boldsymbol{x}\boldsymbol{x}'))$，而是$\mathcal{N}(\mathbf{0},\text{Var}[\sqrt{N}(\frac{1}{N}\sum_{i=1}^{N}\boldsymbol{x}_i\epsilon_i)]) = \mathcal{N}(\mathbf{0},\text{Var}(\frac{1}{\sqrt{N}}\boldsymbol{X}'\boldsymbol{\epsilon}))$。对应于独立同分布样本情形下的命题 3.8，在一般数据生成过程情形下有如下命题 3.11。

命题 3.11：若假设非独立同分布数据生成过程，那么在 **OLS 假设 1** 与 **OLS 假设 5** 成立的条件下，可以得到$\sqrt{N}(\hat{\boldsymbol{\beta}}_{\text{OLS}}-\boldsymbol{\beta}^*)$的极限分布为：

$$\sqrt{N}(\hat{\boldsymbol{\beta}}_{\text{OLS}}-\boldsymbol{\beta}^*) \xrightarrow{d} \mathcal{N}\left(\mathbf{0},\left[\mathbb{E}(\frac{\boldsymbol{X}'\boldsymbol{X}}{N})\right]^{-1}\mathbb{E}(\frac{\boldsymbol{X}'\boldsymbol{\epsilon}\boldsymbol{\epsilon}'\boldsymbol{X}}{N})\left[\mathbb{E}(\frac{\boldsymbol{X}'\boldsymbol{X}}{N})\right]^{-1}\right) \tag{3-50}$$

证明：

类似命题 3.8 的证明可以很容易得到，$\left[\mathbb{E}(\frac{\boldsymbol{X}'\boldsymbol{X}}{N})\right]^{-1}\sqrt{N}(\frac{1}{N}\sum_{i=1}^{N}\boldsymbol{x}_i\epsilon_i)$ 与$\sqrt{N}(\hat{\boldsymbol{\beta}}_{\text{OLS}}-\boldsymbol{\beta}^*)$ 极限分布相同。[①]因此推导$\sqrt{N}(\hat{\boldsymbol{\beta}}_{\text{OLS}}-\boldsymbol{\beta}^*)$ 的极限分布只要推导$\left[\mathbb{E}(\frac{\boldsymbol{X}'\boldsymbol{X}}{N})\right]^{-1}\sqrt{N}\left(\frac{1}{N}\sum_{i=1}^{N}\boldsymbol{x}_i\epsilon_i\right)$ 的极限分布。

对于$\sqrt{N}(\frac{1}{N}\sum_{i=1}^{N}\boldsymbol{x}_i\epsilon_i)$ 利用中心极限定理可得(参见第二章)：[②]

---

① 类似命题 3.8 的证明可以很容易得到：

$$\begin{aligned}\sqrt{N}(\hat{\boldsymbol{\beta}}_{\text{OLS}}-\boldsymbol{\beta}^*) &= (\frac{1}{N}\sum_{i=1}^{N}\boldsymbol{x}_i\boldsymbol{x}_i')^{-1}\left[\sqrt{N}(\frac{1}{N}\sum_{i=1}^{N}\boldsymbol{x}_i\epsilon_i)\right]\\ &= \left\{\left[\mathbb{E}(\frac{1}{N}\sum_{i=1}^{N}\boldsymbol{x}_i\boldsymbol{x}_i')\right]^{-1}+o_p(1)\right\}\left[\sqrt{N}(\frac{1}{N}\sum_{i=1}^{N}\boldsymbol{x}_i\epsilon_i)\right]\\ &= \left[\mathbb{E}(\frac{\boldsymbol{X}'\boldsymbol{X}}{N})\right]^{-1}\sqrt{N}(\frac{1}{N}\sum_{i=1}^{N}\boldsymbol{x}_i\epsilon_i)+o_p(1)\,O_p(1)\\ &= \left[\mathbb{E}(\frac{\boldsymbol{X}'\boldsymbol{X}}{N})\right]^{-1}\sqrt{N}(\frac{1}{N}\sum_{i=1}^{N}\boldsymbol{x}_i\epsilon_i)+o_p(1)\end{aligned}$$

其中，$(\frac{1}{N}\sum_{i=1}^{N}\boldsymbol{x}_i\boldsymbol{x}_i')^{-1} = \left[\mathbb{E}(\frac{1}{N}\sum_{i=1}^{N}\boldsymbol{x}_i\boldsymbol{x}_i')\right]^{-1}+o_p(1)$ 成立所用到的是大数定律 $\text{Plim}(\frac{1}{N}\sum_{i=1}^{N}\boldsymbol{x}_i\boldsymbol{x}_i')^{-1} = \left[\mathbb{E}(\frac{1}{N}\sum_{i=1}^{N}\boldsymbol{x}_i\boldsymbol{x}_i')\right]^{-1}+o_p(1)$。

② 对于$\sqrt{N}(\frac{1}{N}\sum_{i=1}^{N}\boldsymbol{x}_i\epsilon_i)$ 的极限分布，存在以下几种情形：

$$\begin{aligned}&\sqrt{N}\left(\frac{1}{N}\sum_{i=1}^{N}\boldsymbol{x}_i\epsilon_i\right) \xrightarrow{d} \mathcal{N}\left(\mathbf{0},\text{Var}\left[\sqrt{N}(\frac{1}{N}\sum_{i=1}^{N}\boldsymbol{x}_i\epsilon_i)\right]\right)\\ &=\mathcal{N}(\mathbf{0},\frac{1}{N}\text{Var}(\sum_{i=1}^{N}\boldsymbol{x}_i\epsilon_i))\ \text{一般情形}\\ &=\mathcal{N}(\mathbf{0},\frac{1}{N}\sum_{i=1}^{N}\text{Var}(\boldsymbol{x}_i\epsilon_i))\ \{\boldsymbol{x}_i\epsilon_i\}\ \text{不相关情形}\\ &=\mathcal{N}(\mathbf{0},\text{Var}(\boldsymbol{x}\epsilon))\ \{\boldsymbol{x}_i\epsilon_i\}\ \text{独立同分布情形}\end{aligned}$$

$$\sqrt{N}\left(\frac{1}{N}\sum_{i=1}^{N}\boldsymbol{x}_i\epsilon_i\right)\xrightarrow{d}\mathcal{N}\left(\mathbf{0},\mathrm{Var}\left[\sqrt{N}\left(\frac{1}{N}\sum_{i=1}^{N}\boldsymbol{x}_i\epsilon_i\right)\right]\right)=\mathcal{N}\left(\mathbf{0},\mathrm{Var}\left(\frac{1}{\sqrt{N}}\boldsymbol{X}'\boldsymbol{\epsilon}\right)\right)$$

利用 **OLS 假设 5**，$\mathrm{Cov}(\boldsymbol{x}_i,\epsilon_i)=\mathbf{0}$ 可得：

$$\mathbb{E}(\boldsymbol{X}'\boldsymbol{\epsilon})=\mathbb{E}\left(\sum_{i=1}^{N}\boldsymbol{x}_i\epsilon_i\right)=\sum_{i=1}^{N}\mathrm{Cov}(\boldsymbol{x}_i,\epsilon_i)=\mathbf{0}$$

所以

$$\mathrm{Var}\left(\frac{1}{\sqrt{N}}\boldsymbol{X}'\boldsymbol{\epsilon}\right)=\frac{1}{N}\mathbb{E}\{[\boldsymbol{X}'\boldsymbol{\epsilon}-\mathbb{E}(\boldsymbol{X}'\boldsymbol{\epsilon})][\boldsymbol{X}'\boldsymbol{\epsilon}-\mathbb{E}(\boldsymbol{X}'\boldsymbol{\epsilon})]'\}=\mathbb{E}\left(\frac{\boldsymbol{X}'\boldsymbol{\epsilon}\boldsymbol{\epsilon}'\boldsymbol{X}}{N}\right)$$

因此

$$\sqrt{N}\left(\frac{1}{N}\sum_{i=1}^{N}\boldsymbol{x}_i\epsilon_i\right)\xrightarrow{d}\mathcal{N}\left(\mathbf{0},\mathbb{E}\left(\frac{\boldsymbol{X}'\boldsymbol{\epsilon}\boldsymbol{\epsilon}'\boldsymbol{X}}{N}\right)\right)$$

所以可以得到：

$$\left[\mathbb{E}\left(\frac{\boldsymbol{X}'\boldsymbol{X}}{N}\right)\right]^{-1}\sqrt{N}\left(\frac{1}{N}\sum_{i=1}^{N}\boldsymbol{x}_i\epsilon_i\right)\xrightarrow{d}\mathcal{N}\left(\mathbf{0},\left[\mathbb{E}\left(\frac{\boldsymbol{X}'\boldsymbol{X}}{N}\right)\right]^{-1}\mathbb{E}\left(\frac{\boldsymbol{X}'\boldsymbol{\epsilon}\boldsymbol{\epsilon}'\boldsymbol{X}}{N}\right)\left[\mathbb{E}\left(\frac{\boldsymbol{X}'\boldsymbol{X}}{N}\right)\right]^{-1}\right)$$

从而最终有：

$$\sqrt{N}(\hat{\boldsymbol{\beta}}_{\mathrm{OLS}}-\boldsymbol{\beta}^*)\xrightarrow{d}\mathcal{N}\left(\mathbf{0},\left[\mathbb{E}\left(\frac{\boldsymbol{X}'\boldsymbol{X}}{N}\right)\right]^{-1}\mathbb{E}\left(\frac{\boldsymbol{X}'\boldsymbol{\epsilon}\boldsymbol{\epsilon}'\boldsymbol{X}}{N}\right)\left[\mathbb{E}\left(\frac{\boldsymbol{X}'\boldsymbol{X}}{N}\right)\right]^{-1}\right)$$

故命题得证。

□

不难看出，在独立同分布情形下，**命题 3.11** 中的式(3-50)就变成了**命题 3.8** 中的式(3-45)。这是因为在独立同分布情形下有如下两个等式成立：

$$\mathbb{E}\left(\frac{\boldsymbol{X}'\boldsymbol{\epsilon}\boldsymbol{\epsilon}'\boldsymbol{X}}{N}\right)=\frac{1}{N}\mathbb{E}\left(\sum_{i=1}^{N}\boldsymbol{x}_i\boldsymbol{x}_i'\right)=\mathbb{E}(\boldsymbol{x}\boldsymbol{x}')\tag{3-51}$$

以及

$$\mathbb{E}\left(\frac{\boldsymbol{X}'\boldsymbol{\epsilon}\boldsymbol{\epsilon}'\boldsymbol{X}}{N}\right)=\frac{1}{N}\mathbb{E}\left[\left(\sum_{i=1}^{N}\boldsymbol{x}_i\epsilon_i\right)\left(\sum_{j=1}^{N}\boldsymbol{x}_j\epsilon_j\right)'\right]=\frac{1}{N}\mathbb{E}\left(\sum_{i=1}^{N}\boldsymbol{x}_i\epsilon_i\epsilon_i\boldsymbol{x}_i'\right)=\mathbb{E}(\epsilon^2\boldsymbol{x}\boldsymbol{x}')\tag{3-52}$$

根据式(3-50)，分析 $\sqrt{N}(\hat{\boldsymbol{\beta}}_{\mathrm{OLS}}-\boldsymbol{\beta}^*)$ 的极限分布最重要的部分是 $\mathbb{E}\left(\frac{\boldsymbol{X}'\boldsymbol{\epsilon}\boldsymbol{\epsilon}'\boldsymbol{X}}{N}\right)$。接下来，我们具体考察不同数据生成过程中 $\mathbb{E}\left(\frac{\boldsymbol{X}'\boldsymbol{\epsilon}\boldsymbol{\epsilon}'\boldsymbol{X}}{N}\right)$ 的形式。

$\mathbb{E}\left(\frac{\boldsymbol{X}'\boldsymbol{\epsilon}\boldsymbol{\epsilon}'\boldsymbol{X}}{N}\right)$ 可以等价地写作如下几种形式：

$$\begin{aligned}\mathbb{E}\left(\frac{\boldsymbol{X}'\boldsymbol{\epsilon}\boldsymbol{\epsilon}'\boldsymbol{X}}{N}\right)&=\mathbb{E}\left[\frac{1}{N}\left(\sum_{i=1}^{N}\boldsymbol{x}_i\epsilon_i\right)\left(\sum_{i=1}^{N}\epsilon_i\boldsymbol{x}_i'\right)\right]\\&=\mathbb{E}\left(\frac{1}{N}\sum_{i=1}^{N}\sum_{\tau=1}^{N}\boldsymbol{x}_i\epsilon_i\epsilon_\tau\boldsymbol{x}_\tau'\right)\\&=\frac{1}{N}\mathbb{E}\left(\sum_{i=1}^{N}\boldsymbol{x}_i\epsilon_i\epsilon_i\boldsymbol{x}_i'\right)+\frac{1}{N}\mathbb{E}\left[\sum_{\tau=1}^{N-1}\sum_{i=\tau+1}^{N}(\boldsymbol{x}_i\epsilon_i\epsilon_{i-\tau}\boldsymbol{x}_{i-\tau}'+\boldsymbol{x}_{i-\tau}\epsilon_{i-\tau}\epsilon_i\boldsymbol{x}_i')\right]\end{aligned}$$

$$=\frac{1}{N}\sum_{i=1}^{N}\mathrm{Var}(\boldsymbol{x}_i\epsilon_i)+\frac{1}{N}\left(\sum_{\tau=1}^{N-1}\sum_{i=\tau+1}^{N}[\mathrm{Cov}(\boldsymbol{x}_i\epsilon_i,\boldsymbol{x}_{i-\tau}\epsilon_{i-\tau})+\mathrm{Cov}(\boldsymbol{x}_{i-\tau}\epsilon_{i-\tau},\boldsymbol{x}_i\epsilon_i)]\right) \tag{3-53}$$

White(2001)分三种数据生成过程讨论了$\mathbb{E}\left(\frac{\boldsymbol{X}'\boldsymbol{\epsilon}\boldsymbol{\epsilon}'\boldsymbol{X}}{N}\right)$的具体形式：第一，**序列$\{\boldsymbol{x}_i\epsilon_i\}$不相关**(Uncorrelated)；第二，**序列$\{\boldsymbol{x}_i\epsilon_i\}$有限相关**(Finitely Correlated)；第三，**序列$\{\boldsymbol{x}_i\epsilon_i\}$渐近不相关**(Asymptotically Uncorrelated)。这三种数据生成过程都允许序列$\{\boldsymbol{x}_i\epsilon_i\}$的分布不同。本书只介绍前两种情形。

首先来看$\{\boldsymbol{x}_i\epsilon_i\}$不相关的情形。该情形下，对于所有 $i\neq\tau$ 有：

$$\mathrm{Cov}(\boldsymbol{x}_i\epsilon_i,\boldsymbol{x}_{i-\tau}\epsilon_{i-\tau})=\mathrm{Cov}(\boldsymbol{x}_{i-\tau}\epsilon_{i-\tau},\boldsymbol{x}_i\epsilon_i)=\boldsymbol{0}$$

因此

$$\mathbb{E}\left(\frac{\boldsymbol{X}'\boldsymbol{\epsilon}\boldsymbol{\epsilon}'\boldsymbol{X}}{N}\right)=\frac{1}{N}\mathbb{E}\left(\sum_{i=1}^{N}\boldsymbol{x}_i\epsilon_i\epsilon_i\boldsymbol{x}_i'\right) \tag{3-54}$$

命题 3.12：在 **OLS 假设 1** 与 **OLS 假设 5** 成立的条件下：

$$\mathrm{Plim}\left[\frac{1}{N}\sum_{i=1}^{N}\boldsymbol{x}_i\hat{e}_i\hat{e}_i\boldsymbol{x}_i'\right]=\frac{1}{N}\mathbb{E}\left(\sum_{i=1}^{N}\boldsymbol{x}_i\epsilon_i\epsilon_i\boldsymbol{x}_i'\right) \tag{3-55}$$

其中，$\hat{e}_i=y_i-\boldsymbol{x}_i'\hat{\boldsymbol{\beta}}_{\mathrm{OLS}}$。

命题 3.12 意味着，可以使用$\frac{1}{N}\sum_{i=1}^{N}\boldsymbol{x}_i\hat{e}_i\hat{e}_i\boldsymbol{x}_i'$一致地估计$\frac{1}{N}\mathbb{E}\left(\sum_{i=1}^{N}\boldsymbol{x}_i\epsilon_i\epsilon_i\boldsymbol{x}_i'\right)$。接下来具体证明命题 3.12。

证明：

$$\frac{1}{N}\sum_{i=1}^{N}\boldsymbol{x}_i\hat{e}_i\hat{e}_i\boldsymbol{x}_i'-\frac{1}{N}\mathbb{E}\left(\sum_{i=1}^{N}\boldsymbol{x}_i\epsilon_i\epsilon_i\boldsymbol{x}_i'\right)$$

$$=\frac{1}{N}\sum_{i=1}^{N}\boldsymbol{x}_i(y_i-\boldsymbol{x}_i'\hat{\boldsymbol{\beta}}_{\mathrm{OLS}})^2\boldsymbol{x}_i'-\frac{1}{N}\mathbb{E}\left(\sum_{i=1}^{N}\boldsymbol{x}_i\epsilon_i\epsilon_i\boldsymbol{x}_i'\right)$$

$$=\frac{1}{N}\sum_{i=1}^{N}\boldsymbol{x}_i[\epsilon_i-\boldsymbol{x}_i'(\hat{\boldsymbol{\beta}}_{\mathrm{OLS}}-\boldsymbol{\beta}^*)]^2\boldsymbol{x}_i'-\frac{1}{N}\mathbb{E}\left(\sum_{i=1}^{N}\boldsymbol{x}_i\epsilon_i\epsilon_i\boldsymbol{x}_i'\right)$$

$$=\left[\frac{1}{N}\sum_{i=1}^{N}\boldsymbol{x}_i\epsilon_i\epsilon_i\boldsymbol{x}_i'-\frac{1}{N}\mathbb{E}\left(\sum_{i=1}^{N}\boldsymbol{x}_i\epsilon_i\epsilon_i\boldsymbol{x}_i'\right)\right]-\left\{\begin{aligned}&\frac{1}{N}\sum_{i=1}^{N}\boldsymbol{x}_i\boldsymbol{x}_i'(\hat{\boldsymbol{\beta}}_{\mathrm{OLS}}-\boldsymbol{\beta}^*)\epsilon_i\boldsymbol{x}_i'+\\&\frac{1}{N}\sum_{i=1}^{N}\boldsymbol{x}_i\epsilon_i(\hat{\boldsymbol{\beta}}_{\mathrm{OLS}}-\boldsymbol{\beta}^*)'\boldsymbol{x}_i\boldsymbol{x}_i'\\-&\frac{1}{N}\sum_{i=1}^{N}\boldsymbol{x}_i\boldsymbol{x}_i'(\hat{\boldsymbol{\beta}}_{\mathrm{OLS}}-\boldsymbol{\beta}^*)(\hat{\boldsymbol{\beta}}_{\mathrm{OLS}}-\boldsymbol{\beta}^*)'\boldsymbol{x}_i\boldsymbol{x}_i'\end{aligned}\right\}$$

对于$\frac{1}{N}\sum_{i=1}^{N}\boldsymbol{x}_i\epsilon_i\epsilon_i\boldsymbol{x}_i'$利用大数定律可得：

$$\mathrm{Plim}\left[\frac{1}{N}\sum_{i=1}^{N}\boldsymbol{x}_i\epsilon_i\epsilon_i\boldsymbol{x}_i'\right]=\frac{1}{N}\mathbb{E}\left(\sum_{i=1}^{N}\boldsymbol{x}_i\epsilon_i\epsilon_i\boldsymbol{x}_i'\right)$$

或者等价地

$$\frac{1}{N}\sum_{i=1}^{N}\boldsymbol{x}_i\epsilon_i\epsilon_i\boldsymbol{x}_i' - \frac{1}{N}\mathbb{E}\left(\sum_{i=1}^{N}\boldsymbol{x}_i\epsilon_i\epsilon_i\boldsymbol{x}_i'\right)\xrightarrow{p}\mathbf{0}$$

此外

$$\mathrm{vec}\left(\frac{1}{N}\sum_{i=1}^{N}\boldsymbol{x}_i\boldsymbol{x}_i'(\hat{\boldsymbol{\beta}}_{\mathrm{OLS}}-\boldsymbol{\beta}^*)\epsilon_i\boldsymbol{x}_i'\right)=\left[\frac{1}{N}\sum_{i=1}^{N}(\boldsymbol{x}_i\epsilon_i\otimes\boldsymbol{x}_i\boldsymbol{x}_i')\right]\mathrm{vec}(\hat{\boldsymbol{\beta}}_{\mathrm{OLS}}-\boldsymbol{\beta}^*)\xrightarrow{p}\mathbf{0}$$

其中，用到了$\hat{\boldsymbol{\beta}}_{\mathrm{OLS}}-\boldsymbol{\beta}^*=o_p(1)$，$\frac{1}{N}\sum_{i=1}^{N}(\boldsymbol{x}_i\epsilon_i\otimes\boldsymbol{x}_i\boldsymbol{x}_i')=O_p(1)$，以及$o_p(1)\,O_p(1)=o_p(1)$。此外，还用到了 $\mathrm{vec}(\boldsymbol{ABC})=(\boldsymbol{C}'\otimes\boldsymbol{A})\mathrm{vec}(\boldsymbol{B})$（参见第二章）。

同样地可以得到：

$$\frac{1}{N}\sum_{i=1}^{N}\boldsymbol{x}_i\epsilon_i(\hat{\boldsymbol{\beta}}_{\mathrm{OLS}}-\boldsymbol{\beta}^*)'\boldsymbol{x}_i\boldsymbol{x}_i'\xrightarrow{p}\mathbf{0}$$

以及

$$\frac{1}{N}\sum_{i=1}^{N}\boldsymbol{x}_i\boldsymbol{x}_i'(\hat{\boldsymbol{\beta}}_{\mathrm{OLS}}-\boldsymbol{\beta}^*)(\hat{\boldsymbol{\beta}}_{\mathrm{OLS}}-\boldsymbol{\beta}^*)'\boldsymbol{x}_i\boldsymbol{x}_i'\xrightarrow{p}\mathbf{0}$$

综上可得：

$$\frac{1}{N}\sum_{i=1}^{N}\boldsymbol{x}_i\hat{e}_i\hat{e}_i\boldsymbol{x}_i' - \frac{1}{N}\mathbb{E}\left(\sum_{i=1}^{N}\boldsymbol{x}_i\epsilon_i\epsilon_i\boldsymbol{x}_i'\right)\xrightarrow{p}\mathbf{0}$$

故命题得证。

□

再来看$\{\boldsymbol{x}_i\epsilon_i\}$有限相关的情形。具体地，对于所有$\tau>m(1\leqslant m<\infty)$有：

$$\mathrm{Cov}(\boldsymbol{x}_i\epsilon_i,\boldsymbol{x}_{i-\tau}\epsilon_{i-\tau})=\mathrm{Cov}(\boldsymbol{x}_{i-\tau}\epsilon_{i-\tau},\boldsymbol{x}_i\epsilon_i)=\mathbf{0}$$

因此

$$\mathbb{E}\left(\frac{\boldsymbol{X}'\boldsymbol{\epsilon}\boldsymbol{\epsilon}'\boldsymbol{X}}{N}\right)=\frac{1}{N}\mathbb{E}\left(\sum_{i=1}^{N}\boldsymbol{x}_i\epsilon_i\epsilon_i\boldsymbol{x}_i'\right)+\frac{1}{N}\left(\sum_{\tau=1}^{m}\sum_{i=\tau+1}^{N}\mathbb{E}(\boldsymbol{x}_i\epsilon_i\epsilon_{i-\tau}\boldsymbol{x}_{i-\tau}')+\mathbb{E}(\boldsymbol{x}_{i-\tau}\epsilon_{i-\tau}\epsilon_i\boldsymbol{x}_i')\right)\tag{3-56}$$

命题 3.13：在 OLS 假设 1 与 OLS 假设 5 成立的条件下：

$$\begin{aligned}&\mathrm{Plim}\left[\frac{1}{N}\sum_{i=1}^{N}\boldsymbol{x}_i\hat{e}_i\hat{e}_i\boldsymbol{x}_i'+\frac{1}{N}\left(\sum_{\tau=1}^{m}\sum_{i=\tau+1}^{N}\boldsymbol{x}_i\hat{e}_i\hat{e}_{i-\tau}\boldsymbol{x}_{i-\tau}'+\boldsymbol{x}_{i-\tau}\hat{e}_{i-\tau}\hat{e}_i\boldsymbol{x}_i'\right)\right]\\&=\frac{1}{N}\mathbb{E}\left(\sum_{i=1}^{N}\boldsymbol{x}_i\epsilon_i\epsilon_i\boldsymbol{x}_i'\right)+\frac{1}{N}\left[\sum_{\tau=1}^{m}\sum_{i=\tau+1}^{N}\mathbb{E}(\boldsymbol{x}_i\epsilon_i\epsilon_{i-\tau}\boldsymbol{x}_{i-\tau}')+\mathbb{E}(\boldsymbol{x}_{i-\tau}\epsilon_{i-\tau}\epsilon_i\boldsymbol{x}_i')\right]\end{aligned}\tag{3-57}$$

其中，$\hat{e}_i=y_i-\boldsymbol{x}_i'\hat{\boldsymbol{\beta}}_{\mathrm{OLS}}$。

命题 3.13 意味着，可以使用$\frac{1}{N}\sum_{i=1}^{N}\boldsymbol{x}_i\hat{e}_i\hat{e}_i\boldsymbol{x}_i'+\frac{1}{N}\left(\sum_{\tau=1}^{m}\sum_{i=\tau+1}^{N}\boldsymbol{x}_i\hat{e}_i\hat{e}_{i-\tau}\boldsymbol{x}_{i-\tau}'+\boldsymbol{x}_{i-\tau}\hat{e}_{i-\tau}\hat{e}_i\boldsymbol{x}_i'\right)$一致地估计$\frac{1}{N}\mathbb{E}\left(\sum_{i=1}^{N}\boldsymbol{x}_i\epsilon_i\epsilon_i\boldsymbol{x}_i'\right)+\frac{1}{N}\left(\sum_{\tau=1}^{m}\sum_{i=\tau+1}^{N}\mathbb{E}(\boldsymbol{x}_i\epsilon_i\epsilon_{i-\tau}\boldsymbol{x}_{i-\tau}')+\mathbb{E}(\boldsymbol{x}_{i-\tau}\epsilon_{i-\tau}\epsilon_i\boldsymbol{x}_i')\right)$。命题 3.13 的证明过程与命题 3.12 非常类似，留作课后练习。

从命题 3.11 中可看出，在满足 **OLS 假设 3**——$\mathbb{E}(\boldsymbol{\epsilon}\boldsymbol{\epsilon}'|\boldsymbol{X})=\sigma^2\boldsymbol{I}$ 的条件下，$\sqrt{N}(\hat{\boldsymbol{\beta}}_{\mathrm{OLS}}-$

$\boldsymbol{\beta}^*$)的极限分布可以简化为如下形式：

$$\sqrt{N}(\hat{\boldsymbol{\beta}}_{\mathrm{OLS}}-\boldsymbol{\beta}^*)\xrightarrow{d}\mathcal{N}\left(\mathbf{0},\sigma^2\left[\mathbb{E}\left(\frac{\boldsymbol{X}'\boldsymbol{X}}{N}\right)\right]^{-1}\right) \tag{3-58}$$

$\sqrt{N}(\hat{\boldsymbol{\beta}}_{\mathrm{OLS}}-\boldsymbol{\beta}^*)$极限方差 $\mathrm{Var}(\sqrt{N}(\hat{\boldsymbol{\beta}}_{\mathrm{OLS}}-\boldsymbol{\beta}^*))=\left[\mathbb{E}\left(\frac{\boldsymbol{X}'\boldsymbol{X}}{N}\right)\right]^{-1}\mathbb{E}\left(\frac{\boldsymbol{X}'\boldsymbol{\epsilon}\boldsymbol{\epsilon}'\boldsymbol{X}}{N}\right)\left[\mathbb{E}\left(\frac{\boldsymbol{X}'\boldsymbol{X}}{N}\right)\right]^{-1}$ 的一个一致估计量为：

$$\widehat{\mathrm{Var}}(\sqrt{N}(\hat{\boldsymbol{\beta}}_{\mathrm{OLS}}-\boldsymbol{\beta}^*))=\left(\frac{\boldsymbol{X}'\boldsymbol{X}}{N}\right)^{-1}\hat{\boldsymbol{B}}\left(\frac{\boldsymbol{X}'\boldsymbol{X}}{N}\right)^{-1} \tag{3-59}$$

其中，$\hat{\boldsymbol{B}}=\frac{1}{N}\sum_{i=1}^{N}\boldsymbol{x}_i\hat{e}_i\hat{e}_i\boldsymbol{x}_i'+\frac{1}{N}(\sum_{\tau=1}^{m}\sum_{i=\tau+1}^{N}\boldsymbol{x}_i\hat{e}_i\hat{e}_{i-\tau}\boldsymbol{x}_{i-\tau}'+\boldsymbol{x}_{i-\tau}\hat{e}_{i-\tau}\hat{e}_i\boldsymbol{x}_i')$。

2.6.3 大样本性质与小样本性质比较

从以上介绍过程中可以发现，与大样本性质相比，推导小样本性质需要更强的假设。具体而言，为保证$\hat{\boldsymbol{\beta}}_{\mathrm{OLS}}$是$\boldsymbol{\beta}^*$的无偏估计量需要**严格外生性假定**，**OLS 假设 2——$\mathbb{E}(\boldsymbol{\epsilon}\mid\boldsymbol{X})=\mathbf{0}$**，而保证$\hat{\boldsymbol{\beta}}_{\mathrm{OLS}}$是$\boldsymbol{\beta}^*$的一致估计量需要的是**弱外生性假定**，**OLS 假设 5——$\mathrm{Cov}(\boldsymbol{x}_i,\epsilon_i)=\mathbf{0}$**。此外，保证$\hat{\boldsymbol{\beta}}_{\mathrm{OLS}}$(在给定 $\boldsymbol{X}$ 的条件下)服从正态分布需要对误差项施加正态假定，**OLS 假设 4——$\boldsymbol{\epsilon}\mid\boldsymbol{X}\sim\mathcal{N}(\mathbf{0},\mathrm{Var}(\boldsymbol{\epsilon}\mid\boldsymbol{X}))$**，而保证$\hat{\boldsymbol{\beta}}_{\mathrm{OLS}}$的渐近分布是正态分布则不需要对误差项的具体分布做出任何假定。表 3-1 总结比较了估计量$\hat{\boldsymbol{\beta}}_{\mathrm{OLS}}$小样本性质和大样本性质所需用到的假设。较之于大样本性质，推导小样本性质需要更强的假设主要有两方面的原因：第一，期望算子$\mathbb{E}(\cdot)$无法“通过”非线性函数，而依概率收敛算子 $\mathrm{Plim}(\cdot)$能“通过”非线性函数。具体而言，推导$\hat{\boldsymbol{\beta}}_{\mathrm{OLS}}$的无偏性要计算$\mathbb{E}_{\boldsymbol{X},\epsilon}[(\sum_{i=1}^{N}\boldsymbol{x}_i\boldsymbol{x}_i')^{-1}(\sum_{i=1}^{N}\boldsymbol{x}_i\epsilon_i)]$，但它不等于$\mathbb{E}(\sum_{i=1}^{N}\boldsymbol{x}_i\boldsymbol{x}_i')^{-1}\mathbb{E}(\sum_{i=1}^{N}\boldsymbol{x}_i\epsilon_i)$。推导$\hat{\boldsymbol{\beta}}_{\mathrm{OLS}}$一致性需计算的是 $\mathrm{Plim}[(\frac{1}{N}\sum_{i=1}^{N}\boldsymbol{x}_i\boldsymbol{x}_i')^{-1}(\frac{1}{N}\sum_{i=1}^{N}\boldsymbol{x}_i\epsilon_i)]$，根据斯勒茨基定理，它等于 $\mathrm{Plim}[(\frac{1}{N}\sum_{i=1}^{N}\boldsymbol{x}_i\boldsymbol{x}_i')^{-1}]\ \mathrm{Plim}(\frac{1}{N}\sum_{i=1}^{N}\boldsymbol{x}_i\epsilon_i)$。第二，推导估计量$\hat{\boldsymbol{\beta}}_{\mathrm{OLS}}$的小样本分布无法应用中心极限定理，而推导估计量$\hat{\boldsymbol{\beta}}_{\mathrm{OLS}}$的大样本性质则可以应用中心极限定理，从而不需要对误差项的分布做出假定。鉴于推导估计量的小样本性质需要比较强的假定，**本书主要聚焦估计量的大样本性质**。

表 3-1 $\hat{\boldsymbol{\beta}}_{\mathrm{OLS}}$小样本性质与大样本性质比较

样本	小样本		大样本	
性质	无偏性	正态性	一致性	渐近正态性
假设	**OLS 假设.1** **OLS 假设.2**	**OLS 假设.1** **OLS 假设.2** **OLS 假设.4**	**OLS 假设.1** **OLS 假设.5**	**OLS 假设.1** **OLS 假设.5**

2.7 假设检验

我们往往对计量模型中的总体参数是否满足特定约束条件感兴趣，比如，最常见的是特定参数是否等于0。然而，我们无法得知总体参数的真实数值，能够获取的只是参数的估计量。因此只能通过参数估计量是否满足特定约束条件来推断参数本身的情形(**如果能够获取我们所关心参数的一致估计量,那么则可通过这个估计量满足特定约束的程度来推断我们所关心参数满足特定约束的程度**)。判断估计量是否满足特定约束条件具有一定的特殊性，这体现在：**估计量是随机的，无法得到它是否满足特定约束条件的确定性结果，只能利用概率语言来描述其满足特定约束条件的状态**，这就涉及了**假设检验**(Hypothesis Test)。假设检验的基本逻辑是：基于原假设——总体参数满足特定约束条件——构造服从特定分布的统计量，进而利用**小概率事件不可能发生原理**对我们所关心的问题进行检验：如果在原假设成立的条件下**小概率**事件发生(给定观测样本,统计量取值落在分布尾部)，那么拒绝原假设；反之则不能拒绝原假设。值得指出的是小概率本身是研究者主观设定的，取值一般小于0.1，常见取值有0.01，0.05和0.1。本章所具体介绍的是**瓦尔德检验**(Wald Test)，它与**拉格朗日乘子检验**(Lagrange Multiplier Test,LM)以及**似然比检验**(Likelihood Ratio Test,LR)并称计量经济学的三大检验。我们将在第四章具体介绍拉格朗日乘子检验与似然比检验，并对三大检验进行比较分析。

2.7.1 假设检验的基本概念

本小节以检验模型参数θ是否等于0这一最简单的情形为例，来复习一下假设检验的相关基本概念。具体包括原假设、备择假设、第一类错误、第二类错误，以及显著性水平等重要概念。

原假设(Null Hypothesis)通常记为$\mathbb{H}_0$，表示为：

$$\mathbb{H}_0: \theta=0$$

备择假设(Alternative Hypothesis)通常记为$\mathbb{H}_1$，表示为：

$$\mathbb{H}_1: \theta\neq 0$$

当然，备择假设也可以设定为不等于0的任何具体数值或者数值区间。对于以上假设设定需要指出的是，它们所针对的是总体参数，而不是估计值。因为我们关注的是模型的总体参数，样本估计量只是借以理解总体参数的手段。在开展假设检验的过程中，存在四种可能：第一种可能，原假设正确接受原假设；第二种可能，原假设正确但拒绝了原假设，这被称为假设检验的**第一类错误**(Type I Error)(拒真)；第三种可能，原假设错误但接受了原假设，这被称为假设检验的**第二类错误**(Type II Error)(存伪)；第四种可能，原假设错误拒绝原假设。犯第一类错误的概率通常用α来表示，它也被称为**显著性水平**(Significance Level)，这是研究者主观设定的小概率，取值一般小于0.1，通常的取值有0.01，0.05和0.1，$\boldsymbol{p}$ **值**(p-value)被定义为能够拒绝原假设的最小显著性水平；犯第二类错误的概率通常用β来表示，$1-\beta$被称为假设检验的**功效**(Power)。我们将以上四种可能和相关概念总结到表3-2之中。

表 3-2 假设检验的基本概念

	原假设$\mathbb{H}_0$正确	原假设$\mathbb{H}_0$错误
接受原假设	√	第二类错误：存伪 (Type II Error) 错误概率：β 检验功效：$1-\beta$
拒绝原假设	第一类错误：拒真 (Type I Error) 错误概率：α 显著性水平：α	√

第一类错误概率与第二类错误概率存在着密切的联系(值得注意的是,二者之和一般不等于1)。为了更好地理解第一类错误概率，第二类错误概率及其二者的关系，考虑一个更为简便的检验假设设定：将上述备择假设由 $\theta\neq0$ 替换为 $\theta=1$。图 3-12 直观地展示了假设检验的第一类错误概率，第二类错误概率及其二者的关系。具体而言，在原假设$\mathbb{H}_0$：$\theta=0$ 下估计量的分布利用实线分布来表示，在备择假设$\mathbb{H}_1$：$\theta=1$ 下估计量的分布利用虚线分布来表示；第一类错误概率 α(即**显著性水平**或研究者主观设定的**小概率**)在图形中利用深色阴影来表示，在原假设$\mathbb{H}_0$：$\theta=0$ 成立的条件下，若估计量取值落在深色阴影区域(意味着小概率事件发生)，则拒绝原假设，反之(估计量落在 AB 区域内)则不能拒绝原假设；第二类错误概率 β 在图形中利用浅色阴影来表示，即原假设$\mathbb{H}_0$：$\theta=0$ 错误(备择假设$\mathbb{H}_1$：$\theta=1$ 正确,即参数 θ 的真实数值等于 1)，但是接受了原假设的概率。可以清楚地发现，在图 3-12 中第一类错误概率 α 与第二类错误概率 β 存在此消彼长的关系(Stock and Watson,2012)，但是二者之和通常并不等于 1。

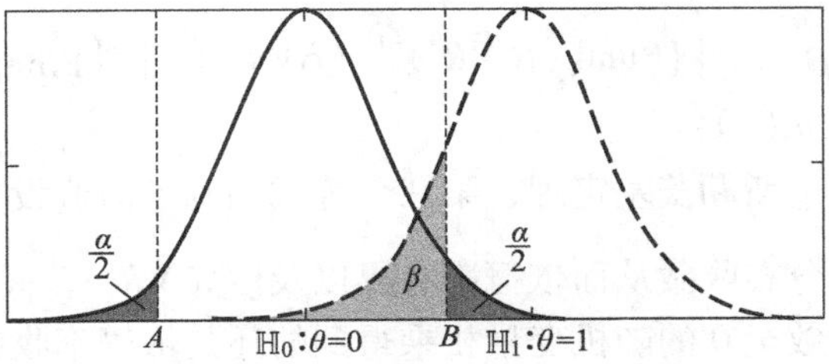

图 3-12 假设检验两类错误示意图

2.7.2 线性约束瓦尔德检验

本小节介绍一类重要的假设检验——**瓦尔德检验**(Wald Test)。假定我们对因果模型参数 $\boldsymbol{\beta}^*$ 是否满足特定约束感兴趣。特别地，考虑如下**线性**约束情形：

原假设(Null Hypothesis)为:

$$\mathbb{H}_0: \boldsymbol{R\beta}^* = \boldsymbol{r}$$

备择假设(Alternative Hypothesis)为:

$$\mathbb{H}_1: \boldsymbol{R\beta}^* \neq \boldsymbol{r}$$

其中,$\boldsymbol{R}$ 为 $Q\times K$ **约束矩阵**($Q\leqslant K$),$\boldsymbol{R}$ 是非随机的,刻画了**线性约束条件**,$\operatorname{rank}(\boldsymbol{R})=Q$ 表示约束条件的个数。特别地,当我们对$\boldsymbol{\beta}^*$是否等于$\mathbf{0}$感兴趣时,$\boldsymbol{R}$ 则为单位矩阵,$\boldsymbol{r}$ 等于 $\mathbf{0}$。

瓦尔德统计量(Wald Statistics)的具体表达式为:

$$\mathscr{W}\equiv[\sqrt{N}(\boldsymbol{R}\hat{\boldsymbol{\beta}}_{\mathrm{OLS}}-\boldsymbol{r})]'(\boldsymbol{R}\hat{\boldsymbol{V}}\boldsymbol{R}')^{-1}[\sqrt{N}(\boldsymbol{R}\hat{\boldsymbol{\beta}}_{\mathrm{OLS}}-\boldsymbol{r})] \tag{3-60}$$

其中,$\hat{\boldsymbol{V}}=\widehat{\operatorname{Var}}(\sqrt{N}(\hat{\boldsymbol{\beta}}_{\mathrm{OLS}}-\boldsymbol{\beta}^*))$,为$\sqrt{N}(\hat{\boldsymbol{\beta}}_{\mathrm{OLS}}-\boldsymbol{\beta}^*)$极限方差 $\boldsymbol{V}=\operatorname{Var}(\sqrt{N}(\hat{\boldsymbol{\beta}}_{\mathrm{OLS}}-\boldsymbol{\beta}^*))$ 的一个一致估计量。

命题 3.14:在原假设 $\boldsymbol{R\beta}^*=\boldsymbol{r}$ 成立的条件下,可以得到:

$$\mathscr{W}\equiv[\sqrt{N}(\boldsymbol{R}\hat{\boldsymbol{\beta}}_{\mathrm{OLS}}-\boldsymbol{r})]'(\boldsymbol{R}\hat{\boldsymbol{V}}\boldsymbol{R}')^{-1}[\sqrt{N}(\boldsymbol{R}\hat{\boldsymbol{\beta}}_{\mathrm{OLS}}-\boldsymbol{r})] \xrightarrow{d} \chi^2(Q) \tag{3-61}$$

直观上,瓦尔德统计量可以理解为(经标准差标准化后的)距离,其取值越大意味着基于现实数据得到的结果 $\boldsymbol{R}\hat{\boldsymbol{\beta}}_{\mathrm{OLS}}$越不支持原假设 $\boldsymbol{R\beta}^*=\boldsymbol{r}$,从而越倾向于拒绝原假设。现有计量经济学教材多略去式(3-61)的详细证明,这增加了阅读和学习的难度。为此,我们接下来给出式(3-61)的严格证明过程。

证明:

因为 $\operatorname{Plim}\hat{\boldsymbol{V}}=\operatorname{Plim}\boldsymbol{V}$,所以利用第二章中的命题 2.21 可得:

$$\operatorname{Plim}[(\boldsymbol{R}\hat{\boldsymbol{V}}\boldsymbol{R}')^{-1}-(\boldsymbol{R}\boldsymbol{V}\boldsymbol{R}')^{-1}] \xrightarrow{p} \mathbf{0}$$

所以有:

$$\begin{aligned}
&\operatorname{Plim}\left\{\begin{array}{l}[\sqrt{N}(\boldsymbol{R}\hat{\boldsymbol{\beta}}_{\mathrm{OLS}}-\boldsymbol{r})]'(\boldsymbol{R}\hat{\boldsymbol{V}}\boldsymbol{R}')^{-1}[\sqrt{N}(\boldsymbol{R}\hat{\boldsymbol{\beta}}_{\mathrm{OLS}}-\boldsymbol{r})]\\ -[\sqrt{N}(\boldsymbol{R}\hat{\boldsymbol{\beta}}_{\mathrm{OLS}}-\boldsymbol{r})]'(\boldsymbol{R}\boldsymbol{V}\boldsymbol{R}')^{-1}[\sqrt{N}(\boldsymbol{R}\hat{\boldsymbol{\beta}}_{\mathrm{OLS}}-\boldsymbol{r})]\end{array}\right\}\\
&=\operatorname{Plim}\{[\sqrt{N}(\boldsymbol{R}\hat{\boldsymbol{\beta}}_{\mathrm{OLS}}-\boldsymbol{r})]'[(\boldsymbol{R}\hat{\boldsymbol{V}}\boldsymbol{R}')^{-1}-(\boldsymbol{R}\boldsymbol{V}\boldsymbol{R}')^{-1}]\ [\sqrt{N}(\boldsymbol{R}\hat{\boldsymbol{\beta}}_{\mathrm{OLS}}-\boldsymbol{r})]\}\\
&=\{\operatorname{Plim}[\sqrt{N}(\boldsymbol{R}\hat{\boldsymbol{\beta}}_{\mathrm{OLS}}-\boldsymbol{r})]'\}\{\operatorname{Plim}[(\boldsymbol{R}\hat{\boldsymbol{V}}\boldsymbol{R}')^{-1}-(\boldsymbol{R}\boldsymbol{V}\boldsymbol{R}')^{-1}]\}\{\operatorname{Plim}[\sqrt{N}(\boldsymbol{R}\hat{\boldsymbol{\beta}}_{\mathrm{OLS}}-\boldsymbol{r})]\}\\
&=\{\operatorname{Plim}[\sqrt{N}\boldsymbol{R}(\hat{\boldsymbol{\beta}}_{\mathrm{OLS}}-\boldsymbol{\beta}^*)]'\}\{\operatorname{Plim}[(\boldsymbol{R}\hat{\boldsymbol{V}}\boldsymbol{R}')^{-1}-(\boldsymbol{R}\boldsymbol{V}\boldsymbol{R}')^{-1}]\}[\operatorname{Plim}[\sqrt{N}\boldsymbol{R}(\hat{\boldsymbol{\beta}}_{\mathrm{OLS}}-\boldsymbol{\beta}^*)]]\\
&=O_p(1)o_p(1)O_p(1)=o_p(1)
\end{aligned}$$

其中,第二个等式用到的是斯勒茨基定理,第三个等式用到了原假设 $\boldsymbol{R\beta}^*=\boldsymbol{r}$ 成立,第四个等式用到$\sqrt{N}\boldsymbol{R}(\hat{\boldsymbol{\beta}}_{\mathrm{OLS}}-\boldsymbol{\beta}^*)$依分布收敛从而依概率有界以及$[(\boldsymbol{R}\hat{\boldsymbol{V}}\boldsymbol{R}')^{-1}-(\boldsymbol{R}\boldsymbol{V}\boldsymbol{R}')^{-1}] \xrightarrow{p} \mathbf{0}$,最后一个等式用到,依概率收敛至 0 的随机变量相乘得到的还是依概率收敛至 0 的变量。

根据第二章渐近等价定理,$[\sqrt{N}(\boldsymbol{R}\hat{\boldsymbol{\beta}}_{\mathrm{OLS}}-\boldsymbol{r})]'(\boldsymbol{R}\hat{\boldsymbol{V}}\boldsymbol{R}')^{-1}[\sqrt{N}(\boldsymbol{R}\hat{\boldsymbol{\beta}}_{\mathrm{OLS}}-\boldsymbol{r})]$ 的极限分布为 $[\sqrt{N}(\boldsymbol{R}\hat{\boldsymbol{\beta}}_{\mathrm{OLS}}-\boldsymbol{r})]'(\boldsymbol{R}\boldsymbol{V}\boldsymbol{R}')^{-1}[\sqrt{N}(\boldsymbol{R}\hat{\boldsymbol{\beta}}_{\mathrm{OLS}}-\boldsymbol{r})]$,证明$[\sqrt{N}(\boldsymbol{R}\hat{\boldsymbol{\beta}}_{\mathrm{OLS}}-\boldsymbol{r})]'(\boldsymbol{R}\hat{\boldsymbol{V}}\boldsymbol{R}')^{-1}[\sqrt{N}(\boldsymbol{R}\hat{\boldsymbol{\beta}}_{\mathrm{OLS}}-\boldsymbol{r})] \xrightarrow{d} \chi^2(Q)$只需证明$[\sqrt{N}(\boldsymbol{R}\hat{\boldsymbol{\beta}}_{\mathrm{OLS}}-\boldsymbol{r})]'(\boldsymbol{R}\boldsymbol{V}\boldsymbol{R}')^{-1}[\sqrt{N}(\boldsymbol{R}\hat{\boldsymbol{\beta}}_{\mathrm{OLS}}-\boldsymbol{r})] \xrightarrow{d} \chi^2(Q)$。

在原假设 $\boldsymbol{R\beta}^*=\boldsymbol{r}$ 成立的条件下有:

$$[\sqrt{N}(\boldsymbol{R}\hat{\boldsymbol{\beta}}_{\mathrm{OLS}}-\boldsymbol{r})]'(\boldsymbol{RVR}')^{-1}[\sqrt{N}(\boldsymbol{R}\hat{\boldsymbol{\beta}}_{\mathrm{OLS}}-\boldsymbol{r})]=[\sqrt{N}\boldsymbol{R}(\hat{\boldsymbol{\beta}}_{\mathrm{OLS}}-\boldsymbol{\beta}^*)]'(\boldsymbol{RVR}')^{-1}[\sqrt{N}\boldsymbol{R}(\hat{\boldsymbol{\beta}}_{\mathrm{OLS}}-\boldsymbol{\beta}^*)]$$

又因为

$$\boldsymbol{R}\sqrt{N}(\hat{\boldsymbol{\beta}}_{\mathrm{OLS}}-\boldsymbol{\beta}^*)\xrightarrow{d}\mathcal{N}(\boldsymbol{0},\boldsymbol{RVR}')$$

根据第二章命题 2.23(正态分布随机变量平方和服从卡方分布)可得:

$$[\sqrt{N}\boldsymbol{R}(\hat{\boldsymbol{\beta}}_{\mathrm{OLS}}-\boldsymbol{\beta}^*)]'(\boldsymbol{RVR}')^{-1}[\sqrt{N}\boldsymbol{R}(\hat{\boldsymbol{\beta}}_{\mathrm{OLS}}-\boldsymbol{\beta}^*)]\xrightarrow{d}\chi^2(Q)$$

从而有:

$$\mathscr{W}\equiv[\sqrt{N}(\boldsymbol{R}\hat{\boldsymbol{\beta}}_{\mathrm{OLS}}-\boldsymbol{r})]'(\boldsymbol{R}\hat{\boldsymbol{V}}\boldsymbol{R}')^{-1}[\sqrt{N}(\boldsymbol{R}\hat{\boldsymbol{\beta}}_{\mathrm{OLS}}-\boldsymbol{r})]\xrightarrow{d}\chi^2(Q)$$

故命题得证。

□

2.7.3 非线性约束瓦尔德检验

对于假设检验而言，参数约束不仅可以是线性的，还可以是非线性的。处理非线性约束假设检验的基本思路是通过**德尔塔方法**(Delta Method)转化为线性约束情形。上一小节讨论了线性约束情形下的瓦尔德检验，本小节介绍非线性约束情形下的瓦尔德检验。不失一般性，将原假设记为:

$$\mathbb{H}_0:\boldsymbol{c}(\boldsymbol{\beta}^*)=\boldsymbol{r}$$

将备择假设记为:

$$\mathbb{H}_1:\boldsymbol{c}(\boldsymbol{\beta}^*)\neq\boldsymbol{r}$$

该情形下的瓦尔德统计量为:

$$\mathscr{W}\equiv\{\sqrt{N}[\boldsymbol{c}(\hat{\boldsymbol{\beta}}_{\mathrm{OLS}})-\boldsymbol{r}]\}'[\boldsymbol{C}(\hat{\boldsymbol{\beta}}_{\mathrm{OLS}})\boldsymbol{V}\boldsymbol{C}'(\hat{\boldsymbol{\beta}}_{\mathrm{OLS}})]^{-1}\{\sqrt{N}[\boldsymbol{c}(\hat{\boldsymbol{\beta}}_{\mathrm{OLS}})-\boldsymbol{r}]\}\tag{3-62}$$

其中，$\boldsymbol{C}(\hat{\boldsymbol{\beta}}_{\mathrm{OLS}})=\left.\dfrac{\partial\boldsymbol{c}(\boldsymbol{\beta})}{\partial\boldsymbol{\beta}}\right|_{\hat{\boldsymbol{\beta}}_{\mathrm{OLS}}}$，$\boldsymbol{V}$ 为 $\sqrt{N}(\hat{\boldsymbol{\beta}}_{\mathrm{OLS}}-\boldsymbol{\beta}^*)$ 的渐近方差。考虑到简便性，统计量中未用 $\boldsymbol{V}$ 的估计值 $\hat{\boldsymbol{V}}$。

命题 3.15: 在原假设 $\boldsymbol{c}(\boldsymbol{\beta}^*)=\boldsymbol{r}$ 成立的条件下，可以得到:

$$\mathscr{W}\equiv\{\sqrt{N}[\boldsymbol{c}(\hat{\boldsymbol{\beta}}_{\mathrm{OLS}})-\boldsymbol{r}]\}'[\boldsymbol{C}(\hat{\boldsymbol{\beta}}_{\mathrm{OLS}})\boldsymbol{V}\boldsymbol{C}'(\hat{\boldsymbol{\beta}}_{\mathrm{OLS}})]^{-1}\{\sqrt{N}[\boldsymbol{c}(\hat{\boldsymbol{\beta}}_{\mathrm{OLS}})-\boldsymbol{r}]\}\xrightarrow{d}\chi^2(Q)\tag{3-63}$$

证明:

根据正态分布与卡方分布的关系，证明命题 3.14 成立只需证明:

$$\sqrt{N}[\boldsymbol{c}(\hat{\boldsymbol{\beta}}_{\mathrm{OLS}})-\boldsymbol{r}]\xrightarrow{d}\mathcal{N}(\boldsymbol{0},\boldsymbol{C}(\hat{\boldsymbol{\beta}}_{\mathrm{OLS}})\boldsymbol{V}\boldsymbol{C}'(\hat{\boldsymbol{\beta}}_{\mathrm{OLS}}))$$

由于在原假设成立的条件下 $\boldsymbol{c}(\boldsymbol{\beta}^*)=\boldsymbol{r}$，因此只需证明:

$$\sqrt{N}[\boldsymbol{c}(\hat{\boldsymbol{\beta}}_{\mathrm{OLS}})-\boldsymbol{c}(\boldsymbol{\beta}^*)]\xrightarrow{d}\mathcal{N}(\boldsymbol{0},\boldsymbol{C}(\hat{\boldsymbol{\beta}}_{\mathrm{OLS}})\boldsymbol{V}\boldsymbol{C}'(\hat{\boldsymbol{\beta}}_{\mathrm{OLS}}))$$

利用**中值定理**或者**精确一阶泰勒展开**(Exact First-order Taylor Expansion)将 $\boldsymbol{c}(\hat{\boldsymbol{\beta}}_{\mathrm{OLS}})$ 在 $\boldsymbol{\beta}^*$ 处展开可得:

$$\boldsymbol{c}(\hat{\boldsymbol{\beta}}_{\mathrm{OLS}})=\boldsymbol{c}(\boldsymbol{\beta}^*)+\boldsymbol{C}(\boldsymbol{\beta}^+)(\hat{\boldsymbol{\beta}}_{\mathrm{OLS}}-\boldsymbol{\beta}^*)$$

其中，$\boldsymbol{C}(\boldsymbol{\beta}^+)=\left.\dfrac{\partial\boldsymbol{c}(\boldsymbol{\beta})}{\partial\boldsymbol{\beta}}\right|_{\boldsymbol{\beta}^+}$，根据中值定理 $\boldsymbol{\beta}^+$ 的取值介于 $\hat{\boldsymbol{\beta}}_{\mathrm{OLS}}$ 与 $\boldsymbol{\beta}^*$ 之间，由于 $\mathrm{Plim}\,\hat{\boldsymbol{\beta}}_{\mathrm{OLS}}=\boldsymbol{\beta}^*$，

Plim $\boldsymbol{\beta}^{+}=\boldsymbol{\beta}^{*}$。根据斯勒茨基定理有 Plim$\boldsymbol{C}(\boldsymbol{\beta}^{+})=\boldsymbol{C}(\boldsymbol{\beta}^{*})$，所以

$$\begin{aligned}\sqrt{N}[\boldsymbol{c}(\hat{\boldsymbol{\beta}}_{\mathrm{OLS}})-\boldsymbol{c}(\boldsymbol{\beta}^{*})] &=\sqrt{N}[\boldsymbol{C}(\boldsymbol{\beta}^{+})(\hat{\boldsymbol{\beta}}_{\mathrm{OLS}}-\boldsymbol{\beta}^{*})]\\ &=\sqrt{N}[\boldsymbol{C}(\boldsymbol{\beta}^{*})+o_p(1)](\hat{\boldsymbol{\beta}}_{\mathrm{OLS}}-\boldsymbol{\beta}^{*})\\ &=\boldsymbol{C}(\boldsymbol{\beta}^{*})\sqrt{N}(\hat{\boldsymbol{\beta}}_{\mathrm{OLS}}-\boldsymbol{\beta}^{*})+o_p(1)\sqrt{N}(\hat{\boldsymbol{\beta}}_{\mathrm{OLS}}-\boldsymbol{\beta}^{*})\\ &=\boldsymbol{C}(\boldsymbol{\beta}^{*})\sqrt{N}(\hat{\boldsymbol{\beta}}_{\mathrm{OLS}}-\boldsymbol{\beta}^{*})+o_p(1)O_p(1)\\ &=\boldsymbol{C}(\boldsymbol{\beta}^{*})\sqrt{N}(\hat{\boldsymbol{\beta}}_{\mathrm{OLS}}-\boldsymbol{\beta}^{*})+o_p(1)\end{aligned}$$

其中，$\boldsymbol{C}(\boldsymbol{\beta}^{+})=\boldsymbol{C}(\boldsymbol{\beta}^{*})+o_p(1)$利用的是 Plim$\boldsymbol{C}(\boldsymbol{\beta}^{+})=\boldsymbol{C}(\boldsymbol{\beta}^{*})$，$\sqrt{N}(\hat{\boldsymbol{\beta}}_{\mathrm{OLS}}-\boldsymbol{\beta}^{*})=O_p(1)$利用的是依分布收敛必然依概率有界，$o_p(1)O_p(1)=o_p(1)$利用的是依概率收敛至 0 的数列乘以依概率有界数列得到的是依概率收敛至 0 的数列。

因此，根据渐近等价性定理可知，$\sqrt{N}[\boldsymbol{c}(\hat{\boldsymbol{\beta}}_{\mathrm{OLS}})-\boldsymbol{c}(\boldsymbol{\beta}^{*})]$ 与 $\boldsymbol{C}(\boldsymbol{\beta}^{*})\sqrt{N}(\hat{\boldsymbol{\beta}}_{\mathrm{OLS}}-\boldsymbol{\beta}^{*})$具有相同的极限分布。而 $\boldsymbol{C}(\boldsymbol{\beta}^{*})\sqrt{N}(\hat{\boldsymbol{\beta}}_{\mathrm{OLS}}-\boldsymbol{\beta}^{*})$的极限分布为$\mathcal{N}(\mathbf{0},\boldsymbol{C}(\hat{\boldsymbol{\beta}}_{\mathrm{OLS}})\boldsymbol{V}\boldsymbol{C}'(\hat{\boldsymbol{\beta}}_{\mathrm{OLS}}))$，所以有：

$$\sqrt{N}[\boldsymbol{c}(\hat{\boldsymbol{\beta}}_{\mathrm{OLS}})-\boldsymbol{c}(\boldsymbol{\beta}^{*})]\xrightarrow{d}\mathcal{N}(\mathbf{0},\boldsymbol{C}(\hat{\boldsymbol{\beta}}_{\mathrm{OLS}})\boldsymbol{V}\boldsymbol{C}'(\hat{\boldsymbol{\beta}}_{\mathrm{OLS}}))\tag{3-64}$$

故命题得证。

□

在计量经济学中，上述命题 3.14 证明过程中得到式(3-64)的方法通常被称作**德尔塔方法**。

2.7.4 小样本假设检验

以上讨论的都是大样本假设检验，然而大样本数据并非总是能够获取。因此，小样本假设检验是一个不得不讨论的问题。小样本假设检验的难点在于，大部分情况下(特别是非线性模型估计)难以获取估计量的具体分布，从而无法构造服从特定分布的统计量，进而导致假设检验无法开展。近几十年来，随着蒙特卡罗方法的快速发展与计算机运算能力的大幅提升，**自举方法**(Bootstrap Method)被广泛应用至小样本假设检验。其基本逻辑是：**将样本本身视作总体，从这个"总体"中不断地抽取样本**，基于每次样本进行参数估计，最后得到估计量的数值分布(模拟估计量的随机性)，以此开展假设检验。由此可见，**自举方法的优点是，不需要知道统计量的分布；其缺点是，需要对模型估计多次**——每一次抽取都要重新估计一次模型。特别是对于复杂的非线性模型来说，这将大大增加估计模型所需要的时间(在计算机运算速度指数增长的今天,这越来越不是一个问题)。为方便读者直观理解，图 3-13 具体给出了自举方法的简单示意图。

为更好地了解利用自举方法进行假设检验的具体过程。考虑如下数据生成过程(Data Generating Process)：

$$y=c+\beta x+\epsilon\tag{3-65}$$

其中，$c=0.5$，$\beta=0.8$，$x\sim U(0,1)$，$\epsilon\sim\mathcal{N}(0,0.5)$。

利用以上数据生成过程生成 50 个样本，从该样本中有放回的抽取 50 个样本，抽取 500 次。基于每一次抽取的样本，分别进行回归得到 500 个回归系数$\{\hat{\beta}^{(m)}, m=1, 2, \cdots, 500\}$。这个时候就可以对模型参数进行假设检验了。具体地，检验$\beta_1=b$ 是否成立的具体方法是：如

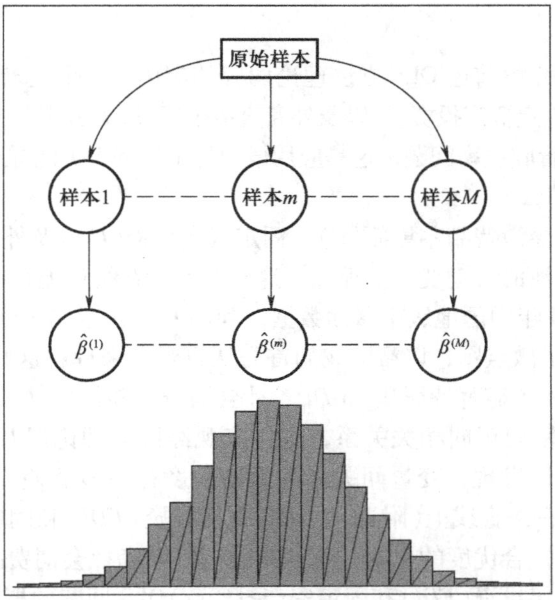

图 3-13　自举方法示意图

注释：首先从原始样本中有放回的抽取 M 个样本容量与原始样本相同的样本，然后基于每个样本分别估计模型，最终得到$\{\hat{\boldsymbol{\beta}}^{(m)}, m=1, 2, \cdots, M\}$。

果 $b \in [\hat{\beta}_{\alpha/2}, \hat{\beta}_{1-(\alpha/2)}]$（$\alpha$ 为显著性水平，$\hat{\beta}_{\alpha/2}$为 500 个回归系数的$\frac{\alpha}{2}$分位数），则不能拒绝$\beta_1=b$的原假设，反之则拒绝原假设。图 3-14 绘制了$\{\hat{\beta}^{(m)}, m=1, 2, \cdots, 500\}$的直方图，其中竖线所标识的是 1%和 99%分位数。

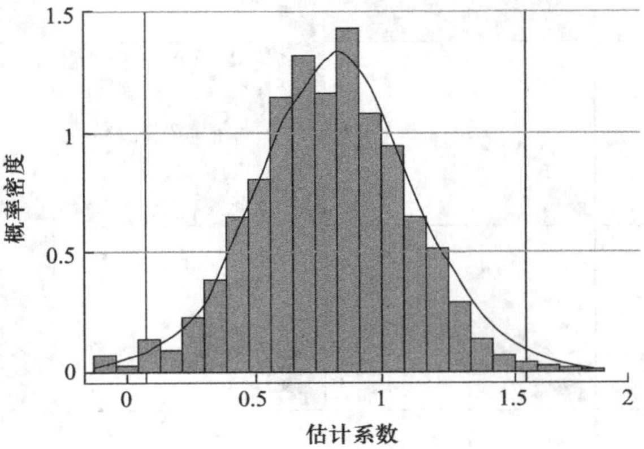

图 3-14　利用自举法进行小样本假设检验

注释：从样本量为 50 的样本中有放回的从中抽取 50 个样本，进行 500 次抽取。

2.8 案例分析

本节通过两个案例来介绍前述 OLS 方法理论内容的应用。一个是宏观案例，聚焦考察 *GDP*、社会消费品零售额(*C*)、固定资产投资(*I*)以及外商直接投资(*FDI*)这几个变量之间的关系。另一个是微观案例，聚焦考察教育收益率问题，这是应用微观计量经济学关注的经典问题。

2.8.1 宏观经济案例

我们知道，*GDP*、社会消费品零售额(*C*)、固定资产投资(*I*)以及外商直接投资(*FDI*)历来是宏观经济理论和实践所关注的关键变量。那么，这几个变量在统计上存在怎样的关系？为了回答这一问题，我们基于 2014 年中国地级市截面数据，利用 OLS 方法分析了这四个变量两两之间的回归关系。图 3-15 绘制了散点图，以帮助我们首先从直观上来理解这些变量两两间的关系。可以看出，图 3-15 呈现的一个显著特征是，*GDP*、社会消费品零售额(*C*)、固定资产投资(*I*)与外商直接投资(*FDI*)两两间呈现正向相关关系，这与宏观经济学理论以及我们的直观感受比较一致。进一步地观察图形可以发现，变量间关系的紧密程度存在显著差异。比如，*GDP* 和社会消费品零售额(*C*)大致落在一条直线上(附近)，外商直接投资(*FDI*)和固定资产投资(*I*)分布相对比较离散。根据前述关于拟合优度的介绍，这意味着，*GDP* 和社会消费品零售额(*C*)OLS 回归拟合优度很可能高于外商直接投资(*FDI*)和固定资产投资(*I*)OLS 回归的拟合优度。

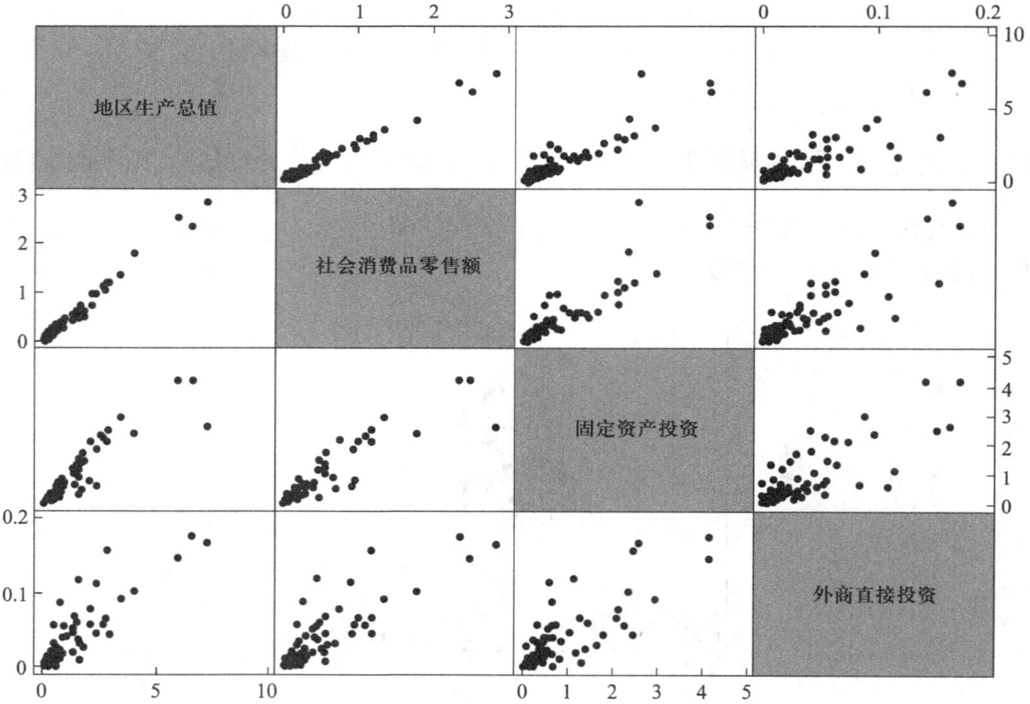

图 3-15 中国地级市 *GDP*、社会消费品零售额(*C*)、固定资产投资(*I*)以及外商直接投资(*FDI*)两两间的散点图

注释：2014 年《中国城市统计年鉴》，变量单位都是万亿(人民币)。

根据前述 OLS 理论分析我们已经了解到，回归模型中(条件)异方差问题将会对估计量方差产生影响。图 3-16 直观地展示了 *GDP*、社会消费品零售额(*C*)、固定资产投资(*I*)与外商直接投资(*FDI*)等四个变量两两回归异方差问题。① 其中，纵坐标为被解释变量回归误差项，横坐标为解释变量。从图 3-16 中能够清楚地看出，回归误差项离散程度随着解释变量增加而显著增加，这表明数据具有突出的异方差特征，回归分析需使用**异方差稳健标准误**。

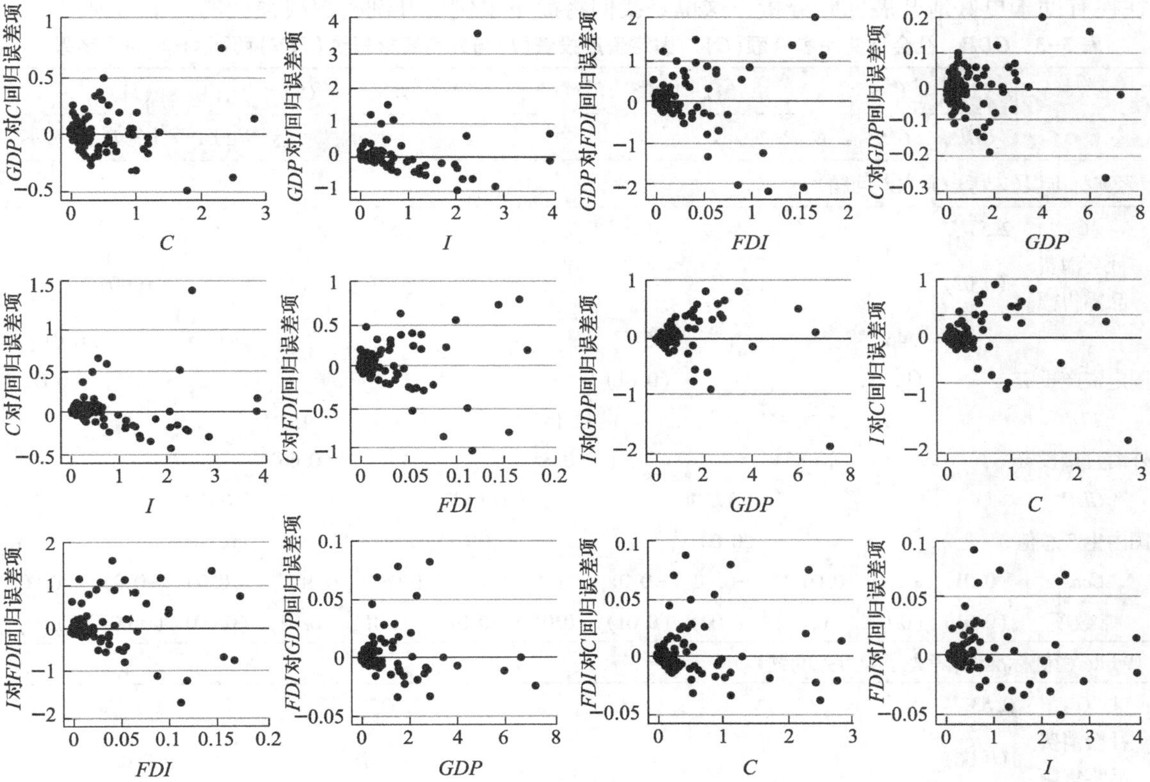

图 3-16　*GDP*、社会消费品零售额(*C*)、固定资产投资(*I*)与外商直接投资(*FDI*)两两回归中的(条件)异方差问题展示图

注释：纵坐标为回归误差项，横坐标为解释变量。

表 3-3 具体汇报了 *GDP*、社会消费品零售额(*C*)、固定资产投资(*I*)与外商直接投资(*FDI*)这四个变量的两两回归结果，我们同时报告了经典标准误回归结果和 White 异方差稳健标准误回归结果。我们通过对图 3-15 的直观分析得到两个初步结论：一是，四个变量两两间存在正相关关系，二是，*GDP* 和社会消费品零售额(*C*)回归拟合优度高于外商直接投资(*FDI*)和固定资产投资(*I*)回归拟合优度。这两个结论都能从表 3-3 报告的回归结果中得到验证。具体而言，在表 3-3 所有回归中，解释变量的系数都在 1%的显著性水平上为正，这验证了第一个结论；第(1)列和第(4)列中回归拟合优度的 0.99 显著大于第(9)列和第(12)列中回归拟合优度的 0.74，这验证了第二个结论。前述对于图 3-16 的分析结果显示，我们使用的数据存在

① 由于回归具有方向，因此四个变量两两之间的回归数为 $A_4^2=12$。

明显的异方差问题，据此我们推断，异方差问题会对回归估计值的标准误产生较大的影响。表 3-3 报告的回归结果同样验证了这一推断。具体来说，在我们的例子中，White 稳健标准误为经典标准误的 3 至 5 倍之高。

关于图 3-15、图 3-16 与表 3-3，这里有两点值得说明：第一，它们都不涉及因果分析，只是统计分析；第二，基于计量理论事先观察和分析数据（图 3-15 和图 3-16）非常重要，它往往有助于更好地开展回归分析，这也是我们将简单案例展开剖析想要强调的一个重要内容。

表 3-3　*GDP*、社会消费品零售额（*C*）、固定资产投资（*I*）与外商直接投资（*FDI*）两两 OLS 回归结果

	(1)	(2)	(3)	(4)	(5)	(6)	(7)	(8)	(9)	(10)	(11)	(12)
	GDP	*GDP*	*GDP*	*C*	*C*	*C*	*I*	*I*	*I*	*FDI*	*FDI*	*FDI*
经典标准误（未考虑异方差问题）												
C	2.53***							1.53***			0.07***	
社会消费品零售额	(0.02)							(0.03)			(0.00)	
I		1.46***			0.57***							0.04***
固定资产投资		(0.03)			(0.01)							(0.00)
FDI			31.20***			12.14***			19.15***			
外商直接投资			(0.85)			(0.35)			(0.66)			
GDP				0.39***			0.61***			0.03***		
国内生产总值				(0.00)			(0.01)			(0.00)		
Cons	0.01	−0.01	0.09***	−0.00	−0.01	0.03***	0.04***	0.05***	0.10***	−0.00	−0.00	−0.00
常数项	(0.01)	(0.02)	(0.02)	(0.00)	(0.01)	(0.01)	(0.01)	(0.01)	(0.02)	(0.00)	(0.00)	(0.00)
White 稳健标准误（考虑了异方差问题）												
C	2.53***							1.53***			0.07***	
社会消费品零售额	(0.06)							(0.16)			(0.00)	
I		1.46***			0.57***							0.04***
固定资产投资		(0.10)			(0.04)							(0.00)
FDI			31.20***			12.14***			19.15***			
外商直接投资			(3.32)			(1.32)			(2.02)			
GDP				0.39***			0.61***			0.03***		
国内生产总值				(0.01)			(0.06)			(0.00)		
Cons	0.01	−0.01	0.09***	−0.00	−0.01	0.03***	0.04**	0.05***	0.10***	−0.00	−0.00	−0.00
常数项	(0.01)	(0.02)	(0.02)	(0.00)	(0.01)	(0.01)	(0.02)	(0.02)	(0.01)	(0.00)	(0.00)	(0.00)
样本量	316	316	297	316	316	297	316	316	297	297	297	297
调整 R^2	0.99	0.88	0.82	0.99	0.87	0.80	0.88	0.87	0.74	0.82	0.80	0.74

注释：*，** 以及 *** 分别表示在 10%，5%与 1%显著性水平下显著，括号中的数字为标准误。

2.8.2 微观案例——教育收益率

教育收益率问题是应用微观计量经济学所关注的一个经典问题。接下来，我们基于中国家庭金融调查(CHFS)2017年截面数据，运用OLS方法来分析中国教育收益率问题，基于此对前面介绍的OLS方法理论内容进行实证展示说明。① 值得说明的是，这里我们主要目的是通过案例来展示OLS方法相关理论，因此不求识别学历对个人收入的因果效应。将中国教育收益率因果识别分析作为案例放至本书第六章要介绍的工具变量方法中。

与上一小节介绍的宏观案例类似，在正式开展回归分析之前，我们首先来观察和分析原始数据。图3-17以小提琴图的形式直观地展示了个人对数工资收入与学历之间的关系。从图形中能够看出三个基本事实：第一，个人工资收入随着学历增加而增加；第二，随着学历增加，个人工资收入增加得越来越快，也就是说，工资收入与学历的关系具有非线性特征，这两个变量之间的关系在中学学历处存在明显的变化。我们将在本章第3节具体介绍非线性OLS法；第三，对于不同学历群体而言，其收入分布离散程度大致相同，由此可以推知，异方差稳健标准误与经典标准误可能不会存在太大的差异。

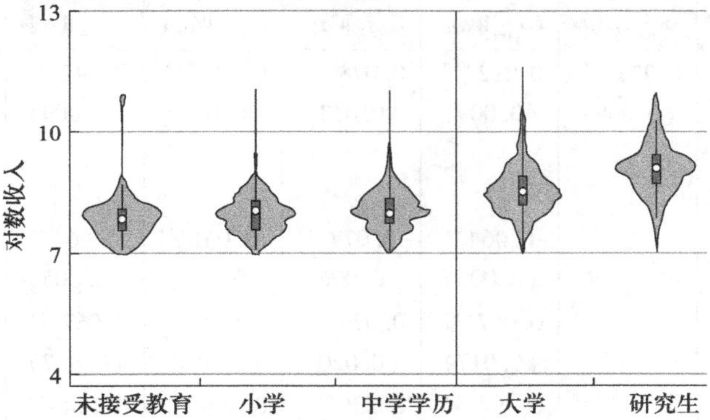

图3-17 学历与个人工资收入(对数值)

注释：该图通常被称为“小提琴图”，它是概率密度图(由阴影左右两端的曲线给出)和箱线图(位于阴影中间)的组合。“小提琴图”的优点是，给出随机变量(条件)分布的同时，给出了随机变量的关键(条件)分位数。

接下来，我们以对数工资收入(*Log_Wage*)为被解释变量、学历(*Education*)为核心解释变量进行回归分析。学历变量的取值为1、2、3、4和5，对应表示未接受教育、小学学历、中学学历(包括初中、高中、中专)、大学学历以及研究生学历。表3-4汇报了不同模型设定情形下的回归结果。从第(1)列和第(2)列汇报的回归结果中可以看出，对于本例而言，异方差问题基本不影响回归标准误，这与基于图3-17得到的直观判断一致。第(3)列至第(5)列探讨了学历与工资收入的非线性关系。在这三个回归中，我们加入了如下控制变量：健康状况(*Health*)，取值1至5，数值越小表示身体状况(与同龄人相比)越好；婚姻虚拟变量(*Marriage*)，处于未婚状态取值为0，处于其他婚姻状态取值为1；性别虚拟变量(*Gender*)，男性取值为1，女性取值为0；年龄(*Age*)。② 全样本回归结果显示，学历层次提高一个层级，工资收

① 我们对原始数据做了如下两个方面的处理：我们将月收入小于1 200元或者大于100 000元的个体剔除，以缓解异常值的影响；将研究样本限定在适龄工作群体(25岁至60岁)。

② 添加这些控制变量与否不影响这里的主要分析结论。

入平均提升 29.2%。分样本回归结果表明，以中学学历为分界点学历与工资收入之间存在明显的非线性特征——中学以上学历对收入的贡献显著大于中学以下学历。这与图 3-17 展示的直观结果一致。此外，第(6)列至第(8)列用以验证**弗里希沃定理**。根据弗里希沃定理我们知道，对于包含控制变量的模型而言，*Education* 的回归系数可以等价地通过三种方式来得到：第一，利用 *Log_ Wage* 对 *Education* 以及控制变量直接进行回归；第二，利用 *Log_ Wage* 对*Education_ Res*(表示 *Education* 对控制变量进行回归得到的误差项)进行回归；第三，利用*Log_ Wage_ Res*(表示 *Log_Wage* 对控制变量进行回归得到的误差项)对 *Education_ Res* 进行回归。从第(6)列至第(8)所报告的结果中可以看出，弗里希沃定理得到了验证。

表 3-4 学历与个人工资(对数值)

项目	(1)	(2)	(3)	(4)	(5)	(6)	(7)	(8)
	标准误分析		分样本回归：非线性分析			验证弗里希沃定理		
	经典标准误	稳健标准误	全样本	中学及以下学历	中学及以上学历			
	Log_Wage	*Log_Wage*	*Log_Wage*	*Log_Wage*	*Log_Wage*	*Log_Wage*	*Log_Wage*	*Log_Wage_Res*
Education	0.327***	0.327***	0.292***	0.078***	0.437***	0.292***		
学历	(0.007)	(0.008)	(0.009)	(0.013)	(0.012)	(0.009)		
Education_ Res							0.292***	0.292***
学历回归误差							(0.009)	(0.009)
Health			−0.064***	−0.077***	−0.061***	−0.064***		
健康状况			(0.005)	(0.006)	(0.006)	(0.005)		
Marriage			0.067***	0.079***	0.074***	0.067***		
婚姻虚拟变量			(0.017)	(0.020)	(0.018)	(0.017)		
Gender			0.194***	0.226***	0.199***	0.194***		
性别虚拟变量			(0.013)	(0.016)	(0.014)	(0.013)		
Age			0.011**	−0.009	0.013**	0.011**		
年龄			(0.005)	(0.006)	(0.005)	(0.005)		
Age^2			−0.000***	−0.000	−0.000***	−0.000***		
年龄平方			(0.000)	(0.000)	(0.000)	(0.000)		
Cons	7.074***	7.074***	7.062***	8.143***	6.395***	7.062***		
常数项	(0.038)	(0.041)	(0.117)	(0.142)	(0.130)	(0.117)		
行业虚拟变量	是	是	是	是	是	是	是	是
稳健标准误	否	是	是	是	是	是	是	是
样本量	10 797	10 797	10 797	7 200	9 414	10 797	10 797	10 797
调整 R^2	0.244	0.244	0.282	0.149	0.299	0.282	0.100	0.00

注释：被解释变量为对数工资收入(*Log_Wage*)，核心解释变量为学历(*Education*)，控制变量包括：健康状况(*Health*)，取值 1 至 5，数值越小表示身体状况越好；婚姻虚拟变量(*Marriage*)，未婚状态取值为 0，其他婚姻状态取值为 1；性别虚拟变量(*Gender*)，男性取值为 1，女性取值为 0；年龄(*Age*)。变量 *Log_ Wage_ Res* 与 *Education_ Res* 表示 *Log_ Wage* 和 *Education* 对控制变量回归所得到的误差项。*，** 以及 *** 分别表示在 10%，5%与 1%显著性水平下显著，括号中数字为标准误。第(4)列和第(5)列样本量之和大于第(3)的样本量是因为，在第(4)列和第(5)列的回归中同时包含了中学学历群体的样本。

3. 非线性最小二乘方法

到目前为止，在介绍最小二乘方法的过程中，我们均假设了线性模型形式。如果真实模型(若对预测关系感兴趣,那么真实模型对应的是条件期望;若对因果关系感兴趣,那么真实模型对应的则是因果模型)为非线性形式，那么将模型设定为线性形式则会出现**模型误设问题**(Model Misspecification)。如图 3-18 所示，真实模型是二次函数，若利用线性回归模型来拟合数据将得到一条水平直线，从而得出变量间不存在关系的错误结论。鉴于此，本节来介绍**非线性最小二乘方法**(Nonlinear Least Squares, NLS)。

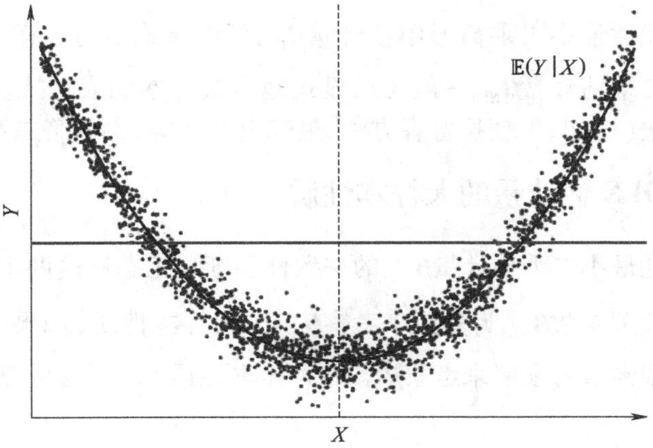

图 3-18　函数形式误设

正式地，非线性最小二乘参数(记作$\boldsymbol{\beta}_{\text{NLS}}$)的含义由如下等式给出：

$$\boldsymbol{\beta}_{\text{NLS}}=\arg\min_{\{\boldsymbol{\beta}\in\mathscr{B}\}}\mathbb{E}\left[y-g(\boldsymbol{x},\boldsymbol{\beta})\right]^2 \tag{3-66}$$

其中，$g(\boldsymbol{x},\boldsymbol{\beta})$为关于参数的非线性函数。

3.1　参数的识别与估计

式(3-66)中的最小化问题不一定有解，即便有解也不一定是唯一的，因此在讨论非线性最小二乘法参数估计和估计量性质之前，首先要确保模型能够唯一地识别$\boldsymbol{\beta}_{\text{NLS}}$。这需要对模型施加识别假定。

NLS 假设 1——识别(Identification)假设：对于任意$\boldsymbol{\beta}\neq\boldsymbol{\beta}_{\text{NLS}}$的参数都有：

$$\mathbb{E}\left[y-g(\boldsymbol{x},\boldsymbol{\beta})\right]^2>\mathbb{E}\left[y-g(\boldsymbol{x},\boldsymbol{\beta}_{\text{NLS}})\right]^2 \tag{3-67}$$

从形式上来看，**OLS 假设 1 与 NLS 假设 1 存在**较大差异，但是这两个假设本质上具有类似的作用——保证模型参数能够被唯一地识别。值得指出的是，即便参数$\boldsymbol{\beta}_{\text{NLS}}$能够被唯一地识别，也无法保证$g(\boldsymbol{x},\boldsymbol{\beta}_{\text{NLS}})$等于我们所感兴趣的条件期望$\mathbb{E}(y|\boldsymbol{x})$。

NLS 假设 2——模型设定正确：

$$g(\boldsymbol{x},\boldsymbol{\beta}_{\text{NLS}})=\mathbb{E}(y|\boldsymbol{x}) \tag{3-68}$$

根据条件期望的性质可知，**NLS 假设 2** 意味着，$g(\boldsymbol{x},\boldsymbol{\beta}_{\mathrm{NLS}})$是所有关于 $\boldsymbol{x}$ 的函数中使预测误差平方期望值最小的函数。进一步定义误差项 $e=y-g(\boldsymbol{x},\boldsymbol{\beta}_{\mathrm{NLS}})$，那么则有：

$$y=g(\boldsymbol{x},\boldsymbol{\beta}_{\mathrm{NLS}})+e \tag{3-69}$$

注意到，在 **NLS 假设 2** 下一定有$\mathbb{E}(e\mid\boldsymbol{x})=0$成立。值得说明的是，在 **NLS 假设 1** 与 **NLS 假设 2** 下，$\boldsymbol{\beta}_{\mathrm{NLS}}$只是表示 $\boldsymbol{\beta}$ 所有取值中使得预测误差平方期望值$\mathbb{E}[y-g(\boldsymbol{x},\boldsymbol{\beta})]^2$最小的参数取值，并不必然具有因果解释。

根据类比原则，式(3-66)所对应的样本问题为：

$$\hat{\boldsymbol{\beta}}_{\mathrm{NLS}}=\arg\min_{\{\beta\in\mathscr{B}\}}\left\{\frac{1}{N}\sum_{i=1}^{N}[y_i-g(\boldsymbol{x}_i,\boldsymbol{\beta})]^2\right\} \tag{3-70}$$

其中，$\hat{\boldsymbol{\beta}}_{\mathrm{NLS}}$被称为**非线性最小二乘估计量**(NLS Estimator)。

可以注意到，与线性最小二乘情形中估计量$\hat{\boldsymbol{\beta}}_{\mathrm{OLS}}$可以显式地写成样本 $\mathscr{D}=\{\boldsymbol{x}_i, y_i\}$ 的表达式不同，非线性最小二乘估计量$\hat{\boldsymbol{\beta}}_{\mathrm{NLS}}$一般无法显式地写成样本的表达式。因此，求解$\hat{\boldsymbol{\beta}}_{\mathrm{NLS}}$通常需要借助**数值优化方法**(比如,牛顿拉普森方法,最速上升法等,参见第二章)。

3.2 非线性 OLS 估计量的大样本性质

本小节介绍非线性最小二乘估计量$\hat{\boldsymbol{\beta}}_{\mathrm{NLS}}$的一致性和渐近正态性这两个大样本性质。不失一般性，本小节以预测模型参数$\boldsymbol{\beta}_{\mathrm{NLS}}$为参照来考察$\hat{\boldsymbol{\beta}}_{\mathrm{NLS}}$的大样本性质(如果明确设定了因果模型，那么也可以以因果模型参数为参照来考察$\hat{\boldsymbol{\beta}}_{\mathrm{NLS}}$的大样本性质)，这也是现有计量经济学教材的普遍做法。

3.2.1 一致性

考察$\hat{\boldsymbol{\beta}}_{\mathrm{NLS}}$的一致性意味着回答在什么条件下$\hat{\boldsymbol{\beta}}_{\mathrm{NLS}}$为$\boldsymbol{\beta}_{\mathrm{NLS}}$的一致估计量。由于$\hat{\boldsymbol{\beta}}_{\mathrm{NLS}}$无法显式地写成样本的函数，因此无法利用考察$\hat{\boldsymbol{\beta}}_{\mathrm{OLS}}$一致性的方法来考察$\hat{\boldsymbol{\beta}}_{\mathrm{NLS}}$的一致性。为方便表述，令$Q_0(\boldsymbol{\beta})=\mathbb{E}[y-g(\boldsymbol{x},\boldsymbol{\beta})]^2$，用以表示总体目标函数，$Q_N(\boldsymbol{\beta})=\dfrac{\sum_{i=1}^{N}[y_i-g(\boldsymbol{x}_i,\boldsymbol{\beta})]^2}{N}$，用以表示样本目标函数。考察$\hat{\boldsymbol{\beta}}_{\mathrm{NLS}}$一致性的基本逻辑是：由于$\hat{\boldsymbol{\beta}}_{\mathrm{NLS}}$与$\boldsymbol{\beta}_{\mathrm{NLS}}$分别是使得函数$Q_N(\boldsymbol{\beta})$和$Q_0(\boldsymbol{\beta})$最小的参数取值，因此若$Q_N(\boldsymbol{\beta})$和$Q_0(\boldsymbol{\beta})$这两个函数(依概率)**足够接近**，那么则有理由相信使这两个函数最小的参数值$\hat{\boldsymbol{\beta}}_{\mathrm{NLS}}$与$\boldsymbol{\beta}_{\mathrm{NLS}}$也(依概率)**足够接近**。$Q_N(\boldsymbol{\beta})$和$Q_0(\boldsymbol{\beta})$依概率**足够接近**由如下**依概率一致收敛**(Uniform Convergence in Probability)假设来表示：

NLS 假设 3——依概率一致收敛：

$$\mathrm{Plim}\{\sup_{\{\boldsymbol{\beta}\in\mathscr{B}\}}|Q_N(\boldsymbol{\beta})-Q_0(\boldsymbol{\beta})|\}=0 \tag{3-71}$$

其中，sup 表示最小上界，即上确界。

命题 3.16(Amemiya,1985;Newey and McFadden,1994)(*)：如果参数$\boldsymbol{\beta}$ 的集合 $\mathscr{B}$ 是一个**紧集**(Compact Set)且$Q_0(\boldsymbol{\beta})$为连续函数，那么在 **NLS 假设 1**，**NLS 假设 2** 以及 **NLS 假设 3** 成立的条件下，$\hat{\boldsymbol{\beta}}_{\mathrm{NLS}}$是$\boldsymbol{\beta}_{\mathrm{NLS}}$的一致估计量，即

$$\text{Plim}\,\hat{\boldsymbol{\beta}}_{\text{NLS}}=\boldsymbol{\beta}_{\text{NLS}} \tag{3-72}$$

考虑到 NLS 方法属于第四章 M 方法中的一种，我们将在第四章详细地介绍一致收敛的含义以及命题 3. 16 的证明逻辑。

3. 2. 2 渐近正态性

现在来介绍$\hat{\boldsymbol{\beta}}_{\text{NLS}}$的渐近正态性。类似于前述德尔塔方法，推导$\hat{\boldsymbol{\beta}}_{\text{NLS}}$渐近分布的基本思路是，通过中值定理或精确一阶泰勒展开来得到$\sqrt{N}(\hat{\boldsymbol{\beta}}_{\text{NLS}}-\boldsymbol{\beta}_{\text{NLS}})$。鉴于最小二乘法在计量经济学中的重要性，我们接下来给出$\hat{\boldsymbol{\beta}}_{\text{NLS}}$渐近正态性的详细证明过程。在此之前首先来看如何得到$\sqrt{N}\cdot(\hat{\boldsymbol{\beta}}_{\text{NLS}}-\boldsymbol{\beta}_{\text{NLS}})$的具体表达式。

命题 3. 17：$\sqrt{N}(\hat{\boldsymbol{\beta}}_{\text{NLS}}-\boldsymbol{\beta}_{\text{NLS}})$的表达式为：

$$\sqrt{N}(\hat{\boldsymbol{\beta}}_{\text{NLS}}-\boldsymbol{\beta}_{\text{NLS}})=-\left[\frac{1}{N}\sum_{i=1}^{N}\left(-\frac{\partial g_i}{\partial\boldsymbol{\beta}}\frac{\partial g_i}{\partial\boldsymbol{\beta}'}+e_i\frac{\partial^2 g_i}{\partial\boldsymbol{\beta}\,\partial\boldsymbol{\beta}'}\right)\bigg|_{\boldsymbol{\beta}^+}\right]^{-1}\cdot\left[\sqrt{N}\frac{1}{N}\sum_{i=1}^{N}\left(e_i\frac{\partial g_i}{\partial\boldsymbol{\beta}}\right)\bigg|_{\boldsymbol{\beta}_{\text{NLS}}}\right] \tag{3-73}$$

其中，$g_i=g(\boldsymbol{x}_i,\boldsymbol{\beta})$，$e_i=y_i-g(\boldsymbol{x}_i,\boldsymbol{\beta})$，$\boldsymbol{\beta}^+$的取值介于$\boldsymbol{\beta}_{\text{NLS}}$与$\hat{\boldsymbol{\beta}}_{\text{NLS}}$之间。

证明：

根据式(3-70)可得：

$$\frac{1}{N}\sum_{i=1}^{N}\frac{\partial[y_i-g(\boldsymbol{x}_i,\boldsymbol{\beta})]^2}{\partial\boldsymbol{\beta}}\bigg|_{\hat{\boldsymbol{\beta}}_{\text{NLS}}}=\mathbf{0}$$

整理该等式可得：

$$\frac{1}{N}\sum_{i=1}^{N}\left([y_i-g(\boldsymbol{x}_i,\boldsymbol{\beta})]\frac{\partial g(\boldsymbol{x}_i,\boldsymbol{\beta})}{\partial\boldsymbol{\beta}}\right)\bigg|_{\hat{\boldsymbol{\beta}}_{\text{NLS}}}=\mathbf{0}$$

利用中值定理在 $\boldsymbol{\beta}_{\text{NLS}}$处将$\left([y_i-g(\boldsymbol{x}_i,\boldsymbol{\beta})]\dfrac{\partial g(\boldsymbol{x}_i,\boldsymbol{\beta})}{\partial\boldsymbol{\beta}}\right)\bigg|_{\hat{\boldsymbol{\beta}}_{\text{NLS}}}$展开可得：

$$\frac{1}{N}\sum_{i=1}^{N}\left([y_i-g(\boldsymbol{x}_i,\boldsymbol{\beta})]\frac{\partial g(\boldsymbol{x}_i,\boldsymbol{\beta})}{\partial\boldsymbol{\beta}}\right)\bigg|_{\hat{\boldsymbol{\beta}}_{\text{NLS}}}$$

$$=\left\{\begin{aligned}&\frac{1}{N}\sum_{i=1}^{N}\left([y_i-g(\boldsymbol{x}_i,\boldsymbol{\beta})]\frac{\partial g(\boldsymbol{x}_i,\boldsymbol{\beta})}{\partial\boldsymbol{\beta}}\right)\bigg|_{\boldsymbol{\beta}_{\text{NLS}}}\\&+\frac{1}{N}\sum_{i=1}^{N}\left(-\frac{\partial g(\boldsymbol{x}_i,\boldsymbol{\beta})}{\partial\boldsymbol{\beta}}\frac{\partial g(\boldsymbol{x}_i,\boldsymbol{\beta})}{\partial\boldsymbol{\beta}'}+[y_i-g(\boldsymbol{x}_i,\boldsymbol{\beta})]\frac{\partial^2 g(\boldsymbol{x}_i,\boldsymbol{\beta})}{\partial\boldsymbol{\beta}\,\partial\boldsymbol{\beta}'}\right)\bigg|_{\boldsymbol{\beta}^+}(\hat{\boldsymbol{\beta}}_{\text{NLS}}-\boldsymbol{\beta}_{\text{NLS}})\end{aligned}\right\}=\mathbf{0}$$

令$g_i=g(\boldsymbol{x}_i,\boldsymbol{\beta})$，$e_i=y_i-g(\boldsymbol{x}_i,\boldsymbol{\beta})$，并简单整理后即可很容易得到式(3-73)。

故命题得证。

□

有了命题 3. 17 就可以容易地得到$\sqrt{N}(\hat{\boldsymbol{\beta}}_{\text{NLS}}-\boldsymbol{\beta}_{\text{NLS}})$的极限分布了。$\sqrt{N}(\hat{\boldsymbol{\beta}}_{\text{NLS}}-\boldsymbol{\beta}_{\text{NLS}})$的极限分布由如下命题 3. 17 具体给出。

命题 3. 18(＊)：若假设独立同分布($i.i.d$)数据生成过程，那么在 **NLS 假设 1**，**NLS 假设 2** 以及 **NLS 假设 3** 成立的条件下$\sqrt{N}(\hat{\boldsymbol{\beta}}_{\text{NLS}}-\boldsymbol{\beta}_{\text{NLS}})$的极限分布为：

$$\sqrt{N}(\hat{\boldsymbol{\beta}}_{\text{NLS}}-\boldsymbol{\beta}_{\text{NLS}})\xrightarrow{d}\mathcal{N}(\mathbf{0},\boldsymbol{A}^{-1}\boldsymbol{B}\boldsymbol{A}^{-1}) \tag{3-74}$$

其中，$\boldsymbol{A}=\mathbb{E}\left[\left.\frac{\partial g(\boldsymbol{x},\boldsymbol{\beta})}{\partial\boldsymbol{\beta}}\frac{\partial g(\boldsymbol{x},\boldsymbol{\beta})}{\partial\boldsymbol{\beta}'}\right|_{\boldsymbol{\beta}_{\text{NLS}}}\right]$，$\boldsymbol{B}=\mathbb{E}\left[\left.\frac{\partial g(\boldsymbol{x},\boldsymbol{\beta})}{\partial\boldsymbol{\beta}}e^2\frac{\partial g(\boldsymbol{x},\boldsymbol{\beta})}{\partial\boldsymbol{\beta}'}\right|_{\boldsymbol{\beta}_{\text{NLS}}}\right]$。

证明：（ * ）

由于$\boldsymbol{\beta}^+$的取值介于$\boldsymbol{\beta}_{\text{NLS}}$与$\hat{\boldsymbol{\beta}}_{\text{NLS}}$这个很小的区域之间，且 $\text{Plim}\,\hat{\boldsymbol{\beta}}_{\text{NLS}}=\boldsymbol{\beta}_{\text{NLS}}$，因此有

$$\text{Plim}\,\boldsymbol{\beta}^+=\boldsymbol{\beta}_{\text{NLS}}$$

从而可以得到：

$$\begin{aligned}&\text{Plim}\left[\frac{1}{N}\sum_{i=1}^{N}\left.\left(-\frac{\partial g(\boldsymbol{x}_i,\boldsymbol{\beta})}{\partial\boldsymbol{\beta}}\frac{\partial g(\boldsymbol{x}_i,\boldsymbol{\beta})}{\partial\boldsymbol{\beta}'}+e_i\frac{\partial^2 g(\boldsymbol{x}_i,\boldsymbol{\beta})}{\partial\boldsymbol{\beta}\,\partial\boldsymbol{\beta}'}\right)\right|_{\boldsymbol{\beta}^+}\right]\\
&=\mathbb{E}\left[\frac{1}{N}\sum_{i=1}^{N}\left.\left(-\frac{\partial g(\boldsymbol{x}_i,\boldsymbol{\beta})}{\partial\boldsymbol{\beta}}\frac{\partial g(\boldsymbol{x}_i,\boldsymbol{\beta})}{\partial\boldsymbol{\beta}'}+e_i\frac{\partial^2 g(\boldsymbol{x}_i,\boldsymbol{\beta})}{\partial\boldsymbol{\beta}\,\partial\boldsymbol{\beta}'}\right)\right|_{\boldsymbol{\beta}_{\text{NLS}}}\right]\\
&=\mathbb{E}\left[\left.-\frac{\partial g(\boldsymbol{x},\boldsymbol{\beta})}{\partial\boldsymbol{\beta}}\frac{\partial g(\boldsymbol{x},\boldsymbol{\beta})}{\partial\boldsymbol{\beta}'}+e\frac{\partial^2 g(\boldsymbol{x},\boldsymbol{\beta})}{\partial\boldsymbol{\beta}\,\partial\boldsymbol{\beta}'}\right|_{\boldsymbol{\beta}_{\text{NLS}}}\right]\\
&=\mathbb{E}\left[\left.-\frac{\partial g(\boldsymbol{x},\boldsymbol{\beta})}{\partial\boldsymbol{\beta}}\frac{\partial g(\boldsymbol{x},\boldsymbol{\beta})}{\partial\boldsymbol{\beta}'}\right|_{\boldsymbol{\beta}_{\text{NLS}}}\right]\end{aligned}$$

其中，第二个等式用到的是独立同分布数据生成过程，最后一个等式用到 $\mathbb{E}\left[\left.e\frac{\partial^2 g(\boldsymbol{x},\boldsymbol{\beta})}{\partial\boldsymbol{\beta}\,\partial\boldsymbol{\beta}'}\right|_{\boldsymbol{\beta}_{\text{NLS}}}\right]=\mathbf{0}$，其中用到的是$\mathbb{E}(e\mid\boldsymbol{x})=0$。

利用第二章命题 2.21 的结论，

$$\begin{aligned}&\text{Plim}\left[\frac{1}{N}\sum_{i=1}^{N}\left.\left(-\frac{\partial g(\boldsymbol{x}_i,\boldsymbol{\beta})}{\partial\boldsymbol{\beta}}\frac{\partial g(\boldsymbol{x}_i,\boldsymbol{\beta})}{\partial\boldsymbol{\beta}'}+e_i\frac{\partial^2 g(\boldsymbol{x}_i,\boldsymbol{\beta})}{\partial\boldsymbol{\beta}\,\partial\boldsymbol{\beta}'}\right)\right|_{\boldsymbol{\beta}^+}\right]^{-1}\\
&=\left(\mathbb{E}\left[\left.-\frac{\partial g(\boldsymbol{x},\boldsymbol{\beta})}{\partial\boldsymbol{\beta}}\frac{\partial g(\boldsymbol{x},\boldsymbol{\beta})}{\partial\boldsymbol{\beta}'}\right|_{\boldsymbol{\beta}_{\text{NLS}}}\right]\right)^{-1}\end{aligned}$$

因此结合式(3-70)可得

$$\begin{aligned}&\sqrt{N}(\hat{\boldsymbol{\beta}}_{\text{NLS}}-\boldsymbol{\beta}_{\text{NLS}})\\
&=-\left[\left(\mathbb{E}\left[\left.-\frac{\partial g(\boldsymbol{x},\boldsymbol{\beta})}{\partial\boldsymbol{\beta}}\frac{\partial g(\boldsymbol{x},\boldsymbol{\beta})}{\partial\boldsymbol{\beta}'}\right|_{\boldsymbol{\beta}_{\text{NLS}}}\right]\right)^{-1}+o_p(1)\right]\left[\sqrt{N}\frac{1}{N}\sum_{i=1}^{N}\left.\left(e_i\frac{\partial g(\boldsymbol{x}_i,\boldsymbol{\beta})}{\partial\boldsymbol{\beta}}\right)\right|_{\boldsymbol{\beta}_{\text{NLS}}}\right]\\
&=\left(\mathbb{E}\left[\left.\frac{\partial g(\boldsymbol{x},\boldsymbol{\beta})}{\partial\boldsymbol{\beta}}\frac{\partial g(\boldsymbol{x},\boldsymbol{\beta})}{\partial\boldsymbol{\beta}'}\right|_{\boldsymbol{\beta}_{\text{NLS}}}\right]\right)^{-1}\left[\sqrt{N}\frac{1}{N}\sum_{i=1}^{N}\left.\left(e_i\frac{\partial g(\boldsymbol{x}_i,\boldsymbol{\beta})}{\partial\boldsymbol{\beta}}\right)\right|_{\boldsymbol{\beta}_{\text{NLS}}}\right]+o_p(1)\,O_p(1)\\
&=\left(\mathbb{E}\left[\left.\frac{\partial g(\boldsymbol{x},\boldsymbol{\beta})}{\partial\boldsymbol{\beta}}\frac{\partial g(\boldsymbol{x},\boldsymbol{\beta})}{\partial\boldsymbol{\beta}'}\right|_{\boldsymbol{\beta}_{\text{NLS}}}\right]\right)^{-1}\left[\sqrt{N}\frac{1}{N}\sum_{i=1}^{N}\left.\left(e_i\frac{\partial g(\boldsymbol{x}_i,\boldsymbol{\beta})}{\partial\boldsymbol{\beta}}\right)\right|_{\boldsymbol{\beta}_{\text{NLS}}}\right]+o_p(1)\end{aligned}$$

因此，直接利用渐近等价定理(参见第二章数学基础)可以很容易地看出，$\sqrt{N}(\hat{\boldsymbol{\beta}}_{\text{NLS}}-\boldsymbol{\beta}_{\text{NLS}})$与$\left(\mathbb{E}\left[\left.\frac{\partial g(\boldsymbol{x},\boldsymbol{\beta})}{\partial\boldsymbol{\beta}}\frac{\partial g(\boldsymbol{x},\boldsymbol{\beta})}{\partial\boldsymbol{\beta}'}\right|_{\boldsymbol{\beta}_{\text{NLS}}}\right]\right)^{-1}\left[\sqrt{N}\frac{1}{N}\sum_{i=1}^{N}\left.\left(e_i\frac{\partial g(\boldsymbol{x}_i,\boldsymbol{\beta})}{\partial\boldsymbol{\beta}}\right)\right|_{\boldsymbol{\beta}_{\text{NLS}}}\right]$ 具有相同的极限分布。

对于 $\left[\sqrt{N}\frac{1}{N}\sum_{i=1}^{N}\left.\left(e_i\frac{\partial g(\boldsymbol{x}_i,\boldsymbol{\beta})}{\partial\boldsymbol{\beta}}\right)\right|_{\boldsymbol{\beta}_{\text{NLS}}}\right]$ 应用中心极限定理可得：

$$\sqrt{N}\frac{1}{N}\sum_{i=1}^{N}\left(e_i\frac{\partial g(\boldsymbol{x}_i,\boldsymbol{\beta})}{\partial\boldsymbol{\beta}}\right)\Bigg|_{\boldsymbol{\beta}_{\mathrm{NLS}}}\xrightarrow{d}\mathcal{N}\left(\mathbf{0},\mathrm{Var}\left[\sqrt{N}\frac{1}{N}\sum_{i=1}^{N}\left(e_i\frac{\partial g(\boldsymbol{x}_i,\boldsymbol{\beta})}{\partial\boldsymbol{\beta}}\right)\Bigg|_{\boldsymbol{\beta}_{\mathrm{NLS}}}\right]\right)$$

$$=\mathcal{N}\left(\mathbf{0},\ \mathbb{E}\left[\frac{\partial g(\boldsymbol{x},\boldsymbol{\beta})}{\partial\boldsymbol{\beta}}e^2\frac{\partial g(\boldsymbol{x},\boldsymbol{\beta})}{\partial\boldsymbol{\beta}'}\bigg|_{\boldsymbol{\beta}_{\mathrm{NLS}}}\right]\right)$$

$$\equiv\mathcal{N}(\mathbf{0},\boldsymbol{B})$$

其中，$\mathrm{Var}\left[\sqrt{N}\frac{1}{N}\sum_{i=1}^{N}\left(e_i\frac{\partial g(\boldsymbol{x}_i,\boldsymbol{\beta})}{\partial\boldsymbol{\beta}}\right)\Big|_{\boldsymbol{\beta}_{\mathrm{NLS}}}\right]=\mathbb{E}\left[\frac{\partial g(\boldsymbol{x},\boldsymbol{\beta})}{\partial\boldsymbol{\beta}}e^2\frac{\partial g(\boldsymbol{x},\boldsymbol{\beta})}{\partial\boldsymbol{\beta}'}\Big|_{\boldsymbol{\beta}_{\mathrm{NLS}}}\right]$ 用到了独立同分布数据生成过程以及$\mathbb{E}(e\mid\boldsymbol{x})=0$。

所以最终可以得到：

$$\sqrt{N}(\hat{\boldsymbol{\beta}}_{\mathrm{NLS}}-\boldsymbol{\beta}_{\mathrm{NLS}})\xrightarrow{d}\mathcal{N}\left(\mathbf{0},\left(\mathbb{E}\left[\frac{\partial g(\boldsymbol{x},\boldsymbol{\beta})}{\partial\boldsymbol{\beta}}\frac{\partial g(\boldsymbol{x},\boldsymbol{\beta})}{\partial\boldsymbol{\beta}'}\bigg|_{\boldsymbol{\beta}_{\mathrm{NLS}}}\right]\right)^{-1}\boldsymbol{B}\left(\mathbb{E}\left[\frac{\partial g(\boldsymbol{x},\boldsymbol{\beta})}{\partial\boldsymbol{\beta}}\frac{\partial g(\boldsymbol{x},\boldsymbol{\beta})}{\partial\boldsymbol{\beta}'}\bigg|_{\boldsymbol{\beta}_{\mathrm{NLS}}}\right]\right)^{-1}\right)$$

$$\equiv\mathcal{N}(\mathbf{0},\boldsymbol{A}^{-1}\boldsymbol{B}\boldsymbol{A}^{-1})$$

故命题得证。

□

4. 系统最小二乘估计

到目前为止，我们所介绍的模型都是单方程模型。接下来介绍多方程模型或者系统方程模型。系统方程模型区别于单方程模型的显著特点是，**同一个体**(Generic Individual)**面临多个方程**。系统方程模型在计量经济学中的重要性体现在它的一般性上：显然，单方程模型可视为系统方程模型只含有一个方程的特殊情形，更为重要的是，系统方程模型涵盖了**看似不相关模型**(Seemingly Uncorrelated Model, SUR)、**面板数据模型**(Panel Data Model)、**联立方程组模型**(Simultaneous Equations Model)、**GMM 模型**(Generalized Method of Moments, GMM)以及时间序列分析中的经典模型——**向量自回归模型**(Vector Autoregression Model, VAR)等多个重要计量经济学模型。可以说，**深入理解系统方程模型的基本性质是打开这些模型学习大门的钥匙**。本节介绍的是线性系统方程模型的最小二乘估计方法，即**系统最小二乘估计**(SOLS)。此外，值得说明的是，**弄清系统方程模型矩阵符号的含义是理解系统模型的一个重要前提**，有鉴于此，本节在介绍 SOLS 方法的同时还重点对相关矩阵符号进行了说明。在本节读者将看到，重新定义模型符号后，系统最小二乘估计可以视作前述单方程最小二乘估计的自然推广，**系统最小二乘估计量性质的证明可以完全参照最小二乘估计量的情形**，因此本节不再重复相关证明过程。

4.1 模型设定与模型符号

为便于表述，我们将如下具有因果含义的系统方程模型作为模型设定的起点：

$$y_{ig}=\boldsymbol{x}'_{ig}\boldsymbol{\beta}_g^*+\epsilon_{ig}(g=1,2,\cdots,G)\text{或}\begin{cases}y_{i1}=\boldsymbol{x}'_{i1}\boldsymbol{\beta}_1^*+\epsilon_{i1}\\y_{i2}=\boldsymbol{x}'_{i2}\boldsymbol{\beta}_2^*+\epsilon_{i2}\\\cdots\cdots\cdots\cdots\\y_{iG}=\boldsymbol{x}'_{iG}\boldsymbol{\beta}_G^*+\epsilon_{iG}\end{cases}\tag{3-75}$$

其中，i 为表示个体的符号，g 为表示方程的符号，$\{\boldsymbol{\beta}_g^*,g=1,2,\cdots,G\}$ 为我们所关心的因果效应参数，$\{\epsilon_{ig},g=1,2,\cdots,G\}$ 为结构误差项，$\boldsymbol{x}'_{ig}$ 为 $1\times K_g$ 向量。可以看出，式(3-75)中共包含的方程个数为 G。该模型的设定具有很强的一般性：每个方程解释变量的个数(从而参数个数)既可以相同也可以不相同，每个方程中参数的取值既可相同，也可存在差异。

将式(3-75)写成矩阵形式则有：①

$$\underbrace{\begin{bmatrix}y_{i1}\\y_{i2}\\\vdots\\y_{iG}\end{bmatrix}}_{G\times1}=\underbrace{\begin{bmatrix}\boldsymbol{x}'_{i1}&\mathbf{0}&\cdots&\mathbf{0}\\\mathbf{0}&\boldsymbol{x}'_{i2}&\cdots&\mathbf{0}\\\vdots&\vdots&&\vdots\\\mathbf{0}&\mathbf{0}&\cdots&\boldsymbol{x}'_{iG}\end{bmatrix}}_{G\times(K_1+K_2+\cdots+K_G)}\underbrace{\begin{bmatrix}\boldsymbol{\beta}_1^*\\\boldsymbol{\beta}_2^*\\\vdots\\\boldsymbol{\beta}_G^*\end{bmatrix}}_{(K_1+K_2+\cdots+K_G)\times1}+\underbrace{\begin{bmatrix}\epsilon_{i1}\\\epsilon_{i2}\\\vdots\\\epsilon_{iG}\end{bmatrix}}_{G\times1}\tag{3-76}$$

式(3-76)可以进一步简洁地表示为：

$$\boldsymbol{y}_i=\boldsymbol{X}'_i\boldsymbol{\beta}^*+\boldsymbol{\epsilon}_i\tag{3-77}$$

① 假设 $t=1,2,\cdots,T$，$\boldsymbol{x}'_{it}$ 为 $1\times l$ 向量，那么对于参数随时期 t 变化的**面板数据模型** $y_{it}=\boldsymbol{x}'_{it}\boldsymbol{\beta}_t^*+\epsilon_{it}$，式(3-76)可以表示为：

$$\underbrace{\begin{bmatrix}y_{i1}\\y_{i2}\\\vdots\\y_{iT}\end{bmatrix}}_{T\times1}=\underbrace{\begin{bmatrix}\boldsymbol{x}'_{i1}&\mathbf{0}&\cdots&\mathbf{0}\\\mathbf{0}&\boldsymbol{x}'_{i2}&\cdots&\mathbf{0}\\\vdots&\vdots&&\vdots\\\mathbf{0}&\mathbf{0}&\cdots&\boldsymbol{x}'_{iT}\end{bmatrix}}_{T\times(T\times l)}\underbrace{\begin{bmatrix}\boldsymbol{\beta}_1^*\\\boldsymbol{\beta}_2^*\\\vdots\\\boldsymbol{\beta}_T^*\end{bmatrix}}_{(T\times l)\times1}+\underbrace{\begin{bmatrix}\epsilon_{i1}\\\epsilon_{i2}\\\vdots\\\epsilon_{iT}\end{bmatrix}}_{T\times1}$$

对于参数不随时期 t 变化的面板数据模型 $y_{it}=\boldsymbol{x}'_{it}\boldsymbol{\gamma}^*+\epsilon_{it}$，为与式(3-77)中的参数符号 $\boldsymbol{\beta}^*$ 区分，这里使用 $\boldsymbol{\gamma}^*$ 表示参数，式(3-76)可以表示为：

$$\underbrace{\begin{bmatrix}y_{i1}\\y_{i2}\\\vdots\\y_{iT}\end{bmatrix}}_{T\times1}=\underbrace{\begin{bmatrix}\boldsymbol{x}'_{i1}&\mathbf{0}&\cdots&\mathbf{0}\\\mathbf{0}&\boldsymbol{x}'_{i2}&\cdots&\mathbf{0}\\\vdots&\vdots&&\vdots\\\mathbf{0}&\mathbf{0}&\cdots&\boldsymbol{x}'_{iT}\end{bmatrix}}_{T\times(T\times l)}\underbrace{\begin{bmatrix}\boldsymbol{\gamma}^*\\\boldsymbol{\gamma}^*\\\vdots\\\boldsymbol{\gamma}^*\end{bmatrix}}_{(T\times l)\times1}+\underbrace{\begin{bmatrix}\epsilon_{i1}\\\epsilon_{i2}\\\vdots\\\epsilon_{iT}\end{bmatrix}}_{T\times1}$$

或者更加简洁地表示为：

$$\underbrace{\begin{bmatrix}y_{i1}\\y_{i2}\\\vdots\\y_{iT}\end{bmatrix}}_{T\times1}=\underbrace{\begin{bmatrix}\boldsymbol{x}'_{i1}\\\boldsymbol{x}'_{i2}\\\vdots\\\boldsymbol{x}'_{iT}\end{bmatrix}}_{T\times l}\underbrace{\boldsymbol{\gamma}^*}_{l\times1}+\underbrace{\begin{bmatrix}\epsilon_{i1}\\\epsilon_{i2}\\\vdots\\\epsilon_{iT}\end{bmatrix}}_{T\times1}$$

其中，$\boldsymbol{y}_i=\underbrace{\begin{bmatrix} y_{i1} \\ y_{i2} \\ \vdots \\ y_{iG} \end{bmatrix}}_{G\times 1}$，$\boldsymbol{X}_i'=\underbrace{\begin{bmatrix} \boldsymbol{x}_{i1}' & \boldsymbol{0} & \cdots & \boldsymbol{0} \\ \boldsymbol{0} & \boldsymbol{x}_{i2}' & \cdots & \boldsymbol{0} \\ \vdots & \vdots & & \vdots \\ \boldsymbol{0} & \boldsymbol{0} & \cdots & \boldsymbol{x}_{iG}' \end{bmatrix}}_{G\times(K_1+K_2+\cdots+K_G)}$，$\boldsymbol{\beta}^*=\underbrace{\begin{bmatrix} \boldsymbol{\beta}_1^* \\ \boldsymbol{\beta}_2^* \\ \vdots \\ \boldsymbol{\beta}_G^* \end{bmatrix}}_{(K_1+K_2+\cdots+K_G)\times 1}$，$\boldsymbol{\epsilon}_i=\underbrace{\begin{bmatrix} \epsilon_{i1} \\ \epsilon_{i2} \\ \vdots \\ \epsilon_{iG} \end{bmatrix}}_{G\times 1}$。

4.2 参数的识别与估计

以上给出了$\boldsymbol{y}_i$与$\boldsymbol{X}_i'$的具体含义，在此基础上，系统最小二乘参数$\boldsymbol{\beta}_{\text{SOLS}}$可以通过与最小二乘参数$\boldsymbol{\beta}_{\text{OLS}}$类似地方式定义：

$$\boldsymbol{\beta}_{\text{SOLS}}=\arg\min_{\{\boldsymbol{\beta}\in\mathscr{B}\}}\mathbb{E}\left[(\boldsymbol{y}_i-\boldsymbol{X}_i'\boldsymbol{\beta})'(\boldsymbol{y}_i-\boldsymbol{X}_i'\boldsymbol{\beta})\right] \tag{3-78}$$

与$\boldsymbol{\beta}_{\text{OLS}}$的识别类似，识别参数$\boldsymbol{\beta}_{\text{SOLS}}$需要如下假设：

SOLS 假设 1：$\mathbb{E}(\boldsymbol{X}_i\boldsymbol{X}_i')$可逆，即$\mathbb{E}(\boldsymbol{X}_i\boldsymbol{X}_i')$为满秩矩阵：

$$\text{rank}\left[\mathbb{E}(\boldsymbol{X}_i\boldsymbol{X}_i')\right]=K_1+K_2+\cdots+K_G\equiv K \tag{3-79}$$

在 **SOLS 假设 1** 成立的条件下，根据式(3-78)，$\boldsymbol{\beta}_{\text{SOLS}}$通过对目标函数$\mathbb{E}\left[(\boldsymbol{y}_i-\boldsymbol{X}_i'\boldsymbol{\beta})'(\boldsymbol{y}_i-\boldsymbol{X}_i'\boldsymbol{\beta})\right]$求解关于参数$\boldsymbol{\beta}$的一阶导数并令一阶导数等于$\mathbf{0}$来得到，即

$$\mathbb{E}\left[\boldsymbol{X}_i(\boldsymbol{y}_i-\boldsymbol{X}_i'\boldsymbol{\beta}_{\text{SOLS}})\right]=\mathbf{0} \tag{3-80}$$

整理式(3-80)可得：

$$\boldsymbol{\beta}_{\text{SOLS}}=\left[\mathbb{E}(\boldsymbol{X}_i\boldsymbol{X}_i')\right]^{-1}\mathbb{E}(\boldsymbol{X}_i\boldsymbol{y}_i) \tag{3-81}$$

定义$\boldsymbol{e}_i=\boldsymbol{y}_i-\boldsymbol{X}_i'\boldsymbol{\beta}_{\text{SOLS}}$，可得系统回归方程：

$$\boldsymbol{y}_i=\boldsymbol{X}_i'\boldsymbol{\beta}_{\text{SOLS}}+\boldsymbol{e}_i \tag{3-82}$$

可以看出，式(3-80)给出的回归方程与式(3-77)给出的因果方程的区别与单方程情形类似，这里不再赘述。对于式(3-81)应用**类比原则**(Analogy Principle)可以得到系统最小二乘估计量：

$$\hat{\boldsymbol{\beta}}_{\text{SOLS}}=\left(\sum_{i=1}^N\boldsymbol{X}_i\boldsymbol{X}_i'\right)^{-1}\left(\sum_{i=1}^N\boldsymbol{X}_i\boldsymbol{y}_i\right) \tag{3-83}$$

式(3-83)还可以进一步简洁地表述为：

$$\hat{\boldsymbol{\beta}}_{\text{SOLS}}=(\underbrace{\boldsymbol{X}'\boldsymbol{X}}_{K\times K})^{-1}(\underbrace{\boldsymbol{X}'\boldsymbol{y}}_{K\times 1}) \tag{3-84}$$

其中，$\boldsymbol{X}=\underbrace{\begin{bmatrix} \boldsymbol{X}_1' \\ \boldsymbol{X}_2' \\ \vdots \\ \boldsymbol{X}_N' \end{bmatrix}}_{(N\times G)\times K}$，$\boldsymbol{y}=\underbrace{\begin{bmatrix} \boldsymbol{y}_1 \\ \boldsymbol{y}_2 \\ \vdots \\ \boldsymbol{y}_N \end{bmatrix}}_{(N\times G)\times 1}$。

为更加清楚地看清式(3-84)中矩阵符号的内部结构，我们将其中的矩阵符号逐步打开则有：

$$\begin{aligned}\hat{\boldsymbol{\beta}}_{\text{SOLS}}&=(\boldsymbol{X}'\boldsymbol{X})^{-1}(\boldsymbol{X}'\boldsymbol{y})\\&=\left(\sum_{i=1}^N\boldsymbol{X}_i\boldsymbol{X}_i'\right)^{-1}\left(\sum_{i=1}^N\boldsymbol{X}_i\boldsymbol{y}_i\right)\end{aligned}$$

$$=\left(\sum_{i=1}^{N}\begin{bmatrix}\boldsymbol{x}_{i1}&\mathbf{0}&\cdots&\mathbf{0}\\\mathbf{0}&\boldsymbol{x}_{i2}&\cdots&\mathbf{0}\\\vdots&\vdots&&\vdots\\\mathbf{0}&\mathbf{0}&\cdots&\boldsymbol{x}_{iG}\end{bmatrix}\begin{bmatrix}\boldsymbol{x}_{i1}'&\mathbf{0}&\cdots&\mathbf{0}\\\mathbf{0}&\boldsymbol{x}_{i2}'&\cdots&\mathbf{0}\\\vdots&\vdots&&\vdots\\\mathbf{0}&\mathbf{0}&\cdots&\boldsymbol{x}_{iG}'\end{bmatrix}\right)^{-1}\left(\sum_{i=1}^{N}\begin{bmatrix}\boldsymbol{x}_{i1}&\mathbf{0}&\cdots&\mathbf{0}\\\mathbf{0}&\boldsymbol{x}_{i2}&\cdots&\mathbf{0}\\\vdots&\vdots&&\vdots\\\mathbf{0}&\mathbf{0}&\cdots&\boldsymbol{x}_{iG}\end{bmatrix}\begin{bmatrix}y_{i1}\\y_{i2}\\\vdots\\y_{iG}\end{bmatrix}\right)$$

$$=\begin{bmatrix}\left(\sum_{i=1}^{N}\boldsymbol{x}_{i1}\boldsymbol{x}_{i1}'\right)^{-1}&\mathbf{0}&\cdots&\mathbf{0}\\\mathbf{0}&\left(\sum_{i=1}^{N}\boldsymbol{x}_{i2}\boldsymbol{x}_{i2}'\right)^{-1}&\cdots&\mathbf{0}\\\vdots&\vdots&&\vdots\\\mathbf{0}&\mathbf{0}&\cdots&\left(\sum_{i=1}^{N}\boldsymbol{x}_{iG}\boldsymbol{x}_{iG}'\right)^{-1}\end{bmatrix}\begin{bmatrix}\sum_{i=1}^{N}\boldsymbol{x}_{i1}\boldsymbol{y}_{i1}\\\sum_{i=1}^{N}\boldsymbol{x}_{i2}\boldsymbol{y}_{i2}\\\vdots\\\sum_{i=1}^{N}\boldsymbol{x}_{i1}\boldsymbol{y}_{iG}\end{bmatrix}$$

$$=\begin{bmatrix}\left(\sum_{i=1}^{N}\boldsymbol{x}_{i1}\boldsymbol{x}_{i1}'\right)^{-1}\sum_{i=1}^{N}\boldsymbol{x}_{i1}y_{i1}\\\left(\sum_{i=1}^{N}\boldsymbol{x}_{i2}\boldsymbol{x}_{i2}'\right)^{-1}\sum_{i=1}^{N}\boldsymbol{x}_{i2}y_{i2}\\\vdots\\\left(\sum_{i=1}^{N}\boldsymbol{x}_{iG}\boldsymbol{x}_{iG}'\right)^{-1}\sum_{i=1}^{N}\boldsymbol{x}_{iG}y_{iG}\end{bmatrix}\tag{3-85}$$

根据式(3-83)可知，系统最小二乘估计量$\hat{\boldsymbol{\beta}}_{\text{SOLS}}$可以通过$\boldsymbol{y}_i$对$\boldsymbol{X}_i$进行 OLS 回归来直接得到。除此之外，从式(3-85)中可以清楚地看到，$\hat{\boldsymbol{\beta}}_{\text{SOLS}}$还可以使用系统方程中每一个方程分别回归来得到。具体而言，$\hat{\boldsymbol{\beta}}_{\text{SOLS}}$中方程 g 所对应的$\hat{\boldsymbol{\beta}}_{g,\text{SOLS}}$可以使用$y_{ig}$对$\boldsymbol{x}_{ig}$进行 OLS 回归的方式来获得。

4.3 系统最小二乘估计量的大样本性质

本小节介绍系统最小二乘估计量$\hat{\boldsymbol{\beta}}_{\text{SOLS}}$的大样本性质，这与最小二乘估计量$\hat{\boldsymbol{\beta}}_{\text{OLS}}$非常类似。

SOLS 假设 2：结构误差项$\boldsymbol{\epsilon}_i$与解释变量$\boldsymbol{X}_i$不相关，即

$$\text{Cov}(\boldsymbol{X}_i',\boldsymbol{\epsilon}_i)=\mathbf{0}\tag{3-86}$$

这里需要说明的是，由于我们假定了解释变量中含有常数项，因此$\mathbb{E}(\boldsymbol{\epsilon}_i)=\mathbf{0}$，从而意味着 $\text{Cov}(\boldsymbol{X}_i',\boldsymbol{\epsilon}_i)=\mathbf{0}$ 等价于$\mathbb{E}(\boldsymbol{\epsilon}_i'\boldsymbol{\epsilon}_i)=\mathbf{0}$。

命题 3.19：在 **SOLS 假设 1** 与 **SOLS 假设 2** 成立的条件下，系统最小二乘估计量$\hat{\boldsymbol{\beta}}_{\text{SOLS}}$是$\boldsymbol{\beta}^*$的一致估计量，即：

$$\text{Plim}\,\hat{\boldsymbol{\beta}}_{\text{SOLS}}=\boldsymbol{\beta}^*\tag{3-87}$$

证明：

命题 3.19 的证明过程与命题 3.7 类似，从略。只需要将命题 3.7 证明过程中所出现的$\boldsymbol{x}_i$

与 $\boldsymbol{x}_i$ 替换为$\boldsymbol{X}_i$，将ϵ_i替换为$\boldsymbol{\epsilon}_i$即可证明命题 3.19。

□

命题 3.20：若假设**独立同分布**($i.i.d$)数据生成过程，那么在 **SOLS 假设 1** 与 **SOLS 假设 2** 成立的条件下，可以得到$\sqrt{N}(\hat{\boldsymbol{\beta}}_{\text{SOLS}}-\boldsymbol{\beta}^*)$的极限分布为：

$$\sqrt{N}(\hat{\boldsymbol{\beta}}_{\text{SOLS}}-\boldsymbol{\beta}^*)\xrightarrow{d}\mathcal{N}(\mathbf{0},[\mathbb{E}(\boldsymbol{X}_i\boldsymbol{X}_i')]^{-1}\mathbb{E}(\boldsymbol{X}_i\boldsymbol{\epsilon}_i\boldsymbol{\epsilon}_i'\boldsymbol{X}_i')[\mathbb{E}(\boldsymbol{X}_i\boldsymbol{X}_i')]^{-1}) \tag{3-88}$$

证明：

命题 3.20 的证明过程与命题 3.8 类似，从略。只需要将命题 3.8 证明过程中所出现的$\boldsymbol{x}_i$与 $\boldsymbol{x}$ 替换为$\boldsymbol{X}_i$，将ϵ_i替换为$\boldsymbol{\epsilon}_i$即可证明命题 3.20。

□

在独立同分布数据生成过程下，为了保证估计量的有效性，通常对条件方差协方差矩阵$\mathbb{E}(\boldsymbol{\epsilon}_i\boldsymbol{\epsilon}_i'\mid\boldsymbol{X}_i)$施加一定的限制。

SOLS 假设 3：条件(Conditional)**同方差和无自相关假定**(Homoskedasticity and Non-autocorrelation)：

$$\mathbb{E}(\boldsymbol{\epsilon}_i\boldsymbol{\epsilon}_i'\mid\boldsymbol{X}_i)=\begin{bmatrix}\sigma^2 & & & \\ & \sigma^2 & & \\ & & \ddots & \\ & & & \sigma^2\end{bmatrix}=\sigma^2\underset{G\times G}{\boldsymbol{I}} \tag{3-89}$$

值得注意的是，**SOLS 假设 3** 未对$\mathbb{E}(\boldsymbol{\epsilon}_i\boldsymbol{\epsilon}_j'\mid\boldsymbol{X}_i,\boldsymbol{X}_j)(i\neq j)$做出限定。

命题 3.21：若假设**独立同分布**($i.i.d$)数据生成过程，那么在 **SOLS 假设 1**，**SOLS 假设 2** 以及 **SOLS 假设 3** 成立的条件下，可以得到$\sqrt{N}(\hat{\boldsymbol{\beta}}_{\text{SOLS}}-\boldsymbol{\beta}^*)$的极限分布为：

$$\sqrt{N}(\hat{\boldsymbol{\beta}}_{\text{SOLS}}-\boldsymbol{\beta}^*)\xrightarrow{d}\mathcal{N}(\mathbf{0},\sigma^2[\mathbb{E}(\boldsymbol{X}_i\boldsymbol{X}_i')]^{-1}) \tag{3-90}$$

命题 3.22：若假设**非独立同分布**数据生成过程，那么在 **SOLS 假设 1** 与 **SOLS 假设 5** 成立的条件下，可以得到$\sqrt{N}(\hat{\boldsymbol{\beta}}_{\text{SOLS}}-\boldsymbol{\beta}^*)$的极限分布为：

$$\sqrt{N}(\hat{\boldsymbol{\beta}}_{\text{SOLS}}-\boldsymbol{\beta}^*)\xrightarrow{d}\mathcal{N}\left(\mathbf{0},\left[\mathbb{E}\left(\frac{\boldsymbol{X}'\boldsymbol{X}}{N}\right)\right]^{-1}\mathbb{E}\left(\frac{\boldsymbol{X}'\boldsymbol{\epsilon}\boldsymbol{\epsilon}'\boldsymbol{X}}{N}\right)\left[\mathbb{E}\left(\frac{\boldsymbol{X}'\boldsymbol{X}}{N}\right)\right]^{-1}\right) \tag{3-91}$$

证明：

命题 3.21 的证明过程完全类似于命题 3.11，从略。

□

与独立同分布数据生成过程类似，在非独立同分布数据生成过程下，为了保证估计量的有效性，通常对条件方差协方差矩阵$\mathbb{E}(\boldsymbol{\epsilon}\boldsymbol{\epsilon}'\mid\boldsymbol{X})$施加一定的限制。

SOLS 假设 4：误差项**条件**(Conditional)**同方差和无自相关假定**(Homoskedasticity and Non-autocorrelation)：

$$\mathbb{E}(\boldsymbol{\epsilon}\boldsymbol{\epsilon}'\mid\boldsymbol{X})=\begin{bmatrix}\sigma^2 & & & \\ & \sigma^2 & & \\ & & \ddots & \\ & & & \sigma^2\end{bmatrix}=\sigma^2\underset{(N\times G)\times(N\times G)}{\boldsymbol{I}} \tag{3-92}$$

命题 3.23：若假设**非独立同分布**数据生成过程，那么在 **SOLS 假设 1**，**SOLS 假设 2** 以及 **SOLS 假设 4** 成立的条件下，可以得到$\sqrt{N}(\hat{\boldsymbol{\beta}}_{\mathrm{SOLS}}-\boldsymbol{\beta}^*)$的极限分布为：

$$\sqrt{N}(\hat{\boldsymbol{\beta}}_{\mathrm{SOLS}}-\boldsymbol{\beta}^*)\xrightarrow{d}\mathcal{N}\left(\mathbf{0},\ \sigma^2\left[\mathbb{E}\left(\frac{\boldsymbol{X}'\boldsymbol{X}}{N}\right)\right]^{-1}\right) \tag{3-93}$$

5. 广义最小二乘法

考虑到单方程模型可视为只包含一个方程的特殊系统方程模型，本节以**式(3-75)给出的系统方程模型为例**(方程与解释变量个数分别为 G 和 K)来介绍**广义最小二乘法**(Generalized Least Squares,GLS)及其可行形式——**可行广义最小二乘法**(Feasible Generalized Least Squares, FGLS)。根据初(中)级计量经济学所介绍的**高斯马尔可夫定理**(Gauss-Markov Theorem)我们知道，在条件同方差和无自相关假定下，估计量是有效的。然而在实践中，条件同方差和无自相关是一个非常强的限定。该情形下，往往可以通过广义最小二乘方法提升估计量的有效性。简单地讲，广义最小二乘方法就是首先对变量进行加权处理，然后再利用加权后的变量进行 OLS 回归。在本节，读者将看到**广义最小二乘方法提升估计量的有效性并不是没有成本**，其成本是为了保证估计量一致性需要对模型施加更强的假定。

5.1 参数的识别与估计

将误差项**条件**方差协方差矩阵$\mathbb{E}(\boldsymbol{\epsilon}\boldsymbol{\epsilon}'\mid\boldsymbol{X})$记为 $\boldsymbol{\Omega}$，即

$$\underbrace{\boldsymbol{\Omega}}_{(N\times G)\times(N\times G)}\equiv\mathbb{E}(\boldsymbol{\epsilon}\boldsymbol{\epsilon}'\mid\boldsymbol{X}) \tag{3-94}$$

GLS 假设 1：条件方差协方差矩阵 $\boldsymbol{\Omega}$ 可逆，即

$$\operatorname{rank}(\boldsymbol{\Omega})=N\times G \tag{3-95}$$

定义$\boldsymbol{y}^*\equiv\boldsymbol{\Omega}^{-\frac{1}{2}}\boldsymbol{y}$，$\boldsymbol{X}^*\equiv\boldsymbol{\Omega}^{-\frac{1}{2}}\boldsymbol{X}$，将$\boldsymbol{y}^*$和$\boldsymbol{X}^*$中个体 i 所对应的部分对应记为$\boldsymbol{y}_i^*$和$\boldsymbol{X}_i^*$，① 那么 GLS 参数$\boldsymbol{\beta}_{\mathrm{GLS}}$的定义则由如下等式给出：

$$\boldsymbol{\beta}_{\mathrm{GLS}}=\arg\min_{\{\boldsymbol{\beta}\in\mathscr{B}\}}\mathbb{E}\left[(\boldsymbol{y}_i^*-\boldsymbol{X}_i^{*\prime}\boldsymbol{\beta})'(\boldsymbol{y}_i^*-\boldsymbol{X}_i^{*\prime}\boldsymbol{\beta})\right] \tag{3-96}$$

与前述式(3-3)或者式(3-78)进行比较可以发现，式(3-96)意味着利用$\boldsymbol{y}_i^*$对$\boldsymbol{X}_i^*$进行 OLS 回归。

GLS 假设 2：$\mathbb{E}(\boldsymbol{X}_i^*\boldsymbol{X}_i^{*\prime})$可逆，即$\mathbb{E}(\boldsymbol{X}_i^*\boldsymbol{X}_i^{*\prime})$为满秩矩阵：

$$\operatorname{rank}\left[\mathbb{E}(\boldsymbol{X}_i^*\boldsymbol{X}_i^{*\prime})\right]=K \tag{3-97}$$

与推导 OLS 参数$\boldsymbol{\beta}_{\mathrm{OLS}}$和 SOLS 参数$\boldsymbol{\beta}_{\mathrm{SOLS}}$表达式的方法类似，在 **GLS 假设 1** 与 **GLS 假设 2**

---

① 矩阵符号$\boldsymbol{y}^*$和$\boldsymbol{X}^*$的具体结构为：

$$\boldsymbol{X}^*=\underbrace{\begin{bmatrix}\boldsymbol{X}_1^{*\prime}\\ \boldsymbol{X}_2^{*\prime}\\ \vdots\\ \boldsymbol{X}_N^{*\prime}\end{bmatrix}}_{(N\times G)\times K},\quad \boldsymbol{y}^*=\underbrace{\begin{bmatrix}\boldsymbol{y}_1^*\\ \boldsymbol{y}_2^*\\ \vdots\\ \boldsymbol{y}_N^*\end{bmatrix}}_{(N\times G)\times 1}$$

成立的条件下，可以很容易得到 GLS 参数$\boldsymbol{\beta}_{\text{GLS}}$的表达式：

$$\boldsymbol{\beta}_{\text{GLS}}=[\mathbb{E}(\boldsymbol{X}_i^*\boldsymbol{X}_i^{*\prime})]^{-1}\mathbb{E}(\boldsymbol{X}_i^*\boldsymbol{y}_i^*) \tag{3-98}$$

因此，**GLS 估计量**$\hat{\boldsymbol{\beta}}_{\text{GLS}}$的具体表达式为：①

$$\begin{aligned}\hat{\boldsymbol{\beta}}_{\text{GLS}}&=\left(\sum_{i=1}^{N}\boldsymbol{X}_i^*\ \boldsymbol{X}_i^{*\prime}\right)^{-1}\left(\sum_{i=1}^{N}\boldsymbol{X}_i^*\ \boldsymbol{y}_i^*\right)\\&=(\boldsymbol{X}^{*\prime}\boldsymbol{X}^*)^{-1}(\boldsymbol{X}^{*\prime}\boldsymbol{y}^*)\\&=(\boldsymbol{X}'\boldsymbol{\Omega}^{-1}\boldsymbol{X})^{-1}(\boldsymbol{X}'\boldsymbol{\Omega}^{-1}\boldsymbol{y})\end{aligned} \tag{3-99}$$

其中，第一个等式用到的是类比法则，最后一个等式利用的是$\boldsymbol{y}^*\equiv\boldsymbol{\Omega}^{-\frac{1}{2}}\boldsymbol{y}$，$\boldsymbol{X}^*\equiv\boldsymbol{\Omega}^{-\frac{1}{2}}\boldsymbol{X}$这两个定义式。

5.2 GLS 估计量的大样本性质

本小节具体介绍 GLS 估计量的大样本性质。与系统最小二乘估计量$\hat{\boldsymbol{\beta}}_{\text{SOLS}}$相比，为保证 GLS 估计量$\hat{\boldsymbol{\beta}}_{\text{GLS}}$是$\boldsymbol{\beta}^*$的一致估计量需要施加更强的独立性假定。

GLS 假设 3：强外生性假定

$$\mathbb{E}(\boldsymbol{X}\otimes\boldsymbol{\epsilon})=\mathbf{0} \tag{3-100}$$

注意到，**GLS 假设 3** 要求 $\boldsymbol{X}$ 中的每一个元素与 $\boldsymbol{\epsilon}$ 中的每一个元素都两两不相关，这是一个非常强的限定。具体地，误差项$\boldsymbol{\epsilon}_i$不但不能与个体 i 自身所对应的解释变量$\boldsymbol{X}_i'$相关，也不能与任一其他个体的解释变量$\boldsymbol{X}_j'$相关。显然，**GLS 假设 3** 显著强于 **SOLS 假设 2**。

命题 3.24：在 **GLS 假设 1**，**GLS 假设 2** 与 **GLS 假设 3** 成立的条件下，广义最小二乘估计量$\hat{\boldsymbol{\beta}}_{\text{GLS}}$是$\boldsymbol{\beta}^*$的一致估计量，即：

$$\text{Plim}\,\hat{\boldsymbol{\beta}}_{\text{GLS}}=\boldsymbol{\beta}^* \tag{3-101}$$

证明：

$$\begin{aligned}\text{Plim}\,\hat{\boldsymbol{\beta}}_{\text{GLS}}&=\text{Plim}[(\boldsymbol{X}'\boldsymbol{\Omega}^{-1}\boldsymbol{X})^{-1}(\boldsymbol{X}'\boldsymbol{\Omega}^{-1}\boldsymbol{y})]\\&=\text{Plim}\{(\boldsymbol{X}'\boldsymbol{\Omega}^{-1}\boldsymbol{X})^{-1}[\boldsymbol{X}'\boldsymbol{\Omega}^{-1}(\boldsymbol{X}\boldsymbol{\beta}^*+\boldsymbol{\epsilon})]\}\\&=\boldsymbol{\beta}^*+\text{Plim}[(\boldsymbol{X}'\boldsymbol{\Omega}^{-1}\boldsymbol{X})^{-1}(\boldsymbol{X}'\boldsymbol{\Omega}^{-1}\boldsymbol{\epsilon})]\\&=\boldsymbol{\beta}^*+\text{Plim}\left[\left(\frac{1}{N}\boldsymbol{X}'\boldsymbol{\Omega}^{-1}\boldsymbol{X}\right)^{-1}\right]\text{Plim}\left(\frac{1}{N}\boldsymbol{X}'\boldsymbol{\Omega}^{-1}\boldsymbol{\epsilon}\right)\\&=\boldsymbol{\beta}^*+\left[\mathbb{E}\left(\frac{1}{N}\boldsymbol{X}'\boldsymbol{\Omega}^{-1}\boldsymbol{X}\right)\right]^{-1}\mathbb{E}\left(\frac{1}{N}\boldsymbol{X}'\boldsymbol{\Omega}^{-1}\boldsymbol{\epsilon}\right)\\&=\boldsymbol{\beta}^*+\mathbf{0}=\boldsymbol{\beta}^*\end{aligned}$$

其中，第二个等式利用**因果模型** $\boldsymbol{y}=\boldsymbol{X}\boldsymbol{\beta}^*+\boldsymbol{\epsilon}$ 替换 $\boldsymbol{y}$。第四个等式利用的是**斯勒茨基定理**，第五

---

① 事实上，将式$\hat{\boldsymbol{\beta}}_{\text{SOLS}}=(\boldsymbol{X}'\boldsymbol{X})^{-1}(\boldsymbol{X}'\boldsymbol{y})$中的 $\boldsymbol{X}$ 和 $\boldsymbol{y}$ 替换为$\boldsymbol{X}^*$与$\boldsymbol{y}^*$可直接得到$\hat{\boldsymbol{\beta}}_{\text{GLS}}=(\boldsymbol{X}^{*\prime}\boldsymbol{X}^*)^{-1}(\boldsymbol{X}^{*\prime}\boldsymbol{y}^*)=(\boldsymbol{X}'\boldsymbol{\Omega}^{-1}\boldsymbol{X})^{-1}\cdot(\boldsymbol{X}'\boldsymbol{\Omega}^{-1}\boldsymbol{y})$。采用正文中较为复杂的方式来推导$\hat{\boldsymbol{\beta}}_{\text{GLS}}$的表达式是为了与前述$\hat{\boldsymbol{\beta}}_{\text{OLS}}$，$\hat{\boldsymbol{\beta}}_{\text{NLS}}$以及$\hat{\boldsymbol{\beta}}_{\text{SOLS}}$等估计量的获取方式保持一致。

个等式利用了**大数定律**。最后，$\mathbb{E}\left(\frac{1}{N}\boldsymbol{X}'\boldsymbol{\Omega}^{-1}\boldsymbol{\epsilon}\right)=\mathbf{0}$ 用到了 **GLS 假设 3**。具体地，基于克罗内克乘积的性质 $\mathrm{vec}(\boldsymbol{ABC})=(\boldsymbol{C}'\otimes\boldsymbol{A})\mathrm{vec}(\boldsymbol{B})$ 得 $\mathrm{vec}(\boldsymbol{X}'\boldsymbol{\Omega}^{-1}\boldsymbol{\epsilon})=(\boldsymbol{\epsilon}'\otimes\boldsymbol{X}')\mathrm{vec}(\boldsymbol{\Omega}^{-1})$（参见第二章数学基础），因此如果 $\mathbb{E}(\boldsymbol{X}\otimes\boldsymbol{\epsilon})=\mathbf{0}$ 成立，则有 $\mathbb{E}[\mathrm{vec}(\boldsymbol{X}'\boldsymbol{\Omega}^{-1}\boldsymbol{\epsilon})]=\mathbb{E}[(\boldsymbol{\epsilon}'\otimes\boldsymbol{X}')\mathrm{vec}(\boldsymbol{\Omega}^{-1})]=[\mathbb{E}(\boldsymbol{\epsilon}'\otimes\boldsymbol{X}')]\mathrm{vec}(\boldsymbol{\Omega}^{-1})=\mathbf{0}$。

故命题得证。

□

现在来介绍 $\sqrt{N}(\hat{\boldsymbol{\beta}}_{\mathrm{GLS}}-\boldsymbol{\beta}^*)$ 的极限分布。$\sqrt{N}(\hat{\boldsymbol{\beta}}_{\mathrm{GLS}}-\boldsymbol{\beta}^*)$ 的极限分布由如下命题 3.25 具体给出。

命题 3.25：在 **GLS 假设 1**，**GLS 假设 2** 以及 **GLS 假设 3** 成立的条件下，$\sqrt{N}(\hat{\boldsymbol{\beta}}_{\mathrm{GLS}}-\boldsymbol{\beta}_{\mathrm{GLS}})$ 的极限分布为：

$$\sqrt{N}(\hat{\boldsymbol{\beta}}_{\mathrm{GLS}}-\boldsymbol{\beta}^*)\xrightarrow{d}\mathcal{N}\left(\mathbf{0},\ \left[\mathbb{E}\left(\frac{1}{N}\boldsymbol{X}'\boldsymbol{\Omega}^{-1}\boldsymbol{X}\right)\right]^{-1}\right)\tag{3-102}$$

证明：

类似于前述命题 3.8 的证明，可以很容易得到：

$$\sqrt{N}(\hat{\boldsymbol{\beta}}_{\mathrm{GLS}}-\boldsymbol{\beta}^*)=\left[\mathbb{E}\left(\frac{1}{N}\boldsymbol{X}'\boldsymbol{\Omega}^{-1}\boldsymbol{X}\right)\right]^{-1}\sqrt{N}\left(\frac{1}{N}\boldsymbol{X}'\boldsymbol{\Omega}^{-1}\boldsymbol{\epsilon}\right)+o_p(1)$$

因此，$\left[\mathbb{E}\left(\frac{1}{N}\boldsymbol{X}'\boldsymbol{\Omega}^{-1}\boldsymbol{X}\right)\right]^{-1}\sqrt{N}\left(\frac{1}{N}\boldsymbol{X}'\boldsymbol{\Omega}^{-1}\boldsymbol{\epsilon}\right)$ 与 $\sqrt{N}(\hat{\boldsymbol{\beta}}_{\mathrm{GLS}}-\boldsymbol{\beta}^*)$ 具有相同的极限分布。对于 $\sqrt{N}\left(\frac{1}{N}\boldsymbol{X}'\boldsymbol{\Omega}^{-1}\boldsymbol{\epsilon}\right)$ 应用中心极限定理可得：

$$\begin{aligned}
\sqrt{N}\left(\frac{1}{N}\boldsymbol{X}'\boldsymbol{\Omega}^{-1}\boldsymbol{\epsilon}\right)&\xrightarrow{d}\mathcal{N}\left((\mathbf{0},\ \mathrm{Var}\left[\sqrt{N}\left(\frac{1}{N}\boldsymbol{X}'\boldsymbol{\Omega}^{-1}\boldsymbol{\epsilon}\right)\right]\right)\\
&=\mathcal{N}\left(\mathbf{0},\ \mathbb{E}\left(\frac{1}{N}\boldsymbol{X}'\boldsymbol{\Omega}^{-1}\boldsymbol{\epsilon}\boldsymbol{\epsilon}'\boldsymbol{\Omega}^{-1}\boldsymbol{X}\right)\right)\\
&=\mathcal{N}\left(\mathbf{0},\ \mathbb{E}\left[\frac{1}{N}\boldsymbol{X}'\boldsymbol{\Omega}^{-1}\mathbb{E}(\boldsymbol{\epsilon}\boldsymbol{\epsilon}'\mid\boldsymbol{X})\boldsymbol{\Omega}^{-1}\boldsymbol{X}\right]\right)\\
&=\mathcal{N}\left(\mathbf{0},\ \mathbb{E}\left[\frac{1}{N}\boldsymbol{X}'\boldsymbol{\Omega}^{-1}\boldsymbol{X}\right]\right)
\end{aligned}$$

其中，第二个等式利用了迭代期望定律。

因此最终可以得到：

$$\begin{aligned}
\sqrt{N}(\hat{\boldsymbol{\beta}}_{\mathrm{GLS}}-\boldsymbol{\beta}^*)&\xrightarrow{d}\mathcal{N}\left(\mathbf{0},\ \left[\mathbb{E}\left(\frac{1}{N}\boldsymbol{X}'\boldsymbol{\Omega}^{-1}\boldsymbol{X}\right)\right]^{-1}\mathbb{E}\left[\frac{1}{N}\boldsymbol{X}'\boldsymbol{\Omega}^{-1}\boldsymbol{X}\right]\left[\mathbb{E}\left(\frac{1}{N}\boldsymbol{X}'\boldsymbol{\Omega}^{-1}\boldsymbol{X}\right)\right]^{-1}\right)\\
&=\mathcal{N}\left(\mathbf{0},\ \left[\mathbb{E}\left(\frac{1}{N}\boldsymbol{X}'\boldsymbol{\Omega}^{-1}\boldsymbol{X}\right)\right]^{-1}\right)
\end{aligned}$$

故命题得证。

□

命题 3.26：在 **SOLS 假设 1**，**GLS 假设 1**，**GLS 假设 2** 以及 **GLS 假设 3** 成立的条件下，

GLS 估计量比 SOLS 估计量有效。即$\left[\mathbb{E}\left(\frac{\boldsymbol{X}'\boldsymbol{X}}{N}\right)\right]^{-1}\mathbb{E}\left(\frac{\boldsymbol{X}'\boldsymbol{\epsilon}\boldsymbol{\epsilon}'\boldsymbol{X}}{N}\right)\left[\mathbb{E}\left(\frac{\boldsymbol{X}'\boldsymbol{X}}{N}\right)\right]^{-1}-\left[\mathbb{E}\left(\frac{1}{N}\boldsymbol{X}'\boldsymbol{\Omega}^{-1}\boldsymbol{X}\right)\right]^{-1}$为半正定矩阵。

证明：

为证明矩阵$\left[\mathbb{E}\left(\frac{\boldsymbol{X}'\boldsymbol{X}}{N}\right)\right]^{-1}\mathbb{E}\left(\frac{\boldsymbol{X}'\boldsymbol{\epsilon}\boldsymbol{\epsilon}'\boldsymbol{X}}{N}\right)\left[\mathbb{E}\left(\frac{\boldsymbol{X}'\boldsymbol{X}}{N}\right)\right]^{-1}-\left[\mathbb{E}\left(\frac{1}{N}\boldsymbol{X}'\boldsymbol{\Omega}^{-1}\boldsymbol{X}\right)\right]^{-1}$为半正定矩阵，只需证明矩阵$\mathbb{E}\left(\frac{1}{N}\boldsymbol{X}'\boldsymbol{\Omega}^{-1}\boldsymbol{X}\right)-\mathbb{E}\left(\frac{\boldsymbol{X}'\boldsymbol{X}}{N}\right)\left[\mathbb{E}\left(\frac{\boldsymbol{X}'\boldsymbol{\epsilon}\boldsymbol{\epsilon}'\boldsymbol{X}}{N}\right)\right]^{-1}\mathbb{E}\left(\frac{\boldsymbol{X}'\boldsymbol{X}}{N}\right)$为半正定矩阵。

定义$\boldsymbol{G}\equiv\boldsymbol{\Omega}^{-\frac{1}{2}}\boldsymbol{X}$，$\boldsymbol{W}\equiv\boldsymbol{\Omega}^{\frac{1}{2}}\boldsymbol{X}$可得：

$$\begin{aligned}
&\mathbb{E}\left(\frac{1}{N}\boldsymbol{X}'\boldsymbol{\Omega}^{-1}\boldsymbol{X}\right)-\mathbb{E}\left(\frac{\boldsymbol{X}'\boldsymbol{X}}{N}\right)\left[\mathbb{E}\left(\frac{\boldsymbol{X}'\boldsymbol{\epsilon}\boldsymbol{\epsilon}'\boldsymbol{X}}{N}\right)\right]^{-1}\mathbb{E}\left(\frac{\boldsymbol{X}'\boldsymbol{X}}{N}\right)\\
=&\mathbb{E}\left(\frac{1}{N}\boldsymbol{X}'\boldsymbol{\Omega}^{-1}\boldsymbol{X}\right)-\mathbb{E}\left(\frac{\boldsymbol{X}'\boldsymbol{X}}{N}\right)\left[\mathbb{E}\left(\frac{\boldsymbol{X}'\mathbb{E}(\boldsymbol{\epsilon}\boldsymbol{\epsilon}'\mid\boldsymbol{X})\boldsymbol{X}}{N}\right)\right]^{-1}\mathbb{E}\left(\frac{\boldsymbol{X}'\boldsymbol{X}}{N}\right)\\
\equiv&\frac{1}{N}[\mathbb{E}(\boldsymbol{G}'\boldsymbol{G})-\mathbb{E}(\boldsymbol{G}'\boldsymbol{W})[\mathbb{E}(\boldsymbol{W}'\boldsymbol{W})]^{-1}\mathbb{E}(\boldsymbol{W}'\boldsymbol{G})]\\
=&\frac{1}{N}\mathbb{E}\{[\boldsymbol{G}-\boldsymbol{W}[\mathbb{E}(\boldsymbol{W}'\boldsymbol{W})]^{-1}\mathbb{E}(\boldsymbol{W}'\boldsymbol{G})]'[\boldsymbol{G}-\boldsymbol{W}[\mathbb{E}(\boldsymbol{W}'\boldsymbol{W})]^{-1}\mathbb{E}(\boldsymbol{W}'\boldsymbol{G})]\}\\
\equiv&\frac{1}{N}\mathbb{E}(\boldsymbol{R}'\boldsymbol{R})
\end{aligned}$$

其中，第一个等式用到了迭代期望定律，$\boldsymbol{R}\equiv\boldsymbol{G}-\boldsymbol{W}[\mathbb{E}(\boldsymbol{W}'\boldsymbol{W})]^{-1}\mathbb{E}(\boldsymbol{W}'\boldsymbol{G})$。

所以，$\mathbb{E}\left(\frac{1}{N}\boldsymbol{X}'\boldsymbol{\Omega}^{-1}\boldsymbol{X}\right)-\mathbb{E}\left(\frac{\boldsymbol{X}'\boldsymbol{X}}{N}\right)\left[\mathbb{E}\left(\frac{\boldsymbol{X}'\boldsymbol{\epsilon}\boldsymbol{\epsilon}'\boldsymbol{X}}{N}\right)\right]^{-1}\mathbb{E}\left(\frac{\boldsymbol{X}'\boldsymbol{X}}{N}\right)$为半正定矩阵。

故命题得证。

□

5.3 GLS 方法的关键——对于 $\boldsymbol{\Omega}$ 施加限定

从上一小节中可以发现，**以上 GLS 方法面临两大难点**：第一，实施 GLS 估计需要事先知道条件方差协方差矩阵$\boldsymbol{\Omega}\equiv\mathbb{E}(\boldsymbol{\epsilon}\boldsymbol{\epsilon}'\mid\boldsymbol{X})$，然而$\boldsymbol{\Omega}$非常难以获取。这是因为，对于方程个数为$G$的系统方程而言，$\boldsymbol{\Omega}$是$(N\times G)\times(N\times G)$矩阵(即便对于$G=1$的单方程模型,$\boldsymbol{\Omega}$中的元素个数也高达$N\times N$)，由于样本容量为$N$，因此估计$\boldsymbol{\Omega}$是不可能完成的任务。第二，如前所述，为保证 GLS 估计量的一致性需要对模型施加 **GLS 假设 3** 这样一个非常强的限定。通常情形下，GLS 方法所面临的这两大难点可以通过对$\boldsymbol{\Omega}$的结构施加限定的方式来缓解。我们将关于$\boldsymbol{\Omega}$的一个常见限定用如下假设给出：

GLS 假设 4：误差项条件方差协方差矩阵$\boldsymbol{\Omega}\equiv\mathbb{E}(\boldsymbol{\epsilon}\boldsymbol{\epsilon}'\mid\boldsymbol{X})$具有如下**分块对角矩阵**(Block Diagonal Matrix)的结构形式：

$$\underbrace{\boldsymbol{\Omega}}_{(N\times G)\times(N\times G)}=\begin{bmatrix}\underbrace{\boldsymbol{\Psi}}_{G\times G}&&&\\&\boldsymbol{\Psi}&&\\&&\ddots&\\&&&\boldsymbol{\Psi}\end{bmatrix}\tag{3-103}$$

其中，$\boldsymbol{\Psi}=\mathbb{E}(\boldsymbol{\epsilon}_i\boldsymbol{\epsilon}_i'\mid \boldsymbol{X}_i)(i=1,2,\cdots,N)$不难看出，**GLS 假设 4** 允许同一个体内部误差项存在异方差和自相关，但是不同个体之间的误差项独立同分布。这里需要说明的一点是，**GLS 假设 4** 只是对于 $\boldsymbol{\Omega}$ 诸多常见限定中的一种。

给定 **GLS 假设 4**，GLS 估计量$\hat{\boldsymbol{\beta}}_{\mathrm{GLS}}$可以等价地表示为如下几种形式：

$$\begin{aligned}\hat{\boldsymbol{\beta}}_{\mathrm{GLS}} &= (\boldsymbol{X}'\boldsymbol{\Omega}^{-1}\boldsymbol{X})^{-1}(\boldsymbol{X}'\boldsymbol{\Omega}^{-1}\boldsymbol{y})\\ &= \left(\sum_{i=1}^{N}\boldsymbol{X}_i\boldsymbol{\Psi}^{-1}\boldsymbol{X}_i'\right)^{-1}\left(\sum_{i=1}^{N}\boldsymbol{X}_i\boldsymbol{\Psi}^{-1}\boldsymbol{y}_i\right)\\ &= [\boldsymbol{X}'(\boldsymbol{I}\otimes\boldsymbol{\Psi}^{-1})\boldsymbol{X}]^{-1}[\boldsymbol{X}'(\boldsymbol{I}\otimes\boldsymbol{\Psi}^{-1})\boldsymbol{y}]\end{aligned} \tag{3-104}$$

基于$\hat{\boldsymbol{\beta}}_{\mathrm{GLS}}=\left(\sum_{i=1}^{N}\boldsymbol{X}_i\boldsymbol{\Psi}^{-1}\boldsymbol{X}_i'\right)^{-1}\left(\sum_{i=1}^{N}\boldsymbol{X}_i\boldsymbol{\Psi}^{-1}\boldsymbol{y}_i\right)$这个表达式很容易验证，在 **GLS 假设 4** 成立的条件下，我们只需$\mathbb{E}(\boldsymbol{X}_i\otimes\boldsymbol{\epsilon}_i)=\boldsymbol{0}$这个较弱的假设即可保证 GLS 估计量的一致性（留作课后练习）。

命题 3.27：在 **GLS 假设 1**，**GLS 假设 2** 以及 **GLS 假设 4** 成立的条件下，$\sqrt{N}(\hat{\boldsymbol{\beta}}_{\mathrm{GLS}}-\boldsymbol{\beta}_{\mathrm{GLS}})$的极限分布为：

$$\sqrt{N}(\hat{\boldsymbol{\beta}}_{\mathrm{GLS}}-\boldsymbol{\beta}^*)\xrightarrow{d}\mathcal{N}\left(\boldsymbol{0},\ \left[\mathbb{E}\left(\frac{1}{N}\boldsymbol{X}'\boldsymbol{\Omega}^{-1}\boldsymbol{X}\right)\right]^{-1}\right) \tag{3-105}$$

若进一步假定独立同分布（*i. i. d*）数据生成过程，则有$\mathbb{E}\left(\frac{1}{N}\boldsymbol{X}'\boldsymbol{\Omega}^{-1}\boldsymbol{X}\right)=\mathbb{E}\left(\frac{1}{N}\sum_{i=1}^{N}\boldsymbol{X}_i\boldsymbol{\Psi}^{-1}\boldsymbol{X}_i'\right)=\mathbb{E}(\boldsymbol{X}_i\boldsymbol{\Psi}^{-1}\boldsymbol{X}_i')$，从而有：

$$\sqrt{N}(\hat{\boldsymbol{\beta}}_{\mathrm{GLS}}-\boldsymbol{\beta}^*)\xrightarrow{d}\mathcal{N}(\boldsymbol{0},\ [\mathbb{E}(\boldsymbol{X}_i\boldsymbol{\Psi}^{-1}\boldsymbol{X}_i')]^{-1}) \tag{3-106}$$

由于 $\boldsymbol{\Omega}$ 未知，到现在为止我们所介绍的 GLS 估计量本质上都是“不可行的”。在 **GLS 假设 4** 下我们只需一致地估计 $\boldsymbol{\Psi}$ 即可得到 $\boldsymbol{\Omega}$ 的一致估计量。$\boldsymbol{\Psi}$ 的一个估计量可以由如下表达式给出：

$$\hat{\boldsymbol{\Psi}}=\frac{1}{N}\sum_{i=1}^{N}\hat{\boldsymbol{e}}_i\hat{\boldsymbol{e}}_i' \tag{3-107}$$

其中，$\hat{\boldsymbol{e}}_i=\boldsymbol{y}_i-\boldsymbol{X}_i'\hat{\boldsymbol{\beta}}_{\mathrm{SOLS}}$，即$\hat{\boldsymbol{e}}_i$为系统最小二乘估计样本回归残差。

将 $\hat{\boldsymbol{\Psi}}=\frac{1}{N}\sum_{i=1}^{N}\hat{\boldsymbol{e}}_i\hat{\boldsymbol{e}}_i'$ 代入$\hat{\boldsymbol{\beta}}_{\mathrm{GLS}}$ 的表达式即得到**可行广义最小二乘**（Feasible Generalized Least Squares, FGLS）估计量：

$$\hat{\boldsymbol{\beta}}_{\mathrm{FGLS}}=(\boldsymbol{X}'\hat{\boldsymbol{\Omega}}^{-1}\boldsymbol{X})^{-1}(\boldsymbol{X}'\hat{\boldsymbol{\Omega}}^{-1}\boldsymbol{y}) \tag{3-108}$$

其中，$\hat{\boldsymbol{\Omega}}=\begin{bmatrix}\hat{\boldsymbol{\Psi}} & & & \\ & \hat{\boldsymbol{\Psi}} & & \\ & & \ddots & \\ & & & \hat{\boldsymbol{\Psi}}\end{bmatrix}$。

5.4 进一步地讨论：加权最小二乘方法

以上内容均利用$\boldsymbol{\Omega}\equiv\mathbb{E}(\boldsymbol{\epsilon}\boldsymbol{\epsilon}'\mid\boldsymbol{X})$对数据进行加权（即定义$\boldsymbol{y}^*\equiv\boldsymbol{\Omega}^{-\frac{1}{2}}\boldsymbol{y},\boldsymbol{X}^*\equiv\boldsymbol{\Omega}^{-\frac{1}{2}}\boldsymbol{X}$），选择其

他不同于 $\boldsymbol{\Omega}$ 的矩阵(不妨记为 $\boldsymbol{\Sigma}$)对数据进行加权(即定义 $\boldsymbol{y}^*\equiv\boldsymbol{\Sigma}^{-\frac{1}{2}}\boldsymbol{y},\boldsymbol{X}^*\equiv\boldsymbol{\Sigma}^{-\frac{1}{2}}\boldsymbol{X}$)的方法被称为**加权最小二乘方法**(Weighted Least Squares, WLS)。容易得到加权最小二乘估计量的表达式为:

$$\hat{\boldsymbol{\beta}}_{\text{WLS}}=(\boldsymbol{X}'\boldsymbol{\Sigma}^{-1}\boldsymbol{X})^{-1}(\boldsymbol{X}'\boldsymbol{\Sigma}^{-1}\boldsymbol{y}) \tag{3-109}$$

其中，隐含了 $\boldsymbol{\Sigma}$ 为正定矩阵的假定。

与命题 3.24 类似，可以很容易得到 $\sqrt{N}(\hat{\boldsymbol{\beta}}_{\text{WLS}}-\boldsymbol{\beta}^*)$ 的极限分布为:

$$\sqrt{N}(\hat{\boldsymbol{\beta}}_{\text{WLS}}-\boldsymbol{\beta}^*)\xrightarrow{d}\mathcal{N}\left(\mathbf{0},\ \left[\mathbb{E}\left(\frac{1}{N}\boldsymbol{X}'\boldsymbol{\Sigma}^{-1}\boldsymbol{X}\right)\right]^{-1}\mathbb{E}\left[\frac{1}{N}\boldsymbol{X}'\boldsymbol{\Sigma}^{-1}\boldsymbol{\Omega}\boldsymbol{\Sigma}^{-1}\boldsymbol{X}\right]\left[\mathbb{E}\left(\frac{1}{N}\boldsymbol{X}'\boldsymbol{\Sigma}^{-1}\boldsymbol{X}\right)\right]^{-1}\right) \tag{3-110}$$

命题 3.28：在 **GLS 假设 1**，**GLS 假设 2** 以及 **GLS 假设 3** 成立的条件下，GLS 估计量 $\hat{\boldsymbol{\beta}}_{\text{GLS}}$ 比 WLS 估计量 $\hat{\boldsymbol{\beta}}_{\text{WLS}}$ 有效。即 $\left[\mathbb{E}\left(\frac{1}{N}\boldsymbol{X}'\boldsymbol{\Sigma}^{-1}\boldsymbol{X}\right)\right]^{-1}\mathbb{E}\left[\frac{1}{N}\boldsymbol{X}'\boldsymbol{\Sigma}^{-1}\boldsymbol{\Omega}\boldsymbol{\Sigma}^{-1}\boldsymbol{X}\right]\left[\mathbb{E}\left(\frac{1}{N}\boldsymbol{X}'\boldsymbol{\Sigma}^{-1}\boldsymbol{X}\right)\right]^{-1}-\left[\mathbb{E}\left(\frac{1}{N}\boldsymbol{X}'\boldsymbol{\Omega}^{-1}\boldsymbol{X}\right)\right]^{-1}$ 为半正定矩阵。

证明：

这里只需定义 $\boldsymbol{G}\equiv\boldsymbol{\Omega}^{-\frac{1}{2}}\boldsymbol{X}$，$\boldsymbol{W}\equiv\boldsymbol{\Omega}^{\frac{1}{2}}\boldsymbol{\Sigma}^{-1}\boldsymbol{X}$，其他与命题 3.26 的证明过程完全类似，从略。

□

习题

1. 讨论 LASSO 估计量和 Ridge 估计量的无偏性和一致性。

2. 基于表 3-5 给出的数据(其中,Y 为被解释变量,X_1 和 X_2 为解释变量)来验证弗里希沃定理:

表 3-5　Y、X_1、X_2 的数据

Y	X_1	X_2
8	9	2
1	8	1
3	7	2
4	6	5
5	5	5
7	4	7
7	2	8
9	2	9
10	1	10

3. 考虑数据生成过程：

$$y=c+\beta x+\epsilon$$

其中，$c=0$，$\beta=1$，$x\sim U(0,1)$，$\epsilon\sim\mathcal{N}(0,1)$。

基于该数据生成过程，利用自举法开展小样本假设检验。（要求:基于数据生成过程 1 000 个样本,从中有放回的抽取 100 个样本,抽取 500 次。）

4. 参照命题 3. 7 的证明过程，证明命题 3. 19：在 **SOLS 假设 1** 与 **SOLS 假设 2** 成立的条件下，系统最小二乘估计量 $\hat{\boldsymbol{\beta}}_{\mathrm{SOLS}}$ 是 $\boldsymbol{\beta}^*$ 的一致估计量，即：

$$\operatorname{Plim}\hat{\boldsymbol{\beta}}_{\mathrm{SOLS}}=\boldsymbol{\beta}^*$$

5. 参考命题 3. 12 的证明过程，证明**命题 3. 13**：在 **OLS 假设 1** 与 **OLS 假设 5** 成立的条件下：

$$\operatorname{Plim}\left[\frac{1}{N}\sum_{i=1}^{N}\boldsymbol{x}_i\hat{e}_i\hat{e}_i\boldsymbol{x}_i'+\frac{1}{N}\Big(\sum_{\tau=1}^{m}\sum_{i=\tau+1}^{N}\boldsymbol{x}_i\hat{e}_i\hat{e}_{i-\tau}\boldsymbol{x}_{i-\tau}'+\boldsymbol{x}_{i-\tau}\hat{e}_{i-\tau}\hat{e}_i\boldsymbol{x}_i'\Big)\right]$$
$$=\frac{1}{N}\mathbb{E}\Big(\sum_{i=1}^{N}\boldsymbol{x}_i\epsilon_i\epsilon_i\boldsymbol{x}_i'\Big)+\frac{1}{N}\Big[\sum_{\tau=1}^{m}\sum_{i=\tau+1}^{N}\mathbb{E}(\boldsymbol{x}_i\epsilon_i\epsilon_{i-\tau}\boldsymbol{x}_{i-\tau}')+\mathbb{E}(\boldsymbol{x}_{i-\tau}\epsilon_{i-\tau}\epsilon_i\boldsymbol{x}_i')\Big]$$

其中，$\hat{e}_i=y_i-\boldsymbol{x}_i'\hat{\boldsymbol{\beta}}_{\mathrm{OLS}}$。

第四章　M 估计方法

在计量经济学中，很多估计方法都是通过最小化（或者最大化）特定目标函数来估计模型参数的。比如，**最小二乘估计**（Least Squares Method，LS）、**最大似然估计**（Maximum Likelihood Estimation，MLE）、**广义矩估计**（Generalized Method of Moment，GMM）等常见估计方法。这些方法通常被称为 **M 估计方法**（M-Estimation）或者**极值估计方法**（Extremum Estimation）（Huber，1967，1981）。本章内容可以应用至本书绝大部分章节，因此熟悉本章对于本书其他章节内容的学习非常有帮助。本章与其他章节是一般与具体的关系。读者既可以阅读本章后再阅读本书的其他章节（从一般到具体），也可以跳过本章内容直接阅读其他的章节，然后再回到本章（从具体到一般）。本章内容具有一定的技术性，但是数理推导本身并不是我们的最终目的。我们期望通过本章的介绍来达到两个目标：第一，为本书核心估计方法提供统一的分析框架；第二，帮助读者能够从更大的视角来思考计量经济学中具体估计方法。有鉴于此，在具体介绍本章相关内容的过程中，我们尽可能在严谨证明和直观解释之间做出平衡。从数学上严格地证明本章所有内容超过了本书的范围，对此感兴趣的读者可参考 Newey and McFadden（1994）和 White（2001）这两个经典的文献。考虑到简便性，与 Newey and McFadden（1994）和 Wooldridge（2010）类似，本章假定独立同分布（$i.i.d$）数据生成过程，对于截面数据或面板数据模型来说，这是一个相对比较自然的设定。最后需要说明的是，本章所介绍的内容不涉及因果分析。

1. 模型设定、参数识别与估计

1.1　模型设定

不失一般性，以最小化特定目标函数为例，[①] **M 估计方法**对应的总体参数 $\boldsymbol{\theta}_{\mathrm{M}}$ 可以正式地表示为：

$$\boldsymbol{\theta}_{\mathrm{M}}=\arg\min_{\{\boldsymbol{\theta}\in\boldsymbol{\Theta}\}}\mathbb{E}\left[q(y,\boldsymbol{x},\boldsymbol{\theta})\right] \tag{4-1}$$

其中，y 为被解释变量，$\boldsymbol{x}$ 为解释变量，$\boldsymbol{\theta}$（假设为 $K\times1$ 向量）为模型参数。可以发现，当 $q(y,\boldsymbol{x},\boldsymbol{\theta})$ 为预测误差平方 $[y-g(\boldsymbol{x},\boldsymbol{\theta})]^2$ 时，式（4-1）对应的是**最小二乘法**；当 $q(y,\boldsymbol{x},\boldsymbol{\theta})$ 为对数似然函数时，式（4-1）对应的是**最大似然估计法**（将在第五章介绍）；当 $q(y,\boldsymbol{x},\boldsymbol{\theta})$ 为矩条件或基于矩条件构造的表达式时，式（4-1）对应的是**矩估计**（Method of Moment，MOM）或**广义矩估计**。

① 最大化问题可以通过取目标函数的相反数来转化为最小化问题。

值得指出的是，$\boldsymbol{\theta}_{\mathrm{M}}$ 只是基于式(4-1)给出优化问题定义的参数，从而并不一定是我们感兴趣的参数。具体而言，如果真实模型形式不是 $q(y,\boldsymbol{x},\boldsymbol{\theta})$(即存在模型误设问题)，那么一般而言，$\boldsymbol{\theta}_{\mathrm{M}}$ 就不是我们感兴趣的模型真实参数了。有鉴于此，本章施加模型设定正确这一假定。① 具体地，若将真实的模型记为 $q(y,\boldsymbol{x},\boldsymbol{\theta}^0)$(其中，$\boldsymbol{\theta}^0$ 为我们感兴趣的模型真实参数)，一般地，模型设定正确意味着，式(4-1)目标函数中的 $q(y,\boldsymbol{x},\boldsymbol{\theta})$ 与 $q(y,\boldsymbol{x},\boldsymbol{\theta}^0)$ 具有相同的形式，从而有 $\boldsymbol{\theta}_{\mathrm{M}}=\boldsymbol{\theta}^0$。

注意到式(4-1)刻画的是**总体**(Population)问题。基于**类比原则**(Analogy Principle)可以得到式(4-1)所对应的**样本**(Sample)问题：

$$\hat{\boldsymbol{\theta}}_{\mathrm{M}} = \arg \min_{\{\boldsymbol{\theta}\in\boldsymbol{\Theta}\}} \left\{\frac{1}{N}\sum_{i=1}^{N} q(y_i,\boldsymbol{x}_i,\boldsymbol{\theta})\right\} \tag{4-2}$$

其中，$\hat{\boldsymbol{\theta}}_{\mathrm{M}}$ 就被称为**M 估计量**(M Estimator)或**极值估计量**(Extremum Estimator)，它是模型真实参数 $\boldsymbol{\theta}$ 的一个估计量。

1.2 参数识别

上一节介绍了M估计的模型设定，本小节介绍M估计的参数识别(Identification)。参数识别是参数估计(从而是考察参数估计量性质)的前提，因此，参数识别问题通常先于参数估计问题。一般地，参数的识别是基于总体问题定义的而非样本问题定义的。对于M估计方法而言，参数识别条件可以正式地表述为：

M 假设 1(识别假设，Identification)：

$$\mathbb{E}\left[q(y,\boldsymbol{x},\boldsymbol{\theta})\right] > \mathbb{E}\left[q(y,\boldsymbol{x},\boldsymbol{\theta}_{\mathrm{M}})\right],\quad \forall\,\boldsymbol{\theta}\in\boldsymbol{\Theta},\ \boldsymbol{\theta}\neq\boldsymbol{\theta}_{\mathrm{M}} \tag{4-3}$$

图4-1较为直观地对式(4-3)所界定的识别进行了展示。其中第一幅图展示的是参数**未被识别**(Unidentified)的情形；第二幅图展示的是参数**局部识别**(Locally Identified)的情形；第三幅图展示的是参数**弱识别**(Weakly Identified)的情形；最后一幅图所展示的是参数恰好**被识别**(Identified)的情形。

可以发现**M 假设 1** 具有很强的一般性，具体到不同的估计方法该假设呈现出不同的形式。为更好地理解**M 假设 1**，我们以最简单的线性最小二乘回归为例对此进一步介绍。最小二乘回归参数 $\boldsymbol{\theta}_{\mathrm{OLS}}$ 的含义由下式给出：

$$\boldsymbol{\theta}_{\mathrm{OLS}} = \arg \min_{\{\boldsymbol{\theta}\in\boldsymbol{\Theta}\}} \{\mathbb{E}\,(y-\boldsymbol{x}'\boldsymbol{\theta})^2\} \tag{4-4}$$

求解式(4-4)优化问题可以很容易地得到 $\boldsymbol{\theta}_{\mathrm{OLS}}$ 的显式表达式：

$$\boldsymbol{\theta}_{\mathrm{OLS}} = [\mathbb{E}\,(\boldsymbol{x}\boldsymbol{x}')]^{-1}\mathbb{E}\,(\boldsymbol{x}y) \tag{4-5}$$

因此，对于线性最小二乘回归模型，**M 假设 1** 意味着 $\mathbb{E}\,(\boldsymbol{x}\boldsymbol{x}')$ 的**逆**(Inverse)存在，从而要求矩阵 $\mathbb{E}\,(\boldsymbol{x}\boldsymbol{x}')$ 满秩(Full Rank)。若假设 $\boldsymbol{x}$ 包含变量的个数为 K，那么 $\mathrm{rank}[\mathbb{E}\,(\boldsymbol{x}\boldsymbol{x}')]=K$。该等式成立的意味着解释变量 $\boldsymbol{x}$ 不存在多重共线性问题。

① 需要说明的是，我们一般无法知道真实模型，因此模型设定正确是一个假设。

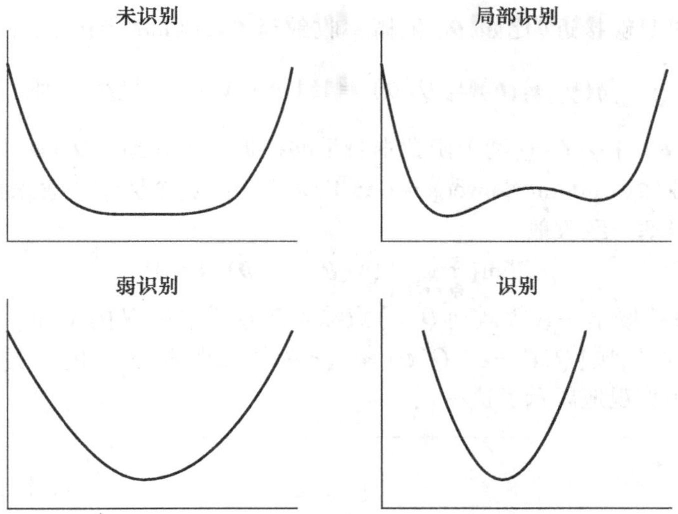

图 4-1 识别的直观演示

1.3 参数估计

M 估计量 $\hat{\boldsymbol{\theta}}_{\mathrm{M}}$ 通过最小化式(4-1)中目标函数$\mathbb{E}\,[q(y,\boldsymbol{x},\boldsymbol{\theta})]$所对应的样本值 $\frac{1}{N}\sum_{i=1}^{N}q(y_i,\boldsymbol{x}_i,\boldsymbol{\theta})$ 来得到。即求解如下一阶条件：

$$\sum_{i=1}^{N}\frac{\partial q(y_i,\boldsymbol{x}_i,\boldsymbol{\theta})}{\partial \boldsymbol{\theta}}\bigg|_{\hat{\boldsymbol{\theta}}_{\mathrm{M}}}=\mathbf{0} \tag{4-6}$$

一般而言，式(4-6)不存在**解析解**(Analytical Solution)，也就是说，估计量 $\hat{\boldsymbol{\theta}}_{\mathrm{M}}$ 通常无法写成关于样本$\{y_i, \boldsymbol{x}_i\}$的**显式表达式**(Closed Form Expression)。这时，$\hat{\boldsymbol{\theta}}_{\mathrm{M}}$ 往往需要借助数值优化方法来得到，即通过迭代的方式来搜寻使得目标函数最小的参数值。常用的数值优化方法有：**牛顿拉普森法**、**最速上升法**、**BHHH 法**、**BFGS 法**以及 **EM 算法**。其中，牛顿拉普森法与最速上升法已在第二章介绍，BHHH 法和 BFGS 法将在第五章最大似然估计中进行介绍，EM 算法则在本书最后一章离散选择模型中进行介绍。

2. M 估计量的大样本性质

本节具体介绍 M 估计量 $\hat{\boldsymbol{\theta}}_{\mathrm{M}}$ 的一致性和渐近正态性这两个大样本性质，并在一个较为一般性的框架内介绍了 M 估计量的渐近有效性。在本节读者将看到，由于 $\hat{\boldsymbol{\theta}}_{\mathrm{M}}$ 通常不具有解析表达式，因此无法直接使用第三章中考察 OLS 估计量 $\hat{\boldsymbol{\theta}}_{\mathrm{OLS}}$ 大样本性质的方式来考察 $\hat{\boldsymbol{\theta}}_{\mathrm{M}}$ 的大样本性质。

2.1 一致性 *

简单来讲，关于一致性，我们所关心的问题是，随着样本容量 N 的增加，M 估计量 $\hat{\boldsymbol{\theta}}_{\mathrm{M}}$ 与

模型真实参数 $\boldsymbol{\theta}$ 是否足够接近(比如,$\hat{\boldsymbol{\theta}}_M$ 依概率收敛至 $\boldsymbol{\theta}_M$,$\text{Plim}\hat{\boldsymbol{\theta}}_M=\boldsymbol{\theta}_M$)。注意到 $\hat{\boldsymbol{\theta}}_M$ 与 $\boldsymbol{\theta}$ 分别使得函数 $Q_N(\boldsymbol{\theta}) \equiv \frac{1}{N}\sum_{i=1}^{N} q(y_i,\boldsymbol{x}_i,\boldsymbol{\theta})$ 与 $Q(\boldsymbol{\theta}) \equiv \mathbb{E}[q(y,\boldsymbol{x},\boldsymbol{\theta})]$ 最小,因此直观上判断,$\hat{\boldsymbol{\theta}}_M$ 与 $\boldsymbol{\theta}$ 足够接近需要 $Q_N(\boldsymbol{\theta})$ 与 $Q(\boldsymbol{\theta})$ 这两个函数本身足够接近。正式地,$Q_N(\boldsymbol{\theta})$ 与 $Q(\boldsymbol{\theta})$ 足够接近可以利用**依概率一致收敛**(Uniform Convergence in Probability)这个数学概念来刻画。

M 假设 2:依概率一致收敛

$$\text{Plim}\{\sup_{\{\boldsymbol{\theta}\in\boldsymbol{\Theta}\}} |Q_N(\boldsymbol{\theta})-Q(\boldsymbol{\theta})|\}=0 \tag{4-7}$$

直观上,$Q_N(\boldsymbol{\theta})$ 依概率一致收敛到 $Q(\boldsymbol{\theta})$ 意味着随着样本量 N 的增加,函数 $Q_N(\boldsymbol{\theta})$ 落在函数 $Q(\boldsymbol{\theta})$ 附近任意窄的区域 $[Q(\boldsymbol{\theta})-\epsilon,\ Q(\boldsymbol{\theta})+\epsilon]$($\epsilon$ 为任意小的正数)内。图 4-2 以 $\boldsymbol{\theta}$ 中只含有一个参数的情形为例直观地展示了这一点。

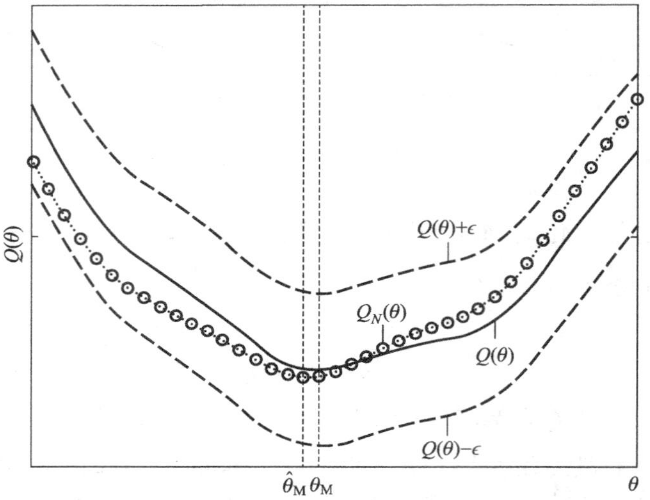

图 4-2 函数 $Q_N(\boldsymbol{\theta})$ 依概率一致收敛至函数 $Q(\boldsymbol{\theta})$ 示意图

注释:$[Q(\boldsymbol{\theta})-\epsilon,\ Q(\boldsymbol{\theta})+\epsilon]$ 为任意窄的区域。

命题 4.1:在 **M 假设 1** 与 **M 假设 2** 成立的条件下,如果 $\boldsymbol{\theta}$ 的取值集合 $\boldsymbol{\Theta}$ 为紧集(Compact Set)且 $Q(\boldsymbol{\theta})$ 为连续函数,那么 M 估计量 $\hat{\boldsymbol{\theta}}_M$ 是 $\boldsymbol{\theta}_M$ 的一致估计量,即

$$\text{Plim}\hat{\boldsymbol{\theta}}_M=\boldsymbol{\theta}_M \tag{4-8}$$

严格证明本定理超出了本书所涉及的范围,对此感兴趣的读者可以参考 Newey and McFadden(1994)定理 2.1。为帮助读者理解,这里我们给出命题 4.1 的非正式直观解释。从图 4-2 中可以比较清楚地看到 **M 假设 2** 所起的作用——如果曲线 $Q_N(\boldsymbol{\theta})$ 落在曲线 $Q(\boldsymbol{\theta})$ 附近任意窄的区域 $[Q(\boldsymbol{\theta})-\epsilon,\ Q(\boldsymbol{\theta})+\epsilon]$ 内,那么这两个函数最小值处对应的参数值 $\hat{\boldsymbol{\theta}}_M$ 和 $\boldsymbol{\theta}_M$ 应当足够接近。注意到,除了一致概率收敛条件 **M 假设 2** 之外,为保证命题 4.1 成立,识别条件 **M 假设 1**(函数 $Q(\boldsymbol{\theta})$ 在最小值处对应的参数取值是唯一的)也至关重要。图 4-3 给出了满足 **M 假设 2** 但是不满足 **M 假设 1** 的情形。从图 4-3 中可以看到,此时无法保证 $\text{Plim}\hat{\boldsymbol{\theta}}_M=\boldsymbol{\theta}_M$ 成立。

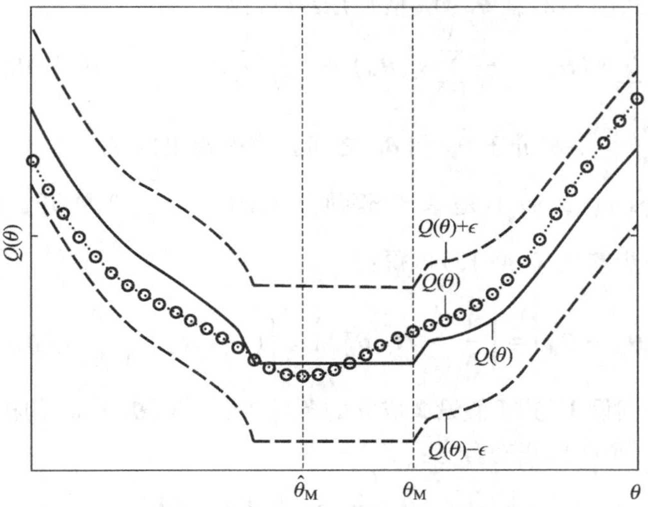

图 4-3 M 估计量一致性演示图——**M 假设 1** 不满足的情形

2.2 渐近正态性

由于模型的非线性特征，我们通常无法直接获取 M 估计量 $\hat{\boldsymbol{\theta}}_M$ 关于样本$\{y_i, \boldsymbol{x}_i\}$的显式表达式。一般地，探讨 M 估计量 $\hat{\boldsymbol{\theta}}_M$ 渐近正态性(Asymptotic Normality)的基本思路是借助**中值定理**(Mean Value Theorem)**将非线性问题转化为线性问题**。在正式介绍 M 估计量的渐近正态性之前，首先给出如下非常有用的引理：

引理 4.1：若$\text{Plim}\hat{\boldsymbol{\theta}}_M=\boldsymbol{\theta}_M$，那么

$$\text{Plim}\left\{\frac{1}{N}\sum_{i=1}^{N}q(y_i,\boldsymbol{x}_i,\hat{\boldsymbol{\theta}})\right\}=\mathbb{E}\left[q(y,\boldsymbol{x},\boldsymbol{\theta})\right] \tag{4-9}$$

引理 4.1 的含义非常直观，它意味着当 $\hat{\boldsymbol{\theta}}$ 是 $\boldsymbol{\theta}$ 一致估计量时，考察 $\frac{1}{N}\sum_{i=1}^{N}q(y_i,\boldsymbol{x}_i,\hat{\boldsymbol{\theta}})$ 的一致性问题可以将 $\hat{\boldsymbol{\theta}}$ 直接替换为 $\boldsymbol{\theta}$。再来看两个关键概念：**得分向量**(Score Vector)与**海森矩阵**(Hessian Matrix)。得分向量为 q($\boldsymbol{\theta}$)关于参数 $\boldsymbol{\theta}$ 的一阶导数，通常记为 $\boldsymbol{s}(\boldsymbol{\theta})$：

$$\boldsymbol{s}(\boldsymbol{\theta})=\frac{\partial q(y,\boldsymbol{x},\boldsymbol{\theta})}{\partial\boldsymbol{\theta}} \tag{4-10}$$

海森矩阵为 $q(\boldsymbol{\theta})$ 关于参数 $\boldsymbol{\theta}$ 的二阶导数，通常记为 $\boldsymbol{H}(\boldsymbol{\theta})$：

$$\boldsymbol{H}(\boldsymbol{\theta})=\frac{\partial^2 q(y,\boldsymbol{x},\boldsymbol{\theta})}{\partial\boldsymbol{\theta}\partial\boldsymbol{\theta}'} \tag{4-11}$$

根据 M 估计量 $\hat{\boldsymbol{\theta}}_M$ 的定义式 $\hat{\boldsymbol{\theta}}_M=\arg\min\limits_{\{\boldsymbol{\theta}\in\boldsymbol{\Theta}\}}\left\{\frac{1}{N}\sum_{i=1}^{N}q(y_i,\boldsymbol{x}_i,\boldsymbol{\theta})\right\}$ 可得：

$$\frac{1}{N}\sum_{i=1}^{N}\boldsymbol{s}_i(\hat{\boldsymbol{\theta}}_M)=\boldsymbol{0} \tag{4-12}$$

利用中值定理将式(4-12)在 $\boldsymbol{\theta}_{\mathrm{M}}$ 处(精确)展开可得:

$$\frac{1}{N}\sum_{i=1}^{N}\boldsymbol{s}_i(\hat{\boldsymbol{\theta}}_{\mathrm{M}})=\frac{1}{N}\sum_{i=1}^{N}\boldsymbol{s}_i(\boldsymbol{\theta}_{\mathrm{M}})+\left[\frac{1}{N}\sum_{i=1}^{N}\boldsymbol{H}_i(\boldsymbol{\theta}^{+})\right](\hat{\boldsymbol{\theta}}_{\mathrm{M}}-\boldsymbol{\theta}_{\mathrm{M}}) \tag{4-13}$$

其中,$\boldsymbol{H}(\boldsymbol{\theta}^{+})=\left.\frac{\partial^2 q(\boldsymbol{\theta})}{\partial\boldsymbol{\theta}\partial\boldsymbol{\theta}'}\right|_{\boldsymbol{\theta}^{+}}$,$\boldsymbol{\theta}^{+}$介于 $\hat{\boldsymbol{\theta}}_{\mathrm{M}}$ 和 $\boldsymbol{\theta}_{\mathrm{M}}$ 之间。值得指出的是,上式是基于中值定理的**精确展开**(Exact Expansion),而不是基于泰勒公式的一阶近似展开,从而是等式。利用 $\frac{1}{N}\sum_{i=1}^{N}\boldsymbol{s}_i(\hat{\boldsymbol{\theta}}_{\mathrm{M}})=\boldsymbol{0}$ 进一步整理式(4-13)可得:

$$\sqrt{N}(\hat{\boldsymbol{\theta}}_{\mathrm{M}}-\boldsymbol{\theta}_{\mathrm{M}})=\left[\frac{1}{N}\sum_{i=1}^{N}\boldsymbol{H}_i(\boldsymbol{\theta}^{+})\right]^{-1}\left\{(-\sqrt{N})\left[\frac{1}{N}\sum_{i=1}^{N}\boldsymbol{s}_i(\boldsymbol{\theta}_{\mathrm{M}})\right]\right\} \tag{4-14}$$

命题 4.2:在 **M 假设 1** 与 **M 假设 2** 成立的条件下,$\sqrt{N}(\hat{\boldsymbol{\theta}}_{\mathrm{M}}-\boldsymbol{\theta}_{\mathrm{M}})$的极限分布为均值为 $\boldsymbol{0}$,方差协方差矩阵为 $\boldsymbol{A}^{-1}\boldsymbol{B}\boldsymbol{A}^{-1}$的正态分布:

$$\sqrt{N}(\hat{\boldsymbol{\theta}}_{\mathrm{M}}-\boldsymbol{\theta}_{\mathrm{M}})\xrightarrow{d}\mathcal{N}(\boldsymbol{0},\boldsymbol{A}^{-1}\boldsymbol{B}\boldsymbol{A}^{-1}) \tag{4-15}$$

其中,$\boldsymbol{A}=\mathbb{E}[\boldsymbol{H}(\boldsymbol{\theta}_{\mathrm{M}})]$,$\boldsymbol{B}=\mathrm{Var}[\boldsymbol{s}(\boldsymbol{\theta}_{\mathrm{M}})]=\mathbb{E}[\boldsymbol{s}(\boldsymbol{\theta}_{\mathrm{M}})\boldsymbol{s}'(\boldsymbol{\theta}_{\mathrm{M}})]$。①

证明:

根据中值定理,$\boldsymbol{\theta}^{+}$的取值介于 $\hat{\boldsymbol{\theta}}_{\mathrm{M}}$ 与 $\boldsymbol{\theta}_{\mathrm{M}}$ 之间。因此根据$\mathrm{Plim}\hat{\boldsymbol{\theta}}_{\mathrm{M}}=\boldsymbol{\theta}_{\mathrm{M}}$ 可得 $\boldsymbol{\theta}^{+}$依概率收敛至 $\boldsymbol{\theta}_{\mathrm{M}}$:

$$\mathrm{Plim}\boldsymbol{\theta}^{+}=\boldsymbol{\theta}_{\mathrm{M}}$$

进一步利用引理 4. 1 可得:

$$\mathrm{Plim}\left\{\frac{1}{N}\sum_{i=1}^{N}\boldsymbol{H}_i(\boldsymbol{\theta}^{+})\right\}=\mathbb{E}[\boldsymbol{H}(\boldsymbol{\theta}_{\mathrm{M}})]$$

因此利用第二章中的命题 2. 21 可得

$$\mathrm{Plim}\left\{\left[\frac{1}{N}\sum_{i=1}^{N}\boldsymbol{H}_i(\boldsymbol{\theta}^{+})\right]^{-1}\right\}=\{\mathbb{E}[\boldsymbol{H}(\boldsymbol{\theta}_{\mathrm{M}})]\}^{-1}$$

根据依概率收敛的性质可得:

$$\left[\frac{1}{N}\sum_{i=1}^{N}\boldsymbol{H}_i(\boldsymbol{\theta}^{+})\right]^{-1}=\{\mathbb{E}[\boldsymbol{H}(\boldsymbol{\theta}_{\mathrm{M}})]\}^{-1}+o_p(1)$$

此外,由于$\mathbb{E}[\boldsymbol{s}(\boldsymbol{\theta}_{\mathrm{M}})]=0$,根据(林德伯格-列维)中心极限定理可得:

$$\sqrt{N}\left[\frac{1}{N}\sum_{i=1}^{N}(\boldsymbol{s}_i(\boldsymbol{\theta}_{\mathrm{M}})-\mathbb{E}[\boldsymbol{s}(\boldsymbol{\theta}_{\mathrm{M}})])\right]\xrightarrow{d}\mathcal{N}(\boldsymbol{0},\mathbb{E}[\boldsymbol{s}(\boldsymbol{\theta}_{\mathrm{M}})\boldsymbol{s}'(\boldsymbol{\theta}_{\mathrm{M}})])=\mathcal{N}(\boldsymbol{0},\boldsymbol{B})$$

根据第二章中的命题 2. 22——依分布收敛随机数列依概率有界——可得:

$$\frac{1}{N}\sum_{i=1}^{N}\boldsymbol{s}_i(\boldsymbol{\theta}_{\mathrm{M}})=O_p(1)$$

---

① 对于非独立同分布数据生成过程:

$$\boldsymbol{A}=\mathbb{E}\left[\frac{1}{N}\sum_{i=1}^{N}\boldsymbol{H}_i(\boldsymbol{\theta}_{\mathrm{M}})\right]$$

$$\boldsymbol{B}=\mathrm{Var}\left[\frac{1}{\sqrt{N}}\sum_{i=1}^{N}\boldsymbol{s}_i(\boldsymbol{\theta}_{\mathrm{M}})\right]$$

基于以上结果，可以很容易得到如下等式成立：

$$\begin{aligned}\sqrt{N}(\hat{\boldsymbol{\theta}}_{\mathrm{M}}-\boldsymbol{\theta}_{\mathrm{M}}) &= \left[\frac{1}{N}\sum_{i=1}^{N}\boldsymbol{H}_i(\boldsymbol{\theta}^{+})\right]^{-1}\left\{(-\sqrt{N})\left[\frac{1}{N}\sum_{i=1}^{N}\boldsymbol{s}_i(\boldsymbol{\theta}_{\mathrm{M}})\right]\right\}\\ &= (\{\mathbb{E}[\boldsymbol{H}(\boldsymbol{\theta}_{\mathrm{M}})]\}^{-1}+o_p(1))\left\{(-\sqrt{N})\left[\frac{1}{N}\sum_{i=1}^{N}\boldsymbol{s}_i(\boldsymbol{\theta}_{\mathrm{M}})\right]\right\}\\ &= \{\mathbb{E}[\boldsymbol{H}(\boldsymbol{\theta}_{\mathrm{M}})]\}^{-1}\left\{(-\sqrt{N})\left[\frac{1}{N}\sum_{i=1}^{N}\boldsymbol{s}_i(\boldsymbol{\theta}_{\mathrm{M}})\right]\right\}+o_p(1)O_p(1)\\ &= \{\mathbb{E}[\boldsymbol{H}(\boldsymbol{\theta}_{\mathrm{M}})]\}^{-1}\left\{(-\sqrt{N})\left[\frac{1}{N}\sum_{i=1}^{N}\boldsymbol{s}_i(\boldsymbol{\theta}_{\mathrm{M}})\right]\right\}+o_p(1)\end{aligned}$$

根据第二章渐近等价定理可得，$\sqrt{N}(\hat{\boldsymbol{\theta}}_{\mathrm{M}}-\boldsymbol{\theta}_{\mathrm{M}})$ 与$\{\mathbb{E}[\boldsymbol{H}(\boldsymbol{\theta}_{\mathrm{M}})]\}^{-1}\left\{(-\sqrt{N})\left[\frac{1}{N}\sum_{i=1}^{N}\boldsymbol{s}_i(\boldsymbol{\theta}_{\mathrm{M}})\right]\right\}$具有相同的极限分布。进一步利用第二章命题 2.23 可得：

$$\{\mathbb{E}[\boldsymbol{H}(\boldsymbol{\theta}_{\mathrm{M}})]\}^{-1}\left\{(-\sqrt{N})\left[\frac{1}{N}\sum_{i=1}^{N}\boldsymbol{s}_i(\boldsymbol{\theta}_{\mathrm{M}})\right]\right\}\xrightarrow{d}\mathcal{N}(\mathbf{0},\boldsymbol{A}^{-1}\boldsymbol{B}\boldsymbol{A}^{-1})$$

又因为 $\sqrt{N}(\hat{\boldsymbol{\theta}}_{\mathrm{M}}-\boldsymbol{\theta}_{\mathrm{M}})$ 与$\{\mathbb{E}[\boldsymbol{H}(\boldsymbol{\theta}_{\mathrm{M}})]\}^{-1}\left\{(-\sqrt{N})\left[\frac{1}{N}\sum_{i=1}^{N}\boldsymbol{s}_i(\boldsymbol{\theta}_{\mathrm{M}})\right]\right\}$具有相同的渐近分布。

故命题得证。

□

本书大多数估计量的极限分布都具有式(4-15)的形式。比如，在第三章我们介绍了 OLS 估计量$\hat{\boldsymbol{\beta}}_{\mathrm{OLS}}$，它的极限分布为$\sqrt{N}(\hat{\boldsymbol{\beta}}_{\mathrm{OLS}}-\boldsymbol{\beta}^*)\xrightarrow{d}\mathcal{N}(\mathbf{0},[\mathbb{E}(\boldsymbol{x}\boldsymbol{x}')]^{-1}\mathbb{E}(\epsilon^2\boldsymbol{x}\boldsymbol{x}')[\mathbb{E}(\boldsymbol{x}\boldsymbol{x}')]^{-1})$。由于$q(y,\boldsymbol{x},\boldsymbol{\theta})=(y-\boldsymbol{x}'\boldsymbol{\theta})^2$，因此$\boldsymbol{s}(\boldsymbol{\theta})=\frac{\partial q(y,\boldsymbol{x},\boldsymbol{\theta})}{\partial\boldsymbol{\theta}}=2\boldsymbol{x}(y-\boldsymbol{x}'\boldsymbol{\theta})$，$\boldsymbol{H}(\boldsymbol{\theta})=\frac{\partial^2 q(y,\boldsymbol{x},\boldsymbol{\theta})}{\partial\boldsymbol{\theta}\partial\boldsymbol{\theta}'}=2\boldsymbol{x}\boldsymbol{x}'$，从而有$\mathcal{N}(\mathbf{0},[\mathbb{E}(\boldsymbol{x}\boldsymbol{x}')]^{-1}\mathbb{E}(\epsilon^2\boldsymbol{x}\boldsymbol{x}')[\mathbb{E}(\boldsymbol{x}\boldsymbol{x}')]^{-1})=\mathcal{N}(\mathbf{0},\{\mathbb{E}[\boldsymbol{H}(\boldsymbol{\theta}_{\mathrm{M}})]\}^{-1}\mathbb{E}(\boldsymbol{s}(\boldsymbol{\theta}_{\mathrm{M}})\boldsymbol{s}'(\boldsymbol{\theta}_{\mathrm{M}}))\cdot\{\mathbb{E}[\boldsymbol{H}(\boldsymbol{\theta}_{\mathrm{M}})]\}^{-1})$。在后续章节我们还会经常看到命题 4.2 应用至具体估计方法的情形。

2.3 渐近有效性：相对有效性定理

在 **M 假设 1** 与 **M 假设 2** 成立的条件下，将具有如式(4-15)所示极限方差结构 $\boldsymbol{V}\equiv\{\mathbb{E}[\boldsymbol{H}(\boldsymbol{\theta})]\}^{-1}\mathbb{E}(\boldsymbol{s}(\boldsymbol{\theta})\boldsymbol{s}'(\boldsymbol{\theta}))\{\mathbb{E}[\boldsymbol{H}(\boldsymbol{\theta})]\}^{-1}$估计量的集合记为$\{\hat{\boldsymbol{\theta}}_{\mathrm{M}}(\gamma),\ \gamma\in\Gamma\}$，相应的得分向量，海森矩阵以及极限方差的集合分别记为$\{\boldsymbol{s}(\gamma),\ \gamma\in\Gamma\}$，$\{\boldsymbol{H}(\gamma),\ \gamma\in\Gamma\}$与$\{\boldsymbol{V}(\gamma),\ \gamma\in\Gamma\}$，那么则有如下命题：

命题 4.3（相对有效性定理）：若对于所有$\gamma\in\Gamma$都有如下等式成立：

$$\mathbb{E}[\boldsymbol{s}(\gamma)\boldsymbol{s}'(\gamma^*)]=\kappa\,\mathbb{E}[\boldsymbol{H}(\gamma)],\ \kappa>0 \tag{4-16}$$

那么，$\boldsymbol{V}(\gamma)-\boldsymbol{V}(\gamma^*)$是半正定矩阵（Positive Semidefinite）。换言之，$\hat{\boldsymbol{\theta}}_{\mathrm{M}}(\gamma^*)$是$\{\hat{\boldsymbol{\theta}}_{\mathrm{M}}(\gamma),\ \gamma\in\Gamma\}$中（渐近）最有效的估计量。

这里需要说明的是，$\hat{\boldsymbol{\theta}}_{\mathrm{M}}(\gamma^*)$的有效性并不是绝对的，它只是$\{\hat{\boldsymbol{\theta}}_{\mathrm{M}}(\gamma),\ \gamma\in\Gamma\}$这个集合中

最有效的估计量。正是因为如此，命题 4.3 也被称为**相对有效性**(Relative Efficiency)定理(White,2001;Wooldridge,2010)。接下来，我们给出命题 4.3 的具体证明过程。

证明：(方法1) *

利用式(4-16)可得：

$$\begin{aligned}\boldsymbol{V}(\gamma)&=\{\mathbb{E}[\boldsymbol{H}(\gamma)]\}^{-1}\mathbb{E}[\boldsymbol{s}(\gamma)\boldsymbol{s}'(\gamma)]\{\mathbb{E}[\boldsymbol{H}(\gamma)]\}^{-1}\\&=\left(\frac{\mathbb{E}[\boldsymbol{s}(\gamma)\boldsymbol{s}'(\gamma^*)]}{\kappa}\right)^{-1}\mathbb{E}[\boldsymbol{s}(\gamma)\boldsymbol{s}'(\gamma)]\left(\frac{\mathbb{E}[\boldsymbol{s}(\gamma^*)\boldsymbol{s}'(\gamma)]}{\kappa}\right)^{-1}\\&=\kappa^2(\mathbb{E}[\boldsymbol{s}(\gamma^*)\boldsymbol{s}'(\gamma)]\{\mathbb{E}[\boldsymbol{s}(\gamma)\boldsymbol{s}'(\gamma)]\}^{-1}\mathbb{E}[\boldsymbol{s}(\gamma)\boldsymbol{s}'(\gamma^*)])^{-1}\end{aligned}$$

类似地，

$$\boldsymbol{V}(\gamma^*)=\{\mathbb{E}[\boldsymbol{H}(\gamma^*)]\}^{-1}\mathbb{E}[\boldsymbol{s}(\gamma^*)\boldsymbol{s}'(\gamma^*)]\{\mathbb{E}[\boldsymbol{H}(\gamma^*)]\}^{-1}=\kappa^2\{\mathbb{E}[\boldsymbol{s}(\gamma^*)\boldsymbol{s}'(\gamma^*)]\}^{-1}$$

因此，可以得到如下等式成立：

$$\begin{aligned}&[\boldsymbol{V}(\gamma^*)]^{-1}-[\boldsymbol{V}(\gamma)]^{-1}\\&=\frac{\mathbb{E}[\boldsymbol{s}(\gamma^*)\boldsymbol{s}'(\gamma^*)]-\mathbb{E}[\boldsymbol{s}(\gamma^*)\boldsymbol{s}'(\gamma)]\{\mathbb{E}[\boldsymbol{s}(\gamma)\boldsymbol{s}'(\gamma)]\}^{-1}\mathbb{E}[\boldsymbol{s}(\gamma)\boldsymbol{s}'(\gamma^*)]}{\kappa^2}\\&=\frac{1}{\kappa^2}\mathbb{E}\begin{bmatrix}(\boldsymbol{s}(\gamma^*)-\mathbb{E}[\boldsymbol{s}(\gamma^*)\boldsymbol{s}'(\gamma)]\{\mathbb{E}[\boldsymbol{s}(\gamma)\boldsymbol{s}'(\gamma)]\}^{-1}\boldsymbol{s}(\gamma))\\(\boldsymbol{s}(\gamma^*)-\mathbb{E}[\boldsymbol{s}(\gamma^*)\boldsymbol{s}'(\gamma)]\{\mathbb{E}[\boldsymbol{s}(\gamma)\boldsymbol{s}'(\gamma)]\}^{-1}\boldsymbol{s}(\gamma))'\end{bmatrix}\\&\equiv\frac{1}{\kappa^2}\mathbb{E}[\boldsymbol{rr}']\end{aligned}$$

其中，$\boldsymbol{r}\equiv\boldsymbol{s}(\gamma^*)-\mathbb{E}[\boldsymbol{s}(\gamma^*)\boldsymbol{s}'(\gamma)]\{\mathbb{E}[\boldsymbol{s}(\gamma)\boldsymbol{s}'(\gamma)]\}^{-1}\boldsymbol{s}(\gamma)$。

所以，$[\boldsymbol{V}(\gamma^*)]^{-1}-[\boldsymbol{V}(\gamma)]^{-1}$为半正定矩阵，从而有 $\boldsymbol{V}(\gamma)-\boldsymbol{V}(\gamma^*)$为半正定矩阵。故命题得证。

□

证明：(方法2) *

根据式(4-16)可得：

$$\mathrm{Var}\begin{pmatrix}\boldsymbol{s}(\gamma)\\\boldsymbol{s}(\gamma^*)\end{pmatrix}=\begin{bmatrix}\mathbb{E}[\boldsymbol{s}(\gamma)\boldsymbol{s}'(\gamma)]&\kappa\mathbb{E}[\boldsymbol{H}(\gamma)]\\\kappa\mathbb{E}[\boldsymbol{H}(\gamma)]&\kappa\mathbb{E}[\boldsymbol{H}(\gamma^*)]\end{bmatrix}$$

因此，有如下等式成立：

$$\begin{aligned}&\mathrm{Var}(\{\mathbb{E}[\boldsymbol{H}(\gamma)]\}^{-1}\boldsymbol{s}(\gamma)-\{\mathbb{E}[\boldsymbol{H}(\gamma^*)]\}^{-1}\boldsymbol{s}(\gamma^*))\\&=\left\{\begin{matrix}\{\mathbb{E}[\boldsymbol{H}(\gamma)]\}^{-1}\mathbb{E}[\boldsymbol{s}(\gamma)\boldsymbol{s}'(\gamma)]\{\mathbb{E}[\boldsymbol{H}(\gamma)]\}^{-1}\\-\kappa\{\mathbb{E}[\boldsymbol{H}(\gamma^*)]\}^{-1}\\-\kappa\{\mathbb{E}[\boldsymbol{H}(\gamma^*)]\}^{-1}\\+\kappa\{\mathbb{E}[\boldsymbol{H}(\gamma^*)]\}^{-1}\end{matrix}\right\}\\&=\{\mathbb{E}[\boldsymbol{H}(\gamma)]\}^{-1}\mathbb{E}[\boldsymbol{s}(\gamma)\boldsymbol{s}'(\gamma)]\{\mathbb{E}[\boldsymbol{H}(\gamma)]\}^{-1}-\{\mathbb{E}[\boldsymbol{s}(\gamma^*)\boldsymbol{s}'(\gamma^*)]\}^{-1}\\&\equiv\boldsymbol{V}(\gamma)-\boldsymbol{V}(\gamma^*)\end{aligned}$$

所以，$\boldsymbol{V}(\gamma)-\boldsymbol{V}(\gamma^*)$为半正定矩阵，故命题得证。

□

命题 4.3 为比较不同估计量的有效性提供了非常便捷的方法。在本书后续章节介绍 MLE

估计量、2SLS 以及 GMM 估计量有效性的过程中，我们将多次用到该命题。

3. 假设检验

根据第二章我们知道，在大样本条件下统计量服从渐近正态分布，从而大大降低了构造统计量的难度。本节在大样本条件下来介绍计量经济学中的三大检验：**瓦尔德检验**(Wald Test)，**拉格朗日乘子检验**(Lagrange Multiplier Test, LM)以及**似然比检验**(Likelihood Ratio Test, LR)。在第三章中我们已经介绍了瓦尔德检验，因此这里重点介绍拉格朗日乘子检验和似然比检验。鉴于三大检验在计量经济学中的重要性，我们尽可能给出相关定理的详细证明过程。需要指出的是，本节证明过程表达式相对较为复杂，但是所用到的数学知识却非常简单——除了第二章数学基础中的内容之外，常用到的数学工具是中值定理，对于接下来的三大检验，考虑如下**线性约束条件**：①

原假设为：

$$\mathbb{H}_0:\ \boldsymbol{R\theta}_{\mathrm{M}}=\boldsymbol{r} \tag{4-17}$$

备择假设为：

$$\mathbb{H}_1:\ \boldsymbol{R\theta}_{\mathrm{M}}\neq\boldsymbol{r} \tag{4-18}$$

其中，$\boldsymbol{R}$ 为 $L\times K$ **约束矩阵**，刻画线性约束条件，L 表示约束条件的个数。

此外，证明以上三大检验的渐近分布均用到了第二章中的命题 2.24：对于$\{\boldsymbol{x}_N\}$为 $L\times1$ 随机向量数列，如果 $\boldsymbol{x}_N\xrightarrow{d}\mathcal{N}(\boldsymbol{0},\boldsymbol{V})$，那么 $\boldsymbol{x}_N'\boldsymbol{V}^{-1}\boldsymbol{x}_N\xrightarrow{d}\chi^2(L)$。

3.1 瓦尔德检验

对于 M 估计量而言，**瓦尔德统计量**为：

$$\mathscr{W}\equiv[\sqrt{N}(\boldsymbol{R}\hat{\boldsymbol{\theta}}_{\mathrm{M}}-\boldsymbol{r})]'(\boldsymbol{RA}^{-1}\boldsymbol{BA}^{-1}\boldsymbol{R}')^{-1}[\sqrt{N}(\boldsymbol{R}\hat{\boldsymbol{\theta}}_{\mathrm{M}}-\boldsymbol{r})] \tag{4-19}$$

其中，$\boldsymbol{A}=\mathbb{E}[\boldsymbol{H}(\boldsymbol{\theta}_{\mathrm{M}})]$，$\boldsymbol{B}=\mathrm{Var}[\boldsymbol{s}(\boldsymbol{\theta}_{\mathrm{M}})]=\mathbb{E}[\boldsymbol{s}(\boldsymbol{\theta}_{\mathrm{M}})\boldsymbol{s}'(\boldsymbol{\theta}_{\mathrm{M}})]$。

命题 4.4：在原假设 $\boldsymbol{R\theta}_{\mathrm{M}}=\boldsymbol{r}$ 成立的条件下，可以得到：

$$\mathscr{W}\equiv[\sqrt{N}(\boldsymbol{R}\hat{\boldsymbol{\theta}}_{\mathrm{M}}-\boldsymbol{r})]'(\boldsymbol{RA}^{-1}\boldsymbol{BA}^{-1}\boldsymbol{R}')^{-1}[\sqrt{N}(\boldsymbol{R}\hat{\boldsymbol{\theta}}_{\mathrm{M}}-\boldsymbol{r})]\xrightarrow{d}\chi^2(L) \tag{4-20}$$

证明：

根据 $\sqrt{N}(\hat{\boldsymbol{\theta}}_{\mathrm{M}}-\boldsymbol{\theta}_{\mathrm{M}})\xrightarrow{d}\mathcal{N}(\boldsymbol{0},\boldsymbol{A}^{-1}\boldsymbol{BA}^{-1})$ 可得，在 $\boldsymbol{R\theta}_{\mathrm{M}}=\boldsymbol{r}$ 成立的条件下有：

$$\sqrt{N}(\boldsymbol{R}\hat{\boldsymbol{\theta}}_{\mathrm{M}}-\boldsymbol{r})=\sqrt{N}\boldsymbol{R}(\hat{\boldsymbol{\theta}}_{\mathrm{M}}-\boldsymbol{\theta}_{\mathrm{M}})\xrightarrow{d}\mathcal{N}(\boldsymbol{0},\boldsymbol{RA}^{-1}\boldsymbol{BA}^{-1}\boldsymbol{R}')$$

因此利用第二章中的命题 2.24 可得：

$$\mathscr{W}\equiv[\sqrt{N}(\boldsymbol{R}\hat{\boldsymbol{\theta}}_{\mathrm{M}}-\boldsymbol{r})]'(\boldsymbol{RA}^{-1}\boldsymbol{BA}^{-1}\boldsymbol{R}')^{-1}[\sqrt{N}(\boldsymbol{R}\hat{\boldsymbol{\theta}}_{\mathrm{M}}-\boldsymbol{r})]\xrightarrow{d}\chi^2(L)$$

□

① 非线性约束情形可以通过第三章介绍的**德尔塔**(Delta Method)方法很容易地转化为线性约束情形。

3.2 拉格朗日乘子检验

本小节介绍**拉格朗日乘子检验**(Lagrange Multiplier Test,LM)，其又被称为**得分检验**(Score Test)，由 Rao(1948)最早提出。我们首先介绍该检验的基本思想，然后证明在原假设成立的条件下拉格朗日乘子统计量的渐近分布为卡方分布。

由于 $\hat{\boldsymbol{\theta}}_{\mathrm{M}}=\arg\min\limits_{\{\boldsymbol{\theta}\in\boldsymbol{\Theta}\}}\left\{\frac{1}{N}\sum_{i=1}^{N}q(y_i,\boldsymbol{x}_i,\boldsymbol{\theta})\right\}$，因此，

$$\sum_{i=1}^{N}\boldsymbol{s}_i(\hat{\boldsymbol{\theta}}_{\mathrm{M}})=\mathbf{0} \tag{4-21}$$

我们将在约束条件下所得到的参数估计量记为 $\tilde{\boldsymbol{\theta}}_{\mathrm{M}}$，即

$$\tilde{\boldsymbol{\theta}}_{\mathrm{M}}=\arg\min_{\{\boldsymbol{\theta}\in\boldsymbol{\Theta}\}}\left\{\frac{1}{N}\sum_{i=1}^{N}q(y_i,\boldsymbol{x}_i,\boldsymbol{\theta}),\ s.t.\ \boldsymbol{R}\boldsymbol{\theta}_{\mathrm{M}}=\boldsymbol{r}\right\} \tag{4-22}$$

将**无约束估计**得分向量之和 $\sum_{i=1}^{N}\boldsymbol{s}_i(\hat{\boldsymbol{\theta}}_{\mathrm{M}})$ 中的 $\hat{\boldsymbol{\theta}}_{\mathrm{M}}$ 替换为**有约束估计量** $\tilde{\boldsymbol{\theta}}_{\mathrm{M}}$ 则得到了拉格朗日乘子检验的关键表达式 $\sum_{i=1}^{N}\boldsymbol{s}_i(\tilde{\boldsymbol{\theta}}_{\mathrm{M}})$。**拉格朗日乘子检验的基本思想是**：若原假设(约束条件)成立(从而约束条件未对优化问题产生任何作用)，那么 $\sum_{i=1}^{N}\boldsymbol{s}_i(\tilde{\boldsymbol{\theta}}_{\mathrm{M}})$ 不应该显著地不等于 $\mathbf{0}$；反之则相反。**拉格朗日乘子统计量**就是基于 $\sum_{i=1}^{N}\boldsymbol{s}_i(\tilde{\boldsymbol{\theta}}_{\mathrm{M}})$ 构建的，由于 $\boldsymbol{s}_i(\cdot)$ 表示得分向量，因此从这里也可以看出拉格朗日乘子检验又被称为得分检验的原因。

拉格朗日统计量的正式表达式为：

$$\mathscr{LM}\equiv\left[\frac{1}{\sqrt{N}}\sum_{i=1}^{N}\boldsymbol{s}_i(\tilde{\boldsymbol{\theta}}_{\mathrm{M}})\right]'\boldsymbol{A}^{-1}\boldsymbol{R}'(\boldsymbol{R}\boldsymbol{A}^{-1}\boldsymbol{B}\boldsymbol{A}^{-1}\boldsymbol{R}')^{-1}\boldsymbol{R}\boldsymbol{A}^{-1}\left[\frac{1}{\sqrt{N}}\sum_{i=1}^{N}\boldsymbol{s}_i(\tilde{\boldsymbol{\theta}}_{\mathrm{M}})\right] \tag{4-23}$$

其中，$\boldsymbol{A}=\mathbb{E}\left[\boldsymbol{H}(\boldsymbol{\theta}_{\mathrm{M}})\right]$，$\boldsymbol{B}=\mathrm{Var}[\boldsymbol{s}(\boldsymbol{\theta}_{\mathrm{M}})]=\mathbb{E}\left[\boldsymbol{s}(\boldsymbol{\theta}_{\mathrm{M}})\boldsymbol{s}'(\boldsymbol{\theta}_{\mathrm{M}})\right]$，$\boldsymbol{R}$ 为假设条件中的约束矩阵。

如下命题给出了拉格朗日统计量的极限分布。

命题 4.5：在原假设 $\boldsymbol{R}\boldsymbol{\theta}_{\mathrm{M}}=\boldsymbol{r}$ 成立的条件下，拉格朗日统计量 $\mathscr{LM}$ 的极限分布为自由度为 L 的卡方(Chi-square)分布：

$$\mathscr{LM}=\left[\frac{1}{\sqrt{N}}\sum_{i=1}^{N}\boldsymbol{s}_i(\tilde{\boldsymbol{\theta}}_{\mathrm{M}})\right]'\boldsymbol{A}^{-1}\boldsymbol{R}'(\boldsymbol{R}\boldsymbol{A}^{-1}\boldsymbol{B}\boldsymbol{A}^{-1}\boldsymbol{R}')^{-1}\boldsymbol{R}\boldsymbol{A}^{-1}\left[\frac{1}{\sqrt{N}}\sum_{i=1}^{N}\boldsymbol{s}_i(\tilde{\boldsymbol{\theta}}_{\mathrm{M}})\right]\xrightarrow{d}\chi^2(L) \tag{4-24}$$

虽然命题 4.5 的表达式较为复杂，但是其证明逻辑却非常直观。这里给出该命题的具体证明过程(更严格的证明过程参见 White,1984,2001)。

证明：

利用中值定理将 $\sum_{i=1}^{N}\boldsymbol{s}_i(\tilde{\boldsymbol{\theta}}_{\mathrm{M}})$ 在参数真实数值 $\boldsymbol{\theta}_{\mathrm{M}}$ 处展开可得：

$$\sum_{i=1}^{N}\boldsymbol{s}_i(\tilde{\boldsymbol{\theta}}_{\mathrm{M}})=\sum_{i=1}^{N}\boldsymbol{s}_i(\boldsymbol{\theta}_{\mathrm{M}})+\left[\sum_{i=1}^{N}\boldsymbol{H}_i(\boldsymbol{\theta}^{+})\right](\tilde{\boldsymbol{\theta}}_{\mathrm{M}}-\boldsymbol{\theta}_{\mathrm{M}})$$

其中，$\boldsymbol{\theta}^{+}$ 的取值介于 $\hat{\boldsymbol{\theta}}_{\mathrm{M}}$ 与 $\boldsymbol{\theta}_{\mathrm{M}}$ 之间。此外，值得注意的是，$\sum_{i=1}^{N}\boldsymbol{s}_i(\hat{\boldsymbol{\theta}}_{\mathrm{M}})=\boldsymbol{0}$ 成立，但是 $\sum_{i=1}^{N}\boldsymbol{s}_i(\boldsymbol{\theta}_{\mathrm{M}})=\boldsymbol{0}$ 并不一定成立。所以方程右边第一项并不会消失。

在证明命题 4.2 的过程中，我们已经知道，$\mathrm{Plim}\left\{\frac{1}{N}\sum_{i=1}^{N}\boldsymbol{H}_i(\boldsymbol{\theta}^{+})\right\}=\mathbb{E}\left[\boldsymbol{H}(\boldsymbol{\theta}_{\mathrm{M}})\right]=\boldsymbol{A}$，从而有如下等式成立：

$$\frac{1}{N}\sum_{i=1}^{N}\boldsymbol{H}_i(\boldsymbol{\theta}^{+})=\mathbb{E}\left[\boldsymbol{H}(\boldsymbol{\theta}_{\mathrm{M}})\right]+o_p(1)=\boldsymbol{A}+o_p(1)$$

因此

$$\sum_{i=1}^{N}\boldsymbol{s}_i(\tilde{\boldsymbol{\theta}}_{\mathrm{M}})=\sum_{i=1}^{N}\boldsymbol{s}_i(\boldsymbol{\theta}_{\mathrm{M}})+\boldsymbol{A}N(\tilde{\boldsymbol{\theta}}_{\mathrm{M}}-\boldsymbol{\theta}_{\mathrm{M}})+o_p(1)$$

上式两边同时左乘 $\boldsymbol{R}\boldsymbol{A}^{-1}\frac{1}{\sqrt{N}}$ 可得：

$$\boldsymbol{R}\boldsymbol{A}^{-1}\frac{1}{\sqrt{N}}\sum_{i=1}^{N}\boldsymbol{s}_i(\tilde{\boldsymbol{\theta}}_{\mathrm{M}})=\boldsymbol{R}\boldsymbol{A}^{-1}\frac{1}{\sqrt{N}}\sum_{i=1}^{N}\boldsymbol{s}_i(\boldsymbol{\theta}_{\mathrm{M}})+\boldsymbol{R}\sqrt{N}(\tilde{\boldsymbol{\theta}}_{\mathrm{M}}-\boldsymbol{\theta}_{\mathrm{M}})+\boldsymbol{R}\boldsymbol{A}^{-1}\frac{1}{\sqrt{N}}o_p(1)$$

其中，由于 $\tilde{\boldsymbol{\theta}}_{\mathrm{M}}$ 是在约束条件下得到的估计量，因此它一定满足约束条件，故而有 $\boldsymbol{R}\tilde{\boldsymbol{\theta}}_{\mathrm{M}}=\boldsymbol{r}$，在原假设成立的条件下又可得到 $\boldsymbol{R}\boldsymbol{\theta}_{\mathrm{M}}=\boldsymbol{r}$，因此上式右边第二项等于 $\boldsymbol{R}\sqrt{N}(\tilde{\boldsymbol{\theta}}_{\mathrm{M}}-\boldsymbol{\theta}_{\mathrm{M}})=\boldsymbol{0}$。

进一步假设 $\boldsymbol{R}\boldsymbol{A}^{-1}$ 有界可得：

$$\boldsymbol{R}\boldsymbol{A}^{-1}\frac{1}{\sqrt{N}}\sum_{i=1}^{N}\boldsymbol{s}_i(\tilde{\boldsymbol{\theta}}_{\mathrm{M}})=\boldsymbol{R}\boldsymbol{A}^{-1}\frac{1}{\sqrt{N}}\sum_{i=1}^{N}\boldsymbol{s}_i(\boldsymbol{\theta}_{\mathrm{M}})+o_p(1)$$

因此，根据第二章介绍的渐近等价性定理，$\boldsymbol{R}\boldsymbol{A}^{-1}\frac{1}{\sqrt{N}}\sum_{i=1}^{N}\boldsymbol{s}_i(\tilde{\boldsymbol{\theta}}_{\mathrm{M}})$ 与 $\boldsymbol{R}\boldsymbol{A}^{-1}\frac{1}{\sqrt{N}}\sum_{i=1}^{N}\boldsymbol{s}_i(\boldsymbol{\theta}_{\mathrm{M}})$ 具有相同的极限分布。

又因为

$$\boldsymbol{R}\boldsymbol{A}^{-1}\frac{1}{\sqrt{N}}\sum_{i=1}^{N}\boldsymbol{s}_i(\boldsymbol{\theta}_{\mathrm{M}})=\boldsymbol{R}\boldsymbol{A}^{-1}\sqrt{N}\left[\frac{1}{N}\sum_{i=1}^{N}\boldsymbol{s}_i(\boldsymbol{\theta}_{\mathrm{M}})\right]\xrightarrow{d}\mathcal{N}(\boldsymbol{0},\boldsymbol{R}\boldsymbol{A}^{-1}\boldsymbol{B}\boldsymbol{A}^{-1}\boldsymbol{R}')$$

所以根据 $\boldsymbol{R}\boldsymbol{A}^{-1}\sum_{i=1}^{N}\boldsymbol{s}_i(\tilde{\boldsymbol{\theta}}_{\mathrm{M}})$ 与 $\boldsymbol{R}\boldsymbol{A}^{-1}\sum_{i=1}^{N}\boldsymbol{s}_i(\boldsymbol{\theta}_{\mathrm{M}})$ 具有相同的极限分布可得：

$$\boldsymbol{R}\boldsymbol{A}^{-1}\frac{1}{\sqrt{N}}\sum_{i=1}^{N}\boldsymbol{s}_i(\tilde{\boldsymbol{\theta}}_{\mathrm{M}})\xrightarrow{d}\mathcal{N}(\boldsymbol{0},\boldsymbol{R}\boldsymbol{A}^{-1}\boldsymbol{B}\boldsymbol{A}^{-1}\boldsymbol{R}')$$

根据第二章中的命题 2.24 可得：

$$\left[\boldsymbol{R}\boldsymbol{A}^{-1}\frac{1}{\sqrt{N}}\sum_{i=1}^{N}\boldsymbol{s}_i(\tilde{\boldsymbol{\theta}}_{\mathrm{M}})\right]'(\boldsymbol{R}\boldsymbol{A}^{-1}\boldsymbol{B}\boldsymbol{A}^{-1}\boldsymbol{R}')^{-1}\left[\boldsymbol{R}\boldsymbol{A}^{-1}\frac{1}{\sqrt{N}}\sum_{i=1}^{N}\boldsymbol{s}_i(\tilde{\boldsymbol{\theta}}_{\mathrm{M}})\right]\xrightarrow{d}\chi^2(L)$$

简单整理上式即可得到最终结果：

$$\left[\frac{1}{\sqrt{N}}\sum_{i=1}^{N}\boldsymbol{s}_i(\tilde{\boldsymbol{\theta}}_{\mathrm{M}})\right]'\boldsymbol{A}^{-1}\boldsymbol{R}'(\boldsymbol{R}\boldsymbol{A}^{-1}\boldsymbol{B}\boldsymbol{A}^{-1}\boldsymbol{R}')^{-1}\boldsymbol{R}\boldsymbol{A}^{-1}\left[\frac{1}{\sqrt{N}}\sum_{i=1}^{N}\boldsymbol{s}_i(\tilde{\boldsymbol{\theta}}_{\mathrm{M}})\right]\xrightarrow{d}\chi^2(L)$$

故命题得证。

□

最后值得指出的是，由于矩阵 $\boldsymbol{A}$ 与 $\boldsymbol{B}$ 均是总体的概念，现实中无法观测，因此式(4-20)与式(4-24)给出的瓦尔德检验和拉格朗日乘子检验实际上并不可行(Infeasible)。为此，需要将矩阵 $\boldsymbol{A}$ 与 $\boldsymbol{B}$ 替换成各自的一致估计量 $\widehat{\boldsymbol{A}}$ 与 $\widehat{\boldsymbol{B}}$。这不改变命题 4.4 和命题 4.5 中的结果，其证明过程留作练习。

3.3 似然比检验

根据以上内容可发现，瓦尔德检验基于约束条件构造统计量，拉格朗日乘子检验(得分检验)基于得分向量构造统计量，本小节要介绍的**似然比检验**(Likelihood Ratio Test, LR)则是基于目标函数来构造统计量。**似然比统计量**的表达式为：

$$\mathscr{LR}=2\left[\sum_{i=1}^{N}q_i(\tilde{\boldsymbol{\theta}}_{\mathrm{M}})-\sum_{i=1}^{N}q_i(\hat{\boldsymbol{\theta}}_{\mathrm{M}})\right] \tag{4-25}$$

其中，$\sum_{i=1}^{N}q_i(\tilde{\boldsymbol{\theta}}_{\mathrm{M}})$ 为在**有约束**的条件下估计模型参数所得到的目标函数值，$\sum_{i=1}^{N}q_i(\hat{\boldsymbol{\theta}}_{\mathrm{M}})$ 为在**无约束**的条件下估计模型参数所得到的目标函数值。

似然比检验的基本原理是，如果原假设(约束条件)成立(从而约束条件未对优化问题产生任何作用)，那么 $\sum_{i=1}^{N}q_i(\tilde{\boldsymbol{\theta}}_{\mathrm{M}})$ 与 $\sum_{i=1}^{N}q_i(\hat{\boldsymbol{\theta}}_{\mathrm{M}})$ 不应该存在显著的差异。似然比检验在最大似然估计中的应用非常广泛，该情形下目标函数为对数似然函数。如下命题给出了似然比统计量的渐近分布：

命题 4.6：假设 $\boldsymbol{B}=\kappa\boldsymbol{A}$，在原假设 $\boldsymbol{R}\boldsymbol{\theta}_{\mathrm{M}}=\boldsymbol{r}$ 成立的条件下，似然比统计量 $\mathscr{LR}$ 的极限分布为自由度为 L 的卡方分布：

$$\mathscr{LR}=2\cdot\kappa\left[\sum_{i=1}^{N}q_i(\tilde{\boldsymbol{\theta}}_{\mathrm{M}})-\sum_{i=1}^{N}q_i(\hat{\boldsymbol{\theta}}_{\mathrm{M}})\right]\xrightarrow{d}\chi^2(L) \tag{4-26}$$

其中，$\boldsymbol{A}=\mathbb{E}\left[\boldsymbol{H}(\boldsymbol{\theta}_{\mathrm{M}})\right]$，$\boldsymbol{B}=\mathrm{Var}[\boldsymbol{s}(\boldsymbol{\theta}_{\mathrm{M}})]=\mathbb{E}\left[\boldsymbol{s}(\boldsymbol{\theta}_{\mathrm{M}})\boldsymbol{s}'(\boldsymbol{\theta}_{\mathrm{M}})\right]$，$\kappa$ 为大于 0 的常数。

可以发现，与瓦尔德检验和拉格朗日乘子检验相比，似然比检验添加了 $\boldsymbol{B}=\lambda\boldsymbol{A}$ 这个限定条件。接下来，我们给出命题 4.6 的具体证明过程。

证明：(*)

利用中值定理将 $\sum_{i=1}^{N}q_i(\tilde{\boldsymbol{\theta}}_{\mathrm{M}})$ 在 $\hat{\boldsymbol{\theta}}_{\mathrm{M}}$ 处进行(精确)二阶泰勒展开可得：

$$\sum_{i=1}^{N}q_i(\tilde{\boldsymbol{\theta}}_{\mathrm{M}})=\sum_{i=1}^{N}q_i(\hat{\boldsymbol{\theta}}_{\mathrm{M}})+\left[\sum_{i=1}^{N}\boldsymbol{s}_i(\boldsymbol{\theta}^+)\right](\tilde{\boldsymbol{\theta}}_{\mathrm{M}}-\hat{\boldsymbol{\theta}}_{\mathrm{M}})+\frac{1}{2}(\tilde{\boldsymbol{\theta}}_{\mathrm{M}}-\hat{\boldsymbol{\theta}}_{\mathrm{M}})'\left[\sum_{i=1}^{N}\boldsymbol{H}_i(\boldsymbol{\theta}^+)\right](\tilde{\boldsymbol{\theta}}_{\mathrm{M}}-\hat{\boldsymbol{\theta}}_{\mathrm{M}})$$

其中，$\boldsymbol{s}_i(\boldsymbol{\theta}^+)=\left.\frac{\partial q_i(\boldsymbol{\theta})}{\partial\boldsymbol{\theta}}\right|_{\boldsymbol{\theta}^+}$，$\boldsymbol{H}_i(\boldsymbol{\theta}^+)=\left.\frac{\partial^2 q_i(\boldsymbol{\theta})}{\partial\boldsymbol{\theta}\partial\boldsymbol{\theta}'}\right|_{\boldsymbol{\theta}^+}$，$\boldsymbol{\theta}^+$ 介于 $\tilde{\boldsymbol{\theta}}_{\mathrm{M}}$ 和 $\hat{\boldsymbol{\theta}}_{\mathrm{M}}$ 之间，从而有 $\mathrm{Plim}\boldsymbol{\theta}^+=\boldsymbol{\theta}_{\mathrm{M}}$。

整理可得：

$$\sum_{i=1}^{N} q_i(\tilde{\boldsymbol{\theta}}_{\mathrm{M}}) - \sum_{i=1}^{N} q_i(\hat{\boldsymbol{\theta}}_{\mathrm{M}}) = \left[\sum_{i=1}^{N} \boldsymbol{s}_i(\boldsymbol{\theta}^+)\right](\tilde{\boldsymbol{\theta}}_{\mathrm{M}} - \hat{\boldsymbol{\theta}}_{\mathrm{M}}) + \frac{1}{2}(\tilde{\boldsymbol{\theta}}_{\mathrm{M}} - \hat{\boldsymbol{\theta}}_{\mathrm{M}})'\left[\sum_{i=1}^{N} \boldsymbol{H}_i(\boldsymbol{\theta}^+)\right](\tilde{\boldsymbol{\theta}}_{\mathrm{M}} - \hat{\boldsymbol{\theta}}_{\mathrm{M}})$$

$$= \left\{ \begin{array}{c} \{N\mathbb{E}[\boldsymbol{s}(\boldsymbol{\theta}_{\mathrm{M}})] + o_p(1)\}(\tilde{\boldsymbol{\theta}}_{\mathrm{M}} - \hat{\boldsymbol{\theta}}_{\mathrm{M}}) \\ + \frac{1}{2}(\tilde{\boldsymbol{\theta}}_{\mathrm{M}} - \hat{\boldsymbol{\theta}}_{\mathrm{M}})'\{N\mathbb{E}[\boldsymbol{H}(\boldsymbol{\theta}_{\mathrm{M}})] + o_p(1)\}(\tilde{\boldsymbol{\theta}}_{\mathrm{M}} - \hat{\boldsymbol{\theta}}_{\mathrm{M}}) \end{array} \right\}$$

$$= \left\{ \begin{array}{c} [\boldsymbol{0} + o_p(1)](\tilde{\boldsymbol{\theta}}_{\mathrm{M}} - \hat{\boldsymbol{\theta}}_{\mathrm{M}}) \\ + \frac{1}{2}(\tilde{\boldsymbol{\theta}}_{\mathrm{M}} - \hat{\boldsymbol{\theta}}_{\mathrm{M}})'\{N\mathbb{E}[\boldsymbol{H}(\boldsymbol{\theta}_{\mathrm{M}})] + o_p(1)\}(\tilde{\boldsymbol{\theta}}_{\mathrm{M}} - \hat{\boldsymbol{\theta}}_{\mathrm{M}}) \end{array} \right\}$$

$$= \frac{1}{2}[\sqrt{N}(\tilde{\boldsymbol{\theta}}_{\mathrm{M}} - \hat{\boldsymbol{\theta}}_{\mathrm{M}})']\boldsymbol{A}[\sqrt{N}(\tilde{\boldsymbol{\theta}}_{\mathrm{M}} - \hat{\boldsymbol{\theta}}_{\mathrm{M}})] + o_p(1)$$

其中，$\sum_{i=1}^{N} \boldsymbol{s}_i(\boldsymbol{\theta}^+) = N\mathbb{E}[\boldsymbol{s}(\boldsymbol{\theta}_{\mathrm{M}})] + o_p(1)$ 以及 $\sum_{i=1}^{N} \boldsymbol{H}_i(\boldsymbol{\theta}^+) = N\mathbb{E}[\boldsymbol{H}(\boldsymbol{\theta}_{\mathrm{M}})] + o_p(1)$ 利用的是引理4.1。

根据渐近等价定理可得，$2\left[\sum_{i=1}^{N} q_i(\tilde{\boldsymbol{\theta}}_{\mathrm{M}}) - \sum_{i=1}^{N} q_i(\hat{\boldsymbol{\theta}}_{\mathrm{M}})\right]$ 与 $[\sqrt{N}(\tilde{\boldsymbol{\theta}}_{\mathrm{M}}-\hat{\boldsymbol{\theta}}_{\mathrm{M}})']\boldsymbol{A} \cdot [\sqrt{N}(\tilde{\boldsymbol{\theta}}_{\mathrm{M}}-\hat{\boldsymbol{\theta}}_{\mathrm{M}})]$ 具有相同的极限分布。

整理如下两个表达式：

$$\sqrt{N}(\hat{\boldsymbol{\theta}}_{\mathrm{M}} - \boldsymbol{\theta}_{\mathrm{M}}) = -\boldsymbol{A}^{-1}\left[\frac{1}{\sqrt{N}}\sum_{i=1}^{N} \boldsymbol{s}_i(\boldsymbol{\theta}_{\mathrm{M}})\right] + o_p(1)$$

$$\frac{1}{\sqrt{N}}\sum_{i=1}^{N} \boldsymbol{s}_i(\tilde{\boldsymbol{\theta}}_{\mathrm{M}}) = \frac{1}{\sqrt{N}}\sum_{i=1}^{N} \boldsymbol{s}_i(\boldsymbol{\theta}_{\mathrm{M}}) + \boldsymbol{A}\sqrt{N}(\tilde{\boldsymbol{\theta}}_{\mathrm{M}} - \boldsymbol{\theta}_{\mathrm{M}}) + o_p(1)$$

可以得到：

$$\sqrt{N}(\tilde{\boldsymbol{\theta}}_{\mathrm{M}} - \hat{\boldsymbol{\theta}}_{\mathrm{M}}) = \boldsymbol{A}^{-1}\left[\frac{1}{\sqrt{N}}\sum_{i=1}^{N} \boldsymbol{s}_i(\tilde{\boldsymbol{\theta}}_{\mathrm{M}})\right] + o_p(1)$$

因此有：

$$2 \cdot \kappa\left[\sum_{i=1}^{N} q_i(\tilde{\boldsymbol{\theta}}_{\mathrm{M}}) - \sum_{i=1}^{N} q_i(\hat{\boldsymbol{\theta}}_{\mathrm{M}})\right] = \kappa\left[\frac{1}{\sqrt{N}}\sum_{i=1}^{N} \boldsymbol{s}_i(\tilde{\boldsymbol{\theta}}_{\mathrm{M}})\right]'\boldsymbol{A}^{-1}\left[\frac{1}{\sqrt{N}}\sum_{i=1}^{N} \boldsymbol{s}_i(\tilde{\boldsymbol{\theta}}_{\mathrm{M}})\right] + o_p(1)$$

所以，$LR = 2 \cdot \kappa\left[\sum_{i=1}^{N} q_i(\tilde{\boldsymbol{\theta}}_{\mathrm{M}}) - \sum_{i=1}^{N} q_i(\hat{\boldsymbol{\theta}}_{\mathrm{M}})\right]$ 与 $\kappa\left[\frac{1}{\sqrt{N}}\sum_{i=1}^{N} \boldsymbol{s}_i(\tilde{\boldsymbol{\theta}}_{\mathrm{M}})\right]'\boldsymbol{A}^{-1}\left[\frac{1}{\sqrt{N}}\sum_{i=1}^{N} \boldsymbol{s}_i(\tilde{\boldsymbol{\theta}}_{\mathrm{M}})\right]$ 具有相同的极限分布。而在 $\boldsymbol{B} = \kappa\boldsymbol{A}$ 的条件下，$\kappa\left[\frac{1}{\sqrt{N}}\sum_{i=1}^{N} \boldsymbol{s}_i(\tilde{\boldsymbol{\theta}}_{\mathrm{M}})\right]'\boldsymbol{A}^{-1}\left[\frac{1}{\sqrt{N}}\sum_{i=1}^{N} \boldsymbol{s}_i(\tilde{\boldsymbol{\theta}}_{\mathrm{M}})\right]$ 的极限分布为自由度为 L 的卡方分布。为看出这一点，将 $\boldsymbol{B} = \kappa\boldsymbol{A}$ 代入前述拉格朗日乘子估计量式(4-26)可得：

$$\kappa\left[\frac{1}{\sqrt{N}}\sum_{i=1}^{N} \boldsymbol{s}_i(\tilde{\boldsymbol{\theta}}_{\mathrm{M}})\right]'\boldsymbol{A}^{-1}\left[\frac{1}{\sqrt{N}}\sum_{i=1}^{N} \boldsymbol{s}_i(\tilde{\boldsymbol{\theta}}_{\mathrm{M}})\right]$$

$$= \left[\frac{1}{\sqrt{N}}\sum_{i=1}^{N} \boldsymbol{s}_i(\tilde{\boldsymbol{\theta}}_{\mathrm{M}})\right]' \underbrace{\boldsymbol{A}^{-1}\boldsymbol{R}'(\boldsymbol{R}\boldsymbol{A}^{-1}\boldsymbol{B}\boldsymbol{A}^{-1}\boldsymbol{R}')^{-1}\boldsymbol{R}\boldsymbol{A}^{-1}}_{\kappa\boldsymbol{A}^{-1}}\left[\frac{1}{\sqrt{N}}\sum_{i=1}^{N} \boldsymbol{s}_i(\tilde{\boldsymbol{\theta}}_{\mathrm{M}})\right]$$

$$\xrightarrow{d} \chi^2(L)$$

最终可得：

$$\kappa\left[\frac{1}{\sqrt{N}}\sum_{i=1}^{N}\boldsymbol{s}_i(\tilde{\boldsymbol{\theta}}_{\mathrm{M}})\right]'\boldsymbol{A}^{-1}\left[\frac{1}{\sqrt{N}}\sum_{i=1}^{N}\boldsymbol{s}_i(\tilde{\boldsymbol{\theta}}_{\mathrm{M}})\right]\xrightarrow{d}\chi^2(L)$$

故命题得证。

□

3.4 三大检验比较与直观图形展示

本小节对瓦尔德检验，拉格朗日乘子检验以及似然比检验三种计量经济学中的检验方法进行比较和总结。首先，**从基本原理来看**，瓦尔德检验的基本逻辑是，如果原假设 $\boldsymbol{R\theta}_{\mathrm{M}}=\boldsymbol{r}$ 成立，那么 $\boldsymbol{R}\hat{\boldsymbol{\theta}}_{\mathrm{M}}$ 与 $\boldsymbol{r}$ 不应存在显著差异，该检验的逻辑比较容易理解；拉格朗日乘子检验的基本逻辑是，$\tilde{\boldsymbol{\theta}}_{\mathrm{M}}$ 和 $\hat{\boldsymbol{\theta}}_{\mathrm{M}}$ 分别对应**有约束**和**无约束**估计量，根据 $\hat{\boldsymbol{\theta}}_{\mathrm{M}}$ 的定义得 $\sum_{i=1}^{N}\boldsymbol{s}_i(\hat{\boldsymbol{\theta}}_{\mathrm{M}})=\boldsymbol{0}$，因此若原假设 $\boldsymbol{R\theta}_{\mathrm{M}}=\boldsymbol{r}$ 成立（从而约束条件未对优化问题产生影响），那么 $\sum_{i=1}^{N}\boldsymbol{s}_i(\tilde{\boldsymbol{\theta}}_{\mathrm{M}})$ 不应该显著地不等于 $\boldsymbol{0}$；似然比检验的基本逻辑是，$\sum_{i=1}^{N}q_i(\tilde{\boldsymbol{\theta}}_{\mathrm{M}})$ 为在**有约束**条件下得到的目标函数值，$\sum_{i=1}^{N}q_i(\hat{\boldsymbol{\theta}}_{\mathrm{M}})$ 为在**无约束**条件下所得到的目标函数值，如果原假设成立（从而约束未对优化问题产生影响），二者不应存在显著性的差异。其次，**从所服从的极限分布上看**，三者都服从自由度为 L 的卡方分布。换言之，三大检验是**渐近等价的**（Asymptotically Equivalent）；再次，**从统计量构造的基础来看**，瓦尔德统计量基于约束条件来构造；拉格朗日乘子检验基于得分向量来构造；似然比检验基于目标函数来构造；最后，**从所需要估计的模型来看**，瓦尔德检验需要估计的是无约束模型，拉格朗日乘子检验需要估计的是有约束模型，似然比检验则需要同时估计约束模型和无约束模型。因此，在无约束模型比较容易估计的情形下，利用瓦尔德检验比较方便；在约束模型比较容易估计的情形下，利用拉格朗日乘子检验比较方便。但是无论使用瓦尔德检验还是使用拉格朗日乘子检验，都需要计算海森矩阵的逆（Inverse），从而计算量相对比较大；与之相比，似然比估计量的优点在于无须计算海森矩阵的逆，但是其成本是需要同时估计有约束模型和无约束模型，且要求 $\boldsymbol{B}=\kappa\boldsymbol{A}$ 这一条件成立（若该条件不成立，则无法推导出似然比统计量服从自由度为 L 的卡方分布）。为便于阅读，表 4-1 对三大检验进行了简单汇总。

表 4-1 三大检验汇总表

检验名称	表达式	渐近分布	构造基础	需要估计的模型
$\mathscr{W}$	$[\sqrt{N}(\boldsymbol{R}\hat{\boldsymbol{\theta}}_{\mathrm{M}}-\boldsymbol{r})]'(\boldsymbol{RVR}')^{-1}[\sqrt{N}(\boldsymbol{R}\hat{\boldsymbol{\theta}}_{\mathrm{M}}-\boldsymbol{r})]$	$\chi^2(L)$	约束条件	无约束模型
$\mathscr{LM}$	$\left[\frac{1}{\sqrt{N}}\sum_{i=1}^{N}\boldsymbol{s}_i(\tilde{\boldsymbol{\theta}}_{\mathrm{M}})\right]'\boldsymbol{A}\left[\frac{1}{\sqrt{N}}\sum_{i=1}^{N}\boldsymbol{s}_i(\tilde{\boldsymbol{\theta}}_{\mathrm{M}})\right]$	$\chi^2(L)$	得分向量	有约束模型

续表

检验名称	表达式	渐近分布	构造基础	需要估计的模型
$\mathscr{LR}$	$2\cdot\kappa\left[\sum_{i=1}^{N}q(\tilde{\boldsymbol{\theta}}_{\mathrm{M}})-\sum_{i=1}^{N}q(\hat{\boldsymbol{\theta}}_{\mathrm{M}})\right]$	$\chi^2(L)$	目标函数	有约束模型 无约束模型

注：$\boldsymbol{V}=\boldsymbol{A}^{-1}\boldsymbol{B}\boldsymbol{A}^{-1}$；$\boldsymbol{\Lambda}=\boldsymbol{A}^{-1}\boldsymbol{R}'(\boldsymbol{R}\boldsymbol{A}^{-1}\boldsymbol{B}\boldsymbol{A}^{-1}\boldsymbol{R}')^{-1}\boldsymbol{R}\boldsymbol{A}^{-1}$。需要指出的是，由于 $\boldsymbol{V}$ 和 $\boldsymbol{\Lambda}$ 无法被可观测到，因此在具体计算瓦尔德估计量和拉格朗日乘子估计量的过程中，需要利用 $\boldsymbol{V}$ 和 $\boldsymbol{\Lambda}$ 各自对应的一致估计量 $\widehat{\boldsymbol{V}}$ 与 $\widehat{\boldsymbol{\Lambda}}$ 来替换。

考虑到直观性，在计量经济学中，还通常采用图形的方式来展示三大检验的基本原理及其相互关系，比如 Newey and McFadden(1994)和 Greene(2012)等。图 4-4 以最简单的一元线性约束 $R\theta=0$ 为例对三大检验进行了演示。其中，$\hat{\theta}_{\mathrm{M}}$ 与 $\tilde{\theta}_{\mathrm{M}}$ 分别表示无约束模型估计量和有约束模型估计量。从图 4-4 中可看出，瓦尔德检验由约束条件在 $\hat{\theta}_{\mathrm{M}}$ 处取值 $R\hat{\theta}_{\mathrm{M}}$ 与 0 的距离(图中 *Wald* 对应的长度)刻画(从而只是用到了无约束模型)，距离越大越倾向于拒绝原假设；拉格朗日乘子检验由得分(目标函数导数)在 $\tilde{\theta}_{\mathrm{M}}$ 处取值与 0 的距离(图中 *LM* 对应的长度)刻画(从而只是用到了有约束模型)，距离越大越倾向于拒绝原假设；似然比检验则由目标函数在 $\hat{\theta}_{\mathrm{M}}$ 与 $\tilde{\theta}_{\mathrm{M}}$ 处取值的差距(图中 *LR* 对应的长度)来刻画(同时用到了无约束模型和有约束模型)，距离越大越倾向于拒绝原假设。

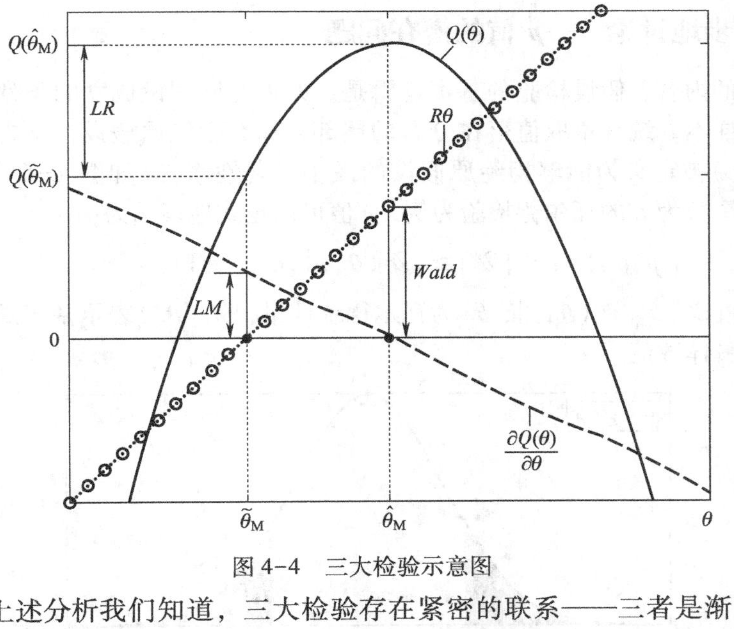

图 4-4　三大检验示意图

最后，根据上述分析我们知道，三大检验存在紧密的联系——三者是渐近等价的，即它们的渐近分布都是自由度为 L 的卡方分布。为了进一步理解三大检验之间的联系，对于如图 4-4所示的目标函数 $Q(\theta)$，图 4-5 直观地展示了三大检验如何随约束条件的变动而变动。具体而言，将约束条件曲线向右平移(即由 $R_1\theta=0$ 平移为 $R_2\theta=0$)。从图形中可以非常清楚地看出，三大检验所对应的距离同向变动，即随着约束条件曲线向右平移，距离都变小(对于瓦尔德检验而言，距离由 $Wald_1$ 变为 $Wald_2$；对于拉格朗日乘子检验而言，距离由 LM_1 变为 LM_2；对于似然比检验而言，距离由 LR_1 变为 LR_2）。这里需要指出的是，图 4-5 只是辅助理解三大检验关系的非正式演示，而非对于三大检验如何随约束条件变化而变化的严格证明。

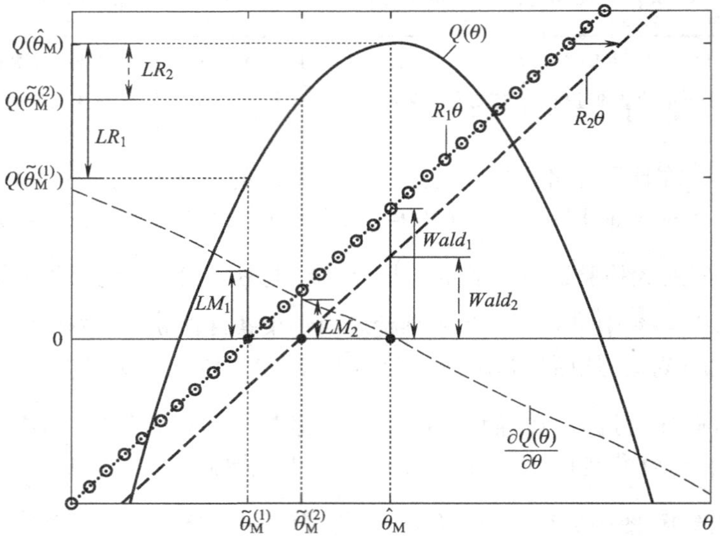

图 4-5 三大检验内在联系示意图

3.5 进一步地讨论——p 值的潜在问题

回忆第三章的内容，假设检验的基本逻辑是：如果在原假设成立的条件下小概率事件发生——给定观测样本，统计量取值落在分布的尾部，那么拒绝原假设；反之则无法拒绝原假设。**p 值**(p-value)被定义为能够拒绝原假设的最小显著性水平(如图 4-6 所示)。不失一般性，以具有约束个数为 L 的瓦尔德检验为例，p 值可以正式地表示为：

$$p(\hat{\boldsymbol{\theta}}_M)=\Pr(|\mathscr{W}|\geqslant|\mathscr{W}(\hat{\boldsymbol{\theta}}_M)|\,|\mathbb{H}_0)\equiv\Pr(\mathscr{D}|\mathbb{H}_0) \tag{4-27}$$

其中，定义 $\mathscr{D}\equiv|\mathscr{W}|\geqslant|\mathscr{W}(\hat{\boldsymbol{\theta}}_M)|$，$\mathscr{W}$为瓦尔德统计量，$\mathscr{W}(\hat{\boldsymbol{\theta}}_M)$表示基于观测数据计算得到的瓦尔德统计量具体数值。

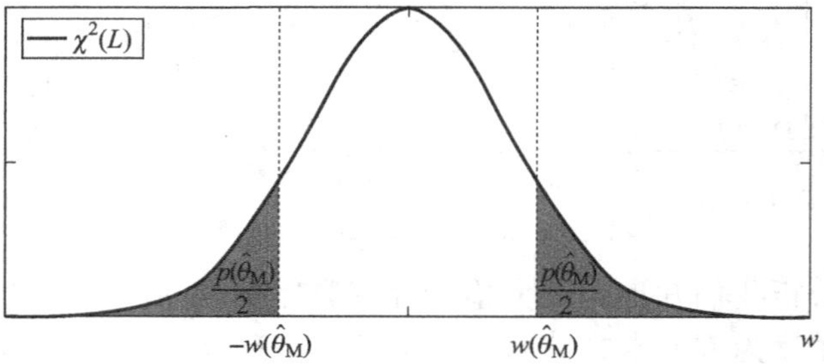

图 4-6 p 值示意图

注意到，p 值的含义是给定原假设$\mathbb{H}_0$观测数据 $\mathscr{D}$ 发生的概率 $\Pr(\mathscr{D}|\mathbb{H}_0)$，而我们最终关

心的是给定观测数据$\mathscr{D}$原假设$\mathbb{H}_0$发生的概率$\Pr(\mathbb{H}_0|\mathscr{D})$。这两个概率往往并不相等，即：

$$p(\hat{\boldsymbol{\theta}}_{\mathrm{M}}) \equiv \Pr(\mathscr{D}|\mathbb{H}_0) \neq \Pr(\mathbb{H}_0|\mathscr{D}) \tag{4-28}$$

式(4-28)意味着，$\Pr(\mathscr{D}|\mathbb{H}_0)$很小并不一定意味着$\Pr(\mathbb{H}_0|\mathscr{D})$很小。换言之，**即便是非常小的$p$值也难以作为拒绝原假设的证据**。事实上，根据贝叶斯定理可以很容易地得到$\Pr(\mathscr{D}|\mathbb{H}_0)$与$\Pr(\mathbb{H}_0|\mathscr{D})$之间的关系式：

$$\Pr(\mathbb{H}_0|\mathscr{D}) = \frac{\Pr(\mathscr{D}|\mathbb{H}_0)\Pr(\mathbb{H}_0)}{\Pr(\mathscr{D})} \tag{4-29}$$

其中，$\Pr(\mathbb{H}_0)$表示**先验概率**(Prior Probability)，条件概率$\Pr(\mathbb{H}_0|\mathscr{D})$表示**后验概率**(Posterior Probability)，它的含义是观测到数据$\mathscr{D}$后对$\mathbb{H}_0$判断进行了更新。

为了更好地理解式(4-29)，考虑一个例子。原假设为，适当的体育锻炼能够有效改善身体健康状况，对应式(4-29)中的$\Pr(\mathbb{H}_0)$。如果我们基于某一特定随机(从而排除自选择问题的影响)调查样本发现，[①] 大部分适当体育锻炼的个体身体状况变差了，对应式(4-29)中的$\Pr(\mathscr{D}|\mathbb{H}_0)$。这个时候我们是否选择拒绝原假设呢？显然，这取决于$\Pr(\mathbb{H}_0)$和$\Pr(\mathscr{D}|\mathbb{H}_0)$的相对大小。具体而言，适当的体育锻炼能够有效改善身体健康状况是被我们的生活经验和医学科学知识所广泛验证的现象，即$\Pr(\mathbb{H}_0)$足够大，因此即便在某个特定调查样本中，大部分适当体育锻炼的个体身体状况变差了，即$\Pr(\mathscr{D}|\mathbb{H}_0)$比较小，也难以改变适当的体育锻炼能够有效改善身体健康状况的先验判断。如果我们仅仅关注p值——$\Pr(\mathscr{D}|\mathbb{H}_0)$，就有可能得到违背科学常识的结论。Wasserstein *et al.* (2019)具体讨论了基于p值进行统计推断所存在的潜在问题。

4. 两步估计法

本章最后所要介绍的是**两步估计法**(Two-step Estimation)。在计量经济学中，所谓两步估计法通常是指，在第二步模型估计过程中需要用到第一步估计所得到的参数估计值。比如，在初级计量经济学中就已经接触到的**可行广义最小二乘估计**(Feasible Generalized Least Squares,FGLS)，**两阶段最小二乘估计**(Two Stage Least Squares,2SLS)以及用于矫正**样本选择问题**(Sample Selection)的Heckit模型(Heckman,1977)等。关于两步估计法的一个核心问题是，将第一步得到参数估计值直接代入到第二步的模型估计中会对第二步参数估计量的性质产生什么影响？正式地，M方法两步估计量可以表示为：

$$\hat{\boldsymbol{\theta}}_{\mathrm{M}} = \arg\min_{\{\boldsymbol{\theta}\in\boldsymbol{\Theta}\}}\left\{\frac{1}{N}\sum_{i=1}^{N} q(y_i,\boldsymbol{x}_i,\boldsymbol{\theta},\hat{\boldsymbol{\gamma}})\right\} \tag{4-30}$$

其中，$\hat{\boldsymbol{\gamma}}$是在第一步估计所得到的参数$\boldsymbol{\gamma}$(该参数通常不是我们最终关心的)的估计值，$\boldsymbol{\theta}$为我们最终关心的参数。一般而言，$q(\cdot)$关于参数$\boldsymbol{\gamma}$满足**M假设1**与**M假设2**，将$\boldsymbol{\gamma}$替换为其估计值$\hat{\boldsymbol{\gamma}}$不会对我们关心参数$\boldsymbol{\theta}$估计量$\hat{\boldsymbol{\theta}}_{\mathrm{M}}$的一致性产生影响，但是往往会对极限(渐近)方差产生影响。接下来我们介绍两步估计法中$\hat{\boldsymbol{\theta}}_{\mathrm{M}}$的渐近方差。如下内容都假设$\hat{\boldsymbol{\gamma}}$是$\boldsymbol{\gamma}$的一致估计量$\mathrm{Plim}\,\hat{\boldsymbol{\gamma}}=\boldsymbol{\gamma}$。

---

① 该情形下的“自选择”问题是指，可能存在身体状况较差的人为了改善健康状况而选择增加体育锻炼时间。

将关于 $\boldsymbol{\theta}$ 的得分向量记为 $\boldsymbol{s}_i(\boldsymbol{\theta},\hat{\boldsymbol{\gamma}})$，那么根据式(4-30)给出的 $\hat{\boldsymbol{\theta}}_{\mathrm{M}}$ 定义可以得到：

$$\frac{1}{N}\sum_{i=1}^{N}\boldsymbol{s}_i(\hat{\boldsymbol{\theta}}_{\mathrm{M}},\hat{\boldsymbol{\gamma}})=\mathbf{0} \tag{4-31}$$

利用中值定理将式(4-31)在 $\boldsymbol{\theta}_{\mathrm{M}}$ 处展开可得：

$$\frac{1}{N}\sum_{i=1}^{N}\boldsymbol{s}_i(\hat{\boldsymbol{\theta}}_{\mathrm{M}},\hat{\boldsymbol{\gamma}})=\frac{1}{N}\sum_{i=1}^{N}\boldsymbol{s}_i(\boldsymbol{\theta}_{\mathrm{M}},\hat{\boldsymbol{\gamma}})+\left[\frac{1}{N}\sum_{i=1}^{N}\boldsymbol{H}_i(\boldsymbol{\theta}^{+},\hat{\boldsymbol{\gamma}})\right](\hat{\boldsymbol{\theta}}_{\mathrm{M}}-\boldsymbol{\theta}_{\mathrm{M}})=\mathbf{0} \tag{4-32}$$

其中，$\boldsymbol{H}(\boldsymbol{\theta}^{+},\hat{\boldsymbol{\gamma}})=\left.\dfrac{\partial^2 q(\boldsymbol{\theta},\hat{\boldsymbol{\gamma}})}{\partial\boldsymbol{\theta}\partial\boldsymbol{\theta}'}\right|_{\boldsymbol{\theta}^{+}}$，$\boldsymbol{\theta}^{+}$介于 $\hat{\boldsymbol{\theta}}_{\mathrm{M}}$ 和 $\boldsymbol{\theta}_{\mathrm{M}}$ 之间。

整理式(4-32)并利用中值定理将 $\dfrac{1}{N}\sum_{i=1}^{N}\boldsymbol{s}_i(\boldsymbol{\theta}_{\mathrm{M}},\hat{\boldsymbol{\gamma}})$ 在 $\boldsymbol{\gamma}$ 处进行展开可得：

$$\begin{aligned}\sqrt{N}(\hat{\boldsymbol{\theta}}_{\mathrm{M}}-\boldsymbol{\theta}_{\mathrm{M}})&=-\left[\frac{1}{N}\sum_{i=1}^{N}\boldsymbol{H}_i(\boldsymbol{\theta}^{+},\hat{\boldsymbol{\gamma}})\right]^{-1}\left[\frac{1}{\sqrt{N}}\sum_{i=1}^{N}\boldsymbol{s}_i(\boldsymbol{\theta}_{\mathrm{M}},\hat{\boldsymbol{\gamma}})\right]\\&=-\left[\frac{1}{N}\sum_{i=1}^{N}\boldsymbol{H}_i(\boldsymbol{\theta}^{+},\hat{\boldsymbol{\gamma}})\right]^{-1}\left\{\begin{array}{r}\left[\dfrac{1}{\sqrt{N}}\sum_{i=1}^{N}\boldsymbol{s}_i(\boldsymbol{\theta}_{\mathrm{M}},\boldsymbol{\gamma})\right]\\+\left[\dfrac{1}{N}\sum_{i=1}^{N}\nabla_{\gamma}\boldsymbol{s}_i(\boldsymbol{\theta}_{\mathrm{M}},\boldsymbol{\gamma}^{+})\right]\sqrt{N}(\hat{\boldsymbol{\gamma}}-\boldsymbol{\gamma})\end{array}\right\}\\&=-\boldsymbol{A}^{-1}\left\{\left[\frac{1}{\sqrt{N}}\sum_{i=1}^{N}\boldsymbol{s}_i(\boldsymbol{\theta}_{\mathrm{M}},\boldsymbol{\gamma})\right]+\underbrace{\left[\boldsymbol{G}\sqrt{N}(\hat{\boldsymbol{\gamma}}-\boldsymbol{\gamma})\right]}_{\text{第一步估计的影响}}\right\}+o_p(1)\end{aligned} \tag{4-33}$$

其中，$\boldsymbol{\gamma}^{+}$介于 $\hat{\boldsymbol{\gamma}}$ 和 $\boldsymbol{\gamma}$ 之间，$\boldsymbol{G}=\mathbb{E}\left[\nabla_{\gamma}\boldsymbol{s}_i(\boldsymbol{\theta}_{\mathrm{M}},\boldsymbol{\gamma})\right]$，它刻画了将 $\boldsymbol{\gamma}$ 替换为估计值 $\hat{\boldsymbol{\gamma}}$ 对 $\sqrt{N}(\hat{\boldsymbol{\theta}}_{\mathrm{M}}-\boldsymbol{\theta}_{\mathrm{M}})$ 的影响。第二个等式成立是因为对 $\dfrac{1}{\sqrt{N}}\sum_{i=1}^{N}\boldsymbol{s}_i(\boldsymbol{\theta}_{\mathrm{M}},\hat{\boldsymbol{\gamma}})$ 在 $\boldsymbol{\gamma}$ 处利用中值定理展开；第三个等号成立是因为利用引理 4.1 可以得到 $\mathrm{Plim}\left[\dfrac{1}{N}\sum_{i=1}^{N}\boldsymbol{H}_i(\boldsymbol{\theta}^{+},\hat{\boldsymbol{\gamma}})\right]=\boldsymbol{A}$ 以及 $\mathrm{Plim}\left[\dfrac{1}{N}\sum_{i=1}^{N}\nabla_{\gamma}\boldsymbol{s}_i(\boldsymbol{\theta}_{\mathrm{M}},\boldsymbol{\gamma}^{+})\right]=\boldsymbol{G}$。

因此，根据渐近等价定理可知，$\sqrt{N}(\hat{\boldsymbol{\theta}}_{\mathrm{M}}-\boldsymbol{\theta}_{\mathrm{M}})$ 与 $-\boldsymbol{A}^{-1}\left\{\left[\dfrac{1}{\sqrt{N}}\sum_{i=1}^{N}\boldsymbol{s}_i(\boldsymbol{\theta}_{\mathrm{M}},\boldsymbol{\gamma})\right]+\left[\boldsymbol{G}\sqrt{N}(\hat{\boldsymbol{\gamma}}-\boldsymbol{\gamma})\right]\right\}$的渐近分布相同。由此可见，在两步估计法中由于 $\boldsymbol{G}\sqrt{N}(\hat{\boldsymbol{\gamma}}-\boldsymbol{\gamma})$存在，将 $\boldsymbol{\gamma}$ 直接替换为 $\hat{\boldsymbol{\gamma}}$ 一般会影响 $\hat{\boldsymbol{\theta}}_{\mathrm{M}}$ 的渐近方差，忽略第一步中 $\hat{\boldsymbol{\gamma}}$ 的抽样误差可能会得到错误的极限(或渐近)方法。但是值得注意的是，在 $\boldsymbol{G}=\mathbb{E}\left[\nabla_{\gamma}\boldsymbol{s}_i(\boldsymbol{\theta}_{\mathrm{M}},\boldsymbol{\gamma})\right]=\mathbf{0}$ 这个特殊的情形下，则不需要考虑将 $\boldsymbol{\gamma}$ 替换为 $\hat{\boldsymbol{\gamma}}$ 对渐近方差带来的影响。直观上，这是因为 $\boldsymbol{G}=\mathbf{0}$ 意味着参数 $\boldsymbol{\gamma}$ 的变化不会对得分向量产生影响。

若假定 $\sqrt{N}(\hat{\boldsymbol{\gamma}}-\boldsymbol{\gamma})$ 可以表示为(Wooldridge,2010)：

$$\sqrt{N}(\hat{\boldsymbol{\gamma}}-\boldsymbol{\gamma})=\frac{1}{\sqrt{N}}\sum_{i=1}^{N}\boldsymbol{r}_i(\boldsymbol{\gamma})+o_p(1) \tag{4-34}$$

那么将式(4-34)代入式(4-33)可得:

$$\sqrt{N}(\hat{\boldsymbol{\theta}}_{\mathrm{M}}-\boldsymbol{\theta}_{\mathrm{M}})=-\boldsymbol{A}^{-1}\left\{\frac{1}{\sqrt{N}}\sum_{i=1}^{N}\left[\boldsymbol{s}_i(\boldsymbol{\theta}_{\mathrm{M}},\boldsymbol{\gamma})+\boldsymbol{G}\boldsymbol{r}_i(\boldsymbol{\gamma})\right]\right\}+o_p(1) \tag{4-35}$$

从而最终得到$\sqrt{N}(\hat{\boldsymbol{\theta}}_{\mathrm{M}}-\boldsymbol{\theta}_{\mathrm{M}})$的**矫正第一步抽样误差后**的极限分布:

$$\sqrt{N}(\hat{\boldsymbol{\theta}}_{\mathrm{M}}-\boldsymbol{\theta}_{\mathrm{M}})\xrightarrow{d}\mathcal{N}(\boldsymbol{0},\boldsymbol{A}^{-1}\boldsymbol{D}\boldsymbol{A}^{-1}) \tag{4-36}$$

其中，$\boldsymbol{A}=\mathbb{E}\left[\boldsymbol{H}(\boldsymbol{\theta}_{\mathrm{M}})\right]$，$\boldsymbol{D}=\mathbb{E}\left\{\left[\boldsymbol{s}_i(\boldsymbol{\theta}_{\mathrm{M}},\boldsymbol{\gamma})+\boldsymbol{G}\boldsymbol{r}_i(\boldsymbol{\gamma})\right]\left[\boldsymbol{s}_i(\boldsymbol{\theta}_{\mathrm{M}},\boldsymbol{\gamma})+\boldsymbol{G}\boldsymbol{r}_i(\boldsymbol{\gamma})\right]'\right\}$。

习题

1. 比较瓦尔德检验、拉格朗日乘子检验以及似然比检验，并尝试回答如下问题:

(1) 为什么说瓦尔德检验更加适用于估计无约束模型较简单的情形;

(2) 为什么说拉格朗日乘子检验更加适用于估计有约束模型较简单的情形;

(3) 既然似然比检验需要同时估计无约束模型和有约束模型，那么该检验与瓦尔德检验和拉格朗日乘子检验相比的潜在优势体现在哪里?

2. 关于p值，近年来计量经济学家和统计学家展开了丰富的讨论，尝试分析p值的潜在问题。

3. 根据式（4-33），我们知道，对于使用两步估计法所得到的估计量来说，有如下等式成立:

$$\sqrt{N}(\hat{\boldsymbol{\theta}}_{\mathrm{M}}-\boldsymbol{\theta}_{\mathrm{M}})=-\boldsymbol{A}^{-1}\left\{\left[\frac{1}{\sqrt{N}}\sum_{i=1}^{N}\boldsymbol{s}_i(\boldsymbol{\theta}_{\mathrm{M}},\boldsymbol{\gamma})\right]+\underbrace{\left[\boldsymbol{G}\sqrt{N}(\hat{\boldsymbol{\gamma}}-\boldsymbol{\gamma})\right]}_{\text{第一步估计的影响}}\right\}+o_p(1)$$

其中，$\boldsymbol{G}=\mathbb{E}\left[\nabla_{\gamma}\boldsymbol{s}_i(\boldsymbol{\theta}_{\mathrm{M}},\boldsymbol{\gamma})\right]$。因此，第一步估计的抽样误差$(\hat{\boldsymbol{\gamma}}-\boldsymbol{\gamma})$通常会对我们所关心参数估计量$\hat{\boldsymbol{\theta}}_{\mathrm{M}}$(通过第二步估计得到)的标准误产生影响。那么在什么情形下第一步估计抽样误差不会对我们所关心参数的标准误产生影响?

第五章　最大似然估计

一般地，不仅可以通过设定随机变量的特定阶矩(Moment)来估计模型参数，而且还可以通过设定随机变量的**整个分布**来估计模型参数。第三章介绍的最小二乘法就是通过设定被解释变量条件期望这个一阶矩来估计模型参数。本章要介绍的**最大似然估计**(Maximum Likelihood Estimation,MLE)通过设定随机变量的整个分布来估计模型参数。在本章读者将看到，在**模型设定正确假定**成立的条件下，MLE 估计量是最有效的估计量。直观上，MLE 估计量有效的原因在于：**它充分利用了所有可得信息(随机变量的整个分布)而非仅仅是某一部分信息(特定阶矩)**，从而估计结果更加精确。值得指出，MLE 方法的优点是，在正确设定模型的条件下 MLE 估计量是最有效的，缺点是正确设定整个分布的难度远高于正确设定分布特定矩。正确设定概率分布模型是 MLE 估计量有效性的前提，有鉴于此，本章介绍了三种概率分布模型设定检验方法：第一种方法是，利用 QQ 图来直观地判断；第二种方法是 White(1982)提出的**信息矩阵等式检验**(Information Matrix Test,IM Test)；第三种方法是 Newey(1985)和 Tauchen(1985)提出的模型设定检验(Newey-Tauchen Test)。事实上，在实际应用中，**完全正确地设定概率分布模型几乎是不可能实现的目标**。为此，本章还介绍了**拟最大似然估计**(Quasi-MLE)——概率模型设定错误条件下的 MLE 方法，并着重介绍了即便错误设定概率分布模型也能得到真实参数一致估计量的**线性指数族模型**(Linear Exponential Family,LEF)。本章假定跨个体的独立同分布($i.i.d$)数据生成过程，对于更为一般数据生成过程情形下 MLE 方法感兴趣的读者，可参考洪永淼(2011)。最后需要指出的是，由于 MLE 方法属于 M 估计方法，因此分析 MLE 估计量的性质可以直接应用第四章中的相关结论。

1. 最大似然估计逻辑的历史起点

1.1　基本原理

最大似然估计的基本原理非常直观，最早可追溯到 R. A. Fisher(1922,1925)提出的**似然原则**(Likelihood Principle)：**选择使得观测样本发生概率最大的参数值作为真实参数的估计量**。令$\{\boldsymbol{y},\ \boldsymbol{X}\}$表示数据矩阵，其生成过程(Data Generating Process,DGP)利用概率密度函数$f(\boldsymbol{y},\boldsymbol{X}|\boldsymbol{\theta}^0)$表示，它刻画了数据$\{\boldsymbol{y},\ \boldsymbol{X}\}$的发生概率。其中，$\boldsymbol{\theta}^0$ 为我们所感兴趣参数 $\boldsymbol{\theta}$($K\times1$ 向量)的真实值。$\{\boldsymbol{y},\ \boldsymbol{X}\}$在 $\boldsymbol{\theta}$ 不同取值条件下的概率密度函数 $f(\boldsymbol{y},\boldsymbol{X}|\boldsymbol{\theta})$ 为**似然函数**(Likelihood Function)。由此可见，在给定$\{\boldsymbol{y},\ \boldsymbol{X}\}$的条件下，似然函数$f(\boldsymbol{y},\boldsymbol{X}|\boldsymbol{\theta})$是参数 $\boldsymbol{\theta}$ 的函数。当 $\boldsymbol{\theta}=\boldsymbol{\theta}^0$ 时，似然函数就是数据生成过程本身。值得指出的是，由于数据生成过程为$f(\boldsymbol{y},\boldsymbol{X}|\boldsymbol{\theta}^0)$，

因此将似然函数设定为$f(\boldsymbol{y},\boldsymbol{X}|\boldsymbol{\theta})$意味着假设**设定模型正确**(Correctly Specified Model)。

基于以上符号，似然原则可以正式地表述为：

$$\hat{\boldsymbol{\theta}}_{\mathrm{MLE}}=\arg\max_{\{\boldsymbol{\theta}\in\boldsymbol{\Theta}\}}\{f(\boldsymbol{y},\boldsymbol{X}|\boldsymbol{\theta})\} \tag{5-1}$$

其中，$\hat{\boldsymbol{\theta}}_{\mathrm{MLE}}$表示$\{\boldsymbol{\theta}\in\boldsymbol{\Theta}\}$中使得$f(\boldsymbol{y}|\boldsymbol{X},\boldsymbol{\theta})$最大的参数数值。似然原则将式(5-1)中的$\hat{\boldsymbol{\theta}}_{\mathrm{MLE}}$作为真实参数$\boldsymbol{\theta}^0$的估计量。

值得指出的是，似然函数$f(\boldsymbol{y},\boldsymbol{X}|\boldsymbol{\theta})=f(\boldsymbol{y}|\boldsymbol{X},\boldsymbol{\theta})f(\boldsymbol{X}|\boldsymbol{\theta})$，因此求解式(5-1)中的问题需要同时设定条件概率密度$f(\boldsymbol{y}|\boldsymbol{X},\boldsymbol{\theta})$以及边缘概率密度$f(\boldsymbol{X}|\boldsymbol{\theta})$。其中，$f(\boldsymbol{y}|\boldsymbol{X},\boldsymbol{\theta})$被称为**条件似然函数**(Conditional Likelihood Function)。事实上，在大部分情形下，计量经济学所关注的是变量间的条件关系(比如,最小二乘方法所关注的是条件期望)，因此为简化分析，MLE 方法往往对条件似然函数$f(\boldsymbol{y}|\boldsymbol{X},\boldsymbol{\theta})$进行设定：

$$\hat{\boldsymbol{\theta}}_{\mathrm{CMLE}}=\arg\max_{\{\boldsymbol{\theta}\in\boldsymbol{\Theta}\}}\{f(\boldsymbol{y}|\boldsymbol{X},\boldsymbol{\theta})\} \tag{5-2}$$

其中，$\hat{\boldsymbol{\theta}}_{\mathrm{CMLE}}$为**条件最大似然估计量**(Conditional Likelihood Function Estimator)。在接下来的内容中，如不明确指明，最大似然估计默认为条件最大似然估计。

此外，由于本章假定跨个体独立同分布数据生成过程(在微观计量经济学中这是一个常见的假定,比如,Cameron and Trivedi,2005,Wooldridge,2002,2010)，因此如下等式成立：

$$f(\boldsymbol{y}\mid\boldsymbol{X},\boldsymbol{\theta})=\prod_{i=1}^{N}f(y_i\mid\boldsymbol{x}_i,\boldsymbol{\theta}) \tag{5-3}$$

在式(5-3)成立的条件下，最大似然估计可以进一步地简化为：

$$\hat{\boldsymbol{\theta}}_{\mathrm{CMLE}}=\arg\max_{\{\boldsymbol{\theta}\in\boldsymbol{\Theta}\}}\left\{\prod_{i=1}^{N}f(y_i\mid\boldsymbol{x}_i,\boldsymbol{\theta})\right\} \tag{5-4}$$

为便于运算，通常将似然函数$f(\boldsymbol{y}|\boldsymbol{X},\boldsymbol{\theta})$取对数形式得到**对数(条件)似然函数**(Log Likelihood Function)，$\log f(\boldsymbol{y}|\boldsymbol{X},\boldsymbol{\theta})$，记为$\mathscr{L}(\boldsymbol{\theta})$。特定个体$i$似然函数的对数$\log f(y_i|\boldsymbol{x}_i,\boldsymbol{\theta})$则记为$l_i(\boldsymbol{\theta})$。由于取对数算子是单调变换，因此式(5-2)所给出的优化问题可以等价地表示为：

$$\hat{\boldsymbol{\theta}}_{\mathrm{CMLE}}=\arg\max_{\{\boldsymbol{\theta}\in\boldsymbol{\Theta}\}}\{\log f(\boldsymbol{y}\mid\boldsymbol{X},\boldsymbol{\theta})\}=\arg\max_{\{\boldsymbol{\theta}\in\boldsymbol{\Theta}\}}\{\mathscr{L}(\boldsymbol{\theta})\} \tag{5-5}$$

类似地，式(5-4)的问题可以等价地表述为：

$$\hat{\boldsymbol{\theta}}_{\mathrm{CMLE}}=\arg\max_{\{\boldsymbol{\theta}\in\boldsymbol{\Theta}\}}\left\{\sum_{i=1}^{N}\log f(y_i\mid\boldsymbol{x}_i,\boldsymbol{\theta})\right\}\equiv\arg\max_{\{\boldsymbol{\theta}\in\boldsymbol{\Theta}\}}\left\{\sum_{i=1}^{N}l_i(\boldsymbol{\theta})\right\} \tag{5-6}$$

从式(5-6)中可以看出，对数运算将目标函数从复杂的连乘形式转化为了相对简单的连加形式。由于目标函数$\sum_{i=1}^{N}\log f(y_i\mid\boldsymbol{x}_i,\boldsymbol{\theta})$通常是关于参数$\boldsymbol{\theta}$的非线性函数，因此$\hat{\boldsymbol{\theta}}_{\mathrm{CMLE}}$通常需要借助数值优化方法得到，常用到的数值优化方法有：**牛顿拉普森法、最速上升法、BHHH 法、BFGS 法以及 EM 法**。式(5-6)给出的对数(条件)似然函数最大化问题是我们本章关注的重点。

1.2 一个演示性例子

为更好地理解 MLE 方法的基本原理，考虑如下数据生成过程：

$$y_i=\boldsymbol{x}_i'\boldsymbol{\beta}^0+\epsilon_i \tag{5-7}$$

其中，误差项 ϵ_i 服从均值为 0，方差为 σ^{02} 的正态分布，$\epsilon_i \sim N(0,\sigma^{02})$。

令 $\boldsymbol{\theta}^0=\{\boldsymbol{\beta}^0, \sigma^0\}$，式(5-7)所给出的模型可以等价地表述为：

$$f(y_i \mid \boldsymbol{x}_i,\boldsymbol{\theta}^0)=\frac{1}{\sqrt{2\pi}\sigma^0}\exp\left[-\frac{(y_i-\boldsymbol{x}_i'\boldsymbol{\beta}^0)^2}{2\sigma^{02}}\right] \tag{5-8}$$

我们的目标是利用 MLE 方法来估计模型参数真实值 $\boldsymbol{\theta}^0$。根据上一小节的分析可知，将式(5-8)中的真实参数 $\boldsymbol{\theta}^0$ 替换为 $\boldsymbol{\theta}=\{\boldsymbol{\beta}, \sigma\}$，则得到相对应的似然函数：

$$f(y_i \mid \boldsymbol{x}_i,\boldsymbol{\theta})=\frac{1}{\sqrt{2\pi}\sigma}\exp\left[-\frac{(y_i-\boldsymbol{x}_i'\boldsymbol{\beta})^2}{2\sigma^2}\right] \tag{5-9}$$

因此，对于式(5-7)给出的模型，MLE 估计量 $\hat{\boldsymbol{\theta}}_{\text{CMLE}}$ 可以表示为：

$$\begin{aligned}\hat{\boldsymbol{\theta}}_{\text{CMLE}} &= \arg\max_{\{\boldsymbol{\theta}\in\boldsymbol{\Theta}\}}\left\{\sum_{i=1}^{N}\log f(y_i \mid \boldsymbol{x}_i,\boldsymbol{\theta})\right\}\\ &= \arg\max_{\{\boldsymbol{\theta}\in\boldsymbol{\Theta}\}}\left\{-N\log(\sqrt{2\pi}\sigma)-\sum_{i=1}^{N}\frac{(y_i-\boldsymbol{x}_i'\boldsymbol{\beta})^2}{2\sigma^2}\right\}\end{aligned} \tag{5-10}$$

求解式(5-10)中目标函数关于参数 $\boldsymbol{\theta}=\{\boldsymbol{\beta}, \sigma\}$ 的一阶优化条件即可以得到 $\hat{\boldsymbol{\theta}}_{\text{CMLE}}$。可以很容易看出，对于参数 $\boldsymbol{\beta}$ 而言，利用式(5-10)所得到的估计量等于 OLS 估计量。具体而言，对式(5-10)中的目标函数关于 $\boldsymbol{\beta}$ 求导数，并令导数等于 $\mathbf{0}$ 可得：

$$\sum_{i=1}^{N}\frac{\boldsymbol{x}_i(y_i-\boldsymbol{x}_i'\hat{\boldsymbol{\beta}}_{\text{CMLE}})}{\hat{\sigma}^2_{\text{CMLE}}}=\mathbf{0} \tag{5-11}$$

整理式(5-11)可得：

$$\hat{\boldsymbol{\beta}}_{\text{CMLE}}=\hat{\boldsymbol{\beta}}_{\text{OLS}}=\left(\sum_{i=1}^{N}\boldsymbol{x}_i\boldsymbol{x}_i'\right)^{-1}\left(\sum_{i=1}^{N}\boldsymbol{x}_i y_i\right) \tag{5-12}$$

2. 最大似然估计逻辑的现代表述

根据似然原则，MLE 方法选择式(5-6)所定义的 $\hat{\boldsymbol{\theta}}_{\text{CMLE}}$ 作为真实参数 $\boldsymbol{\theta}^0$ 的估计量。**该做法非常直观，然而却存在如下几个关键问题有待回答：**第一，在计量经济学中，研究者所关注的通常是总体问题而非样本问题，那么式(5-6)所对应的总体问题是什么？(事实上，若不明确刻画式(5-6)所对应的总体问题，那么则无法确切知道 $\hat{\boldsymbol{\theta}}_{\text{CMLE}}$ 与真实参数 $\boldsymbol{\theta}^0$ 之间的对应关系)。第二，似然函数取对数仅仅是为了简化运算吗？是否还存在更为深层次的原因？第三，在以上的分析中，数据生成过程(真实的模型)为概率密度函数 $f(\boldsymbol{y} \mid \boldsymbol{X},\boldsymbol{\theta}^0)$，但是现实中研究者往往并不知道 $f(\cdot)$，因此将似然函数设定为 $f(\boldsymbol{y} \mid \boldsymbol{X},\boldsymbol{\theta})$ 相当于假设正确设定了模型的形式。与此相关的一个重要问题是，错误地设定模型(比如，真实概率密度函数为对数正态分布，但是研究者错误地将其设定为正态分布)将会对 MLE 的估计结果产生什么影响？本小节通过与 MLE 方法密切相关的**库尔贝克-莱布勒信息不等式**(Kullback-Leibler Information Inequality)来回答上述三个问题。Akaike(1973)较早系统地基于库尔贝克-莱布勒信息不等式来表述 MLE。

2.1 库尔贝克-莱布勒信息不等式

回答上述三个关键问题需要利用到的核心工具是库尔贝克-莱布勒信息不等式。不失一般性，$g(\boldsymbol{y})$表示$\boldsymbol{y}$的真实概率密度函数，$h(\boldsymbol{y})$为研究者设定的概率密度函数，那么**库尔贝克-莱布勒散度**(Kullback-Leibler Divergence)被定义为：

$$\mathscr{K}(g,h)=\mathbb{E}_G\left\{\log\left[\frac{g(\boldsymbol{y})}{h(\boldsymbol{y})}\right]\right\}=\mathbb{E}_G[\log g(\boldsymbol{y})]-\mathbb{E}_G[\log h(\boldsymbol{y})] \tag{5-13}$$

其中，$\mathbb{E}_G$表示关于分布$g(\boldsymbol{y})$的期望。直观上理解，$\mathscr{K}(g,h)$测度了$h(\boldsymbol{y})$与$g(\boldsymbol{y})$这两个概率密度函数之间的距离。$\mathscr{K}(g,h)$也被称为**相对熵**(Relative Entropy)。

命题 5.1(Rao,1973)：对于库尔贝克-莱布勒散度$\mathscr{K}(g,h)$而言，有如下不等式成立：

$$\mathscr{K}(g,h)=\mathbb{E}_G\left\{\log\left[\frac{g(\boldsymbol{y})}{h(\boldsymbol{y})}\right]\right\}\geqslant 0 \tag{5-14}$$

该不等式被称为库尔贝克-莱布勒信息不等式。

证明：

利用$\mathscr{K}(g,h)$的定义以及对数函数为凸函数可得：

$$\begin{aligned}\mathscr{K}(g,h)&=\mathbb{E}_G\left\{\log\left[\frac{g(\boldsymbol{y})}{h(\boldsymbol{y})}\right]\right\}\\&=-\mathbb{E}_G\left\{\log\left[\frac{h(\boldsymbol{y})}{g(\boldsymbol{y})}\right]\right\}\geqslant-\log\left\{\mathbb{E}_G\left[\frac{h(\boldsymbol{y})}{g(\boldsymbol{y})}\right]\right\}\\&=-\log\left\{\int\left[\frac{h(\boldsymbol{y})}{g(\boldsymbol{y})}\right]g(\boldsymbol{y})\mathrm{d}\boldsymbol{y}\right\}\\&=-\log\left[\int h(\boldsymbol{y})\mathrm{d}\boldsymbol{y}\right]=0\end{aligned}$$

其中，第二行中的不等式利用了**简森不等式**(Jensen's inequality)(参见第二章数学基础的相关内容)以及对数函数是凸函数的性质。

故命题得证。

□

从式(5-14)中可以清晰地看出，当$h(\boldsymbol{y})=g(\boldsymbol{y})$时，$K(g,h)$取最小值0。

2.2 库尔贝克-莱布勒信息不等式与 MLE 方法

若$g(\boldsymbol{y})$为数据生成过程$f(\boldsymbol{y}|\boldsymbol{X},\boldsymbol{\theta}^0)$，那么库尔贝克-莱布勒信息不等式则为：

$$\mathscr{K}(f,h)=\mathbb{E}_F\left\{\log\left[\frac{f(\boldsymbol{y}|\boldsymbol{X},\boldsymbol{\theta}^0)}{h(\boldsymbol{y}|\boldsymbol{X})}\right]\right\}\geqslant 0 \tag{5-15}$$

其中，$\mathbb{E}_F$表示关于数据生成过程$f(\boldsymbol{y}|\boldsymbol{X},\boldsymbol{\theta}^0)$的期望，$h(\boldsymbol{y}|\boldsymbol{X})$为研究者所设定的模型。值得特别注意的是，由于$f(\boldsymbol{y}|\boldsymbol{X},\boldsymbol{\theta}^0)$同时是随机变量$\boldsymbol{y}$和$\boldsymbol{X}$的函数(这不同于$\mathbb{E}(\boldsymbol{y}|\boldsymbol{X},\boldsymbol{\theta}^0)$只是随机变量$\boldsymbol{X}$的函数)，因此期望符号$\mathbb{E}_F$是同时关于随机变量$\boldsymbol{y}$和$\boldsymbol{X}$的。直观上，$\mathscr{K}(f,h)$测度了设定模型与真实模型的距离，换言之，该指标刻画了模型误设的程度。值得注意的是，如果存在特定的$\boldsymbol{y}$使得$f(\boldsymbol{y}|\boldsymbol{X},\boldsymbol{\theta}^0)\neq 0$，$h(\boldsymbol{y}|\boldsymbol{X})=0$，那么$\mathscr{K}(f,h)=\infty$。

从式(5-15)中可以看出，当$h(\boldsymbol{y})=f(\boldsymbol{y}|\boldsymbol{X},\boldsymbol{\theta}^0)$时，库尔贝克-莱布勒散度$\mathscr{K}(g,h)$取最小

值 0。正式地

$$f(\boldsymbol{y}|\boldsymbol{X},\boldsymbol{\theta}^0)=\arg\min_{\{h(\boldsymbol{y}|\boldsymbol{X})\in\mathscr{H}(\boldsymbol{y}|\boldsymbol{X})\}}\{\mathscr{K}(f,h)\} \tag{5-16}$$

其中，$\mathscr{H}(\boldsymbol{y}|\boldsymbol{X})$表示随机变量$\boldsymbol{y}$所有概率密度函数的集合。

式(5-16)意味着，数据生成过程$f(\boldsymbol{y}|\boldsymbol{X},\boldsymbol{\theta}^0)$为$\mathscr{H}(\boldsymbol{y}|\boldsymbol{X})$中使得库尔贝克-莱布勒散度$\mathscr{K}(g,h)$最小的概率密度函数。回忆第三章最小二乘方法的相关内容，可以发现，$f(\boldsymbol{y}|\boldsymbol{X},\boldsymbol{\theta}^0)$使得$\mathscr{K}(g,h)$最小与条件期望$\mathbb{E}(y|\boldsymbol{x})$是所有关于$\boldsymbol{x}$的函数$\{m(\boldsymbol{x})\}$中使$\mathbb{E}[y-m(\boldsymbol{x})]^2$最小的函数相类似：

$$\mathbb{E}(y|\boldsymbol{x})=\arg\min_{\{m(\boldsymbol{x})\in\mathscr{M}\}}\mathbb{E}[y-m(\boldsymbol{x})]^2 \tag{5-17}$$

由于$\mathscr{K}(f,h)=\mathbb{E}_F[\log f(\boldsymbol{y}|\boldsymbol{X},\boldsymbol{\theta}^0)]-\mathbb{E}_F[\log h(\boldsymbol{y}|\boldsymbol{X})]$，因此式(5-17)可等价地表述为：

$$\begin{aligned}f(\boldsymbol{y}|\boldsymbol{X},\boldsymbol{\theta}^0)&=\arg\min_{\{h(\boldsymbol{y}|\boldsymbol{X})\in\mathscr{H}(\boldsymbol{y}|\boldsymbol{X})\}}\{\mathbb{E}_F[\log f(\boldsymbol{y}|\boldsymbol{X},\boldsymbol{\theta}^0)]-\mathbb{E}_F[\log h(\boldsymbol{y}|\boldsymbol{X})]\}\\&=\arg\max_{\{h(\boldsymbol{y}|\boldsymbol{X})\in\mathscr{H}(\boldsymbol{y}|\boldsymbol{X})\}}\{\mathbb{E}_F[\log h(\boldsymbol{y}|\boldsymbol{X})]\}\end{aligned} \tag{5-18}$$

进一步地，**若模型设定正确**，即$h(\boldsymbol{y}|\boldsymbol{X})=f(\boldsymbol{y}|\boldsymbol{X},\boldsymbol{\theta})$，(可以看出,该情形下,分布$h(\boldsymbol{y}|\boldsymbol{X})$的选择问题变成了参数$\boldsymbol{\theta}$的选择问题)，那么则有：

$$\begin{aligned}\boldsymbol{\theta}^0&=\arg\max_{\{\boldsymbol{\theta}\in\boldsymbol{\Theta}\}}\{\mathbb{E}_F[\log f(\boldsymbol{y}\mid\boldsymbol{X},\boldsymbol{\theta})]\}\\&=\arg\max_{\{\boldsymbol{\theta}\in\boldsymbol{\Theta}\}}\left\{\mathbb{E}_F\left[\log\prod_{i=1}^N f(y_i\mid\boldsymbol{x}_i,\boldsymbol{\theta})\right]\right\}\\&=\arg\max_{\{\boldsymbol{\theta}\in\boldsymbol{\Theta}\}}\left\{\mathbb{E}_F\left[\sum_{i=1}^N\log f(y_i\mid\boldsymbol{x}_i,\boldsymbol{\theta})\right]\right\}\\&=\arg\max_{\{\boldsymbol{\theta}\in\boldsymbol{\Theta}\}}\{\mathbb{E}_F[\log f(y_i\mid\boldsymbol{x}_i,\boldsymbol{\theta})]\}\end{aligned} \tag{5-19}$$

其中，第二个等式用到的是$f(\boldsymbol{y}\mid\boldsymbol{X},\boldsymbol{\theta})=\prod_{i=1}^N f(y_i\mid\boldsymbol{x}_i,\boldsymbol{\theta})$，最后一个等式成立用到的是样本独立同分布假定。

式(5-19)是总体问题，根据类比原则(Analogy Principle)可以得到式(5-19)总体问题所对应的样本问题：

$$\begin{aligned}\hat{\boldsymbol{\theta}}_{\text{CMLE}}&=\arg\max_{\{\boldsymbol{\theta}\in\boldsymbol{\Theta}\}}\left\{\frac{1}{N}\sum_{i=1}^N\log f(y_i\mid\boldsymbol{x}_i,\boldsymbol{\theta})\right\}\\&\equiv\arg\max_{\{\boldsymbol{\theta}\in\boldsymbol{\Theta}\}}\left\{\frac{1}{N}\sum_{i=1}^N l_i(\boldsymbol{\theta})\right\}\end{aligned} \tag{5-20}$$

其中，定义$l_i(\boldsymbol{\theta})\equiv\log f(y_i|\boldsymbol{x}_i,\boldsymbol{\theta})$。

可以注意到，基于库尔贝克-莱布勒信息不等式所得到的式(5-20)与基于似然原则得到的式(5-6)相同。因此，从这个意义上来看，库尔贝克-莱布勒信息不等式为似然原则提供了理论基础。

现在我们可以很好地回答前述三个关键问题：首先，最大似然估计量$\hat{\boldsymbol{\theta}}_{\text{CMLE}}$所对应的总体问题由式(5-20)给出，这时$\hat{\boldsymbol{\theta}}_{\text{CMLE}}$有了明确的含义——模型设定正确条件下真实参数$\boldsymbol{\theta}^0$的估计量；其次，似然函数取对数是得到库尔贝克-莱布勒信息不等式的要求，不仅仅是为了简化运算；最后，若模型设定(概率密度函数或似然函数)存在偏误，最大似然估计方法通常无法得到真实的数据生成过程。在计量经济学中，错误设定似然函数情形下的最大似然估计有一

个专门的名称——**拟最大似然估计**(Quasi-MLE)。具体地，考虑到简便性，将 $h(\boldsymbol{y}|\boldsymbol{X})$ 参数化为 $h(\boldsymbol{y}|\boldsymbol{X},\boldsymbol{\beta})$，模型设定错误则意味着 $h(\boldsymbol{y}|\boldsymbol{X},\boldsymbol{\beta})\neq f(\boldsymbol{y}|\boldsymbol{X},\boldsymbol{\theta})$。拟最大似然估计可以正式地表示为如下形式：

$$\boldsymbol{\beta}_{\text{QMLE}}=\arg\max_{\{\boldsymbol{\beta}\in\mathscr{B}\}}\{\mathbb{E}_F[\log h(\boldsymbol{y}\mid\boldsymbol{X},\boldsymbol{\beta})]\} \tag{5-21}$$

其中，可以注意到，我们将模型误设下的参数用 $\boldsymbol{\beta}$ 来表示，这主要是为了区分模型正确设定下的参数用 $\boldsymbol{\theta}$。

由于设定偏误的存在，即 $h(\boldsymbol{y}|\boldsymbol{X},\boldsymbol{\beta})\neq f(\boldsymbol{y}|\boldsymbol{X},\boldsymbol{\theta})$，因此 $h(\boldsymbol{y}|\boldsymbol{X},\boldsymbol{\beta}_{\text{CMLE}})\neq f(\boldsymbol{y}|\boldsymbol{X},\boldsymbol{\theta}^0)$。值得特别指出的是，虽然 $h(\boldsymbol{y}|\boldsymbol{X},\boldsymbol{\beta}_{\text{CMLE}})\neq f(\boldsymbol{y}|\boldsymbol{X},\boldsymbol{\theta}^0)$，但 $h(\boldsymbol{y}|\boldsymbol{X},\boldsymbol{\beta}_{\text{CMLE}})$ 却是 $\{h(\boldsymbol{y}|\boldsymbol{X},\boldsymbol{\beta}),\ \boldsymbol{\beta}\in\mathscr{B}\}$ 中最接近(使库尔贝克-莱布勒散度 $\mathscr{K}(g,h)$ 最小) $f(\boldsymbol{y}|\boldsymbol{X},\boldsymbol{\theta}^0)$ 的概率密度函数。这与最小二乘方法中的模型设定偏误非常类似——不失一般性，假定真实的条件期望是二次函数，但回归方程错误地将其设置为一次函数，那么总体回归函数将不等于条件期望。尽管如此，总体回归函数却是所有线性函数中最接近条件期望的函数。为了更好地理解拟最大似然估计方法，图 5-1 给出了示意图。其中，数据生成过程为对数正态分布(图中加粗实线表示)，研究者在估计模型的过程中，将模型错误地设定为正态分布。通过最大似然估计得到的概率密度函数(图中虚线表示)是所有正态分布中最接近真实数据生成过程的概率密度函数。

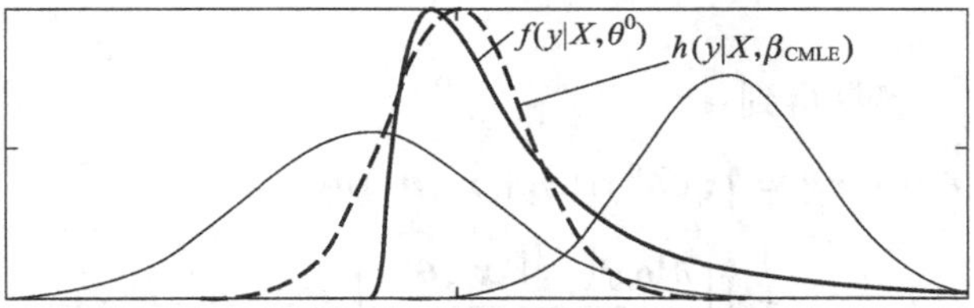

图 5-1　拟最大似然估计示意图

注释：$h(y|X,\beta_{\text{CMLE}})$ 是所有正态分布中距离真实概率密度 $f(y|X,\theta^0)$ 最近(库尔贝克-莱布勒散度 $\mathscr{K}(g,h)$ 意义上的) 的概率密度函数。

在样本 $\{y_i,\ \boldsymbol{x}_i\}$ 独立同分布条件下，式(5-21)可以表述为：

$$\boldsymbol{\beta}_{\text{QMLE}}=\arg\max_{\{\boldsymbol{\beta}\in\mathscr{B}\}}\{\mathbb{E}_F[\log h(y_i|\boldsymbol{x}_i,\boldsymbol{\beta})]\} \tag{5-22}$$

类似地，式(5-22)所对应的样本问题为：

$$\hat{\boldsymbol{\beta}}_{\text{QMLE}}=\arg\max_{\{\boldsymbol{\theta}\in\boldsymbol{\Theta}\}}\left\{\frac{1}{N}\sum_{i=1}^{N}\log h(y_i\mid\boldsymbol{x}_i,\boldsymbol{\beta})\right\}=\arg\max_{\{\boldsymbol{\theta}\in\boldsymbol{\Theta}\}}\left\{\sum_{i=1}^{N}\log h(y_i\mid\boldsymbol{x}_i,\boldsymbol{\beta})\right\} \tag{5-23}$$

在接下来的分析中，除非特别说明，我们默认模型正确设定假定成立，即 $h(\boldsymbol{y}|\boldsymbol{X})=f(\boldsymbol{y}|\boldsymbol{X},\boldsymbol{\theta})$ 或 $h(y_i|\boldsymbol{x}_i)=f(y_i|\boldsymbol{x}_i,\boldsymbol{\theta})$。模型错误设定情形所对应的拟最大似然估计方法放到本章最后进行介绍。

3. 信息矩阵等式

考虑到在证明 MLE 估计量大样本性质——渐近正态性和有效性的过程中需要多次利用到**信息矩阵等式**(Information Matrix Equality)，因此在具体介绍 MLE 估计量的性质前，本节首先来介绍信息矩阵等式，信息矩阵等式在 MLE 方法中处于非常关键位置。

3.1 MLE 方法中的得分向量和海森矩阵

对数似然函数 $l_i(\boldsymbol{\theta})$ 的**得分向量**(Score Vector)记为 $\boldsymbol{s}_i(\boldsymbol{\theta})$：

$$\boldsymbol{s}_i(\boldsymbol{\theta})=\frac{\partial l_i(\boldsymbol{\theta})}{\partial\boldsymbol{\theta}}=\frac{\partial\log f(y_i|\boldsymbol{x}_i,\boldsymbol{\theta})}{\partial\boldsymbol{\theta}} \tag{5-24}$$

其中，$\boldsymbol{\theta}$ 为 $K\times1$ 向量，从而 $\boldsymbol{s}_i(\boldsymbol{\theta})$ 为 $K\times1$ 向量。值得特别说明的是，$l_i(\boldsymbol{\theta})=\log f(y_i|\boldsymbol{x}_i,\boldsymbol{\theta})$ 同时是随机变量 y_i 和 $\boldsymbol{x}_i$ 的函数(这与条件期望 $\mathbb{E}(y_i|\boldsymbol{x}_i,\boldsymbol{\theta})$ 只是 $\boldsymbol{x}_i$ 的函数不同)，因此 $\boldsymbol{s}_i(\boldsymbol{\theta})$ 是随机变量 y_i 和 $\boldsymbol{x}_i$ 的函数。

根据式(5-19)，$\boldsymbol{\theta}^0=\arg\max\limits_{\{\boldsymbol{\theta}\in\boldsymbol{\Theta}\}}\{\mathbb{E}_F[\log f(y_i|\boldsymbol{x}_i,\boldsymbol{\theta})]\}$ 可以很容易得到：

$$\mathbb{E}_{y_i,\boldsymbol{x}_i}[\boldsymbol{s}_i(\boldsymbol{\theta}^0)]=\mathbf{0} \tag{5-25}$$

其中，$\boldsymbol{s}_i(\boldsymbol{\theta}^0)$ 表示得分向量 $\boldsymbol{s}_i(\boldsymbol{\theta})$ 在真实参数 $\boldsymbol{\theta}^0$ 处的取值，添加下标 y_i，$\boldsymbol{x}_i$ 是为了强调期望算子是关于 y_i，$\boldsymbol{x}_i$ 联合分布的。式(5-25)表示 $\boldsymbol{s}_i(\boldsymbol{\theta}^0)$ 的**无条件期望**等于 $\mathbf{0}$。事实上，$\boldsymbol{s}_i(\boldsymbol{\theta}^0)$ 的**条件期望**也等于 $\mathbf{0}$，这一结论具体由如下命题正式地给出：

命题 5.2：如果模型设定正确，且积分和期望可以互换位置，那么则有：

$$\mathbb{E}_{y_i|\boldsymbol{x}_i}[\boldsymbol{s}_i(\boldsymbol{\theta}^0)\mid\boldsymbol{x}_i]=\mathbf{0} \tag{5-26}$$

证明：

根据条件期望的定义容易得到：

$$\begin{aligned}\mathbb{E}[\boldsymbol{s}_i(\boldsymbol{\theta}^0)\mid\boldsymbol{x}_i]&=\int\boldsymbol{s}_i(\boldsymbol{\theta}^0)f(y_i\mid\boldsymbol{x}_i,\boldsymbol{\theta}^0)\,\mathrm{d}y\\&=\int\left[\frac{\partial\log f(y_i\mid\boldsymbol{x}_i,\boldsymbol{\theta}^0)}{\partial\boldsymbol{\theta}^0}\right]f(y_i\mid\boldsymbol{x}_i,\boldsymbol{\theta}^0)\,\mathrm{d}y\\&=\int\left[\frac{\partial f(y_i\mid\boldsymbol{x}_i,\boldsymbol{\theta}^0)}{\partial\boldsymbol{\theta}^0}\frac{1}{f(y_i\mid\boldsymbol{x}_i,\boldsymbol{\theta}^0)}\right]f(y_i\mid\boldsymbol{x}_i,\boldsymbol{\theta}^0)\,\mathrm{d}y\\&=\int\frac{\partial f(y_i\mid\boldsymbol{x}_i,\boldsymbol{\theta}^0)}{\partial\boldsymbol{\theta}^0}\mathrm{d}y\\&=\frac{\partial}{\partial\boldsymbol{\theta}^0}\left[\int f(y_i\mid\boldsymbol{x}_i,\boldsymbol{\theta}^0)\,\mathrm{d}y\right]=0\end{aligned}$$

其中，$\int\frac{\partial f(y_i\mid\boldsymbol{x}_i,\boldsymbol{\theta}^0)}{\partial\boldsymbol{\theta}^0}\mathrm{d}y=\frac{\partial\int f(y_i\mid\boldsymbol{x}_i,\boldsymbol{\theta}^0)\,\mathrm{d}y}{\partial\boldsymbol{\theta}^0}$ 利用到了积分和期望可以交换的假设。可以注意到，在模型设定错误的情形下——$l_i(\boldsymbol{\theta})\neq f(y_i|\boldsymbol{x}_i,\boldsymbol{\theta})$，$\boldsymbol{s}_i(\boldsymbol{\theta}^0)\equiv\frac{\partial l_i(\boldsymbol{\theta}^0)}{\partial\boldsymbol{\theta}^0}\neq\frac{\partial\log f(y_i|\boldsymbol{x}_i,\boldsymbol{\theta}^0)}{\partial\boldsymbol{\theta}^0}$，从而无法得到 $\mathbb{E}[\boldsymbol{s}_i(\boldsymbol{\theta}^0)\mid\boldsymbol{x}_i]=\mathbf{0}$。

故命题得证。

□

由此可见，$\mathbb{E}[\boldsymbol{s}_i(\boldsymbol{\theta}^0)]=\mathbf{0}$ 不但能够基于式(5-19)得到，还可以通过对式(5-26)利用迭代期望定律的方式来得到。

此外，根据式(5-20)，$\hat{\boldsymbol{\theta}}_{\text{CMLE}}=\arg\max\limits_{\{\boldsymbol{\theta}\in\boldsymbol{\Theta}\}}\left\{\sum_{i=1}^{N}\log f(y_i\mid\boldsymbol{x}_i,\boldsymbol{\theta})\right\}$ 可得：

$$\sum_{i=1}^{N}\boldsymbol{s}_i(\hat{\boldsymbol{\theta}}_{\text{CMLE}})=\boldsymbol{0} \tag{5-27}$$

其中，值得特别注意的是，$\sum_{i=1}^{N}\boldsymbol{s}_i(\boldsymbol{\theta}^0)=\boldsymbol{0}$ 不一定成立。

对数似然函数 $l_i(\boldsymbol{\theta})$ 的**海森矩阵**(Hessian Matrix)记为 $\boldsymbol{H}_i(\boldsymbol{\theta})$：

$$\boldsymbol{H}_i(\boldsymbol{\theta})=\frac{\partial^2 l_i(\boldsymbol{\theta})}{\partial\boldsymbol{\theta}\partial\boldsymbol{\theta}'} \tag{5-28}$$

海森矩阵期望的相反数被称为**信息矩阵**(Information Matrix)，通常利用 $\boldsymbol{I}(\boldsymbol{\theta})$ 来表示：

$$\boldsymbol{I}(\boldsymbol{\theta})=-\mathbb{E}\left[H_i(\boldsymbol{\theta})\right] \tag{5-29}$$

直观上，$\boldsymbol{I}(\boldsymbol{\theta})$ 之所以被称为信息矩阵，是因为它刻画了似然函数的平均曲率，从而测度了似然函数包含真实参数 $\boldsymbol{\theta}^0$ 信息量的大小，即刻画了识别参数的难易程度。具体而言，似然函数的平均曲率越大意味着模型参数越容易识别，反之则相反。图 5-2 直观地展示了似然函数曲率与参数识别难易程度的关系。从图 5-2 可以看出，与似然函数 $\mathscr{L}_2(\theta)$ 相比，似然函数 $\mathscr{L}_1(\theta)$ 的曲率更大。对于任意给定的似然函数取值 $\mathscr{L}$，$\mathscr{L}_1(\theta)$ 对应的参数值 θ_1 比 $\mathscr{L}_2(\theta)$ 对应的参数值 θ_2 距离真实参数 θ^0 更近(图 5-2 中线段 $AB<AC$)。

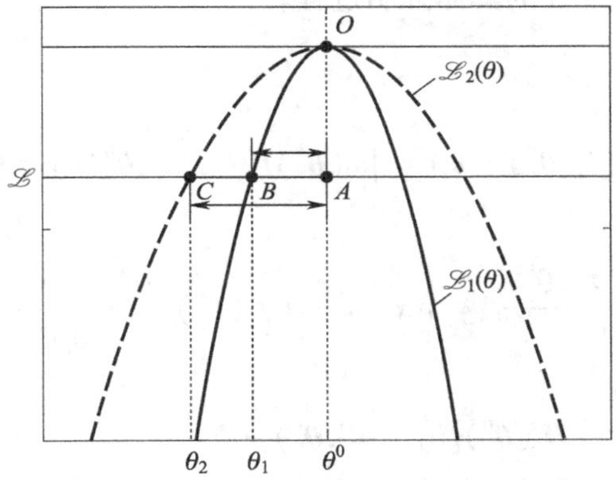

图 5-2　似然函数曲率(信息矩阵)与参数识别难易程度示意图

注释：对于任意给定的似然函数取值 $\mathscr{L}$，$\mathscr{L}_1(\theta)$ 对应的参数值 θ_1 比 $\mathscr{L}_2(\theta)$ 对应的参数值 θ_2 距离真实参数 θ^0 更近(图形中线段 $AB<AC$)。

3.2　Fisher 信息矩阵等式

命题 5.3：(**条件信息矩阵等式**,Conditional Information Matrix Equality)：如果模型设定正确，那么则有：

$$-\mathbb{E}\left[\boldsymbol{H}_i(\boldsymbol{\theta}^0)\mid\boldsymbol{x}_i\right]=\mathbb{E}\left[\boldsymbol{s}_i(\boldsymbol{\theta}^0)\boldsymbol{s}_i'(\boldsymbol{\theta}^0)\mid\boldsymbol{x}_i\right] \tag{5-30}$$

进一步利用迭代期望定律可得**无条件信息矩阵等式**(Information Matrix Equality)：

$$\boldsymbol{I}(\boldsymbol{\theta}^0)\equiv-\mathbb{E}\left[\boldsymbol{H}_i(\boldsymbol{\theta}^0)\right]=\mathbb{E}\left[\boldsymbol{s}_i(\boldsymbol{\theta}^0)\boldsymbol{s}_i'(\boldsymbol{\theta}^0)\right]=\text{Var}\left[\boldsymbol{s}_i(\boldsymbol{\theta}^0)\right] \tag{5-31}$$

式(5-30)和式(5-31)也被称为 **Fisher 信息矩阵等式**(Fisher,1922)。直观上，可以通过似然函数曲率与似然函数导数(得分向量)变化程度之间的联系来理解信息矩阵等式。一般地，似然函数曲率越大，似然函数导数(得分向量)的变化程度就越大。以无条件信息矩阵等式为例，$\boldsymbol{I}(\boldsymbol{\theta}^0) \equiv -\mathbb{E}[\boldsymbol{H}_i(\boldsymbol{\theta}^0)]$ 测度了似然函数在 $\boldsymbol{\theta}^0$ 处的曲率，$\mathbb{E}[\boldsymbol{s}_i(\boldsymbol{\theta}^0)\boldsymbol{s}_i'(\boldsymbol{\theta}^0)] = \mathrm{Var}[\boldsymbol{s}_i(\boldsymbol{\theta}^0)]$ 表示得分向量在 $\boldsymbol{\theta}^0$ 处的变化程度。图 5-3 给出了似然函数曲率与得分向量变化程度之间关系的示意图。从图 5-3 中可以很容易看出，似然函数 $\mathscr{L}_1(\theta)$ 的曲率大于似然函数 $\mathscr{L}_2(\theta)$，给定相同的似然函数变化幅度(MN)，$\mathscr{L}_1(\theta)$ 导数的变化幅度(由 d_1 变为 d_0)大于 $\mathscr{L}_2(\theta)$ 导数的变化幅度(由 d_2 变为 d_0)。

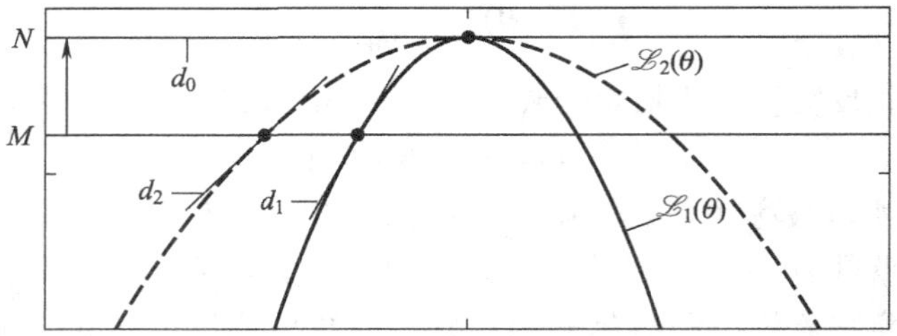

图 5-3 似然函数曲率与似然函数导数(得分向量)的变化程度示意图

注释：给定相同的似然函数变化幅度(MN)，$\mathscr{L}_1(\theta)$ 导数的变化幅度(由 d_1 变为 d_0)大于 $\mathscr{L}_2(\theta)$ 导数的变化幅度(由 d_2 变为 d_0)。

接下来，我们给出命题 5.3 的具体证明过程。

证明：

根据命题 5.2 可得：

$$\mathbb{E}[\boldsymbol{s}_i(\boldsymbol{\theta}^0) \mid \boldsymbol{x}_i] = \int \boldsymbol{s}_i(\boldsymbol{\theta}^0) f(y_i \mid \boldsymbol{x}_i, \boldsymbol{\theta}^0)\,\mathrm{d}y = \boldsymbol{0}$$

关于 $\boldsymbol{\theta}^0$ 求导可得：

$$\int \left[\frac{\partial^2 \log f(y_i \mid \boldsymbol{x}_i, \boldsymbol{\theta}^0)}{\partial \boldsymbol{\theta}^0 \partial \boldsymbol{\theta}^{0\prime}} f(y_i \mid \boldsymbol{x}_i, \boldsymbol{\theta}^0) + \boldsymbol{s}_i(\boldsymbol{\theta}^0) \frac{\partial f(y_i \mid \boldsymbol{x}_i, \boldsymbol{\theta}^0)}{\partial \boldsymbol{\theta}^{0\prime}} \right] \mathrm{d}y = \boldsymbol{0}$$

整理上式则有：

$$\int \left[\begin{array}{c} \boldsymbol{H}_i(\boldsymbol{\theta}^0) f(y_i \mid \boldsymbol{x}_i, \boldsymbol{\theta}^0) + \\ \boldsymbol{s}_i(\boldsymbol{\theta}^0) \dfrac{\partial f(y_i \mid \boldsymbol{x}_i, \boldsymbol{\theta}^0)}{\partial \boldsymbol{\theta}^{0\prime}} \dfrac{1}{f(y_i \mid \boldsymbol{x}_i, \boldsymbol{\theta}^0)} f(y_i \mid \boldsymbol{x}_i, \boldsymbol{\theta}^0) \end{array} \right] \mathrm{d}y = \boldsymbol{0}$$

利用$\dfrac{\partial f(y_i \mid \boldsymbol{x}_i, \boldsymbol{\theta}^0)}{\partial \boldsymbol{\theta}^{0\prime}} \dfrac{1}{f(y_i \mid \boldsymbol{x}_i, \boldsymbol{\theta}^0)} = \dfrac{\partial \log f(y_i \mid \boldsymbol{x}_i, \boldsymbol{\theta}^0)}{\partial \boldsymbol{\theta}^{0\prime}} \equiv \boldsymbol{s}_i'(\boldsymbol{\theta}^0)$ 可得：

$$\int [\boldsymbol{H}_i(\boldsymbol{\theta}^0) f(y_i \mid \boldsymbol{x}_i, \boldsymbol{\theta}^0) + \boldsymbol{s}_i(\boldsymbol{\theta}^0) \boldsymbol{s}_i'(\boldsymbol{\theta}^0) f(y_i \mid \boldsymbol{x}_i, \boldsymbol{\theta}^0)]\,\mathrm{d}y = \boldsymbol{0}$$

所以最终得到：

$$-\mathbb{E}[\boldsymbol{H}_i(\boldsymbol{\theta}^0) \mid \boldsymbol{x}_i] = \mathbb{E}[\boldsymbol{s}_i(\boldsymbol{\theta}^0) \boldsymbol{s}_i'(\boldsymbol{\theta}^0) \mid \boldsymbol{x}_i]$$

故命题得证。

□

3.3 Newey-Tauchen 信息矩阵等式

在计量经济学中，除了 Fisher 信息矩阵等式之外，还存在更加广义的信息矩阵等式。本小节具体介绍 **Newey -Tauchen 信息矩阵等式**(Newey,1985;Tauchen,1985)。

命题 5.4(Newey -Tauchen 条件信息矩阵等式)：令 $\boldsymbol{w}_i(\boldsymbol{\theta}^0)$表示基于数据生成过程$f(y_i|\boldsymbol{x}_i,\boldsymbol{\theta}^0)$所得到的 $P\times 1$ 向量，如果模型设定正确，且$\mathbb{E}\,[\boldsymbol{w}_i(\boldsymbol{\theta}^0)\,|\boldsymbol{x}_i]=\boldsymbol{0}$，那么则有：

$$-\mathbb{E}\left[\left.\frac{\partial \boldsymbol{w}_i(\boldsymbol{\theta}^0)}{\partial \boldsymbol{\theta}^{0\prime}}\right|\boldsymbol{x}_i\right]=\mathbb{E}\,[\boldsymbol{w}_i(\boldsymbol{\theta}^0)\boldsymbol{s}_i'(\boldsymbol{\theta}^0)\,|\boldsymbol{x}_i] \tag{5-32}$$

进一步利用迭代期望定律可以得到 Newey -Tauchen 无条件信息矩阵等式：

$$-\mathbb{E}\left[\frac{\partial \boldsymbol{w}_i(\boldsymbol{\theta}^0)}{\partial \boldsymbol{\theta}^{0\prime}}\right]=\mathbb{E}\,[\boldsymbol{w}_i(\boldsymbol{\theta}^0)\boldsymbol{s}'_i(\boldsymbol{\theta}^0)] \tag{5-33}$$

在本章后续内容中，将看到 Newey -Tauchen 信息矩阵等式是证明 MLE 估计量有效性的关键表达式。接下来，我们证明命题 5.4，其证明过程与命题 5.3 非常类似。

证明：

根据$\mathbb{E}\,[\boldsymbol{w}_i(\boldsymbol{\theta}^0)\,|\boldsymbol{x}_i]=\boldsymbol{0}$ 可得：

$$\int \boldsymbol{w}_i(\boldsymbol{\theta}^0)f(y_i\mid \boldsymbol{x}_i,\boldsymbol{\theta}^0)\,\mathrm{d}y=\boldsymbol{0}$$

关于 $\boldsymbol{\theta}^0$ 求导可得：

$$\int\left[\frac{\partial \boldsymbol{w}_i(\boldsymbol{\theta}^0)}{\partial \boldsymbol{\theta}^{0\prime}}f(y_i\mid \boldsymbol{x}_i,\boldsymbol{\theta}^0)+\boldsymbol{w}_i(\boldsymbol{\theta}^0)\frac{\partial f(y_i\mid \boldsymbol{x}_i,\boldsymbol{\theta}^0)}{\partial \boldsymbol{\theta}^{0\prime}}\right]\mathrm{d}y=\boldsymbol{0}$$

整理上式则有：

$$\int\left[\begin{array}{c}\dfrac{\partial \boldsymbol{w}_i(\boldsymbol{\theta}^0)}{\partial \boldsymbol{\theta}^{0\prime}}f(y_i\mid \boldsymbol{x}_i,\boldsymbol{\theta}^0)+\\ \boldsymbol{w}_i(\boldsymbol{\theta}^0)\dfrac{\partial f(y_i\mid \boldsymbol{x}_i,\boldsymbol{\theta}^0)}{\partial \boldsymbol{\theta}^{0\prime}}\dfrac{1}{f(y_i\mid \boldsymbol{x}_i,\boldsymbol{\theta}^0)}f(y_i\mid \boldsymbol{x}_i,\boldsymbol{\theta}^0)\end{array}\right]\mathrm{d}y=\boldsymbol{0}$$

同样地，利用$\dfrac{\partial f(y_i|\boldsymbol{x}_i,\boldsymbol{\theta}^0)}{\partial \boldsymbol{\theta}^{0\prime}}\dfrac{1}{f(y_i|\boldsymbol{x}_i,\boldsymbol{\theta}^0)}=\dfrac{\partial \log f(y_i|\boldsymbol{x}_i,\boldsymbol{\theta}^0)}{\partial \boldsymbol{\theta}^{0\prime}}\equiv \boldsymbol{s}_i'(\boldsymbol{\theta}^0)$可得：

$$-\mathbb{E}\left[\left.\frac{\partial \boldsymbol{w}_i(\boldsymbol{\theta}^0)}{\partial \boldsymbol{\theta}^{0\prime}}\right|\boldsymbol{x}_i\right]=\mathbb{E}\,[\boldsymbol{w}_i(\boldsymbol{\theta}^0)\boldsymbol{s}_i'(\boldsymbol{\theta}^0)\,|\boldsymbol{x}_i]$$

故命题得证。

□

4. 最大似然估计量的性质

本节介绍最大似然估计量 $\hat{\boldsymbol{\theta}}_{\mathrm{CMLE}}$的一致性、渐近正态性和有效性等大样本性质。注意到最大似然估计量 $\hat{\boldsymbol{\theta}}_{\mathrm{CMLE}}$是一种 M 估计量，因此考察 $\hat{\boldsymbol{\theta}}_{\mathrm{CMLE}}$的大样本性质可以直接应用第四章中的相关结论。需要注意的一点是，在介绍 M 估计方法的过程中是以最小化问题为例的，而 MLE 方法则是最大化问题。

4.1 一致性

对应于 **M 假设 1**：

MLE 假设 1（识别假设，Identification）：

$$\mathbb{E}\left[\log f(y,\boldsymbol{x},\boldsymbol{\theta}^0)\right] > \mathbb{E}\left[\log f(y,\boldsymbol{x},\boldsymbol{\theta})\right], \quad \forall \boldsymbol{\theta} \in \boldsymbol{\Theta},\ \boldsymbol{\theta} \neq \boldsymbol{\theta}^0 \tag{5-34}$$

对应于 **M 假设 2**：

MLE 假设 2：依概率一致收敛

$$\text{Plim}\left\{\sup_{\{\boldsymbol{\theta}\in\boldsymbol{\Theta}\}}\left|\frac{1}{N}\sum_{i=1}^{N}\log f(y_i \mid \boldsymbol{x}_i,\boldsymbol{\theta}) - \mathbb{E}\left[\log f(y,\boldsymbol{x},\boldsymbol{\theta})\right]\right|\right\} = 0 \tag{5-35}$$

对应于 M 估计量一致性，可以很容易得到如下关于 MLE 估计量一致性的命题。

命题 5.5：在 **MLE 假设 1** 与 **MLE 假设 2** 成立以及模型设定正确的条件下，若 $\boldsymbol{\theta}$ 的取值集合 $\boldsymbol{\Theta}$ 为紧集（Compact Set），$\mathbb{E}\left[\log f(y,\boldsymbol{x},\boldsymbol{\theta})\right]$ 为连续函数，那么 MLE 估计量 $\hat{\boldsymbol{\theta}}_{\text{CMLE}}$ 是真实模型参数 $\boldsymbol{\theta}^0$ 的一致估计量，即

$$\text{Plim}\hat{\boldsymbol{\theta}}_{\text{CMLE}} = \boldsymbol{\theta}^0 \tag{5-36}$$

4.2 渐近正态性

4.2.1 极限分布

如下命题给出了 $\sqrt{N}(\hat{\boldsymbol{\theta}}_{\text{CMLE}} - \boldsymbol{\theta}^0)$ 的极限分布：

命题 5.6：在 **MLE 假设 1** 与 **MLE 假设 2** 成立以及模型设定正确条件下，$\sqrt{N}(\hat{\boldsymbol{\theta}}_{\text{CMLE}} - \boldsymbol{\theta}^0)$ 的极限分布为均值为 $\mathbf{0}$，方差为 $[\boldsymbol{I}(\boldsymbol{\theta}^0)]^{-1}$ 的正态分布：

$$\sqrt{N}(\hat{\boldsymbol{\theta}}_{\text{CMLE}} - \boldsymbol{\theta}^0) \xrightarrow{d} \mathcal{N}(\mathbf{0}, [\boldsymbol{I}(\boldsymbol{\theta}^0)]^{-1}) \tag{5-37}$$

其中，$\boldsymbol{I}(\boldsymbol{\theta}^0) = -\mathbb{E}\left[\boldsymbol{H}_i(\boldsymbol{\theta}^0)\right]$。

根据式（5-37）可以直接得到 $\hat{\boldsymbol{\theta}}_{\text{CMLE}}$ 的渐近分布：

$$\hat{\boldsymbol{\theta}}_{\text{CMLE}} \overset{a}{\sim} \mathcal{N}\left(\mathbf{0},\ \frac{1}{N}[\boldsymbol{I}(\boldsymbol{\theta}^0)]^{-1}\right) \tag{5-38}$$

证明：

根据第四章的介绍我们已经知道，M 估计量 $\sqrt{N}(\hat{\boldsymbol{\theta}}_{\text{M}} - \boldsymbol{\theta}_{\text{M}})$ 的极限分布是均值为 $\mathbf{0}$，方差为 $\boldsymbol{A}^{-1}\boldsymbol{B}\boldsymbol{A}^{-1}$ 的正态分布：

$$\sqrt{N}(\hat{\boldsymbol{\theta}}_{\text{M}} - \boldsymbol{\theta}_{\text{M}}) \xrightarrow{d} \mathcal{N}(\mathbf{0}, \boldsymbol{A}^{-1}\boldsymbol{B}\boldsymbol{A}^{-1})$$

其中，$\boldsymbol{A} = \mathbb{E}\left[\boldsymbol{H}_i(\boldsymbol{\theta}_{\text{M}})\right]$，$\boldsymbol{B} = \text{Var}[\boldsymbol{s}_i(\boldsymbol{\theta}_{\text{M}})] = \mathbb{E}\left[\boldsymbol{s}_i(\boldsymbol{\theta}_{\text{M}})\boldsymbol{s}_i'(\boldsymbol{\theta}_{\text{M}})\right]$。

由于 MLE 估计量是一种 M 估计量，因此可以得到：

$$\begin{aligned}\sqrt{N}(\hat{\boldsymbol{\theta}}_{\text{CMLE}} - \boldsymbol{\theta}^0) &\xrightarrow{d} \mathcal{N}(\mathbf{0}, \{-\mathbb{E}\left[\boldsymbol{H}_i(\boldsymbol{\theta}^0)\right]\}^{-1}\mathbb{E}\left[\boldsymbol{s}_i(\boldsymbol{\theta}^0)\boldsymbol{s}_i'(\boldsymbol{\theta}^0)\right]\{-\mathbb{E}\left[\boldsymbol{H}_i(\boldsymbol{\theta}^0)\right]\}^{-1}) \\ &= \mathcal{N}(\mathbf{0}, [\boldsymbol{I}(\boldsymbol{\theta}^0)]^{-1}\mathbb{E}\left[\boldsymbol{s}_i(\boldsymbol{\theta}^0)\boldsymbol{s}_i'(\boldsymbol{\theta}^0)\right][\boldsymbol{I}(\boldsymbol{\theta}^0)]^{-1})\end{aligned}$$

其中，值得特别注意的是，在 $\mathbb{E}\left[\boldsymbol{H}_i(\boldsymbol{\theta}^0)\right]$ 之前添加了负号，原因在于最大似然估计是最大化问题，为应用 M 估计量是以最小化问题为例介绍的，因此需要在 $\mathbb{E}\left[\boldsymbol{H}_i(\boldsymbol{\theta}^0)\right]$ 之前添加负号。

进一步利用信息矩阵等式$\boldsymbol{I}(\boldsymbol{\theta}^0)=\mathbb{E}\,[\boldsymbol{s}_i(\boldsymbol{\theta}^0)\boldsymbol{s}_i'(\boldsymbol{\theta}^0)]$可得，

$$\sqrt{N}(\hat{\boldsymbol{\theta}}_{\text{CMLE}}-\boldsymbol{\theta}^0)\xrightarrow{d}\mathcal{N}(\mathbf{0},[\boldsymbol{I}(\boldsymbol{\theta}^0)]^{-1})$$

故命题得证。

□

值得指出的是，关于$\boldsymbol{I}(\boldsymbol{\theta})$被称为信息矩阵的原因，命题5.6给出了另一角度的解释——从式(5-38)中可以看出，$\boldsymbol{I}(\boldsymbol{\theta}^0)$的取值越大(似然函数所包含的真实参数信息越丰富)，MLE估计量$\hat{\boldsymbol{\theta}}_{\text{CMLE}}$的渐近方差则越小，即估计结果越精确。

4.2.2 极限方差的估计

可以发现，命题5.6中的$\boldsymbol{I}(\boldsymbol{\theta}^0)=-\mathbb{E}\,[\boldsymbol{H}_i(\boldsymbol{\theta}^0)]$是总体的概念，从而不可观测。因此，为分析MLE估计量的渐近方差，需要得到信息矩阵$\boldsymbol{I}(\boldsymbol{\theta}^0)$的一致估计量。接下来，我们给出$\boldsymbol{I}(\boldsymbol{\theta}^0)$三种不同的估计量。

根据$\boldsymbol{I}(\boldsymbol{\theta}^0)=-\mathbb{E}\,[\boldsymbol{H}_i(\boldsymbol{\theta}^0)]$可得$\boldsymbol{I}(\boldsymbol{\theta}^0)$的第一个估计量：

$$\hat{\boldsymbol{I}}(\boldsymbol{\theta}^0)=-\frac{1}{N}\sum_{i=1}^{N}\boldsymbol{H}_i(\hat{\boldsymbol{\theta}}_{\text{CMLE}})\tag{5-39}$$

可以发现，式(5-39)所给出的信息矩阵估计量具有比较直观的优点，但是却存在两个不足之处：第一，要求对似然函数求二阶导数，这对于参数较多的模型而言，运算量会比较大；第二，MLE是最大化问题，因此识别$\hat{\boldsymbol{\theta}}_{\text{CMLE}}$需要$\hat{\boldsymbol{I}}(\boldsymbol{\theta}^0)$为正定矩阵，但是式(5-39)无法确保这一点成立。

根据信息矩阵等式$\boldsymbol{I}(\boldsymbol{\theta}^0)=\mathbb{E}\,[\boldsymbol{s}_i(\boldsymbol{\theta}^0)\boldsymbol{s}_i'(\boldsymbol{\theta}^0)]$可以得到$\boldsymbol{I}(\boldsymbol{\theta}^0)$的第二个估计量：

$$\hat{\boldsymbol{I}}(\boldsymbol{\theta}^0)=-\frac{1}{N}\sum_{i=1}^{N}\boldsymbol{s}_i(\hat{\boldsymbol{\theta}}_{\text{CMLE}})\boldsymbol{s}_i'(\hat{\boldsymbol{\theta}}_{\text{CMLE}})\tag{5-40}$$

式(5-40)所给出的信息矩阵估计量，只需要计算似然函数的一阶导数，且能够保证$\hat{\boldsymbol{I}}(\boldsymbol{\theta}^0)$为正定矩阵。但与式(5-39)所给出的估计量相比，该估计量有限样本性质的表现较差。换言之，在有限样本条件下，式(5-39)给出的估计量$\hat{\boldsymbol{I}}(\boldsymbol{\theta}^0)$更加接近于真实值$\boldsymbol{I}(\boldsymbol{\theta}^0)$(参见Davidson and MacKinnon, 1993)。

根据前述介绍，我们已经了解到海森矩阵$\boldsymbol{H}_i(\boldsymbol{\theta}^0)$同时是随机变量$y_i$和$\boldsymbol{x}_i$的函数，因此计算$\mathbb{E}\,[\boldsymbol{H}_i(\boldsymbol{\theta}^0)\mid\boldsymbol{x}_i]$(只需对$y_i$取期望)通常比计算$\mathbb{E}\,[\boldsymbol{H}_i(\boldsymbol{\theta}^0)]$(需要同时对$y_i$和$\boldsymbol{x}_i$计算期望)更加简便。基于这一点，令$\boldsymbol{C}(\boldsymbol{x}_i,\boldsymbol{\theta}^0)=\mathbb{E}\,[\boldsymbol{H}_i(\boldsymbol{\theta}^0)\mid\boldsymbol{x}_i]$，根据迭代期望定律有

$$\boldsymbol{I}(\boldsymbol{\theta}^0)=\mathbb{E}\,[\boldsymbol{H}_i(\boldsymbol{\theta}^0)]=\mathbb{E}\,\{\mathbb{E}\,[\boldsymbol{H}_i(\boldsymbol{\theta}^0)\,|\boldsymbol{x}_i]\}=\mathbb{E}\,[\boldsymbol{C}(\boldsymbol{x}_i,\boldsymbol{\theta}^0)]\tag{5-41}$$

根据式(5-41)可得$\boldsymbol{I}(\boldsymbol{\theta}^0)$的第三个估计量：

$$\hat{\boldsymbol{I}}(\boldsymbol{\theta}^0)=-\frac{1}{N}\sum_{i=1}^{N}\boldsymbol{C}(\boldsymbol{x}_i,\hat{\boldsymbol{\theta}}_{\text{CMLE}})\tag{5-42}$$

4.3 有效性

为考察MLE估计量的有效性，首先来定义一组估计量。具体地，假设基于真实模型得到的$\boldsymbol{w}_i(\boldsymbol{\theta}^0)$满足如下等式：

$$\mathbb{E}\left[\boldsymbol{w}_i(\boldsymbol{\theta}^0)\right]=\mathbf{0} \tag{5-43}$$

其中，$\boldsymbol{w}_i(\boldsymbol{\theta}^0)$具有非常一般的含义：对于 OLS 方法，$\boldsymbol{w}_i(\boldsymbol{\theta}^0)$为预测误差平方一阶导；对于 MLE 方法，$\boldsymbol{w}_i(\boldsymbol{\theta}^0)$为似然函数的一阶导数；对于 GMM 方法，$\boldsymbol{w}_i(\boldsymbol{\theta}^0)$为矩条件，等等。

式(5-43)所对应的样本问题为：

$$\frac{1}{N}\sum_{i=1}^{N}\boldsymbol{w}_i(\hat{\boldsymbol{\theta}}_{\mathrm{w}})=\mathbf{0} \tag{5-44}$$

其中，$\hat{\boldsymbol{\theta}}_{\mathrm{w}}$ 对应基于 w 方法得到的参数估计量。

关于最大似然估计量 $\hat{\boldsymbol{\theta}}_{\mathrm{CMLE}}$的有效性，有如下重要命题：

命题 5.7：在 **MLE 假设 1** 与 **MLE 假设 2** 成立以及模型设定正确的条件下，最大似然估计量 $\hat{\boldsymbol{\theta}}_{\mathrm{CMLE}}$是所有满足式(5-44)的估计量$\{\hat{\boldsymbol{\theta}}_{\mathrm{w}}\}$中最有效的。或者说，$\mathrm{Avar}(\hat{\boldsymbol{\theta}}_{\mathrm{CMLE}})-\mathrm{Avar}(\hat{\boldsymbol{\theta}}_{\mathrm{w}})$为半负定矩阵。如果一个估计量的渐近方差与$\mathrm{Avar}(\hat{\boldsymbol{\theta}}_{\mathrm{CMLE}})$相同，那么则说该估计量达到了**克莱默-罗效率下界**(Cramer-Rao Efficiency Lower Bound)。

直接应用第四章中的相对有效性定理(命题 4.3)可以非常容易地证明命题 5.7。

证明(＊)：

回忆第四章中的命题 4.3：若 $\kappa\mathbb{E}\left[\boldsymbol{H}_i(\gamma)\right]=\mathbb{E}\left[\boldsymbol{s}_i(\gamma)\boldsymbol{s}_i'(\gamma^*)\right]$，$\kappa>0$，那么 $\hat{\boldsymbol{\theta}}(\gamma^*)$是$\{\hat{\boldsymbol{\theta}}(\gamma),\ \gamma\in\Gamma\}$中最有效的估计量。

根据 Newey -Tauchen 信息矩阵等式：

$$-\mathbb{E}\left[\frac{\partial\boldsymbol{w}_i(\boldsymbol{\theta}^0)}{\partial\boldsymbol{\theta}^{0\prime}}\right]=\mathbb{E}\left[\boldsymbol{w}_i(\boldsymbol{\theta}^0)\boldsymbol{s}_i'(\boldsymbol{\theta}^0)\right]$$

不失一般性，令 $\boldsymbol{w}_i(\boldsymbol{\theta}^0)=\boldsymbol{s}_i(\gamma)$，那么根据海森矩阵的定义可得：

$$\frac{\partial\boldsymbol{w}_i(\boldsymbol{\theta}^0)}{\partial\boldsymbol{\theta}^{0\prime}}=\boldsymbol{H}_i(\gamma)$$

进一步令 $\boldsymbol{s}_i(\gamma^*)=-\boldsymbol{s}_i(\boldsymbol{\theta}^0)$，$\kappa=1$ 即可对应得到 $\kappa\mathbb{E}\left[\boldsymbol{H}_i(\gamma)\right]=\mathbb{E}\left[\boldsymbol{s}_i(\gamma)\boldsymbol{s}_i'(\gamma^*)\right]$成立。又因为 $\boldsymbol{w}_i(\boldsymbol{\theta}^0)=\boldsymbol{s}_i(\boldsymbol{\theta}^0)$所对应的是最大似然估计，所以可以得到最大似然估计量 $\hat{\boldsymbol{\theta}}_{\mathrm{CMLE}}$在所有满足式(5-44)的估计量$\{\hat{\boldsymbol{\theta}}_{\mathrm{w}}\}$中最有效。

故命题得证。

□

命题 5.7 很容易从直观上理解：由于最大似然方法充分利用了所有可得信息(随机变量的整个分布)而非仅仅是某一部分信息(特定阶矩)，因此估计结果最为准确。最后值得强调的是，最大似然估计量有效性是在模型设定正确的条件下才成立的。

5. 一个应用

为更好地理解前述 MLE 的主要理论知识，本节以 Probit 这一重要计量经济学模型为例来介绍 MLE 方法的应用。在第十章我们还会对 Probit 模型进行专门介绍。

5.1 Probit 模型的基本设定

考虑二值选择模型。$y_i=1$ 表示个体 i 选择做某件事，$y_i=0$ 则相反。进一步将与选择相关的效用定义为：

$$y_i^* = \boldsymbol{x}_i'\boldsymbol{\theta}^0 + \epsilon_i \tag{5-45}$$

其中，y_i^* 被称为**潜变量**(Latent Variable)，该变量在现实中不可观测；$\boldsymbol{x}_i$ 为可观测变量，ϵ_i 为不可观测变量，$\epsilon_i \sim \mathcal{N}(0,1)$。基于潜变量可以将个体 i 的选择行为模型化为：

$$y_i = \begin{cases} 1, & \text{若 } y_i^* \geqslant 0 \\ 0, & \text{若 } y_i^* < 0 \end{cases} \tag{5-46}$$

基于式(5-45)和式(5-46)可以很容易得到 $y_i=1$ 的条件概率为：

$$P(y_i=1|\boldsymbol{x}_i) = \Phi(\boldsymbol{x}_i'\boldsymbol{\theta}^0) \tag{5-47}$$

其中，$\Phi(\cdot)$表示标准正态分布累积分布函数。

类似地，$y_i=0$ 的条件概率为：

$$P(y_i=0|\boldsymbol{x}_i) = 1-\Phi(\boldsymbol{x}_i'\boldsymbol{\theta}^0) \tag{5-48}$$

5.2 Probit 模型与 MLE

令 $f(y_i|\boldsymbol{x}_i,\boldsymbol{\theta}^0)$表示真实条件概率分布，那么基于式(5-47)和式(5-48)可得：

$$f(y_i|\boldsymbol{x}_i,\boldsymbol{\theta}^0) = [\Phi(\boldsymbol{x}_i'\boldsymbol{\theta}^0)]^{y_i}[1-\Phi(\boldsymbol{x}_i'\boldsymbol{\theta}^0)]^{1-y_i} \tag{5-49}$$

在模型设定正确的条件下，似然函数为：

$$f(y_i|\boldsymbol{x}_i,\boldsymbol{\theta}) = [\Phi(\boldsymbol{x}_i'\boldsymbol{\theta})]^{y_i}[1-\Phi(\boldsymbol{x}_i'\boldsymbol{\theta})]^{1-y_i} \tag{5-50}$$

其中，可以很容易看出，$f(y_i|\boldsymbol{x}_i,\boldsymbol{\theta})$同时是随机变量 y_i 和 $\boldsymbol{x}_i$ 的函数。此外，与真实模型 $f(y_i|\boldsymbol{x}_i,\boldsymbol{\theta}^0)$不同的是，似然函数 $f(y_i|\boldsymbol{x}_i,\boldsymbol{\theta})$随着 $\boldsymbol{\theta}$ 的变化而变化。

基于式(5-50)可以得到对数似然函数则为：

$$l_i(\boldsymbol{\theta}) = \log f(y_i|\boldsymbol{x}_i,\boldsymbol{\theta}) = y_i\log\Phi(\boldsymbol{x}_i'\boldsymbol{\theta}) + (1-y_i)\log[1-\Phi(\boldsymbol{x}_i'\boldsymbol{\theta})] \tag{5-51}$$

参数 $\boldsymbol{\theta}^0$ 的 MLE 估计量则可表示为：

$$\hat{\boldsymbol{\theta}}_{\text{CMLE}} = \arg\max_{\{\boldsymbol{\theta}\in\boldsymbol{\Theta}\}}\left\{\sum_{i=1}^{N}(y_i\log\Phi(\boldsymbol{x}'_i\boldsymbol{\theta}) + (1-y_i)\log[1-\Phi(\boldsymbol{x}'_i\boldsymbol{\theta})])\right\} \tag{5-52}$$

事实上，估计 Probit 模型不是一件容易的事情。从式(5-52)中可以看出，估计 Probit 模型存在两个方面的难点：第一，目标函数是参数 $\boldsymbol{\theta}$ 的非线性函数，从而需要用到数值优化方法来得到 $\hat{\boldsymbol{\theta}}_{\text{CMLE}}$；第二，$\Phi(\cdot)$表示标准正态分布累积分布函数，没有显式表达式，需要利用到第二章数学基础中的蒙特卡罗方法来近似。由此可见，在估计 Probit 模型的过程中，每一次数值优化中的参数迭代都需对 $\Phi(\cdot)$进行模拟近似。

Probit 模型所对应的得分向量为：

$$\boldsymbol{s}_i(\boldsymbol{\theta}) = y_i\left[\frac{\phi(\boldsymbol{x}_i'\boldsymbol{\theta})\boldsymbol{x}_i}{\Phi(\boldsymbol{x}_i'\boldsymbol{\theta})}\right] - (1-y_i)\left[\frac{\phi(\boldsymbol{x}_i'\boldsymbol{\theta})\boldsymbol{x}_i}{1-\Phi(\boldsymbol{x}_i'\boldsymbol{\theta})}\right] = \frac{\phi(\boldsymbol{x}_i'\boldsymbol{\theta})\boldsymbol{x}_i[y_i-\Phi(\boldsymbol{x}_i'\boldsymbol{\theta})]}{\Phi(\boldsymbol{x}_i'\boldsymbol{\theta})[1-\Phi(\boldsymbol{x}_i'\boldsymbol{\theta})]} \tag{5-53}$$

其中，$\phi(\cdot)$表示标准正态分布的概率密度函数。

根据式(5-53)可以很容易验证：

$$\mathbb{E}[\boldsymbol{s}_i(\boldsymbol{\theta}^0) \mid \boldsymbol{x}_i] = \boldsymbol{0}, \ \mathbb{E}[\boldsymbol{s}_i(\boldsymbol{\theta}^0)] = \boldsymbol{0} \tag{5-54}$$

证明：

根据 $P(y_i=1|\boldsymbol{x}_i)=\Phi(\boldsymbol{x}_i'\boldsymbol{\theta}^0)$ 可得：

$$\mathbb{E}(y_i|\boldsymbol{x}_i)=P(y_i=1|\boldsymbol{x}_i)\times 1+[1-P(y_i=1|\boldsymbol{x}_i)]\times 0=\Phi(\boldsymbol{x}_i'\boldsymbol{\theta}^0)$$

因此，

$$\mathbb{E}[y_i-\Phi(\boldsymbol{x}_i'\boldsymbol{\theta}^0)|\boldsymbol{x}_i]=\mathbb{E}(y_i|\boldsymbol{x}_i)-\Phi(\boldsymbol{x}_i'\boldsymbol{\theta}^0)=0$$

所以，

$$\begin{aligned}\mathbb{E}[\boldsymbol{s}_i(\boldsymbol{\theta}^0) \mid \boldsymbol{x}_i] &= \mathbb{E}\left\{\frac{\phi(\boldsymbol{x}_i'\boldsymbol{\theta}^0)\boldsymbol{x}_i[y_i-\Phi(\boldsymbol{x}_i'\boldsymbol{\theta}^0)]}{\Phi(\boldsymbol{x}_i'\boldsymbol{\theta}^0)[1-\Phi(\boldsymbol{x}_i'\boldsymbol{\theta}^0)]}\middle|\boldsymbol{x}_i\right\}\\ &=\frac{\Phi(\boldsymbol{x}_i'\boldsymbol{\theta}^0)\boldsymbol{x}_i}{\Phi(\boldsymbol{x}_i'\boldsymbol{\theta}^0)[1-\Phi(\boldsymbol{x}_i'\boldsymbol{\theta}^0)]}\mathbb{E}[y_i-\Phi(\boldsymbol{x}_i'\boldsymbol{\theta}^0)|\boldsymbol{x}_i]\\ &=\boldsymbol{0}\end{aligned}$$

进一步利用迭代期望定律可得：

$$\mathbb{E}[\boldsymbol{s}_i(\boldsymbol{\theta}^0)]=\boldsymbol{0}$$

故命题得证。

□

Probit 模型所对应的海森矩阵为：[①]

$$\boldsymbol{H}_i(\boldsymbol{\theta})=-\frac{[\phi(\boldsymbol{x}_i'\boldsymbol{\theta})]^2\boldsymbol{x}_i\boldsymbol{x}_i'}{\Phi(\boldsymbol{x}_i'\boldsymbol{\theta})[1-\Phi(\boldsymbol{x}_i'\boldsymbol{\theta})]}+[y_i-\Phi(\boldsymbol{x}_i'\boldsymbol{\theta})]\left\{\begin{array}{c}\dfrac{\boldsymbol{x}_i\dfrac{\partial\phi(\boldsymbol{x}_i'\boldsymbol{\theta})}{\partial\boldsymbol{\theta}'}}{\Phi(\boldsymbol{x}_i'\boldsymbol{\theta})[1-\Phi(\boldsymbol{x}_i'\boldsymbol{\theta})]}\\ -\dfrac{\phi(\boldsymbol{x}_i'\boldsymbol{\theta})\boldsymbol{x}_i\dfrac{\partial\Phi(\boldsymbol{x}_i'\boldsymbol{\theta})[1-\Phi(\boldsymbol{x}_i'\boldsymbol{\theta})]}{\partial\boldsymbol{\theta}'}}{(\Phi(\boldsymbol{x}_i'\boldsymbol{\theta})[1-\Phi(\boldsymbol{x}_i'\boldsymbol{\theta})])^2}\end{array}\right\} \tag{5-55}$$

从式(5-55)中可以看出，即便对于最简单的 Probit 模型，直接计算 $\mathbb{E}[\boldsymbol{H}_i(\boldsymbol{\theta}^0)]$ 都非常烦琐。然而，注意到 $\mathbb{E}[y_i-\Phi(\boldsymbol{x}_i'\boldsymbol{\theta}^0)|\boldsymbol{x}_i]=0$，因此

$$\mathbb{E}[\boldsymbol{H}_i(\boldsymbol{\theta}^0)|\boldsymbol{x}_i]=-\frac{[\phi(\boldsymbol{x}_i'\boldsymbol{\theta}^0)]^2\boldsymbol{x}_i\boldsymbol{x}_i'}{\Phi(\boldsymbol{x}_i'\boldsymbol{\theta}^0)[1-\Phi(\boldsymbol{x}_i'\boldsymbol{\theta}^0)]} \tag{5-56}$$

可见，虽然直接计算 $\mathbb{E}[\boldsymbol{H}_i(\boldsymbol{\theta}^0)]$ 非常烦琐，但是计算 $\mathbb{E}[\boldsymbol{H}_i(\boldsymbol{\theta}^0)|\boldsymbol{x}_i]$ 却相对简单，这也是利用式(5-42)来估计信息矩阵的一个重要原因。

进一步利用迭代期望定律可得：

$$\mathbb{E}[\boldsymbol{H}_i(\boldsymbol{\theta}^0)]=-\mathbb{E}\left\{\frac{[\phi(\boldsymbol{x}_i'\boldsymbol{\theta}^0)]^2\boldsymbol{x}_i\boldsymbol{x}_i'}{\Phi(\boldsymbol{x}_i'\boldsymbol{\theta}^0)[1-\Phi(\boldsymbol{x}_i'\boldsymbol{\theta}^0)]}\right\} \tag{5-57}$$

根据式(5-57)可以得到 Probit 模型参数 MLE 估计量渐近方差的估计量：

---

① 将 $\boldsymbol{s}_i(\boldsymbol{\theta})=\dfrac{\phi(\boldsymbol{x}_i'\boldsymbol{\theta})\boldsymbol{x}_i[y_i-\Phi(\boldsymbol{x}_i'\boldsymbol{\theta})]}{\Phi(\boldsymbol{x}_i'\boldsymbol{\theta})[1-\Phi(\boldsymbol{x}_i'\boldsymbol{\theta})]}$ 视作 $\dfrac{\phi(\boldsymbol{x}_i'\boldsymbol{\theta})\boldsymbol{x}_i}{\Phi(\boldsymbol{x}_i'\boldsymbol{\theta})[1-\Phi(\boldsymbol{x}_i'\boldsymbol{\theta})]}$ 与 $[y_i-\Phi(\boldsymbol{x}_i'\boldsymbol{\theta})]$ 这两项相乘，然后利用求导法则。

$$\widehat{\text{Avar}}(\hat{\boldsymbol{\theta}}_{\text{CMLE}})=\left\{\sum_{i=1}^{N}\frac{[\phi(\boldsymbol{x}_i'\hat{\boldsymbol{\theta}}_{\text{CMLE}})]^2\boldsymbol{x}_i\boldsymbol{x}_i'}{\Phi(\boldsymbol{x}_i'\hat{\boldsymbol{\theta}}_{\text{CMLE}})[1-\Phi(\boldsymbol{x}_i'\hat{\boldsymbol{\theta}}_{\text{CMLE}})]}\right\}^{-1} \tag{5-58}$$

现在，我们可以很容易地验证信息矩阵等式成立：

$$\begin{aligned}
&\mathbb{E}\,[\boldsymbol{s}_i(\boldsymbol{\theta}^0)\boldsymbol{s}_i'(\boldsymbol{\theta}^0)\,|\boldsymbol{x}_i]\\
&=\mathbb{E}\left\{\left(\frac{\phi(\boldsymbol{x}_i'\boldsymbol{\theta}^0)\boldsymbol{x}_i[y_i-\Phi(\boldsymbol{x}_i'\boldsymbol{\theta}^0)]}{\Phi(\boldsymbol{x}_i'\boldsymbol{\theta}^0)[1-\Phi(\boldsymbol{x}_i'\boldsymbol{\theta}^0)]}\right)\left(\frac{\phi(\boldsymbol{x}_i'\boldsymbol{\theta}^0)\boldsymbol{x}_i[y_i-\Phi(\boldsymbol{x}_i'\boldsymbol{\theta}^0)]}{\Phi(\boldsymbol{x}_i'\boldsymbol{\theta}^0)[1-\Phi(\boldsymbol{x}_i'\boldsymbol{\theta}^0)]}\right)'\middle|\boldsymbol{x}_i\right\}\\
&=\frac{[\phi(\boldsymbol{x}_i'\boldsymbol{\theta}^0)]^2\boldsymbol{x}_i\boldsymbol{x}_i'}{(\Phi(\boldsymbol{x}_i'\boldsymbol{\theta}^0)[1-\Phi(\boldsymbol{x}_i'\boldsymbol{\theta}^0)])^2}\mathbb{E}\,\{[y_i-\Phi(\boldsymbol{x}_i'\boldsymbol{\theta}^0)][y_i-\Phi(\boldsymbol{x}_i'\boldsymbol{\theta}^0)]'\,|\boldsymbol{x}_i\}\\
&=\frac{[\phi(\boldsymbol{x}_i'\boldsymbol{\theta}^0)]^2\boldsymbol{x}_i\boldsymbol{x}_i'}{(\Phi(\boldsymbol{x}_i'\boldsymbol{\theta}^0)[1-\Phi(\boldsymbol{x}_i'\boldsymbol{\theta}^0)])^2}\mathbb{E}\,\{y_i^2-2y_i\Phi(\boldsymbol{x}_i'\boldsymbol{\theta}^0)+[\Phi(\boldsymbol{x}_i'\boldsymbol{\theta}^0)]^2\,|\boldsymbol{x}_i\}\\
&=\frac{[\phi(\boldsymbol{x}_i'\boldsymbol{\theta}^0)]^2\boldsymbol{x}_i\boldsymbol{x}_i'}{(\Phi(\boldsymbol{x}_i'\boldsymbol{\theta}^0)[1-\Phi(\boldsymbol{x}_i'\boldsymbol{\theta}^0)])^2}\Phi(\boldsymbol{x}_i'\boldsymbol{\theta}^0)[1-\Phi(\boldsymbol{x}_i'\boldsymbol{\theta}^0)]\\
&=\frac{[\phi(\boldsymbol{x}_i'\boldsymbol{\theta}^0)]^2\boldsymbol{x}_i\boldsymbol{x}_i'}{\Phi(\boldsymbol{x}_i'\boldsymbol{\theta}^0)[1-\Phi(\boldsymbol{x}_i'\boldsymbol{\theta}^0)]}\\
&=-\,\mathbb{E}\,[\boldsymbol{H}_i(\boldsymbol{\theta}^0)\,|\boldsymbol{x}_i]
\end{aligned} \tag{5-59}$$

有了条件信息矩阵等式，无条件信息矩阵等式可以通过迭代期望定律直接得到。到现在为止，我们通过一个具体的模型——Probit 模型对本章所涉及的 MLE 理论知识主要内容进行了验证。

6. 三大检验在 MLE 方法上的应用

在第四章中，我们基于 M 估计方法具体介绍了**瓦尔德检验**，**拉格朗日乘子检验**以及**似然比检验**三种计量经济学中的检验方法。由于 MLE 方法属于一种 M 估计方法，因此只需将 M 估计量 $\hat{\boldsymbol{\theta}}_{\text{M}}$ 的渐近方差 $\boldsymbol{A}^{-1}\boldsymbol{B}\boldsymbol{A}^{-1}$ 相应地替换为 MLE 估计量的渐近方差 $[\boldsymbol{I}(\boldsymbol{\theta}^0)]^{-1}$，即可将第四章所介绍的三大检验直接应用到 MLE 中。不失一般性，考虑如下原假设和备择假设：

原假设为：

$$\mathbb{H}_0:\ \boldsymbol{R\theta}^0=\boldsymbol{r} \tag{5-60}$$

备择假设为：

$$\mathbb{H}_1:\ \boldsymbol{R\theta}^0\neq\boldsymbol{r} \tag{5-61}$$

其中，$\boldsymbol{R}$ 为 $L\times K$ 约束矩阵，刻画线性约束条件，L 表示约束条件的个数。此外，令 $\hat{\boldsymbol{\theta}}_{\text{CMLE}}$ 表示无约束条件下的 MLE 估计量，$\tilde{\boldsymbol{\theta}}_{\text{CMLE}}$ 为约束条件 $\boldsymbol{R\theta}^0=\boldsymbol{r}$ 下的估计量。

对应 M 方法中的 Wald 统计量 $[\sqrt{N}(\boldsymbol{R}\hat{\boldsymbol{\theta}}_{\text{M}}-\boldsymbol{r})]'(\boldsymbol{RA}^{-1}\boldsymbol{BA}^{-1}\boldsymbol{R}')^{-1}[\sqrt{N}(\boldsymbol{R}\hat{\boldsymbol{\theta}}_{\text{M}}-\boldsymbol{r})]$，MLE 方法中的 Wald 统计量为：

$$\mathscr{W}=[\sqrt{N}(\boldsymbol{R}\hat{\boldsymbol{\theta}}_{\text{CMLE}}-\boldsymbol{r})]'\{\boldsymbol{R}[\boldsymbol{I}(\boldsymbol{\theta}^0)]^{-1}\boldsymbol{R}'\}^{-1}[\sqrt{N}(\boldsymbol{R}\hat{\boldsymbol{\theta}}_{\text{CMLE}}-\boldsymbol{r})] \tag{5-62}$$

其中，$\boldsymbol{I}(\boldsymbol{\theta}^0)$可以使用式(5-40)，式(5-41)或者式(5-42)中的任一方式来计算估计。

对应 M 方法中的 $\mathscr{LM}$ 统计量 $\left[\dfrac{\sum_{i=1}^{N}\boldsymbol{s}_i(\tilde{\boldsymbol{\theta}}_{\mathrm{M}})}{\sqrt{N}}\right]'\boldsymbol{A}^{-1}\boldsymbol{R}'(\boldsymbol{RA}^{-1}\boldsymbol{BA}^{-1}\boldsymbol{R}')^{-1}\boldsymbol{RA}^{-1}\left[\dfrac{\sum_{i=1}^{N}\boldsymbol{s}_i(\tilde{\boldsymbol{\theta}}_{\mathrm{M}})}{\sqrt{N}}\right]$，MLE 方法中的 $\mathscr{LM}$ 统计量为：

$$\mathscr{LM}=\left[\frac{1}{\sqrt{N}}\sum_{i=1}^{N}\boldsymbol{s}_i(\tilde{\boldsymbol{\theta}}_{\mathrm{CMLE}})\right]'[\boldsymbol{I}(\boldsymbol{\theta}^0)]^{-1}\boldsymbol{R}'\{\boldsymbol{R}[\boldsymbol{I}(\boldsymbol{\theta}^0)]^{-1}\boldsymbol{R}'\}^{-1}\boldsymbol{R}[\boldsymbol{I}(\boldsymbol{\theta}^0)]^{-1}\left[\frac{1}{\sqrt{N}}\sum_{i=1}^{N}\boldsymbol{s}_i(\tilde{\boldsymbol{\theta}}_{\mathrm{CMLE}})\right] \tag{5-63}$$

其中，同样地，$\boldsymbol{I}(\boldsymbol{\theta}^0)$可以使用(5-40)，式(5-41)或者式(5-42)的任一方式计算得到。

对应 M 估计中的 $\mathscr{LR}$ 统计量 $\mathscr{LR}=2\left[\sum_{i=1}^{N}q_i(\tilde{\boldsymbol{\theta}}_{\mathrm{M}})-\sum_{i=1}^{N}q_i(\hat{\boldsymbol{\theta}}_{\mathrm{M}})\right]$，MLE 方法中的 $\mathscr{LR}$ 统计量为：

$$\mathscr{LR}=2\left[\sum_{i=1}^{N}l_i(\tilde{\boldsymbol{\theta}}_{\mathrm{CMLE}})-\sum_{i=1}^{N}l_i(\hat{\boldsymbol{\theta}}_{\mathrm{CMLE}})\right] \tag{5-64}$$

根据第四章的分析可以很容易得到，在原假设 $\boldsymbol{R\theta}^0=\boldsymbol{r}$ 成立的条件下，式(5-62)至式(5-64)中的统计量渐近分布都是自由度为 L 的卡方分布，$\chi^2(L)$。

7. 分布设定正确性检验

到目前为止，本章主要结论都是基于正确设定概率分布模型这一前提假设的。根据前述分析，正确设定概率分布模型的重要性至少体现在如下两方面：第一，一般来说，错误设定概率分布模型导致 MLE 估计结果无法逼近真实模型。具体而言，真实模型为$f(\boldsymbol{y}|\boldsymbol{X},\boldsymbol{\theta}^0)$，研究者所设定的模型为$h(\boldsymbol{y}|\boldsymbol{X},\boldsymbol{\beta})$，错误设定概率分布模型意味着$h(\boldsymbol{y}|\boldsymbol{X},\boldsymbol{\beta})\neq f(\boldsymbol{y}|\boldsymbol{X},\boldsymbol{\theta})$，在该情形下，基于 MLE 得到的结果$h(\boldsymbol{y}|\boldsymbol{X},\boldsymbol{\beta}_{\mathrm{CMLE}})$只是$\{h(\boldsymbol{y}|\boldsymbol{X},\boldsymbol{\beta}),\ \boldsymbol{\beta}\in\mathscr{B}\}$中最接近$f(\boldsymbol{y}|\boldsymbol{X},\boldsymbol{\theta}^0)$的，换言之，$h(\boldsymbol{y}|\boldsymbol{X},\boldsymbol{\beta}_{\mathrm{CMLE}})$只是真实模型的次优预测；第二，错误设定概率分布模型将降低估计结果的精度。这是因为信息矩阵等式成立保证了 MLE 估计量的有效性，而信息矩阵等式只有在正确设定概率分布模型前提下才成立，也就是说，在错误设定概率模型的条件下，MLE 估计结果不再有效。那么如何判断概率模型设定是否正确呢？本节具体介绍三种检验方法：第一种方法是利用**分位数-分位数图**(Quantile-Quantile,QQ 图)来直观地判断；第二种方法是 White(1982)所提出的**信息矩阵等式检验**(Information Matrix Test,IM Test)；第三种方法是 Newey(1985)和 Tauchen(1985)提出的模型设定检验(Newey-Tauchen Test)。

7.1 分位数-分位数图

在利用 MLE 方法估计参数的过程中，正态分布是研究者最常用的概率分布模型设定形式之一。利用**分位数-分位数图**(Quantile-Quantile,QQ 图)可以较为直观地判断给定分布与正态分布的接近程度。QQ 图的基本原理是，以给定分布分位数为纵坐标，标准正态分布分位数为横坐标绘制散点图，并且以给定分布标准差为斜率，均值为截距来绘制直线。我们知道如果 $X\sim\mathcal{N}(0,1)$，那么 $Y=\sigma X+b\sim\mathcal{N}(b,\sigma^2)$，根据这个性质容易推知，QQ 图中的散点越近似地落在直线上，说明给定分布越接近正态分布，反之则相反。图 5-4 给出了不同分布所对应的 QQ 图。从图 5-4 中可以看出，在给定分布是正态分布的条件下，QQ 图中的散点几乎完全落在直线上。注意到，对于对数正态分布，卡方分布和指数分布而言，随机数的取值都大于 0，因此 QQ 图中散点的纵坐标都大于 0。

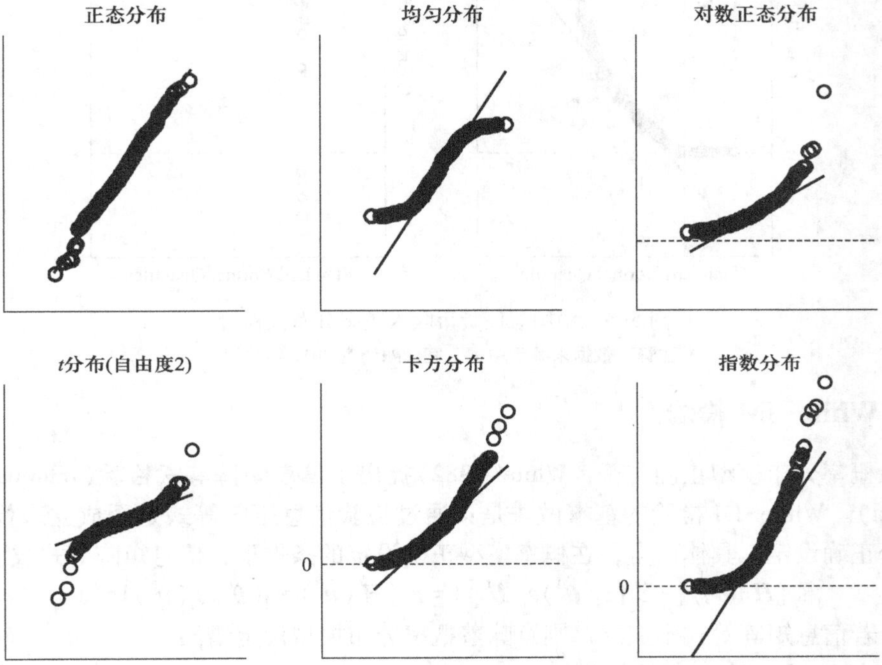

图 5-4 不同分布对应的 QQ 图

注释：图中的散点越近似地落在图中的直线上，说明给定分布越接近正态分布，反之则相反。

因此，要判断正态分布是否为正确的概率分布模型设定形式，只需以观测数据分位数为纵坐标绘制 QQ 图，判断图形中的散点是否落在以观测数据标准差为斜率，均值为截距的直线附近。图 5-5 利用 QQ 图对中国居民收入及其对数形式分布的正态性进行了检验。可以看出，无论是货币收入本身(左图)，还是其对数形式(右图)，图形中的散点与直线均存在较大程度的偏离。这意味着，在使用 MLE 估计参数的过程中，利用正态分布概率模型或者对数形式对中国居民货币收入进行建模均可能存在模型误设问题。

综上可知，QQ 图能够帮助我们判断真实概率分布模型是否为正态分布。QQ 图的优点是简便直观；其主要缺点是，它并非严格的概率模型设定检验，并且针对的一般是正态分布检验，从而只能作为概率分布模型检验的一个辅助方式。为更加严格地判断概率模型设定正确与否，需要正式的假设检验模型。

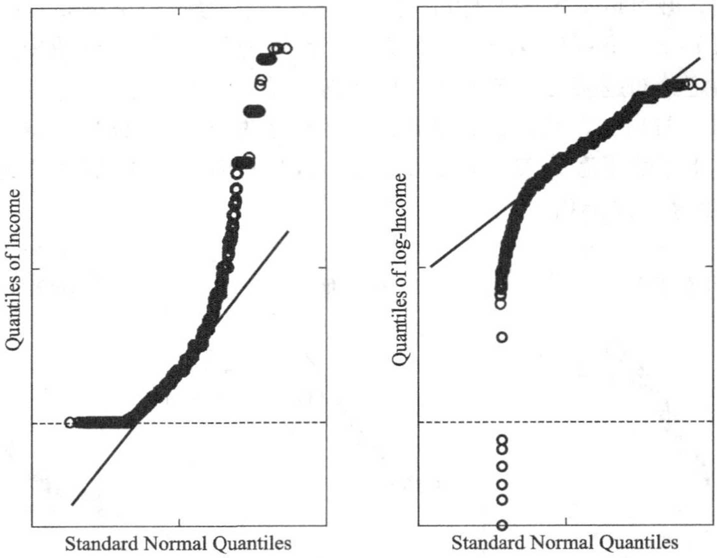

图 5-5 中国居民货币收入正态分布性检验

注释：数据来源于中国家庭金融调查 2011 年数据。

7.2 White-IM 检验

为检验概率分布模型正确与否，White(1982)提出了**信息矩阵等式检验**(Information Matrix Test, IM Test)。White-IM 检验的基本做法是：通过检验信息矩阵等式是否成立来检验概率分布模型是否正确设定。具体而言，在概率模型正确设定的条件下，信息矩阵等式成立，即

$$\mathbb{E}\left[\boldsymbol{H}_i(\boldsymbol{\theta}^0)\right]+\mathbb{E}\left[\boldsymbol{s}_i(\boldsymbol{\theta}^0)\boldsymbol{s}_i'(\boldsymbol{\theta}^0)\right]=\mathbb{E}\left[\boldsymbol{H}_i(\boldsymbol{\theta}^0)+\boldsymbol{s}_i(\boldsymbol{\theta}^0)\boldsymbol{s}_i'(\boldsymbol{\theta}^0)\right]=\mathbf{0} \tag{5-65}$$

因此，若信息矩阵等式不成立，则意味着概率分布模型设定错误。

定义 $\boldsymbol{D}_i(\boldsymbol{\theta})\equiv\boldsymbol{H}_i(\boldsymbol{\theta})+\boldsymbol{s}_i(\boldsymbol{\theta})\boldsymbol{s}_i'(\boldsymbol{\theta})$，

$$\boldsymbol{m}_i(\boldsymbol{\theta})\equiv\text{vech}\left[\boldsymbol{D}_i(\boldsymbol{\theta})\right] \tag{5-66}$$

其中，vech 表示向量半算子，它的作用是将矩阵对角线上方元素删除，并将余下元素排成一列，因此 $\boldsymbol{m}_i(\boldsymbol{\theta})$ 为 $\frac{(K+1)K}{2}\times1$ 向量。之所以利用 vech 算子将 $\boldsymbol{D}_i(\boldsymbol{\theta})$ 转化为 $\boldsymbol{m}_i(\boldsymbol{\theta})$，是因为 $\boldsymbol{D}_i(\boldsymbol{\theta})$ 为对称矩阵，从而检验 $\mathbb{E}\left[\boldsymbol{D}_i(\boldsymbol{\theta})\right]=\mathbf{0}$ 与检验 $\mathbb{E}\left[\boldsymbol{m}_i(\boldsymbol{\theta})\right]=\mathbf{0}$ 等价。

White-IM 检验的原假设为：

$$\mathbb{H}_0:\ \mathbb{E}\left[\boldsymbol{m}_i(\boldsymbol{\theta})\right]=\mathbf{0} \tag{5-67}$$

White-IM 检验的备择假设为：

$$\mathbb{H}_1:\ \mathbb{E}\left[\boldsymbol{m}_i(\boldsymbol{\theta})\right]\neq\mathbf{0} \tag{5-68}$$

White-IM 统计量为：

$$\mathscr{IM}=\left[\frac{1}{\sqrt{N}}\sum_{i=1}^{N}\boldsymbol{m}_i(\hat{\boldsymbol{\theta}}_{\text{CMLE}})\right]'\boldsymbol{\Xi}^{-1}\left[\frac{1}{\sqrt{N}}\sum_{i=1}^{N}\boldsymbol{m}_i(\hat{\boldsymbol{\theta}}_{\text{CMLE}})\right] \tag{5-69}$$

其中，$\boldsymbol{\Xi}=\mathrm{Var}\left\{\boldsymbol{m}_i(\boldsymbol{\theta}^0)+\mathbb{E}\left[\frac{\partial \boldsymbol{m}_i(\boldsymbol{\theta}^0)}{\partial \boldsymbol{\theta}}\right][\boldsymbol{I}(\boldsymbol{\theta}^0)]^{-1}\boldsymbol{s}_i(\boldsymbol{\theta}^0)\right\}$。

命题 5.8：在原假设$\mathbb{E}[\boldsymbol{m}_i(\boldsymbol{\theta})]=\boldsymbol{0}$成立的条件下，White-IM 统计量$\mathscr{IM}$的极限分布为自由度为$\frac{(K+1)K}{2}$的卡方分布，即

$$\mathscr{IM}=\left[\frac{1}{\sqrt{N}}\sum_{i=1}^{N}\boldsymbol{m}_i(\hat{\boldsymbol{\theta}}_{\mathrm{CMLE}})\right]'\boldsymbol{\Xi}^{-1}\left[\frac{1}{\sqrt{N}}\sum_{i=1}^{N}\boldsymbol{m}_i(\hat{\boldsymbol{\theta}}_{\mathrm{CMLE}})\right]\xrightarrow{d}\chi^2\left(\frac{(K+1)K}{2}\right) \tag{5-70}$$

直观上，$\mathscr{IM}$的绝对值越大，意味着$\frac{1}{\sqrt{N}}\sum_{i=1}^{N}\boldsymbol{m}_i(\hat{\boldsymbol{\theta}}_{\mathrm{CMLE}})$距离$\boldsymbol{0}$越远，模型越有可能存在误设，反之则相反。可以注意到，$\mathscr{IM}$的自由度为$\frac{(K+1)K}{2}$是因为$\frac{1}{\sqrt{N}}\sum_{i=1}^{N}\boldsymbol{m}_i(\hat{\boldsymbol{\theta}}_{\mathrm{CMLE}})$为$\frac{(K+1)K}{2}\times 1$向量。

证明：(＊)

利用中值定理将$\frac{1}{N}\sum_{i=1}^{N}\boldsymbol{m}_i(\hat{\boldsymbol{\theta}}_{\mathrm{CMLE}})$在参数真实数值$\boldsymbol{\theta}^0$处展开可得：

$$\begin{aligned}\frac{1}{N}\sum_{i=1}^{N}\boldsymbol{m}_i(\hat{\boldsymbol{\theta}}_{\mathrm{CMLE}})&=\frac{1}{N}\sum_{i=1}^{N}\boldsymbol{m}_i(\boldsymbol{\theta}^0)+\left[\frac{1}{N}\sum_{i=1}^{N}\frac{\partial \boldsymbol{m}_i(\boldsymbol{\theta}^+)}{\partial \boldsymbol{\theta}'}\right](\hat{\boldsymbol{\theta}}_{\mathrm{CMLE}}-\boldsymbol{\theta}^0)\\&=\frac{1}{N}\sum_{i=1}^{N}\boldsymbol{m}_i(\boldsymbol{\theta}^0)+\mathbb{E}\left[\frac{\partial \boldsymbol{m}_i(\boldsymbol{\theta}^0)}{\partial \boldsymbol{\theta}'}\right](\hat{\boldsymbol{\theta}}_{\mathrm{CMLE}}-\boldsymbol{\theta}^0)+o_p(1)\end{aligned} \tag{5-71}$$

其中，$\boldsymbol{\theta}^+$介于$\hat{\boldsymbol{\theta}}_{\mathrm{CMLE}}$与$\boldsymbol{\theta}^0$之间。注意到，在原假设下，$\mathbb{E}[\boldsymbol{m}_i(\boldsymbol{\theta})]=\boldsymbol{0}$成立，但是$\sum_{i=1}^{N}\boldsymbol{m}_i(\boldsymbol{\theta}^0)=\boldsymbol{0}$却不一定成立。

根据第四章的介绍，可以很容易得到如下等式成立：

$$\begin{aligned}\hat{\boldsymbol{\theta}}_{\mathrm{CMLE}}-\boldsymbol{\theta}^0&=\{-\mathbb{E}[\boldsymbol{H}_i(\boldsymbol{\theta}^0)]\}^{-1}\left\{\left[\frac{1}{N}\sum_{i=1}^{N}\boldsymbol{s}_i(\boldsymbol{\theta}^0)\right]\right\}+o_p(1)\\&=[\boldsymbol{I}(\boldsymbol{\theta}^0)]^{-1}\left\{\left[\frac{1}{N}\sum_{i=1}^{N}\boldsymbol{s}_i(\boldsymbol{\theta}^0)\right]\right\}+o_p(1)\end{aligned} \tag{5-72}$$

将式(5-72)代入式(5-71)整理可得：

$$\begin{aligned}\frac{1}{N}\sum_{i=1}^{N}\boldsymbol{m}_i(\hat{\boldsymbol{\theta}}_{\mathrm{CMLE}})&=\frac{1}{N}\sum_{i=1}^{N}\boldsymbol{m}_i(\boldsymbol{\theta}^0)+\mathbb{E}\left[\frac{\partial \boldsymbol{m}_i(\boldsymbol{\theta}^0)}{\partial \boldsymbol{\theta}'}\right][\boldsymbol{I}(\boldsymbol{\theta}^0)]^{-1}\left\{\left[\frac{1}{N}\sum_{i=1}^{N}\boldsymbol{s}_i(\boldsymbol{\theta}^0)\right]\right\}+o_p(1)\\&=\frac{1}{N}\sum_{i=1}^{N}\left(\boldsymbol{m}_i(\boldsymbol{\theta}^0)+\mathbb{E}\left[\frac{\partial \boldsymbol{m}_i(\boldsymbol{\theta}^0)}{\partial \boldsymbol{\theta}'}\right][\boldsymbol{I}(\boldsymbol{\theta}^0)]^{-1}\boldsymbol{s}_i(\boldsymbol{\theta}^0)\right)+o_p(1)\end{aligned} \tag{5-73}$$

式(5-73)两边同时乘以$\sqrt{N}$可得：

$$\frac{1}{\sqrt{N}}\sum_{i=1}^{N}\boldsymbol{m}_i(\hat{\boldsymbol{\theta}}_{\mathrm{CMLE}})=\sqrt{N}\cdot\frac{1}{N}\sum_{i=1}^{N}\left(\boldsymbol{m}_i(\boldsymbol{\theta}^0)+\mathbb{E}\left[\frac{\partial \boldsymbol{m}_i(\boldsymbol{\theta}^0)}{\partial \boldsymbol{\theta}'}\right][\boldsymbol{I}(\boldsymbol{\theta}^0)]^{-1}\boldsymbol{s}_i(\boldsymbol{\theta}^0)\right)+o_p(1) \tag{5-74}$$

因此 $\frac{1}{\sqrt{N}}\sum_{i=1}^{N}\boldsymbol{m}_i(\hat{\boldsymbol{\theta}}_{\text{CMLE}})$ 与 $\sqrt{N}\cdot\frac{1}{N}\sum_{i=1}^{N}\left(\boldsymbol{m}_i(\boldsymbol{\theta}^0)+\mathbb{E}\left[\frac{\partial\boldsymbol{m}_i(\boldsymbol{\theta}^0)}{\partial\boldsymbol{\theta}'}\right][\boldsymbol{I}(\boldsymbol{\theta}^0)]^{-1}\boldsymbol{s}_i(\boldsymbol{\theta}^0)\right)$ 具有相同的极限分布。利用(林德伯格-列维)中心极限定理可得:

$$\sqrt{N}\cdot\frac{1}{N}\sum_{i=1}^{N}\left(\boldsymbol{m}_i(\boldsymbol{\theta}^0)+\mathbb{E}\left[\frac{\partial\boldsymbol{m}_i(\boldsymbol{\theta}^0)}{\partial\boldsymbol{\theta}'}\right][\boldsymbol{I}(\boldsymbol{\theta}^0)]^{-1}\boldsymbol{s}_i(\boldsymbol{\theta}^0)\right)\xrightarrow{d}\mathcal{N}(\mathbf{0},\Xi)\tag{5-75}$$

其中，$\Xi=\text{Var}\left\{\boldsymbol{m}_i(\boldsymbol{\theta}^0)+\mathbb{E}\left[\frac{\partial\boldsymbol{m}_i(\boldsymbol{\theta}^0)}{\partial\boldsymbol{\theta}'}\right][\boldsymbol{I}(\boldsymbol{\theta}^0)]^{-1}\boldsymbol{s}_i(\boldsymbol{\theta}^0)\right\}$。式(5-75)中极限分布的期望值为 $\mathbf{0}$ 是因为在原假设条件下:

$$\begin{aligned}&\mathbb{E}\left(\boldsymbol{m}_i(\boldsymbol{\theta}^0)+\mathbb{E}\left[\frac{\partial\boldsymbol{m}_i(\boldsymbol{\theta}^0)}{\partial\boldsymbol{\theta}'}\right][\boldsymbol{I}(\boldsymbol{\theta}^0)]^{-1}\boldsymbol{s}_i(\boldsymbol{\theta}^0)\right)\\&=\mathbb{E}[\boldsymbol{m}_i(\boldsymbol{\theta}^0)]+\mathbb{E}\left(\mathbb{E}\left[\frac{\partial\boldsymbol{m}_i(\boldsymbol{\theta}^0)}{\partial\boldsymbol{\theta}'}\right][\boldsymbol{I}(\boldsymbol{\theta}^0)]^{-1}\boldsymbol{s}_i(\boldsymbol{\theta}^0)\right)\\&=\underbrace{\mathbb{E}[\boldsymbol{m}_i(\boldsymbol{\theta}^0)]}_{\mathbf{0}}+\left(\mathbb{E}\left[\frac{\partial\boldsymbol{m}_i(\boldsymbol{\theta}^0)}{\partial\boldsymbol{\theta}'}\right][\boldsymbol{I}(\boldsymbol{\theta}^0)]^{-1}\right)\underbrace{\mathbb{E}[\boldsymbol{s}_i(\boldsymbol{\theta}^0)]}_{\mathbf{0}}\\&=\mathbf{0}\end{aligned}$$

由于 $\frac{1}{\sqrt{N}}\sum_{i=1}^{N}\boldsymbol{m}_i(\hat{\boldsymbol{\theta}}_{\text{CMLE}})$ 与 $\sqrt{N}\cdot\frac{1}{N}\sum_{i=1}^{N}\left(\boldsymbol{m}_i(\boldsymbol{\theta}^0)+\mathbb{E}\left[\frac{\partial\boldsymbol{m}_i(\boldsymbol{\theta}^0)}{\partial\boldsymbol{\theta}'}\right][\boldsymbol{I}(\boldsymbol{\theta}^0)]^{-1}\boldsymbol{s}_i(\boldsymbol{\theta}^0)\right)$ 具有相同的渐近分布，因此根据式(5-75)可得

$$\frac{1}{\sqrt{N}}\sum_{i=1}^{N}\boldsymbol{m}_i(\hat{\boldsymbol{\theta}}_{\text{CMLE}})\xrightarrow{d}\mathcal{N}(\mathbf{0},\Xi)$$

根据第二章中的命题 2.24 可得:

$$\mathcal{IM}=\left[\frac{1}{\sqrt{N}}\sum_{i=1}^{N}\boldsymbol{m}_i(\hat{\boldsymbol{\theta}}_{\text{CMLE}})\right]'\Xi^{-1}\left[\frac{1}{\sqrt{N}}\sum_{i=1}^{N}\boldsymbol{m}_i(\hat{\boldsymbol{\theta}}_{\text{CMLE}})\right]\xrightarrow{d}\chi^2\left(\frac{(K+1)K}{2}\right)$$

故命题得证。

□

关于 White-IM 检验，最后值得说明的是，$\Xi=\text{Var}\left\{\boldsymbol{m}_i(\boldsymbol{\theta}^0)+\mathbb{E}\left[\frac{\partial\boldsymbol{m}_i(\boldsymbol{\theta}^0)}{\partial\boldsymbol{\theta}'}\right][\boldsymbol{I}(\boldsymbol{\theta}^0)]^{-1}\boldsymbol{s}_i(\boldsymbol{\theta}^0)\right\}$是总体变量，现实中无法观测，因此为使 White-IM 检验可行，需要将 Ξ 替换为它的一致估计量 $\hat{\Xi}$:

$$\hat{\Xi}=\frac{1}{N}\sum_{i=1}^{N}\boldsymbol{u}_i(\hat{\boldsymbol{\theta}}_{\text{CMLE}})\boldsymbol{u}_i'(\hat{\boldsymbol{\theta}}_{\text{CMLE}})\tag{5-76}$$

其中，$\boldsymbol{u}_i(\hat{\boldsymbol{\theta}}_{\text{CMLE}})=\boldsymbol{m}_i(\hat{\boldsymbol{\theta}}_{\text{CMLE}})+\left(\frac{1}{N}\sum_{i=1}^{N}\frac{\partial\boldsymbol{m}_i(\boldsymbol{\theta}^0)}{\partial\boldsymbol{\theta}'}\bigg|_{\hat{\boldsymbol{\theta}}_{\text{CMLE}}}\right)[\boldsymbol{I}(\hat{\boldsymbol{\theta}}_{\text{CMLE}})]^{-1}\boldsymbol{s}_i(\hat{\boldsymbol{\theta}}_{\text{CMLE}})$。

7.3 Newey-Tauchen 检验

可以看出，White-IM 检验的基本原理非常直观，但是计算过程却非常复杂。White-IM 检

验的复杂性来源于需要计算$\left.\frac{\partial \boldsymbol{m}_i(\boldsymbol{\theta}^0)}{\partial \boldsymbol{\theta}'}\right|_{\hat{\boldsymbol{\theta}}_{\text{CMLE}}}$。而 $\boldsymbol{m}_i(\boldsymbol{\theta})=\text{vech}\,[\boldsymbol{H}_i(\boldsymbol{\theta})+\boldsymbol{s}_i(\boldsymbol{\theta})\boldsymbol{s}_i'(\boldsymbol{\theta})]$，因此计算 $\left.\frac{\partial \boldsymbol{m}_i(\boldsymbol{\theta}^0)}{\partial \boldsymbol{\theta}'}\right|_{\hat{\boldsymbol{\theta}}_{\text{CMLE}}}$（元素个数为$\frac{(K+1)K}{2}\times K$）意味着需要求出似然函数的三阶导数。为缓解 White-IM 检验的这一问题，Newey（1985）和 Tauchen（1985）提出基于真实概率分布特定矩条件 $\mathbb{E}\,[\boldsymbol{w}_i(\boldsymbol{\theta}^0)]=\boldsymbol{0}$的检验（记为 Newey-Tauchen 检验）。**Newey-Tauchen 检验的基本原理是**，在概率模型设定正确的条件下，$\mathbb{E}\,[\boldsymbol{w}_i(\boldsymbol{\theta}^0)]=\boldsymbol{0}$ 成立，反之$\mathbb{E}\,[\boldsymbol{w}_i(\boldsymbol{\theta}^0)]=\boldsymbol{0}$ 则不成立。当 $\boldsymbol{w}_i(\boldsymbol{\theta})=\boldsymbol{H}_i(\boldsymbol{\theta})+\boldsymbol{s}_i(\boldsymbol{\theta})\boldsymbol{s}_i'(\boldsymbol{\theta})$时，Newey-Tauchen 检验则变为了 White-IM 检验，可见，White-IM 检验可以视为 Newey-Tauchen 检验的特殊形式。由于 $\boldsymbol{w}_i(\boldsymbol{\theta})$ 不必须等于 $\boldsymbol{H}_i(\boldsymbol{\theta})+\boldsymbol{s}_i(\boldsymbol{\theta})\boldsymbol{s}_i'(\boldsymbol{\theta})$，因此 Newey-Tauchen 检验不要求计算似然函数的三阶导数。

Newey-Tauchen 检验的原假设为：

$$\mathbb{H}_0:\ \mathbb{E}\,[\boldsymbol{w}_i(\boldsymbol{\theta})]=\boldsymbol{0} \tag{5-77}$$

其中，假设 $\boldsymbol{w}_i(\boldsymbol{\theta})$为 $Q\times 1$ 向量。

Newey-Tauchen 检验的备择假设为：

$$\mathbb{H}_1:\ \mathbb{E}\,[\boldsymbol{w}_i(\boldsymbol{\theta})]\neq\boldsymbol{0} \tag{5-78}$$

Wooldrige（2010）将 Newey-Tauchen 统计量表述为：

$$\mathcal{NT}=\left[\frac{1}{\sqrt{N}}\sum_{i=1}^{N}\boldsymbol{w}_i(\hat{\boldsymbol{\theta}}_{\text{CMLE}})\right]'\{\text{Var}[\boldsymbol{w}_i(\boldsymbol{\theta}^0)-\boldsymbol{\Gamma}^{0\prime}\boldsymbol{s}_i(\boldsymbol{\theta}^0)]\}^{-1}\left[\frac{1}{\sqrt{N}}\sum_{i=1}^{N}\boldsymbol{w}_i(\hat{\boldsymbol{\theta}}_{\text{CMLE}})\right] \tag{5-79}$$

其中，$\boldsymbol{\Gamma}^0=\{\mathbb{E}\,[\boldsymbol{s}_i(\boldsymbol{\theta}^0)\boldsymbol{s}_i'(\boldsymbol{\theta}^0)]\}^{-1}\mathbb{E}\,[\boldsymbol{s}_i(\boldsymbol{\theta}^0)\boldsymbol{w}_i'(\boldsymbol{\theta}^0)]$，表示 $\boldsymbol{w}_i'(\boldsymbol{\theta}^0)$对 $\boldsymbol{s}_i(\boldsymbol{\theta}^0)$的回归系数矩阵，其维度为 $K\times Q$。

命题 5.9：在原假设$\mathbb{E}\,[\boldsymbol{w}_i(\boldsymbol{\theta})]=\boldsymbol{0}$ 成立的条件下，Newey-Tauchen 统计量$\mathcal{NT}$的极限分布为自由度为 Q 的卡方分布，即

$$\mathcal{NT}=\left[\frac{1}{\sqrt{N}}\sum_{i=1}^{N}\boldsymbol{w}_i(\hat{\boldsymbol{\theta}}_{\text{CMLE}})\right]'\{\text{Var}[\boldsymbol{w}_i(\boldsymbol{\theta}^0)-\boldsymbol{\Gamma}^{0\prime}\boldsymbol{s}_i(\boldsymbol{\theta}^0)]\}^{-1}\left[\frac{1}{\sqrt{N}}\sum_{i=1}^{N}\boldsymbol{w}_i(\hat{\boldsymbol{\theta}}_{\text{CMLE}})\right]\xrightarrow{d}\chi^2(Q) \tag{5-80}$$

与$\mathcal{IM}$统计量类似，直观上看，$\mathcal{NT}$绝对值越大意味着$\frac{1}{\sqrt{N}}\sum_{i=1}^{N}\boldsymbol{w}_i(\hat{\boldsymbol{\theta}}_{\text{CMLE}})$距离 $\boldsymbol{0}$ 越远，概率模型越有可能存在误设，反之则相反。

证明：（ * ）

由于 $\sum_{i=1}^{N}\boldsymbol{s}_i(\hat{\boldsymbol{\theta}}_{\text{CMLE}})=\boldsymbol{0}$，因此

$$\frac{1}{\sqrt{N}}\sum_{i=1}^{N}\boldsymbol{w}_i(\hat{\boldsymbol{\theta}}_{\text{CMLE}})=\frac{1}{\sqrt{N}}\sum_{i=1}^{N}[\boldsymbol{w}_i(\hat{\boldsymbol{\theta}}_{\text{CMLE}})-\boldsymbol{\Gamma}^{0\prime}\boldsymbol{s}_i(\hat{\boldsymbol{\theta}}_{\text{CMLE}})] \tag{5-81}$$

利用中值定理将式（5-81）在 $\boldsymbol{\theta}^0$ 处展开可得：

$$\begin{aligned}&\frac{1}{\sqrt{N}}\sum_{i=1}^{N}\boldsymbol{w}_i(\hat{\boldsymbol{\theta}}_{\text{CMLE}})\\&=\frac{1}{\sqrt{N}}\sum_{i=1}^{N}[\boldsymbol{w}_i(\hat{\boldsymbol{\theta}}_{\text{CMLE}})-\boldsymbol{\Gamma}^{0\prime}\boldsymbol{s}_i(\hat{\boldsymbol{\theta}}_{\text{CMLE}})]\end{aligned}$$

$$
\begin{aligned}
&= \frac{1}{\sqrt{N}} \sum_{i=1}^{N} [\boldsymbol{w}_i(\boldsymbol{\theta}^0) - \boldsymbol{\Gamma}^{0\prime}\boldsymbol{s}_i(\boldsymbol{\theta}^0)] + \left\{ \frac{1}{N} \sum_{i=1}^{N} \left[\frac{\partial \boldsymbol{w}_i(\boldsymbol{\theta}^+)}{\partial \boldsymbol{\theta}^{+\prime}} - \boldsymbol{\Gamma}^{0\prime} \frac{\partial \boldsymbol{s}_i(\boldsymbol{\theta}^+)}{\partial \boldsymbol{\theta}^{+\prime}} \right] \right\} [\sqrt{N}(\hat{\boldsymbol{\theta}}_{\mathrm{CMLE}} - \boldsymbol{\theta}^0)] \\
&= \frac{1}{\sqrt{N}} \sum_{i=1}^{N} [\boldsymbol{w}_i(\boldsymbol{\theta}^0) - \boldsymbol{\Gamma}^{0\prime}\boldsymbol{s}_i(\boldsymbol{\theta}^0)] + \left\{ \mathbb{E}\left[\frac{\partial \boldsymbol{w}_i(\boldsymbol{\theta}^0)}{\partial \boldsymbol{\theta}^{0\prime}} \right] - \boldsymbol{\Gamma}^{0\prime} \mathbb{E}\left[\frac{\partial \boldsymbol{s}_i(\boldsymbol{\theta}^0)}{\partial \boldsymbol{\theta}^{0\prime}} \right] \right\} [\sqrt{N}(\hat{\boldsymbol{\theta}}_{\mathrm{CMLE}} - \boldsymbol{\theta}^0)] + o_p(1) \\
&= \frac{1}{\sqrt{N}} \sum_{i=1}^{N} [\boldsymbol{w}_i(\boldsymbol{\theta}^0) - \boldsymbol{\Gamma}^{0\prime}\boldsymbol{s}_i(\boldsymbol{\theta}^0)] + \left\{ \mathbb{E}\left[\frac{\partial \boldsymbol{w}_i(\boldsymbol{\theta}^0)}{\partial \boldsymbol{\theta}^{0\prime}} \right] - \boldsymbol{\Gamma}^{0\prime} \mathbb{E}[\boldsymbol{H}_i(\boldsymbol{\theta}^0)] \right\} [\sqrt{N}(\hat{\boldsymbol{\theta}}_{\mathrm{CMLE}} - \boldsymbol{\theta}^0)] + o_p(1)
\end{aligned}
\tag{5-82}
$$

其中，$\boldsymbol{\theta}^+$ 介于 $\hat{\boldsymbol{\theta}}_{\mathrm{CMLE}}$ 与 $\boldsymbol{\theta}^0$ 之间。这里需要注意的是，在原假设成立的条件下，$\mathbb{E}[\boldsymbol{w}_i(\boldsymbol{\theta}^0) - \boldsymbol{\Gamma}^{0\prime}\boldsymbol{s}_i(\boldsymbol{\theta}^0)] = \mathbf{0}$ 成立，但是 $\frac{1}{N}\sum_{i=1}^{N}[\boldsymbol{w}_i(\boldsymbol{\theta}^0) - \boldsymbol{\Gamma}^{0\prime}\boldsymbol{s}_i(\boldsymbol{\theta}^0)] = \mathbf{0}$ 不一定成立。

利用 $\boldsymbol{\Gamma}^0 = \{\mathbb{E}[\boldsymbol{s}_i(\boldsymbol{\theta}^0)\boldsymbol{s}_i'(\boldsymbol{\theta}^0)]\}^{-1}\{\mathbb{E}[\boldsymbol{s}_i(\boldsymbol{\theta}^0)\boldsymbol{w}_i'(\boldsymbol{\theta}^0)]\}$ 以及 Fisher 信息矩阵等式 $-\mathbb{E}[\boldsymbol{H}_i(\boldsymbol{\theta}^0)] = \mathbb{E}[\boldsymbol{s}_i(\boldsymbol{\theta}^0)\boldsymbol{s}_i'(\boldsymbol{\theta}^0)]$ 可得：

$$
-\boldsymbol{\Gamma}^{0\prime}\mathbb{E}[\boldsymbol{H}_i(\boldsymbol{\theta}^0)] = \mathbb{E}[\boldsymbol{w}_i(\boldsymbol{\theta}^0)\boldsymbol{s}_i'(\boldsymbol{\theta}^0)]
$$

进一步利用 Newey -Tauchen 信息矩阵等式 $\mathbb{E}\left[\frac{\partial \boldsymbol{w}_i(\boldsymbol{\theta}^0)}{\partial \boldsymbol{\theta}^{0\prime}}\right] = -\mathbb{E}[\boldsymbol{w}_i(\boldsymbol{\theta}^0)\boldsymbol{s}_i'(\boldsymbol{\theta}^0)]$ 可得：

$$
\mathbb{E}\left[\frac{\partial \boldsymbol{w}_i(\boldsymbol{\theta}^0)}{\partial \boldsymbol{\theta}^{0\prime}}\right] - \boldsymbol{\Gamma}^{0\prime}\mathbb{E}[\boldsymbol{H}_i(\boldsymbol{\theta}^0)] = \mathbf{0}
$$

式(5-82)可以变为：

$$
\frac{1}{\sqrt{N}}\sum_{i=1}^{N}\boldsymbol{w}_i(\hat{\boldsymbol{\theta}}_{\mathrm{CMLE}}) = \frac{1}{\sqrt{N}}\sum_{i=1}^{N}[\boldsymbol{w}_i(\boldsymbol{\theta}^0) - \boldsymbol{\Gamma}^{0\prime}\boldsymbol{s}_i(\boldsymbol{\theta}^0)] + o_p(1)
$$

因此，$\frac{1}{\sqrt{N}}\sum_{i=1}^{N}\boldsymbol{w}_i(\hat{\boldsymbol{\theta}}_{\mathrm{CMLE}})$ 与 $\frac{1}{\sqrt{N}}\sum_{i=1}^{N}[\boldsymbol{w}_i(\boldsymbol{\theta}^0) - \boldsymbol{\Gamma}^{0\prime}\boldsymbol{s}_i(\boldsymbol{\theta}^0)]$ 具有相同的极限分布。利用(林德伯格-列维)中心极限定理可得：

$$
\begin{aligned}
&\frac{1}{\sqrt{N}}\sum_{i=1}^{N}[\boldsymbol{w}_i(\boldsymbol{\theta}^0) - \boldsymbol{\Gamma}^{0\prime}\boldsymbol{s}_i(\boldsymbol{\theta}^0)] \\
&= \sqrt{N}\,\frac{1}{N}\sum_{i=1}^{N}[\boldsymbol{w}_i(\boldsymbol{\theta}^0) - \boldsymbol{\Gamma}^{0\prime}\boldsymbol{s}_i(\boldsymbol{\theta}^0)] \\
&\xrightarrow{d} \mathcal{N}(0, \mathrm{Var}[\boldsymbol{w}_i(\boldsymbol{\theta}^0) - \boldsymbol{\Gamma}^{0\prime}\boldsymbol{s}_i(\boldsymbol{\theta}^0)])
\end{aligned}
$$

根据第二章中的命题 2. 24 可得：

$$
\mathcal{NT} = \left[\frac{1}{\sqrt{N}}\sum_{i=1}^{N}\boldsymbol{w}_i(\hat{\boldsymbol{\theta}}_{\mathrm{CMLE}})\right]' \{\mathrm{Var}[\boldsymbol{w}_i(\boldsymbol{\theta}^0) - \boldsymbol{\Gamma}^{0\prime}\boldsymbol{s}_i(\boldsymbol{\theta}^0)]\}^{-1}\left[\frac{1}{\sqrt{N}}\sum_{i=1}^{N}\boldsymbol{w}_i(\hat{\boldsymbol{\theta}}_{\mathrm{CMLE}})\right] \xrightarrow{d} \chi^2(Q)
$$

故命题得证。

□

从以上证明过程中可以看出，在式(5-81)中利用 $\boldsymbol{w}_i(\hat{\boldsymbol{\theta}}_{\mathrm{CMLE}})$ 减去 $\boldsymbol{\Gamma}^{0\prime}\boldsymbol{s}_i(\hat{\boldsymbol{\theta}}_{\mathrm{CMLE}})$ 是为了消去式(5-82)中的导数项——$\left\{\mathbb{E}\left[\frac{\partial \boldsymbol{w}_i(\boldsymbol{\theta}^0)}{\partial \boldsymbol{\theta}^{0\prime}}\right] - \boldsymbol{\Gamma}^{0\prime}\mathbb{E}\left[\frac{\partial \boldsymbol{s}_i(\boldsymbol{\theta}^0)}{\partial \boldsymbol{\theta}^{0\prime}}\right]\right\}$，从而大大简化了运算。最后，值

得指出的是为使 Newey-Tauchen 检验可行需要将总体变量$\mathrm{Var}[\boldsymbol{w}_i(\boldsymbol{\theta}^0)-\boldsymbol{\Gamma}^{0\prime}\boldsymbol{s}_i(\boldsymbol{\theta}^0)]$替换为它的一致估计量：

$$\frac{1}{N}\sum_{i=1}^{N}[\boldsymbol{w}_i(\hat{\boldsymbol{\theta}}_{\mathrm{CMLE}})-\hat{\boldsymbol{\Gamma}}^{0\prime}\boldsymbol{s}_i(\hat{\boldsymbol{\theta}}_{\mathrm{CMLE}})][\boldsymbol{w}_i(\hat{\boldsymbol{\theta}}_{\mathrm{CMLE}})-\hat{\boldsymbol{\Gamma}}^{0\prime}\boldsymbol{s}_i(\hat{\boldsymbol{\theta}}_{\mathrm{CMLE}})]'$$

8. 拟最大似然估计

以上主要分析结论都是基于正确设定(条件)概率分布模型这一假设的。尽管 MLE 正确设定概率分布模型非常重要，然而在实际应用中，**完全正确地设定概率分布模型几乎是一个不可能实现的目标。**前面已经介绍，概率模型设定错误的条件下的 MLE 被称为**拟最大似然估计**(Quasi-MLE)。本小节具体介绍 Quasi-MLE 估计量及其性质。换言之，本小节所关注的内容是，在概率模型设定错误的条件下将会出现什么样的后果。

8.1 Quasi-MLE 的基本设定

前述内容已经涉及了 Quasi-MLE 的基本设定问题(参见 2.2 小节)，考虑到表述的清晰性和阅读的方便性，本小节对此进行简单梳理。与前述符号一致，如果真实的概率分布(或者数据生成过程)为$f(\boldsymbol{y}|\boldsymbol{X},\boldsymbol{\theta}^0)$，那么将似然函数设定为$f(\boldsymbol{y}|\boldsymbol{X},\boldsymbol{\theta})$意味着正确设定了模型，而将似然函数设定为$h(\boldsymbol{y}|\boldsymbol{X},\boldsymbol{\beta})\neq f(\boldsymbol{y}|\boldsymbol{X},\boldsymbol{\theta})$则意味着错误设定了模型，该情形下的 MLE 就是 Quasi-MLE。

对于独立同分布数据生成过程，Quasi-MLE 方法所对应的总体参数为：

$$\boldsymbol{\beta}_{\mathrm{QMLE}}\equiv\arg\max_{\{\boldsymbol{\beta}\in\mathscr{B}\}}\{\mathbb{E}_F[\log h(\boldsymbol{y}|\boldsymbol{X},\boldsymbol{\beta})]\}=\arg\max_{\{\boldsymbol{\beta}\in\mathscr{B}\}}\{\mathbb{E}_F[\log h(y_i|\boldsymbol{x}_i,\boldsymbol{\beta})]\}\tag{5-83}$$

其中，根据 2.2 小节的分析，$\boldsymbol{\beta}_{\mathrm{QMLE}}$含义是使设定模型$h(y_i|\boldsymbol{x}_i,\boldsymbol{\beta})$最接近真实模型$f(\boldsymbol{y}|\boldsymbol{X},\boldsymbol{\theta}^0)$的参数。此外，需要值得特别注意的是，期望算子$\mathbb{E}_F$的下标 F 表示计算期望利用的是真实概率分布模型$f(y_i|\boldsymbol{x}_i,\boldsymbol{\theta}^0)$，即

$$\mathbb{E}_F[\log h(y_i\mid\boldsymbol{x}_i,\boldsymbol{\beta})]=\int\log h(y_i\mid\boldsymbol{x}_i,\boldsymbol{\beta})f(y_i\mid\boldsymbol{x}_i,\boldsymbol{\theta}^0)\mathrm{d}y\tag{5-84}$$

直观上理解，式(5-83)中的期望算子是关于$f(y_i|\boldsymbol{x}_i,\boldsymbol{\theta}^0)$的原因在于：要得到$\boldsymbol{\beta}_{\mathrm{QMLE}}$的估计量，需要将式(5-83)中的期望算子替换为样本均值，而样本本身(即现实的数据)是基于真实概率分布模型生成的。

Quasi-MLE 估计量为：

$$\hat{\boldsymbol{\beta}}_{\mathrm{QMLE}}=\arg\max_{\{\boldsymbol{\beta}\in\mathscr{B}\}}\left\{\sum_{i=1}^{N}\log h(y_i\mid\boldsymbol{x}_i,\boldsymbol{\beta})\right\}\tag{5-85}$$

8.2 Quasi-MLE 估计量的性质

8.2.1 一致性

显然地，由于模型设定错误，Quasi-MLE 估计量$\hat{\boldsymbol{\beta}}_{\mathrm{QMLE}}$通常不是真实参数$\boldsymbol{\theta}^0$的一致估计量，但是根据第四章的介绍，可以很容易推知，在满足识别假设与目标函数一致收敛的条件

下，$\hat{\boldsymbol{\beta}}_{\text{QMLE}}$是$\boldsymbol{\beta}_{\text{QMLE}}$的一致估计量，即：

$$\text{Plim}\ \hat{\boldsymbol{\beta}}_{\text{QMLE}}=\boldsymbol{\beta}_{\text{QMLE}} \tag{5-86}$$

8.2.2 Quasi-MLE 中的信息矩阵等式

在 Quasi-MLE 下，信息矩阵等式不再成立。这意味着 Quasi-MLE 估计量$\hat{\boldsymbol{\beta}}_{\text{QMLE}}$不再是有效估计量。接下来，我们正式给出 Quasi-MLE 中信息矩阵等式不再成立的原因。

根据式(5-83)给出的$\boldsymbol{\beta}_{\text{QMLE}}$的定义可得：

$$\mathbb{E}\left[\left.\frac{\partial \log h(y_i|\boldsymbol{x}_i,\boldsymbol{\beta})}{\partial\boldsymbol{\beta}}\right|_{\boldsymbol{\beta}_{\text{QMLE}}}\right]=\mathbf{0} \tag{5-87}$$

其中，注意到概率分布 $h(y_i|\boldsymbol{x}_i,\boldsymbol{\beta}_{\text{QMLE}})$是关于随机变量 y_i 和 $\boldsymbol{x}_i$ 的函数，期望算子从而是同时关于 y_i 和 $\boldsymbol{x}_i$ 的。因此，根据式(5-87)则有：

$$\int\left[\left.\frac{\partial \log h(y_i\mid\boldsymbol{x}_i,\boldsymbol{\beta})}{\partial\boldsymbol{\beta}}\right|_{\boldsymbol{\beta}_{\text{QMLE}}}\right]f(y_i,\boldsymbol{x}_i\mid\boldsymbol{\theta}^0)\,\mathrm{d}x\mathrm{d}y=\mathbf{0} \tag{5-88}$$

与前文 2.2 小节模型正确设定下的信息矩阵等式的证明过程类似，对式(5-88)左右两端同时求解关于$\boldsymbol{\beta}_{\text{QMLE}}$的导数可得：

$$\int\left[\left.\frac{\partial \log h(y_i\mid\boldsymbol{x}_i,\boldsymbol{\beta})}{\partial\boldsymbol{\beta}\partial\boldsymbol{\beta}'}\right|_{\boldsymbol{\beta}_{\text{QMLE}}}\right]f(y_i,\boldsymbol{x}_i\mid\boldsymbol{\theta}^0)\,\mathrm{d}x\mathrm{d}y=\mathbf{0} \tag{5-89}$$

容易看出，根据式(5-89)一般无法得到信息矩阵等式成立，即

$$-\mathbb{E}\left[\left.\frac{\partial^2 \log h(y_i|\boldsymbol{x}_i,\boldsymbol{\beta})}{\partial\boldsymbol{\beta}\partial\boldsymbol{\beta}'}\right|_{\boldsymbol{\beta}_{\text{QMLE}}}\right]\neq\mathbb{E}\left[\left.\frac{\partial \log h(y_i|\boldsymbol{x}_i,\boldsymbol{\beta})}{\partial\boldsymbol{\beta}}\right|_{\boldsymbol{\beta}_{\text{QMLE}}}\left.\frac{\partial \log h(y_i|\boldsymbol{x}_i,\boldsymbol{\beta})}{\partial\boldsymbol{\beta}'}\right|_{\boldsymbol{\beta}_{\text{QMLE}}}\right] \tag{5-90}$$

为更清楚地看清在 Quasi-MLE 中信息矩阵等式不再成立，考虑如下来自 White(1982)的例子，研究者将 $h(y_i|\boldsymbol{x}_i,\boldsymbol{\beta})$设定为正态分布(但是数据生成过程不一定是正态分布)，即似然函数为：

$$h(y_i|\boldsymbol{x}_i,\boldsymbol{\beta})=\frac{1}{\sqrt{2\pi}\sigma}\exp\left[-\frac{(y_i-\boldsymbol{x}_i'\boldsymbol{\alpha})^2}{2\sigma^2}\right] \tag{5-91}$$

其中，$\boldsymbol{\beta}=\{\boldsymbol{\alpha},\ \sigma\}$。

定义 $\boldsymbol{A}_{\text{Q}}\equiv-\mathbb{E}\left[\left.\frac{\partial^2 \log h(y_i|\boldsymbol{x}_i,\boldsymbol{\beta})}{\partial\boldsymbol{\beta}\partial\boldsymbol{\beta}'}\right|_{\boldsymbol{\beta}_{\text{QMLE}}}\right]$，$\boldsymbol{B}_{\text{Q}}\equiv\mathbb{E}\left[\left.\frac{\partial \log h(y_i|\boldsymbol{x}_i,\boldsymbol{\beta})}{\partial\boldsymbol{\beta}}\right|_{\boldsymbol{\beta}_{\text{QMLE}}}\left.\frac{\partial \log h(y_i|\boldsymbol{x}_i,\boldsymbol{\beta})}{\partial\boldsymbol{\beta}'}\right|_{\boldsymbol{\beta}_{\text{QMLE}}}\right]$，值得注意的是，这两个期望算子都是关于真实概率分布$f(y_i,\boldsymbol{x}_i|\boldsymbol{\theta}^0)$的，即计算过程中所用到的概率密度函数为$f(y_i,\boldsymbol{x}_i|\boldsymbol{\theta}^0)$。根据式(5-91)可以很容易验证：

$$\boldsymbol{A}_{\text{Q}}=\begin{bmatrix}\frac{1}{\sigma^2_{\text{QMLE}}} & 0\\ 0 & \frac{1}{2\sigma^4_{\text{QMLE}}}\end{bmatrix},\ \boldsymbol{B}_{\text{Q}}=\begin{bmatrix}\frac{1}{\sigma^2_{\text{QMLE}}} & \frac{\sqrt{\rho_1}}{2\sigma^3_{\text{QMLE}}}\\ \frac{\sqrt{\rho_1}}{2\sigma^3_{\text{QMLE}}} & \frac{\rho_2-1}{4\sigma^4_{\text{QMLE}}}\end{bmatrix} \tag{5-92}$$

其中，$\sqrt{\rho_1}=\frac{\mathbb{E}\left[(y_i-\boldsymbol{x}_i'\boldsymbol{\alpha})^3\right]}{\sigma^3_{\text{QMLE}}}$，测度了分布的偏度；$\rho_2=\frac{\mathbb{E}\left[(y_i-\boldsymbol{x}_i'\boldsymbol{\alpha})^4\right]}{\sigma^4_{\text{QMLE}}}$，测度了分布的峰度。注

意到除非偏度$\sqrt{\rho_1}=0$和峰度$\rho_2=3$(从而意味着真实概率分布为正态分布)，信息矩阵等式$\boldsymbol{A}_{\mathrm{Q}}=\boldsymbol{B}_{\mathrm{Q}}$一般不成立。

8.2.3 渐近正态性

直接利用第四章中M估计量的极限分布可以很容易得到如下命题：

命题5.10：Quasi-MLE 估计量$\sqrt{N}(\hat{\boldsymbol{\beta}}_{\mathrm{QMLE}}-\boldsymbol{\beta}_{\mathrm{QMLE}})$的渐近分布可以表示为：

$$\sqrt{N}(\hat{\boldsymbol{\beta}}_{\mathrm{QMLE}}-\boldsymbol{\beta}_{\mathrm{QMLE}})\xrightarrow{d}\mathscr{N}(\mathbf{0},\boldsymbol{A}_{\mathrm{Q}}^{-1}\boldsymbol{B}_{\mathrm{Q}}\boldsymbol{A}_{\mathrm{Q}}^{-1}) \tag{5-93}$$

其中，$\boldsymbol{A}_{\mathrm{Q}}=-\mathbb{E}\left[\left.\frac{\partial^2\log h(y_i|\boldsymbol{x}_i,\boldsymbol{\beta})}{\partial\boldsymbol{\beta}\partial\boldsymbol{\beta}'}\right|_{\boldsymbol{\beta}_{\mathrm{QMLE}}}\right]$，$\boldsymbol{B}_{\mathrm{Q}}=\mathbb{E}\left[\left.\frac{\partial\log h(y_i|\boldsymbol{x}_i,\boldsymbol{\beta})}{\partial\boldsymbol{\beta}}\right|_{\boldsymbol{\beta}_{\mathrm{QMLE}}}\left.\frac{\partial\log h(y_i|\boldsymbol{x}_i,\boldsymbol{\beta})}{\partial\boldsymbol{\beta}'}\right|_{\boldsymbol{\beta}_{\mathrm{QMLE}}}\right]$。

注意到，由于在Quasi-MLE中信息矩阵等式$\boldsymbol{A}_{\mathrm{Q}}=\boldsymbol{B}_{\mathrm{Q}}$一般不再成立，因此$\sqrt{N}(\hat{\boldsymbol{\beta}}_{\mathrm{QMLE}}-\boldsymbol{\beta}_{\mathrm{QMLE}})$的极限方差无法写成$\boldsymbol{A}_{\mathrm{Q}}^{-1}$。

8.3 Quasi-MLE 下的假设检验

由于在Quasi-MLE下，信息矩阵等式不再成立，因此需要将第6节的相关假设检验中的$[\boldsymbol{I}(\boldsymbol{\theta}^0)]^{-1}$对应替换为$\boldsymbol{A}_{\mathrm{Q}}^{-1}\boldsymbol{B}_{\mathrm{Q}}\boldsymbol{A}_{\mathrm{Q}}^{-1}$。正式地，与第6节类似，考虑如下原假设和备择假设：

原假设为：

$$\mathbb{H}_0:\ \boldsymbol{R}\boldsymbol{\beta}_{\mathrm{QMLE}}=\boldsymbol{r} \tag{5-94}$$

备择假设为：

$$\mathbb{H}_1:\ \boldsymbol{R}\boldsymbol{\beta}_{\mathrm{QMLE}}\neq\boldsymbol{r} \tag{5-95}$$

其中，$\boldsymbol{R}$为$L\times K$约束矩阵，刻画线性约束条件，L表示约束条件的个数。此外，令$\hat{\boldsymbol{\beta}}_{\mathrm{QCMLE}}$表示无约束条件下的MLE估计量，$\tilde{\boldsymbol{\beta}}_{\mathrm{QMLE}}$为约束条件下的估计量。

因此，对应式(5-62)，Quasi-MLE中的Wald检验为：

$$\mathscr{W}\hat{=}[\sqrt{N}(\boldsymbol{R}\hat{\boldsymbol{\beta}}_{\mathrm{QMLE}}-\boldsymbol{r})]'(\boldsymbol{R}\boldsymbol{A}_{\mathrm{Q}}^{-1}\boldsymbol{B}_{\mathrm{Q}}\boldsymbol{A}_{\mathrm{Q}}^{-1}\boldsymbol{R}')^{-1}[\sqrt{N}(\boldsymbol{R}\hat{\boldsymbol{\beta}}_{\mathrm{QMLE}}-\boldsymbol{r})]\xrightarrow{d}\chi^2(L) \tag{5-96}$$

对应式(5-63)，Quasi-MLE中的LM检验为：

$$\mathscr{LM}=\left[\frac{1}{\sqrt{N}}\sum_{i=1}^{N}\boldsymbol{s}_i(\tilde{\boldsymbol{\beta}}_{\mathrm{QMLE}})\right]'\boldsymbol{A}_{\mathrm{Q}}^{-1}\boldsymbol{R}'\{\boldsymbol{R}(\boldsymbol{A}_{\mathrm{Q}}^{-1}\boldsymbol{B}_{\mathrm{Q}}\boldsymbol{A}_{\mathrm{Q}}^{-1})\boldsymbol{R}'\}^{-1}\boldsymbol{R}\boldsymbol{A}_{\mathrm{Q}}^{-1}\left[\frac{1}{\sqrt{N}}\sum_{i=1}^{N}\boldsymbol{s}_i(\tilde{\boldsymbol{\beta}}_{\mathrm{QMLE}})\right]\xrightarrow{d}\chi^2(L) \tag{5-97}$$

最后值得指出的是，**对于Quasi-MLE方法而言，无法应用$\mathscr{LR}$检验**。这是因为，$\mathscr{LR}$统计量$\mathscr{LR}$服从卡方分布要求$\boldsymbol{B}_{\mathrm{Q}}=\boldsymbol{A}_{\mathrm{Q}}$。然而，根据前述分析我们已经知道，在Quasi-MLE下该条件并不成立。

8.4 在哪些情形下 Quasi-MLE 估计量是真实参数的一致估计量?

Quasi-MLE 的重要性在于，在一些特殊的情形下，即便错误地设定了概率分布模型也能得到真实参数的一致估计量。为了理解这一点，先来考虑**线性指数族**(Linear Exponential Family, LEF)概率密度函数，其具体形式如下：

$$h(y)=\frac{1}{z(u)}[w(y)\cdot \mathrm{e}^{g(u)y}]=w(y)\cdot \mathrm{e}^{[g(u)y-v(u)]} \tag{5-98}$$

其中，参数 u 表示 y 的期望值；$z(u) \equiv \int w(y)\mathrm{e}^{g(u)y}\mathrm{d}y$，它出现在分母中是为了保证 $h(y)$ 的积分之和为 1；$v(u) \equiv \log[z(u)]$。可以发现，$g(u)y-v(u)$ 是随机变量 y 的**线性函数**。这也是 $h(y)$ 被称为线性指数族概率密度函数的原因。

命题 5.11：对于服从式(5-98)所示分布的随机变量 y，其期望和方差分别为：

$$\mathbb{E}(y)=\left[\frac{\partial g(u)}{\partial u}\right]^{-1}\frac{\partial v(u)}{\partial u},\quad \mathrm{Var}(y)=\left[\frac{\partial g(u)}{\partial u}\right]^{-1} \tag{5-99}$$

证明：(＊)

首先证明等式 $\mathbb{E}(y)=\left[\frac{\partial g(u)}{\partial u}\right]^{-1}\frac{\partial v(u)}{\partial u}$ 成立。利用 $v(u)=\log[z(u)]=\log\left\{\int w(y)\mathrm{e}^{g(u)y}\mathrm{d}y\right\}$ 可得：

$$\frac{\partial v(u)}{\partial u}=\frac{1}{z(u)}\left[\int w(y)\mathrm{e}^{g(u)y}\frac{\partial g(u)}{\partial u}y\mathrm{d}y\right]$$

因此可以得到如下等式成立：

$$\begin{aligned}
\mathbb{E}(y)&=\frac{1}{z(u)}\left[\int w(y)\mathrm{e}^{g(u)y}y\mathrm{d}y\right]\\
&=\frac{1}{z(u)}\left[\int w(y)\mathrm{e}^{g(u)y}\frac{\partial g(u)}{\partial u}y\mathrm{d}y\right]\left[\frac{\partial g(u)}{\partial u}\right]^{-1}\\
&=\left[\frac{\partial g(u)}{\partial u}\right]^{-1}\frac{\partial v(u)}{\partial u}
\end{aligned}$$

现在来证明等式 $\mathrm{Var}(y)=\left[\frac{\partial g(u)}{\partial u}\right]^{-1}$ 成立。求 $v(u)$ 关于 u 的二阶导数可得：

$$\begin{aligned}
\frac{\partial^2 v(u)}{\partial u^2}&=\frac{\partial}{\partial u}\left\{\frac{1}{z(u)}\left[\int w(y)\mathrm{e}^{g(u)y}\frac{\partial g(u)}{\partial u}y\mathrm{d}y\right]\right\}\\
&=\frac{1}{[z(u)]^2}\left\{\begin{array}{l}z(u)\int w(y)\mathrm{e}^{g(u)y}\left(\left[\frac{\partial g(u)}{\partial u}\right]^2 y+\frac{\partial^2 g(u)}{\partial u^2}\right)y\mathrm{d}y\\
-\left[\int w(y)\mathrm{e}^{g(u)y}\frac{\partial g(u)}{\partial u}y\mathrm{d}y\right]^2\end{array}\right\}\\
&=\{\mathbb{E}(y^2)-[\mathbb{E}(y)]^2\}\left[\frac{\partial g(u)}{\partial u}\right]^2+\mathbb{E}(y)\left[\frac{\partial^2 g(u)}{\partial u^2}\right]\\
&=\mathrm{Var}(y)\left[\frac{\partial g(u)}{\partial u}\right]^2+\mathbb{E}(y)\left[\frac{\partial^2 g(u)}{\partial u^2}\right]
\end{aligned}$$

因此，整理上式可得 $\mathrm{Var}(y)$ 的表达式：

$$\mathrm{Var}(y)=\left[\frac{\partial g(u)}{\partial u}\right]^{-2}\left\{\frac{\partial^2 v(u)}{\partial u^2}-\mathbb{E}(y)\left[\frac{\partial^2 g(u)}{\partial u^2}\right]\right\}$$

对于等式 $\mathbb{E}(y)=\left[\frac{\partial g(u)}{\partial u}\right]^{-1}\frac{\partial v(u)}{\partial u}$ 两边求关于 u 的导数可得：

$$1=\left[\frac{\partial g(u)}{\partial u}\right]^{-2}\left\{\left[\frac{\partial^2 v(u)}{\partial u^2}\right]\frac{\partial g(u)}{\partial u}-\frac{\partial v(u)}{\partial u}\left[\frac{\partial^2 g(u)}{\partial u^2}\right]\right\}=\mathrm{Var}(y)\cdot\frac{\partial g(u)}{\partial u}$$

其中，第二个等号成立用到的是$\mathbb{E}(y)=\left[\frac{\partial g(u)}{\partial u}\right]^{-1}\frac{\partial v(u)}{\partial u}$。

所以最终可以得到$\mathrm{Var}(y)=\left[\frac{\partial g(u)}{\partial u}\right]^{-1}$，故命题得证。

□

在正确设定随机变量条件期望的条件下，基于线性指数模型的 Quasi-MLE 能够得到真实参数的一致估计量，换言之，在利用线性指数概率模型估计参数的过程中，只需要条件期望设定正确即可得到真实参数的一致估计量。正式地，有如下命题：

命题 5.12：如果真实模型的条件期望为$\mathbb{E}(y_i|\boldsymbol{x}_i)=\psi(\boldsymbol{x}_i,\boldsymbol{\alpha}^0)$，那么$u=\psi(\boldsymbol{x}_i,\boldsymbol{\alpha})$意味着正确设定了条件期望，该情形下，基于线性指数模型式(5-98)所得到的 Quasi-MLE 估计量$\hat{\boldsymbol{\alpha}}_{\mathrm{QMLE}}$是真实参数$\boldsymbol{\alpha}^0$的一致估计量，即

$$\mathrm{Plim}\hat{\boldsymbol{\alpha}}_{\mathrm{QMLE}}=\boldsymbol{\alpha}^0 \tag{5-100}$$

证明：(＊)

根据式(5-98)，在$u=\psi(\boldsymbol{x}_i,\boldsymbol{\alpha})$的条件下，似然函数为：

$$\frac{1}{N}\sum_{i=1}^{N}\log[w(y_i)]+g(\psi(\boldsymbol{x}_i,\boldsymbol{\alpha}))y_i-v(\psi(\boldsymbol{x}_i,\boldsymbol{\alpha}))$$

因此，Quasi-MLE 估计量$\hat{\boldsymbol{\alpha}}_{\mathrm{QMLE}}$可以表示为：

$$\hat{\boldsymbol{\alpha}}_{\mathrm{QCMLE}}=\arg\max_{\{\boldsymbol{\alpha}\in\mathscr{B}\}}\left\{\sum_{i=1}^{N}\log[w(y_i)]+g(\psi(\boldsymbol{x}_i,\boldsymbol{\alpha}))y_i-v(\psi(\boldsymbol{x}_i,\boldsymbol{\alpha}))\right\}$$

所以可以得到：

$$\left.\frac{\partial\sum_{i=1}^{N}\log[w(y_i)]+g(\psi(\boldsymbol{x}_i,\boldsymbol{\alpha}))y_i-v(\psi(\boldsymbol{x}_i,\boldsymbol{\alpha}))}{\partial\boldsymbol{\alpha}}\right|_{\hat{\boldsymbol{\alpha}}_{\mathrm{QMLE}}}=\boldsymbol{0}$$

利用$u=\psi(\boldsymbol{x}_i,\boldsymbol{\alpha})$以及命题 5.11 的结论$\mathbb{E}(y)=\left[\frac{\partial g(u)}{\partial u}\right]^{-1}\frac{\partial v(u)}{\partial u}$和$\mathrm{Var}(y)=\left[\frac{\partial g(u)}{\partial u}\right]^{-1}$可以很容易得到如下等式成立：[1]

---

① 式(5-101)成立是因为

$$\begin{aligned}&\left.\frac{\partial\sum_{i=1}^{N}\log[w(y_i)]+g(\psi(\boldsymbol{x}_i,\boldsymbol{\alpha}))y_i-v(\psi(\boldsymbol{x}_i,\boldsymbol{\alpha}))}{\partial\boldsymbol{\alpha}}\right|_{\hat{\boldsymbol{\alpha}}_{\mathrm{QMLE}}}\\&=\sum_{i=1}^{N}\left.\left[\frac{\partial g(\psi(\boldsymbol{x}_i,\boldsymbol{\alpha}))}{\partial u}\frac{\partial\psi(\boldsymbol{x}_i,\boldsymbol{\alpha})}{\partial\boldsymbol{\alpha}}y_i-\frac{\partial v(\psi(\boldsymbol{x}_i,\boldsymbol{\alpha}))}{\partial u}\frac{\partial\psi(\boldsymbol{x}_i,\boldsymbol{\alpha})}{\partial\boldsymbol{\alpha}}\right]\right|_{\hat{\boldsymbol{\alpha}}_{\mathrm{QMLE}}}\\&=\sum_{i=1}^{N}\frac{[y_i-\psi(\boldsymbol{x}_i,\hat{\boldsymbol{\alpha}}_{\mathrm{QMLE}})]}{\hat{\sigma}_i^2}\left[\frac{\partial\psi(\boldsymbol{x}_i,\hat{\boldsymbol{\alpha}}_{\mathrm{QMLE}})}{\partial\hat{\boldsymbol{\alpha}}_{\mathrm{QMLE}}}\right]\end{aligned}$$

其中，第二个等式用到$\mathbb{E}(y)=\left[\frac{\partial g(u)}{\partial u}\right]^{-1}\frac{\partial v(u)}{\partial u}$和$\mathrm{Var}(y)=\left[\frac{\partial g(u)}{\partial u}\right]^{-1}$。

$$\sum_{i=1}^{N}\frac{[y_i-\psi(\boldsymbol{x}_i,\hat{\boldsymbol{\alpha}}_{\mathrm{QMLE}})]}{\hat{\sigma}_i^2}\left[\frac{\partial\psi(\boldsymbol{x}_i,\hat{\boldsymbol{\alpha}}_{\mathrm{QMLE}})}{\partial\hat{\boldsymbol{\alpha}}_{\mathrm{QMLE}}}\right]=\mathbf{0} \tag{5-101}$$

其中，$\hat{\sigma}_i^2=\left[\frac{\partial g(\psi(\boldsymbol{x}_i,\hat{\boldsymbol{\alpha}}_{\mathrm{QMLE}}))}{\partial u}\right]^{-1}=\widehat{\mathrm{Var}}(y_i|\boldsymbol{x}_i,\hat{\boldsymbol{\alpha}}_{\mathrm{QMLE}})$。

式(5-101)所对应的总体问题是：

$$\mathbb{E}\left\{\frac{[y_i-\psi(\boldsymbol{x}_i,\boldsymbol{\alpha}_{\mathrm{QMLE}})]}{\sigma_i^2}\left[\frac{\partial\psi(\boldsymbol{x}_i,\boldsymbol{\alpha}_{\mathrm{QMLE}})}{\partial\boldsymbol{\alpha}_{\mathrm{QMLE}}}\right]\right\}=\mathbf{0} \tag{5-102}$$

其中，$\boldsymbol{\alpha}_{\mathrm{QMLE}}=\arg\max\limits_{\{\boldsymbol{\alpha}\in\mathscr{A}\}}\mathbb{E}\{\log[w(y_i)]+y_ig(\psi(\boldsymbol{x}_i,\boldsymbol{\alpha}))-v(\psi(\boldsymbol{x}_i,\boldsymbol{\alpha}))\}$。

对于式(5-102)利用迭代期望定律可得：

$$\begin{aligned}&\mathbb{E}\left\{\frac{[y_i-\psi(\boldsymbol{x}_i,\boldsymbol{\alpha}_{\mathrm{QMLE}})]}{\sigma_i^2}\left[\frac{\partial\psi(\boldsymbol{x}_i,\boldsymbol{\alpha}_{\mathrm{QMLE}})}{\partial\boldsymbol{\alpha}_{\mathrm{QMLE}}}\right]\right\}\\&=\mathbb{E}\left(\mathbb{E}\left\{\frac{[y_i-\psi(\boldsymbol{x}_i,\boldsymbol{\alpha}_{\mathrm{QMLE}})]}{\sigma_i^2}\left[\frac{\partial\psi(\boldsymbol{x}_i,\boldsymbol{\alpha}_{\mathrm{QMLE}})}{\partial\boldsymbol{\alpha}_{\mathrm{QMLE}}}\right]\middle|\boldsymbol{x}_i\right\}\right)\\&=\mathbb{E}\left\{\sigma_i^{-2}\left[\frac{\partial\psi(\boldsymbol{x}_i,\boldsymbol{\alpha}_{\mathrm{QMLE}})}{\partial\boldsymbol{\alpha}_{\mathrm{QMLE}}}\right]\mathbb{E}([y_i-\psi(\boldsymbol{x}_i,\boldsymbol{\alpha}_{\mathrm{QMLE}})]|\boldsymbol{x}_i)\right\}\\&=\mathbf{0}\end{aligned} \tag{5-103}$$

又因为在条件期望设定正确的条件下，$\mathbb{E}([y_i-\psi(\boldsymbol{x}_i,\boldsymbol{\alpha}^0)]|\boldsymbol{x}_i)=\mathbf{0}$，所以可以得到：

$$\mathbb{E}\left\{\sigma_i^{-2}\left[\frac{\partial\psi(\boldsymbol{x}_i,\boldsymbol{\alpha}^0)}{\partial\boldsymbol{\alpha}^0}\right]\mathbb{E}([y_i-\psi(\boldsymbol{x}_i,\boldsymbol{\alpha}^0)]|\boldsymbol{x}_i)\right\}=\mathbf{0} \tag{5-104}$$

在满足参数识别假设的条件下，比较式(5-103)和式(5-104)可得：

$$\boldsymbol{\alpha}^0=\boldsymbol{\alpha}_{\mathrm{QMLE}}$$

又因为$\mathrm{Plim}\hat{\boldsymbol{\alpha}}_{\mathrm{QMLE}}=\boldsymbol{\alpha}_{\mathrm{QMLE}}$，所以最终得到：

$$\mathrm{Plim}\ \hat{\boldsymbol{\alpha}}_{\mathrm{QMLE}}=\boldsymbol{\alpha}^0$$

故命题得证。

□

我们已经知道，在利用线性指数概率模型估计参数的过程中，只需要条件期望设定正确即可得到真实参数的一致估计量。那么与此相关的一个问题是，在计量经济学中，有哪些重要和常用的概率分布属于线性指数族？Cameron and Trivedi(2005)对此进行了总结，具体见表5-1。

表 5-1 线性指数族概率分布

	$h(y_i)=w(y_i)\cdot\exp[g(u)y_i-v(u)]$	$\mathbb{E}(y_i)$	$\mathrm{Var}(y_i)$
正态分布	$\frac{1}{\sqrt{2\pi}\sigma}\exp\left[-\frac{(y_i-u)^2}{2\sigma^2}\right]=\left[\frac{1}{\sqrt{2\pi}\sigma}\exp\left(-\frac{y_i^2}{2\sigma^2}\right)\right]\exp\left(\frac{u}{\sigma^2}y_i-\frac{\mu^2}{2\sigma^2}\right)$	u	σ^2
伯努利分布	$p^{y_i}(1-p)^{1-y_i}=\exp\left[y_i\log\left(\frac{p}{1-p}\right)+\log(1-p)\right]$	p	$p(1-p)$

续表

	$h(y_i)=w(y_i)\cdot\exp[g(u)y_i-v(u)]$	$\mathbb{E}(y_i)$	$\mathrm{Var}(y_i)$
指数分布	$\lambda\exp(-\lambda y_i)=\exp[-\lambda y_i+\log(\lambda)]$	$\dfrac{1}{\lambda}$	$\dfrac{1}{\lambda^2}$
泊松分布	$\dfrac{\lambda^{y_i}}{y_i!}\exp(-\lambda)=\left(\dfrac{1}{y_i!}\right)\exp[y_i\log(\lambda)-\lambda]$	λ	λ^2

因此，对于正态分布、伯努利分布、指数分布或者泊松分布等线性指数族概率分布而言，在利用 Quasi-MLE 方法估计参数的过程中，只需要正确设定条件期望即可得到真实参数的一致估计量。值得指出的是，由于存在模型误设，因此 Quasi-MLE 估计量不再是有效估计量。

8.5 Quasi-MLE 在面板数据模型上的应用

以上分析都是基于截面数据的，本章最后我们简要介绍 Quasi-MLE 在面板数据上的应用。考虑个体数为 N，时期数为 T 的面板数据(其中,$N>>T$)。**假设数据在不同个体间独立同分布，但在个体内部存在相关性。**

正式地，令 $\boldsymbol{y}_i=\begin{bmatrix}y_{i1}\\y_{i2}\\\vdots\\y_{iT}\end{bmatrix}$，$\boldsymbol{X}_i'=\begin{bmatrix}\boldsymbol{x}_{i1}'\\\boldsymbol{x}_{i2}'\\\vdots\\\boldsymbol{x}_{iT}'\end{bmatrix}$(其中 y_{it} 表示个体 i 被解释变量在时期 t 的取值;$\boldsymbol{x}_{it}$ 表示个体 i 解释变量在时期 t 的取值)，$\boldsymbol{y}=\begin{bmatrix}\boldsymbol{y}_1\\\boldsymbol{y}_2\\\vdots\\\boldsymbol{y}_N\end{bmatrix}$，$\boldsymbol{X}=\begin{bmatrix}\boldsymbol{X}_1'\\\boldsymbol{X}_2'\\\vdots\\\boldsymbol{X}_N'\end{bmatrix}$。数据在不同个体间独立同分布意味着，联合概率密度函数 $f(\boldsymbol{y}|\boldsymbol{X})$ 可以写作：

$$f(\boldsymbol{y}|\boldsymbol{X})=\prod_{t=1}^{N}g(\boldsymbol{y}_i|\boldsymbol{X}_i,\boldsymbol{\theta}^0) \tag{5-105}$$

其中，$g(\boldsymbol{y}_i|\boldsymbol{X}_i,\boldsymbol{\theta}^0)$ 表示对于个体 i 的联合概率密度函数。

个体内部存在相关性意味着：

$$g(\boldsymbol{y}_i|\boldsymbol{X}_i,\boldsymbol{\theta}^0)\neq\prod_{t=1}^{T}h(y_{it}|\boldsymbol{x}_{it},\boldsymbol{\beta}^0) \tag{5-106}$$

其中，$h(y_{it}|\boldsymbol{x}_{it},\boldsymbol{\beta}^0)$ 表示个体 i 在时期 t 的概率密度函数。

式(5-106)意味着数据在个体内部存在相关性的条件下，需要对 $\boldsymbol{y}_i$ 的联合分布 $g(\boldsymbol{y}_i|\boldsymbol{X}_i,\boldsymbol{\theta}^0)$ 进行设定。根据前述分析，我们已经了解到，在正确设定联合分布 $g(\boldsymbol{y}_i|\boldsymbol{X}_i,\boldsymbol{\theta}^0)$ 的条件下，MLE 估计可以得到真实参数 $\boldsymbol{\theta}^0$ 的一致、有效估计量。但是，正确设定联合分布 $g(\boldsymbol{y}_i|\boldsymbol{X}_i,\boldsymbol{\theta}^0)$ 是非常困难的。为此，研究者通常只设定 $h(y_{it}|\boldsymbol{x}_{it},\boldsymbol{\beta}^0)$ 进行 Quasi-MLE(**Partial-MLE**)估计：

$$\boldsymbol{\beta}_{\text{QMLE}}=\arg\max_{\{\boldsymbol{\beta}\in\mathscr{B}\}}\left\{\mathbb{E}\left[\log\prod_{t=1}^{T}h(y_{it}|\boldsymbol{x}_{it},\boldsymbol{\beta})\right]\right\}=\arg\max_{\{\boldsymbol{\theta}\in\boldsymbol{\Theta}\}}\left\{\mathbb{E}\left[\sum_{t=1}^{T}\log h(y_{it}|\boldsymbol{x}_{it},\boldsymbol{\beta})\right]\right\} \tag{5-107}$$

根据前述库尔贝克-莱布勒信息不等式的讨论可知：

$$\boldsymbol{\beta}_{\text{QMLE}}=\boldsymbol{\beta}^0$$

利用类比原则，式(5-107)所对应的样本问题为

$$\hat{\boldsymbol{\beta}}_{\text{QMLE}}=\arg\max_{\{\boldsymbol{\beta}\in\mathscr{B}\}}\left\{\left[\sum_{i=1}^{N}\sum_{t=1}^{T}\log h(y_{it}|\boldsymbol{x}_{it},\boldsymbol{\beta})\right]\right\} \tag{5-108}$$

根据前述分析，$\hat{\boldsymbol{\beta}}_{\text{QMLE}}$是$\boldsymbol{\beta}_{\text{QMLE}}$从而是$\boldsymbol{\beta}^0$的一致估计量。但是根据式(5-106)可知，$\boldsymbol{\beta}^0\neq\boldsymbol{\theta}^0$，因此$\hat{\boldsymbol{\beta}}_{\text{QMLE}}$并不是$\boldsymbol{\theta}^0$的一致估计量。然而，如果我们关注的参数是$\boldsymbol{\beta}^0$而非$\boldsymbol{\theta}^0$，那么基于式(5-108)所得到的估计量则是我们所感兴趣参数的一致估计量。

容易得到估计量$\sqrt{N}(\hat{\boldsymbol{\beta}}_{\text{QMLE}}-\boldsymbol{\beta}^0)$的极限分布为：

$$\sqrt{N}(\hat{\boldsymbol{\beta}}_{\text{QMLE}}-\boldsymbol{\beta}^0)\xrightarrow{d}\mathscr{N}(\mathbf{0},\boldsymbol{A}_{\text{Q}}^{-1}\boldsymbol{B}_{\text{Q}}\boldsymbol{A}_{\text{Q}}^{-1}) \tag{5-109}$$

其中，$\boldsymbol{A}_{\text{Q}}=-\mathbb{E}\left[\dfrac{\partial^2\sum_{t=1}^{T}\log h(y_{it}|\boldsymbol{x}_{it},\boldsymbol{\beta}^0)}{\partial\boldsymbol{\beta}^0\partial\boldsymbol{\beta}^{0\prime}}\right]$，$\boldsymbol{B}_{\text{Q}}=\mathbb{E}\left[\dfrac{\partial\sum_{t=1}^{T}\log h(y_{it}|\boldsymbol{x}_{it},\boldsymbol{\beta}^0)}{\partial\boldsymbol{\beta}^0}\dfrac{\partial\sum_{s=1}^{T}\log h(y_{is}|\boldsymbol{x}_{is},\boldsymbol{\beta}^0)}{\partial\boldsymbol{\beta}^{0\prime}}\right]$
$=\mathbb{E}\left[\sum_{t=1}^{T}\sum_{s=1}^{T}\dfrac{\partial\log h(y_{it}|\boldsymbol{x}_{it},\boldsymbol{\beta}^0)}{\partial\boldsymbol{\beta}^0}\dfrac{\partial\log h(y_{is}|\boldsymbol{x}_{is},\boldsymbol{\beta}_0)}{\partial\boldsymbol{\beta}^{0\prime}}\right]$。一般而言，$\boldsymbol{A}_{\text{Q}}\neq\boldsymbol{B}_{\text{Q}}$。

由于式(5-108)中的 Quasi-MLE 问题正确设定了$h(y_{it}|\boldsymbol{x}_{it},\boldsymbol{\beta}^0)$，因此如下信息矩阵等式成立：

$$-\mathbb{E}\left[\frac{\partial^2\log h(y_{it}|\boldsymbol{x}_{it},\boldsymbol{\beta}^0)}{\partial\boldsymbol{\beta}^0\partial\boldsymbol{\beta}^{0\prime}}\right]=\mathbb{E}\left[\frac{\partial\log h(y_{it}|\boldsymbol{x}_{it},\boldsymbol{\beta}^0)}{\partial\boldsymbol{\beta}^0}\frac{\partial\log h(y_{it}|\boldsymbol{x}_{it},\boldsymbol{\beta}_0)}{\partial\boldsymbol{\beta}^{0\prime}}\right] \tag{5-110}$$

比较式(5-109)和式(5-110)可以看出，只有在$\{y_{it}|\boldsymbol{x}_{it},\ \boldsymbol{\beta}_0\}$独立同分布的条件下，$\boldsymbol{A}_{\text{Q}}=\boldsymbol{B}_{\text{Q}}$才成立。因此，通常而言，在面板数据分析中，式(5-108)所得到的估计量$\hat{\boldsymbol{\beta}}_{\text{QMLE}}$不是参数$\boldsymbol{\beta}^0$的有效估计量。

9. 数值优化算法——BHHH 法和 BFGS 法

在第二章中我们介绍了**牛顿-拉普森**(Newton-Rapson)这个经典的数值优化方法。我们已经知道，牛顿-拉普森方法需要计算海森矩阵的逆，这使得牛顿-拉普森面临两个问题：一是，海森矩阵并不一定可逆；二是，即便海森矩阵可逆，在θ包含大量参数的情形下，计算其逆的运算量很大。为此，这里介绍 **BHHH 法**(Berndt, Hall, Hall and Hausman, 1974)与 **BFGS 方法**(Broyden-Fletcher-Goldfarb-Shanno)来缓解这两个方面的问题。

考虑前述式(5-20)给出的优化问题：

$$\hat{\boldsymbol{\theta}}_{\text{CMLE}}=\arg\max_{\{\boldsymbol{\theta}\in\boldsymbol{\Theta}\}}\left\{\frac{1}{N}\sum_{i=1}^{N}\log f(y_i\mid\boldsymbol{x}_i,\boldsymbol{\theta})\right\}\equiv\arg\max_{\{\boldsymbol{\theta}\in\boldsymbol{\Theta}\}}\left\{\frac{1}{N}\sum_{i=1}^{N}l_i(\boldsymbol{\theta})\right\} \tag{5-111}$$

由于式(5-111)中的目标函数为$\dfrac{1}{N}\sum_{i=1}^{N}l_i(\boldsymbol{\theta})$，因此结合牛顿-拉普森方法可得，求解

$\hat{\boldsymbol{\theta}}_{\text{CMLE}}$的参数迭代规则为：

$$\boldsymbol{\theta}_{t+1}=\boldsymbol{\theta}_t-\left[\sum_{i=1}^{N}\boldsymbol{H}_i(\boldsymbol{\theta}_t)\right]^{-1}\left[\sum_{i=1}^{N}\boldsymbol{s}_i(\boldsymbol{\theta}_t)\right] \tag{5-112}$$

其中，$\boldsymbol{s}_i(\boldsymbol{\theta})=\dfrac{\partial l_i(\boldsymbol{\theta})}{\partial\boldsymbol{\theta}}$为得分向量，$\boldsymbol{H}_i(\boldsymbol{\theta})=\dfrac{\partial^2 l_i(\boldsymbol{\theta})}{\partial\boldsymbol{\theta}\partial\boldsymbol{\theta}'}$为海森矩阵。

根据信息矩阵等式$-\mathbb{E}\left[\boldsymbol{H}_i(\boldsymbol{\theta}^0)\right]=\mathbb{E}\left[\boldsymbol{s}_i(\boldsymbol{\theta}^0)\boldsymbol{s}_i'(\boldsymbol{\theta}^0)\right]$，**BHHH 方法**利用 $\sum_{i=1}^{N}\boldsymbol{s}_i(\boldsymbol{\theta}_t)\boldsymbol{s}_i'(\boldsymbol{\theta}_t)$ 来替换 $\sum_{i=1}^{N}\boldsymbol{H}_i(\boldsymbol{\theta}_t)$ 可得如下迭代规则：

$$\boldsymbol{\theta}_{t+1}=\boldsymbol{\theta}_t+\left[\sum_{i=1}^{N}\boldsymbol{s}_i(\boldsymbol{\theta}_t)\boldsymbol{s}_i'(\boldsymbol{\theta}_t)\right]^{-1}\left[\sum_{i=1}^{N}\boldsymbol{s}_i(\boldsymbol{\theta}_t)\right] \tag{5-113}$$

可以看出，式(5-113)中的参数迭代规则不需要计算海森矩阵，从而有效避免了牛顿-拉普森所面临的两个问题。需要指出的是，BHHH 方法并不是没有缺点。由于信息矩阵等式只有在真实值 $\boldsymbol{\theta}^0$ 处成立，因此利用 $\sum_{i=1}^{N}\boldsymbol{s}_i(\boldsymbol{\theta}_t)\boldsymbol{s}_i'(\boldsymbol{\theta}_t)$ 替换 $\sum_{i=1}^{N}\boldsymbol{H}_i(\boldsymbol{\theta}_t)$ 要求 $\boldsymbol{\theta}_t$ 和 $\boldsymbol{\theta}^0$ 比较接近。换言之，当 $\boldsymbol{\theta}_t$ 与 $\boldsymbol{\theta}^0$ 距离比较远时，BHHH 方法的表现可能会比较差。

注意到 $\boldsymbol{H}_i(\boldsymbol{\theta}_t)$是得分向量的导数，但是得分向量并不一定可导。为缓解这个问题，**BFGS 方法**利用**弧海森矩阵**(*arc* Hessian Matrix)来代替 $\boldsymbol{H}_i(\boldsymbol{\theta}_t)$。所谓弧海森矩阵是指，得分向量从一个参数值到另外一个参数值的变化量除以这两个参数之间的变化。

习题

1. 对于式(5-45)和式(5-46)给出的模型，假设 ϵ_i 服从 Logistic 分布，也就是考察 Logit 模型，该情形下：

$$\Pr(y_i=1\,|\,\boldsymbol{x}_i)=\frac{\mathrm{e}^{\boldsymbol{x}_i'\boldsymbol{\theta}^0}}{1+\mathrm{e}^{\boldsymbol{x}_i'\boldsymbol{\theta}^0}}$$

(1) 写出模型的对数似然函数；

(2) 推导出该模型对应的得分向量 $\boldsymbol{s}_i(\boldsymbol{\theta})$ 和海森矩阵 $\boldsymbol{H}_i(\boldsymbol{\theta})$；

(3) 验证如下等式成立：

$$\mathbb{E}\left[\boldsymbol{s}_i(\boldsymbol{\theta}^0)\mid\boldsymbol{x}_i\right]=\mathbf{0},\ \mathbb{E}\left[\boldsymbol{s}_i(\boldsymbol{\theta}^0)\right]=\mathbf{0}$$

(4) 验证 Fisher 信息矩阵在真实参数 $\boldsymbol{\theta}^0$ 处成立，即

$$\mathbb{E}\left[\boldsymbol{s}_i(\boldsymbol{\theta}^0)\boldsymbol{s}_i'(\boldsymbol{\theta}^0)\,|\,\boldsymbol{x}_i\right]=-\mathbb{E}\left[\boldsymbol{H}_i(\boldsymbol{\theta}^0)\,|\,\boldsymbol{x}_i\right]$$

2. 考虑如下 AR(1)数据生成过程：

$$y_t=\alpha+\rho y_{t-1}+\epsilon_t$$

其中，$\alpha=0.5$，$\rho=0.6$，误差项 ϵ_t 服从正态分布 $\mathcal{N}(0,\sigma^2)(\sigma=1)$。

(1) 写出这个模型的对数似然函数；

(2) 基于该数据生成过程生成 1 000 个样本；

(3) 基于第(2)步生成的1 000个样本，使用MLE方法估计参数α，ρ和σ，并将所得到的估计值与真实值比较；

(4) 重复第(2)步和第(3)步10次，计算这10次MLE估计所得到参数α，ρ和σ估计值的平均值，将参数估计值平均值与各自真实值进行比较；

(5) 将第(4)步中的重复次数分别改为20次，50次，100次和200次能够得到什么结论?

第三部分

因果识别策略

第三部分前言：从回归关系到因果关系

在第二部分，我们介绍了最小二乘法。一般地，基于最小二乘法得到的只是变量间统计上的拟合关系——回归关系（或统计关系）。在不进一步施加任何假定的前提下，回归关系不一定具有**因果**（Causality）意义上的解释。正式界定回归关系具有因果解释的前提条件是本小节要介绍的内容。基于此，我们将本书内容由介绍回归关系方法论过渡到介绍因果关系方法论。

1. 数据生成过程

确定统计关系在什么条件下具有因果解释，首先要明确地界定什么是因果关系。在回答什么是因果关系之前，先来看一下**数据生成过程**（Data Generating Process，DGP）这个重要概念。在计量经济学中，数据生成过程刻画的是产生现实数据的内在经济学逻辑（理论、机理或者模型）。不失一般性，数据生成过程可以利用如下表达式进行表示：

$$y=\kappa(x_1,\boldsymbol{x}_2,\epsilon) \tag{1}$$

其中，x_1是我们所关心的解释变量（核心解释变量），$\boldsymbol{x}_2$是除了x_1之外所有影响被解释变量y的**可观测**（Observable）变量，误差项ϵ则表示影响y的所有的**不可观测**（Unobservable）因素。以研究受教育程度对收入的影响为例，y表示收入，x_1表示受教育程度，$\boldsymbol{x}_2$表示健康状况、年龄、工作经验等可观测变量，ϵ则表示能力、心理状态等不可观测变量。

式（1）就是刻画变量间关系的**结构（因果）方程**（Structural Equation），误差项ϵ被称为**结构误差项**（Structural Error）。[①] 需要指出的是，结构误差项ϵ中不包含任何关于x_1或者$\boldsymbol{x}_2$的确定性函数，换言之，函数形式设定正确是结构方程的一个隐含假设。否则，假定其他条件都不变没有合理的含义。比如，如果$\kappa(\cdot)$为x_1的二次函数，但是错误地将模型设定为x_1的一次函数，那么x_1^2则进入误差项，该情形下，给定x_1变化，除x_1之外的所有因素都不变没有合理的含义，因为x_1^2一定随着x_1变化而变化。能够看出式（1）具有很强的一般性：首先，函数$\kappa(\cdot)$既可以是（关于可观测变量$x_1,\boldsymbol{x}_2$）线性函数也可以是非线性函数；其次，结构误差项ϵ既可以以线性可加的方式进入$\kappa(\cdot)$，也可以以非线性的方式进入$\kappa(\cdot)$。

2. 回归关系

对于式（1）给出的数据生成过程，根据条件期望的性质可得如下等式成立：

① 本书第三章已经介绍了结构模型的简单形式，这里介绍的是结构模型的一般形式。

$$m^*(x_1,\boldsymbol{x}_2)\equiv\mathbb{E}\,(y\,|\,x_1,\boldsymbol{x}_2)=\arg\min_{\{m(x_1,\boldsymbol{x}_2)\in\mathscr{M}\}}\mathbb{E}\,[\,y-m(x_1,\boldsymbol{x}_2)\,]^2 \tag{2}$$

根据条件期望的定义，$m^*(x_1,\boldsymbol{x}_2)$可以写作：

$$m^*(x_1,\boldsymbol{x}_2)=\int\kappa(x_1,\boldsymbol{x}_2,\epsilon)f(\epsilon\,|\,x_1,\boldsymbol{x}_2)\,\mathrm{d}\epsilon \tag{3}$$

其中，$f(\epsilon\,|\,x_1,\boldsymbol{x}_2)$表示误差项$\epsilon$的条件概率密度。

根据第三章的介绍我们知道，最小二乘回归基于式(2)定义，因此y与x_1的回归关系由如下偏导数给出：①

$$\mathscr{R}(x_1,\boldsymbol{x}_2)\equiv\frac{\partial m^*(x_1,\boldsymbol{x}_2)}{\partial x_1} \tag{4}$$

3. 因果关系

在经典经济学术语中，**因果效应**(Causal Effect)通常被界定为**给定**其他因素相同(*Ceteris Paribus*—All Other Things Being Equal)，② 一变量对另一变量的影响(Marshall，1890)。③ 根据这个界定，x_1对被解释变量y的**平均因果效应**(Average Causal Effect)可以表示为：

$$\mathscr{C}(x_1,\boldsymbol{x}_2)\equiv\int\frac{\partial\kappa(x_1,\boldsymbol{x}_2,\epsilon)}{\partial x_1}f(\epsilon\,|\,x_1,\boldsymbol{x}_2)\,\mathrm{d}\epsilon \tag{5}$$

特别地，如果x_1为虚拟变量，那么式(5)则变为：

$$\mathscr{C}(x_1,\boldsymbol{x}_2)=\int[\,\kappa(1,\boldsymbol{x}_2,\epsilon)-\kappa(0,\boldsymbol{x}_2,\epsilon)\,]f(\epsilon\,|\,x_1,\boldsymbol{x}_2)\,\mathrm{d}\epsilon \tag{6}$$

这时，平均因果效应$\mathscr{C}(x_1,\boldsymbol{x}_2)$被称作**平均处理效应**(Average Treatment Effect，ATE)。

4. 回归关系具有因果解释的条件

第2节和第3节基于结构方程式(1)定义了回归关系和因果关系。本节进一步介绍二者的关系。正式地，容易得到如下等式成立(Wooldridge，2010；Hansen，2021)：

$$\begin{aligned}\mathscr{R}(x_1,\boldsymbol{x}_2)&\equiv\frac{\partial m^*(x_1,\boldsymbol{x}_2)}{\partial x_1}\\&=\int\frac{\partial\kappa(x_1,\boldsymbol{x}_2,\epsilon)f(\epsilon\,|\,x_1,\boldsymbol{x}_2)}{\partial x_1}\mathrm{d}\epsilon\\&=\int\left[\frac{\partial\kappa(x_1,\boldsymbol{x}_2,\epsilon)}{\partial x_1}f(\epsilon\,|\,x_1,\boldsymbol{x}_2)+\kappa(x_1,\boldsymbol{x}_2,\epsilon)\frac{\partial f(\epsilon\,|\,x_1,\boldsymbol{x}_2)}{\partial x_1}\right]\mathrm{d}\epsilon\end{aligned}$$

---

① 特别地，如果x_1为虚拟变量，那么：

$$\mathscr{R}(x_1,\boldsymbol{x}_2)\equiv m^*(1,\boldsymbol{x}_2)-m^*(0,\boldsymbol{x}_2)$$

② 值得说明的是，“其他因素”中不应包含**中介变量**(Mediator)。具体而言，如果我们考察x对y的因果效应，z是x影响y的中介变量，那么z就不应包括在“其他因素”中。因为，一旦z包括在“其他因素”中，那么得到的就不是真正的因果效应了。

③ 基于“反事实”框架界定的因果效应将在第八章处理效应模型中详细介绍。

$$= \int \frac{\partial \kappa(x_1, \boldsymbol{x}_2, \epsilon)}{\partial x_1} f(\epsilon | x_1, \boldsymbol{x}_2) \mathrm{d}\epsilon + \int \kappa(x_1, \boldsymbol{x}_2, \epsilon) \frac{\partial f(\epsilon | x_1, \boldsymbol{x}_2)}{\partial x_1} \mathrm{d}\epsilon$$

$$= \mathscr{C}(\boldsymbol{x}_1, \boldsymbol{x}_2) + \int \kappa(x_1, \boldsymbol{x}_2, \epsilon) \frac{\partial f(\epsilon | x_1, x_2)}{\partial x_1} \mathrm{d}\epsilon \tag{7}$$

从式(7)中可以很容易地看出，一般而言，$\mathscr{B}(\boldsymbol{x}_1, \boldsymbol{x}_2) \neq \mathscr{C}(x_1, \boldsymbol{x}_2)$。为保证二者相等需要 $\frac{\partial f(\epsilon | x_1, \boldsymbol{x}_2)}{\partial x_1} = 0$，该等式在如下假定下成立：

$$f(\epsilon | x_1, \boldsymbol{x}_2) = f(\epsilon | \boldsymbol{x}_2) \tag{8}$$

式(8)意味着，给定$\boldsymbol{x}_2$，误差项 ϵ 与解释变量x_1独立。这就是计量经济学(特别是处理效应模型)中非常重要的**条件独立假定**(Conditional Independence Assumption, CIA)。需要说明的是式(8)刻画的是**条件分布独立**。事实上，容易验证，如果结构误差项 ϵ 以分离可加的形式进入模型 $\kappa(x_1, \boldsymbol{x}_2, \epsilon)$，特别地，$y = g(x_1, \boldsymbol{x}_2) + \epsilon$，那么保证回归关系具有因果解释只需要**条件期望独立**假定成立即可(注意到,条件期望独立假设比分布独立假设弱)：①

$$\mathbb{E}(\epsilon | x_1, \boldsymbol{x}_2) = \mathbb{E}(\epsilon | \boldsymbol{x}_2) \tag{9}$$

进一步地，如果假设模型为线性模型，那么可以得到数据生成过程 $y = \kappa(x_1, \boldsymbol{x}_2, \epsilon)$ 的如下常见形式：

$$y = \tau x_1 + \boldsymbol{x}_2' \boldsymbol{\beta} + \epsilon \tag{10}$$

其中，τ 为我们所关注的因果效应参数。容易验证，如果将x_1的回归系数记为τ_{OLS}，那么保证 $\tau_{\mathrm{OLS}} = \tau$ 成立(回归关系具有因果解释)，只需要假定x_1与结构误差项 ϵ 不相关(注意到该假定比条件期望独立假设弱)，即 $\mathrm{Cov}(x_1, \epsilon) = 0$，可以发现，这就是计量经济模型中变量不存在内生性的常见形式。

以上介绍的条件分布独立假定 $f(\epsilon | x_1, \boldsymbol{x}_2) = f(\epsilon | \boldsymbol{x}_2)$、条件期望独立假定 $\mathbb{E}(\epsilon | x_1, \boldsymbol{x}_2) = \mathbb{E}(\epsilon | \boldsymbol{x}_2)$ 以及不相关假定 $\mathrm{Cov}(x_1, \epsilon) = 0$ 都属于外生性假定。这三个假定依次变弱：条件分布独立假定能够得出条件期望独立假定，而条件期望独立假定无法得到条件分布独立假定；条件期望独立假定能够得出不相关假定，而不相关假定无法得到条件期望独立假定。表 1 总结了这三种不同的假设形式。

表 1　不同的假定形式

假定	假定表达式	假定强弱
条件分布独立假定	$f(\epsilon \| x_1, \boldsymbol{x}_2) = f(\epsilon \| \boldsymbol{x}_2)$	最强
条件期望独立假定	$\mathbb{E}(\epsilon \| x_1, \boldsymbol{x}_2) = \mathbb{E}(\epsilon \| \boldsymbol{x}_2)$	中等
不相关假定	$\mathrm{Cov}(x_1, \epsilon) = 0$	最弱

① 对于 $y = g(x_1, \boldsymbol{x}_2) + \epsilon$，回归关系 $\mathscr{B}(x_1, \boldsymbol{x}_2)$ 的表达式和因果关系 $\mathscr{C}(x_1, \boldsymbol{x}_2)$ 的表达式分别为：$\mathscr{B}(x_1, \boldsymbol{x}_2) \equiv \frac{\partial \mathbb{E}(y | x_1, \boldsymbol{x}_2)}{\partial x_1} = \frac{\partial g(x_1, \boldsymbol{x}_2)}{\partial x_1} + \frac{\partial \mathbb{E}(\epsilon | x_1, \boldsymbol{x}_2)}{\partial x_1}$ 和 $\mathscr{C}(x_1, \boldsymbol{x}_2) = \frac{\partial g(x_1, \boldsymbol{x}_2)}{\partial x_1}$。因此，保证回归关系具有因果解释只需 $\mathbb{E}(\epsilon | x_1, \boldsymbol{x}_2) = \mathbb{E}(\epsilon | \boldsymbol{x}_2)$ 成立即可。

我们已经知道，在条件独立假定成立的条件下，等式 $\mathscr{R}(x_1,\boldsymbol{x}_2)=\mathscr{C}(x_1,\boldsymbol{x}_2)$ 成立（回归关系具有因果解释）。然而，由于 $\mathscr{R}(x_1,\boldsymbol{x}_2)$ 是基于条件期望 $\mathbb{E}(y|x_1,\boldsymbol{x}_2)$ 得到的，因此在实际应用中，若在回归模型中错误地设定了条件期望的形式（比如，条件期望是解释变量的非线性函数，而将回归模型设定为线性模型），那么一般无法正确得到 $\mathscr{R}(x_1,\boldsymbol{x}_2)$。因此，为了保证回归关系具有因果解释还需要假定正确设定模型条件期望。综上所述，为了保证回归关系具有因果解释通常需要满足两个必要条件：第一，模型设定正确假定成立，即正确设定模型条件期望的形式；第二，条件独立假定成立，也就是通常所说的模型不存在内生性问题。

5. 导致内生性产生的常见原因

考虑到简便性，本小节以线性模型为例考察内生性产生的原因。根据前述介绍，对于线性模型，内生性指的是解释变量与结构误差项不相关。那么导致解释变量与结构误差项相关的因素有哪些？一般而言，**遗漏变量**（Omitted Variable）、**测量误差**（Measurement Error）以及**联立性**（Simultaneity）是导致解释变量与结构误差项相关的三类常见原因。

5.1 模型设定

首先来看遗漏变量问题。考虑如下结构模型：

$$y=\gamma+\tau x_1+\rho x_2+\epsilon \tag{11}$$

其中，τ 是我们关心的参数，假设 $\mathrm{Cov}(x_1,\epsilon)=0$，$\mathrm{Cov}(x_2,\epsilon)=0$，$\mathrm{Cov}(x_1,x_2)\neq 0$ 以及 $\rho\neq 0$。

可以发现，式(11)给出的模型不存在内生性问题。如果在模型设定过程中遗漏了解释变量 x_2，那么结构模型式(11)变为：

$$y=\gamma+\tau x_1+\chi \tag{12}$$

其中，误差项 $\chi=\rho x_2+\epsilon$。根据假设条件 $\mathrm{Cov}(x_1,\epsilon)=0$，$\mathrm{Cov}(x_2,\epsilon)=0$，$\mathrm{Cov}(x_1,x_2)\neq 0$ 以及 $\rho\neq 0$，可以很容易得到 $\mathrm{Cov}(x_1,\chi)=\mathrm{Cov}(x_1,\rho x_2+\epsilon)=\rho\mathrm{Cov}(x_1,x_2)\neq 0$，这意味着遗漏变量问题导致了内生性问题的产生。值得说明的是，在 $\rho\neq 0$ 或者 $\mathrm{Cov}(x_1,x_2)\neq 0$ 假定不满足时，遗漏变量问题不会引起内生性问题。

5.2 测量误差

现在来介绍测量误差问题。在计量模型设定过程中，解释变量和被解释变量都有可能存在测量误差问题，这里首先来看解释变量测量误差问题。考虑如下结构模型：

$$y=\gamma+\tau x^*+\epsilon \tag{13}$$

其中，x^* 表示不存在测量误差的解释变量，$\mathrm{Cov}(x^*,\epsilon)=0$，即模型不存在内生性问题。

假设解释变量真实值 x^* 无法直接观测，采用 x 作为 x^* 的代理变量。假设二者的关系为 $x=x^*+v$（v 表示测量误差），且 $\mathrm{Cov}(x^*,v)=0$，$\mathrm{Cov}(\epsilon,v)=0$。利用 x 替换式(13)中的 x^* 可得：

$$y=\gamma+\tau x+\chi \tag{14}$$

其中，误差项 $\chi=\epsilon-\tau v$。根据 $\mathrm{Cov}(x^*,\epsilon)=0$，$\mathrm{Cov}(x^*,v)=0$ 以及 $\mathrm{Cov}(\epsilon,v)=0$ 可得 $\mathrm{Cov}(x,\chi)=\mathrm{Cov}(x^*+v,\epsilon-\tau v)=-\tau\mathrm{Var}(v)\neq 0$，这意味着解释变量测量误差导致了内生性问题。

将参数回归 τ 的 OLS 回归系数记为τ_{OLS}，解释变量测量误差导致的偏误可以从如下等式中看出：

$$\tau_{OLS}\equiv\frac{Cov(x,y)}{Var(x)}=\frac{Cov(x,\gamma+\tau x+\mathcal{X})}{Var(x)}=\tau+\frac{Cov(x,\mathcal{X})}{Var(x)}=\tau-\tau\frac{Var(v)}{Var(x)}=\tau\left[1-\frac{Var(v)}{Var(x)}\right] \tag{15}$$

其中，由于 $x=x^*+v$，且 $Cov(x^*,v)=0$，因此 $Var(x)=Var(x^*)+Var(v)$，这意味着 $1-\frac{Var(v)}{Var(x)}$介于 0 至 1 之间，从而有 $|\tau_{OLS}|=\left|\tau\left[1-\frac{Var(v)}{Var(X)}\right]\right|<|\tau|$，即测量误差使得 OLS 回归低估真实因果效应，且τ_{OLS}的绝对值随着测量误差方差 $Var(v)$的增加而下降。这在文献中通常被称为**衰减偏误**(Attenuation Bias)。图 1 给出了τ_{OLS}估计值随着解释变量测量误差标准差变化的数值模拟结果。① 从图形中可以看出，τ_{OLS}估计值总体随着解释变量测量误差标准差的增加而降低，但并非严格单调递减，这是因为在实际估计过程中存在无法避免的抽样误差。

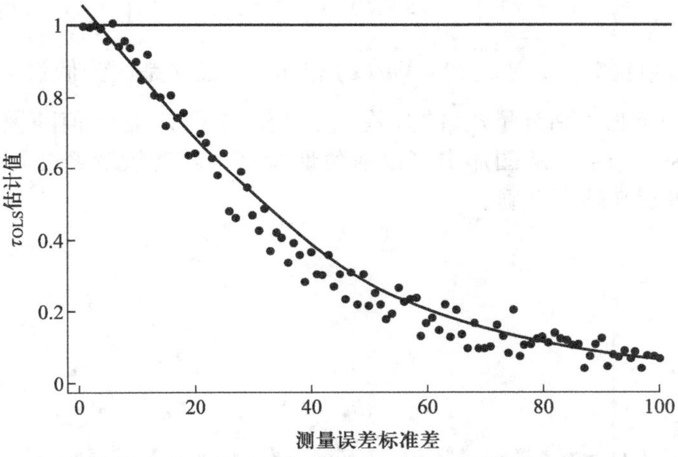

图 1：τ_{OLS}估计值随着解释变量测量误差标准差变化的数值模拟结果

注释：被解释变量 y 的数据生成过程为 $y=0.5+x^*+\epsilon$，其中，x^* 取值为 1 至 100 的整数，误差项 ϵ 服从正态分布 $\epsilon\sim\mathcal{N}(0,100)$。包含测量误差解释变量 x 的数据生成过程为 $x=x^*+v$，其中，测量误差 v 服从正态分布 $v\sim\mathcal{N}(0,\sigma_v^2)$，$\sigma_v$取值为 1 至 100 的整数。图形中散点的纵坐标取值代表在σ_v取不同数值时，利用 y 对 x 进行回归得到的 OLS 估计系数。

接下来介绍被解释变量测量误差问题。考虑如下结构模型：

$$y^*=\gamma+\tau x+\epsilon \tag{16}$$

其中，y^* 表示不存在测量误差的被解释变量，$Cov(x,\epsilon)=0$，即模型不存在内生性问题。

假设被解释变量真实值y^*无法被观测，采用 y 作为y^*的代理变量。假设二者的关系为 $y=$

① 根据初级计量经济学知识我们知道，τ_{OLS}的估计值为：

$$\left[\sum_{i=1}^{N}(x_i-\bar{x})^2\right]^{-1}\left[\sum_{i=1}^{N}(x_i-\bar{x})(y_i-\bar{y})\right]$$

y^*+v（v 表示测量误差），且 $\text{Cov}(x,v)=0$（即解释变量与测量误差不相关），$\text{Cov}(\epsilon,v)=0$。利用 y 替换式(16)中的y^*可得：

$$y=\gamma+\tau x+\chi \tag{17}$$

其中，误差项$\chi=v+\epsilon$。根据 $\text{Cov}(x,\epsilon)=0$ 和 $\text{Cov}(x,v)=0$ 的假设可得，$\text{Cov}(x,\chi)=\text{Cov}(x,v+\epsilon)=0$，也就是说，给定被解释变量测量误差与解释变量不相关，被解释变量测量误差不会导致内生性问题的产生，反之则会导致内生性。

尽管（给定被解释变量测量误差与解释变量不相关）被解释变量测量误差不会引起内生性，但是对于估计结果而言，被解释变量测量误差并非没有负面影响。一般地，被解释变量测量误差会增加估计量的标准误，即降低估计结果的准确性。为了看出这一点，考虑误差项条件同方差无自相关的情形，回忆初级计量经济学的相关知识可以很容易得到，OLS 估计量$\hat{\tau}_{\text{OLS}}$的条件方差估计值为：

$$\widehat{\text{Var}(\hat{\tau}_{\text{OLS}}|\boldsymbol{X})}=\left[\sum_{i=1}^{N}(x_i-\bar{x})^2\right]^{-1}\widehat{\text{Var}(\chi)}=\left[\sum_{i=1}^{N}(x_i-\bar{x})^2\right]^{-1}\left[\widehat{\text{Var}(\epsilon)}+\widehat{\text{Var}(v)}\right] \tag{18}$$

其中，$\boldsymbol{X}$ 为解释变量数据矩阵，$\widehat{\text{Var}(\chi)}=\widehat{\text{Var}(\epsilon)}+\widehat{\text{Var}(v)}$ 成立是因为假设 $\text{Cov}(\epsilon,v)=0$。能够看出，$\widehat{\text{Var}(v)}$的出现增加了估计量$\hat{\tau}_{\text{OLS}}$的方差。图 2 给出了$\hat{\tau}_{\text{OLS}}$估计值随被解释变量测量误差标准差变化的数值模拟结果。从图形中可以清楚地看到，随着被解释变量测量误差标准差的增加，OLS 估计结果越来越不准确。

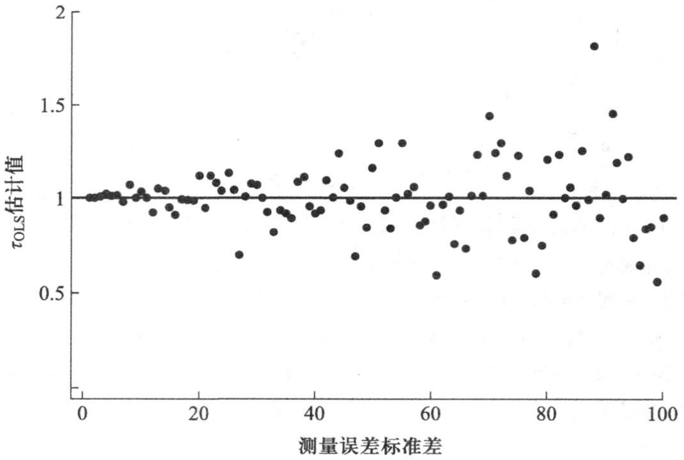

图 2：τ_{OLS}估计值随被解释变量测量误差标准差变化的数值模拟结果

注释：真实被解释变量y^*的数据生成过程为$y^*=0.5+x+\epsilon$，其中，x 取值为 1 至 100 的整数，误差项 ϵ 服从正态分布 $\epsilon\sim\mathcal{N}(0,100)$。包含测量误差被解释变量 y 的数据生成过程为 $y=y^*+v$，其中，测量误差 v 服从正态分布 $v\sim\mathcal{N}(0,\sigma_v^2)$，$\sigma_v$ 为 1 至 100 的整数。图形中散点的纵坐标取值代表在σ_v取不同数值时，利用 y 对 x 进行回归得到的 OLS 估计系数。

5.3 联立性

本小节具体介绍联立性如何导致了解释变量与误差项相关。考虑特定商品的需求-供给模型，需求方程为：

$$q_d = \gamma_d + \tau_d p + \epsilon_d \tag{19}$$

其中，τ_d为需求弹性，误差项ϵ_d表示**需求冲击**(Demand Shocks)。

供给方程为：

$$q_s = \gamma_s + \tau_s p + \epsilon_s \tag{20}$$

其中，τ_s为供给弹性，ϵ_s表示**供给冲击**(Supply Shocks)。

注意到商品的产量和价格是由需求曲线和供给曲线共同决定的。该情形下，价格 p 与ϵ_d和ϵ_s都存在相关性，为了看出这一点，联立式(19)和式(20)得到市场均衡价格为：

$$p^* = \frac{(\gamma_s + \epsilon_s) - (\gamma_d + \epsilon_d)}{\tau_d - \tau_s} \tag{21}$$

从式(21)中可以看出，市场均衡价格p^*的表达式中包含ϵ_s和ϵ_d，从而通常与ϵ_s和ϵ_d相关，即联立性导致了解释变量与误差项相关。这意味着，利用商品量对价格进行回归既无法识别需求弹性，也无法识别供给弹性。

6. 解决内生性的方法

本书第三部分将重点介绍处理内生性问题的方法，这些方法具体包括工具变量方法、面板数据分析(涉及的具体模型有,混合 OLS 估计、随机效应模型、固定效应模型、最小二乘虚拟变量方法 LSDV、动态面板数据模型以及非线性面板数据模型)、基于反事实框架的处理效应分析(包括 RCT、DID、PSM、RDD 以及 MTE 等)以及控制函数方法等。

第六章　工具变量方法

在研究过程中，较之于统计关系，学者们对变量间的**因果关系**(Causality)往往更感兴趣。根据第三部分前言的介绍我们知道，**内生性**(Endogeneity)问题导致回归系数无法具有因果意义上的解释。**工具变量方法**(Instrumental Variable Methods)是计量经济学处理内生性问题的一个非常普遍和有用的方法。值得指出的是，工具变量方法在计量经济学中的使用有着悠久的历史，因此对于不同的分析框架，工具变量方法在**表述形式上**存在着一定的差异。具体而言，广义工具变量方法包括(狭义的)**工具变量**(Instrumental Variable,IV,它对应工具变量个数等于内生变量个数)**方法**、**两阶段最小二乘**(Two Stage Least Squares,2SLS,对应工具变量个数大于内生变量个数)**方法**、**广义矩估计方法**(GMM)①与**联立方程组模型**(Simultaneous Equations Model,SEM)等。除了这些基于经典框架表述的方法之外，广义的工具变量方法还包括基于**处理效应**(Treatment Effect)框架的**随机化实验**(Randomized Controlled Trial,RCT)、**局部平均处理效应**(Local Average Treatment Effect,LATE)与**断点回归设计**(Regression Discontinuity Design,RDD)等。此外，如果选择方程中包含结构方程中不包含的外生变量，那么**控制函数方法**(Control Function Method)甚至也可以视为一种工具变量方法。虽然这些方法在形式上存在较大的差异，但是它们的关键环节都是一致的——寻找一个或者多个与内生解释变量相关(相关性假定)但与结构误差项不相关(外生性假定)的工具变量来识别变量间的因果关系。本章所要介绍的主要是基于经典框架表述的工具变量方法，基于处理效应(“反事实”分析框架)表述的工具变量方法放到后续章节专门介绍。值得指出的是，本章还进一步介绍了**Bartik 工具变量法**(Bartik,1991;Adão et al.,2019;Goldsmith-Pinkham et al.,2020;Borusyak et al.,2020)与**Granular 工具变量法**(Gabaix and Koijen,2020)。这两个方法可以有效缓解合理工具变量获取困难的问题。此外，在实证研究过程中，研究者往往通过设定交叉项模型(比如,双重差分模型)来识别其所关心的因果效应，有鉴于此，在本章的最后，我们介绍了如何利用模型现有变量信息——不获取(模型外)工具变量——来识别交叉项系数。

1. 工具变量方法的基本原理

1.1　工具变量基础知识回顾

本小节对初(中)级计量经济学中工具变量内容进行回顾，这些内容利用最简单的模型较

---

① 值得指出的是，GMM 是一个非常一般的框架，计量经济学中的大部分估计方法都可以基于 GMM 来表述(Hayashi,2001)。由于 GMM 矩条件的构建通常会用到工具变量，我们将 GMM 作为工具变量方法的一种。

为直观地展示了利用工具变量来识别变量间因果关系的基本原理。不失一般性，考虑如下简单结构模型：

$$y_i=\beta_0+\beta_1 x_i+\epsilon_i \tag{6-1}$$

其中，i 表示个体；y_i为被解释变量；x_i为核心解释变量；ϵ_i为除了x_i之外所有影响被解释变量y_i的因素，从而是具有独立经济含义的结构误差项。β_1是我们所关心的因果效应参数。值得指出的是，上述结构模型设定隐含了线性模型的假设。

回顾初级计量经济学的知识，利用y_i对x_i进行回归得到的回归系数$\beta_{1,\mathrm{OLS}}$是否等于β_1取决于x_i与结构误差项ϵ_i是否相关。若x_i与ϵ_i不相关，即 $\mathrm{Cov}(x_i,\epsilon_i)=0$，那么$\beta_{1,\mathrm{OLS}}=\beta_1$，回归系数从而具有因果解释；若$x_i$与$\epsilon_i$存在相关性，即 $\mathrm{Cov}(x_i,\epsilon_i)\neq 0$，那么$\beta_{1,\mathrm{OLS}}\neq\beta_1$，回归系数从而不具有因果解释。这一点可以从如下表达式中清楚地看出来：

$$\beta_{1,\mathrm{OLS}}=\frac{\mathrm{Cov}(x_i,y_i)}{\mathrm{Var}(x_i)}=\frac{\mathrm{Cov}(x_i,\beta_0+\beta_1 x_i+\epsilon_i)}{\mathrm{Var}(x_i)}=\beta_1+\frac{\mathrm{Cov}(x_i,\epsilon_i)}{\mathrm{Var}(x_i)} \tag{6-2}$$

其中，第一个等式成立利用的是 OLS 回归系数的定义。

一般而言，解释变量x_i与结构误差项ϵ_i存在着相关性 $\mathrm{Cov}(x_i,\epsilon_i)\neq 0$。比如，在研究教育收益率的例子中，$y_i$表示工资收入，$x_i$表示受教育年限，那么$\epsilon_i$则为除了受教育年限之外所有影响工资收入的因素，这些因素既包括诸如性别、年龄、工作经验、健康状况等通常可被观测到的变量，又包括诸如能力、性格、社会关系网络等通常不可被观测到的变量。由可观测因素所造成的内生性问题比较容易处理，直接在回归方程中控制这些因素即可；而由不可观测因素所造成的内生性问题则相对比较难以处理。一般地，可以通过**代理变量**(Proxy Variable)以及**工具变量法**来处理由不可观测因素所引起的内生性问题。我们这里介绍的是工具变量法。

工具变量(一般用字母 z 来表示)需要满足两个假设：

相关性假设：工具变量与内生变量相关，即

$$\mathrm{Cov}(z_i,x_i)\neq 0 \tag{6-3}$$

外生性假设：工具变量与结构误差项不相关，即

$$\mathrm{Cov}(z_i,\epsilon_i)=0 \tag{6-4}$$

在同时满足**相关性假设**与**外生性假设**的条件下，式(6-1)左右两边取与z_i的协方差可以很容易地得到因果效应参数β_1的具体表达式：

$$\beta_1=\frac{\mathrm{Cov}(z_i,y_i)}{\mathrm{Cov}(z_i,x_i)} \tag{6-5}$$

根据类比原则，因果效应参数β_1所对应的样本估计量$\hat{\beta}_1$为：

$$\hat{\beta}_1=\left[\sum_{i=1}^{N}(z_i-\bar{z})(x_i-\bar{x})\right]^{-1}\left[\sum_{i=1}^{N}(z_i-\bar{z})(y_i-\bar{y})\right] \tag{6-6}$$

从数学推导上很容易理解相关性假设与外生性假设及其在识别因果效应参数β_1中的作用。然而，从经济含义(作用机制)上理解这两个假设对于识别因果效应参数的含义是我们更加关心的问题。结合外生性假设 $\mathrm{Cov}(z_i,\epsilon_i)=0$ 与结构方程式(6-1)可知，工具变量z_i不在结构方程中，与此同时，相关性假设 $\mathrm{Cov}(z_i,x_i)\neq 0$ 意味着，工具变量z_i与内生变量x_i存在关联。因此相关性假设与外生性假设所对应的经济含义可以理解为，工具变量z_i只能通过内生变量x_i对被解释变量y_i产生影响，或者工具变量z_i与被解释变量y_i产生联系的唯一途径就是x_i。由此，工具变量z_i引起的被解释变量y_i的变化，具有其他条件(除x_i之外所有影响y_i的因素——ϵ_i)都不变的因果解释。直观上，这就是工具变量方法识别因果效应参数的基本逻辑。

以上内容可以通过**因果图**(Causal Diagram)给出直观的演示和总结(Pearl,2018)。图6-1左图给出了x_i与ϵ_i不存在相关性的情形(即x_i是外生的)，该情形下，它们对y_i的影响是相互分离的，利用y_i对x_i进行回归即可得到因果效应参数；中图给出了x_i与ϵ_i相关的情形(即x_i是内生的)，该情形下，它们对y_i的影响是混杂在一起的，利用y_i对x_i进行回归无法得到因果效应参数；右图则直观地展示了工具变量方法识别因果效应参数的基本逻辑——工具变量z_i只通过x_i来影响y_i，从而将x_i与ϵ_i对y_i的影响分开。直观上，可将z_i理解为一个冲击，这个冲击对x_i产生影响(对除了x_i之外的所有影响y_i的因素——ϵ_i不产生影响)，那么y_i的变化只能是x_i的变化引起的，从而识别了x_i对y_i的因果效应。

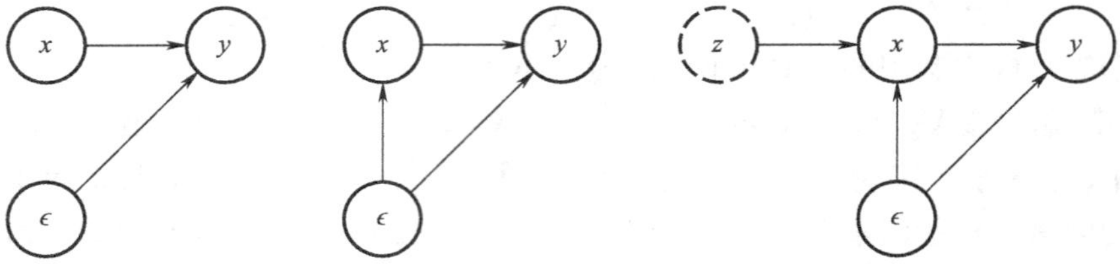

图6-1 因果图

进一步整理式(6-5)可得，

$$\beta_1=\frac{\operatorname{Cov}(z_i,y_i)/\operatorname{Var}(z_i)}{\operatorname{Cov}(z_i,x_i)/\operatorname{Var}(z_i)} \tag{6-7}$$

式(6-7)具有非常直观的解释——因果效应参数β_1等于y_i对z_i的回归系数除以x_i对z_i的回归系数。将y_i对z_i的回归方程记为：

$$y_i=\rho_0+\rho_1 z_i+\mu_i \tag{6-8}$$

将x_i对z_i的回归方程记为：

$$x_i=\pi_0+\pi_1 z_i+\zeta_i \tag{6-9}$$

因此，结合式(6-7)—式(6-9)可得：

$$\beta_1=\frac{\rho_1}{\pi_1} \tag{6-10}$$

与式(6-1)被称为**结构式模型**(Structural Form Model)相对应，式(6-8)和式(6-9)被称为**简约式模型**(Reduced Form Model)。通常而言，简约式模型指的是内生变量对外生变量的回归方程。

1.2 两个例子

本小节通过两个案例来具体阐释工具变量方法的基本原理。第一个案例所关注的是，教育收益率这个应用微观计量经济学中的经典问题。第二个案例所关注的是，市场化水平与中国经济发展之间的关系。

1.2.1 教育收益率

教育收益率是劳动经济学领域所关注的最为重要的问题之一。所谓教育收益率是指，增加教育投入(通常用受教育年限表示)对收入(通常用工资水平表示)的影响。一般地，教育投入与影响收入的不可观测因素——如，能力(Ability)——存在相关性。为识别教育投入对收入的因果效应，需要为教育投入寻找一个工具变量。现实中，寻找一个合适的工具变量往往非常困难，其挑战性来自工具变量需要同时满足相关性假设与外生性假设这两个假定，这两个假定通常存在一定的冲突。考虑两种情形：第一，选择父母受教育年限作为工具变量，该情形满足相关性假定(父母受教育年限通常与子女教育投入存在正相关性)，但是难以满足外生性假定(父母受教育年限通常与子女的能力相关)；第二，选择个人银行卡号码作为受教育年限的工具变量，该情形满足外生性假定(银行卡号码是随机的从而与个人能力不相关)，但是却难以满足相关性假定(银行卡号码与个人受教育年限往往不相关)。

在研究教育收益率的过程中，Angrist and Krueger(1991)这篇经典论文选择出生季度作为受教育年限的工具变量。其基本逻辑是：一方面，个人出生在哪个季度是随机的，因此与影响其收入的(除了受教育年限外的)因素不相关，从而满足了工具变量的外生性假定。另一方面，在 Angrist and Krueger(1991)的例子中，法律规定年满 6 周岁才能入学。由于开学时间为一年中的第三季度，那么下半年生人一旦年满 6 周岁即可入学，而上半年生人则须等待半年，即在 6.5 周岁左右才可入学。此外，法律规定入学年龄的同时也规定了退学年龄——年满 16 岁才能退学。因此，受到入学年龄退学年龄法律规定与开学日期的影响，下半年生人的受教育年限一般高于上半年生人，从而满足了工具变量的相关性假定。总结以上内容，将出生季度作为受教育年限工具变量的基本逻辑是：出生季度只能通过受教育年限来影响收入，或者说受教育年限是出生季度与收入产生关联的唯一途径。关于 Angrist and Krueger(1991)工具变量合理性可能面临的挑战，留作练习。

图 6-2 给出了 Angrist and Krueger(1991)利用出生季度作为受教育年限工具变量的图形分析。图 6-2 上图刻画的是受教育年限与出生季度之间的关系，它对应式(6-9)所表示的简约式模型。从图形中可以清晰地看出，给定年份，下半年生人的受教育年限一般高于上半年人，即出生季度满足工具变量的相关性假定。图 6-2 下图刻画的是工资收入与出生季度之间的关系，它对应式(6-8)所表示的简约式模型，从图中可以清晰地看出，给定年份，下半年生人的工资收入一般高于上半年生人。

1.2.2 市场化水平与中国经济增长

改革开放以来，中国创造了人类经济发展史上前所未有的奇迹。从图 6-3 可以看出，中国人均 GDP 呈现指数式增长，从 1978 年的不到 400 元增加到 2019 年的 70 000 元，增幅接近 180 倍，这意味着人们生活水平极大提升。那么与此相关的一个问题是，究竟是什么因素造就了中国改革开放以来的经济发展奇迹？当然，影响因素很多。进一步观察图 6-3 可看到，在 1992 年党的十四大确立社会主义市场经济体制改革目标以及 2001 年中国加入 WTO 后，人均 GDP 增速都有了非常明显的提升。有鉴于此，我们从社会主义市场经济发展完善程度这个视角来探讨中国改革开放以来的经济发展奇迹。

从社会主义市场经济发展完善程度视角来探讨中国改革开放以来的经济发展奇迹，需要首先找到表示社会主义市场经济发展完善程度的合理度量指标。《中国分省份市场化指数报告

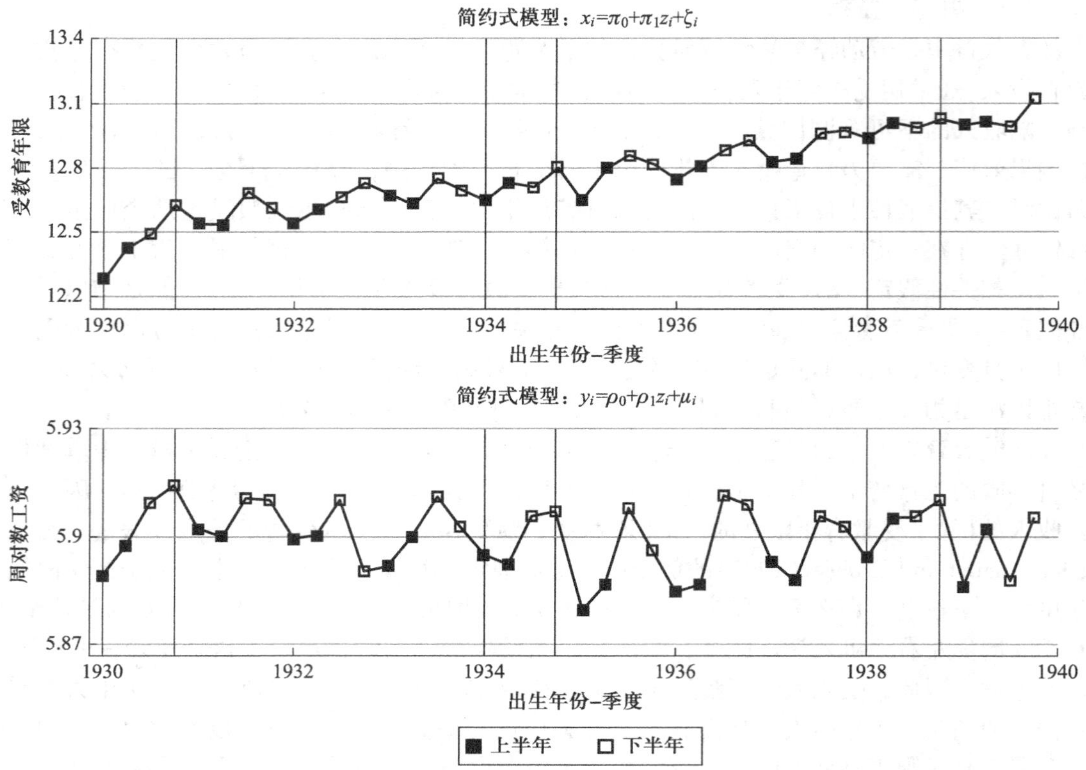

图 6-2 出生季度作为受教育年限的工具变量(Angrist and Krueger,1991)

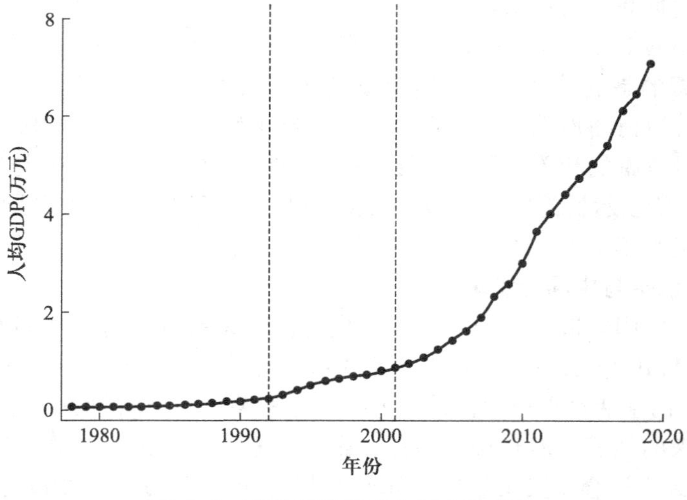

图 6-3 改革开放以来中国人均 GDP

(2018)》(王小鲁等,2018)提供了 1997—2017 年中国市场化指数。图 6-4 同时给出了人均 GDP 与市场化指数随时间变化的曲线图。可以发现，整体上这两个变量呈现正向回归关系。图 6-5 选取 2017 年这一年的截面数据，给出了各省人均 GDP 与市场化指数的散点图。整体而言，市场化指数越高的省级单位，人均 GDP 或人均发展水平也越高。比如北京、上海、天津、江苏、浙江等市场化指数较高，其经济发展水平也较高；反之则相反。总结图 6-4 与图 6-5所展示的信息：无论从时间序列维度还是从截面维度来看，市场化指数与人均 GDP 都呈现正回归关系。但问题是这种回归关系具有因果含义吗？换句话说，图 6-5 中拟合直线的斜率可以解释为市场化指数增加一单位导致人均 GDP 上升的量吗？

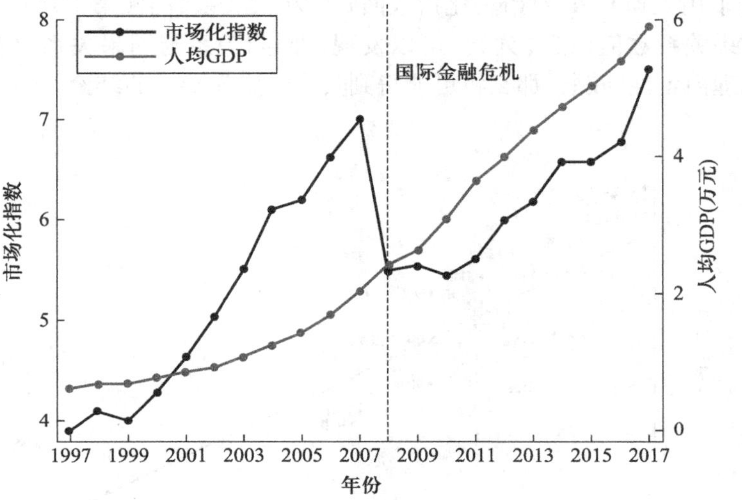

图 6-4　市场化指数与人均 GDP（时间序列数据）

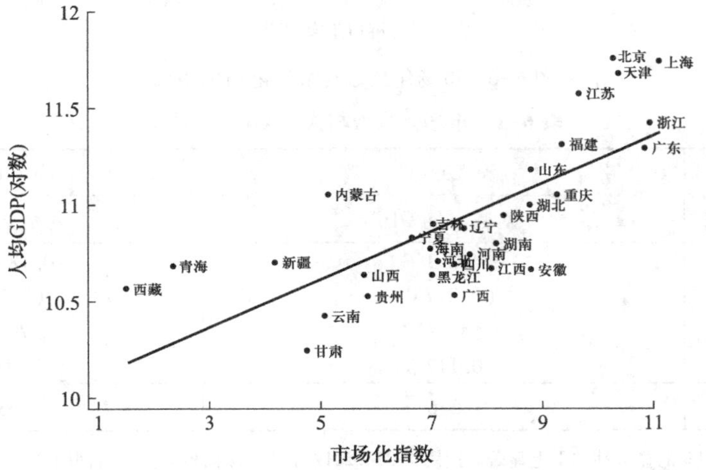

图 6-5　市场化指数与人均 GDP（截面数据）

一般而言，答案是否定的。若存在内生性问题，那么回归关系则不再具有因果解释。对于本例而言，内生性可能来自如下几个方面：首先，遗漏变量，图 6-5 中呈现的正回归关系有可能是同时正向影响人均 GDP 和市场化指数的第三个因素——比如固定资产投资。其次，测量误差，市场化指数这个指标有可能存在一定的测量误差。这是因为市场化发展程度包罗万象，难以用特定的指标来完美表示。最后，联立性或反向因果，图 6-5 中呈现的正相关关系，可能不是市场化指数提升导致人均 GDP 增加的表现，而是人均 GDP 增加导致市场化指数提升的表现。因此，需要为市场化指数寻找一个工具变量。这里我们选用省会城市离最近港口的距离作为工具变量。一方面，地理距离一般不受经济因素的影响，从而较好地满足了外生性假定。另一方面，工具变量与市场化指数呈现强相关关系（见图 6-6），即随距离最近港口的距离增加，市场化指数降低，从而较好地满足了相关性假定。

表 6-1 报告了用人均 GDP 对市场化指数回归的相关关系数值（第 1 列）以及利用工具变量方法所得到的因果关系数值（第 2 列）。可以发现，回归关系与因果关系存在着较大的差异。换言之，若不处理内生性问题，那么将可能得到具有一定误导性的结论。

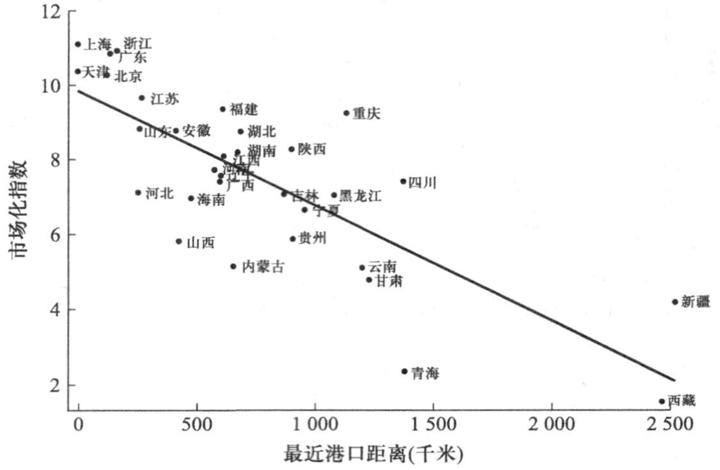

图 6-6 市场化指数与最近港口的距离

表 6-1 市场化指数与人均 GDP 的关系

项目	OLS	IV
	对数人均 GDP	对数人均 GDP
市场化指数	0.403 3***	0.183 2***
	(0.017 7)	(0.036 3)
常数项	7.547 7***	8.797 0***
	(0.117 5)	(0.212 2)
观测值	646	646

注释：*** 表示在 1%的显著性水平上显著。运用 1997—2017 年的省级面板数据进行回归分析，故有 646 个观测值。

1.3 瓦尔德估计量

命题 6.1：在工具变量z_i是虚拟变量的情形下，式(6-5)则变为：

$$\beta_1=\frac{\mathbb{E}(y_i \mid z_i=1)-\mathbb{E}(y_i \mid z_i=0)}{\mathbb{E}(x_i \mid z_i=1)-\mathbb{E}(x_i \mid z_i=0)} \tag{6-11}$$

式(6-11)被称为工具变量估计的**瓦尔德表达式**(Wald,1940;Durbin,1954)。可以看出，瓦尔德表达式非常直观地呈现了利用工具变量来识别因果效应参数的逻辑——因果效应参数等于工具变量引起的被解释变量变化除以工具变量引起的解释变量变化。接下来我们给出式(6-11)的具体证明过程。

证明：

将$z_i=1$的概率记为p，则有如下等式成立：

$$\begin{aligned}\mathrm{Cov}(z_i,y_i)&=\mathbb{E}(z_iy_i)-\mathbb{E}(z_i)\mathbb{E}(y_i)\\&=\mathbb{E}[\mathbb{E}(z_iy_i\mid z_i)]-\mathbb{E}(z_i)\mathbb{E}[\mathbb{E}(y_i\mid z_i)]\\&=p\mathbb{E}(y_i\mid z_i=1)-\mathbb{E}(z_i)[p\mathbb{E}(y_i\mid z_i=1)+(1-p)\mathbb{E}(y_i\mid z_i=0)]\\&=p\mathbb{E}(y_i\mid z_i=1)-p[p\mathbb{E}(y_i\mid z_i=1)+(1-p)\mathbb{E}(y_i\mid z_i=0)]\\&=p(1-p)[\mathbb{E}(y_i\mid z_i=1)-\mathbb{E}(y_i\mid z_i=0)]\end{aligned}$$

其中，第二个等式用到了迭代期望定律，第四个等式利用到了$\mathbb{E}(z_i)=p$。

同样地，

$$\mathrm{Cov}(z_i,x_i)=p(1-p)[\mathbb{E}(x_i\mid z_i=1)-\mathbb{E}(x_i\mid z_i=0)]$$

因此结合式(6-5)最终可以得到：

$$\beta_1=\frac{\mathrm{Cov}(z_i,y_i)}{\mathrm{Cov}(z_i,x_i)}=\frac{\mathbb{E}(y_i\mid z_i=1)-\mathbb{E}(y_i\mid z_i=0)}{\mathbb{E}(x_i\mid z_i=1)-\mathbb{E}(x_i\mid z_i=0)}$$

故命题得证。

□

1.4 工具变量的历史起点(Wright,1928)

以上通过单方程模型介绍了工具变量方法的基本原理，这是计量经济学教材普遍采用的工具变量方法介绍方式。事实上，工具变量方法起源于多方程估计问题——联立方程组模型框架下的需求弹性估计问题。工具变量这一概念最先由 Wright(1928)在估计黄油需求弹性的过程中所提出。考虑如下供给需求(结构)模型：

$$\begin{cases}Q^{\mathrm{d}}=\alpha_0+\alpha_1P+\epsilon & \text{(需求方程)}\\Q^{\mathrm{s}}=\beta_0+\beta_1P+\xi & \text{(供给方程)}\\Q^{\mathrm{d}}=Q^{\mathrm{s}}=Q & \text{(市场均衡)}\end{cases}\tag{6-12}$$

其中，第一个方程为需求方程，Q^{d}为黄油的市场需求量，P为黄油的市场价格，ϵ为除了P之外所有影响黄油需求的因素，包括偏好、预期以及黄油的品质等，从而是结构误差项，因此α_1表示价格变化对需求的因果影响(当产量和价格都用对数表示时,α_1则为黄油的需求弹性)；第二个方程为供给曲线，类似地，Q^{s}为黄油的市场供给量，P为黄油的市场价格，ξ为除了P之外所有影响黄油供给的因素，包括技术水平、天气以及预期等，从而是结构误差项，因此β_1表示价格变化对供给的因果影响(当产量和价格都用对数表示时,β_1则为黄油的供给弹性)。Wright(1928)所关注的是需求弹性α_1。

对于式(6-12)所刻画的供给需求模型，**从概念上有以下几点需要特别注意**：第一，供给曲线和需求曲线是存在于经济学家头脑中的概念，它们现实中一般无法被观测到；第二，观测数据是供给和需求共同作用的均衡结果；第三，在使用二维图形来展示供给曲线和需求曲线的情形下，结构误差项的变动体现在曲线的平移上。

图 6-7 直观地展示了需求弹性的识别过程。其中图 6-7(a)给出了需求曲线的变化，价格 P 变动体现为需求曲线上点的移动，结构误差项 ϵ 变动，体现为整个需求曲线平移，即从 D^1 移动到 D^2。图 6-7(b)给出了一个均衡状态，无论供给曲线还是需求曲线均无法被观测到，能够被观测的是二者共同作用所形成的均衡状态——数据。图 6-7(c)绘制的是不同时期的数据(对应不同的均衡状态)以及基于这些数据所得到的拟合线。显然，这个拟合线既不是供给曲线也不是需求曲线，它同时包含了供给和需求的信息。图 6-7(d)则展示了如何通过工具变量来识别需求曲线，具体而言，Wright(1928)利用天气作为价格的工具变量，天气通过影响植物的生长来影响黄油的供给，但是天气一般不会影响人们对黄油的需求，因此天气变量在 ξ 之中而不在 ϵ 之中，从而天气的变化在图形中体现为供给曲线的移动，而需求曲线则不移动，这样均衡点由 E^1 移动到 E^2。对于需求曲线而言，均衡点由 E^1 移动到 E^2 意味着，黄油需求量的变化只是价格变化所引起的(除价格之外的所有影响需求的因素 ϵ 都不变)，从而识别了需求曲线。利用联立方程组的术语来表述，识别需求方程需要一个在供给方程但是不在需求方程中的变量(在本例中这个变量为天气)，不难发现，这就是识别联立方程组模型参数的**排除性约束**(Exclusion Restrictions)。

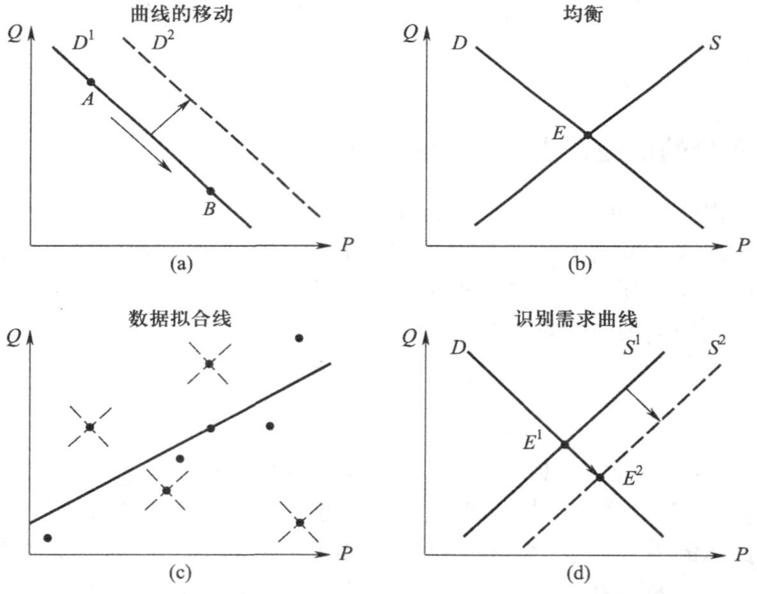

图 6-7 需求曲线的识别示意图

可以看出，Wright(1928)利用天气作为价格的工具变量来识别需求曲线(弹性)较好地满足了工具变量的相关性假设与外生性假设。一方面，天气通过影响黄油的市场供给来影响黄油市场价格，从而满足了相关性假设；另一方面，人们一般不会因天气的变化而改变对黄油的需求，从而满足了外生性假设。换言之，天气只通过黄油市场价格来影响黄油的市场需求是 Wright(1928)识别需求曲线(弹性)的关键(不过，严格来讲，若天气影响到黄油的品质以及人们对黄油的偏好等影响需求的因素,那么利用天气作为价格的工具变量则无法识别需求弹性)。

2. 工具变量方法的一般设定

以上内容通过只有一个解释变量的简单模型介绍了工具变量方法的基本原理。本节介绍一般设定情形下的工具变量方法。具体而言，考虑如下具有多个解释变量的结构方程：

$$y_i = \underbrace{\boldsymbol{x}_i'}_{1\times K}\underbrace{\boldsymbol{\beta}}_{K\times 1} + \epsilon_i \tag{6-13}$$

其中，ϵ_i表示除了$\boldsymbol{x}_i$之外所有影响y_i的因素，从而是结构误差项，假设$\boldsymbol{x}_i$中包含常数项，不失一般性令$x_{i1}=1$。$\boldsymbol{\beta}$ 是我们感兴趣的因果效应参数。一般而言，$\text{Cov}(\boldsymbol{x}_i, \epsilon_i) = \mathbb{E}(\boldsymbol{x}_i\epsilon_i) \neq \boldsymbol{0}$，即$\boldsymbol{x}_i$是内生变量。因此，直接利用$y_i$对$\boldsymbol{x}_i$进行回归无法得到因果效应参数$\boldsymbol{\beta}$。具体地，

$$\begin{aligned}\boldsymbol{\beta}_{\text{OLS}} &= [\mathbb{E}(\boldsymbol{x}_i\boldsymbol{x}'_i)]^{-1}\mathbb{E}(\boldsymbol{x}_i y_i)\\ &= [\mathbb{E}(\boldsymbol{x}_i\boldsymbol{x}'_i)]^{-1}\mathbb{E}[\boldsymbol{x}_i(\boldsymbol{x}'_i\boldsymbol{\beta}+\epsilon_i)]\\ &= \boldsymbol{\beta}+[\mathbb{E}(\boldsymbol{x}_i\boldsymbol{x}'_i)]^{-1}\mathbb{E}(\boldsymbol{x}_i\epsilon_i)\\ &\neq \boldsymbol{\beta}\end{aligned} \tag{6-14}$$

解释变量$\boldsymbol{x}_i$中既可以有一个内生变量，也可以有多个内生变量。对于$\boldsymbol{x}_i$中只有一个内生变量的情形，习惯上将这个变量放作最后一个解释变量x_{iK}，式(6-13)进一步表示为：

$$y_i = \beta_1 x_{i1} + \cdots + \beta_{K-1}x_{iK-1} + \beta_K x_{iK} + \epsilon_i \tag{6-15}$$

其中，$\{x_{i1}, x_{i2}, \cdots, x_{iK-1}\}$为外生变量，从而可以作为自身的工具变量，$x_{iK}$为内生变量，从而需要寻找一个合适的变量作为它的工具变量。

考虑到简便性，接下来我们以只有一个内生变量的情形为例来介绍工具变量方法。本节具体分为两小节，第一小节介绍工具变量个数等于内生变量个数的情形；第二小节介绍工具变量个数大于内生变量个数的情形。由于第一种情形可以视为第二种情形的特殊形式，因此我们对第一种情形只做简要介绍，将工具变量的主要内容放到第二种情形中。习惯上，将工具变量个数等于内生变量个数的情形直接称为工具变量方法，而将工具变量个数大于内生变量个数的情形称为**两阶段最小二乘方法**。

2.1 工具变量个数等于内生变量个数(IV)——模型恰好识别

由于$\{x_{i1}, x_{i2}, \cdots, x_{iK-1}\}$为外生变量，因此它们可以作为自身的工具变量。如果将内生变量x_{iK}的工具变量记为z_i，那么$\boldsymbol{x}_i$所对应的工具变量向量则为：$\boldsymbol{z}_i = \begin{bmatrix} x_{i1}\\ x_{i2}\\ \vdots\\ x_{iK-1}\\ z_i\end{bmatrix}$。工具变量的外生性假定意味着：

IV 假设 1：

$$\text{Cov}(\boldsymbol{z}_i, \epsilon_i) = \mathbb{E}(\boldsymbol{z}_i\epsilon_i) = \boldsymbol{0} \tag{6-16}$$

IV 假设 1 为外生性假设，也被称为工具变量的**正规条件**(Orthogonality Conditions)。由于z_i为 $K\times1$ 向量，因此正规条件的个数为 K，从而等于未知参数的个数，即**模型恰好识别**(Just Identified)。

利用 **IV 假设 1**，将式(6-15)左右两边同时乘以工具变量z_i并取期望可得：

$$\mathbb{E}(z_i y_i)=\underbrace{\mathbb{E}(z_i\boldsymbol{x}_i')}_{K\times K}\boldsymbol{\beta} \tag{6-17}$$

可以发现，到目前为止，我们无法基于式(6-17)得出因果效应参数$\boldsymbol{\beta}$的具体表达式，这是因为矩阵$\mathbb{E}(z_i\boldsymbol{x}_i')$可能并不可逆。因此，为识别因果效应参数$\boldsymbol{\beta}$，需进一步假设$\mathbb{E}(z_i\boldsymbol{x}_i')$为满秩矩阵，即需要如下假设：

IV 假设 2：

$$\mathrm{rank}[\mathbb{E}(z_i\boldsymbol{x}_i')]=K \tag{6-18}$$

IV 假设 2 的具体含义是什么？事实上，该假设本质上可以理解为工具变量的相关性假定。具体地，对于外生变量$\{x_{i1},x_{i2},\cdots,x_{iK-1}\}$而言，工具变量为它们自身，因此相关性自然得到满足。对于内生变量x_{iK}而言，**IV 假设 2** 要求在控制了$\{x_{i1},x_{i2},\cdots,x_{iK-1}\}$之后，工具变量$z_i$与$x_{iK}$依然存在相关性。正式地，将$x_{iK}$对所有外生变量的回归方程记为：

$$x_{iK}=x_{iK}^*+\zeta_i \tag{6-19}$$

其中，定义$x_{iK}^*\equiv\pi_1x_{i1}+\cdots+\pi_{K-1}x_{iK-1}+\pi_Kz_i$。根据最小二乘回归的性质可以很容易发现，$x_{iK}^*$是内生变量$x_{iK}$在所有外生变量上的投影，$\zeta_i$与$\{x_{i1},x_{i2},\cdots,x_{iK-1},z_i\}$不相关。

命题 6.2：**IV 假设 2** 要求在控制了外生变量$\{x_{i1},x_{i2},\cdots,x_{iK-1}\}$之后，工具变量$z_i$与内生变量$x_{iK}$依然存在相关性，即

$$\pi_K\neq0 \tag{6-20}$$

证明：

利用式(6-19)替换$\boldsymbol{x}_i$中x_{iK}可得：

$$\boldsymbol{x}_i'=[x_{i1}\quad x_{i2}\quad\cdots\quad x_{iK-1}\quad x_{iK}^*+\zeta_i]$$

进一步定义$\boldsymbol{x}_i^{*\prime}=[x_{i1}\quad x_{i2}\quad\cdots\quad x_{iK-1}\quad x_{iK}^*]$，那么则有：

$$\boldsymbol{x}_i'=\boldsymbol{x}_i^{*\prime}+[0\quad 0\quad\cdots\quad 0\quad \zeta_i]$$

利用ζ_i与$\{x_{i1},x_{i2},\cdots,x_{iK-1},z_i\}$都不相关可以得到：

$$\mathbb{E}(z_i\boldsymbol{x}_i')=\mathbb{E}[z_i(\boldsymbol{x}_i^{*\prime}+[0\quad 0\quad\cdots\quad 0\quad \zeta_i])]=\mathbb{E}(z_i\boldsymbol{x}_i^{*\prime})$$

由于

$$\boldsymbol{x}_i^{*\prime}=\underbrace{[x_{i1}\quad x_{i2}\quad\cdots\quad x_{iK-1}\quad z_i]}_{z_i'}\underbrace{\begin{bmatrix}1&0&\cdots&0&\pi_1\\0&1&\cdots&0&\pi_2\\\vdots&\vdots&&\vdots&\vdots\\0&0&\cdots&1&\pi_{K-1}\\0&0&\cdots&0&\pi_K\end{bmatrix}}_{\Pi}=z_i'\boldsymbol{\Pi}$$①

那么则有：

① 模型中的解释变量分别对所有工具变量做投影。

$$\mathbb{E}(z_i \boldsymbol{x}_i^{*\prime}) = \mathbb{E}(z_i z_i' \boldsymbol{\Pi}) = [\mathbb{E}(z_i z_i')] \boldsymbol{\Pi}$$

又因为$\mathbb{E}(z_i \boldsymbol{x}_i') = \mathbb{E}(z_i \boldsymbol{x}_i^{*\prime})$，所以可以得到：

$$\mathbb{E}(z_i \boldsymbol{x}_i') = [\mathbb{E}(z_i z_i')] \boldsymbol{\Pi}$$

因此 $\operatorname{rank}[\mathbb{E}(z_i \boldsymbol{x}_i')] = K$ 成立等价于 $\operatorname{rank}\{[\mathbb{E}(z_i z_i')]\boldsymbol{\Pi}\} = K$。注意到，只要$z_i$中变量不存在多重共线性问题，$\mathbb{E}(z_i z_i')$就是满秩矩阵。因此 $\operatorname{rank}\{\mathbb{E}(z_i \boldsymbol{x}_i')\} = \operatorname{rank}\{[\mathbb{E}(z_i z_i')]\boldsymbol{\Pi}\} = K$ 成立要求 $\boldsymbol{\Pi} = \begin{bmatrix} 1 & 0 & \cdots & 0 & \pi_1 \\ 0 & 1 & \cdots & 0 & \pi_2 \\ \vdots & \vdots & & \vdots & \vdots \\ 0 & 0 & \cdots & 1 & \pi_{K-1} \\ 0 & 0 & \cdots & 0 & \pi_K \end{bmatrix}$ 为满秩矩阵。可以很容易看出，$\boldsymbol{\Pi}$ 为满秩矩阵意味着$\pi_K \neq 0$。

故命题得证。

□

在 **IV 假设 1** 与 **IV 假设 2** 都成立的条件下，根据式(6-17)可以很容易地写出因果效应参数$\boldsymbol{\beta}$的表达式：

$$\boldsymbol{\beta} = [\mathbb{E}(z_i \boldsymbol{x}_i')]^{-1} \mathbb{E}(z_i y_i) \tag{6-21}$$

根据类比原则可以得到$\boldsymbol{\beta}$的样本估计量：

$$\hat{\boldsymbol{\beta}}_{\mathrm{IV}} = \left(\sum_{i=1}^{N} z_i \boldsymbol{x}_i'\right)^{-1} \left(\sum_{i=1}^{N} z_i y_i\right) = (\boldsymbol{Z}'\boldsymbol{X})^{-1}(\boldsymbol{Z}'\boldsymbol{y}) \tag{6-22}$$

其中，$\boldsymbol{X} = \begin{bmatrix} \boldsymbol{x}_1' \\ \boldsymbol{x}_2' \\ \vdots \\ \boldsymbol{x}_N' \end{bmatrix}$，$\boldsymbol{Z} = \begin{bmatrix} z_1' \\ z_2' \\ \vdots \\ z_N' \end{bmatrix}$，$\boldsymbol{y} = \begin{bmatrix} y_1 \\ y_2 \\ \vdots \\ y_N \end{bmatrix}$。关于工具变量估计量$\hat{\boldsymbol{\beta}}_{\mathrm{IV}}$的性质，我们统一在下一小节进行讨论。

可以看出，当所有的变量都是外生变量时，即$z_i = \boldsymbol{x}_i$，工具变量估计就变成了最小二乘估计：

$$\boldsymbol{\beta} = [\mathbb{E}(z_i \boldsymbol{x}_i')]^{-1} \mathbb{E}(z_i y_i) = [\mathbb{E}(\boldsymbol{x}_i \boldsymbol{x}_i')]^{-1} \mathbb{E}(\boldsymbol{x}_i y_i) = \boldsymbol{\beta}_{\mathrm{OLS}} \tag{6-23}$$

为了进一步看清 IV 估计量$\hat{\boldsymbol{\beta}}_{\mathrm{IV}}$的内部结构，我们将解释变量划分为外生变量和内生变量。正式地，令$\boldsymbol{x}_i \equiv \begin{bmatrix} \boldsymbol{x}_{i1} \\ \boldsymbol{x}_{i2} \end{bmatrix}$，其中$\boldsymbol{x}_{i1}$为外生变量，$\boldsymbol{x}_{i2}$为内生变量。令$z_i \equiv \begin{bmatrix} \boldsymbol{x}_{i1} \\ z_{i2} \end{bmatrix}$，其中，$\boldsymbol{x}_{i1}$为其自身的工具变量，$z_{i2}$为内生变量$\boldsymbol{x}_{i2}$的工具变量。令$\hat{\boldsymbol{\beta}}_{\mathrm{IV}} \equiv \begin{bmatrix} \hat{\boldsymbol{\beta}}_{1,\mathrm{IV}} \\ \hat{\boldsymbol{\beta}}_{2,\mathrm{IV}} \end{bmatrix}$，其中，$\hat{\boldsymbol{\beta}}_{1,\mathrm{IV}}$为外生变量$\boldsymbol{x}_{i1}$系数$\boldsymbol{\beta}_1$的 IV 估计量，$\hat{\boldsymbol{\beta}}_{2,\mathrm{IV}}$为内生变量$\boldsymbol{x}_{i2}$系数$\boldsymbol{\beta}_2$的 IV 估计量。数据矩阵可以相应地划分为，$\boldsymbol{X} \equiv [\boldsymbol{X}_1 \quad \boldsymbol{X}_2]$，$\boldsymbol{Z} \equiv [\boldsymbol{X}_1 \quad \boldsymbol{Z}_2]$。

命题 6.3：内生变量$\boldsymbol{x}_{i2}$系数 IV 估计量$\hat{\boldsymbol{\beta}}_{2,\mathrm{IV}}$的表达式为：

$$\hat{\boldsymbol{\beta}}_{2,\mathrm{IV}} = (\boldsymbol{Z}_2' \boldsymbol{M}_{\boldsymbol{X}_1} \boldsymbol{X}_2)^{-1} (\boldsymbol{Z}_2' \boldsymbol{M}_{\boldsymbol{X}_1} \boldsymbol{y}) \equiv (\boldsymbol{Z}_2' \boldsymbol{X}_2^{\perp})^{-1} (\boldsymbol{Z}_2' \boldsymbol{y}^{\perp}) \equiv (\boldsymbol{Z}_2^{\perp\prime} \boldsymbol{X}_2)^{-1} (\boldsymbol{Z}_2^{\perp\prime} \boldsymbol{y}) \tag{6-24}$$

其中，M_{X_1}表示关于X_1的残差制造矩阵，$X_2^{\perp}\equiv M_{X_1}X_2$表示$X_2$对$X_1$回归所得到的残差，$y^{\perp}$表示$y$对$X_1$回归所得到的残差，$Z_2^{\perp}\equiv M_{X_1}Z_2$表示$Z_2$对$X_1$回归所得到的残差。

命题6.3给出了两种获取$\hat{\beta}_{2,\mathrm{IV}}$的方式：第一，首先将$X_1$的信息从$y$和$X_2$中剔除得到$X_2^{\perp}$和$y^{\perp}$，然后使用$Z_2$作为$X_2^{\perp}$的工具变量；第二，首先将$X_1$的信息从$Z_2$中剔除得到$Z_2^{\perp}$，然后利用$Z_2^{\perp}$作为$X_2$的工具变量。直观上，识别$\beta_2$需要用到的本质上是剔除$X_1$后的信息。本章第9节在介绍Bartik工具变量方法的过程中，将会用到该命题。

证明：（与弗里希沃定理的证明过程类似,参见第三章）（ * ）

根据式(6-22)可得：

$$\hat{\beta}_{\mathrm{IV}}\equiv\begin{bmatrix}\hat{\beta}_{1,\mathrm{IV}}\\ \hat{\beta}_{2,\mathrm{IV}}\end{bmatrix}=(Z'X)^{-1}(Z'y)$$

$$=\left(\begin{bmatrix}X_1'\\ Z_2'\end{bmatrix}\begin{bmatrix}X_1 & X_2\end{bmatrix}\right)^{-1}\begin{bmatrix}X_1'y\\ Z_2'y\end{bmatrix}$$

$$=\begin{bmatrix}X_1'X_1 & X_1'X_2\\ Z_2'X_1 & Z_2'X_2\end{bmatrix}^{-1}\begin{bmatrix}X_1'y\\ Z_2'y\end{bmatrix}$$

$$=\begin{bmatrix}\# & \#\\ -(Z_2'X_2-Z_2'X_1(X_1'X_1)^{-1}X_1'X_2)^{-1}Z_2'X_1(X_1'X_1)^{-1} & (Z_2'X_2-Z_2'X_1(X_1'X_1)^{-1}X_1'X_2)^{-1}\end{bmatrix}\begin{bmatrix}X_1'y\\ Z_2'y\end{bmatrix}$$

$$=\begin{bmatrix}\# & \#\\ -(Z_2'M_{X_1}X_2)^{-1}Z_2'X_1(X_1'X_1)^{-1} & (Z_2'M_{X_1}X_2)^{-1}\end{bmatrix}\begin{bmatrix}X_1'y\\ Z_2'y\end{bmatrix}$$

$$=\begin{bmatrix}\#\\ -(Z_2'M_{X_1}X_2)^{-1}Z_2'X_1(X_1'X_1)^{-1}X_1'y+(Z_2'M_{X_1}X_2)^{-1}Z_2'y\end{bmatrix}$$

$$=\begin{bmatrix}\#\\ (Z_2'M_{X_1}X_2)^{-1}Z_2'M_{X_1}y\end{bmatrix}$$

其中，第四行等式用到的是分块矩阵的求逆公式（参见第二章）。由于获取$\hat{\beta}_{2,\mathrm{IV}}$未利用到$\begin{bmatrix}X_1'X_1 & X_1'X_2\\ Z_2'X_1 & Z_2'X_2\end{bmatrix}^{-1}$中的第一行元素，简便起见，我们将第一行元素用#号代替。

故命题得证。

□

2.2　工具变量个数大于内生变量个数(2SLS)——模型过度识别

上一小节介绍了工具变量个数等于内生变量个数的情形，本小节则介绍工具变量个数大于内生变量个数的情形。仍然假设$\{x_{i1},x_{i2},\cdots,x_{iK-1}\}$为外生变量，从而可以作为自身的工具变量。但是与上一小节内生变量x_{iK}只有一个工具变量不同，这里假定存在M个工具变量$\{z_{i1},z_{i2},\cdots,z_{iM}\}$。因此，工具变量向量$z_i$则变为：

$$\underbrace{z_i'}_{1\times(K-1+M)}=\begin{bmatrix}x_{i1} & x_{i2} & \cdots & x_{iK-1} & z_{i1} & z_{i2} & \cdots & z_{iM}\end{bmatrix}$$

2.2.1 参数的识别与估计

在工具变量个数大于内生变量个数的情形下，外生性假定可以同样地记作：

2SLS 假设 1：

$$\mathrm{Cov}(z_i,\epsilon_i)=\mathbb{E}(z_i\epsilon_i)=\mathbf{0} \tag{6-25}$$

可以看出，**2SLS 假设 1** 与上一小节中的 **IV 假设 1** 一样。值得注意的是，由于z_i'为$1\times(K-1+M)$向量，所以正规条件的个数为$K-1+M$，从而大于未知参数$\boldsymbol{\beta}$的个数K，**即模型过度识别**(Over-Identification)。为使正规条件个数与未知参数个数相等，将解释变量$\boldsymbol{x}_i$中的元素逐一对**所有**外生变量z_i进行回归所得到的投影向量作为工具变量(在下一小节中我们将看到，选择$\boldsymbol{x}_i$对z_i的投影而不是直接从z_i中选择K个工具变量是考虑到估计量的有效性问题)。该情形下，工具变量方法习惯上被称为**两阶段最小二乘方法**(Two Stage Least Squares, 2SLS)。

对于外生变量$\{x_{i1},x_{i2},\cdots,x_{iK-1}\}$而言，可以很容易看出，由于$z_i$包含了这些变量，所以它们在$z_i$上的投影等于自身。对于内生变量$x_{iK}$而言，它在$z_i$上的投影可以表示为：

$$x_{iK}=x_{iK}^*+\zeta_i \tag{6-26}$$

其中，$x_{iK}^*=\pi_1x_{i1}+\cdots+\pi_{K-1}x_{iK-1}+\rho_1z_{i1}+\cdots+\rho_Mz_{iM}$。

将解释变量$\boldsymbol{x}_i$中的元素逐一对所有外生变量z_i进行的回归写成矩阵形式可得：

$$\underbrace{\begin{bmatrix}x_{i1}\\x_{i2}\\\vdots\\x_{iK-1}\\x_{iK}\end{bmatrix}'}_{1\times K}=\underbrace{[x_{i1}\quad x_{i2}\quad\cdots\quad x_{iK-1}\quad z_{i1}\quad z_{i2}\quad\cdots\quad z_{iM}]}_{1\times(K-1+M)}\underbrace{\begin{bmatrix}1&0&\cdots&0&\pi_1\\0&1&\cdots&0&\pi_2\\\vdots&\vdots&&\vdots&\vdots\\0&0&\cdots&1&\pi_{K-1}\\0&0&\cdots&0&\rho_1\\\vdots&\vdots&&\vdots&\vdots\\0&0&0&0&\rho_M\end{bmatrix}}_{(K-1+M)\times K}+\underbrace{\begin{bmatrix}0\\0\\\vdots\\0\\\zeta_i\end{bmatrix}'}_{1\times K} \tag{6-27}$$

式(6-27)可以简洁地表示为：

$$\boldsymbol{x}_i'=z_i'\boldsymbol{\Pi}+\boldsymbol{e}_i' \tag{6-28}$$

其中，$\boldsymbol{\Pi}=\begin{bmatrix}1&0&\cdots&0&\pi_1\\0&1&\cdots&0&\pi_2\\\vdots&\vdots&&\vdots&\vdots\\0&0&\cdots&1&\pi_{K-1}\\0&0&\cdots&0&\rho_1\\\vdots&\vdots&&\vdots&\vdots\\0&0&0&0&\rho_M\end{bmatrix}$，$\boldsymbol{e}_i=\begin{bmatrix}0\\0\\\vdots\\0\\\zeta_i\end{bmatrix}$。进一步利用最小二乘回归的性质可以很容易得到，$\mathbb{E}(z_i\boldsymbol{e}_i')=\mathbf{0}$，$\boldsymbol{\Pi}=[\mathbb{E}(z_iz_i')]^{-1}\mathbb{E}(z_i\boldsymbol{x}_i')$。注意到，式(6-28)相当于将解释变量$\boldsymbol{x}_i'$分解为外生部分$z_i'\boldsymbol{\Pi}$和内生部分$\boldsymbol{e}_i'$。**需要说明的是，式(6-28)只是回归方程，参数$\boldsymbol{\Pi}$从而不一定具有因果解释。**

现在，我们就得到了解释变量$\boldsymbol{x}_i$投影到**所有**外生变量$\boldsymbol{z}_i$上的向量，把这个向量记为$\boldsymbol{x}_i^*$则有：

$$\underbrace{\boldsymbol{x}_i^{*\prime}}_{1\times K}=\underbrace{\boldsymbol{z}_i'}_{1\times(K-1+M)}\underbrace{\boldsymbol{\Pi}}_{(K-1+M)\times K} \tag{6-29}$$

投影向量$\boldsymbol{x}_i^{*\prime}$所对应的样本估计量$\hat{\boldsymbol{x}}_i^{*\prime}$为：

$$\underbrace{\hat{\boldsymbol{x}}_i^{*\prime}}_{1\times K}=\underbrace{\boldsymbol{z}_i'}_{1\times(K-1+M)}\underbrace{\hat{\boldsymbol{\Pi}}}_{(K-1+M)\times K} \tag{6-30}$$

其中，$\hat{\boldsymbol{\Pi}}=\begin{bmatrix}1 & 0 & \cdots & 0 & \hat{\pi}_1\\ 0 & 1 & \cdots & 0 & \hat{\pi}_2\\ \vdots & \vdots & & \vdots & \vdots\\ 0 & 0 & \cdots & 1 & \hat{\pi}_{K-1}\\ 0 & 0 & \cdots & 0 & \hat{\rho}_1\\ \vdots & \vdots & & \vdots & \vdots\\ 0 & 0 & 0 & 0 & \hat{\rho}_M\end{bmatrix}$。

定义$\hat{\boldsymbol{e}}_i'\equiv\boldsymbol{x}_i'-\hat{\boldsymbol{x}}_i^{*\prime}$，可以得到：

$$\boldsymbol{x}_i'=\hat{\boldsymbol{x}}_i^{*\prime}+\hat{\boldsymbol{e}}_i' \tag{6-31}$$

可以看出，投影向量$\boldsymbol{x}_i^*$及其样本估计量$\hat{\boldsymbol{x}}_i^*$是$K\times1$向量，它们的维度与内生变量$\boldsymbol{x}_i$的维度（从而未知参数个数）相等。既可以选择$\boldsymbol{x}_i^*$本身作为$\boldsymbol{x}_i$的工具变量，也可以选择它的样本估计值$\hat{\boldsymbol{x}}_i^*$作为$\boldsymbol{x}_i$的工具变量。在选择$\hat{\boldsymbol{x}}_i^*$作为工具变量的情形下，能够更加清楚地看出2SLS方法的直观含义，我们首先介绍这一情形。

2.2.2 选择$\hat{\boldsymbol{x}}_i^*$作为工具变量

由于$\hat{\boldsymbol{x}}_i^{*\prime}=\boldsymbol{z}_i'\hat{\boldsymbol{\Pi}}$，因此$\hat{\boldsymbol{x}}_i^*$是$\boldsymbol{z}_i$的线性组合，所以在$\mathbb{E}(\boldsymbol{z}_i\epsilon_i)=\boldsymbol{0}$成立的条件下，$\mathbb{E}(\hat{\boldsymbol{x}}_i^*\epsilon_i)=\boldsymbol{0}$。从而可以得到：

$$\mathbb{E}(\hat{\boldsymbol{x}}_i^*y_i)=\mathbb{E}[\hat{\boldsymbol{x}}_i^*(\boldsymbol{x}_i'\boldsymbol{\beta}+\epsilon_i)]=\underbrace{\mathbb{E}(\hat{\boldsymbol{x}}_i^*\boldsymbol{x}_i')}_{K\times K}\boldsymbol{\beta} \tag{6-32}$$

同样地，为识别因果效应参数$\boldsymbol{\beta}$，需进一步假设$\mathbb{E}(\hat{\boldsymbol{x}}_i^*\boldsymbol{x}_i')$为满秩矩阵，即需要如下假设：

2SLS假设2：

$$\operatorname{rank}[\mathbb{E}(\hat{\boldsymbol{x}}_i^*\boldsymbol{x}_i')]=K$$

命题6.4：2SLS假设2要求控制了外生变量$\{x_{i1},x_{i2},\cdots,x_{iK-1}\}$后，工具变量$\{z_{i1},z_{i2},\cdots,z_{iM}\}$中至少有一个变量与内生变量$x_{iK}$相关。即在式(6-26)所表示的回归方程中，$\{z_{i1},z_{i2},\cdots,z_{iM}\}$的参数估计值$\{\hat{\rho}_1,\hat{\rho}_2,\cdots,\hat{\rho}_M\}$不全为0。

证明：

由于如下等式成立：

$$\mathbb{E}(\hat{\boldsymbol{x}}_i^*\boldsymbol{x}_i')=\mathbb{E}[\hat{\boldsymbol{x}}_i^*(\hat{\boldsymbol{x}}_i^{*\prime}+\hat{\boldsymbol{e}}_i')]=\mathbb{E}(\hat{\boldsymbol{x}}_i^*\hat{\boldsymbol{x}}_i^{*\prime})=\hat{\boldsymbol{\Pi}}'[\mathbb{E}(\boldsymbol{z}_i\boldsymbol{z}_i')]\hat{\boldsymbol{\Pi}}$$

其中，第一个等式用到$\boldsymbol{x}_i'=\hat{\boldsymbol{x}}_i^{*\prime}+\hat{\boldsymbol{e}}_i'$，第二个等式成立用到$\hat{\boldsymbol{x}}_i^*$与$\hat{\boldsymbol{e}}_i'$不相关（根据回归拟合值与残差项不相关），最后一个等式成立用到的是$\hat{\boldsymbol{x}}_i^{*\prime}=\boldsymbol{z}_i'\hat{\boldsymbol{\Pi}}$。

因此，在z_i中变量不存在多重共线性从而$\mathbb{E}(z_i z_i')$满秩的条件下，$\mathrm{rank}[\mathbb{E}(\hat{x}_i^* x_i')]=K$要求矩阵$\hat{\Pi}$满秩。从$\hat{\Pi}=\begin{bmatrix} 1 & 0 & \cdots & 0 & \hat{\pi}_1 \\ 0 & 1 & \cdots & 0 & \hat{\pi}_2 \\ \vdots & \vdots & & \vdots & \vdots \\ 0 & 0 & \cdots & 1 & \hat{\pi}_{K-1} \\ 0 & 0 & \cdots & 0 & \hat{\rho}_1 \\ \vdots & \vdots & & \vdots & \vdots \\ 0 & 0 & 0 & 0 & \hat{\rho}_M \end{bmatrix}$中可以很容易看出，矩阵$\hat{\Pi}$满秩要求$\{\hat{\rho}_1,\hat{\rho}_2,\cdots,\hat{\rho}_M\}$不全为0。

故命题得证。

□

在**2SLS假设1**与**2SLS假设2**同时成立的条件下可以得到：

$$\boldsymbol{\beta}=[\mathbb{E}(\hat{x}_i^* x_i')]^{-1}\mathbb{E}(\hat{x}_i^* y_i) \tag{6-33}$$

进一步利用$\mathbb{E}(\hat{x}_i^* x_i')=\mathbb{E}(\hat{x}_i^* \hat{x}_i^{*\prime})$可得：

$$\boldsymbol{\beta}=[\mathbb{E}(\hat{x}_i^* \hat{x}_i^{*\prime})]^{-1}\mathbb{E}(\hat{x}_i^* y_i) \tag{6-34}$$

因此，$\boldsymbol{\beta}$的2SLS估计量$\hat{\boldsymbol{\beta}}_{2SLS}$为：

$$\begin{aligned}\hat{\boldsymbol{\beta}}_{2SLS}&=\left(\sum_{i=1}^{N}\hat{x}_i^* x_i'\right)^{-1}\left(\sum_{i=1}^{N}\hat{x}_i^* y_i\right)\\&=(\hat{X}^{*\prime}X)^{-1}(\hat{X}^{*\prime}y)\\&=\left(\sum_{i=1}^{N}\hat{x}_i^* \hat{x}_i^{*\prime}\right)^{-1}\left(\sum_{i=1}^{N}\hat{x}_i^* y_i\right)\\&=(\hat{X}^{*\prime}\hat{X}^*)^{-1}(\hat{X}^{*\prime}y)\end{aligned} \tag{6-35}$$

其中，$X=\begin{bmatrix} x_1' \\ x_2' \\ \vdots \\ x_N' \end{bmatrix}$，$\hat{X}^*=\begin{bmatrix} \hat{x}_1^{*\prime} \\ \hat{x}_2^{*\prime} \\ \vdots \\ \hat{x}_N^{*\prime} \end{bmatrix}$，$y=\begin{bmatrix} y_1 \\ y_2 \\ \vdots \\ y_N \end{bmatrix}$。容易看出，$\hat{\boldsymbol{\beta}}_{2SLS}=(\sum_{i=1}^{N}\hat{x}_i^* x_i')^{-1}(\sum_{i=1}^{N}\hat{x}_i^* y_i)$成立是对于式(6－33)利用类比原则，$\hat{\boldsymbol{\beta}}_{2SLS}=(\sum_{i=1}^{N}\hat{x}_i^* \hat{x}_i^{*\prime})^{-1}(\sum_{i=1}^{N}\hat{x}_i^* y_i)$成立是对于式(6-34)利用类比原则。

结合最小二乘表达式，$\hat{\boldsymbol{\beta}}_{2SLS}=(\sum_{i=1}^{N}\hat{x}_i^* \hat{x}_i^{*\prime})^{-1}(\sum_{i=1}^{N}\hat{x}_i^* y_i)$意味着$\hat{\boldsymbol{\beta}}_{2SLS}$可以通过如下两步回归来得到：**第一步回归：**$x_i$对所有外生变量$z_i$回归得到回归拟合值$\hat{x}_i^*$；**第二步回归：**$y_i$对第一步回归所得到的拟合值$\hat{x}_i^*$进行回归。

换言之，利用$\hat{x}_i^*$作为x_i的工具变量等价于上述两步回归，这也是两阶段最小二乘回归名称的由来。**以上两阶段最小二乘回归也给出了工具变量法识别因果效应参数的另外一个角度的解释：利用工具变量将内生变量中的外生部分分离出来**，以此来识别内生变量对被解释变量的因果影响——第一步回归将内生变量对工具变量进行回归得到拟合值，这个拟合值是工具变量的线性函数，(在工具变量外生性假设满足的条件下)可以视作内生变量中的外生部分，第二步回归利用被解释变量对这个外生部分进行回归，从而得到因果效应参数。**值得指出的是，由于第一步回归只是内生变量向外生变量做投影，即将内生变量中的外生部分过滤出来，因此在这一步回归中并不要求系数具有因果解释**。

2.2.3 选择$\boldsymbol{x}_i^*$作为工具变量

上一小节介绍了选择$\hat{\boldsymbol{x}}_i^*$作为$\boldsymbol{x}_i$工具变量的情形。观察式(6-35)可以发现，变量$\hat{\boldsymbol{x}}_i^*$是基于第一步回归所得到的估计值，从而存在**抽样误差**(Sampling Error)，根据第四章的介绍我们已经了解到，该情形下需要对标准误进行调整以考虑将$\hat{\boldsymbol{x}}_i^*$代替$\boldsymbol{x}_i^*$进入回归方程带来的抽样误差。换言之，**直接基于两步估计所得到的标准误进行统计推断将可能产生具有误导性的结论**。正是因为如此，2SLS 方法更多的是选择$\boldsymbol{x}_i^*$作为$\boldsymbol{x}_i$的工具变量。该情形下，工具变量的相关性假设则相应地变为：

2SLS 假设 2′：

$$\operatorname{rank}[\mathbb{E}(\boldsymbol{x}_i^*\boldsymbol{x}_i')]=K \tag{6-36}$$

与 **2SLS 假设 2** 要求$\{\hat{\rho}_1,\hat{\rho}_2,\cdots,\hat{\rho}_M\}$不全为 0 类似，**2SLS 假设 2′**要求$\{\rho_1,\rho_2,\cdots,\rho_M\}$不全为 0。具体证明过程与命题 6.4 相同，这里不再赘述。

命题 6.5：在 **2SLS 假设 1** 与 **2SLS 假设 2′**成立的条件下，可以得到：

$$\begin{aligned}\boldsymbol{\beta}&=[\mathbb{E}(\boldsymbol{x}_i^*\boldsymbol{x}_i')]^{-1}\mathbb{E}(\boldsymbol{x}_i^*y_i)\\&=\{\mathbb{E}(\boldsymbol{x}_i\boldsymbol{z}_i')[\mathbb{E}(\boldsymbol{z}_i\boldsymbol{z}_i')]^{-1}\mathbb{E}(\boldsymbol{z}_i\boldsymbol{x}_i')\}^{-1}\mathbb{E}(\boldsymbol{x}_i\boldsymbol{z}_i')[\mathbb{E}(\boldsymbol{z}_i\boldsymbol{z}_i')]^{-1}\mathbb{E}(\boldsymbol{z}_iy_i)\end{aligned} \tag{6-37}$$

证明：

利用$\boldsymbol{x}_i^{*\prime}=\boldsymbol{z}_i'\boldsymbol{\Pi}$可得：

$$\mathbb{E}(\boldsymbol{x}_i^*\boldsymbol{x}_i')=\boldsymbol{\Pi}'\mathbb{E}(\boldsymbol{z}_i\boldsymbol{x}_i')$$

又因为$\boldsymbol{\Pi}=[\mathbb{E}(\boldsymbol{z}_i\boldsymbol{z}_i')]^{-1}\mathbb{E}(\boldsymbol{z}_i\boldsymbol{x}_i')$，所以

$$\mathbb{E}(\boldsymbol{x}_i^*\boldsymbol{x}_i')=\mathbb{E}(\boldsymbol{x}_i\boldsymbol{z}_i')[\mathbb{E}(\boldsymbol{z}_i\boldsymbol{z}_i')]^{-1}\mathbb{E}(\boldsymbol{z}_i\boldsymbol{x}_i')$$

同样地可以得到

$$\mathbb{E}(\boldsymbol{x}_i^*y_i)=\mathbb{E}(\boldsymbol{x}_i\boldsymbol{z}_i')[\mathbb{E}(\boldsymbol{z}_i\boldsymbol{z}_i')]^{-1}\mathbb{E}(\boldsymbol{z}_iy_i)$$

将$\mathbb{E}(\boldsymbol{x}_i^*\boldsymbol{x}_i')$与$\mathbb{E}(\boldsymbol{x}_i^*y_i)$代入表达式$\boldsymbol{\beta}=[\mathbb{E}(\boldsymbol{x}_i^*\boldsymbol{x}_i')]^{-1}\mathbb{E}(\boldsymbol{x}_i^*y_i)$即可证明式(6-37)。故命题得证。

□

根据类比原则，可以非常容易地得到式(6-37)中总体参数$\boldsymbol{\beta}$所对应的样本估计量：

$$\begin{aligned}\hat{\boldsymbol{\beta}}_{2SLS}=&\left[\left(\sum_{i=1}^{N}\boldsymbol{x}_i\boldsymbol{z}_i'\right)\left(\sum_{i=1}^{N}\boldsymbol{z}_i\boldsymbol{z}_i'\right)^{-1}\left(\sum_{i=1}^{N}\boldsymbol{z}_i\boldsymbol{x}_i'\right)\right]^{-1}\cdot\\&\left(\sum_{i=1}^{N}\boldsymbol{x}_i\boldsymbol{z}_i'\right)\left(\sum_{i=1}^{N}\boldsymbol{z}_i\boldsymbol{z}_i'\right)^{-1}\left(\sum_{i=1}^{N}\boldsymbol{z}_iy_i\right)\end{aligned} \tag{6-38}$$

将式(6-38)进一步写成矩阵表达式可得：

$$\hat{\boldsymbol{\beta}}_{2SLS}=[(\boldsymbol{X}'\boldsymbol{Z})(\boldsymbol{Z}'\boldsymbol{Z})^{-1}(\boldsymbol{Z}'\boldsymbol{X})]^{-1}(\boldsymbol{X}'\boldsymbol{Z})(\boldsymbol{Z}'\boldsymbol{Z})^{-1}(\boldsymbol{Z}'\boldsymbol{y}) \tag{6-39}$$

由此可见，选择$\boldsymbol{x}_i^*$作为$\boldsymbol{x}_i$的工具变量不存在估计量标准误调整的问题。

2.3 估计量的性质

以上已经介绍了 2SLS 方法的参数识别和估计，这一小节将以式(6-38)给出的估计量$\hat{\boldsymbol{\beta}}_{2SLS}$为例来介绍 2SLS 估计量的性质。这些性质包括无偏性、一致性、渐近正态性以及相对有效性四类性质。我们假定独立同分布($i.i.d$)数据生成过程。

2.3.1 无偏性

关于 2SLS 估计的一个重要结论是：**即便在工具变量满足强外生性假设$\mathbb{E}(\boldsymbol{\epsilon}\mid \boldsymbol{Z})=\mathbf{0}$的条件下，2SLS 估计量$\hat{\boldsymbol{\beta}}_{2SLS}$也是有偏的**，即

$$\mathbb{E}(\hat{\boldsymbol{\beta}}_{2SLS})\neq\boldsymbol{\beta} \tag{6-40}$$

这一点可以从如下表达式中清晰地看出来：

$$\begin{aligned}\mathbb{E}(\hat{\boldsymbol{\beta}}_{2SLS})&=\mathbb{E}_{\boldsymbol{x}_i,\boldsymbol{z}_i,y_i}\left\{\begin{array}{c}\left[\left(\sum_{i=1}^{N}\boldsymbol{x}_i\boldsymbol{z}_i'\right)\left(\sum_{i=1}^{N}\boldsymbol{z}_i\boldsymbol{z}_i'\right)^{-1}\left(\sum_{i=1}^{N}\boldsymbol{z}_i\boldsymbol{x}_i'\right)\right]^{-1}\\ \left(\sum_{i=1}^{N}\boldsymbol{x}_i\boldsymbol{z}_i'\right)\left(\sum_{i=1}^{N}\boldsymbol{z}_i\boldsymbol{z}_i'\right)^{-1}\left(\sum_{i=1}^{N}\boldsymbol{z}_iy_i\right)\end{array}\right\}\\ &=\boldsymbol{\beta}+\mathbb{E}_{\boldsymbol{x}_i,\boldsymbol{z}_i,\epsilon_i}\underbrace{\left\{\begin{array}{c}\left[\left(\sum_{i=1}^{N}\boldsymbol{x}_i\boldsymbol{z}_i'\right)\left(\sum_{i=1}^{N}\boldsymbol{z}_i\boldsymbol{z}_i'\right)^{-1}\left(\sum_{i=1}^{N}\boldsymbol{z}_i\boldsymbol{x}_i'\right)\right]^{-1}\\ \left(\sum_{i=1}^{N}\boldsymbol{x}_i\boldsymbol{z}_i'\right)\left(\sum_{i=1}^{N}\boldsymbol{z}_i\boldsymbol{z}_i'\right)^{-1}\left(\sum_{i=1}^{N}\boldsymbol{z}_i\epsilon_i\right)\end{array}\right\}}_{\boldsymbol{\Lambda}}\\ &\neq\boldsymbol{\beta}\end{aligned} \tag{6-41}$$

从式(6-41)中可以看出，工具变量假设条件$\mathbb{E}(\boldsymbol{z}_i\epsilon_i)=\mathbf{0}$无法保证$\boldsymbol{\Lambda}=\mathbf{0}$成立。造成这一结果的原因主要来自两个方面：第一，期望算子无法穿过函数；第二，$\boldsymbol{x}_i$是随机变量，从而期望算子是同时关于$\boldsymbol{z}_i$，ϵ_i以及$\boldsymbol{x}_i$这三个随机变量的，而工具变量假设条件$\mathbb{E}(\boldsymbol{z}_i\epsilon_i)=\mathbf{0}$只是限定了$\boldsymbol{z}_i$与$\epsilon_i$的相关关系。此外，由于$\boldsymbol{x}_i$是随机变量，即便进一步假设$\mathbb{E}(\boldsymbol{\epsilon}\mid\boldsymbol{Z})=\mathbf{0}$也无法保证$\boldsymbol{\Lambda}=\mathbf{0}$成立。对于实证研究而言，工具变量估计的有偏性具有非常重要的含义——在小样本条件下利用工具变量方法来识别变量间的因果关系需要比较慎重。

2.3.2 一致性

命题 6.6：在 **2SLS 假设 1** 与 **2SLS 假设 2′**成立的条件下，2SLS 估计量$\hat{\boldsymbol{\beta}}_{2SLS}$是模型参数$\boldsymbol{\beta}$的一致估计量。即

$$\text{Plim}\,\hat{\boldsymbol{\beta}}_{2SLS}=\boldsymbol{\beta} \tag{6-42}$$

证明：

$$\text{Plim}\,\hat{\boldsymbol{\beta}}_{2SLS}=\text{Plim}\left\{\begin{array}{c}\left[\left(\sum_{i=1}^{N}\boldsymbol{x}_i\boldsymbol{z}_i'\right)\left(\sum_{i=1}^{N}\boldsymbol{z}_i\boldsymbol{z}_i'\right)^{-1}\left(\sum_{i=1}^{N}\boldsymbol{z}_i\boldsymbol{x}_i'\right)\right]^{-1}\\ \left(\sum_{i=1}^{N}\boldsymbol{x}_i\boldsymbol{z}_i'\right)\left(\sum_{i=1}^{N}\boldsymbol{z}_i\boldsymbol{z}_i'\right)^{-1}\left(\sum_{i=1}^{N}\boldsymbol{z}_iy_i\right)\end{array}\right\}$$

$$=\boldsymbol{\beta}+\text{Plim}\left\{\begin{array}{c}\left[\left(\sum_{i=1}^{N}\boldsymbol{x}_i\boldsymbol{z}_i'\right)\left(\sum_{i=1}^{N}\boldsymbol{z}_i\boldsymbol{z}_i'\right)^{-1}\left(\sum_{i=1}^{N}\boldsymbol{z}_i\boldsymbol{x}_i'\right)\right]^{-1}\\ \left(\sum_{i=1}^{N}\boldsymbol{x}_i\boldsymbol{z}_i'\right)\left(\sum_{i=1}^{N}\boldsymbol{z}_i\boldsymbol{z}_i'\right)^{-1}\left(\sum_{i=1}^{N}\boldsymbol{z}_i\epsilon_i\right)\end{array}\right\}$$

$$=\boldsymbol{\beta}+\text{Plim}\left\{\begin{array}{c}\left[\left(\frac{1}{N}\sum_{i=1}^{N}\boldsymbol{x}_i\boldsymbol{z}_i'\right)\left(\frac{1}{N}\sum_{i=1}^{N}\boldsymbol{z}_i\boldsymbol{z}_i'\right)^{-1}\left(\frac{1}{N}\sum_{i=1}^{N}\boldsymbol{z}_i\boldsymbol{x}_i'\right)\right]^{-1}\\ \left(\frac{1}{N}\sum_{i=1}^{N}\boldsymbol{x}_i\boldsymbol{z}_i'\right)\left(\frac{1}{N}\sum_{i=1}^{N}\boldsymbol{z}_i\boldsymbol{z}_i'\right)^{-1}\end{array}\right\}\underbrace{\text{Plim}\left\{\frac{1}{N}\sum_{i=1}^{N}\boldsymbol{z}_i\epsilon_i\right\}}_{\boldsymbol{0}}$$

$$=\boldsymbol{\beta}$$

其中，第三个等式用到的是斯勒茨基定理；$\text{Plim}\left\{\frac{1}{N}\sum_{i=1}^{N}\boldsymbol{z}_i\epsilon_i\right\}=\mathbb{E}(\boldsymbol{z}_i\epsilon_i)=\boldsymbol{0}$ 成立利用的是大数定律，以及 **2SLS 假设 1**，$\mathbb{E}(\boldsymbol{z}_i\epsilon_i)=\boldsymbol{0}$。

故命题得证。

□

2.3.3 渐近正态性

命题 6.7：在 **2SLS 假设 1** 与 **2SLS 假设 2′**成立的条件下，$\sqrt{N}(\hat{\boldsymbol{\beta}}_{2SLS}-\boldsymbol{\beta})$ 的极限分布为：

$$\sqrt{N}(\hat{\boldsymbol{\beta}}_{2SLS}-\boldsymbol{\beta})\xrightarrow{d}\mathcal{N}(\boldsymbol{0},\boldsymbol{A}^{-1}\boldsymbol{B}\boldsymbol{A}^{-1}) \tag{6-43}$$

其中，$\boldsymbol{A}=\mathbb{E}(\boldsymbol{x}_i\boldsymbol{z}_i')[\mathbb{E}(\boldsymbol{z}_i\boldsymbol{z}_i')]^{-1}\mathbb{E}(\boldsymbol{z}_i\boldsymbol{x}_i')$，$\boldsymbol{B}=\mathbb{E}(\boldsymbol{x}_i\boldsymbol{z}_i')[\mathbb{E}(\boldsymbol{z}_i\boldsymbol{z}_i')]^{-1}\mathbb{E}(\epsilon_i^2\boldsymbol{z}_i\boldsymbol{z}_i')[\mathbb{E}(\boldsymbol{z}_i\boldsymbol{z}_i')]^{-1}\mathbb{E}(\boldsymbol{z}_i\boldsymbol{x}_i')$。

2SLS 估计量$\hat{\boldsymbol{\beta}}_{2SLS}$的渐近分布为

$$\hat{\boldsymbol{\beta}}_{2SLS}\overset{a}{\sim}\mathcal{N}\left(\boldsymbol{\beta},\frac{1}{N}\boldsymbol{A}^{-1}\boldsymbol{B}\boldsymbol{A}^{-1}\right) \tag{6-44}$$

该命题的证明过程与最小二乘估计量的渐近正态性非常类似。（参见第三章，这里不再重复）。$\text{Avar}(\hat{\boldsymbol{\beta}}_{2SLS})=\frac{1}{N}\boldsymbol{A}^{-1}\boldsymbol{B}\boldsymbol{A}^{-1}$是一个总体的概念，从而并不可观测，它的一个一致估计量为：

$$\widehat{\text{Avar}}(\hat{\boldsymbol{\beta}}_{2SLS})=\left\{\begin{array}{c}[(\boldsymbol{X}'\boldsymbol{Z})(\boldsymbol{Z}'\boldsymbol{Z})^{-1}(\boldsymbol{Z}'\boldsymbol{X})]^{-1}(\boldsymbol{X}'\boldsymbol{Z})(\boldsymbol{Z}'\boldsymbol{Z})^{-1}\\ \left(\sum_{i=1}^{N}\hat{\epsilon}_i^2\boldsymbol{z}_i\boldsymbol{z}_i'\right)\\ (\boldsymbol{Z}'\boldsymbol{Z})^{-1}(\boldsymbol{Z}'\boldsymbol{X})[(\boldsymbol{X}'\boldsymbol{Z})(\boldsymbol{Z}'\boldsymbol{Z})^{-1}(\boldsymbol{Z}'\boldsymbol{X})]^{-1}\end{array}\right\}$$

其中，$\hat{\epsilon}_i=y_i-\boldsymbol{x}_i'\hat{\boldsymbol{\beta}}_{2SLS}$为 2SLS 回归残差估计值。

2SLS 假设 3：条件同方差（Conditional Homoskedasticity）

$$\mathbb{E}(\epsilon_i^2\mid\boldsymbol{z}_i)=\sigma^2 \tag{6-45}$$

可以很容易看出，**2SLS 假设 3** 成立的条件下$\sqrt{N}(\hat{\boldsymbol{\beta}}_{2SLS}-\boldsymbol{\beta})$的极限分布可以进一步简化为：

$$\sqrt{N}(\hat{\boldsymbol{\beta}}_{2SLS}-\boldsymbol{\beta})\xrightarrow{d}\mathcal{N}(\boldsymbol{0},\sigma^2\boldsymbol{A}^{-1}) \tag{6-46}$$

2SLS 估计量$\hat{\boldsymbol{\beta}}_{2SLS}$渐近方差估计量相应地简化为：

$$\widehat{\text{Avar}}(\hat{\boldsymbol{\beta}}_{2SLS}) = \hat{\sigma}^2[(\boldsymbol{X}'\boldsymbol{Z})(\boldsymbol{Z}'\boldsymbol{Z})^{-1}(\boldsymbol{Z}'\boldsymbol{X})]^{-1}(\boldsymbol{X}'\boldsymbol{Z})(\boldsymbol{Z}'\boldsymbol{Z})^{-1} \tag{6-47}$$

其中，$\hat{\sigma}^2$为σ^2的一致估计量。

2.3.4 相对有效性

除了使用$\boldsymbol{x}_i$向z_i的投影$\boldsymbol{x}_i^* = \boldsymbol{\Pi}'z_i$作为$\boldsymbol{x}_i$工具变量(即 2SLS 估计)之外，理论上还可以选择z_i的任意满足相关性假定的线性组合$\widetilde{\boldsymbol{x}}_i = \boldsymbol{D}'z_i$作为$\boldsymbol{x}_i$的工具变量，其中，$\boldsymbol{D}$ 为$(K-1+M)\times K$ 矩阵。然而，在计量经济学的理论和实证研究中，基本都是利用$\boldsymbol{x}_i^*$作为$\boldsymbol{x}_i$的工具变量，较少出现利用$\widetilde{\boldsymbol{x}}_i$作为$\boldsymbol{x}_i$的工具变量的情形。这与 2SLS 估计量的相对有效性有关。

命题 6.8：(2SLS 估计量的相对有效性) 在 **2SLS 假设 1** 与 **2SLS 假设 2′**以及 **2SLS 假设 3** 都得到满足的条件下，在使用z_i的线性组合$\widetilde{\boldsymbol{x}}_i = \boldsymbol{D}'z_i$作为$\boldsymbol{x}_i$工具变量的估计量中，2SLS 估计量(即利用$\boldsymbol{x}_i^* = \boldsymbol{\Pi}'z_i$作为$\boldsymbol{x}_i$工具变量)的渐近方差最小。正式地，若将利用$\widetilde{\boldsymbol{x}}_i$作为$\boldsymbol{x}_i$工具变量的估计量记为$\widetilde{\boldsymbol{\beta}}$，那么 $\text{Avar}(\widetilde{\boldsymbol{\beta}}) - \text{Avar}(\hat{\boldsymbol{\beta}}_{2SLS})$为半正定矩阵。

接下来，我们给出 2SLS 估计量的渐近有效性的两种证明方法。其中，第二种方法直接应用第四章中的相对有效性定理，即命题 4.3。

证明：(方法 1)

根据前述介绍，2SLS 估计量的表达式为：

$$\hat{\boldsymbol{\beta}}_{2SLS} = \left(\sum_{i=1}^{N} \boldsymbol{x}_i^* \boldsymbol{x}_i'\right)^{-1}\left(\sum_{i=1}^{N} \boldsymbol{x}_i^* y_i\right)$$

在 **2SLS 假设 3** 成立的条件下，$\hat{\boldsymbol{\beta}}_{2SLS}$的渐近方差为：

$$\text{Avar}(\hat{\boldsymbol{\beta}}_{2SLS}) = \frac{\sigma^2}{N}\{\mathbb{E}(\boldsymbol{x}_i\boldsymbol{x}_i^{*\prime})[\mathbb{E}(\boldsymbol{x}_i^*\boldsymbol{x}_i^{*\prime})]^{-1}\mathbb{E}(\boldsymbol{x}_i^*\boldsymbol{x}_i')\}^{-1} = \frac{\sigma^2}{N}[\mathbb{E}(\boldsymbol{x}_i^*\boldsymbol{x}_i^{*\prime})]^{-1}$$

若将利用$\widetilde{\boldsymbol{x}}_i$作为$\boldsymbol{x}_i$工具变量的估计量记为$\widetilde{\boldsymbol{\beta}}$，那么可以很容易得到：

$$\widetilde{\boldsymbol{\beta}} = \left(\sum_{i=1}^{N} \widetilde{\boldsymbol{x}}_i \boldsymbol{x}_i'\right)^{-1}\left(\sum_{i=1}^{N} \widetilde{\boldsymbol{x}}_i y_i\right)$$

在 **2SLS 假设 3** 成立的条件下，$\widetilde{\boldsymbol{\beta}}$的渐近方差为：

$$\text{Avar}(\widetilde{\boldsymbol{\beta}}) = \frac{\sigma^2}{N}\{\mathbb{E}(\boldsymbol{x}_i\widetilde{\boldsymbol{x}}_i')[\mathbb{E}(\widetilde{\boldsymbol{x}}_i\widetilde{\boldsymbol{x}}_i')]^{-1}\mathbb{E}(\widetilde{\boldsymbol{x}}_i\boldsymbol{x}_i')\}^{-1}$$

考虑如下表达式：

$$\begin{aligned}
&[\text{Avar}(\hat{\boldsymbol{\beta}}_{2SLS})]^{-1} - [\text{Avar}(\widetilde{\boldsymbol{\beta}})]^{-1} \\
&= \frac{N}{\sigma^2}\{\mathbb{E}(\boldsymbol{x}_i^*\boldsymbol{x}_i^{*\prime}) - \mathbb{E}(\boldsymbol{x}_i\widetilde{\boldsymbol{x}}_i')[\mathbb{E}(\widetilde{\boldsymbol{x}}_i\widetilde{\boldsymbol{x}}_i')]^{-1}\mathbb{E}(\widetilde{\boldsymbol{x}}_i\boldsymbol{x}_i')\} \\
&= \frac{N}{\sigma^2}\{\mathbb{E}(\boldsymbol{x}_i^*\boldsymbol{x}_i^{*\prime}) - \mathbb{E}(\boldsymbol{x}_i^*\widetilde{\boldsymbol{x}}_i')[\mathbb{E}(\widetilde{\boldsymbol{x}}_i\widetilde{\boldsymbol{x}}_i')]^{-1}\mathbb{E}(\widetilde{\boldsymbol{x}}_i\boldsymbol{x}_i^{*\prime})\}
\end{aligned}$$

$$
=\frac{N}{\sigma^2}\mathbb{E}\begin{bmatrix}(\boldsymbol{x}_i^*-\mathbb{E}(\boldsymbol{x}_i^*\widetilde{\boldsymbol{x}}_i')[\mathbb{E}(\widetilde{\boldsymbol{x}}_i\widetilde{\boldsymbol{x}}_i')]^{-1}\widetilde{\boldsymbol{x}}_i)\\(\boldsymbol{x}_i^*-\mathbb{E}(\boldsymbol{x}_i^*\widetilde{\boldsymbol{x}}_i')[\mathbb{E}(\widetilde{\boldsymbol{x}}_i\widetilde{\boldsymbol{x}}_i')]^{-1}\widetilde{\boldsymbol{x}}_i)'\end{bmatrix}
$$

$$
=\frac{N}{\sigma^2}\mathbb{E}[\boldsymbol{r}\boldsymbol{r}']
$$

其中，第二个等式用到了$\mathbb{E}(\boldsymbol{x}_i\widetilde{\boldsymbol{x}}_i')=\mathbb{E}[(\boldsymbol{x}_i^*+\boldsymbol{e}_i)\widetilde{\boldsymbol{x}}_i']=\mathbb{E}(\boldsymbol{x}_i^*\widetilde{\boldsymbol{x}}_i')$（$\mathbb{E}(\boldsymbol{e}_i\widetilde{\boldsymbol{x}}'_i)=\boldsymbol{0}$是因为$\boldsymbol{e}_i$与$\boldsymbol{z}_i$不相关，从而与$\boldsymbol{z}_i$中元素的线性组合$\widetilde{\boldsymbol{x}}_i'=\boldsymbol{D}'\boldsymbol{z}_i$不相关），定义$\boldsymbol{r}\equiv\boldsymbol{x}_i^*-\mathbb{E}(\boldsymbol{x}_i^*\widetilde{\boldsymbol{x}}_i')[\mathbb{E}(\widetilde{\boldsymbol{x}}_i\widetilde{\boldsymbol{x}}_i')]^{-1}\widetilde{\boldsymbol{x}}_i$。

所以 $\mathrm{Avar}(\widetilde{\boldsymbol{\beta}})-\mathrm{Avar}(\hat{\boldsymbol{\beta}}_{2SLS})$ 为半正定矩阵，故命题得证。

□

（方法 2）（直接应用第四章中的相对有效性定理，即命题 4.3）

将利用$\boldsymbol{x}_i^*$作为$\boldsymbol{x}_i$的工具变量（即 2SLS 方法）所对应的得分向量和海森矩阵分别记为$\boldsymbol{s}_i^*$和$\boldsymbol{H}_i^*$。该情形下识别因果效应参数的正规条件为$\mathbb{E}(\boldsymbol{x}_i^*\epsilon_i)=\boldsymbol{0}$，因此

$$
\boldsymbol{s}_i^*=-\boldsymbol{x}_i^*\epsilon_i,\ \boldsymbol{H}_i^*=\frac{\partial\boldsymbol{s}^*}{\partial\boldsymbol{\beta}'}=\frac{\partial}{\partial\boldsymbol{\beta}'}[\boldsymbol{x}_i^*(y_i-\boldsymbol{x}_i'\boldsymbol{\beta})]=\boldsymbol{x}_i^*\boldsymbol{x}_i'
$$

将利用$\widetilde{\boldsymbol{x}}_i$作为$\boldsymbol{x}_i$的工具变量所对应的得分向量和海森矩阵分别记为$\widetilde{\boldsymbol{s}}$和$\widetilde{\boldsymbol{H}}$。该情形下识别因果效应参数的正规条件为$\mathbb{E}(\widetilde{\boldsymbol{x}}_i\epsilon_i)=\boldsymbol{0}$，因此

$$
\widetilde{\boldsymbol{s}}_i=-\widetilde{\boldsymbol{x}}_i\epsilon_i,\ \widetilde{\boldsymbol{H}}_i=\frac{\partial\widetilde{\boldsymbol{s}}}{\partial\boldsymbol{\beta}'}=\frac{\partial}{\partial\boldsymbol{\beta}'}[\widetilde{\boldsymbol{x}}_i(y_i-\boldsymbol{x}_i'\boldsymbol{\beta})]=\widetilde{\boldsymbol{x}}_i\boldsymbol{x}_i'
$$

所以如下等式成立：

$$
\mathbb{E}(\widetilde{\boldsymbol{s}}_i\boldsymbol{s}_i^{*\prime})=\mathbb{E}(\widetilde{\boldsymbol{x}}_i\epsilon_i\epsilon_i\boldsymbol{x}_i^{*\prime})=\sigma^2\mathbb{E}(\widetilde{\boldsymbol{x}}_i\boldsymbol{x}_i^{*\prime})=\sigma^2\mathbb{E}(\widetilde{\boldsymbol{x}}_i\boldsymbol{x}_i')=\sigma^2\widetilde{\boldsymbol{H}}_i
$$

其中，第二个等号成立用到的是 **2SLS 假设 3——**条件同方差假设，第三个等号成立用到的是$\mathbb{E}(\widetilde{\boldsymbol{x}}_i\boldsymbol{x}_i^{*\prime})=\mathbb{E}[\widetilde{\boldsymbol{x}}_i(\boldsymbol{x}_i-\boldsymbol{e}_i)']=\mathbb{E}(\widetilde{\boldsymbol{x}}_i\boldsymbol{x}_i')$。

因此，直接利用第四章中的相对有效性定理即可证明命题 6.8。

□

3. 2SLS 还是 OLS

在实证研究过程中，通常面临选择 OLS 方法还是 2SLS 方法的问题。这往往需要综合考虑如下几方面的因素：第一，估计量的有效性；第二，模型设定是否存在内生性问题；第三，工具变量的外生性条件能否满足；第四，工具变量的（强）相关性条件是否能够得到满足。判断模型是否存在内生性本质上是经济学问题，但是在获取工具变量的前提下，可以通过统计检验（如 Hausman 检验）来判断模型是否存在内生性问题。① 与判断模型是否存在内生性类似，

① 值得注意的是，在未获取工具变量的条件下，无法通过统计检验来判断模型是否存在内生性问题。

判断工具变量的外生性本质上也是一个经济学问题，但是在工具变量个数大于内生变量个数（模型过度识别）的情形下，可以通过严格的统计检验（如过度识别检验）来判断模型工具变量的外生性假设是否能够得到满足。[①] 值得指出的是，在本节读者将看到，如果工具变量与内生性变量的相关性较低——工具变量为**弱工具变量**（Weak Instrument），那么即便在模型具有内生性问题的情形下，2SLS 方法不一定优于 OLS 方法。

3.1 OLS 估计量与 2SLS 估计量的有效性

命题 6.9：在 **OLS 假设 1**，**OLS 假设 5**，**OLS 假设 6** 以及 **2SLS 假设 1—2SLS 假设 3** 都得到满足的条件下，OLS 估计量比 2SLS 估计更加有效。

简言之，命题 6.9 的含义是在模型不存在内生性问题且条件同方差假定得到满足的条件下，OLS 估计量比 2SLS 估计量更加有效。

证明：

根据前述介绍，在 **2SLS 假设 1—2SLS 假设 3** 都得到满足的条件下，2SLS 估计量$\hat{\boldsymbol{\beta}}_{2SLS}$的渐近方差为：

$$\mathrm{Avar}(\hat{\boldsymbol{\beta}}_{2SLS})=\frac{\sigma^2}{N}[\mathbb{E}(\boldsymbol{x}_i^*\boldsymbol{x}_i^{*\prime})]^{-1}$$

根据第三章的介绍，在 **OLS 假设 1**，**OLS 假设 5** 以及 **OLS 假设 6** 成立的条件下，OLS 估计量$\hat{\boldsymbol{\beta}}_{OLS}$的渐近方差为：

$$\mathrm{Avar}(\hat{\boldsymbol{\beta}}_{OLS})=\frac{\sigma^2}{N}[\mathbb{E}(\boldsymbol{x}_i\boldsymbol{x}_i')]^{-1}$$

考虑$[\mathrm{Avar}(\hat{\boldsymbol{\beta}}_{2SLS})]^{-1}-[\mathrm{Avar}(\hat{\boldsymbol{\beta}}_{OLS})]^{-1}$：

$$\begin{aligned}
&[\mathrm{Avar}(\hat{\boldsymbol{\beta}}_{2SLS})]^{-1}-[\mathrm{Avar}(\hat{\boldsymbol{\beta}}_{OLS})]^{-1}\\
=&\frac{N}{\sigma^2}\{\mathbb{E}(\boldsymbol{x}_i^*\boldsymbol{x}_i^{*\prime})-\mathbb{E}(\boldsymbol{x}_i\boldsymbol{x}_i')\}\\
=&\frac{N}{\sigma^2}\{\mathbb{E}(\boldsymbol{x}_i^*\boldsymbol{x}_i^{*\prime})-\mathbb{E}[(\boldsymbol{x}_i^*+\boldsymbol{e}_i)(\boldsymbol{x}_i^*+\boldsymbol{e}_i)']\}\\
=&-\frac{N}{\sigma^2}\{\mathbb{E}(\boldsymbol{e}_i\boldsymbol{e}_i')\}
\end{aligned}$$

因此，$\mathrm{Avar}(\hat{\boldsymbol{\beta}}_{2SLS})-\mathrm{Avar}(\hat{\boldsymbol{\beta}}_{OLS})$为半正定矩阵，故命题得证。

□

3.2 解释变量内生性检验

在获取工具变量的前提下，可以通过 Hausman 检验（Hausman, 1978）来判断模型是否存在内生性问题。Hausman 检验的基本思想是：**若模型不存在内生性问题，那么（除了抽样误差**

① 值得注意的是，在工具变量个数小于等于内生变量个数的情形下，无法通过统计检验来判断工具变量的外生性假设。

外)OLS 方法所得到的参数估计量与 2SLS 方法所得到的参数估计量都是真实参数的一致估计量，从而不应该存在显著性差异，反之则相反。

3.2.1 Hausman 内生性检验的初始形式

考虑如下模型：

$$y_i=\boldsymbol{x}_i'\boldsymbol{\beta}+\epsilon_i \tag{6-48}$$

Hausman 内生性检验的原假设为解释变量不存在内生性：

$$\mathbb{H}_0:\boldsymbol{\beta}_{\mathrm{OLS}}=\boldsymbol{\beta}_{\mathrm{2SLS}}=\boldsymbol{\beta} \tag{6-49}$$

其中，$\boldsymbol{\beta}_{\mathrm{OLS}}$与$\boldsymbol{\beta}_{\mathrm{2SLS}}$分别表示 OLS 方法(总体)参数与 2SLS 方法(总体)参数。原假设的含义非常直观——如果解释变量不存在内生性问题，那么 OLS 方法参数与 2SLS 方法参数都应该等于结构参数。

Hausman 内生性检验的备择假设为解释变量存在内生性：

$$\mathbb{H}_1:\boldsymbol{\beta}_{\mathrm{OLS}}\neq\boldsymbol{\beta}_{\mathrm{2SLS}}=\boldsymbol{\beta} \tag{6-50}$$

备择假设的含义也非常直观——如果解释变量存在内生性问题，那么只有 2SLS 方法参数等于结构参数。Hausman 内生性检验统计量为：

$$\mathscr{H}=\left\{\begin{array}{c}[\sqrt{N}(\hat{\boldsymbol{\beta}}_{\mathrm{2SLS}}-\hat{\boldsymbol{\beta}}_{\mathrm{OLS}})]'\\ [\mathrm{Avar}(\sqrt{N}(\hat{\boldsymbol{\beta}}_{\mathrm{2SLS}}-\boldsymbol{\beta}))-\mathrm{Avar}(\sqrt{N}(\hat{\boldsymbol{\beta}}_{\mathrm{OLS}}-\boldsymbol{\beta}))]^{-1}\\ [\sqrt{N}(\hat{\boldsymbol{\beta}}_{\mathrm{2SLS}}-\hat{\boldsymbol{\beta}}_{\mathrm{OLS}})]\end{array}\right\}$$

其中，$\hat{\boldsymbol{\beta}}_{\mathrm{2SLS}}$与$\hat{\boldsymbol{\beta}}_{\mathrm{OLS}}$分别表示 2SLS 估计量和 OLS 估计量，$\mathrm{Avar}(\sqrt{N}(\hat{\boldsymbol{\beta}}_{\mathrm{2SLS}}-\boldsymbol{\beta}))$与 $\mathrm{Avar}(\sqrt{N}(\hat{\boldsymbol{\beta}}_{\mathrm{OLS}}-\boldsymbol{\beta}))$为极限方差。

命题 6.10：在 **2SLS 假设 1**，**2SLS 假设 2′**以及 **2SLS 假设 3** 都得到满足的条件下，若原假设(解释变量不存在内生性问题)成立，那么 Hausman 内生性检验统计量服从卡方分布，即

$$\mathscr{H}=\left\{\begin{array}{c}[\sqrt{N}(\hat{\boldsymbol{\beta}}_{\mathrm{2SLS}}-\hat{\boldsymbol{\beta}}_{\mathrm{OLS}})]'\\ [\mathrm{Avar}(\sqrt{N}(\hat{\boldsymbol{\beta}}_{\mathrm{2SLS}}-\boldsymbol{\beta}))-\mathrm{Avar}(\sqrt{N}(\hat{\boldsymbol{\beta}}_{\mathrm{OLS}}-\boldsymbol{\beta}))]^{-1}\\ [\sqrt{N}(\hat{\boldsymbol{\beta}}_{\mathrm{2SLS}}-\hat{\boldsymbol{\beta}}_{\mathrm{OLS}})]\end{array}\right\}\xrightarrow{d}\chi^2(K) \tag{6-51}$$

其中，K 为解释变量个数。

考虑到 Hausman 内生性检验的重要性，下面我们给出该命题的具体证明过程，对更详细证明过程感兴趣的读者，可以进一步参考 Hausman(1978)。**事实上，类似于式(6-51)的 Hauman 检验可以应用至不同的场景。比如，本章接下来要介绍的过度识别检验以及第七章中的随机效应模型和固定效应模型检验。这些检验的共同特点是对有效估计量和无效估计量进行比较。**

证明：(＊)

在 **2SLS 假设 1**，**2SLS 假设 2′**，以及 **2SLS 假设 3** 成立的条件下，$\sqrt{N}(\hat{\boldsymbol{\beta}}_{\mathrm{2SLS}}-\boldsymbol{\beta})$的极限分布是均值为 **0** 的正态分布，在原假设(解释变量不存在内生性)成立的条件下，$\sqrt{N}(\hat{\boldsymbol{\beta}}_{\mathrm{OLS}}-\boldsymbol{\beta})$的极限分布同样也是均值为 **0** 的正态分布，因此$\sqrt{N}(\hat{\boldsymbol{\beta}}_{\mathrm{2SLS}}-\hat{\boldsymbol{\beta}}_{\mathrm{OLS}})$的极限分布同样也是均值为 **0** 的正态分布。因此根据命题 2.33(参见第二章)可得：

$$[\sqrt{N}(\hat{\boldsymbol{\beta}}_{2SLS}-\hat{\boldsymbol{\beta}}_{OLS})]'[\text{Avar}(\sqrt{N}(\hat{\boldsymbol{\beta}}_{2SLS}-\hat{\boldsymbol{\beta}}_{OLS}))]^{-1}[\sqrt{N}(\hat{\boldsymbol{\beta}}_{2SLS}-\hat{\boldsymbol{\beta}}_{OLS})]\xrightarrow{d}\chi^2(K)$$

由此可见，证明命题 6.10 成立需证明如下关键等式成立：[①]

$$\text{Avar}(\sqrt{N}(\hat{\boldsymbol{\beta}}_{2SLS}-\hat{\boldsymbol{\beta}}_{OLS}))=\text{Avar}(\sqrt{N}(\hat{\boldsymbol{\beta}}_{2SLS}-\boldsymbol{\beta}))-\text{Avar}(\sqrt{N}(\hat{\boldsymbol{\beta}}_{OLS}-\boldsymbol{\beta}))$$

即只需证明：

$$\text{Avar}(\hat{\boldsymbol{\beta}}_{2SLS}-\hat{\boldsymbol{\beta}}_{OLS})=\text{Avar}(\hat{\boldsymbol{\beta}}_{2SLS})-\text{Avar}(\hat{\boldsymbol{\beta}}_{OLS}) \tag{6-52}$$

注意到如下等式成立：

$$\text{Avar}(\hat{\boldsymbol{\beta}}_{2SLS}-\hat{\boldsymbol{\beta}}_{OLS})=\text{Avar}(\hat{\boldsymbol{\beta}}_{2SLS})-2\text{Acov}(\hat{\boldsymbol{\beta}}_{2SLS},\hat{\boldsymbol{\beta}}_{OLS})+\text{Avar}(\hat{\boldsymbol{\beta}}_{OLS})$$

因此只需证明：

$$\text{Acov}(\hat{\boldsymbol{\beta}}_{2SLS},\hat{\boldsymbol{\beta}}_{OLS})=\text{Avar}(\hat{\boldsymbol{\beta}}_{OLS})$$

令$\hat{\boldsymbol{q}}\equiv\hat{\boldsymbol{\beta}}_{2SLS}-\hat{\boldsymbol{\beta}}_{OLS}$，$\boldsymbol{C}\equiv\text{Acov}(\hat{\boldsymbol{q}},\hat{\boldsymbol{\beta}}_{OLS})$，那么则有：

$$\text{Acov}(\hat{\boldsymbol{\beta}}_{2SLS},\hat{\boldsymbol{\beta}}_{OLS})=\text{Acov}(\hat{\boldsymbol{\beta}}_{OLS}+\hat{\boldsymbol{q}},\hat{\boldsymbol{\beta}}_{OLS})=\text{Avar}(\hat{\boldsymbol{\beta}}_{OLS})+\boldsymbol{C}$$

因此，若$\boldsymbol{C}\equiv\text{Acov}(\hat{\boldsymbol{q}},\hat{\boldsymbol{\beta}}_{OLS})=\boldsymbol{0}$，那么式(6-52)成立。接下来我们证明$\boldsymbol{C}=\boldsymbol{0}$。定义一个新的一致估计量$\hat{\boldsymbol{\beta}}_r$：

$$\hat{\boldsymbol{\beta}}_r=\hat{\boldsymbol{\beta}}_{OLS}-r\,\boldsymbol{C}'\hat{\boldsymbol{q}} \tag{6-53}$$

其中，r 为任意实数。之所以$\hat{\boldsymbol{\beta}}_r$为$\boldsymbol{\beta}$ 的一致估计量是因为，在原假设条件下 Plim $\hat{\boldsymbol{q}}=\boldsymbol{0}$。

根据式(6-53)可得$\hat{\boldsymbol{\beta}}_r$的渐近方差为：

$$\text{Avar}(\hat{\boldsymbol{\beta}}_r)=\text{Avar}(\hat{\boldsymbol{\beta}}_{OLS})-r\,\boldsymbol{C}'\boldsymbol{C}-r\,\boldsymbol{C}'\boldsymbol{C}+r^2\boldsymbol{C}'\text{Avar}(\hat{\boldsymbol{q}})\boldsymbol{C}$$

注意到$\hat{\boldsymbol{\beta}}_r$是 OLS 估计量和 2SLS 估计量的线性组合，结合 OLS 比 2SLS 更加有效可知(参见命题 6.9)，当 $r=0$ 时，$\text{Avar}(\hat{\boldsymbol{\beta}}_r)=\text{Avar}(\hat{\boldsymbol{\beta}}_{OLS})$达到最小值。

定义 $g(r)\equiv-r\,\boldsymbol{C}'\boldsymbol{C}-r\,\boldsymbol{C}'\boldsymbol{C}+r^2\boldsymbol{C}'\text{Avar}(\hat{\boldsymbol{q}})\boldsymbol{C}$ 以及$g'(r)\equiv\dfrac{\partial g(r)}{\partial r}$，那么则有：

$$g'(r)=-2\,\boldsymbol{C}'\boldsymbol{C}+2r\,\boldsymbol{C}'\text{Avar}(\hat{\boldsymbol{q}})\boldsymbol{C}$$

可以发现，$g'(0)=-2\,\boldsymbol{C}'\boldsymbol{C}\leqslant\boldsymbol{0}$。由于当 $r=0$ 时，$\text{Avar}(\hat{\boldsymbol{\beta}}_r)$取最小值 $\text{Avar}(\hat{\boldsymbol{\beta}}_{OLS})$，因此$g'(0)=-2\,\boldsymbol{C}'\boldsymbol{C}$不能小于$\boldsymbol{0}$，否则$\text{Avar}(\hat{\boldsymbol{\beta}}_r)$将小于$\text{Avar}(\hat{\boldsymbol{\beta}}_{OLS})$，而这与$\hat{\boldsymbol{\beta}}_{OLS}$是有效的估计量相矛盾，所以$g'(0)=-2\,\boldsymbol{C}'\boldsymbol{C}$ 只能等于$\boldsymbol{0}$，从而得到$\boldsymbol{C}=\text{Acov}(\hat{\boldsymbol{q}},\hat{\boldsymbol{\beta}}_{OLS})=\boldsymbol{0}$ 成立。

故命题得证。

□

从以上证明过程中不难发现，证明 Hausman 内生性检验统计量服从卡方分布最为关键的步骤为证明$\boldsymbol{C}\equiv\text{Acov}(\hat{\boldsymbol{q}},\hat{\boldsymbol{\beta}}_{OLS})=\text{Acov}(\hat{\boldsymbol{\beta}}_{2SLS}-\hat{\boldsymbol{\beta}}_{OLS},\hat{\boldsymbol{\beta}}_{OLS})=\boldsymbol{0}$ 成立，即$\hat{\boldsymbol{\beta}}_{OLS}$与$\hat{\boldsymbol{\beta}}_{2SLS}-\hat{\boldsymbol{\beta}}_{OLS}$不相关。虽

---

① 严格来讲，证明命题 6.10 还需要矩阵$[\text{Avar}(\hat{\boldsymbol{\beta}}_{2SLS})-\text{Avar}(\hat{\boldsymbol{\beta}}_{OLS})]$可逆。根据命题 6.9 的证明过程可知，$\text{Avar}(\hat{\boldsymbol{\beta}}_{2SLS})-\text{Avar}(\hat{\boldsymbol{\beta}}_{OLS})$为半正定矩阵，这里假定$\text{Avar}(\hat{\boldsymbol{\beta}}_{2SLS})-\text{Avar}(\hat{\boldsymbol{\beta}}_{OLS})$为正定矩阵，从而可逆。

然这一结论的严格证明过程相对烦琐，**但是利用倒推的思想却比较简单**：如果$\hat{\boldsymbol{\beta}}_{\text{OLS}}$与$\hat{\boldsymbol{\beta}}_{\text{2SLS}}-\hat{\boldsymbol{\beta}}_{\text{OLS}}$存在相关性，那么总存在一个二者的线性组合使得这个线性组合的渐近方差小于$\hat{\boldsymbol{\beta}}_{\text{OLS}}$的渐近方差，这与$\hat{\boldsymbol{\beta}}_{\text{OLS}}$是最有效的估计量相矛盾。

3.2.2　Hausman 内生性检验的回归表述

上一小节介绍的是 Hausman 内生性检验的初始形式，Hausman 内生性检验更为常见的形式是基于回归表述的。具体地，用z_i表示$\boldsymbol{x}_i$的工具变量。将$\boldsymbol{x}_i$对z_i的线性回归方程记为：

$$\boldsymbol{x}_i'=z_i'\boldsymbol{\Pi}+\boldsymbol{v}_i' \tag{6-54}$$

令$\boldsymbol{x}_i^{*\prime}\equiv z_i'\boldsymbol{\Pi}$，那么式(6-54)可以写作：

$$\boldsymbol{x}_i'=\boldsymbol{x}_i^{*\prime}+\boldsymbol{v}_i' \tag{6-55}$$

从式(6-55)中可以发现，$\boldsymbol{x}_i^*$为$\boldsymbol{x}_i$中的**外生部分**，$\boldsymbol{v}_i$为$\boldsymbol{x}_i$中的**内生部分**。将式(6-48)中的结构误差项$\boldsymbol{\epsilon}_i$对$\boldsymbol{v}_i$的线性回归方程记为：

$$\boldsymbol{\epsilon}_i=\boldsymbol{v}_i'\boldsymbol{\theta}+\xi_i \tag{6-56}$$

将式(6-56)代入式(6-48)可得：

$$y_i=\boldsymbol{x}_i'\boldsymbol{\beta}+\boldsymbol{v}_i'\boldsymbol{\theta}+\xi_i \tag{6-57}$$

可以发现，ξ_i与$\boldsymbol{v}_i$，$\boldsymbol{x}_i$都不相关。具体而言，ξ_i与$\boldsymbol{v}_i$不相关是因为ξ_i是$\boldsymbol{\epsilon}_i$对$\boldsymbol{v}_i$进行回归得到的残差；ξ_i与$\boldsymbol{x}_i$不相关则是因为ξ_i与z_i以及$\boldsymbol{v}_i$都不相关，而$\boldsymbol{x}_i'=\boldsymbol{x}_i^{*\prime}+\boldsymbol{v}_i'$。检验变量$\boldsymbol{x}_i$内生性关键在于检验式(6-57)中$\boldsymbol{v}_i$的系数$\boldsymbol{\theta}$是否等于$\mathbf{0}$。其逻辑是：如果$\boldsymbol{\theta}$等于$\mathbf{0}$，那么结构误差项$\boldsymbol{\epsilon}_i$中不存在与$\boldsymbol{x}_i$相关的部分，从而是外生变量；反之则相反。我们已经知道，可以通过如下服从卡方分布的统计量来检验$\boldsymbol{\theta}$是否等于$\mathbf{0}$：

$$[\sqrt{N}(\hat{\boldsymbol{\theta}}-\boldsymbol{\theta})]'[\text{Avar}(\sqrt{N}(\hat{\boldsymbol{\theta}}-\boldsymbol{\theta}))]^{-1}[\sqrt{N}(\hat{\boldsymbol{\theta}}-\boldsymbol{\theta})]\xrightarrow{d}\chi^2(K) \tag{6-58}$$

注意到，为使得式(6-58)中的检验可行，需要将不可观测的$\boldsymbol{v}_i$替换为基于式(6-55)回归所得到的估计值$\hat{\boldsymbol{v}}_i$。

命题 6.11：在 **2SLS 假设 1**，**2SLS 假设 2′**以及$\mathbb{E}(\boldsymbol{\epsilon\epsilon}'|\boldsymbol{X},\boldsymbol{Z})=\sigma^2\boldsymbol{I}$得到满足的条件下，若原假设(解释变量不存在内生性)成立，那么则有：

$$\begin{aligned}&[\sqrt{N}(\hat{\boldsymbol{\theta}}-\boldsymbol{\theta})]'[\widehat{\text{Avar}}(\sqrt{N}(\hat{\boldsymbol{\theta}}-\boldsymbol{\theta}))]^{-1}[\sqrt{N}(\hat{\boldsymbol{\theta}}-\boldsymbol{\theta})]\\&=\left\{\begin{matrix}[\sqrt{N}(\hat{\boldsymbol{\beta}}_{\text{2SLS}}-\hat{\boldsymbol{\beta}}_{\text{OLS}})]'\\ [\text{Avar}(\sqrt{N}(\hat{\boldsymbol{\beta}}_{\text{2SLS}}-\boldsymbol{\beta}))-\text{Avar}(\sqrt{N}(\hat{\boldsymbol{\beta}}_{\text{OLS}}-\boldsymbol{\beta}))]^{-1}\\ [\sqrt{N}(\hat{\boldsymbol{\beta}}_{\text{2SLS}}-\hat{\boldsymbol{\beta}}_{\text{OLS}})]\end{matrix}\right\}\end{aligned} \tag{6-59}$$

其中，$\widehat{\text{Avar}}(\sqrt{N}(\hat{\boldsymbol{\theta}}-\boldsymbol{\theta}))\equiv\hat{\sigma}^2\left(\dfrac{\hat{\boldsymbol{X}}^{*\prime}\boldsymbol{M}_X\hat{\boldsymbol{X}}^*}{N}\right)^{-1}$，$\widehat{\text{Avar}}(\sqrt{N}(\hat{\boldsymbol{\beta}}_{\text{2SLS}}-\boldsymbol{\beta}))\equiv\hat{\sigma}^2\left(\dfrac{\hat{\boldsymbol{X}}^{*\prime}\hat{\boldsymbol{X}}^*}{N}\right)^{-1}$，$\widehat{\text{Avar}}(\sqrt{N}(\hat{\boldsymbol{\beta}}_{\text{OLS}}-\boldsymbol{\beta}))\equiv\hat{\sigma}^2\left(\dfrac{\boldsymbol{X}'\boldsymbol{X}}{N}\right)^{-1}$。它们分别是$\sqrt{N}(\hat{\boldsymbol{\theta}}-\boldsymbol{\theta})$，$\sqrt{N}(\hat{\boldsymbol{\beta}}_{\text{2SLS}}-\boldsymbol{\beta})$以及$\sqrt{N}(\hat{\boldsymbol{\beta}}_{\text{OLS}}-\boldsymbol{\beta})$

极限方差的一致估计量。[①]

命题 6.11 的直观含义是，通过 $\boldsymbol{\theta}$ 是否等于 $\mathbf{0}$ 来检验模型内生性与通过检验 $\boldsymbol{\beta}_{\mathrm{OLS}}$ 是否等于 $\boldsymbol{\beta}_{\mathrm{2SLS}}$ 来检验模型内生性是等价的。

证明：（ * ）

先来得出 $\hat{\boldsymbol{\theta}}$ 的表达式。基于式(6-57)容易得到：

$$\begin{aligned}\hat{\boldsymbol{\theta}}&=(\hat{\boldsymbol{V}}'\boldsymbol{M}_X\hat{\boldsymbol{V}})^{-1}\hat{\boldsymbol{V}}'\boldsymbol{M}_X\boldsymbol{y}\\&=[(\boldsymbol{X}-\hat{\boldsymbol{X}}^*)'\boldsymbol{M}_X(\boldsymbol{X}-\hat{\boldsymbol{X}}^*)]^{-1}(\boldsymbol{X}-\hat{\boldsymbol{X}}^*)'\boldsymbol{M}_X\boldsymbol{y}\\&=-(\hat{\boldsymbol{X}}^{*\prime}\boldsymbol{M}_X\hat{\boldsymbol{X}}^*)^{-1}\hat{\boldsymbol{X}}^{*\prime}\boldsymbol{M}_X\boldsymbol{y}\end{aligned} \tag{6-60}$$

其中，$\hat{\boldsymbol{V}}=\begin{bmatrix}\hat{\boldsymbol{v}}_1'\\\hat{\boldsymbol{v}}_2'\\\vdots\\\hat{\boldsymbol{v}}_N'\end{bmatrix}$，$\boldsymbol{y}=\begin{bmatrix}y_1\\y_2\\\vdots\\y_N\end{bmatrix}$，$\boldsymbol{X}=\begin{bmatrix}\boldsymbol{x}_1'\\\boldsymbol{x}_2'\\\vdots\\\boldsymbol{x}_N'\end{bmatrix}$，$\hat{\boldsymbol{X}}^*=\begin{bmatrix}\hat{\boldsymbol{x}}_1^{*\prime}\\\hat{\boldsymbol{x}}_2^{*\prime}\\\vdots\\\hat{\boldsymbol{x}}_N^{*\prime}\end{bmatrix}$，$\boldsymbol{M}_X$ 为关于 $\boldsymbol{X}$ 的残差制造矩阵。第一个等式利用的是**弗里希沃定理**，第二个等式利用的是式(6-54)，最后一个等式利用的是残差制造矩阵的性质 $\boldsymbol{M}_X\boldsymbol{X}=\mathbf{0}$。

如下等式给出了 $\hat{\boldsymbol{\theta}}$ 与 $\hat{\boldsymbol{\beta}}_{\mathrm{2SLS}}-\hat{\boldsymbol{\beta}}_{\mathrm{OLS}}$ 的关系：

$$\begin{aligned}\hat{\boldsymbol{\theta}}&=-(\hat{\boldsymbol{X}}^{*\prime}\boldsymbol{M}_X\hat{\boldsymbol{X}}^*)^{-1}\hat{\boldsymbol{X}}^{*\prime}\boldsymbol{M}_X\boldsymbol{y}\\&=-(\hat{\boldsymbol{X}}^{*\prime}\boldsymbol{M}_X\hat{\boldsymbol{X}}^*)^{-1}(\hat{\boldsymbol{X}}^{*\prime}\boldsymbol{y}-\hat{\boldsymbol{X}}^{*\prime}\boldsymbol{P}_X\boldsymbol{y})\\&=-(\hat{\boldsymbol{X}}^{*\prime}\boldsymbol{M}_X\hat{\boldsymbol{X}}^*)^{-1}[\hat{\boldsymbol{X}}^{*\prime}(\boldsymbol{X}\hat{\boldsymbol{\beta}}_{\mathrm{2SLS}}+\hat{\boldsymbol{\epsilon}})-\hat{\boldsymbol{X}}^{*\prime}\boldsymbol{X}\hat{\boldsymbol{\beta}}_{\mathrm{OLS}}]\\&=-(\hat{\boldsymbol{X}}^{*\prime}\boldsymbol{M}_X\hat{\boldsymbol{X}}^*)^{-1}\hat{\boldsymbol{X}}^{*\prime}\boldsymbol{X}(\hat{\boldsymbol{\beta}}_{\mathrm{2SLS}}-\hat{\boldsymbol{\beta}}_{\mathrm{OLS}})\\&=-(\hat{\boldsymbol{X}}^{*\prime}\boldsymbol{M}_X\hat{\boldsymbol{X}}^*)^{-1}\hat{\boldsymbol{X}}^{*\prime}(\hat{\boldsymbol{X}}^*+\hat{\boldsymbol{V}})(\hat{\boldsymbol{\beta}}_{\mathrm{2SLS}}-\hat{\boldsymbol{\beta}}_{\mathrm{OLS}})\end{aligned}$$

---

① 以 $\widehat{\mathrm{Avar}}(\sqrt{N}(\hat{\boldsymbol{\theta}}-\boldsymbol{\theta}))\equiv\hat{\sigma}^2\left(\dfrac{\hat{\boldsymbol{X}}^{*\prime}\boldsymbol{M}_X\hat{\boldsymbol{X}}^*}{N}\right)^{-1}$ 是 $\mathrm{Avar}(\sqrt{N}(\hat{\boldsymbol{\theta}}-\boldsymbol{\theta}))$ 的一致估计量为例说明。

$$\begin{aligned}\sqrt{N}(\hat{\boldsymbol{\theta}}-\boldsymbol{\theta})&=\sqrt{N}[-(\hat{\boldsymbol{X}}^{*\prime}\boldsymbol{M}_X\hat{\boldsymbol{X}}^*)^{-1}\hat{\boldsymbol{X}}^{*\prime}\boldsymbol{M}_X\boldsymbol{y}-\boldsymbol{\theta}]\\&=\sqrt{N}[-(\hat{\boldsymbol{X}}^{*\prime}\boldsymbol{M}_X\hat{\boldsymbol{X}}^*)^{-1}\hat{\boldsymbol{X}}^{*\prime}\boldsymbol{M}_X(\boldsymbol{X}\boldsymbol{\beta}+\boldsymbol{\epsilon})-\mathbf{0}]\\&=\sqrt{N}[-(\hat{\boldsymbol{X}}^{*\prime}\boldsymbol{M}_X\hat{\boldsymbol{X}}^*)^{-1}\hat{\boldsymbol{X}}^{*\prime}\boldsymbol{M}_X\boldsymbol{\epsilon}]\\&=-\left(\frac{\hat{\boldsymbol{X}}^{*\prime}\boldsymbol{M}_X\hat{\boldsymbol{X}}^*}{N}\right)^{-1}\sqrt{N}\frac{\hat{\boldsymbol{X}}^{*\prime}\boldsymbol{M}_X\boldsymbol{\epsilon}}{N}\end{aligned}$$

其中，第二个等式利用到了原假设（不存在内生性）$\boldsymbol{\theta}=\mathbf{0}$。

因此，$\sqrt{N}(\hat{\boldsymbol{\theta}}-\boldsymbol{\theta})$ 的极限分布为：

$$\begin{aligned}\sqrt{N}(\hat{\boldsymbol{\theta}}-\boldsymbol{\theta})&\xrightarrow{d}\mathcal{N}\left(\mathbf{0},\left[\mathbb{E}\left(\frac{\boldsymbol{X}^{*\prime}\boldsymbol{M}_X\boldsymbol{X}^*}{N}\right)\right]^{-1}\mathbb{E}\left(\frac{\boldsymbol{X}^{*\prime}\boldsymbol{M}_X\boldsymbol{\epsilon}\boldsymbol{\epsilon}'\boldsymbol{M}_X\boldsymbol{X}^*}{N}\right)\left[\mathbb{E}\left(\frac{\boldsymbol{X}^{*\prime}\boldsymbol{M}_X\boldsymbol{X}^*}{N}\right)\right]^{-1}\right)\\&=\mathcal{N}\left(\mathbf{0},\sigma^2\left[\mathbb{E}\left(\frac{\boldsymbol{X}^{*\prime}\boldsymbol{M}_X\boldsymbol{X}^*}{N}\right)\right]^{-1}\right)\end{aligned}$$

其中，等式成立用到了同方差假定 $\mathbb{E}(\boldsymbol{\epsilon}\boldsymbol{\epsilon}'\mid\boldsymbol{X},\boldsymbol{Z})=\sigma^2\boldsymbol{I}$。

$$=-(\hat{\boldsymbol{X}}^{*\prime}\boldsymbol{M}_X\hat{\boldsymbol{X}}^*)^{-1}\hat{\boldsymbol{X}}^{*\prime}\hat{\boldsymbol{X}}^*(\hat{\boldsymbol{\beta}}_{2SLS}-\hat{\boldsymbol{\beta}}_{OLS}) \tag{6-61}$$

其中，第二个等式利用$\boldsymbol{M}_X=\boldsymbol{I}-\boldsymbol{P}_X$，第四个等式利用$\hat{\boldsymbol{X}}^{*\prime}\hat{\boldsymbol{\epsilon}}=\boldsymbol{X}'\boldsymbol{P}_X\boldsymbol{M}_{\hat{X}^*}\boldsymbol{y}=\boldsymbol{X}'\boldsymbol{P}_X\boldsymbol{M}_{X\hat{\Pi}}\boldsymbol{y}=\boldsymbol{0}$(参见第二章)，最后一个等式利用$\hat{\boldsymbol{X}}^{*\prime}\hat{\boldsymbol{V}}=\boldsymbol{X}'\boldsymbol{P}_X\boldsymbol{M}_X\boldsymbol{y}=\boldsymbol{0}$。

整理式(6-61)可得：

$$\sqrt{N}(\hat{\boldsymbol{\theta}}-\boldsymbol{\theta})=-(\hat{\boldsymbol{X}}^{*\prime}\boldsymbol{M}_X\hat{\boldsymbol{X}}^*)^{-1}\hat{\boldsymbol{X}}^{*\prime}\hat{\boldsymbol{X}}^*\sqrt{N}(\hat{\boldsymbol{\beta}}_{2SLS}-\hat{\boldsymbol{\beta}}_{OLS}) \tag{6-62}$$

将式(6-62)代入表达式$[\sqrt{N}(\hat{\boldsymbol{\theta}}-\boldsymbol{\theta})]'[\widehat{\text{Avar}}(\sqrt{N}(\hat{\boldsymbol{\theta}}-\boldsymbol{\theta}))]^{-1}[\sqrt{N}(\hat{\boldsymbol{\theta}}-\boldsymbol{\theta})]$：

$$\begin{aligned}
&[\sqrt{N}(\hat{\boldsymbol{\theta}}-\boldsymbol{\theta})]'[\widehat{\text{Avar}}(\sqrt{N}(\hat{\boldsymbol{\theta}}-\boldsymbol{\theta}))]^{-1}[\sqrt{N}(\hat{\boldsymbol{\theta}}-\boldsymbol{\theta})]\\
&=\left\{\begin{array}{c}[\sqrt{N}(\hat{\boldsymbol{\beta}}_{2SLS}-\hat{\boldsymbol{\beta}}_{OLS})]'\\
\hat{\boldsymbol{X}}^{*\prime}\hat{\boldsymbol{X}}^*(\hat{\boldsymbol{X}}^{*\prime}\boldsymbol{M}_X\hat{\boldsymbol{X}}^*)^{-1}\left[\hat{\sigma}^2\left(\dfrac{\hat{\boldsymbol{X}}^{*\prime}\boldsymbol{M}_X\hat{\boldsymbol{X}}^*}{N}\right)^{-1}\right]^{-1}(\hat{\boldsymbol{X}}^{*\prime}\boldsymbol{M}_X\hat{\boldsymbol{X}}^*)^{-1}\hat{\boldsymbol{X}}^{*\prime}\hat{\boldsymbol{X}}^*\\
[\sqrt{N}(\hat{\boldsymbol{\beta}}_{2SLS}-\hat{\boldsymbol{\beta}}_{OLS})]\end{array}\right\}\\
&=\left\{\begin{array}{c}[\sqrt{N}(\hat{\boldsymbol{\beta}}_{2SLS}-\hat{\boldsymbol{\beta}}_{OLS})]'\\
\dfrac{1}{\hat{\sigma}^2N}\hat{\boldsymbol{X}}^{*\prime}\hat{\boldsymbol{X}}^*(\hat{\boldsymbol{X}}^{*\prime}\boldsymbol{M}_X\hat{\boldsymbol{X}}^*)^{-1}\hat{\boldsymbol{X}}^{*\prime}\hat{\boldsymbol{X}}^*\\
[\sqrt{N}(\hat{\boldsymbol{\beta}}_{2SLS}-\hat{\boldsymbol{\beta}}_{OLS})]\end{array}\right\}
\end{aligned} \tag{6-63}$$

又因为

$$\begin{aligned}
&(\hat{\boldsymbol{X}}^{*\prime}\hat{\boldsymbol{X}}^*)[(\hat{\boldsymbol{X}}^{*\prime}\hat{\boldsymbol{X}}^*)^{-1}-(\boldsymbol{X}'\boldsymbol{X})^{-1}](\hat{\boldsymbol{X}}^{*\prime}\hat{\boldsymbol{X}}^*)\\
&=\hat{\boldsymbol{X}}^{*\prime}\hat{\boldsymbol{X}}^*-(\hat{\boldsymbol{X}}^{*\prime}\hat{\boldsymbol{X}}^*)(\boldsymbol{X}'\boldsymbol{X})^{-1}(\hat{\boldsymbol{X}}^{*\prime}\hat{\boldsymbol{X}}^*)\\
&=\hat{\boldsymbol{X}}^{*\prime}\hat{\boldsymbol{X}}^*-\hat{\boldsymbol{X}}^{*\prime}(\hat{\boldsymbol{X}}^*+\hat{\boldsymbol{V}})(\boldsymbol{X}'\boldsymbol{X})^{-1}(\hat{\boldsymbol{X}}^*+\hat{\boldsymbol{V}})'\hat{\boldsymbol{X}}^*\\
&=\hat{\boldsymbol{X}}^{*\prime}\hat{\boldsymbol{X}}^*-\hat{\boldsymbol{X}}^{*\prime}\boldsymbol{X}(\boldsymbol{X}'\boldsymbol{X})^{-1}\boldsymbol{X}'\hat{\boldsymbol{X}}^*\\
&=\hat{\boldsymbol{X}}^{*\prime}\boldsymbol{M}_X\hat{\boldsymbol{X}}^*
\end{aligned}$$

所以

$$[(\hat{\boldsymbol{X}}^{*\prime}\hat{\boldsymbol{X}}^*)^{-1}-(\boldsymbol{X}'\boldsymbol{X})^{-1}]^{-1}=(\hat{\boldsymbol{X}}^{*\prime}\hat{\boldsymbol{X}}^*)(\hat{\boldsymbol{X}}^{*\prime}\boldsymbol{M}_X\hat{\boldsymbol{X}}^*)^{-1}(\hat{\boldsymbol{X}}^{*\prime}\hat{\boldsymbol{X}}^*) \tag{6-64}$$

利用式(6-64)可得：

$$\begin{aligned}
&[\text{Avar}(\sqrt{N}(\hat{\boldsymbol{\beta}}_{2SLS}-\boldsymbol{\beta}))-\text{Avar}(\sqrt{N}(\hat{\boldsymbol{\beta}}_{OLS}-\boldsymbol{\beta}))]^{-1}\\
&\equiv\left(\hat{\sigma}^2\left[\left(\frac{\hat{\boldsymbol{X}}^{*\prime}\hat{\boldsymbol{X}}^*}{N}\right)^{-1}-\left(\frac{\boldsymbol{X}'\boldsymbol{X}}{N}\right)^{-1}\right]\right)^{-1}\\
&=\frac{1}{\hat{\sigma}^2N}[(\hat{\boldsymbol{X}}^{*\prime}\hat{\boldsymbol{X}}^*)^{-1}-(\boldsymbol{X}'\boldsymbol{X})^{-1}]^{-1}\\
&=\frac{1}{\hat{\sigma}^2N}(\hat{\boldsymbol{X}}^{*\prime}\hat{\boldsymbol{X}}^*)(\boldsymbol{X}^{*\prime}\boldsymbol{M}_X\boldsymbol{X}^*)^{-1}(\hat{\boldsymbol{X}}^{*\prime}\hat{\boldsymbol{X}}^*)
\end{aligned}$$

从而可以得到：

$$\left\{\begin{array}{c}[\sqrt{N}(\hat{\boldsymbol{\beta}}_{2SLS}-\hat{\boldsymbol{\beta}}_{OLS})]' \\ [\operatorname{Avar}(\sqrt{N}(\hat{\boldsymbol{\beta}}_{2SLS}-\boldsymbol{\beta}))-\operatorname{Avar}(\sqrt{N}(\hat{\boldsymbol{\beta}}_{OLS}-\boldsymbol{\beta}))]^{-1} \\ [\sqrt{N}(\hat{\boldsymbol{\beta}}_{2SLS}-\hat{\boldsymbol{\beta}}_{OLS})]\end{array}\right\}=\left\{\begin{array}{c}[\sqrt{N}(\hat{\boldsymbol{\beta}}_{2SLS}-\hat{\boldsymbol{\beta}}_{OLS})]' \\ \frac{1}{\hat{\sigma}^2 N}\hat{\boldsymbol{X}}^{*\prime}\hat{\boldsymbol{X}}^{*}(\hat{\boldsymbol{X}}^{*\prime}\boldsymbol{M}_X\hat{\boldsymbol{X}}^{*})^{-1}\hat{\boldsymbol{X}}^{*\prime}\hat{\boldsymbol{X}}^{*} \\ [\sqrt{N}(\hat{\boldsymbol{\beta}}_{2SLS}-\hat{\boldsymbol{\beta}}_{OLS})]\end{array}\right\} \tag{6-65}$$

根据式(6-63)和式(6-65)即可证明命题。

□

最后，关于 Hausman 内生性检验有以下两点值得注意：第一，Hausman 内生性检验需要获取内生变量的工具变量；第二，Hausman 内生性检验的重要前提是条件同方差假定，若不满足这一假定，则无法开展 Hausman 内生性检验。

3.3 工具变量外生性检验——过度识别检验

如前所述，判断工具变量的外生性本质上是一个经济学问题。在工具变量个数等于内生变量个数(模型恰好识别)的情形下，无法对工具变量的外生性假设进行统计检验。而在工具变量个数大于内生变量个数(模型过度识别)情形下，则可以对工具变量的外生性假设进行统计检验。因此，工具变量外生性检验又被称为过度识别检验。**基本原理为：如果工具变量满足外生性假设，那么利用所有工具变量的 2SLS 估计量与只用部分工具变量的 2SLS 估计量都是真实参数的一致估计量，从而不应该存在显著性的差异(换言之,除了抽样误差之外,二者不应存在差异)，反之则相反。**

命题 6.12：若将利用所有工具变量的 2SLS 估计量记为$\hat{\boldsymbol{\beta}}_{2SLS}^{A}$，将利用部分工具变量的 2SLS 估计量记为$\hat{\boldsymbol{\beta}}_{2SLS}^{P}$，那么在 **2SLS 假设 1，2SLS 假设 2′2SLS 假设 3** 以及原假设——工具变量外生性假设满足的前提下可以得到：

$$\left\{\begin{array}{c}[\sqrt{N}(\hat{\boldsymbol{\beta}}_{2SLS}^{P}-\hat{\boldsymbol{\beta}}_{2SLS}^{A})]' \\ [\operatorname{Avar}(\sqrt{N}(\hat{\boldsymbol{\beta}}_{2SLS}^{P}-\boldsymbol{\beta}))-\operatorname{Avar}(\sqrt{N}(\hat{\boldsymbol{\beta}}_{2SLS}^{A}-\boldsymbol{\beta}))]^{-1} \\ [\sqrt{N}(\hat{\boldsymbol{\beta}}_{2SLS}^{P}-\hat{\boldsymbol{\beta}}_{2SLS}^{A})]\end{array}\right\}\xrightarrow{d}\chi^2(Q) \tag{6-66}$$

其中，Q 为过度识别约束的个数，也就是工具变量个数减去内生变量的个数。

命题 6.12 的证明过程与命题 6.10 非常类似。其关键步骤是证明 $\operatorname{Avar}(\hat{\boldsymbol{\beta}}_{2SLS}^{P}-\hat{\boldsymbol{\beta}}_{2SLS}^{A})=\operatorname{Avar}(\hat{\boldsymbol{\beta}}_{2SLS}^{P})-\operatorname{Avar}(\hat{\boldsymbol{\beta}}_{2SLS}^{A})$。根据命题 6.8 容易推知，在使用外生变量线性组合作为工具变量的估计量中，$\hat{\boldsymbol{\beta}}_{2SLS}^{A}$是最有效的。因此，容易证明 $\operatorname{Avar}(\hat{\boldsymbol{\beta}}_{2SLS}^{P}-\hat{\boldsymbol{\beta}}_{2SLS}^{A})=\operatorname{Avar}(\hat{\boldsymbol{\beta}}_{2SLS}^{P})-\operatorname{Avar}(\hat{\boldsymbol{\beta}}_{2SLS}^{A})$(参见命题 6.10 的证明过程)。

3.4 弱工具变量问题

在 OLS 模型和 2SLS 模型之间做出选择，还要考虑的一个重要因素是工具变量与内生变量的相关性。当工具变量与内生变量只存在微弱的相关性时，那么就会出现所谓的弱工具变量(Weak IV)问题。即便在工具变量与误差项只有很小相关性的情形下，弱工具变量问题会导致 2SLS 估计结果大大偏离真实值。不仅如此，弱工具变量还会导致非常大的估计量方差。

3.4.1 弱工具变量与 2SLS 估计量的一致性

考虑如下只有一个内生变量的简单结构模型(对于一般的设定情形感兴趣的读者可以参见 Bound et al.,1995)：

$$y_i=\beta_0+\beta_1 x_i+\epsilon_i \tag{6-67}$$

若将x_i的工具变量记为z_i，那么 2SLS 估计结果为：

$$\beta_{1,\text{2SLS}}=\frac{\text{Cov}(z_i,y_i)}{\text{Cov}(z_i,x_i)}=\beta_1+\frac{\text{Cov}(z_i,\epsilon_i)}{\text{Cov}(z_i,x_i)}=\beta_1+\frac{\sigma_\epsilon}{\sigma_x}\cdot\frac{\rho_{z_i,\epsilon_i}}{\rho_{z_i,x_i}} \tag{6-68}$$

其中，σ_ϵ与σ_x分别为ϵ_i和x_i的标准差；ρ_{z_i,ϵ_i}表示z_i和ϵ_i相关系数，ρ_{z_i,x_i}为z_i和x_i相关系数。

从式(6-68)可以看出，当工具变量z_i与x_i只存在微弱的相关性(ρ_{z_i,x_i}取值很小)时，即便在工具变量与误差项只有很小相关性的情形下，2SLS 估计结果$\beta_{1,\text{2SLS}}$也会在较大程度上偏离真实值β_1。

此外，OLS 估计结果为：

$$\beta_{1,\text{OLS}}=\frac{\text{Cov}(x_i,y_i)}{\text{Cov}(x_i,x_i)}=\beta_1+\frac{\text{Cov}(x_i,\epsilon_i)}{\text{Cov}(x_i,x_i)}=\beta_1+\frac{\sigma_\epsilon}{\sigma_x}\cdot\rho_{x_i,\epsilon_i} \tag{6-69}$$

因此，2SLS 估计结果与 OLS 估计结果对真实数值的相对偏离可以表示为：

$$d=\left|\frac{\beta_{1,\text{2SLS}}-\beta_1}{\beta_{1,\text{OLS}}-\beta_1}\right|=\left|\frac{\rho_{z_i,\epsilon_i}/\rho_{x_i,\epsilon_i}}{\rho_{z_i,x_i}}\right| \tag{6-70}$$

由此可见，弱工具变量问题(ρ_{z_i,x_i}取值很小)可能导致 2SLS 估计结果偏差大大高于 OLS 估计结果。

3.4.2 弱工具变量与 2SLS 估计量的方差

除了可能导致工具变量估计结果偏差大大偏离真实值之外，弱工具变量还会放大估计量的(渐近)方差。对于如下模型：

$$\begin{cases}y_i=\boldsymbol{x}_i'\boldsymbol{\beta}+\epsilon_i\\ \boldsymbol{x}_i'=\boldsymbol{z}_i'\boldsymbol{\Pi}+\boldsymbol{e}_i'\end{cases} \tag{6-71}$$

其中，第一个方程是结构方程，第二个方程是解释变量对外生变量的回归方程，$\boldsymbol{\Pi}$ 为可逆的方阵。

根据前述内容(具体参见命题 6.8 的证明过程)，我们已经知道，在 **2SLS 假设 1，2SLS 假设 2′**以及 **2SLS 假设 3** 满足的条件下，2SLS 估计量$\hat{\boldsymbol{\beta}}_{\text{2SLS}}$的渐近方差为：

$$\text{Avar}(\hat{\boldsymbol{\beta}}_{\text{2SLS}})=\frac{\sigma^2}{N}[\mathbb{E}(\boldsymbol{x}_i^*\boldsymbol{x}_i^{*\prime})]^{-1}=\frac{\sigma^2}{N}\{\boldsymbol{\Pi}^{-1}[\mathbb{E}(\boldsymbol{z}_i\boldsymbol{z}_i')]^{-1}\boldsymbol{\Pi}'^{-1}\}$$

考虑$\boldsymbol{x}_i=\begin{bmatrix}1\\x_i\end{bmatrix}$，$\boldsymbol{z}_i=\begin{bmatrix}1\\z_i\end{bmatrix}$这个最简单的情形。若将$x_i$对$z_i$的回归记为：

$$x_i=\pi_0+\pi_1 z_i+\zeta_i \tag{6-72}$$

那么则有：

$$\boldsymbol{\Pi}=\begin{bmatrix}1 & \pi_0\\ 0 & \pi_1\end{bmatrix} \tag{6-73}$$

因此，当x_i与z_i只存在非常微弱的相关关系时(即存在弱工具变量问题)，π_1的绝对值接近0，该情形下$\boldsymbol{\Pi}$被称为**病态矩阵**(Ill-conditioned Matrix)，它的逆矩阵$\boldsymbol{\Pi}^{-1}$非常大，从而使得$\hat{\boldsymbol{\beta}}_{2SLS}$的渐近方差 $\mathrm{Avar}[\sqrt{N}(\hat{\boldsymbol{\beta}}_{2SLS}-\boldsymbol{\beta})]$非常大。从直观上理解，弱工具变量导致2SLS估计量存在较大方差的原因在于，弱工具变量问题意味着$x_i^*=\pi_0+\pi_1 z_i$接近常数，所以y_i对于x_i^*回归存在多重共线性问题，从而导致基于该回归所得到的2SLS估计量方差会比较大。

4. 工具变量方法案例分析：教育收益率再探讨

在第三章中，我们利用OLS方法分析了学历(核心解释变量)与个人工资收入(被解释变量)之间的关系。但是由于内生性的存在，利用个人工资收入对学历进行OLS回归得到的学历变量系数估计值往往并不是因果效应。对于本例而言，造成内生性问题的潜在因素有：第一，遗漏变量问题。一般来说，个人能力这个变量同时会影响学历和工资收入，而这个变量通常无法被(研究者)观察到；第二，测量误差问题。虽然我们所关心的解释变量——学历一般不存在测量误差问题，但是被解释变量——个人工资收入往往存在测量误差问题。根据本章前言的介绍我们知道，如果工资收入的测量误差与学历不相关，那么测量误差不会引起内生性问题，但是如果工资收入的测量误差与学历存在相关性，那么测量误差则会导致内生性问题；第三，反向因果问题。在现实中，我们经常会看到这样的现象，一些人为了提升工资而通过各种途径来提升自身学历。这意味着个人工资可能会反向影响学历，从而产生反向因果问题。

有鉴于此，我们使用工具变量方法来识别学历对个人工资收入的因果影响。CHFS数据报告了兄弟个数和姊妹个数，它们可作为学历的工具变量：一方面，给定家庭教育投入，兄弟姐妹个数越多的个体能够分配到的教育资源越少。如图6-8所示，兄弟个数和姊妹个数与学历存在非常明显的负相关关系，将学历变量替换为学历对模型控制变量得到的回归误差项也不改变这个负相关关系；另一方面，一个人通常无法决定其兄弟或者姐妹个数，从而能够较好地满足外生性假定。①

表6-2汇报了OLS回归和工具变量回归结果，这些回归结果均显示，平均而言，学历越

① 需要说明的是，使用兄弟个数或姐妹个数作为学历工具变量的一个挑战是，学历并不一定是它们影响工资的唯一渠道，此时外生性假定通常难以得到满足。具体来说，健康状况(给定家庭富裕程度，兄弟姐妹个数越多的个体，越有可能缺乏照顾)以及社会关系网络(兄弟姐妹个数越多的个体，社会关系网络可能越广)都可能是工具变量影响工资收入的渠道。不过，这些渠道可以通过将相应的渠道变量添加至控制变量的方式来排除。使用兄弟个数或姐妹个数作为学历工具变量的另一挑战是，虽然一个人通常无法决定其兄弟或者姐妹个数，但是其父母却可以，如果影响兄弟姐妹个数的父母特征(比如，父母学历)同时影响这个人的工资收入和学历，那么兄弟姐妹个数的外生性也通常难以得到满足。类似地，这一问题可以通过将父母相关特征添加至控制变量的方式来排除。

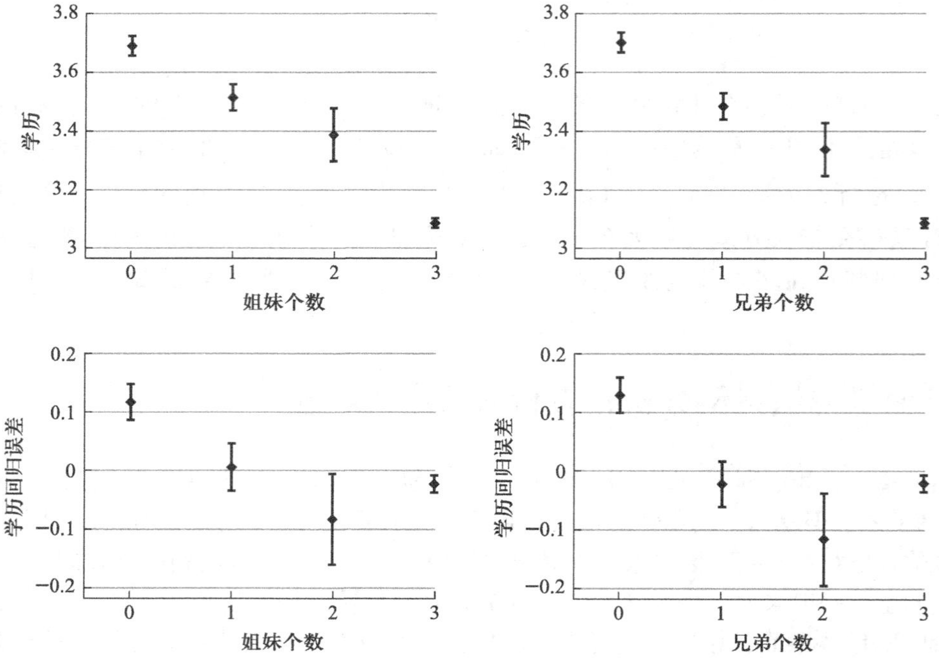

图 6-8 学历与兄弟个数和姐妹个数(工具变量的相关性)

注释：学历的取值为 1、2、3、4 和 5，对应表示未接受教育、小学学历、中学学历(包括初中、高中、中专)、大学学历以及研究生学历。学历回归残差通过学历对控制变量进行 OLS 回归得到。控制变量具体包括：健康状况(*Health*)、婚姻虚拟变量(*Marriage*)、性别虚拟变量(*Gender*)、年龄(*Age*)以及年龄平方(Age^2)。

高，工资收入越高。第(1)列和第(2)列汇报的是 OLS 回归结果。① 第(3)列和第(4)列汇报的是以兄弟个数(*Brother*)作为工具变量的估计结果，此时工具变量个数等于内生变量个数。第(5)列和第(6)列汇报了以兄弟个数(*Brother*)和姐妹个数(*Sister*)同时作为工具变量的估计结果，此时工具变量个数大于内生变量个数。可以发现，OLS 回归结果与 2SLS 回归结果存在显著差异，这意味着忽略内生性问题可能导致较大的偏误。进一步观察表 6-2 还可以发现，第(3)列和第(4)列报告的工具变量估计结果与第(5)列和第(6)列存在显著差异。这至少存在两个解释：第一，如果假设不同个体教育收益率相同(同质性效应)，那么不同工具变量估计结果存在显著差异(即无法通过**过度识别检验**)说明我们的工具变量至少有一个不满足外生性假定；第二，如果假设不同个体教育收益率存在差异(异质性效应)，那么根据本书第八章介绍的**局部平均处理效应模型**(LATE)，不同工具变量估计结果对应的是不同的群体因果效应，从而理应存在差异。也就是说，不同工具变量估计结果存在显著差异并不一定能够作为拒绝工具变量外生性假定的证据。最后，从表 6-2 所报告的一阶段 F 值可以看出，我们选用的工具

① 在我们使用的数据中，并非每个人都报告了其兄弟个数或者姐妹个数。为了排除样本差异对 OLS 和 2SLS 估计结果的影响，在 OLS 回归中，我们只保留了那些报告兄弟个数或者姐妹个数的样本。这导致表 6-2 中 OLS 回归结果与第三章表 3-2 报告的结果存在微小差异。

变量在统计上不存在“弱工具变量”问题。

表 6-2　学历与个人工资(对数值)

	(1)	(2)	(3)	(4)	(5)	(6)
	OLS		2SLS			
			恰好识别：兄弟个数作为 IV		过度识别：兄弟个数与姐妹个数同时作为 IV	
	Log _Wage	*Log _Wage*	*Log _Wage*	*Log _Wage*	*Log _Wage*	*Log _Wage*
Education	0.284***	0.289***	0.233***	0.198***	0.358***	0.369***
学历	(0.017)	(0.018)	(0.067)	(0.073)	(0.052)	(0.057)
Health		−0.051***		−0.056***		−0.045***
健康状况		(0.012)		(0.012)		(0.012)
Marriage		0.059**		0.054*		0.062**
婚姻虚拟变量		(0.028)		(0.028)		(0.028)
Gender		0.203***		0.191***		0.214***
性别虚拟变量		(0.024)		(0.025)		(0.024)
Age		0.053*		0.064**		0.051
年龄		(0.028)		(0.032)		(0.032)
Age^2		−0.001*		−0.001**		−0.001
年龄平方		(0.000)		(0.000)		(0.000)
Cons	7.246***	6.263***	7.415***	6.454***	6.999***	5.974***
常数项	(0.099)	(0.463)	(0.239)	(0.557)	(0.195)	(0.542)
行业固定效应	是	是	是	是	是	是
样本量	3 030	3 030	3 030	3 030	3 030	3 030
调整 R^2	0.237	0.262	0.234	0.252	0.231	0.255
			第一阶段回归结果			
			Education	*Education*	*Education*	*Education*
Brother			−0.159***	−0.1441***	−0.153***	−0.141***
兄弟数量			(0.015)	(0.016)	(0.015)	(0.016)
Sister					−0.119***	−0.107***
姐妹数量					(0.017)	(0.017)
控制变量			否	是	否	是
行业固定效应			是	是	是	是
样本量			3 030	3 030	3 030	3 030
调整 R^2			0.221	0.244	0.247	0.264
F 统计量			49.42	45.13	53.18	47.11

注释：*，** 以及 *** 分别表示在 10%，5%与 1%显著性水平下显著，括号中数字为 White 异方差稳健标准误。表中变量含义与第 3 章表 3-2 相同。

5. 广义矩估计

5.1 GMM 估计的基本原理

在以上介绍的方法中，矩条件(或者正规条件)个数都等于未知参数个数。**虽然在 2SLS 方法中工具变量个数大于未知参数个数，但是通过内生变量向外生变量做投影使得正规条件个数等于未知参数的个数**。根据前述介绍我们已经知道，在工具变量z_i个数等于未知参数$\boldsymbol{\beta}$个数(K)的工具变量方法中，通过如下个数为 K 的正规条件来识别参数：

$$\mathbb{E}(z_i\epsilon_i)=\mathbb{E}[z_i(y_i-\boldsymbol{x}_i'\boldsymbol{\beta})]=\mathbf{0} \tag{6-74}$$

在工具变量z_i个数(L)大于未知参数$\boldsymbol{\beta}$个数(K)的工具变量方法中，没有参数能够满足式(6-74)，2SLS 方法通过如下个数为 K 的正规条件来识别参数：

$$\mathbb{E}(\boldsymbol{x}_i^*\epsilon_i)=\mathbb{E}[\boldsymbol{x}_i^*(y_i-\boldsymbol{x}_i'\boldsymbol{\beta})]=\mathbf{0} \tag{6-75}$$

其中，$\boldsymbol{x}_i^*=z_i\boldsymbol{\Pi}'$表示$\boldsymbol{x}_i$向$z_i$的投影向量。

我们已经知道，在工具变量个数大于未知参数个数的情形下，无法通过令$\mathbb{E}[z_i(y_i-\boldsymbol{x}_i'\boldsymbol{\beta})]$等于 $\mathbf{0}$ 识别参数。Hansen(1982)提出并由 White(1982)推广的**广义矩估计方法**(Generalized Method of Moments, GMM)提供了处理这一问题的新思路：通过最小化目标函数$\{\mathbb{E}[z_i(y_i-\boldsymbol{x}_i'\boldsymbol{b})]\}'\boldsymbol{W}\{\mathbb{E}[z_i(y_i-\boldsymbol{x}_i'\boldsymbol{b})]\}$来识别因果参数$\boldsymbol{\beta}$。[①] 正式地，

$$\boldsymbol{\beta}_{\mathrm{GMM}}=\arg\min_{\{\boldsymbol{b}\in\mathscr{B}\}}\{\mathbb{E}[z_i(y_i-\boldsymbol{x}_i'\boldsymbol{b})]\}'\boldsymbol{W}\ \{\mathbb{E}[z_i(y_i-\boldsymbol{x}_i'\boldsymbol{b})]\} \tag{6-76}$$

其中，$\boldsymbol{W}$ 为 $L\times L$ 矩阵，它被称为**加权矩阵**(Weighting Matrix)。

与工具变量方法和 2SLS 方法类似，为识别因果效应参数，GMM 估计需要满足如下两个假设：

GMM 假设 1：(外生性假设)

$$\mathbb{E}(z_i\epsilon_i)=\mathbf{0} \tag{6-77}$$

GMM 假设 2：(相关性假设)

$$\mathrm{rank}[\mathbb{E}(\boldsymbol{x}_iz_i')\boldsymbol{W}\mathbb{E}(z_i\boldsymbol{x}_i')]=K \tag{6-78}$$

5.2 GMM 估计量及其性质

本节推导出 GMM 估计量的表达式，并介绍 GMM 估计量的大样本性质，包括一致性、渐近正态性以及有效性等。

5.2.1 GMM 估计量的表达式

式(6-76)所刻画的是总体问题，它所对应的样本问题为：

$$\hat{\boldsymbol{\beta}}_{\mathrm{GMM}}=\arg\min_{\{\boldsymbol{b}\in\mathscr{B}\}}\left\{\sum_{i=1}^{N}[z_i(y_i-\boldsymbol{x}_i'\boldsymbol{b})]\right\}'\hat{\boldsymbol{W}}\left\{\sum_{i=1}^{N}[z_i(y_i-\boldsymbol{x}_i'\boldsymbol{b})]\right\} \tag{6-79}$$

其中，$\hat{\boldsymbol{W}}$为加权矩阵 $\boldsymbol{W}$ 的一个一致估计量，即 $\mathrm{Plim}\ \hat{\boldsymbol{W}}=\boldsymbol{W}$。

---

① 目标函数中的参数用 $\boldsymbol{b}$ 来表示是为了与真实参数$\boldsymbol{\beta}$进行区分。

命题 6.13：GMM 估计量$\hat{\boldsymbol{\beta}}_{\text{GMM}}$的表达式为：

$$\begin{aligned}\hat{\boldsymbol{\beta}}_{\text{GMM}} &= \left[\left(\sum_{i=1}^{N} \boldsymbol{z}_i \boldsymbol{x}_i'\right)' \hat{\boldsymbol{W}}\left(\sum_{i=1}^{N} \boldsymbol{z}_i \boldsymbol{x}_i'\right)\right]^{-1}\left(\sum_{i=1}^{N} \boldsymbol{z}_i \boldsymbol{x}_i'\right)' \hat{\boldsymbol{W}}\left(\sum_{i=1}^{N} \boldsymbol{z}_i y_i\right) \\ &= (\boldsymbol{X}'\boldsymbol{Z}\hat{\boldsymbol{W}}\boldsymbol{Z}'\boldsymbol{X})^{-1}\boldsymbol{X}'\boldsymbol{Z}\hat{\boldsymbol{W}}\boldsymbol{Z}'\boldsymbol{y}\end{aligned} \tag{6-80}$$

其中，$\underbrace{\boldsymbol{X}}_{N\times K}=\begin{bmatrix}\boldsymbol{x}_1'\\ \boldsymbol{x}_2'\\ \vdots\\ \boldsymbol{x}_N'\end{bmatrix}$，$\underbrace{\boldsymbol{Z}}_{N\times L}=\begin{bmatrix}\boldsymbol{z}_1'\\ \boldsymbol{z}_2'\\ \vdots\\ \boldsymbol{z}_N'\end{bmatrix}$，$\underbrace{\boldsymbol{y}}_{N\times 1}=\begin{bmatrix}y_1\\ y_2\\ \vdots\\ y_N\end{bmatrix}$。

证明：

令 $q(\boldsymbol{b}) \equiv \left\{\sum_{i=1}^{N}[\boldsymbol{z}_i(y_i-\boldsymbol{x}_i'\boldsymbol{b})]\right\}' \hat{\boldsymbol{W}}\left\{\sum_{i=1}^{N}[\boldsymbol{z}_i(y_i-\boldsymbol{x}_i'\boldsymbol{b})]\right\}$ 可得：

$$\frac{\partial q(\boldsymbol{b})}{\partial \boldsymbol{b}} = -2\left(\sum_{i=1}^{N} \boldsymbol{z}_i \boldsymbol{x}_i'\right)' \hat{\boldsymbol{W}}\left\{\sum_{i=1}^{N}[\boldsymbol{z}_i(y_i-\boldsymbol{x}_i'\boldsymbol{b})]\right\}$$

因此

$$-2\left(\sum_{i=1}^{N} \boldsymbol{z}_i \boldsymbol{x}_i'\right)' \hat{\boldsymbol{W}}\left\{\sum_{i=1}^{N}[\boldsymbol{z}_i(y_i-\boldsymbol{x}_i'\hat{\boldsymbol{\beta}}_{\text{GMM}})]\right\} = \boldsymbol{0}$$

求解上式可得：

$$\hat{\boldsymbol{\beta}}_{\text{GMM}} = \left[\left(\sum_{i=1}^{N} \boldsymbol{z}_i \boldsymbol{x}_i'\right)' \hat{\boldsymbol{W}}\left(\sum_{i=1}^{N} \boldsymbol{z}_i \boldsymbol{x}_i'\right)\right]^{-1}\left(\sum_{i=1}^{N} \boldsymbol{z}_i \boldsymbol{x}_i'\right)' \hat{\boldsymbol{W}}\left(\sum_{i=1}^{N} \boldsymbol{z}_i y_i\right)$$

进一步写成数据矩阵形式则有：

$$\hat{\boldsymbol{\beta}}_{\text{GMM}} = (\boldsymbol{X}'\boldsymbol{Z}\hat{\boldsymbol{W}}\boldsymbol{Z}'\boldsymbol{X})^{-1}\boldsymbol{X}'\boldsymbol{Z}\hat{\boldsymbol{W}}\boldsymbol{Z}'\boldsymbol{y}$$

故命题得证。

□

5.2.2 GMM 估计量的一致性

命题 6.14：在 **GMM 假设 1** 与 **GMM 假设 2** 成立的条件下，GMM 估计量$\hat{\boldsymbol{\beta}}_{\text{GMM}}$是真实因果效应参数$\boldsymbol{\beta}$ 的一致估计量，即

$$\text{Plim}\,\hat{\boldsymbol{\beta}}_{\text{GMM}} = \boldsymbol{\beta} \tag{6-81}$$

证明：

$$\begin{aligned}\text{Plim}\,\hat{\boldsymbol{\beta}}_{\text{GMM}} &= \text{Plim}\left\{\left[\left(\sum_{i=1}^{N} \boldsymbol{z}_i \boldsymbol{x}_i'\right)' \hat{\boldsymbol{W}}\left(\sum_{i=1}^{N} \boldsymbol{z}_i \boldsymbol{x}_i'\right)\right]^{-1}\left(\sum_{i=1}^{N} \boldsymbol{z}_i \boldsymbol{x}_i'\right)' \hat{\boldsymbol{W}}\left(\sum_{i=1}^{N} \boldsymbol{z}_i y_i\right)\right\} \\ &= \boldsymbol{\beta} + \text{Plim}\left\{\left[\left(\sum_{i=1}^{N} \boldsymbol{z}_i \boldsymbol{x}_i'\right)' \hat{\boldsymbol{W}}\left(\sum_{i=1}^{N} \boldsymbol{z}_i \boldsymbol{x}_i'\right)\right]^{-1}\left(\sum_{i=1}^{N} \boldsymbol{z}_i \boldsymbol{x}_i'\right)' \hat{\boldsymbol{W}}\left(\sum_{i=1}^{N} \boldsymbol{z}_i \epsilon_i\right)\right\}\end{aligned}$$

$$
= \boldsymbol{\beta} + \left\{ \left[\text{Plim}\left(\frac{\sum_{i=1}^{N} \boldsymbol{z}_i \boldsymbol{x}_i'}{N}\right)' \text{Plim}\, \hat{\boldsymbol{W}}\, \text{Plim}\left(\frac{\sum_{i=1}^{N} \boldsymbol{z}_i \boldsymbol{x}_i'}{N}\right) \right]^{-1} \text{Plim}\left(\frac{\sum_{i=1}^{N} \boldsymbol{z}_i \boldsymbol{x}_i'}{N}\right)' \text{Plim}\, \hat{\boldsymbol{W}} \underbrace{\text{Plim}\left(\frac{\sum_{i=1}^{N} \boldsymbol{z}_i \epsilon_i}{N}\right)}_{\mathbf{0}} \right\}
$$

$$
= \boldsymbol{\beta}
$$

其中，$\text{Plim}\left(\frac{\sum_{i=1}^{N} \boldsymbol{z}_i \epsilon_i}{N}\right) = \mathbf{0}$ 利用的是大数定律以及 **GMM 假设 1**，$\mathbb{E}(\boldsymbol{z}_i \epsilon_i) = \mathbf{0}$。

故命题得证。

□

5.2.3　GMM 估计量的渐近正态性

命题 6.15：在 **GMM 假设 1** 与 **GMM 假设 2** 成立的条件下，估计量 $\sqrt{N}(\hat{\boldsymbol{\beta}}_{\text{GMM}} - \boldsymbol{\beta})$ 的极限分布为：

$$
\sqrt{N}(\hat{\boldsymbol{\beta}}_{\text{GMM}} - \boldsymbol{\beta}) \xrightarrow{d} \mathcal{N}(\mathbf{0}, \boldsymbol{A}^{-1} \boldsymbol{B} \boldsymbol{A}^{-1}) \tag{6-82}
$$

其中，$\boldsymbol{A} = \boldsymbol{G}'\boldsymbol{W}\boldsymbol{G}$，$\boldsymbol{B} = \boldsymbol{G}'\boldsymbol{W}\boldsymbol{\Lambda}\boldsymbol{W}\boldsymbol{G}$；$\boldsymbol{G} = \mathbb{E}(\boldsymbol{z}_i \boldsymbol{x}_i')$，$\boldsymbol{\Lambda} = \mathbb{E}(\epsilon_i^2 \boldsymbol{z}_i \boldsymbol{z}_i')$ 表示 $\left(\sqrt{N} \cdot \frac{1}{N}\sum_{i=1}^{N} \boldsymbol{z}_i \epsilon_i\right)$ 的极限方差。

证明：

因为

$$
\begin{aligned}
\sqrt{N}(\hat{\boldsymbol{\beta}}_{\text{GMM}} - \boldsymbol{\beta}) &= \left[\left(\sum_{i=1}^{N} \boldsymbol{z}_i \boldsymbol{x}_i'\right)' \hat{\boldsymbol{W}} \left(\sum_{i=1}^{N} \boldsymbol{z}_i \boldsymbol{x}_i'\right)\right]^{-1} \left(\sum_{i=1}^{N} \boldsymbol{z}_i \boldsymbol{x}_i'\right)' \hat{\boldsymbol{W}} \left(\sqrt{N} \sum_{i=1}^{N} \boldsymbol{z}_i \epsilon_i\right) \\
&= \left[\frac{\left(\sum_{i=1}^{N} \boldsymbol{z}_i \boldsymbol{x}_i'\right)'}{N} \hat{\boldsymbol{W}} \frac{\left(\sum_{i=1}^{N} \boldsymbol{z}_i \boldsymbol{x}_i'\right)}{N}\right]^{-1} \left(\frac{\sum_{i=1}^{N} \boldsymbol{z}_i \boldsymbol{x}_i'}{N}\right)' \hat{\boldsymbol{W}} \left(\sqrt{N} \cdot \frac{1}{N} \sum_{i=1}^{N} \boldsymbol{z}_i \epsilon_i\right) \\
&= \left(\{[\mathbb{E}(\boldsymbol{z}_i \boldsymbol{x}_i')]'\boldsymbol{W}[\mathbb{E}(\boldsymbol{z}_i \boldsymbol{x}_i')]\}^{-1} [\mathbb{E}(\boldsymbol{z}_i \boldsymbol{x}_i')]'\boldsymbol{W} + o_p(1)\right)\left(\sqrt{N} \cdot \frac{1}{N} \sum_{i=1}^{N} \boldsymbol{z}_i \epsilon_i\right) \\
&= [(\boldsymbol{G}'\boldsymbol{W}\boldsymbol{G})^{-1} \boldsymbol{G}'\boldsymbol{W} + o_p(1)]\left(\sqrt{N} \cdot \frac{1}{N} \sum_{i=1}^{N} \boldsymbol{z}_i \epsilon_i\right) \\
&= (\boldsymbol{G}'\boldsymbol{W}\boldsymbol{G})^{-1} \boldsymbol{G}'\boldsymbol{W}\left(\sqrt{N} \cdot \frac{1}{N} \sum_{i=1}^{N} \boldsymbol{z}_i \epsilon_i\right) + o_p(1)\, O_p(1) \\
&= (\boldsymbol{G}'\boldsymbol{W}\boldsymbol{G})^{-1} \boldsymbol{G}'\boldsymbol{W}\left(\sqrt{N} \cdot \frac{1}{N} \sum_{i=1}^{N} \boldsymbol{z}_i \epsilon_i\right) + o_p(1) \\
&= \boldsymbol{A}^{-1} \boldsymbol{G}'\boldsymbol{W}\left(\sqrt{N} \cdot \frac{1}{N} \sum_{i=1}^{N} \boldsymbol{z}_i \epsilon_i\right) + o_p(1)
\end{aligned}
$$

所以 $\sqrt{N}(\hat{\boldsymbol{\beta}}_{\mathrm{GMM}}-\boldsymbol{\beta})$ 与 $\boldsymbol{A}^{-1}\boldsymbol{G}'\boldsymbol{W}\left(\sqrt{N}\cdot\frac{1}{N}\sum_{i=1}^{N}\boldsymbol{z}_i\epsilon_i\right)$ 有着相同的渐近分布。对于 $\sqrt{N}\cdot\frac{1}{N}\sum_{i=1}^{N}\boldsymbol{z}_i\epsilon_i$ 利用中心极限定理可得：

$$\sqrt{N}\cdot\frac{1}{N}\sum_{i=1}^{N}\boldsymbol{z}_i\epsilon_i\xrightarrow{d}\mathcal{N}(\boldsymbol{0},\boldsymbol{\Lambda})$$

因此最终可以得到：

$$\boldsymbol{A}^{-1}\boldsymbol{G}'\boldsymbol{W}\left(\sqrt{N}\cdot\frac{1}{N}\sum_{i=1}^{N}\boldsymbol{z}_i\epsilon_i\right)\xrightarrow{d}\mathcal{N}(\boldsymbol{0},\boldsymbol{A}^{-1}\underbrace{\boldsymbol{G}'\boldsymbol{W}\boldsymbol{\Lambda}\boldsymbol{W}\boldsymbol{G}}_{\boldsymbol{B}}\boldsymbol{A}^{-1})=\mathcal{N}(\boldsymbol{0},\boldsymbol{A}^{-1}\boldsymbol{B}\boldsymbol{A}^{-1})$$

故命题得证。

□

5.2.4 GMM 估计量的有效性(最优加权矩阵)

在实施 GMM 估计的过程中，可以选择不同的矩阵作为加权矩阵 $\boldsymbol{W}$。特别地，当选择 $\boldsymbol{\Lambda}^{-1}$ 作为加权矩阵时，$\sqrt{N}(\hat{\boldsymbol{\beta}}_{\mathrm{GMM}}-\boldsymbol{\beta})$ 的极限分布变为如下简洁的形式：

$$\sqrt{N}(\hat{\boldsymbol{\beta}}_{\mathrm{GMM}}-\boldsymbol{\beta})\xrightarrow{d}\mathcal{N}(\boldsymbol{0},\boldsymbol{A}^{-1})\tag{6-83}$$

其中，$\boldsymbol{A}=\boldsymbol{G}'\boldsymbol{\Lambda}^{-1}\boldsymbol{G}$，$\boldsymbol{G}=\mathbb{E}(\boldsymbol{z}_i\boldsymbol{x}_i')$，$\boldsymbol{\Lambda}=\mathbb{E}(\epsilon_i^2\boldsymbol{z}_i\boldsymbol{z}_i')$。

命题 6.16：在 **GMM 假设 1** 与 **GMM 假设 2** 成立的条件下，当选择 $\boldsymbol{\Lambda}^{-1}$ 作为 GMM 估计的加权矩阵时($\boldsymbol{W}=\boldsymbol{\Lambda}^{-1}$)，GMM 估计量具有最小的(渐近)方差，即如下矩阵为半正定矩阵：

$$\boldsymbol{G}'\boldsymbol{\Lambda}^{-1}\boldsymbol{G}-\boldsymbol{G}'\boldsymbol{W}\boldsymbol{G}(\boldsymbol{G}'\boldsymbol{W}\boldsymbol{\Lambda}\boldsymbol{W}\boldsymbol{G})^{-1}\boldsymbol{G}'\boldsymbol{W}\boldsymbol{G}$$

因此 $\boldsymbol{\Lambda}^{-1}$ 被称为 **GMM 最优加权矩阵**(Optimal Weighting Matrix)。

证明：

$$\begin{aligned}
&\boldsymbol{G}'\boldsymbol{\Lambda}^{-1}\boldsymbol{G}-\boldsymbol{G}'\boldsymbol{W}\boldsymbol{G}(\boldsymbol{G}'\boldsymbol{W}\boldsymbol{\Lambda}\boldsymbol{W}\boldsymbol{G})^{-1}\boldsymbol{G}'\boldsymbol{W}\boldsymbol{G}\\
&=\boldsymbol{G}'\boldsymbol{\Lambda}^{-\frac{1}{2}}\boldsymbol{\Lambda}^{-\frac{1}{2}}\boldsymbol{G}-\boldsymbol{G}'\boldsymbol{\Lambda}^{-\frac{1}{2}}(\underbrace{\boldsymbol{\Lambda}^{\frac{1}{2}}\boldsymbol{W}\boldsymbol{G}}_{\boldsymbol{U}})[(\boldsymbol{\Lambda}^{\frac{1}{2}}\boldsymbol{W}\boldsymbol{G})'(\boldsymbol{\Lambda}^{\frac{1}{2}}\boldsymbol{W}\boldsymbol{G})]^{-1}(\boldsymbol{\Lambda}^{\frac{1}{2}}\boldsymbol{W}\boldsymbol{G})'\boldsymbol{\Lambda}^{-\frac{1}{2}}\boldsymbol{G}\\
&=\boldsymbol{G}'\boldsymbol{\Lambda}^{-\frac{1}{2}}\boldsymbol{\Lambda}^{-\frac{1}{2}}\boldsymbol{G}-\boldsymbol{G}'\boldsymbol{\Lambda}^{-\frac{1}{2}}\boldsymbol{U}(\boldsymbol{U}'\boldsymbol{U})^{-1}\boldsymbol{U}'\boldsymbol{\Lambda}^{-\frac{1}{2}}\boldsymbol{G}\\
&=\boldsymbol{G}'\boldsymbol{\Lambda}^{-\frac{1}{2}}[\boldsymbol{I}-\boldsymbol{U}(\boldsymbol{U}'\boldsymbol{U})^{-1}\boldsymbol{U}']\boldsymbol{\Lambda}^{-\frac{1}{2}}\boldsymbol{G}\\
&=\boldsymbol{G}'\boldsymbol{\Lambda}^{-\frac{1}{2}}\boldsymbol{M}_U\boldsymbol{\Lambda}^{-\frac{1}{2}}\boldsymbol{G}\\
&=\boldsymbol{R}'\boldsymbol{R}
\end{aligned}$$

其中，$\boldsymbol{M}_U$ 为关于矩阵 $\boldsymbol{U}=\boldsymbol{\Lambda}^{\frac{1}{2}}\boldsymbol{W}\boldsymbol{G}$ 的残差制造矩阵，定义 $\boldsymbol{R}\equiv\boldsymbol{M}_U\boldsymbol{\Lambda}^{-\frac{1}{2}}\boldsymbol{G}$。

故命题得证。

□

值得指出的是，在使用 $\boldsymbol{\Lambda}^{-1}$ 作为加权矩阵进行 GMM 估计的过程中，由于 $\boldsymbol{\Lambda}=\mathbb{E}(\epsilon_i^2\boldsymbol{z}_i\boldsymbol{z}_i')$ 是总体变量，从而无法观测。为使 GMM 估计可行(Feasible)，需要将 $\boldsymbol{\Lambda}$ 替换为它的一个一致估计量 $\hat{\boldsymbol{\Lambda}}$。若 $\hat{\epsilon}_i$ 为 2SLS 估计误差，那么 $\hat{\boldsymbol{\Lambda}}=\dfrac{\sum_{i=1}^{N}(\hat{\epsilon}_i^2\boldsymbol{z}_i\boldsymbol{z}_i')}{N}$ 是 $\boldsymbol{\Lambda}$ 的一致估计量。

5.3 GMM 与其他估计方法的关系

GMM 是非常一般的估计方法，计量经济学中的大部分方法(OLS 方法,IV 方法,2SLS 方法以及 MLE 方法①)都可以用 GMM 框架来重新表述(Hayashi,2001)。本章内容涉及了 OLS 方法，IV 方法以及 2SLS 方法，因此，我们具体介绍的是 GMM 与这几类方法的关系。

图 6-9 直观地展示了 GMM 估计量与 2SLS 估计量，IV 估计量以及 OLS 估计量之间的联系。具体而言，① 当 GMM 估计量中的加权矩阵 $\hat{\boldsymbol{W}}=\left(\sum_{i=1}^{N} \boldsymbol{z}_i \boldsymbol{z}_i'\right)^{-1}$ 时，GMM 估计量 $\hat{\boldsymbol{\beta}}_{\text{GMM}}$ 则变为 2SLS 估计量 $\hat{\boldsymbol{\beta}}_{\text{2SLS}}$；② 当不存在过度识别约束($\boldsymbol{z}_i$ 的维度等于 $\boldsymbol{x}_i$ 的维度)时，2SLS 估计量 $\hat{\boldsymbol{\beta}}_{\text{2SLS}}$ 则进一步变为 IV 估计量 $\hat{\boldsymbol{\beta}}_{\text{IV}}$，这是因为当 $\boldsymbol{z}_i$ 的维度等于 $\boldsymbol{x}_i$ 的维度时，$\left(\sum_{i=1}^{N} \boldsymbol{x}_i \boldsymbol{z}_i'\right)$ 和 $\left(\sum_{i=1}^{N} \boldsymbol{z}_i \boldsymbol{x}_i'\right)$ 为方阵，从而有：

$$\left[\left(\sum_{i=1}^{N} \boldsymbol{x}_i \boldsymbol{z}_i'\right)\left(\sum_{i=1}^{N} \boldsymbol{z}_i \boldsymbol{z}_i'\right)^{-1}\left(\sum_{i=1}^{N} \boldsymbol{z}_i \boldsymbol{x}_i'\right)\right]^{-1}=\left(\sum_{i=1}^{N} \boldsymbol{z}_i \boldsymbol{x}_i'\right)^{-1}\left(\sum_{i=1}^{N} \boldsymbol{z}_i \boldsymbol{z}_i'\right)\left(\sum_{i=1}^{N} \boldsymbol{x}_i \boldsymbol{z}_i'\right)^{-1}$$

将此表达式代入 2SLS 估计量 $\hat{\boldsymbol{\beta}}_{\text{2SLS}}$ 的表达式则可很容易得到 IV 估计量 $\hat{\boldsymbol{\beta}}_{\text{IV}}$；③当变量 $\boldsymbol{x}_i$ 中不存在内生变量时，$\boldsymbol{x}_i$ 作为自身的工具变量，从而 $\boldsymbol{x}_i=\boldsymbol{z}_i$，IV 估计量 $\hat{\boldsymbol{\beta}}_{\text{IV}}$ 则变为 OLS 估计量 $\hat{\boldsymbol{\beta}}_{\text{OLS}}$。由此可见，OLS 估计量可以包含在 IV 估计量之中，IV 估计量包含在 2SLS 估计量中，2SLS 估计量包含在 GMM 估计量中。这可以利用图 6-10 给出的集合关系来直观地表示。

$$\hat{\boldsymbol{\beta}}_{\text{GMM}}=\left[\left(\sum_{i=1}^{N} \boldsymbol{z}_i \boldsymbol{x}_i'\right)' \hat{\boldsymbol{W}}\left(\sum_{i=1}^{N} \boldsymbol{z}_i \boldsymbol{x}_i'\right)\right]^{-1}\left(\sum_{i=1}^{N} \boldsymbol{x}_i \boldsymbol{z}_i'\right) \hat{\boldsymbol{W}}\left(\sum_{i=1}^{N} \boldsymbol{z}_i y_i\right)$$

⇓ ①

$$\hat{\boldsymbol{\beta}}_{\text{2SLS}}=\left[\left(\sum_{i=1}^{N} \boldsymbol{x}_i \boldsymbol{z}_i'\right)\left(\sum_{i=1}^{N} \boldsymbol{z}_i \boldsymbol{z}_i'\right)^{-1}\left(\sum_{i=1}^{N} \boldsymbol{z}_i \boldsymbol{x}_i'\right)\right]^{-1}\left(\sum_{i=1}^{N} \boldsymbol{x}_i \boldsymbol{z}_i'\right)\left(\sum_{i=1}^{N} \boldsymbol{z}_i \boldsymbol{z}_i'\right)^{-1}\left(\sum_{i=1}^{N} \boldsymbol{z}_i y_i\right)$$

⇓ ②

$$\hat{\boldsymbol{\beta}}_{\text{IV}}=\left(\sum_{i=1}^{N} \boldsymbol{z}_i \boldsymbol{x}_i'\right)^{-1}\left(\sum_{i=1}^{N} \boldsymbol{z}_i y_i\right)$$

⇓ ③

$$\hat{\boldsymbol{\beta}}_{\text{OLS}}=\left(\sum_{i=1}^{N} \boldsymbol{x}_i \boldsymbol{x}_i'\right)^{-1}\left(\sum_{i=1}^{N} \boldsymbol{x}_i y_i\right)$$

图 6-9 从 GMM 估计量到 OLS 估计量

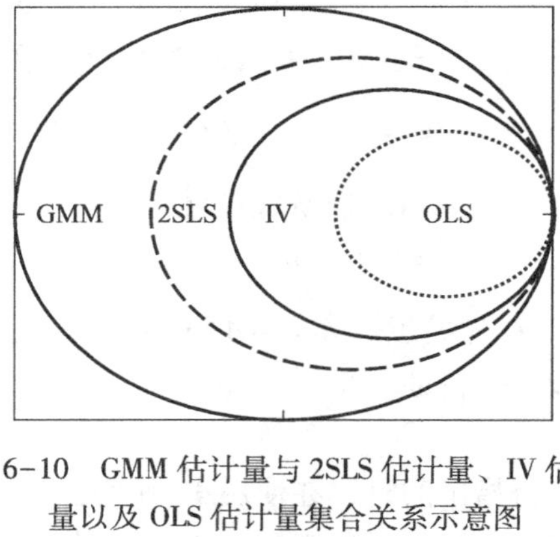

图 6-10 GMM 估计量与 2SLS 估计量、IV 估计量以及 OLS 估计量集合关系示意图

① 对于 MLE 方法而言，似然函数的一阶条件可以视为矩条件。

6. 多方程工具变量方法

以上介绍的都是单方程的估计，本节介绍多方程工具变量方法。将单方程估计拓展到多方程估计是非常直观和自然的工作，**其中的关键在于对相关变量表示符号的重新定义**。对应前述单方程工具变量估计、2SLS 估计以及 GMM 估计，多方程估计分别被称为**系统工具变量估计**(System IV)、**系统 2SLS 估计**(System 2SLS)以及**系统 GMM 估计**(System GMM)。

考虑如下具有方程个数为 G 的结构模型：

$$\begin{cases} y_{i1}=\boldsymbol{x}'_{i1}\boldsymbol{\beta}_1+\epsilon_{i1} \\ y_{i2}=\boldsymbol{x}'_{i2}\boldsymbol{\beta}_2+\epsilon_{i2} \\ \cdots\cdots\cdots\cdots \\ y_{iG}=\boldsymbol{x}'_{iG}\boldsymbol{\beta}_G+\epsilon_{iG} \end{cases} \tag{6-84}$$

其中，$\boldsymbol{x}'_{i1}$，$\boldsymbol{x}'_{i2}$与$\boldsymbol{x}'_{iG}$分别为 $1\times K_1$，$1\times K_2$以及 $1\times K_G$向量，令 $K\equiv K_1+K_2+\cdots+K_G$。

将式(6-84)写成矩阵形式可得：

$$\begin{bmatrix} y_{i1} \\ y_{i2} \\ \vdots \\ y_{iG} \end{bmatrix}=\begin{bmatrix} \boldsymbol{x}'_{i1} & \boldsymbol{0} & \cdots & \boldsymbol{0} \\ \boldsymbol{0} & \boldsymbol{x}'_{i2} & \cdots & \boldsymbol{0} \\ \vdots & \vdots & & \vdots \\ \boldsymbol{0} & \boldsymbol{0} & \cdots & \boldsymbol{x}'_{iG} \end{bmatrix}\begin{bmatrix} \boldsymbol{\beta}_1 \\ \boldsymbol{\beta}_2 \\ \vdots \\ \boldsymbol{\beta}_G \end{bmatrix}+\begin{bmatrix} \epsilon_{i1} \\ \epsilon_{i2} \\ \vdots \\ \epsilon_{iG} \end{bmatrix} \tag{6-85}$$

式(6-85)可以进一步简洁地表示为：

$$\underbrace{\boldsymbol{y}_i}_{G\times 1}=\underbrace{\boldsymbol{X}'_i}_{G\times K}\underbrace{\boldsymbol{\beta}}_{K\times 1}+\underbrace{\boldsymbol{\epsilon}_i}_{G\times 1} \tag{6-86}$$

其中，$\boldsymbol{y}_i=\begin{bmatrix} y_{i1} \\ y_{i2} \\ \vdots \\ y_{iG} \end{bmatrix}$，$\boldsymbol{X}'_i=\begin{bmatrix} \boldsymbol{x}'_{i1} & \boldsymbol{0} & \cdots & \boldsymbol{0} \\ \boldsymbol{0} & \boldsymbol{x}'_{i2} & \cdots & \boldsymbol{0} \\ \vdots & \vdots & & \vdots \\ \boldsymbol{0} & \boldsymbol{0} & \cdots & \boldsymbol{x}'_{iG} \end{bmatrix}$，$\boldsymbol{\beta}=\begin{bmatrix} \boldsymbol{\beta}_1 \\ \boldsymbol{\beta}_2 \\ \vdots \\ \boldsymbol{\beta}_G \end{bmatrix}$，$\boldsymbol{\epsilon}_i=\begin{bmatrix} \epsilon_{i1} \\ \epsilon_{i2} \\ \vdots \\ \epsilon_{iG} \end{bmatrix}$。

对应解释变量矩阵$\boldsymbol{X}'_i=\begin{bmatrix} \boldsymbol{x}'_{i1} & \boldsymbol{0} & \cdots & \boldsymbol{0} \\ \boldsymbol{0} & \boldsymbol{x}'_{i2} & \cdots & \boldsymbol{0} \\ \vdots & \vdots & & \vdots \\ \boldsymbol{0} & \boldsymbol{0} & \cdots & \boldsymbol{x}'_{iG} \end{bmatrix}$，工具变量矩阵具有如下形式：

$$\boldsymbol{Z}'_i=\begin{bmatrix} \boldsymbol{z}'_{i1} & \boldsymbol{0} & \cdots & \boldsymbol{0} \\ \boldsymbol{0} & \boldsymbol{z}'_{i2} & \cdots & \boldsymbol{0} \\ \vdots & \vdots & & \vdots \\ \boldsymbol{0} & \boldsymbol{0} & \cdots & \boldsymbol{z}'_{iG} \end{bmatrix} \tag{6-87}$$

其中，$\boldsymbol{z}'_{i1}$，$\boldsymbol{z}'_{i2}$与$\boldsymbol{z}'_{iG}$分别为 $1\times L_1$，$1\times L_2$以及 $1\times L_G$向量。令 $L=L_1+L_2+\cdots+L_G$。

以上给出了多方程情形下的变量符号，式(6-88)给出了**单方程符号与多方程符号的具体对应关系**：

$$y_i \to \underbrace{\boldsymbol{y}_i}_{G\times1}=\begin{bmatrix} y_{i1} \\ y_{i2} \\ \vdots \\ y_{iG} \end{bmatrix},\ \boldsymbol{x}_i' \to \underbrace{\boldsymbol{X}_i'}_{G\times K}=\begin{bmatrix} \boldsymbol{x}_{i1}' & \boldsymbol{0} & \cdots & \boldsymbol{0} \\ \boldsymbol{0} & \boldsymbol{x}_{i2}' & \cdots & \boldsymbol{0} \\ \vdots & \vdots & & \vdots \\ \boldsymbol{0} & \boldsymbol{0} & \cdots & \boldsymbol{x}_{iG}' \end{bmatrix},$$

$$\boldsymbol{z}_i' \to \underbrace{\boldsymbol{Z}_i'}_{G\times L}=\begin{bmatrix} \boldsymbol{z}_{i1}' & \boldsymbol{0} & \cdots & \boldsymbol{0} \\ \boldsymbol{0} & \boldsymbol{z}_{i2}' & \cdots & \boldsymbol{0} \\ \vdots & \vdots & & \vdots \\ \boldsymbol{0} & \boldsymbol{0} & \cdots & \boldsymbol{z}_{iG}' \end{bmatrix},\ \epsilon_i \to \underbrace{\boldsymbol{\epsilon}_i}_{G\times1}=\begin{bmatrix} \epsilon_{i1} \\ \epsilon_{i2} \\ \vdots \\ \epsilon_{iG} \end{bmatrix} \tag{6-88}$$

其中，箭头左端是单方程符号，箭头右端则是多方程符号。

将式(6-22)中的y_i，$\boldsymbol{x}_i$与$\boldsymbol{z}_i$直接对应替换为$\boldsymbol{y}_i$，$\boldsymbol{X}_i$，与$\boldsymbol{Z}_i$，则得到**系统工具变量估计量**：

$$\hat{\boldsymbol{\beta}}_{\text{S-IV}}=\left(\sum_{i=1}^{N}\boldsymbol{Z}_i\boldsymbol{X}_i'\right)^{-1}\left(\sum_{i=1}^{N}\boldsymbol{Z}_i\boldsymbol{y}_i\right) \tag{6-89}$$

将式(6-38)中的y_i，$\boldsymbol{x}_i$与$\boldsymbol{z}_i$直接对应替换为$\boldsymbol{y}_i$，$\boldsymbol{X}_i$，与$\boldsymbol{Z}_i$，则得到**系统 2SLS 估计量**：

$$\hat{\boldsymbol{\beta}}_{\text{S-2SLS}}=\left[\left(\sum_{i=1}^{N}\boldsymbol{X}_i\boldsymbol{Z}_i'\right)\left(\sum_{i=1}^{N}\boldsymbol{Z}_i\boldsymbol{Z}_i'\right)^{-1}\left(\sum_{i=1}^{N}\boldsymbol{Z}_i\boldsymbol{X}_i'\right)\right]^{-1}$$
$$\left(\sum_{i=1}^{N}\boldsymbol{X}_i\boldsymbol{Z}_i'\right)\left(\sum_{i=1}^{N}\boldsymbol{Z}_i\boldsymbol{Z}_i'\right)^{-1}\left(\sum_{i=1}^{N}\boldsymbol{Z}_i\boldsymbol{y}_i\right) \tag{6-90}$$

将式(6-80)中的y_i，$\boldsymbol{x}_i$与$\boldsymbol{z}_i$直接对应替换为$\boldsymbol{y}_i$，$\boldsymbol{X}_i$，与$\boldsymbol{Z}_i$，则得到**系统 GMM 估计量**：

$$\hat{\boldsymbol{\beta}}_{\text{S-GMM}}=\left[\left(\sum_{i=1}^{N}\boldsymbol{Z}_i\boldsymbol{X}_i'\right)'\hat{\boldsymbol{W}}\left(\sum_{i=1}^{N}\boldsymbol{Z}_i\boldsymbol{X}_i'\right)\right]^{-1}\left(\sum_{i=1}^{N}\boldsymbol{Z}_i\boldsymbol{X}_i'\right)'\hat{\boldsymbol{W}}\left(\sum_{i=1}^{N}\boldsymbol{Z}_i\boldsymbol{y}_i\right) \tag{6-91}$$

7. 联立方程组

本章所要介绍的另一利用到工具变量的模型是**联立方程组模型**(Simultaneous Equations Model,SEM)。在前述内容中，我们通过最简单的联立方程组模型介绍了工具变量方法的基本原理，本节在一般化的框架内来介绍联立方程组模型。这里需要指出的是，**并非所有的多方程模型都是联立方程组模型**。联立方程组模型的核心前提是，其中的方程要满足**自治性条件**(Autonomous Condition)——**每个方程都具有独立的经济学含义**(Haavelmo,1943)。比如，产品的供给和需求模型可视为联立方程组模型，因为需求方程是根据消费者效用最大化条件推导出来的，供给方程是基于企业利润最大化条件推导出来，每一个方程具有独立于另外一个方程的经济含义；同样的道理，劳动的供给和需求模型也是联立方程组模型。但是个体的劳动-闲暇决定模型则不是联立方程组模型，这是因为一旦确定了劳动时间，闲暇时间也就自然确定了，反之亦然，从而无论是劳动方程还是闲暇方程，都不具有独立于另外一个方程的经济学含义。为保证模型满足自治性条件，通常需要模型中的不同方程对应的是不同主体的行为(Wooldridge,2010)。特别地，在产品的需求和供给模型中，产品需求方程刻画的是消费者的行为，产品供给方程刻画的是企业的行为；在劳动的需求和供给模型中，劳动需求方程刻画的是企业的行为，劳动供给方程刻画的是劳动者的行为。而在劳动-闲暇决定模型中，劳动方程和闲暇方程刻画的都是同一个主体的行为。

7.1 联立方程组模型设定

7.1.1 简单设定

如下(施加了市场均衡条件的)供给和需求系统是联立方程组模型的一个经典例子:

$$\begin{cases}Q_i=\alpha_0+\alpha_1 P_i+\alpha_2 U_i+\epsilon_i(\text{需求方程})\\ Q_i=\beta_0+\beta_1 P_i+\beta_2 W_i+\xi_i(\text{供给方程})\end{cases} \tag{6-92}$$

其中,$\{Q,P\}$为内生变量,$\{U,W\}$为外生变量,$\{\epsilon,\xi\}$为结构误差项。需要特别指出的是i的含义,i可以表示时期或者地区。式(6-92)表示的是**结构式模型**(Structural Form Model),它是研究问题的起点。为了表述的方便性,在接下来的内容中省略变量下标i。

假设$\alpha_1\neq\beta_1$,将内生变量$\{Q,P\}$利用外生变量$\{U,W\}$以及结构误差项$\{\epsilon,\xi\}$来表示时,则得到了**简约式模型**(Reduced Form Model):

$$\begin{cases}Q=\dfrac{1}{\alpha_1-\beta_1}(\alpha_1\beta_0-\alpha_0\beta_1-\beta_1\alpha_2 U+\alpha_1\beta_2 W+\alpha_1\xi-\beta_1\epsilon)\\ P=\dfrac{1}{\alpha_1-\beta_1}(\beta_0-\alpha_0-\alpha_2 U+\beta_2 W+\xi-\epsilon)\end{cases} \tag{6-93}$$

进一步地,

$$\begin{cases}Q=a_0^*+a_1^* U+a_2^* W+\epsilon^*\\ P=b_0^*+b_1^* U+b_2^* W+\xi^*\end{cases} \tag{6-94}$$

其中,$a_0^*=\dfrac{\alpha_1\beta_0-\alpha_0\beta_1}{\alpha_1-\beta_1}$,$a_1^*=-\dfrac{\beta_1\alpha_2}{\alpha_1-\beta_1}$,$a_2^*=\dfrac{\alpha_1\beta_2}{\alpha_1-\beta_1}$,$\epsilon^*=\dfrac{\alpha_1\xi-\beta_1\epsilon}{\alpha_1-\beta_1}$;$b_0^*=\dfrac{\beta_0-\alpha_0}{\alpha_1-\beta_1}$,$b_1^*=-\dfrac{\alpha_2}{\alpha_1-\beta_1}$,$b_2^*=\dfrac{\beta_2}{\alpha_1-\beta_1}$,$\xi^*=\dfrac{\xi-\epsilon}{\alpha_1-\beta_1}$。

可以看出,由于$\{U,W\}$为外生变量,模型(6-94)不存在内生性问题。因此,直接利用OLS或者系统OLS估计式(6-94)可以得到参数$\{a_0^*,a_1^*,a_2^*,b_0^*,b_1^*,b_2^*\}$。然而,我们关心的参数是**结构参数**$\{\alpha_0,\alpha_1,\alpha_2,\beta_0,\beta_1,\beta_2\}$。若能基于$\{a_0^*,a_1^*,a_2^*,b_0^*,b_1^*,b_2^*\}$**唯一**解出$\{\alpha_0,\alpha_1,\alpha_2,\beta_0,\beta_1,\beta_2\}$,那么称**模型被识别**,反之则称**模型未被识别**。在本章后续小节我们将详细讨论识别结构模型参数所需的条件。

7.1.2 一般设定

在式(6-92)给出的简单联立方程组模型中,内生变量和外生变量的个数都为2,且内生变量Q的系数被标准化为1。本小节介绍一般的设定,考虑内生变量个数为G,外生变量个数为K的联立方程组模型:

$$\begin{cases}\gamma_{11}y_1+\gamma_{12}y_2+\cdots+\gamma_{1G}y_G+\lambda_{11}z_1+\lambda_{12}z_2+\cdots+\lambda_{1K}z_K+\epsilon_1=0\\ \gamma_{21}y_1+\gamma_{22}y_2+\cdots+\gamma_{2G}y_G+\lambda_{21}z_1+\lambda_{22}z_2+\cdots+\lambda_{2K}z_K+\epsilon_2=0\\ \cdots\cdots\cdots\cdots\\ \gamma_{G1}y_1+\gamma_{G2}y_2+\cdots+\gamma_{GG}y_G+\lambda_{G1}z_1+\lambda_{G2}z_2+\cdots+\lambda_{GK}z_K+\epsilon_G=0\end{cases} \tag{6-95}$$

其中，γ_{11}，γ_{22}，…，γ_{GG}通常被**标准化**(Normalization)为-1。

进一步地将式(6-95)表述为

$$\begin{cases}\boldsymbol{\gamma}_1'\boldsymbol{y}+\boldsymbol{\lambda}_1'\boldsymbol{z}+\boldsymbol{\epsilon}_1=0\\ \boldsymbol{\gamma}_2'\boldsymbol{y}+\boldsymbol{\lambda}_2'\boldsymbol{z}+\boldsymbol{\epsilon}_2=0\\ \cdots\cdots\cdots\cdots\\ \boldsymbol{\gamma}_G'\boldsymbol{y}+\boldsymbol{\lambda}_G'\boldsymbol{z}+\boldsymbol{\epsilon}_G=0\end{cases} \tag{6-96}$$

其中，$\boldsymbol{y}=\begin{bmatrix}y_1\\y_2\\\vdots\\y_G\end{bmatrix}$为 $G\times1$ 内生变量向量，$\boldsymbol{z}=\begin{bmatrix}z_1\\z_2\\\vdots\\z_K\end{bmatrix}$为 $K\times1$ 外生变量向量，$\boldsymbol{\gamma}_g=\begin{bmatrix}\gamma_{g1}\\\gamma_{g2}\\\vdots\\\gamma_{gG}\end{bmatrix}$表示第 g 个方程内生变量的系数，$\boldsymbol{\lambda}_g=\begin{bmatrix}\lambda_{g1}\\\lambda_{g2}\\\vdots\\\lambda_{gK}\end{bmatrix}$表示第 g 个方程外生变量的系数。可以发现，式(6-95)或者式(6-96)所给出的联立方程组模型是未施加任何约束的最一般线性模型形式。

进一步地将式(6-96)写成更紧凑的矩阵形式则有：

$$\underbrace{\boldsymbol{\Gamma}}_{G\times G}\underbrace{\boldsymbol{y}}_{G\times1}+\underbrace{\boldsymbol{\Lambda}}_{G\times K}\underbrace{\boldsymbol{z}}_{K\times1}+\underbrace{\boldsymbol{\epsilon}}_{G\times1}=\boldsymbol{0} \tag{6-97}$$

其中，$\boldsymbol{\Gamma}=\begin{bmatrix}\boldsymbol{\gamma}_1'\\\boldsymbol{\gamma}_2'\\\vdots\\\boldsymbol{\gamma}_G'\end{bmatrix}$为 $G\times G$ 矩阵，$\boldsymbol{\Lambda}=\begin{bmatrix}\boldsymbol{\lambda}_1'\\\boldsymbol{\lambda}_2'\\\vdots\\\boldsymbol{\lambda}_G'\end{bmatrix}$为 $G\times K$ 矩阵，$\boldsymbol{\epsilon}=\begin{bmatrix}\epsilon_1\\\epsilon_2\\\vdots\\\epsilon_G\end{bmatrix}$为 $G\times1$ 结构误差项向量。此外，$\boldsymbol{\epsilon}$ 的协方差矩阵记为$\mathbb{E}(\boldsymbol{\epsilon\epsilon}')=\boldsymbol{\Sigma}$。

若假设矩阵 $\boldsymbol{\Gamma}$ 可逆，那么将内生变量写成外生变量和误差项的表达式可以得到如下简约式模型：

$$\boldsymbol{y}=-\boldsymbol{\Gamma}^{-1}\boldsymbol{\Lambda}\boldsymbol{z}-\boldsymbol{\Gamma}^{-1}\boldsymbol{\epsilon}=\underbrace{\boldsymbol{\Pi}}_{G\times K}\boldsymbol{z}+\boldsymbol{v} \tag{6-98}$$

其中，$\boldsymbol{\Pi}=-\boldsymbol{\Gamma}^{-1}\boldsymbol{\Lambda}$，$\boldsymbol{v}=-\boldsymbol{\Gamma}^{-1}\boldsymbol{\epsilon}$。将 $\boldsymbol{v}$ 的方差协方差矩阵记为$\mathbb{E}(\boldsymbol{v}\boldsymbol{v}')=\boldsymbol{\Omega}$，则有 $\boldsymbol{\Omega}=\boldsymbol{\Gamma}^{-1}\boldsymbol{\Sigma}\boldsymbol{\Gamma}^{-1}$。

可以发现，式(6-98)给出的模型不存在内生性问题，利用 $\boldsymbol{y}$ 对 $\boldsymbol{z}$ 进行 OLS 回归可以得到 $\boldsymbol{\Pi}$ 的一致估计量，但是 $\boldsymbol{\Pi}$ 并不是我们感兴趣的参数，我们最终关注的参数是结构参数 $\boldsymbol{\Gamma}$ 和 $\boldsymbol{\Lambda}$。如何基于 $\boldsymbol{\Pi}$ 来**唯一**求解 $\boldsymbol{\Gamma}$ 和 $\boldsymbol{\Lambda}$ 则涉及了联立方程组模型的**识别问题**。

7.2 联立方程组模型的识别

模型的识别先于模型的估计。对于联立方程组模型而言，识别模型的**充分必要条件**是结构式模型和简约式模型存在着**一一对应关系**(One to One Mapping)。对应到上一小节的联立方程模型这意味着，简约式模型式(6-98)是基于结构式模型式(6-97)能够得到的唯一简约式模型，与此同时式(6-97)也只能基于式(6-98)得到。从数学上来看，矩阵 $\boldsymbol{\Gamma}$ 不可逆可能导致基于同一结构式模型得出不同简约式模型的问题；此外，**如果不对结构式模型施加任何约束条件，那么总是存在同一简约式模型对应多个结构式模型的问题**，具体地，在式(6-97)左右两边同时乘任意一个 $G\times G$ 的非奇异矩阵 $\boldsymbol{B}$ 得到如下结构式模型

$$\boldsymbol{B\Gamma y}+\boldsymbol{B\Lambda z}+\boldsymbol{B\epsilon}=\boldsymbol{0} \tag{6-99}$$

可以很容易地发现，基于结构模型式(6-97)和结构模型式(6-99)都可以得到简约式模型式(6-98)。

图 6-11 给出了模型识别示意图。其中，左图刻画的是同一结构模型对应不同简约式模型的情形，经济学中存在多重均衡的模型(比如,存在策略互动的博弈模型,存在规模报酬递增的城市经济学空间均衡模型)都可以划归到这一类型(参见图 6-12)，**该情形面临从模型过渡到数据的困难**(需要决定选择哪一个均衡结果对应现实数据)。中图刻画的是同一简约式模型对应不同结构式模型的情形，**该情形面临从现实数据反推到理论模型的困难**(多个理论模型都可以解释同样的现实数据)。右图则是简约式模型和结构式模型一一对应的情形。

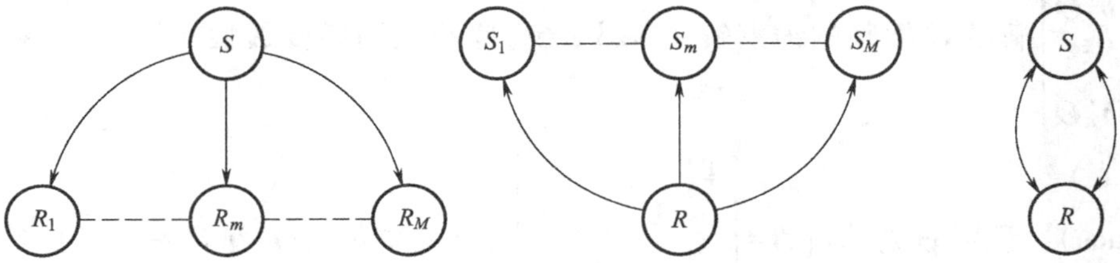

图 6-11　模型识别(简约式模型与结构式模型之间的对应关系)示意图

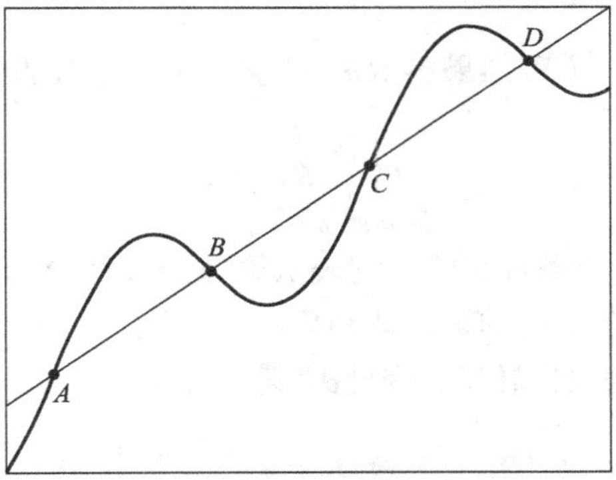

图 6-12　多重均衡示意图

在计量经济学中，通常假定一个结构式模型只对应一个简约式模型(即不存在图 6-11 左图刻画的情形)，将关注的重点放到如何在同一简约式模型对应不同结构模型的情形下(图 6-11中图)来识别模型中的结构参数。直观上，同一简约式模型对应不同结构模型的原因在于，估计简约式模型所得到参数个数小于结构式模型中未知参数的个数。比如，简约式模型式(6-98)的参数个数为 $\underbrace{G\times K}_{\Pi}+\underbrace{\frac{K(K+1)}{2}}_{\Omega}$，而结构模型式(6-97)中未知参数的个数为 $\underbrace{G^2}_{\Gamma}+\underbrace{G\times K}_{\Lambda}+$

$\underbrace{\frac{K(K+1)}{2}}_{\Sigma}$，从而无法基于简约式模型参数估计结果求解出结构参数。因此识别结构模型参数的做法是对结构模型参数施加约束条件。接下来，我们讨论两种通过施加约束条件来识别模型的情形：第一，对变量系数施加约束；第二，对误差项方差协方差矩阵施加约束。

7.2.1 对变量系数施加约束

在本小节，我们将介绍如何通过对变量系数施加约束来识别模型参数。为便于分析，令 $\underbrace{\boldsymbol{\Theta}}_{G\times(G+K)} \equiv \begin{bmatrix} \boldsymbol{\theta}_1' \\ \boldsymbol{\theta}_2' \\ \vdots \\ \boldsymbol{\theta}_G' \end{bmatrix} \equiv [\boldsymbol{\Gamma} \quad \boldsymbol{\Lambda}] \equiv \begin{bmatrix} \boldsymbol{\gamma}_1' & \boldsymbol{\lambda}_1' \\ \boldsymbol{\gamma}_2' & \boldsymbol{\lambda}_2' \\ \vdots & \vdots \\ \boldsymbol{\gamma}_G' & \boldsymbol{\lambda}_G' \end{bmatrix}$。给定 $\boldsymbol{B}$ 为任意 $G\times G$ 非奇异矩阵，若$\boldsymbol{\Theta}^* \equiv \begin{bmatrix} \boldsymbol{\theta}_1^{*\prime} \\ \boldsymbol{\theta}_2^{*\prime} \\ \vdots \\ \boldsymbol{\theta}_G^{*\prime} \end{bmatrix} \equiv \boldsymbol{B\Theta} \equiv \begin{bmatrix} \boldsymbol{b}_1' \\ \boldsymbol{b}_2' \\ \vdots \\ \boldsymbol{b}_G' \end{bmatrix} \boldsymbol{\Theta} \equiv \begin{bmatrix} \boldsymbol{b}_1'\boldsymbol{\Theta} \\ \boldsymbol{b}_2'\boldsymbol{\Theta} \\ \vdots \\ \boldsymbol{b}_G'\boldsymbol{\Theta} \end{bmatrix}$满足 $\boldsymbol{\Theta}$ 面临的约束条件，那么$\boldsymbol{\Theta}^*$ 是 $\boldsymbol{\Theta}$ 的**可接受线性转换**（Admissible Linear Transformation）。识别 $\boldsymbol{\Theta}$ 意味着 $\boldsymbol{B} = \begin{bmatrix} 1 & & & \\ & 1 & & \\ & & \ddots & \\ & & & 1 \end{bmatrix}$是唯一能够使$\boldsymbol{\Theta}^*$ 满足 $\boldsymbol{\Theta}$ 所面临约束条件的矩阵。

不失一般性，考虑第一个方程结果参数$\boldsymbol{\theta}_1' = [\boldsymbol{\gamma}_1' \quad \boldsymbol{\lambda}_1']$的识别。将参数$\boldsymbol{\theta}_1' = [\boldsymbol{\gamma}_1' \quad \boldsymbol{\lambda}_1']$的约束条件表示为：

$$\underbrace{\boldsymbol{\theta}_1'}_{1\times(G+K)} \underbrace{\boldsymbol{R}_1}_{(G+K)\times J_1} = \boldsymbol{0} \tag{6-100}$$

其中，$\boldsymbol{R}_1$为$(G+K)\times J_1$线性约束条件矩阵，它表示第一个方程中的参数$\boldsymbol{\theta}_1'$面临个数为J_1的线性约束。这里假设$\boldsymbol{R}_1$中不存在多余的约束，即 $\text{rank}(\boldsymbol{R}_1) = J_1$。

由于$\boldsymbol{\Theta}^*$ 为 $\boldsymbol{\Theta}$ 的可接受的线性转换，因此$\boldsymbol{\theta}_1^{*\prime}$满足式(6-100)，从而有：

$$\boldsymbol{\theta}_1^{*\prime}\boldsymbol{R}_1 = (\boldsymbol{b}_1'\boldsymbol{\Theta})\boldsymbol{R}_1 = \boldsymbol{b}_1'\left(\underbrace{\boldsymbol{\Theta}\boldsymbol{R}_1}_{G\times J_1}\right) = \boldsymbol{0} \tag{6-101}$$

识别$\boldsymbol{\theta}_1$意味着$\boldsymbol{\theta}_1$是唯一能够使式(6-101)成立的向量，从而要求$\boldsymbol{\theta}_1^* = \boldsymbol{\theta}_1$，即要求$\boldsymbol{b}_1' = [1 \quad 0 \quad \cdots \quad 0]$。换而言之，$\boldsymbol{b}_1' = [1 \quad 0 \quad \cdots \quad 0]$是使得$\boldsymbol{b}_1'(\boldsymbol{\Theta}\boldsymbol{R}_1) = \boldsymbol{0}$ 成立的唯一向量，因此向量$\boldsymbol{b}_1' = [1 \quad 0 \quad \cdots \quad 0]$就是矩阵 $\boldsymbol{\Theta}\boldsymbol{R}_1$的**零空间**（Null Space）。根据线性代数基础知识，这意味着矩阵 $\boldsymbol{\Theta}\boldsymbol{R}_1$ 的秩（Rank）数为 $G-1$，即：

$$\text{rank}\left(\underbrace{\boldsymbol{\Theta}\boldsymbol{R}_1}_{G\times J_1}\right) = G-1 \tag{6-102}$$

式（6-102）为识别结构参数的**充分必要条件——秩条件**（Rank Condition）。由于 $\text{rank}(\boldsymbol{\Theta}\boldsymbol{R}_1) \leqslant \min\{\text{rank}(\boldsymbol{\Theta}), \text{rank}(\boldsymbol{R}_1)\}$，因此式(6-102)成立要求 $\text{rank}(\boldsymbol{R}_1) \geqslant G-1$ 成立，又

因为 rank($\boldsymbol{R}_1$)=J_1，所以式(6-102)成立的一个**必要条件**为：

$$J_1 \geqslant G-1 \tag{6-103}$$

式(6-103)被称为识别结构参数**阶条件**(Order Condition)。关于联立方程组模型的识别问题，总结以上内容可以得到如下命题：

命题 6.17(结构参数的识别条件)：识别联立方程组第一个方程结构参数$\boldsymbol{\theta}_1$的充分必要条件为式(6-102)给出的秩条件(Rank Condition)rank($\boldsymbol{\Theta R}_1$)=$G-1$；识别$\boldsymbol{\theta}_1$的一个必要条件为式(6-103)给出的阶条件(Order Condition)$J_1 \geqslant G-1$；方程组中其他方程的识别条件与此类似。

为看出命题 6.17 中结构参数识别条件与前述 2SLS 模型的关系，考虑联立方程组中的第一个方程：

$$y_1=\rho_{12}y_2+\cdots+\rho_{1G}y_G+\delta_{11}z_1+\delta_{12}z_2+\cdots+\delta_{1K}z_K+\epsilon_1 \tag{6-104}$$

可以发现，当$\boldsymbol{R}_1$中所有的约束条件都是排除性约束时，秩条件$J_1 \geqslant G-1$ 意味着，**排除在结构方程式(6-104)之外的工具变量个数要大于等于方程(右端)内生变量的个数**。为清晰地看出这一点，假设式(6-104)右端内生变量个数为G_1，外生变量的个数为K_1，那么排除在方程之外的内生变量个数则为 $G-G_1-1$(数字 1 对应的是方程左端的内生变量y_1)，排除在方程之外的外生变量个数为 $K-K_1$。从而可以得到约束条件的总个数$J_1=G-G_1-1+K-K_1$，将该表达式代入秩条件$J_1 \geqslant G-1$ 可得：

$$K-K_1 \geqslant G_1 \tag{6-105}$$

对应到前述供给需求模型，根据式(6-105)可以得到非常熟悉的 2SLS 模型识别条件：识别**需求方程**至少需要一个出现在供给方程但不出现在需求方程中的因素，比如 Wright(1928)模型中的天气；识别**供给方程**则至少需要一个出现在需求方程但不出现在供给方程中的因素，比如消费者偏好的变化。

7.2.2 对误差项方差协方差矩阵施加约束

在上一小节的模型识别过程中，未对结构误差项的方差协方差矩阵 $\boldsymbol{\Sigma}$ 施加任何约束。本小节简要介绍如何通过对 $\boldsymbol{\Sigma}$ 施加约束来达到识别结构模型参数的目的。**这一做法的基本思想是：如果结构误差项之间不相关，那么基于一个方程的结构误差项可以作为另外方程的工具变量**。不失一般性，考虑如下简单联立方程组模型：

$$\begin{cases} y_1=\rho_{12}y_2+\delta_{11}z_1+\epsilon_1 \\ y_2=\rho_{21}y_1+\delta_{22}z_1+\delta_{12}z_2+\epsilon_2 \end{cases} \tag{6-106}$$

其中，所有的参数都不等于 0。根据前述介绍，可以很容易地发现，若不进一步施加约束条件，只有第一个方程参数能够被识别。

如果进一步假设结构误差项ϵ_1与ϵ_2不相关，即 Cov(ϵ_1,ϵ_2)=$\mathbb{E}$($\epsilon_1\epsilon_2$)=0，那么估计第一个方程得到$\hat{\epsilon}_1$则可以作为第二个方程中内生变量y_1的工具变量，从而达到识别第二个方程的目的。

在具有**递归结构**(Recursive Structure)的联立方程组模型中，通常通过对误差项方差协方差矩阵 $\boldsymbol{\Sigma}$ 施加约束来识别结构参数。正式地，考虑如下模型：

$$\begin{cases} y_1 = \boldsymbol{\lambda}_1' z + \epsilon_1 \\ y_2 = \rho_{21} y_1 + \boldsymbol{\lambda}_2' z + \epsilon_2 \\ y_3 = \rho_{31} y_1 + \rho_{32} y_2 + \boldsymbol{\lambda}_3' z + \epsilon_3 \\ \qquad \cdots\cdots\cdots\cdots \\ y_G = \rho_{G1} y_1 + \rho_{G2} y_2 + \cdots + \rho_{GG-1} y_{G-1} + \boldsymbol{\lambda}_G' z + \epsilon_G \end{cases} \tag{6-107}$$

其中，所有的参数取值都不等于 0。可以看出，在不施加任何约束的条件下，只有第一个方程能够被识别。若假设 $\boldsymbol{\Sigma} = \begin{bmatrix} \sigma_1^2 & & & \\ & \sigma_2^2 & & \\ & & \ddots & \\ & & & \sigma_G^2 \end{bmatrix}$，即式(6-107)中的结构误差项两两不相关，那么则可以依次识别模型中的所有方程。具体而言，估计第一个方程得到$\hat{\epsilon}_1$，将$\hat{\epsilon}_1$作为第二个方程中内生变量y_1的工具变量(第二个方程被识别)，估计第二个方程得到$\hat{\epsilon}_2$，将$\hat{\epsilon}_1$与$\hat{\epsilon}_2$作为第三个方程中内生变量y_1和y_2的工具变量(第三个方程被识别)，如此等等。

7.3 联立方程组模型估计

在模型能够被完全识别的条件下，联立方程组模型的估计是前述系统 2SLS 或者系统 GMM 估计方法的直接应用。对于每一个观测 i，定义形如$\boldsymbol{Z}_i' = \begin{bmatrix} z_{i1}' & \mathbf{0} & \cdots & \mathbf{0} \\ \mathbf{0} & z_{i2}' & \cdots & \mathbf{0} \\ \vdots & \vdots & & \vdots \\ \mathbf{0} & \mathbf{0} & \cdots & z_{iG}' \end{bmatrix}$的工具变量，直接应用前述系统 2SLS 或者系统 GMM 估计即可，具体内容这里不再重复介绍。

8. 非线性工具变量方法初步

到目前为止，我们所介绍的(广义)工具变量模型都是线性的。在本节，我们简要介绍非线性模型设定下的工具变量方法，更一般的讨论参见 Amemiya(1974)和 Newey and McFadden(1994)。考虑到 IV 方法和 2SLS 方法都可以使用 GMM 来表述，不失一般性，这里我们基于 GMM 来介绍非线性模型设定下的工具变量方法。

对应前述线性 GMM 估计量$\hat{\boldsymbol{\beta}}_{\text{GMM}} = \arg\min\limits_{\{\boldsymbol{b} \in \mathscr{B}\}} \left\{ \sum\limits_{i=1}^{N} [\boldsymbol{z}_i(y_i - \boldsymbol{x}_i'\boldsymbol{b})] \right\}' \boldsymbol{W} \left\{ \sum\limits_{i=1}^{N} [\boldsymbol{z}_i(y_i - \boldsymbol{x}_i'\boldsymbol{b})] \right\}$非线性 GMM 估计量$\hat{\boldsymbol{\beta}}_{\text{NGMM}}$可以表示为：

$$\hat{\boldsymbol{\beta}}_{\text{NGMM}} = \arg\min_{\{\boldsymbol{b} \in \mathscr{B}\}} \left\{ \left(\sum_{i=1}^{N} [\boldsymbol{z}_i r(y_i, \boldsymbol{x}_i, \boldsymbol{b})] \right)' \boldsymbol{W} \left(\sum_{i=1}^{N} [\boldsymbol{z}_i r(y_i, \boldsymbol{x}_i, \boldsymbol{b})] \right) \right\} \tag{6-108}$$

其中，$r(y_i, \boldsymbol{x}_i, \boldsymbol{\theta})$为结构误差项，简单起见，假设它是标量，它是通常参数的(复杂)非线性函数。$\boldsymbol{z}_i$为 $L\times1$ 向量，$\boldsymbol{b}$ 为 $K\times1$ 向量，$\boldsymbol{W}$ 为 $L\times L$ 加权矩阵。

与线性 GMM 估计量$\hat{\boldsymbol{\beta}}_{\text{GMM}}$可以写成样本和参数的显式表达式不同，非线性 GMM 估计量

$\hat{\boldsymbol{\beta}}_{\mathrm{NGMM}}$无法写成样本和参数的显式表达式。

命题 6.18：定义$\underbrace{\boldsymbol{g}_i(\boldsymbol{b})}_{L\times 1}\equiv z_i r(y_i,\boldsymbol{x}_i,\boldsymbol{b})$，$\underbrace{\boldsymbol{G}_i(\boldsymbol{b})}_{L\times K}\equiv\dfrac{\partial g(y_i,\boldsymbol{x}_i,\boldsymbol{b})}{\partial \boldsymbol{b}'}$，$\boldsymbol{g}(\boldsymbol{b})\equiv\mathbb{E}[\boldsymbol{g}_i(\boldsymbol{b})]$，$\boldsymbol{G}(\boldsymbol{b})\equiv\mathbb{E}[\boldsymbol{G}_i(\boldsymbol{b})]$，非线性 GMM 估计量$\hat{\boldsymbol{\beta}}_{\mathrm{NGMM}}$的极限分布为：

$$\sqrt{N}(\hat{\boldsymbol{\beta}}_{\mathrm{NGMM}}-\boldsymbol{\beta})\xrightarrow{d}\mathcal{N}(\boldsymbol{0},\boldsymbol{A}^{-1}\boldsymbol{B}\boldsymbol{A}^{-1})\tag{6-109}$$

其中，$\boldsymbol{A}=\boldsymbol{G}'(\boldsymbol{\beta})\boldsymbol{W}\boldsymbol{G}(\boldsymbol{\beta})$，$\boldsymbol{B}=\boldsymbol{G}'(\boldsymbol{\beta})\boldsymbol{W}\boldsymbol{\Lambda}\boldsymbol{W}\boldsymbol{G}(\boldsymbol{\beta})$，$\boldsymbol{\Lambda}=\mathbb{E}[\boldsymbol{g}_i(\boldsymbol{\beta})\boldsymbol{g}_i'(\boldsymbol{\beta})]$。

证明：(＊)

根据式(6-108)可得：

$$\left\{\sum_{i=1}^{N}\boldsymbol{G}_i(\hat{\boldsymbol{\beta}}_{\mathrm{NGMM}})\right\}'\boldsymbol{W}\left\{\sum_{i=1}^{N}\boldsymbol{g}_i(\hat{\boldsymbol{\beta}}_{\mathrm{NGMM}})\right\}=\boldsymbol{0}$$

由于 Plim $\hat{\boldsymbol{\beta}}_{\mathrm{NGMM}}=\boldsymbol{\beta}$，容易得到：

$$\{\mathbb{E}[\boldsymbol{G}_i(\boldsymbol{\beta})]\}'\boldsymbol{W}\left\{\sum_{i=1}^{N}\boldsymbol{g}_i(\hat{\boldsymbol{\beta}}_{\mathrm{NGMM}})\right\}=[\boldsymbol{G}(\boldsymbol{b})]'\boldsymbol{W}\left\{\sum_{i=1}^{N}\boldsymbol{g}_i(\hat{\boldsymbol{\beta}}_{\mathrm{NGMM}})\right\}=o_p(1)$$

利用中值定理将上式在$\boldsymbol{\beta}$处展开，并除以$\dfrac{1}{N^2}$可得：

$$[\boldsymbol{G}(\boldsymbol{b})]'\boldsymbol{W}\left[\frac{1}{N}\sum_{i=1}^{N}\boldsymbol{g}_i(\boldsymbol{\beta})\right]+[\boldsymbol{G}(\boldsymbol{b})]'\boldsymbol{W}\left[\frac{1}{N}\sum_{i=1}^{N}\boldsymbol{G}_i(\boldsymbol{\beta}^{+})\right](\hat{\boldsymbol{\beta}}_{\mathrm{NGMM}}-\boldsymbol{\beta})=o_p(1)$$

其中，$\boldsymbol{\beta}^{+}$介于$\hat{\boldsymbol{\beta}}_{\mathrm{NGMM}}$和$\boldsymbol{\beta}$之间。进一步整理上式可得：

$$\sqrt{N}(\hat{\boldsymbol{\beta}}_{\mathrm{NGMM}}-\boldsymbol{\beta})=\left\{[\boldsymbol{G}(\boldsymbol{b})]'\boldsymbol{W}\left[\frac{1}{N}\sum_{i=1}^{N}G_i(\boldsymbol{\beta}^{+})\right]\right\}^{-1}\left\{(-\sqrt{N})[\boldsymbol{G}(\boldsymbol{b})]'\boldsymbol{W}\left[\frac{1}{N}\sum_{i=1}^{N}\boldsymbol{g}_i(\boldsymbol{\beta})\right]\right\}+o_p(1)$$

利用大数定律和斯勒茨基定理可得：

$$\sqrt{N}(\hat{\boldsymbol{\beta}}_{\mathrm{NGMM}}-\boldsymbol{\beta})=[\boldsymbol{G}'(\boldsymbol{\beta})\boldsymbol{W}\boldsymbol{G}(\boldsymbol{\beta})]^{-1}\boldsymbol{G}'(\boldsymbol{\beta})\boldsymbol{W}\left\{(-\sqrt{N})\left[\frac{1}{N}\sum_{i=1}^{N}\boldsymbol{g}_i(\boldsymbol{\beta})\right]\right\}+o_p(1)$$

因此，$\sqrt{N}(\hat{\boldsymbol{\beta}}_{\mathrm{NGMM}}-\boldsymbol{\beta})$与$[\boldsymbol{G}'(\boldsymbol{\beta})\boldsymbol{W}\boldsymbol{G}(\boldsymbol{\beta})]^{-1}\boldsymbol{G}'(\boldsymbol{\beta})\boldsymbol{W}\left\{(-\sqrt{N})\left[\dfrac{1}{N}\sum_{i=1}^{N}\boldsymbol{g}_i(\boldsymbol{\beta})\right]\right\}$有着相同的渐近分布。

利用中心极限定理可以得到：

$$\sqrt{N}\left[\frac{1}{N}\sum_{i=1}^{N}\boldsymbol{g}_i(\boldsymbol{\beta})\right]\xrightarrow{d}\mathcal{N}(\boldsymbol{0},\boldsymbol{\Lambda})$$

其中，$\boldsymbol{\Lambda}=\mathbb{E}[\boldsymbol{g}_i(\boldsymbol{\beta})\boldsymbol{g}_i'(\boldsymbol{\beta})]$。

所以

$$[\boldsymbol{G}'(\boldsymbol{\beta})\boldsymbol{W}\boldsymbol{G}(\boldsymbol{\beta})]^{-1}\boldsymbol{G}'(\boldsymbol{\beta})\boldsymbol{W}\left\{(-\sqrt{N})\left[\frac{1}{N}\sum_{i=1}^{N}\boldsymbol{g}_i(\boldsymbol{\beta})\right]\right\}$$

$$\xrightarrow{d}\mathcal{N}(\boldsymbol{0},[\boldsymbol{G}'(\boldsymbol{\beta})\boldsymbol{W}\boldsymbol{G}(\boldsymbol{\beta})]^{-1}\boldsymbol{G}'(\boldsymbol{\beta})\boldsymbol{W}\boldsymbol{\Lambda}\boldsymbol{W}\boldsymbol{G}(\boldsymbol{\beta})[\boldsymbol{G}'(\boldsymbol{\beta})\boldsymbol{W}\boldsymbol{G}(\boldsymbol{\beta})]^{-1})$$

最终得到：

$$\sqrt{N}(\hat{\boldsymbol{\beta}}_{\mathrm{NGMM}}-\boldsymbol{\beta})$$

$$\xrightarrow{d} \mathcal{N}(\mathbf{0}, \underbrace{[\boldsymbol{G}'(\boldsymbol{\beta})\boldsymbol{W}\boldsymbol{G}(\boldsymbol{\beta})]}_{\boldsymbol{A}}{}^{-1}\underbrace{\boldsymbol{G}'(\boldsymbol{\beta})\boldsymbol{W}\boldsymbol{\Lambda}\boldsymbol{W}\boldsymbol{G}(\boldsymbol{\beta})}_{\boldsymbol{B}}\underbrace{[\boldsymbol{G}'(\boldsymbol{\beta})\boldsymbol{W}\boldsymbol{G}(\boldsymbol{\beta})]}_{\boldsymbol{A}}{}^{-1})$$
$$= \mathcal{N}(\mathbf{0}, \boldsymbol{A}^{-1}\boldsymbol{B}\boldsymbol{A}^{-1})$$

故命题得证。

□

可以发现，构造$\mathbb{E}[\boldsymbol{z}_i r(y_i,\boldsymbol{x}_i,\boldsymbol{b})]$是非线性 GMM 估计最重要的步骤。其中涉及两个难题：第一，寻找工具变量$\boldsymbol{z}_i$，这在前述内容中已经有了较多的讨论；第二，获取结构误差项 $r(y_i,\boldsymbol{x}_i,\boldsymbol{b})$，在线性模型中很容易得到$r(y_i,\boldsymbol{x}_i,\boldsymbol{b})$，它就是$y_i-\boldsymbol{x}_i'\boldsymbol{b}$，但是在非线性模型(特别是结构误差项以非可加的方式进入方程)中，如何将 $r(y_i,\boldsymbol{x}_i,\boldsymbol{b})$从模型中取出是一个比较困难的问题。值得指出，在实际应用中，$\mathbb{E}[\boldsymbol{z}_i r(y_i,\boldsymbol{x}_i,\boldsymbol{b})]$往往存在设定偏误，关于这一点对参数估计的影响，Andrews et al. (2017)提供了一个简洁的测度方式。具体地，他们使用 GMM 估计量中的$[\boldsymbol{G}'(\boldsymbol{\beta})\boldsymbol{W}\boldsymbol{G}(\boldsymbol{\beta})]^{-1}\boldsymbol{G}'(\boldsymbol{\beta})\boldsymbol{W}$(具体参见式(6-109))作为$\boldsymbol{z}_i r(y_i,\boldsymbol{x}_i,\boldsymbol{b})$变动的敏感性测度。①

9. 最优工具变量定理

考虑如下简单结构模型：

$$y_i = \boldsymbol{x}_i'\boldsymbol{\beta} + \epsilon_i \tag{6-110}$$

其中，$\boldsymbol{x}_i$为 $K\times1$ 解释变量。

假设 $L\times1$(其中,$L\geqslant K$)变量$\boldsymbol{z}_i$满足外生性条件：

$$\mathbb{E}(\epsilon_i \mid \boldsymbol{z}_i) = 0 \tag{6-111}$$

以及相关性条件：

$$\operatorname{rank}[\mathbb{E}(\boldsymbol{z}_i\boldsymbol{x}_i')] = K \tag{6-112}$$

根据式(6-111)可以发现，除了只使用$\boldsymbol{z}_i$作为$\boldsymbol{x}_i$的工具变量之外，还可以同时使用$\boldsymbol{z}_i$以及$\boldsymbol{z}_i$的任意非线性函数作为$\boldsymbol{x}_i$的工具变量，因此从这个意义上来看，工具变量的个数是无穷尽的。关于工具变量方法的一个重要结论是，增加工具变量不会降低估计量的有效性。② 那么与此相关的一个问题是，需要在既有工具变量的基础上一直添加$\boldsymbol{z}_i$的非线性函数作为新的工具变量吗？答案是否定的。如果既有工具变量已经构成了**最优工具变量**(Optimal IV)，那么继续添加(基于$\boldsymbol{z}_i$构建的)新工具变量将不会改进估计量的效率。

命题 6.19(最优工具变量定理)：在式(6-111)与式(6-112)成立的条件下，$\boldsymbol{x}_i$的最优工具变量为：

$$\boldsymbol{z}_i^* = \mathbb{E}(\boldsymbol{x}_i \mid \boldsymbol{z}_i)[\mathbb{E}(\epsilon_i\epsilon_i \mid \boldsymbol{z}_i)]^{-1} \tag{6-113}$$

非正式地，$\boldsymbol{z}_i^*$之所以作为$\boldsymbol{x}_i$的最优工具变量是因为：一方面，在关于$\boldsymbol{z}_i$的所有函数中，条件期望$\mathbb{E}(\boldsymbol{x}_i \mid \boldsymbol{z}_i)$能够最好地预测$\boldsymbol{x}_i$；另一方面，$[\mathbb{E}(\epsilon_i\epsilon_i \mid \boldsymbol{z}_i)]^{-1}$相当于通过加权的方式对模型异方差问题进行了处理。接下来给出命题 6.19 的具体证明过程。直观上理解，$\boldsymbol{z}_i^*$之所以是$\boldsymbol{x}_i$最优工具变量是因为它距离$\boldsymbol{x}_i$最近。值得指出的是，$\mathbb{E}(\boldsymbol{x}_i \mid \boldsymbol{z}_i)$与$\mathbb{E}(\epsilon_i\epsilon_i \mid \boldsymbol{z}_i)$都是未知函数，

① Andrews 系 2021 年克拉克经济学奖得主。

② White(2001)对这个结论给出了严谨的证明。

需要进行估计。接下来，我们给出命题 6. 19 的正式证明过程。

证明：

注意到z_i^*与$\boldsymbol{x}_i$具有相同的维度，因此在使用z_i^*作为工具变量的情形下，可以直接通过如下矩条件来估计模型参数：

$$\mathbb{E}(\boldsymbol{z}_i^* \epsilon_i) = \boldsymbol{0}$$

在第 4 章 M 估计方法中我们已经了解到，得分向量的期望值等于 $\boldsymbol{0}$，因此，$-\boldsymbol{z}_i^* \epsilon_i$可以视为使用$\boldsymbol{z}_i^*$作为工具变量所对应的得分向量，这里记为$\boldsymbol{s}_i^*$。

令$\boldsymbol{w}_i$表示基于$\boldsymbol{z}_i$构造的 $M\times1$ 工具变量。不失一般性，这里假设$\boldsymbol{w}_i$的维度 M 大于$\boldsymbol{z}_i$的维度 L（比如，$\boldsymbol{w}_i$可以是同时包含$\boldsymbol{z}_i$以及$\boldsymbol{z}_i$非线性函数的向量）。[①] 根据前述工具变量方法的介绍，利用$\boldsymbol{w}_i$作为$\boldsymbol{x}_i$的工具变量意味着构造如下矩条件：

$$\mathbb{E}(\widetilde{\boldsymbol{x}}_i \epsilon_i) = \boldsymbol{0}$$

其中，$\widetilde{\boldsymbol{x}}_i$表示$\boldsymbol{x}_i$对$\boldsymbol{w}_i$回归的总体拟合值。与$-\boldsymbol{z}_i^* \epsilon_i$类似，$-\widetilde{\boldsymbol{x}}_i \epsilon_i$可以视为使用$\boldsymbol{w}_i$作为工具变量所对应的得分向量，这里记为$\widetilde{\boldsymbol{s}}_i$。

考虑如下等式：

$$\begin{aligned}
\mathbb{E}(\widetilde{\boldsymbol{s}}_i \boldsymbol{s}_i^{*\prime}) &= \mathbb{E}[(-\widetilde{\boldsymbol{x}}_i \epsilon_i)(-\boldsymbol{z}_i^* \epsilon_i)'] \\
&= \mathbb{E}[\widetilde{\boldsymbol{x}}_i \epsilon_i \epsilon_i \boldsymbol{z}_i^{*\prime}] \\
&= \mathbb{E}\{\widetilde{\boldsymbol{x}}_i \epsilon_i \epsilon_i [\mathbb{E}(\epsilon_i \epsilon_i \mid \boldsymbol{z}_i)]^{-1} [\mathbb{E}(\boldsymbol{x}_i \mid \boldsymbol{z}_i)]'\} \\
&= \mathbb{E}\{\widetilde{\boldsymbol{x}}_i \mathbb{E}(\epsilon_i \epsilon_i \mid \boldsymbol{z}_i) [\mathbb{E}(\epsilon_i \epsilon_i \mid \boldsymbol{z}_i)]^{-1} [\mathbb{E}(\boldsymbol{x}_i \mid \boldsymbol{z}_i)]'\} \\
&= \mathbb{E}\{\widetilde{\boldsymbol{x}}_i [\mathbb{E}(\boldsymbol{x}_i \mid \boldsymbol{z}_i)]'\}
\end{aligned}$$

其中，第四个等式利用的是迭代期望定律。

又因为：

$$\begin{aligned}
\mathbb{E}(\widetilde{\boldsymbol{H}}_i) \equiv \mathbb{E}\left(\frac{\partial \widetilde{\boldsymbol{s}}_i}{\partial \boldsymbol{\beta}'}\right) &= \mathbb{E}\left[\frac{\partial(-\widetilde{\boldsymbol{x}}_i \epsilon_i)}{\partial \boldsymbol{\beta}'}\right] = \mathbb{E}\left[\frac{\partial(-\widetilde{\boldsymbol{x}}_i (y_i - \boldsymbol{x}_i' \boldsymbol{\beta}))}{\partial \boldsymbol{\beta}'}\right] \\
&= \mathbb{E}(\widetilde{\boldsymbol{x}}_i \boldsymbol{x}_i') = \mathbb{E}[\mathbb{E}(\widetilde{\boldsymbol{x}}_i \boldsymbol{x}_i' \mid \boldsymbol{z}_i)] = \mathbb{E}\{\widetilde{\boldsymbol{x}}_i [\mathbb{E}(\boldsymbol{x}_i \mid \boldsymbol{z}_i)]'\}
\end{aligned}$$

其中，$\widetilde{\boldsymbol{H}}_i$表示$\widetilde{\boldsymbol{s}}_i$所对应的海森矩阵。其中，最后一个等式成立是因为，$\widetilde{\boldsymbol{x}}_i$是$\boldsymbol{z}_i$的函数，从而在给定$\boldsymbol{z}_i$的条件下可以视为常数。

因此可以得到如下等式：

$$\mathbb{E}(\widetilde{\boldsymbol{s}}_i \boldsymbol{s}_i^{*\prime}) = \mathbb{E}(\widetilde{\boldsymbol{H}}_i)$$

利用命题 4. 3（**相对有效性定理**）的结论可以得到，利用$\boldsymbol{z}_i^*$作为工具变量所得到估计量最有效。

故命题得证。

---

① 对于 $M<L$ 的情形，分析过程相同。

□

命题 6.19 为理解前述命题 6.8 和命题 6.9 提供了新视角。命题 6.8 的含义是，如果识别假设(2SLS 假设 1 和 2SLS 假设 2)与条件同方差假设(2SLS 假设 3)成立，那么在所有使用z_i的线性组合$\widetilde{x}_i=D'z_i$作为工具变量的估计量中，2SLS 估计量是最有效的。结合命题 6.19，命题 6.8 的逻辑可以直观地理解为：一方面，2SLS 估计量使用x_i对z_i的投影x_i^*作为工具变量，而在z_i所有线性组合中，线性投影最接近条件期望$\mathbb{E}(x_i \mid z_i)$；另一方面，同方差假定意味着不需要考虑最优工具变量表达式——式(6-113)中的$[\mathbb{E}(\epsilon_i\epsilon_i \mid z_i)]^{-1}$。命题 6.9 的含义是，若模型不存在内生性问题且条件同方差假定得到满足，那么 OLS 估计量比 2SLS 估计量更加有效。结合命题 6.19，命题 6.9 的逻辑可直观地理解为：一方面，在不存在内生性的条件下，OLS 方法相当于使用x_i作为自身的工具变量，从而$\mathbb{E}(x_i \mid z_i)=\mathbb{E}(x_i \mid x_i)=x_i$；另一方面，同方差假定意味着不需要考虑$[\mathbb{E}(\epsilon_i\epsilon_i \mid z_i)]^{-1}$。

10. Bartik 工具变量方法与 Granular 工具变量方法

根据前述介绍我们已经了解到，寻找合理的工具变量不是一件容易的事。本节介绍两个近年流行的重要工具变量方法：**Bartik 工具变量方法**(Bartik IV)与 **Granular 工具变量方法**(GIV)。在本节读者将看到，这两个方法可以有效缓解合理工具变量获取困难的问题。Bartik 工具变量方法由 Bartik(1991)提出，Adão et al.(2019)，Goldsmith-Pinkham et al.(2020)以及 Borusyak et al.(2020)从不同视角深入考察了 Bartik 工具变量的含义与性质。Granular 工具变量方法由 Gabaix and Koijen(2020)提出。值得说明的是，虽然这两个方法都有各自的特征，但是它们本质上都属于工具变量方法，从而服从前述工具变量方法一般性规律。

10.1 Bartik 工具变量方法

遵循 Bartik 模型的经典设定，考虑劳动供给弹性的识别。简便起见，设定如下最简单的结构模型：①

$$y_l=w_l'\alpha+\beta x_l+\epsilon_l \tag{6-114}$$

其中，$l=1, 2, \cdots, L$ 为地区符号(该符号对应前述模型中的个体符号 i)，y_l表示 l 地区的工资增长率，x_l表示 l 地区的劳动增长率，w_l为包含常数项在内的一系列外生变量，ϵ_l为结构误差项。β 是我们所感兴趣的模型参数(刻画了劳动供给弹性)。

在式(6-114)中，虽然添加控制变量w_l能够在一定程度上缓解x_l的内生性问题，但是仍然无法完全排除内生性问题。因此，识别参数 β 通常需要为x_l寻找一个工具变量。然而，寻找恰当的工具变量往往比较困难。Bartik 工具变量可以在一定程度上缓解该难题。Bartik 工具变量基于两个会计恒等式构造。第一个会计等式是，地区的劳动增长率等于该地区各行业占比与增长率乘积之和：

---

① 可以注意到，式(6-114)为截面数据模型。对于面板数据模型的情形感兴趣的读者可以参考 Goldsmith-Pinkham et al.(2020)。

$$x_l \equiv \sum_{k=1}^{K} z_{lk}\, g_{lk} \tag{6-115}$$

其中，z_{lk}表示 l 地区 k 行业占 l 地区的比重，g_{lk}表示 l 地区 k 行业的增长率。

第二个会计等式如下：

$$g_{lk} \equiv g_k + \tilde{g}_{lk} \tag{6-116}$$

其中，g_k表示行业增长率，$\tilde{g}_{lk} \equiv g_{lk} - g_k$。

基于式(6-115)和式(6-116)，Bartik 工具变量的定义式为：

$$b_l \equiv \sum_{k=1}^{K} z_{lk}\, g_k \tag{6-117}$$

从式(6-117)中可以看出，Bartik 工具变量度量了(不同地区都相同的)行业冲击(Common Shocks) $\{g_1, g_2, \cdots, g_K\}$ 对地区的加权平均影响，权重为地区行业份额$\{z_{l1}, z_{l2}, \cdots, z_{lK}\}$。具体而言，行业 k 的冲击(g_k)对 l 地区的影响取决于该行业在 l 地区的重要性(z_{lk})，换言之，z_{lk}度量了宏观冲击g_k对 l 地区的影响程度(比如,k 行业关税税率变化对不同地区的影响存在差异,对于那些 k 行业占比较高地区的影响一般较大,而对于那些 k 行业占比较低地区的影响一般较小)。因此，Bartik 工具变量方法通常也被称为**移动份额回归设计**(Shift-share Regression Designs)。

观察式(6-115)和式(6-117)可以发现，Bartik 工具变量b_l与内生变量x_l通常存在较为密切的联系，工具变量**相关性假定**从而比较容易满足。为保证b_l能够作为x_l的工具变量还需要施加如下**外生性假定**:①②

$$\mathbb{E}(\boldsymbol{\epsilon}_l \mid z_{l1}, z_{l2}, \cdots, z_{lK}; \boldsymbol{w}_l) = 0 \tag{6-118}$$

式(6-118)的含义是，在控制了$\boldsymbol{w}_l$后，l 地区行业份额$\{z_{l1}, z_{l2}, \cdots, z_{lK}\}$与结构误差项$\boldsymbol{\epsilon}_l$不相关。值得说明的是，在式(6-118)成立的条件下，原则上可以使用$\{z_{l1}, z_{l2}, \cdots, z_{lK}\}$任意线性组合作为$x_l$的工具变量。Bartik 工具变量$b_l \equiv \sum_{k=1}^{K} z_{lk}\, g_k$ 只是这些线性组合中的一种，注意到 2SLS 估计使用x_l在$\{z_{l1}, z_{l2}, \cdots, z_{lK}\}$上的线性投影作为工具变量。

为了更好地将焦点放在我们感兴趣的参数 $\boldsymbol{\beta}$ 上，令$y_l^{\perp}$，$x_l^{\perp}$以及$\boldsymbol{\epsilon}_l^{\perp}$分别对应$y_l$，$x_l$和$\boldsymbol{\epsilon}_l$对$\boldsymbol{w}_l$回归所得到的残差项，根据式(6-114)可以得到如下等式成立：

$$y_l^{\perp} = \boldsymbol{\beta}\, x_l^{\perp} + \boldsymbol{\epsilon}_l^{\perp} \tag{6-119}$$

类似于前述命题 6.3，在识别假设式(6-118)成立的条件下，利用矩条件$\mathbb{E}(b_l \boldsymbol{\epsilon}_l^{\perp}) = 0$ 可以直接得到 Bartik 参数的表达式：

$$\boldsymbol{\beta}_{\text{Bartik}} = [\mathbb{E}(b_l x_l^{\perp})]^{-1}\mathbb{E}(b_l y_l^{\perp}) \tag{6-120}$$

---

① 对于截面数据而言，式(6-118)是一个较强的假定。在获取面板数据的条件下，一般可以通过两个渠道来使式(6-118)给出的外生性假定更加贴近现实：第一，选择历史行业份额$\{z_{l10}, z_{l20}, \cdots, z_{lK0}\}$而非当期行业份额$\{z_{l1t}, z_{l2t}, \cdots, z_{lKt}\}$来构造当期 Bartik 工具变量$b_{lt}$。第二，在控制变量$\boldsymbol{w}_{lt}$中引入地区固定效应和时间固定效应。这样式(6-118)就变为了：

$$\mathbb{E}(\boldsymbol{\epsilon}_{lt} \mid z_{l10}, z_{l20}, \cdots, z_{lK0}; \boldsymbol{w}_{lt}) = 0$$

② 这里假设行业份额$\{z_{l1}, z_{l2}, \cdots, z_{lK}\}$外生，Borusyak et al. (2020)考察了假设行业冲击$\{g_1, g_2, \cdots, g_K\}$外生的情形。

根据类比原则可以得到β_{Bartik}所对应的样本估计量$\hat{\beta}_{\text{Bartik}}$：

$$\hat{\beta}_{\text{Bartik}}=\left(\sum_{l=1}^{L}b_l x_l^{\perp}\right)^{-1}\left(\sum_{l=1}^{L}b_l y_l^{\perp}\right)=(\boldsymbol{B}'\boldsymbol{X}^{\perp})^{-1}(\boldsymbol{B}'\boldsymbol{y}^{\perp}) \tag{6-121}$$

其中，$\underbrace{\boldsymbol{B}}_{L\times 1}\equiv\begin{bmatrix}b_1\\b_2\\\vdots\\b_L\end{bmatrix}$，$\underbrace{\boldsymbol{X}^{\perp}}_{L\times 1}\equiv\begin{bmatrix}x_1^{\perp}\\x_2^{\perp}\\\vdots\\x_L^{\perp}\end{bmatrix}$，$\underbrace{\boldsymbol{y}^{\perp}}_{L\times 1}\equiv\begin{bmatrix}y_1^{\perp}\\y_2^{\perp}\\\vdots\\y_L^{\perp}\end{bmatrix}$。

在式(6-118)成立的条件下，我们还可以通过基于矩条件$\{\mathbb{E}(z_{lk}\epsilon_l^{\perp})=0,k=1,2,\cdots,K\}$的GMM来估计模型参数。根据4.2小节的介绍，$\beta$的GMM估计量$\hat{\beta}_{\text{GMM}}$为：

$$\begin{aligned}\hat{\beta}_{GMM}&=\left[\left(\sum_{l=1}^{L}z_l x_l^{\perp}\right)'\boldsymbol{W}\left(\sum_{l=1}^{L}z_l x_l^{\perp}\right)\right]^{-1}\left(\sum_{l=1}^{L}x_l^{\perp}z_l'\right)\boldsymbol{W}\left(\sum_{l=1}^{L}z_l y_l^{\perp}\right)\\&=(\boldsymbol{X}^{\perp\prime}\boldsymbol{ZW}\boldsymbol{Z}'\boldsymbol{X}^{\perp})^{-1}\boldsymbol{X}^{\perp\prime}\boldsymbol{ZW}\boldsymbol{Z}'\boldsymbol{y}^{\perp}\end{aligned} \tag{6-122}$$

其中，$\underbrace{z_l}_{K\times 1}=\begin{bmatrix}z_{l1}\\z_{l2}\\\vdots\\z_{lK}\end{bmatrix}$，$\underbrace{\boldsymbol{Z}}_{L\times K}\equiv\begin{bmatrix}z_1'\\z_2'\\\vdots\\z_L'\end{bmatrix}$，$\boldsymbol{W}$为加权矩阵。

命题 6.20(Goldsmith-Pinkham et al. ,2020)：令$\underbrace{\boldsymbol{G}}_{K\times 1}\equiv\begin{bmatrix}g_1\\g_2\\\vdots\\g_K\end{bmatrix}$，若$\boldsymbol{W}=\boldsymbol{G}\boldsymbol{G}'$，那么

$$\hat{\beta}_{\text{GMM}}=\hat{\beta}_{\text{Bartik}} \tag{6-123}$$

命题6.20的含义是，Bartik估计量可以视为一种特殊的GMM估计量，其特殊性体现在利用$\boldsymbol{W}=\boldsymbol{G}\boldsymbol{G}'$作为加权矩阵。

证明：

根据$b_l\equiv\sum_{k=1}^{K}z_{lk}g_k$可得：

$$\underbrace{\boldsymbol{B}}_{L\times 1}\equiv\begin{bmatrix}b_1\\b_2\\\vdots\\b_L\end{bmatrix}=\begin{bmatrix}\sum_{k=1}^{K}z_{1k}g_k\\\sum_{k=1}^{K}z_{2k}g_k\\\vdots\\\sum_{k=1}^{K}z_{Lk}g_k\end{bmatrix}=\begin{bmatrix}z_1'\boldsymbol{G}\\z_2'\boldsymbol{G}\\\vdots\\z_L'\boldsymbol{G}\end{bmatrix}=\boldsymbol{ZG}$$

所以有如下等式成立：

$$\hat{\beta}_{\text{GMM}}=(\boldsymbol{X}^{\perp\prime}\boldsymbol{ZW}\boldsymbol{Z}'\boldsymbol{X}^{\perp})^{-1}\boldsymbol{X}^{\perp\prime}\boldsymbol{ZW}\boldsymbol{Z}'\boldsymbol{y}^{\perp}$$

$$
\begin{aligned}
&=(\boldsymbol{X}^{\perp\prime}\boldsymbol{Z}\boldsymbol{G}\,\boldsymbol{G}'\boldsymbol{Z}'\boldsymbol{X}^{\perp})^{-1}\boldsymbol{X}^{\perp\prime}\boldsymbol{Z}\boldsymbol{G}\,\boldsymbol{G}'\boldsymbol{Z}'\boldsymbol{y}^{\perp}\\
&=(\boldsymbol{X}^{\perp\prime}\boldsymbol{B}\,\boldsymbol{B}'\boldsymbol{X}^{\perp})^{-1}\boldsymbol{X}^{\perp\prime}\boldsymbol{B}\,\boldsymbol{B}'\boldsymbol{y}^{\perp}\\
&=(\boldsymbol{B}'\boldsymbol{X}^{\perp})^{-1}(\boldsymbol{B}'\boldsymbol{y}^{\perp})\\
&\equiv\hat{\beta}_{\text{Bartik}}
\end{aligned}
$$

其中，第二个等式成立是因为 $\boldsymbol{W}=\boldsymbol{G}\,\boldsymbol{G}'$，第三个等式成立是因为 $\boldsymbol{B}=\boldsymbol{Z}\boldsymbol{G}$，最后一个等式成立是因为$\boldsymbol{X}^{\perp\prime}\boldsymbol{B}$ 是一个标量。

故命题得证。

□

Bartik 工具变量法的几点说明：第一，Bartik 工具变量度量了行业冲击$\{g_1,g_2,\cdots,g_K\}$对地区的加权平均影响，权重为地区行业份额$\{z_{l1},z_{l2},\cdots,z_{lK}\}$。第二，以上所介绍的工具变量方法基于地区行业份额$\{z_{l1},z_{l2},\cdots,z_{lK}\}$的外生性来识别模型参数，事实上，还可以基于行业冲击$\{g_1,g_2,\cdots,g_K\}$的外生性来识别模型参数，参见 Borusyak et al. (2020)。第三，在考察 Bartik 估计量性质的过程中，需要假设模型数据生成过程。Bartik 工具变量方法一般假定模型误差项在不同地区之间不存在相关性，事实上，这是一个比较强的限定。这是因为，具有相似产业结构的地区往往受到的行业冲击较为相近，从而导致误差项之间存在较强的相关性。Adão et al. (2019) 发现忽略地区之间的这种相关性将会较大程度上低估 Bartik 估计量的标准差，从而高估其显著性。最后，根据前述介绍可以发现，Bartik 工具变量比较容易获取，从而缓解了寻找合理工具变量的困难。

10.2 Granular 工具变量方法

与 Bartik 工具变量方法类似，**Granular 工具变量方法**(GIV)同样能够有效缓解合理工具变量的困难，Granular 工具变量几乎是“无处不在的”(Gabaix and Koijen,2020)。Granular 工具变量方法的基本思路是，通过微观冲击来识别宏观结构模型参数，① 背后的逻辑是：一方面，现实经济中，少数企业、行业或国家占据大部分经济活动。比如，前百分之二十的大型企业可能占据百分之八十以上的行业市场份额。因此，来自这些经济个体的异质性冲击对宏观经济能够产生较大影响，从而容易满足有效工具变量的**相关性假定**。另一方面，与宏观经济变量与宏观结构误差项不相关相比，这些经济个体的异质性冲击与宏观结构误差项不相关是一个更弱的限定，从而使得有效工具变量的**外生性假定**更加容易满足。Granular 工具变量方法为识别**结构参数**(Structural Parameters)开辟了非常广阔的空间。接下来，我们以 Gabaix and Koijen(2020)给出的模型为例来具体介绍 Granular 工具变量方法。

企业对某种原材料(比如,石油)的需求为：

$$D_{it}=\overline{Q}S_i(1+y_{it}) \tag{6-124}$$

其中，下标符号 $i=1,2,\cdots,N$ 和 $t=1,2,\cdots,T$ 代表企业和时期，$\overline{Q}$表示全国平均总产出，

① 值得注意的是，这里的微观和宏观是相对的，具体来说，当感兴趣的问题是行业层面的问题时，行业本身就是宏观的；当感兴趣的问题是国家层面的问题时，行业可能就是微观的了；当感兴趣的问题是世界层面的问题时，国家就变成微观个体了。

S_i表示企业需求占市场总需求的份额$\left(\sum_{i=1}^{N} S_i = 1\right)$，$y_{it}$为需求冲击，它包括那些除了$\overline{Q}$与$S_i$之外影响企业原材料需求的因素（比如，企业利润率，企业生产效率以及企业负债率等）。假设y_{it}具体可以分解为如下两项：

$$y_{it}=\eta_t+u_{it} \tag{6-125}$$

其中，η_t为对所有个体都相同的**宏观需求冲击**（Common Demand Shocks），u_{it}为**个体异质性需求冲击**（Idiosyncratic Demand Shocks）。

原材料的供给方程为：

$$Q_t=\overline{Q}\left(1+\frac{p_t-\epsilon_t}{\alpha}\right) \tag{6-126}$$

其中，Q_t表示t时期市场上原材料的供给，p_t为原材料市场价格，ϵ_t表示市场供给冲击，α刻画了原材料供给价格弹性，它是我们所感兴趣的结构参数。

在均衡条件下，总供给等于总需求，即$Q_t=\sum_{i=1}^{N} D_{it}$，结合式(6-124)和式(6-126)可以很容易得到：

$$p_t=\alpha\, y_{St}+\epsilon_t \tag{6-127}$$

其中，$y_{St}=\sum_{i=1}^{N} S_i\, y_{it}$，表示加权平均企业需求冲击。$\alpha$是前述结构模型中刻画原材料供给价格弹性的参数。

我们知道，y_{St}与ϵ_t通常存在相关性，这使得我们无法通过p_t对y_{St}回归来估计α。识别参数α通常需要为y_{St}寻找一个工具变量，但是恰当的工具变量非常难以获取，尤其是考虑到一般均衡效应导致宏观经济变量间存在着广泛的相关性。Granular 工具变量方法处理这一问题的基本思路是：充分利用y_{St}内部结构信息来构建工具变量，这一点类似于前述 Bartik 工具变量方法利用地区内部行业结构来构建工具变量。

GIV 外生性假定（Gabaix and Koijen，2020）：对于所有的企业i和时期t都有如下等式条件成立：

$$\mathbb{E}\left(u_{it}\epsilon_t\right)=0 \tag{6-128}$$

从式(6-125)中可以发现，u_{it}相当于从需求冲击y_{it}中剔除了宏观需求冲击η_t，因此**GIV 外生性假定**并不是一个很强的限定。事实上，我们还可以通过在式(6-125)中添加丰富控制变量的方式来使得**GIV 外生性假定**更加贴近现实。

注意到，在**GIV 外生性假定**成立的条件下，$\{u_{1t},u_{2t},\cdots,u_{Nt}\}$及其任意函数原则上都可作为$y_{St}$的工具变量。那么与之相关的问题是，如何从中选取最优工具变量。这是 Granular 工具变量方法的一个重要方面。在介绍 GIV 估计量有效性时，我们再回到这个问题上。在此之前，先来介绍 GIV 的具体构建方式：

$$z_t \equiv \sum_{i=1}^{N} S_i\, y_{it} - \sum_{i=1}^{N}\frac{1}{N} y_{it} = \sum_{i=1}^{N} S_i\, u_{it} - \sum_{i=1}^{N}\frac{1}{N} u_{it} = \sum_{i=1}^{N}\left(S_i - \frac{1}{N}\right) u_{it} \tag{6-129}$$

可以发现，Granular 工具变量z_t本质上是以$S_i-\frac{1}{N}$为权重异质性个体冲击u_{it}的加权平均值，这与 Bartik 工具变量非常类似。另外，回忆前述内容，在可得工具变量个数大于内生变量个数(即存在过度识别)的情形下，2SLS 方法以及 Bartik 工具变量方法都是通过线性组合的方式来得到与内生变量个数相同的工具变量。从式(6-129)中可以看出，Granular 工具变量方法也采用了这一做法。

在式(6-128)成立的条件下，结合式(6-129)容易得到：

$$\mathbb{E}(z_t\epsilon_t)=0 \tag{6-130}$$

为保证z_t能够作为y_{St}的工具变量，还需要**相关性假定**：①

$$\mathbb{E}(z_ty_{St})\neq 0 \tag{6-131}$$

给定式(6-130)和式(6-131)成立，那么可以得到：

$$\alpha=\frac{\mathbb{E}(z_tp_t)}{\mathbb{E}(z_ty_{St})} \tag{6-132}$$

利用类比原则可以得到 GIV 估计量：

$$\hat{\alpha}_{\mathrm{GIV}}=\left(\sum_{t=1}^{T} z_t y_{St}\right)^{-1}\left(\sum_{t=1}^{T} z_t p_t\right) \tag{6-133}$$

命题 6.21：若外生性假定$\mathbb{E}(z_t\epsilon_t)=0$与相关性假定$\mathbb{E}(z_ty_{St})\neq 0$能够得到满足，在时期$T\rightarrow\infty$，企业数量$N$固定的条件下，$\hat{\alpha}_{\mathrm{GIV}}$是结构参数$\alpha$的一致估计量，即

$$\mathrm{Plim}\ \hat{\alpha}_{\mathrm{GIV}}=\alpha$$

其中，要求时期T而非企业数量N趋近无穷大是因为，识别参数α所用到的外生变异来自时期层面，即式(6-130)。

证明：

$$\begin{aligned}\mathrm{Plim}\ \hat{\alpha}_{\mathrm{GIV}}&=\mathrm{Plim}\left(\sum_{t=1}^{T} z_t y_{St}\right)^{-1}\left(\sum_{t=1}^{T} z_t p_t\right)\\&=\alpha+\mathrm{Plim}\left(\sum_{t=1}^{T} z_t y_{St}\right)^{-1}\left(\sum_{t=1}^{T} z_t \epsilon_t\right)\\&=\alpha+\frac{\mathbb{E}(z_t\epsilon_t)}{\mathbb{E}(z_ty_{St})}\\&=\alpha\end{aligned}$$

故命题得证。

□

命题 6.22：若外生性假定$\mathbb{E}(z_t\epsilon_t)=0$与相关性假定$\mathbb{E}(z_ty_{St})\neq 0$能够得到满足，数据生成过程在时期$t$维度独立同分布，那么$\sqrt{T}(\hat{\alpha}_{\mathrm{GIV}}-\alpha)$的极限分布为：

$$\sqrt{T}(\hat{\alpha}_{\mathrm{GIV}}-\alpha)\xrightarrow{d}\mathcal{N}\left(0,\frac{\mathrm{Var}(z_t\epsilon_t)}{[\mathbb{E}(z_ty_{St})]^2}\right)$$

其中，$[\mathbb{E}(z_ty_{St})]^2$为标量，从而可以以分母的形式来出现。

---

① 考虑到现实经济中少数企业、行业或国家占据大部分经济活动，因此相关性假定容易得到满足。

证明：

$$\begin{aligned}\sqrt{T}(\hat{\alpha}_{\mathrm{GIV}}-\alpha) &= \sqrt{T}\left[\left(\sum_{t=1}^{T} z_t y_{St}\right)^{-1}\left(\sum_{t=1}^{T} z_t p_t\right)-\alpha\right] \\ &= \left(\frac{1}{T}\sum_{t=1}^{T} z_t y_{St}\right)^{-1}\left[\sqrt{T}\left(\frac{1}{T}\sum_{t=1}^{T} z_t \epsilon_t\right)\right] \\ &= \left\{[\mathbb{E}(z_t y_{St})]^{-1}+o_p(1)\right\}\left[\sqrt{T}\left(\frac{1}{T}\sum_{t=1}^{T} z_t \epsilon_t\right)\right] \\ &= [\mathbb{E}(z_t y_{St})]^{-1}\sqrt{T}\left(\frac{1}{T}\sum_{t=1}^{T} z_t \epsilon_t\right)+o_p(1)\,O_p(1) \\ &= [\mathbb{E}(z_t y_{St})]^{-1}\sqrt{T}\left(\frac{1}{T}\sum_{t=1}^{T} z_t \epsilon_t\right)+o_p(1)\end{aligned}$$

因此$\sqrt{T}(\hat{\alpha}_{\mathrm{GIV}}-\alpha)$与$[\mathbb{E}(z_t y_{St})]^{-1}\sqrt{T}\left(\frac{1}{T}\sum_{t=1}^{T} z_t \epsilon_t\right)$的极限分布相同。对$\sqrt{T}\left(\frac{1}{T}\sum_{t=1}^{T} z_t \epsilon_t\right)$利用中心极限定理可得：

$$\sqrt{T}\left(\frac{1}{T}\sum_{t=1}^{T} z_t \epsilon_t\right)\xrightarrow{d}\mathcal{N}\left(0,\mathrm{Var}\left(\frac{1}{\sqrt{T}}\sum_{t=1}^{T} z_t \epsilon_t\right)\right)=\mathcal{N}(0,\mathrm{Var}(z_t \epsilon_t))$$

所以可以得到：

$$\sqrt{T}(\hat{\alpha}_{\mathrm{GIV}}-\alpha)\xrightarrow{d}\mathcal{N}\left(0,\frac{\mathrm{Var}(z_t\epsilon_t)}{[\mathbb{E}(z_t y_{St})]^2}\right)$$

故命题得证。

□

如果进一步对模型施加限定，我们还可以得到具有清晰经济学含义的$\sqrt{T}(\hat{\alpha}_{\mathrm{GIV}}-\alpha)$极限分布表达式。这具体由如下命题给出：

命题 6.23：若外生性假定$\mathbb{E}(z_t\epsilon_t)=0$与相关性假定$\mathbb{E}(z_t y_{St})\neq 0$能够得到满足，数据生成过程在时期$t$维度独立同分布，$\mathbb{E}(\epsilon_t\epsilon_t \mid z_t)=\sigma_\epsilon^2$（即条件同方差），$\mathbb{E}(u_{it}\eta_t)=0$，那么$\sqrt{T}(\hat{\alpha}_{\mathrm{GIV}}-\alpha)$的极限分布为：

$$\sqrt{T}(\hat{\alpha}_{\mathrm{GIV}}-\alpha)\xrightarrow{d}\mathcal{N}\left(0,\frac{\sigma_\epsilon^2}{h^2\cdot\sigma_u^2}\right) \tag{6-134}$$

其中，$\sigma_\epsilon^2=\mathbb{E}(\epsilon_t^2)$，$\sigma_u^2=\mathbb{E}(u_{it}^2)$，$h=\sqrt{-\frac{1}{N}+\sum_{i=1}^{N} S_i^2}$，$h$表示**赫芬达尔指数**（Herfindahl Index），它刻画了集中程度，其数值越大代表集中度越高，可以看出，S_i中异常大的数值越多，h越大。

注意到命题 6.23 在命题 6.22 的基础上进一步施加了条件同方差假定$\mathbb{E}(\epsilon_t\epsilon_t \mid z_t)=\sigma_\epsilon^2$与$\mathbb{E}(u_{it}\eta_t)=0$。从式(6-134)中可以看出，$\sqrt{T}(\hat{\alpha}_{\mathrm{GIV}}-\alpha)$极限方差的含义非常直观：首先，模型结构误差项$\epsilon_t$的方差$\sigma_\epsilon^2$越小，GIV 估计结果越准确；其次，工具变量的变异程度越高，即σ_u^2越大，GIV 估计结果越准确，这也比较容易理解，考虑工具变量u_{it}不存在任何变异的极端情形，该情形下z_t与内生变量y_{St}不相关。最后，赫芬达尔指数h越大，GIV 估计结果越准确。直观上，h 越大代表集中度越高，个体企业异质性冲击对宏观经济的影响越大，从而使得z_t与内生变量y_{St}具有较高的相关性。接下来，我们给出命题 6.23 的正式证明。

证明：

根据命题 6.22 可知，$\sqrt{T}(\hat{\alpha}_{\mathrm{GIV}}-\alpha)$的极限分布为：

$$\sqrt{T}(\hat{\alpha}_{\mathrm{GIV}}-\alpha)\xrightarrow{d}\mathcal{N}\left(0,\frac{\mathrm{Var}(z_t\epsilon_t)}{[\mathbb{E}(z_t y_{St})]^2}\right)$$

首先来看 $\mathrm{Var}(z_t\epsilon_t)$：

$$\mathrm{Var}(z_t\epsilon_t)=\mathbb{E}[(z_t\epsilon_t)^2]-[\mathbb{E}(z_t\epsilon_t)]^2=\mathbb{E}[(z_t\epsilon_t)^2]=\mathbb{E}(z_t^2\mathbb{E}(\epsilon_t^2\mid z_t))=\mathbb{E}(z_t^2)\sigma_\epsilon^2=\sigma_z^2\sigma_\epsilon^2 \quad (6\text{-}135)$$

其中，第三个等式成立利用到了条件同方差假定，$\mathbb{E}(\epsilon_t\epsilon_t\mid z_t)=\sigma_\epsilon^2$。

再来看$\mathbb{E}(z_t y_{St})$：

$$\begin{aligned}\mathbb{E}(z_t y_{St}) &= \mathbb{E}\left[z_t\left(\sum_{i=1}^{N} S_i u_{it}+\eta_t\right)\right]\\ &=\mathbb{E}\left[z_t\left(\sum_{i=1}^{N} S_i u_{it}\right)\right]=\mathbb{E}\left[z_t\left(z_t+\sum_{i=1}^{N}\frac{1}{N}u_{it}\right)\right]\\ &=\sigma_z^2+\mathbb{E}\left[\left(\sum_{i=1}^{N} S_i u_{it}-\sum_{i=1}^{N}\frac{1}{N}u_{it}\right)\sum_{i=1}^{N}\frac{1}{N}u_{it}\right]=\sigma_z^2\end{aligned}$$

其中，第二个等式成立利用到了$\mathbb{E}(u_{it}\eta_t)=0$ 的假定，最后一个等式成立利用的是u_{it}独立同分布。

所以可以得到：

$$\frac{\mathrm{Var}(z_t\epsilon_t)}{[\mathbb{E}(z_t y_{St})]^2}=\frac{\sigma_z^2\sigma_\epsilon^2}{\sigma_z^4}=\frac{\sigma_\epsilon^2}{\sigma_z^2}$$

又因为：

$$\begin{aligned}\sigma_z^2 &\equiv \mathbb{E}(z_t z_t)\\ &=\mathbb{E}\left[\left(\sum_{i=1}^{N} S_i u_{it}-\sum_{i=1}^{N}\frac{1}{N}u_{it}\right)\left(\sum_{i=1}^{N} S_i u_{it}-\sum_{i=1}^{N}\frac{1}{N}u_{it}\right)\right]\\ &=\mathbb{E}\left[\left(\sum_{i=1}^{N} S_i u_{it}-\sum_{i=1}^{N}\frac{1}{N}u_{it}\right)\left(\sum_{i=1}^{N} S_i u_{it}\right)\right]\\ &=\left(-\frac{1}{N}+\sum_{i=1}^{N} S_i^2\right)\sigma_u^2\end{aligned}$$

因此最终可以得到：

$$\sqrt{T}(\hat{\alpha}_{\mathrm{GIV}}-\alpha)\xrightarrow{d}\mathcal{N}\left(0,\frac{\sigma_\epsilon^2}{h^2\cdot\sigma_u^2}\right)$$

故命题得证。

□

为考察 GIV 估计量的有效性，令z_t^Γ表示基于Γ_i对u_{it}进行加权所得到的工具变量：

$$z_t^\Gamma=\sum_{i=1}^{N}\Gamma_i u_{it} \quad (6\text{-}136)$$

其中，$\sum_{i=1}^{N}\Gamma_i=0$。将基于z_t^{Γ}所得到的估计量记为$\hat{\alpha}_{\Gamma}$。

命题 6.24：若外生性假定$\mathbb{E}(z_t\epsilon_t)=0$与相关性假定$\mathbb{E}(z_t y_{St})\neq 0$能够得到满足，数据生成过程在时期 t 维度独立同分布，$\mathbb{E}(\epsilon_t\epsilon_t\mid z_t^{\Gamma})=\sigma_{\epsilon}^2$(即条件同方差)，$\mathbb{E}(u_{it}\eta_t)=0$，那么 GIV 估计量$\hat{\alpha}_{\mathrm{GIV}}$是$\{\hat{\alpha}_{\Gamma}\}$中最有效的估计量。

证明：(*)

类似于命题 6.22 很容易得到$\sqrt{T}(\hat{\alpha}_{\Gamma}-\alpha)$的极限分布为：

$$\sqrt{T}(\hat{\alpha}_{\Gamma}-\alpha)\xrightarrow{d}\mathcal{N}\left(0,\frac{\mathrm{Var}(z_t^{\Gamma}\epsilon_t)}{[\mathbb{E}(z_t^{\Gamma}y_{St})]^2}\right)$$

类似于式(6-135)容易得到：

$$\mathrm{Var}(z_t^{\Gamma}\epsilon_t)=\sigma_{z^{\Gamma}}^2\sigma_{\epsilon}^2$$

又因为：

$$\mathbb{E}(z_t^{\Gamma}y_{St})=\mathbb{E}\left[z_t^{\Gamma}\left(\sum_{i=1}^{N}S_i u_{it}+\eta_t\right)\right]=\mathbb{E}\left[z_t^{\Gamma}\left(\sum_{i=1}^{N}S_i u_{it}\right)\right]=\sigma_{z^{\Gamma}}^2\sigma_{u_S}^2\mathrm{corr}(z_t^{\Gamma},u_S)$$

其中，令$u_S\equiv\sum_{i=1}^{N}S_i u_{it}$。

因此可以得到：

$$\frac{\mathrm{Var}(z_t^{\Gamma}\epsilon_t)}{[\mathbb{E}(z_t^{\Gamma}y_{St})]^2}=\frac{\sigma_{z^{\Gamma}}^2\sigma_{\epsilon}^2}{[\sigma_{z^{\Gamma}}^2\sigma_{u_S}^2\mathrm{corr}(z_t^{\Gamma},u_S)]^2}=\frac{\sigma_{\epsilon}^2}{\sigma_{z^{\Gamma}}^2[\sigma_{u_S}^2\mathrm{corr}(z_t^{\Gamma},u_S)]^2}$$

所以只要证明 Granular 工具变量$\sum_{i=1}^{N}\left(S_i-\frac{1}{N}\right)u_{it}$使得$\mathrm{corr}(z_t^{\Gamma},u_S)$最大即可证明命题 6.24。即$\left\{S_1-\frac{1}{N},\ S_2-\frac{1}{N},\ \cdots,\ S_N-\frac{1}{N}\right\}$是如下最大化问题的解：

$$\max_{\{\Gamma_1,\Gamma_2,\cdots,\Gamma_N\}}\left\{[\mathrm{corr}(z_t^{\Gamma},u_{St})]^2\quad s.t.\ \sum_{i=1}^{N}\Gamma_i=1\right\}\tag{6-137}$$

令$\boldsymbol{S}=\begin{bmatrix}S_1\\S_2\\\vdots\\S_N\end{bmatrix}$，$\boldsymbol{\Gamma}=\begin{bmatrix}\Gamma_1\\\Gamma_2\\\vdots\\\Gamma_N\end{bmatrix}$，$\boldsymbol{u}=\begin{bmatrix}u_{1t}\\u_{2t}\\\vdots\\u_{Nt}\end{bmatrix}$，$\boldsymbol{\iota}=\begin{bmatrix}1\\1\\\vdots\\1\end{bmatrix}$，从而有$z_t^{\Gamma}\equiv\sum_{i=1}^{N}\Gamma_i u_{it}=\boldsymbol{\Gamma}'\boldsymbol{u}$，$u_{St}\equiv\sum_{i=1}^{N}S_i u_{it}=\boldsymbol{S}'\boldsymbol{u}$。

因此$[\mathrm{corr}(z_t^{\Gamma},u_{St})]^2$可以等价地表示为：

$$[\mathrm{corr}(z_t^{\Gamma},u_{St})]^2=\frac{[\mathbb{E}(z_t^{\Gamma}u_{St})]^2}{\sigma_{z^{\Gamma}}^2\sigma_{u_S}^2}=\frac{\mathbb{E}(\boldsymbol{\Gamma}'\boldsymbol{u}\boldsymbol{u}'\boldsymbol{S})^2}{\mathbb{E}(\boldsymbol{\Gamma}'\boldsymbol{u}\boldsymbol{u}'\boldsymbol{\Gamma})\sigma_{u_S}^2}=\frac{(\boldsymbol{\Gamma}'\boldsymbol{S})^2\sigma_u^2}{(\boldsymbol{\Gamma}'\boldsymbol{\Gamma})\sigma_{u_S}^2}$$

其中，注意到最后一个等式成立利用到了独立同分布数据生成过程。

因此，式(6-137)中的最大化问题等价于：

$$\max_{\{\Gamma\}}\left\{\frac{(\boldsymbol{\Gamma}'\boldsymbol{S})^2}{\boldsymbol{\Gamma}'\boldsymbol{\Gamma}}\quad s.t.\ \boldsymbol{\iota}'\boldsymbol{\Gamma}=0\right\}\tag{6-138}$$

注意到利用任意大于 0 的常数乘以 $\boldsymbol{\Gamma}$ 不改变式(6-138)给出的优化问题，换言之，$\boldsymbol{\Gamma}$ 的最优值是不确定的，因此我们可以将$\boldsymbol{\Gamma}'\boldsymbol{S}$ 固定在特定常数 c 处，即将$\boldsymbol{\Gamma}'\boldsymbol{S}$ 标准化为 c。式(6-139)中的最大化问题从而可以转化为如下最小化问题：

$$\min_{\{\boldsymbol{\Gamma}\}}\left\{\frac{1}{2}\boldsymbol{\Gamma}'\boldsymbol{\Gamma} \quad s.t.\ \boldsymbol{\iota}'\boldsymbol{\Gamma}=0,\boldsymbol{\Gamma}'\boldsymbol{S}=c\right\} \tag{6-139}$$

其中，目标函数乘以$\frac{1}{2}$是为了便于计算。

基于式(6-139)构造拉格朗日函数可得：

$$\mathscr{L}=\frac{1}{2}\boldsymbol{\Gamma}'\boldsymbol{\Gamma}-\lambda_1\boldsymbol{\iota}'\boldsymbol{\Gamma}-\lambda_2(\boldsymbol{\Gamma}'\boldsymbol{S}-c) \tag{6-140}$$

一阶优化条件为：

$$\boldsymbol{\Gamma}=\lambda_1\boldsymbol{\iota}+\lambda_2\boldsymbol{S} \tag{6-141}$$

式(6-141)左右两边同时乘以$\boldsymbol{\iota}'$并利用$\boldsymbol{\iota}'\boldsymbol{\Gamma}=0$ 整理可得$\lambda_1=-\frac{\lambda_2}{N}$，将该等式代入式(6-141)可得：

$$\boldsymbol{\Gamma}=\lambda_2\left(\boldsymbol{S}-\frac{1}{N}\right)$$

令$\lambda_2=1$ 即可得到，$\boldsymbol{\Gamma}=\boldsymbol{S}-\frac{1}{N}$，故命题得证。

□

11. 外生变量与内生交叉项系数的识别

设定交叉项模型（比如，双重差分模型）是现有实证模型识别因果效应的常用手段。Bun and Harrison(2019)与 Barwick et al. (2019)考察了包含外生变量和内生变量交叉项的线性回归模型。他们介绍了如何**利用模型现有变量信息——不获取（模型外）工具变量——来识别交叉项系数**。正式地，考虑如下交叉项模型：

$$y_i=\beta_0+\beta_w w_i+\beta_x x_i+\beta_{wx} w_i x_i+\epsilon_i \tag{6-142}$$

其中，i 表示个体符号，w_i为外生变量，x_i为内生变量，$w_i x_i$表示外生变量和内生变量的交叉项，β_{wx}是我们感兴趣的参数，ϵ_i为结构误差项。

一般地，识别β_{wx}需要为x_i找到一个工具变量。然而寻找一个合理工具变量通常比较困难。那么相关的一个问题是，我们能否基于模型内部现有变量信息来构造工具变量呢？接下来我们就此问题进行介绍。

假设内生变量x_i与外生变量w_i之间的关系由如下方程刻画：

$$x_i=f(w_i)+v_i \tag{6-143}$$

如果$f(w_i)$是w_i的**非线性函数**，那么我们则能够基于w_i来构造x_i的工具变量。不失一般性，考虑$f(w_i)$是w_i的二次函数的情形，w_i^2能够作为x_i的工具变量，这是因为在控制了变量w_i之后，

x_i与w_i^2仍然存在相关性。① 该情形下，工具变量向量为：

$$[w_i \quad w_i^2 \quad w_i \cdot w_i^2]$$

其中，w_i用作自身的工具变量，w_i^2用作x_i的工具变量，$w_i \cdot w_i^2$用作交叉项w_ix_i的工具变量。

在计量经济学中，以上识别过程被称为**基于函数形式的识别**(Identification by Functional Form)(Kelejian,1971;Lewbel,2012)。值得指出的是，如果在控制了w_i后，w_i^2与x_i之间只存在微弱的相关性，那么则会出现**弱识别问题**(Weakly Identified)，最终回归导致估计量的方差较大。

Bun and Harrison(2019)发现，在满足特定假设条件的前提下，直接利用 OLS 估计来式(6-142)能够得到β_{wx}的一致估计量(尽管β_0,β_w以及β_x的估计是有偏误的)。具体需要满足如下几个假定：

BH 假设 1：给定w_i，x_i的条件期望是线性函数②

$$\mathbb{E}(x_i \mid w_i) = \pi_0 + \pi_w w_i \tag{6-144}$$

若定义$v_i = x_i - \mathbb{E}(x_i \mid w_i)$，那么 **BH 假设 1** 可以等价地写作：

$$x_i = \pi_0 + \pi_w w_i + v_i \tag{6-145}$$

BH 假设 2：$\epsilon_i v_i$与w_i独立

$$\mathbb{E}(\epsilon_i v_i \mid w_i) = \sigma_{\epsilon v} \tag{6-146}$$

BH 假设 3：条件同方差

$$\mathbb{E}(v_i^2 \mid w_i) = \sigma_v^2 \tag{6-147}$$

根据第三章对 OLS 方法的介绍，可以很容易得到如下 OLS 估计量：

$$\underbrace{\hat{\boldsymbol{\beta}}_{\text{OLS}}}_{4\times 1} = \left(\sum_{i=1}^{N} \boldsymbol{q}_i \boldsymbol{q}_i'\right)^{-1}\left(\sum_{i=1}^{N} \boldsymbol{q}_i y_i\right) \tag{6-148}$$

其中，$\boldsymbol{q}_i = [1 \quad w_i \quad x_i \quad w_ix_i]'$，$\hat{\boldsymbol{\beta}}_{\text{OLS}}$对应模型参数$[\beta_0 \quad \beta_w \quad \beta_x \quad \beta_{wx}]'$的 OLS 估计量，

容易得到 OLS 估计量偏误：③

$$\text{Plim}\,\hat{\boldsymbol{\beta}}_{\text{OLS}} - \boldsymbol{\beta} = [\mathbb{E}(\boldsymbol{q}\boldsymbol{q}')]^{-1}\mathbb{E}(\boldsymbol{q}\epsilon) \tag{6-149}$$

命题 6.25：在 BH 假设 1—BH 假设 3 成立的条件下，OLS 估计量偏误由如下等式给出：

$$\text{Plim}\,\hat{\boldsymbol{\beta}}_{\text{OLS}} - \boldsymbol{\beta} = \frac{\sigma_{uv}}{\sigma_v^2}\begin{bmatrix} -\pi_0 \\ -\pi_w \\ 1 \\ 0 \end{bmatrix} \tag{6-150}$$

命题 6.25 的重要含义在于，若 BH 假设 1—BH 假设 3 成立，那么我们所关心的交叉项系数 OLS 估计量是一致的。

---

① 不难发现，在$f(w_i)$是w_i的线性函数的情形下，我们无法利用w_i^2作为x_i的工具变量，这是因为，一旦控制了w_i，x_i与w_i^2就不存在任何相关性了。

② 在w_i为虚拟变量的特殊情形下，条件期望$\mathbb{E}(x_i \mid w_i)$是w_i的线性函数，因此 BH 假设总是成立。

③ 可以注意到，我们隐含假定了独立同分布数据生成过程。

证明：

$$
\begin{aligned}
\text{Plim}\,\hat{\boldsymbol{\beta}}_{\text{OLS}}-\boldsymbol{\beta} &= [\mathbb{E}(\boldsymbol{q}\boldsymbol{q}')]^{-1}\mathbb{E}(\boldsymbol{q}\epsilon) \\
&= \left[\mathbb{E}\left(\begin{bmatrix}1\\ w\\ x\\ wx\end{bmatrix}\begin{bmatrix}1 & w & x & wx\end{bmatrix}\right)\right]^{-1}\mathbb{E}\left(\begin{bmatrix}\epsilon\\ w\epsilon\\ x\epsilon\\ wx\epsilon\end{bmatrix}\right) \\
&= \begin{bmatrix}1 & \mathbb{E}(w) & \mathbb{E}(x) & \mathbb{E}(wx)\\ \mathbb{E}(w) & \mathbb{E}(w^2) & \mathbb{E}(wx) & \mathbb{E}(w^2x)\\ \mathbb{E}(x) & \mathbb{E}(xw) & \mathbb{E}(x^2) & \mathbb{E}(wx^2)\\ \mathbb{E}(wx) & \mathbb{E}(w^2x) & \mathbb{E}(wx^2) & \mathbb{E}(w^2x^2)\end{bmatrix}^{-1}\begin{bmatrix}\mathbb{E}(\epsilon)\\ \mathbb{E}(w\epsilon)\\ \mathbb{E}(x\epsilon)\\ \mathbb{E}(wx\epsilon)\end{bmatrix} \\
&= \frac{\sigma_{\epsilon v}}{\sigma_v^2}\begin{bmatrix}-\pi_0\\ -\pi_w\\ 1\\ 0\end{bmatrix}
\end{aligned}
$$

其中，我们省略了矩阵的求逆过程，该过程容易但较为烦琐，对此感兴趣的读者可参考 Bun and Harrison(2019)。

故命题得证。

□

习题

1. 我们知道，有效工具变量需要同时满足相关性和外生性这两个假定，思考本章正文中如下两个工具变量面临的潜在挑战，并说明原因：

(1) 在研究教育收益率的过程中，Angrist and Krueger(1991)选择出生季度作为受教育年限的工具变量；

(2) 在研究市场化水平对中国经济发展水平影响的过程中，我们选择了省会城市离最近港口的距离作为工具变量。

2. 尝试说明如下瓦尔德表达式的直观含义。

$$
\frac{\mathbb{E}(y_i \mid z_i=1)-\mathbb{E}(y_i \mid z_i=0)}{\mathbb{E}(x_i \mid z_i=1)-\mathbb{E}(x_i \mid z_i=0)}
$$

3. 结合本章的介绍阐释说明 2SLS 方法是否一定优于 OLS 方法，并给出原因。

4. 参照命题 6.10 的证明过程，证明命题 6.12：

若将利用所有工具变量的 2SLS 估计量记为$\hat{\boldsymbol{\beta}}^{\text{A}}_{\text{2SLS}}$，将利用部分工具变量的 2SLS 估计量记为$\hat{\boldsymbol{\beta}}^{\text{P}}_{\text{2SLS}}$，那么在 2SLS 假设 1，2SLS 假设 2′，2SLS 假设 3 以及原假设——工具变量外生性假设满足的前提下可以得到：

$$\left\{\begin{array}{c}[\sqrt{N}(\hat{\boldsymbol{\beta}}_{2SLS}^{P}-\hat{\boldsymbol{\beta}}_{2SLS}^{A})]' \\ [\text{Avar}(\sqrt{N}(\hat{\boldsymbol{\beta}}_{2SLS}^{P}-\boldsymbol{\beta}))-\text{Avar}(\sqrt{N}(\hat{\boldsymbol{\beta}}_{2SLS}^{A}-\boldsymbol{\beta}))]^{-1} \\ [\sqrt{N}(\hat{\boldsymbol{\beta}}_{2SLS}^{P}-\hat{\boldsymbol{\beta}}_{2SLS}^{A})]\end{array}\right\}\xrightarrow{d}\chi^{2}(Q)$$

其中，Q 为过度识别约束的个数，也就是工具变量个数减去内生变量的个数。

5. 关于第 4 节介绍的中国教育收益率案例，你还能想到哪些比较合理的工具变量?

6. 结合本章的介绍，阐释说明最优工具变量(Optimal IV)表达式的直观含义，并尝试说明 Bartik IV 和 Granular IV 是否为最优工具变量。

第七章　面板数据模型

本章具体介绍面板数据模型。与截面数据模型相比，面板数据模型的优势至少体现在三方面:[①] 第一，**能够较为方便地处理内生性问题**。具体地，面板数据模型能够有效控制不可观测固定效应引起的内生性，不仅如此，内生变量滞后项通常可以作为合适的工具变量，从而大大降低了寻找工具变量的难度。第二，**能够显著增加估计结果的精确性**。一方面是因为面板数据样本容量较大，能够增加估计的自由度，另一方面是因为面板数据模型的解释变量同时具有截面和时间维度的变异，从而缓解模型多重共线性问题。第三，**能够研究变量的动态效应**(Dynamic Effect)。比如，上一期失业与下一期失业之间存在多大关联，这类问题无法基于截面数据模型回答。根据不可观测固定效应处理方式的不同，本章依次介绍**混合最小二乘估计**(Pooled OLS,POLS)、**面板数据广义最小二乘估计**(GLS)、**随机效应模型**(Random Effect Model)、**固定效应模型**(Fixed Effect Model)以及**最小二乘虚拟变量估计**(Least Squares Dummy Variable,LSDV)等。其中，固定效应模型估计方法具体包括：**组内变换估计**(Within Transformation)、**一阶差分变换估计**(First Difference Transformation, FD)、**条件似然函数估计**(Conditional MLE)，**Mundlak 模型**以及 **Chamberlain 模型**等。值得指出的是，在本章我们能够清晰地发现，一个面板数据模型通常难以绝对地优于另外一个。这也是计量经济学家尽可能将不同面板数据分析模型结果同时列出的一个较为重要的原因。

一般地，面板数据模型能够有效处理不可观测固定效应引起的内生性问题，但是无法处理同时随个体和时期变化的不可观测因素所引起的内生性问题。有鉴于此，本章还进一步介绍了**工具变量方法**在面板数据模型中的应用。鉴于估计**动态面板数据模型**(Dynamic Panel Data Model)通常需要利用到工具变量，因此动态面板数据模型的介绍也放在这一部分。此外，为了能够识别固定效应模型中不随时间变化变量的系数，本章还介绍了**固定效应和随机效应的混合模型**(Hybrid Mixed Effects Model)——**Hausman-Taylor 模型**。由于 Hausman-Taylor 模型需要用到工具变量，所以将它放在面板数据模型工具变量方法之后来介绍，本章最后，我们进一步介绍了**非线性面板数据模型**(Non-linear Panel Data Model)。与线性面板数据模型相比，非线性面板数据模型的难点在于不可观测固定效应难以通过差分的方式来消去。非线性面板数据模型的一个重要性体现在，对于当前流行的结构式估计，相当一部分模型参数估计值最终是通过非线性面板数据模型得到的。

如不特别指明，本章始终假设跨个体独立同分布($i.i.d$)的数据生成过程(但未对同一个体内部不同时期数据生成过程做限定)，从而排除了个体间存在相互联系的**空间面板数据模型**

① 对于面板数据模型的优势和局限，Baltagi(2013)和 Hsiao(2014)给出了更加细致的论述。

(Spatial Panel Data Model)。此外，本章考虑的是个体数 N 趋近于无穷大($N\to\infty$)时期数 T 固定的**短面板数据模型**(Short Panel Data Model)。

1. 面板数据模型设定

1.1 不可观测固定效应

面板数据模型最早由 Mundlak(1961)和 Hoch(1962)估计生产函数时所提出。最常见的面板数据模型可以写作：

$$y_{it}=\boldsymbol{x}_{it}'\boldsymbol{\beta}+\alpha_i+\epsilon_{it} \tag{7-1}$$

其中，$i=1,2,\cdots,N$ 表示个体符号，$t=1,2,\cdots,T$ 表示时期符号。$\boldsymbol{x}_{it}$表示影响被解释变量y_{it}的可观测因素。α_i表示**不可观测个体异质性特征**(Unobserved Heterogeneity)，随个体变化，但不随时间变化，α_i出现在模型中意味着，不同个体模型截距项具有差异。比如，在研究受教育年限对收入影响的计量模型中，个人认知能力(Cognitive Ability)通常包含在α_i之中。ϵ_{it}表示影响被解释变量y_{it}的不可观测因素，从而是具有结构含义的误差项。$\boldsymbol{\beta}$ 为我们所感兴趣的因果效应参数。注意到，式(7-1)中模型施加了两个重要的假设：第一，模型是参数的线性函数；第二，不可观测异质性与误差项以**分离可加**(Separately Additive)的方式进入结构方程。

辛普森悖论(Simpson,1951)能够很好地说明在模型中控制不可观测异质性特征的重要性。辛普森悖论是指，在分析变量间关系的过程中，分组研究的结论和总体研究的结论可能截然相反。考虑锻炼时长与健康状况之间的关系。图 7-1 给出了一个假想的示意图，从图中可以看出，直接利用健康状况对锻炼时长进行回归将得到增加锻炼时长将会损害身体健康的结论，显然这一结论与医学常识以及生活经验不相符。导致这一结论的重要原因是未考虑不同群体(青年、中年与老年)之间异质性特征，具体而言，青年群体可能因身体状况较好而将更多的时间分配到体育锻炼之外的其他活动上，与之相反，老年群体可能因身体状况较差而把更多的时间分配到体育锻炼上，以改善身体状况。进一步观察图 7-1 能够发现，一旦控制群体异质性特征(在回归方程中添加群体固定效应，或者对于不同的群体分别利用健康状况对锻炼时长进行回归)，健康状况就随着锻炼时长的增加而改善了。

对于个体 i，将式(7-1)中模型写成向量形式则有：

$$\boldsymbol{y}_i=\boldsymbol{X}_i'\boldsymbol{\beta}+\boldsymbol{\alpha}_i+\boldsymbol{\epsilon}_i \tag{7-2}$$

其中，$\boldsymbol{y}_i=\begin{bmatrix} y_{i1}\\ y_{i2}\\ \vdots\\ y_{iT}\end{bmatrix}$，$\boldsymbol{X}_i'=\begin{bmatrix} \boldsymbol{x}_{i1}'\\ \boldsymbol{x}_{i2}'\\ \vdots\\ \boldsymbol{x}_{iT}'\end{bmatrix}$，$\boldsymbol{\alpha}_i=\begin{bmatrix} \alpha_i\\ \alpha_i\\ \vdots\\ \alpha_i\end{bmatrix}$，$\boldsymbol{\epsilon}_i=\begin{bmatrix} \epsilon_{i1}\\ \epsilon_{i2}\\ \vdots\\ \epsilon_{iT}\end{bmatrix}$。

进一步叠放所有个体对应的模型可得到矩阵表述的简洁模型形式：

$$\boldsymbol{y}=\boldsymbol{X\beta}+\boldsymbol{\alpha}\otimes\boldsymbol{e}+\boldsymbol{\epsilon} \tag{7-3}$$

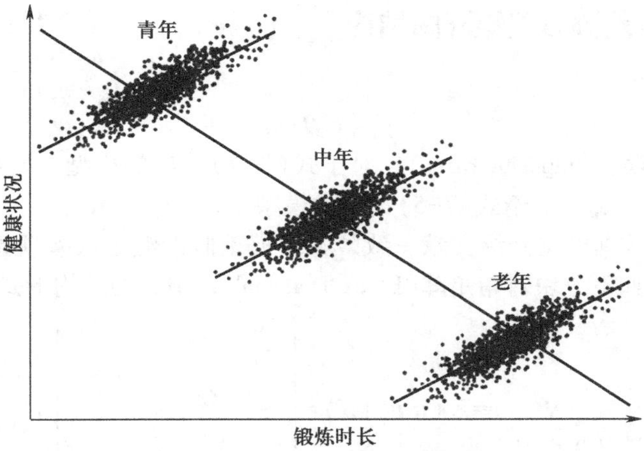

图 7-1　辛普森悖论——忽略异质性特征与回归偏差

注释：若忽略群体异质性特征(将所有样本混合在一起)，将得到不符合常识的结论——健康状况(数值越大表示越健康)随(合理)锻炼时长增加而变差的结论，一旦控制群体异质性特征(年龄层次)，健康状况就随着锻炼时长的增加而改善了。

其中，$\boldsymbol{y}=\begin{bmatrix}\boldsymbol{y}_1\\ \boldsymbol{y}_2\\ \vdots\\ \boldsymbol{y}_N\end{bmatrix}$，$\boldsymbol{X}=\begin{bmatrix}\boldsymbol{X}'_1\\ \boldsymbol{X}'_2\\ \vdots\\ \boldsymbol{X}'_N\end{bmatrix}$，$\boldsymbol{\alpha}=\begin{bmatrix}\alpha_1\\ \alpha_2\\ \vdots\\ \alpha_N\end{bmatrix}$，$\underset{1\times T}{\boldsymbol{e}}=\begin{bmatrix}1\\ 1\\ \vdots\\ 1\end{bmatrix}$，$\boldsymbol{\epsilon}=\begin{bmatrix}\boldsymbol{\epsilon}_1\\ \boldsymbol{\epsilon}_2\\ \vdots\\ \boldsymbol{\epsilon}_N\end{bmatrix}$。

除了在模型中添加不可观测个体异质性效应α_i之外，也可以添加不可观测时间效应：

$$y_{it}=\boldsymbol{x}'_{it}\boldsymbol{\beta}+\gamma_t+\epsilon_{it} \tag{7-4}$$

其中，γ_t为不可观测时间效应，它随时间变化，但是不随个体变化。

同时添加不可观测的个体异质性效应α_i和不可观测的时间效应γ_t则有：

$$y_{it}=\boldsymbol{x}'_{it}\boldsymbol{\beta}+\alpha_i+\gamma_t+\epsilon_{it} \tag{7-5}$$

式(7-5)被称为**双向误差模型**(Two-way Error Component Model)。① 若定义虚拟变量$d_{ji}=\begin{cases}1, & i=j\\ 0, & i\neq j\end{cases}$，$d_{kt}=\begin{cases}1, & t=k\\ 0, & t\neq k\end{cases}$，那么式(7-5)可以等价地写作：

$$y_{it}=\boldsymbol{x}'_{it}\boldsymbol{\beta}+\sum_{j=1}^{N}(\alpha_j\cdot d_{ji})+\sum_{k=2}^{T}(\gamma_k\cdot d_{kt})+\epsilon_{it} \tag{7-6}$$

其中，为了避免多重共线性问题，第一期所对应的虚拟变量d_{1t}未包括在模型中。

考虑到式(7-4)与式(7-5)模型与式(7-1)模型的分析类似，在接下来的内容中，我们重点分析式(7-1)给出的面板数据模型$y_{it}=\boldsymbol{x}'_{it}\boldsymbol{\beta}+\alpha_i+\epsilon_{it}$。

① Hsiao(2014)详细介绍了双向误差模型。

1.2 误差项方差协方差矩阵的结构

考虑如下模型：

$$y_{it}=\boldsymbol{x}_{it}'\boldsymbol{\beta}+u_{it} \tag{7-7}$$

其中，u_{it}为**混合误差项**(Composite Error)。对于式(7-1)给出的模型，$u_{it}=\alpha_i+\epsilon_{it}$，对于式(7-4)给出的模型，$u_{it}=\gamma_t+\epsilon_{it}$，对于式(7-5)给出的模型，$u_{it}=\alpha_i+\gamma_t+\epsilon_{it}$。

与现有经典面板数据模型介绍文献一致，本章模型假设混合误差项**条件**方差协方差矩阵$\boldsymbol{\Psi}\equiv\mathbb{E}(\boldsymbol{u}\boldsymbol{u}'\mid\boldsymbol{X})$具有如下**分块对角矩阵**(Block Diagonal Matrix)的结构形式：

$$\underbrace{\boldsymbol{\Psi}}_{(N\times T)\times(N\times T)}\equiv\mathbb{E}(\boldsymbol{u}\boldsymbol{u}'\mid\boldsymbol{X})=\begin{bmatrix}\underbrace{\boldsymbol{\Omega}_1}_{T\times T} & & & \\ & \boldsymbol{\Omega}_2 & & \\ & & \ddots & \\ & & & \boldsymbol{\Omega}_N\end{bmatrix} \tag{7-8}$$

其中，$\boldsymbol{\Omega}_i=\mathbb{E}(\boldsymbol{u}_i\boldsymbol{u}_i'\mid\boldsymbol{X}_i)(i=1,2,\cdots,N)$，假设该矩阵总是可逆。可以看出，式(7-8)允许同一个体不同时期误差项具有异方差和自相关(矩阵$\boldsymbol{\Omega}_i$主对角线元素不相等,非主对角线元素不等于0)，不同个体间误差项具有异方差但是不存在相关性(矩阵$\boldsymbol{\Psi}$主对角线上的矩阵不相等，$\boldsymbol{\Omega}_i\neq\boldsymbol{\Omega}_j$,非主对角线上的元素为0)。

1.3 面板数据模型中的外生性假定

对于式(7-1)给出的面板数据模型，本小节介绍几类常见的外生性假定，包括**严格外生性假定**(Strict Exogeneity Assumption)、**弱外生性假定**(Weak Exogeneity Assumption)与**当期外生性假定**(Contemporaneous Exogeneity Assumption)。先看**严格外生性假定**(Strict Exogeneity Assumption)：

$$\mathbb{E}(\epsilon_{it}\mid\boldsymbol{x}_{i1},\cdots,\boldsymbol{x}_{iT},\alpha_i)=0 \tag{7-9}$$

从式(7-9)中可以看出，严格外生性意味着，误差项与历史、当期以及未来解释变量都独立。严格外生性假设排除了解释变量$\boldsymbol{x}_{it}$中包含被解释变量滞后项的情形，也就是说，排除了**动态面板数据模型**(Dynamic Panel Data Model)。为了看出这一点，考虑动态面板模型$y_{it}=\rho y_{i,t-1}+\boldsymbol{w}_{it}'\boldsymbol{\beta}+\alpha_i+\epsilon_{it}$。容易发现，当期误差项$\epsilon_{it}$将通过**动态效应**$\rho y_{i,t-1}$进入到未来的被解释变量中，从而导致误差项$\epsilon_{it}$与$y_{i,t+1}$，…，$y_{iT}$相关。**弱外生性假定**(Weak Exogeneity Assumption)假设误差项与当期和历史解释变量不相关，它由如下等式给出：

$$\mathbb{E}(\epsilon_{it}\mid\boldsymbol{x}_{i1},\cdots,\boldsymbol{x}_{it},\alpha_i)=0 \tag{7-10}$$

当期外生性假定(Contemporaneous Exogeneity Assumption)只是假设误差项与当期解释变量不相关：

$$\mathbb{E}(\epsilon_{it}\mid\boldsymbol{x}_{it},\alpha_i)=0 \tag{7-11}$$

比较式(7-9)至式(7-11)可以发现，严格外生性假定、弱外生性假定以及当期外生性假定对模型的限定依次减弱。值得指出的是，以上利用条件期望来表述这三个假定，它们也可以基于协方差等于 0 这个更弱的形式来表述，特别地，严格外生性假定变为 $\mathbb{E}\left(\begin{bmatrix}\epsilon_{i1}\\ \epsilon_{i2}\\ \vdots\\ \epsilon_{iT}\end{bmatrix}\otimes[\boldsymbol{x}_{i1}\quad \boldsymbol{x}_{i2}\quad \cdots\quad \boldsymbol{x}_{iT}]\mid \alpha_i\right)=\mathbf{0}$。方便起见，如不指明，本章所有外生性假定都基于条件期望来表述，重要的是记住，这往往不是保持估计量一致性最弱的假定。

2. 混合最小二乘估计

本小节介绍**混合最小二乘估计**(Pooled OLS, POLS)。该方法将不可观测异质性放入误差项，直接使用被解释变量对可观测解释变量进行 OLS 回归来估计模型参数。换言之，面板数据的混合最小二乘模型估计将面板数据直接视作截面数据来处理，且未对模型中的不可观测异质性做任何处理。正式地，将式(7-1)给出的面板数据模型写成如下形式：

$$y_{it}=\boldsymbol{x}_{it}'\boldsymbol{\beta}+u_{it} \tag{7-12}$$

其中，$u_{it}=\alpha_i+\epsilon_{it}$为混合误差项。

为保证估计量在 N 趋近于无穷大的情形下有意义(统计识别)，需要施加如下假定：

POLS 假定 1：$\mathbb{E}(\boldsymbol{X}_i\boldsymbol{X}_i')$为满秩矩阵

$$\operatorname{rank}(\mathbb{E}(\boldsymbol{X}_i\boldsymbol{X}_i'))=K \tag{7-13}$$

结合第三章的介绍，利用 OLS 方法直接估计式(7-12)可以得到如下等式：

$$\begin{aligned}\hat{\boldsymbol{\beta}}_{\text{POLS}}&=\left(\sum_{i=1}^{N}\sum_{t=1}^{T}\boldsymbol{x}_{it}\boldsymbol{x}_{it}'\right)^{-1}\left(\sum_{i=1}^{N}\sum_{t=1}^{T}\boldsymbol{x}_{it}y_{it}\right)\\ &=\left(\sum_{i=1}^{N}[\boldsymbol{x}_{i1}\quad \boldsymbol{x}_{i2}\quad \cdots\quad \boldsymbol{x}_{iT}]\begin{bmatrix}\boldsymbol{x}_{i1}'\\ \boldsymbol{x}_{i2}'\\ \vdots\\ \boldsymbol{x}_{iT}'\end{bmatrix}\right)^{-1}\left(\sum_{i=1}^{N}[\boldsymbol{x}_{i1}\quad \boldsymbol{x}_{i2}\quad \cdots\quad \boldsymbol{x}_{iT}]\begin{bmatrix}y_{i1}\\ y_{i2}\\ \vdots\\ y_{iT}\end{bmatrix}\right)\\ &=\left(\sum_{i=1}^{N}\boldsymbol{X}_i\boldsymbol{X}_i'\right)^{-1}\left(\sum_{i=1}^{N}\boldsymbol{X}_i\boldsymbol{y}_i\right)\\ &=(\boldsymbol{X}'\boldsymbol{X})^{-1}(\boldsymbol{X}'\boldsymbol{Y})\end{aligned} \tag{7-14}$$

其中，$\hat{\boldsymbol{\beta}}_{\text{POLS}}$就是**混合最小二乘估计量**(POLS Estimator)。

为保证$\hat{\boldsymbol{\beta}}_{\text{POLS}}$是因果效应参数$\boldsymbol{\beta}$ 的一致估计量，需要施加如下外生性假定：

POLS 假定 2：外生性假定

$$\mathbb{E}(\epsilon_{it}\mid \boldsymbol{x}_{it},\alpha_i)=0,\quad \mathbb{E}(\alpha_i\mid \boldsymbol{x}_{it})=0 \tag{7-15}$$

其中，$\mathbb{E}(\epsilon_{it}\mid \boldsymbol{x}_{it},\alpha_i)=0$ 为前述当期外生性假定，利用迭代期望定律可以得到，该假定意味着 $\mathbb{E}(\epsilon_{it}\mid \boldsymbol{x}_{it})=0$。$\mathbb{E}(\alpha_i\mid \boldsymbol{x}_{it})=0$ 表示解释变量$\boldsymbol{x}_{it}$与个体不可观测异质性特征α_i互相(均值)独立。由于$u_{it}=\alpha_i+\epsilon_{it}$，因此 **POLS 假定 2** 意味着$\mathbb{E}(u_{it}\mid \boldsymbol{x}_{it})=0$。

命题 7.1：在 **POLS 假定 1** 和 **POLS 假定 2** 成立的条件下，混合最小二乘估计量$\hat{\boldsymbol{\beta}}_{\text{POLS}}$是因

果效应参数$\boldsymbol{\beta}$的一致估计量，即

$$\text{Plim}\,\hat{\boldsymbol{\beta}}_{\text{POLS}}=\boldsymbol{\beta} \tag{7-16}$$

证明：

$$\begin{aligned}
\text{Plim}\,\hat{\boldsymbol{\beta}}_{\text{POLS}} &= \text{Plim}\left[\left(\sum_{i=1}^{N}\sum_{t=1}^{T}\boldsymbol{x}_{it}\boldsymbol{x}'_{it}\right)^{-1}\left(\sum_{i=1}^{N}\sum_{t=1}^{T}\boldsymbol{x}_{it}y_{it}\right)\right] \\
&= \text{Plim}\left\{\left(\sum_{i=1}^{N}\sum_{t=1}^{T}\boldsymbol{x}_{it}\boldsymbol{x}'_{it}\right)^{-1}\left[\sum_{i=1}^{N}\sum_{t=1}^{T}\boldsymbol{x}_{it}(\boldsymbol{x}'_{it}\boldsymbol{\beta}+u_{it})\right]\right\} \\
&= \boldsymbol{\beta}+\text{Plim}\left[\left(\frac{1}{N}\sum_{i=1}^{N}\sum_{t=1}^{T}\boldsymbol{x}_{it}\boldsymbol{x}'_{it}\right)^{-1}\left(\frac{1}{N}\sum_{i=1}^{N}\sum_{t=1}^{T}\boldsymbol{x}_{it}u_{it}\right)\right] \\
&= \boldsymbol{\beta}+\text{Plim}\left[\left(\frac{1}{N}\sum_{i=1}^{N}\sum_{t=1}^{T}\boldsymbol{x}_{it}\boldsymbol{x}'_{it}\right)^{-1}\right]\text{Plim}\left(\frac{1}{N}\sum_{i=1}^{N}\sum_{t=1}^{T}\boldsymbol{x}_{it}u_{it}\right) \\
&= \boldsymbol{\beta}+\left[\mathbb{E}\left(\sum_{t=1}^{T}\boldsymbol{x}_{it}\boldsymbol{x}'_{it}\right)\right]^{-1}\mathbb{E}\left(\sum_{t=1}^{T}\boldsymbol{x}_{it}u_{it}\right) \\
&= \boldsymbol{\beta}+\mathbf{0}=\boldsymbol{\beta}
\end{aligned}$$

其中，第四行等式用到了斯勒茨基定理，第五行等式用到了大数定律，$\mathbb{E}\left(\sum_{t=1}^{T}\boldsymbol{x}_{it}u_{it}\right)=\mathbf{0}$利用的是 **POLS 假设 2**。值得指出的是，由于本章考虑的是短面板数据，因此以上证明过程中的斯勒茨基定理和大数定律针对的都是个体数N趋近于无穷大的情形。在时期T趋近于无穷大以及N和T同时趋近于无穷大的情形下，同样可以证明$\hat{\boldsymbol{\beta}}_{\text{POLS}}$是$\boldsymbol{\beta}$的一致估计量。

故命题得证。

□

命题 7.2：在 **POLS 假定 1** 和 **POLS 假定 2** 成立的条件下，可以得到$\sqrt{N}(\hat{\boldsymbol{\beta}}_{\text{POLS}}-\boldsymbol{\beta})$的极限分布为：

$$\sqrt{N}(\hat{\boldsymbol{\beta}}_{\text{POLS}}-\boldsymbol{\beta})\xrightarrow{d}\mathcal{N}(\mathbf{0},[\mathbb{E}(\boldsymbol{X}_i\boldsymbol{X}'_i)]^{-1}\mathbb{E}(\boldsymbol{X}_i\boldsymbol{u}_i\boldsymbol{u}'_i\boldsymbol{X}'_i)[\mathbb{E}(\boldsymbol{X}_i\boldsymbol{X}'_i)]^{-1}) \tag{7-17}$$

证明：

参见第三章中命题 3.19，从略。

□

根据式(7-17)容易得到$\hat{\boldsymbol{\beta}}_{\text{POLS}}$的渐近方差 $\text{Avar}(\hat{\boldsymbol{\beta}}_{\text{POLS}})$：

$$\text{Avar}(\hat{\boldsymbol{\beta}}_{\text{POLS}})=\frac{1}{N}[\mathbb{E}(\boldsymbol{X}_i\boldsymbol{X}'_i)]^{-1}\mathbb{E}(\boldsymbol{X}_i\boldsymbol{u}_i\boldsymbol{u}'_i\boldsymbol{X}'_i)[\mathbb{E}(\boldsymbol{X}_i\boldsymbol{X}'_i)]^{-1} \tag{7-18}$$

渐近方差 $\text{Avar}(\hat{\boldsymbol{\beta}}_{\text{POLS}})$的一致估计量为：

$$\begin{aligned}
\widehat{\text{Avar}}(\hat{\boldsymbol{\beta}}_{\text{POLS}}) &= \frac{1}{N}\left(\frac{1}{N}\sum_{i=1}^{N}\boldsymbol{X}_i\boldsymbol{X}'_i\right)^{-1}\left(\frac{1}{N}\sum_{i=1}^{N}\boldsymbol{X}_i\hat{\boldsymbol{u}}_i\hat{\boldsymbol{u}}'_i\boldsymbol{X}'_i\right)\left(\frac{1}{N}\sum_{i=1}^{N}\boldsymbol{X}_i\boldsymbol{X}'_i\right)^{-1} \\
&= \left(\sum_{i=1}^{N}\boldsymbol{X}_i\boldsymbol{X}'_i\right)^{-1}\left(\sum_{i=1}^{N}\boldsymbol{X}_i\hat{\boldsymbol{u}}_i\hat{\boldsymbol{u}}'_i\boldsymbol{X}'_i\right)\left(\sum_{i=1}^{N}\boldsymbol{X}_i\boldsymbol{X}'_i\right)^{-1} \\
&= \left(\sum_{i=1}^{N}\sum_{t=1}^{T}\boldsymbol{x}_{it}\boldsymbol{x}'_{it}\right)^{-1}\left(\sum_{i=1}^{N}\sum_{t=1}^{T}\sum_{s=1}^{T}\boldsymbol{x}_{it}\hat{u}_{it}\hat{u}_{is}\boldsymbol{x}'_{is}\right)\left(\sum_{i=1}^{N}\sum_{t=1}^{T}\boldsymbol{x}_{it}\boldsymbol{x}'_{it}\right)^{-1}
\end{aligned} \tag{7-19}$$

其中，$\hat{\boldsymbol{u}}_i=\boldsymbol{y}_i-\boldsymbol{X}_i'\hat{\boldsymbol{\beta}}_{\text{POLS}}$。式(7-19)给出的是**异方差-自相关稳健标准误**(Heteroskedasticity-Autocorrelation-Robust Standard Error)，它同时考虑了同一个体不同时期误差项的异方差性和相关性，也被称为**面板稳健标准误**(Panel-Robust Standard Error)或者**聚类(至个体层面)稳健标准误**(Cluster-Robust Standard Error)。

3. GLS 估计

混合最小二乘估计将不可观测异质性放到误差项中，使用被解释变量对可观测解释变量进行 OLS 回归，并利用异方差-自相关稳健标准误来进行统计推断。事实上，如果能够进一步利用误差项方差协方差矩阵中的信息，还能够得到更加有效的估计量。这就涉及了面板数据的**广义最小二乘估计**(GLS)。同样地，考虑如下面板数据模型：

$$y_{it}=\boldsymbol{x}_{it}'\boldsymbol{\beta}+u_{it} \tag{7-20}$$

其中，$u_{it}=\alpha_i+\epsilon_{it}$为混合误差项。

由于式(7-8)假定误差项条件方差协方差矩阵为$\mathbb{E}\,(\boldsymbol{u}\,\boldsymbol{u}'\mid\boldsymbol{X})=\begin{bmatrix}\underbrace{\boldsymbol{\Omega}_1}_{T\times T} & & & \\ & \boldsymbol{\Omega}_2 & & \\ & & \ddots & \\ & & & \boldsymbol{\Omega}_N\end{bmatrix}$，其中$\boldsymbol{\Omega}_i=\mathbb{E}\,(\boldsymbol{u}_i\boldsymbol{u}_i'\mid\boldsymbol{X}_i)$，因此定义$\boldsymbol{y}_i^*=\boldsymbol{\Omega}_i^{-\frac{1}{2}}\boldsymbol{y}_i$，$\boldsymbol{X}_i^{*\prime}=\boldsymbol{\Omega}_i^{-\frac{1}{2}}\boldsymbol{X}_i'$，并利用$\boldsymbol{y}_i^*$对$\boldsymbol{X}_i^{*\prime}$进行回归即可得到模型参数$\boldsymbol{\beta}$的 GLS 估计量：

$$\hat{\boldsymbol{\beta}}_{\text{GLS}}=\Big(\sum_{i=1}^{N}\boldsymbol{X}_i^*\,\boldsymbol{X}_i^{*\prime}\Big)^{-1}\Big(\sum_{i=1}^{N}\boldsymbol{X}_i^*\,\boldsymbol{y}_i^*\Big)=\Big(\sum_{i=1}^{N}\boldsymbol{X}_i\,\boldsymbol{\Omega}_i^{-1}\,\boldsymbol{X}_i'\Big)^{-1}\Big(\sum_{i=1}^{N}\boldsymbol{X}_i\,\boldsymbol{\Omega}_i^{-1}\,\boldsymbol{y}_i\Big) \tag{7-21}$$

从式(7-21)中可以看出，为保证估计量$\hat{\boldsymbol{\beta}}_{\text{GLS}}$在$N$趋近于无穷大的情形下有意义(统计识别)，需要施加如下假定：

GLS 假定 1：$\mathbb{E}\,(\boldsymbol{X}_i\boldsymbol{\Omega}_i^{-1}\boldsymbol{X}_i')$为满秩矩阵

$$\text{rank}(\mathbb{E}\,(\boldsymbol{X}_i\boldsymbol{\Omega}_i^{-1}\boldsymbol{X}_i'))=K \tag{7-22}$$

为保证$\hat{\boldsymbol{\beta}}_{\text{GLS}}$是因果效应参数$\boldsymbol{\beta}$的一致估计量，需要进一步施加如下外生性假定：

GLS 假定 2：外生性假定

$$\mathbb{E}\,(\epsilon_{it}\mid\boldsymbol{x}_{i1},\cdots,\boldsymbol{x}_{iT},\alpha_i)=0,\ \mathbb{E}\,(\alpha_i\mid\boldsymbol{x}_{i1},\cdots,\boldsymbol{x}_{iT})=0 \tag{7-23}$$

其中，$\mathbb{E}\,(\epsilon_{it}\mid\boldsymbol{x}_{i1},\cdots,\boldsymbol{x}_{iT},\alpha_i)=0$为严格外生性假定，$\mathbb{E}\,(\alpha_i\mid\boldsymbol{x}_{i1},\cdots,\boldsymbol{x}_{iT})=0$意味着个体不可观测异质性特征$\alpha_i$与所有时期的解释变量都独立。与 **POLS 假设 2** 类似，**GLS 假定 2** 意味着$\mathbb{E}\,(u_{it}\mid\boldsymbol{x}_{i1},\cdots,\boldsymbol{x}_{iT})=0$。

命题 7.3：在 **GLS 假定 1** 和 **GLS 假定 2** 成立的条件下，GLS 估计量$\hat{\boldsymbol{\beta}}_{\text{GLS}}$是因果效应参数$\boldsymbol{\beta}$的一致估计量，即

$$\text{Plim}\,\hat{\boldsymbol{\beta}}_{\text{GLS}}=\boldsymbol{\beta}$$

证明：

容易得到：

$$\begin{aligned}\text{Plim}\,\hat{\boldsymbol{\beta}}_{\text{GLS}} &= \text{Plim}\left[\left(\sum_{i=1}^{N}\boldsymbol{X}_i\boldsymbol{\Omega}_i^{-1}\boldsymbol{X}_i'\right)^{-1}\left(\sum_{i=1}^{N}\boldsymbol{X}_i\boldsymbol{\Omega}_i^{-1}\boldsymbol{y}_i\right)\right]\\ &=\boldsymbol{\beta}+[\mathbb{E}(\boldsymbol{X}_i\boldsymbol{\Omega}_i^{-1}\boldsymbol{X}_i')]^{-1}\mathbb{E}(\boldsymbol{X}_i\boldsymbol{\Omega}_i^{-1}\boldsymbol{u}_i)\\ &=\boldsymbol{\beta}+\boldsymbol{0}=\boldsymbol{\beta}\end{aligned}$$

其中，$\mathbb{E}(\boldsymbol{X}_i\boldsymbol{\Omega}_i^{-1}\boldsymbol{u}_i)=\boldsymbol{0}$ 是因为 **GLS 假定 2** 成立。为看出这点，基于克罗内克乘积与向量拉直运算的性质得，$\text{vec}(\boldsymbol{X}_i\boldsymbol{\Omega}_i^{-1}\boldsymbol{u}_i)=(\boldsymbol{u}_i'\otimes\boldsymbol{X}_i')\text{vec}(\boldsymbol{\Omega}_i^{-1})$，从而有$\mathbb{E}[\text{vec}(\boldsymbol{X}_i\boldsymbol{\Omega}_i^{-1}\boldsymbol{u}_i)]=\mathbb{E}[(\boldsymbol{u}_i'\otimes\boldsymbol{X}_i')\text{vec}(\boldsymbol{\Omega}_i^{-1})]=[\mathbb{E}(\boldsymbol{u}_i'\otimes\boldsymbol{X}_i')]\text{vec}(\boldsymbol{\Omega}_i^{-1})$。根据 **GLS 假定 2** 可以很容易得到$\mathbb{E}(\boldsymbol{u}_i'\otimes\boldsymbol{X}_i')=0$ 成立，因此$\mathbb{E}[\text{vec}(\boldsymbol{X}_i\boldsymbol{\Omega}_i^{-1}\boldsymbol{u}_i)]=\boldsymbol{0}$，从而最终得到$\mathbb{E}(\boldsymbol{X}_i\boldsymbol{\Omega}_i^{-1}\boldsymbol{u}_i)=\boldsymbol{0}$。

故命题得证。

□

命题 7.4：在 **GLS 假定 1** 和 **GLS 假定 2** 成立的条件下，可以得到$\sqrt{N}(\hat{\boldsymbol{\beta}}_{\text{GLS}}-\boldsymbol{\beta})$的极限分布为：

$$\sqrt{N}(\hat{\boldsymbol{\beta}}_{\text{GLS}}-\boldsymbol{\beta})\xrightarrow{d}\mathcal{N}(\boldsymbol{0},[\mathbb{E}(\boldsymbol{X}_i\boldsymbol{\Omega}_i^{-1}\boldsymbol{X}_i')]^{-1})\tag{7-24}$$

证明：

参见第三章中命题 3.24，从略。

□

可以发现，与 POLS 估计量相比，为了保证 GLS 估计量的一致性需要更强的外生性假设。但是 GLS 估计量的好处在于比 POLS 估计量有效，这一结论由如下命题正式给出。

命题 7.5：在 **POLS 假设 1**，**GLS 假设 1** 以及 **GLS 假设 2** 成立的条件下，GLS 估计量比 POLS 估计量有效。也就是说，$[\mathbb{E}(\boldsymbol{X}_i\boldsymbol{X}_i')]^{-1}\mathbb{E}(\boldsymbol{X}_i\boldsymbol{u}_i\boldsymbol{u}_i'\boldsymbol{X}_i')[\mathbb{E}(\boldsymbol{X}_i\boldsymbol{X}_i')]^{-1}-[\mathbb{E}(\boldsymbol{X}_i\boldsymbol{\Omega}_i^{-1}\boldsymbol{X}_i')]^{-1}$为半正定矩阵。

证明：

参见第三章中命题 3.25，从略。

□

比较 POLS 估计与 GLS 估计可以得到如下几点结论：第一，POLS 估计与 GLS 估计都假定不可观测异质性特征与结构误差项不相关，在本章后续介绍的固定效应模型中，则允许不可观测异质性特征与结构误差项具有相关性；第二，与 POLS 估计相比，GLS 估计通过利用混合误差项方差协方差矩阵中的信息得到了更加有效的估计量；第三，为了保证估计量的一致性，与 POLS 估计相比，GLS 估计需要施加更加严格的外生性假定。具体地，POLS 估计施加的是当期外生性假定，GLS 估计施加的是严格外生性假定。

4. 随机效应模型：一个特殊的 GLS

与 POLS 模型相同，**随机效应模型**(Random Effect Model, RE)假设解释变量$\boldsymbol{x}_{it}$与α_i不相关(在接下来介绍的固定效应模型中，将放松该假设)。以上 GLS 估计对于$\boldsymbol{\Omega}_i=\mathbb{E}(\boldsymbol{u}_i\boldsymbol{u}_i'\mid\boldsymbol{X}_i)$具体

形式未施加任何限定。若假设$\boldsymbol{\Omega}_i$具有如下 **RE 假设 1** 所给出的结构形式，那么上述 GLS 模型就是**随机效应模型**。可见，随机效应模型是一个特殊的 GLS。

RE 假设 1(方差协方差矩阵的结构)：

$$\mathbb{E}(\boldsymbol{\epsilon}_i\boldsymbol{\epsilon}_i' \mid \boldsymbol{X}_i,\alpha_i)=\begin{bmatrix}\sigma_\epsilon^2 & & & \\ & \sigma_\epsilon^2 & & \\ & & \ddots & \\ & & & \sigma_\epsilon^2\end{bmatrix}=\sigma_\epsilon^2\boldsymbol{I}_T,\ \mathbb{E}(\alpha_i^2 \mid \boldsymbol{X}_i)=\sigma_\alpha^2 \tag{7-25}$$

RE 假设 1 意味着$\boldsymbol{\Omega}_i$具有如下特殊结构：

$$\begin{aligned}\boldsymbol{\Omega}_i=\boldsymbol{\Omega}_{\mathrm{RE}}&=\begin{bmatrix}\sigma_\alpha^2+\sigma_\epsilon^2 & \sigma_\alpha^2 & \cdots & \sigma_\alpha^2\\ \sigma_\alpha^2 & \sigma_\alpha^2+\sigma_\epsilon^2 & \cdots & \sigma_\alpha^2\\ \vdots & \vdots & & \vdots\\ \sigma_\alpha^2 & \sigma_\alpha^2 & \cdots & \sigma_\alpha^2+\sigma_\epsilon^2\end{bmatrix}\\ &=\begin{bmatrix}\sigma_\alpha^2 & \sigma_\alpha^2 & \cdots & \sigma_\alpha^2\\ \sigma_\alpha^2 & \sigma_\alpha^2 & \cdots & \sigma_\alpha^2\\ \vdots & \vdots & & \vdots\\ \sigma_\alpha^2 & \sigma_\alpha^2 & \cdots & \sigma_\alpha^2\end{bmatrix}+\begin{bmatrix}\sigma_\epsilon^2 & & & \\ & \sigma_\epsilon^2 & & \\ & & \ddots & \\ & & & \sigma_\epsilon^2\end{bmatrix}\end{aligned} \tag{7-26}$$

其中，$\boldsymbol{\Omega}_{\mathrm{RE}}$被称为**随机效应结构**(Random Effect Structure)条件方差协方差矩阵。注意到 **RE 假设 1** 意味着$\boldsymbol{\Omega}_i=\boldsymbol{\Omega}_j=\boldsymbol{\Omega}_{\mathrm{RE}}$，即对于不同的个体而言，条件方差协方差矩阵都相同。若进一步定义$\boldsymbol{e}_T=\begin{bmatrix}1\\1\\\vdots\\1\end{bmatrix}$，$\boldsymbol{I}_T=\begin{bmatrix}1 & & & \\ & 1 & & \\ & & \ddots & \\ & & & 1\end{bmatrix}$，那么式(7-26)还可以简洁地写作如下形式：

$$\boldsymbol{\Omega}_{\mathrm{RE}}=\sigma_\alpha^2\boldsymbol{e}_T\boldsymbol{e}_T'+\sigma_\epsilon^2\boldsymbol{I}_T \tag{7-27}$$

命题 7.6(Graybill,1969;Hsiao,2014)：$\boldsymbol{\Omega}_{\mathrm{RE}}^{-1}$由如下表达式给出：

$$\boldsymbol{\Omega}_{\mathrm{RE}}^{-1}=\frac{1}{\sigma_\epsilon^2}\left(\boldsymbol{I}_T-\frac{\boldsymbol{e}_T\boldsymbol{e}_T'}{T}\right)+\frac{1}{\sigma_\epsilon^2+T\sigma_\alpha^2}\left(\frac{\boldsymbol{e}_T\boldsymbol{e}_T'}{T}\right)\equiv\frac{1}{\sigma_\epsilon^2}\boldsymbol{M}_{e_T}+\frac{1}{\sigma_\epsilon^2+T\sigma_\alpha^2}\boldsymbol{P}_{e_T} \tag{7-28}$$

其中，$\boldsymbol{P}_{e_T}=\frac{\boldsymbol{e}_T\boldsymbol{e}_T'}{T}=\boldsymbol{e}_T(\boldsymbol{e}_T'\boldsymbol{e}_T)^{-1}\boldsymbol{e}_T'$，是关于$\boldsymbol{e}_T$的**投影矩阵**；$\boldsymbol{M}_{e_T}=\boldsymbol{I}_T-\frac{\boldsymbol{e}_T\boldsymbol{e}_T'}{T}=\boldsymbol{I}_T-\boldsymbol{P}_{e_T}$，为关于$\boldsymbol{e}_T$的**残差制造矩阵**。

证明：

$\boldsymbol{\Omega}_{\mathrm{RE}}$可以写成如下形式：

$$\begin{aligned}\boldsymbol{\Omega}_{\mathrm{RE}}&=\sigma_\alpha^2\boldsymbol{e}_T\boldsymbol{e}_T'+\sigma_\epsilon^2\boldsymbol{I}_T\\ &=\sigma_\epsilon^2\left(\boldsymbol{I}_T-\frac{\boldsymbol{e}_T\boldsymbol{e}_T'}{T}\right)+(\sigma_\epsilon^2+T\sigma_\alpha^2)\left(\frac{\boldsymbol{e}_T\boldsymbol{e}_T'}{T}\right)\\ &\equiv\sigma_\epsilon^2\boldsymbol{M}_{e_T}+(\sigma_\epsilon^2+T\sigma_\alpha^2)\boldsymbol{P}_{e_T}\end{aligned}$$

利用投影矩阵和残差制造矩阵的性质容易验证：

$$\boldsymbol{\Omega}_{\mathrm{RE}}^{-1}=\frac{1}{\sigma_{\epsilon}^{2}}\left(\boldsymbol{I}_{T}-\frac{\boldsymbol{e}_{T}\boldsymbol{e}_{T}'}{T}\right)+\frac{1}{\sigma_{\epsilon}^{2}+T\sigma_{\alpha}^{2}}\left(\frac{\boldsymbol{e}_{T}\boldsymbol{e}_{T}'}{T}\right)\equiv\frac{1}{\sigma_{\epsilon}^{2}}\boldsymbol{M}_{\boldsymbol{e}_{T}}+\frac{1}{\sigma_{\epsilon}^{2}+T\sigma_{\alpha}^{2}}\boldsymbol{P}_{\boldsymbol{e}_{T}}$$

故命题得证。

□

RE 假设 2： $\mathbb{E}(\boldsymbol{X}_i\boldsymbol{\Omega}_{\mathrm{RE}}^{-1}\boldsymbol{X}_i')$ 为满秩矩阵

$$\operatorname{rank}(\mathbb{E}(\boldsymbol{X}_i\boldsymbol{\Omega}_{\mathrm{RE}}^{-1}\boldsymbol{X}_i'))=K \tag{7-29}$$

RE 假定 3： 外生性假定

$$\mathbb{E}(\epsilon_{it}\mid\boldsymbol{x}_{i1},\cdots,\boldsymbol{x}_{iT},\alpha_i)=0,\ \mathbb{E}(\alpha_i\mid\boldsymbol{x}_{i1},\cdots,\boldsymbol{x}_{iT})=0 \tag{7-30}$$

由于随机效应估计是加权矩阵为 $\boldsymbol{\Omega}_{\mathrm{RE}}^{-\frac{1}{2}}$ 的特殊 GLS 估计，因此将 GLS 估计量 $\hat{\boldsymbol{\beta}}_{\mathrm{GLS}}=\left(\sum_{i=1}^{N}\boldsymbol{X}_i\boldsymbol{\Omega}_i^{-1}\boldsymbol{X}_i'\right)^{-1}\left(\sum_{i=1}^{N}\boldsymbol{X}_i\boldsymbol{\Omega}_i^{-1}\boldsymbol{y}_i\right)$ 中的 $\boldsymbol{\Omega}_i$ 直接替换为 $\boldsymbol{\Omega}_{\mathrm{RE}}$ 即可得到直接随机效应估计量：

$$\begin{aligned}
\hat{\boldsymbol{\beta}}_{\mathrm{RE}}&=\left(\sum_{i=1}^{N}\boldsymbol{X}_i\boldsymbol{\Omega}_{\mathrm{RE}}^{-1}\boldsymbol{X}_i'\right)^{-1}\left(\sum_{i=1}^{N}\boldsymbol{X}_i\boldsymbol{\Omega}_{\mathrm{RE}}^{-1}\boldsymbol{y}_i\right)\\
&=\left(\begin{bmatrix}\boldsymbol{X}_1 & \boldsymbol{X}_2 & \cdots & \boldsymbol{X}_N\end{bmatrix}\begin{bmatrix}\boldsymbol{\Omega}_{\mathrm{RE}}^{-1} & & & \\ & \boldsymbol{\Omega}_{\mathrm{RE}}^{-1} & & \\ & & \ddots & \\ & & & \boldsymbol{\Omega}_{\mathrm{RE}}^{-1}\end{bmatrix}\begin{bmatrix}\boldsymbol{X}_1'\\ \boldsymbol{X}_2'\\ \vdots\\ \boldsymbol{X}_N'\end{bmatrix}\right)^{-1}\\
&\quad\left(\begin{bmatrix}\boldsymbol{X}_1 & \boldsymbol{X}_2 & \cdots & \boldsymbol{X}_N\end{bmatrix}\begin{bmatrix}\boldsymbol{\Omega}_{\mathrm{RE}}^{-1} & & & \\ & \boldsymbol{\Omega}_{\mathrm{RE}}^{-1} & & \\ & & \ddots & \\ & & & \boldsymbol{\Omega}_{\mathrm{RE}}^{-1}\end{bmatrix}\begin{bmatrix}\boldsymbol{y}_1\\ \boldsymbol{y}_2\\ \vdots\\ \boldsymbol{y}_N\end{bmatrix}\right)\\
&=[\boldsymbol{X}'(\boldsymbol{I}_N\otimes\boldsymbol{\Omega}_{\mathrm{RE}}^{-1})\boldsymbol{X}]^{-1}[\boldsymbol{X}'(\boldsymbol{I}_N\otimes\boldsymbol{\Omega}_{\mathrm{RE}}^{-1})\boldsymbol{y}]
\end{aligned} \tag{7-31}$$

从式(7-31)中可以看出，随机效应估计量 $\hat{\boldsymbol{\beta}}_{\mathrm{RE}}$ 通过 $\boldsymbol{\Omega}_{\mathrm{RE}}^{-\frac{1}{2}}\boldsymbol{y}_i$ 对 $\boldsymbol{\Omega}_{\mathrm{RE}}^{-\frac{1}{2}}\boldsymbol{X}_i'$ 进行 OLS 回归得到，从而可以视为一种特殊的 GLS 估计。如下命题给出了理解随机效应估计量的另一视角。

命题 7.7： 随机效应模型估计相当于对模型 $y_{it}=\boldsymbol{x}_{it}'\boldsymbol{\beta}+u_{it}$ 做如下转换：

$$y_{it}-\lambda\bar{y}_i=(\boldsymbol{x}_{it}'-\lambda\bar{\boldsymbol{x}}_i')\boldsymbol{\beta}+u_{it}-\lambda\bar{u}_i \tag{7-32}$$

其中，$\lambda=1-\left(\dfrac{\sigma_{\epsilon}^{2}}{\sigma_{\epsilon}^{2}+T\sigma_{\alpha}^{2}}\right)^{\frac{1}{2}}$，$\bar{y}_i=\dfrac{1}{T}\sum_{t=1}^{T}y_{it}$，$\bar{\boldsymbol{x}}_i'=\dfrac{1}{T}\sum_{t=1}^{T}\boldsymbol{x}_{it}'$，$\bar{u}_i=\dfrac{1}{T}\sum_{t=1}^{T}u_{it}$。

式(7-32)可以用向量形式等价地表述为：

$$\boldsymbol{y}_i-\lambda\boldsymbol{e}_T\bar{y}_i=(\boldsymbol{X}_i'-\lambda\bar{\boldsymbol{X}}_i')\boldsymbol{\beta}+\boldsymbol{u}_i-\lambda\boldsymbol{e}_T\bar{u}_i \tag{7-33}$$

可以看出，随机效应估计相当于对模型进行了特定的差分变换。如式(7-32)所示的差分变换被称为**随机效应差分变换**(Random Effect Differencing Transformation)。也就说，随机效应估计量还可以通过 $y_{it}-\lambda\bar{y}_i$ 对 $\boldsymbol{x}_{it}'-\lambda\bar{\boldsymbol{x}}_i'$ 进行 OLS 回归来得到。

证明：

根据命题 7. 6 可知

$$\boldsymbol{\Omega}_{\mathrm{RE}}^{-1}=\frac{1}{\sigma_{\epsilon}^{2}}\boldsymbol{M}_{e_T}+\frac{1}{\sigma_{\epsilon}^{2}+T\sigma_{\alpha}^{2}}\boldsymbol{P}_{e_T}$$

容易验证

$$\boldsymbol{\Omega}_{\mathrm{RE}}^{-\frac{1}{2}}=\frac{1}{\sigma_{\epsilon}}\boldsymbol{M}_{e_T}+\left(\frac{1}{\sigma_{\epsilon}^{2}+T\sigma_{\alpha}^{2}}\right)^{\frac{1}{2}}\boldsymbol{P}_{e_T}$$

因此可以得到：

$$\begin{aligned}\boldsymbol{\Omega}_{\mathrm{RE}}^{-\frac{1}{2}}\boldsymbol{y}_i&=\frac{1}{\sigma_{\epsilon}}\boldsymbol{M}_{e_T}\boldsymbol{y}_i+\left(\frac{1}{\sigma_{\epsilon}^{2}+T\sigma_{\alpha}^{2}}\right)^{\frac{1}{2}}\boldsymbol{P}_{e_T}\boldsymbol{y}_i\\&=\frac{1}{\sigma_{\epsilon}}(\boldsymbol{y}_i-\boldsymbol{e}_T\bar{y}_i)+\left(\frac{1}{\sigma_{\epsilon}^{2}+T\sigma_{\alpha}^{2}}\right)^{\frac{1}{2}}\boldsymbol{e}_T\bar{y}_i\\&=\frac{1}{\sigma_{\epsilon}}\left[\boldsymbol{y}_i-\left(1-\left(\frac{\sigma_{\epsilon}^{2}}{\sigma_{\epsilon}^{2}+T\sigma_{\alpha}^{2}}\right)^{\frac{1}{2}}\right)\boldsymbol{e}_T\bar{y}_i\right]\\&\equiv\frac{1}{\sigma_{\epsilon}}(\boldsymbol{y}_i-\lambda\,\boldsymbol{e}_T\bar{y}_i)\end{aligned}$$

其中，$\lambda=1-\left(\frac{\sigma_{\epsilon}^{2}}{\sigma_{\epsilon}^{2}+T\sigma_{\alpha}^{2}}\right)^{\frac{1}{2}}$。

类似地可以得到，$\boldsymbol{\Omega}_{\mathrm{RE}}^{-\frac{1}{2}}\boldsymbol{X}_i'=\frac{1}{\sigma_{\epsilon}}(\boldsymbol{X}_i'-\lambda\,\bar{\boldsymbol{X}}_i')$，$\boldsymbol{\Omega}_{\mathrm{RE}}^{-\frac{1}{2}}\boldsymbol{u}_i=\frac{1}{\sigma_{\epsilon}}(\boldsymbol{u}_i-\lambda\,\boldsymbol{e}_T\bar{u}_i)$。

故命题得证。

□

命题 7. 8：在 **RE 假设 1**，**RE 假设 2** 以及 **RE 假设 3** 成立的条件下，随机效应估计量$\hat{\boldsymbol{\beta}}_{\mathrm{RE}}$是因果效应参数$\boldsymbol{\beta}$的一致估计量，即

$$\mathrm{Plim}\,\hat{\boldsymbol{\beta}}_{\mathrm{RE}}=\boldsymbol{\beta}\tag{7-34}$$

证明：

与命题 7. 3 类似，从略。

□

命题 7. 9：在 **RE 假设 1**，**RE 假设 2** 以及 **RE 假设 3** 成立的条件下，可以得到$\sqrt{N}(\hat{\boldsymbol{\beta}}_{\mathrm{RE}}-\boldsymbol{\beta})$的极限分布为：

$$\sqrt{N}(\hat{\boldsymbol{\beta}}_{\mathrm{RE}}-\boldsymbol{\beta})\xrightarrow{d}\mathcal{N}(\mathbf{0},[\mathbb{E}(\boldsymbol{X}_i\boldsymbol{\Omega}_{\mathrm{RE}}^{-1}\boldsymbol{X}_i')]^{-1})\tag{7-35}$$

值得注意的是，由于$\boldsymbol{\Omega}_{\mathrm{RE}}$是一个总体的概念，无法被观测到，因此上述随机效应估计是不可行的(Infeasible)。实施随机效应估计需要首先得到$\boldsymbol{\Omega}_{\mathrm{RE}}$的一个一致估计量，即需要获取$\sigma_{\alpha}^{2}$以及$\sigma_{\epsilon}^{2}$这两个总体参数的一致估计量。

命题 7. 10：在 **RE 假设 1**，**RE 假设 2** 以及 **RE 假设 3** 成立的条件下，σ_{α}^{2}与σ_{ϵ}^{2}的一致估计

量可以分别由如下等式给出：①

$$\hat{\sigma}_\alpha^2 = \frac{1}{[NT(T-1)/2]}\sum_{i=1}^{N}\sum_{t=1}^{T-1}\sum_{s=t+1}^{T}\hat{u}_{it}\hat{u}_{is}$$

$$\hat{\sigma}_\epsilon^2 = \left(\frac{1}{NT}\sum_{i=1}^{N}\sum_{t=1}^{T}\hat{u}_{it}^2\right) - \hat{\sigma}_\alpha^2$$

其中，$\hat{u}_{it}$为通过 POLS 估计得到的残差项估计值。

证明：

$$\begin{aligned}
\text{Plim}\,\hat{\sigma}_\alpha^2 &= \text{Plim}\left[\frac{1}{[NT(T-1)/2]}\sum_{i=1}^{N}\sum_{t=1}^{T-1}\sum_{s=t+1}^{T}\hat{u}_{it}\hat{u}_{is}\right] \\
&= \text{Plim}\left[\frac{1}{[NT(T-1)/2]}\sum_{i=1}^{N}\sum_{t=1}^{T-1}\sum_{s=t+1}^{T}u_{it}u_{is}\right] \\
&= \text{Plim}\left[\frac{1}{N}\sum_{i=1}^{N}\left(\frac{1}{[T(T-1)/2]}\sum_{t=1}^{T-1}\sum_{s=t+1}^{T}u_{it}u_{is}\right)\right] \\
&= \mathbb{E}\left[\frac{1}{[T(T-1)/2]}\sum_{t=1}^{T-1}\sum_{s=t+1}^{T}u_{it}u_{is}\right] \\
&= \sigma_\alpha^2\frac{1}{[T(T-1)/2]}\sum_{t=1}^{T-1}(T-t) \\
&= \sigma_\alpha^2
\end{aligned}$$

其中，第二个等式成立参见第三章命题 3. 12 的证明过程。另外，$\text{Plim}\,\hat{\sigma}_\epsilon^2=\sigma_\epsilon^2$可以采用同样的方法证明，这里不再赘述。

故命题得证。

□

关于随机效应模型，总结以上分析可得以下几个基本结论：第一，随机效应模型估计本质上是假设混合误差项方差协方差矩阵为$\boldsymbol{\Omega}_{\text{RE}}=\begin{bmatrix}\sigma_\alpha^2+\sigma_\epsilon^2 & \sigma_\alpha^2 & \cdots & \sigma_\alpha^2\\ \sigma_\alpha^2 & \sigma_\alpha^2+\sigma_\epsilon^2 & \cdots & \sigma_\alpha^2\\ \vdots & \vdots & & \vdots\\ \sigma_\alpha^2 & \sigma_\alpha^2 & \cdots & \sigma_\alpha^2+\sigma_\epsilon^2\end{bmatrix}$这个特殊形式的 GLS 估计；第二，随机效应模型将不可观测异质性α_i视为随机变量，且均假设解释变量$\boldsymbol{x}_{it}$与α_i不相关，这与 POLS 模型相同；第三，与 POLS 模型相比，随机效应模型施加了更强的外生性假定。具体地，为了保证估计量的一致性，随机效应模型需要施加严格外生性假定，而 POLS 模型只需要施加同期外生性假定。第四，作为 GLS 估计，在严格外生性假定满足的条件下，

---

① 在小样本情形下，需要进行如下自由度调整：

$$\hat{\sigma}_\alpha^2 = \frac{1}{[NT(T-1)/2]-K}\sum_{i=1}^{N}\sum_{t=1}^{T-1}\sum_{s=t+1}^{T}\hat{u}_{it}\hat{u}_{is}$$

$$\hat{\sigma}_\epsilon^2 = \left(\frac{1}{NT-K}\sum_{i=1}^{N}\sum_{t=1}^{T}\hat{u}_{it}^2\right) - \hat{\sigma}_\alpha^2$$

注意到，自由度调整与否不影响其大样本性质。

随机效应模型估计量比 POLS 模型估计量更有效。综合来看，随机效应模型并不必然优于 POLS 模型，反之亦然。

5. 固定效应模型

根据以上介绍我们知道，无论是 POLS 模型还是随机效应模型都假设解释变量$\boldsymbol{x}_{it}$与不可观测个体异质性特征α_i不相关。然而在实际应用中，这是一个非常强的假设。比如，在研究受教育年限对收入影响的例子中，受教育年限往往与包含在α_i中的个人能力相关。**固定效应模型**(Fixed Effect Model,FE)允许它们存在相关性。

正式地，考虑如下固定效应模型：

$$y_{it}=\boldsymbol{x}_{it}'\boldsymbol{\beta}+\alpha_i+\epsilon_{it} \tag{7-36}$$

其中，$\boldsymbol{x}_{it}$与α_i可以存在相关性，即 $\mathrm{Cov}(\boldsymbol{x}_{it},\alpha_i)\neq\boldsymbol{0}$，换言之，固定效应模型允许存在因不可观测个体固定效应α_i引起的内生性问题，该情形下，直接利用y_{it}对$\boldsymbol{x}_{it}$进行回归无法得到$\boldsymbol{\beta}$的一致估计量，这是固定效应模型区别于前述 POLS 模型和随机效应模型的最大特征。

一般地，可以利用面板数据结构特征——同一个体具有不同时期数据——将α_i消除。消除α_i的常见方法有**组内变换**(Within Transformation)和**一阶差分变换**(First Difference Transformation,FD)两种。使用组内变换得到的估计量具有特定的名称，通常被称为**固定效应估计量**(Fixed Effect Estimator)，使用一阶差分变换得到的估计量被称为**一阶差分估计量**(First Difference Estimator)。除了组内变换估计和一阶差分估计之外，估计固定效应模型的常用方法还有**条件最大似然估计**(Conditional MLE)以及 **Mundlak 模型**和 **Chamberlain 模型**。

5.1 固定效应估计量(组内变换估计量)

将式(7-36)中模型进行组内平均可得：

$$\bar{y}_i=\bar{\boldsymbol{x}}_i'\boldsymbol{\beta}+\alpha_i+\bar{\epsilon}_i \tag{7-37}$$

其中，$\bar{y}_i=\dfrac{1}{T}\sum_{t=1}^{T}y_{it}$，$\bar{\boldsymbol{x}}_i'=\dfrac{1}{T}\sum_{t=1}^{T}\boldsymbol{x}_{it}'$，$\bar{\epsilon}_i=\dfrac{1}{T}\sum_{t=1}^{T}\epsilon_{it}$。

利用式(7-36)减去式(7-37)可得：

$$\ddot{y}_{it}=\ddot{\boldsymbol{x}}_{it}'\boldsymbol{\beta}+\ddot{\epsilon}_{it} \tag{7-38}$$

其中，$\ddot{y}_{it}=y_{it}-\bar{y}_i$，$\ddot{\boldsymbol{x}}_i'=\boldsymbol{x}_{it}'-\bar{\boldsymbol{x}}_i'$，$\ddot{\epsilon}_{it}=\epsilon_{it}-\bar{\epsilon}_i$

在计量经济学中，式(7-36)转化为式(7-38)的变换通常被称为面板数据模型的**组内变换**(Within Transformation)。可以发现，组内变换将不可观测异质性特征α_i从结构方程中消除了，从而消除了因$\boldsymbol{x}_{it}$与α_i相关而产生的内生性问题。

使用组内变换得到的估计量通常被称为**固定效应估计量**(Fixed Effect Estimator)，该估计量通过利用$\ddot{y}_{it}$对$\ddot{\boldsymbol{x}}_{it}'$进行 OLS 回归得到，其具体表达式如下：

$$\begin{aligned}\hat{\boldsymbol{\beta}}_{\mathrm{FE}}&=\left[\sum_{i=1}^{N}\sum_{t=1}^{T}(\boldsymbol{x}_{it}-\bar{\boldsymbol{x}}_i)(\boldsymbol{x}_{it}-\bar{\boldsymbol{x}}_i)'\right]^{-1}\left[\sum_{i=1}^{N}\sum_{t=1}^{T}(\boldsymbol{x}_{it}-\bar{\boldsymbol{x}}_i)(y_{it}-\bar{y}_i)\right]\\&=\left(\sum_{i=1}^{N}\sum_{t=1}^{T}\ddot{\boldsymbol{x}}_{it}\ddot{\boldsymbol{x}}_{it}'\right)^{-1}\left(\sum_{i=1}^{N}\sum_{t=1}^{T}\ddot{\boldsymbol{x}}_{it}\ddot{y}_{it}\right)\end{aligned}$$

$$
\begin{aligned}
&= \left(\sum_{i=1}^{N}\begin{bmatrix}\ddot{\boldsymbol{x}}_{i1} & \ddot{\boldsymbol{x}}_{i2} & \cdots & \ddot{\boldsymbol{x}}_{iT}\end{bmatrix}\begin{bmatrix}\ddot{\boldsymbol{x}}'_{i1}\\ \ddot{\boldsymbol{x}}'_{i2}\\ \vdots \\ \ddot{\boldsymbol{x}}'_{iT}\end{bmatrix}\right)^{-1}\left(\sum_{i=1}^{N}\begin{bmatrix}\ddot{\boldsymbol{x}}_{i1} & \ddot{\boldsymbol{x}}_{i2} & \cdots & \ddot{\boldsymbol{x}}_{iT}\end{bmatrix}\begin{bmatrix}\ddot{y}_{i1}\\ \ddot{y}_{i2}\\ \vdots \\ \ddot{y}_{iT}\end{bmatrix}\right)\\
&= \left(\sum_{i=1}^{N}\ddot{\boldsymbol{X}}_i\ddot{\boldsymbol{X}}'_i\right)^{-1}\left(\sum_{i=1}^{N}\ddot{\boldsymbol{X}}_i\ddot{\boldsymbol{y}}_i\right)\\
&= (\ddot{\boldsymbol{X}}'\ddot{\boldsymbol{X}})^{-1}(\ddot{\boldsymbol{X}}'\ddot{\boldsymbol{y}})
\end{aligned} \tag{7-39}
$$

其中，$\ddot{\boldsymbol{X}}'_i=\begin{bmatrix}\ddot{\boldsymbol{x}}'_{i1}\\ \ddot{\boldsymbol{x}}'_{i2}\\ \vdots \\ \ddot{\boldsymbol{x}}'_{iT}\end{bmatrix}$，$\ddot{\boldsymbol{y}}_i=\begin{bmatrix}\ddot{y}_{i1}\\ \ddot{y}_{i2}\\ \vdots \\ \ddot{y}_{iT}\end{bmatrix}$，$\ddot{\boldsymbol{X}}=\begin{bmatrix}\ddot{\boldsymbol{X}}'_1\\ \ddot{\boldsymbol{X}}'_2\\ \vdots \\ \ddot{\boldsymbol{X}}'_N\end{bmatrix}$，$\ddot{\boldsymbol{y}}=\begin{bmatrix}\ddot{\boldsymbol{y}}_1\\ \ddot{\boldsymbol{y}}_2\\ \vdots \\ \ddot{\boldsymbol{y}}_N\end{bmatrix}$。

从式(7-39)中可以看出，为保证$\hat{\boldsymbol{\beta}}_{\mathrm{FE}}$在 N 趋近于无穷大的情形下有意义(统计识别)，需要施加如下假定：

FE 假设 1：$\mathbb{E}(\ddot{\boldsymbol{X}}_i\ddot{\boldsymbol{X}}'_i)$为满秩矩阵，即

$$\operatorname{rank}(\mathbb{E}(\ddot{\boldsymbol{X}}_i\ddot{\boldsymbol{X}}'_i))=K \tag{7-40}$$

为保证$\hat{\boldsymbol{\beta}}_{\mathrm{FE}}$是因果效应参数$\boldsymbol{\beta}$的一致估计量，需要进一步施加如下外生性假定：

FE 假设 2：外生性假定①

$$\mathbb{E}(\ddot{\epsilon}_{it}\mid\ddot{\boldsymbol{x}}_{it})=\mathbb{E}(\epsilon_{it}-\bar{\epsilon}_i\mid\boldsymbol{x}_{it}-\bar{\boldsymbol{x}}_i)=0 \tag{7-41}$$

其中，$\bar{\boldsymbol{x}}_i=\dfrac{1}{T}\sum_{t=1}^{T}\boldsymbol{x}_{it}$，$\bar{\epsilon}_i=\dfrac{1}{T}\sum_{t=1}^{T}\epsilon_{it}$。注意到，由于$\bar{\boldsymbol{x}}_i$和$\bar{\epsilon}_i$出现在式(7-41)中，因此 **FE 假设 2** 强于当期外生性假定$\mathbb{E}(\epsilon_{it}\mid\boldsymbol{x}_{it})=0$，但它可以通过严格外生性假定$\mathbb{E}(\epsilon_{it}\mid\boldsymbol{x}_{i1},\cdots,\boldsymbol{x}_{iT})=0$得到，从而弱于强外生性假定。

根据$\boldsymbol{M}_{\boldsymbol{e}_T}=\boldsymbol{I}_T-\dfrac{\boldsymbol{e}_T\boldsymbol{e}'_T}{T}$，固定效应估计量$\hat{\boldsymbol{\beta}}_{\mathrm{FE}}$还可以等价地表示为：②

$$\hat{\boldsymbol{\beta}}_{\mathrm{FE}}=\left(\sum_{i=1}^{N}\ddot{\boldsymbol{X}}_i\ddot{\boldsymbol{X}}'_i\right)^{-1}\left(\sum_{i=1}^{N}\ddot{\boldsymbol{X}}_i\ddot{\boldsymbol{y}}_i\right)$$

---

① 可以发现，**FE 假设 2** 并非保证$\hat{\boldsymbol{\beta}}_{\mathrm{FE}}$一致性最弱的外生性假定。事实上，如下外生性假定即可保证$\hat{\boldsymbol{\beta}}_{\mathrm{FE}}$的一致性：

$$\mathbb{E}(\ddot{\boldsymbol{X}}_i\ddot{\boldsymbol{\epsilon}}_i)=\mathbb{E}\left(\sum_{t=1}^{T}\ddot{\boldsymbol{x}}_{it}\ddot{\epsilon}_{it}\right)=\boldsymbol{0}$$

显然，根据 **FE 假设 2** 可以得到该等式成立，该等式成立却不一定能得到 **FE 假设 2** 成立。

② 式(7-42)成立具体用到如下两个等式：

$$\ddot{\boldsymbol{X}}_i=[\ddot{\boldsymbol{x}}_{i1}\quad\ddot{\boldsymbol{x}}_{i2}\quad\cdots\quad\ddot{\boldsymbol{x}}_{iT}]=[\boldsymbol{x}_{i1}-\bar{\boldsymbol{x}}_i\quad\boldsymbol{x}_{i2}-\bar{\boldsymbol{x}}_i\quad\cdots\quad\boldsymbol{x}_{iT}-\bar{\boldsymbol{x}}_i]=\boldsymbol{X}_i\boldsymbol{M}_{\boldsymbol{e}_T}$$

$$\ddot{\boldsymbol{y}}_i=\begin{bmatrix}\ddot{y}_{i1}\\ \ddot{y}_{i2}\\ \vdots \\ \ddot{y}_{iT}\end{bmatrix}=\begin{bmatrix}y_{i1}-\bar{y}_i\\ y_{i2}-\bar{y}_i\\ \vdots \\ y_{iT}-\bar{y}_i\end{bmatrix}=\boldsymbol{M}_{\boldsymbol{e}_T}\boldsymbol{y}_i$$

$$= \left(\sum_{i=1}^{N} \boldsymbol{X}_i \boldsymbol{M}_{e_T} \boldsymbol{X}_i'\right)^{-1}\left(\sum_{i=1}^{N} \boldsymbol{X}_i \boldsymbol{M}_{e_T} \boldsymbol{y}_i\right)$$

$$= (\boldsymbol{X}'\boldsymbol{M}\boldsymbol{X})^{-1}(\boldsymbol{X}'\boldsymbol{M}\boldsymbol{y}) \tag{7-42}$$

其中，$\boldsymbol{M}=\begin{bmatrix} \boldsymbol{M}_{e_T} & & & \\ & \boldsymbol{M}_{e_T} & & \\ & & \ddots & \\ & & & \boldsymbol{M}_{e_T} \end{bmatrix}$。

从式(7-42)中可看出，固定效应估计量是一个特殊的**加权最小二乘**(WLS)估计量，其特殊性体现在加权矩阵为$\boldsymbol{M}_{e_T}$。此外，回忆前述内容，随机效应估计量$\hat{\boldsymbol{\beta}}_{\mathrm{RE}}$通过利用$y_{it}-\lambda\,\bar{y}_i$对$\boldsymbol{x}_{it}'-\lambda\,\bar{\boldsymbol{x}}_i'$进行 OLS 回归得到，固定效应估计量$\hat{\boldsymbol{\beta}}_{\mathrm{FE}}$通过利用$y_{it}-\bar{y}_i$对$\boldsymbol{x}_{it}'-\bar{\boldsymbol{x}}_i'$进行 OLS 回归得到。可见，固定效应模型与随机效应模型存在着密切的内在联系：随机效应模型是一种广义的差分变换(**随机效应差分变换**)，固定效应模型是随机效应模型中 $\lambda=1-\left(\dfrac{\sigma_\epsilon^2}{\sigma_\epsilon^2+T\sigma_\alpha^2}\right)^{\frac{1}{2}}$ 的特殊情形。可以发现，当σ_ϵ^2相对于σ_α^2越小时，λ 的取值越接近 1，随机效应模型和固定效应模型越接近。直观上，$\dfrac{\sigma_\epsilon^2}{\sigma_\alpha^2}$越小意味着，固定效应$\alpha_i$在模型中所起的作用越大(特别地，当$\sigma_\alpha^2=0$ 时，α_i是一个常数)。

命题 7.11：在 **FE 假设 1** 与 **FE 假设 2** 成立的条件下，固定效应估计量$\hat{\boldsymbol{\beta}}_{\mathrm{FE}}$是因果效应参数$\boldsymbol{\beta}$ 的一致估计量，即

$$\operatorname{Plim}\hat{\boldsymbol{\beta}}_{\mathrm{FE}}=\boldsymbol{\beta} \tag{7-43}$$

证明：

容易得到：

$$\begin{aligned}
\operatorname{Plim}\hat{\boldsymbol{\beta}}_{\mathrm{FE}} &= \operatorname{Plim}\left[\left(\sum_{i=1}^{N}\sum_{t=1}^{T}\ddot{\boldsymbol{x}}_{it}\ddot{\boldsymbol{x}}_{it}'\right)^{-1}\left(\sum_{i=1}^{N}\sum_{t=1}^{T}\ddot{\boldsymbol{x}}_{it}\ddot{y}_{it}\right)\right] \\
&= \boldsymbol{\beta} + \operatorname{Plim}\left[\left(\frac{1}{N}\sum_{i=1}^{N}\sum_{t=1}^{T}\ddot{\boldsymbol{x}}_{it}\ddot{\boldsymbol{x}}_{it}'\right)^{-1}\right]\operatorname{Plim}\left(\frac{1}{N}\sum_{i=1}^{N}\sum_{t=1}^{T}\ddot{\boldsymbol{x}}_{it}\ddot{\epsilon}_{it}\right) \\
&= \boldsymbol{\beta} + \left[\mathbb{E}\left(\sum_{t=1}^{T}\ddot{\boldsymbol{x}}_{it}\ddot{\boldsymbol{x}}_{it}'\right)\right]^{-1}\mathbb{E}\left(\sum_{t=1}^{T}\ddot{\boldsymbol{x}}_{it}\ddot{\epsilon}_{it}\right) \\
&= \boldsymbol{\beta}+\boldsymbol{0}=\boldsymbol{\beta}
\end{aligned}$$

其中，$\mathbb{E}\left(\sum_{t=1}^{T}\ddot{\boldsymbol{x}}_{it}\ddot{\epsilon}_{it}\right)=\boldsymbol{0}$ 利用到了 **FE 假定 2**。

故命题得证。

□

命题 7.12：在 **FE 假设 1** 与 **FE 假设 2** 成立的条件下，可以得到$\sqrt{N}(\hat{\boldsymbol{\beta}}_{\mathrm{FE}}-\boldsymbol{\beta})$的极限分布为：

$$\sqrt{N}(\hat{\boldsymbol{\beta}}_{\mathrm{FE}}-\boldsymbol{\beta})\xrightarrow{d}\mathcal{N}(\mathbf{0},[\mathbb{E}(\ddot{\boldsymbol{X}}_i\ddot{\boldsymbol{X}}_i')]^{-1}\mathbb{E}(\ddot{\boldsymbol{X}}_i\ddot{\boldsymbol{\epsilon}}_i\ddot{\boldsymbol{\epsilon}}_i'\ddot{\boldsymbol{X}}_i')[\mathbb{E}(\ddot{\boldsymbol{X}}_i\ddot{\boldsymbol{X}}_i')]^{-1}) \tag{7-44}$$

证明：

参见第三章中命题 3.19，从略。

□

类似于式(7-19)给出的$\widehat{\mathrm{Avar}}(\hat{\boldsymbol{\beta}}_{\mathrm{POLS}})$，$\mathrm{Avar}(\hat{\boldsymbol{\beta}}_{\mathrm{FE}})$的一个一致估计量为：

$$\widehat{\mathrm{Avar}}(\hat{\boldsymbol{\beta}}_{\mathrm{FE}})=\left(\sum_{i=1}^{N}\sum_{t=1}^{T}\ddot{\boldsymbol{x}}_{it}\ddot{\boldsymbol{x}}_{it}'\right)^{-1}\left(\sum_{i=1}^{N}\sum_{t=1}^{T}\sum_{s=1}^{T}\ddot{\boldsymbol{x}}_{it}\hat{\ddot{\epsilon}}_{it}\hat{\ddot{\epsilon}}_{is}\ddot{\boldsymbol{x}}_{is}'\right)\left(\sum_{i=1}^{N}\sum_{t=1}^{T}\ddot{\boldsymbol{x}}_{it}\ddot{\boldsymbol{x}}_{it}'\right)^{-1} \tag{7-45}$$

其中，$\hat{\ddot{\epsilon}}_{it}=\ddot{y}_{it}-\ddot{\boldsymbol{x}}_{it}'\hat{\boldsymbol{\beta}}_{\mathrm{FE}}$，表示固定效应估计误差项。

FE 假设 3：条件同方差无自相关假设

$$\mathbb{E}(\boldsymbol{\epsilon}_i\boldsymbol{\epsilon}_i'\mid\boldsymbol{X}_i,\alpha_i)=\begin{bmatrix}\sigma_\epsilon^2 & & & \\ & \sigma_\epsilon^2 & & \\ & & \ddots & \\ & & & \sigma_\epsilon^2\end{bmatrix}=\sigma_\epsilon^2\boldsymbol{I}_T \tag{7-46}$$

命题 7.13：在 **FE 假设 1**，**FE 假设 2** 以及 **FE 假设 3** 成立的条件下，可以得到$\sqrt{N}(\hat{\boldsymbol{\beta}}_{\mathrm{FE}}-\boldsymbol{\beta})$的极限分布为：

$$\sqrt{N}(\hat{\boldsymbol{\beta}}_{\mathrm{FE}}-\boldsymbol{\beta})\xrightarrow{d}\mathcal{N}(\mathbf{0},\sigma_\epsilon^2[\mathbb{E}(\ddot{\boldsymbol{X}}_i\ddot{\boldsymbol{X}}_i')]^{-1}) \tag{7-47}$$

此时，$\mathrm{Avar}(\hat{\boldsymbol{\beta}}_{\mathrm{FE}})$的一个一致估计量为：

$$\widehat{\mathrm{Avar}}(\hat{\boldsymbol{\beta}}_{\mathrm{FE}})=\hat{\sigma}_\epsilon^2\left(\sum_{i=1}^{N}\sum_{t=1}^{T}\ddot{\boldsymbol{x}}_{it}\ddot{\boldsymbol{x}}_{it}'\right)^{-1} \tag{7-48}$$

其中，$\hat{\sigma}_\epsilon^2=\dfrac{1}{N(T-1)}\sum_{i=1}^{N}\sum_{t=1}^{T}\hat{\ddot{\epsilon}}_{it}^2$。①

证明：

首先来证明式(7-47)。利用迭代期望定律和 **FE 假设 3** 可得：

$$\begin{aligned}\mathbb{E}(\ddot{\boldsymbol{X}}_i\ddot{\boldsymbol{\epsilon}}_i\ddot{\boldsymbol{\epsilon}}_i'\ddot{\boldsymbol{X}}_i')&=\mathbb{E}(\boldsymbol{X}_i\boldsymbol{M}_{e_T}\boldsymbol{M}_{e_T}\boldsymbol{\epsilon}_i\boldsymbol{\epsilon}_i'\boldsymbol{M}_{e_T}\boldsymbol{M}_{e_T}\boldsymbol{X}_i')\\&=\mathbb{E}(\ddot{\boldsymbol{X}}_i\boldsymbol{\epsilon}_i\boldsymbol{\epsilon}_i'\ddot{\boldsymbol{X}}_i')\\&=\mathbb{E}[\ddot{\boldsymbol{X}}_i\mathbb{E}(\boldsymbol{\epsilon}_i\boldsymbol{\epsilon}_i'\mid\boldsymbol{X}_i)\ddot{\boldsymbol{X}}_i']\\&=\sigma_\epsilon^2\mathbb{E}(\ddot{\boldsymbol{X}}_i\ddot{\boldsymbol{X}}_i')\end{aligned}$$

将该等式代入式(7-44)可得

$$\sqrt{N}(\hat{\boldsymbol{\beta}}_{\mathrm{FE}}-\boldsymbol{\beta})\xrightarrow{d}\mathcal{N}(\mathbf{0},\sigma_\epsilon^2[\mathbb{E}(\ddot{\boldsymbol{X}}_i\ddot{\boldsymbol{X}}_i')]^{-1})$$

再来证明式(7-48)，即证明$\widehat{\mathrm{Avar}}(\hat{\boldsymbol{\beta}}_{\mathrm{FE}})=\hat{\sigma}_\epsilon^2\left(\sum_{i=1}^{N}\sum_{t=1}^{T}\ddot{\boldsymbol{x}}_{it}\ddot{\boldsymbol{x}}_{it}'\right)^{-1}$为$\sigma_\epsilon^2$的一致估计量，不难发

① 在小样本情形下，需要进行如下自由度调整：

$$\hat{\sigma}_\epsilon^2=\frac{1}{N(T-1)-K}\sum_{i=1}^{N}\sum_{t=1}^{T}\hat{\ddot{\epsilon}}_{it}^2$$

注意到，由于 K 是固定的常数，自由度调整与否不影响其大样本性质。

现，证明该结论的关键在于证明 $\hat{\sigma}_{\epsilon}^2=\frac{1}{N(T-1)}\sum_{i=1}^{N}\sum_{t=1}^{T}\hat{\ddot{\epsilon}}_{it}^2$ 是σ_{ϵ}^2 的一致估计量。

$$\begin{aligned}\text{Plim}\,\hat{\sigma}_{\epsilon}^2&=\text{Plim}\left[\frac{1}{N(T-1)}\sum_{i=1}^{N}\sum_{t=1}^{T}\hat{\ddot{\epsilon}}_{it}^2\right]\\&=\text{Plim}\left[\frac{1}{N(T-1)}\sum_{i=1}^{N}\sum_{t=1}^{T}\ddot{\epsilon}_{it}^2\right]\\&=\text{Plim}\left[\frac{1}{N}\sum_{i=1}^{N}\left(\frac{1}{T-1}\sum_{t=1}^{T}\ddot{\epsilon}_{it}^2\right)\right]=\mathbb{E}\left(\frac{1}{T-1}\sum_{t=1}^{T}\ddot{\epsilon}_{it}^2\right)\\&=\mathbb{E}\left[\frac{1}{T-1}\sum_{t=1}^{T}(\epsilon_{it}-\bar{\epsilon}_i)^2\right]\\&=\frac{1}{T-1}\sum_{t=1}^{T}\left[\mathbb{E}(\epsilon_{it}^2)-2\mathbb{E}(\epsilon_{it}\bar{\epsilon}_i)+\mathbb{E}(\bar{\epsilon}_i^2)\right]\\&=\frac{1}{T-1}\sum_{t=1}^{T}\left(\sigma_{\epsilon}^2-\frac{2}{T}\sigma_{\epsilon}^2+\frac{1}{T}\sigma_{\epsilon}^2\right)=\sigma_{\epsilon}^2\end{aligned}$$

其中，第二行等式成立参见第三章命题 3. 12 的证明过程。

故命题得证。

□

在命题 7. 13 中，我们使用 $\frac{1}{N(T-1)}\sum_{i=1}^{N}\sum_{t=1}^{T}\hat{\ddot{\epsilon}}_{it}^2$ 作为σ_{ϵ}^2 的估计量。直观上，σ_{ϵ}^2的一个估计量为 $\frac{1}{NT}\sum_{i=1}^{N}\sum_{t=1}^{T}\hat{\ddot{\epsilon}}_{it}^2$ ，然而它并不是σ_{ϵ}^2的一致估计量。具体来说，结合命题 7. 13 的证明过程容易得到，$\text{Plim}\left[\frac{1}{NT}\sum_{i=1}^{N}\sum_{t=1}^{T}\hat{\ddot{\epsilon}}_{it}^2\right]=\frac{T-1}{T}\sigma_{\epsilon}^2\neq\sigma_{\epsilon}^2$ 。直观理解，这是因为组内变换损失了一期数据，需要将 $\frac{1}{NT}\sum_{i=1}^{N}\sum_{t=1}^{T}\hat{\ddot{\epsilon}}_{it}^2$ 中的 T 替换为 $T-1$。可以注意到，利用 $\frac{1}{NT}\sum_{i=1}^{N}\sum_{t=1}^{T}\hat{\ddot{\epsilon}}_{it}^2$ 作为σ_{ϵ}^2的估计量将导致固定效应估计量方差被低估。在 T 比较小的情形下，这种低估效应将会非常地明显。特别地，当 $T=2$ 时，使用 $\frac{1}{NT}\sum_{i=1}^{N}\sum_{t=1}^{T}\hat{\ddot{\epsilon}}_{it}^2$ 作为σ_{ϵ}^2 的估计量将使固定效应估计量方差被低估一半。

最后我们讨论固定效应估计量与 2SLS 估计量之间的关系。注意到在 **FE 假设 2** 成立的条件下，$\ddot{\boldsymbol{x}}_{it}$为外生变量，即$\mathbb{E}(\ddot{\epsilon}_{it}\mid\ddot{\boldsymbol{x}}_{it})=\mathbb{E}(\ddot{y}_{it}-\ddot{\boldsymbol{x}}_{it}'\boldsymbol{\beta}\mid\ddot{\boldsymbol{x}}_{it})=0$(矩条件)。因此利用$\ddot{y}_{it}$对$\ddot{\boldsymbol{x}}_{it}$进行回归相当于使用$\ddot{\boldsymbol{x}}_{it}$作为自身工具变量的估计。固定效应估计量从而可以视为一个工具变量估计量。若将面板数据模型看作系统方程模型，那么根据第六章介绍给出的系统 2SLS 估计量——参见第六章式(6-90)——可以得到如下命题：

命题 7. 14：固定效应估计量$\hat{\boldsymbol{\beta}}_{\text{FE}}$等于如下 2SLS 估计量

$$\hat{\boldsymbol{\beta}}_{\text{FE}}=\left[\left(\sum_{i=1}^{N}\ddot{\boldsymbol{X}}_i\boldsymbol{Z}_i'\right)\left(\sum_{i=1}^{N}\boldsymbol{Z}_i\boldsymbol{Z}_i'\right)^{-1}\left(\sum_{i=1}^{N}\boldsymbol{Z}_i\ddot{\boldsymbol{X}}_i'\right)\right]^{-1}\left(\sum_{i=1}^{N}\ddot{\boldsymbol{X}}_i\boldsymbol{Z}_i'\right)\left(\sum_{i=1}^{N}\boldsymbol{Z}_i\boldsymbol{Z}_i'\right)^{-1}\left(\sum_{i=1}^{N}\boldsymbol{Z}_i\ddot{\boldsymbol{y}}_i\right)\equiv\hat{\boldsymbol{\beta}}_{\text{2SLS}}\tag{7-49}$$

其中，$\boldsymbol{Z}_i=\begin{bmatrix}\ddot{\boldsymbol{x}}_{i1} & \boldsymbol{0} & \cdots & \boldsymbol{0}\\ \boldsymbol{0} & \ddot{\boldsymbol{x}}_{i2} & \cdots & \boldsymbol{0}\\ \vdots & \vdots & & \vdots\\ \boldsymbol{0} & \boldsymbol{0} & \cdots & \ddot{\boldsymbol{x}}_{iT}\end{bmatrix}$，$\ddot{\boldsymbol{X}}_i$与$\ddot{\boldsymbol{y}}_i$的定义同上，即$\ddot{\boldsymbol{X}}_i=[\ddot{\boldsymbol{x}}_{i1}\quad \ddot{\boldsymbol{x}}_{i2}\quad \cdots\quad \ddot{\boldsymbol{x}}_{iT}]$，$\ddot{\boldsymbol{y}}_i=\begin{bmatrix}\ddot{y}_{i1}\\ \ddot{y}_{i2}\\ \vdots\\ \ddot{y}_{iT}\end{bmatrix}$。

证明：

根据$\ddot{\boldsymbol{X}}_i$，$\ddot{\boldsymbol{y}}_i$与$\boldsymbol{Z}_i$的定义很容易得到：

$$\sum_{i=1}^{N}\ddot{\boldsymbol{X}}_i\boldsymbol{Z}_i'=\sum_{i=1}^{N}\left([\ddot{\boldsymbol{x}}_{i1}\quad \ddot{\boldsymbol{x}}_{i2}\quad \cdots\quad \ddot{\boldsymbol{x}}_{iT}]\begin{bmatrix}\ddot{\boldsymbol{x}}_{i1}' & \boldsymbol{0} & \cdots & \boldsymbol{0}\\ \boldsymbol{0} & \ddot{\boldsymbol{x}}_{i2}' & \cdots & \boldsymbol{0}\\ \vdots & \vdots & & \vdots\\ \boldsymbol{0} & \boldsymbol{0} & \cdots & \ddot{\boldsymbol{x}}_{iT}'\end{bmatrix}\right)$$

$$=\left[\sum_{i=1}^{N}\ddot{\boldsymbol{x}}_{i1}\ddot{\boldsymbol{x}}_{i1}'\quad \sum_{i=1}^{N}\ddot{\boldsymbol{x}}_{i2}\ddot{\boldsymbol{x}}_{i2}'\quad \cdots\quad \sum_{i=1}^{N}\ddot{\boldsymbol{x}}_{iT}\ddot{\boldsymbol{x}}_{iT}'\right]$$

$$\sum_{i=1}^{N}\boldsymbol{Z}_i\ddot{\boldsymbol{X}}_i'=\begin{bmatrix}\sum_{i=1}^{N}\ddot{\boldsymbol{x}}_{i1}\ddot{\boldsymbol{x}}_{i1}'\\ \sum_{i=1}^{N}\ddot{\boldsymbol{x}}_{i2}\ddot{\boldsymbol{x}}_{i2}'\\ \vdots\\ \sum_{i=1}^{N}\ddot{\boldsymbol{x}}_{iT}\ddot{\boldsymbol{x}}_{iT}'\end{bmatrix}$$

$$\sum_{i=1}^{N}\boldsymbol{Z}_i\boldsymbol{Z}_i'=\sum_{i=1}^{N}\left(\begin{bmatrix}\ddot{\boldsymbol{x}}_{i1} & \boldsymbol{0} & \cdots & \boldsymbol{0}\\ \boldsymbol{0} & \ddot{\boldsymbol{x}}_{i2} & \cdots & \boldsymbol{0}\\ \vdots & \vdots & & \vdots\\ \boldsymbol{0} & \boldsymbol{0} & \cdots & \ddot{\boldsymbol{x}}_{iT}\end{bmatrix}\begin{bmatrix}\ddot{\boldsymbol{x}}_{i1}' & \boldsymbol{0} & \cdots & \boldsymbol{0}\\ \boldsymbol{0} & \ddot{\boldsymbol{x}}_{i2}' & \cdots & \boldsymbol{0}\\ \vdots & \vdots & & \vdots\\ \boldsymbol{0} & \boldsymbol{0} & \cdots & \ddot{\boldsymbol{x}}_{iT}'\end{bmatrix}\right)$$

$$=\begin{bmatrix}\sum_{i=1}^{N}\ddot{\boldsymbol{x}}_{i1}\ddot{\boldsymbol{x}}_{i1}' & \boldsymbol{0} & \cdots & \boldsymbol{0}\\ \boldsymbol{0} & \sum_{i=1}^{N}\ddot{\boldsymbol{x}}_{i2}\ddot{\boldsymbol{x}}_{i2}' & \cdots & \boldsymbol{0}\\ \vdots & \vdots & & \vdots\\ \boldsymbol{0} & \boldsymbol{0} & \cdots & \sum_{i=1}^{N}\ddot{\boldsymbol{x}}_{iT}\ddot{\boldsymbol{x}}_{iT}'\end{bmatrix}$$

$$\sum_{i=1}^{N} \boldsymbol{Z}_i \ddot{\boldsymbol{y}}_i = \sum_{i=1}^{N} \left(\begin{bmatrix} \ddot{\boldsymbol{x}}_{i1} & \boldsymbol{0} & \cdots & \boldsymbol{0} \\ \boldsymbol{0} & \ddot{\boldsymbol{x}}_{i2} & \cdots & \boldsymbol{0} \\ \vdots & \vdots & & \vdots \\ \boldsymbol{0} & \boldsymbol{0} & \cdots & \ddot{\boldsymbol{x}}_{iT} \end{bmatrix} \begin{bmatrix} \ddot{y}_{i1} \\ \ddot{y}_{i2} \\ \vdots \\ \ddot{y}_{iT} \end{bmatrix} \right) = \begin{bmatrix} \sum_{i=1}^{N} \ddot{\boldsymbol{x}}_{i1} \ddot{y}_{i1} \\ \sum_{i=1}^{N} \ddot{\boldsymbol{x}}_{i2} \ddot{y}_{i2} \\ \vdots \\ \sum_{i=1}^{N} \ddot{\boldsymbol{x}}_{iT} \ddot{y}_{iT} \end{bmatrix}$$

将以上 $\sum_{i=1}^{N} \ddot{\boldsymbol{X}}_i \boldsymbol{Z}_i'$，$\sum_{i=1}^{N} \boldsymbol{Z}_i \ddot{\boldsymbol{X}}_i'$，$\sum_{i=1}^{N} \boldsymbol{Z}_i \boldsymbol{Z}_i'$ 以及 $\sum_{i=1}^{N} \boldsymbol{Z}_i \ddot{\boldsymbol{y}}_i$ 的表达式代入式(7-49)可以很容易得到：

$$\hat{\boldsymbol{\beta}}_{2SLS} = \left(\sum_{i=1}^{N} \ddot{\boldsymbol{X}}_i \ddot{\boldsymbol{X}}_i' \right)^{-1} \left(\sum_{i=1}^{N} \ddot{\boldsymbol{X}}_i \ddot{\boldsymbol{y}}_i \right) \equiv \hat{\boldsymbol{\beta}}_{FE}$$

故命题得证。

□

5.2 一阶差分估计量

除了组内变换，还可以通过**一阶差分变换**(First Difference Transformation, FD)将模型中不可观测异质性特征α_i消除。具体地将式(7-36)中模型$y_{it}=\boldsymbol{x}_{it}'\boldsymbol{\beta}+\alpha_i+\epsilon_{it}$减去其一期滞后模型$y_{i,t-1}=\boldsymbol{x}_{i,t-1}'\boldsymbol{\beta}+\alpha_i+\epsilon_{i,t-1}$可得：

$$\Delta y_{it} = \Delta \boldsymbol{x}_{it}' \boldsymbol{\beta} + \Delta \epsilon_{it} \tag{7-50}$$

其中，$\Delta y_{it}=y_{it}-y_{i,t-1}$，$\Delta \boldsymbol{x}_{it}'=\boldsymbol{x}_{it}'-\boldsymbol{x}_{i,t-1}'$，$\Delta\epsilon_{it}=\epsilon_{it}-\epsilon_{i,t-1}$。可以发现，一阶差分变换导致模型损失了一个时期的数据。

利用Δy_{it}对$\Delta \boldsymbol{x}_{it}'$进行 OLS 回归得到的估计量被称为**一阶差分估计量**(First Difference Estimator)，其具体表达式如下：

$$\begin{aligned}
\hat{\boldsymbol{\beta}}_{FD} &= \left[\sum_{i=1}^{N} \sum_{t=2}^{T} (\boldsymbol{x}_{it} - \boldsymbol{x}_{i,t-1})(\boldsymbol{x}_{it} - \boldsymbol{x}_{i,t-1})' \right]^{-1} \left[\sum_{i=1}^{N} \sum_{t=2}^{T} (\boldsymbol{x}_{it} - \boldsymbol{x}_{i,t-1})(y_{it} - y_{i,t-1}) \right] \\
&= \left(\sum_{i=1}^{N} \sum_{t=2}^{T} \Delta \boldsymbol{x}_{it} \Delta \boldsymbol{x}_{it}' \right)^{-1} \left(\sum_{i=1}^{N} \sum_{t=2}^{T} \Delta \boldsymbol{x}_{it} \Delta y_{it} \right) \\
&= \left(\sum_{i=1}^{N} [\Delta \boldsymbol{x}_{i2} \quad \Delta \boldsymbol{x}_{i3} \quad \cdots \quad \Delta \boldsymbol{x}_{iT}] \begin{bmatrix} \Delta \boldsymbol{x}_{i2}' \\ \Delta \boldsymbol{x}_{i3}' \\ \vdots \\ \Delta \boldsymbol{x}_{iT}' \end{bmatrix} \right)^{-1} \left(\sum_{i=1}^{N} [\Delta \boldsymbol{x}_{i2} \quad \Delta \boldsymbol{x}_{i3} \quad \cdots \quad \Delta \boldsymbol{x}_{iT}] \begin{bmatrix} \Delta y_{i2} \\ \Delta y_{i3} \\ \vdots \\ \Delta y_{iT} \end{bmatrix} \right) \\
&= \left(\sum_{i=1}^{N} \Delta \boldsymbol{X}_i \Delta \boldsymbol{X}_i' \right)^{-1} \left(\sum_{i=1}^{N} \Delta \boldsymbol{X}_i \Delta \boldsymbol{y}_i \right) \\
&= (\Delta \boldsymbol{X}' \Delta \boldsymbol{X})^{-1} (\Delta \boldsymbol{X}' \Delta \boldsymbol{y})
\end{aligned} \tag{7-51}$$

其中，$\Delta \boldsymbol{X}_i' = \begin{bmatrix} \Delta \boldsymbol{x}_{i2}' \\ \Delta \boldsymbol{x}_{i3}' \\ \vdots \\ \Delta \boldsymbol{x}_{iT}' \end{bmatrix}$，$\Delta \boldsymbol{y}_i = \begin{bmatrix} \Delta y_{i2} \\ \Delta y_{i3} \\ \vdots \\ \Delta y_{iT} \end{bmatrix}$，$\Delta \boldsymbol{X} = \begin{bmatrix} \Delta \boldsymbol{X}_1' \\ \Delta \boldsymbol{X}_2' \\ \vdots \\ \Delta \boldsymbol{X}_N' \end{bmatrix}$，$\Delta \boldsymbol{y} = \begin{bmatrix} \Delta \boldsymbol{y}_1 \\ \Delta \boldsymbol{y}_2 \\ \vdots \\ \Delta \boldsymbol{y}_N \end{bmatrix}$。

从式(7-51)中可以看出，为保证估计量$\hat{\boldsymbol{\beta}}_{\mathrm{FD}}$在$N$趋近于无穷大的情形下有意义(统计识别)，需要施加如下假定：

FD 假设 1：$\mathbb{E}(\Delta \boldsymbol{X}_i \Delta \boldsymbol{X}_i')$为满秩矩阵，即

$$\operatorname{rank}(\mathbb{E}(\Delta \boldsymbol{X}_i \Delta \boldsymbol{X}_i')) = K \tag{7-52}$$

为保证$\hat{\boldsymbol{\beta}}_{\mathrm{FD}}$是因果效应参数$\boldsymbol{\beta}$的一致估计量，需要进一步施加如下外生性假定：

FD 假设 2：外生性假定①

$$\mathbb{E}(\Delta \boldsymbol{\epsilon}_{it} \mid \Delta \boldsymbol{x}_{it}) = \mathbb{E}(\boldsymbol{\epsilon}_{it} - \boldsymbol{\epsilon}_{i,t-1} \mid \boldsymbol{x}_{it} - \boldsymbol{x}_{i,t-1}) = 0 \tag{7-53}$$

可以很容易看出，$\boldsymbol{\epsilon}_{i,t-1}$和$\boldsymbol{x}_{i,t-1}$的出现使得 **FD 假设 2** 强于当期外生性假定$\mathbb{E}(\boldsymbol{\epsilon}_{it} \mid \boldsymbol{x}_{it}) = 0$，但 **FD 假设 2** 弱于强外生性假定$\mathbb{E}(\boldsymbol{\epsilon}_{it} \mid \boldsymbol{x}_{i1}, \cdots, \boldsymbol{x}_{iT}) = 0$。

如果定义$\boldsymbol{C}_i = \begin{bmatrix} -1 & 0 & \cdots & 0 \\ 1 & -1 & \cdots & 0 \\ 0 & \vdots & & \vdots \\ \vdots & & 1 & -1 \\ 0 & \cdots & 0 & 1 \end{bmatrix}_{T \times (T-1)}$，那么容易验证一阶差分估计量$\hat{\boldsymbol{\beta}}_{\mathrm{FD}}$还可以等价地表示为如下形式：②

$$\hat{\boldsymbol{\beta}}_{\mathrm{FD}} = \left(\sum_{i=1}^{N} \Delta \boldsymbol{X}_i \Delta \boldsymbol{X}_i' \right)^{-1} \left(\sum_{i=1}^{N} \Delta \boldsymbol{X}_i \Delta \boldsymbol{y}_i \right) = \left(\sum_{i=1}^{N} \boldsymbol{X}_i \boldsymbol{C}_i \boldsymbol{C}_i' \boldsymbol{X}_i' \right)^{-1} \left(\sum_{i=1}^{N} \boldsymbol{X}_i \boldsymbol{C}_i \boldsymbol{C}_i' \boldsymbol{y}_i \right) \tag{7-54}$$

从式(7-54)中可看出，与固定效应估计量类似，一阶差分估计量也是一个特殊的**加权最小二乘**(WLS)估计量，其特殊性体现在加权矩阵为$\boldsymbol{C}_i'\boldsymbol{C}_i$。

---

① 可以发现，**FD 假设 2** 并非保证$\hat{\boldsymbol{\beta}}_{\mathrm{FD}}$一致性最弱的外生性假定。事实上，如下外生性假定即可保证$\hat{\boldsymbol{\beta}}_{\mathrm{FD}}$的一致性：

$$\mathbb{E}(\Delta \boldsymbol{X}_i \Delta \boldsymbol{\epsilon}_i) = \mathbb{E}\left(\sum_{t=2}^{T} \Delta \boldsymbol{x}_{it} \Delta \boldsymbol{\epsilon}_{it} \right) = \boldsymbol{0}$$

显然，根据 **FD 假设 2** 可以得到该等式成立，该等式成立却不一定能得到 **FD 假设 2** 成立。

② 式(7-53)成立具体用到如下两个等式：

$$\Delta \boldsymbol{X}_i = [\boldsymbol{x}_{i1} \quad \boldsymbol{x}_{i2} \quad \cdots \quad \boldsymbol{x}_{iT}] \begin{bmatrix} -1 & 0 & \cdots & 0 \\ 1 & -1 & \cdots & 0 \\ 0 & \vdots & & \vdots \\ \vdots & \vdots & 1 & -1 \\ 0 & \cdots & 0 & 1 \end{bmatrix} = \boldsymbol{X}_i \boldsymbol{C}_i$$

$$\Delta \boldsymbol{y}_i = \begin{bmatrix} -1 & 0 & \cdots & 0 \\ 1 & -1 & \cdots & 0 \\ 0 & \vdots & & \vdots \\ \vdots & \vdots & 1 & -1 \\ 0 & \cdots & 0 & 1 \end{bmatrix}' \begin{bmatrix} y_{i1} \\ y_{i2} \\ \vdots \\ y_{iT} \end{bmatrix} = \boldsymbol{C}_i' \boldsymbol{y}_i$$

比较式(7-39)和式(7-51)可以发现，固定效应估计量$\hat{\boldsymbol{\beta}}_{\mathrm{FE}}$与一阶差分估计量$\hat{\boldsymbol{\beta}}_{\mathrm{FD}}$一般并不相等。然而，在只有两期数据的情形下，$\hat{\boldsymbol{\beta}}_{\mathrm{FE}}$等于$\hat{\boldsymbol{\beta}}_{\mathrm{FD}}$。我们将这一结论以命题的形式给出。

命题 7.15：若只有两期数据，那么一阶差分估计量$\hat{\boldsymbol{\beta}}_{\mathrm{FD}}$等于固定效应估计量$\hat{\boldsymbol{\beta}}_{\mathrm{FE}}$。

证明：

对于只有两期的面板数据，可以得到如下等式成立：

$$\ddot{\boldsymbol{X}}_i=[\boldsymbol{x}_{i1}-\bar{\boldsymbol{x}}_i \quad \boldsymbol{x}_{i2}-\bar{\boldsymbol{x}}_i]=\left[\boldsymbol{x}_{i1}-\frac{\boldsymbol{x}_{i1}+\boldsymbol{x}_{i2}}{2} \quad \boldsymbol{x}_{i2}-\frac{\boldsymbol{x}_{i1}+\boldsymbol{x}_{i2}}{2}\right]=\left[-\frac{\Delta\boldsymbol{x}_{i2}}{2} \quad \frac{\Delta\boldsymbol{x}_{i2}}{2}\right]$$

同样地，

$$\ddot{\boldsymbol{y}}_i=\begin{bmatrix}-\dfrac{\Delta y_{i2}}{2}\\ \dfrac{\Delta y_{i2}}{2}\end{bmatrix}$$

因此，可以很容易得到：

$$\begin{aligned}
\hat{\boldsymbol{\beta}}_{\mathrm{FE}}&=\left(\sum_{i=1}^{N}\ddot{\boldsymbol{X}}_i\ddot{\boldsymbol{X}}_i'\right)^{-1}\left(\sum_{i=1}^{N}\ddot{\boldsymbol{X}}_i\ddot{\boldsymbol{y}}_i\right)\\
&=\left(\sum_{i=1}^{N}\left[-\frac{\Delta\boldsymbol{x}_{i2}}{2} \quad \frac{\Delta\boldsymbol{x}_{i2}}{2}\right]\begin{bmatrix}-\dfrac{\Delta\boldsymbol{x}_{i2}'}{2}\\ \dfrac{\Delta\boldsymbol{x}_{i2}'}{2}\end{bmatrix}\right)^{-1}\left(\sum_{i=1}^{N}\left[-\frac{\Delta\boldsymbol{x}_{i2}}{2} \quad \frac{\Delta\boldsymbol{x}_{i2}}{2}\right]\begin{bmatrix}-\dfrac{\Delta y_{i2}}{2}\\ \dfrac{\Delta y_{i2}}{2}\end{bmatrix}\right)\\
&=\left(\sum_{i=1}^{N}\frac{\Delta\boldsymbol{x}_{i2}\Delta\boldsymbol{x}_{i2}'}{2}\right)^{-1}\left(\sum_{i=1}^{N}\frac{\Delta\boldsymbol{x}_{i2}\Delta y_{i2}}{2}\right)\\
&=\left(\sum_{i=1}^{N}\Delta\boldsymbol{x}_{i2}\Delta\boldsymbol{x}_{i2}'\right)^{-1}\left(\sum_{i=1}^{N}\Delta\boldsymbol{x}_{i2}\Delta y_2\right)=\hat{\boldsymbol{\beta}}_{\mathrm{FD}}
\end{aligned}$$

故命题得证。

□

事实上，根据 GLS 的性质，我们可以利用 GLS 来提升一阶差分估计量的有效性。令$\Xi_i=\mathbb{E}(\Delta\boldsymbol{\epsilon}_i\Delta\boldsymbol{\epsilon}_i'\mid\Delta\boldsymbol{X}_i)$，那么可以很容易得到一阶差分模型 GLS 估计量：

$$\hat{\boldsymbol{\beta}}_{\mathrm{FD-GLS}}=\left(\sum_{i=1}^{N}\Delta\boldsymbol{X}_i\,\Xi_i^{-1}\Delta\boldsymbol{X}_i'\right)^{-1}\left(\sum_{i=1}^{N}\Delta\boldsymbol{X}_i\,\Xi_i^{-1}\Delta\boldsymbol{y}_i\right) \tag{7-55}$$

命题 7.16：若$\mathbb{E}(\boldsymbol{\epsilon}_i\boldsymbol{\epsilon}_i'\mid\boldsymbol{X}_i,\alpha_i)=\begin{bmatrix}\sigma_\epsilon^2 & & \\ & \sigma_\epsilon^2 & & \\ & & \ddots & \\ & & & \sigma_\epsilon^2\end{bmatrix}$，即在给定$\boldsymbol{X}_i$和$\alpha_i$的条件下，$\epsilon_{it}$同方差无自相关，那么一阶差分模型 GLS 估计量$\hat{\boldsymbol{\beta}}_{\mathrm{FD-GLS}}$等于固定效应估计量$\hat{\boldsymbol{\beta}}_{\mathrm{FE}}$。

证明：

如果$\mathbb{E}(\boldsymbol{\epsilon}_i\boldsymbol{\epsilon}_i' \mid \boldsymbol{X}_i,\alpha_i)=\begin{bmatrix}\sigma_\epsilon^2 & & & \\ & \sigma_\epsilon^2 & & \\ & & \ddots & \\ & & & \sigma_\epsilon^2\end{bmatrix}$，那么可以得到：

$$
\begin{aligned}
\Xi_i &= \mathbb{E}(\Delta\boldsymbol{\epsilon}_i\Delta\boldsymbol{\epsilon}_i' \mid \Delta\boldsymbol{X}_i)\\
&= \mathbb{E}\left(\begin{bmatrix}\epsilon_{i2}-\epsilon_{i1} & \epsilon_{i3}-\epsilon_{i2} & \cdots & \epsilon_{iT}-\epsilon_{i,T-1}\end{bmatrix}\begin{bmatrix}\epsilon_{i2}-\epsilon_{i1}\\ \epsilon_{i3}-\epsilon_{i2}\\ \vdots \\ \epsilon_{iT}-\epsilon_{i,T-1}\end{bmatrix}\middle| \Delta\boldsymbol{X}_i\right)\\
&= \begin{bmatrix}2 & -1 & 0 & \cdots & 0\\ -1 & 2 & -1 & \cdots & 0\\ 0 & \ddots & \ddots & \ddots & \vdots\\ \vdots & \ddots & \ddots & 2 & -1\\ 0 & \cdots & 0 & -1 & 2\end{bmatrix}_{(T-1)\times(T-1)}\sigma_\epsilon^2\\
&= \begin{bmatrix}-1 & 0 & \cdots & 0\\ 1 & -1 & \cdots & 0\\ 0 & \ddots & \ddots & \vdots\\ \vdots & \ddots & 1 & -1\\ 0 & \cdots & 0 & 1\end{bmatrix}'\begin{bmatrix}-1 & 0 & \cdots & 0\\ 1 & -1 & \cdots & 0\\ 0 & \ddots & \ddots & \vdots\\ \vdots & \ddots & 1 & -1\\ 0 & \cdots & 0 & 1\end{bmatrix}\sigma_\epsilon^2\\
&= \boldsymbol{C}_i'\boldsymbol{C}_i\sigma_\epsilon^2
\end{aligned}
$$

因此，

$$
\begin{aligned}
\hat{\boldsymbol{\beta}}_{\text{FD-GLS}} &= \left(\sum_{i=1}^{N}\Delta\boldsymbol{X}_i\,\Xi_i^{-1}\Delta\boldsymbol{X}_i'\right)^{-1}\left(\sum_{i=1}^{N}\Delta\boldsymbol{X}_i\,\Xi_i^{-1}\Delta\boldsymbol{y}_i\right)\\
&= \left[\sum_{i=1}^{N}\Delta\boldsymbol{X}_i\,(\boldsymbol{C}_i'\,\boldsymbol{C}_i\,\sigma_\epsilon^2)^{-1}\Delta\boldsymbol{X}_i'\right]^{-1}\left[\sum_{i=1}^{N}\Delta\boldsymbol{X}_i\,(\boldsymbol{C}_i'\,\boldsymbol{C}_i\,\sigma_\epsilon^2)^{-1}\Delta\boldsymbol{y}_i\right]\\
&= \left[\sum_{i=1}^{N}\boldsymbol{X}_i\,\boldsymbol{C}_i\,(\boldsymbol{C}_i'\,\boldsymbol{C}_i)^{-1}\,\boldsymbol{C}_i'\,\boldsymbol{X}_i'\right]^{-1}\left[\sum_{i=1}^{N}\boldsymbol{X}_i\,\boldsymbol{C}_i\,(\boldsymbol{C}_i'\,\boldsymbol{C}_i)^{-1}\,\boldsymbol{C}_i'\,\boldsymbol{y}_i\right]\\
&= \left(\sum_{i=1}^{N}\boldsymbol{X}_i\,\boldsymbol{M}_{\boldsymbol{e}_T}\boldsymbol{X}_i'\right)^{-1}\left(\sum_{i=1}^{N}\boldsymbol{X}_i\,\boldsymbol{M}_{\boldsymbol{e}_T}\boldsymbol{y}_i\right)
\end{aligned}
$$

其中，最后一个等式成立是因为，$\boldsymbol{C}_i(\boldsymbol{C}_i'\boldsymbol{C}_i)^{-1}\boldsymbol{C}_i'$表示关于$\boldsymbol{C}_i$的投影矩阵，$\boldsymbol{M}_{\boldsymbol{e}_T}$为关于$\boldsymbol{e}_T$的残差制造矩阵，$\boldsymbol{C}_i$与$\boldsymbol{e}_T$正交(即$\boldsymbol{e}_T'\boldsymbol{C}_i=0$)，利用第二章中投影矩阵和残差制造矩阵的性质 8 可得$\boldsymbol{M}_{\boldsymbol{e}_T}=\boldsymbol{C}_i(\boldsymbol{C}_i'\boldsymbol{C}_i)^{-1}\boldsymbol{C}_i'$。

故命题得证。

□

5.3 条件最大似然估计——利用$\bar{y}_i$作为α_i的充分统计量

对于固定效应模型而言，组内变换和一阶差分变换通过差分的方式将不可观测个体固定效应消去。在正态分布和线性模型假定下，不可观测个体固定效应还可以通过给定$\bar{y}_i$的**条件似然函数**(Conditional MLE)消去。正式地，考虑模型

$$y_{it}=\boldsymbol{x}'_{it}\boldsymbol{\beta}+\alpha_i+\epsilon_{it} \tag{7-56}$$

其中，假设在给定$\boldsymbol{x}_{it}$与α_i的条件下ϵ_{it}独立同分布，其具体分布形式为$\epsilon_{it}\mid\boldsymbol{x}_{it},\alpha_i\sim\mathcal{N}(0,\sigma^2)$。

命题 7.17：式(7-56)给出模型所对应的条件似然函数为：

$$\begin{aligned}\mathscr{L}&=\prod_{i=1}^{N}f(y_{i1},y_{i2},\cdots,y_{iT}\mid\alpha_i,\boldsymbol{x}_i,\bar{y}_i,\boldsymbol{\beta},\sigma^2)\\&=\prod_{i=1}^{N}\left\{\frac{\sqrt{2\pi\sigma^2/T}}{(\sqrt{2\pi\sigma^2})^T}\exp\left[\sum_{t=1}^{T}\frac{-(y_{it}-\boldsymbol{x}'_{it}\boldsymbol{\beta})^2+(\bar{y}_i-\bar{\boldsymbol{x}}'_i\boldsymbol{\beta})^2}{2\sigma^2}\right]\right\}\end{aligned} \tag{7-57}$$

其中，$\bar{y}_i$可以认为是α_i的**充分统计量**(Sufficient Statistics)。这是因为，一旦给定$\bar{y}_i$，似然函数就不依赖于不可观测个体固定效应α_i了。可以看出，条件似然函数估计也可以看成一种差分估计。

证明：

$$\begin{aligned}\mathscr{L}&=\prod_{i=1}^{N}f(y_{i1},y_{i2},\cdots,y_{iT}\mid\alpha_i,\boldsymbol{x}_i,\bar{y}_i,\boldsymbol{\beta},\sigma^2)\\&=\prod_{i=1}^{N}\frac{f(y_{i1},y_{i2},\cdots,y_{iT},\bar{y}_i\mid\alpha_i,\boldsymbol{x}_i,\boldsymbol{\beta},\sigma^2)}{f(\bar{y}_i)}\\&=\prod_{i=1}^{N}\frac{f(y_{i1},y_{i2},\cdots,y_{iT}\mid\alpha_i,\boldsymbol{x}_i,\boldsymbol{\beta},\sigma^2)}{f(\bar{y}_i)}\\&=\prod_{i=1}^{N}\left\{\begin{aligned}&\left(\frac{1}{\sqrt{2\pi\sigma^2/T}}\exp\left[-\frac{(\bar{y}_i-\bar{\boldsymbol{x}}'_i\boldsymbol{\beta}-\alpha_i)^2}{2\sigma^2/T}\right]\right)^{-1}\\&\left(\frac{1}{\sqrt{2\pi\sigma^2}}\right)^T\exp\left[-\sum_{t=1}^{T}\frac{(y_{it}-\boldsymbol{x}'_{it}\boldsymbol{\beta}-\alpha_i)^2}{2\sigma^2}\right]\end{aligned}\right\}\\&=\prod_{i=1}^{N}\left\{\begin{aligned}&\left(\frac{1}{\sqrt{2\pi\sigma^2/T}}\exp\left[-\sum_{t=1}^{T}\frac{(\bar{y}_i-\bar{\boldsymbol{x}}'_i\boldsymbol{\beta}-\alpha_i)^2}{2\sigma^2}\right]\right)^{-1}\\&\left(\frac{1}{\sqrt{2\pi\sigma^2}}\right)^T\exp\left[-\sum_{t=1}^{T}\frac{(y_{it}-\boldsymbol{x}'_{it}\boldsymbol{\beta}-\alpha_i)^2}{2\sigma^2}\right]\end{aligned}\right\}\\&=\prod_{i=1}^{N}\left\{\frac{\sqrt{2\pi\sigma^2/T}}{(\sqrt{2\pi\sigma^2})^T}\exp\left[\sum_{t=1}^{T}\frac{-(y_{it}-\boldsymbol{x}'_{it}\boldsymbol{\beta}-\alpha_i)^2+(\bar{y}_i-\bar{\boldsymbol{x}}'_i\boldsymbol{\beta}-\alpha_i)^2}{2\sigma^2}\right]\right\}\\&=\prod_{i=1}^{N}\left\{\frac{\sqrt{2\pi\sigma^2/T}}{(\sqrt{2\pi\sigma^2})^T}\exp\left[\sum_{t=1}^{T}\frac{-(y_{it}-\boldsymbol{x}'_{it}\boldsymbol{\beta})^2+(\bar{y}_i-\bar{\boldsymbol{x}}'_i\boldsymbol{\beta})^2}{2\sigma^2}\right]\right\}\end{aligned}$$

其中，第三个等式成立是因为$\bar{y}_i=\dfrac{1}{T}\sum_{t=1}^{T}y_{it}$，从而有$y_{i1}$，$y_{i2}$，…，$y_{iT}$与$y_{i1}$，$y_{i2}$，…，$y_{iT}$，$\bar{y}_i$发

生的概率相等，据此可得到$f(y_{i1},y_{i2},\cdots,y_{iT},\bar{y}_i\mid\alpha_i,\boldsymbol{x}_i,\boldsymbol{\beta},\sigma^2)=f(y_{i1},y_{i2},\cdots,y_{iT}\mid\alpha_i,\boldsymbol{x}_i,\boldsymbol{\beta},\sigma^2)$。

故命题得证。

□

5.4 对不可观测个体固定效应建模——Mundlak 模型与 Chamberlain 模型

考虑固定效应模型：

$$y_{it}=\boldsymbol{x}_{it}'\boldsymbol{\beta}+\alpha_i+\epsilon_{it} \tag{7-58}$$

其中，$\mathbb{E}(\epsilon_{it}\mid\boldsymbol{X}_i,\alpha_i)=0$，$\mathrm{Cov}(\boldsymbol{x}_{it},\alpha_i)\neq\boldsymbol{0}$。

可以看出，式(7-58)给出的模型存在因不可观测个体固定效应α_i引起的内生性问题。根据前述介绍我们已经知道，组内变换，一阶差分变换以及条件似然函数通过特定方式将α_i消去，以此来处理由α_i所引起的内生性问题。除此之外，还可以通过直接对α_i进行建模的方式来处理内生性。本小节具体介绍两个常见的建模方式：一种由 Mundlak(1978)提出，另一种由 Chamberlain(1982)提出。

首先来介绍 **Mundlak 模型**，该模型假设不可观测个体固定效应α_i可以表示为：

$$\alpha_i=\gamma+\bar{\boldsymbol{x}}_i'\boldsymbol{\pi}+c_i \tag{7-59}$$

其中，$\mathbb{E}(c_i\mid\boldsymbol{X}_i)=0$。为避免多重共线性问题，假设$\boldsymbol{x}_{it}$(从而$\bar{\boldsymbol{x}}_i$)中不包含常数项。可以发现，式(7-59)等价于假设$\mathbb{E}(\alpha_i\mid\boldsymbol{X}_i)=\gamma+\bar{\boldsymbol{x}}_i'\boldsymbol{\pi}$。

将式(7-59)代入式(7-58)可得：

$$y_{it}=\gamma+\boldsymbol{x}_{it}'\boldsymbol{\beta}+\bar{\boldsymbol{x}}_i'\boldsymbol{\pi}+c_i+\epsilon_{it} \tag{7-60}$$

由于假设$\mathbb{E}(c_i\mid\boldsymbol{X}_i)=0$以及$\mathbb{E}(\epsilon_{it}\mid\boldsymbol{X}_i,\alpha_i)=0$，因此$\mathbb{E}(c_i+\epsilon_{it}\mid\boldsymbol{x}_{it},\bar{\boldsymbol{x}}_i)=0$,① 即式(7-60)给出的模型不存在内生性问题，所以利用y_{it}对$\boldsymbol{x}_{it}$以及$\bar{\boldsymbol{x}}_i$进行 OLS 回归可以得到因果效应参数$\boldsymbol{\beta}$的一致估计量。

现在来介绍 **Chamberlain 模型**，该模型假设不可观测个体固定效应α_i可以表示为：

$$\alpha_i=\gamma+\boldsymbol{x}_{i1}'\boldsymbol{\pi}_1+\boldsymbol{x}_{i2}'\boldsymbol{\pi}_2+\cdots+\boldsymbol{x}_{iT}'\boldsymbol{\pi}_T+c_i \tag{7-61}$$

其中，$\mathbb{E}(c_i\mid\boldsymbol{X}_i)=0$。为避免多重共线性问题，假设$\boldsymbol{x}_{it}$中不包含常数项。可以发现，式(7-61)等价于假设$\mathbb{E}(\alpha_i\mid\boldsymbol{X}_i)=\gamma+\boldsymbol{x}_{i1}'\boldsymbol{\pi}_1+\boldsymbol{x}_{i2}'\boldsymbol{\pi}_2+\cdots+\boldsymbol{x}_{iT}'\boldsymbol{\pi}_T$。

将式(7-61)代入式(7-58)可得：

$$y_{it}=\gamma+\boldsymbol{x}_{it}'\boldsymbol{\beta}+\boldsymbol{x}_{i1}'\boldsymbol{\pi}_1+\boldsymbol{x}_{i2}'\boldsymbol{\pi}_2+\cdots+\boldsymbol{x}_{iT}'\boldsymbol{\pi}_T+c_i+\epsilon_{it} \tag{7-62}$$

容易发现，在$\mathbb{E}(c_i\mid\boldsymbol{X}_i)=0$与$\mathbb{E}(\epsilon_{it}\mid\boldsymbol{X}_i,\alpha_i)=0$成立的条件下，$\mathbb{E}(c_i+\epsilon_{it}\mid\boldsymbol{X}_i)=0$，即式(7-62)不存在内生性问题。利用$y_{it}$对$\boldsymbol{x}_{it}$，$\boldsymbol{x}_{i1}$，$\boldsymbol{x}_{i2}$，…，$\boldsymbol{x}_{iT}$进行 OLS 回归可以得到因果效应参数$\boldsymbol{\beta}$的一致估计量。注意到，式(7-62)并不存在多重共线性问题，这一点可以从模型的如下表述中看出来：

① 注意到，由于$\bar{\boldsymbol{x}}_i$的出现，若只是假设$\mathbb{E}(c_i\mid\boldsymbol{x}_{it})=0$以及$\mathbb{E}(\epsilon_{it}\mid\boldsymbol{x}_{it},\alpha_i)=0$成立，那么无法得出$\mathbb{E}(c_i+\epsilon_{it}\mid\boldsymbol{x}_{it},\bar{\boldsymbol{x}}_i)=0$。

$$\begin{bmatrix} y_{i1} \\ y_{i2} \\ \vdots \\ y_{iT} \end{bmatrix} = \begin{bmatrix} 1 & \boldsymbol{x}'_{i1} & \boldsymbol{x}'_{i1} & \boldsymbol{x}'_{i2} & \cdots & \boldsymbol{x}'_{iT} \\ 1 & \boldsymbol{x}'_{i2} & \boldsymbol{x}'_{i1} & \boldsymbol{x}'_{i2} & \cdots & \boldsymbol{x}'_{iT} \\ \vdots & \vdots & \vdots & \vdots & & \vdots \\ 1 & \boldsymbol{x}'_{iT} & \boldsymbol{x}'_{i1} & \boldsymbol{x}'_{i2} & \cdots & \boldsymbol{x}'_{iT} \end{bmatrix} \begin{bmatrix} \gamma \\ \boldsymbol{\beta} \\ \boldsymbol{\pi}_1 \\ \boldsymbol{\pi}_2 \\ \vdots \\ \boldsymbol{\pi}_T \end{bmatrix} + \begin{bmatrix} c_i \\ c_i \\ \vdots \\ c_i \end{bmatrix} + \begin{bmatrix} \epsilon_{i1} \\ \epsilon_{i2} \\ \vdots \\ \epsilon_{iT} \end{bmatrix} \tag{7-63}$$

值得指出的是，单独基于任一时期的数据都无法估计出$\boldsymbol{\beta}$。以第 1 期为例，式(7-62)对应的模型为：

$$y_{i1}=\gamma+\boldsymbol{x}'_{i1}(\boldsymbol{\beta}+\boldsymbol{\pi}_1)+\boldsymbol{x}'_{i2}\boldsymbol{\pi}_2+\cdots+\boldsymbol{x}'_{iT}\boldsymbol{\pi}_T+c_i+\epsilon_{it} \tag{7-64}$$

也就是说，只是利用第一期数据能够识别$\boldsymbol{\beta}+\boldsymbol{\pi}_1$，但是无法识别$\boldsymbol{\beta}$。

6. 随机效应模型还是固定效应模型

以上介绍了随机效应模型和固定效应模型，那么在实际应用中究竟是使用随机效应模型还是使用固定效应模型呢？一般而言，这需要综合考虑以下几个方面的因素：第一，解释变量与不可观测固定效应是否相关。根据前述介绍我们已经知道，随机效应模型假设解释变量与不可观测固定效应不相关，而固定效应模型则允许解释变量与不可观测固定效应存在相关性。因此，如果解释变量与不可观测固定效应相关，使用随机效应模型则无法识别出因果效应参数。第二，在本节读者将看到，如果解释变量与不可观测固定效应不相关，并且同方差无自相关假定能够得到满足，那么随机效应估计量比固定效应估计量更加有效。换言之，该情形下使用固定效应模型将损失估计结果的有效性。第三，如果我们所关心的解释变量不随时期变化，那么则无法使用固定效应模型来估计参数，这是因为我们所感兴趣的参数将与不可观测个体固定效应一同被消去。

首先来比较随机效应估计量$\hat{\boldsymbol{\beta}}_{\mathrm{RE}}$和固定效应估计量$\hat{\boldsymbol{\beta}}_{\mathrm{FE}}$的有效性。

命题 7.18：RE 假定 1—RE 假定 3 成立的条件下，随机效应估计量$\hat{\boldsymbol{\beta}}_{\mathrm{RE}}$比固定效应估计量$\hat{\boldsymbol{\beta}}_{\mathrm{FE}}$有效。根据前述介绍我们已经知道，在 **RE 假定 1—RE 假定 3** 成立的条件下，$\hat{\boldsymbol{\beta}}_{\mathrm{RE}}$的极限方差为$[\mathbb{E}(\boldsymbol{X}_i\boldsymbol{\Omega}_{\mathrm{RE}}^{-1}\boldsymbol{X}'_i)]^{-1}$，$\hat{\boldsymbol{\beta}}_{\mathrm{FE}}$的极限方差为$\sigma_\epsilon^2[\mathbb{E}(\ddot{\boldsymbol{X}}_i\ddot{\boldsymbol{X}}'_i)]^{-1}$。因此，该命题意味着$[\mathbb{E}(\boldsymbol{X}_i\boldsymbol{\Omega}_{\mathrm{RE}}^{-1}\boldsymbol{X}'_i)]^{-1}-\sigma_\epsilon^2[\mathbb{E}(\ddot{\boldsymbol{X}}_i\ddot{\boldsymbol{X}}'_i)]^{-1}$为半负定矩阵。

证明：(方法 1)

在 **RE 假定 1—RE 假定 3** 成立的条件下，容易证明随机效应估计量的极限方差为$[\mathbb{E}(\boldsymbol{X}_i\boldsymbol{\Omega}_{\mathrm{RE}}^{-1}\boldsymbol{X}'_i)]^{-1}$(参见前述命题 7.9)，固定效应估计量的极限方差为$\sigma_\epsilon^2[\mathbb{E}(\ddot{\boldsymbol{X}}_i\ddot{\boldsymbol{X}}'_i)]^{-1}$(参见前述命题 7.13)。

现在来证明$[\mathbb{E}(\boldsymbol{X}_i\boldsymbol{\Omega}_{\mathrm{RE}}^{-1}\boldsymbol{X}'_i)]^{-1}-\sigma_\epsilon^2[\mathbb{E}(\ddot{\boldsymbol{X}}_i\ddot{\boldsymbol{X}}'_i)]^{-1}$为半负定矩阵，证明该结论成立只需证明$\frac{1}{\sigma_\epsilon^2}\mathbb{E}(\ddot{\boldsymbol{X}}_i\ddot{\boldsymbol{X}}'_i)-\mathbb{E}(\boldsymbol{X}_i\boldsymbol{\Omega}_{\mathrm{RE}}^{-1}\boldsymbol{X}'_i)$半负定矩阵。根据$\boldsymbol{\Omega}_{\mathrm{RE}}^{-\frac{1}{2}}\boldsymbol{X}'_i=\frac{1}{\sigma_\epsilon}(\boldsymbol{X}'_i-\lambda\,\overline{\boldsymbol{X}}'_i)=\frac{1}{\sigma_\epsilon}(\boldsymbol{X}'_i-\lambda\,\boldsymbol{P}_{e_T}\boldsymbol{X}'_i)=\frac{1}{\sigma_\epsilon}(\boldsymbol{I}-\lambda\,\boldsymbol{P}_{e_T})\boldsymbol{X}'_i$(参见命题 7.7 的证明过程)可得：

$$\mathbb{E}(\boldsymbol{X}_i\boldsymbol{\Omega}_{\mathrm{RE}}^{-1}\boldsymbol{X}_i')=\frac{1}{\sigma_\epsilon^2}\mathbb{E}[\boldsymbol{X}_i(\boldsymbol{I}_T-\lambda\boldsymbol{P}_{i_T})(\boldsymbol{I}_T-\lambda\boldsymbol{P}_{i_T})'\boldsymbol{X}_i']$$

又因为，

$$\mathbb{E}(\ddot{\boldsymbol{X}}_i\ddot{\boldsymbol{X}}_i')=\mathbb{E}(\boldsymbol{X}_i\boldsymbol{M}_{e_T}\boldsymbol{X}_i')=\mathbb{E}[\boldsymbol{X}_i(\boldsymbol{I}_T-\boldsymbol{P}_{e_T})\boldsymbol{X}_i']$$

所以如下等式成立：

$$\begin{aligned}&\frac{1}{\sigma_\epsilon^2}\mathbb{E}(\ddot{\boldsymbol{X}}_i\ddot{\boldsymbol{X}}_i')-\mathbb{E}(\boldsymbol{X}_i\boldsymbol{\Omega}_{\mathrm{RE}}^{-1}\boldsymbol{X}_i')\\&=\frac{1}{\sigma_\epsilon^2}\mathbb{E}[\boldsymbol{X}_i(\boldsymbol{I}_T-\boldsymbol{P}_{e_T})\boldsymbol{X}_i']-\frac{1}{\sigma_\epsilon^2}\mathbb{E}[\boldsymbol{X}_i(\boldsymbol{I}_T-\lambda\boldsymbol{P}_{e_T})(\boldsymbol{I}_T-\lambda\boldsymbol{P}_{e_T})'\boldsymbol{X}_i']\\&=\frac{1}{\sigma_\epsilon^2}[\mathbb{E}(\boldsymbol{X}_i\boldsymbol{X}_i')-\mathbb{E}(\boldsymbol{X}_i\boldsymbol{P}_{e_T}\boldsymbol{X}_i')]-\frac{1}{\sigma_\epsilon^2}[\mathbb{E}(\boldsymbol{X}_i\boldsymbol{X}_i')-2\lambda\mathbb{E}(\boldsymbol{X}_i\boldsymbol{P}_{e_T}\boldsymbol{X}_i')+\lambda^2\mathbb{E}(\boldsymbol{X}_i\boldsymbol{P}_{e_T}\boldsymbol{X}_i')]\\&=-\frac{1}{\sigma_\epsilon^2}(1-\lambda)^2\mathbb{E}(\boldsymbol{X}_i\boldsymbol{P}_{e_T}\boldsymbol{X}_i')\end{aligned}$$

由于$\boldsymbol{X}_i\boldsymbol{P}_{e_T}\boldsymbol{X}_i'$为二次型，因此$\frac{1}{\sigma_\epsilon^2}\mathbb{E}(\ddot{\boldsymbol{X}}_i\ddot{\boldsymbol{X}}_i')-\mathbb{E}(\boldsymbol{X}_i\boldsymbol{\Omega}_{\mathrm{RE}}^{-1}\boldsymbol{X}_i')$为半负定矩阵，从而有$[\mathbb{E}(\boldsymbol{X}_i\boldsymbol{\Omega}_{\mathrm{RE}}^{-1}\boldsymbol{X}_i')]^{-1}-\sigma_\epsilon^2[\mathbb{E}(\ddot{\boldsymbol{X}}_i\ddot{\boldsymbol{X}}_i')]^{-1}$为半负定矩阵。

故命题得证。

□

证明：（方法 2）

我们知道，在 **RE 假定 1— RE 假定 3** 成立的条件下，随机效应估计量$\hat{\boldsymbol{\beta}}_{\mathrm{RE}}$是 GLS 估计量，而$\hat{\boldsymbol{\beta}}_{\mathrm{FE}}$为 WLS 估计量(其加权矩阵为$\boldsymbol{M}_{e_T}$)。根据命题 3.27(参见第三章)，GLS 估计量比 WLS 估计量有效。

故命题得证。

□

我们知道，在解释变量与不可观测个体固定效应相关的情形下，使用随机效应模型无法识别出因果效应参数，此时需要使用固定效应模型。那么，如何判断解释变量与不可观测固定效应是否相关呢。**Hausman 检验**(Hausman,1978)可以帮助我们对此进行判断，其基本逻辑非常直观：如果解释变量与不可观测固定效应不相关，那么随机效应估计量$\hat{\boldsymbol{\beta}}_{\mathrm{RE}}$与固定效应估计量$\hat{\boldsymbol{\beta}}_{\mathrm{FE}}$都是真实参数$\boldsymbol{\beta}$的一致估计量，从而不应具有显著地差异。反之，如果解释变量与不可观测固定效应相关，那么只有$\hat{\boldsymbol{\beta}}_{\mathrm{FE}}$是一致的，因此在该情形下$\hat{\boldsymbol{\beta}}_{\mathrm{FE}}$与$\hat{\boldsymbol{\beta}}_{\mathrm{RE}}$往往存在较为显著的差异。可以注意到，就基本逻辑而言，这里的 Hausman 检验与第六章中检验模型内生性的 Hauman 检验以及检验工具变量外生性的 Hausman 检验一致。

Hausman 检验的原假设$\mathbb{H}_0$为解释变量与不可观测固定效应不相关：

$$\mathbb{H}_0:\ \mathrm{Cov}(\boldsymbol{x}_{it},\alpha_i)=\boldsymbol{0} \tag{7-65}$$

Hausman 检验的备择假设$\mathbb{H}_1$为解释变量与不可观测固定效应相关：

$$\mathbb{H}_1:\ \mathrm{Cov}(\boldsymbol{x}_{it},\alpha_i)\neq\boldsymbol{0} \tag{7-66}$$

Hausman 统计量的表达式为：

$$\mathscr{H}=\left\{\begin{array}{c}[\sqrt{N}(\hat{\boldsymbol{\beta}}_{\mathrm{FE}}-\hat{\boldsymbol{\beta}}_{\mathrm{RE}})]' \\ [\operatorname{Avar}(\sqrt{N}(\hat{\boldsymbol{\beta}}_{\mathrm{FE}}-\boldsymbol{\beta}))-\operatorname{Avar}(\sqrt{N}(\hat{\boldsymbol{\beta}}_{\mathrm{RE}}-\boldsymbol{\beta}))]^{-1} \\ [\sqrt{N}(\hat{\boldsymbol{\beta}}_{\mathrm{FE}}-\hat{\boldsymbol{\beta}}_{\mathrm{RE}})]\end{array}\right\} \tag{7-67}$$

从(7-67)中可以看出，Hausman 统计量刻画了$\hat{\boldsymbol{\beta}}_{\mathrm{FE}}$与$\hat{\boldsymbol{\beta}}_{\mathrm{RE}}$之间的距离。

命题 7.19：在 **RE 假设 1**，**RE 假设 2** 以及$\mathbb{E}(\epsilon_{it}\mid \boldsymbol{x}_{i1},\cdots,\boldsymbol{x}_{it},\alpha_i)=0$能够得到满足的条件下，若原假设(解释变量与不可观测固定效应不相关)成立，那么 Hausman 检验统计量服从卡方分布，即

$$\mathscr{H}=\left\{\begin{array}{c}[\sqrt{N}(\hat{\boldsymbol{\beta}}_{\mathrm{FE}}-\hat{\boldsymbol{\beta}}_{\mathrm{RE}})]' \\ [\operatorname{Avar}(\sqrt{N}(\hat{\boldsymbol{\beta}}_{\mathrm{FE}}-\boldsymbol{\beta}))-\operatorname{Avar}(\sqrt{N}(\hat{\boldsymbol{\beta}}_{\mathrm{RE}}-\boldsymbol{\beta}))]^{-1} \\ [\sqrt{N}(\hat{\boldsymbol{\beta}}_{\mathrm{FE}}-\hat{\boldsymbol{\beta}}_{\mathrm{RE}})]\end{array}\right\}\xrightarrow{d}\chi^2(K) \tag{7-68}$$

其中，K为解释变量个数。

证明：(＊)

结合前述介绍容易知道，在 **RE 假设 1**，**RE 假设 2**，$\mathbb{E}(\epsilon_{it}\mid \boldsymbol{x}_{i1},\cdots,\boldsymbol{x}_{it},\alpha_i)$以及原假设(解释变量与不可观测固定效应不相关)成立的条件下，$\sqrt{N}(\hat{\boldsymbol{\beta}}_{\mathrm{RE}}-\boldsymbol{\beta})$与$\sqrt{N}(\hat{\boldsymbol{\beta}}_{\mathrm{FE}}-\boldsymbol{\beta})$的极限分布都是期望值为 **0** 的正态分布。因此，根据正态分布的性质(正态分布随机变量的线性组合仍是正态分布)可得，$\sqrt{N}(\hat{\boldsymbol{\beta}}_{\mathrm{FE}}-\hat{\boldsymbol{\beta}}_{\mathrm{RE}})$的极限分布同样是均值为 **0** 的正态分布。

$$\sqrt{N}(\hat{\boldsymbol{\beta}}_{\mathrm{FE}}-\hat{\boldsymbol{\beta}}_{\mathrm{RE}})\xrightarrow{\mathrm{d}}\mathcal{N}(\mathbf{0},\operatorname{Var}(\sqrt{N}(\hat{\boldsymbol{\beta}}_{\mathrm{FE}}-\hat{\boldsymbol{\beta}}_{\mathrm{RE}})))$$

因此，根据命题 2.33(参见第二章)可得：

$$\left\{\begin{array}{c}[\sqrt{N}(\hat{\boldsymbol{\beta}}_{\mathrm{FE}}-\hat{\boldsymbol{\beta}}_{\mathrm{RE}})]' \\ [\operatorname{Avar}(\sqrt{N}(\hat{\boldsymbol{\beta}}_{\mathrm{FE}}-\hat{\boldsymbol{\beta}}_{\mathrm{RE}}))]^{-1} \\ [\sqrt{N}(\hat{\boldsymbol{\beta}}_{\mathrm{FE}}-\hat{\boldsymbol{\beta}}_{\mathrm{RE}})]\end{array}\right\}\xrightarrow{d}\chi^2(K)$$

又因为在 **RE 假设 1**，**RE 假设 2**，$\mathbb{E}(\epsilon_{it}\mid \boldsymbol{x}_{i1},\cdots,\boldsymbol{x}_{it},\alpha_i)$以及原假设(解释变量与不可观测固定效应不相关)成立的条件下，$\hat{\boldsymbol{\beta}}_{\mathrm{RE}}$为有效估计量(参见命题 7.18)，利用类似于命题 6.10(参见第六章)的证明方法，可以得到如下等式成立：

$$\operatorname{Avar}(\sqrt{N}(\hat{\boldsymbol{\beta}}_{\mathrm{FE}}-\hat{\boldsymbol{\beta}}_{\mathrm{RE}}))=\operatorname{Avar}(\sqrt{N}(\hat{\boldsymbol{\beta}}_{\mathrm{FE}}-\boldsymbol{\beta}))-\operatorname{Avar}(\sqrt{N}(\hat{\boldsymbol{\beta}}_{\mathrm{RE}}-\boldsymbol{\beta}))$$

故命题得证。

□

7. 最小二乘虚拟变量估计量

在以上介绍的随机效应模型与固定效应模型中，不可观测异质性特征均被视为**随机变量**。在面板数据分析模型中，除了将不可观测异质性特征视为随机变量之外，还可以将其视为未

知参数，并将这些参数与 $\boldsymbol{\beta}$ 一起进行估计。这就是本小节所要介绍的**最小二乘虚拟变量模型**(Least Squares Dummy Variable Model, LSDV)。

将模型 $y_{it}=\boldsymbol{x}'_{it}\boldsymbol{\beta}+\alpha_i+\epsilon_{it}$ 等价地表示为：

$$y_{it} = \boldsymbol{x}'_{it}\boldsymbol{\beta} + \sum_{j=1}^{N}(\alpha_j \cdot d_{ji}) + \epsilon_{it} \tag{7-69}$$

参数 $\boldsymbol{\beta}$ 以及 α_1，α_2，…，α_N 的**最小二乘虚拟变量估计量**由 y_{it} 对 $\boldsymbol{x}_{it}$ 以及 d_{1i}，d_{2i}，…，d_{Ni} 进行 OLS 回归得到。为了避免多重共线性问题，这里假设 $\boldsymbol{x}_{it}$ 中不包含常数项。

令 $\boldsymbol{d}_i=\begin{bmatrix} d_{1i} \\ d_{2i} \\ \vdots \\ d_{Ni} \end{bmatrix}_{N\times 1}$，$\boldsymbol{\alpha}=\begin{bmatrix} \alpha_1 \\ \alpha_2 \\ \vdots \\ \alpha_N \end{bmatrix}$，那么式(7-69)可以表示为：

$$y_{it}=\boldsymbol{x}'_{it}\boldsymbol{\beta}+\boldsymbol{d}'_i\boldsymbol{\alpha}+\epsilon_{it} \tag{7-70}$$

将模型以个体 i 为单位进行表述则有：

$$\boldsymbol{y}_i=\boldsymbol{X}_i\boldsymbol{\beta}+\boldsymbol{D}_i\boldsymbol{\alpha}+\boldsymbol{\epsilon}_i \tag{7-71}$$

其中，$\boldsymbol{y}_i$，$\boldsymbol{X}_i$ 以及 $\boldsymbol{\epsilon}_i$ 的定义与前述内容相同，$\boldsymbol{D}_i=\begin{bmatrix} \boldsymbol{d}'_i \\ \boldsymbol{d}'_i \\ \vdots \\ \boldsymbol{d}'_i \end{bmatrix}_{T\times N}=\begin{bmatrix} 1 \\ 1 \\ \vdots \\ 1 \end{bmatrix}_{T\times 1}\otimes\boldsymbol{d}'_i$，特别地，容易验证

$$\boldsymbol{D}_1=\begin{bmatrix} 1 & 0 & \cdots & 0 \\ 1 & 0 & \cdots & 0 \\ \vdots & \vdots & & \vdots \\ 1 & 0 & \cdots & 0 \end{bmatrix},\ \boldsymbol{D}_2=\begin{bmatrix} 0 & 1 & \cdots & 0 \\ 0 & 1 & \cdots & 0 \\ \vdots & \vdots & & \vdots \\ 0 & 1 & \cdots & 0 \end{bmatrix},\ \cdots,\ \boldsymbol{D}_N=\begin{bmatrix} 0 & 0 & \cdots & 1 \\ 0 & 0 & \cdots & 1 \\ \vdots & \vdots & & \vdots \\ 0 & 0 & \cdots & 1 \end{bmatrix}。$$

进一步将式(7-71)以数据矩阵的形式(即叠放所有个体对应的模型)来表述则有：

$$\boldsymbol{y}=\boldsymbol{X}\boldsymbol{\beta}+\boldsymbol{D}\boldsymbol{\alpha}+\boldsymbol{\epsilon} \tag{7-72}$$

其中，$\boldsymbol{y}$，$\boldsymbol{X}$ 以及 $\boldsymbol{\epsilon}$ 的定义与前述内容相同，$\boldsymbol{D}=\begin{bmatrix} \boldsymbol{D}_1 \\ \boldsymbol{D}_2 \\ \vdots \\ \boldsymbol{D}_N \end{bmatrix}_{NT\times N}=\begin{bmatrix} \boldsymbol{e}_T & & & \\ & \boldsymbol{e}_T & & \\ & & \ddots & \\ & & & \boldsymbol{e}_T \end{bmatrix}$ 其中，$\boldsymbol{e}_T=\begin{bmatrix} 1 \\ 1 \\ \vdots \\ 1 \end{bmatrix}_{T\times 1}$。由此可见，$\boldsymbol{D}$ 为分块对角矩阵。

利用**弗里希沃定理**(参见第二章)可得 LSDV 估计量的表达式：

$$\hat{\boldsymbol{\beta}}_{\text{LSDV}}=(\boldsymbol{X}'\boldsymbol{M}_D\boldsymbol{X})^{-1}(\boldsymbol{X}'\boldsymbol{M}_D\boldsymbol{y})^{-1} \tag{7-73}$$

其中，$\boldsymbol{M}_D$ 为关于矩阵 $\boldsymbol{D}$ 的残差制造矩阵。

命题 7.20：参数 $\boldsymbol{\beta}$ 的 LSDV 估计量与固定效应估计量(组内变换估计量)相等，即

$$\hat{\boldsymbol{\beta}}_{\text{LSDV}}=\hat{\boldsymbol{\beta}}_{\text{FE}}$$

证明：

由于$\boldsymbol{M}_D$为关于矩阵$\boldsymbol{D}$的残差制造矩阵，因此有如下等式成立，

$$\begin{aligned}\boldsymbol{M}_D&=\boldsymbol{I}-\boldsymbol{D}\ (\boldsymbol{D}'\boldsymbol{D})^{-1}\boldsymbol{D}'\\&=\begin{bmatrix}\boldsymbol{I}_T-\boldsymbol{e}_T(\boldsymbol{e}_T'\boldsymbol{e}_T)^{-1}\boldsymbol{e}_T' & & & \\ & \boldsymbol{I}_T-\boldsymbol{e}_T(\boldsymbol{e}_T'\boldsymbol{e}_T)^{-1}\boldsymbol{e}_T' & & \\ & & \ddots & \\ & & & \boldsymbol{I}_T-\boldsymbol{e}_T(\boldsymbol{e}_T'\boldsymbol{e}_T)^{-1}\boldsymbol{e}_T'\end{bmatrix}\\&=\begin{bmatrix}\boldsymbol{M}_{e_T} & & & \\ & \boldsymbol{M}_{e_T} & & \\ & & \ddots & \\ & & & \boldsymbol{M}_{e_T}\end{bmatrix}\end{aligned}$$

所以可以得到，

$$\begin{aligned}\hat{\boldsymbol{\beta}}_{\mathrm{LSDV}}&=(\boldsymbol{X}'\boldsymbol{M}_D\boldsymbol{X})^{-1}(\boldsymbol{X}'\boldsymbol{M}_D\boldsymbol{y})^{-1}\\&=\left(\sum_{i=1}^{N}\boldsymbol{X}_i\boldsymbol{M}_{e_T}\boldsymbol{X}_i'\right)^{-1}\left(\sum_{i=1}^{N}\boldsymbol{X}_i\boldsymbol{M}_{e_T}\boldsymbol{y}_i\right)\\&=\left(\sum_{i=1}^{N}\ddot{\boldsymbol{X}}_i\ddot{\boldsymbol{X}}_i'\right)^{-1}\left(\sum_{i=1}^{N}\ddot{\boldsymbol{X}}_i\ddot{\boldsymbol{y}}_i\right)\\&=\hat{\boldsymbol{\beta}}_{\mathrm{FE}}\end{aligned}$$

故命题得证。

□

由于参数$\boldsymbol{\beta}$的 LSDV 估计量与固定效应估计量（组内变换估计量）相等，因此在 **FE 假设 1** 与 **FE 假设 2** 成立的条件下，$\hat{\boldsymbol{\beta}}_{\mathrm{LSDV}}$是参数$\boldsymbol{\beta}$的一致估计量（参见前述命题 7.11）。

如果将α_i的 LSDV 估计量记为$\hat{\boldsymbol{\alpha}}_{\mathrm{LSDV}}$，那么容易得到：

$$\hat{\alpha}_{i,\mathrm{LSDV}}=\bar{y}_i-\bar{\boldsymbol{x}}_i'\hat{\boldsymbol{\beta}}_{\mathrm{LSDV}} \tag{7-74}$$

那么$\hat{\alpha}_{i,\mathrm{LSDV}}$是否为$\alpha_i$的一致估计量或者无偏估计量呢？接下来，我们以命题的形式来给出这个问题的答案。

命题 7.21：对于时间T固定、$N\to\infty$的情形，在严格外生性假定$\mathbb{E}\,(\epsilon_{it}\mid \boldsymbol{x}_{i1},\cdots,\boldsymbol{x}_{iT},\alpha_i)=0$能够得到满足的条件下，$\hat{\alpha}_{i,\mathrm{LSDV}}$不是$\alpha_i$的一致估计量，但$\hat{\alpha}_{i,\mathrm{LSDV}}$是$\alpha_i$的无偏估计量。即

$$\mathrm{Plim}\ \hat{\alpha}_{i,\mathrm{LSDV}}\neq\alpha_i,\quad \mathbb{E}\,(\hat{\alpha}_{i,\mathrm{LSDV}})=\alpha_i \tag{7-75}$$

证明：

首先来看估计量$\hat{\alpha}_{i,\mathrm{LSDV}}$的不一致性。

$$\mathrm{Plim}\ \hat{\alpha}_{i,\mathrm{LSDV}}=\mathrm{Plim}(\bar{y}_i-\bar{\boldsymbol{x}}_i'\hat{\boldsymbol{\beta}}_{\mathrm{LSDV}})=\bar{y}_i-\bar{\boldsymbol{x}}_i'\boldsymbol{\beta}\neq\alpha_i$$

其中，最后一个等式不成立是因为，根据$y_{it}=\boldsymbol{x}_{it}'\boldsymbol{\beta}+\alpha_i+\epsilon_{it}$能够得到$\alpha_i=\bar{y}_i-\bar{\boldsymbol{x}}_i'\boldsymbol{\beta}-\bar{\epsilon}_i$，但是$\bar{\epsilon}_i$不一定等于 0。

再来看估计量$\hat{\alpha}_{i,\mathrm{LSDV}}$的无偏性。

$$\mathbb{E}\,(\hat{\alpha}_{i,\mathrm{LSDV}})=\mathbb{E}\,(\bar{y}_i-\bar{\boldsymbol{x}}_i'\hat{\boldsymbol{\beta}}_{\mathrm{LSDV}})$$

$$
\begin{aligned}
&= \mathbb{E}\left(\alpha_i + \bar{\boldsymbol{x}}_i'\boldsymbol{\beta} + \bar{\epsilon}_i - \bar{\boldsymbol{x}}_i'\hat{\boldsymbol{\beta}}_{\mathrm{LSDV}}\right) \\
&= \alpha_i - \mathbb{E}\left[\bar{\boldsymbol{x}}_i'(\hat{\boldsymbol{\beta}}_{\mathrm{LSDV}} - \boldsymbol{\beta})\right] + \mathbb{E}\left(\frac{1}{T}\sum_{t=1}^{T}\epsilon_{it}\right) \\
&= \alpha_i - \mathbb{E}\left\{\mathbb{E}\left[\bar{\boldsymbol{x}}_i'(\hat{\boldsymbol{\beta}}_{\mathrm{LSDV}} - \boldsymbol{\beta}) \mid \boldsymbol{X}_i\right]\right\} + \mathbb{E}\left[\mathbb{E}\left(\frac{1}{T}\sum_{t=1}^{T}\epsilon_{it} \middle| \boldsymbol{X}_i\right)\right] \\
&= \alpha_i
\end{aligned}
$$

其中，最后一个等式成立利用到了$\mathbb{E}[\bar{\boldsymbol{x}}_i'(\hat{\boldsymbol{\beta}}_{\mathrm{LSDV}}-\boldsymbol{\beta}) \mid \boldsymbol{X}_i]=\boldsymbol{0}$以及$\mathbb{E}\left(\frac{1}{T}\sum_{t=1}^{T}\epsilon_{it} \middle| \boldsymbol{X}_i\right)=0$。具体而言，在严格外生性假设$\mathbb{E}(\epsilon_{it} \mid \boldsymbol{x}_{i1},\cdots,\boldsymbol{x}_{iT},\alpha_i)=0$成立的条件下，给定$\boldsymbol{X}_i$，$\hat{\boldsymbol{\beta}}_{\mathrm{FE}}$（从而$\hat{\boldsymbol{\beta}}_{\mathrm{LSDV}}$）是$\boldsymbol{\beta}$的无偏估计量，从而有$\mathbb{E}[\bar{\boldsymbol{x}}_i'(\hat{\boldsymbol{\beta}}_{\mathrm{LSDV}}-\boldsymbol{\beta}) \mid \boldsymbol{X}_i]=\boldsymbol{0}$，此外，利用$\mathbb{E}(\epsilon_{it} \mid \boldsymbol{x}_{i1},\cdots,\boldsymbol{x}_{iT},\alpha_i)=0$可以直接得到$\mathbb{E}\left(\frac{1}{T}\sum_{t=1}^{T}\epsilon_{it} \middle| \boldsymbol{X}_i\right)=0$。

故命题得证。

□

LSDV 估计量$\hat{\alpha}_{i,\mathrm{LSDV}}$不是$\alpha_i$的一致估计量的基本逻辑是：对于个体数为$N$时期数为$T$的面板数据，不可观测个体固定效应参数的个数为$N$，识别参数$\alpha_i$所用到的是时期维度上的变异，而在时间$T$固定、$N\to\infty$的情形下，用以识别$\alpha_i$的数据量不变，从而无法保证估计量的一致性。在计量经济学中，这一问题被称为**偶发（或者伴随）参数问题**（Incidental Parameters Problem，Neyman and Scott，1948；Heckman，1981）。在非线性面板数据模型部分，我们还会对偶发参数问题进行介绍。如果存在偶发参数问题，那么通常无法得到参数的一致性估计量。LSDV 模型的好处在于，虽然$\hat{\alpha}_{i,\mathrm{LSDV}}$不是$\alpha_i$的一致估计量，但是$\hat{\boldsymbol{\beta}}_{\mathrm{LSDV}}$却是$\boldsymbol{\beta}$的一致估计量。在实际应用中，我们关心的参数往往是$\boldsymbol{\beta}$，而不是$\alpha_i$。

8. 不同面板数据模型的比较

前述依次介绍了不同的面板数据模型，具体包括，POLS 模型，GLS 模型，随机效应模型，固定效应模型，以及 LSDV 模型。根据不可观测固定效应处理方式的差异，固定效应模型又分为组内变换估计、一阶差分变换估计、条件似然函数估计、Mundlak 模型和 Chamberlain 模型。为了便于读者理解，接下来我们对这些模型进行比较分析。总的来说，这些方法在存在显著区别的同时，也存在着密切的联系。

首先来看区别。这些模型的一个重要差异在于看待不可观测固定效应α_i的方式。具体而言，POLS 模型，GLS 模型，随机效应模型和固定效应模型将α_i视为随机变量，LSDV 模型将α_i视为未知参数，POLS 模型，GLS 模型与随机效应模型假设α_i与$\boldsymbol{x}_{it}$不相关，而固定效应模型允许α_i与$\boldsymbol{x}_{it}$存在相关性，此外，在 LSDV 模型中，α_i为参数从而与$\boldsymbol{x}_{it}$不相关。固定效应模型本身所包含的几种方法，在处理α_i的方式上也存在差异：组内变换估计、一阶差分变换估计与条件似然函数估计通过不同的方式将α_i从模型中消去，而 Mundlak 模型和 Chamberlain 模型则对α_i进行建模，可以看出，这两个模型对于α_i的处理更加结构化。

现在来看联系。整体上看，以上所介绍的面板数据模型至少在如下两个方面存在内在联系：第一，除了条件似然函数估计量$\hat{\boldsymbol{\beta}}_{\mathrm{CMLE}}$需要利用 MLE 方法得到外，其他估计量均可以通过 OLS 方法得到；第二，$\hat{\boldsymbol{\beta}}_{\mathrm{POLS}}$，$\hat{\boldsymbol{\beta}}_{\mathrm{GLS}}$，$\hat{\boldsymbol{\beta}}_{\mathrm{RE}}$，$\hat{\boldsymbol{\beta}}_{\mathrm{FE}}$，$\hat{\boldsymbol{\beta}}_{\mathrm{FD}}$和$\hat{\boldsymbol{\beta}}_{\mathrm{LSDV}}$等估计量都可以视为 WLS 估计量，它们所对应的加权矩阵依次为$\boldsymbol{I}$，$\boldsymbol{\Omega}_i^{-1}$，$\boldsymbol{\Omega}_{\mathrm{RE}}^{-1}$，$\boldsymbol{M}_{e_T}$，$\boldsymbol{C}_i\boldsymbol{C}_i'$和$\boldsymbol{M}_{e_T}$。具体来看，面板数据模型两两之间也存在内在联系。特别地，随机效应模型可以视作加权矩阵为$\boldsymbol{\Omega}_{\mathrm{RE}}^{-1}$的特殊 GLS 模型；固定效应模型组内变换（$\ddot{y}_{it}=y_{it}-\bar{y}_i$）、一阶差分变换（$\Delta y_{it}=y_{it}-y_{i,t-1}$）以及随机效应模型（$y_{it}-\lambda\bar{y}_i$）都对原始模型进行了特定的差分变换，其中，随机效应模型为广义差分变换；LSDV 估计量$\hat{\boldsymbol{\beta}}_{\mathrm{LSDV}}$与固定效应估计量$\hat{\boldsymbol{\beta}}_{\mathrm{FE}}$在数学上等价。另外，根据前述介绍我们知道，对于只有两期数据的情形，固定效应估计量$\hat{\boldsymbol{\beta}}_{\mathrm{FE}}$与一阶差分估计量$\hat{\boldsymbol{\beta}}_{\mathrm{FD}}$相等（命题 7.15）。在满足同方差无自相关假设的条件下，一阶差分模型的 GLS 估计量$\hat{\boldsymbol{\beta}}_{\mathrm{FD-GLS}}$等于固定效应估计量$\hat{\boldsymbol{\beta}}_{\mathrm{FE}}$（命题 7.16）。为了便于阅读，我们将以上面板数据模型比较分析的主要结论总结在表 7-1 中。

这里需要指出的是，在以上介绍的面板数据模型中，**一种面板数据模型通常难以绝对地优于另外一种**。首先来看 POLS 模型与 GLS 模型。虽然 GLS 模型通常比 POLS 模型更加有效，但是为了保证 GLS 模型估计量的一致性需要施加更强的外生性假定——POLS 模型只需要施加当期外生性假定，而 GLS 模型却需要施加严格外生性假定。再来看随机效应模型和固定效应模型。我们知道，在解释变量与不可观测个体固定效应相关的情形下，使用随机效应模型无法得到参数的一致估计量，需要使用固定效应模型。然而，在随机效应模型假设成立的情形下，固定效应模型估计量的有效性低于随机效应模型，且固定效应模型通常会损失一期数据。最后来看固定效应模型中不同的估计方法。组内变换、一阶差分变换以及条件似然函数方法通过差分的方式消去不可观测固定效应，从而会损失一期的数据，Mundlak 模型和 Chamberlain 模型直接对不可观测固定效应进行建模，不会造成数据损失，但这两个模型需要正确设定不可观测固定效应的条件期望$\mathbb{E}(\alpha_i\mid\boldsymbol{X}_i)$。

表 7-1 面板数据模型比较

模型	如何看待α_i	参数$\boldsymbol{\beta}$估计量的表达式	估计过程	加权矩阵
POLS 模型	随机变量；与$\boldsymbol{x}_{it}$不相关	$\hat{\boldsymbol{\beta}}_{\mathrm{POLS}}=\left(\sum_{i=1}^{N}\boldsymbol{X}_i\boldsymbol{X}_i'\right)^{-1}\left(\sum_{i=1}^{N}\boldsymbol{X}_i\boldsymbol{y}_i\right)$	利用y_{it}对$\boldsymbol{x}_{it}'$回归	$\boldsymbol{I}$
GLS 模型		$\hat{\boldsymbol{\beta}}_{\mathrm{GLS}}=\left(\sum_{i=1}^{N}\boldsymbol{X}_i\boldsymbol{\Omega}_i^{-1}\boldsymbol{X}_i'\right)^{-1}\left(\sum_{i=1}^{N}\boldsymbol{X}_i\boldsymbol{\Omega}_i^{-1}\boldsymbol{y}_i\right)$	利用$\boldsymbol{\Omega}_i^{-\frac{1}{2}}\boldsymbol{y}_i$对$\boldsymbol{\Omega}_i^{-\frac{1}{2}}\boldsymbol{X}_i'$对回归	$\boldsymbol{\Omega}_i^{-1}$
随机效应模型（特殊的 GLS）		$\hat{\boldsymbol{\beta}}_{\mathrm{RE}}=\left(\sum_{i=1}^{N}\boldsymbol{X}_i\boldsymbol{\Omega}_{\mathrm{RE}}^{-1}\boldsymbol{X}_i'\right)^{-1}\left(\sum_{i=1}^{N}\boldsymbol{X}_i\boldsymbol{\Omega}_{\mathrm{RE}}^{-1}\boldsymbol{y}_i\right)$	利用$\boldsymbol{\Omega}_{\mathrm{RE}}^{-\frac{1}{2}}\boldsymbol{y}_i$对$\boldsymbol{\Omega}_{\mathrm{RE}}^{-\frac{1}{2}}\boldsymbol{X}_i'$对回归； 等价地，利用$y_{it}-\lambda\bar{y}_i$（广义差分）对$\boldsymbol{x}_{it}'-\lambda\bar{\boldsymbol{x}}_i'$回归	$\boldsymbol{\Omega}_{\mathrm{RE}}^{-1}$

续表

模型		如何看待α_i	参数$\boldsymbol{\beta}$估计量的表达式	估计过程	加权矩阵
固定效应模型	组内变换（固定效应估计）	随机变量；允许与$\boldsymbol{x}_{it}$相关	$\hat{\boldsymbol{\beta}}_{\mathrm{FE}}=\left(\sum_{i=1}^{N}\ddot{\boldsymbol{X}}_i\ddot{\boldsymbol{X}}_i'\right)^{-1}\left(\sum_{i=1}^{N}\ddot{\boldsymbol{X}}_i\ddot{\boldsymbol{y}}_i\right)$ $\hat{\boldsymbol{\beta}}_{\mathrm{FE}}=\left(\sum_{i=1}^{N}\boldsymbol{X}_i\boldsymbol{M}_{e_T}\boldsymbol{X}_i'\right)^{-1}\left(\sum_{i=1}^{N}\boldsymbol{X}_i\boldsymbol{M}_{e_T}\boldsymbol{y}_i\right)$	利用$\ddot{y}_{it}$对$\ddot{\boldsymbol{x}}_{it}'$回归	$\boldsymbol{M}_{e_T}$
	一阶差分变换		$\hat{\boldsymbol{\beta}}_{\mathrm{FD}}=\left(\sum_{i=1}^{N}\Delta\boldsymbol{X}_i\Delta\boldsymbol{X}_i'\right)^{-1}\left(\sum_{i=1}^{N}\Delta\boldsymbol{X}_i\Delta\boldsymbol{y}_i\right)$ $\hat{\boldsymbol{\beta}}_{\mathrm{FD}}=\left(\sum_{i=1}^{N}\boldsymbol{X}_i\boldsymbol{C}_i\boldsymbol{C}_i'\boldsymbol{X}_i'\right)^{-1}\left(\sum_{i=1}^{N}\boldsymbol{X}_i\boldsymbol{C}_i\boldsymbol{C}_i'\boldsymbol{y}_i\right)$	利用Δy_{it}对$\Delta\boldsymbol{x}_{it}'$回归	$\boldsymbol{C}_i\boldsymbol{C}_i'$
	条件似然函数		$\hat{\boldsymbol{\beta}}_{\mathrm{CMLE}}=\arg\max_{\{\boldsymbol{\theta}\in\boldsymbol{\Theta}\}}\{\mathscr{L}\}$	最大化条件似然函数：利用$\bar{y}_i$作为α_i的**充分统计量**(Sufficient Statistics)	—
	对α_i建模（更加结构化的方法）		—	Mundlak(1978)：利用y_{it}对$\boldsymbol{x}_{it}'$和$\bar{\boldsymbol{x}}_i'$回归	—
			—	Chamberlain(1982)：利用y_{it}对$\boldsymbol{x}_{it}'$和$\boldsymbol{x}_{i1}'$，$\boldsymbol{x}_{i2}'$，…，$\boldsymbol{x}_{iT}'$回归	—
LSDV模型		未知参数	$\hat{\boldsymbol{\beta}}_{\mathrm{LSDV}}=\left(\sum_{i=1}^{N}\boldsymbol{X}_i\boldsymbol{M}_{e_T}\boldsymbol{X}_i'\right)^{-1}\left(\sum_{i=1}^{N}\boldsymbol{X}_i\boldsymbol{M}_{e_T}\boldsymbol{y}_i\right)$	利用y_{it}对$\boldsymbol{x}_{it}$和d_{1i}，d_{2i}，…，d_{Ni}回归	$\boldsymbol{M}_{e_T}$

注释：$\boldsymbol{\Omega}_i=\mathbb{E}(\boldsymbol{u}_i\boldsymbol{u}_i'\mid\boldsymbol{X}_i)$，$\boldsymbol{\Omega}_{\mathrm{RE}}=\begin{bmatrix}\sigma_\alpha^2+\sigma_\epsilon^2 & \sigma_\alpha^2 & \cdots & \sigma_\alpha^2\\ \sigma_\alpha^2 & \sigma_\alpha^2+\sigma_\epsilon^2 & \cdots & \sigma_\alpha^2\\ \vdots & \vdots & & \vdots\\ \sigma_\alpha^2 & \sigma_\alpha^2 & \cdots & \sigma_\alpha^2+\sigma_\epsilon^2\end{bmatrix}$，$\lambda=1-\left(\dfrac{\sigma_\epsilon^2}{\sigma_\epsilon^2+T\sigma_\alpha^2}\right)^{\frac{1}{2}}$，$\ddot{y}_{it}=y_{it}-\bar{y}_i$，$\boldsymbol{M}_{e_T}=\boldsymbol{I}_T-\boldsymbol{e}_T(\boldsymbol{e}_T'\boldsymbol{e}_T)^{-1}\boldsymbol{e}_T'$，$\Delta y_{it}=y_{it}-y_{i,t-1}$，$\boldsymbol{C}_i=\begin{bmatrix}-1 & 0 & \cdots & 0\\ 1 & -1 & \cdots & 0\\ 0 & \ddots & \ddots & \vdots\\ \vdots & \ddots & 1 & -1\\ 0 & \cdots & 0 & 1\end{bmatrix}$，$\mathscr{L}=\prod_{i=1}^{N}f(y_{i1},\cdots,y_{iT}\mid\alpha_i,\boldsymbol{x}_i,\bar{y}_i,\boldsymbol{\beta},\sigma^2)=\prod_{i=1}^{N}\left\{\dfrac{\sqrt{2\pi\sigma^2/T}}{(\sqrt{2\pi\sigma^2})^T}\exp\left[\sum_{t=1}^{T}\dfrac{-(y_{it}-\boldsymbol{x}_{it}'\boldsymbol{\beta})^2+(\bar{y}_i-\bar{\boldsymbol{x}}_i'\boldsymbol{\beta})^2}{2\sigma^2}\right]\right\}$。

9. 面板数据模型中国经济案例分析——微观企业生产函数估计

生产函数估计既是经济学的经典问题，也是经济学的前沿问题。事实上，面板数据模型最开始就是用于估计生产函数的(Mundlak,1961;Hoch,1962)。本节基于1998年至2007年中国规模以上工业企业数据，来展示POLS，随机效应模型以及固定效应模型等常用面板数据模型的应用。①

正式地，考虑如下模型设定：

$$\ln y_{it}=\alpha_0+\alpha_1\ln k_{it}+\alpha_2\ln l_{it}+\boldsymbol{x}'_{it}\boldsymbol{\gamma}+\epsilon_{it} \tag{7-76}$$

其中，下标 i 和 t 分别表示企业和年份。y_{it}为产出，利用企业工业增加值来表示。k_{it}表示资本存量，基于永续盘存法来估计。l_{it}为劳动，用企业从业人数来表示。此外，模型还添加了控制变量$\boldsymbol{x}_{it}$，具体包括企业年龄(*Age*)和是否出口虚拟变量(*Export*)。ϵ_{it}为误差项。可以注意到，式(7-76)给出的模型隐含假定生产函数为柯布-道格拉斯形式。

表7-2具体汇报了生产函数估计结果。第(1)列和第(2)列汇报的是**POLS模型**估计结果。第(3)列和第(4)列汇报的是**随机效应模型**估计结果。第(5)列和第(6)列汇报的是**固定效应模型**估计结果。第(7)至第(12)列在第(1)至第(6)列的基础上对应添加年份固定效应。可见，第(9)至第(12)列是**双向误差模型**估计结果，其中的第(11)列和第(12)列所给出的是**双向固定效应模型**(Two-way Fixed Effect Model,TWFE)估计结果。基于表7-2回归结果可以总结得到如下结论：第一，资本和劳动的系数都在1%的显著性水平上显著，这与理论模型预期一致；第二，劳动产出弹性大于资本；第三，资本和劳动产出弹性相加显著小于1，这显示出企业生产函数的规模报酬递减特征；第四，在模型中添加年份固定效应显著提升了R^2，这可能反映了研究样本区间内中国企业投入产出变量之间存在的共同趋势特征。在模型中进一步添加相关文献常用控制变量*Age*和*Export*不改变这些结论。

---

① 值得指出的是，微观企业生产函数估计是一项具有挑战性的工作，这里不求精确估计真实的生产函数，而是以这个重要的经济学问题为例来展示主要面板数据模型的实际应用。估计企业生产函数通常面临如下困难：第一，遗漏企业效率引起的内生性问题，具体而言，研究者一般无法观测到企业生产效率，而企业生产效率通常与当期要素投入存在正相关关系，这就引起了内生性问题；第二，样本选择问题。我们只能观测到那些利润率较高的企业，无法观测到那些因利润率低下而退出市场的企业，从而引起样本选择问题；第三，资本变量测量误差问题。企业资本存量一般需要通过估计得到，从而存在测量误差，我们知道，解释变量测量误差可能会导致其系数估计值向0趋近；第四，企业产品价格信息通常无法获取，该情形下，研究者通常使用企业产值作为被解释变量；第五，生产函数形式设定问题。简便起见，研究者往往将企业生产函数设定为柯布-道格拉斯形式，但这不一定符合现实。对生产函数估计感兴趣的读者可阅读Olley and Pakes(1996)，Blundell and Bond (2000)，Levinsohn and Petrin(2003)，Wooldridge(2009)，De Loecker(2011)，Ackerberg et al. (2015)，Doraszelski and Jaumandreu(2013)以及Gandhi et al. (2020)等经典或前沿文献。这些文献大体可以分为两类：一类是，基于面板数据GMM方法来估计企业生产函数，Blundell and Bond (2000)属于这一类；另一类是，Olley and Pakes(1996)开创的生产函数结构式估计方法，以上文献除了Blundell and Bond (2000)之外，基本都属于这一类。这两类估计方法的共同点是，参数识别最终都是基于时间维度的外生性(从而不需要模型系统之外的工具变量)——当期(结构)误差项与模型解释变量滞后项不相关。

表 7-2 中国工业企业生产函数估计

	(1)	(2)	(3)	(4)	(5)	(6)	(7)	(8)	(9)	(10)	(11)	(12)
	POLS		随机效应模型		固定效应模型		POLS		随机效应模型		固定效应模型	
	lny	lny	lny	lny	lny	lny	lny	lny	lny	lny	lny	lny
ln*k*	0.263***	0.307***	0.258***	0.267***	0.262***	0.254***	0.266***	0.301***	0.230***	0.242***	0.186***	0.185***
资本对数值	(0.001)	(0.001)	(0.001)	(0.001)	(0.002)	(0.002)	(0.001)	(0.001)	(0.001)	(0.001)	(0.001)	(0.001)
ln*l*	0.487***	0.503***	0.439***	0.440***	0.416***	0.404***	0.518***	0.528***	0.458***	0.463***	0.395***	0.392***
劳动对数值	(0.001)	(0.001)	(0.002)	(0.002)	(0.002)	(0.002)	(0.001)	(0.001)	(0.002)	(0.002)	(0.002)	(0.002)
Age		−0.026***		−0.009***		0.013***		−0.020***		−0.011***		−0.001***
年龄		(0.000)		(0.000)		(0.000)		(0.000)		(0.000)		(0.000)
Export		0.107***		0.146***		0.138***		0.087***		0.119***		0.118***
出口		(0.002)		(0.002)		(0.003)		(0.002)		(0.002)		(0.003)
Cons	3.984***	3.773***	4.198***	4.171***	4.331***	4.281***	3.123***	3.057***	3.828***	3.776***	4.677***	4.683***
常数项	(0.005)	(0.005)	(0.008)	(0.008)	(0.016)	(0.016)	(0.006)	(0.006)	(0.008)	(0.008)	(0.015)	(0.015)
个体固定效应	否	否	否	否	是	是	否	否	否	否	是	是
年份固定效应	否	否	否	否	否	否	是	是	是	是	是	是
N	2 091 950	2 091 950	2 091 950	2 091 950	2 091 950	2 091 950	2 091 950	2 091 950	2 091 950	2 091 950	2 091 950	2 091 950
R^2	0.393	0.434	0.393	0.420	0.393	0.348	0.468	0.492	0.466	0.488	0.463	0.467

注释：*，**以及***分别表示在10%，5%与1%显著性水平下显著，括号中的数字为异方差稳健标准误。

10. 面板数据模型工具变量方法

到目前为止，我们所介绍的模型要么假定解释变量不存在内生性(比如,POLS 模型和随机效应模型)，要么假定解释变量存在的内生性由不可观测个体固定效应引起(比如,固定效应模型)。本节允许解释变量存在内生性，且允许内生性由不可观测个体固定效应以及除了不可观测个体固定效应外的不可观测因素同时引起。该情形下，仅仅消去不可观测个体固定效应无法完全消除模型内生性问题，为识别模型因果效应参数通常需要利用工具变量方法。本节介绍面板数据工具变量方法。

10.1 面板数据工具变量方法的一般性框架

本小节介绍面板数据工具变量方法的一般性框架。考虑如下未显性包含不可观测个体固定效应的面板数据模型：

$$y_{it}=\boldsymbol{x}_{it}'\boldsymbol{\beta}+u_{it} \tag{7-77}$$

其中，$\mathrm{Cov}(\boldsymbol{x}_{it},u_{it})\neq 0$，即模型存在内生性问题。

将式(7-77)中模型以个体为单位写成向量形式可得：

$$\boldsymbol{y}_i=\boldsymbol{X}_i'\boldsymbol{\beta}+\boldsymbol{u}_i \tag{7-78}$$

其中，$\boldsymbol{y}_i=\begin{bmatrix}y_{i1}\\y_{i2}\\\vdots\\y_{iT}\end{bmatrix}_{T\times 1}$，$\boldsymbol{X}_i'=\begin{bmatrix}\boldsymbol{x}_{i1}'\\\boldsymbol{x}_{i2}'\\\vdots\\\boldsymbol{x}_{iT}'\end{bmatrix}_{T\times K}$，$\boldsymbol{u}_i=\begin{bmatrix}u_{i1}\\u_{i2}\\\vdots\\u_{iT}\end{bmatrix}_{T\times 1}$。这里值得指出的是，之所以以模型个体为单位写成向量形式是因为，我们所考虑的是短面板数据模型，估计量大样本性质的分析基础为个体数量 N 趋近于无穷大($N\to\infty$)时期 T 固定。

将$\boldsymbol{X}_i$所对应的工具变量矩阵记为$\boldsymbol{Z}_i$，该矩阵的维度为 $L\times T$(其中,$L\geqslant K$)，那么则有**矩条件**(Moment Condition)成立：

$$\mathbb{E}(\boldsymbol{Z}_i\boldsymbol{u}_i)=\boldsymbol{0} \tag{7-79}$$

因此，参数$\boldsymbol{\beta}$ 的 GMM 估计量$\hat{\boldsymbol{\beta}}_{\mathrm{PGMM}}$可以通过如下最小化问题得到：

$$\hat{\boldsymbol{\beta}}_{\mathrm{PGMM}}=\arg\min_{\{\boldsymbol{b}\in\mathscr{B}\}}\left[\sum_{i=1}^{N}[\boldsymbol{Z}_i(y_i-\boldsymbol{X}_i'\boldsymbol{b})]\right]'\boldsymbol{W}\left[\sum_{i=1}^{N}[\boldsymbol{Z}_i(y_i-\boldsymbol{X}_i'\boldsymbol{b})]\right] \tag{7-80}$$

其中，加权矩阵$\boldsymbol{W}$为 $L\times L$ 矩阵。注意到我们将式(7-77)中的真实参数$\boldsymbol{\beta}$ 替换为了选择参数 $\boldsymbol{b}$。

根据第六章的内容可以很容易得到面板数据模型 GMM 估计量$\hat{\boldsymbol{\beta}}_{\mathrm{GMM}}$的具体表达式：

$$\hat{\boldsymbol{\beta}}_{\mathrm{PGMM}}=\left[\left(\sum_{i=1}^{N}\boldsymbol{Z}_i\boldsymbol{X}_i'\right)'\boldsymbol{W}\left(\sum_{i=1}^{N}\boldsymbol{Z}_i\boldsymbol{X}_i'\right)\right]^{-1}\left(\sum_{i=1}^{N}\boldsymbol{Z}_i\boldsymbol{X}_i'\right)'\boldsymbol{W}\left(\sum_{i=1}^{N}\boldsymbol{Z}_i\boldsymbol{y}_i\right) \tag{7-81}$$

以数据矩阵的形式，$\hat{\boldsymbol{\beta}}_{\mathrm{PGMM}}$可以表述为：

$$\hat{\boldsymbol{\beta}}_{\mathrm{PGMM}}=[\boldsymbol{X}'\boldsymbol{Z}\boldsymbol{W}\boldsymbol{Z}'\boldsymbol{X}]^{-1}\boldsymbol{X}'\boldsymbol{Z}\boldsymbol{W}\boldsymbol{Z}'\boldsymbol{y} \tag{7-82}$$

与命题 6.14 类似，容易验证在矩条件$\mathbb{E}(\boldsymbol{Z}_i\boldsymbol{u}_i)=\boldsymbol{0}$ 成立的情形下，$\hat{\boldsymbol{\beta}}_{\mathrm{PGMM}}$是$\boldsymbol{\beta}$ 的一致估计

量($N\to\infty$)，即 $\text{Plim}\,\hat{\boldsymbol{\beta}}_{\text{PGMM}}=\boldsymbol{\beta}$。此外，与命题 6.15 类似(参见第六章)可以很容易得到 $\sqrt{N}(\hat{\boldsymbol{\beta}}_{\text{PGMM}}-\boldsymbol{\beta})$ 的极限分布为：

$$\sqrt{N}(\hat{\boldsymbol{\beta}}_{\text{PGMM}}-\boldsymbol{\beta})\xrightarrow{d}\mathcal{N}(\mathbf{0},\boldsymbol{A}^{-1}\boldsymbol{B}\boldsymbol{A}^{-1}) \tag{7-83}$$

其中，$\boldsymbol{A}=\boldsymbol{G}'\boldsymbol{W}\boldsymbol{G}$，$\boldsymbol{B}=\boldsymbol{G}'\boldsymbol{W}\boldsymbol{\Lambda}\boldsymbol{W}\boldsymbol{G}$；$\boldsymbol{G}=\mathbb{E}(\boldsymbol{Z}_i\boldsymbol{X}_i')$，$\boldsymbol{\Lambda}=\mathbb{E}(\boldsymbol{Z}_i\boldsymbol{u}_i\boldsymbol{u}_i'\boldsymbol{Z}_i')$。

特别地，若 $\boldsymbol{W}=\left(\sum_{i=1}^{N}\boldsymbol{Z}_i\boldsymbol{Z}_i'\right)^{-1}$，那么 $\hat{\boldsymbol{\beta}}_{\text{PGMM}}$ 则变为 2SLS 估计量：

$$\hat{\boldsymbol{\beta}}_{\text{2SLS}}=\left[\left(\sum_{i=1}^{N}\boldsymbol{Z}_i\boldsymbol{X}_i'\right)'\left(\sum_{i=1}^{N}\boldsymbol{Z}_i\boldsymbol{Z}_i'\right)^{-1}\left(\sum_{i=1}^{N}\boldsymbol{Z}_i\boldsymbol{X}_i'\right)\right]^{-1}\left(\sum_{i=1}^{N}\boldsymbol{Z}_i\boldsymbol{X}_i'\right)'\left(\sum_{i=1}^{N}\boldsymbol{Z}_i\boldsymbol{Z}_i'\right)^{-1}\left(\sum_{i=1}^{N}\boldsymbol{Z}_i\boldsymbol{y}_i\right) \tag{7-84}$$

10.2 外生性假定与工具变量矩阵的内部结构

在上一小节中，我们假定 $\boldsymbol{Z}_i$ 为 $L\times T$ 矩阵($L\geqslant K$)，且 $\mathbb{E}(\boldsymbol{Z}_i\boldsymbol{u}_i)=\mathbf{0}$。在本小节读者将看到，多种外生性假定都能够使得 $\mathbb{E}(\boldsymbol{Z}_i\boldsymbol{u}_i)=\mathbf{0}$ 成立。本小节具体介绍这些外生性假定及其所对应的工具变量矩阵 $\boldsymbol{Z}_i$ 的内部结构(Lee,2002)。

如果工具变量**加和外生性假定**(Summation Exogeneity Assumption)满足：

$$\mathbb{E}\left(\sum_{t=1}^{T}z_{it}u_{it}\right)=\mathbf{0} \tag{7-85}$$

那么 $\boldsymbol{Z}_i'$ 可以定义为与 $\boldsymbol{X}_i$ 具有相同结构的形式：

$$\boldsymbol{Z}_i'=\begin{bmatrix}z_{i1}'\\ z_{i2}'\\ \vdots\\ z_{iT}'\end{bmatrix}_{T\times L} \tag{7-86}$$

可以看出，式(7-85)成立等价于 $\mathbb{E}(\boldsymbol{Z}_i\boldsymbol{u}_i)=\mathbf{0}$ 成立。

如果工具变量**当期外生性假定**(Contemporaneous Exogeneity Assumption) $\mathbb{E}(u_{it}\mid z_{it})=0$ 满足，那么 $\boldsymbol{Z}_i'$ 可以定义为：

$$\boldsymbol{Z}_i'=\begin{bmatrix}z_{i1}' & & & \\ & z_{i2}' & & \\ & & \ddots & \\ & & & z_{iT}'\end{bmatrix} \tag{7-87}$$

其中，z_{it} 为 $\boldsymbol{x}_{it}$ 的工具变量。不难发现，在当期外生性假定成立的条件下，$\mathbb{E}(\boldsymbol{Z}_i\boldsymbol{u}_i)=\mathbf{0}$ 成立。

如果工具变量**弱外生性假定**(Weak Exogeneity Assumption) $\mathbb{E}(u_{it}\mid z_{i1},z_{i2},\cdots,z_{it})=0$ 满足，那么 $\boldsymbol{Z}_i'$ 可以定义为：

$$\boldsymbol{Z}_i'=\begin{bmatrix}z_{i1}' & & & \\ & z_{i1}',\ z_{i2}' & & \\ & & \ddots & \\ & & & z_{i1}',\ z_{i2}',\ \cdots,\ z_{iT}'\end{bmatrix} \tag{7-88}$$

其中，z_{i1}，z_{i2}，…，z_{it}为$\boldsymbol{x}_{it}$的工具变量。特别地，z_{i1}为$\boldsymbol{x}_{i1}$的工具变量，z_{i1}，z_{i2}，…，z_{iT}为$\boldsymbol{x}_{iT}$的工具变量。容易看出，在弱外生性假定成立的条件下可以得到$\mathbb{E}(\boldsymbol{Z}_i\boldsymbol{u}_i)=\boldsymbol{0}$成立。

如果**严格外生性假定**(Strictly Exogeneity Assumption)$\mathbb{E}(u_{it}\mid z_{i1},z_{i2},\cdots,z_{iT})=0$满足，那么$\boldsymbol{Z}_i'$可以定义为：

$$\boldsymbol{Z}_i'=\begin{bmatrix} z_{i1}', z_{i2}', \cdots, z_{iT}' & & & \\ & z_{i1}', z_{i2}', \cdots, z_{iT}' & & \\ & & \ddots & \\ & & & z_{i1}', z_{i2}', \cdots, z_{iT}' \end{bmatrix} \tag{7-89}$$

其中，由于强外生性成立，z_{i1}，z_{i2}，…，z_{iT}都可以作为$\boldsymbol{x}_{it}$的工具变量。同样地，在强外生性假定成立的条件下可以得到$\mathbb{E}(\boldsymbol{Z}_i\boldsymbol{u}_i)=\boldsymbol{0}$成立。

可以发现，基于工具变量的加和外生性假定、当期外生性假定、弱外生性假定以及严格外生性假定都能得到识别模型参数的矩条件$\mathbb{E}(\boldsymbol{Z}_i\boldsymbol{u}_i)=\boldsymbol{0}$成立。这几个假定依次增强：基于当期外生性假定成立能够得到加和外生性假定成立；基于弱外生性假定成立能够得到当期外生性假定成立；基于严格外生性假定成立能够得到弱外生性假定成立。为了便于阅读，将这几个外生性假定及其所对应的工具变量矩阵结构形式总结在表 7-3 中。

10.3 固定效应模型工具变量方法

本小节将不可观测个体固定效应显性引入模型，并允许解释变量同时和不可观测固定效应以及误差项相关。正式地，考虑如下固定效应模型：

$$y_{it}=\boldsymbol{x}_{it}'\boldsymbol{\beta}+\alpha_i+\epsilon_{it} \tag{7-90}$$

其中，$\mathrm{Cov}(\boldsymbol{x}_{it},\alpha_i)\neq\boldsymbol{0}$，$\mathrm{Cov}(\boldsymbol{x}_{it},\epsilon_{it})\neq\boldsymbol{0}$。

根据前述介绍我们知道，由不可观测固定效应α_i所引起的内生性问题可以利用组内变换或者一阶差分变换的方式消去。

经过组内变换后，式(7-90)转化为：

$$\ddot{y}_{it}=\ddot{\boldsymbol{x}}_{it}'\boldsymbol{\beta}+\ddot{\epsilon}_{it} \tag{7-91}$$

其中，$\ddot{y}_{it}=y_{it}-\bar{y}_i$，$\ddot{\boldsymbol{x}}_i'=\boldsymbol{x}_{it}'-\bar{\boldsymbol{x}}_i'$，$\ddot{\epsilon}_{it}=\epsilon_{it}-\bar{\epsilon}_i$。

可以看到，式(7-91)不存在因α_i引起的内生性，尽管如此，由于$\mathrm{Cov}(\boldsymbol{x}_{it},\epsilon_{it})\neq 0$，所以$\mathrm{Cov}(\ddot{\boldsymbol{x}}_{it},\ddot{\epsilon}_{it})\neq 0$。也就是说，利用$\ddot{y}_{it}$对$\ddot{\boldsymbol{x}}_{it}$进行回归无法识别参数$\boldsymbol{\beta}$，从而需要利用工具变量方法。容易验证，如果假设**强外生性假定**$\mathbb{E}(\epsilon_{it}\mid z_{i1},z_{i2},\cdots,z_{iT})=0$成立，那么可以利用$\ddot{z}_{i1}$，$\ddot{z}_{i2}$，…，$\ddot{z}_{iT}$作为$\ddot{\boldsymbol{x}}_{it}$的工具变量。①

将式(7-91)中模型以个体为单位写成向量形式：

$$\ddot{\boldsymbol{y}}_i=\ddot{\boldsymbol{X}}_i'\boldsymbol{\beta}+\ddot{\boldsymbol{\epsilon}}_i \tag{7-92}$$

① 注意到，在严格外生性假定$\mathbb{E}(\epsilon_{it}\mid z_{i1},z_{i2},\cdots,z_{iT})=0$成立的条件下，$\ddot{z}_{i1}$，$\ddot{z}_{i2}$，…，$\ddot{z}_{iT}$并非$\ddot{\boldsymbol{x}}_{it}$工具变量的唯一形式，$z_{i1}$，$z_{i2}$，…，$z_{iT}$或者$z_{it}$也可以作为$\ddot{\boldsymbol{x}}_{it}$的工具变量。

表 7-3 面板数据模型工具变量外生性假定与工具变量矩阵结构形式①

外生性假定	表达式	x_{it}的工具变量	X_i对应的工具变量矩阵Z_i的结构	$\mathbb{E}(Z_i u_i)$
加和外生性	$\mathbb{E}\left(\sum_{t=1}^{T} z_{it} u_{it}\right) = \mathbf{0}$	—	$Z_i' = \begin{bmatrix} z_{i1}' \\ z_{i2}' \\ \vdots \\ z_{iT}' \end{bmatrix}$	$\mathbb{E}\left(\sum_{t=1}^{T} z_{it} u_{it}\right) = \mathbf{0}$
当期外生性	$\mathbb{E}(u_{it} \mid z_{it}) = 0$	z_{it}	$Z_i' = \begin{bmatrix} z_{i1}' & & & \\ & z_{i2}' & & \\ & & \ddots & \\ & & & z_{iT}' \end{bmatrix}$	$\mathbb{E}\begin{bmatrix} z_{i1}u_{i1} \\ z_{i2}u_{i2} \\ \vdots \\ z_{iT}u_{iT} \end{bmatrix} = \mathbf{0}$
弱外生性	$\mathbb{E}(u_{it} \mid z_{i1}, z_{i2}, \cdots, z_{it}) = 0$	$z_{i1}, z_{i2}, \cdots, z_{it}$	$Z_i' = \begin{bmatrix} z_{i1}' & & & \\ & z_{i1}', z_{i2}' & & \\ & & \ddots & \\ & & & z_{i1}', z_{i2}', \cdots, z_{iT}' \end{bmatrix}$	$\mathbb{E}\begin{bmatrix} z_{i1}u_{i1} \\ z_{i1}u_{i2} \\ z_{i2}u_{i2} \\ \vdots \\ z_{i1}u_{iT} \\ z_{i2}u_{iT} \\ \vdots \\ z_{iT}u_{iT} \end{bmatrix} = \mathbf{0}$
严格外生性	$\mathbb{E}(u_{it} \mid z_{i1}, z_{i2}, \cdots, z_{iT}) = 0$	$z_{i1}, z_{i2}, \cdots, z_{iT}$	$Z_i' = \begin{bmatrix} z_{i1}', z_{i2}', \cdots, z_{iT}' & & & \\ & z_{i1}', z_{i2}', \cdots, z_{iT}' & & \\ & & \ddots & \\ & & & z_{i1}', z_{i2}', \cdots, z_{iT}' \end{bmatrix}$	$\mathbb{E}\begin{bmatrix} z_{i1}u_{i1} \\ \vdots \\ z_{iT}u_{i1} \\ \vdots \\ z_{i1}u_{iT} \\ \vdots \\ z_{iT}u_{iT} \end{bmatrix} = \mathbf{0}$

① 参见 Cameron and Trivedi(2005)。

其中，$\ddot{\boldsymbol{y}}_i=\begin{bmatrix}\ddot{y}_{i1}\\ \ddot{y}_{i2}\\ \vdots\\ \ddot{y}_{iT}\end{bmatrix}_{T\times1}$，$\ddot{\boldsymbol{X}}_i'=\begin{bmatrix}\ddot{\boldsymbol{x}}_{i1}'\\ \ddot{\boldsymbol{x}}_{i2}'\\ \vdots\\ \ddot{\boldsymbol{x}}_{iT}'\end{bmatrix}_{T\times K}$，$\ddot{\boldsymbol{\epsilon}}_i=\begin{bmatrix}\ddot{\epsilon}_{i1}\\ \ddot{\epsilon}_{i2}\\ \vdots\\ \ddot{\epsilon}_{iT}\end{bmatrix}_{T\times1}$。

由于利用$\ddot{z}_{i1}$，$\ddot{z}_{i2}$，…，$\ddot{z}_{iT}$作为$\ddot{\boldsymbol{x}}_{it}$的工具变量，因此$\ddot{\boldsymbol{X}}_i'$对应的工具变量矩阵为：

$$\ddot{\boldsymbol{Z}}_i'=\begin{bmatrix}\ddot{z}_{i1}',\ \ddot{z}_{i2}',\ \cdots,\ \ddot{z}_{iT}' & & & \\ & \ddot{z}_{i1}',\ \ddot{z}_{i2}',\ \cdots,\ \ddot{z}_{iT}' & & \\ & & \ddots & \\ & & & \ddot{z}_{i1}',\ \ddot{z}_{i2}',\ \cdots,\ \ddot{z}_{iT}'\end{bmatrix}_{T\times L} \tag{7-93}$$

根据前述介绍可以得到参数$\boldsymbol{\beta}$组内变换后的 GMM 估计量：

$$\hat{\boldsymbol{\beta}}_{\text{FE-PGMM}}=\left[\left(\sum_{i=1}^{N}\ddot{\boldsymbol{Z}}_i\ddot{\boldsymbol{X}}_i'\right)'\boldsymbol{W}\left(\sum_{i=1}^{N}\ddot{\boldsymbol{Z}}_i\ddot{\boldsymbol{X}}_i'\right)\right]^{-1}\left(\sum_{i=1}^{N}\ddot{\boldsymbol{Z}}_i\ddot{\boldsymbol{X}}_i'\right)'\boldsymbol{W}\left(\sum_{i=1}^{N}\ddot{\boldsymbol{Z}}_i\ddot{\boldsymbol{y}}_i\right) \tag{7-94}$$

从式(7-94)中可以很容易看出，为了保证$\hat{\boldsymbol{\beta}}_{\text{FE-PGMM}}$是参数$\boldsymbol{\beta}$的一致估计量，需要$\mathbb{E}(\ddot{\boldsymbol{Z}}_i\ddot{\boldsymbol{\epsilon}}_i)=$

$$\mathbb{E}\left(\begin{bmatrix}\ddot{z}_{i1} & & & \\ \vdots & & & \\ \ddot{z}_{iT} & & & \\ & \ddot{z}_{i1} & & \\ & \vdots & & \\ & \ddot{z}_{iT} & & \\ & & \ddots & \\ & & & \ddot{z}_{i1}\\ & & & \vdots\\ & & & \ddot{z}_{iT}\end{bmatrix}_{L\times T}\begin{bmatrix}\ddot{\epsilon}_{i1}\\ \ddot{\epsilon}_{i2}\\ \vdots\\ \ddot{\epsilon}_{iT}\end{bmatrix}_{T\times1}\right)=\mathbb{E}\begin{bmatrix}\ddot{z}_{i1}\ddot{\epsilon}_{i1}\\ \vdots\\ \ddot{z}_{iT}\ddot{\epsilon}_{i1}\\ \ddot{z}_{i1}\ddot{\epsilon}_{i2}\\ \vdots\\ \ddot{z}_{iT}\ddot{\epsilon}_{i2}\\ \vdots\\ \ddot{z}_{iT}\ddot{\epsilon}_{iT}\\ \vdots\\ \ddot{z}_{iT}\ddot{\epsilon}_{iT}\end{bmatrix}=\boldsymbol{0}$$

成立。由于$\bar{z}_i$以及$\bar{\epsilon}_i$对应出现在z_{it}和$\ddot{\epsilon}_{it}$中，因此只有在强外生性假定成立的条件下，才能够保证$\mathbb{E}(\ddot{\boldsymbol{Z}}_i\ddot{\boldsymbol{\epsilon}}_i)=\boldsymbol{0}$成立。仅假定加和外生性、当期外生性或者弱外生性，无法保证$\mathbb{E}(\ddot{\boldsymbol{Z}}_i\ddot{\boldsymbol{\epsilon}}_i)=\boldsymbol{0}$成立。

现在来介绍一阶差分变换。经过一阶差分变换后，式(7-90)转化为：

$$\Delta y_{it}=\Delta\boldsymbol{x}_{it}'\boldsymbol{\beta}+\Delta\epsilon_{it} \tag{7-95}$$

其中，$\Delta y_{it}=y_{it}-y_{i,t-1}$，$\Delta\boldsymbol{x}_{it}'=\boldsymbol{x}_{it}'-\boldsymbol{x}_{i,t-1}'$，$\Delta\epsilon_{it}=\epsilon_{it}-\epsilon_{i,t-1}$。

可以看到，式(7-95)中消去了α_i，从而不存在不可观测固定效应引起的内生性问题。然而，由于 $\mathrm{Cov}(\boldsymbol{x}_{it},\epsilon_{it})\neq0$，因此 $\mathrm{Cov}(\Delta\boldsymbol{x}_{it},\Delta\epsilon_{it})\neq0$。这意味着，利用$\Delta y_{it}$对$\Delta\boldsymbol{x}_{it}$进行回归无法得到参数$\boldsymbol{\beta}$的一致估计量，从而需要利用到工具变量方法。容易验证，如果假设**弱外生性假定**$\mathbb{E}(\epsilon_{it}\mid z_{i1},z_{i2},\cdots,z_{it})=0$成立，那么可以利用$z_{i1}$，$\Delta z_{i2}$，…，$\Delta z_{i,t-1}$作为$\Delta\boldsymbol{x}_{it}$的工具

变量。①

将式(7-95)中模型以个体为单位写成向量形式：

$$\Delta \boldsymbol{y}_i=\Delta \boldsymbol{X}_i'\boldsymbol{\beta}+\Delta \boldsymbol{\epsilon}_i \tag{7-96}$$

其中，$\Delta \boldsymbol{y}_i=\begin{bmatrix}\Delta y_{i2}\\ \Delta y_{i3}\\ \vdots\\ \Delta y_{iT}\end{bmatrix}_{(T-1)\times 1}$，$\Delta \boldsymbol{X}_i'=\begin{bmatrix}\Delta \boldsymbol{x}_{i2}'\\ \Delta \boldsymbol{x}_{i3}'\\ \vdots\\ \Delta \boldsymbol{x}_{iT}'\end{bmatrix}_{(T-1)\times K}$，$\Delta \boldsymbol{\epsilon}_i=\begin{bmatrix}\Delta \epsilon_{i2}\\ \Delta \epsilon_{i3}\\ \vdots\\ \Delta \epsilon_{iT}\end{bmatrix}_{(T-1)\times 1}$。

由于利用$\boldsymbol{z}_{i1}$，$\Delta \boldsymbol{z}_{i2}$，…，$\Delta \boldsymbol{z}_{i,t-1}$作为 $\Delta \boldsymbol{x}_{it}$的工具变量，因此$\Delta \boldsymbol{X}_i'$对应的工具变量矩阵为：

$$\widetilde{\boldsymbol{Z}}_i'=\begin{bmatrix}\boldsymbol{z}_{i1}' & & & \\ & \boldsymbol{z}_{i1}',\ \Delta \boldsymbol{z}_{i2}' & & \\ & & \ddots & \\ & & & \boldsymbol{z}_{i1}',\ \Delta \boldsymbol{z}_{i2}',\ \cdots,\ \Delta \boldsymbol{z}_{i,T-1}'\end{bmatrix}_{(T-1)\times L} \tag{7-97}$$

因此参数$\boldsymbol{\beta}$ 一阶差分后的 GMM 估计量为：

$$\hat{\boldsymbol{\beta}}_{\text{FD-PGMM}}=\left[\left(\sum_{i=1}^{N}\widetilde{\boldsymbol{Z}}_i\Delta \boldsymbol{X}_i'\right)'\boldsymbol{W}\left(\sum_{i=1}^{N}\widetilde{\boldsymbol{Z}}_i\Delta \boldsymbol{X}_i'\right)\right]^{-1}\left(\sum_{i=1}^{N}\widetilde{\boldsymbol{Z}}_i\Delta \boldsymbol{X}_i'\right)'\boldsymbol{W}\left(\sum_{i=1}^{N}\widetilde{\boldsymbol{Z}}_i\Delta \boldsymbol{y}_i\right) \tag{7-98}$$

与估计量$\hat{\boldsymbol{\beta}}_{\text{FE-PGMM}}$类似，从式(7-98)中可以很容易看出，保证$\hat{\boldsymbol{\beta}}_{\text{FD-PGMM}}$是$\boldsymbol{\beta}$ 的一致估计量，需要$\mathbb{E}(\widetilde{\boldsymbol{Z}}_i\Delta \boldsymbol{\epsilon}_i)=\mathbb{E}\left(\begin{bmatrix}\boldsymbol{z}_{i1} & & & \\ & \boldsymbol{z}_{i1} & & \\ & \Delta \boldsymbol{z}_{i2} & & \\ & & \ddots & \\ & & & \boldsymbol{z}_{i1}\\ & & & \Delta \boldsymbol{z}_{i2}\\ & & & \vdots\\ & & & \Delta \boldsymbol{z}_{i,T-1}\end{bmatrix}_{L\times(T-1)}\begin{bmatrix}\Delta \epsilon_{i2}\\ \Delta \epsilon_{i3}\\ \vdots\\ \Delta \epsilon_{iT}\end{bmatrix}_{(T-1)\times 1}\right)=\mathbb{E}\begin{bmatrix}\boldsymbol{z}_{i1}\Delta \epsilon_{i2}\\ \boldsymbol{z}_{i1}\Delta \epsilon_{i3}\\ \Delta \boldsymbol{z}_{i2}\Delta \epsilon_{i3}\\ \vdots\\ \boldsymbol{z}_{i1}\Delta \epsilon_{iT}\\ \Delta \boldsymbol{z}_{i2}\Delta \epsilon_{iT}\\ \vdots\\ \Delta \boldsymbol{z}_{i,T-1}\Delta \epsilon_{iT}\end{bmatrix}=\boldsymbol{0}$ 成立。注意到该条件能够在弱外生性假定下得到，但是更弱的当期外生性假定和加和外生性假定无法保证该条件成立。

综上可知，由于$\mathbb{E}(\ddot{\boldsymbol{Z}}_i\ddot{\boldsymbol{\epsilon}}_i)=\boldsymbol{0}$ 成立需要强外生性假定，$\mathbb{E}(\widetilde{\boldsymbol{Z}}_i\Delta \boldsymbol{\epsilon}_i)=\boldsymbol{0}$ 成立需要弱外生性假定，因此，与组内变换 GMM 估计量$\hat{\boldsymbol{\beta}}_{\text{FE-PGMM}}$相比，保证一阶差分变换 GMM 估计量$\hat{\boldsymbol{\beta}}_{\text{FD-PGMM}}$的一致性需要的外生性假定更弱。因此，在使用工具变量估计面板数据固定效应模型时，一阶差分变换比组内变换更加常见。这一点可以从接下来的动态面板数据模型中看出来。

① 利用$\boldsymbol{z}_{i1}$，$\boldsymbol{z}_{i2}$，…，$\boldsymbol{z}_{i,t-1}$作为$\Delta \boldsymbol{x}_{it}$的工具变量与利用$\boldsymbol{z}_{i1}$，$\Delta \boldsymbol{z}_{i2}$，…，$\Delta \boldsymbol{z}_{i,t-1}$作为$\Delta \boldsymbol{x}_{it}$的工具变量等价。这是因为$\boldsymbol{z}_{i1}$，$\Delta \boldsymbol{z}_{i2}$，…，$\Delta \boldsymbol{z}_{i,t-1}$是$\boldsymbol{z}_{i1}$，$\boldsymbol{z}_{i2}$，…，$\boldsymbol{z}_{i,t-1}$的线性组合。

10.4 动态面板数据模型

到目前为止，本章介绍的模型都是静态的。在实际应用中，很多经济行为通常具有动态特征，比如，企业的投资行为，出口行为或者研发行为往往具有动态特征。这可以通过在面板数据模型中引入被解释变量滞后项的方式来刻画。

10.4.1 模型设定

简便起见，考虑如下包含被解释变量一期滞后的**动态面板数据模型**（Dynamic Panel Data Model）：

$$y_{it}=\rho\, y_{i,t-1}+\boldsymbol{x}_{it}'\boldsymbol{\beta}+\alpha_i+\epsilon_{it} \tag{7-99}$$

其中，假设$|\rho|<1$，以保证模型是**平稳的**（Stationary）。简便起见，这里我们假设$\boldsymbol{x}_{it}$是严格外生变量，即$\mathbb{E}(\alpha_i+\epsilon_{it}\mid \boldsymbol{x}_{i1},\boldsymbol{x}_{i2},\cdots,\boldsymbol{x}_{iT})=0$。

类似于前述静态面板数据模型，对于式（7-99）给出的动态面板数据模型，当期外生性假定为：

$$\mathbb{E}(\epsilon_{it}\mid \boldsymbol{x}_{it},y_{i,t-1},\alpha_i)=0 \tag{7-100}$$

其中，$\boldsymbol{x}_{it}$和$y_{i,t-1}$为当期解释变量。需要注意的是，$y_{i,t-1}$被认为是当期（而非历史时期）的解释变量。

弱外生性假定为：

$$\mathbb{E}(\epsilon_{it}\mid \boldsymbol{x}_{i1},y_{i0},\cdots,\boldsymbol{x}_{it},y_{i,t-1},\alpha_i)=0 \tag{7-101}$$

严格外生性假定为：

$$\mathbb{E}(\epsilon_{it}\mid \boldsymbol{x}_{i1},y_{i0},\cdots,\boldsymbol{x}_{iT},y_{i,T-1},\alpha_i)=0 \tag{7-102}$$

由于动态效应的存在，**动态面板数据模型具有两个不同于静态面板数据模型的重要特征：**第一，解释变量$y_{i,t-1}$与不可观测个体固定效应α_i存在相关性。为了清楚地看出这一点，考虑式（7-99）对应的$t-1$期模型$y_{i,t-1}=\rho\, y_{i,t-2}+\boldsymbol{x}_{i,t-1}'\boldsymbol{\beta}+\alpha_i+\epsilon_{i,t-1}$，显然地，$\alpha_i$与$y_{i,t-1}$存在相关性。第二，严格外生性假定$\mathbb{E}(\epsilon_{it}\mid \boldsymbol{x}_{i1},y_{i0},\cdots,\boldsymbol{x}_{iT},y_{i,T-1},\alpha_i)=0$通常不再成立。这是因为对于动态面板数据模型而言，当期误差项通常与未来解释变量存在相关性。从式（7-99）中可以很容易看到，误差项ϵ_{it}与y_{it}相关，而y_{it}又是$t+1$期模型$y_{i,t+1}=\rho\, y_{it}+\boldsymbol{x}_{i,t+1}'\boldsymbol{\beta}+\alpha_i+\epsilon_{i,t+1}$中的解释变量，因此误差项$\epsilon_{it}$通过$y_{it}$与$y_{i,t+1}$产生相关性，如此等等（图 7-2 直观地刻画了这一过程）。相对于误差项ϵ_{it}而言，y_{it}，$y_{i,t+1}$，…都是未来时期的解释变量，严格外生性假定从而不再成立。一般地，对于动态面板数据模型而言，较为合理和常见的外生性假设为弱外生性假设。有鉴于此，**在本节接下来的内容中，我们维持弱外生性假定成立。**

对于动态面板数据模型而言，由于$y_{i,t-1}$和α_i存在相关性以及严格外生性假定通常无法得到满足，因此利用 OLS、组内转换或者一阶差分变换方法来估计式（7-99）都无法得到模型参数的一致估计量。OLS 估计量的不一致性来源于$y_{i,t-1}$和α_i的相关性，Hsiao（2014）给出了参数ρ的 OLS 估计量偏误具体表达式。我们即将看到，组内变换或者一阶差分变换估计量的不一致性来源于严格外生性假定无法得到满足。Nickell（1981）给出了参数ρ组内变换估计量偏误的具体表达式。

对于式（7-99）进行组内变换可得：

$$\ddot{y}_{it}=\rho\,\ddot{y}_{i,t-1}+\ddot{\boldsymbol{x}}_{it}'\boldsymbol{\beta}+\ddot{\epsilon}_{it} \tag{7-103}$$

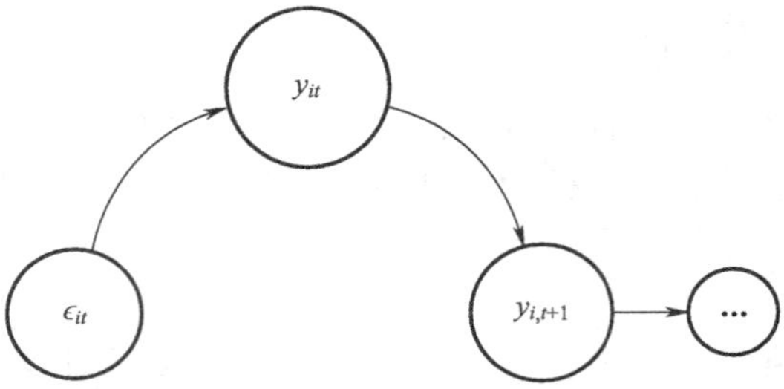

图 7-2　动态反馈与严格外生性假定$\mathbb{E}(\epsilon_{it}\mid \boldsymbol{x}_{i1},y_{i0},\cdots,\boldsymbol{x}_{iT},y_{i,T-1},\alpha_i)=0$ 的违背

其中，$\ddot{y}_{it}=y_{it}-\bar{y}_i$，$\ddot{\boldsymbol{x}}_i'=\boldsymbol{x}_{it}'-\bar{\boldsymbol{x}}_i'$，$\ddot{\epsilon}_{it}=\epsilon_{it}-\bar{\epsilon}_i$。

观察式(7-103)可以发现，由于我们假设$\mathbb{E}(\alpha_i+\epsilon_{it}\mid \boldsymbol{x}_{i1},\boldsymbol{x}_{i2},\cdots,\boldsymbol{x}_{iT})=0$，因此$\ddot{\boldsymbol{x}}_{it}$与$\ddot{\epsilon}_{it}$不相关。但是由于严格外生性假定$\mathbb{E}(\epsilon_{it}\mid \boldsymbol{x}_{i1},y_{i0},\cdots,\boldsymbol{x}_{iT},y_{i,T-1},\alpha_i)=0$ 不成立，容易验证组内变换导致$\ddot{y}_{i,t-1}$与$\ddot{\epsilon}_{it}$因包含均值项从而存在相关性。因此，利用$\ddot{y}_{it}$对$\ddot{y}_{i,t-1}$和$\ddot{\boldsymbol{x}}_{it}$进行回归无法得到模型参数的一致估计量。

对于式(7-99)进行一阶差分变换可得：

$$\Delta y_{it}=\rho\Delta y_{i,t-1}+\Delta\boldsymbol{x}_{it}'\boldsymbol{\beta}+\Delta\epsilon_{it} \tag{7-104}$$

其中，$\Delta y_{it}=y_{it}-y_{i,t-1}$，$\Delta\boldsymbol{x}_{it}'=\boldsymbol{x}_{it}'-\boldsymbol{x}_{i,t-1}'$，$\Delta\epsilon_{it}=\epsilon_{it}-\epsilon_{i,t-1}$。

由于$\mathbb{E}(\alpha_i+\epsilon_{it}\mid \boldsymbol{x}_{i1},\boldsymbol{x}_{i2},\cdots,\boldsymbol{x}_{iT})=0$，因此 $\Delta\boldsymbol{x}_{it}$与 $\Delta\epsilon_{it}$不相关。由于严格外生性假定$\mathbb{E}(\epsilon_{it}\mid \boldsymbol{x}_{i1},y_{i0},\cdots,\boldsymbol{x}_{iT},y_{i,T-1},\alpha_i)=0$ 不成立，一阶差分变换导致 $\Delta y_{i,t-1}$与 $\Delta\epsilon_{it}$存在相关性，这一点可以很容易地从如下表达式中看出来：

$$\mathrm{Cov}(\Delta y_{i,t-1},\Delta\epsilon_{it})=\mathrm{Cov}(y_{i,t-1}-y_{i,t-2},\epsilon_{it}-\epsilon_{i,t-1})=\mathrm{Cov}(y_{i,t-1},\epsilon_{i,t-1})\neq 0 \tag{7-105}$$

其中，第二个等式成立是因为假设弱外生性假定成立，$\mathrm{Cov}(y_{i,t-1},\epsilon_{i,t-1})\neq 0$ 是因为严格外生性假定不成立。

10.4.2　Anderson-Hsiao 模型与 Arellano-Bond 模型

为了获取模型参数的一致估计量，Anderson and Hsiao(1982)提出使用工具变量方法来估计式(7-104)模型。Anderson and Hsiao(1982)使用$y_{i,t-2}$作为 $\Delta y_{i,t-1}$的工具变量。在弱外生性假设成立的条件下，$y_{i,t-2}$是 $\Delta y_{i,t-1}$的有效工具变量，一方面：$\Delta y_{i,t-1}=y_{i,t-1}-y_{i,t-2}$中包含$y_{i,t-2}$，从而满足有效工具变量的相关性假设；另一方面，在弱外生性假定成立的条件下，$y_{i,t-2}$与 $\Delta\epsilon_{it}=\epsilon_{it}-\epsilon_{i,t-1}$不相关，从而满足有效工具变量的外生性假定。此外，由于我们假定$\mathbb{E}(\alpha_i+\epsilon_{it}\mid \boldsymbol{x}_{i1},\boldsymbol{x}_{i2},\cdots,\boldsymbol{x}_{iT})=0$，因此$\boldsymbol{x}_{i1}$，$\boldsymbol{x}_{i2}$，…，$\boldsymbol{x}_{iT}$可以作为 $\Delta\boldsymbol{x}_{it}$的工具变量。

将式(7-104)以个体为单位写成向量形式：

$$\Delta\boldsymbol{y}_i=\rho\Delta\boldsymbol{y}_{i,-1}+\Delta\boldsymbol{X}_i'\boldsymbol{\beta}+\Delta\boldsymbol{\epsilon}_i \tag{7-106}$$

其中，$\Delta\boldsymbol{y}_i=\begin{bmatrix}\Delta y_{i3}\\ \Delta y_{i4}\\ \vdots\\ \Delta y_{iT}\end{bmatrix}_{(T-2)\times 1}$，$\Delta\boldsymbol{y}_{i,-1}=\begin{bmatrix}\Delta y_{i2}\\ \Delta y_{i3}\\ \vdots\\ \Delta y_{i,T-1}\end{bmatrix}_{(T-2)\times 1}$，$\Delta\boldsymbol{X}_i'=\begin{bmatrix}\Delta\boldsymbol{x}_{i3}'\\ \Delta\boldsymbol{x}_{i4}'\\ \vdots\\ \Delta\boldsymbol{x}_{iT}'\end{bmatrix}_{(T-2)\times K}$，$\Delta\boldsymbol{\epsilon}_i=\begin{bmatrix}\Delta\epsilon_{i3}\\ \Delta\epsilon_{i4}\\ \vdots\\ \Delta\epsilon_{iT}\end{bmatrix}_{(T-2)\times 1}$。这里值得注意的是，模型损失了两期数据。

令$\boldsymbol{W}_i^{\mathrm{AH}'}=[\Delta\boldsymbol{y}_{i,-1}\quad \Delta\boldsymbol{X}_i']_{(T-2)\times(K+1)}$，根据前述介绍，利用$y_{i,t-2}$作为 $\Delta y_{i,t-1}$的工具变量以及利

用$\boldsymbol{x}_{i1}$，…，$\boldsymbol{x}_{iT}$作为$\Delta \boldsymbol{x}_{it}$的工具变量意味着，$\boldsymbol{W}_i^{\mathrm{AH}'}$所对应的工具变量矩阵为：

$$\boldsymbol{Z}_i^{\mathrm{AH}'}=\begin{bmatrix} y_{i1},\ \boldsymbol{x}'_{i1},\ \cdots,\ \boldsymbol{x}'_{iT} & & & \\ & y_{i2},\ \boldsymbol{x}'_{i1},\ \cdots,\ \boldsymbol{x}'_{iT} & & \\ & & \ddots & \\ & & & y_{i,T-2},\ \boldsymbol{x}'_{i1},\ \cdots,\ \boldsymbol{x}'_{iT} \end{bmatrix}_{(T-2)\times L} \tag{7-107}$$

注意到在弱外生性假定成立的条件下，$\Delta y_{i,t-1}$与$y_{i,t-2}$，$y_{i,t-3}$，…，y_{i0}都不相关，Arellano and Bond(1991)利用$y_{i,t-2}$，$y_{i,t-3}$，…，y_{i0}作为$\Delta y_{i,t-1}$的工具变量。该情形下$\boldsymbol{W}_i^{\mathrm{A-Bond}'}=\boldsymbol{W}_i^{\mathrm{AH}'}$所对应的工具变量矩阵为：

$$\boldsymbol{Z}_i^{\mathrm{A-Bond}'}=\begin{bmatrix} y_{i1},\ \boldsymbol{x}'_{i1},\ \cdots,\ \boldsymbol{x}'_{iT} & & & \\ & y_{i2},\ y_{i1},\ \boldsymbol{x}'_{i1},\ \cdots,\ \boldsymbol{x}'_{iT} & & \\ & & \ddots & \\ & & & y_{i,T-2},\ \cdots,\ y_{i1},\ \boldsymbol{x}'_{i1},\ \cdots,\ \boldsymbol{x}'_{iT} \end{bmatrix}_{(T-2)\times L} \tag{7-108}$$

10.4.3 弱工具变量问题

Arellano and Bover(1995)和 Blundell and Bond(1998)发现，如果ρ的取值比较接近于 1，那么使用$y_{i,t-2}$，$y_{i,t-3}$，…，y_{i0}作为$\Delta y_{i,t-1}$的工具变量通常存在**弱工具变量问题**。为了看清楚这一点，Hansen(2021)考虑了如下简单动态面板数据模型：

$$y_{it}=\rho\, y_{i,t-1}+\alpha_i+\epsilon_{it} \tag{7-109}$$

其中，$|\rho|<1$，$\{\epsilon_{it}\}$独立同分布，$\mathrm{Cov}(\alpha_i,\epsilon_{it})=0$。

对于式(7-109)进行一阶差分变换可得：

$$\Delta y_{it}=\rho\Delta y_{i,t-1}+\Delta\epsilon_{it} \tag{7-110}$$

我们知道，式(7-110)中的模型存在内生性问题，为识别参数ρ，需要利用工具变量。简便起见，考虑只利用$y_{i,t-2}$作为$\Delta y_{i,t-1}$的情形。将$\Delta y_{i,t-1}$对$y_{i,t-2}$的回归(即工具变量方法的第一阶段回归)系数记为γ，那么根据最小二乘回归的定义可以很容易得到(参见第三章)：①

$$\gamma=\frac{\mathbb{E}\,(y_{i,t-2}\Delta y_{i,t-1})}{\mathbb{E}\,(y_{i,t-2}^2)} \tag{7-111}$$

利用式(7-109)容易得到：②

$$\Delta y_{i,t-1}=(\rho-1)\,y_{i,t-2}+\alpha_i+\epsilon_{i,t-1} \tag{7-112}$$

利用式(7-109)还可以得到：

$$y_{i,\ t-2}=\frac{\alpha_i}{1-\rho}+\sum_{\tau=0}^{\infty}\rho^{\tau}\,\epsilon_{i,\ t-2-\tau} \tag{7-113}$$

根据式(7-112)和式(7-113)可以将$\mathbb{E}\,(y_{i,t-2}\Delta y_{i,t-1})$写为：

---

① 正式地，γ的定义式如下：

$$\gamma=\arg\min_{\{r\in\mathscr{R}\}}\mathbb{E}\,(\Delta y_{i,t-1}-r\cdot y_{i,t-2})^2$$

② 式(7-109)对应的$t-1$期模型左右两端同时减去$y_{i,t-2}$即可得到式(7-112)。

$$\begin{aligned}\mathbb{E}(y_{i,t-2}\Delta y_{i,t-1}) &= (\rho-1)\mathbb{E}(y_{i,t-2}^2)+\mathbb{E}(y_{i,t-2}\alpha_i)\\ &= (\rho-1)\mathbb{E}(y_{i,t-2}^2)+\mathbb{E}\left[\alpha_i\left(\frac{\alpha_i}{1-\rho}+\sum_{\tau=0}^{\infty}\rho^{\tau}\epsilon_{i,t-2-\tau}\right)\right]\\ &= (\rho-1)\mathbb{E}(y_{i,t-2}^2)+\frac{\sigma_\alpha^2}{1-\rho}\end{aligned} \tag{7-114}$$

根据式(7-112)和式(7-113)可以将$\mathbb{E}(y_{i,t-2}^2)$写为：

$$\mathbb{E}(y_{i,t-2}^2)=\mathbb{E}\left[\left(\frac{\alpha_i}{1-\rho}+\sum_{\tau=0}^{\infty}\rho^{\tau}\epsilon_{i,t-2-\tau}\right)^2\right]=\frac{\sigma_\alpha^2}{(1-\rho)^2}+\frac{\sigma_\epsilon^2}{1-\rho^2} \tag{7-115}$$

将式(7-114)和式(7-115)代入式(7-111)可得：

$$\gamma=\frac{\mathbb{E}(y_{i,t-2}\Delta y_{i,t-1})}{\mathbb{E}(y_{i,t-2}^2)}=(\rho-1)+\frac{\sigma_\alpha^2}{(1-\rho)\mathbb{E}(y_{i,t-2}^2)}=(\rho-1)+\frac{\sigma_\alpha^2}{\dfrac{\sigma_\alpha^2}{1-\rho}+\dfrac{\sigma_\epsilon^2}{1+\rho}} \tag{7-116}$$

10.4.4 Arellano and Bover 模型与 Blundell and Bond 模型(系统 GMM 方法)

从式(7-116)中可以清楚地看到，当ρ非常接近 1 时，γ趋近于 0，即出现了弱工具变量问题。与 Anderson and Hsiao(1982)和 Arellano and Bond(1991)考察式(7-104)给出的**差分模型**(Difference Model)不同，为了缓解弱工具变量问题，Arellano and Bover(1995)直接考察式(7-99)给出的**水平模型**(Level Model)，$y_{it}=\rho y_{i,t-1}+\boldsymbol{x}_{it}'\boldsymbol{\beta}+\alpha_i+\epsilon_{it}$。在满足弱外生性假设$\mathbb{E}(\epsilon_{it}\mid \boldsymbol{x}_{i1}, y_{i0},\cdots,\boldsymbol{x}_{iT},y_{i,T-1},\alpha_i)=0$的条件下，如果进一步假设$\Delta y_{is}$与$\alpha_i$不相关，那么容易验证$\Delta y_{i,t-1}$，…，$\Delta y_{i2}$可以作为$y_{i,t-1}$的工具变量。由于假设$\mathbb{E}(\alpha_i+\epsilon_{it}\mid \boldsymbol{x}_{i1},\boldsymbol{x}_{i2},\cdots,\boldsymbol{x}_{iT})=0$，因此$\Delta\boldsymbol{x}_{iT}$，…，$\Delta\boldsymbol{x}_{i2}$可以作为$\boldsymbol{x}_{it}$的工具变量。

将$y_{it}=\rho y_{i,t-1}+\boldsymbol{x}_{it}'\boldsymbol{\beta}+\alpha_i+\epsilon_{it}$以个体为单位写成向量形式：

$$\boldsymbol{y}_i=\rho\,\boldsymbol{y}_{i,-1}+\boldsymbol{X}_i'\boldsymbol{\beta}+\alpha_i+\boldsymbol{\epsilon}_i \tag{7-117}$$

其中，$\boldsymbol{y}_i=\begin{bmatrix}y_{i3}\\y_{i4}\\\vdots\\y_{iT}\end{bmatrix}_{(T-2)\times1}$，$\boldsymbol{y}_{i-1}=\begin{bmatrix}y_{i2}\\y_{i3}\\\vdots\\y_{i,T-1}\end{bmatrix}_{(T-2)\times1}$，$\boldsymbol{X}_i'=\begin{bmatrix}\boldsymbol{x}_{i3}'\\\boldsymbol{x}_{i4}'\\\vdots\\\boldsymbol{x}_{iT}'\end{bmatrix}_{(T-2)\times K}$，$\boldsymbol{\epsilon}_i=\begin{bmatrix}\epsilon_{i3}\\\epsilon_{i4}\\\vdots\\\epsilon_{iT}\end{bmatrix}_{(T-2)\times1}$。这里值得注意的是，模型损失了两期数据。

若令$\boldsymbol{W}_i^{\text{A-Bover}'}=[\boldsymbol{y}_{i,-1}\quad \boldsymbol{X}_i']_{(T-2)\times(K+1)}$，那么$\boldsymbol{W}_i^{\text{A-Bover}'}$所对应的工具变量矩阵为：

$$\boldsymbol{Z}_i^{\text{A-Bover}'}=\begin{bmatrix}\Delta y_{i2},\Delta\boldsymbol{x}_{iT},\cdots,\Delta\boldsymbol{x}_{i2} & & & \\ & \Delta y_{i3},\Delta y_{i2},\Delta\boldsymbol{x}_{iT},\cdots,\Delta\boldsymbol{x}_{i2} & & \\ & & \ddots & \\ & & & \Delta y_{i,T-1},\cdots,\Delta y_{i2},\Delta\boldsymbol{x}_{iT},\cdots,\Delta\boldsymbol{x}_{i2}\end{bmatrix}_{(T-2)\times L} \tag{7-118}$$

为了缓解弱工具变量问题，Blundell and Bond(1998)将前述差分模型和水平模型作为一个**系统**(System)来估计，该方法被称为**系统 GMM 估计**(System GMM)。对于个体i而言，系统方程解释变量矩阵为$\boldsymbol{W}_i^{BB'}=\begin{bmatrix}\boldsymbol{W}_i^{A-Bond'}\\ \boldsymbol{W}_i^{A-Bover'}\end{bmatrix}$。由于$\boldsymbol{W}_i^{A-Bond'}$和$\boldsymbol{W}_i^{A-Bover'}$各自对应的工具变量矩阵分别为$\boldsymbol{Z}_i^{A-Bond'}$和$\boldsymbol{Z}_i^{A-Bover'}$，那么$\boldsymbol{W}_i'$所对应的工具变量矩阵为：

$$\boldsymbol{Z}_i^{BB'}=\begin{bmatrix}\boldsymbol{Z}_i^{A-Bond'} & \\ & \boldsymbol{Z}_i^{A-Bover'}\end{bmatrix} \tag{7-119}$$

其中，$\boldsymbol{Z}_i^{A-Bond'}=\begin{bmatrix} y_{i1},\ \boldsymbol{x}_{i1}',\ \cdots,\ \boldsymbol{x}_{iT}' & & & \\ & y_{i2},\ \boldsymbol{x}_{i1}',\ \cdots,\ \boldsymbol{x}_{iT}' & & \\ & & \ddots & \\ & & & y_{i,T-2},\ \boldsymbol{x}_{i1}',\ \cdots,\ \boldsymbol{x}_{iT}'\end{bmatrix}$；$\boldsymbol{Z}_i^{A-Bover'}=$

$\begin{bmatrix}\Delta y_{i2},\ \Delta\boldsymbol{x}_{iT},\ \cdots,\ \Delta\boldsymbol{x}_{i2} & & & \\ & \Delta y_{i3},\ \Delta y_{i2},\ \Delta\boldsymbol{x}_{iT},\ \cdots,\ \Delta\boldsymbol{x}_{i2} & & \\ & & \ddots & \\ & & & \Delta y_{i,T-1},\ \cdots,\ \Delta y_{i2},\ \Delta\boldsymbol{x}_{iT},\ \cdots,\ \Delta\boldsymbol{x}_{i2}\end{bmatrix}$。

Blundell and Bond(1998)的模拟结果显示，系统 GMM 估计能够有效缓解弱工具变量问题，从而显著提升估计量的有效性。为了便于阅读，我们将以上动态面板数据模型估计方法总结在表 7-4 中。

表 7-4　动态面板数据模型估计方法总结

估计方法	模型	工具变量矩阵
Anderson and Hsiao(1982)	差分模型	$\boldsymbol{Z}_i^{AH'}=\begin{bmatrix} y_{i1},\ \boldsymbol{x}_{i1}',\ \cdots,\ \boldsymbol{x}_{iT}' & & & \\ & y_{i2},\ \boldsymbol{x}_{i1}',\ \cdots,\ \boldsymbol{x}_{iT}' & & \\ & & \ddots & \\ & & & y_{i,T-2},\ \boldsymbol{x}_{i1}',\ \cdots,\ \boldsymbol{x}_{iT}'\end{bmatrix}$
Arellano and Bond(1991)		$\boldsymbol{Z}_i^{A-Bond'}=\begin{bmatrix} y_{i1},\ \boldsymbol{x}_{i1}',\ \cdots,\ \boldsymbol{x}_{iT}' & & & \\ & y_{i2},\ y_{i1},\ \boldsymbol{x}_{i1}',\ \cdots,\ \boldsymbol{x}_{iT}' & & \\ & & \ddots & \\ & & & y_{i,T-2},\ \cdots,\ y_{i1},\ \boldsymbol{x}_{i1}',\ \cdots,\ \boldsymbol{x}_{iT}'\end{bmatrix}$
Arellano and Bover(1995)	水平模型	$\boldsymbol{Z}_i^{A-Bover'}=\begin{bmatrix}\Delta y_{i2},\Delta\boldsymbol{x}_{iT},\cdots,\Delta\boldsymbol{x}_{i2} & & & \\ & \Delta y_{i3},\Delta y_{i2},\Delta\boldsymbol{x}_{iT},\cdots,\Delta\boldsymbol{x}_{i2} & & \\ & & \ddots & \\ & & & \Delta y_{i,T-1},\cdots,\Delta y_{i2},\Delta\boldsymbol{x}_{iT},\cdots,\Delta\boldsymbol{x}_{i2}\end{bmatrix}$
Blundell and Bond(1998)	系统模型	$\boldsymbol{Z}_i^{BB'}=\begin{bmatrix}\boldsymbol{Z}_i^{A-Bond'} & \\ & \boldsymbol{Z}_i^{A-Bover'}\end{bmatrix}$

11. Hausman-Taylor 模型

以上我们介绍了随机效应模型和固定效应模型，比较这两个模型可以发现：虽然固定效应模型允许解释变量与不可观测固定效应相关，但是那些不随时间变化的变量通常与不可观测固定效应一并被消去，从而无法识别这些变量的系数；虽然随机效应模型能够估计那些不随时间变化变量的系数，但不允许解释变量与不可观测固定效应存在相关性，在实际应用中这往往是一个比较强的限定。有鉴于此，Hausman and Taylor(1981)考察了**固定效应和随机效应的混合模型**(Mixed Effects Hybrid Model)。

11.1　Hausman-Taylor 模型的简单形式

为了清楚地了解 Hausman-Taylor 模型的基本思想，首先来介绍该模型的简单形式：

$$y_{it}=\boldsymbol{x}_{it}'\boldsymbol{\beta}+z_i'\boldsymbol{\gamma}+\alpha_i+\epsilon_{it} \tag{7-120}$$

其中，假设$\mathbb{E}(\epsilon_{it}\mid \boldsymbol{x}_{i1},\boldsymbol{x}_{i2},\cdots,\boldsymbol{x}_{iT},\alpha_i)=0$，$\mathbb{E}(\epsilon_{it}\mid z_i,\alpha_i)=0$，从而意味着$\boldsymbol{x}_{it}$和$z_i$与误差项$\epsilon_{it}$都不相关。此外，假设$\mathbb{E}(\alpha_i\mid z_i)=0$(模型从而具有随机效应模型特征)但允许$\boldsymbol{x}_{it}$与$\alpha_i$相关(模型从而具有固定效应模型特征)。也就是说，模型潜在的内生性由$\boldsymbol{x}_{it}$与α_i相关引起。$\boldsymbol{\beta}$ 和 $\boldsymbol{\gamma}$ 都是我们所关心的参数。

观察式(7-120)可以看出，如果使用固定效应模型方法来估计式(7-120)，那么我们能够一致地估计参数$\boldsymbol{\beta}$，然而(由于z_i与α_i一并被消去)无法识别参数 $\boldsymbol{\gamma}$。如果使用随机效应模型来估计式(7-120)，那么(由于模型允许$\boldsymbol{x}_{it}$与α_i相关)我们既无法一致地估计参数$\boldsymbol{\beta}$，也无法一致地估计参数 $\boldsymbol{\gamma}$。基于两步法可以比较容易地理解 Hausman and Taylor(1981)处理这一问题的基本思路：第一步，利用固定效应模型来估计参数 $\boldsymbol{\beta}$ 得到$\hat{\boldsymbol{\beta}}_{\mathrm{FE}}$；第二步，利用$y_{it}-\boldsymbol{x}_{it}'\hat{\boldsymbol{\beta}}_{\mathrm{FE}}$对$z_i$进行回归得到$\hat{\boldsymbol{\gamma}}$。注意到，在模型假设下，$\hat{\boldsymbol{\beta}}_{\mathrm{FE}}$是参数 $\boldsymbol{\beta}$ 的一致估计量，$\hat{\boldsymbol{\gamma}}$是参数 $\boldsymbol{\gamma}$ 的一致估计量。$\hat{\boldsymbol{\gamma}}$的具体表达式为：

$$\hat{\boldsymbol{\gamma}}=\left(\sum_{i=1}^{N} z_i z_i'\right)^{-1}\left[\sum_{i=1}^{N} z_i(y_{it}-\boldsymbol{x}_{it}'\hat{\boldsymbol{\beta}}_{\mathrm{FE}})\right]=\left(\sum_{i=1}^{N} z_i z_i'\right)^{-1}\left[\sum_{i=1}^{N} z_i(\bar{y}_i-\bar{\boldsymbol{x}}_i'\hat{\boldsymbol{\beta}}_{\mathrm{FE}})\right] \tag{7-121}$$

其中，从第二个等式中可以很清楚地看到，$y_{it}-\boldsymbol{x}_{it}'\hat{\boldsymbol{\beta}}_{\mathrm{FE}}$对$z_i$进行回归等价于利用$\bar{y}_i-\bar{\boldsymbol{x}}_i'\hat{\boldsymbol{\beta}}_{\mathrm{FE}}$对$z_i$进行回归。

以上两步估计方法的不足之处在于，估计量$\hat{\boldsymbol{\gamma}}$中包含了$\hat{\boldsymbol{\beta}}_{\mathrm{FE}}$，从而需要调整$\hat{\boldsymbol{\gamma}}$的标准误(参见第四章两步估计法的相关内容)。事实上，在式(7-120)模型假定成立的条件下，我们可以基于如下两个矩条件来一次性地估计模型参数：

$$\begin{cases}\mathbb{E}\left[\ddot{\boldsymbol{x}}_{it}(y_{it}-\boldsymbol{x}_{it}'\boldsymbol{\beta}-z_i'\boldsymbol{\gamma})\right]=\mathbf{0}\\ \mathbb{E}\left[z_i(y_{it}-\boldsymbol{x}_{it}'\boldsymbol{\beta}-z_i'\boldsymbol{\gamma})\right]=\mathbf{0}\end{cases} \tag{7-122}$$

其中，第一个矩条件意味着利用$\ddot{\boldsymbol{x}}_{it}$作为$\boldsymbol{x}_{it}$的工具变量，不难发现，它对应第一步回归；第二个矩条件意味着利用z_i作为自身的工具变量，容易看出，它对应第二步回归。

将式(7-120)给出的模型以个体为单位写成向量形式：

$$\boldsymbol{y}_i=\boldsymbol{X}_i'\boldsymbol{\beta}+\boldsymbol{Z}_i'\boldsymbol{\gamma}+\alpha_i+\boldsymbol{\epsilon}_i \tag{7-123}$$

令$\boldsymbol{W}_i^{\mathrm{HT}'}=[\boldsymbol{X}_i' \quad \boldsymbol{Z}_i']$，那么$\boldsymbol{W}_i^{\mathrm{HT}'}$所对应的工具变量矩阵可以表示为：

$$\boldsymbol{Z}_i^{\mathrm{HT}'}=\begin{bmatrix} \ddot{\boldsymbol{x}}_{i1}', z_i' & & & \\ & \ddot{\boldsymbol{x}}_{i2}', z_i' & & \\ & & \ddots & \\ & & & \ddot{\boldsymbol{x}}_{iT}', z_i' \end{bmatrix} \tag{7-124}$$

利用式(7-84)给出的面板数据模型 2SLS 估计量表达式可得 Hausman-Taylor 模型的 2SLS 估计量：

$$\begin{bmatrix} \hat{\boldsymbol{\beta}}_{\mathrm{2SLS}}^{\mathrm{HT}} \\ \hat{\boldsymbol{\gamma}}_{\mathrm{2SLS}}^{\mathrm{HT}} \end{bmatrix}=\left[\left(\sum_{i=1}^{N}\boldsymbol{Z}_i^{\mathrm{HT}}\boldsymbol{W}_i^{\mathrm{HT}'}\right)'\left(\sum_{i=1}^{N}\boldsymbol{Z}_i^{\mathrm{HT}}\boldsymbol{Z}_i^{\mathrm{HT}'}\right)^{-1}\left(\sum_{i=1}^{N}\boldsymbol{Z}_i^{\mathrm{HT}}\boldsymbol{W}_i^{\mathrm{HT}'}\right)\right]^{-1}$$
$$\left(\sum_{i=1}^{N}\boldsymbol{Z}_i^{\mathrm{HT}}\boldsymbol{W}_i^{\mathrm{HT}'}\right)'\left(\sum_{i=1}^{N}\boldsymbol{Z}_i^{\mathrm{HT}}\boldsymbol{Z}_i^{\mathrm{HT}'}\right)^{-1}\left(\sum_{i=1}^{N}\boldsymbol{Z}_i^{\mathrm{HT}}\boldsymbol{y}_i\right) \tag{7-125}$$

11.2 Hausman-Taylor 模型的一般形式

现在来介绍 Hausman-Taylor 模型的一般形式：

$$y_{it}=\boldsymbol{x}_{1it}'\boldsymbol{\beta}_1+\boldsymbol{x}_{2it}'\boldsymbol{\beta}_2+z_{1i}'\boldsymbol{\gamma}_1+z_{2i}'\boldsymbol{\gamma}_2+\alpha_i+\epsilon_{it} \tag{7-126}$$

其中，假设$\mathbb{E}(\epsilon_{it}\mid \boldsymbol{x}_{1i1},\boldsymbol{x}_{1i2},\cdots,\boldsymbol{x}_{1iT},\alpha_i)=0$，$\mathbb{E}(\epsilon_{it}\mid \boldsymbol{x}_{2i1},\boldsymbol{x}_{2i2},\cdots,\boldsymbol{x}_{2iT},\alpha_i)=0$，$\mathbb{E}(\epsilon_{it}\mid z_{1i},\alpha_i)=0$，$\mathbb{E}(\epsilon_{it}\mid z_{2i},\alpha_i)=0$，即$\epsilon_{it}$与所有解释变量都不相关。此外，假设$\mathbb{E}(\alpha_i\mid \boldsymbol{x}_{1i1},\boldsymbol{x}_{1i2},\cdots,\boldsymbol{x}_{1iT})=0$和$\mathbb{E}(\alpha_i\mid z_{1i})=0$，但是允许$\boldsymbol{x}_{2it}$以及$z_{2i}$与$\alpha_i$存在相关性。概言之，这些假设意味着模型内生性由$\boldsymbol{x}_{2it}$和$z_{2i}$与$\alpha_i$的相关性引起。$\boldsymbol{\beta}_1$，$\boldsymbol{\beta}_2$，$\boldsymbol{\gamma}_1$以及$\boldsymbol{\gamma}_2$都是我们所关心的参数。

与上一小节介绍的简单 Hausman-Taylor 模型类似，式(7-126)中 Hausman-Taylor 模型参数的估计也可以通过两步法来理解：第一步，利用固定效应方法来估计参数$\boldsymbol{\beta}_1$和$\boldsymbol{\beta}_2$，得到估计量$\hat{\boldsymbol{\beta}}_{1\mathrm{FE}}$和$\hat{\boldsymbol{\beta}}_{2\mathrm{FE}}$，容易看出，在式(7-126)模型假定成立的条件下，$\hat{\boldsymbol{\beta}}_{1\mathrm{FE}}$和$\hat{\boldsymbol{\beta}}_{2\mathrm{FE}}$是参数$\boldsymbol{\beta}_1$和$\boldsymbol{\beta}_2$的一致估计量；第二步，将$y_{it}-\boldsymbol{x}_{1it}'\hat{\boldsymbol{\beta}}_{1\mathrm{FE}}-\boldsymbol{x}_{2it}'\hat{\boldsymbol{\beta}}_{2\mathrm{FE}}$作为被解释变量，将$z_{1i}$和$z_{2i}$作为解释变量，由于$z_{2i}$是内生的，因此利用$y_{it}-\boldsymbol{x}_{1it}'\hat{\boldsymbol{\beta}}_{1\mathrm{FE}}-\boldsymbol{x}_{2it}'\hat{\boldsymbol{\beta}}_{2\mathrm{FE}}$对$z_{1i}$和$z_{2i}$进行回归无法得到参数$\boldsymbol{\gamma}_1$和$\boldsymbol{\gamma}_2$的一致估计量。在这一步中需要利用到工具变量，$z_{1i}$是外生变量从而可以作为自身的工具变量，$z_{2i}$是内生变量从而需要寻找工具变量，Hausman and Taylor(1981)假设$\bar{\boldsymbol{x}}_{1i}$与$z_{2i}$相关，结合$\boldsymbol{x}_{1it}$为外生变量的假定，利用$\bar{\boldsymbol{x}}_{1i}$作为$z_{2i}$的工具变量。

由于两步估计得到的估计量需要对标准误进行调整，因此式(7-126)给出的模型通常基于如下四个矩条件来一次性地估计：

$$\begin{cases} \mathbb{E}[\ddot{\boldsymbol{x}}_{1it}(\alpha_i+\epsilon_{it})]=\boldsymbol{0} \\ \mathbb{E}[\ddot{\boldsymbol{x}}_{2it}(\alpha_i+\epsilon_{it})]=\boldsymbol{0} \\ \mathbb{E}[z_{1i}(\alpha_i+\epsilon_{it})]=\boldsymbol{0} \\ \mathbb{E}[\bar{\boldsymbol{x}}_{1i}(\alpha_i+\epsilon_{it})]=\boldsymbol{0} \end{cases} \tag{7-127}$$

其中，$\alpha_i+\epsilon_{it}=y_{it}-\boldsymbol{x}_{1it}'\boldsymbol{\beta}_1-\boldsymbol{x}_{2it}'\boldsymbol{\beta}_2-z_{1i}'\boldsymbol{\gamma}_1-z_{2i}'\boldsymbol{\gamma}_2$。容易看出，式(7-127)中矩条件意味着利用$[\ddot{\boldsymbol{x}}_{1it}'$，

$\ddot{\boldsymbol{x}}'_{2it},\boldsymbol{z}'_{1i},\bar{\boldsymbol{x}}'_{1i}]$作为$[\boldsymbol{x}'_{1it},\boldsymbol{x}'_{2it},\boldsymbol{z}'_{1i},\boldsymbol{z}'_{2i}]$的工具变量。[①][②] 进一步与两步估计法相比可以发现，前两个矩条件对应第一步固定效应估计，后两个矩条件对应第二步工具变量回归。注意到，外生变量$\boldsymbol{x}_{1it}$被用了两次，一次是用于构造$\boldsymbol{x}_{1it}$的工具变量$\ddot{\boldsymbol{x}}_{1it}$，另一次是用于构造$\boldsymbol{z}_{2i}$的工具变量$\bar{\boldsymbol{x}}_{1i}$。

将式(7-126)给出的模型以个体为单位写成向量形式：

$$\boldsymbol{y}_i=\boldsymbol{X}'_{1i}\boldsymbol{\beta}_1+\boldsymbol{X}'_{2i}\boldsymbol{\beta}_2+\boldsymbol{Z}'_{1i}\boldsymbol{\gamma}_1+\boldsymbol{Z}'_{2i}\boldsymbol{\gamma}_2+\boldsymbol{\alpha}_i+\boldsymbol{\epsilon}_i \tag{7-128}$$

令$\boldsymbol{W}_i^{\mathrm{HT}'}=[\boldsymbol{X}'_{1i}\quad \boldsymbol{X}'_{2i}\quad \boldsymbol{Z}'_{1i}\quad \boldsymbol{Z}'_{2i}]$，那么$\boldsymbol{W}_i^{\mathrm{HT}'}$所对应的工具变量矩阵可以表示为：

$$\boldsymbol{Z}_i^{\mathrm{HT}'}=\begin{bmatrix}\ddot{\boldsymbol{x}}'_{1i1},\ \ddot{\boldsymbol{x}}'_{2i1},\ \boldsymbol{z}'_{1i},\ \bar{\boldsymbol{x}}'_{1i} & & & \\ & \ddot{\boldsymbol{x}}'_{1i2},\ \ddot{\boldsymbol{x}}'_{2i2},\ \boldsymbol{z}'_{1i},\ \bar{\boldsymbol{x}}'_{1i} & & \\ & & \ddots & \\ & & & \ddot{\boldsymbol{x}}'_{1iT},\ \ddot{\boldsymbol{x}}'_{2iT},\ \boldsymbol{z}'_{1i},\ \bar{\boldsymbol{x}}'_{1i}\end{bmatrix} \tag{7-129}$$

对于 Hausman-Taylor 模型，Amemiya and MaCurdy(1986)提出了一种更加有效的估计方法：首先对模型(7-126)进行随机效应差分变换：

$$\tilde{y}_{it}=\tilde{\boldsymbol{x}}'_{1it}\boldsymbol{\beta}_1+\tilde{\boldsymbol{x}}'_{2it}\boldsymbol{\beta}_2+\tilde{\boldsymbol{z}}'_{1i}\boldsymbol{\gamma}_1+\tilde{\boldsymbol{z}}'_{2i}\boldsymbol{\gamma}_2+\tilde{\alpha}_i+\tilde{\epsilon}_{it} \tag{7-130}$$

其中，$\tilde{y}_{it}=y_{it}-\lambda\bar{y}_i$，$\lambda=1-\left(\dfrac{\sigma_\epsilon^2}{\sigma_\epsilon^2+T\sigma_\alpha^2}\right)^{\frac{1}{2}}$。

然后利用类似于式(7-127)的矩条件来估计模型参数。具体地，利用$[\ddot{\boldsymbol{x}}'_{1it},\ddot{\boldsymbol{x}}'_{2it},\boldsymbol{z}'_{1i},\bar{\boldsymbol{x}}'_{1i}]$作为$[\tilde{\boldsymbol{x}}'_{1it},\tilde{\boldsymbol{x}}'_{2it},\tilde{\boldsymbol{z}}'_{1i},\tilde{\boldsymbol{z}}'_{2i}]$的工具变量。

12. 非线性面板数据模型初步

我们以上讨论的面板数据模型都是线性的。接下来简要介绍非线性面板数据模型。考察非线性面板数据分析具有如下两个方面的重要原因：第一，在计量经济学中，**相当一部分核心模型是非线性模型**。比如，本书后续章节重点介绍的 Probit 模型、Logit 模型以及 Tobit 模型均是非线性模型；第二，**对于不可观测个体异质性特征的处理，非线性面板数据分析与线性面板数据分析存在较大差异**。具体地，线性面板数据模型可以通过差分的方式将不可观测个体异质性特征消除不同，在非线性面板数据模型中，不可观测个体异质性特征通常难以被消除，或者只有在较为特殊的模型设定形式下才能够被消除。

不失一般性，考虑如下**结构模型**：

$$y_{it}=\kappa(\boldsymbol{x}_{it},\alpha_i,\epsilon_{it},\boldsymbol{\beta}) \tag{7-131}$$

---

① 需要说明的是，利用$[\ddot{\boldsymbol{x}}'_{1it},\ddot{\boldsymbol{x}}'_{2it},\boldsymbol{z}'_{1i},\bar{\boldsymbol{x}}'_{1i}]$作为$[\boldsymbol{x}'_{1it},\boldsymbol{x}'_{2it},\boldsymbol{z}'_{1i},\boldsymbol{z}'_{2i}]$的工具变量与利用$[\boldsymbol{x}'_{1it},\ddot{\boldsymbol{x}}'_{2it},\boldsymbol{z}'_{1i},\bar{\boldsymbol{x}}'_{1i}]$作为$[\boldsymbol{x}'_{1it},\boldsymbol{x}'_{2it},\boldsymbol{z}'_{1i},\boldsymbol{z}'_{2i}]$的工具变量等价，这是因为$\ddot{\boldsymbol{x}}_{1it}$是$\boldsymbol{x}_{1it}$和$\bar{\boldsymbol{x}}_{1i}$的线性组合。

② 第二个矩条件$\mathbb{E}[\ddot{\boldsymbol{x}}_{2it}(\alpha_i+\epsilon_{it})]=\boldsymbol{0}$成立是因为，一方面根据模型假设$\mathrm{Cov}(\ddot{\boldsymbol{x}}_{2it},\epsilon_{it})=\boldsymbol{0}$，另一方面如下等式成立：

$$\mathrm{Cov}(\alpha_i,\ddot{\boldsymbol{x}}_{2it})=\mathrm{Cov}(\alpha_i,\boldsymbol{x}_{2it}-\bar{\boldsymbol{x}}'_{2i})=\mathrm{Cov}(\alpha_i,\boldsymbol{x}_{2it})-\mathrm{Cov}\left(\alpha_i,\frac{1}{T}\sum_{s=1}^{T}\boldsymbol{x}_{2is}\right)=\boldsymbol{0}$$

其中，最后一个等式成立是因为，在数据独立同分布条件下$\mathrm{Cov}(\alpha_i,\boldsymbol{x}_{2it})=\mathrm{Cov}(\alpha_i,\boldsymbol{x}_{2is})$。

其中，ϵ_{it}的条件概率函数为$f(\epsilon_{it} \mid \boldsymbol{x}_{it},\alpha_i,\boldsymbol{\beta})$，$\boldsymbol{\epsilon}_i$的联合概率密度函数为$f(\boldsymbol{\epsilon}_i \mid \boldsymbol{X}_i,\alpha_i,\boldsymbol{\beta})$，①$\boldsymbol{\beta}$为我们所感兴趣的结构参数。式(7-131)的设定具有很强的一般性。显然地，前述线性模型$y_{it}=\boldsymbol{x}_{it}'\boldsymbol{\beta}+\alpha_i+\epsilon_{it}$可以看作它的一个特殊形式。

12.1 条件期望模型

基于式(7-131)给出的模型可以得到条件期望：

$$\mathbb{E}(y_{it} \mid \boldsymbol{x}_{it},\alpha_i,\boldsymbol{\beta}) = \int \kappa(\boldsymbol{x}_{it},\alpha_i,\epsilon_{it},\boldsymbol{\beta}) f(\epsilon_{it} \mid \boldsymbol{x}_{it},\alpha_i,\boldsymbol{\beta})\,\mathrm{d}\epsilon_{it} \equiv g(\boldsymbol{x}_{it},\alpha_i,\boldsymbol{\beta}) \tag{7-132}$$

根据条件期望的性质可以很容易得到②：

$$\mathbb{E}[y_{it}-g(\boldsymbol{x}_{it},\alpha_i,\boldsymbol{\beta}) \mid \boldsymbol{x}_{it}]=0 \tag{7-133}$$

如果α_i可以被观测到，那么可以直接利用式(7-133)给出的矩条件来估计式(7-132)。但问题是α_i无法被观测到。不过在$g(\boldsymbol{x}_{it},\alpha_i,\boldsymbol{\beta})=\alpha_i+h(\boldsymbol{x}_{it},\boldsymbol{\beta})$以及$g(\boldsymbol{x}_{it},\alpha_i,\boldsymbol{\beta})=\alpha_i h(\boldsymbol{x}_{it},\boldsymbol{\beta})$这两种情形下，可以很容易地消去$\alpha_i$(Chamberlain,1992;Cameron and Trivedi,2005)。为了保证在消去α_i后，矩条件还能够成立，需进一步假定$\mathbb{E}(y_{it} \mid \boldsymbol{x}_{i1},\cdots,\boldsymbol{x}_{iT},\alpha_i,\boldsymbol{\beta})=\mathbb{E}(y_{it} \mid \boldsymbol{x}_{it},\alpha_i,\boldsymbol{\beta})$成立。

对于$g(\boldsymbol{x}_{it},\alpha_i,\boldsymbol{\beta})=\alpha_i+h(\boldsymbol{x}_{it},\boldsymbol{\beta})$的情形而言，根据式(7-133)并利用$\mathbb{E}(y_{it} \mid \boldsymbol{x}_{it},\alpha_i,\boldsymbol{\beta})=\mathbb{E}(y_{it} \mid \boldsymbol{x}_{i1},\cdots,\boldsymbol{x}_{iT},\alpha_i,\boldsymbol{\beta})$的假设可得：

$$\mathbb{E}\left[(y_{it}-\bar{y}_i)-\left[h(\boldsymbol{x}_{it},\boldsymbol{\beta})-\frac{1}{T}\sum_{s=1}^{T}h(\boldsymbol{x}_{is},\boldsymbol{\beta})\right] \middle| \boldsymbol{x}_{i1},\cdots,\boldsymbol{x}_{iT}\right]=0 \tag{7-134}$$

其中，利用了$\mathbb{E}[\bar{y}_i \mid \boldsymbol{x}_{i1},\cdots,\boldsymbol{x}_{iT}]=\alpha_i+\frac{1}{T}\sum_{s=1}^{T}h(\boldsymbol{x}_{is},\boldsymbol{\beta})$。

对于$g(\boldsymbol{x}_{it},\alpha_i,\boldsymbol{\beta})=\alpha_i h(\boldsymbol{x}_{it},\boldsymbol{\beta})$的情形而言，根据式(7-133)并利用$\mathbb{E}(y_{it} \mid \boldsymbol{x}_{it},\alpha_i,\boldsymbol{\beta})=\mathbb{E}(y_{it} \mid \boldsymbol{x}_{i1},\cdots,\boldsymbol{x}_{iT},\alpha_i,\boldsymbol{\beta})$的假设可得：

$$\mathbb{E}\left[y_{it}-\frac{h(\boldsymbol{x}_{it},\boldsymbol{\beta})}{\left[\frac{1}{T}\sum_{s=1}^{T}h(\boldsymbol{x}_{is},\boldsymbol{\beta})\right]}\bar{y}_i \middle| \boldsymbol{x}_{i1},\cdots,\boldsymbol{x}_{iT}\right]=0 \tag{7-135}$$

其中，利用了$\mathbb{E}[\bar{y}_i \mid \boldsymbol{x}_{i1},\cdots,\boldsymbol{x}_{iT}]=\alpha_i\left[\frac{1}{T}\sum_{s=1}^{T}h(\boldsymbol{x}_{is},\boldsymbol{\beta})\right]$。

注意到式(7-134)和式(7-135)中都不包含α_i。因此，可以基于式(7-134)或式(7-135)给出的矩条件一致地估计模型参数$\boldsymbol{\beta}$。综上可知，$g(\boldsymbol{x}_{it},\alpha_i,\boldsymbol{\beta})=\alpha_i+h(\boldsymbol{x}_{it},\boldsymbol{\beta})$和$g(\boldsymbol{x}_{it},\alpha_i,\boldsymbol{\beta})=\alpha_i h(\boldsymbol{x}_{it},\boldsymbol{\beta})$这两个模型设定允许$\alpha_i$与$\boldsymbol{x}_{it}$相关不会影响参数估计的一致性，从而可以视为面板数据固定效应模型。

12.2 条件概率模型

上一小节基于一阶矩信息——条件期望来估计模型参数，本小节则基于整个分布信

---

① 联合概率密度函数用以刻画误差项的跨期相关性。

② 由于$\mathbb{E}(y_{it} \mid \boldsymbol{x}_{it},\alpha_i,\boldsymbol{\beta})=g(\boldsymbol{x}_{it},\alpha_i,\boldsymbol{\beta})$，因此$\mathbb{E}(y_{it}-g(\boldsymbol{x}_{it},\alpha_i,\boldsymbol{\beta}) \mid \boldsymbol{x}_{it},\ \alpha_i,\ \boldsymbol{\beta})=0$，进一步利用迭代期望定律可得$\mathbb{E}[y_{it}-g(\boldsymbol{x}_{it},\alpha_i,\boldsymbol{\beta}) \mid \boldsymbol{x}_{it}]=0$。

息——条件(联合)概率密度函数来估计模型参数。在跨个体独立同分布($i.i.d$)的数据生成过程(但未对同一个体内部不同时期数据生成过程做限定)的假定下，通常考虑的是联合概率密度函数$f(\boldsymbol{y}_i \mid \boldsymbol{X}_i,\alpha_i,\boldsymbol{\beta})$。不难发现，$f(\boldsymbol{y}_i \mid \boldsymbol{X}_i,\alpha_i,\boldsymbol{\beta})$这个分布较为复杂，一方面它是$T$个随机变量$\{y_{i1},y_{i2},\cdots,y_{iT}\}$的联合分布，另一方面，$\boldsymbol{X}_i=[\boldsymbol{x}_{i1}\quad \boldsymbol{x}_{i2}\quad \cdots\quad \boldsymbol{x}_{iT}]$中同时包含了$T$个时期的解释变量。为了简化分析，对于$f(\boldsymbol{y}_i \mid \boldsymbol{X}_i',\alpha_i,\boldsymbol{\beta})$施加的一个常见假设是：①

$$f(\boldsymbol{y}_i \mid \boldsymbol{X}_i,\alpha_i,\boldsymbol{\beta})=\prod_{t=1}^{T} f(y_{it} \mid \boldsymbol{x}_{it},\alpha_i,\boldsymbol{\beta}) \tag{7-136}$$

式(7-136)给出的假设有两层含义：第一，假设$f(\boldsymbol{y}_i \mid \boldsymbol{X}_i,\alpha_i,\boldsymbol{\beta})=\prod_{t=1}^{T} f(y_{it} \mid \boldsymbol{X}_i,\alpha_i,\boldsymbol{\beta})$，即在给定$\boldsymbol{X}_i$和$\alpha_i$的条件下$\{y_{i1},y_{i2},\cdots,y_{iT}\}$独立；第二，假设$f(y_{it} \mid \boldsymbol{X}_i,\alpha_i,\boldsymbol{\beta})=f(y_{it} \mid \boldsymbol{x}_{it},\alpha_i,\boldsymbol{\beta})$，即一旦给定$\boldsymbol{x}_{it}$，其他时期的解释变量就不影响$y_{it}$了。

由于α_i无法观测，因此无法直接基于式(7-136)来估计模型参数。与线性面板数据模型类似，这里需要对α_i进行处理。一个处理方式为，与前述 LSDV 模型类似，将α_i视为参数。该做法的缺点在于存在**偶发参数问题**(Neyman and Scott,1948;Heckman,1981)。这是因为识别参数α_i所用到的是时期维度上的变异，在个体数$N\to\infty$、时期数T固定的情形下，无法保证α_i估计量的一致性。另一种处理方式是**固定模型效应方法**，这一方法允许α_i与$\boldsymbol{x}_{it}$存在相关性，但是难点是，$f(\boldsymbol{y}_i \mid \boldsymbol{X}_i,\alpha_i,\boldsymbol{\beta})$通常具有很强的非线性特征，从而导致$\alpha_i$难以利用类似于线性固定效应模型的方式消去。对于式(7-136)中α_i的常用的方法是**随机效应模型方法**，即设定α_i的分布，并假定α_i与$\boldsymbol{x}_{it}$不相关，然后利用积分的方式将α_i消除，正式地：

$$f(\boldsymbol{y}_i \mid \boldsymbol{X}_i,\boldsymbol{\beta},\boldsymbol{\gamma})=\int\Big(\prod_{t=1}^{T} f(y_{it} \mid \boldsymbol{x}_{it},\alpha_i,\boldsymbol{\beta})\Big) f_\alpha(\alpha_i \mid \boldsymbol{\gamma})\,\mathrm{d}\,\alpha_i \tag{7-137}$$

其中，$f_\alpha(\alpha_i \mid \boldsymbol{\gamma})$为$\alpha_i$的概率密度函数，$\boldsymbol{\gamma}$为概率密度函数中的参数。

特别地，当α_i为取$\{\alpha_m\}$(其中,$m=1,\cdots,M$)的离散随机变量时，式(7-137)变为：

$$f(\boldsymbol{y}_i \mid \boldsymbol{X}_i,\boldsymbol{\beta})=\sum_{m=1}^{M}\Big[\prod_{t=1}^{T} f(y_{it} \mid \boldsymbol{x}_{it},\alpha_m,\boldsymbol{\beta})\Big]\cdot\pi_m \tag{7-138}$$

其中，π_m表示$\alpha_i=\alpha_m$的概率。式(7-138)给出的模型通常被称为**有限混合模型**(Finite Mixture Model)。

模型参数可以通过构建如下对数似然函数来估计：

$$\mathscr{L}=\sum_{i=1}^{N}\log f(\boldsymbol{y}_i \mid \boldsymbol{X}_i,\boldsymbol{\beta})=\sum_{i=1}^{N}\Big[\log\int\Big(\prod_{t=1}^{T} f(y_{it} \mid \boldsymbol{x}_{it},\alpha_i,\boldsymbol{\beta})\Big) f_\alpha(\alpha_i \mid \boldsymbol{\gamma})\,\mathrm{d}\,\alpha_i\Big] \tag{7-139}$$

注意到，在本小节以上内容中，施加了$f(\boldsymbol{y}_i \mid \boldsymbol{X}_i,\alpha_i,\boldsymbol{\beta})=\prod_{t=1}^{T} f(y_{it} \mid \boldsymbol{x}_{it},\alpha_i,\boldsymbol{\beta})$的假定，现在我们将该假定放松，考虑如下**动态模型**(Dynamic Model)：

$$f(\boldsymbol{y}_i \mid \boldsymbol{X}_i,\alpha_i,\boldsymbol{\beta})=\prod_{t=2}^{T} f(y_{it} \mid y_{i,t-1},\boldsymbol{x}_{it},\alpha_i,\boldsymbol{\beta})\, f_1(y_{i1} \mid \boldsymbol{x}_{it},\alpha_i,\boldsymbol{\beta}) \tag{7-140}$$

---

① 对于不施加任何假定的情形，$f(\boldsymbol{y}_i \mid \boldsymbol{X}_i,\alpha_i,\boldsymbol{\beta})$的表达式为：

$$f(\boldsymbol{y}_i \mid \boldsymbol{X}_i,\alpha_i,\boldsymbol{\beta})=\prod_{t=2}^{T} f(y_{it} \mid y_{i,t-1},\cdots y_{i1},\boldsymbol{X}_i,\alpha_i,\boldsymbol{\beta}) f(y_{i1} \mid \boldsymbol{X}_i,\alpha_i,\boldsymbol{\beta})$$

可以发现，式(7-140)给出的假设允许相邻两期数据存在相关性。类似于式(7-137)，通过积分的方式将α_i消去：

$$f(\boldsymbol{y}_i \mid \boldsymbol{X}_i,\boldsymbol{\beta},\boldsymbol{\gamma}) = \int\left(\prod_{t=2}^{T} f(y_{it} \mid y_{i,t-1},\boldsymbol{x}_{it},\alpha_i,\boldsymbol{\beta})\, f_1(y_{i1} \mid \boldsymbol{x}_{it},\alpha_i,\boldsymbol{\beta})\right) f_\alpha(\alpha_i \mid \boldsymbol{\gamma})\,\mathrm{d}\,\alpha_i \quad (7-141)$$

式(7-141)的难点在于概率密度函数$f(y_{it} \mid y_{i,t-1},\boldsymbol{x}_{it},\alpha_i,\boldsymbol{\beta})$与$f_1(y_{i1} \mid \boldsymbol{x}_{it},\alpha_i,\boldsymbol{\beta})$不同。这意味着，除了对$f(y_{it} \mid y_{i,t-1},\boldsymbol{x}_{it},\alpha_i,\boldsymbol{\beta})$进行建模之外，还需要对$f_1(y_{i1} \mid \boldsymbol{x}_{it},\alpha_i,\boldsymbol{\beta})$进行建模。由于$f_1(y_{i1} \mid \boldsymbol{x}_{it},\alpha_i,\boldsymbol{\beta})$是初始时期的概率密度函数，因此对它进行建模被称为**初始条件问题**(Initial Condition Problem)(Heckman,1981)。

缓解初始条件问题的一个做法是，对于$f(y_{iT},\cdots,y_{i2} \mid \boldsymbol{X}_i,\alpha_i,\boldsymbol{\beta},y_{i1})$而非$f(\boldsymbol{y}_i \mid \boldsymbol{X}_i,\alpha_i,\boldsymbol{\beta}) \equiv f(y_{iT},\cdots,y_{i1} \mid \boldsymbol{X}_i,\alpha_i,\boldsymbol{\beta})$进行建模。对应式(7-140)可以得到：

$$f(y_{iT},\cdots,y_{i2} \mid \boldsymbol{X}_i,\alpha_i,\boldsymbol{\beta},y_{i1}) = \prod_{t=2}^{T} f(y_{it} \mid y_{i,t-1},\boldsymbol{x}_{it},\alpha_i,\boldsymbol{\beta}) \quad (7-142)$$

通过积分的方式将α_i消去：

$$f(y_{iT},\cdots,y_{i2} \mid \boldsymbol{X}_i,\boldsymbol{\beta},y_{i1}) = \int\left(\prod_{t=2}^{T} f(y_{it} \mid y_{i,t-1},\boldsymbol{x}_{it},\alpha_i,\boldsymbol{\beta})\right) f_\alpha(\alpha_i \mid \boldsymbol{\gamma},y_{i1})\,\mathrm{d}\,\alpha_i \quad (7-143)$$

比较式(7-141)和式(7-143)可以发现二者的一个重要差异：式(7-141)计算积分用到的概率密度函数为$f_\alpha(\alpha_i \mid \boldsymbol{\gamma})$，而式(7-143)用到的是$f_\alpha(\alpha_i \mid \boldsymbol{\gamma},y_{i1})$。这是因为，在式(7-143)中$y_{i1}$为给定信息，从而需要出现在条件概率密度函数的信息集中。

习题

1. 列举一些**辛普森悖论**的例子。

2. 尝试给出如下**双向固定模型**(Two-way Fixed Effect Model,TWFE)的识别假设：

$$y_{it} = \boldsymbol{x}_{it}'\boldsymbol{\beta} + \alpha_i + \gamma_t + \epsilon_{it}$$

其中，α_i为个体固定效应，γ_t为时间固定效应。

3. 根据本章的介绍，说明固定效应模型(Fixed Effect Model)是否一定优于随机效应模型(Random Effect Model)，并给出原因。

4. 分别说明利用 POLS 方法，随机效应模型和固定效应模型估计如下企业生产函数所需要的识别假设，并尝试说明这些假设对于研究中国企业生产函数可能面临的挑战。

$$y_{it} = w_{it} k_{it}^{\alpha} l_{it}^{\beta} \exp(\epsilon_{it})$$

其中，i和t分别表示企业和时间，w_{it}为企业效率(注意到,研究者一般无法观测到w_{it})，误差项ϵ_{it}表示影响企业产出的不可观测冲击。

5. 在本章 4.3 节，我们介绍了利用$\bar{y}_i$作为个体固定效应α_i的**充分统计量**(Sufficient Statistics)的条件最大似然估计，从直观上说明为什么$\bar{y}_i$可以作为个体固定效应α_i的充分统计量。

第八章　处理效应模型

处理效应模型(Treatment Effect Models)是计量经济学近年发展最迅速的领域之一。在**罗伊模型**(Roy,1951)这个统一的结构框架内,[①] 本章介绍了文献中主要的处理效应:个体处理效应、总体平均处理效应、处理组平均处理效应、控制组平均处理效应、局部平均处理效应以及越来越受到计量经济学家关注的**边际处理效应**(Marginal Treatment Effect,MTE)。进一步介绍了识别这些处理效应的流行方法:**随机化实验**(Randomized Controlled Trial,RCT)、**双重差分方法**(Difference in Differences,DID)、**断点回归设计**(Regression Discontinuity Design,RDD)、**匹配方法**(Matching Method)、**工具变量方法**(Instrumental Variables Method,IV)以及**控制函数方法**(Control Function Method,CFM)等。从随机化实验到控制函数法,这些模型设定越来越接近**结构模型**(Structural Model),相应的经济学含义也越来越丰富(Blundell and Dias,2009)。处理效应模型与经典计量经济学模型并非互相割裂,相反二者存在着非常密切的内在联系。处理效应模型所要解决的核心问题是个体的**自选择**(Self-selection)问题——行为个体往往会根据自身特征或者项目参与收益来选择是否参加特定项目,而自选择问题与经典计量经济学框架中的内生性问题密切相关,关于这一点读者可以在本章非常清楚地看到。此外,需要指出的是,本章始终维持**稳定个体干预值假设**(Stable Unit Treatment Value Assumption,SUTVA)成立。Imbens and Rubin(2015)给出了稳定性假设的两层含义:第一,个体间不存在交互效应,从而排除了**一般均衡效应**(General Equilibrium Effect)(Heckman et al.,1998),**同群效应**(Peer Effect)(Manski,1993)以及**溢出效应**(Spillover Effect)等;第二,所有个体面临的干预程度不存在差异。SUTVA 假定意味着,我们不需要对个体之间的联系进行建模,从而大大简化了计量分析过程。事实上,独立同分布假设($i.i.d$)强于稳定性假设,因此在独立同分布假设成立的情形下,稳定个体干预值假设自然成立(Wooldrige,2010)。

1. 基本框架

1.1　潜在结果

处理效应模型(Treatment Effect Model)通常也被称作**项目评估模型**(Program Evaluation Model)。与经典计量经济学模型的重要差异在于,处理效应模型引入了**潜在结果**(Potential

① Roy 模型的好处在于,**显式地模型了个体的选择行为**(Heckman,2010),从而使得我们不仅能够回答项目效果,而且能够考察项目参与行为本身(Holland,1986)。

Outcome)这个概念(Neyman,1923;Fisher,1935;Cox,1958;Rubin,1978)。具体地，如果令 D_i 表示个体 i 的项目参与指示变量($D_i=1$ 表示个体 i 参与项目,$D_i=0$ 表示个体 i 未参与项目)，那么 Y_{i1}则表示个体 i 参与项目的潜在结果，Y_{i0}则表示个体 i 未参与项目的潜在结果。进一步令 Y_i 表示个体 i 的观测结果，那么

$$Y_i=\begin{cases}Y_{1i} & \text{if} \quad D_i=1 \\ Y_{0i} & \text{if} \quad D_i=0\end{cases} \tag{8-1}$$

或者等价地，

$$Y_i=Y_{0i}+D_i(Y_{1i}-Y_{0i}) \tag{8-2}$$

可以发现，对同一个体 i 而言，无法同时观测到 Y_{1i}和 Y_{0i}，只能观测到其中的一个：若个体 i 参加项目，能够观测到的是 Y_{1i}，该情形下 Y_{0i}为**反事实结果**(Counterfactual Outcome)；若个体 i 未参加项目，能够观测到的是 Y_{0i}，该情形下 Y_{1i}为反事实结果。引入潜在结果概念的好处在于，能够更加清晰和方便地定义因果效应。特别地，个体 i 参与项目的因果效应可以具体表示为:

$$\tau_i=Y_{1i}-Y_{0i} \tag{8-3}$$

需要指出的是，无论个体 i 是否参与项目，其因果效应 τ_i 都客观存在。由于无法同时观测到 Y_{1i}和 Y_{0i}，因此(即便在完美随机化试验条件下也)无法识别 τ_i。无法同时观测到 Y_{1i}和 Y_{0i}被认为是**因果识别面临的基本问题**(Holland,1986)。可以看出，因果识别面临的基本问题本质上是**数据缺失问题**(Missing Data Problem)。

1.2 Roy 模型

处理效应模型识别因果效应的关键在于刻画个体选择变量 D_i 的生成过程，即个体如何决定是否参加特定项目。在处理效应文献中，这又被称为**选择规则**(Selection Rule)。它与描述行为人决策的经典经济学模型 **Roy 模型**(Roy,1951)密切相关。为将上述潜在结果表述与 Roy 模型建立联系，进一步地将 Y_{0i}表示为:

$$Y_{0i}=\alpha+u_i \tag{8-4}$$

其中，$\alpha=\mathbb{E}(Y_{0i})$，$u_i=Y_{0i}-\mathbb{E}(Y_{0i})$。$u_i$ 刻画了个体固有差异。将 Y_{1i}表示为:

$$Y_{1i}=\alpha+\tau_i+u_i \tag{8-5}$$

其中，τ_i 表示个体因果效应(处理效应)，它具体由式(8-3)给出。τ_i 刻画了项目参与收益差异。在本章接下来的内容中我们将看到，在项目参与收益在不同个体间存在差异($\tau_i\neq\tau_j$)的情形下，行为个体往往会根据项目参与收益的大小来选择是否参与特定项目，从而大大增加了识别因果效应的难度。因此，τ_i 也被称作**基础异质性**(Essential Heterogeneity)(Heckman et al., 2006)。

那么根据式(8-2)至式(8-5)可得:

$$Y_i=\alpha+\tau_i D_i+u_i \tag{8-6}$$

可以看出，式(8-4)至式(8-6)未对模型施加任何限定，从而具有很强的一般性。这特别地体现在两个方面：第一，式(8-6)为**饱和回归模型**(Saturated Model)，不存在函数形式设定偏误；第二，项目参与变量 D 对结果变量 Y 的(因果)影响 τ_i 随着个体的变化而变化。

不失一般性，假设项目参与变量 D_i 的取值由可观测变量 Z_i 和不可观测变量 v_i 共同决定：

$$D_i=\begin{cases}1 & \text{if} \quad D_i^* \equiv h(Z_i,v_i)>0\\ 0 & \text{if} \quad D_i^* \equiv h(Z_i,v_i)\leqslant 0\end{cases} \tag{8-7}$$

其中，$D_i^* \equiv h(Z_i,v_i)$可以理解为参与项目给个体 i 所带来的效用。值得指出的是，v_i 的不可观测性是对于研究者而言的，个体 i 可以观测到 v_i。此外，v_i 既可以包含个体固有异质性 u_i 也可以包含项目参与收益异质性 τ_i。

需要进一步指出的是，式(8-6)与式(8-7)的设定具有很强的一般性：首先，Z_i 既可以包括一个变量也可以包括多个变量，考虑到简便性，这里假设 Z_i 中只有一个变量；其次，Z_i 可以包含在式(8-6)的 u_i 中，该情形下 Z_i 为控制变量；Z_i 也可以不包含在 u_i 中，该情形下如果 Z_i 与 u_i 不相关，那么 Z_i 则为工具变量。方便起见，通常将式(8-7)中的 $h(Z_i,v_i)$设定为如下关于 Z_i 和 v_i 的**可加形式**(Additive Form)：

$$h(Z_i,v_i)=\kappa(Z_i)+v_i \tag{8-8}$$

式(8-7)给出了个体选择参与项目的规则，在处理效应模型文献中，一般被称为**选择规则**(Selection Rule)。式(8-6)和式(8-7)给出的模型就是 **Roy 模型**，其中，式(8-6)称为**结果方程**(Outcome Equation)，式(8-7)是**选择方程**(Selection Equation)。Roy 模型完整地刻画了处理效应模型中的所有信息。根据式(8-7)可以进一步定义个体参与项目的概率：

$$p(Z_i)\ \equiv\ \Pr(D_i=1\,|\,Z_i)=\int_{-\infty}^{\infty} 1[h(Z_i,v_i)\ >\ 0]f(v)\mathrm{d}v \tag{8-9}$$

其中，$f(v)$为 v_i 的概率密度函数。$p(Z_i)$是处理效应模型中非常重要的**倾向得分**(Propensity Score)，它表示给定 Z_i 的取值，个体 i 参与项目的概率。关于倾向值得分具有如下非常重要的命题。

命题 8.1：如果 $p(Z_i)$表示倾向值得分，那么则有

$$D_i\perp Z_i\,|\,p(Z_i) \tag{8-10}$$

即在给定倾向值得分 $p(Z_i)$的条件下，D_i 与 Z_i 互相独立。

命题 8.1 的含义非常直观：一旦给定倾向值得分 $p(Z_i)$，变量 Z_i 中就不包含关于个体是否参与项目变量 D_i 的信息了。换言之，Z_i 中关于个体是否参与项目的信息都包含在倾向值得分 $p(Z_i)$中了，即 $p(Z_i)$可理解为 Z_i 的**充分统计量**(Sufficient Statistics)(Heckman,2010)。接下来，我们给出命题 8.1 的证明过程。

证明：

表达式(8-10)成立等价于 $\Pr[D_i|Z_i,\ p(Z_i)]=\Pr[D_i|p(Z_i)]$，而证明该等式只需证明$\Pr[D_i=1|Z_i,\ p(Z_i)]=\Pr[D_i=1|p(Z_i)]$。[①]

对于 $\Pr[D_i=1|Z_i,\ p(Z_i)]$有如下等式成立：

$$\Pr[D_i=1|Z_i,\ p(Z_i)]=\mathbb{E}\,[D_i|Z_i,\ p(Z_i)]=\mathbb{E}\,[D_i|Z_i]=p(Z_i)$$

其中，第一个等式成立利用到的是 D_i 服从伯努利分布，第二个等式成立是因为，Z_i 包含的信息多于 $p(Z_i)$(已知 Z_i 可以得到 $p(Z_i)$，但反之则不一定，比如 $p(Z_i)$为非线性函数的情形)。

对于 $\Pr[D_i=1|p(Z_i)]$有如下等式成立：

① 注意到 $\Pr[D_i=0|Z_i,\ p(Z_i)]=1-\Pr[D_i=1|Z_i,\ p(Z_i)]$，因此在 $\Pr[D_i=1|Z_i,\ p(Z_i)]=\Pr[D_i=1|p(Z_i)]$ 成立的条件下，$\Pr[D_i=0|Z_i,\ p(Z_i)]=\Pr[D_i=0|p(Z_i)]$ 自然成立。

$$
\begin{aligned}
\Pr[D_i=1|p(Z_i)] &= \mathbb{E}[D_i|p(Z_i)] \\
&= \mathbb{E}\{\mathbb{E}[D_i|p(Z_i), Z_i]|p(Z_i)\} \\
&= \mathbb{E}\{\mathbb{E}[D_i|Z_i]|p(Z_i)\} \\
&= \mathbb{E}[p(Z_i)|p(Z_i)] \\
&= p(Z_i)
\end{aligned}
$$

其中，第二个等式用到了迭代期望定律(参见第二章)。

所以最终可以得到：

$$\Pr[D_i=1|Z_i, p(Z_i)] = \Pr[D_i=1|p(Z_i)]$$

□

上述命题将在证明倾向得分定理(Rosenbaum and Rubin,1983)的过程中用到。

1.3 自选择的四种类型

有了 Roy 模型，就可以比较清楚地定义不同类型的自选择问题了。由于无法估计个体因果效应 τ_i，定义 $\tau \equiv \mathbb{E}(\tau_i)$，在接下来的小节中将看到 τ 表示平均处理效应，那么式(8-6)可以进一步表示为，

$$Y_i=\alpha+\tau D_i+w_i \tag{8-11}$$

其中，$w_i=u_i+(\tau_i-\tau)D_i$。

我们知道，基于式(8-11)来识别参数 τ 的障碍在于，D_i 与误差项 w_i 间存在相关性，即内生性问题。D_i 与 w_i 的相关性通常来自个体**自选择**(Self-selection)行为。自选择是指，行为个体往往根据自身的特征(异质性)来选择是否参与特定项目。在处理效应模型中，自选择可以分为四类：第一，如果 D_i 与 w_i 的相关性由 D_i 中可观测变量 Z_i 与 w_i 相关引起，那么这种自选择称为**基于可观测变量的自选择**(Selection on Observables)；第二，如果 D_i 与 w_i 的相关性由影响 D_i 的不可观测变量 υ_i 与 w_i 相关引起，那么这种自选择称为**基于不可观测变量的自选择**(Selection on Unobservables)；第三，如果 D_i 与 w_i 的相关性由 D_i 与 w_i 中个体固有异质性 u_i 相关引起，那么这种自选择称为**基于未处理结果的自选择**(Selection on Untreated Outcomes)，究其原因在于，根据式(8-4) $Y_{0i}=\alpha+u_i$，u_i 刻画了个体的未参加项目收益；第四，如果 D_i 与 w_i 的相关性由 D_i 与 w_i 中个体项目参与收益异质性 τ_i 相关引起，那么这种自选择称为**基于项目参与收益的自选择**(Selection on Gains)。现实中的自选择问题往往是上述四种情形的组合。表8-1总结了以上四种自选择类型。

表 8-1　自选择(Self-selection)的类别

D_i 与 w_i 相关性(内生性)的来源	自选择(Self-selection)的类别
Z_i 与 w_i 相关	基于可观测变量的自选择(Selection on Observables)
υ_i 与 w_i 相关	基于不可观测变量的自选择(Selection on Unobservables)
D_i 与 u_i 相关	基于未处理结果的自选择(Selection on Untreated Outcomes)
D_i 与 τ_i 相关	基于项目参与收益的自选择(Selection on Gains)

2. 处理效应

本小节基于上一小节的 Roy 模型来定义不同的处理效应。使用不同的分组方式可以定义不同的处理效应，不同的处理效应对应我们所关心的不同问题。常见的处理效应包括，个体处理效应、总体平均处理效应、处理组平均处理效应、控制组平均处理效应、局部平均处理效应等。除了介绍这些常见处理效应之外，本小节还进一步介绍越来越受到计量经济学家关注的边际处理效应（Björklund and Moffitt, 1987; Heckman and Vytlacil, 1999; Heckman and Vytlacil, 2005; Heckman and Vytlacil, 2007; Carneiro et al., 2011; Brinch, Mogstad, and Wiswall, 2017）。理论上，几乎所有的平均处理效应都可以通过边际处理效应加权平均来得到，这一点将在本章最后一节介绍。以上处理效应都可以在 Roy 模型的框架内进行定义。

2.1 总体平均处理效应、处理组平均处理效应、控制组平均处理效应

如果能够识别个体处理效应 $\tau_i=Y_{1i}-Y_{0i}$，那么基于此可以构造任何我们所关心的处理效应。然而，我们已经知道，对于同一个体 i 而言，无法同时观测到 Y_{1i} 和 Y_{0i}，从而无法识别个体处理效应 τ_i。因此，计量经济学家通常关注平均处理效应。**总体平均处理效应**（Average Treatment Effect, ATE）是最为常见的平均处理效应，它是所有个体处理效应的期望值，正式地

$$\tau_{\mathrm{ATE}}=\mathbb{E}\,(Y_{1i}-Y_{0i}) \tag{8-12}$$

在一些情形下，我们更加关注项目参与个体的平均处理效应。比如，在考察就业培训项目对工资收入的影响的过程中，这种项目一般针对的是低收入群体，因此我们通常并不关心就业培训对那些高收入群体工资收入的影响。参与个体的平均处理效应称为**处理组平均处理效应**（Average Treatment Effect on the Treated, ATT），正式地

$$\tau_{\mathrm{ATT}}=\mathbb{E}\,(Y_{1i}-Y_{0i}\mid D_i=1)=\mathbb{E}\,(Y_{1i}-Y_{0i}\mid h(Z_i,v_i)>0) \tag{8-13}$$

其中，第二个等式成立用到的是 Roy 模型中的选择方程。进一步将 $\mathbb{E}\,(Y_{1i}-Y_{0i}\mid D_i=1)$ 写为 $\mathbb{E}\,(Y_{1i}-Y_{0i}\mid h(Z_i,v_i)>0)$ 的好处在于，后者能够更清晰地看出自选择产生的机制。

与处理组平均处理效应对应的是**控制组平均处理效应**（Average Treatment Effect on the Untreated, ATUT），正式地

$$\tau_{\mathrm{ATUT}}=\mathbb{E}\,(Y_{1i}-Y_{0i}\mid D_i=0)=\mathbb{E}\,(Y_{1i}-Y_{0i}\mid h(Z_i,v_i)\leqslant 0) \tag{8-14}$$

可以发现，τ_{ATT} 与 τ_{ATUT} 是基于项目参与变量 D_i 的取值对总体进行分组来定义的平均处理效应（D_i 将总体分为处理组和控制组两组）。

2.2 局部平均处理效应

Imbens and Angrist（1994）基于 D_i 与 Z_i 的关系对总体进行分组，界定了另一种重要的平均处理效应——**局部平均处理效应**（Local Average Treatment Effect, LATE）。简单起见，沿用 Blundell and Dias（2009）的符号，假定 Z_i 取 z^* 和 z^{**} 这两个不同的数值，且 Z_i 的取值由 z^* 变为 z^{**} 对于个体是参与项目的正向激励。比如，在研究教育收益率的过程中，若 Z_i 表示个体 i 距离学校的路程，那么 z^{**} 表示近路程，z^* 表示远路程。与前述式（8-1）类似，我们可以定义参与

变量 D_i 的潜在结果：$D_i(z^{**})$ 表示 $Z_i=z^{**}$ 的潜在结果；$D_i(z^{*})$ 表示 $Z_i=z^{*}$ 的潜在结果。当 $Z_i=z^{**}$ 时，$D_i=D_i(z^{**})$，当 $Z_i=z^{*}$ 时，$D_i=D_i(z^{*})$。对于同一个体 i，Z_i 的取值不可能同时为 z^{*} 和 z^{**}，只能观测到 $D_i(z^{*})$ 与 $D_i(z^{**})$ 中的一个。可观测结果 D_i 与潜在结果可以正式地表示为：

$$D_i=\begin{cases}D_i(z^{**}) & \text{if} \quad Z_i=z^{**}\\ D_i(z^{*}) & \text{if} \quad Z_i=z^{*}\end{cases} \tag{8-15}$$

其中，不失一般性，假定 Z_i 的取值由 z^{*} 变为 z^{**} 对于个体是参与项目的正向激励。式(8-15)可以理解为 Roy 模型的选择方程。

根据 D_i 和 Z_i 的关系，可以将总体分为四种类型：第一，$D_i(z^{**})=1$，$D_i(z^{*})=0$ 所对应的群体。该群体被称为**依从者**(Compliers)。依从者遵循 Z_i 的激励，换言之，当存在正向激励($Z_i=z^{**}$)时参与项目，当存在负向激励($Z_i=z^{*}$)时则不参与项目。在研究教育收益率的过程中，依从者指的是那些如果距离学校路程由远变近则接受教育，距离学校路程由近变远则不接受教育的个体；第二，$D_i(z^{**})=1$，$D_i(z^{*})=1$ 所对应的群体。该群体被称为**总是参与者**(Always Takers)。总是参与者对 Z_i 的激励不产生反应——无论存在正向激励还是负向激励，这部分人总是参与项目。在研究教育收益率的过程中，依从者指的是那些无论离学校路程远近都选择接受教育的人；第三，$D_i(z^{**})=0$，$D_i(z^{*})=0$ 所对应的群体。该群体被称为**从不参与者**(Never Takers)。与总是参与者类似，从不参与者对 Z_i 的激励不产生反应——无论存在正向激励还是负向激励，这部分人都不参与项目。同样以教育收益率为例，从不参与者指的是那些无论离学校路程远近都不接受教育的人；第四，$D_i(z^{**})=0$，$D_i(z^{*})=1$ 所对应的群体。该群体被称为**抗拒者**(Defiers)。抗拒者违反 Z_i 的激励，当存在正向激励($Z_i=z^{**}$)时不参与项目，当存在负向激励($Z_i=z^{*}$)时反而参与项目。那些如果距离学校路程由远变近不接受教育，距离学校路程变远反而接受教育的人是抗拒者。我们将上述四种类型总结在表 8-2 中。

表 8-2　四种类型的个体

	$D_i(z^{*})=0$	$D_i(z^{*})=1$
$D_i(z^{**})=1$	依从者 (Compliers)	总是参与者 (Always Takers)
$D_i(z^{**})=0$	从不参与者 (Never Takers)	抗拒者 (Defiers)

Imbens and Angrist(1994)将局部平均处理效应(LATE)定义为依从者的平均处理效应。正式地，

$$\tau_{\text{LATE}}=\mathbb{E}\,(Y_{1i}-Y_{0i}\,|\,D_i(z^{**})=1,\ D_i(z^{*})=0) \tag{8-16}$$

从式(8-16)可以清楚地看到，局部平均处理效应具有如下两个特征：第一，不同的 Z 往往对应不同的依从者(比如，Z 表示距离所对应的依从者往往不同于 Z 表示家庭背景对应的依从者)，因此 τ_{LATE} 的取值随着 Z 的不同而变化，换句话说，不同的 Z 所识别的是不同的局部平均处理效应；第二，由于对于个体 i，无法同时观测到潜在结果 $D_i(z^{**})$ 和 $D_i(z^{*})$，因此在

现实中研究者无法判断特定个体是否为依从者。这两个特点使局部平均处理效应难以具有明确的经济学含义或者政策含义(Heckman and Vytlacil,2005;Deaton,2010),从而限制了它更为广泛的实际应用。

可以看出,我们基于 D_i 的取值将总体分为项目参与者或者处理组个体($D_i=1$)和项目未参与者或者控制组个体($D_i=0$),基于 D_i 和 Z_i 的关系将总体分为依从者、总是参与者、从不参与者以及抗拒者。与此相关的一个问题是,这两种分组方式之间存在怎样的关系?图 8-1 展示它们之间的关系。具体而言,处理组个体(图形中斜线标注的部分)既可以是总是参与者,也可以是依从者,还可以是抗拒者。其中,依从者具体指的是依从者中 $Z=z^{**}$ 那部分人,抗拒者具体指的是抗拒者中 $Z=z^{*}$ 那部分人。此外,控制组个体(图形中小点标注的部分)既可以是从不参与者,也可以是依从者,还可以是抗拒者。其中,依从者具体指的是依从者中 $Z=z^{*}$ 那部分人,抗拒者具体指的是抗拒者中 $Z=z^{**}$ 那部分人。反过来说,依从者和抗拒者既可以是处理组个体也可以是控制组个体,总是参与者一定是处理组个体,从不参与者一定是控制组个体。

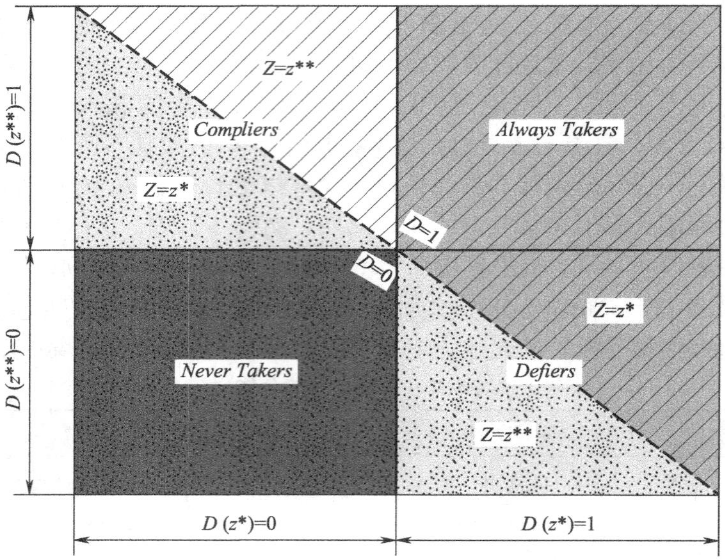

图 8-1　不同分组模式下的个体类别

注释:斜线阴影标示的区域代表处理组个体;点状阴影标示的区域代表控制组个体。

2.3　边际处理效应

Heckman and Vytlacil(1999,2001,2005)在 Roy 模型框架内定义了一种新的处理效应——**边际处理效应**(Marginal Treatment Effect)。不同于前述处理效应定义在特定群体上,边际处理效应定义在整个分布上,从而可以通过加权平均的方式生成不同类型的平均处理效应。回到前述 Roy 模型,假设 $h(Z_i,v_i)$ 具有如下形式,

$$h(Z_i,v_i)=\kappa(Z_i)-v_i \tag{8-17}$$

其中,不失一般性,v_i 前添加负号是为了表述的方便性。式(8-17)的设定意味着,$\kappa(Z_i)$ 可

以理解为个体参与项目的收益，υ_i 理解为个体参与项目的成本。

根据式(8-7)和式(8-17)可得 $D_i=\begin{cases}1 & \text{if} \quad \kappa(Z_i)>\upsilon_i \\ 0 & \text{if} \quad \kappa(Z_i)\leqslant\upsilon_i\end{cases}$，令 $F_\upsilon(\cdot)$ 表示 υ_i 的分布函数，那么

$$D_i=\begin{cases}1 & \text{if} \quad F_\upsilon(\kappa(Z_i))>F_\upsilon(\upsilon_i) \\ 0 & \text{if} \quad F_\upsilon(\kappa(Z_i))\leqslant F_\upsilon(\upsilon_i)\end{cases} \tag{8-18}$$

其中，结合前述倾向得分的定义可知，$F_\upsilon(\kappa(Z_i))$ 就是个体 i 的倾向得分 $p(Z_i)$；根据分布函数的性质(参见第二章)，分布函数 $F_\upsilon(\upsilon_i)$ 是服从 0 到 1 均匀分布的随机变量。

令 $U_{Di}=F_\upsilon(\upsilon_i)$，式(8-18)可以等价地写作：

$$D_i=\begin{cases}1 & \text{if} \quad p(Z_i)>U_{Di} \\ 0 & \text{if} \quad p(Z_i)\leqslant U_{Di}\end{cases} \tag{8-19}$$

其中，容易看出，U_{Di}刻画了个体**不愿意**参加项目的程度，其数值越高表示个体越不愿意参加项目。特别地，当 U_{Di}接近 0 时，只需一个较小的倾向得分就可以使得个体参加项目，反之，当 U_{Di}接近 1 时，即便倾向得分很大，个体也不一定会参加项目。

边际处理效应表示以不愿意参加项目程度 U_{Di} 来分组的平均处理效应(Heckman and Vytlacil, 1999, 2001, 2005; Zhou and Xie, 2019)，正式地，边际处理效应的表达式为：

$$\tau_{\text{MTE}}(u_D)=\mathbb{E}(Y_{1i}-Y_{0i}\mid U_{Di}=u_D) \tag{8-20}$$

用语言来表述，$\tau_{\text{MTE}}(u_D)$表示不愿意参加项目程度取值为 u_D 的那部分个体的平均处理效应。

2.4 条件平均处理效应

对于前述处理效应，可以很容易地对应定义给定协变量 X_i 的处理效应。以总体平均处理效应为例，给定 X_i 的对应表达式为：

$$\tau_{\text{ATE}}(x)=\mathbb{E}(Y_{1i}-Y_{0i}\mid X_i=x) \tag{8-21}$$

利用迭代期望定律，τ_{ATE}与 $\tau_{\text{ATE}}(x)$之间的关系可以表示为：

$$\begin{aligned}\tau_{\text{ATE}} &= \mathbb{E}(\mathbb{E}(Y_{1i}-Y_{0i}\mid X_i=x)) \\ &= \int_{x\in\mathscr{X}}\mathbb{E}(Y_{1i}-Y_{0i}\mid X_i=x)\mathrm{d}F(x) \\ &= \int_{x\in\mathscr{X}}\tau_{\text{ATE}}(x)\mathrm{d}F(x)\end{aligned} \tag{8-22}$$

其中，$\mathscr{X}$表示随机变量 X_i 的取值集合。

另外值得指出的是，在同质性处理效应条件下(即 $\tau_i=\tau_j, i\neq j$)，以上介绍的处理效应都相等，即

$$\tau_i=\tau_{\text{ATE}}=\tau_{\text{ATT}}=\tau_{\text{ATUT}}=\tau_{\text{LATE}}=\tau_{\text{MTE}}$$

在以上内容中，我们介绍了不同类型的处理效应。这些处理效应基于不同的分组方式来定义，尽管如此，它们的一个共同特点是，在不施加任何假设的条件下，我们无法识别其中的任何一个。这是因为，以上处理效应的表达式中都同时包含了 Y_{1i}和 Y_{0i}，而我们无法同时观测到 Y_{1i}和 Y_{0i}。如何识别这些平均处理效应是本章接下来所要介绍的重点内容。

3. 随机化实验：因果识别的黄金法则

3.1 自选择、选择偏差和分类偏差

随机化实验(Randomized Controlled Trial, RCT)是识别处理效应的**黄金法则**(Golden Rule)。在具体介绍随机化实验之前，首先来看自选择问题对于识别平均处理效应产生的影响。一般地，识别平均处理效应最直观的做法是计算$\mathbb{E}(Y_i|D_i=1)-\mathbb{E}(Y_i|D_i=0)$，然而如果存在自选择问题，这一做法往往无法识别总体平均处理效应。这一点可以容易地从如下表达式中看出来：

$$\begin{aligned}
&\mathbb{E}(Y_i|D_i=1)-\mathbb{E}(Y_i|D_i=0)\\
&=\mathbb{E}(Y_{0i}+D_i(Y_{1i}-Y_{0i})|D_i=1)-\mathbb{E}(Y_{0i}+D_i(Y_{1i}-Y_{0i})|D_i=0)\\
&=\underbrace{\mathbb{E}(Y_{1i}-Y_{0i}|D_i=1)}_{\tau_{\text{ATT}}}+\underbrace{\mathbb{E}(Y_{0i}|D_i=1)-\mathbb{E}(Y_{0i}|D_i=0)}_{\text{选择偏差(Selection Bias)}}\\
&=\underbrace{\mathbb{E}(Y_{1i}-Y_{0i})}_{\tau_{\text{ATE}}}+\left\{\begin{array}{l}\underbrace{\mathbb{E}(Y_{1i}-Y_{0i}|D_i=1)-\mathbb{E}(Y_{1i}-Y_{0i})}_{\text{分类偏差(Sorting Bias)}}\\+\underbrace{\mathbb{E}(Y_{0i}|D_i=1)-\mathbb{E}(Y_{0i}|D_i=0)}_{\text{选择偏差(Selection Bias)}}\end{array}\right\}
\end{aligned}\tag{8-23}$$

其中，$\mathbb{E}(Y_{0i}|D_i=1)-\mathbb{E}(Y_{0i}|D_i=0)$表示**选择偏差**(Selection Bias)，由个体根据自身固有的特征选择是否参与项目而产生，比如能力高的个体更倾向于选择接受教育；$\mathbb{E}(Y_{1i}-Y_{0i}|D_i=1)-\mathbb{E}(Y_{1i}-Y_{0i})$表示**分类偏差**(Sorting Bias)或者**收益偏差**(Gains Bias)，比如教育收益率高的个体更倾向于选择接受教育。根据前述小节的讨论，选择偏差和分类偏差都来源于自选择：选择偏差来自基于未处理结果的自选择，分类偏差来自基于项目参与收益的自选择。可见，由于自选择的存在，导致使用$\mathbb{E}(Y_i|D_i=1)-\mathbb{E}(Y_i|D_i=0)$来识别$\tau_{\text{ATT}}$存在选择偏差，使用$\mathbb{E}(Y_i|D_i=1)-\mathbb{E}(Y_i|D_i=0)$来识别$\tau_{\text{ATE}}$同时存在选择偏差和分类偏差。

关于$\mathbb{E}(Y_i|D_i=1)-\mathbb{E}(Y_i|D_i=0)$有如下命题：

命题 8.2：$\mathbb{E}(Y_i|D_i=1)-\mathbb{E}(Y_i|D_i=0)$等于$Y_i$对$D_i$进行 OLS 回归所得到的系数。

该命题意味着，利用$\mathbb{E}(Y_i|D_i=1)-\mathbb{E}(Y_i|D_i=0)$来识别处理效应，相当于利用$Y_i$对$D_i$进行 OLS 回归来识别处理效应。接下来给出具体的证明过程。

证明：

根据 OLS 回归的定义，Y_i对D_i进行回归的系数为$\tau_{\text{OLS}}=\dfrac{\text{Cov}(Y_i,D_i)}{\text{Var}(D_i)}$。令$p$表示$D_i=1$的概率，从而等于$\mathbb{E}(D_i)$(利用的是伯努利分布随机变量的性质)，那么$\tau_{\text{OLS}}$的分子$\text{Cov}(Y_i,D_i)$可以表示为：

$$\begin{aligned}
\text{Cov}(Y_i,D_i)&=\mathbb{E}[(Y_i-\mathbb{E}(Y_i))(D_i-\mathbb{E}(D_i))]\\
&=\mathbb{E}[(D_i-p)Y_i]\\
&=p\mathbb{E}[(D_i-p)Y_i|D_i=1]+(1-p)\mathbb{E}[(D_i-p)Y_i|D_i=0]\\
&=p(1-p)\{\mathbb{E}[Y_i|D_i=1]-\mathbb{E}[Y_i|D_i=0]\}
\end{aligned}$$

进一步利用伯努利随机变量的性质可得，$\mathrm{Var}(D_i)=p(1-p)$，因此可以得到：

$$\mathbb{E}(Y_i \mid D_i=1)-\mathbb{E}(Y_i \mid D_i=0)=\frac{\mathrm{Cov}(Y_i,D_i)}{\mathrm{Var}(D_i)}\equiv\tau_{\mathrm{OLS}}$$

故命题得证。

□

3.2 随机化实验与 ATT 和 ATE 的识别

随机化实验可以追溯到 Fisher(1935)，其基本思想是：如果所关心的项目参与变量是随机分配的，那么平均而言，处理组个体和控制组个体间不存在差异，两组别平均结果变量的差异$\mathbb{E}(Y_i \mid D_i=1)-\mathbb{E}(Y_i \mid D_i=0)$就可以完全由项目参与变量来解释，即随机化实验可以消除自选择偏差。具体而言，在随机化实验条件下，由于个体是否参与项目完全随机决定（比如，利用抽签的方式来决定某个体是否参与就业培训项目），因此项目参与变量 D_i 的取值完全（分布）独立于潜在结果 Y_{1i}和 Y_{0i}，正式地，

$$(Y_{1i},Y_{0i})\perp D_i \tag{8-24}$$

由于基于分布独立可以推导出均值独立，因此式(8-24)意味着潜在结果 Y_{1i}和 Y_{0i}及二者之差与项目参与变量 D_i 均值独立，即

$$\mathbb{E}(Y_{0i} \mid D_i=0)=\mathbb{E}(Y_{0i} \mid D_i=1)=\mathbb{E}(Y_{0i}) \tag{8-25}$$

和

$$\mathbb{E}(Y_{1i} \mid D_i=0)=\mathbb{E}(Y_{1i} \mid D_i=1)=\mathbb{E}(Y_{1i}) \tag{8-26}$$

以及

$$\mathbb{E}(Y_{1i}-Y_{0i} \mid D_i=0)=\mathbb{E}(Y_{1i}-Y_{0i} \mid D_i=1)=\mathbb{E}(Y_{1i}-Y_{0i}) \tag{8-27}$$

式(8-25)至式(8-27)有着非常直观的含义——处理组个体和控制组个体在平均意义上不存在差异。这里我们主要关注的是式(8-25)和式(8-27)。具体而言，式(8-25)意味着不存在基于未处理结果的自选择问题，式(8-27)意味着不存在基于项目参与收益的自选择问题。从式(8-23)中能够看出，在式(8-25)成立的条件下，可以基于$\mathbb{E}(Y_i \mid D_i=1)-\mathbb{E}(Y_i \mid D_i=0)$来识别 ATT，在式(8-25)与式(8-27)同时成立的条件下，可以基于$\mathbb{E}(Y_i \mid D_i=1)-\mathbb{E}(Y_i \mid D_i=0)$来识别 ATE。

值得指出的是，$\tau_{\mathrm{OLS}}\equiv\mathbb{E}(Y_i \mid D_i=1)-\mathbb{E}(Y_i \mid D_i=0)$是总体的概念，在现实中无法被观测到，因此需要将它替换为样本估计值：

$$\hat{\tau}_{\mathrm{OLS}}=\left(\sum_{i=1}^{N}D_i\right)^{-1}\left(\sum_{i=1}^{N}D_iY_i\right)-\left[\sum_{i=1}^{N}(1-D_i)\right]^{-1}\left(\sum_{i=1}^{N}(1-D_i)Y_i\right) \tag{8-28}$$

其中，能够很容易地证明估计量 $\hat{\tau}_{\mathrm{OLS}}$的一致性和渐近正态性，具体细节参见第三章。

3.3 随机化实验：Roy 模型的视角

本节进一步从 Roy 模型视角来介绍随机化实验。首先来看 Roy 模型的结果方程，如果我们所关心的是 ATE，Roy 模型的结果方程可以等价地写作

$$Y_i=\alpha+\tau_{\mathrm{ATE}}D_i+[u_i+(\tau_i-\tau_{\mathrm{ATE}})D_i] \tag{8-29}$$

注意到，式(8-29)未对模型施加任何约束。

我们知道，在随机化实验条件下，式(8-25)和式(8-27)成立。根据 $Y_{0i}=\alpha+u_i$ 和 $Y_{1i}=\alpha+\tau_i+u_i$，式(8-25)和式(8-27)分别等价于如下两式成立：

$$\mathbb{E}(u_i|D_i=0)=\mathbb{E}(u_i|D_i=1)=0 \tag{8-30}$$

以及

$$\mathbb{E}(\tau_i|D_i=0)=\mathbb{E}(\tau_i|D_i=1)=0 \tag{8-31}$$

由此可见，在随机化实验条件下，$\mathbb{E}(u_i+(\tau_i-\tau_{\text{ATE}})D_i|D_i)=0$ 成立，即式(8-29)中不存在内生性问题，从而可以利用 Y_i 对 D_i 进行 OLS 回归来识别总体平均处理效应 τ_{ATE}。显然，如果式(8-30)成立但式(8-31)不成立(即不存在基于未处理结果的自选择问题,但是存在基于项目参与收益的自选择问题)，那么由于内生性问题的存在，利用 Y_i 对 D_i 进行 OLS 回归则无法识别 τ_{ATE}。尽管如此，该情形下仍然可以识别 τ_{ATT}。为看出这一点，将 Roy 模型中的结果方程可以等价地写作：

$$Y_i=\alpha+\tau_{\text{ATT}}D_i+[u_i+(\tau_i-\tau_{\text{ATT}})D_i] \tag{8-32}$$

其中，假定 D_i 与 u_i 不相关，但 D_i 与 τ_i 相关。在该设定下，可以很容易地验证$\mathbb{E}(u_i+(\tau_i-\tau_{\text{ATT}})D_i|D_i)=0$。正式地，

$$\begin{aligned}
&\mathbb{E}(u_i+(\tau_i-\tau_{\text{ATT}})D_i|D_i)\\
=&\mathbb{E}(u_i|D_i)+\mathbb{E}((\tau_i-\tau_{\text{ATT}})D_i|D_i)\\
=&p\mathbb{E}(\tau_i-\tau_{\text{ATT}}|D_i=1)+(1-p)\mathbb{E}(0|D_i=0)\\
=&p[\mathbb{E}(\tau_i|D_i=1)-\tau_{\text{ATT}}]\\
=&0
\end{aligned}$$

其中，$\mathbb{E}((\tau_i-\tau_{\text{ATT}})D_i|D_i)=0$ 是因为，当 $D_i=0$ 时，$\mathbb{E}((\tau_i-\tau_{\text{ATT}})\cdot 0|D_i=0)=0$，当 $D_i=1$ 时，$\mathbb{E}((\tau_i-\tau_{\text{ATT}})|D_i=1)=\mathbb{E}(\tau_i|D_i=1)-\tau_{\text{ATT}}=0$。

再来看 Roy 模型的选择方程。在随机化实验条件下，选择变量 D_i 由随机化的变量 Z_i 所决定，比如可以将 Z_i 理解为抽签所得到的数值。由于 D_i 完全由 Z_i 决定，因此式(8-7)给出的选择方程可以写作：

$$D_i=\begin{cases}1 & \text{if}\quad g(Z_i)>c\\ 0 & \text{if}\quad g(Z_i)\leqslant c\end{cases} \tag{8-33}$$

其中，不失一般性地，假定 $g(\cdot)$表示 Z_i 的严格单调增函数。考虑最简单的形式 $g(Z_i)=Z_i$，选择方程式(8-33)变为 $D_i=\begin{cases}1 & \text{if}\quad Z_i>c\\ 0 & \text{if}\quad Z_i\leqslant c\end{cases}$，这可以由图 8-2 来直观地展示。具体到教育收益率的例子，图 8-2 可以解释为，如果个体抽签的数字大于 c，那么接受大学教育，反之则不接受大学教育。进一步将式(8-33)与式(8-15)进行比较可以发现，**完美随机化实验中的所有个体都是依从者(Compliers)**。

根据式(8-33)可知，项目参与变量 D_i 是随机化变量 Z_i 的确定性函数，记为 $r(Z_i)$，利用迭代期望定律可得

$$\mathbb{E}(w_i|D_i)=\mathbb{E}(w_i|r(Z_i))=\mathbb{E}(\mathbb{E}(w_i|r(Z_i))|Z_i)=\mathbb{E}(\mathbb{E}(w_i|Z_i)|r(Z_i))=0 \tag{8-34}$$

其中，$w_i=u_i+(\tau_i-\tau_{\text{ATE}})D_i$。第二个等式成立用了迭代期望定律，最后一个等式成立用到 Z_i 为

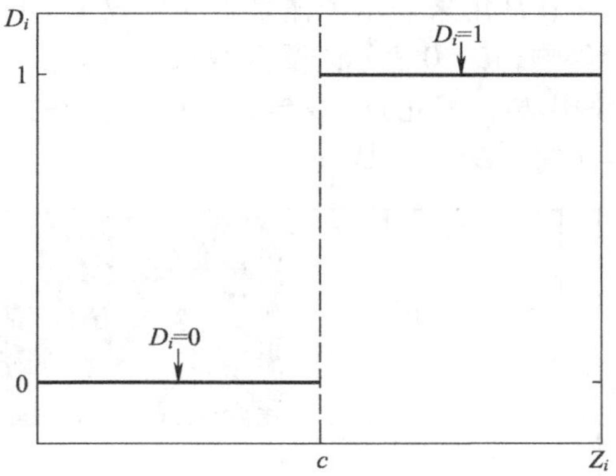

图 8-2　随机化实验(RCT)示意图

随机化变量，从而与 w_i 独立。可见，项目参与变量 D_i 的随机化本质上来自 Z_i 的随机化。

随机化实验面临的一个重要挑战是，行为个体往往不一定遵循随机分配规则，即存在**非依从行为**(Non-compliance)。具体到教育收益率的例子中，随机化实验意味着，被随机分配到处理组的个体接受大学教育，而被分配到控制组的个体则不接受大学教育，即个体根据实验安排**被动地选择**是否接受大学教育。然而在现实中，是否接受大学教育通常是个体**主动选择**的结果。具体而言，由于行为个体本身的差异，特别是接受大学教育收益率的差异将导致一些被分配到处理组的个体不接受大学教育(比如那些能力低、教育收益率低的个体)，而一些被分配到控制组的个体接受大学教育(比如那些能力高、教育收益率高的个体)。由此可见，随机化实验对个体行为施加了非常强的约束。在接下来的内容中，我们将介绍不同的处理效应识别方法，这些方法都在一定程度上放松了随机化实验的假定。

4. 双重差分法

根据前述介绍，我们已经知道，如果假设不存在基于未处理结果的自选择，那么则可以利用观测数据识别处理组平均处理效应 τ_{ATT}。然而，在实际应用中，这往往是一个非常强的假定(比如个体通常会根据自身能力来选择是否接受大学教育)。**双重差分**(Difference in Differences,DID)模型放松了这一假定。在双重差分设定下，识别 τ_{ATT} 允许个体存在基于未处理结果中**不随时间变化的部分(固定效应,Fixed Effect)**进行自选择，这是因为固定效应可以通过不同时期结果变量差分的方式消除。需要指出的是，**双重差分模型未排除个体基于项目参与收益的自选择，从而无法识别总体平均处理效应 τ_{ATE}**。

4.1　基本设定

双重差分模型一般要求在政策实施前后都有可观测样本。在政策实施前处理组个体和控制组个体均未受到政策的影响，在政策实施后只有处理组个体受到了政策的影响。由于存在时期维度，较之于前述模型，双重差分模型的符号表述相对复杂一些。考虑只有两个时期的简单情形：t 是时期变量，$t=t_0$ 表示政策实施前，$t=t_1$ 表示政策实施后；G 为组别变量，$G=1$

表示处理组，$G=0$ 表示控制组；D 用来表示个体是否受到政策影响，即它刻画了政策起作用的状态，$D=1$ 表示受到政策影响，$D=0$ 表示未受到政策影响。由于只有在政策实施之后的处理组个体才会实际受到政策的影响，因此 D、G 与 t 三个变量间的关系可以由图 8-3 来直观的展示，即当且仅当 $t=t_1$，$G=1$ 时，$D=1$ 才成立。

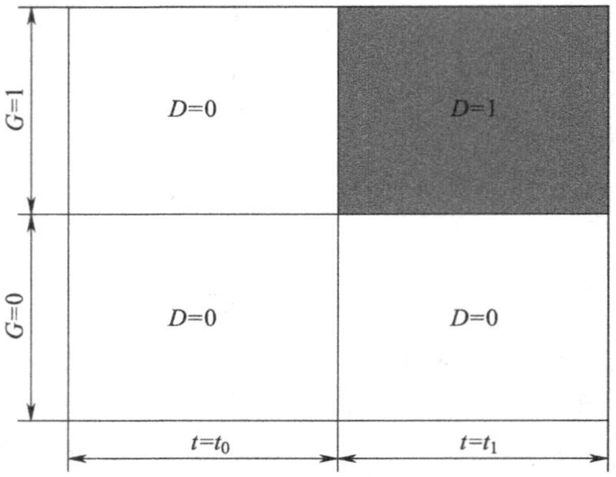

图 8-3 政策作用状态 D 与组别 G 和时期 t 间关系示意图

有了 D、G 与 t 这三个变量，我们可以定义双重差分模型中的潜在结果及其与可观测结果之间的关系。具体地，Y_{0it} 为个体 i 在 t 时期未受到政策影响的潜在结果，Y_{1it} 为个体 i 在 t 时期受到政策影响的潜在结果。若令 Y_{it} 表示个体 i 在 t 时期的观测结果，那么

$$Y_{it}=\begin{cases}Y_{1it} & \text{if} \quad D_{it}=1\\ Y_{0it} & \text{if} \quad D_{it}=0\end{cases} \tag{8-35}$$

根据 D、G 与 t 这三个变量之间的关系（见图 8-3），式(8-35)可以等价地表示为：

$$Y_{it}=\begin{cases}Y_{1it} & \text{if} \quad G_i=1,\ t=t_1\\ Y_{0it} & \text{if} \quad G_i=1,\ t=t_0\\ Y_{0it} & \text{if} \quad G_i=0,\ t=t_1\\ Y_{0it} & \text{if} \quad G_i=0,\ t=t_0\end{cases} \tag{8-36}$$

4.2 处理效应的识别与估计(非参数方法)

平行趋势假定(Common Trend Assumption)是双重差分模型识别处理效应的关键。它具体是指，**在没有政策实施的情况下，处理组个体平均结果变化趋势与控制组个体平均结果变化模式(趋势)相同**。正式地，

$$\mathbb{E}\left(Y_{0it_1}-Y_{0it_0}\mid G_i=1\right)=\mathbb{E}\left(Y_{0it_1}-Y_{0it_0}\mid G_i=0\right) \tag{8-37}$$

平行趋势假定成立是双重差分模型识别处理效应的前提。关于该假定有如下四点内容需要进行说明：第一，平行趋势假定意味着，个体基于未处理结果中不随时间变化的部分进行自选择不会影响模型识别处理效应，这是因为不随时间变化的部分可以通过差分的方式消除；第二，平行趋势假定未排除个体基于项目参与收益的自选择，这意味着仅在该假定成立的条件下，无法识别总体平均处理效应 τ_{ATE}；第三，在现实中，平行趋势假定无法

得到完全验证，原因在于我们无法观测到处理组个体不受到政策影响的平均结果变化趋势 $\mathbb{E}(Y_{0it_1}-Y_{0it_0}|G_i=1)$，这是反事实；第四，平行趋势假定成立并不必然要求政策前后的两个群体平均特征相同。

命题 8.3：如果平行趋势假定成立，那么

$$\tau_{\mathrm{ATT}}=[\mathbb{E}(Y_{it_1}|G_i=1)-\mathbb{E}(Y_{it_0}|G_i=1)]-[\mathbb{E}(Y_{it_1}|G_i=0)-\mathbb{E}(Y_{it_0}|G_i=0)]\equiv\tau_{\mathrm{DID}} \tag{8-38}$$

或等价地

$$\tau_{\mathrm{ATT}}=[\mathbb{E}(Y_{it_1}|G_i=1)-\mathbb{E}(Y_{it_1}|G_i=0)]-[\mathbb{E}(Y_{it_0}|G_i=1)-\mathbb{E}(Y_{it_0}|G_i=0)]\equiv\tau_{\mathrm{DID}} \tag{8-39}$$

观察式(8-38)和式(8-39)可以发现，计算 τ_{DID} 需要做两次差分运算：式(8-38)首先分别计算处理组和控制组两期平均结果的差异，然后再将计算得到的两个差异相减；式(8-39)首先分别计算政策实施后和政策实施前两组平均结果的差异，然后再将计算得到的两个差异相减。正是因为如此，这种识别处理效应的方法被称为双重差分方法。

上述命题有着非常直观地解释。先来看式(8-38)，$\mathbb{E}(Y_{it_1}|G_i=1)-\mathbb{E}(Y_{it_0}|G_i=1)$ 这一项中除了包含政策效应之外，还可能包含时间趋势效应(即 t_0 至 t_1 时期间其他政策的影响)，若处理组与控制组的时间趋势效应相同，给定平行趋势假定成立，时间趋势效应可以通过从 $\mathbb{E}(Y_{it_1}|G_i=1)-\mathbb{E}(Y_{it_0}|G_i=1)$ 中减去 $\mathbb{E}(Y_{it_1}|G_i=0)-\mathbb{E}(Y_{it_0}|G_i=0)$ 来剔除；式(8-39)的解释类似：$\mathbb{E}(Y_{it_1}|G_i=1)-\mathbb{E}(Y_{it_1}|G_i=0)$ 这一项中除了包含政策效应之外，还包含处理组和控制组本身存在的差异，给定平行趋势假定成立，两组别个体本身的差异不随时期变化，从而可以通过减去 $\mathbb{E}(Y_{it_0}|G_i=1)-\mathbb{E}(Y_{it_0}|G_i=0)$ 来剔除。图 8-4 直观地展示了 DID 模型的基本逻辑。其中，虚线表示处理组个体如果不受到政策影响平均结果变量的变化趋势，这是不可观测的反事实。

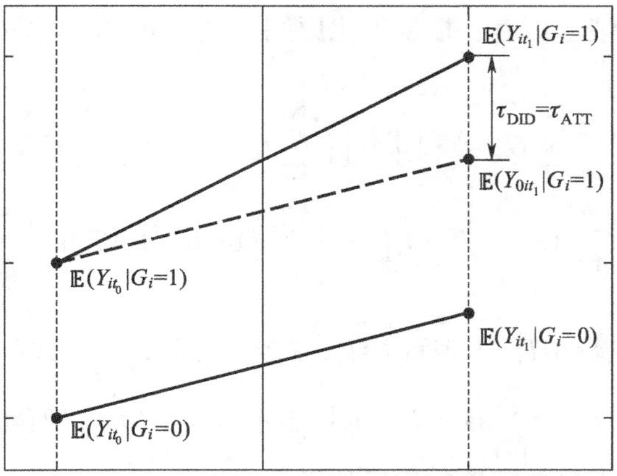

图 8-4　双重差分模型(DID)识别处理效应示意图

接下来，我们具体给出命题 8.3 的正式证明过程。

证明：

$$\begin{aligned}\tau_{\mathrm{ATT}}&\equiv\mathbb{E}(Y_{1it_1}-Y_{0it_1}|G_i=1)\\&=\mathbb{E}(Y_{1it_1}|G_i=1)-\mathbb{E}(Y_{0it_1}|G_i=1)\end{aligned}$$

$$
\begin{aligned}
&=\mathbb{E}\left(Y_{1it_1}\mid G_i=1\right)-\left\{\begin{array}{l}\mathbb{E}\left(Y_{0it_0}\mid G_i=1\right)+\\ \mathbb{E}\left(Y_{0it_1}-Y_{0it_0}\mid G_i=0\right)\end{array}\right\}\\
&=\mathbb{E}\left(Y_{it_1}\mid G_i=1\right)-\left\{\begin{array}{c}\mathbb{E}\left(Y_{it_0}\mid G_i=1\right)+\\ \mathbb{E}\left(Y_{it_1}\mid G_i=0\right)-\mathbb{E}\left(Y_{it_0}\mid G_i=0\right)\end{array}\right\}\\
&=\left[\mathbb{E}\left(Y_{it_1}\mid G_i=1\right)-\mathbb{E}\left(Y_{it_0}\mid G_i=1\right)\right]-\left[\mathbb{E}\left(Y_{it_1}\mid G_i=0\right)-\mathbb{E}\left(Y_{it_0}\mid G_i=0\right)\right]\\
&\equiv\tau_{\mathrm{DID}}
\end{aligned}
$$

其中，第一个等式用到的是 τ_{ATT}的定义，第三个等式用到了平行趋势假定式(8-37)，第四个等式用到的是可观测结果与潜在结果之间的对应关系，即式(8-36)。

故命题得证。

□

从上述证明过程可以看出，在平行趋势假定成立的条件下，利用 DID 方法来识别 τ_{ATT}相当于将$\left\{\begin{array}{c}\mathbb{E}\left(Y_{it_0}\mid G_i=1\right)+\\ \mathbb{E}\left(Y_{it_1}\mid G_i=0\right)-\mathbb{E}\left(Y_{it_0}\mid G_i=0\right)\end{array}\right\}$作为反事实结果$\mathbb{E}\left(Y_{0it_1}\mid G_i=1\right)$的代理。

值得注意的是，在上述分析过程中我们未对数据结构是**面板数据**(Panel Data)还是**重复截面数据**(Repeated Cross Section Data)做出要求。换句话说，上述分析过程既适用于面板数据也适用于重复截面数据。对于(平衡)面板数据情形而言，根据类比原则，基于式(8-38)可以很容易得到如下双重差分参数 τ_{DID}的样本估计量：

$$
\hat{\tau}_{\mathrm{DID}}=\left[\left(\sum_{i=1}^{N}G_i\right)^{-1}\sum_{i=1}^{N}G_i\left(Y_{it_1}-Y_{it_0}\right)\right]-\left[\left(\sum_{i=1}^{N}\left(1-G_i\right)\right)^{-1}\sum_{i=1}^{N}\left(1-G_i\right)\left(Y_{it_1}-Y_{it_0}\right)\right] \tag{8-40}
$$

对于重复截面数据的情形而言，根据类比原则，基于式(8-38)可以很容易得到如下双重差分样本估计量

$$
\hat{\tau}_{\mathrm{DID}}=\left\{\begin{array}{c}\left\{\left[\left(\sum_{i=1}^{N}G_i\cdot T_i\right)^{-1}\sum_{i=1}^{N}G_i\cdot T_i\cdot Y_i\right]-\left[\left(\sum_{i=1}^{N}G_i(1-T_i)\right)^{-1}\sum_{i=1}^{N}G_i(1-T_i)Y_i\right]\right\}-\\ \left\{\left[\left(\sum_{i=1}^{N}(1-G_i)T_i\right)^{-1}\sum_{i=1}^{N}(1-G_i)T_i\cdot Y_i\right]-\left[\left(\sum_{i=1}^{N}(1-G_i)(1-T_i)\right)^{-1}\sum_{i=1}^{N}(1-G_i)(1-T_i)Y_i\right]\right\}\end{array}\right\} \tag{8-41}
$$

其中，T_i 为 $t=t_1$ 的指示变量，$T_i=1$ 表示 $t=t_1$，$T_i=0$ 表示 $t=t_0$。式(8-41)看似复杂，实际非常简单，比如，$\left[\left(\sum_{i=1}^{N}G_i\cdot T_i\right)^{-1}\sum_{i=1}^{N}G_i\cdot T_i\cdot Y_i\right]$ 表示 $G_i=1$，$t=t_1$ 所对应群体结果变量的样本均值，即处理组个体结果变量在政策实施后的样本均值。

4.3 回归的表述(参数方法)

在平行趋势假定成立的条件下，上述双重差分估计量可以通过回归的方式来得到。不失一般性，令 $Y_{0it}=\alpha+u_{it}$，$Y_{1it}=\alpha+\tau_i+u_{it}$可得：

$$
Y_{it}=\alpha+\tau_i D_{it}+u_{it} \tag{8-42}
$$

其中，D_{it}为个体 i 在 t 时期是否受到政策影响的虚拟变量，$D_{it}=1$ 表示受到政策的影响，$D_{it}=0$

表示未受到政策的影响，τ_i 表示个体 i 的处理效应。由于 $Y_{0it}=\alpha+u_{it}$，因此平行趋势假定 $\mathbb{E}(Y_{0it_1}-Y_{0it_0}|G_i=1)=\mathbb{E}(Y_{0it_1}-Y_{0it_0}|G_i=0)$ 等价于：

$$\mathbb{E}(u_{it_1}-u_{it_0}|G_i=1)=\mathbb{E}(u_{it_1}-u_{it_0}|G_i=0) \tag{8-43}$$

式(8-43)表明平行趋势假定成立意味着，组别 G_i 和不可观测误差项之差 $u_{it_1}-u_{it_0}$ 互相独立。这表明，G_i 本身与 u_{it_1} 或者 u_{it_0} 相关并不必然违反平行趋势假定。接下来我们分别来介绍重复截面数据情形与面板数据情形下双重差分模型的回归表述。

4.3.1 重复截面数据

对于**重复截面数据**，可以进一步将误差项 u_{it} 进行如下分解：

$$u_{it}=\pi G_i+\gamma m_t+\epsilon_{it} \tag{8-44}$$

其中，πG_i 表示**组别固定效应**(Group Fixed Effect)，G_i 为**组别虚拟变量**，$G_i=1$ 表示个体 i 在处理组，$G_i=0$ 表示个体 i 在控制组；γm_t 表示时间固定效应，m_t 表示时期虚拟变量，$m_t=1$ 表示 $t=t_1$，即政策实施之后，$m_t=0$ 表示 $t=t_0$，即政策实施之前。这里需要说明的是，在式(8-44)的设定下，平行趋势假定式(8-43)可以进一步表述为如下等式：

$$\mathbb{E}(\epsilon_{it_1}-\epsilon_{it_0}|G_i=1)=\mathbb{E}(\epsilon_{it_1}-\epsilon_{it_0}|G_i=0) \tag{8-45}$$

综合式(8-42)和式(8-44)可得：

$$Y_{it}=\alpha+\tau_i D_{it}+\pi G_i+\gamma m_t+\epsilon_{it} \tag{8-46}$$

其中，$D_{it}=G_i\times m_t$。值得特别注意的是，D_{it} 为 G_i 和 m_t 的非线性函数，**因此式(8-46)不存在多重共线性问题**。利用 D_{it} 对 G_i 和 m_t 回归后，D_{it} 中仍然具有变异。

根据前述介绍，无法识别个体处理效应 τ_i，且在存在基础异质性的条件下，τ_{ATE} 也无法被识别，在平行趋势假定成立的条件下，只能识别 τ_{ATT}。有鉴于此，我们进一步将式(8-46)等价地写作：

$$Y_{it}=\alpha+\tau_{\text{ATT}}D_{it}+\pi G_i+\gamma m_t+\epsilon_{it}-(\tau_i-\tau_{\text{ATT}})D_{it} \tag{8-47}$$

其中，根据前文的介绍，$\tau_i-\tau_{\text{ATT}}$ 反映了个体间政策收益异质性。关于式(8-47)可以得到如下重要命题：

命题 8.4：给定平行趋势假定 $\mathbb{E}(Y_{0it_1}-Y_{0it_0}|G_i=1)=\mathbb{E}(Y_{0it_1}-Y_{0it_0}|G_i=0)$ 成立，可以基于式(8-47)来识别 τ_{ATT}。

证明：

基于式(8-47)可得：

$$\begin{cases}\mathbb{E}(Y_{it_1}|G_i=1)=\alpha+\tau_{\text{ATT}}+\pi+\gamma+\mathbb{E}(\epsilon_{it_1}|G_i=1)\\ \mathbb{E}(Y_{it_0}|G_i=1)=\alpha+0+\pi+0+\mathbb{E}(\epsilon_{it_0}|G_i=1)\\ \mathbb{E}(Y_{it_1}|G_i=0)=\alpha+0+0+\gamma+\mathbb{E}(\epsilon_{it_1}|G_i=0)\\ \mathbb{E}(Y_{it_0}|G_i=0)=\alpha+0+0+0+\mathbb{E}(\epsilon_{it_0}|G_i=0)\end{cases} \tag{8-48}$$

其中，利用到了 $\mathbb{E}((\tau_i-\tau_{\text{ATT}})D_{it}|D_{it})=0$。

进一步整理式(8-48)可得：

$$\tau_{\text{ATT}}=\begin{Bmatrix}[\mathbb{E}(Y_{it_1}|G_i=1)-\mathbb{E}(Y_{it_0}|G_i=1)]-\\ [\mathbb{E}(Y_{it_1}|G_i=0)-\mathbb{E}(Y_{it_0}|G_i=0)]\end{Bmatrix}$$

$$+\left\{\begin{matrix}[\mathbb{E}(\epsilon_{it_1}|G_i=1)-\mathbb{E}(\epsilon_{it_0}|G_i=1)]-\\ [\mathbb{E}(\epsilon_{it_1}|G_i=0)-\mathbb{E}(\epsilon_{it_0}|G_i=0)]\end{matrix}\right\} \tag{8-49}$$

因此，在平行趋势假定$\mathbb{E}(\epsilon_{it_1}-\epsilon_{it_0}|G_i=1)=\mathbb{E}(\epsilon_{it_1}-\epsilon_{it_0}|G_i=0)$成立的条件下，可以得到

$$\tau_{\text{ATT}}=[\mathbb{E}(Y_{it_1}|G_i=1)-\mathbb{E}(Y_{it_0}|G_i=1)]-[\mathbb{E}(Y_{it_1}|G_i=0)-\mathbb{E}(Y_{it_0}|G_i=0)]\equiv\tau_{\text{DID}} \tag{8-50}$$

故命题得证。

□

4.3.2 面板数据

从上述过程中不难发现，关于重复截面数据双重差分模型只能控制组别的固定效应，无法控制个体固定效应(控制个体固定效应所需要估计的参数与样本量相等)，如果可以获得面板数据，那么则可以控制个体固定效应。对于**面板数据**，可以将误差项 u_{it}进行如下分解：

$$u_{it}=\lambda\theta_i+\gamma m_t+\epsilon_{it} \tag{8-51}$$

其中，$\lambda\theta_i$ 表示**个体固定效应**(Individual Fixed Effect)，θ_i 为**个体虚拟变量**；其他符号与前述式(8-44)类似。因此在面板数据情形下，

$$Y_{it}=\alpha+\tau_{\text{ATT}}D_{it}+\lambda\theta_i+\gamma m_t+\epsilon_{it}-(\tau_i-\tau_{\text{ATT}})D_{it} \tag{8-52}$$

容易验证，如果平行趋势假定成立，可以基于式(8-52)来识别 τ_{ATT}。其验证过程与重复截面数据非常类似。特别地，式(8-48)变为：

$$\begin{cases}\mathbb{E}(Y_{it_1}|G_i=1)=\alpha+\tau_{\text{ATT}}+\lambda\,\mathbb{E}(\theta_i|G_i=1)+\gamma+\mathbb{E}(\epsilon_{it_1}|G_i=1)\\ \mathbb{E}(Y_{it_0}|G_i=1)=\alpha+0\quad+\lambda\,\mathbb{E}(\theta_i|G_i=1)+0+\mathbb{E}(\epsilon_{it_0}|G_i=1)\\ \mathbb{E}(Y_{it_1}|G_i=0)=\alpha+0\quad+\lambda\,\mathbb{E}(\theta_i|G_i=0)+\gamma+\mathbb{E}(\epsilon_{it_1}|G_i=0)\\ \mathbb{E}(Y_{it_0}|G_i=0)=\alpha+0\quad+\lambda\,\mathbb{E}(\theta_i|G_i=0)+0+\mathbb{E}(\epsilon_{it_0}|G_i=0)\end{cases} \tag{8-53}$$

其中，利用到$\mathbb{E}(\theta_i|G_i=1,m_t=1)=\mathbb{E}(\theta_i|G_i=1,m_t=0)=\mathbb{E}(\theta_i|G_i=1)$，$\mathbb{E}(\theta_i|G_i=0,m_t=1)=\mathbb{E}(\theta_i|G_i=0,m_t=0)=\mathbb{E}(\theta_i|G_i=0)$。若平行趋势假定成立，整理式(8-53)可以容易地得到$\tau_{\text{ATT}}=[\mathbb{E}(Y_{it_1}|G_i=1)-\mathbb{E}(Y_{it_0}|G_i=1)]-[\mathbb{E}(Y_{it_1}|G_i=0)-\mathbb{E}(Y_{it_0}|G_i=0)]\equiv\tau_{\text{DID}}$。

4.4 面临的挑战

平行趋势假定是双重差分模型识别处理效应的关键前提。然而，在实际应用中，平行趋势假定并不一定成立。本小节讨论导致共同趋势假定不成立的三种常见情形：**个体暂时性冲击，组别间不同的宏观趋势(经济周期)**以及**组别构成群体变化**。我们在 $u_{it}=\pi G_i+\gamma m_t+\epsilon_{it}$的设定下来讨论这三种情形。

4.4.1 个体暂时性冲击：Ashenfleter 沉降

当**个体暂时性冲击**(Idiosyncratic Temporary Shock)在组别间具有系统性差异时，那么平行趋势假定则不成立，从而导致双重差分方法不能识别 τ_{ATT}。在 $u_{it}=\pi G_i+\gamma m_t+\epsilon_{it}$的设定下，如果假定组别间不存在宏观趋势差异，且组别构成群体未发生变动，那么 ϵ_{it}则可理解为个体暂时性冲击，它在组别间存在系统性差异可以正式地表示为$\mathbb{E}(\epsilon_{it_1}-\epsilon_{it_0}|G_i=1)\neq\mathbb{E}(\epsilon_{it_1}-\epsilon_{it_0}|G_i=0)$。根据前述式(8-48)，该情形下 τ_{DID}与 τ_{ATT}的关系可以表示为：

$$\tau_{\text{ATT}}=\tau_{\text{DID}}+\left\{\begin{matrix}[\mathbb{E}(\epsilon_{it_1}|G_i=1)-\mathbb{E}(\epsilon_{it_0}|G_i=1)]-\\ [\mathbb{E}(\epsilon_{it_1}|G_i=0)-\mathbb{E}(\epsilon_{it_0}|G_i=0)]\end{matrix}\right\}\neq\tau_{\text{DID}} \tag{8-54}$$

为更加直观地理解这个问题，考虑就业培训项目效果评估的例子。Ashenfelter(1978)发现，在就业培训项目实施前一年，处理组个体的收入背离了原有的趋势而出现了明显的下降，而这一现象未出现在控制组个体中(见图 8-5)，Heckman and Smith(1999)也发现了类似的现象，该现象被称为**阿森费尔特沉降**(Ashenfelter's Dip)。本质上，导致阿森费尔特沉降产生的原因在于个体基于暂时性冲击的自选择。具体地，由于预期到项目培训所带来的收入增长，那些在项目实施前一年遭受到暂时性负向收入冲击的个体通常更加倾向于选择参加就业培训项目，从而导致处理组在就业项目实施前一年的收入出现沉降。因此，使用双重差分法估算的项目培训效应不仅包含了项目培训的真实效应(ATT)，而且包含了个体基于暂时性冲击的自选择所引起的处理组和控制组收入差异，从而导致就业项目培训的收入效应被高估(Overestimated)。

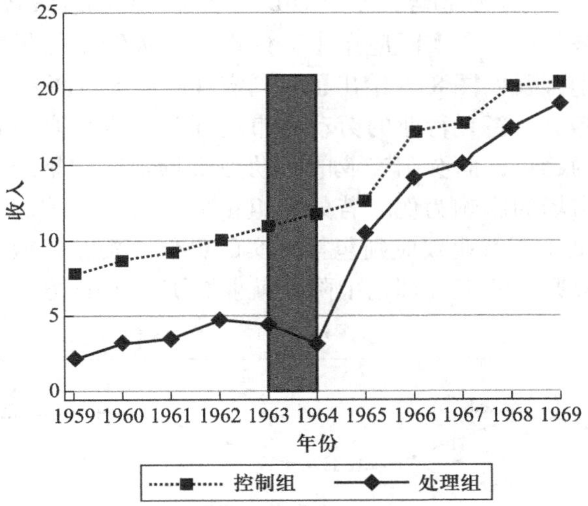

图 8-5 Ashenfleter 沉降(Ashenfelter,1978)

阿森费尔特沉降现象还普遍存在于边际税率政策变化对(应税)收入的影响中。考虑这样一种税收政策变化的准自然实验：高收入群体面临边际税率的提升(从而是处理组)，而低收入群体的边际税率保持不变(从而是控制组)。如果平行趋势假定成立，即高收入群体和低收入群体收入变化趋势在没有税收政策变化的条件下相同，那么我们可以使用双重差分方法来识别边际税率政策变化对收入的影响，即**边际税率收入弹性**(The Elasticity of Income to Marginal Tax Rates)：利用政策实施后高、低收入群体的收入差减去政策实施前高、低收入群体的收入差。然而，如果处理组个体预期到上述税收政策的变化，那么他们很有可能会通过平滑自身应税收入的方式(比如,尽可能地将当期大额收入分摊到未来)来避免受到边际税率提升的影响(Goolsbee,2000;Blundell and Dias,2009)。显然，这将导致处理组(相对于控制组)在税收政策实施前出现收入下降，即出现阿森费尔特沉降现象。因此，这时使用 DID 方法所估计的边际税率收入效应不仅包含了真实的边际税率收入弹性，而且还包含了高收入群体避税行为所引起的收入下降。这意味着，该情形下 DID 方法将高估边际税率收入弹性(的绝对值)。

4.4.2 不同的宏观趋势

除了个体暂时性冲击外，如果处理组和控制组结果变量存在**不同的宏观趋势**(Different

Macro Trend)或者**经济周期**(Business Cycle)，也会导致平行趋势假定无法得到满足。若存在不同的宏观趋势，$u_{it}=\pi G_i+\gamma m_t+\epsilon_{it}$中的$\epsilon_{it}$不再单纯表示个体暂时性冲击，它同时包含了个体暂时性冲击和宏观趋势因素。正式地，

$$u_{it}=\pi G_i+\gamma_G m_t+\gamma m_t+o_{it} \tag{8-55}$$

其中，$o_{it}=\epsilon_{it}-\gamma_G m_t$，表示个体暂时性冲击($o_{it}$从$\epsilon_{it}$中剔除了宏观趋势因素)，$\gamma_G$刻画了处理组和控制组间不同的宏观趋势。在该情形下，利用式(8-48)的方法可以很容易验证，τ_{DID}与τ_{ATT}的关系可以表示为：

$$\tau_{\text{ATT}}=\tau_{\text{DID}}+(\gamma_{G=1}-\gamma_{G=0})\neq\tau_{\text{DID}} \tag{8-56}$$

观察式(8-56)可以发现，除非$\gamma_{G=1}=\gamma_{G=0}$(即不存在不同的宏观趋势)，DID方法才能识别ATT。换言之，若存在不同的宏观趋势，基于DID方法所得到的政策效应同时包含了真实的政策效应和不同的宏观趋势效应。在实际应用中，处理组和控制组结果变量存在不同宏观趋势的现象非常普遍(考虑到直观性，图8-6给出了不同宏观趋势示意图)。比如，不同的劳动力市场往往具有不同的宏观趋势，新兴行业的劳动力市场通常呈现出高增长趋势，成熟行业劳动力市场通常呈现出稳定的趋势，而夕阳产业的劳动力市场则通常呈现出下降趋势。以考察提升最低工资政策对就业市场的影响为例，若处理组是新兴行业，控制组是夕阳行业，那么利用DID方法所得到的最低工资就业效应则包括真实的最低工资就业效应和两个组别就业市场变化趋势的差异。如果提升最低工资理论上降低就业，那么DID方法则低估最低工资对就业的负向作用。

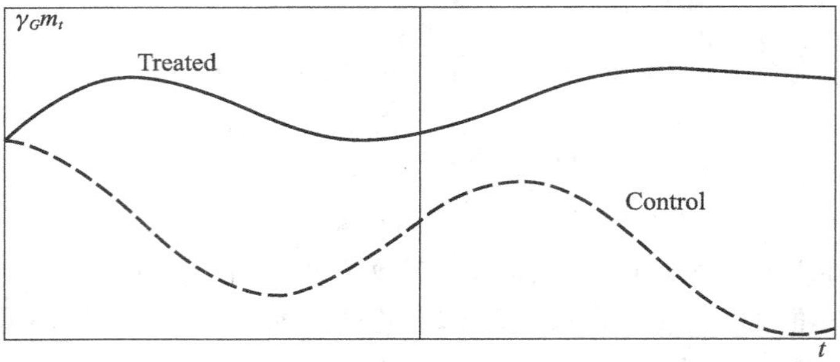

图8-6 不同的宏观趋势示意图

4.4.3 构成群体变化

在使用双重差分法进行政策评估时，若数据结构是混合截面数据，那么必须保证数据构成是稳定的，即在政策实施前后处理组构成群体与控制组构成群体基本不发生变化。这保证了同一个组在政策实施前后具有可比性。一旦构成群体发生变化，则无法保证双重差分法能够有效识别真实的政策效应。如果构成群体发生变化，$u_{it}=\pi G_i+\gamma m_t+\epsilon_{it}$中的$\epsilon_{it}$不再单纯表示个体暂时性冲击，它同时还包含了构成群体变化的信息。正式地，

$$u_{it}=\pi_t G_i+\gamma m_t+\pi G_i+\phi_{it} \tag{8-57}$$

其中，$\phi_{it}=\epsilon_{it}-\pi_t G_i$，表示个体暂时性冲击($\phi_{it}$从$\epsilon_{it}$中剔除了构成群体变化的信息)，$\pi_t$刻画了构成群体变化效应。在该情形下，利用式(8-48)的方法可以很容易验证，τ_{DID}与τ_{ATT}的关系可以表示为：

$$\tau_{\mathrm{ATT}}=\tau_{\mathrm{DID}}+\left\{\begin{matrix}[\mathbb{E}(\pi_{t_1}|G_i=1)-\mathbb{E}(\pi_{t_0}|G_i=1)]-\\ [\mathbb{E}(\pi_{t_1}|G_i=0)-\mathbb{E}(\pi_{t_0}|G_i=0)]\end{matrix}\right\}\neq\tau_{\mathrm{DID}} \tag{8-58}$$

可以发现，除非$\mathbb{E}(\pi_{t_1}|G_i=1)=\mathbb{E}(\pi_{t_0}|G_i=1)$且$\mathbb{E}(\pi_{t_1}|G_i=0)=\mathbb{E}(\pi_{t_0}|G_i=0)$，DID方法才能识别$\tau_{\mathrm{ATT}}$。换句话说，只要处理组或者控制组的构成群体发生变化，基于 DID 方法所得到的政策效应同时包含了真实的政策效应和构成群体变化的效应。

4.5 非线性双重差分模型

到目前为止，我们所介绍的双重差分模型均施加了线性假定，特别是假设误差项以**分离可加**(Additive Separability of the Error Term)的方式进入模型。然而在很多情况下，这是一个非常强的假定。比如，根据初级计量经济学的知识我们已经知道，若被解释变量是取值为 0 和 1 的虚拟变量，它的期望值恰好是自身取值为 1 的概率。线性模型将对被解释变量(期望值)做出不合理的预测，即预测值可能出现小于 0 或者大于 1 的情形。本小节以被解释变量为虚拟变量这一简单情形为例，将前述线性 DID 模型拓展到非线性的情形，更加详细和一般的讨论可以参阅 Athey and Imbens(2006)与 Blundell and Dias(2009)。具体而言，考虑如下模型：[①]

$$Y_{it}=\begin{cases}1 & \text{if} \quad \alpha+\tau_{\mathrm{ATT}}D_{it}+\pi G_i+\gamma m_t-\epsilon_{it}+(\tau_i-\tau_{\mathrm{ATT}})D_{it}>0\\ 0 & \text{if} \quad \alpha+\tau_{\mathrm{ATT}}D_{it}+\pi G_i+\gamma m_t-\epsilon_{it}+(\tau_i-\tau_{\mathrm{ATT}})D_{it}\leqslant 0\end{cases} \tag{8-59}$$

其中，不失一般性，在误差项ϵ_{it}前添加了负号。误差项ϵ_{it}的累积分布函数用$F(\cdot)$来表示，并假设函数$F(\cdot)$可逆，其逆函数由$F^{-1}(\cdot)$来表示。当ϵ_{it}服从标准正态分布时，$F(\cdot)$一般用$\Phi(\cdot)$表示。在上述模型中，我们所关心的是如何识别τ_{ATT}(注意到与线性 DID 模型类似，这里平行趋势假定未排除基于项目参与收益的自选择，该模型从而无法识别τ_{ATE})。式(8-59)中的τ_{ATT}可以采用类似于 DID 的方法来识别，具体识别方法由如下命题给出。

命题 8.5：对于式(8-59)的设定，τ_{ATT}可以通过如下方式来识别：

$$\tau_{\mathrm{ATT}}=\mathbb{E}(Y_{1it_1}|G_i=1)-F(F^{-1}(\mathbb{E}(Y_{1it_1}|G_i=1))-\tilde{\tau}_{\mathrm{ATT}}) \tag{8-60}$$

其中，$\tilde{\tau}_{\mathrm{ATT}}=F^{-1}(\mathbb{E}(Y_{1it_1}|G_i=1))-F^{-1}(\mathbb{E}(Y_{0it_1}|G_i=1))$。

可以发现，式(8-60)给出的识别方法本质上是使用$F(F^{-1}(\mathbb{E}(Y_{1it_1}|G_i=1))-\tilde{\tau}_{\mathrm{ATT}})$作为$\mathbb{E}(Y_{0it_1}|G_i=1)$的代理变量。在文献中，式(8-60)给出的识别方法被称为**双重变化方法**(Change in Change, CIC)(Athey and Imbens, 2006)。

证明：(*)

对于(8-59)给出的模型，可以很容易得到：

$$\mathbb{E}(Y_{0it}|G_i,m_t)=F(\alpha+\pi G_i+\gamma m_t) \tag{8-61}$$

对于控制组有：

$$\gamma(m_{t_1}-m_{t_0})=F^{-1}(\mathbb{E}(Y_{0it_1}|G_i=0))-F^{-1}(\mathbb{E}(Y_{0it_0}|G_i=0)) \tag{8-62}$$

其中，$F^{-1}(\mathbb{E}(Y_{0it_1}|G_i=0))$和$F^{-1}(\mathbb{E}(Y_{0it_0}|G_i=0))$都可观测。[②]

---

① 式(8-59)可以等价地利用$Y_{it}=1[\alpha+\tau_{\mathrm{ATT}}D_{it}+\pi G_i+\gamma m_t+\epsilon_{it}-(\tau_i-\tau_{\mathrm{ATT}})D_{it}>0]$来表示。

② 不考虑样本和总体的差异。

对于处理组有：

$$\gamma(m_{t_1}-m_{t_0})=F^{-1}(\mathbb{E}(Y_{0it_1}|G_i=1))-F^{-1}(\mathbb{E}(Y_{0it_0}|G_i=1)) \tag{8-63}$$

其中，$F^{-1}(\mathbb{E}(Y_{0it_0}|G_i=1))$ 可观测，$F^{-1}(\mathbb{E}(Y_{0it_1}|G_i=1))$ 是不可观测的反事实。综合式(8-62)和式(8-63)可以将它表示为：

$$F^{-1}(\mathbb{E}(Y_{0it_1}|G_i=1))=\left\{\begin{array}{c}F^{-1}(\mathbb{E}(Y_{0it_0}|G_i=1))+\\F^{-1}(\mathbb{E}(Y_{0it_1}|G_i=0))-F^{-1}(\mathbb{E}(Y_{0it_0}|G_i=0))\end{array}\right\} \tag{8-64}$$

可以发现，式(8-64)是利用等式右边的三项(可观测的结果)来构造(不可观测的反事实)$F^{-1}(\mathbb{E}(Y_{0it_1}|G_i=1))$。基于式(8-64)可以定义一个新的处理效应：

$$\tilde{\tau}_{\mathrm{ATT}}=F^{-1}(\mathbb{E}(Y_{1it_1}|G_i=1))-F^{-1}(\mathbb{E}(Y_{0it_1}|G_i=1)) \tag{8-65}$$

其中，值得注意的是，由于$(\tau_i-\tau_{\mathrm{ATT}})$的存在，$\tilde{\tau}_{\mathrm{ATT}}\neq\tau_{\mathrm{ATT}}\equiv\mathbb{E}(Y_{1it_1}|G_i=1)-\mathbb{E}(Y_{1it_0}|G_i=1)$。为了看出这一点，将给定组别 τ_i 的条件分布记为 $H_{\tau|G}$，可以很容易得到如下表达式：

$$\mathbb{E}(Y_{1it_1}|G_i=1)=\int_{\tau\in\mathscr{T}}\mathrm{F}(\alpha+\pi+\gamma-(\tau_i-\tau_{ATT}))d\mathrm{H}_{\tau|G=1}(\tau)$$

其中，容易验证 $F(\alpha+\pi+\gamma-(\tau_i-\tau_{\mathrm{ATT}}))=\mathbb{E}(Y_{1it_1}|G_i=1,\tau_i)$。

对上式左右两边同时取逆运算 $F^{-1}(\cdot)$可得：

$$\begin{aligned}&F^{-1}(\mathbb{E}(Y_{1it_1}|G_i=1))\\&=F^{-1}\left(\int_{\tau\in\mathscr{T}}F(\alpha+\pi+\gamma-(\tau_i-\tau_{\mathrm{ATT}}))\mathrm{d}H_{\tau|G=1}(\tau)\right)\\&\neq\int_{\tau\in\mathscr{T}}F^{-1}(F(\alpha+\pi+\gamma-(\tau_i-\tau_{\mathrm{ATT}})))\mathrm{d}H_{\tau|G=1}(\tau)\\&\equiv\mathbb{E}(Y_{1it_1}|G_i=1)\end{aligned}$$

虽然 $\tilde{\tau}_{\mathrm{ATT}}$不等于 τ_{ATT}，但是可以通过式(8-65)得出$\mathbb{E}(Y_{0it_1}|G_i=1)$：

$$\mathbb{E}(Y_{0it_1}|G_i=1)=F(F^{-1}(\mathbb{E}(Y_{1it_1}|G_i=1))-\tilde{\tau}_{\mathrm{ATT}})$$

由于 $\tau_{\mathrm{ATT}}\equiv\mathbb{E}(Y_{1it_1}|G_i=1)-\mathbb{E}(Y_{1it_0}|G_i=1)$，因此利用上式可得：

$$\tau_{\mathrm{ATT}}=\mathbb{E}(Y_{1it_1}|G_i=1)-F(F^{-1}(\mathbb{E}(Y_{1it_1}|G_i=1))-\tilde{\tau}_{\mathrm{ATT}})$$

故命题得证。

□

可以发现，以上证明过程的关键在于通过取逆函数 $F^{-1}(\cdot)$的方式将非线性问题转化为线性问题。

4.6 双重差分方法中国经济案例分析——开放与资源配置效率提升

加入世界贸易组织(WTO)是我国改革开放和现代化建设历程中重要的历史性事件，对中国乃至世界经济社会发展都产生了深远的影响。加入 WTO 后，中国进出口关税税率大幅降低，在更大范围和更深程度上参与了经济全球化。从图 8-7 中可以看出，中国产品进口关税税率在加入 WTO 后出现了显著下降，在加入 WTO 之前的 1997 至 2001 年间，关税税率平均值为 17.02%，在加入 WTO 后的 2002 至 2008 年间，关税税率平均值下降至 10.23%。仅仅在加入 WTO 的当年，平均关税税率降幅高达 3.7%。Lu and Yu(2015)利用

DID 方法评估了加入 WTO 对中国资源配置效率的影响。接下来，我们以该论文为例来具体展示 DID 方法的实际应用。

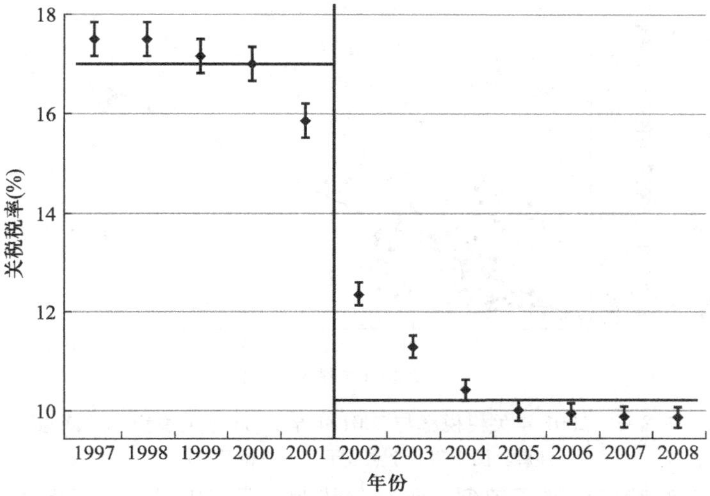

图 8-7　1997 至 2008 年中国 HS6 位码层面产品进口关税税率

注释：两条横线分别表示 1997 年至 2001 年(加入 WTO 之前)关税税率平均值 17.02%和 2002 年至 2008 年(加入 WTO 之后)的关税税率平均值 10.23%。

具体地，考虑如下双重差分模型设定：

$$y_{it}=\beta\times\tau_{i2001}\times Post_{2002}+\boldsymbol{x}_{it}'\boldsymbol{\gamma}+\alpha_i+\boldsymbol{\lambda}_t+\varepsilon_{it} \tag{8-66}$$

其中，下标 i 和 t 分别表示三位数行业和年份。被解释变量 y_{it} 为资源配置效率，τ_{i2001} 为 WTO 冲击，$Post_{2002}$ 为 2002 年及以后时期虚拟变量，时期大于等于 2002 年时取值为 1，反之取值为 0。$\boldsymbol{x}_{it}$ 为一系列控制变量，用以缓解核心解释变量的内生性。α_i 和 $\boldsymbol{\lambda}_t$ 对应表示三位数行业与年份虚拟变量，分别用以控制随行业但不随时期变化的因素以及随时期但不随行业变化的宏观经济因素。最后，ε_{it} 为误差项。

已有文献发现价格加成离散程度可以反映资源配置效率，价格加成离散程度越高，资源配置效率越低，反之则相反。[①] 基于此，Lu and Yu(2015)利用行业内企业的价格加成离散程度(*Markup_D*)作为被解释变量资源配置效率 y_{it} 的代理变量。其构建方式为，首先利用 De Loecker and Warzynski(2012)生产函数估计方法来得到企业价格加成，然后使用 Theil 指数来构建企业价格加成离散程度。另外，从图 8-8 中可以清楚地看到，2001 年关税税率越高的行业，在加入 WTO 后关税税率下降幅度越大。基于这一观察，作者使用 2001 年行业关税税率($Tariff_{2001}$)作为加入 WTO 关税冲击 τ_{i2001} 的代理变量。注意到 $Tariff_{2001}$ 为连续型变量，[②] 考虑到与前述介绍的 DID 理论模型的一致性，我们还使用 2001 年高关税行业(行业关税税率位于中位数以上)虚拟变量($Tariff_{2001}$*_High_Dum*)作为加入 WTO 关税冲击 τ_{i2001} 的代理变量。在该设定下，2001 年关税税率高于当年中位数水平的行业为处理组，2001 年关税税率低于当年中位数

① 参见 Hsieh and Klenow(2009)，Arkolakis et al. (2012)以及 Edmond et al. (2014)等文献。

② 对于连续变量 DID 模型理论性质感兴趣的读者可以参考 Wooldridge(2005)以及 Callaway et al. (2021)等文献。

水平的行业为控制组。

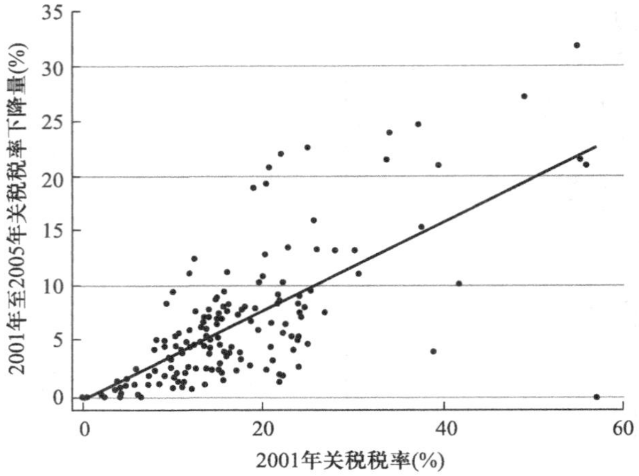

图 8-8　2001 年关税税率与 2001 年至 2005 年关税税率下降量

注释：图中每一个点表示一个三位数行业。

根据前述理论介绍我们已经了解到，平行趋势假定是 DID 方法识别因果效应(处理组平均处理效应,ATT)的核心前提。如前所述，平行趋势假定的基本含义是，若不受政策影响，处理组结果变量和控制组结果变量具有相同的变化趋势。由于本例数据介于 1998 年至 2005 年，因此在加入 WTO 之前有多期数据，从而能够检验平行趋势假定在 2001 年前是否满足。从图 8-9 中可以看出，在加入 WTO 之前，高关税行业(处理组)和低关税行业(控制组)价格加成相对于 1998 年的变化只有很小的差异。这意味着，在 2001 年及以前未发现违背平行趋势假定的证据。这里值得特别注意的是，在 2001 年后，由于我们无法观测到未加入 WTO 情形下处理组结果变量 1998 年的变化(这是反事实)，因此无法检验 2001 年后模型平行趋势假定能否得到满足。

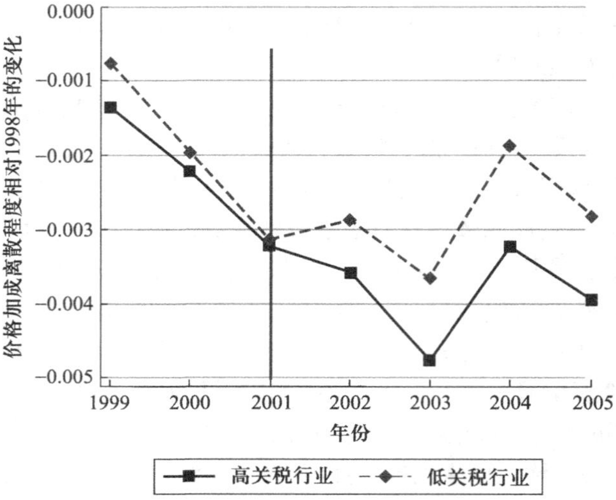

图 8-9　高低关税行业价格加成离散程度相对于 1998 年的变化

表 8-3 汇报了式(8-66)给出的 DID 模型估计结果。其中，第(1)至第(3)列汇报的是用

$Tariff_{2001}\_High\_Dum$ 作为 WTO 冲击 τ_{i2001} 代理变量的估计结果，第(4)至第(6)列汇报的是利用加入 WTO 冲击作为 τ_{i2001} 代理变量的估计结果。如前所述，2001 年关税税率越高的行业，在加入 WTO 后关税税率下降幅度越大，因此表 8-3 中回归结果均显示，加入 WTO 显著降低了价格加成离散程度，从而改善了中国资源配置效率。此外，虽然加入 WTO 具有一定的外生性，但行业关税税率的制定并非完全随机，可能会受到诸如行业集中度、企业平均规模、企业数量、行业国有经济比重、企业平均工资以及行业出口密度等因素的影响。从表 8-3 中能够看出，控制这些因素基本不改变核心解释变量系数估计值和显著性。

表 8-3　贸易壁垒下降与行业内价格加成离散度

	(1)	(2)	(3)	(4)	(5)	(6)
	WTO 冲击用虚拟变量表示			WTO 冲击用连续型变量表示		
	Markup_D	*Markup_D*	*Markup_D*	*Markup_D*	*Markup_D*	*Markup_D*
$Tariff_{2001}\_High\_Dum \times Post_{2002}$	-0.055^{***}	-0.053^{***}	-0.071^{***}			
	(0.017)	(0.017)	(0.017)			
$Tariff_{2001} \times Post_{2002}$				-0.322^{***}	-0.307^{***}	-0.313^{***}
				(0.104)	(0.103)	(0.101)
Agglomeration (*EG-index*)		-0.714	-0.998		-0.635	-0.900
		(0.601)	(0.686)		(0.647)	(0.676)
Average fixed assets (*log*)		0.017	0.013		0.019	0.017
		(0.038)	(0.040)		(0.039)	(0.040)
Number of firms (*log*)		0.031	-0.011		0.023	-0.008
		(0.029)	(0.027)		(0.029)	(0.028)
$Output\ share\ of\ SOEs_{2001} \times Post_{2002}$			-0.207^{**}			-0.148^{**}
			(0.083)			(0.073)
$Average\ wage\ per\ worker_{2001} \times Post_{2002}$			-0.001			0.001
			(0.009)			(0.009)
$Export\ intensity_{2001} \times Post_{2002}$			0.047			0.019
			(0.062)			(0.062)
Cons	-4.239^{***}	-4.598^{***}	-4.229^{***}	-4.216^{***}	-4.556^{***}	-4.298^{***}
	(0.011)	(0.467)	(0.484)	(0.019)	(0.487)	(0.485)
行业固定效应	是	是	是	是	是	是
年份固定效应	是	是	是	是	是	是
样本量	1 259	1 259	1 232	1 235	1 235	1 232
调整 R^2	0.348	0.349	0.361	0.353	0.353	0.357
行业数	155	155	154	155	155	154

注释：表中变量含义如下：被解释变量 *Markup_ D* 表示行业中企业价格加成的离散程度，基于 *Theil* 指数构建，其数值越大表示离散程度越高。$Tariff_{2001}\_High\_Dum \times Post_{2002}$ 为我们感兴趣的解释变量，表示 2001 年高关税(行业关税税率位于中位数以上)虚拟变量与 2002 年后时间虚拟变量交叉项。$Tariff_{2001} \times Post_{2002}$ 为我们感兴趣的解释变量，它表示 2001 年关税税率与 2002 年后时间虚拟变量交叉项。*Agglomeration* (*EG-index*) 表示行业集中度。*Average fixed assets* (log) 表示行业中企业平均固定资产对数值。*Number of firms* (log) 表示行业企业数量。$Output\ share\ of\ SOEs_{2001} \times Post_{2002}$ 表示 2001 年行业国有企业产出占比与 2002 年后时间虚拟变量交叉项。$Average\ wage\ per\ worker_{2001} \times Post_{2002}$ 为 2001 年行业工人工资与 2002 年后时间虚拟变量交叉项。$Export\ intensity_{2001} \times Post_{2002}$ 表示 2001 年行业出口密度与 2002 年后时间虚拟变量交叉项。对于这些变量构建过程感兴趣的读者，可参考 Lu and Yu(2015)原文。*，** 以及 *** 分别表示在 10%，5%与 1%显著性水平下显著，括号中数字为聚类标准误(聚类层级为三位数行业)。聚类标准误的含义是，允许误差项在所聚类的层级内存在异方差和自相关。

5. 匹配方法

我们已经知道，随机化实验是识别处理效应的黄金法则。在随机化实验中，个体是否参与项目是随机分配的，从而完全排除了个体自选择对识别处理效应的影响。然而，在现实中完全排除了个体自选择是一个非常强的限定。双重差分模型通过**允许个体基于不可观测个体固定效应的自选择**来放松这一限定。本节介绍的匹配方法放松随机化实验假设的方式是，**允许个体基于可观测协变量的自选择**。由于匹配方法涉及协变量的选择，协变量的选择通常又是基于所研究问题的经济理论，因此从这个意义上来看，相较于双重差分方法，匹配方法更加结构化。

5.1 基本假设

根据前文的介绍我们已经了解到，在随机化实验中，项目参与变量独立于潜在结果，即 $(Y_{1i},Y_{0i})\perp D_i$，该性质保证了随机化试验中的处理组和控制组在平均意义上相同，从而能够利用可观测结果来识别平均处理效应。然而在实际应用中，由于普遍存在的自选择问题，对个体随机地进行处理分组往往非常难以实现，进而导致 $(Y_{1i},Y_{0i})\perp D_i$ 并不一定成立。它们之间的相关性既可能由可观测因素引起，也可能由不可观测因素引起。**匹配方法**(Matching)考察的是可观测因素的情形，这意味着**匹配方法允许个体基于可观测因素的自选择**。在该情形下，虽然 D_i 与 (Y_{1i},Y_{0i}) 相关，但若给定可观测变量 X_i，那么它们则互相独立。即在给定可观测变量后，个体是否参与项目不再依赖潜在结果。正式地：

$$(Y_{1i},Y_{0i})\perp D_i \mid X_i \tag{8-67}$$

其中，可观测变量 X_i 被称为**协变量**(Covariate)，它既可以只包含一个变量，也可以包含多个变量。式(8-67)被称为**条件独立假设**(Conditional Independence Assumption, CIA)。该假设也通常被称为**处理状态忽略性假设**(Ignorability of Treatment Assumption)。进一步与随机化实验比较不难发现，条件独立假设可以理解为基于可观测变量 X_i 分层的随机化实验，即在 X_i 取值相同的层内，模型与随机化实验相同。

可以看出，式(8-67)给出的是分布独立(Distribution Independence)。然而在识别大部分处理效应的过程中，往往只需要(更弱的)**均值独立**(Mean Independence)：

$$\mathbb{E}(Y_{0i}\mid D_i,X_i)=\mathbb{E}(Y_{0i}\mid X_i),\quad \mathbb{E}(Y_{1i}\mid D_i,X_i)=\mathbb{E}(Y_{1i}\mid X_i) \tag{8-68}$$

除了上述条件独立假设之外，利用匹配方法来识别平均处理效应**通常**还需要如下重要条件得到满足：

$$0<\Pr(D_i=1\mid X_i)<1 \tag{8-69}$$

其中，$\Pr(D_i=1\mid X_i)$ 表示给定 X_i 个体 i 参与项目的概率，即前文提到的**倾向得分**(Propensity Score)。式(8-69)被称为**共同区间假定**(Common Support Assumption, CSA)，该假定要求给定 X_i 的取值，同时存在处理组个体和控制组个体。

在满足条件独立假定和共同区间假定的条件下，可以通过匹配方法来识别项目实施的平均处理效应。接下来我们常见的匹配方法：回归调整法，倾向得分加权法，回归调整与倾向得分双重稳健估计法以及距离匹配法。这里需要特别说明的是，在接下来的内容中，我们将看到，并不是所有的匹配方法都必然需要共同区间假定得到满足。

5.2 什么样的协(控制)变量是合适的

需要指出的是，协变量 X_i 并不能随意选择。一般而言，X_i 中不能包含那些受项目参与变量 D_i 本身影响的变量(Wooldridge,2005;Angrist and Pischke,2009)。

命题 8.6：(Wooldridge,2005)：考虑 D_i 独立于(Y_{1i},Y_{0i})的简单情形，如果协变量 X_i 受到项目参与变量 D_i 的影响，从而 $F(X_i|D_i)\neq F(X_i)$，那么只有在 X_i 独立于(Y_{1i},Y_{0i})的条件下，条件独立假定才成立。

上述命题意味着，一旦控制了受到项目参与变量本身影响的协变量，将导致原本互相独立的潜在结果变量和项目参与变量产生相关性，除非这个协变量与潜在结果变量独立。引起项目参与变量与潜在结果变量相关的协变量通常被称为**坏的协变量**(Bad Covariate)。在教育收益率例子中，行业可能就是一个坏的协变量(Angrist and Pischke,2009)。这是因为受教育年限或者是否接受大学教育本身会影响个体所从事的行业，具体而言，相对于未接受大学教育的个体，接受大学教育的个体往往更加倾向去从事科技含量较高的行业。为避免控制坏的协变量所引起的问题，在识别处理效应的过程中所控制的协变量通常需要在项目实施之前就已经确定(比如,教育收益率例子中的性别、种族、父母的教育背景等)，这些变量通常被称为**前定变量**(Predetermined Variables)。接下来给出命题 8.6 的具体证明过程。

证明：

利用迭代期望定律可得：

$$\mathbb{E}(Y_{0i}|D_i)=\mathbb{E}(\mathbb{E}(Y_{0i}|D_i,X_i)|D_i) \tag{8-70}$$

若假设在给定 X_i 的条件下 D_i 与 Y_{0i}独立，即$\mathbb{E}(Y_{0i}|D_i,X_i)=\mathbb{E}(Y_{0i}|X_i)$，那么基于式(8-70)可以得到：

$$\mathbb{E}(Y_{0i})=\mathbb{E}(h(X_i)|D_i) \tag{8-71}$$

其中，$h(X_i)=\mathbb{E}(Y_{0i}|X_i)$。式(8-70)左端用到的是 D_i 独立于 Y_{0i}，即$\mathbb{E}(Y_{0i}|D_i)=\mathbb{E}(Y_{0i})$。如果排除 X_i 独立于 Y_{0i}的情形，那么在 $F(X_i|D_i)\neq F(X_i)$的条件下，条件期望$\mathbb{E}(h(X_i)|D_i)$ 则是 D_i 的函数，而式(8-71)左端的$\mathbb{E}(Y_{0i})$是常数。这意味着式(8-71)不可能成立，从而表明$\mathbb{E}(Y_{0i}|D_i,X_i)=\mathbb{E}(Y_{0i}|X_i)$的假定不成立。

以上分析过程对于 Y_{1i}同样成立。

故命题得证。

□

图 8-10 基于**有向无环图**(Directed Acyclic Graph,DAG)(Pearl,2009;Pearl and Mackenzie,2018)展示了不同的协变量类型，箭头方向代表因果效应方向。前两个子图给出了协变量 X 受到项目参与变量 D 影响的情形。在图 8-10 左图中，项目参与变量 D 和结果变量 Y 都会影响协变量 X，该情形下，协变量 X 被称作**对撞变量**(Collider)。一般地，控制对撞变量会导致本来不相关的项目参与变量和结果变量产生相关性。为了更清楚地考察这一点，考虑如下著名例子：令 D 表示外在形象变量，X 表示是否为演员的变量，Y 表示演技变量。我们知道，个人外在形象和演技都会对其能否成为演员产生正面影响，因此是否为演员变量就是对撞变量。控

制该变量将会导致个人外在形象和演技产生相关性，然而常识告诉我们这两个变量间并不存在必然联系。在图 8-10 中图中，项目参与变量 D 通过协变量 X 对结果变量 Y 产生影响，即 X 是 D 影响 Y 的一个渠道，该情形下，协变量 X 被称作**中介变量**(Mediator)。一般地，控制中介变量 X 意味着，关闭了项目参与变量 D 通过 X 来影响结果变量 Y 的这个渠道，从而无法得到真实的因果效应。在图 8-10 右图中，协变量 X 同时对项目参与变量 D 和结果变量 Y 产生影响，该情形下，X 被称作**混淆变量**(Confounder)，需要在模型中进行控制。在研究接收高等教育对收入影响的例子中，性别变量就很可能是一个混淆变量，一方面，在某些地区，由于父母观念的差异，子女性别本身会对其是否能够接收高等教育往往会产生影响，另一方面，性别也会影响收入。值得指出的是，混淆变量本身并不会受到项目参与变量的影响。

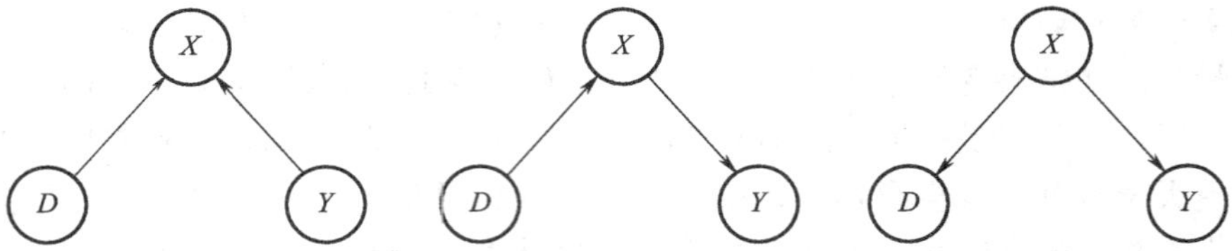

图 8-10 不同类型的协变量

注释：箭头方向代表因果效应的方向。

5.3 回归调整法

在处理效应文献中，基于结果变量条件期望$\mathbb{E}(Y_i|D_i=1,X_i)$和$\mathbb{E}(Y_i|D_i=0,X_i)$(或者将其中的协变量 X_i 变为倾向得分 $p(X_i)$) 识别处理效应的匹配法被称为**回归调整法**(Regression Adjustment)。之所以被称为回归调整方法是因为，回归方法与条件期望密切相关：条件期望解释变量的所有函数中是使预测误差平方期望值最小的函数(参照 OLS 章节的内容)。回归调整方法进一步分为基于协变量的回归调整法和基于倾向得分的回归调整法。考虑到基于协变量的回归调整法可以自然地拓展到基于倾向得分情形，本节重点介绍基于协变量的回归调整法。

5.3.1 基于协变量的回归调整法

如果条件独立假定和共同区间假定同时成立，那么我们可以基于条件期望$\mathbb{E}(Y_i|D_i,X_i)$来识别平均处理效应。正式地，

$$
\begin{aligned}
&\mathbb{E}(Y_i|D_i=1,X_i)-\mathbb{E}(Y_i|D_i=0,X_i)\\
&=\mathbb{E}(Y_{0i}+D_i(Y_{1i}-Y_{0i})|D_i=1,X_i)-\mathbb{E}(Y_{0i}+D_i(Y_{1i}-Y_{0i})|D_i=0,X_i)\\
&=\underbrace{\mathbb{E}(Y_{1i}-Y_{0i}|D_i=1,X_i)}_{\tau_{\mathrm{ATT}}(X_i)}+\underbrace{\mathbb{E}(Y_{0i}|D_i=1,X_i)-\mathbb{E}(Y_{0i}|D_i=0,X_i)}_{\text{选择偏差(Selection Bias)}}\\
&=\underbrace{\mathbb{E}(Y_{1i}-Y_{0i}|X_i)}_{\tau_{\mathrm{ATE}}(X_i)}+\left\{\begin{array}{l}\underbrace{\mathbb{E}(Y_{1i}-Y_{0i}|D_i=1,X_i)-\mathbb{E}(Y_{1i}-Y_{0i})}_{\text{分类偏差(Sorting Bias)}}+\\ \underbrace{\mathbb{E}(Y_{0i}|D_i=1,X_i)-\mathbb{E}(Y_{0i}|D_i=0,X_i)}_{\text{选择偏差(Selection Bias)}}\end{array}\right\}
\end{aligned}
\tag{8-72}
$$

其中，$\tau_{\text{ATT}}(X_i)=\mathbb{E}(Y_{1i}-Y_{0i}|D_i=1,X_i)$为给定$X_i$条件下的处理组平均处理效应，$\tau_{\text{ATE}}(X_i)=\mathbb{E}(Y_{1i}-Y_{0i}|X_i)$表示给定$X_i$条件下的总体平均处理效应。

首先来考察$\tau_{\text{ATE}}(X_i)$。从式(8-72)中可以看出，如果条件独立假设式(8-68)成立，那么选择偏差和分类偏差都等于0，从而可以得到：

$$\tau_{\text{ATE}}(X_i)=\mathbb{E}(Y_i|D_i=1,X_i)-\mathbb{E}(Y_i|D_i=0,X_i) \tag{8-73}$$

直观上，式(8-73)可以理解为根据X_i的取值将处理组个体和控制组个体进行匹配。考虑到符号的简洁性，在接下来的内容中，将$\mathbb{E}(Y_i|D_i=1,X_i)$和$\mathbb{E}(Y_i|D_i=0,X_i)$分别记为$\kappa_1(X_i)$与$\kappa_0(X_i)$。利用迭代期望定律，根据式(8-73)则可以得到总体平均处理效应：

$$\tau_{\text{ATE}}=\mathbb{E}[\tau_{\text{ATE}}(X_i)]=\int\tau_{\text{ATE}}(X_i)\,\mathrm{d}F_X(X) \tag{8-74}$$

其中，$F_X(X)$表示X_i的累积分布函数。从式(8-74)中可以发现，识别τ_{ATE}需要同时得到$\kappa_1(X_i)$和$\kappa_0(X_i)$，而这通常需要在X_i特定取值处同时存在处理组个体和控制组个体，即要求**共同区间假定**$0<\Pr(D_i=1|X_i)<1$成立。除了τ_{ATE}之外，我们还可以得到X_i属于特定子集$\mathscr{S}$时的总体平均处理效应$\tau_{\text{ATE}}(\mathscr{S})\equiv\mathbb{E}[\tau_{\text{ATE}}(X_i)|X_i\in\mathscr{S}]$：

$$\tau_{\text{ATE}}(\mathscr{S})=\int_{X_i\in\mathscr{S}}\left(\tau_{\text{ATE}}(X_i)\left[\int_{X_i\in\mathscr{S}}\mathrm{d}F_X(X)\right]^{-1}\right)\mathrm{d}F_X(X) \tag{8-75}$$

其中，利用到了断尾随机变量分布的性质(参见第二章)，即对于子集$\mathscr{S}$内的随机变量X_i，其概率密度函数为$\dfrac{\mathrm{d}F_X(X)}{\int_{X_i\in\mathscr{S}}d\text{F}_X(\text{X})}$。

现在来考察$\tau_{\text{ATT}}(X_i)$。从式(8-72)中可以看出，如果$\mathbb{E}(Y_{0i}|D_i,X_i)=\mathbb{E}(Y_{0i}|X_i)$成立，那么$\tau_{\text{ATT}}(X_i)$可以表示为：

$$\tau_{\text{ATT}}(X_i)=\mathbb{E}(Y_i|D_i=1,X_i)-\mathbb{E}(Y_i|D_i=0,X_i) \tag{8-76}$$

可见，与识别$\tau_{\text{ATE}}(X_i)$相比，识别$\tau_{\text{ATT}}(X_i)$的所需要的**条件独立假设**更弱。识别$\tau_{\text{ATE}}(X_i)$需要$\mathbb{E}(Y_{0i}|D_i,X_i)=\mathbb{E}(Y_{0i}|X_i)$与$\mathbb{E}(Y_{1i}|D_i,X_i)=\mathbb{E}(Y_{1i}|X_i)$同时成立，而识别$\tau_{\text{ATT}}(X_i)$只需要$\mathbb{E}(Y_{0i}|D_i,X_i)=\mathbb{E}(Y_{0i}|X_i)$成立。

基于式(8-76)可以得到处理组平均处理效应τ_{ATT}：

$$\begin{aligned}\tau_{\text{ATT}}&\equiv\mathbb{E}(Y_{1i}-Y_{0i}|D_i=1)\\&=\mathbb{E}[\mathbb{E}(Y_{1i}-Y_{0i}|D_i=1,X_i)|D_i=1]\\&\equiv\mathbb{E}[\tau_{\text{ATT}}(X_i)|D_i=1]\\&=\int\tau_{\text{ATT}}(X_i)\,\mathrm{d}F_{X|D=1}(X)\end{aligned} \tag{8 - 77}$$

其中，$F_{X|D=1}(X)$表示给定$D_i=1$条件下X_i的累积分布函数。

与识别τ_{ATE}相比，识别τ_{ATT}所要求的**共同区间假设**也更弱。具体来说，识别τ_{ATT}只需要$\Pr(D_i=1|X_i)<1$成立，从而允许存在$\Pr(D_i=1|X_i)=0$的情形，即允许存在协变量X_i层内所有个体都不参加项目的情形。为了看出这一点，结合式(7-76)和式(7-77)可得：

$$\begin{aligned}\tau_{\text{ATT}}&=\mathbb{E}[\tau_{\text{ATT}}(X_i)|D_i=1]\\&=\mathbb{E}[\mathbb{E}(Y_i|D_i=1,X_i)-\mathbb{E}(Y_i|D_i=0,X_i)|D_i=1]\\&=\mathbb{E}(Y_i|D_i=1)-\mathbb{E}[\mathbb{E}(Y_i|D_i=0,X_i)|D_i=1]\end{aligned}$$

可以发现，识别τ_{ATT}不需要计算$\mathbb{E}(Y_i|D_i=1,X_i)$，从而允许$\Pr(D_i=1|X_i)=0$。

与$\tau_{\mathrm{ATE}}(\mathscr{S})$类似，我们可以得到协变量$X_i$属于特定子集$\mathscr{S}$时的处理组平均处理效应$\tau_{ATT}(\mathscr{S})\equiv\mathbb{E}[\tau_{\mathrm{ATT}}(X_i)|D_i=1,X_i\in\mathscr{S}]$：

$$\tau_{\mathrm{ATT}}(\mathscr{S})=\int_{X_i\in\mathscr{S}}\left(\tau_{\mathrm{ATT}}(X_i)\left[\int_{X_i\in\mathscr{S}}F_{X|D=1}(X)\right]^{-1}\right)\mathrm{d}F_{X|D=1}(X) \tag{8-78}$$

本小节以上主要内容可以总结在如下命题中：

命题 8.7：识别τ_{ATE}需要满足条件独立假设$\mathbb{E}(Y_{0i}|D_i,X_i)=\mathbb{E}(Y_{0i}|X_i)$，$\mathbb{E}(Y_{1i}|D_i,X_i)=\mathbb{E}(Y_{1i}|X_i)$和共同区间假设$0<\Pr(D_i=1|X_i)<1$成立；识别$\tau_{\mathrm{ATT}}$只需要满足$\mathbb{E}(Y_{0i}|D_i,X_i)=\mathbb{E}(Y_{0i}|X_i)$与$\Pr(D_i=1|X_i)<1$这两个相对弱的假设。

式(8-74)至式(8-78)给出的都是总体量，在现实中并不可观测。如果令$\hat{\kappa}_1(X_i)$和$\hat{\kappa}_0(X_i)$分别表示$\kappa_1(X_i)=\mathbb{E}(Y_i|D_i=1,X_i)$和$\kappa_0(X_i)=\mathbb{E}(Y_i|D_i=0,X_i)$的样本估计量，那么根据类比原则，可以很容易地得到这些总体量的样本估计量。具体而言，式(8-74)中τ_{ATE}所对应的样本估计量为：

$$\hat{\tau}_{\mathrm{ATE}}=\frac{1}{N}\sum_{i=1}^{N}[\hat{\kappa}_1(X_i)-\hat{\kappa}_0(X_i)] \tag{8-79}$$

式(8-75)中$\tau_{\mathrm{ATE}}(\mathscr{S})$所对应的样本估计量为：

$$\hat{\tau}_{\mathrm{ATE}}(\mathscr{S})=\left(\sum_{i=1}^{N}1[X_i\in\mathscr{S}]\right)^{-1}\sum_{i=1}^{N}1[X_i\in\mathscr{S}][\hat{\kappa}_1(X_i)-\hat{\kappa}_0(X_i)] \tag{8-80}$$

式(8-77)中τ_{ATT}所对应的样本估计量为：

$$\hat{\tau}_{\mathrm{ATT}}=\left(\sum_{i=1}^{N}D_i\right)^{-1}\sum_{i=1}^{N}D_i[\hat{\kappa}_1(X_i)-\hat{\kappa}_0(X_i)] \tag{8-81}$$

最后，式(8-78)中$\tau_{\mathrm{ATT}}(\mathscr{S})$所对应的样本估计量为：

$$\hat{\tau}_{\mathrm{ATT}}(\mathscr{S})=\left(\sum_{i=1}^{N}1[X_i\in\mathscr{S}]\cdot D_i\right)^{-1}\sum_{i=1}^{N}(1[X_i\in\mathscr{S}]\cdot D_i)[\hat{\kappa}_1(X_i)-\hat{\kappa}_0(X_i)] \tag{8-82}$$

可以看出，利用回归调整方法来估计平均处理效应的关键在于得到条件期望$\kappa_1(X_i)$和$\kappa_0(X_i)$的样本估计量$\hat{\kappa}_1(X_i)$与$\hat{\kappa}_0(X_i)$。一般而言，估计条件期望的方法分为非参数化方法和参数化方法两种。

首先来介绍参数化方法。令$\kappa_1(X_i,\boldsymbol{\delta}_1)$和$\kappa_0(X_i,\boldsymbol{\delta}_0)$对应表示参数化的条件期望$\mathbb{E}(Y_i|D_i=1,X_i)$和$\mathbb{E}(Y_i|D_i=0,X_i)$。其中，$\boldsymbol{\delta}_1$和$\boldsymbol{\delta}_0$表示未知参数，它们的估计值$\hat{\boldsymbol{\delta}}_1$与$\hat{\boldsymbol{\delta}}_0$可以分别基于处理组样本和控制组样本估计得到。有了$\hat{\boldsymbol{\delta}}_1$与$\hat{\boldsymbol{\delta}}_0$之后，$\hat{\tau}_{\mathrm{ATE}}$则可以表示为：

$$\hat{\tau}_{\mathrm{ATE}}=\frac{1}{N}\sum_{i=1}^{N}[\kappa_1(X_i,\hat{\boldsymbol{\delta}}_1)-\kappa_0(X_i,\hat{\boldsymbol{\delta}}_0)] \tag{8-83}$$

命题 8.8：令$\boldsymbol{V}_1$和$\boldsymbol{V}_0$分别表示$\sqrt{N}(\hat{\boldsymbol{\delta}}_1-\boldsymbol{\delta}_1)$与$\sqrt{N}(\hat{\boldsymbol{\delta}}_0-\boldsymbol{\delta}_0)$的渐近方差，那么$\sqrt{N}(\hat{\tau}_{\mathrm{ATE}}-\tau_{\mathrm{ATE}})$的渐近分布为：

$$\sqrt{N}(\hat{\tau}_{\mathrm{ATE}}-\tau_{\mathrm{ATE}})\xrightarrow{d}\mathcal{N}(0,\boldsymbol{V}^{-1}) \tag{8-84}$$

其中，$\boldsymbol{V}=\left\{\begin{array}{l}\mathbb{E}\left(\kappa_1(X_i,\boldsymbol{\delta}_1)-\kappa_0(X_i,\boldsymbol{\delta}_0)-\tau_{\mathrm{ATE}}\right)^2 \\ +\mathbb{E}\left[\dfrac{\partial\kappa_1(X_i,\boldsymbol{\delta}_1)}{\partial\boldsymbol{\delta}_1}\right]'\boldsymbol{V}_1\,\mathbb{E}\left[\dfrac{\partial\kappa_1(X_i,\boldsymbol{\delta}_1)}{\partial\boldsymbol{\delta}_1}\right] \\ +\mathbb{E}\left[\dfrac{\partial\kappa_0(X_i,\boldsymbol{\delta}_0)}{\partial\boldsymbol{\delta}_0}\right]'\boldsymbol{V}_0\,\mathbb{E}\left[\dfrac{\partial\kappa_0(X_i,\boldsymbol{\delta}_0)}{\partial\boldsymbol{\delta}_0}\right]\end{array}\right\}$。

证明：(＊)

由于 $\hat{\tau}_{\mathrm{ATE}}$ 是 $\hat{\boldsymbol{\delta}}_1$ 和 $\hat{\boldsymbol{\delta}}_0$ 的非线性函数，因此在知道 $\hat{\boldsymbol{\delta}}_1$ 和 $\hat{\boldsymbol{\delta}}_0$ 渐近分布的基础上，可以利用**德尔塔方法**(Delta Method)得到 $\hat{\tau}_{\mathrm{ATE}}$ 的渐近分布。将 $\sqrt{N}(\hat{\tau}_{\mathrm{ATE}}-\tau_{\mathrm{ATE}})$ 在 $\boldsymbol{\delta}_1$ 和 $\boldsymbol{\delta}_0$ 处根据中值定理展开可得：

$$\sqrt{N}(\hat{\tau}_{\mathrm{ATE}}-\tau_{\mathrm{ATE}})=\left\{\begin{array}{c}\dfrac{1}{\sqrt{N}}\displaystyle\sum_{i=1}^{N}\left[\kappa_1(X_i,\boldsymbol{\delta}_1)-\kappa_0(X_i,\boldsymbol{\delta}_0)-\tau_{\mathrm{ATE}}\right]+ \\ \dfrac{1}{\sqrt{N}}\displaystyle\sum_{i=1}^{N}\left[\ddot{K}_{1i}'(\boldsymbol{\delta}_1^+)\cdot\underbrace{(\hat{\boldsymbol{\delta}}_1-\boldsymbol{\delta}_1)}_{\text{第一步抽样误差}}-\ddot{K}_{0i}'(\boldsymbol{\delta}_0^+)\cdot\underbrace{(\hat{\boldsymbol{\delta}}_0-\boldsymbol{\delta}_0)}_{\text{第一步抽样误差}}\right]\end{array}\right\}$$

其中，$\ddot{K}_{1i}(\boldsymbol{\delta}_1^+)=\left.\dfrac{\partial\kappa_1(X_i,\boldsymbol{\delta}_1)}{\partial\boldsymbol{\delta}_1}\right|_{\boldsymbol{\delta}_1^+}$，$\ddot{K}_{0i}(\boldsymbol{\delta}_0^+)=\left.\dfrac{\partial\kappa_0(X_i,\boldsymbol{\delta}_0)}{\partial\boldsymbol{\delta}_0}\right|_{\boldsymbol{\delta}_0^+}$。$\boldsymbol{\delta}_1^+$ 为介于 $\boldsymbol{\delta}_1$ 与 $\hat{\boldsymbol{\delta}}_1$ 之间的数，$\boldsymbol{\delta}_0^+$ 为介于 $\boldsymbol{\delta}_0$ 与 $\hat{\boldsymbol{\delta}}_0$ 之间的数。

由于 $\mathrm{Plim}\left\{\dfrac{1}{N}\displaystyle\sum_{i=1}^{N}\ddot{K}_{1i}'(\boldsymbol{\delta}_1^+)\right\}=\mathbb{E}\left[\ddot{K}_{1i}'(\boldsymbol{\delta}_1)\right]\equiv\mathbb{E}\left[\dfrac{\partial\kappa_1(X_i,\boldsymbol{\delta}_1)}{\partial\boldsymbol{\delta}_1}\right]$，$\mathrm{Plim}\left\{\dfrac{1}{N}\displaystyle\sum_{i=1}^{N}\ddot{K}_{0i}'(\boldsymbol{\delta}_0^+)\right\}=\mathbb{E}\left[\ddot{K}_{0i}'(\boldsymbol{\delta}_0)\right]\equiv\mathbb{E}\left[\dfrac{\partial\kappa_0(X_i,\boldsymbol{\delta}_0)}{\partial\boldsymbol{\delta}_0}\right]$，因此可以得到如下等式成立：

$$\begin{aligned}&\sqrt{N}(\hat{\tau}_{\mathrm{ATE}}-\tau_{\mathrm{ATE}})\\&=\left\{\begin{array}{c}\dfrac{1}{\sqrt{N}}\displaystyle\sum_{i=1}^{N}\left[\kappa_1(X_i,\boldsymbol{\delta}_1)-\kappa_0(X_i,\boldsymbol{\delta}_0)-\tau_{\mathrm{ATE}}\right]+ \\ \mathbb{E}\left[\dfrac{\partial\kappa_1(X_i,\boldsymbol{\delta}_1)}{\partial\boldsymbol{\delta}_1}\right]'\sqrt{N}(\hat{\boldsymbol{\delta}}_1-\boldsymbol{\delta}_1)+\mathbb{E}\left[\dfrac{\partial\kappa_0(X_i,\boldsymbol{\delta}_0)}{\partial\boldsymbol{\delta}_0}\right]'\sqrt{N}(\hat{\boldsymbol{\delta}}_0-\boldsymbol{\delta}_0)+o_p(1)\end{array}\right\}\\&=\frac{1}{\sqrt{N}}\sum_{i=1}^{N}\left\{\begin{array}{c}\left[\kappa_1(X_i,\boldsymbol{\delta}_1)-\kappa_0(X_i,\boldsymbol{\delta}_0)-\tau_{\mathrm{ATE}}\right]+ \\ \mathbb{E}\left[\dfrac{\partial\kappa_1(X_i,\boldsymbol{\delta}_1)}{\partial\boldsymbol{\delta}_1}\right]'\sqrt{N}(\hat{\boldsymbol{\delta}}_1-\boldsymbol{\delta}_1)+\mathbb{E}\left[\dfrac{\partial\kappa_0(X_i,\boldsymbol{\delta}_0)}{\partial\boldsymbol{\delta}_0}\right]'\sqrt{N}(\hat{\boldsymbol{\delta}}_0-\boldsymbol{\delta}_0)\end{array}\right\}+o_p(1)\end{aligned}$$

如果令 $\boldsymbol{A}_1$ 和 $\boldsymbol{s}_i(X_i,\boldsymbol{\delta}_1)$ 分别表示估计 $\boldsymbol{\delta}_1$ 问题的海森矩阵与得分向量，那么根据第四章的介绍我们知道：

$$\sqrt{N}(\hat{\boldsymbol{\delta}}_1-\boldsymbol{\delta}_1)=\boldsymbol{A}_1^{-1}\left[-\frac{1}{\sqrt{N}}\sum_{i=1}^{N}\boldsymbol{s}_i(X_i,\boldsymbol{\delta}_1)\right]+o_p(1)$$

$\sqrt{N}(\hat{\boldsymbol{\delta}}_0-\boldsymbol{\delta}_0)$ 可采用类似的形式表示。又因为 $\mathbb{E}\left[\boldsymbol{s}_i(X_i,\boldsymbol{\delta}_1)\mid X_i\right]=\boldsymbol{0}$，所以 $\sqrt{N}(\hat{\boldsymbol{\delta}}_1-\boldsymbol{\delta}_1)$ 独立于 X_i。$\kappa_1(X_i,\boldsymbol{\delta}_1)$ 与 $\kappa_0(X_i,\boldsymbol{\delta}_0)$ 都是 X_i 的函数，从而独立于 $\sqrt{N}(\hat{\boldsymbol{\delta}}_1-\boldsymbol{\delta}_1)$。同样地，$\kappa_1(X_i,\boldsymbol{\delta}_1)$

与 $\kappa_0(X_i,\boldsymbol{\delta}_0)$ 独立于 $\sqrt{N}(\hat{\boldsymbol{\delta}}_0-\boldsymbol{\delta}_0)$。因此，利用中心极限定理可以得到 $\sqrt{N}(\hat{\tau}_{\mathrm{ATE}}-\tau_{\mathrm{ATE}})$ 的渐近方差为：

$$\mathrm{Avar}(\sqrt{N}(\hat{\tau}_{\mathrm{ATE}}-\tau_{\mathrm{ATE}}))=\left\{\begin{array}{l}\mathbb{E}\,(\kappa_1(X_i,\boldsymbol{\delta}_1)-\kappa_0(X_i,\boldsymbol{\delta}_0)-\tau_{\mathrm{ATE}})^2\\ +\mathbb{E}\left[\dfrac{\partial\kappa_1(X_i,\boldsymbol{\delta}_1)}{\partial\boldsymbol{\delta}_1}\right]'\boldsymbol{V}_1\,\mathbb{E}\left[\dfrac{\partial\kappa_1(X_i,\boldsymbol{\delta}_1)}{\partial\boldsymbol{\delta}_1}\right]\\ +\mathbb{E}\left[\dfrac{\partial\kappa_0(X_i,\boldsymbol{\delta}_0)}{\partial\boldsymbol{\delta}_0}\right]'\boldsymbol{V}_0\,\mathbb{E}\left[\dfrac{\partial\kappa_0(X_i,\boldsymbol{\delta}_0)}{\partial\boldsymbol{\delta}_0}\right]\end{array}\right\}\equiv\boldsymbol{V}$$

故命题得证。

□

条件期望函数 $\kappa_1(X_i,\boldsymbol{\delta}_1)$ 和 $\kappa_0(X_i,\boldsymbol{\delta}_0)$ 既可以是非线性的也可以是线性的。线性模型是最常见的形式，不失一般性，令 $\kappa_1(X_i,\boldsymbol{\delta}_1)=c_1+\rho_1X_i$，$\kappa_0(X_i,\boldsymbol{\delta}_0)=c_0+\rho_0X_i$。其中，参数 $\boldsymbol{\delta}_1$ 的估计值 $\hat{\boldsymbol{\delta}}_1=(\hat{c}_1,\hat{\rho}_1)$ 可以基于处理组样本利用 Y_i 对 X_i 进行回归得到；参数 $\boldsymbol{\delta}_0$ 的估计值 $\hat{\boldsymbol{\delta}}_0=(\hat{c}_0,\hat{\rho}_0)$ 可以基于控制组样本利用 Y_i 对 X_i 进行回归得到。给定条件独立假定式(8-68)成立，那么 $\tau_{\mathrm{ATE}}(X_i)$ 可以表示为：

$$\tau_{\mathrm{ATE}}(X_i)=(c_1-c_0)+(\rho_1-\rho_0)X_i \tag{8-85}$$

总体平均处理效应 τ_{ATE} 为：

$$\tau_{\mathrm{ATE}}=(c_1-c_0)+(\rho_1-\rho_0)\mathbb{E}\,(X_i) \tag{8-86}$$

协变量 X_i 属于特定子集 $\mathscr{S}$ 时的总体平均处理效应 $\tau_{\mathrm{ATE}}(\mathscr{S})$ 为

$$\tau_{\mathrm{ATE}}(\mathscr{S})=(c_1-c_0)+(\rho_1-\rho_0)\mathbb{E}\,(X_i\mid X_i\in\mathscr{S}) \tag{8-87}$$

这里需要说明的是，如果只是给定假设 $\mathbb{E}\,(Y_{0i}\mid D_i,X_i)=\mathbb{E}\,(Y_{0i}\mid X_i)$ 成立，那么式(8-85)至式(8-87)所给出的处理效应是**处理组平均处理效应**。在估计得到 $\{\hat{c}_0,\hat{\rho}_0,\hat{c}_1,\hat{\rho}_1\}$ 后，可以计算 $\tau_{\mathrm{ATE}}(X_i)$ 的样本估计量 $\hat{\tau}_{\mathrm{ATE}}(X_i)$：

$$\hat{\tau}_{\mathrm{ATE}}(X_i)=(\hat{c}_1-\hat{c}_0)+(\hat{\rho}_1-\hat{\rho}_0)X_i \tag{8-88}$$

基于 $\hat{\tau}_{\mathrm{ATE}}(X_i)$ 能够进一步得到 τ_{ATE} 的样本估计量 $\hat{\tau}_{\mathrm{ATE}}$：

$$\hat{\tau}_{\mathrm{ATE}}=(\hat{c}_1-\hat{c}_0)+(\hat{\rho}_1-\hat{\rho}_0)\overline{X} \tag{8-89}$$

其中，$\overline{X}=\dfrac{1}{N}\sum\limits_{i=1}^{N}X_i$，表示全体样本均值。

类似地，$\tau_{\mathrm{ATE}}(\mathscr{S})$ 的样本估计量 $\hat{\tau}_{\mathrm{ATE}}(\mathscr{S})$：

$$\hat{\tau}_{\mathrm{ATE}}(\mathscr{S})=\left(\sum_{i=1}^{N}1[X_i\in\mathscr{S}]\right)^{-1}\sum_{i=1}^{N}1[X_i\in\mathscr{S}]\cdot\hat{\tau}_{\mathrm{ATE}}(X_i)=(\hat{c}_1-\hat{c}_0)+(\hat{\rho}_1-\hat{\rho}_0)\overline{X}_{\mathscr{S}} \tag{8-90}$$

其中，$\overline{X}_S=\dfrac{\sum\limits_{i=1}^{N}1[X_i\in\mathscr{S}]\cdot X_i}{\sum\limits_{i=1}^{N}1[X_i\in\mathscr{S}]}$，表示子集 $\mathscr{S}$ 中个体的样本均值。事实上，$\hat{\tau}_{\mathrm{ATE}}(\mathscr{S})$ 还可以通过回归的方式得到。对此有如下命题：

命题 8.9：给定条件独立假定式(8-68)成立，$\hat{\tau}_{\text{ATE}}(\mathscr{S})$ 及其标准差可以通过利用 Y_i 对 1，D_i，X_i 以及 $D_i(X_i-\overline{X}_{\mathscr{S}})$ 进行回归来得到。

证明：

根据 $\kappa_1(X_i,\boldsymbol{\delta}_1)=c_1+\rho_1X_i$，$\kappa_0(X_i,\boldsymbol{\delta}_0)=c_0+\rho_0X_i$ 可得

$$\begin{aligned}\mathbb{E}(Y_i|D_i,X_i)&=D_i(c_1+\rho_1X_i)+(1-D_i)(c_0+\rho_0X_i)\\&=c_0+\rho_0X_i+[(c_1+\rho_1X_i)-(c_0+\rho_0X_i)]D_i\\&=\left\{\begin{array}{c}c_0+\underbrace{[(c_1-c_0)+(\rho_1-\rho_0)\mathbb{E}(X_i|X_i\in\mathscr{S})]}_{\tau_{\text{ATE}}(\mathscr{S})}D_i+\\ \rho_0X_i-\\ (\rho_1-\rho_0)D_i[X_i-\mathbb{E}(X_i|X_i\in\mathscr{S})]\end{array}\right\}\end{aligned}\tag{8-91}$$

其中，将式(8-91)与式(8-90)比较可以发现，$\mathbb{E}(X_i|X_i\in\mathscr{S})$ 是 $\overline{X}_{\mathscr{S}}$ 所对应的总体量；在条件独立假定式(8-68)成立的条件下，$[(c_1-c_0)+(\rho_1-\rho_0)\mathbb{E}(X_i|X_i\in\mathscr{S})]$ 是 $\hat{\tau}_{\text{ATE}}(\mathscr{S})$ 所对应的总体参数 $\tau_{\text{ATE}}(\mathscr{S})$。

故命题得证。

□

值得指出的是，上述参数化方法并不需要共同区间假定成立。这是因为，一旦设定了条件期望 $\kappa_1(X_i,\boldsymbol{\delta}_1)$ 和 $\kappa_0(X_i,\boldsymbol{\delta}_0)$ 的具体函数形式，它们的估计值就可以直接通过将 X_i 的取值代入 $\kappa_1(X_i,\hat{\boldsymbol{\delta}}_1)$ 与 $\kappa_0(X_i,\hat{\boldsymbol{\delta}}_0)$ 的方式得到，从而不要求在 X_i 特定取值处必须同时存在处理组个体和控制组个体。参数化方法虽然不要求共同区间假定成立，但是它对条件期望的具体函数形式施加了(先验的)限定，而这一限定在现实中往往并不一定成立。特别是在处理组与控制组协变量差异比较大的情形下，估计结果对条件期望函数形式的设定将会非常敏感(Imbens and Wooldridge,2009)。这可以从如下命题中看出来。

命题 8.10：式(8-89)能够等价地表示为：

$$\hat{\tau}_{\text{ATE}}=(\overline{Y}_1-\overline{Y}_0)-\left(\frac{N_0}{N_0+N_1}\cdot\hat{\rho}_1+\frac{N_1}{N_0+N_1}\cdot\hat{\rho}_0\right)(\overline{X}_1-\overline{X}_0)\tag{8-92}$$

其中，$\overline{Y}_1$ 和 $\overline{Y}_0$ 分别表示处理组和控制组结果变量样本均值；$\overline{X}_1$ 和 $\overline{X}_0$ 分别表示处理组和控制组协变量样本均值；N_0 和 N_1 分别表示处理组和控制组样本量。

从式(8-92)中可以看出，处理组与控制组协变量差异越大，即 $|\overline{X}_1-\overline{X}_0|$ 越大，总体平均处理效应估计量 $\hat{\tau}_{\text{ATE}}$ 受到估计参数 $\hat{\rho}_1$ 和 $\hat{\rho}_0$ 的影响越大，而 $\hat{\rho}_1$ 和 $\hat{\rho}_0$ 又随着条件期望函数形式设定的变化而变化。因此，处理组与控制组协变量差异越大，平均处理效应估计结果对于模型函数形式的设定越敏感。接下来给出式(8-92)的具体证明过程。

证明：

根据 $\kappa_1(X_i,\boldsymbol{\delta}_1)=c_1+\rho_1X_i$，$\kappa_0(X_i,\boldsymbol{\delta}_0)=c_0+\rho_0X_i$ 可得

$$\overline{Y}_1=\hat{c}_1+\left(\frac{1}{N_1}\sum_{i=1}^{N}D_iX_i\right)\hat{\rho}_1=\hat{c}_1+\hat{\rho}_1\overline{X}_1$$

$$\overline{Y}_0=\hat{c}_0+\left[\frac{1}{N_0}\sum_{i=1}^{N}(1-D_i)X_i\right]\hat{\rho}_0=\hat{c}_0+\hat{\rho}_0\overline{X}_0$$

因此式(8-92)右边的表达式可以表示为:

$$\begin{aligned}&(\overline{Y}_1-\overline{Y}_0)-\left(\frac{N_0}{N_0+N_1}\cdot\hat{\rho}_1+\frac{N_1}{N_0+N_1}\cdot\hat{\rho}_0\right)(\overline{X}_1-\overline{X}_0)\\&=\hat{c}_1-\hat{c}_0+(\hat{\rho}_1\overline{X}_1-\hat{\rho}_0\overline{X}_0)-\left(\frac{N_0}{N_0+N_1}\cdot\hat{\rho}_1+\frac{N_1}{N_0+N_1}\cdot\hat{\rho}_0\right)(\overline{X}_1-\overline{X}_0)\\&=\hat{c}_1-\hat{c}_0+\left[\overline{X}_1-\frac{N_0}{N_0+N_1}(\overline{X}_1-\overline{X}_0)\right]\hat{\rho}_1-\left[\overline{X}_0+\frac{N_1}{N_0+N_1}(\overline{X}_1-\overline{X}_0)\right]\hat{\rho}_0\\&=\hat{c}_1-\hat{c}_0+(\hat{\rho}_1-\hat{\rho}_0)\overline{X}\\&\equiv\hat{\tau}_{\text{ATE}}\end{aligned}$$

其中，第三个等式用到 $\overline{X}_1-\frac{N_0}{N_0+N_1}(\overline{X}_1-\overline{X}_0)=\overline{X}_0+\frac{N_1}{N_0+N_1}(\overline{X}_1-\overline{X}_0)=\frac{N_1}{N_0+N_1}\overline{X}_1+\frac{N_0}{N_0+N_1}\overline{X}_0=\overline{X}$。最后一个等式用到了式(8-89)。

故命题得证。

□

由于参数方法对模型施加了函数形式的限定，因此在处理效应文献中，估计 $\kappa_1(X_i)$ 和 $\kappa_0(X_i)$ 经常使用对模型函数形式不施加任何限定的非参数方法。最简单的非参数方法是，将处理组和控制组结果变量在 X_i 取特定取值 x 处的样本均值作为 $\kappa_1(x)$ 和 $\kappa_0(x)$ 的估计值，即

$$\hat{\kappa}_1(x)=\Big(\sum_{i:\ X_i=x}D_i\Big)^{-1}\Big(\sum_{i:\ X_i=x}D_iY_i\Big)\tag{8-93}$$

$$\hat{\kappa}_0(x)=\Big[\sum_{i:\ X_i=x}(1-D_i)\Big]^{-1}\Big[\sum_{i:\ X_i=x}(1-D_i)Y_i\Big]\tag{8-94}$$

可以发现，该方法估计 $\hat{\tau}_{\text{ATE}}(x)$ 需要在 $X_i=x$ 处同时存在处理组个体和控制组个体，即需要**共同区间假定**得到满足。此外，利用该方法估计 $\kappa_1(x)$ 和 $\kappa_0(x)$ 只是用到了 $X_i=x$ 处的结果变量的信息，因此在样本较少的情形下，估计结果可能会非常不准确。**核回归估计**(Kernel Regression Estimation)方法在估计 $\kappa_1(x)$ 和 $\kappa_0(x)$ 的过程中使用了所有的结果变量的信息，其基本思想是，赋予距离 x 较近的结果变量较大的权重，赋予距离 x 较远的结果变量较小的权重。正式地，$\kappa_1(X_i)$ 在 x 处的核回归估计量可以表示为:

$$\hat{\kappa}_1(x)=\left[\sum_{i=1}^{N}D_iK\left(\frac{X_i-x}{h}\right)\right]^{-1}\left[\sum_{i=1}^{N}D_iK\left(\frac{X_i-x}{h}\right)\cdot Y_i\right]\tag{8-95}$$

其中，$K(\cdot)$被称为**核方程**(Kernel Function)，$h>0$ 为**带宽**(Bandwidth)。式(8-95)可直观地理解为，$\hat{\kappa}_1(x)$等于 Y_i 以 $\left[\sum_{i=1}^{N}D_iK\left(\frac{X_i-x}{h}\right)\right]^{-1}\left[D_iK\left(\frac{X_i-x}{h}\right)\right]$ 为权重的加权平均。一般而言，$\left|\frac{X_i-x}{h}\right|$ 的取值越小，$K\left(\frac{X_i-x}{h}\right)$ 的取值越大，也就是说，X_i 的取值离 x 越近的观测个体被赋予的权重越大。为了便于理解，考虑 $K\left(\frac{X_i-x}{h}\right)=1\left[\left|\frac{X_i-x}{h}\right|<1\right]$ 这一最简单的情形，它表

示那些X_i取值在$[x-h,\ x+h]$区间内的个体（离x较近），权重为正，而那些X_i取值在$[x-h,\ x+h]$区间外的个体（离x较远），权重为0。类似地，$\kappa_0(X_i)$在x处的核回归估计量可以表示为：

$$\hat{\kappa}_0(x)=\left[\sum_{i=1}^{N}(1-D_i)K\left(\frac{X_i-x}{h}\right)\right]^{-1}\left[\sum_{i=1}^{N}(1-D_i)K\left(\frac{X_i-x}{h}\right)\cdot Y_i\right] \qquad (8\text{-}96)$$

除了以上介绍的两种方法之外，估计条件期望比较常用的非参数方法还有**局部线性回归估计**（Local Linear Estimation）和**序列估计**（Series Estimation）。具体介绍这些方法超出了本书的范围，感兴趣的读者可以参考 Härdle and Linton（1994）以及 Li and Racine（2007）。一般而言，非参数化方法不需要对条件期望的函数形式做出限定，从而具有很大的灵活性，但是统计推断的复杂性以及通常要求共同区间假定满足限制了其更为广泛的使用。

5.3.2 基于倾向得分的回归调整法

利用匹配方法识别处理效应通常需要共同区间假设得到满足。此外，基于协变量X_i分层时，为保证估计结果的准确性往往还需要层内具有足够大的样本量。然而，在协变量X_i是高维向量的情形下，可能出现一些层内只有很少甚至没有样本的情形。特别地，如果协变量X_i包含20个虚拟变量，那么根据这20个变量进行分层所得到的层数是$2^{20}=1\ 048\ 576$。即便对于样本容量为数十万的大样本数据，也很有可能会出现层内只有很少甚至没有样本的情形。这就是匹配方法中所谓的**维度诅咒**（The Curse of Dimensionality）问题。为了缓解维度诅咒问题，Rosenbaum and Rubin（1983）提出了基于倾向匹配的方法，其基本原理是将基于高维协变量X_i进行匹配的问题转化为基于一维的倾向得分$p(X_i)$进行匹配。因此，基于协变量X_i的回归调整方法需要识别或估计的是条件期望$\mathbb{E}(Y_i|D_i,X_i)$，基于倾向得分$p(X_i)$的回归调整方法需要识别或估计的是条件期望$\mathbb{E}(Y_i|D_i,p(X_i))$。将协变量匹配问题转化为倾向得分匹配问题的理论依据是**倾向得分定理**（Rosenbaum and Rubin，1983）。

倾向得分定理（Rosenbaum and Rubin，1983）：如果$(Y_{1i},Y_{0i})\perp D_i|X_i$成立，那么则有：

$$(Y_{1i},Y_{0i})\perp D_i|p(X_i) \qquad (8\text{-}97)$$

其中，$p(X_i)\equiv\Pr(D_i=1|X_i)$为倾向得分。

证明：

表达式(8-97)表示给定倾向得分$p(X_i)$，D_i与(Y_{1i},Y_{0i})互相独立，即$\Pr[D_i|Y_{1i},Y_{0i},p(X_i)]=\Pr[D_i|p(X_i)]$。而证明该等式只需证明$\Pr[D_i=1|Y_{1i},\ Y_{0i},\ p(X_i)]=\Pr[D_i=1|p(X_i)]$（该情形下，等式$\Pr[D_i=0|Y_{1i},Y_{0i},p(X_i)]=\Pr[D_i=0|p(X_i)]$自然成立）。

$$\begin{aligned}
&\Pr[D_i=1|Y_{1i},\ Y_{0i},\ p(X_i)]\\
&=\mathbb{E}[D_i|Y_{1i},\ Y_{0i},\ p(X_i)]\\
&=\mathbb{E}\{\mathbb{E}[D_i|Y_{1i},\ Y_{0i},\ X_i,\ p(X_i)]|Y_{1i},\ Y_{0i},\ p(X_i)\}\\
&=\mathbb{E}\{\mathbb{E}[D_i|X_i,\ p(X_i)]|Y_{1i},\ Y_{0i},\ p(X_i)\}\\
&=\mathbb{E}\{\mathbb{E}[D_i|p(X_i)]|Y_{1i},\ Y_{0i},\ p(X_i)\}\\
&=\mathbb{E}[D_i|p(X_i)]\\
&=\Pr[D_i=1|p(X_i)]
\end{aligned}$$

其中，第二个等式利用到了迭代期望定律，第三个等式用到的是命题中的假设条件$(Y_{1i},Y_{0i})\perp$

$D_i|X_i$，第四个等式利用到的是前述命题 8.1，即 $D_i \perp X_i | p(X_i)$，即在给定 $p(X_i)$ 的条件下，D_i 与 X_i 互相独立。

故命题得证。

□

有了倾向得分定理，通过将 X_i 替换为 $p(X_i)$ 的方式，5.3.1 小节中基于协变量的回归调整法能够非常自然地拓展到基于倾向得分的情形。有鉴于此，对基于倾向得分的回归调整方法，这里不再展开介绍。与基于协变量的回归调整法一个重要不同是，倾向得分不可观测 $p(X_i)$，需要通过估计得到，比较常用的方法是利用 D_i 对 X_i(或者 X_i 的多项式)进行 **Logit 回归**(Logit Regression)。

5.4 逆概率加权法

以上我们介绍了回归调整匹配方法，它们都是基于结果变量条件期望 $\mathbb{E}(Y_i|D_i,X_i)$ 或者 $\mathbb{E}(Y_i|D_i,p(X_i))$ 识别处理效应的。本节介绍另外一种识别处理效应的流行匹配方法——**逆概率加权法**(Inverse Probability Weighting,IPW)。该方法由 Horvitz and Thompson(1952)最早提出，其基本思想是利用抽样概率的倒数作为权重来对样本进行加权，以此来消除非随机抽样造成的估计偏误。图 8-11 直观地展示了该方法的基本思想。在图 8-11 中有两类群体，第一类群体用圆形表示，第二类群体用三角形表示。左图给出的是原始样本，第一类群体样本出现的概率是 0.7，第二类群体样本出现的概率是 0.3。右图给出的是加权后的(虚拟)样本，两类群体样本出现的概率相等，都等于 0.5。

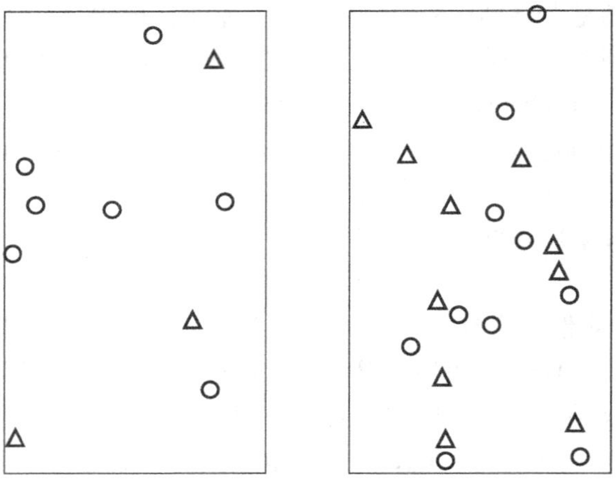

图 8-11 原始样本与逆概率加权后的(虚拟)样本

Robins et al.(1995)将逆概率加权方法正式引入识别处理效应的文献。由于该方法使用的概率是倾向得分，因此这一方法又被称为**逆倾向得分加权法**(Inverse Propensity Score Weighting,IPSW)。下面我们以命题的形式给出逆倾向得分加权法识别处理效应的具体表达式。

命题 8.11：给定条件独立假设式(8-68)与共同区间假设式(8-69)成立，总体平均处理效应 τ_{ATE} 可以通过如下方式来识别：

$$\tau_{\text{ATE}}=\mathbb{E}\left[\frac{D_iY_i}{p(X_i)}-\frac{(1-D_i)Y_i}{1-p(X_i)}\right] \tag{8-98}$$

其中，如前 $p(X_i)$ 表示倾向得分。

该命题的含义非常直观。我们知道随机化实验是识别处理效应的黄金法则，在随机化实验中任意个体(不)参与项目的概率都相同。而从式(8-98)中可以看出逆倾向值得分加权法正是通过倾向得分(倒数)加权的方式基于观测数据来构造随机化实验。具体地，$\mathbb{E}\left[\frac{D_iY_i}{p(X_i)}\right]$ 可以直观地理解为，对那些参与项目概率较大的个体赋予较小的权重，对那些参与项目概率较小的个体赋予较大的权重，从而使得这些个体参与项目的概率相同，也就是模拟了随机化实验。$\mathbb{E}\left[\frac{(1-D_i)Y_i}{1-p(X_i)}\right]$ 可以类似地理解。从式(8-98)中可以很容易看出，识别 τ_{ATE} 要求 $p(X_i)$ 既不能等于 0 也不能等于 1，即需要共同区间假设成立。

证明：

利用迭代期望定律可得：

$$\begin{aligned}\mathbb{E}\left[\frac{D_iY_i}{p(X_i)}\right]&=\mathbb{E}\left(\mathbb{E}\left[\frac{D_iY_i}{p(X_i)}\middle|X_i\right]\right)\\&=\mathbb{E}\left(\frac{\mathbb{E}\left[Y_i\,|\,D_i=1,\ X_i\right]p(X_i)}{p(X_i)}\right)\\&=\mathbb{E}\left(\mathbb{E}\left[Y_i\,|\,D_i=1,X_i\right]\right)\\&=\mathbb{E}\left(\mathbb{E}\left[Y_{1i}\,|\,D_i=1,X_i\right]\right)\\&=\mathbb{E}\left(\mathbb{E}\left[Y_{1i}\,|\,X_i\right]\right)=\mathbb{E}\left(Y_{i1}\right)\end{aligned}$$

其中，可以注意到，第五个等式用到了条件独立假设。

类似地，可以证明(留作课后练习)

$$\mathbb{E}\left[\frac{(1-D_i)Y_i}{1-p(X_i)}\right]=\mathbb{E}\left(Y_{i0}\right)$$

故命题得证。

□

根据式(8-98)可以得到 τ_{ATE} 的如下估计量

$$\hat{\tau}_{\text{ATE}}=\frac{1}{N}\sum_{i=1}^{N}\left[\frac{D_iY_i}{\hat{p}(X_i)}-\frac{(1-D_i)Y_i}{1-\hat{p}(X_i)}\right] \tag{8-99}$$

其中，$\hat{p}(X_i)$ 表示倾向得分的估计量。

命题 8.12： 给定 $\mathbb{E}(Y_{0i}\,|\,D_i,X_i)=\mathbb{E}(Y_{0i}\,|\,X_i)$ 与 $\Pr(D_i=1\,|\,X_i)<1$ 成立，处理组平均处理效应 τ_{ATT} 可以通过如下方式来识别：

$$\tau_{\text{ATT}}=\mathbb{E}\left\{\frac{[D_i-p(X_i)]\,Y_i}{\pi[1-p(X_i)]}\right\} \tag{8-100}$$

其中，$p(X_i)\equiv\Pr(D_i=1\,|\,X_i)$ 表示倾向得分，$\pi\equiv\Pr(D_i=1)$。

从式(8-100)中可以看出，识别 τ_{ATT} 允许 $p(X_i)=0$ 的情形存在。接下来，我们给出命题

8.12 的具体证明过程。

证明:

利用 $Y_i=Y_{0i}+D_i(Y_{1i}-Y_{0i})$ 容易得到如下等式:

$$\begin{aligned}[D_i-p(X_i)]Y_i&=[D_i-p(X_i)][Y_{0i}+D_i(Y_{1i}-Y_{0i})]\\&=[D_i-p(X_i)]Y_{0i}+D_i[D_i-p(X_i)](Y_{1i}-Y_{0i})\\&=[D_i-p(X_i)]Y_{0i}+D_i[1-p(X_i)](Y_{1i}-Y_{0i})\end{aligned}$$

其中,最后一个等式用到 $D_i=D_i^2$。

因此将上式代入式(8-100)可得:

$$\begin{aligned}\mathbb{E}\left\{\frac{[D_i-p(X_i)]Y_i}{[1-p(X_i)]}\right\}&=\mathbb{E}\left(\mathbb{E}\left\{\frac{[D_i-p(X_i)]Y_i}{[1-p(X_i)]}\middle|X_i\right\}\right)\\&=\mathbb{E}\left(\mathbb{E}\left\{\frac{[D_i-p(X_i)]Y_{0i}}{[1-p(X_i)]}+D_i(Y_{1i}-Y_{0i})\middle|X_i\right\}\right)\\&=\mathbb{E}\,[D_i(Y_{1i}-Y_{0i})]\\&=\Pr(D_i=1)\mathbb{E}\,[Y_{1i}-Y_{0i}\mid D_i=1]=\pi\tau_{\text{ATT}}\end{aligned}$$

其中,第三个等式成立是因为,$\mathbb{E}\left(\mathbb{E}\left\{\frac{[D_i-p(X_i)]Y_{0i}}{1-p(X_i)}\middle|X_i\right\}\right)=\mathbb{E}\left(\mathbb{E}\left\{\frac{[D_i-p(X_i)]Y_{0i}}{1-p(X_i)}\middle|X_i,\ D_i\right\}\middle|X_i\right)=\mathbb{E}\left(\frac{D_i-p(X_i)}{1-p(X_i)}\mathbb{E}\,(Y_{0i}\mid X_i,D_i)\middle|X_i\right)=\mathbb{E}\left(\frac{D_i-p(X_i)}{1-p(X_i)}\mathbb{E}\,(Y_{0i}\mid X_i)\middle|X_i\right)=\frac{\mathbb{E}\,(Y_{0i}\mid X_i)}{1-p(X_i)}\mathbb{E}\,(D_i-p(X_i)\mid X_i)=0$。所以最终可以得到:

$$\tau_{\text{ATT}}=\mathbb{E}\left\{\frac{[D_i-p(X_i)]Y_i}{\pi[1-p(X_i)]}\right\}$$

故命题得证。

□

根据式(8-100)可以得到 τ_{ATT} 的如下估计量:

$$\hat{\tau}_{\text{ATT}}=\frac{1}{N}\sum_{i=1}^{N}\left\{\frac{[D_i-\hat{p}(X_i)]Y_i}{\hat{\pi}[1-\hat{p}(X_i)]}\right\}\tag{8-101}$$

其中,$\hat{\pi}$ 为 $\pi=\Pr(D_i=1)$ 的估计量。

从式(8-98)和式(8-100)中可以看出,在识别处理效应的过程中,逆倾向得分加权方法虽然不需要正确设定结果变量条件期望函数 $\mathbb{E}\,(Y_i\mid D_i,X_i)$,但是却需要正确设定倾向得分函数 $p(X_i)$。

5.5 双重稳健估计法

以上介绍了回归调整法与逆倾向得分加权法。我们已经知道,在使用参数化方法的条件下,回归调整法可能存在结果变量条件期望函数形式设定偏误问题,逆倾向得分加权法则可能存在倾向得分函数形式设定偏误。本小节所要介绍的**双重稳健估计法**(Doubly Robust Estimation)综合了回归调整法与逆倾向得分加权法。该方法最早由 Robins and Rotnizky(1995)提出,并由 Robins et al.(1995)与 Bang and Robins(2005)等拓展。在识别处理效应的过程中,双重稳健估计法只需要结果变量条件期望和倾向得分中的一个设定正确即可。换句话说，在实施双重稳健估计法的过程中，只要回归调整法或者逆倾向加权方法中的一个不存在设定偏误，那么就可以识别平均处理效应。接下来考虑将潜在结果变量条件期望 $\kappa_1(X_i,\boldsymbol{\delta}_1)$ 和 $\kappa_0(X_i,\boldsymbol{\delta}_0)$ 设定为线性形式的简单情形(同样地,这里我们维持条件独立假定和共同区间假定成立)，双重稳健估计法通过如下加权最小二乘回归来估计模型：

$$\hat{\boldsymbol{\delta}}_1 \equiv [\hat{a}_1 \quad \hat{b}_1] = \arg\min_{\{a_1,\ b_1\}}\left\{\sum_{i=1}^{N}\frac{D_i(Y_i - a_1 - b_1X_i)^2}{p(X_i,\hat{\boldsymbol{\gamma}})}\right\}$$

$$\hat{\boldsymbol{\delta}}_0 \equiv [\hat{a}_0 \quad \hat{b}_0] = \arg\min_{\{a_0,\ b_0\}}\left\{\sum_{i=1}^{N}\frac{(1 - D_i)(Y_i - a_0 - b_0X_i)^2}{1 - p(X_i,\hat{\boldsymbol{\gamma}})}\right\} \tag{8-102}$$

其中，$p(X_i,\hat{\boldsymbol{\gamma}})$表示利用参数化方法得到的倾向得分估计量。

从式(8-102)中可以看出，在双重稳健估计法中，$\hat{\boldsymbol{\delta}}_1$ 通过基于处理组样本利用 Y_i 对 X_i 进行加权回归来估计，$\hat{\boldsymbol{\delta}}_0$ 通过基于控制组样本利用 Y_i 对 X_i 进行加权回归来估计。

接下来以 $\boldsymbol{\delta}_1$ 的估计为例来介绍双重稳健估计的基本原理，它具有两层的含义：首先，如果结果变量的条件期望真实函数形式是线性的，那么无论倾向得分 $p(X_i,\boldsymbol{\gamma})$ 的设定正确与否，双重估计法都能得到参数 $\boldsymbol{\delta}_1$ 的一致估计量，从而能够识别平均处理效应。这是因为，双重估计法是**加权最小二乘估计**，而权重的选取不影响参数估计量的一致性(参见最小二乘章节)。其次，如果在式(8-102)中存在条件期望设定偏误，但是只要倾向得分 $p(X_i,\boldsymbol{\gamma})$ 设定正确，那么双重估计法能够得到$\mathbb{E}(Y_{1i})$的一致估计量。为看出这一点，令$\mathrm{Plim}\hat{\boldsymbol{\delta}}_1=\boldsymbol{\delta}_1^*$，那么可以得到总体问题：

$$\boldsymbol{\delta}_1^* \equiv [a_1^* \quad b_1^*] = \arg\min_{\{a_1,b_1\}}\left\{\mathbb{E}\left[\frac{D_i(Y_i-a_1-b_1X_i)^2}{p(X_i,\boldsymbol{\gamma})}\right]\right\} \tag{8-103}$$

类似于命题 8. 11 的证明过程，可以很容易得到如下等式成立(留作练习)

$$\mathbb{E}\left[\frac{D_i(Y_i-a_1-b_1X_i)^2}{p(X_i,\boldsymbol{\gamma})}\right] = \mathbb{E}\left[(Y_{1i}-a_1-b_1X_i)^2\right] \tag{8-104}$$

观察式(8-104)可看出，$\boldsymbol{\delta}_1^*$ 是使$\mathbb{E}\left[(Y_{1i}-a_1-b_1X_i)^2\right]$最小的值，即 $\boldsymbol{\delta}_1^* = \arg\min_{\{a_1,b_1\}}\{\mathbb{E}\left[(Y_{1i}-a_1-b_1X_i)^2\right]\}$。这意味着 Y_{1i}到 X_i 的线性投影为$\mathbb{L}(Y_{1i}\,|\,X_i)=a_1^*+b_1^*X_i$。进一步利用期望算子和投影算子的性质可得$\mathbb{E}(Y_{1i})\equiv\mathbb{E}\left[\mathbb{L}(Y_{1i}\,|\,X_i)\right]=\mathbb{E}(a_1^*+b_1^*X_i)$。这表明识别了$\mathbb{E}(Y_{1i})$，$\mathbb{E}(Y_{0i})$也可以同样地识别，有了$\mathbb{E}(Y_{1i})$和$\mathbb{E}(Y_{0i})$就可以直接得到总体平均处理效应 τ_{ATE}，其样本估计量可以表示为：

$$\hat{\tau}_{\mathrm{ATE}} = \frac{1}{N}\sum_{i=1}^{N}\left[(\hat{a}_1 + \hat{b}_1X_i) - (\hat{a}_0 + \hat{b}_0X_i)\right] \tag{8-105}$$

5.6 距离匹配法

本质上，匹配方法的基本原理是为处理组个体寻找相似的控制组个体进行匹配，为控制组个体寻找相似的处理组个体进行匹配，以此来估计我们所关心的平均处理效应。距离匹配

方法最能直观地体现这一点。接下来，我们主要以处理组平均处理效应τ_{ATT}估计为例来介绍该方法。根据平均处理效应的定义式$\tau_{ATT}=\mathbb{E}(Y_{1i}-Y_{0i}|D_i=1)$，可得其样本估计量可以表示为$\hat{\tau}_{ATT}=(\sum_{i=1}^{N}D_i)^{-1}\sum_{i=1}^{N}D_i(Y_{1i}-Y_{0i})$。由于$D_i=1$时，$Y_{1i}=Y_i$，$Y_{0i}$不可观测，因此$\hat{\tau}_{ATT}$实际利用如下方式得到：

$$\hat{\tau}_{ATT}=(\sum_{i=1}^{N}D_i)^{-1}\sum_{i=1}^{N}D_i(Y_i-\hat{Y}_{0i}) \tag{8-106}$$

其中，$\hat{Y}_{0i}$为Y_{0i}的估计值。在距离匹配方法中，$\hat{Y}_{0i}$通过计算与处理组个体i**相似**的控制组个体结果变量的平均值来得到。其中，相似性通常基于控制组个体特征与处理组个体i特征的距离来定义。一般而言，定义相似性比较常用的指标有**欧氏距离**(Euclidean Metric)和**马氏距离**(Mahalanobis Metric)。令X_i为表示个体特征的变量，考虑到一般性，这里假设X_i中包含多个变量。个体i与j的欧氏距离为：

$$d_E(X_i,X_j)=\sqrt{(X_i-X_j)'(X_i-X_j)}$$

马氏距离为：

$$d_M(X_i,X_j)=\sqrt{(X_i-X_j)'\Omega_X^{-1}(X_i-X_j)}$$

其中，Ω_X为变量X的方差协方差矩阵。可以看出，马氏距离消除了变量量纲的影响。

有了度量相似性的距离后，那么就可以实施距离匹配了。最直观的做法是选取那些与处理组个体i距离小于特定数值的控制组个体，并计算这些控制组个体结果变量的平均值，以此来表示$\hat{Y}_{0i}$。然而，这一做法的问题是，对于任意处理组个体，在特定的距离内不一定有控制组个体出现。**近邻匹配方法**(Nearest Neighbor Matching)则可以有效缓解这个问题。该方法的基本思路是，找到与处理组个体i距离最近的M个控制组个体(如果M小于控制组的样本数量,那么总可以找到这M个控制组个体),① 然后再计算这M个控制组个体结果变量的样本均值，将这个样本均值作为Y_{0i}的估计值。$M=1$表示一对一近邻匹配；$M>1$表示一对多的近邻匹配。M既不是越大越好，也不是越小越好。M的选择需要权衡估计**方差**(Variance)和估计**偏差**(Bias)。一般而言，估计方差随着M的增加而减小，但是估计偏差随着M的增加而增加。

正式地，若某一控制组个体特征变量用X_l来表示，且该个体距离i第m近，那么

$$m=\sum_{j=1}^{N}(1-D_j)\cdot 1[d(X_i,X_j)\leqslant d(X_i,X_l)]$$

如果令$I_m(i)$表示距离处理组个体i第m近的控制组个体指示变量，那么与处理组个体i最近的M个控制组个体集合则表示为$\mathscr{J}_M(i)=\{I_1(i),I_2(i),\cdots,I_M(i)\}$。因此，$\hat{Y}_{0i}$可以表示为$\hat{Y}_{0i}=\frac{1}{M}\sum_{j\in\mathscr{J}_M(i)}Y_j$。进一步结合式(8-106)能够得到：

$$\hat{\tau}_{ATT}=\left(\sum_{i=1}^{N}D_i\right)^{-1}\sum_{i=1}^{N}D_i\left[Y_i-\frac{1}{M}\sum_{j\in\mathscr{J}_M(i)}Y_j\right] \tag{8-107}$$

关于以上距离匹配方法有几点需要说明：第一，估计总体平均处理效应τ_{ATE}，除了需要对

① 在这里控制组个体既可不放回地使用(使用一次)，也可放回使用(使用多次)。

处理组个体计算 $\hat{Y}_{0i}$ 外，还需要对控制组个体计算 $\hat{Y}_{1i}$(这与计算 $\hat{Y}_{0i}$ 的方式类似,此处不再赘述)；第二，不但可以基于协变量 X_i 来定义距离，也可以基于倾向得分 $p(X_i)$来定义距离；第三，Abadie and Imbens(2006)给出了距离匹配方法估计量的大样本性质。

6. 工具变量方法

根据上一节的介绍，我们知道匹配方法允许个体基于可观测变量进行自选择。而本节要介绍的**工具变量方法**(Instrumental Variable Method)则允许个体基于不可观测变量进行自选择。在处理效应文献中，工具变量方法的介绍通常分为同质性处理效应和异质性处理效应两种情形。在同质性处理效应中，政策干预对每一个体的影响是相同的；而在异质性处理效应中，政策干预对每一个体的影响则存在差异。在本节我们将看到，**异质性处理效应的工具变量估计量(表达式)与同质性处理效应相同，但是这两种情形下的工具变量估计量的解释并不相同**：同质性处理效应情形中的工具变量估计量是对总体平均处理效应的估计，而异质性处理效应情形下的工具变量估计量则是对依从者平均处理效应的估计，即**局部平均处理效应**(Local Average Treatment Effect,LATE)。事实上，在前文的介绍中也遇到了相同表达式具有不同含义的情形。比如，如果不存在选择偏差和分类偏差，那么$\mathbb{E}(Y_i|D_i=1)-\mathbb{E}(Y_i|D_i=0)$表示的是总体平均处理效应 τ_{ATE}；而如果存在分类偏差但不存在选择偏差，那么同一表达式$\mathbb{E}(Y_i|D_i=1)-\mathbb{E}(Y_i|D_i=0)$表示的则是处理组平均处理效应 τ_{ATT}；如果同时存在选择偏差和分类偏差，那么表达式$\mathbb{E}(Y_i|D_i=1)-\mathbb{E}(Y_i|D_i=0)$既无法表示总体平均处理效应，也无法表示处理组平均处理效应。

工具变量方法模型设定可以一般地表述为：

$$Y_i=\alpha+\tau_i D_i+u_i \tag{8-108}$$

其中，u_i 为(结构)误差项。若 $\tau_i=\tau_j=\tau(i\neq j)$，式(8-108)所表示的是同质性处理效应模型；若 $\tau_i\neq\tau_j(i\neq j)$，式(8-108)所表示的则是异质性处理效应模型。

根据前文的介绍，我们已经了解到 $\text{Cov}(D_i,u_i)\neq 0$(内生性)的产生既可以因可观测因素(如果 u_i 中包含可观测的因素)的自选择，也可以因不可观测因素的自选择。工具变量方法允许存在基于不可观测因素的自选择。

6.1 同质性处理效应

本节介绍同质性处理效应情形下的工具变量方法，第六章所介绍的工具变量方法都是基于同质性因果效应的，这里我们对此进行简要复习。在同质性处理效应下，式(8-108)可以表示为：

$$Y_i=\alpha+\tau D_i+u_i \tag{8-109}$$

该情形下，工具变量识别总体平均处理效应 τ 所需要的假设与第六章相同，即需要**相关性假定**(Correlation Assumption)和**外生性**(Exogeneity Assumption)假定成立。回忆第六章中的相关内容，相关性假定可以正式地表示为 $\text{Cov}(D_i,Z_i)\neq 0$；外生性假定能够正式地表示为，$\mathbb{E}(u_i|Z_i)=0$。可以看出，同时满足这两个假定要求工具变量只能通过内生变量来影响结果变

量。此外，关于外生性假定有两点值得说明：第一，根据 $Y_{0i}=\alpha+u_i$ 与 $Y_{1i}=\alpha+\tau+u_i$ 可得，$\mathbb{E}(u_i|Z_i)=0$等价于$\mathbb{E}(Y_{0i}|Z_i)=0$ 和$\mathbb{E}(Y_{1i}|Z_i)=0$；第二，由于 D_i 是虚拟变量，因此可以很容易验证$\mathbb{E}(u_i|Z_i)=0$ 等价于 $\mathrm{Cov}(u_i,Z_i)=0$(留作练习)。

在相关性假定和外生性假定满足的情形下，对式(8-109)两端同时取与 D_i 的协方差可以得到：

$$\tau=\frac{\mathrm{Cov}(Y_i,Z_i)}{\mathrm{Cov}(D_i,Z_i)} \tag{8-110}$$

其中，相关性假定保证了式(8-110)中的分母不为0。在 Z_i 为虚拟变量的情形下，可以很容易证明，总体平均处理效应 τ 还可以表示为 $\tau=\frac{\mathbb{E}(Y_i|Z_i=1)-\mathbb{E}(Y_i|Z_i=0)}{\mathbb{E}(D_i|Z_i=1)-\mathbb{E}(D_i|Z_i=0)}$(参见第六章)，这又被称为工具变量的**瓦尔德**(Wald)表达式。

根据类比原则，τ 所对应的样本估计量 $\hat{\tau}$ 为：

$$\hat{\tau}=\left[\sum_{i=1}^{N}(Z_i-\bar{Z})(D_i-\bar{D})\right]^{-1}\left[\sum_{i=1}^{N}(Z_i-\bar{Z})(Y_i-\bar{Y})\right] \tag{8-111}$$

值得指出的是，以上讨论使用 Z_i 作为 D_i 的工具变量，我们还可以使用倾向得分 $p(Z_i)$ 作为 D_i 的工具变量。事实上，根据工具变量章节的讨论，在满足条件同方差假定与 D_i 对 Z_i 回归模型设定正确(即正确设定条件期望$\mathbb{E}(D_i|Z_i)$下，$p(Z_i)$ 是 D_i 的最优工具变量。具体地，根据第六章的介绍，D_i 的最优工具变量可以表示为 $Z_i^*=[\mathbb{E}(u_iu_i|Z_i)]^{-1}\mathbb{E}(D_i|Z_i)$，正确设定条件期望$\mathbb{E}(D_i|Z_i)$意味着 $p(Z_i)=\mathbb{E}(D_i|Z_i)$，条件同方差意味着$\mathbb{E}(u_iu_i|Z_i)=\mathbb{E}(u_iu_i)$，是一个常数。

6.2 异质性处理效应：局部平均处理效应(LATE)分析

6.2.1 为什么异质性处理效应是一个挑战？

在异质性处理效应条件下，式(8-108)可以表示为：①

$$Y_i=\alpha+\tau_{\mathrm{ATE}}D_i+\chi_i \tag{8-112}$$

其中，$\chi_i=u_i+(\tau_i-\tau_{\mathrm{ATE}})D_i$。

在异质性处理效应框架内，利用工具变量方法来识别总体处理效应 τ_{ATE} 要求$\mathbb{E}(\chi_i|Z_i)=0$(外生性假定)和 $\mathrm{Cov}(D_i,Z_i)\neq 0$(相关性假定)成立。相关性假定比较简单，这里主要分析外生性假定。一般来说，$\mathbb{E}(\chi_i|Z_i)=0$ 不一定成立(Heckman and Robb, 1985)。究其原因在于，若存在基于项目参与收益的自选择，那么$\mathbb{E}[(\tau_i-\tau_{\mathrm{ATE}})D_i|Z_i]=0$ 不成立。具体地，由于$\mathbb{E}[(\tau_i-\tau_{\mathrm{ATE}})D_i|Z_i]=\mathbb{E}(\tau_i-\tau_{\mathrm{ATE}}|Z_i,D_i=1)\cdot\Pr(D_i=1|Z_i)$，因此$\mathbb{E}[(\tau_i-\tau_{\mathrm{ATE}})D_i|Z_i]=0$ 成立要求$\mathbb{E}(\tau_i-\tau_{\mathrm{ATE}}|Z_i,D_i=1)=0$。而即便$\mathbb{E}(\tau_i-\tau_{\mathrm{ATE}}|Z_i)=0$ 成立，若存在基于项目参与收益的自选择，$\mathbb{E}(\tau_i-\tau_{\mathrm{ATE}}|Z_i,D_i=1)=0$ 也不一定成立。为更好地理解这一点，考虑教育收益率的例子，利用距离学校的路程 Z_i 作为个体是否接受大学教育 D_i 的工具变量。一般而言，那些距离学校较近同时教育收益率更高的个体通常更加倾向于接受大学教育反之则相反，这意味着，

① 如果对处理组平均处理效应感兴趣，式(8-108)也可以表示为 $Y_i=\alpha+\tau_{\mathrm{ATT}}D_i+u_i+(\tau_i-\tau_{\mathrm{ATT}})D_i$。其分析过程与式(8-112)类似。

给定 $D_i=1$（或者 $D_i=0$），Z_i 与 $\tau_i-\tau_{ATE}$存在相关性。图 8-12 直观地展示了这一点：在图 8-12 左图中，距离学校的路程 Z_i 与教育收益率 $\tau_i-\tau_{ATE}$不相关；由于那些距离学校较近且教育收益率更高的个体通常更加倾向于接受大学教育（图 8-12 中图左上角的点较密集，右下角的点较为稀疏），反之则相反，因此图 8-12 中图显示，一旦给定接受大学教育，距离学校的路程 Z_i 与教育收益率 $\tau_i-\tau_{ATE}$正相关；图 8-12 右图展示了与此相类似的信息。

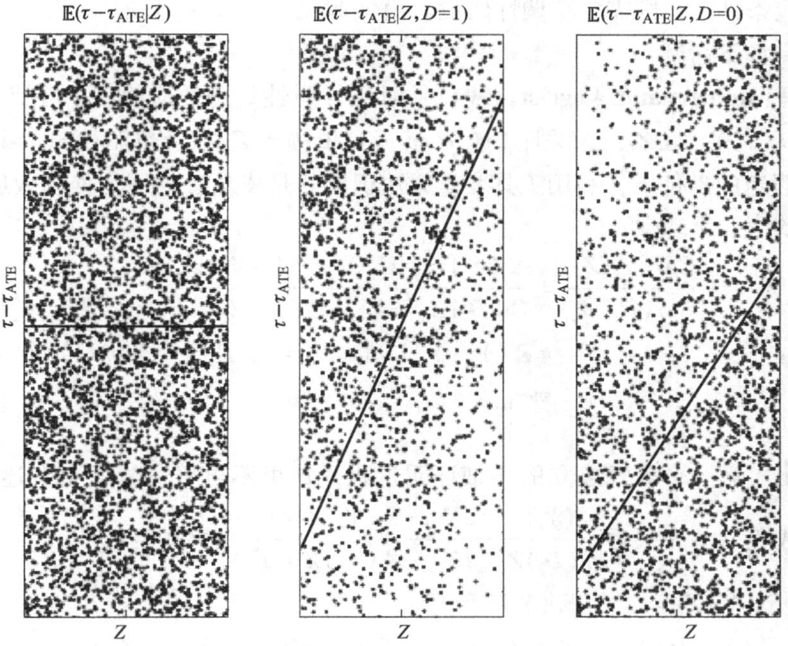

图 8-12　项目参与收益、工具变量和项目参与

6.2.2　LATE 定理（Imbens and Angrist，1994）

在异质性处理效应框架下，由于$\mathbb{E}(\chi_i \mid Z_i)=0$ 通常并不成立，因此对于式（8-112）利用工具变量方法无法识别总体平均处理效应 τ_{ATE}（同样的道理，也无法得到处理组平均处理效应 τ_{ATT}），即$\dfrac{\mathrm{Cov}(Y_i,Z_i)}{\mathrm{Cov}(D_i,Z_i)}\neq\tau_{ATE}$。有鉴于此，Imbens and Angrist（1994）提出的问题是：**在异质性处理效应框架下，工具变量法能够识别什么类型的处理效应**？Imbens and Angrist（1994）发现在如下三个假设成立的条件下，异质性处理效应框架下工具变量方法所识别的是**依从者的平均处理效应**或者**局部平均处理效应**（Local Average Treatment Effect，LATE）：第一，**独立性假设**（Independence），$(Y_{1i},Y_{0i},\{D_i(z)\}_{z\in\mathscr{Z}})\perp Z_i$，其中，$\{D_i(z)\}_{z\in\mathscr{Z}}$表示 Z_i 在不同取值时项目参与变量 D_i 的潜在结果；第二，**阶条件**（Rank Condition），$\Pr(D_i=1 \mid Z_i)\equiv p(Z_i)$依赖于 Z_i，这意味着 Z_i 与 D_i 相关，因此阶条件也被称作**相关性假设**；第三，**单调性假设**（Monotonicity），若$(z,z')\in\mathscr{Z}$，对于所有个体 i，要么 $D_i(z')\geqslant D_i(z)$成立，要么 $D_i(z')\leqslant D_i(z)$成立。这里值得指出的是，单调性假设并不是说 $D_i(z)$是 z 的非增或者非减函数，而是说对于任意$(z,z')\in\mathscr{Z}$，$D_i(z')$与 $D_i(z)$的排序不随个体的变化而变化，Vytlacil（2002）、Heckman（2010）以及 Mogstad et al. (2021)将该假定更确切地称为**一致性假定**(Uniformity Assumption)。[1] 不失一般性，考虑 $z'>z$，$D_i(z')\geqslant D_i(z)$ 的情形，单调性假设意味着不存在**抗拒者**(Defiers)。进一步与同质性处理效应工具变量法假设相比，可以发现，这里的独立性假定除了需要 $(Y_{1i},Y_{0i})\perp Z_i$ 之外，还需要 $\{D_i(z)\}_{z\in\mathscr{Z}}\perp Z_i$，这意味着，利用 D_i 对 Z_i 进行回归得到的系数具有因果意义上的解释。此外，利用工具变量识别平均处理效应，在同质性处理效应条件下，不需要单调性假设，而在异质性处理效应条件下，则需要单调性假设。简便起见，假设 Z_i 只取 z^* 和 z^{**} 这两个值，且 $z^{**}>z^*$，那么有如下命题：

LATE 定理(Imbens and Angrist, 1994)：对于异质性处理效应模型，在满足独立性$(Y_{1i},Y_{0i},D_i(z^{**}),D_i(z^*))\perp Z_i$，相关性 $\Pr(D_i=1\mid Z_i)$依赖于 Z_i 以及单调性 $z^{**}>z^*$，$D_i(z^{**})\geqslant D_i(z^*)$等三个假定的条件下，利用工具变量方法识别的是依从者的平均处理效应(LATE)，即局部平均处理效应，正式地

$$\begin{aligned}\frac{\operatorname{Cov}(Y_i,Z_i)}{\operatorname{Cov}(D_i,Z_i)}&=\frac{\mathbb{E}(Y_i\mid Z_i=z^{**})-\mathbb{E}(Y_i\mid Z_i=z^*)}{\mathbb{E}(D_i\mid Z_i=z^{**})-\mathbb{E}(D_i\mid Z_i=z^*)}\\&=\mathbb{E}(Y_{1i}-Y_{0i}\mid D_i(z^{**})=1,\ D_i(z^*)=0)\\&\equiv\tau_{\text{LATE}}\end{aligned}\tag{8-113}$$

证明：

第六章给出了第一个等式成立的详细证明过程，这里不再赘述。证明上述命题关键是证明第二个等式成立。首先来看$\dfrac{\mathbb{E}(Y_i\mid Z_i=z^{**})-\mathbb{E}(Y_i\mid Z_i=z^*)}{\mathbb{E}(D_i\mid Z_i=z^{**})-\mathbb{E}(D_i\mid Z_i=z^*)}$的分子：

$$\begin{aligned}&\mathbb{E}(Y_i\mid Z_i=z^{**})-\mathbb{E}(Y_i\mid Z_i=z^*)\\&=\mathbb{E}(Y_{0i}+D_i(Y_{1i}-Y_{0i})\mid Z_i=z^{**})-\mathbb{E}(Y_{0i}+D_i(Y_{1i}-Y_{0i})\mid Z_i=z^*)\\&=\mathbb{E}(D_i(Y_{1i}-Y_{0i})\mid Z_i=z^{**})-\mathbb{E}(D_i(Y_{1i}-Y_{0i})\mid Z_i=z^*)\\&=\mathbb{E}((D_i(z^{**})-D_i(z^*))(Y_{1i}-Y_{0i}))\\&=\left\{\begin{array}{l}\left(\begin{array}{l}\mathbb{E}(Y_{1i}-Y_{0i}\mid D_i(z^{**})-D_i(z^*)=1\cdot\\\Pr(D_i(z^{**})-D_i(z^*)=1)\end{array}\right)-\\\left(\begin{array}{l}\mathbb{E}(Y_{1i}-Y_{0i}\mid D_i(z^{**})-D_i(z^*)=-1\cdot\\\Pr(D_i(z^{**})-D_i(z^*)=-1)\end{array}\right)\end{array}\right\}\\&=\left\{\begin{array}{l}\left(\begin{array}{l}\mathbb{E}(Y_{1i}-Y_{0i}\mid D_i(z^{**})=1,D_i(z^*)=0)\cdot\\\Pr(D_i(z^{**})=1,\ D_i(z^*)=0)\end{array}\right)-\\\left(\begin{array}{l}\mathbb{E}(Y_{1i}-Y_{0i}\mid D_i(z^{**})=0,\ D_i(z^*)=1)\cdot\\\Pr(D_i(z^{**})=0,\ D_i(z^*)=1)\end{array}\right)\end{array}\right\}\\&=\mathbb{E}(Y_{1i}-Y_{0i}\mid D_i(z^{**})-D_i(z^*)=1)\cdot\Pr(D_i(z^{**})=1,\ D_i(z^*)=0)\end{aligned}$$

其中，第三个等式用到的是独立性假设；最后一个等式用到的是单调性假设，即在单调性假设

① 即排除了对于一些个体 $D_i(z')\geqslant D_i(z)$ 而对于另外一些个体 $D_i(z')\leqslant D_i(z)$ 的情形。

成立的条件下 $\Pr(D_i(z^{**})=0,\ D_i(z^{*})=1)=0$。再来看$\dfrac{\mathbb{E}(Y_i|Z_i=z^{**})-\mathbb{E}(Y_i|Z_i=z^{*})}{\mathbb{E}(D_i|Z_i=z^{**})-\mathbb{E}(D_i|Z_i=z^{*})}$的分母：

$$\mathbb{E}(D_i|Z_i=z^{**})-\mathbb{E}(D_i|Z_i=z^{*})=\mathbb{E}(D_i(z^{**})-D_i(z^{*}))=\Pr(D_i(z^{**})=1,D_i(z^{*})=0)\cdot 1+\Pr(D_i(z^{**})=1,D_i(z^{*})=0)\cdot(-1)=\Pr(D_i(z^{**})=1,\ D_i(z^{*})=0)$$

其中，最后一个等式用到单调性假设。进一步利用相关性假设可得 $\Pr(D_i(z^{**})=1,\ D_i(z^{*})=0)\neq 0$，因此综上可以得到：$\dfrac{\mathbb{E}(Y_i|Z_i=z^{**})-\mathbb{E}(Y_i|Z_i=z^{*})}{\mathbb{E}(D_i|Z_i=z^{**})-\mathbb{E}(D_i|Z_i=z^{*})}=\mathbb{E}(Y_{1i}-Y_{0i}\,|\,D_i(z^{**})=1,\ D_i(z^{*})=0)$。

故命题得证。

□

6.2.3 对 LATE 定理的简要评述

关于上述 **LATE 定理**有几点需要说明：第一，之所以识别依从者的平均处理效应，本质上是因为，对于依从者来说，是否参与项目完全由(随机的)工具变量来决定，从而是完全随机的。换言之，工具变量构造了**依从者群体项目参与决策的随机化实验**；第二，使用不同的工具变量得到不同的局部平均处理效应 τ_{LATE}；第三，无论在同质性处理效应框架内，还是在异质性处理效应框架内，工具变量方法数学表达式相同，都为$\dfrac{\text{Cov}(Y_i,Z_i)}{\text{Cov}(D_i,Z_i)}$，但含义不同，在同质性处理效应框架内，$\dfrac{\text{Cov}(Y_i,Z_i)}{\text{Cov}(D_i,Z_i)}$可以表示总体平均处理效应 τ_{ATE}，而在异质性处理效应框架内，$\dfrac{\text{Cov}(Y_i,Z_i)}{\text{Cov}(D_i,Z_i)}$表示的是依从者平均处理效应 τ_{LATE}；第四，依从者平均处理效应 τ_{LATE} 通常并不是我们所关心的具有政策含义的平均处理效应。

7. 异质性处理效应的两个结构式方法：控制函数方法与矫正函数方法

根据上一小节的讨论我们已经了解到，对于异质性处理效应模型，利用工具变量法得到的是局部平均处理效应 τ_{LATE}，而局部平均处理效应不仅随着工具变量的不同而不同，而且往往并不是我们所关心的平均处理效应(Heckman,2010;Deaton,2010)。有鉴于此，计量经济学家们通过对模型施加更多的结构性约束来识别总体平均处理效应。本节介绍两个结构式方法：**控制函数方法**(Control Function Method)与**矫正函数方法**(Correction Function Method)。这两个方法均基于 Roy 模型，其**结果方程**(Outcome Equation)为：

$$Y_i=\alpha+\tau_{\text{ATE}}D_i+u_i+(\tau_i-\tau_{\text{ATE}})D_i \tag{8-114}$$

选择方程(Selection Equation)为：

$$D_i=\begin{cases}1 & \text{if}\quad \gamma+\theta Z_i+v_i>0\\ 0 & \text{if}\quad \gamma+\theta Z_i+v_i\leqslant 0\end{cases} \tag{8-115}$$

进一步假设结构误差项 u_i，v_i 以及 $\tau_i-\tau_{\text{ATE}}$ 的条件联合分布为：

$$\left(\begin{array}{c}v_i\\u_i\\\tau_i-\tau_{\mathrm{ATE}}\end{array}\middle|Z_i\right)\sim\mathcal{N}\left[\begin{pmatrix}0\\0\\0\end{pmatrix},\begin{pmatrix}1&\sigma_{12}&\sigma_{13}\\\sigma_{21}&\sigma_{22}&\sigma_{23}\\\sigma_{31}&\sigma_{32}&\sigma_{33}\end{pmatrix}\right]\tag{8-116}$$

其中，注意到 v_i 的方差标准化为 1，即 $v_i\sim\mathcal{N}(0,1)$。

可以发现，式(8-116)具有两层含义：第一，工具变量 Z_i 与 u_i，v_i 以及 $\tau_i-\tau_{\mathrm{ATE}}$ 独立，该假设与 LATE 定理中的独立性假设等价；第二，u_i，v_i 以及 $\tau_i-\tau_{\mathrm{ATE}}$ 服从联合正态分布。

7.1 控制函数方法

控制函数方法对条件期望 $\mathbb{E}(Y_i|D_i,Z_i)$ 进行建模。根据式(8-114)至式(8-116)的设定可以得到如下命题成立。

命题 8.13：给定式(8-114)至式(8-116)的设定，条件期望 $\mathbb{E}(Y_i|D_i,Z_i)$ 的表达式可以表示为：

$$\mathbb{E}(Y_i|D_i,Z_i)=\alpha+\tau_{\mathrm{ATE}}D_i-\sigma_{12}\frac{\phi(\gamma+\theta Z_i)}{1-\Phi(\gamma+\theta Z_i)}+(\sigma_{12}+\sigma_{13})\left[\frac{\phi(\gamma+\theta Z_i)}{\Phi(\gamma+\theta Z_i)}\cdot D_i\right]\tag{8-117}$$

其中，$\phi(\cdot)$ 表示正态分布概率密度函数，$\Phi(\cdot)$ 表示正态分布累积分布函数。

证明：

首先来看 $\mathbb{E}(Y_i|D_i=0,Z_i)$：

$$\begin{aligned}\mathbb{E}(Y_i|D_i=0,Z_i)&=\alpha+\mathbb{E}(u_i|D_i=0,Z_i)\\&=\alpha+\mathbb{E}(u_i|v_i\leqslant-\gamma-\theta Z_i,Z_i)\\&=\alpha-\sigma_{12}\frac{\phi(\gamma+\theta Z_i)}{1-\Phi(\gamma+\theta Z_i)}\end{aligned}$$

其中，$\mathbb{E}(u_i|v_i\leqslant-\gamma-\theta Z_i,Z_i)=-\sigma_{12}\frac{\phi(\gamma+\theta Z_i)}{1-\Phi(\gamma+\theta Z_i)}$ 利用到了正态分布的性质，参见第二章命题 2.9 和命题 2.15。

现在来看 $\mathbb{E}(Y_i|D_i=1,Z_i)$：

$$\begin{aligned}\mathbb{E}(Y_i|D_i=1,Z_i)&=\alpha+\tau_{\mathrm{ATE}}+\mathbb{E}(u_i|D_i=1,Z_i)+\mathbb{E}(\tau_i-\tau_{\mathrm{ATE}}|D_i=1,Z_i)\\&=\alpha+\tau_{\mathrm{ATE}}+\mathbb{E}(u_i|v_i>-\gamma-\theta Z_i,Z_i)+\mathbb{E}(\tau_i-\tau_{\mathrm{ATE}}|v_i>-\gamma-\theta Z_i,Z_i)\\&=\alpha+\tau_{\mathrm{ATE}}+\sigma_{12}\frac{\phi(\gamma+\theta Z_i)}{\Phi(\gamma+\theta Z_i)}+\sigma_{13}\frac{\phi(\gamma+\theta Z_i)}{\Phi(\gamma+\theta Z_i)}\\&=\alpha+\tau_{\mathrm{ATE}}+(\sigma_{12}+\sigma_{13})\frac{\phi(\gamma+\theta Z_i)}{\Phi(\gamma+\theta Z_i)}\end{aligned}$$

综上可得：

$$\mathbb{E}(Y_i|D_i,Z_i)=\alpha+\tau_{\mathrm{ATE}}D_i-\sigma_{12}\frac{\phi(\gamma+\theta Z_i)}{1-\Phi(\gamma+\theta Z_i)}+(\sigma_{12}+\sigma_{13})\left[\frac{\phi(\gamma+\theta Z_i)}{\Phi(\gamma+\theta Z_i)}\cdot D_i\right]$$

故命题得证。

□

根据上述命题可知，利用 Y_i 对 1，D_i，$\dfrac{\phi(\gamma+\theta Z_i)}{1-\Phi(\gamma+\theta Z_i)}$以及$\left[\dfrac{\phi(\gamma+\theta Z_i)}{\Phi(\gamma+\theta Z_i)}\cdot D_i\right]$进行 OLS 回归，$D_i$ 的回归系数就是总体平均处理效应 τ_{ATE} 的一致估计量。可以看出，该方法相当于将 $\dfrac{\phi(\gamma+\theta Z_i)}{1-\Phi(\gamma+\theta Z_i)}$与$\left[\dfrac{\phi(\gamma+\theta Z_i)}{\Phi(\gamma+\theta Z_i)}\cdot D_i\right]$这两个 Z_i 的函数控制到回归方程中，从而被称作**控制函数方法**(Control Function Method)。注意到，由于 γ 和 θ 是未知参数，上述 OLS 回归事实上并不可行，因此需要首先利用 D_i 对 Z_i 进行 Probit 回归得到 γ 和 θ 的估计值 $\hat{\gamma}$ 和 $\hat{\theta}$。

7.2 矫正函数方法

除了控制函数方法之外，Wooldridge(2008)提出了**矫正函数方法**(Correction Function Method)来识别总体平均处理效应 τ_{ATE}。与控制函数方法对条件期望$\mathbb{E}(Y_i|D_i,Z_i)$进行建模不同，矫正函数方法对条件期望$\mathbb{E}[(\tau_i-\tau_{\text{ATE}})D_i|Z_i]$进行建模，这相当于对异质性处理效应进行直接建模。

命题 8.14：在式(8-114)至式(8-116)的设定下，条件期望$\mathbb{E}[(\tau_i-\tau_{\text{ATE}})D_i|Z_i]$的表达式可以表示为：

$$\mathbb{E}[(\tau_i-\tau_{\text{ATE}})D_i|Z_i]=\sigma_{13}\cdot\phi(\gamma+\theta Z_i) \tag{8-118}$$

其中，$\phi(\cdot)$表示正态分布概率密度函数。

证明：

根据式(8-116)可得，$\tau_i-\tau_{\text{ATE}}$与 v_i 独立于 Z_i，且服从联合正态分布，因此

$$\begin{aligned}\mathbb{E}[(\tau_i-\tau_{\text{ATE}})D_i|Z_i]&=\mathbb{E}[\mathbb{E}((\tau_i-\tau_{\text{ATE}})D_i|Z_i,v_i)\ |Z_i]\\&=\mathbb{E}[D_i\,\mathbb{E}((\tau_i-\tau_{\text{ATE}})|Z_i,v_i)\ |Z_i]\\&=\mathbb{E}[D_i\,\mathbb{E}((\tau_i-\tau_{\text{ATE}})|v_i)\ |Z_i]\\&=\sigma_{13}\mathbb{E}[D_iv_i|Z_i]\end{aligned}$$

其中，第一个等式利用的是迭代期望定律，第三个等式利用的是 $\tau_i-\tau_{\text{ATE}}$与 v_i 独立于 Z_i，最后一个等式利用的是联合正态分布随机变量的性质。进一步利用 $v_i\sim\mathcal{N}(0,1)$与 v_i 独立于 Z_i 的性质可得：

$$\begin{aligned}\mathbb{E}[D_iv_i|Z_i]&=\mathbb{E}[v_i|Z_i,D_i=1]\cdot\Pr(D_i=1|Z_i)\\&=\mathbb{E}[v_i|v_i>-\gamma-\theta Z_i,Z_i]\cdot\Phi(\gamma+\theta Z_i)\\&=\left[\frac{\phi(\gamma+\theta Z_i)}{\Phi(\gamma+\theta Z_i)}\right]\cdot\Phi(\gamma+\theta Z_i)\\&=\Phi(\gamma+\theta Z_i)\end{aligned}$$

因此可得：

$$\mathbb{E}[(\tau_i-\tau_{\text{ATE}})D_i|Z_i]=\sigma_{13}\cdot\phi(\gamma+\theta Z_i)$$

故命题得证。

□

利用式(8-118)，我们可以将式(8-114)写作：

$$Y_i=\alpha+\tau_{\text{ATE}}D_i+\sigma_{13}\phi(\gamma+\theta Z_i)+u_i+\xi_i \tag{8-119}$$

其中，$\xi_i=(\tau_i-\tau_{\text{ATE}})D_i-\mathbb{E}\,[(\tau_i-\tau_{\text{ATE}})D_i|Z_i]$，从而有$\mathbb{E}\,(\xi_i|Z_i)=0$。

由于 Z_i 与 ξ_i 不相关，若进一步假设 Z_i 与 u_i 不相关，那么我们可以使用工具变量法来识别总体平均处理效应 τ_{ATE}。具体分为两步：第一步，利用 D_i 对 Z_i 进行 Probit 回归得到 γ 和 θ 的估计值 $\hat{\gamma}$ 和 $\hat{\theta}$；第二步，分别利用 Z_i 与 $\phi(\hat{\gamma}+\hat{\theta}Z_i)$ 作为 D_i 和 $\phi(\hat{\gamma}+\hat{\theta}Z_i)$ 的工具变量进行2SLS回归。

关于矫正函数方法有以下两点值得说明：第一，一般而言，$\phi(\hat{\gamma}+\hat{\theta}Z_i)$ 是 Z_i 的非线性函数，从而不存在完全线性相关关系，从而保证了矫正函数方法能够识别 τ_{ATE}。在下一章中我们将看到，$\dfrac{\phi(\hat{\gamma}+\hat{\theta}Z_i)}{\Phi(\hat{\gamma}+\hat{\theta}Z_i)}$与 Z_i 存在强相关性，从而导致控制函数方法存在弱识别问题，然而在矫正函数方法中，控制函数是 $\phi(\hat{\gamma}+\hat{\theta}Z_i)$，它与 Z_i 不存在强相关性，从而一般不存在弱识别问题；第二，当工具变量 Z_i 是虚拟变量时，$\phi(\hat{\gamma}+\hat{\theta}Z_i)$ 只能取两个值，此时 $\phi(\hat{\gamma}+\hat{\theta}Z_i)$ 是 Z_i 的线性函数，从而存在多重共线性问题，该情形下矫正函数方法无法识别 τ_{ATE}，一个解决方法是在选择方程中添加额外的外生变量 W_i（注意 X_i 不能出现在结果方程中），以保证 $\phi(\hat{\gamma}+\hat{\theta}Z_i+\hat{\eta}W_i)$ 与 Z_i 不存在完全线性相关关系。

8. 断点回归设计

断点回归设计（Regression Discontinuity Design, RDD）最早可以追溯到 Thistlethwaite and Campbell（1960）分析奖学金资助对学生未来学业表现的影响。该例中，学生是否获得奖学金由以往的成绩来决定：以往成绩超过特定门限值的学生才能够获得奖学金资助；反之则无法获得奖学金资助。其中，以往的成绩被称为**参考变量**（Running Variable），门限值被称为**断点**（Discontinuity Point）。对于该例，断点回归设计识别处理效应的基本假设是：除了是否获得奖学金资助外，成绩位于门限值两侧学生的特征（平均）相同，因此是否获得奖学金资助就是导致他们未来学业表现出现差异的唯一原因。可以看出，断点回归设计相当于在门限值附近处实施了学生能否获得奖学金的**随机化实验**。Hahn et al.（2001）从理论上给出了断点回归设计的识别假设、估计方法与估计量的大样本性质。Lee and Lemieux（2010）进一步推广了断点回归设计。断点回归设计是目前识别处理效应最为流行的策略之一。值得指出的是，**断点回归设计本质上相当于断点处的随机化实验，因此该方法所识别的是断点处的平均处理效应。**

根据个体项目参与决定规则的不同，断点回归设计分为**精确断点回归设计**（Sharp Regression Discontinuity Design, S-RDD）以及**模糊断点回归设计**（Fuzzy Regression Discontinuity Design, F-RDD）。在精确断点回归设计中，个体项目参与状态完全由参考变量是否超过断点值来决定；而在模糊断点回归设计中，个体项目参与状态除了受到其参考变量是否超过断点值影响外，还受到其他因素的影响。本小节具体介绍这两类断点回归设计方法。并通过一个案例展示了断点回归设计方法的实际应用。

8.1 精确断点回归设计

在精确断点回归设计中，参考变量超过断点值的个体参与项目，反之则相反。这可以正式地表示为：

$$D_i=\begin{cases}1 & \text{if} \quad Z_i>c \\ 0 & \text{if} \quad Z_i\leqslant c\end{cases} \tag{8-120}$$

其中，Z_i 表示参考变量，c 为断点值。式(8-120)可以理解为 **Roy 模型**中选择方程式(8-7)的特殊形式。断点处的平均处理效应可以表示为：

$$\tau_c\equiv\mathbb{E}\left(Y_{1i}-Y_{0i}\,|\,Z_i=c\right) \tag{8-121}$$

断点回归设计识别 τ_c 的关键假设是**连续性假设**(Continuity Assumption)：$\mathbb{E}\left(Y_{0i}\,|\,Z_i\right)$ 或者 $\mathbb{E}\left(Y_{1i}\,|\,Z_i\right)$ 在 $Z_i=c$ 处是 Z_i 的连续函数。正式地，

$$\lim_{\delta\to 0}\mathbb{E}\left(Y_{0i}\,|\,Z_i=c+\delta\right)=\lim_{\delta\to 0}\mathbb{E}\left(Y_{0i}\,|\,Z_i=c-\delta\right)=\mathbb{E}\left(Y_{0i}\,|\,Z_i=c\right) \tag{8-122}$$

$$\lim_{\delta\to 0}\mathbb{E}\left(Y_{1i}\,|\,Z_i=c+\delta\right)=\lim_{\delta\to 0}\mathbb{E}\left(Y_{1i}\,|\,Z_i=c-\delta\right)=\mathbb{E}\left(Y_{1i}\,|\,Z_i=c\right) \tag{8-123}$$

其中，$\delta>0$ 为任意小的正数。

命题 8.15：在满足连续性假设式(8-122)或者式(8-123)的条件下，τ_c 可以用 $\lim_{\delta\to 0}\mathbb{E}\left(Y_i\,|\,X_i=c+\delta\right)-\lim_{\delta\to 0}\mathbb{E}\left(Y_i\,|\,X_i=c-\delta\right)$ 来识别，即

$$\tau_c=\lim_{\delta\to 0}\mathbb{E}\left(Y_i\,|\,X_i=c+\delta\right)-\lim_{\delta\to 0}\mathbb{E}\left(Y_i\,|\,X_i=c-\delta\right) \tag{8-124}$$

注意到，式(8-124)右边是可观测的结果(不考虑总体和样本的差异)。

证明：

$$\begin{aligned}
&\lim_{\delta\to 0}\mathbb{E}\left(Y_i\,|\,Z_i=c+\delta\right)-\lim_{\delta\to 0}\mathbb{E}\left(Y_i\,|\,Z_i=c-\delta\right)\\
&=\lim_{\delta\to 0}\mathbb{E}\left[Y_{0i}+D_i(Y_{1i}-Y_{0i})\mid Z_i=c+\delta\right]-\lim_{\delta\to 0}\mathbb{E}\left[Y_{0i}+D_i(Y_{1i}-Y_{0i})\mid Z_i=c-\delta\right]\\
&=\lim_{\delta\to 0}\mathbb{E}\left(Y_{1i}\,|\,Z_i=c+\delta\right)-\lim_{\delta\to 0}\mathbb{E}\left(Y_{0i}\,|\,Z_i=c-\delta\right)\\
&=\mathbb{E}\left(Y_{1i}\,|\,Z_i=c\right)-\mathbb{E}\left(Y_{0i}\,|\,Z_i=c\right)\\
&=\mathbb{E}\left(Y_{1i}-Y_{0i}\,|\,Z_i=c\right)\equiv\tau_c
\end{aligned}$$

其中，第一个等式用到的是 $Y_i=Y_{0i}+D_i(Y_{1i}-Y_{0i})$；第二个等式用到的是式(8-120)；第三个等式用到的是连续性假设。

故命题得证。 □

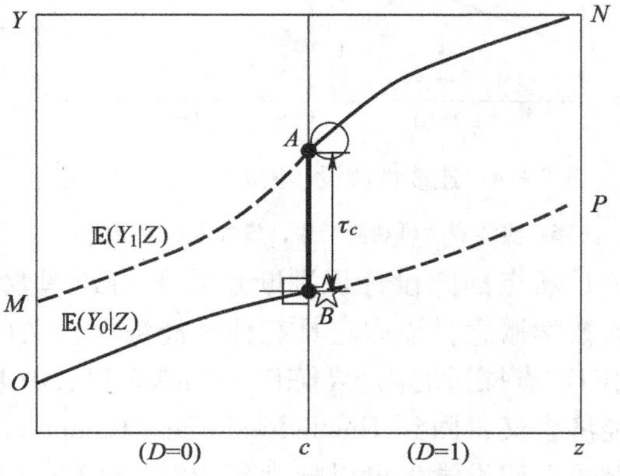

图 8-13　连续性假设(成立)与 τ_c 的识别

注释：实线表示可观测结果，虚线表示反事实结果。

图 8-13 直观地展示了连续性假设如何帮助我们识别 τ_c。从图 8-13 中可以看出，$\mathbb{E}(Y_{1i}|Z_i)$（曲线 *MAN*）与 $\mathbb{E}(Y_{0i}|Z_i)$（曲线 *OBP*）在 $Z_i=c$ 处均是 Z_i 的连续函数。我们知道 $\tau_c\equiv\mathbb{E}(Y_{1i}|Z_i=c)-\mathbb{E}(Y_{0i}|Z_i=c)$，对应于图形中线段 *AB* 的长度。对于图 8-13 所示的断点回归，$\mathbb{E}(Y_{1i}|Z_i=c)$ 的数值 $\lim\limits_{\delta\to 0}\mathbb{E}(Y_i|Z_i=c+\delta)$ 位于曲线 *MAN* 上 *A* 点右侧附近（在图中用圆圈来标示），是可观测的实际结果，从而能够直接得出；$\mathbb{E}(Y_{0i}|Z_i=c)$ 的数值位于曲线 *OBP* 上 *B* 点右侧附近（在图中用五角星来标示），是不可观测的反事实结果，从而无法直接得出。尽管无法直接得到 $\mathbb{E}(Y_{0i}|Z_i=c)$，但若连续性假设成立，那么我们可以用曲线 *OBP* 上 *B* 点左侧附近的数值 $\lim\limits_{\delta\to 0}\mathbb{E}(Y_i|Z_i=c-\delta)$（在图中用正方形来标示）来代替它。一旦有了 $\mathbb{E}(Y_{1i}|Z_i=c)$ 与 $\mathbb{E}(Y_{0i}|Z_i=c)$，那么就可以得到 τ_c。

图 8-13 给出了连续性假定成立的情形，图 8-14 进一步给出了连续性假设不成立的情形。注意到图 8-14 所示的断点处存在两个不同的处理效应 τ_{c1}（对应图形中的线段 *AB*）和 τ_{c_2}（对应图形中的线段 *AC*），假设我们对 τ_{c_2} 感兴趣。从图形中可以看出，$\mathbb{E}(Y_{0i}|Z_i)$ 在 $Z_i=c$ 处不再是 Z_i 的连续函数，从而使得正方形所标示的可观测结果与五角星所标示的不可观测反事实结果存在明显的差异。该情形下，我们如果继续利用正方形所标示的可观测结果来代替五角星所标示的不可观测反事实结果将低估 τ_{c_2}。值得指出的是，图 8-14 给出的是 $\mathbb{E}(Y_{1i}|Z_i)$ 在 $Z_i=c$ 处连续，$\mathbb{E}(Y_{0i}|Z_i)$ 在 $Z_i=c$ 处不连续的情形。$\mathbb{E}(Y_{1i}|Z_i)$ 在 $Z_i=c$ 处不连续，$\mathbb{E}(Y_{0i}|Z_i)$ 在 $Z_i=c$ 处连续，以及 $\mathbb{E}(Y_{1i}|Z_i)$ 和 $\mathbb{E}(Y_{0i}|Z_i)$ 在 $Z_i=c$ 处都不连续的情形可以类似地分析（留作课后练习），这里不再重复介绍。

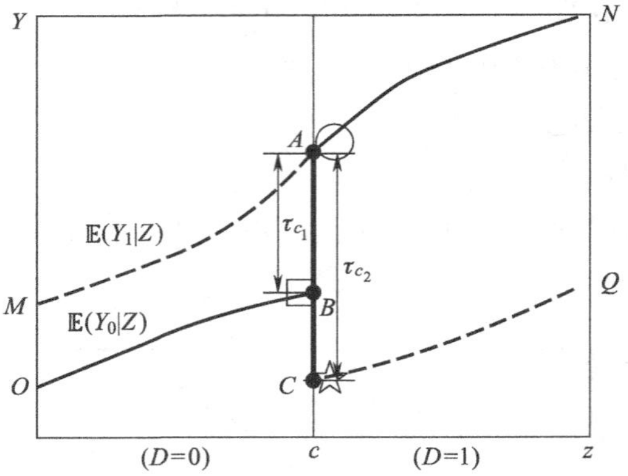

图 8-14 连续性假设（不成立）与 τ_{c_2} 的识别

注释：实线表示可观测结果，虚线表示反事实结果。

可以看出，连续性假定是断点回归设计识别断点处平均处理效应的关键条件。到目前为止，连续性假定只是抽象的数学概念，该假定具有什么经济学含义（或者说对应现实中个体行为的什么特征）是接下来我们重点探讨的内容（陈诗一和陈登科，2019）。

为考察连续性假设的经济含义，回到 Thistlethwaite and Campbell（1960）关于奖学金资助对学生未来学业表现影响的例子。假设学生可以分为高能力（*H*）和低能力（*L*）两类。如果学生事前不知道奖学金资助的存在，那么则可以合理地推测，在断点左右两侧附近的学生比较相似，连续性假设通常能够得到满足。原因在于，在成绩高或低 1 分对学生没有实质影响的前提下，

没有理由认为成绩高于断点值 1 分的学生比成绩低于断点值 1 分的学生能力更高，或者相反。因此，该情形下，断点左右两侧附近均同时存在高能力学生(H)和低能力学生(L)(图 8-15 左图所示)。然而，如果学生事先知道奖学金资助的存在，并且能够预期到奖学金资助对自己未来学业表现会产生正面影响，那么断点左右两侧附近的学生就可能存在差异了。因为位于断点左侧附近的高能力学生(H)会尽量提高自己的考试成绩，以使自己能够获得奖学金，而位于断点左侧附近的低能力学生(L)由于受到能力限制，无法做到这一点。这样，断点左右两侧附近的高能力学生(H)都会集中在右侧，而左侧只有低能力学生(L)(图 8-15 右图所示)，从而导致连续性假设不再成立。图 8-15 中右图非常直观地展示了这一点：$\mathbb{E}(Y_{1i}|Z_i)$(曲线 M^1CN^1)与$\mathbb{E}(Y_{0i}|Z_i)$(曲线 O^1DP^1)在断点处是 X_i 的非连续函数，它们在断点左侧附近出现了沉降；而与此同时，在断点右侧附近则出现了凸起。在该情形下，处理效应参数估计值 CD 大于真实的因果效应参数 AB。事实上，CD 除了包含奖学金资助对未来学业表现的影响(因果效应参数 AB)外，还包含了那些因学生自身能力不同而造成的学业表现差异。由此可见，当存在自选择问题时，断点回归设计中的连续性假设往往不再成立。

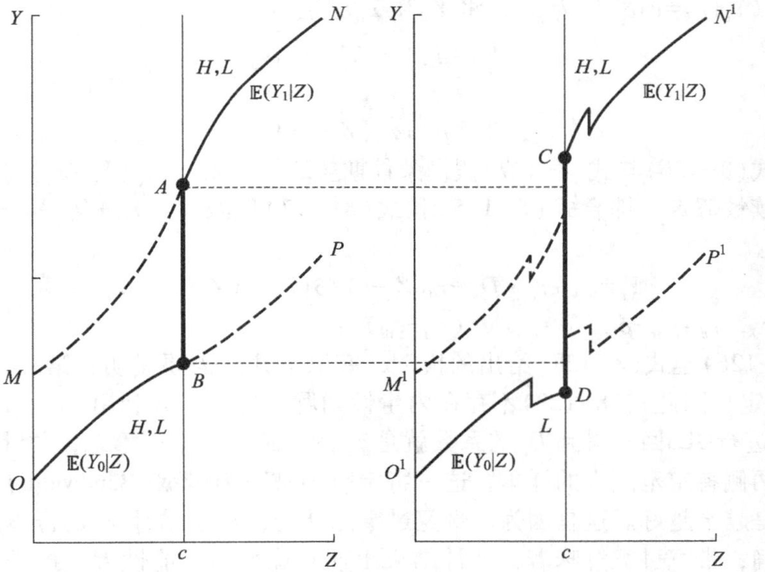

图 8-15 个体自选择行为与连续性假定(陈诗一和陈登科,2019)

注释：实线表示可观测结果，虚线表示反事实结果。

个体既可以基于可观测变量(这里记为 W_i)进行自选择。也可以基于不可观测变量(这里记为 U_i)进行自选择，图 8-15 展示的是基于能力这一不可观测变量的自选择。这里需要说明的是，W_i 通常是那些不受政策影响的**前定变量**(Predetermined Variables)。显然，若存在个体自选择，那么条件联合概率 $\Pr(W_i=w, U_i=u \mid Z_i=z)$ 通常是 z 的非连续函数。进一步利用贝叶斯法则可得：

$$\Pr(W_i=w, U_i=u \mid Z_i=z)=f(z \mid W_i=w, U_i=u) \cdot \frac{\Pr(W_i=w, U_i=u)}{f(z)} \tag{8-125}$$

其中，$f(\cdot)$与$f(\cdot \mid \cdot)$分别表示边缘概率密度函数和条件概率密度函数。W_i 和 U_i 刻画了个

体异质性特征，$f(z|W_i=w,U_i=u)$表示那些满足条件 $W_i=w$，$U_i=u$ 个体的概率密度函数。

从式(8-125)中可以发现，如果$f(z|W_i=w,U_i=u)$是 z 的连续函数，那么 $\Pr(W_i=w,U_i=u|Z_i=z)$则是 z 的连续函数。McCrary(2008)基于此提出了一个用于检验断点回归设计连续性假设的方法。其主要目的是检验$f(z|W_i=w,U_i=u)$的连续性，但由于 U_i 不可观测，因此 McCrary(2008)建议直接检验$f(z)$的连续性。考虑到边缘概率密度函数$f(z)$是条件概率密度函数$f(z|W_i=w,U_i=u)$的加总，因此如果$f(z)$是 z 的非连续函数，那么则有很强的证据说明$f(z|W_i=w,U_i=u)$是 z 的非连续函数，从而意味着 $\Pr(W_i=w,U_i=u|Z_i=z)$是 z 的非连续函数。该检验的一个不足之处是，无法甄别条件概率密度$f(z|W_i=w,U_i=u)$存在不连续性，但是互相抵消的情形(McCrary,2008;Lee and Lemieux,2010)。

如果连续性假定成立，根据式(8-124)可知，估计处理效应 τ_c 的关键是估计$\lim\limits_{\delta\to 0}\mathbb{E}(Y_i|Z_i=c+\delta)$和$\lim\limits_{\delta\to 0}\mathbb{E}(Y_i|Z_i=c-\delta)$，即估计断点两侧附近可观测结果的条件期望。根据前文的介绍，估计条件期望既可以使用参数化的方法也可以使用非参数化的方法(比如,Imbens and Lemieux,2008)。这里考虑最简单的参数化方法——线性回归方法。方便起见，将$\lim\limits_{\delta\to 0}\mathbb{E}(Y_i|Z_i=c-\delta)$记为 ρ_{0c}，将$\lim\limits_{\delta\to 0}\mathbb{E}(Y_i|Z_i=c+\delta)$记为 ρ_{1c}，将 Y_{0i}和 Y_{1i}分别写作：

$$Y_{0i}=\rho_{0c}+\pi_0(Z_i-c)+e_{0i} \tag{8-126}$$

以及

$$Y_{1i}=\rho_{1c}+\pi_1(Z_i-c)+e_{1i} \tag{8-127}$$

可发现，式(8-126)与式(8-127)假设条件期望$\mathbb{E}(Y_{1i}|Z_i)$与$\mathbb{E}(Y_{0i}|Z_i)$是 Z_i 的线性函数，从而**隐含了连续性假定**。综合式(8-126)和式(8-127)以及 $Y_i=Y_{0i}+D_i(Y_{1i}-Y_{0i})$可以很容易得到：

$$Y_i=\rho_{0c}+\tau_c\cdot D_i+\pi_0(Z_i-c)+\delta[D_i\cdot(Z_i-c)]+e_i \tag{8-128}$$

其中，$\delta=\pi_1-\pi_0$，$\tau_c=\rho_{1c}-\rho_{0c}$，$e_i=e_{0i}+D_i(e_{1i}-e_{0i})$。

关于式(8-126)至式(8-128)给出的模型，有以下几点需要说明：第一，由于给定 Z_i 的取值 D_i 完全确定，因此式(8-128)不存在内生性问题。这意味着利用 Y_i 对 1，τ_c，(Z_i-c)以及 $D_i\cdot(Z_i-c)$进行OLS回归得到 D_i 的系数就是 τ_c 的一致估计量；第二，估计式(8-128)一般使用断点左右两侧特定范围内的样本，这一特定范围被称为**带宽**(Bandwidth)。带宽既不是越宽越好，也不是越窄越好。这是因为，带宽过窄意味着，用于估计 τ_c 的样本过少，从而导致估计结果不准确；带宽过宽意味着，估计结果出现有偏性的可能性大大提升。这种使用部分样本估计式(8-128)的方法被称为**局部线性回归**(Linear Regression)，其识别假设是式(8-126)与式(8-127)的设定对断点两侧特定区间内的 Z_i 成立；事实上，估计式(8-128)还可以使用所有的样本，其识别假设是式(8-126)与式(8-127)的设定对所有的 Z_i 都成立，从而是一个非常强的限定；第三，虽然式(8-128)给出的模型不存在内生性问题，但却可能存在条件期望的误设问题。比如，如果在断点处存在个体自选择行为，那么$\mathbb{E}(Y_{1i}|Z_i)$与$\mathbb{E}(Y_{0i}|Z_i)$不再是 Z_i 的连续函数(如图 8-15 所示)，将它们设定为连续函数将存在函数形式误设；第四，条件期望$\mathbb{E}(Y_{1i}|Z_i)$与$\mathbb{E}(Y_{0i}|Z_i)$也可以设定为(Z_i-c)的非线性函数，比如高次项等式。

8.2 模糊断点回归设计

本小节来介绍模糊断点回归设计。与精确断点回归设计中个体项目参与状态完全由参考变量是否超过断点值来决定不同，在模糊断点回归设计中，个体项目参与状态除了受到参考变量是否超过断点值影响之外，还受到其他因素的影响。也就是说，对于参考变量超过断点值的个体而言，其参与项目的概率可能小于 1；与此同时，对于参考变量低于断点值的个体而言，其参与项目的概率可能大于 0。图 8-16 给出了精确断点回归设计和模糊断点回归设计的示意图。

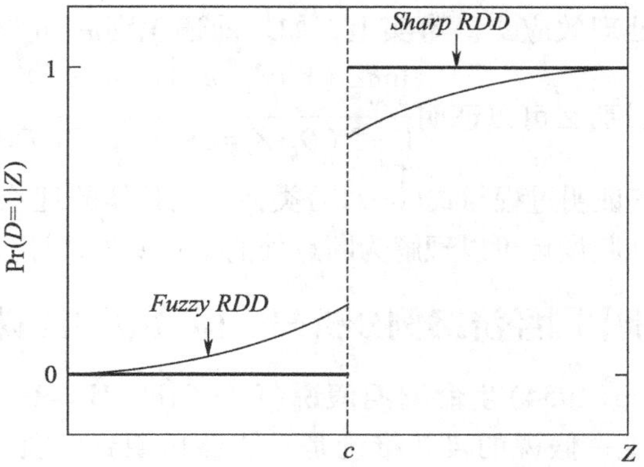

图 8-16　精确断点回归设计与模糊断点回归设计示意图

这里我们维持连续性假定式(8-122)与式(8-123)成立。此外，为了识别断点处的平均处理效应 τ_c，还需要进一步假定在断点两侧不存在基于项目参与收益的自选择。正式地，

$$(Y_{1i}-Y_{0i}) \perp D_i \mid Z_i \in \delta(c) \tag{8-129}$$

其中，$\delta(c)=(c-\delta,c+\delta)$。

命题 8.16：(Hahn et al. ,2001)：若连续性假定式(8-122)与式(8-123)以及式(8-129)成立，那么断点处的平均处理效应 τ_c 可以表示为：

$$\tau_c=\frac{\lim\limits_{\delta\to0}\mathbb{E}(Y_i \mid Z_i=c+\delta)-\lim\limits_{\delta\to0}\mathbb{E}(Y_i \mid Z_i=c-\delta)}{\lim\limits_{\delta\to0}\mathbb{E}(D_i \mid Z_i=c+\delta)-\lim\limits_{\delta\to0}\mathbb{E}(D_i \mid Z_i=c-\delta)} \tag{8-130}$$

其中，为保证等式(8-130)有意义，假设$\lim\limits_{\delta\to0}\mathbb{E}(D_i \mid Z_i=c+\delta)\neq\lim\limits_{\delta\to0}\mathbb{E}(D_i \mid Z_i=c-\delta)$。

证明：

$$\begin{aligned}
&\underbrace{\lim_{\delta\to0}\mathbb{E}(Y_i \mid Z_i=c+\delta)-\lim_{\delta\to0}\mathbb{E}(Y_i \mid Z_i=c-\delta)}_{\text{观测结果}}\\
&=\lim_{\delta\to0}\mathbb{E}[Y_{0i}+D_i(Y_{1i}-Y_{0i}) \mid Z_i=c+\delta]-\lim_{\delta\to0}\mathbb{E}[Y_{0i}+D_i(Y_{1i}-Y_{0i}) \mid Z_i=c-\delta]\\
&=\left\{\begin{array}{l}\lim\limits_{\delta\to0}\Pr(D_i=1 \mid Z_i=c+\delta)\cdot\lim\limits_{\delta\to0}\mathbb{E}(Y_{1i}-Y_{0i} \mid Z_i=c+\delta,D_i=1)-\\ \lim\limits_{\delta\to0}\Pr(D_i=1 \mid Z_i=c-\delta)\cdot\lim\limits_{\delta\to0}\mathbb{E}(Y_{1i}-Y_{0i} \mid Z_i=c-\delta,D_i=1)\end{array}\right\}\\
&=\left[\lim_{\delta\to0}\Pr(D_i=1 \mid Z_i=c+\delta)-\lim_{\delta\to0}\Pr(D_i=1 \mid Z_i=c-\delta)\right]\tau_c
\end{aligned}$$

其中，最后一个等式利用到了独立性假设和连续性假设。因此，在$\lim\limits_{\delta\to0}\mathbb{E}(D_i \mid X_i=c+\delta)\neq\lim\limits_{\delta\to0}\mathbb{E}(D_i \mid X_i=c-\delta)$的条件下，$\tau_c=\dfrac{\lim\limits_{\delta\to0}\mathbb{E}(Y_i \mid Z_i=c+\delta)-\lim\limits_{\delta\to0}\mathbb{E}(Y_i \mid Z_i=c-\delta)}{\lim\limits_{\delta\to0}\mathbb{E}(D_i \mid Z_i=c+\delta)-\lim\limits_{\delta\to0}\mathbb{E}(D_i \mid Z_i=c-\delta)}$成立。

故命题得证。

□

最后值得指出的是，假定断点两侧不存在基于项目参与收益的自选择(式 8-129)，是一较强的限定，在实践中往往不一定成立。若该假定不成立，那么$\frac{\lim_{\delta\to 0}\mathbb{E}(Y_i|Z_i=c+\delta)-\lim_{\delta\to 0}\mathbb{E}(Y_i|Z_i=c-\delta)}{\lim_{\delta\to 0}\mathbb{E}(D_i|Z_i=c+\delta)-\lim_{\delta\to 0}\mathbb{E}(D_i|Z_i=c-\delta)}$将不再等于断点处的平均处理效应 τ_c。事实上，如果前述识别局部平均效应 τ_{LATE} 的假定(独立性、相关性和单调性)成立，那么可以证明$\frac{\lim_{\delta\to 0}\mathbb{E}(Y_i|Z_i=c+\delta)-\lim_{\delta\to 0}\mathbb{E}(Y_i|Z_i=c-\delta)}{\lim_{\delta\to 0}\mathbb{E}(D_i|Z_i=c+\delta)-\lim_{\delta\to 0}\mathbb{E}(D_i|Z_i=c-\delta)}$识别的是断点处依从者的平均处理效应，其证明过程与式(8-113)类似，更具体的理论细节可以参见 Hahn et al.(2001)。因此，模糊断点回归设计可以理解为断点处的工具变量估计。

8.3 断点回归设计中国经济案例分析——检验中国消费之谜

Modigliani and Brumberg(1954)**生命周期假说**(Life Cycle Hypothesis)认为，消费者会在整个生命周期内平滑消费。这一假说的自然推论是，能够预期到的负面收入冲击不会显著降低消费水平。对全民所有制企业、事业单位和党政机关、群众团体的工人，我国相关法律规定，① 男性退休年龄为 60 岁，女性退休年龄为 55 岁。我们知道，退休往往伴随着收入水平的下降。基于这一准自然试验，Li et al.(2015)运用断点回归设计方法实证检验了生命周期假说在中国的适用性。本节以该论文为例来展示断点回归设计方法的实际应用。

正式地，考虑如下 RDD 模型：

$$y_{hpt}=\alpha_0+\alpha_1\times Retire_{hpt}+k(s)+\varepsilon_{hpt} \tag{8-131}$$

其中，下标 h，p 以及 t 分别表示家庭、省份和年份。y_{hpt} 为结果变量，主要包括消费金额(对数值)以及消费所用的时间。$Retire_{hpt}$ 表示家庭中丈夫是否退休的虚拟变量，$k(s)$ 为家庭中丈夫年龄与 60 岁之差(s)的多项式，其次数由 AIC 准则来确定。ε_{hpt} 为误差项。值得指出的是，在现实中，年龄超过 60 岁的男性不一定退休，年龄低于 60 岁的男性也不一定不退休。因此，结合前述断点回归设计理论模型的介绍，式(8-131)是**模糊断点回归设计**(Fuzzy RDD)，工具变量为丈夫年龄是否大于 60 岁虚拟变量(Age_{60})。

表 8-4 报告了年龄大于 60 岁(Age_{60})对退休($Retire$)的影响，该表格可视为工具变量相关性的考察。从表中可以看出，年龄在 60 岁以上男性退休的可能性显著高于年龄在 60 岁以下的男性。这与我们现实生活中的直观感受非常一致。此外，注意到虽然变量 Age_{60} 的系数都在 1%的显著性水平上显著，但其数值小于 1。这实际上反映了存在于现实中的延迟退休和提前退休现象。②

① 具体文件是《国务院关于工人退休、退职的暂行办法》(国发〔1978〕104 号)。

② 事实上，只有在不存在延迟退休和提前退休的情形下，表 8-4 中 Age_{60} 才等于 1，这时式(8-131)给出的模型是精确断点回归设计。

表 8-4 年龄大于 60 岁对退休的影响(工具变量相关性检验)

	(1)[a]	(2)[b]	(3)[a]	(4)[c]	(5)[d]
	Retire	*Retire*	*Retire*	*Retire*	*Retire*
Age_{60}	0.318***	0.209***	0.316***	0.277***	0.216***
丈夫年龄大于 60 岁虚拟变量	(0.019)	(0.033)	(0.015)	(0.018)	(0.018)
Cons	0.546***	0.614***	0.534***	0.533***	0.557***
常数项	(0.015)	(0.026)	(0.015)	(0.015)	(0.014)
省份固定效应	否	否	是	是	是
年份固定效应	否	否	是	是	是
多项式 $k(s)$	是	是	是	是	是
样本量	36 974	36 974	36 974	36 974	36 974
R^2	0.49	0.49	0.49	0.49	0.50
F 值	315.72	169.23	440.26	423.61	401.07

注释：*，**以及***分别表示在 10%，5%与 1%显著性水平下显著，括号中数字为聚类标准误(聚类层级为省份-年龄)。上标 a 表示 $k(s)$断点两侧都是一次函数，上标 b 表示 $k(s)$断点两侧都是二次函数，上标 c 表示 $k(s)$断点左侧为一次函数，断点右侧为二次函数，上标 d 表示 $k(s)$断点左侧为三次函数，断点右侧为二次函数。

根据断点回归设计理论模型的介绍我们已经了解到，满足连续性假设是断点回归设计识别因果效应的关键前提。连续型假定要求处理组和控制组前定变量(由于前定变量不受政策影响,从而包含在 Y_{i0}中)不存在显著差异。为验证这一点，Li et al. (2015) 以前定变量为被解释变量，估计了式(8-131)给出的模型 F-RDD 模型(工具变量为 Age_{60})。表 8-5 相应地报告了模型估计结果。可以看出，处理组(丈夫退休家庭)和控制组(丈夫未退休家庭)前定变量不存在显著差异。这些前定变量具体包括，丈夫受教育年限(*Schooling*)，少数民族虚拟变量(*Minority*)，住房面积(*Housing*)，以及妻子退休虚拟变量(*Retire_wife*)等。

表 8-5 退休对前定变量的影响(连续性假定检验)

	(1)[a]	(2)[a]	(3)[b]	(4)[a]	(5)[b]
	Schooling	*Minority*	*Family*	*Housing*	*Retire_wife*
Retire	−0.748	0.003	−0.007	−4.525	−0.037
丈夫退休虚拟变量	(0.463)	(0.022)	(0.177)	(8.734)	(0.075)
Cons	11.053***	0.022	2.942***	69.680***	0.582***
常数项	(0.324)	(0.015)	(0.123)	(5.936)	(0.052)
样本量	36 974	36 974	36 974	36 974	36 974
R^2	0.05	0.02	0.03	0.10	0.15

注释：被解释变量 *Schooling* 表示丈夫受教育年限，*Minority* 表示少数民族虚拟变量，*Family* 表示家庭规模，*Housing* 表示住房面积，*Retire_wife* 表示妻子退休虚拟变量。*，**以及***分别表示在 10%，5%与 1%显著性水平下显著，括号中数字为聚类标准误(聚类层级为省份-年龄)。上标 a 表示 $k(s)$断点两侧都是二次函数，上标 b 表示 $k(s)$断点左侧为三次函数，断点右侧为二次函数。

表 8-6 报告了退休对各类非耐用品花费影响的 RDD 估计结果。第(1)列估计结果显示，

退休显著降低了非耐用品的总花费，这一结果与 Modigliani and Brumberg(1954)生命周期假说所预测的退休不影响消费相矛盾，被称为“**中国退休消费之谜**”(The Retirement Consumption Puzzle in China)。然而，进一步考察退休对各类非耐用品花费的影响发现，退休对非耐用品花费的降低效应主要来自与工作相关的非耐用品消费(*Work*)，对其他类别的非耐用品消费几乎不产生影响。具体而言，对文娱类耐用品消费(*Entertainment*)和其他耐用品消费(*Remaining*)的影响不显著，对食品花费的影响只是在10%的显著性水平上显著。这意味着，中国并不存在退休消费之谜。

表 8-6 退休对非耐用品花费的影响(主回归 1)

	(1)[a]	(2)[b]	(3)[a]	(4)[c]	(5)[a]
	Total	*Work*	*Food*	*Entertainment*	*Remaining*
Retire	−0.195***	−0.331***	−0.116*	−0.223	−0.168
丈夫退休虚拟变量	(0.060)	(0.064)	(0.059)	(0.249)	(0.111)
Cons	9.773***	8.598***	8.981***	5.850***	7.768***
常数项	(0.041)	(0.046)	(0.040)	(0.162)	(0.072)
样本量	36 974	36 964	36 972	30 715	36 966
R^2	0.26	0.22	0.23	0.11	0.12

注释：被解释变量 *Total* 表示家庭所有非耐用品花费，*Work* 表示与工作相关的非耐用品花费，*Food* 表示家庭食品花费，*Entertainment* 表示文娱花费，*Remaining* 表示余下的非耐用品花费。*，**以及***分别表示在10%，5%与1%显著性水平下显著，括号中数字为聚类标准误(聚类层级为省份-年龄)。上标 *a* 表示 $k(s)$ 断点左侧为三次函数，断点右侧为二次函数，上标 *b* 表示 $k(s)$ 断点两侧都是一次函数，上标 *c* 表示 $k(s)$ 断点左侧为一次函数，断点右侧为二次函数。

表 8-6 第(3)列结果显示，退休显著降低了食品花费。为说明该结果可能不是由消费者的“非平滑消费行为”引起，作者进一步考察了退休对购物和购买食品花费时间的影响。回归结果报告在表 8-7 中。可以看出，退休显著增加了购买食品所花费的时间，作者认为搜寻时间增加有助于降低所购买食品价格。

表 8-7 退休对购物和购买食品花费时间的影响(主回归 2)

	(1)[a]	(2)[b]	(3)[c]	(4)[b]
	工作日		周末	
	Shopping_time	*Food_time*	*Shopping_time*	*Food_time*
Retire	26.807	29.297*	−3.885	2.678
丈夫退休虚拟变量	(18.395)	(16.864)	(10.560)	(17.890)
Cons	5.486	50.461***	46.713***	74.726***
常数项	(13.373)	(13.055)	(8.918)	(12.824)
样本量	2 284	2 284	2 284	2 284
R^2	0.06	0.10	0.01	0.03

注释：变量 *Shopping_time* 表示购物所花费的时间，*Food_time* 表示食物准备花费的时间。*，**以及***分别表示在10%，5%与1%显著性水平下显著，括号中数字为聚类标准误(聚类层级为省份-年龄)。上标 *a* 表示 $k(s)$ 断点左侧为三次函数，在断点右侧为二次函数，上标 *b* 表示 $k(s)$ 断点两侧都是一次函数，上标 *c* 表示 $k(s)$ 断点左侧为二次函数，断点右侧为一次函数。

9. 边际处理效应

本节具体介绍边际处理效应。边际处理效应与前述处理效应的重要差异在于，它不是定义在特定群体上的，而是定义在整个分布上的。在本节我们将看到，由于边际处理效应刻画的是整个分布上的处理效应，因此前述介绍的不同类型的处理效应都可以通过对边际处理效应加权的方式来得到。

9.1 边际处理效应模型的基本设定与 Vytlacil 定理

根据前文介绍，**边际处理效应**(Marginal Treatment Effect,MTE)表示以不愿意参加项目的程度来分组的平均处理效应(Heckman and Vytlacil,1999,2005;Heckman,2010;Zhou and Xie,2019)。前面已经初步介绍了边际处理效应模型的设定。为便于阅读，这里重新给出这些设定。边际处理效应一般基于 Roy 模型来刻画。考虑如下 Roy 模型，结果方程为：

$$Y_i = Y_{0i} + D_i(Y_{1i} - Y_{0i}) \tag{8-132}$$

选择方程为：

$$D_i = \begin{cases} 1 & \text{if} \quad \kappa(Z_i) > v_i \\ 0 & \text{if} \quad \kappa(Z_i) \leqslant v_i \end{cases} \tag{8-133}$$

其中，可以注意到，式(8-133)隐含假定了 $\kappa(Z_i)$ 与 v_i **分离可加**(Additive Separability)。具体而言，若用行为 $U(Z_i, v_i)$ 个体赖以决定是否参加项目的净收益(效用)，式(8-133)意味着$U(Z_i, v_i) = \kappa(Z_i) - v_i$。

根据前述第二节的介绍，若令 $F_v(\cdot)$ 表示 v_i 的分布函数，那么式(8-133)可以表示为：

$$D_i = \begin{cases} 1 & \text{if} \quad p(Z_i) > U_{Di} \\ 0 & \text{if} \quad p(Z_i) \leqslant U_{Di} \end{cases} \tag{8-134}$$

其中，$p(Z_i)$表示个体 i 的倾向得分，$U_{Di} = F_v(v_i)$是服从 0 到 1 均匀分布的随机变量，刻画了个体不愿意参加项目的程度，其数值越高表示个体越不愿意参加项目。

Vytlacil 定理(Vytlacil,2002)：边际处理效应模型通常施加如下三个假定：$(Y_{1i}, Y_{0i}, v_i) \perp Z_i$，$p(Z_i)$是 Z_i 的**非平凡函数**(Nontrivial Function)以及 $\kappa(Z_i)$和 v_i 分离可加(简便起见,下文将这三个假定称为 MTE 假定)，这三个假定等价于 **LATE 定理**的三个假定。

Vytlacil 定理的一个重要含义是，MTE 模型的假定并没有比 LATE 模型施加更多的假定。下面我们给出 **Vytlacil 定理**的直观证明过程，更严谨的证明参见 Vytlacil(2002)。

证明：

我们知道，LATE 定理的第一个假设为独立性假设——$(Y_{1i}, Y_{0i}, \{D_i(z)\}_{z\in\mathscr{Z}}) \perp Z_i$，结合式(8-133)可得该假设等价于$(Y_{1i}, Y_{0i}, v_i) \perp Z_i$；LATE 定理的第二个假设为相关性假设——$\Pr(D_i = 1 \mid Z_i) \equiv p(Z_i)$依赖于 Z_i，这与 $p(Z_i)$是 Z_i 的非平凡函数等价；LATE 定理的第三个假设为单调性假设——对于任意$(z, z') \in \mathscr{Z}$，$D_i(z')$ 与 $D_i(z)$ 的排序不随着个体的变化而变化，该假定可由 $\kappa(Z_i)$与 v_i 分离可加来得到。具体而言，由于函数 $\kappa(\cdot)$对于所有个体都相同，因此(给定 v_i 不变)当 Z 的取值由 z 变为 z'时，所有个体参与项目意愿的变化方向是一致的，这意味着所有个体对于 $D_i(z')$ 与 $D_i(z)$ 的排序是一致的。

故命题得证。

□

基于式(8-132)至式(8-134)的设定，**边际处理效应表示以不愿意参加项目程度 U_{Di} 来分组的平均处理效应**。边际处理效应的表达式为：

$$\tau_{\text{MTE}}(u_D)=\mathbb{E}\,(Y_{1i}-Y_{0i}\mid U_{Di}=u_D) \tag{8-135}$$

若 Z_i 与 Y_{1i}，Y_{0i} 和 $\boldsymbol{v}_i$ 独立，那么边际处理效应还能够解释为**项目参与无差异边界上个体的平均处理效应**(Bjorklund and Moffitt,1987;Moffitt,2007)。具体地，由于 Z_i 独立于 Y_{1i}，Y_{0i} 以及 $\boldsymbol{v}_i$，因此根据条件期望的性质可得：①

$$\tau_{\text{MTE}}(u_D)=\mathbb{E}\,(Y_{1i}-Y_{0i}\mid U_{Di}=u_D)=\mathbb{E}\,(Y_{1i}-Y_{0i}\mid U_{Di}=u_D,p(Z_i)) \tag{8-136}$$

其中，第二个等式成立是因为，假设 Z_i 独立于 Y_{1i}，Y_{0i} 以及 $\boldsymbol{v}_i$。这意味着，U_{Di} 相同但 Z_i 不相同的个体，其项目参与预期收益将相同(Blundell and Dias,2009)。给定 U_{Di} 的取值，边际处理效应 $\tau_{\text{MTE}}(u_D)$ 与 $p(Z_i)$ 无关，因此不妨设 $p(Z_i)=u_D$，从而有：

$$\tau_{\text{MTE}}(u_D)=\mathbb{E}\,(Y_{1i}-Y_{0i}\mid U_{Di}=u_D,p(Z_i)=u_D) \tag{8-137}$$

根据式(8-134)可以看出，满足 $U_{Di}=p(Z_i)$ 条件的个体是那些对于项目参与无差异的个体(位于图 8-17 中的 45 度线上)。因此，边际处理效应也被认为是**无差异边界上个体的平均处理效应**。

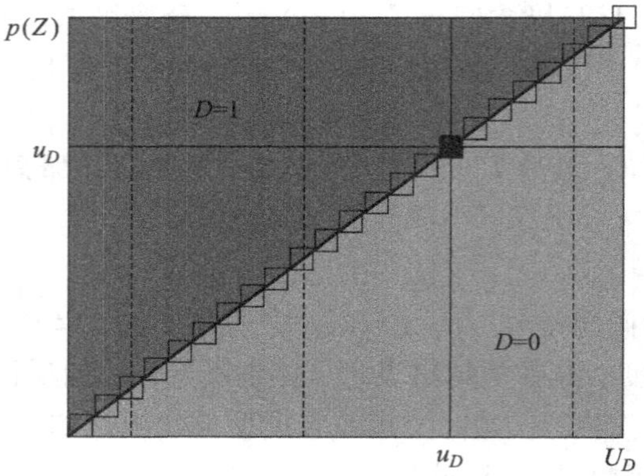

图 8-17 边际处理效应(MTE)示意图

注释：倾斜的直线为 45 度线，位于这条直线上的个体是对于项目参与无差异，深色阴影部分表示 $p(Z_i)>U_{Di}$ 的群体，从而对应处理组个体，浅色影部分表示 $p(Z_i)<U_{Di}$ 的群体，从而对应控制组个体。

9.2 指数充分条件

在具体介绍边际处理效应的识别之前，我们首先介绍边际处理效应模型中两个非常有用的结论。这两个结论通过命题 8.17 和命题 8.18 来给出。

---

① 如果向量$(\boldsymbol{u},\boldsymbol{v})$独立于 $\boldsymbol{x}$，那么$\mathbb{E}\,[\boldsymbol{u}\mid\boldsymbol{v},\ g(\boldsymbol{x})]=\mathbb{E}\,(\boldsymbol{u}\mid\boldsymbol{v})$，$g(\cdot)$为任意函数，参见第二章条件期望性质 3。

命题 8.17：给定 MTE 假定成立，那么则有如下等式成立：

$$\mathbb{E}(Y_{1i}-Y_{0i}\mid D_i=1,Z_i=z)=\mathbb{E}(Y_{1i}-Y_{0i}\mid U_{Di}<p(z)) \tag{8-138}$$

以及

$$\mathbb{E}(Y_{1i}-Y_{0i}\mid D_i=1,p(Z_i)=p(z))=\mathbb{E}(Y_{1i}-Y_{0i}\mid U_{Di}<p(z)) \tag{8-139}$$

证明：

先来证明式(8-138)：

$$\begin{aligned}
&\mathbb{E}(Y_{1i}-Y_{0i}\mid D_i=1,Z_i=z)\\
&=\int(Y_{1i}-Y_{0i})\cdot f(Y_{1i}-Y_{0i}\mid D_i=1,Z_i=z)\,\mathrm{d}(Y_{1i}-Y_{0i})\\
&=\int(Y_{1i}-Y_{0i})\cdot f(Y_{1i}-Y_{0i}\mid U_{Di}<p(Z_i),\ Z_i=z)\,\mathrm{d}(Y_{1i}-Y_{0i})\\
&=\int(Y_{1i}-Y_{0i})\cdot\left[\frac{f(Y_{1i}-Y_{0i},U_{Di}<p(Z_i)\mid Z_i=z)}{f(U_{Di}<p(Z_i)\mid Z_i=z)}\right]\mathrm{d}(Y_{1i}-Y_{0i})\\
&=\int(Y_{1i}-Y_{0i})\cdot\left[\frac{f(Y_{1i}-Y_{0i},U_{Di}<p(z)\mid Z_i=z)}{f(U_{Di}<p(z)\mid Z_i=z)}\right]\mathrm{d}(Y_{1i}-Y_{0i})\\
&=\int(Y_{1i}-Y_{0i})\cdot\left[\frac{f(Y_{1i}-Y_{0i},U_{Di}<p(z))}{f(U_{Di}<p(z))}\right]\mathrm{d}(Y_{1i}-Y_{0i})\\
&=\int(Y_{1i}-Y_{0i})\cdot f(Y_{1i}-Y_{0i}\mid U_{Di}<p(z))\,\mathrm{d}(Y_{1i}-Y_{0i})\\
&=\mathbb{E}(Y_{1i}-Y_{0i}\mid U_{Di}<p(z))
\end{aligned}$$

其中，$f(\cdot)$表示概率密度函数，第五个等式中$\dfrac{f(Y_{1i}-Y_{0i},U_{Di}<p(z)\mid Z_i=z)}{f(U_{Di}<p(z)\mid Z_i=z)}=\dfrac{f(Y_{1i}-Y_{0i},U_{Di}<p(z))}{f(U_{Di}<p(z))}$利用到了$(Y_{1i},Y_{0i},v_i)\perp Z_i$。

式(8-139)的证明和式(8-138)的证明非常类似：

$$\begin{aligned}
&\mathbb{E}(Y_{1i}-Y_{0i}\mid D_i=1,p(Z_i)=p(z))\\
&=\int(Y_{1i}-Y_{0i})\cdot\left[\frac{f(Y_{1i}-Y_{0i},U_{Di}<p(z)\mid p(Z_i)=p(z))}{f(U_{Di}<p(z)\mid p(Z_i)=p(z))}\right]\mathrm{d}(Y_{1i}-Y_{0i})\\
&=\int(Y_{1i}-Y_{0i})\cdot\left[\frac{f(Y_{1i}-Y_{0i},U_{Di}<p(z))}{f(U_{Di}<p(z))}\right]\mathrm{d}(Y_{1i}-Y_{0i})\\
&=\int(Y_{1i}-Y_{0i})\cdot f(Y_{1i}-Y_{0i}\mid U_{Di}<p(z))\,\mathrm{d}(Y_{1i}-Y_{0i})\\
&=\mathbb{E}(Y_{1i}-Y_{0i}\mid U_{Di}<p(z))
\end{aligned}$$

其中，$f(\cdot)$表示概率密度函数，第二个等式中$\dfrac{f(Y_{1i}-Y_{0i},U_{Di}<p(z)\mid p(Z_i)=p(z))}{f(U_{Di}<p(z)\mid p(Z_i)=p(z))}=\dfrac{f(Y_{1i}-Y_{0i},U_{Di}<p(z))}{f(U_{Di}<p(z))}$利用到了$(Y_{1i},Y_{0i},v_i)\perp Z_i$。

故命题得证。

□

命题 8.18：给定 MTE 假定成立，那么则有如下等式成立：

$$\mathbb{E}(Y_i|Z_i=z)=\mathbb{E}[Y_i|p(Z_i)=p(z)]=\mathbb{E}(Y_{0i})+\mathbb{E}[Y_{1i}-Y_{0i}|U_{Di}<p(z)]\cdot p(z) \quad (8-140)$$

其中，$p(z)$表示 $Z_i=z$ 时的倾向得分值。

式(8-140)被称为**指数充分条件**(Index Sufficiency)(Heckman and Vytlacil,1999;Heckman,2010)。直观上，式(8-140)之所以成立是因为，对于式(8-132)至式(8-133)给出的模型，给定独立性假定$(Y_{1i},Y_{0i},v_i)\perp Z_i$ 成立，Z_i 只通过倾向得分值 $p(Z_i)$来影响模型中的结果变量。接下来我们给出命题 8.18 的证明过程。

证明：

容易得到如下等式成立：

$$\begin{aligned}\mathbb{E}(Y_i|Z_i=z)&=\mathbb{E}(Y_{0i}|Z_i=z)+\mathbb{E}(Y_{1i}-Y_{0i}|D_i=1,Z_i=z)\cdot \Pr(D_i=1|Z_i=z)\\&=\mathbb{E}(Y_{0i})+\mathbb{E}[Y_{1i}-Y_{0i}|U_{Di}<p(z)]\cdot p(z)\end{aligned}$$

其中，第二个等式成立利用到了 $Y_{0i}\perp Z_i$ 以及命题 8.17 中的结论$\mathbb{E}(Y_{1i}-Y_{0i}|D_i=1,Z_i=z)=\mathbb{E}(Y_{1i}-Y_{0i}|U_{Di}<p(z))$。

类似地可以得到：

$$\begin{aligned}&\mathbb{E}[Y_i|p(Z_i)=p(z)]\\&=\mathbb{E}[Y_{0i}|p(Z_i)=p(z)]+\mathbb{E}[Y_{1i}-Y_{0i}|D_i=1,p(Z_i)=p(z)]\cdot \Pr(D_i=1|p(Z_i)=p(z))\\&=\mathbb{E}(Y_{0i})+\mathbb{E}[Y_{1i}-Y_{0i}|U_{Di}<p(z)]\cdot p(z)\end{aligned}$$

其中，第二个等式成立利用到了 $Y_{0i}\perp Z_i$，$\Pr(D_i=1|p(Z_i)=p(z))=p(z)$(具体参见命题 8.1 的证明过程)以及命题 8.17 中的结论$\mathbb{E}(Y_{1i}-Y_{0i}|D_i=1,p(Z_i)=p(z))=\mathbb{E}(Y_{1i}-Y_{0i}|U_{Di}<p(z))$。

故命题得证。

□

9.3 边际处理效应的识别

上一小节介绍了边际处理效应的含义，本小节来介绍如何识别边际处理效应。可以看出，由于 U_{Di}无法观测，因此无论使用式(8-135)还是使用式(8-137)都无法直接得到边际处理效应。关于边际处理效应的识别，有以下命题。

命题 8.19：给定 MTE 假设成立，边际处理效应可以通过如下方式来识别：

$$\tau_{\text{MTE}}(p(z))=\left.\frac{\partial\mathbb{E}[Y_i|p(Z_i)]}{\partial p(Z_i)}\right|_{p(Z_i)=p(z)} \quad (8-141)$$

这里需要说明的是，根据式(8-141)识别 $\tau_{\text{MTE}}(p(z))$ 需要识别条件期望$\mathbb{E}[Y_i|p(Z_i)]$。既可以通过参数方法识别$\mathbb{E}[Y_i|p(Z_i)]$(比如,最简单的情形是,将$\mathbb{E}[Y_i|p(Z_i)]$设定为 $p(Z_i)$的线性函数)，也可以通过非参数方法识别$\mathbb{E}[Y_i|p(Z_i)]$(Heckman, Vytlacil and Urzua,2006;Heckman, Vytlacil and Urzua,2011)。下面具体证明命题 8.19。

证明：

$$\begin{aligned}&\mathbb{E}[Y_i|p(Z_i)=p(z)]\\&=\mathbb{E}(Y_{0i})+\mathbb{E}[Y_{1i}-Y_{0i}|U_{Di}<p(z)]\cdot p(z)\\&=\mathbb{E}(Y_{0i})+\left[\int_0^{p(z)}\mathbb{E}(Y_{1i}-Y_{0i}|U_{Di}=u_D)\frac{1}{p(z)}\mathrm{d}u_D\right]\cdot p(z)\end{aligned}$$

$$= \mathbb{E}(Y_{0i}) + \int_0^{p(z)} \mathbb{E}(Y_{1i} - Y_{0i} \mid U_{Di} = u_D)\mathrm{d}u_D$$
$$= \mathbb{E}(Y_{0i}) + \int_0^{p(z)} \tau_{\mathrm{MTE}}(u_D)\mathrm{d}u_D$$

其中，第一个等式用到了命题8.18的结论，第二个等式用到了U_{Di}服从0至1的均匀分布以及截断分布的概率分布公式。

故命题得证。

□

9.4 边际处理效应与其他处理效应的关系

边际处理效应τ_{MTE}是定义在整个分布上的，因此前文定义的平均处理效应理论上都可以通过对τ_{MTE}加权的方式来得到。本节具体介绍总体平均处理效应τ_{ATE}，处理组平均处理效应τ_{ATT}，控制组平均处理效应τ_{ATUT}，局部平均处理效应τ_{LATE}以及通过工具变量回归识别的参数τ_{IV}等如何通过对τ_{MTE}进行加权的方式来得到。

9.4.1 边际处理效应与平均处理效应

容易看出，总体平均处理效应τ_{ATE}可以表示为：

$$\tau_{\mathrm{ATE}} \equiv \mathbb{E}(Y_{1i} - Y_{0i}) = \mathbb{E}(\mathbb{E}[Y_{1i} - Y_{0i} \mid U_{Di} = u_D]) = \mathbb{E}(\tau_{\mathrm{MTE}}(u_D)) = \int_0^1 \tau_{\mathrm{MTE}}(u_D)\mathrm{d}u_D \tag{8-142}$$

其中，第二个等式用到了迭代期望定律，第三个等式用到的是边际处理效应的定义，最后一个等式用到的是u_D是0至1均匀分布中抽取的随机数。可以看出，基于τ_{MTE}计算τ_{ATE}的加权权重为$w_{\mathrm{ATE}}=1$。

9.4.2 边际处理效应与处理组(控制组)平均处理效应

处理组平均处理效应τ_{ATT}与边际处理效应τ_{MTE}间的关系由如下命题给出。

命题8.20(Heckman and Vytlacil,1999,2005)：给定MTE假定成立，处理组平均处理效应τ_{ATT}可以通过对边际处理效应τ_{MTE}进行如下加权的方式来得到：

$$\tau_{\mathrm{ATT}} = \int_0^1 \tau_{\mathrm{MTE}}(u_D) \cdot w_{\mathrm{ATT}}(u_D)\mathrm{d}u_D \tag{8-143}$$

其中，$w_{\mathrm{ATT}}(u_D) = \left[\int_0^1 [1 - F_{p(Z_i)}(t)]\,\mathrm{d}t\right]^{-1}(1 - F_{p(Z_i)}(u_D))$表示加权权重，$F_{p(Z_i)}(u_D)$为$p(Z_i)$的累积概率密度函数。

注意到w_{ATT}随着$p(Z_i)$的增加而增加，因此命题8.20具有比较直观的含义：在利用边际处理效应τ_{MTE}进行加权来构造处理组平均处理效应τ_{ATT}的过程中，对于参与项目可能性较大的个体赋予较大的权重。

证明：

根据处理组平均处理效应的定义可得：

$$\tau_{\mathrm{ATT}} = \mathbb{E}(Y_{1i} - Y_{0i} \mid D_i = 1)$$
$$= \int_0^1 \mathbb{E}(Y_{1i} - Y_{0i} \mid D_i = 1, p(Z_i) = p(z))\mathrm{d}F_{p(Z_i)\mid D_i=1}$$

$$
\begin{aligned}
&= \int_0^1 \mathbb{E}\,(Y_{1i} - Y_{0i} \mid U_{Di} < p(z))\,\mathrm{d}F_{p(Z_i) \mid D_i=1} \\
&= \int_0^1 \left[\frac{1}{p(z)}\int_0^{p(z)} \mathbb{E}\,(Y_{1i} - Y_{0i} \mid U_{Di} < u_D)\,\mathrm{d}u_D\right] \mathrm{d}F_{p(Z_i) \mid D_i=1} \\
&= \int_0^1 \left[\frac{1}{p(z)}\int_0^{p(z)} \tau_{\mathrm{MTE}}(u_D)\,\mathrm{d}u_D\right] \mathrm{d}F_{p(Z_i) \mid D_i=1}
\end{aligned}
$$

其中，第三个等式用到了命题 8.17 的结论，第四个等式用到了 U_{Di}服从 0 至 1 的均匀分布以及截断分布的概率分布公式。

利用贝叶斯法则和 $\Pr(D_i=1 \mid p(Z_i)) = p(Z_i)$可得，$\mathrm{d}F_{p(Z_i) \mid D_i=1} = \left\{\frac{\Pr[D_i=1 \mid p(Z_i)]}{\Pr(D_i=1)}\right\}\mathrm{d}F_{p(Z_i)} = \left[\frac{p(Z_i)}{\Pr(D_i=1)}\right]\mathrm{d}F_{p(Z_i)}$，因此有如下等式成立：

$$
\begin{aligned}
\tau_{\mathrm{ATT}} &= \frac{1}{\Pr(D_i=1)}\int_0^1 \left[\int_0^{p(z)} \tau_{\mathrm{MTE}}(u_D)\,\mathrm{d}u_D\right] \mathrm{d}F_{p(Z_i)} \\
&= \frac{1}{\Pr(D_i=1)}\int_0^1 \left[\int_0^1 \tau_{\mathrm{MTE}}(u_D) \cdot 1[u_D < p(z)]\,\mathrm{d}u_D\right] \mathrm{d}F_{p(Z_i)} \\
&= \frac{1}{\Pr(D_i=1)}\int_0^1 \left[\int_0^1 \tau_{\mathrm{MTE}}(u_D) \cdot 1[u_D < p(z)]\,\mathrm{d}F_{p(Z_i)}\right] \mathrm{d}u_D \\
&= \frac{1}{\Pr(D_i=1)}\int_0^1 \left[\tau_{\mathrm{MTE}}(u_D) \cdot \int_0^1 1[u_D < p(z)]\,\mathrm{d}F_{p(Z_i)}\right] \mathrm{d}u_D \\
&= \int_0^1 \left\{\tau_{\mathrm{MTE}}(u_D) \cdot \left[\int_0^1 (1 - F_{p(Z_i)}(t))\,\mathrm{d}t\right]^{-1} [1 - F_{p(Z_i)}(u_D)]\right\} \mathrm{d}u_D \\
&\equiv \int_0^1 [\tau_{\mathrm{MTE}}(u_D) \cdot w_{\mathrm{ATT}}(u_D)]\,\mathrm{d}u_D
\end{aligned}
$$

其中，$1[u_D<p(z)]$表示指示函数，当 $u_D<p(z)$时取值为 1，反之取值为 0；第五个等式用到了 $\Pr(D_i=1) = \int_0^1 [1 - F_{p(Z_i)}(t)]\,\mathrm{d}t$；$w_{\mathrm{ATT}}(u_D) \equiv \left[\int_0^1 [1 - F_{p(Z_i)}(t)]\,\mathrm{d}t\right]^{-1}(1 - F_{p(Z_i)}(u_D))$，表示加权权重。

故命题得证。

□

与处理组平均处理效应情形类似，控制组平均处理效应 τ_{ATT}与边际处理效应 $\tau_{\mathrm{MTE}}(u_D)$间的关系可以表示为：

$$
\tau_{\mathrm{ATUT}} = \int_0^1 [\tau_{\mathrm{MTE}}(u_D) \cdot w_{\mathrm{ATUT}}]\,\mathrm{d}u_D \tag{8-144}
$$

其中，$w_{\mathrm{ATUT}} \equiv \left[\int_0^1 F_{p(Z_i)}(t)\,\mathrm{d}t\right]^{-1} F_{p(Z_i)}(u_D)$ 表示加权权重。

式(8-144)的证明与式(8-143)类似，这里不再重复给出，留作课后练习。注意到 w_{ATUT}随着 $p(Z_i)$的增加而减少，因此式(8-144)意味着，在利用边际处理效应 τ_{MTE}进行加权来构造控制组平均处理效应 τ_{ATUT}的过程中，参与项目可能性较小的个体赋予较大的权重。图8-18直观地给出了平均处理效应以及计算 τ_{ATE}，τ_{ATT}和 τ_{ATUT}所对应权重的示意图。

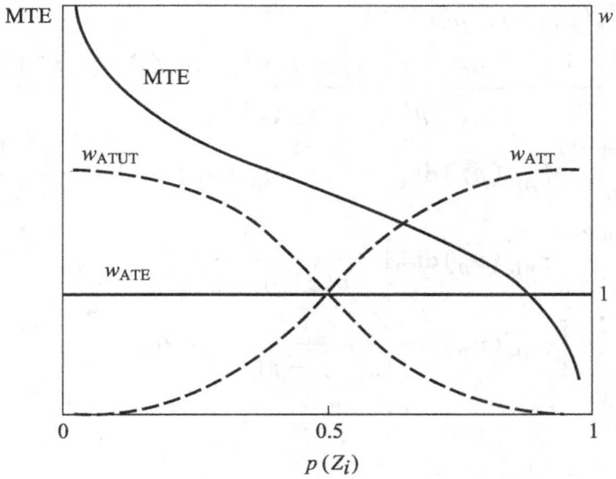

图 8-18 MTE 以及计算 τ_{ATE}，τ_{ATT}和 τ_{ATUT}的加权权重(Heckman and Vytlacil,2005)

9.4.3 边际处理效应与局部平均处理效应(LATE)

局部平均处理效应 τ_{LATE}与边际处理效应 τ_{MTE}也存在密切的联系。二者之间的关系由如下命题给出。

命题 8.21：给定 MTE 假定成立，局部平均处理效应 $\tau_{LATE}(p(z^*),\ p(z^{**}))$ 可以通过对边际处理效应 τ_{MTE}进行如下加权的方式来得到：

$$\tau_{LATE}(p(z^*),\ p(z^{**}))=\int_{p(z^*)}^{p(z^{**})}\tau_{MTE}(u_D)\cdot w_{LATE}(u_D)\,\mathrm{d}u_D \tag{8-145}$$

其中，$w_{LATE}=\dfrac{1}{p(z^{**})-p(z^*)}$，表示权重。

命题 8.21 表明，局部平均处理效应 $\tau_{LATE}(p(z^*),\ p(z^{**}))$ 是定义在区间$[p(z^*),\ p(z^{**})]$边际处理效应 τ_{MTE}的加权平均值，其权重为$\dfrac{1}{p(z^{**})-p(z^*)}$。图 8-19 直观地展示了边际处理效应和局部平均处理效应之间的关系。接下来，我们给出命题 8.21 的具体证明过程。

证明：

根据 LATE 定理：

$$\tau_{LATE}(p(z^*),\ p(z^{**}))=\frac{\mathbb{E}(Y_i|Z_i=z^{**})-\mathbb{E}(Y_i|Z_i=z^*)}{\mathbb{E}(D_i|Z_i=z^{**})-\mathbb{E}(D_i|Z_i=z^*)}$$

由于$\mathbb{E}(D_i|Z_i)=p(Z_i)$以及$\mathbb{E}(Y_i|Z_i)=\mathbb{E}(Y_i|p(Z_i))$（参见命题 8.18），因此如下等式成立：

$$\tau_{LATE}(p(z^*),\ p(z^{**}))=\frac{\mathbb{E}(Y_i|p(Z_i)=p(z^{**}))-\mathbb{E}(Y_i|p(Z_i)=p(z^*))}{p(z^{**})-p(z^*)}$$

根据命题 8.20 的证明过程我们知道：

$$\mathbb{E}[Y_i|p(Z_i)]=\mathbb{E}(Y_{0i})+\int_0^{p(Z_i)}\tau_{MTE}(u_D)\,\mathrm{d}u_D$$

因此如下等式成立：

$$
\begin{aligned}
&\tau_{\text{LATE}}(p(z^*),\ p(z^{**}))\\
&=\frac{\mathbb{E}(Y_i \mid p(Z_i)=p(z^{**}))-\mathbb{E}(Y_i \mid p(Z_i)=p(z^*))}{p(z^{**})-p(z^*)}\\
&=\left[\int_0^{p(z^{**})}\tau_{\text{MTE}}(u_D)\,\mathrm{d}u_D-\int_0^{p(z^*)}\tau_{\text{MTE}}(u_D)\,\mathrm{d}u_D\right]\cdot\frac{1}{p(z^{**})-p(z^*)}\\
&=\left[\int_{p(z^*)}^{p(z^{**})}\tau_{\text{MTE}}(u_D)\,\mathrm{d}u_D\right]\cdot\frac{1}{p(z^{**})-p(z^*)}\\
&=\int_{p(z^*)}^{p(z^{**})}\left[\tau_{\text{MTE}}(u_D)\cdot\frac{1}{p(z^{**})-p(z^*)}\right]\mathrm{d}u_D
\end{aligned}
$$

故命题得证。

□

结合式(8-145)可以很容易得到，τ_{MTE}是τ_{LATE}的极限，正式地，

$$\tau_{\text{MTE}}(v)=\lim_{\delta\to0}\tau_{\text{LATE}}(p(z^*),\ p(z^{**})) \tag{8-146}$$

其中，$\delta=z^{**}-z^*$。

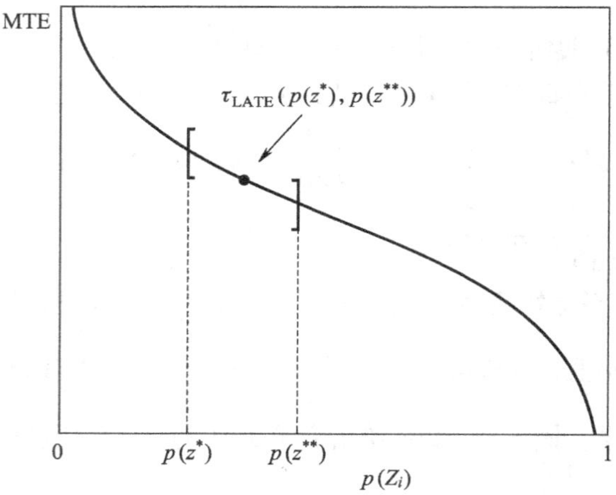

图 8-19 MTE 与 LATE 示意图(Heckman,2010)

9.4.4 边际处理效应与工具变量方法识别的参数

将以$p(Z_i)$作为工具变量所识别的参数记为τ_{IV}，根据第六章工具变量方法的介绍我们知道$\tau_{\text{IV}}=\dfrac{\text{Cov}(p(Z_i),\ Y_i)}{\text{Cov}(p(Z_i),\ D_i)}$。与前述分析类似，$\tau_{\text{IV}}$也可以表示为边际处理效应的加权平均值。

命题 8.22：给定 MTE 假定成立，工具变量所识别的参数τ_{IV}可以通过对边际处理效应τ_{MTE}进行如下加权的方式来得到：

$$\tau_{\text{IV}}=\int_{p(z^*)}^{p(z^{**})}\tau_{\text{MTE}}(u_D)\cdot w_{\text{IV}}(u_D)\,\mathrm{d}u_D \tag{8-147}$$

其中，$w_{\mathrm{IV}}(u_D)=\dfrac{1}{\operatorname{Cov}(p(Z_i),\ D_i)}\cdot\int_{u_D}^{1}[p(Z_i)-\mathbb{E}(p(Z_i))]\,\mathrm{d}F_{p(Z_i)}$。

证明：

根据条件期望的性质，利用 Y_i 作为被解释变量与利用 $\mathbb{E}(Y_i|p(Z_i))$ 作为被解释变量所得到的回归系数相同(留作练习)。因此可以得到：

$$\tau_{\mathrm{IV}}=\frac{\operatorname{Cov}(p(Z_i),\ Y_i)}{\operatorname{Cov}(p(Z_i),\ D_i)}=\frac{\operatorname{Cov}(p(Z_i),\mathbb{E}(Y_i|p(Z_i)))}{\operatorname{Cov}(p(Z_i),\ D_i)}$$

根据命题 8.19 的证明过程我们知道，$\mathbb{E}(Y_i\mid p(Z_i))=\mathbb{E}(Y_{0i})+\int_0^{p(z)}\tau_{\mathrm{MTE}}(u_D)\,\mathrm{d}u_D$，所以可以得到如下等式成立：

$$\begin{aligned}
&\operatorname{Cov}(p(Z_i),\mathbb{E}(Y_i\mid p(Z_i)))\\
&=\operatorname{Cov}\left(p(Z_i),\mathbb{E}(Y_{0i})+\int_0^{p(z)}\tau_{\mathrm{MTE}}(u_D)\,\mathrm{d}u_D\right)\\
&=\operatorname{Cov}\left(p(Z_i),\int_0^{p(z)}\tau_{\mathrm{MTE}}(u_D)\,\mathrm{d}u_D\right)\\
&=\mathbb{E}\left(\left[\int_0^{p(z)}\tau_{\mathrm{MTE}}(u_D)\,\mathrm{d}u_D\right]\cdot[p(Z_i)-\mathbb{E}(p(Z_i))]\right)\\
&=\int_0^1\left(\left[\int_0^{p(z)}\tau_{\mathrm{MTE}}(u_D)\,\mathrm{d}u_D\right]\cdot[p(Z_i)-\mathbb{E}(p(Z_i))]\right)\mathrm{d}F_{p(Z_i)}\\
&=\int_0^{p(z)}\left(\tau_{\mathrm{MTE}}(u_D)\left[\int_0^1[p(Z_i)-\mathbb{E}(p(Z_i))]\,\mathrm{d}F_{p(Z_i)}\right]\right)\mathrm{d}u_D\\
&=\int_0^1\left(\tau_{\mathrm{MTE}}(u_D)\left[\int_{u_D}^1[p(Z_i)-\mathbb{E}(p(Z_i))]\,\mathrm{d}F_{p(Z_i)}\right]\right)\mathrm{d}u_D
\end{aligned}$$

其中，最后一个等式用到 $0<u_D<p(Z_i)<1$。不等式 $u_D<p(Z_i)$ 是根据倒数第二行外层积分得到。

所以可以得到：

$$\begin{aligned}
\tau_{\mathrm{IV}}&=\frac{\operatorname{Cov}(p(Z_i),\mathbb{E}(Y_i\mid p(Z_i)))}{\operatorname{Cov}(p(Z_i),\ D_i)}\\
&=\int_0^1\left(\tau_{\mathrm{MTE}}(u_D)\left[\frac{1}{\operatorname{Cov}(p(Z_i),\ D_i)}\cdot\int_{u_D}^1[p(Z_i)-\mathbb{E}(p(Z_i))]\,\mathrm{d}F_{p(Z_i)}\right]\right)\mathrm{d}u_D
\end{aligned}$$

故命题得证。

□

以上介绍了不同的处理效应如何通过边际处理效应加权来得到。为了便于阅读，我们将这些处理效应所对应的权重总结在表 8-8 中。

表 8-8　基于边际处理效应的加权权重

处理效应	加权权重
τ_{ATE}	$w_{\mathrm{ATE}}(u_D)=1$
τ_{ATT}	$w_{\mathrm{ATT}}(u_D)=\left[\int_0^1[1-F_{p(Z_i)}(t)]\,\mathrm{d}t\right]^{-1}(1-F_{p(Z_i)}(u_D))$

续表

处理效应	加权权重
τ_{ATUT}	$w_{\text{ATUT}}(u_D) = \left[\int_0^1 F_{p(Z_i)}(t)\,\mathrm{d}t\right]^{-1} F_{p(Z_i)}(u_D)$
τ_{LATE}	$w_{\text{LATE}}(u_D) = \dfrac{1}{p(z^{**}) - p(z^{*})}$
τ_{IV}	$w_{\text{IV}}(u_D) = \dfrac{1}{\text{Cov}(p(Z_i), D_i)} \cdot \int_{u_D}^1 [p(Z_i) - \mathbb{E}(p(Z_i))]\,\mathrm{d}F_{p(Z_i)}$

习题

1. 阐释说明**工具变量方法**(IV)或者**局部平均处理效应**(LATE)，以及(精确和模糊)**断点回归设计**(RDD)这几个方法与**随机化试验**(RCT)的内在联系。

2. 什么是**基础异质性**(Essential Heterogeneity)？它对识别平均处理效应(ATE)带来了哪些挑战？计量经济学家是如何处理基础异质性问题的？

3. 参照命题 8.11 给出的$\mathbb{E}\left[\dfrac{D_i Y_i}{p(X_i)}\right] = \mathbb{E}(Y_{i1})$证明过程，证明如下等式成立：

$$\mathbb{E}\left[\frac{(1-D_i)Y_i}{1-p(X_i)}\right] = \mathbb{E}(Y_{i0})$$

其中，$p(X_i)$表示**倾向得分**(Propensity Score)。

4. 参照命题 8.11 的证明过程，证明如下等式成立：

$$\mathbb{E}\left[\frac{D_i(Y_i-a_1-b_1X_i)^2}{p(X_i,\boldsymbol{\gamma})}\right] = \mathbb{E}[(Y_{1i}-a_1-b_1X_i)^2]$$

其中，$p(X_i,\gamma)$表示倾向得分。

5. 给定 D_i 是虚拟变量，证明等价性：

$$\mathbb{E}(u_i | Z_i) = 0 \Leftrightarrow \text{Cov}(u_i, Z_i) = 0$$

6. 图 8-14 分析了断点回归设计中$\mathbb{E}(Y_{1i}|Z_i)$在 $Z_i=c$ 处连续，$\mathbb{E}(Y_{0i}|Z_i)$在 $Z_i=c$ 处不连续的情形。类似地分析如下两个情形：

(1) $\mathbb{E}(Y_{1i}|Z_i)$在 $Z_i=c$ 处不连续，$\mathbb{E}(Y_{0i}|Z_i)$在 $Z_i=c$ 处连续；

(2) $\mathbb{E}(Y_{1i}|Z_i)$和$\mathbb{E}(Y_{0i}|Z_i)$在 $Z_i=c$ 处都不连续。

7. 参照命题 8.20 的证明过程，证明控制组平均处理效应 τ_{ATT}与边际处理效应 $\tau_{\text{MTE}}(u_D)$间的关系可以表示为：

$$\tau_{\text{ATUT}} = \int_0^1 [\tau_{\text{MTE}}(u_D) \cdot w_{\text{ATUT}}]\,\mathrm{d}u_D$$

其中，$w_{\text{ATUT}} \equiv \left[\int_0^1 F_{p(Z_i)}(t)\,\mathrm{d}t\right]^{-1} F_{p(Z_i)}(u_D)$ 表示加权权重。

第九章 Tobit 模型

本章介绍 Tobit 模型，包括由 Tobin(1958)提出的经典 Tobit 模型，Amemiya(1985)将其归类为 Tobit I 模型，还包括 Heckman(1979)提出的样本选择模型，依据样本选择规则的不同，Amemiya(1985)进一步将样本选择模型分为 Tobit II 模型或 Tobit III 模型。尽管这些模型在模型设定、模型估计与经济学含义等方面存在一定的差异，但是它们存在两个较为重要的共性特征：第一，模型被解释变量取值都在一定程度上受到了限制。因此，这些模型在计量经济学中又被称为**受限被解释变量模型**(Limited Dependent Variable Model)；第二，采用 OLS 模型估计参数很可能会出现回归模型**函数形式设定偏误**(Functional Form Misspecification)，进而引起参数估计量的不一致性。根据前述章节的讨论，我们已经知道模型内生性问题和函数形式设定问题都会影响参数估计量的一致性。如果说第六章工具变量方法、第七章面板数据分析以及第八章处理效应模型侧重介绍的是模型设定过程中的内生性处理，那么本章侧重介绍的则是模型估计过程中的函数形式设定。

1. 截取、断尾、偶然断尾与样本选择

在正式介绍 Tobit 模型之前，首先来介绍几个与此密切相关的概念：**截取数据**(Censored Data)，**断尾数据**(Truncated Data)，**偶然断尾数据**(Incidental Truncated Data)以及**样本选择**(Sample Selection)。深入理解这几个概念，对于学习 Tobit 系列模型至关重要。它们的共同特点是，**潜在被解释变量**(Latent Dependent Variable)只能被部分观测到。若令 y^* 表示潜在被解释变量，y 表示可观测被解释变量，那么**数据观测规则**(Data Observation Rule)可以较为一般地表示为：

$$y=\kappa(y^*) \tag{9-1}$$

一般而言，**截取数据**是指，潜在被解释变量在特定数值范围内的部分被压缩在特定的点上，但解释变量不受任何影响。在计量经济学中，截取数据比较常见的形式是**角点解**(Corner Solution)与**顶端编码**(Top Coding)。**角点解**是指，行为个体的最优选择点落在预算线端点上的情况。角点解问题非常普遍地存在于现实中。比如，企业的研发投资(R&D)(一些企业进行了研发投资,另外相当一部分企业的研发投资为 0)，企业产品出口量(一些企业的产品出口量为正,而另外一些企业出口量为 0)，消费者的烟酒消费(一部分消费者消费了一定量的数量的烟酒,另外一部分消费者未进行烟酒消费)以及家庭股票投资(有些家庭购买了股票,有些家庭未进行股票投资)等都属于角点解问题。正式地，角点解问题的数据观测规则可以具体表述为：

$$y=\begin{cases} y^* & \text{if} \quad y^*>0 \\ 0 & \text{if} \quad y^*\leqslant 0 \end{cases} \tag{9-2}$$

注意到，角点的取值不一定等于0，原则上根据研究问题的不同，它可以是任意值，并且既可以出现在被解释变量的左端(**左端截取**,Left Censoring)，也可以发生在被解释变量的右端(**右端截取**,Right Censoring)。考虑到分析的方便性，在式(9-2)中，我们考察左端截取情形——将角点解的数值设定为0，并令其出现在被解释变量的左端。

为较为直观地理解角点解问题，图9-1给出了经济学中经常出现的角点解问题示意图。图形中的直线表示预算约束线，曲线表示效用无差异曲线。回忆初(中)级微观经济学中的相关知识，该图可以理解为，在收入约束条件下，消费者消费两种产品(x和y)的效用最大化问题。由于产品消费的数量不能小于0，因此在消费者效用最大化的过程中出现了角点解，即消费者不消费产品y。

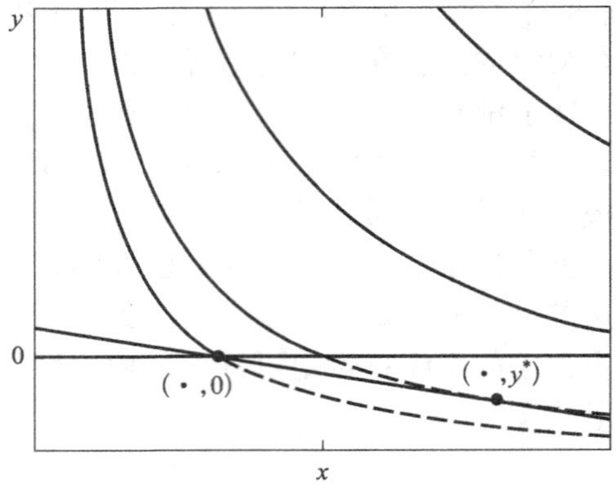

图9-1 角点解问题示意图

注释：图中的直线表示预算约束线，曲线表示无差异曲线；x和y可以理解为两种消费品。

顶端编码是指，当潜在被解释变量y^*大于特定数值时，无法观测到其具体的取值。以考察教育回报率为例，由于抽样调查过程中存在个人信息保密，我们往往不能观测到高收入群体收入的具体数值。正式地，顶端编码问题的数据观测规则可以由如下公式来表示：

$$y=\begin{cases}y^* & \text{if} \quad y^*<u \\ - & \text{if} \quad y^*\geqslant u\end{cases} \tag{9-3}$$

其中，u为门限值。可以看出，顶端编码问题属于数据的右端截取。底端编码可以类似地进行分析，这里不再重复。此外，为了简化分析，$y^*\geqslant u$那部分人的被解释变量y通常被直接设定为u，该情形下，式(9-3)变为：

$$y=\begin{cases}y^* & \text{if} \quad y^*<u \\ u & \text{if} \quad y^*\geqslant u\end{cases} \tag{9-4}$$

此外，进一步令$z=-(y-u)$，$z^*=-(y^*-u)$，式(9-4)转化为$z=\begin{cases}z^* & \text{if} \quad z^*>0 \\ 0 & \text{if} \quad z^*\leqslant 0\end{cases}$。换言之，在统计上，角点解问题和顶端编码问题具有相同的结构。然而，从经济学含义视角来看，二者存在较大差异：对于角点解问题，我们所感兴趣的是可观测被解释变量y而不是潜在被解释变量y^*。事实上，在角点解问题中，被截取掉的那部分y^*通常是没有任何经济学含义的。以消费者对特定产品的消费为例，消费数量小于0($y^*<0$)没有经济学含义；与此相反，对于

顶端编码问题，我们关心的是潜在被解释变量 y^*，而非观测被解释变量 y，只是由于数据可得性，使得无法观测一部分个体的 y^*。如前所述，考察教育回报率时，我们所关心的是所有人的收入，但是由于个人信息的保密，往往无法观测到高收入群体的收入。

断尾数据是指，潜在被解释变量在特定范围内的样本完全从数据中消失。断尾数据也可以理解为在截取数据的基础上进一步损失了解释变量的信息。以上述顶端编码为例，断尾数据意味着，我们完全观测不到收入高于 u 那部分人的任何信息。也就是说，这部分人在样本中没有对应的观测值。与截取类似，断尾既可以发生在被解释变量的左端，也可以发生在被解释变量的右端，前者被称为**左端断尾**(Left Truncation)，后者被称为**右端断尾**(Right Truncation)。图 9-2 以标准正态分布为例直观地展示了截取和断尾问题。当出现截取时，变量的取值大量地堆积在特定数值处，除了截取点之外的余下样本分布未发生变化(参见图 9-2 左图)。值得特别注意的是，当出现断尾时，一些样本完全消失，与此同时，余下样本的分布也会随之发生变化(参见图 9-2 右图)——这些样本出现的概率均会提高，以确保它们出现的概率之和等于 1。在图 9-2 右图中，若余下样本出现概率没有发生变化，那么它们出现的概率之和为 0.5，而这违背了随机变量概率分布的基本性质。

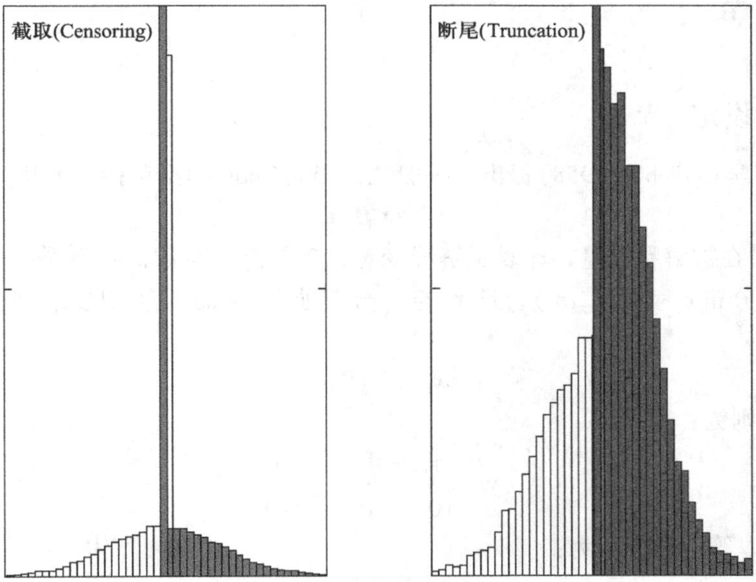

图 9-2　截取和断尾示意图

注释：其中浅色柱状图表示变量的原始分布，深色柱状图表示截取后的变量分布(左图)或者断尾后的变量分布(右图)。

根据前述介绍我们知道，无论是截取数据还是断尾数据，潜在被解释变量 y^* 能否被观测到都取决于其自身的取值。与此不同，对于偶然断尾数据，潜在被解释变量 y^* 能否被观测到则取决于其自身之外的其他变量。比如，我们通常只能观测到参加工作的人的工资水平，换言之，一个人的工资能否被观测到取决于是否参加工作，而决定一个人是否参加工作的变量可以影响工资(即该变量在工资决定方程中,比如个人能力)，也可以不影响工资(即该变量不在工资决定方程中,比如配偶是否工作)。偶然断尾问题的数据观测规则可以正式地表述为：

$$y=\begin{cases} y^* & \text{if} \quad w^*>0 \\ - & \text{if} \quad w^*\leqslant 0 \end{cases} \tag{9-5}$$

其中，y 表示观测到的工资，y^* 表示潜在工资，w^* 可以理解为个体参加工作的效用，它受到一系列个体特征的影响，这些个体特征可能影响工资(比如,能力、受教育年限)，也可能不影响工资(比如,居住地离工作地点的距离)。如果 $w^*>0$，则参加工作(从而能够观测到其工资水平)，反之则不参加工作(从而无法观测到其工资水平)。

由于 Heckman(1979)主要基于偶然断尾情形来分析**样本选择问题**，因此在计量经济学研究中，偶然断尾与样本选择这两个术语通常交替使用。事实上，导致样本选择问题的常见因素，除了偶然断尾之外，还包括研究设计本身。比如，在研究开展过程中，研究者只是选择了年龄在 40 至 50 岁之间的个体组成的样本来研究教育回报率问题。值得指出的是，当我们关心的问题是 40 至 50 岁之间人群的教育回报率时，使用年龄在 40 至 50 岁之间的个体组成样本是不存在样本选择问题的。只有我们关心的问题是一般意义上的教育回报率时，这一做法才存在样本选择问题。

2. Tobit I 模型

2.1 模型设定

Tobit 模型最早由 Tobin(1958)提出。一般地，经典 Tobit 模型包括如下几个公式：

$$y_i^*=\boldsymbol{x}_i'\boldsymbol{\beta}+\epsilon_i \tag{9-6}$$

其中，y_i^* 表示潜在被解释变量，$\boldsymbol{x}_i$ 表示解释变量，$\boldsymbol{\beta}$ 是模型参数，ϵ_i 为误差项。此外，假设误差项服从正态分布 $\epsilon_i\sim\mathcal{N}(0,\sigma^2)$，且 $\boldsymbol{x}_i$ 与 ϵ_i 分布独立(从而不存在内生性问题)。这两条假设意味着：

$$\epsilon_i\,|\,\boldsymbol{x}_i\sim\mathcal{N}(0,\sigma^2) \tag{9-7}$$

数据观测规则为：

$$y_i=\begin{cases} y_i^* & \text{if} \quad y_i^*>0 \\ 0 & \text{if} \quad y_i^*\leqslant 0 \end{cases} \tag{9-8}$$

式(9-8)可以等价地表示为：

$$y_i=\max\{y_i^*,\ 0\} \tag{9-9}$$

或者

$$y_i=\boldsymbol{x}_i'\boldsymbol{\beta}+\epsilon_i^* \tag{9-10}$$

其中，$\epsilon_i^*=\max\{\epsilon_i,\ -\boldsymbol{x}_i'\boldsymbol{\beta}\}$。

Amemiya(1985)将式(9-6)至式(9-8)所刻画的模型称为 **Tobit I 模型**，这是 Tobit 模型最初的形态。

2.2 OLS 估计存在的问题

直观上来看，估计 Tobit 模型参数最简便的方法是，直接基于 $y_i>0$ 所对应的那部分子样

本，利用 y_i 对 $\boldsymbol{x}_i$ 进行 OLS 回归。根据第三章对 OLS 方法的介绍我们知道，这一做法相当于假设$\mathbb{E}(y_i|\boldsymbol{x}_i,y_i>0)=\boldsymbol{x}_i'\boldsymbol{\beta}$。然而，对于式(9-6)至式(9-8)所给出的模型，$\mathbb{E}(y_i|\boldsymbol{x}_i,y_i>0)=\boldsymbol{x}_i'\boldsymbol{\beta}$ 通常并不成立。$\mathbb{E}(y_i|\boldsymbol{x}_i,y_i>0)$的表达式由以下命题给出：

命题 9.1：对于式(9-6)至式(9-8)给出的 Tobit I 模型，条件期望$\mathbb{E}(y_i|\boldsymbol{x}_i,y_i>0)$的表达式为：

$$\mathbb{E}(y_i|\boldsymbol{x}_i,y_i>0)=\mathbb{E}(y_i^*|\boldsymbol{x}_i,y_i^*>0)=\boldsymbol{x}_i'\boldsymbol{\beta}+\sigma\cdot\lambda\left(\frac{\boldsymbol{x}_i'\boldsymbol{\beta}}{\sigma}\right) \tag{9-11}$$

其中，$\lambda\left(\frac{\boldsymbol{x}_i'\boldsymbol{\beta}}{\sigma}\right)=\frac{\phi(\boldsymbol{x}_i'\boldsymbol{\beta}/\sigma)}{\Phi(\boldsymbol{x}_i'\boldsymbol{\beta}/\sigma)}$被称为**逆米尔斯比率**(Inverse Mills Ratio)。$\phi(\cdot)$为标准正态分布概率密度函数，$\Phi(\cdot)$为标准正态分布累积概率密度函数。逆米尔斯比率 $\lambda\left(\frac{\boldsymbol{x}_i'\boldsymbol{\beta}}{\sigma}\right)$ 的分母 $\Phi\left(\frac{\boldsymbol{x}_i'\boldsymbol{\beta}}{\sigma}\right)=\Pr\left(\frac{\epsilon_i}{\sigma}>-\frac{\boldsymbol{x}_i'\boldsymbol{\beta}}{\sigma}\middle|\boldsymbol{x}_i\right)=\Pr(\boldsymbol{x}_i'\boldsymbol{\beta}+\epsilon_i>0|\boldsymbol{x}_i)=\Pr(y_i^*>0|\boldsymbol{x}_i)=\Pr(y_i>0|\boldsymbol{x}_i)$具有非常直观的经济含义：它表示 y_i^* 能够被观测到的概率(或者 $y_i>0$ 那部分样本的比例)。

接下来，我们给出命题 9.1 的具体证明过程。

证明：

$$\begin{aligned}
\mathbb{E}(y_i|\boldsymbol{x}_i,y_i>0)&=\mathbb{E}(y_i^*|y_i^*>0,\boldsymbol{x}_i)\\
&=\mathbb{E}(\boldsymbol{x}_i'\boldsymbol{\beta}+\epsilon_i|\boldsymbol{x}_i'\boldsymbol{\beta}+\epsilon_i>0,\boldsymbol{x}_i)\\
&=\boldsymbol{x}_i'\boldsymbol{\beta}+\mathbb{E}(\epsilon_i|\epsilon_i>-\boldsymbol{x}_i'\boldsymbol{\beta},\boldsymbol{x}_i)\\
&=\boldsymbol{x}_i'\boldsymbol{\beta}+\sigma\mathbb{E}\left(\frac{\epsilon_i}{\sigma}\middle|\frac{\epsilon_i}{\sigma}>-\frac{\boldsymbol{x}_i'\boldsymbol{\beta}}{\sigma},\ \boldsymbol{x}_i\right)\\
&=\boldsymbol{x}_i'\boldsymbol{\beta}+\sigma\frac{\phi(-\boldsymbol{x}_i'\boldsymbol{\beta}/\sigma)}{1-\Phi(-\boldsymbol{x}_i'\boldsymbol{\beta}/\sigma)}\\
&=\boldsymbol{x}_i'\boldsymbol{\beta}+\sigma\frac{\phi(\boldsymbol{x}_i'\boldsymbol{\beta}/\sigma)}{\Phi(\boldsymbol{x}_i'\boldsymbol{\beta}/\sigma)}\\
&=\boldsymbol{x}_i'\boldsymbol{\beta}+\sigma\cdot\lambda\left(\frac{\boldsymbol{x}_i'\boldsymbol{\beta}}{\sigma}\right)
\end{aligned}$$

其中，第一个等式用到的是观测被解释变量 y_i 与潜在被解释变量 y_i^* 之间的关系式(9-8)；第五个等式中$\mathbb{E}\left(\frac{\epsilon_i}{\sigma}\middle|\frac{\epsilon_i}{\sigma}>-\frac{\boldsymbol{x}_i'\boldsymbol{\beta}}{\sigma},\ \boldsymbol{x}_i\right)=\frac{\phi(-\boldsymbol{x}_i'\boldsymbol{\beta}/\sigma)}{1-\Phi(-\boldsymbol{x}_i'\boldsymbol{\beta}/\sigma)}$利用到的是断尾正态分布期望公式，参见第二章命题 2.15。

故命题得证。

□

不难发现，为了更好地理解$\mathbb{E}(y_i|\boldsymbol{x}_i,y_i>0)$，需要进一步考察逆米尔斯比率 $\lambda\left(\frac{\boldsymbol{x}_i'\boldsymbol{\beta}}{\sigma}\right)$ 的性质。从命题 9.1 的证明过程中可以看出 $\lambda\left(\frac{\boldsymbol{x}_i'\boldsymbol{\beta}}{\sigma}\right)=\mathbb{E}\left(\frac{\epsilon_i}{\sigma}\middle|\frac{\epsilon_i}{\sigma}>-\frac{\boldsymbol{x}_i'\boldsymbol{\beta}}{\sigma},\ \boldsymbol{x}_i\right)$，这意味着我们可以使

用断尾标准正态分布期望的性质来考察 $\lambda\left(\frac{\boldsymbol{x}_i'\boldsymbol{\beta}}{\sigma}\right)$。接下来具体考察 $\lambda\left(\frac{\boldsymbol{x}_i'\boldsymbol{\beta}}{\sigma}\right)$ 的性质。考虑到表述的简洁性，令 $c_i \equiv \frac{\boldsymbol{x}_i'\boldsymbol{\beta}}{\sigma}$，关于 $\lambda\left(\frac{\boldsymbol{x}_i'\boldsymbol{\beta}}{\sigma}\right)$ 有如下命题：

命题 9.2：$\lim\limits_{\Phi(c_i)\to 1}\lambda(c_i)=0$，$\lim\limits_{\Phi(c_i)\to 0}\lambda(c_i)=\infty$ 以及 $\frac{\partial\lambda(c_i)}{\partial\Phi(c_i)}<0$，即逆米尔斯比率 $\lambda(c_i)$ 是 $\Phi(c_i)$ 的减函数。

证明：

首先来看命题 9.2 中的一个结论 $\lim\limits_{\Phi(c_i)\to 1}\lambda(c_i)=0$。

根据正态分布的性质可以很容易得到，当 $\Phi(c_i)\to 1$（c_i 的取值趋近于无穷大）时，$\phi(c_i)\to 0$，从而得到命题中的第一个结论。

现在来证明命题中的第二个结论 $\lim\limits_{\Phi(c_i)\to 0}\lambda(c_i)=\infty$。

$$\lim_{\Phi(c_i)\to 0}\lambda(c_i)=\lim_{\Phi(c_i)\to 0}\frac{\phi(c_i)}{\Phi(c_i)}=\lim_{c_i\to-\infty}\mathbb{E}\left(\frac{\epsilon_i}{\sigma}\middle|\frac{\epsilon_i}{\sigma}>-c_i,\ \boldsymbol{x}_i\right)=\infty$$

其中，第二个等式成立参见命题 9.1 的证明过程，第三个等式用到的是期望的性质——如果随机变量的取值大于特定数值，那么其期望值也大于这个特定的数值。

最后证明命题中的第三个结论 $\frac{\partial\lambda(c_i)}{\partial\Phi(c_i)}<0$。

根据导数的链式法则可得 $\frac{\partial\lambda(c_i)}{\partial c_i}=\frac{\partial\lambda(c_i)}{\partial\Phi(c_i)}\cdot\frac{\partial\Phi(c_i)}{\partial c_i}$。由于 $\frac{\partial\Phi(c_i)}{\partial c_i}$ 大于 0，因此 $\frac{\partial\lambda(c_i)}{\partial\Phi(c_i)}$ 与 $\frac{\partial\lambda(c_i)}{\partial c_i}$ 具有相同的符号。容易看出，$\frac{\partial\lambda(c_i)}{\partial c_i}=\frac{\partial\mathbb{E}\left(\frac{\epsilon_i}{\sigma}\middle|\frac{\epsilon_i}{\sigma}>-c_i,\ \boldsymbol{x}_i\right)}{\partial c_i}<0$，所以 $\frac{\partial\lambda(c_i)}{\partial\Phi(c_i)}<0$。

故命题得证。

□

命题 9.2 意味着，逆米尔斯比率 $\lambda\left(\frac{\boldsymbol{x}_i'\boldsymbol{\beta}}{\sigma}\right)$ 与 $\Phi\left(\frac{\boldsymbol{x}_i'\boldsymbol{\beta}}{\sigma}\right)$ 的关系大致可由图 9-3 来刻画。从数学表达式上来看，$\Phi\left(\frac{\boldsymbol{x}_i'\boldsymbol{\beta}}{\sigma}\right)$ 的取值越大，$\lambda\left(\frac{\boldsymbol{x}_i'\boldsymbol{\beta}}{\sigma}\right)$ 的取值越趋近于 0，结合前述命题 9.1 给出的结论 $\mathbb{E}(y_i|\boldsymbol{x}_i, y_i>0)=\boldsymbol{x}_i'\boldsymbol{\beta}+\sigma\lambda\left(\frac{\boldsymbol{x}_i'\boldsymbol{\beta}}{\sigma}\right)$ 可以看出，$\Phi\left(\frac{\boldsymbol{x}_i'\boldsymbol{\beta}}{\sigma}\right)$ 越大，$\sigma\cdot\lambda\left(\frac{\boldsymbol{x}_i'\boldsymbol{\beta}}{\sigma}\right)$ 这一项对 $\mathbb{E}(y_i|\boldsymbol{x}_i, y_i>0)$ 的影响越小。特别地，当 $\Phi\left(\frac{\boldsymbol{x}_i'\boldsymbol{\beta}}{\sigma}\right)=1$ 时，$\lambda\left(\frac{\boldsymbol{x}_i'\boldsymbol{\beta}}{\sigma}\right)=0$，从而有 $\mathbb{E}(y_i|\boldsymbol{x}_i, y_i>0)=\boldsymbol{x}_i'\boldsymbol{\beta}$，即 $\sigma\cdot\lambda\left(\frac{\boldsymbol{x}_i'\boldsymbol{\beta}}{\sigma}\right)$ 这一项完全从模型中消失了。直观上看，由于 $\Phi\left(\frac{\boldsymbol{x}_i'\boldsymbol{\beta}}{\sigma}\right)$ 表示 y_i^* 被观测到的概率（或者 $y_i>0$ 那部分样本的比例），因此 $\Phi\left(\frac{\boldsymbol{x}_i'\boldsymbol{\beta}}{\sigma}\right)$ 越大表示截取或者断尾问题对模型的影响越小。

当 $\Phi\left(\frac{\boldsymbol{x}_i'\boldsymbol{\beta}}{\sigma}\right)=1$ 时，所有的潜在被解释变量 y_i^* 都能够被观测到，该情形下 $\lambda\left(\frac{\boldsymbol{x}_i'\boldsymbol{\beta}}{\sigma}\right)=0$，截取或者断尾问题对模型不产生影响。

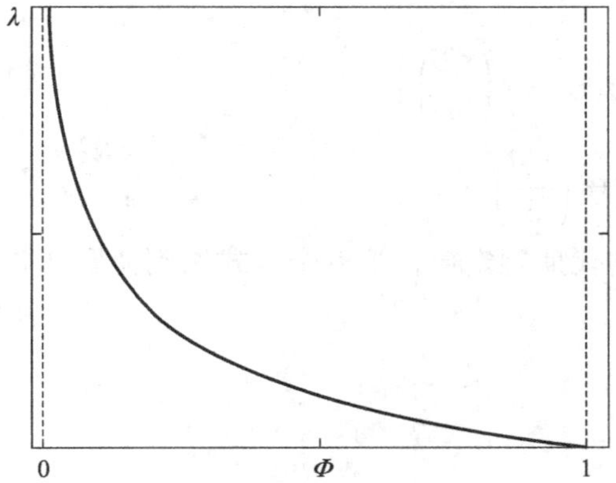

图 9-3 $\lambda\left(\frac{\boldsymbol{x}_i'\boldsymbol{\beta}}{\sigma}\right)$ 与 $\Phi\left(\frac{\boldsymbol{x}_i'\boldsymbol{\beta}}{\sigma}\right)$ 关系示意图(Heckman,1979)

注释：$\lambda\left(\frac{\boldsymbol{x}_i'\boldsymbol{\beta}}{\sigma}\right)$ 表示逆米尔斯比率，$\Phi\left(\frac{\boldsymbol{x}_i'\boldsymbol{\beta}}{\sigma}\right)$ 表示 y_i^* 被观测到的概率。

根据命题 9.1 可以很容易地看出，直接基于 $y_i>0$ 所对应的那部分子样本进行 OLS 回归存在对条件期望 $\mathbb{E}(y_i|y_i>0,\boldsymbol{x}_i)$ 形式的误设。该做法相当于在回归方程中遗漏了 $\lambda\left(\frac{\boldsymbol{x}_i'\boldsymbol{\beta}}{\sigma}\right)=\mathbb{E}\left(\frac{\epsilon_i}{\sigma}\middle|\frac{\epsilon_i}{\sigma}>-\frac{\boldsymbol{x}_i'\boldsymbol{\beta}}{\sigma},\ \boldsymbol{x}_i\right)$ 这一项。这将低估模型参数 $\boldsymbol{\beta}$ 的绝对值 $|\boldsymbol{\beta}|$：当 $\boldsymbol{\beta}>\mathbf{0}$ 时，$\mathbb{E}\left(\frac{\epsilon_i}{\sigma}\middle|\frac{\epsilon_i}{\sigma}>-\frac{\boldsymbol{x}_i'\boldsymbol{\beta}}{\sigma},\ \boldsymbol{x}_i\right)$ 随着 $\boldsymbol{x}_i$ 的增加而下降，$\lambda\left(\frac{\boldsymbol{x}_i'\boldsymbol{\beta}}{\sigma}\right)$ 从而与 $\boldsymbol{x}_i$ 负相关，又因为它的系数 $\sigma>0$，所以遗漏 $\lambda\left(\frac{\boldsymbol{x}_i'\boldsymbol{\beta}}{\sigma}\right)$ 将低估模型参数 $|\boldsymbol{\beta}|$；当 $\boldsymbol{\beta}<\mathbf{0}$ 时，$\mathbb{E}\left(\frac{\epsilon_i}{\sigma}\middle|\frac{\epsilon_i}{\sigma}>-\frac{\boldsymbol{x}_i'\boldsymbol{\beta}}{\sigma},\ \boldsymbol{x}_i\right)$ 随着 $\boldsymbol{x}_i$ 的增加而增加，$\lambda\left(\frac{\boldsymbol{x}_i'\boldsymbol{\beta}}{\sigma}\right)$ 从而与 $\boldsymbol{x}_i$ 正相关，又因为它的系数 $\sigma>0$，所以遗漏 $\lambda\left(\frac{\boldsymbol{x}_i'\boldsymbol{\beta}}{\sigma}\right)$ 将同样低估 $|\boldsymbol{\beta}|$。

我们已经知道直接基于 $y_i>0$ 所对应的那部分子样本进行 OLS 回归存在模型函数形式误设问题，那么基于所有的样本(即同时使用 $y_i>0$ 以及 $y_i=0$ 所对应的这样本)进行 OLS 回归是否存在函数形式误设问题？事实上，该做法相当于假设 $\mathbb{E}(y_i|\boldsymbol{x}_i)=\boldsymbol{x}_i'\boldsymbol{\beta}$。然而，这一等式一般并不成立。$\mathbb{E}(y_i|\boldsymbol{x}_i)$ 的具体表达式有如下命题：

命题 9.3：对于式(9-6)至式(9-8)给出的 Tobit I 模型，条件期望 $\mathbb{E}(y_i|\boldsymbol{x}_i)$ 的表达式为：

$$\mathbb{E}(y_i|\boldsymbol{x}_i)=\Phi\left(\frac{\boldsymbol{x}_i'\boldsymbol{\beta}}{\sigma}\right)\boldsymbol{x}_i'\boldsymbol{\beta}+\phi\left(\frac{\boldsymbol{x}_i'\boldsymbol{\beta}}{\sigma}\right)\cdot\sigma \tag{9-12}$$

证明：

$\mathbb{E}(y_i|\boldsymbol{x}_i)=\mathbb{E}_{y_i^*}(\mathbb{E}(y_i|\boldsymbol{x}_i,y_i^*)|\boldsymbol{x}_i)$

$$
\begin{aligned}
&= \Pr(y_i^*>0|\boldsymbol{x}_i)\mathbb{E}(y_i^*|y_i^*>0,\boldsymbol{x}_i)+\Pr(y_i^*\leqslant 0|\boldsymbol{x}_i)\mathbb{E}(y_i^*|y_i^*\leqslant 0,\boldsymbol{x}_i)\\
&= \Pr(y_i^*>0|\boldsymbol{x}_i)\mathbb{E}(y_i^*|y_i^*>0,\boldsymbol{x}_i)+0\\
&= \Phi\left(\frac{\boldsymbol{x}_i'\boldsymbol{\beta}}{\sigma}\right)\mathbb{E}(y_i^*|y_i^*>0,\boldsymbol{x}_i)\\
&= \Phi\left(\frac{\boldsymbol{x}_i'\boldsymbol{\beta}}{\sigma}\right)\left[\boldsymbol{x}_i'\boldsymbol{\beta}+\sigma\cdot\lambda\left(\frac{\boldsymbol{x}_i'\boldsymbol{\beta}}{\sigma}\right)\right]\\
&= \Phi\left(\frac{\boldsymbol{x}_i'\boldsymbol{\beta}}{\sigma}\right)\boldsymbol{x}_i'\boldsymbol{\beta}+\phi\left(\frac{\boldsymbol{x}_i'\boldsymbol{\beta}}{\sigma}\right)\cdot\sigma
\end{aligned}
$$

其中，第一个等式用到了迭代期望定律，第五个等式用到命题 9.2 的结论$\mathbb{E}(y_i^*|y_i^*>0,\boldsymbol{x}_i)=\boldsymbol{x}_i'\boldsymbol{\beta}+\sigma\lambda\left(\frac{\boldsymbol{x}_i'\boldsymbol{\beta}}{\sigma}\right)$。

故命题得证。

□

另外，为了直观地看出$\mathbb{E}(y_i|\boldsymbol{x}_i)$，$\mathbb{E}(y_i|\boldsymbol{x}_i,y_i>0)$与$\mathbb{E}(y_i^*|\boldsymbol{x}_i)=\boldsymbol{x}_i'\boldsymbol{\beta}$之间存在的差异，不妨假设$\sigma=1$，并令$\pi=\boldsymbol{x}_i'\boldsymbol{\beta}$。图 9-4 展示了它们之间的差异。从图形中可以看到，无论是$\mathbb{E}(y_i|\boldsymbol{x}_i)$还是$\mathbb{E}(y_i|\boldsymbol{x}_i,y_i>0)$，与$\mathbb{E}(y_i^*|\boldsymbol{x}_i)=\boldsymbol{x}_i'\boldsymbol{\beta}$之间均存在着较为明显的差异，特别是当$\pi=\boldsymbol{x}_i'\boldsymbol{\beta}$取较小的数值时，这种差异更加明显。直观上，这是因为，$\pi=\boldsymbol{x}_i'\boldsymbol{\beta}$取值越小，$y_i>0$那部分样本的比例$\Pr(y_i>0)=\Pr(\epsilon_i>-\boldsymbol{x}_i'\boldsymbol{\beta})$越小，从而截取或者断尾对数据的影响越大。

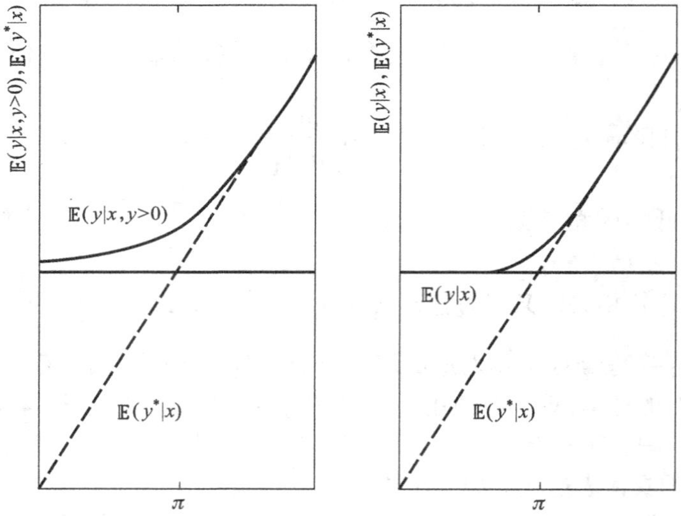

图 9-4 $\mathbb{E}(y_i|\boldsymbol{x}_i)$，$\mathbb{E}(y_i|\boldsymbol{x}_i,y_i>0)$与$\mathbb{E}(y_i^*|\boldsymbol{x}_i)$的差异

注释：考虑到直观性，图中横坐标为$\pi=\boldsymbol{x}_i'\boldsymbol{\beta}$，而非$\boldsymbol{x}_i'$。

由此可见，无论是基于$y_i>0$所对应的那部分子样本数据（断尾数据情形），还是基于所有的样本数据（截取数据情形），利用y_i对$\boldsymbol{x}_i$进行 OLS 回归均存在函数形式误设问题，从而都无法得到模型参数的一致估计量。在下一小节我们具体介绍一致估计 Tobit I 模型参数的方法。

2.3 Tobit I 模型的估计

在估计 Tobit I 模型的过程中，既可以只使用 $y_i>0$ 对应的那部分子样本，也可以使用所有样本。前者损失了 $y_i=0$ 这部分样本的所有信息，从而对应的是**断尾 Tobit I 模型**(Truncated Tobit I Model)，后者对应的是**截取 Tobit I 模型**(Censoring Tobit I Model)。Tobit I 模型可以通过非线性最小二乘估计(NLS)、最大似然估计(MLE)以及 Heckman 两步法这三种估计方法，本小节依次进行介绍。

2.3.1 非线性最小二乘估计(NLS)

首先来看断尾 Tobit I 模型。该模型使用的是 $y_i>0$ 对应的那部分子样本，从而是对条件期望$\mathbb{E}(y_i|y_i>0,\boldsymbol{x}_i)$进行建模。根据命题 9.1 我们知道$\mathbb{E}(y_i|\boldsymbol{x}_i,y_i>0)=\boldsymbol{x}_i'\boldsymbol{\beta}+\sigma\cdot\lambda\left(\frac{\boldsymbol{x}_i'\boldsymbol{\beta}}{\sigma}\right)$，因此模型参数 $\boldsymbol{\beta}$ 与 σ 的一致估计量可以通过如下 NLS 回归得到：

$$\{\hat{\boldsymbol{\beta}}_{\mathrm{NLS}},\ \hat{\sigma}_{\mathrm{NLS}}\}=\arg\min_{\{\boldsymbol{\beta}\in\mathscr{B},\ \sigma\in\Delta\}}\left\{\frac{1}{N}\sum_{i=1}^{N}\left[y_i-\boldsymbol{x}_i'\boldsymbol{\beta}-\sigma\cdot\lambda\left(\frac{\boldsymbol{x}_i'\boldsymbol{\beta}}{\sigma}\right)\right]^2\right\} \tag{9-13}$$

再来看截取 Tobit I 模型。该模型使用了所有的样本，从而是对条件期望$\mathbb{E}(y_i|\boldsymbol{x}_i)$进行建模。根据命题 9.3 我们知道$\mathbb{E}(y_i|\boldsymbol{x}_i)=\boldsymbol{x}_i'\boldsymbol{\beta}\Phi\left(\frac{\boldsymbol{x}_i'\boldsymbol{\beta}}{\sigma}\right)+\sigma\cdot\phi\left(\frac{\boldsymbol{x}_i'\boldsymbol{\beta}}{\sigma}\right)$，因此模型参数 $\boldsymbol{\beta}$ 与 σ 的一致估计量还可以通过如下 NLS 回归得到：

$$\{\hat{\boldsymbol{\beta}}_{\mathrm{NLS}},\ \hat{\sigma}_{\mathrm{NLS}}\}=\arg\min_{\{\boldsymbol{\beta}\in\mathscr{B},\ \sigma\in\Delta\}}\left\{\frac{1}{N}\sum_{i=1}^{N}\left[y_i-\boldsymbol{x}_i'\boldsymbol{\beta}\Phi\left(\frac{\boldsymbol{x}_i'\boldsymbol{\beta}}{\sigma}\right)-\phi\left(\frac{\boldsymbol{x}_i'\boldsymbol{\beta}}{\sigma}\right)\sigma\right]^2\right\} \tag{9-14}$$

2.3.2 最大似然估计(MLE)

注意到，在利用式(9-13)和式(9-14)估计模型参数 $\boldsymbol{\beta}$ 与 σ 的过程中只是用到了一阶矩信息(条件期望)。而根据模型设定我们知道，误差项 $\epsilon_i\sim\mathcal{N}(0,\sigma^2)$。换句话说，基于 NLS 方法估计模型参数并未充分利用模型分布信息，这意味着利用式(9-13)和式(9-14)所得到的参数估计量不是最有效的。根据第五章 MLE 方法的介绍我们已经了解到，给定模型设定正确，MLE 估计量是最有效的。因此，在估计 Tobit I 模型的过程中，更加常用的方法是 MLE。与 NLS 方法类似，MLE 方法既可以使用 $y_i>0$ 对应的那部分子样本(断尾 Tobit I 模型)，也可以使用全部样本(截取 Tobit I 模型)。首先来看使用 $y_i>0$ 对应的那部分子样本的情形——断尾 Tobit I 模型。在该情形下，由于使用的只是 $y_i>0$ 对应的那部分样本，因此 MLE 方法是对概率密度函数 $f(y_i|\boldsymbol{x}_i,\boldsymbol{\beta},\sigma,y_i>0)$ 进行建模。

命题 9.4：对于式(9-6)至式(9-8)给出的 Tobit I 模型，概率密度函数 $f(y_i|\boldsymbol{x}_i,\boldsymbol{\beta},\sigma,y_i>0)$ 的表达式为：

$$f(y_i|\boldsymbol{x}_i,\boldsymbol{\beta},\sigma,y_i>0)=\left[\frac{1}{\sigma}\phi\left(\frac{y_i-\boldsymbol{x}_i'\boldsymbol{\beta}}{\sigma}\right)\right]\left[\Phi\left(\frac{\boldsymbol{x}_i'\boldsymbol{\beta}}{\sigma}\right)\right]^{-1} \tag{9-15}$$

证明：

$$\begin{aligned}f(y_i|\boldsymbol{x}_i,\boldsymbol{\beta},\sigma,y_i>0)&=f(y_i^*|\boldsymbol{x}_i,\boldsymbol{\beta},\sigma,y_i^*>0)\\&=\frac{f(y_i^*|\boldsymbol{x}_i,\boldsymbol{\beta},\sigma)}{\Pr(y_i^*>0|\boldsymbol{x}_i,\boldsymbol{\beta},\sigma)}\end{aligned}$$

$$=\left[\frac{1}{\sqrt{2\pi}\sigma}\exp\left(-\frac{(y_i-\boldsymbol{x}_i'\boldsymbol{\beta})^2}{2\sigma^2}\right)\right]\left[\Phi\left(\frac{\boldsymbol{x}_i'\boldsymbol{\beta}}{\sigma}\right)\right]^{-1}$$

$$=\left[\frac{1}{\sigma}\phi\left(\frac{y_i-\boldsymbol{x}_i'\boldsymbol{\beta}}{\sigma}\right)\right]\left[\Phi\left(\frac{\boldsymbol{x}_i'\boldsymbol{\beta}}{\sigma}\right)\right]^{-1}$$

其中，第二个等式用到了断尾分布概率密度函数公式（参见第二章）。第三个等式利用的是 $f(y_i^*\mid\boldsymbol{x}_i,\boldsymbol{\beta},\sigma)=\frac{1}{\sqrt{2\pi}\sigma}\exp\left[-\frac{(y_i-\boldsymbol{x}_i'\boldsymbol{\beta})^2}{2\sigma^2}\right]$ 以及 $\Pr(y_i^*>0\mid\boldsymbol{x}_i,\boldsymbol{\beta},\sigma)=\Pr\left(\frac{\epsilon_i}{\sigma}>-\frac{\boldsymbol{x}_i'\boldsymbol{\beta}}{\sigma}\middle|\boldsymbol{x}_i,\ \boldsymbol{\beta},\ \sigma\right)=1-\Phi\left(-\frac{\boldsymbol{x}_i'\boldsymbol{\beta}}{\sigma}\right)=\Phi\left(\frac{\boldsymbol{x}_i'\boldsymbol{\beta}}{\sigma}\right)$。

故命题得证。

□

基于命题 9.4，模型参数 $\boldsymbol{\beta}$ 与 σ 的一致估计量可以通过如下方式得到：

$$\{\hat{\boldsymbol{\beta}}_{\mathrm{MLE}},\ \hat{\sigma}_{\mathrm{MLE}}\}=\arg\min_{\{\boldsymbol{\beta}\in\mathscr{B},\ \sigma\in\Delta\}}\left\{-\frac{1}{N}\sum_{i=1}^{N}\left[\log\left(\frac{1}{\sigma}\phi\left(\frac{y_i-\boldsymbol{x}_i'\boldsymbol{\beta}}{\sigma}\right)\right)-\log\left(\Phi\left(\frac{\boldsymbol{x}_i'\boldsymbol{\beta}}{\sigma}\right)\right)\right]\right\}\tag{9-16}$$

现在来介绍使用所有样本的情形——截取 Tobit I 模型。在该情形下，MLE 是对概率密度函数 $f(y_i\mid\boldsymbol{x}_i,\boldsymbol{\beta},\sigma)$ 进行建模。

命题 9.5：对于式(9-6)至式(9-8)给出的 Tobit I 模型，概率密度函数 $f(y_i\mid\boldsymbol{x}_i,\boldsymbol{\beta},\sigma)$ 的表达式为：

$$f(y_i\mid\boldsymbol{x}_i,\boldsymbol{\beta},\sigma)=\left[\frac{1}{\sigma}\phi\left(\frac{y_i-\boldsymbol{x}_i'\boldsymbol{\beta}}{\sigma}\right)\right]^{1[y_i>0]}\left[1-\Phi\left(\frac{\boldsymbol{x}_i'\boldsymbol{\beta}}{\sigma}\right)\right]^{1[y_i=0]}\tag{9-17}$$

其中，1［·］为指示函数，当括号内表达式成立时，取值为 1，反之取值为 0。

证明：

根据 y_i 与 y_i^* 的关系可得：

$$f(y_i\mid\boldsymbol{x}_i,\boldsymbol{\beta},\sigma)=[f(y_i^*\mid\boldsymbol{x}_i,\boldsymbol{\beta},\sigma)]^{1[y_i>0]}[\Pr(y_i=0)]^{1[y_i=0]}$$

因此可以得到：

$$f(y_i\mid\boldsymbol{x}_i,\boldsymbol{\beta},\sigma)=[f(y_i^*\mid\boldsymbol{x}_i,\boldsymbol{\beta},\sigma)]^{1[y_i>0]}[\Pr(y_i=0)]^{1[y_i=0]}$$

$$=\left[\frac{1}{\sqrt{2\pi}\sigma}\exp\left(-\frac{(y_i-\boldsymbol{x}_i'\boldsymbol{\beta})^2}{2\sigma^2}\right)\right]^{1[y_i>0]}[\Pr(\epsilon_i\leqslant-\boldsymbol{x}_i'\boldsymbol{\beta})]^{1[y_i=0]}$$

$$=\left[\frac{1}{\sqrt{2\pi}\sigma}\exp\left(-\frac{(y_i-\boldsymbol{x}_i'\boldsymbol{\beta})^2}{2\sigma^2}\right)\right]^{1[y_i>0]}\left[1-\Phi\left(\frac{\boldsymbol{x}_i'\boldsymbol{\beta}}{\sigma}\right)\right]^{1[y_i=0]}$$

$$=\left[\frac{1}{\sigma}\phi\left(\frac{y_i-\boldsymbol{x}_i'\boldsymbol{\beta}}{\sigma}\right)\right]^{1[y_i>0]}\left[1-\Phi\left(\frac{\boldsymbol{x}_i'\boldsymbol{\beta}}{\sigma}\right)\right]^{1[y_i=0]}$$

其中，第二个等式用到 $f(y_i^*\mid\boldsymbol{x}_i,\boldsymbol{\beta},\sigma)=\frac{1}{\sigma}\phi\left(\frac{y_i-\boldsymbol{x}_i'\boldsymbol{\beta}}{\sigma}\right)$。第三个等式利用 $\Pr(\epsilon_i\leqslant-\boldsymbol{x}_i'\boldsymbol{\beta}\mid\boldsymbol{x}_i,\boldsymbol{\beta},\sigma)$

$$= \Pr\left(\frac{\epsilon_i}{\sigma} \leqslant -\frac{\boldsymbol{x}_i'\boldsymbol{\beta}}{\sigma} \middle| \boldsymbol{x}_i, \boldsymbol{\beta}, \sigma\right) = 1 - \Phi\left(\frac{\boldsymbol{x}_i'\boldsymbol{\beta}}{\sigma}\right)。$$

故命题得证。

□

根据命题 9.5 可以很容易得到 Tobit I 模型的对数似然函数

$$\mathscr{L}(\boldsymbol{\beta},\sigma) \equiv \frac{1}{N}\sum_{i=1}^{N}\left\{1[y_i > 0]\cdot\log\left[\frac{1}{\sigma}\phi\left(\frac{y_i - \boldsymbol{x}_i'\boldsymbol{\beta}}{\sigma}\right)\right] + 1[y_i = 0]\cdot\log\left[1 - \Phi\left(\frac{\boldsymbol{x}_i'\boldsymbol{\beta}}{\sigma}\right)\right]\right\} \tag{9-18}$$

因此，参数 $\boldsymbol{\beta}$ 与 σ 的一致估计量可以通过如下方式得到

$$\{\hat{\boldsymbol{\beta}}_{\mathrm{MLE}},\ \hat{\sigma}_{\mathrm{MLE}}\} = \arg\min_{\{\boldsymbol{\beta}\in\mathscr{B},\sigma\in\Delta\}}\{-\mathscr{L}(\boldsymbol{\beta},\sigma)\} \tag{9-19}$$

关于式(9-19)需要进一步说明的是参数 σ 的识别。虽然在构建似然函数 $\mathscr{L}(\boldsymbol{\beta},\sigma)$ 的过程中用到了所有样本的信息，但是识别参数 σ 用到的只是 $y_i>0$ 这部分样本的信息。直观上理解这是因为，对于 $y_i=0$ 这部分样本，其被解释变量 y_i 没有任何变异，从而无法用来识别与模型二阶矩相关的参数。正式地，这点可以清楚地从对数似然函数关于参数一阶优化条件的整理中看出来：对数似然函数 $\mathscr{L}(\boldsymbol{\beta},\sigma)$ 对于参数 $\boldsymbol{\beta}$ 求解一阶优化条件可得：

$$\frac{\partial\mathscr{L}(\boldsymbol{\beta},\sigma)}{\partial\boldsymbol{\beta}} = \frac{1}{N}\sum_{i=1}^{N}\frac{1}{\sigma^2}\left\{1[y_i > 0](y_i - \boldsymbol{x}_i'\boldsymbol{\beta})\boldsymbol{x}_i + 1[y_i = 0]\left[\frac{\sigma\cdot\phi(\boldsymbol{x}_i'\boldsymbol{\beta}/\sigma)}{1 - \Phi(\boldsymbol{x}_i'\boldsymbol{\beta}/\sigma)}\boldsymbol{x}_i\right]\right\} = \boldsymbol{0} \tag{9-20}$$

对数似然函数 $\mathscr{L}(\boldsymbol{\beta},\sigma)$ 对参数 σ^2 求解一阶优化条件可得

$$\frac{\partial\mathscr{L}(\boldsymbol{\beta},\sigma)}{\partial\sigma^2} = \frac{1}{N}\sum_{i=1}^{N}\frac{1}{2\sigma^2}\left\{\begin{array}{l} 1[y_i > 0]\left(\dfrac{(y_i - \boldsymbol{x}_i'\boldsymbol{\beta})^2}{\sigma^2} - 1\right) + \\ 1[y_i = 0]\left[\dfrac{\phi(\boldsymbol{x}_i'\boldsymbol{\beta}/\sigma)}{1 - \Phi(\boldsymbol{x}_i'\boldsymbol{\beta}/\sigma)}\boldsymbol{x}_i'\boldsymbol{\beta}\right]\end{array}\right\} = 0 \tag{9-21}$$

由式(9-20)乘以$\dfrac{\boldsymbol{\beta}'}{2\sigma^2}$再加上式(9-21)可得：

$$\hat{\sigma}^2 = \frac{1}{\sum_{i=1}^{N}1[y_i > 0]}\sum_{i=1}^{N}1[y_i > 0](y_i - \boldsymbol{x}_i'\boldsymbol{\beta})^2 \tag{9-22}$$

从式(9-22)中可以很容易看到，估计参数 σ 用到的只是 $y_i>0$ 这部分样本的信息。

2.3.3 Heckman 两步估计法

估计 Tobit I 模型，除了使用 NLE 与 MLE 外，还可使用 Heckman(1979)提出的**两步估计法**(Heckman's Two Step Procedure)。由于$\mathbb{E}(y_i|\boldsymbol{x}_i,y_i>0)=\boldsymbol{x}_i'\boldsymbol{\beta}+\sigma\cdot\lambda\left(\frac{\boldsymbol{x}_i'\boldsymbol{\beta}}{\sigma}\right)$，因此，通过 y_i 对 $\boldsymbol{x}_i$ 以及 $\lambda\left(\frac{\boldsymbol{x}_i'\boldsymbol{\beta}}{\sigma}\right)$ 进行回归可以得到模型参数 $\boldsymbol{\beta}$ 与 σ 的一致估计量。可以看出，这一做法相当于将 $\lambda\left(\frac{\boldsymbol{x}_i'\boldsymbol{\beta}}{\sigma}\right)$ 视作一个解释变量，但是该解释变量并不可观测，因此需要首先将该变量估计出来。

Heckman(1979)建议，$\lambda\left(\frac{\boldsymbol{x}_i'\boldsymbol{\beta}}{\sigma}\right)$可以通过 Probit 回归估计得到。对于 Tobit I 模型，Heckman 两步估计法总结如下：

第一步：定义虚拟变量 $d_i=\begin{cases}1 & \text{if} \quad y_i^*>0\\ 0 & \text{if} \quad y_i^*\leqslant 0\end{cases}$。回忆中级计量经济学相关知识，利用 d_i 对 $\boldsymbol{x}_i$ 进行 Probit 回归能够估计出 $\Phi(\boldsymbol{x}_i'\hat{\boldsymbol{\gamma}})$ 和 $\phi(\boldsymbol{x}_i'\hat{\boldsymbol{\gamma}})$（其中，$\hat{\boldsymbol{\gamma}}$ 是$\frac{\boldsymbol{\beta}}{\sigma}$的估计量），从而得到 $\lambda(\boldsymbol{x}_i'\hat{\boldsymbol{\gamma}})$。注意到这一步无法分别估计出参数 $\boldsymbol{\beta}$ 与 σ，能够估计的是二者的比值$\frac{\boldsymbol{\beta}}{\sigma}$。

第二步：用 y_i 对 $\boldsymbol{x}_i$ 以及$\frac{\phi(\boldsymbol{x}_i'\hat{\boldsymbol{\gamma}})}{\Phi(\boldsymbol{x}_i'\hat{\boldsymbol{\gamma}})}$进行 OLS 回归。

以上介绍的是使用 $y_i>0$ 那部分子样本的情形，使用全部样本的情形也可以使用 Heckman 两步法来估计模型参数。我们知道使用全部样本所对应的条件期望是$\mathbb{E}(y_i|\boldsymbol{x}_i)$。由于$\mathbb{E}(y_i|\boldsymbol{x}_i)=\Phi\left(\frac{\boldsymbol{x}_i'\boldsymbol{\beta}}{\sigma}\right)\boldsymbol{x}_i'\boldsymbol{\beta}+\sigma\phi\left(\frac{\boldsymbol{x}_i'\boldsymbol{\beta}}{\sigma}\right)$，因此运用两步法估计模型参数的步骤是：首先使用 Probit 模型得到 $\Phi(\boldsymbol{x}_i'\hat{\boldsymbol{\gamma}})$ 和 $\phi(\boldsymbol{x}_i'\hat{\boldsymbol{\gamma}})$，然后利用 y_i 对 $\Phi(\boldsymbol{x}_i'\hat{\boldsymbol{\gamma}})\boldsymbol{x}_i'$以及 $\phi(\boldsymbol{x}_i'\hat{\boldsymbol{\gamma}})$ 进行 OLS 回归。对于 Heckman 两步估计法，在本章后续的内容中，我们还会进行详细地介绍，这里不再对此展开讲解。

2.4 偏效应

前一小节讨论了获取参数 $\boldsymbol{\beta}$ 一致估计量的方法。然而，在实践应用中，对于 Tobit 模型而言，参数 $\boldsymbol{\beta}$ 本身的大小不一定是我们最终关心的。比如，在顶端编码问题中，我们感兴趣的是解释变量 $\boldsymbol{x}_i$ 的变化对潜在被解释变量 y_i^* 的影响（y_i^* 具有明确的经济学含义，只是由于顶端编码问题的存在，使得我们无法观测到特定样本的 y_i^*）。$y_i^*=\boldsymbol{x}_i'\boldsymbol{\beta}+\epsilon_i$ 的模型设定意味着，在顶端编码问题中，参数 $\boldsymbol{\beta}$ 本身的大小就是我们所关心的。以教育回报率为例，我们关心的是受教育年限对个人收入（y_i^*）的影响，只是由于顶端编码的存在，我们无法观测到高收入群体的具体收入。与顶端编码问题不同，在角点解问题中，由于 y_i^* 往往不具有经济学含义（比如，小于 0 的产品消费量），因此我们感兴趣的往往是解释变量 $\boldsymbol{x}_i$ 的变化对可观测被解释变量 y_i（而非 y_i^*）的影响。然而，根据前述讨论我们知道 y_i 与 $\boldsymbol{x}_i$ 之间存在较为复杂的非线性关系，从而$\frac{\partial\mathbb{E}(y_i|\boldsymbol{x}_i,y_i>0)}{\partial\boldsymbol{x}_i}\neq\boldsymbol{\beta}$（或者$\frac{\partial\mathbb{E}(y_i|\boldsymbol{x}_i)}{\partial\boldsymbol{x}_i}\neq\boldsymbol{\beta}$）。本小节，我们给出$\frac{\partial\mathbb{E}(y_i|\boldsymbol{x}_i,y_i>0)}{\partial\boldsymbol{x}_i}$与$\frac{\partial\mathbb{E}(y_i|\boldsymbol{x}_i)}{\partial\boldsymbol{x}_i}$这两个**偏效应**（Partial Effects）的表达式，并进一步分析这两个**偏效应**与参数 $\boldsymbol{\beta}$ 的关系。

命题 9.6：对于式(9-6)至式(9-8)给出的 Tobit I 模型，偏效应$\frac{\partial\mathbb{E}(y_i|\boldsymbol{x}_i,y_i>0)}{\partial\boldsymbol{x}_i}$的表达式为：

$$\frac{\partial\mathbb{E}(y_i|\boldsymbol{x}_i,y_i>0)}{\partial\boldsymbol{x}_i}=\left(1-\frac{\boldsymbol{x}_i'\boldsymbol{\beta}}{\sigma}\cdot\lambda\left(\frac{\boldsymbol{x}_i'\boldsymbol{\beta}}{\sigma}\right)-\left[\lambda\left(\frac{\boldsymbol{x}_i'\boldsymbol{\beta}}{\sigma}\right)\right]^2\right)\boldsymbol{\beta} \tag{9-23}$$

从命题 9.6 中可以清楚地看到，偏效应$\frac{\partial \mathbb{E}(y_i|\boldsymbol{x}_i, y_i>0)}{\partial \boldsymbol{x}_i}$与$\boldsymbol{\beta}$存在着明显的差异。接下来，我们具体给出命题 9.6 的证明过程。

证明：

根据命题 9.1 我们知道$\mathbb{E}(y_i|\boldsymbol{x}_i, y_i>0)=\boldsymbol{x}_i'\boldsymbol{\beta}+\sigma\cdot\lambda\left(\frac{\boldsymbol{x}_i'\boldsymbol{\beta}}{\sigma}\right)$，因此如下等式成立：

$$
\begin{aligned}
\frac{\partial \mathbb{E}(y_i|\boldsymbol{x}_i, y_i>0)}{\partial \boldsymbol{x}_i} &= \frac{\partial\left[\boldsymbol{x}_i'\boldsymbol{\beta}+\sigma\cdot\lambda\left(\frac{\boldsymbol{x}_i'\boldsymbol{\beta}}{\sigma}\right)\right]}{\partial \boldsymbol{x}_i} \\
&= \boldsymbol{\beta}+\boldsymbol{\beta}\frac{\phi'(\boldsymbol{x}_i'\boldsymbol{\beta}/\sigma)}{\Phi(\boldsymbol{x}_i'\boldsymbol{\beta}/\sigma)}-\boldsymbol{\beta}\left[\frac{\phi(\boldsymbol{x}_i'\boldsymbol{\beta}/\sigma)}{\Phi(\boldsymbol{x}_i'\boldsymbol{\beta}/\sigma)}\right]^2 \\
&= \boldsymbol{\beta}-\boldsymbol{\beta}\frac{\boldsymbol{x}_i'\boldsymbol{\beta}}{\sigma}\cdot\lambda\left(\frac{\boldsymbol{x}_i'\boldsymbol{\beta}}{\sigma}\right)-\boldsymbol{\beta}\left[\lambda\left(\frac{\boldsymbol{x}_i'\boldsymbol{\beta}}{\sigma}\right)\right]^2 \\
&= \left(1-\frac{\boldsymbol{x}_i'\boldsymbol{\beta}}{\sigma}\cdot\lambda\left(\frac{\boldsymbol{x}_i'\boldsymbol{\beta}}{\sigma}\right)-\left[\lambda\left(\frac{\boldsymbol{x}_i'\boldsymbol{\beta}}{\sigma}\right)\right]^2\right)\boldsymbol{\beta}
\end{aligned}
$$

故命题得证。

□

基于命题 9.6 可以得到如下重要命题：

命题 9.7：虽然偏效应$\frac{\partial \mathbb{E}(y_i|\boldsymbol{x}_i, y_i>0)}{\partial \boldsymbol{x}_i}$与$\boldsymbol{\beta}$在数量上不相等，但是二者在符号上相同。这就意味着，能够通过$\boldsymbol{\beta}$的系数来推断偏效应的$\frac{\partial \mathbb{E}(y_i|\boldsymbol{x}_i, y_i>0)}{\partial \boldsymbol{x}_i}$系数。就数量关系而言，$\left|\frac{\partial \mathbb{E}(y_i|\boldsymbol{x}_i, y_i>0)}{\partial \boldsymbol{x}_i}\right|<|\boldsymbol{\beta}|$，也就是说$\frac{\partial \mathbb{E}(y_i|\boldsymbol{x}_i, y_i>0)}{\partial \boldsymbol{x}_i}$比$\boldsymbol{\beta}$更加接近 0。

证明：

根据第二章中的命题 2.16 我们知道，如果$z\sim\mathcal{N}(0,1)$，那么$\text{Var}(z|z>c)=1+c\frac{\phi(c)}{1-\Phi(c)}-\left[\frac{\phi(c)}{1-\Phi(c)}\right]^2$。因此令$c=-\frac{\boldsymbol{x}_i'\boldsymbol{\beta}}{\sigma}$可以很容易得到：

$$
\text{Var}\left(z\mid z>-\frac{\boldsymbol{x}_i'\boldsymbol{\beta}}{\sigma}\right)=1-\frac{\boldsymbol{x}_i'\boldsymbol{\beta}}{\sigma}\cdot\lambda\left(\frac{\boldsymbol{x}_i'\boldsymbol{\beta}}{\sigma}\right)-\left[\lambda\left(\frac{\boldsymbol{x}_i'\boldsymbol{\beta}}{\sigma}\right)\right]^2
$$

进一步结合式(9-23)可得：

$$
\frac{\partial \mathbb{E}(y_i|\boldsymbol{x}_i, y_i>0)}{\partial \boldsymbol{x}_i}=\left(1-\frac{\boldsymbol{x}_i'\boldsymbol{\beta}}{\sigma}\cdot\lambda\left(\frac{\boldsymbol{x}_i'\boldsymbol{\beta}}{\sigma}\right)-\left[\lambda\left(\frac{\boldsymbol{x}_i'\boldsymbol{\beta}}{\sigma}\right)\right]^2\right)\boldsymbol{\beta}=\text{Var}\left(z\mid z>-\frac{\boldsymbol{x}_i'\boldsymbol{\beta}}{\sigma}\right)\boldsymbol{\beta}
$$

由于$\text{Var}\left(z|z>-\frac{\boldsymbol{x}_i'\boldsymbol{\beta}}{\sigma}\right)>0$，所以$\frac{\partial \mathbb{E}(y_i|\boldsymbol{x}_i, y_i>0)}{\partial \boldsymbol{x}_i}$与$\boldsymbol{\beta}$具有相同的符号。接下来进一步证明

$\left|\dfrac{\partial \mathbb{E}(y_i|\boldsymbol{x}_i,y_i>0)}{\partial \boldsymbol{x}_i}\right|<|\boldsymbol{\beta}|$成立。由于$0<\mathrm{Var}(z|z>c)<1$（练习：证明该不等式成立），因此有如下不等式成立：

$$0<\mathrm{Var}\left(z \mid z>-\frac{\boldsymbol{x}_i'\boldsymbol{\beta}}{\sigma}\right)=\left(1-\frac{\boldsymbol{x}_i'\boldsymbol{\beta}}{\sigma}\cdot\lambda\left(\frac{\boldsymbol{x}_i'\boldsymbol{\beta}}{\sigma}\right)-\left[\lambda\left(\frac{\boldsymbol{x}_i'\boldsymbol{\beta}}{\sigma}\right)\right]^2\right)<1$$

因此，最终得到$\left|\dfrac{\partial \mathbb{E}(y_i|\boldsymbol{x}_i,y_i>0)}{\partial \boldsymbol{x}_i}\right|<|\boldsymbol{\beta}|$。

故命题得证。

□

以上介绍的是断尾 Tobit I 模型所对应的偏效应$\dfrac{\partial \mathbb{E}(y_i|\boldsymbol{x}_i,y_i>0)}{\partial \boldsymbol{x}_i}$。接下来，我们具体介绍截取 Tobit I 模型所对应的偏效应$\dfrac{\partial \mathbb{E}(y_i|\boldsymbol{x}_i)}{\partial \boldsymbol{x}_i}$。

命题 9.8：对于式(9-6)至式(9-8)给出的 Tobit I 模型，偏效应$\dfrac{\partial \mathbb{E}(y_i|\boldsymbol{x}_i)}{\partial \boldsymbol{x}_i}$的表达式为：

$$\frac{\partial \mathbb{E}(y_i|\boldsymbol{x}_i)}{\partial \boldsymbol{x}_i}=\Phi\left(\frac{\boldsymbol{x}_i'\boldsymbol{\beta}}{\sigma}\right)\cdot\boldsymbol{\beta} \tag{9-24}$$

关于偏效应$\dfrac{\partial \mathbb{E}(y_i|\boldsymbol{x}_i)}{\partial \boldsymbol{x}_i}$，根据命题 9.8 可以看出两个重要的结论：第一，从符号上来看，由于$\Phi\left(\dfrac{\boldsymbol{x}_i'\boldsymbol{\beta}}{\sigma}\right)>0$，因此偏效应$\dfrac{\partial \mathbb{E}(y_i|\boldsymbol{x}_i)}{\partial \boldsymbol{x}_i}$与$\boldsymbol{\beta}$具有相同的符号，从而可以根据$\boldsymbol{\beta}$的符号推断$\dfrac{\partial \mathbb{E}(y_i|\boldsymbol{x}_i)}{\partial \boldsymbol{x}_i}$的符号（值得特别注意的是，根据前述讨论，利用$y_i$对$\boldsymbol{x}_i$进行 OLS 回归无法得到参数$\boldsymbol{\beta}$的一致估计量，从而无法基于此回归估计系数的符号来判断$\dfrac{\partial \mathbb{E}(y_i|\boldsymbol{x}_i)}{\partial \boldsymbol{x}_i}$的符号）；第二，从大小上来看，偏效应$\dfrac{\partial \mathbb{E}(y_i|\boldsymbol{x}_i)}{\partial \boldsymbol{x}_i}$等于$\boldsymbol{\beta}$与$y_i>0$样本占总样本的比例$\Phi\left(\dfrac{\boldsymbol{x}_i'\boldsymbol{\beta}}{\sigma}\right)$之积。直观上而言，$\Phi\left(\dfrac{\boldsymbol{x}_i'\boldsymbol{\beta}}{\sigma}\right)$越大，$\dfrac{\partial \mathbb{E}(y_i|\boldsymbol{x}_i)}{\partial \boldsymbol{x}_i}$与$\boldsymbol{\beta}$的数值越接近，当$\Phi\left(\dfrac{\boldsymbol{x}_i'\boldsymbol{\beta}}{\sigma}\right)$接近 1 时，$\dfrac{\partial \mathbb{E}(y_i|\boldsymbol{x}_i)}{\partial \boldsymbol{x}_i}$则接近等于$\boldsymbol{\beta}$。这意味着，该情形下，数据截取或断尾对模型估计的影响可以忽略不计。此外，更加重要的是，由于$0<\Phi\left(\dfrac{\boldsymbol{x}_i'\boldsymbol{\beta}}{\sigma}\right)<1$，因此$\left|\dfrac{\partial \mathbb{E}(y_i|\boldsymbol{x}_i)}{\partial \boldsymbol{x}_i}\right|<|\boldsymbol{\beta}|$，即$\dfrac{\partial \mathbb{E}(y_i|\boldsymbol{x}_i)}{\partial \boldsymbol{x}_i}$比$\boldsymbol{\beta}$更加接近 0。接下来，我们给出命题 9.8 的具体证明过程。

证明：

$$
\begin{aligned}
\frac{\partial \mathbb{E}(y_i|\boldsymbol{x}_i)}{\partial \boldsymbol{x}_i} &= \frac{\partial[\Pr(y_i>0|\boldsymbol{x}_i)\mathbb{E}(y_i|\boldsymbol{x}_i,y_i>0)]}{\partial \boldsymbol{x}_i}+\frac{\partial[\Pr(y_i=0|\boldsymbol{x}_i)\cdot 0]}{\partial \boldsymbol{x}_i}\\
&= \frac{\partial[\Pr(y_i>0|\boldsymbol{x}_i)\mathbb{E}(y_i|\boldsymbol{x}_i,y_i>0)]}{\partial \boldsymbol{x}_i}\\
&= \frac{\partial\left[\Phi\left(\frac{\boldsymbol{x}_i'\boldsymbol{\beta}}{\sigma}\right)\right]\mathbb{E}(y_i|\boldsymbol{x}_i,y_i>0)}{\partial \boldsymbol{x}_i}+\frac{\partial[\mathbb{E}(y_i|\boldsymbol{x}_i,y_i>0)]\Phi\left(\frac{\boldsymbol{x}_i'\boldsymbol{\beta}}{\sigma}\right)}{\partial \boldsymbol{x}_i}\\
&= \left\{\begin{array}{l}\frac{\boldsymbol{\beta}}{\sigma}\phi\left(\frac{\boldsymbol{x}_i'\boldsymbol{\beta}}{\sigma}\right)\left[\boldsymbol{x}_i'\boldsymbol{\beta}+\sigma\cdot\lambda\left(\frac{\boldsymbol{x}_i'\boldsymbol{\beta}}{\sigma}\right)\right]+\\ \left[\left(1-\frac{\boldsymbol{x}_i'\boldsymbol{\beta}}{\sigma}\cdot\lambda\left(\frac{\boldsymbol{x}_i'\boldsymbol{\beta}}{\sigma}\right)-\left[\lambda\left(\frac{\boldsymbol{x}_i'\boldsymbol{\beta}}{\sigma}\right)\right]^2\right)\right]\boldsymbol{\beta}\cdot\Phi\left(\frac{\boldsymbol{x}_i'\boldsymbol{\beta}}{\sigma}\right)\end{array}\right\}\\
&= \Phi\left(\frac{\boldsymbol{x}_i'\boldsymbol{\beta}}{\sigma}\right)\cdot\boldsymbol{\beta}
\end{aligned}
$$

其中，第四个等式用到了命题 9.1 和命题 9.6 的结论。

故命题得证。

□

从命题 9.8 的证明过程中可以看出，解释变量 $\boldsymbol{x}_i$ 对 $\mathbb{E}(y_i|\boldsymbol{x}_i)$ 的影响 $\frac{\partial \mathbb{E}(y_i|\boldsymbol{x}_i)}{\partial \boldsymbol{x}_i}$ 可以分解为两个效应：一个是 $\boldsymbol{x}_i$ 对 $y_i>0$ 的概率 $\Pr(y_i=0|\boldsymbol{x}_i)$ 的效应，另外一个是 $\boldsymbol{x}_i$ 对给定 $y_i>0$ 的条件期望的效应(McDonald and Moffitt,1980)。正式地，

$$
\frac{\partial \mathbb{E}(y_i|\boldsymbol{x}_i)}{\partial \boldsymbol{x}_i}=\frac{\partial[\Pr(y_i=0|\boldsymbol{x}_i)]}{\partial \boldsymbol{x}_i}\mathbb{E}(y_i|\boldsymbol{x}_i,y_i>0)+\frac{\partial[\mathbb{E}(y_i|\boldsymbol{x}_i,y_i>0)]}{\partial \boldsymbol{x}_i}\Pr(y_i>0|\boldsymbol{x}_i) \quad (9-25)
$$

2.5 Tobit I 模型中国经济案例分析

本节通过一个案例来介绍 Tobit I 模型实际应用。随着中国经济社会的快速发展，家庭配置资产的方式越来越多元化，股票投资是其中的重要组成部分。我们知道，开展股票投资通常需要掌握一定的经济金融知识，从而可能受到投资者本人或家庭成员学历的影响。基于 CHFS(2017)数据我们绘制了图 9-5。从该图中可以清楚地看到，有大学及以上学历成员的家庭股票账户现金余额显著高于没有大学及以上学历成员的家庭，进一步控制家庭成员平均收入也不改变这一结果。

考察学历对家庭股票投资金额影响最直观的做法是，利用家庭股票投资金额对家庭学历水平(使用有大学及以上学历成员虚拟变量来表示)进行 OLS 回归。然而，进一步分析我们实证分析所使用的数据可以发现，在报告股票投资金额的样本中，有相当一部分股票投资金额为 0(见图 9-6)，其具体占比高达 32%。根据前述分析我们知道，该情形下直接使用 OLS 回归来考察学历对家庭股票投资金额的影响可能存在较大的模型设定偏误问题。

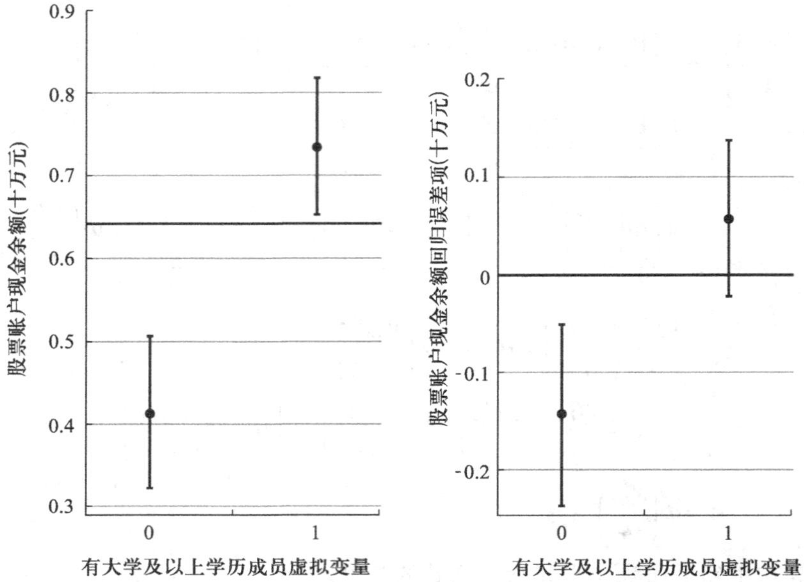

图 9-5 学历与家庭股票投资金额

注释：水平横线代表纵坐标变量的样本平均值。

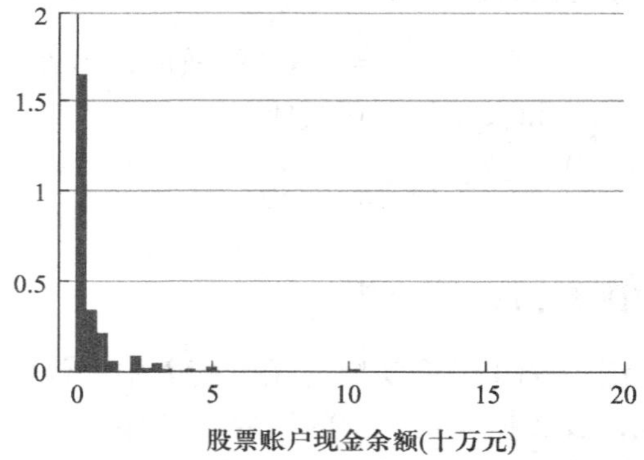

图 9-6 家庭股票账户现金余额直方图

接下来，我们基于 CHFS(2017)数据来实证考察学历对中国家庭股票投资的影响。表 9-1 同时汇报了 OLS 估计结果和 Tobit 估计结果。可以看出，对于我们关注的核心解释变量学历(*College*)而言，OLS 和 Tobit 估计得到的系数估计值具有相同的符号，都在 1%的显著性水平上显著为正。进一步观察表 9-1 中 *College* 的系数可以看出，Tobit 估计值大约是 OLS 估计值的两倍。值得注意的是，就学历对家庭股票投资的影响效应而言，这并不意味着，Tobit 估计结果是 OLS 估计结果的两倍。事实上，OLS 估计系数和 Tobit 估计系数无法直接进行比较。其原因在于，根据前述理论模型的介绍我们知道，Tobit 模型所得到的估计系数需要通过式(9-23)—— $\frac{\partial \mathbb{E}(y_i|\boldsymbol{x}_i, y_i>0)}{\partial \boldsymbol{x}_i} = \left(1-\frac{\boldsymbol{x}_i'\boldsymbol{\beta}}{\sigma}\cdot\lambda\left(\frac{\boldsymbol{x}_i'\boldsymbol{\beta}}{\sigma}\right)-\left[\lambda\left(\frac{\boldsymbol{x}_i'\boldsymbol{\beta}}{\sigma}\right)\right]^2\right)\boldsymbol{\beta}$ 或者式(9-24)—— $\frac{\partial \mathbb{E}(y_i|\boldsymbol{x}_i)}{\partial \boldsymbol{x}_i} =$

$\Phi\left(\frac{x_i'\beta}{\sigma}\right)\cdot\boldsymbol{\beta}$来将参数估计值转化为**偏效应**。① 不难发现，在 Tobit 模型中，学历(*College*)对家庭股票投资(*Stock*)的影响随着解释变量取值的变化而变化。

表 9-1　学历对家庭股票投资的影响

	(1)	(2)	(3)	(4)	(5)	(6)	(7)	(8)
	OLS				Tobit			
	Stock	*Stock*	*Stock*	*Stock*	*Stock*	*Stock*	*Stock*	*Stock*
College	0.322***	0.206***	0.212***	0.262***	0.591***	0.454***	0.463***	0.526***
有大学及以上学历成员虚拟变量	(0.063)	(0.071)	(0.071)	(0.072)	(0.099)	(0.101)	(0.101)	(0.103)
Income		0.323***	0.324***	0.331***		0.352***	0.353***	0.361***
家庭成员平均收入(十万元)		(0.113)	(0.113)	(0.114)		(0.122)	(0.122)	(0.123)
Debt			−0.308**	−0.256**			−0.390*	−0.334*
家庭资产负债率(%)			(0.130)	(0.102)			(0.224)	(0.191)
Age				0.007***				0.009***
户主年龄				(0.002)				(0.003)
Constant	0.413***	0.263***	0.274***	−0.144	−0.331***	−0.472***	−0.458***	−0.974***
常数项	(0.048)	(0.064)	(0.063)	(0.150)	(0.084)	(0.102)	(0.101)	(0.215)
Sigma					2.171***	2.108***	2.106***	2.102***
					(0.168)	(0.153)	(0.153)	(0.153)
样本量	2 661	2 661	2 661	2 661	2 661	2 661	2 661	2 661
对数似然函数	—	—	—	—	−4 562.76	−4511.43	−4 509.49	−4 505.80
R^2	0.007	0.062	0.063	0.066	0.004	0.015	0.015	0.016

注释：*Stock* 利用家庭股票账户现金余额(十万元)来表示。*，** 以及 *** 分别表示在 10%，5%与 1%显著性水平下显著，括号中数字为稳健标准误。对应 *Sigma* 对应模型参数 σ 的估计值。

基于表 9-1 中第(8)列给出 Tobit 估计结果，我们将学历对家庭股票投资影响的偏效应绘制在图 9-7 中。横坐标为控制变量的分位数，纵坐标为基于式(9-23)转换所得到偏效应。可以发现，随着控制变量取值的增加，学历对家庭股票投资影响也在增加。另外，就学历对家庭股票投资的影响而言，Tobit 模型估计得到的效应整体低于 OLS 回归估计得到的效应。这意味着使用 OLS 回归很可能高估了学历对家庭股票投资的影响。

① 需要说明的是，若我们关心的解释变量是虚拟变量，那么偏效应的表达式则由$\frac{\partial \mathbb{E}(y_i \mid \boldsymbol{x}_i)}{\partial \boldsymbol{x}_i}$变为$\mathbb{E}(y_i \mid \boldsymbol{x}_i=1)-\mathbb{E}(y_i \mid \boldsymbol{x}_i=0)$。

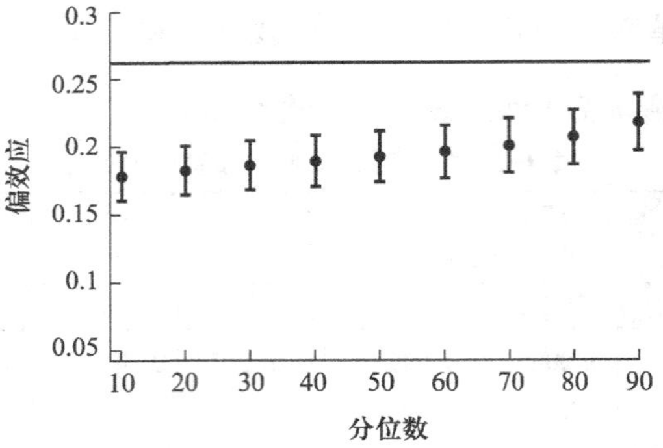

图 9-7 学历影响家庭股票投资的偏效应(基于表 9-1 第(8)列 Tobit 估计结果和式(9-23)得出)

注释：图中偏效应基于式(9-23)给出的表达式计算得到，横坐标表示控制变量的分位数，特别地，以数字 10 为例，它表示所有控制变量取值都等于各自 10%分位数。水平横线对应的是表 9-1 第(4)列学历系数 OLS 估计值 0.262。小竖线长度为偏效应估计值的一个标准差。

2.6 非正态性与条件异方差

可以发现，前述 Tobit I 模型始终假定 $\epsilon_i|\boldsymbol{x}_i\sim\mathcal{N}(0,\sigma^2)$ 成立。该假定要求如下两个条件成立：第一，$\epsilon_i|\boldsymbol{x}_i$服从正态分布；第二，$\epsilon_i$ 与 $\boldsymbol{x}_i$ 分布互相独立，从而意味着模型设定不存在内生性问题以及模型误差项的条件同方差。本小节主要讨论模型误差项**正态性假定**(Normality Assumption)与**条件同方差假定**(Conditional Homoskedasticity)不成立的情形，Tobit I 模型的内生性问题留到本章最后来进行讨论。

2.6.1 非正态性

首先来介绍正态性假定不成立的情形。如果 $\epsilon_i|\boldsymbol{x}_i$的分布不是正态分布，那么$\mathbb{E}(y_i|\boldsymbol{x}_i, y_i>0)$，$\mathbb{E}(y_i|\boldsymbol{x}_i)$，$f(y_i|\boldsymbol{x}_i,y_i>0)$与$f(y_i|\boldsymbol{x}_i)$的表达式式(9-11)、式(9-12)、式(9-15)以及式(9-17)都不再成立。针对 Tobit I 模型的**非正态性**(Non-normality)问题，Powell(1984)提出使用**最小绝对离差法**(Least Absolute Deviations, LAD)来估计 Tobit I 模型。其关键假定是，误差项 ϵ_i 的条件中位数等于 0：

$$\mathbb{Med}(\epsilon_i|\boldsymbol{x}_i)=0 \tag{9-26}$$

其中，值得指出的是，式(9-26)没有限定 $\epsilon_i|\boldsymbol{x}_i$的具体分布形式，$\epsilon_i|\boldsymbol{x}_i$可以服从正态分布，也可以不服从正态分布。

结合式(9-9)和式(9-26)可得：

$$\mathbb{Med}(y_i|\boldsymbol{x}_i)=\mathbb{Med}(\max\{y_i^*,0\}|\boldsymbol{x}_i)=\max\{\mathbb{Med}(y_i^*|\boldsymbol{x}_i),0\}=\max\{\boldsymbol{x}_i'\boldsymbol{\beta},0\} \tag{9-27}$$

其中，第一个等式用到 $y_i=\max\{y_i^*, 0\}$，第二个等式用到的结论是，如果$f(x)$是 x 的非递减函数，那么$\mathbb{Med}(f(x))=f(\mathbb{Med}(x))$，即中位数算子与函数可以交换位置；第三个等式用到了式(9-26)。此外，在式(9-27)中，$\max\{\boldsymbol{x}_i'\boldsymbol{\beta}, 0\}$也可以等价地使用 $1[\boldsymbol{x}_i'\boldsymbol{\beta}>0]\cdot\boldsymbol{x}_i'\boldsymbol{\beta}$ 来表示，$1[\cdot]$ 为指示函数。

我们知道，条件中位数$\mathbb{Med}(y|x)$具有一条重要性质：在所有关于 x 的函数中，$\mathbb{Med}(y|x)$使绝对离差期望值$\mathbb{E}|y-g(x)|$最小，即如下等式成立：

$$\mathrm{Med}(y|x)=\arg\min_{\{g(x)\in\mathscr{G}\}}\{\mathbb{E}|y-g(x)|\} \tag{9-28}$$

根据条件中位数的这一性质，参数$\boldsymbol{\beta}$的 LAD 估计量为：

$$\hat{\boldsymbol{\beta}}_{\mathrm{LAD}}=\arg\min_{\{\boldsymbol{\beta}\in\mathscr{B}\}}\left\{\frac{1}{N}\sum_{i=1}^{N}|y_i-\mathrm{Med}(y_i|\boldsymbol{x}_i)|\right\}=\arg\min_{\{\boldsymbol{\beta}\in\mathscr{B}\}}\left\{\frac{1}{N}\sum_{i=1}^{N}|y_i-\max\{\boldsymbol{x}_i'\boldsymbol{\beta},0\}|\right\} \tag{9-29}$$

可以发现，使用 LAD 方法来估计 Tobit I 模型参数的过程中，未限定$\epsilon_i|\boldsymbol{x}_i$的具体分布形式。换言之，$\mathrm{Med}(y_i|\boldsymbol{x}_i)=\max\{\boldsymbol{x}_i'\boldsymbol{\beta},0\}$不依赖于误差项$\epsilon_i$的分布假定。但是使用 LAD 方法估计 Tobit I 模型并非没有成本，这主要体现在两个方面：第一，式(9-29)中的目标函数出现了绝对值算子，从而导致目标函数在定义域内并不总是可导，这将显著增加参数估计和统计推断的难度；第二，条件中位数与条件期望往往具有不同的形式，因此无法通过条件中位数得到我们通常所关心的偏效应$\frac{\partial\mathbb{E}(y_i|\boldsymbol{x}_i,y_i>0)}{\partial\boldsymbol{x}_i}$或者$\frac{\partial\mathbb{E}(y_i|\boldsymbol{x}_i)}{\partial\boldsymbol{x}_i}$。另外，值得指出的是，由于 LAD 估计量对条件中位数$\mathrm{Med}(y_i|\boldsymbol{x}_i)$进行了**参数化**（Parameterization），但是未对ϵ_i的分布进行参数化，因此属于**半参数估计方法**(Semiparametric Method)。

现在介绍另一估计 Tobit I 模型的半参数方法——**对称断尾最小二乘法**(Symmetrically Truncated Least Squares)。该模型放松了前述式(9-7)中的正态假定，假设$\epsilon_i|\boldsymbol{x}_i$服从对称分布以及$\epsilon_i$与$\boldsymbol{x}_i$独立。这意味着$\mathbb{E}(y_i^*|\boldsymbol{x}_i)=\boldsymbol{x}_i'\boldsymbol{\beta}$，且$y_i^*|\boldsymbol{x}_i$的分布关于$\boldsymbol{x}_i'\boldsymbol{\beta}$对称。进一步地，如果$\boldsymbol{x}_i'\boldsymbol{\beta}>0$，那么$y_i^*|\boldsymbol{x}_i$的分布在$(0,2\boldsymbol{x}_i'\boldsymbol{\beta})$区间内关于$\boldsymbol{x}_i'\boldsymbol{\beta}$对称，该情形下的$y_i^*$能够被观测；如果$\boldsymbol{x}_i'\boldsymbol{\beta}\leqslant 0$，那么$y_i^*|\boldsymbol{x}_i$的分布在$(2\boldsymbol{x}_i'\boldsymbol{\beta},0)$区间内关于$\boldsymbol{x}_i'\boldsymbol{\beta}$对称，该情形下的$y_i^*$无法被观测。由于在$(0,2\boldsymbol{x}_i'\boldsymbol{\beta})$区间内$y_i^*$可观测，因此这里考虑的是$\boldsymbol{x}_i'\boldsymbol{\beta}>0$的情形。$y_i^*|\boldsymbol{x}_i$的分布在$(0,2\boldsymbol{x}_i'\boldsymbol{\beta})$区间内关于$\boldsymbol{x}_i'\boldsymbol{\beta}$对称，所以在该区间内有$\mathbb{E}(y_i^*|\boldsymbol{x}_i)=\boldsymbol{x}_i'\boldsymbol{\beta}$成立：

$$\mathbb{E}[1(\boldsymbol{x}_i'\boldsymbol{\beta}>0)\min\{y_i,2\boldsymbol{x}_i'\boldsymbol{\beta}\}|\boldsymbol{x}_i]=\boldsymbol{x}_i'\boldsymbol{\beta} \tag{9-30}$$

其中，$1(\boldsymbol{x}_i'\boldsymbol{\beta}>0)$用来筛选$\boldsymbol{x}_i'\boldsymbol{\beta}>0$的样本，$\min\{y_i,2\boldsymbol{x}_i'\boldsymbol{\beta}\}$用来将可观测被解释变量$y_i$的取值限定在$(0,2\boldsymbol{x}_i'\boldsymbol{\beta})$。换言之，$\mathbb{E}[1(\boldsymbol{x}_i'\boldsymbol{\beta}>0)\min\{y_i,2\boldsymbol{x}_i'\boldsymbol{\beta}\}|\boldsymbol{x}_i]$表示被解释变量$y_i$在$(0,2\boldsymbol{x}_i'\boldsymbol{\beta})$区间内的条件期望。

结合迭代期望定律，很容易得到估计模型参数$\boldsymbol{\beta}$的如下矩条件：

$$\mathbb{E}(1(\boldsymbol{x}_i'\boldsymbol{\beta}>0)[\min\{y_i,2\boldsymbol{x}_i'\boldsymbol{\beta}\}-\boldsymbol{x}_i'\boldsymbol{\beta}]\boldsymbol{x}_i)=\mathbf{0} \tag{9-31}$$

可以发现，除了对称性假定之外，得到式(9-31)中的矩条件未对$\epsilon_i|\boldsymbol{x}_i$的分布施加任何其他假定。对应式(9-31)，参数$\boldsymbol{\beta}$的估计量$\hat{\boldsymbol{\beta}}$由如下等式给出

$$\sum_{i=1}^{N}(1(\boldsymbol{x}_i'\hat{\boldsymbol{\beta}}>0)[\min\{y_i,2\boldsymbol{x}_i'\hat{\boldsymbol{\beta}}\}-\boldsymbol{x}_i'\hat{\boldsymbol{\beta}}]\boldsymbol{x}_i)=\mathbf{0} \tag{9-32}$$

其中，$\hat{\boldsymbol{\beta}}$的具体数值可以用数值迭代的方式获得。

上述方法的关键在于，将数据人为地限制在被解释变量取值为$(0,2\boldsymbol{x}_i'\boldsymbol{\beta})$的区间内。这一做法的好处体现在：它保证了$y_i^*$的可观测性及其条件分布关于$\boldsymbol{x}_i'\boldsymbol{\beta}$的对称性，从而能够在对分布不施加额外假设的条件下直接得到条件期望$\mathbb{E}(y_i|\boldsymbol{x}_i)$。这一点可以很直观地从图 9-8 中看出来：在区间$(0,2\boldsymbol{x}_i'\boldsymbol{\beta})$内，$y_i^*$能够被观测到，$y_i^*|\boldsymbol{x}_i$的分布$f(y_i^*|\boldsymbol{x}_i)$关于$\boldsymbol{x}_i'\boldsymbol{\beta}$对称，从

而有$\mathbb{E}(y_i^* \mid \boldsymbol{x}_i)=\mathbb{E}(y_i \mid \boldsymbol{x}_i)=\boldsymbol{x}_i'\boldsymbol{\beta}$。在实际应用中，将数据人为地限制在被解释变量取值为$(0,2\boldsymbol{x}_i'\boldsymbol{\beta})$的区间内可以分成两个步骤：第一，删除$\boldsymbol{x}_i'\boldsymbol{\beta}\leqslant 0$的样本；第二，对于$\boldsymbol{x}_i'\boldsymbol{\beta}>0$的样本，若$y_i<2\boldsymbol{x}_i'\boldsymbol{\beta}$，那么被解释变量的取值为$y_i$自身，若$y_i\geqslant 2\boldsymbol{x}_i'\boldsymbol{\beta}$那么被解释变量的取值则为$2\boldsymbol{x}_i'\boldsymbol{\beta}$。注意到$\boldsymbol{\beta}$是未知参数，这两个步骤似乎并**不可行**(Infeasible)。事实上，以上两个步骤是以数值的方式进行的(参见第二章)。

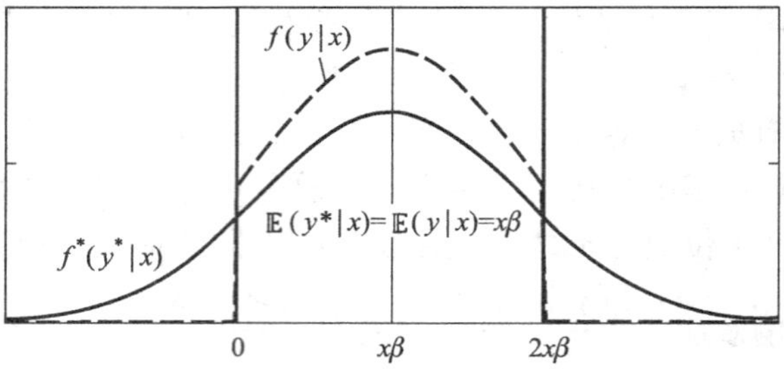

图 9-8 对称断尾分布示意图

注释：为了区分原始条件分布和断尾条件分布，前者用$f^*(\cdot \mid \boldsymbol{x}_i)$表示，后者用$f(\cdot \mid \boldsymbol{x}_i)$。

定义$\ddot{y}_i=\min\{y_i, 2\boldsymbol{x}_i'\boldsymbol{\beta}\}$，结合 OLS 方法可以看出，式(9-32)等价于基于$\boldsymbol{x}_i'\boldsymbol{\beta}>0$那部分样本，利用$\ddot{y}_i$对$\boldsymbol{x}_i$进行 OLS 回归，正式地：

$$\hat{\boldsymbol{\beta}}=\arg\min_{\{\boldsymbol{\beta}\in\mathscr{B}\}}\left\{\frac{1}{N}\sum_{i=1}^{N}\left(1(\boldsymbol{x}_i'\boldsymbol{\beta}>0)(\ddot{y}_i-\boldsymbol{x}_i'\boldsymbol{\beta})^2\right)\right\} \tag{9-33}$$

式(9-33)的目标函数关于参数$\boldsymbol{\beta}$求解一阶优化条件即可得到式(9-32)。由于被解释变量$\ddot{y}_i=\min\{y_i, 2\boldsymbol{x}_i'\boldsymbol{\beta}\}$中含有未知参数，与式(9-32)类似，利用式(9-33)来估计参数$\boldsymbol{\beta}$同样需要利用到迭代方法。

2.6.2 条件异方差

以上介绍的是 Tobit I 模型正态假定不成立的情形，现在来简要介绍 Tobit I 模型条件同方差假定不满足的情形。考虑到简便性，这里考察只有一个解释变量**条件异方差**(Conditional Heteroskedasticity)情形：

$$y_i^*=\beta_0+\beta_1 x_i+\epsilon_i \tag{9-34}$$

其中，$\epsilon_i \mid x_i \sim \mathcal{N}(0,\sigma^2 x_i^2)$。可以看出，$\epsilon_i \mid x_i$的方差随着$x_i$的变化而变化，从而模型具有条件异方差特征。

在式(9-34)给出的条件异方差设定下，前述$\mathbb{E}(y_i \mid x_i, y_i>0)$，$\mathbb{E}(y_i \mid x_i)$，$f(y_i \mid x_i, y_i>0)$与$f(y_i \mid x_i)$的表达式均会产生变化。换言之，忽视条件异方差问题将导致 Tobit I 模型设定偏误。容易证明，$\mathbb{E}(y_i \mid x_i, y_i>0)=\beta_0+x_i\beta_1+\sigma x_i\lambda\left(\frac{\beta_0}{\sigma x_i}+\frac{\beta_1}{\sigma}\right)$，$\mathbb{E}(y_i \mid x_i)=\Phi\left(\frac{\beta_0}{\sigma x_i}+\frac{\beta_1}{\sigma}\right)(\beta_0+x_i\beta_1)+\sigma x_i\phi\left(\frac{\beta_0}{\sigma x_i}+\frac{\beta_1}{\sigma}\right)$，$f(y_i \mid x_i, y_i>0)=\left[\frac{1}{\sigma x_i}\phi\left(\frac{y_i-\beta_0-x_i\beta_1}{\sigma x_i}\right)\right]\left[\Phi\left(\frac{\beta_0}{\sigma x_i}+\frac{\beta_1}{\sigma}\right)\right]^{-1}$，$f(y_i \mid x_i)=\left[\frac{1}{\sigma x_i}\phi\left(\frac{y_i-\beta_0-x_i\beta_1}{\sigma x_i}\right)\right]^{1[y_i>0]}\left[1-\Phi\left(\frac{\beta_0}{\sigma x_i}+\frac{\beta_1}{\sigma}\right)\right]^{1[y_i=0]}$(证明留作练习，提示：对应参考前述命题 9.1、命题 9.3、命题 9.4 与命题 9.5 的证明过程)。可以发现，Tobit I 模型条件异方差问题最终

引起了条件期望或条件概率密度函数的设定问题。事实上，在计量经济学中，异方差问题和模型函数形式问题往往很难区分开来。

2.7 面板数据 Tobit I 模型

以上关于 Tobit I 模型介绍都是基于截面数据的，本小节介绍面板数据 Tobit I 模型。该情形下，潜在被解释变量模型可以设定为：

$$y_{it}^{*}=\boldsymbol{x}_{it}'\boldsymbol{\beta}+\epsilon_{it} \tag{9-35}$$

其中，$\epsilon_{it}|\boldsymbol{x}_{it}\sim\mathcal{N}(0,\sigma^2)$。可以发现，该假定未对误差项 ϵ_{it} 与 $\epsilon_{is}(t\neq s)$ 之间的相关性做出限定，二者既可以相关也可以不相关。模型参数可以通过最大化如下**拟对数似然函数**（Quasi Log Likelihood Function）来得到：

$$\mathscr{L}(\boldsymbol{\beta},\sigma)=\sum_{i=1}^{N}\log\left[\prod_{t=1}^{T}f(y_{it}\mid\boldsymbol{x}_{it},\boldsymbol{\beta},\sigma)\right]=\sum_{i=1}^{N}\sum_{t=1}^{T}\log f(y_{it}\mid\boldsymbol{x}_{it},\boldsymbol{\beta},\sigma) \tag{9-36}$$

其中，$f(y_{it}|\boldsymbol{x}_{it},\boldsymbol{\beta},\sigma)=\left\{1[y_{it}>0]\log\left[\frac{1}{\sigma}\phi\left(\frac{y_{it}-\boldsymbol{x}_{it}'\boldsymbol{\beta}}{\sigma}\right)\right]+1[y_{it}=0]\log\left[1-\Phi\left(\frac{\boldsymbol{x}_{it}'\boldsymbol{\beta}}{\sigma}\right)\right]\right\}$。

在式(9-36)中，$\mathscr{L}(\boldsymbol{\beta},\sigma)$之所以被称为拟对数似然函数是因为 $\prod_{t=1}^{T}f(y_{it}\mid\boldsymbol{x}_{it},\boldsymbol{\beta},\sigma)$ 通常不等于$f(\boldsymbol{y}_i|\boldsymbol{x}_i,\boldsymbol{\beta},\sigma)$，前者忽略了同一个体不同时期间误差项之间的相关关系，只有当误差项 ϵ_{it} 与 $\epsilon_{is}(t\neq s)$ 不相关时，$\prod_{t=1}^{T}f(y_{it}|\boldsymbol{x}_{it},\boldsymbol{\beta},\sigma)=f(\boldsymbol{y}_i|\boldsymbol{x}_i,\boldsymbol{\beta},\sigma)$ 才成立。值得指出的是，得到$f(\boldsymbol{y}_i|\boldsymbol{x}_i,\boldsymbol{\beta},\sigma)$通常非常困难，这是因为$f(\boldsymbol{y}_i|\boldsymbol{x}_i,\boldsymbol{\beta},\sigma)$是给定 $\boldsymbol{x}_i$ 条件下$\{y_{i1},\ y_{i2},\ \cdots,\ y_{iT}\}$的联合分布。可以发现，在使用式(9-36)来估计 Tobit 模型参数的过程中，只是将面板数据简单地混合起来，此类方法被称为**混合 Tobit**（Pooled Tobit）估计。需要说明的是，这里只是以 MLE 为例来介绍混合 Tobit 估计，事实上，混合 Tobit 估计也可以采用 NLS 以及 Heckman 两步法的形式来进行。

根据第七章面板数据模型我们已经了解到，面板数据模型的一个重要优势是能够有效控制不可观测个体固定效应对参数估计的影响。模型具体形式如下：

$$y_{it}^{*}=\boldsymbol{x}_{it}'\boldsymbol{\beta}+a_i+\epsilon_{it} \tag{9-37}$$

其中，a_i 表示不可观测个体固定效应，并假定 $\epsilon_{it}|\boldsymbol{x}_i,a_i\sim\mathcal{N}(0,\sigma^2)$。

引入个体估计效应是面板数据 Tobit 模型与前述截面数据 Tobit 模型的重要差异。对于面板数据 Tobit 模型而言，比较关键的是处理不可观测个体固定效应 a_i。当个体固定效应与解释变量不相关时，可以将它直接放到误差项中，然后采用混合 Tobit 方法来估计模型。但是个体固定效应往往与解释变量存在相关性。注意到面板数据 Tobit 模型具有高度的非线性特征，从而无法像线性面板数据模型一样将 a_i 用差分的方法消掉。因此，在第七章面板数据模型中介绍的固定效应方法、一阶差分方法都无法直接应用到面板数据 Tobit 模型。这里主要介绍的是 **Chamberlain 方法**，该方法允许不可观测个体固定效应与解释变量相关。其基本思想是：通过对不可观测个体固定效应直接建模的方式来处理其对模型估计的影响。一般地，使用 Chamberlain 方法对 a_i 构建如下模型：

$$a_i=\psi+\bar{\boldsymbol{x}}_i'\boldsymbol{\gamma}+\zeta_i \tag{9-38}$$

其中，$\zeta_i|\boldsymbol{X}_i\sim\mathcal{N}(0,\upsilon^2)$，从而有 $a_i|\boldsymbol{x}_i\sim\mathcal{N}(\psi+\bar{\boldsymbol{x}}_i'\boldsymbol{\gamma},\upsilon^2)$。

在式(9-37)和式(9-38)的设定下，Tobit 模型参数可以通过最大化如下拟对数似然函数来估计(提示:与命题 9.5 的证明过程类似)：

$$\mathscr{L}(\boldsymbol{\theta}) = \sum_{i=1}^{N} \log\left[\prod_{t=1}^{T} f(y_{it} \mid \boldsymbol{X}_i, \boldsymbol{\theta})\right] = \sum_{i=1}^{N}\sum_{t=1}^{T} \log f(y_{it} \mid \boldsymbol{X}_i, \boldsymbol{\theta}) \tag{9-39}$$

其中，$f(y_{it} \mid \boldsymbol{X}_i, \boldsymbol{\theta}) = \begin{cases} 1[y_{it}>0]\log\left[\dfrac{1}{\sqrt{v^2+\sigma^2}}\phi\left(\dfrac{y_{it}-\psi-\boldsymbol{x}_{it}'\boldsymbol{\beta}-\bar{\boldsymbol{x}}_i'\boldsymbol{\gamma}}{\sqrt{v^2+\sigma^2}}\right)\right]+ \\ 1[y_i=0]\log\left[1-\Phi\left(\dfrac{y_{it}-\psi-\boldsymbol{x}_{it}'\boldsymbol{\beta}-\bar{\boldsymbol{x}}_i'\boldsymbol{\gamma}}{\sqrt{v^2+\sigma^2}}\right)\right] \end{cases}$，$\boldsymbol{X}_i = \{\boldsymbol{x}_{i1}, \boldsymbol{x}_{i2}, \cdots, \boldsymbol{x}_{iT}\}$，$\boldsymbol{\theta} = \{\boldsymbol{\beta}, v, \sigma, \boldsymbol{\gamma}, \psi\}$。

关于式(9-39)有几点需要说明：第一，a_i 中包含常数项 ψ，为避免多重共线性问题，$\boldsymbol{x}_{it}$ 不应包含常数项；第二，上述模型只能识别 $v^2+\sigma^2$，无法识别 v^2 与 σ^2。第三，也是更加重要的，由于模型包含固定效应 ζ_i，所以在给定 $\boldsymbol{X}_i$ 的条件下，$\{y_{i1}, y_{i2}, \cdots, y_{iT}\}$不相互独立，从而 $\prod_{t=1}^{T} f(y_{it} \mid \boldsymbol{X}_i, \boldsymbol{\theta}) \neq f(\boldsymbol{y}_i \mid \boldsymbol{X}_i, \boldsymbol{\theta})$，因此式(9-35)所给出并不是真实的似然函数，而是拟似然函数。若在给定 $\boldsymbol{X}_i$ 与 ζ_i 的条件下，$\{y_{i1}, y_{i2}, \cdots, y_{iT}\}$相互独立，那么则有 $f(y_i \mid \boldsymbol{X}_i, \zeta_i, \boldsymbol{\theta}) = \prod_{t=1}^{T} f(y_{it} \mid \boldsymbol{X}_i, \zeta_i, \boldsymbol{\theta})$。该情形下，能够通过估计如下(真实)对数似然函数来得到 Tobit 模型参数的一致估计量：

$$\mathscr{L}(\boldsymbol{\theta}) = \sum_{i=1}^{N} \log\left(\int \prod_{t=1}^{T} f(y_{it} \mid \boldsymbol{X}_i, \zeta_i, \boldsymbol{\theta})\left[\frac{1}{v}\phi\left(\frac{\zeta_i}{v}\right)\right] d\zeta_i\right) \tag{9-40}$$

其中，$\left[\dfrac{1}{v}\phi\left(\dfrac{\zeta_i}{v}\right)\right]$表示 $\zeta_i \mid \boldsymbol{X}_i$的概率密度函数。

与式(9-39)相比，估计式(9-40)至少增加了如下两个困难：第一，出现了积分运算，根据第二章的介绍我们知道，计算积分通常需要用到数值方法；第二，由于 log 算子无法与积分算子进行交换：

$$\log\left(\int \prod_{t=1}^{T} f(y_{it} \mid \boldsymbol{X}_i, \zeta_i, \boldsymbol{\theta})\left[\frac{1}{v}\phi\left(\frac{\zeta_i}{v}\right)\right] d\zeta_i\right) \neq \int \log\left(\prod_{t=1}^{T} f(y_{it} \mid \boldsymbol{X}_i, \zeta_i, \boldsymbol{\theta})\left[\frac{1}{v}\phi\left(\frac{\zeta_i}{v}\right)\right]\right) d\zeta_i$$

因此，无法通过 log 算子将复杂的连乘问题转化为相对简单的连加问题。有鉴于此，通常使用期望—最大化算法(Expectation Maximization Algorithms, EM)来估计式(9-40)，在本书第 10 章中我们将详细介绍 EM 算法。

最后需要指出的是，对个体固定效应 a_i 建模方式并不唯一。除了使用式(9-38)给出的建模方式之外，比较常见的建模方式还有：

$$\alpha_i = \gamma + \boldsymbol{x}_{i1}'\boldsymbol{\pi}_1 + \boldsymbol{x}_{i2}'\boldsymbol{\pi}_2 + \cdots + \boldsymbol{x}_{iT}'\boldsymbol{\pi}_T + \xi_i \tag{9-41}$$

其中，$\xi_i \mid \boldsymbol{x}_i \sim \mathscr{N}(0, \tau^2)$。

3. Tobit II 模型

本节主要介绍**样本选择问题**(Sample Selection)。样本选择往往导致估计模型使用的样本对总体不再具有**代表性**，从而导致估计结果出现偏误。样本选择问题广泛地存在于经济学分析中，这里我们以教育收益率为例来介绍导致引发样本选择问题的三个机制：第一，**断尾引起的样本选择**。研究教育收益率的过程中，研究者往往只能观测到收入低于特定数值(如10万元)的样本。该情形下的模型设定和估计已在前述讨论，此处不再赘述；第二，**解释变量受限引起的样本选择**。如果观测的样本被限定在特定年龄段(如30~50岁)，那么则产生了因解释变量受限引起的样本选择。在本小节读者将看到，如果引起样本选择的解释变量是外生的，那么这种样本选择问题不会对模型参数估计产生影响；第三，**偶然断尾引起的样本选择**。对于教育收益率研究而言，我们所观测到的只是那些参加工作个体的收入，无法观测到那些不参加工作个体的收入，从而引起了样本选择问题。可以发现，断尾引起的样本选择由被解释变量自身受限导致，与此不同，偶然断尾引起的样本选择由除被解释变量之外的因素导致(比如,收入能否被观测到取决于个体是否参与工作)。此外，虽然偶然断尾引起的样本选择与外生解释变量受限引起的样本选择都由除了被解释变量之外的因素导致，但是它们之间存在显著差异。具体地，偶然断尾引起的样本选择通常具有明确的经济含义，它往往与个体**自选择**(Self -selection)行为密切相关；而解释变量受限的样本选择通常由数据可得性或研究者筛选样本引起，从而缺乏明确的经济含义。此外，Heckman(1979)的开创性研究也是基于偶然断尾情形来分析样本选择问题的。正是因为如此，计量经济学中分析的样本选择问题指的往往是偶然断尾引起的样本选择。本小节介绍的也是由偶然断尾所引起的样本选择问题。

3.1 样本选择什么时候不是一个问题

在具体考察样本选择问题之前，需要明确的一个重要问题：样本选择在哪些条件下对模型参数估计不产生影响。一般地，在两种情形下样本选择对模型估计不产生影响：第一，我们关心总体是样本选择之后样本所对应的总体。比如，在教育收益率的例子中，对于偶然断尾引起的样本选择，若我们只是关心那些参加工作个体的教育收益率，那么样本选择则不是一个问题；再比如，对于断尾引起的样本选择，若我们关心的是那些收入低于特定数值人的教育收益率，那么样本选择也不是一个问题；第二，当样本选择本身随机时，样本选择对模型估计也不产生影响。接下来，我们具体基于不同的估计方法(OLS,2SLS,GMM以及MLE)来正式说明样本选择在什么条件下不会对模型估计产生影响。考虑到表述的方便性，将样本选择规则用 s_i 来表示：$s_i=1$ 表示个体 i 被选择进入样本，$s_i=0$ 表示个体 i 未被选择进入样本。本小节的如下讨论主要基于 Wooldrige(2002,2010)。

3.1.1 OLS 方法与样本选择问题

考虑如下总体回归模型：

$$y_i=\boldsymbol{x}_i'\boldsymbol{\beta}+u_i \tag{9-42}$$

其中，$\mathbb{E}(u_i|\boldsymbol{x}_i)=0$，即假设模型不存在内生性问题。

结合第三章给出的 OLS 估计量，当存在样本选择时，参数 $\boldsymbol{\beta}$ 的 OLS 估计量可以由如下公式表示：

$$\hat{\boldsymbol{\beta}}^s_{\mathrm{OLS}}=\left(\sum_{i=1}^N s_i\boldsymbol{x}_i\boldsymbol{x}'_i\right)^{-1}\left(\sum_{i=1}^N s_i\boldsymbol{x}_i y_i\right)$$

其中，s_i 表示样本选择规则：$s_i=1$ 表示个体 i 被选择进入样本，$s_i=0$ 表示个体 i 未被选择进入样本。

命题 9.9：为保证估计量 $\hat{\boldsymbol{\beta}}^s_{\mathrm{OLS}}$ 为模型参数 $\boldsymbol{\beta}$ 的一致估计量，需要如下矩条件成立；

$$\mathbb{E}(s_i\boldsymbol{x}_iu_i)=\mathbf{0} \tag{9-43}$$

这里我们介绍 $\mathbb{E}(s_i\boldsymbol{x}_iu_i)=\mathbf{0}$ 成立的两个充分条件：第一，$\mathbb{E}(u_i|\boldsymbol{x}_i,s_i)=0$，即在给定 $\boldsymbol{x}_i$ 的条件下，样本选择规则 s_i 与误差项 u_i（均值）独立，换而言之，样本选择规则是随机的。这里用到的是迭代期望定律，具体而言，$\mathbb{E}(s_i\boldsymbol{x}_iu_i)=\mathbb{E}(\mathbb{E}(s_i\boldsymbol{x}_iu_i|\boldsymbol{x}_i,s_i))=\mathbb{E}(s_i\boldsymbol{x}_i\mathbb{E}(u_i|\boldsymbol{x}_i,s_i))=\mathbf{0}$。因此，随机的样本选择不会对参数估计量的一致性产生影响；第二，s_i 是 $\boldsymbol{x}_i$ 的确定性函数，该情形下，一旦知道 $\boldsymbol{x}_i$，样本选择规则 s_i 就完全确定了，从而有 $\mathbb{E}(u_i|\boldsymbol{x}_i,s_i)=\mathbb{E}(u_i|\boldsymbol{x}_i)=0$。接下来，我们来具体证明命题 9.9。

证明：

类似于第三章中 OLS 估计量 $\hat{\boldsymbol{\beta}}_{\mathrm{OLS}}$ 的概率极限，$\hat{\boldsymbol{\beta}}^s_{\mathrm{OLS}}$ 概率极限为：

$$\begin{aligned}
\mathrm{Plim}(\hat{\boldsymbol{\beta}}^s_{\mathrm{OLS}}) &= \mathrm{Plim}\left[\left(\sum_{i=1}^N s_i\boldsymbol{x}_i\boldsymbol{x}'_i\right)^{-1}\left(\sum_{i=1}^N s_i\boldsymbol{x}_iy_i\right)\right]\\
&= \mathrm{Plim}\left[\left(\sum_{i=1}^N s_i\boldsymbol{x}_i\boldsymbol{x}'_i\right)^{-1}\left(\sum_{i=1}^N s_i\boldsymbol{x}_i(\boldsymbol{x}'_i\boldsymbol{\beta}+u_i)\right)\right]\\
&= \boldsymbol{\beta}+\mathrm{Plim}\left[\left(\sum_{i=1}^N s_i\boldsymbol{x}_i\boldsymbol{x}'_i\right)^{-1}\left(\sum_{i=1}^N s_i\boldsymbol{x}_iu_i\right)\right]\\
&= \boldsymbol{\beta}+\mathrm{Plim}\left[\left(\frac{1}{N}\sum_{i=1}^N s_i\boldsymbol{x}_i\boldsymbol{x}'_i\right)^{-1}\right]\mathrm{Plim}\left(\frac{1}{N}\sum_{i=1}^N s_i\boldsymbol{x}_iu_i\right)\\
&= \boldsymbol{\beta}+[\mathbb{E}(s_i\boldsymbol{x}_i\boldsymbol{x}'_i)]^{-1}\mathbb{E}(s_i\boldsymbol{x}_iu_i)
\end{aligned}$$

其中，第三个等式用到斯勒茨基定理，最后一个等式用到大数定律。

因此，保证估计量 $\hat{\boldsymbol{\beta}}^s_{\mathrm{OLS}}$ 为参数 $\boldsymbol{\beta}$ 的一致估计量，需要 $[\mathbb{E}(s_i\boldsymbol{x}_i\boldsymbol{x}_i')]^{-1}\mathbb{E}(s_i\boldsymbol{x}_iu_i)=\mathbf{0}$，从而需要 $\mathbb{E}(s_i\boldsymbol{x}_iu_i)=\mathbf{0}$ 成立。

故命题得证。

□

3.1.2 2SLS、GMM 方法与样本选择问题

对于式(9-37)所给出的模型，如果存在内生性问题，即 $\mathbb{E}(\boldsymbol{x}_iu_i)\neq\mathbf{0}$，那么可以利用 2SLS 方法来识别模型参数。令 $\boldsymbol{z}_i$ 表示 $\boldsymbol{x}_i$ 的工具变量（$\boldsymbol{z}_i$ 的维度大于等于 $\boldsymbol{x}_i$ 的维度），那么结合第六章给出的 2SLS 估计量可得，当存在样本选择时，参数 $\boldsymbol{\beta}$ 的 2SLS 估计量由如下公式表示：

$$\begin{aligned}
\hat{\boldsymbol{\beta}}^s_{\mathrm{2SLS}} = &\left[\left(\sum_{i=1}^N s_i\boldsymbol{x}_i\boldsymbol{z}_i'\right)\left(\sum_{i=1}^N s_i\boldsymbol{z}_i\boldsymbol{z}_i'\right)^{-1}\left(\sum_{i=1}^N s_i\boldsymbol{z}_i\boldsymbol{x}_i'\right)\right]^{-1}\\
&\left[\left(\sum_{i=1}^N s_i\boldsymbol{x}_i\boldsymbol{z}_i'\right)\left(\sum_{i=1}^N s_i\boldsymbol{z}_i\boldsymbol{z}_i'\right)^{-1}\left(\sum_{i=1}^N s_i\boldsymbol{z}_iy_i\right)\right]
\end{aligned} \tag{9-44}$$

与 OLS 估计量类似，为保证估计量 $\hat{\boldsymbol{\beta}}^s_{\mathrm{2SLS}}$ 为参数 $\boldsymbol{\beta}$ 的一致估计量，需要 $\mathbb{E}(s_i\boldsymbol{z}_iu_i)=\mathbf{0}$。证明过程与 OLS 情形类似，这里不再重复。同样地，$\mathbb{E}(u_i|\boldsymbol{z}_i,s_i)=0$（即给定 $\boldsymbol{z}_i$ 的条件下，样本选择规则与 u_i 均值独立）与 s_i 为 $\boldsymbol{z}_i$ 的确定性函数都是 $\mathbb{E}(s_i\boldsymbol{x}_iu_i)=\mathbf{0}$ 成立的充分条件。

结合第六章给出的 GMM 估计量，当存在样本选择时，参数 $\boldsymbol{\beta}$ 的 GMM 估计量可以由如下

公式表示：

$$\hat{\boldsymbol{\beta}}^s_{\text{GMM}}=\left[\left(\sum_{i=1}^N s_i\boldsymbol{z}_i\boldsymbol{x}_i'\right)'\hat{\boldsymbol{W}}_s\left(\sum_{i=1}^N s_i\boldsymbol{z}_i\boldsymbol{x}_i'\right)\right]^{-1}\left[\left(\sum_{i=1}^N s_i\boldsymbol{z}_i\boldsymbol{x}_i'\right)'\hat{\boldsymbol{W}}_s\left(\sum_{i=1}^N s_i\boldsymbol{z}_i y_i\right)\right] \tag{9-45}$$

其中，$\hat{\boldsymbol{W}}_s$ 表示样本选择情形对应的加权矩阵。因此，为保证估计量$\hat{\boldsymbol{\beta}}^s_{\text{GMM}}$是参数$\boldsymbol{\beta}$ 的一致估计量，需要$\mathbb{E}(s_i\boldsymbol{z}_i u_i)=\boldsymbol{0}$。这与 2SLS 情形下的样本选择完全相同。

3.1.3 MLE 方法与样本选择问题

结合第五章 MLE 方法的分析，在样本选择条件下，MLE 估计量可以通过如下方式来得到：

$$\hat{\boldsymbol{\theta}}^s_{\text{MLE}}=\arg\min_{\{\boldsymbol{\theta}\in\boldsymbol{\Theta}\}}\left\{-\frac{1}{N}\sum_{i=1}^N[s_il_i(y_i\mid\boldsymbol{x}_i,\boldsymbol{\theta})]\right\}=\arg\min_{\{\boldsymbol{\theta}\in\boldsymbol{\Theta}\}}\left\{-\frac{1}{N}\sum_{i=1}^N[s_il_i(u_i\mid\boldsymbol{x}_i,\boldsymbol{\theta})]\right\} \tag{9-46}$$

其中，$l_i(\cdot)$表示(个体 i 的)对数似然函数；$\boldsymbol{\theta}$ 表示未知参数，包括解释变量系数以及误差项分布中的参数。

为保证$\hat{\boldsymbol{\theta}}^s_{\text{MLE}}$的一致性，需要$D(u_i\mid\boldsymbol{x}_i,s_i)=D(u_i\mid\boldsymbol{x}_i)$(这里$D(\cdot)$表示分布函数) 成立，即需要在给定$\boldsymbol{x}_i$ 的条件下，s_i 与 u_i **分布独立**，注意到该假设比 s_i 与 u_i **均值独立**假设强。这里需要 s_i 与 u_i分布独立是因为，给定该假定成立，$\mathbb{E}[s_il_i(u_i\mid\boldsymbol{x}_i,\boldsymbol{\theta})]=\mathbb{E}\{s_i\,\mathbb{E}[l_i(u_i\mid\boldsymbol{x}_i,\boldsymbol{\theta})\mid\boldsymbol{x}_i,s_i]\}=\mathbb{E}\{s_i\,\mathbb{E}[l_i(u_i\mid\boldsymbol{x}_i,\boldsymbol{\theta})\mid\boldsymbol{x}_i]\}=\mathbb{E}\{s_i\,\mathbb{E}[l_i(u_i\mid\boldsymbol{x}_i,\boldsymbol{\theta})]\}$成立(可以发现,第二个等式用到了分布独立假定,仅假设均值独立无法确保此等式成立)。由于$\mathbb{E}[s_il_i(u_i\mid\boldsymbol{x}_i,\boldsymbol{\theta})]=\mathbb{E}\{s_i\,\mathbb{E}[l_i(u_i\mid\boldsymbol{x}_i,\boldsymbol{\theta})]\}$，所以给定真实参数取值唯一，使$\mathbb{E}[s_il_i(u_i\mid\boldsymbol{x}_i,\boldsymbol{\theta})]$最大的参数值等于使$\mathbb{E}[l_i(u_i\mid\boldsymbol{x}_i,\boldsymbol{\theta})]$最大的参数值。选择规则 s_i 随机或者 s_i 是 $\boldsymbol{x}_i$ 的确定性函数都可以得到$D(u_i\mid\boldsymbol{x}_i,s_i)=D(u_i\mid\boldsymbol{x}_i)$成立。

总结以上分析可以得出如下重要结论：如果样本选择规则完全随机或者它由外生变量完全决定，那么样本选择不会对模型参数估计的一致性产生影响。

3.2 模型设定

在研究教育收益率的例子中，若研究者只能观测到那些参加工作个体的工资收入，那么就产生了偶然断尾引起样本选择问题。样本选择模型一般包含两个方程：**结果方程**(Outcome Equation)和**参与方程**(Participation Equation)。特别地，我们关心受教育年限对个人工资收入(y_1^*)的影响，然而只有对参加工作的个体才能观测到y_1^*，这是结果方程。个体是否参加工作取决于其工资收入(y_1^*)与保留工资之间(y_0^*)的差异($y_2^*=y_1^*-y_0^*$)，这是参与方程。如果利用 y_1 表示观测工资收入，y_2 表示工作参与决策，那么结果方程为：

$$y_1=\begin{cases}y_1^* & \text{if}\quad y_2=1\\ - & \text{if}\quad y_2=0\end{cases} \tag{9-47}$$

其中，假设$y_1^*=\boldsymbol{x}_1'\boldsymbol{\beta}+u_1$，并假设 u_1 与 $\boldsymbol{x}_1$ 独立(即不存在内生性问题)，这是我们所感兴趣的结构方程。

参与方程为：

$$y_2=\begin{cases}1 & \text{if}\quad y_2^*>0\\ 0 & \text{if}\quad y_2^*\leqslant 0\end{cases} \tag{9-48}$$

其中，假设$y_2^*=\boldsymbol{x}_2'\boldsymbol{\gamma}+u_2$，并假设 u_2 与 $\boldsymbol{x}_2$ 独立(即不存在内生性问题)。

进一步假设结果方程和参与方程中的误差项 u_1 与 u_2 服从如下联合正态分布：

$$\begin{pmatrix} u_1 \\ u_2 \end{pmatrix} \bigg| \boldsymbol{x} \sim \mathcal{N}\left(\begin{bmatrix} 0 \\ 0 \end{bmatrix}, \begin{bmatrix} \sigma_{11} & \sigma_{12} \\ \sigma_{21} & \sigma_{22} \end{bmatrix}\right) \tag{9-49}$$

其中，σ_{11}，σ_{22}以及 $\sigma_{12}=\sigma_{21}$分别表示 u_1 的方差，u_2 的方差以及 u_1 和 u_2 的协方差。通常将 u_2 的方差 σ_{22}标准化为 1。

需要说明的是，考虑到符号的简洁性，在式(9-47)至式(9-49)中省略了个体下标 i。可以看出，式(9-48)是 Probit 模型。式(9-47)至式(9-49)给出的模型就是著名的 **Heckman 样本选择模型**(Heckman,1979)，也被称为 **Tobit II 模型**(Amemiya,1985)或者 **Probit 样本选择模型**(Wooldridge,2002;Cameron and Trivedi,2005)。根据前述介绍，我们已经了解到 Tobit I 模型与 Tobit II 模型存在着差异，前者的 y_1^* 能否被观测到取决于其自身，后者的 y_1^* 能否被观测到取决于其他变量(y_2^*)。尽管如此，二者存在着密切的联系。仍然以教育收益率为例，当保留工资 y_0^* 能够被观测到时，由于 $y_2^*=y_1^*-y_0^*$，因此 y_1^* 能否被观测到取决于其自身：$y_1=\begin{cases} y_1^* & \text{if} \quad y_1^*>y_0^* \\ - & \text{if} \quad y_1^* \leqslant y_0^* \end{cases}$。与标准 Tobit I 模型不同，这里门限值随个体变化，从而是**随机门限 Tobit I 模型**(Tobit I Model with Stochastic Threshold)(Nelson,1977)。当保留工资 y_0^* 不仅能够被观测且不随个体变化时，Tobit II 模型与 Tobit I 模型完全相同。

3.3 模型估计

本小节介绍估计 Tobit II 模型的几个不同方法：Heckman 两步法，最大似然估计以及**序列两步估计**(Sequential Two-step Estimation)。在接下来的内容中，我们都将误差项 u_2 的方差 σ_{22}标准化为1(之所以能够这样做是因为，方差 σ_{22}本身的取值不会影响个体决策 y_2，这一点在第十章离散选择模型中能够清楚地看出来)。

3.3.1 利用 Heckman 两步法估计样本选择模型(Heckman,1979)

关于 Heckman 两步估计，前述已初步介绍，这里详细介绍。

命题 9.10：根据式(9-47)至式(9-49)给出的 Tobit II 模型可得：

$$\mathbb{E}(y_1 \mid \boldsymbol{x}, y_2^*>0)=\boldsymbol{x}_1'\boldsymbol{\beta}+\sigma_{12}\cdot\lambda(\boldsymbol{x}_2'\boldsymbol{\gamma}) \tag{9-50}$$

其中，$\lambda(\boldsymbol{x}_2'\boldsymbol{\gamma})=\dfrac{\phi(\boldsymbol{x}_2'\boldsymbol{\gamma})}{\Phi(\boldsymbol{x}_2'\boldsymbol{\gamma})}$，$\boldsymbol{x}=\begin{pmatrix} \boldsymbol{x}_1 \\ \boldsymbol{x}_2 \end{pmatrix}$。

从式(9-50)中可以得出两个重要结论：第一，忽略样本选择问题，即直接用 y_1 对 $\boldsymbol{x}_1$ 进行 OLS 回归，相当于遗漏了 $\lambda(\boldsymbol{x}_2'\boldsymbol{\gamma})$。在回归方程中遗漏 $\lambda(\boldsymbol{x}_2'\boldsymbol{\gamma})$既可以是函数形式设定问题，也可以是遗漏变量问题，这取决于 $\boldsymbol{x}_1$ 与 $\boldsymbol{x}_2$ 包含的变量的异同：当 $\boldsymbol{x}_1$ 与 $\boldsymbol{x}_2$ 包含的变量相同时，忽略样本选择问题是标准的函数形式误设问题，即错误地设定了关于 $\boldsymbol{x}_1$ 的函数形式；当 $\boldsymbol{x}_1$ 与 $\boldsymbol{x}_2$ 中包含的变量不相同时，那么忽略样本选择问题则是遗漏变量问题；第二，当 u_1 和 u_2 不相关时(即 $\sigma_{12}=0$)，样本选择问题不会对 Tobit II 模型参数估计产生影响。接下来，我们给出命题 9.10 的具体证明过程。

证明：

根据式(9-49)，并结合联合正态分布的性质(参见第二章数学基础)可以得到 $u_1 \mid u_2$的分布为：

$$u_1 \mid u_2,\ \boldsymbol{x} \sim \mathcal{N}(\sigma_{12}u_2, \sigma_{11}-\sigma_{12}^2)$$

从而有：

$$u_1 = \sigma_{12}u_2 + \xi \tag{9-51}$$

其中，$\mathbb{E}(\xi \mid u_2, \boldsymbol{x}) = 0$，$\mathrm{Var}(\xi \mid u_2, \boldsymbol{x}) = \sigma_{11} - \sigma_{12}^2$。进一步地，由于 ξ 是正态分布随机变量 u_1 和 u_2 的线性组合，从而服从正态分布。根据数据多元正态分布随机变量的性质，$\mathbb{E}(\xi \mid u_2, \boldsymbol{x}) = 0$ 意味着，在给定 $\boldsymbol{x}$ 的条件下，ξ 与 u_2 分布独立(参见第二章命题 2.8)。

容易得到如下等式成立：

$$\begin{aligned}
\mathbb{E}(y_1 \mid \boldsymbol{x}, y_2^* > 0) &= \mathbb{E}(y_1^* \mid \boldsymbol{x}, y_2^* > 0) \\
&= \boldsymbol{x}_1'\boldsymbol{\beta} + \mathbb{E}(u_1 \mid \boldsymbol{x}, u_2 > -\boldsymbol{x}_2'\boldsymbol{\gamma}) \\
&= \boldsymbol{x}_1'\boldsymbol{\beta} + \mathbb{E}(\sigma_{12}u_2 + \xi \mid \boldsymbol{x}, u_2 > -\boldsymbol{x}_2'\boldsymbol{\gamma}) \\
&= \boldsymbol{x}_1'\boldsymbol{\beta} + \sigma_{12}\mathbb{E}(u_2 \mid \boldsymbol{x}, u_2 > -\boldsymbol{x}_2'\boldsymbol{\gamma}) \\
&= \boldsymbol{x}_1'\boldsymbol{\beta} + \sigma_{12}\frac{\phi(\boldsymbol{x}_2'\boldsymbol{\gamma})}{\Phi(\boldsymbol{x}_2'\boldsymbol{\gamma})} \\
&= \boldsymbol{x}_1'\boldsymbol{\beta} + \sigma_{12} \cdot \lambda(\boldsymbol{x}_2'\boldsymbol{\gamma})
\end{aligned}$$

其中，第一个等式成立用到的是式(9-47)，第四个等式成立用到的是$\mathbb{E}(\xi \mid u_2, \boldsymbol{x}) = 0$，倒数第二个等式成立用到的是断尾标准正态分布的期望公式。

故命题得证。

□

命题 9.10 给出了条件期望$\mathbb{E}(y_1 \mid \boldsymbol{x}, y_2^* > 0)$的表达式，条件方差 $\mathrm{Var}(y_1 \mid \boldsymbol{x}, y_2^* > 0)$的表达式由下命题给出。

命题 9.11：根据式(9-47)至式(9-49)给出的 Tobit II 模型可得：

$$\mathrm{Var}(y_1 \mid \boldsymbol{x}, y_2^* > 0) = \sigma_{11} - \sigma_{12}^2 \cdot \lambda(\boldsymbol{x}_2'\boldsymbol{\gamma})[\boldsymbol{x}_2'\boldsymbol{\gamma} + \lambda(\boldsymbol{x}_2'\boldsymbol{\gamma})] \tag{9-52}$$

其中，$\lambda(\boldsymbol{x}_2'\boldsymbol{\gamma}) = \dfrac{\phi(\boldsymbol{x}_2'\boldsymbol{\gamma})}{\Phi(\boldsymbol{x}_2'\boldsymbol{\gamma})}$，$\boldsymbol{x} = \begin{pmatrix} \boldsymbol{x}_1 \\ \boldsymbol{x}_2 \end{pmatrix}$。

证明：

容易得到如下等式成立：

$$\begin{aligned}
\mathrm{Var}(y_1 \mid \boldsymbol{x}, y_2^* > 0) &= \mathrm{Var}(y_1^* \mid \boldsymbol{x}, y_2^* > 0) \\
&= \mathrm{Var}(\boldsymbol{x}_1'\boldsymbol{\beta} + u_1 \mid \boldsymbol{x}, u_2 > -\boldsymbol{x}_2'\boldsymbol{\gamma}) \\
&= \mathrm{Var}(\sigma_{12}u_2 + \xi \mid \boldsymbol{x}, u_2 > -\boldsymbol{x}_2'\boldsymbol{\gamma}) \\
&= \sigma_{11} - \sigma_{12}^2 + \sigma_{12}^2 \mathrm{Var}(u_2 \mid \boldsymbol{x}, u_2 > -\boldsymbol{x}_2'\boldsymbol{\gamma}) \\
&= \sigma_{11} - \sigma_{12}^2 + \sigma_{12}^2(1 + \lambda(\boldsymbol{x}_2'\boldsymbol{\gamma}) - [\lambda(\boldsymbol{x}_2'\boldsymbol{\gamma})]^2) \\
&= \sigma_{11} - \sigma_{12}^2 \cdot \lambda(\boldsymbol{x}_2'\boldsymbol{\gamma})[\boldsymbol{x}_2'\boldsymbol{\gamma} + \lambda(\boldsymbol{x}_2'\boldsymbol{\gamma})]
\end{aligned}$$

其中，第一个等式成立用到的是式(9-47)，第三个等式成立用到的是 $u_1 = \sigma_{12}u_2 + \xi$，第四个等式用到的是，在给定 $\boldsymbol{x}$ 的条件下 ξ 与 u_2 分布独立以及 $\mathrm{Var}(\xi \mid u_2, \boldsymbol{x}) = \sigma_{11} - \sigma_{12}^2$，倒数第二个等式用到的是断尾标准正态分布的方差公式(参见第二章命题 2.16)。

故命题得证。

□

综合命题 9.10 和命题 9.11 可以将 y_1 表述为：

$$y_1=\boldsymbol{x}_1'\boldsymbol{\beta}+\sigma_{12}\cdot\lambda(\boldsymbol{x}_2'\boldsymbol{\gamma})+v \tag{9-53}$$

其中，$v\equiv y_1-\mathbb{E}(y_1|\boldsymbol{x},y_2^*>0)$，$\mathrm{Var}(v|\boldsymbol{x},y_2^*>0)=\sigma_{11}-\sigma_{12}^2\cdot\lambda(\boldsymbol{x}_2'\boldsymbol{\gamma})[\boldsymbol{x}_2'\boldsymbol{\gamma}+\lambda(\boldsymbol{x}_2'\boldsymbol{\gamma})]$。

注意到由于 $\mathrm{Var}(v|\boldsymbol{x},y_2^*>0)$ 随着 $\boldsymbol{x}$ 的变化而变化，因此式(9-53)给出的模型存在异方差问题。为提高估计量的效率，需要利用 **GLS** 方法来估计式(9-53)。不难发现，式(9-53)相当于在回归方程中添加 $\lambda(\boldsymbol{x}_2'\boldsymbol{\gamma})$ 以控制样本选择问题对模型参数估计的影响。

由于 $\lambda(\boldsymbol{x}_2'\boldsymbol{\gamma})$ 中包含未知参数 $\boldsymbol{\gamma}$，从而无法直接利用 y_1 对 $\boldsymbol{x}_1$ 和 $\lambda(\boldsymbol{x}_2'\boldsymbol{\gamma})$ 回归估计式(9-53)中的参数，为此 Heckman(1979)建议使用如下两步估计法：第一步，利用 y_2 对 $\boldsymbol{x}_2$ 进行 Probit 回归得到 $\lambda(\boldsymbol{x}_2'\hat{\boldsymbol{\gamma}})$；第二步，基于可观测样本，利用 y_1 对 $\boldsymbol{x}_1$ 以及 $\lambda(\boldsymbol{x}_2'\hat{\boldsymbol{\gamma}})$ 进行 **GLS** 回归，得到模型参数估计值。在计量经济学中，这两个估计步骤通常又被称为 Heckit。进一步观察式(9-53)可以发现，我们能够通过检验参数 σ_{12} 估计值的显著性来判断是否(在统计上)存在样本选择问题：σ_{12} 显著不等于 0 意味着在统计上不能拒绝没有样本选择问题，反之则相反。由于第二步是通过添加控制变量 $\lambda(\boldsymbol{x}_2'\boldsymbol{\gamma})$ 来矫正样本选择偏误，因此 Heckman 两步法属于**控制函数方法**(Control Function Method)的一种。

3.3.2 利用 MLE 方法估计样本选择模型

除了使用以上 Heckman 两步法之外，给定式(9-47)至式(9-49)设定，Tobit II 模型还可以使用 MLE 法来估计。理想的情形是，基于联合分布 $f(y_{1i}^*,y_{2i}|\boldsymbol{x}_i)$ 来构建似然函数：

$$\begin{aligned}L^* &= \prod_{i=1}^{N} f(y_{1i}^*,y_{2i}|\boldsymbol{x}_i)\\ &= \prod_{i=1}^{N}[f(y_{1i}^*|\boldsymbol{x}_i,y_{2i}=1)\Pr(y_{2i}=1|\boldsymbol{x}_i)]^{1[y_{2i}=1]}[f(y_{1i}^*|\boldsymbol{x}_i,y_{2i}=0)\Pr(y_{2i}=0|\boldsymbol{x}_i)]^{1[y_{2i}=0]}\end{aligned} \tag{9-54}$$

然而，由于在 $y_2=0$ 的条件下 y_1^* 无法被观测到，$f(y_{1i}^*|\boldsymbol{x}_i,y_{2i}=0)$ 从而没有具体的经济含义。因此，在利用 MLE 估计 Tobit II 模型的实际过程中，构建的通常是如下拟似然函数：

$$\begin{aligned}L &= \prod_{i=1}^{N}[f(y_{1i}^*|\boldsymbol{x}_i,y_{2i}=1)\Pr(y_{2i}=1|\boldsymbol{x}_i)]^{1[y_{2i}=1]}[\Pr(y_{2i}=0|\boldsymbol{x}_i)]^{1[y_{2i}=0]}\\ &\neq \prod_{i=1}^{N} f(y_{1i}^*,y_{2i}|\boldsymbol{x}_i)\end{aligned} \tag{9-55}$$

其中，$f(y_{1i}^*|\boldsymbol{x}_i,y_{2i}=1)=\Phi\left(\dfrac{y_{1i}^*-\boldsymbol{x}_{1i}'\boldsymbol{\beta}-\sigma_{12}\boldsymbol{x}_{2i}'\boldsymbol{\gamma}}{\sqrt{\sigma_{11}-\sigma_{12}^2}}\right)\left[\dfrac{1}{\sqrt{\sigma_{11}}}\phi\left(\dfrac{y_{1i}^*-\boldsymbol{x}_{1i}'\boldsymbol{\beta}}{\sqrt{\sigma_{11}}}\right)\right]\dfrac{1}{\Phi(\boldsymbol{x}_{2i}'\boldsymbol{\gamma})}$，$\Pr(y_{2i}=1|\boldsymbol{x}_i)=\Phi(\boldsymbol{x}_{2i}'\boldsymbol{\gamma})$。不难发现，Tobit II 模型似然函数包含两部分：当 $y_2=1$ 时，y_1^* 能够被观测到，似然函数由 y_1^* 和 $y_2=1$ 的联合概率给出；当 $y_2=0$ 时，y_1^* 无法被观测到，似然函数由 $y_2=0$ 发生的概率给出。

命题 9.12：Tobit II 模型参数可以通过最大化如下对数似然函数得到：

$$\begin{aligned}\mathscr{L}(\boldsymbol{\theta}) &= \log(L)\\ &= \sum_{i=1}^{N}\left\{\begin{aligned}&1[y_{2i}=1]\log\left(\left[\frac{1}{\sqrt{\sigma_{11}}}\phi\left(\frac{y_{1i}^*-\boldsymbol{x}_{1i}'\boldsymbol{\beta}}{\sqrt{\sigma_{11}}}\right)\right]\right)+\\ &1[y_{2i}=1]\log\left[\Phi\left(\frac{y_1^*-\boldsymbol{x}_1'\boldsymbol{\beta}+\sigma_{12}\boldsymbol{x}_2'\boldsymbol{\gamma}}{\sqrt{\sigma_{11}-\sigma_{12}^2}}\right)\right]+1[y_{2i}=0]\log[1-\Phi(\boldsymbol{x}_2'\boldsymbol{\gamma})]\end{aligned}\right\}\end{aligned} \tag{9-56}$$

其中，L 由式(9-55)给出，$\boldsymbol{\theta}=\{\boldsymbol{\beta},\ \boldsymbol{\gamma},\ \sigma_{11},\ \sigma_{12}\}$。

证明：

根据式(9-55)我们知道：

$$L=\prod_{i=1}^{N}\left[f(y_{1i}^{*}\mid \boldsymbol{x}_i,y_{2i}=1)\Pr(y_{2i}=1\mid \boldsymbol{x}_i)\right]^{1[y_{2i}=1]}\left[\Pr(y_{2i}=0\mid \boldsymbol{x}_i)\right]^{1[y_{2i}=0]}$$

首先上式中相对较为简单的部分，$\Pr(y_2=1\mid x)$。根据 Probit 模型性质可得：

$$\Pr(y_2=1\mid \boldsymbol{x})=\Pr(y_2^{*}>0\mid \boldsymbol{x})=\Pr(u_2>-\boldsymbol{x}_2'\boldsymbol{\gamma}\mid \boldsymbol{x})=\Phi(\boldsymbol{x}_2'\boldsymbol{\gamma})$$

现在来推导条件分布 $f(y_1^{*}\mid \boldsymbol{x},y_2=1)$ 的表达式，利用贝叶斯法则可得：

$$f(y_1^{*}\mid \boldsymbol{x},y_2=1)=\frac{\Pr(y_2=1\mid \boldsymbol{x},y_1^{*})f(y_1^{*}\mid \boldsymbol{x})}{\Pr(y_2=1\mid \boldsymbol{x})} \tag{9-57}$$

其中，$f(y_1^{*}\mid \boldsymbol{x})=\dfrac{1}{\sqrt{2\pi\sigma_{11}}}\exp\left(-\dfrac{(y_1^{*}-\boldsymbol{x}_1'\boldsymbol{\beta})^2}{2\sigma_{11}}\right)$。容易证明，$\Pr(y_2=1\mid \boldsymbol{x},y_1^{*})$ 的表达式由下式给出：

$$\begin{aligned}\Pr(y_2=1\mid \boldsymbol{x},y_1^{*})&=\Pr(u_2>-\boldsymbol{x}_2'\boldsymbol{\gamma}\mid \boldsymbol{x},y_1^{*})\\&=\Pr\left(\frac{y_1^{*}-\boldsymbol{x}_1'\boldsymbol{\beta}-\xi}{\sigma_{12}}>-\boldsymbol{x}_2'\boldsymbol{\gamma}\,\middle|\,\boldsymbol{x},\ y_1^{*}\right)\\&=\Pr\left(\frac{\xi}{\sqrt{\sigma_{11}-\sigma_{12}^2}}<\frac{y_1^{*}-\boldsymbol{x}_1'\boldsymbol{\beta}+\sigma_{12}\boldsymbol{x}_2'\boldsymbol{\gamma}}{\sqrt{\sigma_{11}-\sigma_{12}^2}}\,\middle|\,\boldsymbol{x},\ y_1^{*}\right)\\&=\Phi\left(\frac{y_1^{*}-\boldsymbol{x}_1'\boldsymbol{\beta}+\sigma_{12}\boldsymbol{x}_2'\boldsymbol{\gamma}}{\sqrt{\sigma_{11}-\sigma_{12}^2}}\right)\end{aligned} \tag{9-58}$$

其中，第二个等式用到 $u_1=\sigma_{12}u_2+\xi$ 以及 $y_1^{*}=\boldsymbol{x}_1'\boldsymbol{\beta}+u_1$。

所以可以得到：

$$f(y_1^{*}\mid \boldsymbol{x},y_2=1)=\Phi\left(\frac{y_1^{*}-\boldsymbol{x}_1'\boldsymbol{\beta}+\sigma_{12}\boldsymbol{x}_2'\boldsymbol{\gamma}}{\sqrt{\sigma_{11}-\sigma_{12}^2}}\right)\left[\frac{1}{\sqrt{\sigma_{11}}}\phi\left(\frac{y_{1i}^{*}-\boldsymbol{x}_{1i}'\boldsymbol{\beta}}{\sqrt{\sigma_{11}}}\right)\right]\frac{1}{\Phi(\boldsymbol{x}_{2i}'\boldsymbol{\gamma})}$$

从而有：

$$L=\prod_{i=1}^{N}\left[\Phi\left(\frac{y_1^{*}-\boldsymbol{x}_1'\boldsymbol{\beta}+\sigma_{12}\boldsymbol{x}_2'\boldsymbol{\gamma}}{\sqrt{\sigma_{11}-\sigma_{12}^2}}\right)\left[\frac{1}{\sqrt{\sigma_{11}}}\phi\left(\frac{y_{1i}^{*}-\boldsymbol{x}_{1i}'\boldsymbol{\beta}}{\sqrt{\sigma_{11}}}\right)\right]\right]^{1[y_{2i}=1]}\left[1-\Phi(\boldsymbol{x}_2'\boldsymbol{\gamma})\right]^{1[y_{2i}=0]} \tag{9-59}$$

故命题得证。

□

3.3.3 Heckman 两步法与 MLE 方法对比

以上介绍了两种估计 Tobit II 模型的方法：Heckman 两步法与 MLE 方法。本小节对这两种估计方法进行比较分析。从估计量的有效性上来看，根据第五章 MLE 方法的介绍我们已经知道，在模型设定正确的条件下，MLE 估计量是最有效的。这意味着，若 Tobit II 模型设定正确，MLE 方法得到的估计量比 Heckman 两步法得到的估计量有效。此外，注意到在使用 Heckman 两步法估计模型参数的过程中，第二步的解释变量 $\lambda(\boldsymbol{x}_2'\hat{\boldsymbol{\gamma}})$ 来自第一步的估计结果，

因此第二步参数估计量的标准误需要进行调整，而 MLE 方法不存在这一问题。尽管如此，Heckman 两步法因其稳健性和操作的简洁性而更加流行。具体而言，使用 MLE 方法需要假定 $\left(\begin{matrix}u_1\\u_2\end{matrix}\middle|\boldsymbol{x}\right)\sim\mathcal{N}\left(\begin{bmatrix}0\\0\end{bmatrix},\begin{bmatrix}\sigma_{11}&\sigma_{12}\\\sigma_{21}&\sigma_{22}\end{bmatrix}\right)$ 成立。虽然我们在该假定成立的条件下介绍 Heckman 两步法，但 Heckman 两步法并不必须要求 $\left(\begin{matrix}u_1\\u_2\end{matrix}\middle|\boldsymbol{x}\right)\sim\mathcal{N}\left(\begin{bmatrix}0\\0\end{bmatrix},\begin{bmatrix}\sigma_{11}&\sigma_{12}\\\sigma_{21}&\sigma_{22}\end{bmatrix}\right)$ 成立。事实上，它只需 $\mathbb{E}(u_1|u_2)=\rho u_2$ 与 $u_2\sim\mathcal{N}(0,1)$ 成立，即可得到 $\mathbb{E}(y_1|x,y_2^*>0)=\boldsymbol{x}'_1\boldsymbol{\beta}+\rho\lambda(\boldsymbol{x}'_2\boldsymbol{\gamma})$，基于此便可利用 Heckman 两步法来估计模型参数。换言之，相较于 MLE 方法，Heckman 两步法估计模型参数所需要的假设更弱；另外，与 MLE 方法需要设定复杂的似然函数相比，Heckman 两步法较为直观，从而在操作上更加简洁。

3.3.4 利用序列两步法来估计样本选择模型(Newey,1984)

从以上对于 Heckman 两步法与 MLE 的介绍可以发现，Heckman 两步法需要对标准误进行调整，以反映第二步回归解释变量依赖第一步的估计结果——$\lambda(\boldsymbol{x}'_2\hat{\boldsymbol{\gamma}})\neq\lambda(\boldsymbol{x}'_2\boldsymbol{\gamma})$——对估计量标准误的影响。虽然 MLE 方法不存在调整标准误的问题，但是其似然函数的设定非常复杂，且对模型的假定要求也更加严格。为此，估计 Tobit II 模型可使用 Newey(1984)建议的**序列两步估计**(Sequential Two-step Estimation)。其基本逻辑非常简单：放弃 Heckman 两步法分别估计参与方程(第一步)和结果方程(第二步)的做法，取而代之的是同时估计这两个方程。

由于 Heckman 两步法中第一步是 y_2 对 $\boldsymbol{x}_2$ 进行 Probit 回归，因此根据第五章 MLE 方法关于 Probit 模型的介绍，这一步参数估计所对应的一阶优化条件是：

$$\sum_{i=1}^{N}\left\{\frac{\phi(\boldsymbol{x}'_{2i}\boldsymbol{\gamma})[y_{2i}-\Phi(\boldsymbol{x}'_{2i}\boldsymbol{\gamma})]}{\Phi(\boldsymbol{x}'_{2i}\boldsymbol{\gamma})[1-\Phi(\boldsymbol{x}'_{2i}\boldsymbol{\gamma})]}\boldsymbol{x}_{2i}\right\}=\boldsymbol{0} \tag{9-60}$$

Heckman 两步法中第二步是 y_1 对 $\boldsymbol{x}_1$ 以及 $\lambda(\boldsymbol{x}'_2\boldsymbol{\gamma})$ 进行最小二乘回归，所以这一步所对应的一阶优化条件是：

$$\sum_{i=1}^{N}\{1[y_{2i}=1]\,\boldsymbol{w}_i(\boldsymbol{\gamma})[y_{1i}-\boldsymbol{w}'_i(\boldsymbol{\gamma})\boldsymbol{\theta}]\}=\boldsymbol{0} \tag{9-61}$$

其中，$\boldsymbol{w}_i=\begin{bmatrix}\boldsymbol{x}_{1i}\\\lambda(\boldsymbol{x}'_{2i}\boldsymbol{\gamma})\end{bmatrix}$，$\boldsymbol{\theta}=\begin{bmatrix}\boldsymbol{\beta}\\\sigma_{12}\end{bmatrix}$。

序列两步估计同时估计式(9-60)和式(9-61)：

$$\sum_{i=1}^{N}\left\{\frac{\phi(\boldsymbol{x}'_{2i}\boldsymbol{\gamma})[y_{2i}-\Phi(\boldsymbol{x}'_{2i}\boldsymbol{\gamma})]}{\Phi(\boldsymbol{x}'_{2i}\boldsymbol{\gamma})[1-\Phi(\boldsymbol{x}'_{2i}\boldsymbol{\gamma})]}\boldsymbol{x}_{2i}\right\}=\boldsymbol{0}$$

$$\sum_{i=1}^{N}\{1[y_{2i}=1]\cdot\boldsymbol{w}_i(y_{1i}-\boldsymbol{w}'_i\boldsymbol{\theta})\}=\boldsymbol{0} \tag{9-62}$$

不难发现，式(9-62)实际上是(非线性)GMM 估计。因此，第六章工具变量方法中关于 GMM 估计量的分析都可以应用到这里，此处不再赘述。

3.4 模型识别

到目前为止，我们讨论了 Tobit II 模型的设定和估计问题。本小节介绍的是 Tobit II 模型参数的**识别**(Identification)问题。事实上，模型(参数)能够被识别，是进行模型估计的前提。Lewbel(2019)详细地介绍了计量经济学中识别的含义。

对于 Tobit II 模型，识别参数的基本思想是，通过在回归方程中添加 $\lambda(\boldsymbol{x}_2'\boldsymbol{\gamma})$ 作为控制变量来矫正样本选择偏误，这一点可以很容易地从式(9-53)中看出来。Tobit II 模型参数的识别未对结果方程中的解释变量 $\boldsymbol{x}_1$ 和选择方程中的解释变量 $\boldsymbol{x}_2$ 施加任何约束。即便在 $\boldsymbol{x}_1$ 和 $\boldsymbol{x}_2$ 完全相同(或 $\boldsymbol{x}_2$ 是 $\boldsymbol{x}_1$ 的子集)的情形下，Tobit II 模型中的参数 $\boldsymbol{\beta}$ 依然能够被识别。其背后的逻辑在于：$\lambda(\boldsymbol{x}_1'\boldsymbol{\gamma})$ 是 $\boldsymbol{x}_1$ 的非线性函数，从而与 $\boldsymbol{x}_1$ 不存在完全线性相关，即不存在多重共线性。该情形下，Tobit II 模型参数的识别是基于**函数形式**(Identification by Functional Form)实现的——$\lambda(\boldsymbol{x}_1'\boldsymbol{\gamma})$ 是 $\boldsymbol{x}_1$ 的非线性函数。需要进一步指出的是，当 $\boldsymbol{x}_1$ 与 $\boldsymbol{x}_2$ 完全相同时，尽管能够从理论上识别出参数 $\boldsymbol{\beta}$，但是其实际估计结果可能非常不准确。换言之，该情形下存在参数**弱识别**(Weak Identification)问题。这是因为，虽然 $\lambda(\boldsymbol{x}_1'\boldsymbol{\gamma})$ 不是 $\boldsymbol{x}_1$ 的线性函数，但它却在非常宽的定义域内与 $\boldsymbol{x}_1$ 的线性函数高度近似(从而与 $\boldsymbol{x}_1$ 高度相关)(参见图 9-9)。为了缓解弱识别问题，在设定 Tobit II 模型的过程中，通常要求 $\boldsymbol{x}_2$ 中至少包含一个不出现在 $\boldsymbol{x}_1$ 中的变量，即需要**排除性约束**(Exclusion Restriction)，这样就有了额外的变异来识别模型参数。

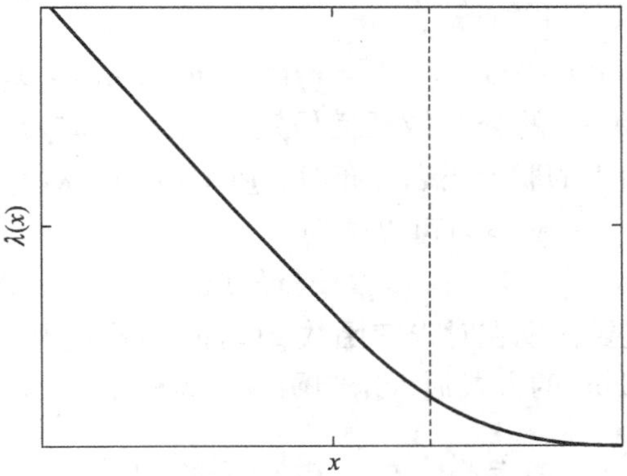

图 9-9　$\lambda(x)$ 与 x 的关系

注释：在非常宽的定义域内，$\lambda(x)$ 与 x 的线性函数高度近似。

最后，从直观上理解 Tobit II 模型参数的识别。首先来看参数 $\boldsymbol{\beta}$，它之所以能够被识别有两个方面的原因：一是 $\boldsymbol{x}_1$ 的变异——$\boldsymbol{x}_1$ 变化引起可观测结果 y_1 变化，二是控制 $\lambda(\boldsymbol{x}_2'\boldsymbol{\gamma})$ 矫正了样本选择偏差。识别参数 $\boldsymbol{\gamma}$ 利用的是参与方程中 $\boldsymbol{x}_2$ 存在的变异——$\boldsymbol{x}_2$ 变化导致参与变量 y_2 发生变化。识别参数 σ_{11} 基于可观测结果 y_1 的方差，即在给定解释变量 $\boldsymbol{x}$ 的条件下，如果 σ_{11} 越大，那么 y_1 的方差也会越大。从式(9-53)中可以很容易看出，参数 σ_{12} 的识别则依赖于 $\lambda(\boldsymbol{x}_2'\boldsymbol{\gamma})$ 和 y_1 的相关关系。直观上理解这是因为，σ_{12} 以及 $\lambda(\boldsymbol{x}_2'\boldsymbol{\gamma})$ 和 y_1 的相关关系都反映了样本选择对模型估计的影响。具体而言，σ_{12} 是 u_1 和 u_2 的协方差，从而刻画了结果方程和参与方程的联系，联系越强，样本选择问题对模型的影响越大；而 $\lambda(\boldsymbol{x}_2'\boldsymbol{\gamma})$ 是用来矫正样本选择偏误的控制变量，它和 y_1 的相关性本身所反应的就是样本选择问题对模型估计的影响。由于 $\boldsymbol{\gamma}$，σ_{12} 的识别都需要用到参与方程中的信息，因此与 Tobit I 模型能够利用如前述式(9-13)所示的 NLS 方法一步估计出模型参数不同，对于 Tobit II 模型而言，无法针对条件期望 $\mathbb{E}(y_1|\boldsymbol{x},y_2^*>0)=\boldsymbol{x}_1'\boldsymbol{\beta}+\sigma_{12}\lambda(\boldsymbol{x}_2'\boldsymbol{\gamma})$ 利用 NLS 一步估计出模型参数。换句话说，我们无法仅通过最小化目标函

数 $\sum_{i=1}^{N}[y_{1i}-\boldsymbol{x}'_{1i}\boldsymbol{\beta}-\sigma_{12}\lambda(\boldsymbol{x}'_2\boldsymbol{\gamma})]^2$ 估计出 Tobit II 模型参数。

3.5　进一步地讨论：估计样本选择模型的半参数方法

到现在为止，关于 Tobit II 模型，始终假定其中的误差项 u_1 和 u_2 服从特定的分布，特别是在 MLE 方法中还施加了更强的假定——u_1 和 u_2 服从联合正态分布。当所假定的分布与真实分布出现偏离时，前述大部分结论将不再成立。从这个意义上来说，Tobit II 模型非常不稳健。当出现样本选择问题时，更容易出现模型设定偏误。具体而言，当不存在样本选择问题时，只需要假定 $\boldsymbol{x}_1$ 与 u_1 均值独立$\mathbb{E}(u_1|\boldsymbol{x})=0$，即可利用 y_1 对 $\boldsymbol{x}_1$ 进行 OLS 回归即可以一致地估计出参数 $\boldsymbol{\beta}$。换言之，该情形下只需要正确设定误差项的一阶矩，更高阶矩的误设不会对参数 $\boldsymbol{\beta}$ 估计量的一致性产生影响。当存在样本选择问题时，一致估计参数 $\boldsymbol{\beta}$ 往往需要正确设定误差项的整个分布。有鉴于此，计量经济学家们还发展出了**半参数模型**(Semiparametric Model)来估计 Tobit II 模型。之所以称之为半参数模型是因为，这些模型对被解释变量和解释变量的关系进行了参数化的设定，而对误差项的分布未做参数化的设定。这些模型的研究起点通常是如下条件期望：

$$\mathbb{E}(y_1|\boldsymbol{x},y_2^*>0)=\mathbb{E}(y_1^*|\boldsymbol{x},y_2^*>0)=\boldsymbol{x}_1'\boldsymbol{\beta}+\mathbb{E}(u_1|\boldsymbol{x}_2,u_2>-\boldsymbol{x}_2'\boldsymbol{\gamma})=\boldsymbol{x}_1'\boldsymbol{\beta}+g(\boldsymbol{x}_2'\boldsymbol{\gamma})\tag{9-63}$$

其中，由于模型没有对 u_1 和 u_2 的分布做任何假定，因此 $g(\boldsymbol{x}_2'\boldsymbol{\gamma})$ 的函数形式未知。特别地，当 u_1 和 u_2 服从式(9-49)给出的联合正态分布时，$g(\boldsymbol{x}_2'\boldsymbol{\gamma})=\sigma_{12}\lambda(\boldsymbol{x}_2'\boldsymbol{\gamma})$。

进一步定义 $\xi\equiv y_1-\mathbb{E}(y_1|\boldsymbol{x},y_2^*>0)$ 可以得到：

$$y_1=\boldsymbol{x}_1'\boldsymbol{\beta}+g(\boldsymbol{x}_2'\boldsymbol{\gamma})+\xi\tag{9-64}$$

不同的半参数的差异主要体现在对未知函数 $g(\boldsymbol{x}_2'\boldsymbol{\gamma})$ 的处理上。其中，最直观的做法是用**级数近似**(Series Approximation)的方式逼近未知函数 $g(\boldsymbol{x}_2'\boldsymbol{\gamma})$：

$$y_1=\boldsymbol{x}_1'\boldsymbol{\beta}+\sum_{k=0}^{K}\rho_k h_k(\boldsymbol{x}_2'\hat{\boldsymbol{\gamma}})+\xi\tag{9-65}$$

其中，$h_k(\boldsymbol{x}_2'\hat{\boldsymbol{\gamma}})=r(\boldsymbol{x}_2'\hat{\boldsymbol{\gamma}})\cdot(\boldsymbol{x}_2'\hat{\boldsymbol{\gamma}})^k$，$\hat{\boldsymbol{\gamma}}$ 通过估计参与方程得到。特别地，当 $K=2$ 时，式(9-65)可以具体写作：

$$y_1=\boldsymbol{x}_1'\boldsymbol{\beta}+\rho_0 r(\boldsymbol{x}_2'\hat{\boldsymbol{\gamma}})+\rho_1 r(\boldsymbol{x}_2'\hat{\boldsymbol{\gamma}})\cdot(\boldsymbol{x}_2'\hat{\boldsymbol{\gamma}})+\rho_2 r(\boldsymbol{x}_2'\hat{\boldsymbol{\gamma}})\cdot(\boldsymbol{x}_2'\hat{\boldsymbol{\gamma}})^2+\xi\tag{9-66}$$

关于以上方法有两点需要说明：第一，需要 $\boldsymbol{x}_2$ 中至少包含一个不出现在 $\boldsymbol{x}_1$ 中的变量，即需要对模型施加排除性约束；第二，在估计参与方程参数 $\boldsymbol{\gamma}$ 的过程中，既可以假定误差项 u_1 服从正态分布，从而使用 Probit 模型，也可以假定误差项 u_1 服从逻辑分布，从而使用 Logit 模型，还可以不对 u_1 的分布做出任何假定，从而使用半参数离散选择模型。可以看出，在使用 Probit 或者 Logit 模型估计参数 $\boldsymbol{\gamma}$ 的过程中，虽然假定了 u_1 的分布，但是未对 u_1 和 u_2 之间的关系做出限定。

另外，估计 Tobit II 模型的半参数方法还包括，Robinson(1988)提出的**差分法**。该方法的基本逻辑与面板固定效应模型类似，都是通过差分的方法来消除模型中的不可观测因素。正式地，根据式(9-64)可得：

$$\mathbb{E}(y_1|\boldsymbol{x}_2'\boldsymbol{\gamma})=\mathbb{E}(\boldsymbol{x}_1'\boldsymbol{\beta}|\boldsymbol{x}_2'\boldsymbol{\gamma})+g(\boldsymbol{x}_2'\boldsymbol{\gamma})+\mathbb{E}(\xi|\boldsymbol{x}_2'\boldsymbol{\gamma})\tag{9-67}$$

进一步假设$\mathbb{E}(\xi|\boldsymbol{x}_2)=0$，由式(9-64)减去式(9-67)可得：

$$y_1-\mathbb{E}(y_1|\boldsymbol{x}_2'\boldsymbol{\gamma})=[\boldsymbol{x}_1'-\mathbb{E}(\boldsymbol{x}_1'|\boldsymbol{x}_2'\boldsymbol{\gamma})]\boldsymbol{\beta}+\xi \tag{9-68}$$

其中，条件期望$\mathbb{E}(y_1|x_2'\boldsymbol{\gamma})$与$\mathbb{E}(\boldsymbol{x}_1'|\boldsymbol{x}_2'\boldsymbol{\gamma})$由非参数的方法估计得到。可以发现，式(9-68)不依赖于不可观测函数$g(\boldsymbol{x}_2'\boldsymbol{\gamma})$。值得指出的是，该方法同样要求施加排除性约束。这是因为如果$\boldsymbol{x}_1$和$\boldsymbol{x}_2$完全相同，那么式(9-68)中的解释变量$\boldsymbol{x}_1'-\mathbb{E}(\boldsymbol{x}_1'|\boldsymbol{x}_2'\boldsymbol{\gamma})=\boldsymbol{0}$。

Ahn and Powell(1993)提出了另一方法来消除未知函数$g(\boldsymbol{x}_2'\boldsymbol{\gamma})$。对于个体$i$，式(9-64)可以表示为：

$$y_{1i}=\boldsymbol{x}_{1i}'\boldsymbol{\beta}+g(\boldsymbol{x}_{2i}'\boldsymbol{\gamma})+\xi_i \tag{9-69}$$

该方法消除$g(\boldsymbol{x}_{2i}'\boldsymbol{\gamma})$的方法是，找到使得$\boldsymbol{x}_{2j}'\boldsymbol{\gamma}$与$\boldsymbol{x}_{2i}'\boldsymbol{\gamma}$足够接近的个体$j$，然后将个体$i$和个体$j$所对应的方程进行差分，从而得到如下方程：

$$y_{1i}-y_{1j}=(\boldsymbol{x}_{1i}'-\boldsymbol{x}_{1j}')\boldsymbol{\beta}+[g(\boldsymbol{x}_{2i}'\boldsymbol{\gamma})-g(\boldsymbol{x}_{2j}'\boldsymbol{\gamma})]+(\xi_i-\xi_j) \tag{9-70}$$

其中，若$\boldsymbol{x}_{2j}'\boldsymbol{\gamma}$与$\boldsymbol{x}_{2i}'\boldsymbol{\gamma}$足够接近，那么$[g(\boldsymbol{x}_{2i}'\boldsymbol{\gamma})-g(\boldsymbol{x}_{2j}'\boldsymbol{\gamma})]$将基本从回归方程中消失。可以注意到，该方法识别参数$\boldsymbol{\beta}$不需要假定排除性约束。

4. Tobit III 模型

在上一节介绍的样本选择模型中，样本选择规则由 Probit 模型来刻画，本节介绍样本选择规则由 Tobit 模型来刻画的情形。同样以研究教育收益率为例，选择方程由 Probit 模型来刻画意味着，研究者能否观测到特定个体的工资收入(y_1^*)依赖该个体是否参加工作。在实际应用中，研究者不但能够观测到特定个体是否参加工作，而且往往能够观测到那些参加工作个体的每周的工作时长(y_2)。这个时候选择方程则可以由 Tobit 模型来刻画。具体地，对于那些工作时长大于 0 的个体，研究者能够观测到他们的工资收入，而对于那些工作时长等于 0 的个体，研究者无法观测到其工资收入。

4.1 模型设定

样本选择规则由 Tobit 模型来刻画的情形下，模型的结果方程由式(9-47)变为：

$$y_1=\begin{cases}y_1^* & \text{if} \quad y_2>0\\ - & \text{if} \quad y_2=0\end{cases} \tag{9-71}$$

其中，$y_1^*=\boldsymbol{x}_1'\boldsymbol{\beta}+u_1$，并假设$u_1$与$\boldsymbol{x}_1$独立(即不存在内生性问题)，这是我们所感兴趣的结构方程。

参与方程由式(9-48)变为：

$$y_2=\begin{cases}y_2^* & \text{if} \quad y_2^*>0\\ 0 & \text{if} \quad y_2^*\leqslant 0\end{cases} \tag{9-72}$$

其中，$y_2^*=\boldsymbol{x}_2'\boldsymbol{\gamma}+u_2$，并假设$u_2$与$\boldsymbol{x}_2$独立(即不存在内生性问题)。

此外，误差项u_1与u_2的分布与式(9-49)相同：

$$\begin{pmatrix}u_1\\u_2\end{pmatrix}\Bigg|\boldsymbol{x}\Bigg)\sim\mathcal{N}\left(\begin{bmatrix}0\\0\end{bmatrix},\begin{bmatrix}\sigma_{11} & \sigma_{12}\\ \sigma_{21} & \sigma_{22}\end{bmatrix}\right) \tag{9-73}$$

其中，σ_{11}，σ_{22}与$\sigma_{12}=\sigma_{21}$分别表示u_1的方差，u_2的方差以及u_1和u_2的协方差。注意到，与

式(9-49)不同的一点是，这里无法对 σ_{22} 进行标准化，这是因为 y_2^* 不再表示决定个体是否参与工作的效用。

Amemiya(1985)将式(9-71)至式(9-73)给出的模型称为 **Tobit III 模型**。它也被称为 **Tobit 样本选择模型**(Wooldridge,2002;Cameron and Trivedi,2005)。进一步比较 Tobit III 模型与前述 Tobit II 模型可以发现，Tobit III 模型关于样本选择规则的信息比 Tobit II 模型丰富——在 Tobit III 模型中，研究者不仅知道个体是否参加工作，而且知道参与工作个体的工作时长。也正是由于这个原因，Tobit III 模型估计通常比 Tobit II 模型估计更加灵活简便。这一点将在接下来一节中非常清楚地看出来。

4.2 模型估计

Tobit III 模型估计与 Tobit II 模型估计存在着紧密的联系。根据式(9-72)定义一个新的变量 $\ddot{y}_2=\begin{cases}1 & \text{if} \quad y_2^*>0\\ 0 & \text{if} \quad y_2^*\leqslant 0\end{cases}$，式(9-71)相应地变为 $y_1=\begin{cases}y_1^* & \text{if} \quad \ddot{y}_2=1\\ - & \text{if} \quad \ddot{y}_2=0\end{cases}$，这时 Tobit III 模型则转化为 Tobit II 模型，从而可直接使用估计 Tobit II 模型的方法来估计。即设定 $\mathbb{E}(y_1|\boldsymbol{x},y_2^*>0)=\mathbb{E}(y_1|\boldsymbol{x},u_2>\boldsymbol{x}_2'\boldsymbol{\gamma})$，在此基础上使用 Heckman 两步法估计模型参数。

与 Tobit II 模型的样本选择规则是 Probit 模型(从而无法得到 u_2 的估计值)不同，Tobit III 模型的样本选择规则是 Tobit 模型，从而可以得到 u_2 的估计值。因此，对于 Tobit III 模型的估计，可以设定如下条件期望：

$$\mathbb{E}(y_1|\boldsymbol{x},u_2)=\boldsymbol{x}_1'\boldsymbol{\beta}+\sigma_{12}u_2 \tag{9-74}$$

事实上，我们只能观测到 $y_2^*>0$ 那部分子样本的 y_1^*，无法观测到 $y_2^*\leqslant 0$ 那部分子样本的 y_1^*。因此，进一步给定 $y_2^*>0$ 的条件期望 $\mathbb{E}(y_1|\boldsymbol{x},u_2,y_2^*>0)$ 才是我们最终关心的。注意到 y_2^* 由 $\boldsymbol{x}$ 和 u_2 完全确定，所以

$$\mathbb{E}(y_1|\boldsymbol{x},u_2,y_2^*>0)=\boldsymbol{x}_1'\boldsymbol{\beta}+\sigma_{12}u_2 \tag{9-75}$$

综上，Tobit III 模型参数估计值可以通过如下两步法得到：(1)利用 y_2 对 $\boldsymbol{x}_2$ 进行 Tobit 回归，得到 u_2 的估计值 $\hat{u}_2$；(2)对于 $y_2^*>0$ 的样本，利用 y_1 对 $\boldsymbol{x}_1$ 和 $\hat{u}_2$ 进行最小二乘回归。

进一步将 Tobit III 模型与 Tobit II 模型两步估计法对比，能够得到以下结论：第一，在第一步中，Tobit II 模型估计的是 Probit 回归，Tobit III 模型估计的是 Tobit 回归；第二，在第二步中，Tobit II 模型控制的是复杂的非线性函数 $\lambda(\boldsymbol{x}_2'\boldsymbol{\gamma})$，Tobit III 模型控制的是 u_2，从而更加简洁；第三，在这两个模型中，第二步的解释变量都是来自第一步的估计结果，从而都需要对第二步估计量的标准误进行调整；最后，也是更为重要的，为避免弱识别问题，Tobit II 模型的估计要求排除性约束，而 Tobit III 模型的估计不需要必须施加排除性约束(u_2 与 $\boldsymbol{x}_1$ 一般不存在高度相关关系)。

与 Tobit II 类似，除了使用两步法之外，给定式(9-71)至式(9-73)的设定，Tobit III 模型参数还可以使用 MLE 方法估计。估计 Tobit III 模型理想的做法是，基于联合分布 $f(y_{1i}^*,y_{2i}^*|\boldsymbol{x}_i)$ 来构建似然函数：

$$L^*=\prod_{i=1}^{N}f(y_{1i}^*,y_{2i}^*|\boldsymbol{x}_i)=\prod_{i=1}^{N}f(y_{1i}^*|\boldsymbol{x}_i,y_{2i}^*)f(y_{2i}^*|\boldsymbol{x}_i) \tag{9-76}$$

然而，由于在 $y_{2i}^* \leqslant 0$ 的条件下 y_{1i}^* 无法被观测到，导致 $f(y_{1i}^* | \boldsymbol{x}_i, y_{2i}^*)$ 没有经济含义，而且 y_{2i}^* 本身也无法被观测，能够观测的是 $y_{2i}=0$。因此，在应用 MLE 估计 Tobit III 模型的实际过程中，构建的是如下拟似然函数：

$$L = \prod_{i=1}^{N} [f(y_{1i}^* | \boldsymbol{x}_i, y_{2i}^*) f(y_{2i}^* | \boldsymbol{x}_i)]^{1[y_{2i}^* > 0]} [\Pr(y_{2i}=0 | \boldsymbol{x}_i)]^{1[y_{2i}^* \leqslant 0]} \neq \prod_{i=1}^{N} f(y_{1i}^*, y_{2i}^* | \boldsymbol{x}_i) \tag{9-77}$$

其中，$f(y_{1i}^* | \boldsymbol{x}_i, y_{2i}^*) = \left[\frac{1}{\sqrt{\sigma_{11}-\sigma_{12}^2\sigma_{22}^{-1}}}\phi\left(\frac{y_{1i}^* - \boldsymbol{x}_{1i}'\boldsymbol{\beta} + \sigma_{12}\sigma_{22}^{-1}(y_{2i}^* - \boldsymbol{x}_{2i}'\boldsymbol{\gamma})}{\sqrt{\sigma_{11}-\sigma_{12}^2\sigma_{22}^{-1}}}\right)\right]$，$\Pr(y_{2i}=0 | \boldsymbol{x}_i) = 1 - \Phi\left(\frac{\boldsymbol{x}_2'\boldsymbol{\gamma}}{\sqrt{\sigma_{22}}}\right)$，$f(y_{2i}^* | \boldsymbol{x}_i) = \frac{1}{\sqrt{\sigma_{22}}}\phi\left(\frac{y_{2i}^* - \boldsymbol{x}_{2i}'\boldsymbol{\gamma}}{\sqrt{\sigma_{22}}}\right)$。$f(y_{1i}^* | \boldsymbol{x}_i, y_{2i}^*)$ 与 $\Pr(y_{2i}=0 | \boldsymbol{x}_i)$ 表达式的推导过程与 Tobit II模型类似。这里给出式(9-77)的证明过程。

证明：

根据 $y_1^* = \boldsymbol{x}_1'\boldsymbol{\beta} + u_1$，$y_2^* = \boldsymbol{x}_2'\boldsymbol{\gamma} + u_2$ 以及式(9-73)，并结合第二章数学基础中关于联合正态分布的介绍可知，$y_1^* | \boldsymbol{x}, y_2^*$ 服从均值为 $\boldsymbol{x}_1'\boldsymbol{\beta} - \sigma_{12}\sigma_{22}^{-1}(y_2^* - \boldsymbol{x}_2'\boldsymbol{\gamma})$，方差为 $\sigma_{11} - \sigma_{12}^2\sigma_{22}^{-1}$ 的正态分布（参见命题 2.9）：

$$y_1^* | \boldsymbol{x}, y_2^* \sim \mathcal{N}\left(\boldsymbol{x}_1'\boldsymbol{\beta} - \frac{\sigma_{12}}{\sigma_{22}}(y_2^* - \boldsymbol{x}_2'\boldsymbol{\gamma}),\ \sigma_{11} - \sigma_{12}^2\sigma_{22}^{-1}\right)$$

另外，

$$\Pr(y_2=0 | \boldsymbol{x}) = \Pr(u_2 \leqslant -\boldsymbol{x}_2'\boldsymbol{\gamma} | \boldsymbol{x}) = \Pr\left(\frac{u_2}{\sqrt{\sigma_{22}}} \leqslant -\frac{\boldsymbol{x}_2'\boldsymbol{\gamma}}{\sqrt{\sigma_{22}}} \middle| \boldsymbol{x}\right) = 1 - \Phi\left(\frac{\boldsymbol{x}_2'\boldsymbol{\gamma}}{\sqrt{\sigma_{22}}}\right)$$

故式(9-77)得证。

□

可见，无论是基于两步法还是 MLE 方法，Tobit III 模型的估计都要比 Tobit II 模型更加简洁。

5. 内生性问题

到目前为止，在介绍 Tobit 系列模型的过程中，我们始终假设不存在内生性问题，而将介绍的重点放在因截取、断尾或偶然断尾（样本选择）引起的模型函数形式设定偏误上。本小节则进一步放松解释变量外生的假定，简要介绍 Tobit 系列模型中的内生性问题及其处理方法。

5.1 Tobit I 模型的内生性

5.5.1 Smith and Blundell（1986）两步估计

将内生变量引入前述 Tobit I 模型：

$$y_i = \max\{\boldsymbol{x}_i'\boldsymbol{\beta} + \theta q_i + \epsilon_i,\ 0\} \tag{9-78}$$

其中，$\boldsymbol{x}_i$ 为外生变量，q_i 为内生变量。

将 q_i 进一步表示为：

$$q_i=\boldsymbol{z}_i'\boldsymbol{\alpha}+\xi_i \tag{9-79}$$

其中，$\boldsymbol{z}_i$ 为包括 $\boldsymbol{x}_i$ 在内的外生变量。

假设给定 $\boldsymbol{x}_i$，误差项 ϵ_i 和 ξ_i 服从联合正态分布：

$$\begin{pmatrix}\epsilon_i\\ \xi_i\end{pmatrix}\Bigg|\boldsymbol{x}_i\sim\mathcal{N}\left(\begin{bmatrix}0\\0\end{bmatrix},\ \begin{bmatrix}\sigma_{11}&\sigma_{12}\\ \sigma_{21}&\sigma_{22}\end{bmatrix}\right) \tag{9-80}$$

基于式(9-78)至式(9-80)的设定，Smith and Blundell(1986)提出了估计含有内生变量的 Tobit I 模型的控制函数方法。具体而言，根据联合正态分布的性质可得：

$$\epsilon_i=\rho\xi_i+e_i \tag{9-81}$$

其中，$\rho=\dfrac{\sigma_{12}}{\sigma_{22}}$，误差项 e_i 独立于 ξ_i。将式(9-81)代入到式(9-78)可得：

$$y_i=\max\{\boldsymbol{x}_i'\boldsymbol{\beta}+\theta q_i+\rho\xi_i+e_i,\ 0\} \tag{9-82}$$

可以看出，式(9-82)是不存在内生性的 Tobit I 模型。综上可知，式(9-78)至式(9-80)给出的 Tobit I 模型可以通过两步法估计：(1) 利用 q_i 对 $\boldsymbol{z}_i$ 进行最小二乘回归得到 ξ_i 的估计值 $\hat{\xi}_i=q_i-\boldsymbol{z}_i'\hat{\boldsymbol{\alpha}}$；(2) 利用 y_i 对 $\boldsymbol{x}_i$，q_i 以及 $\hat{\xi}_i$ 进行 Tobit 回归。直观上而言，该方法识别模型参数的逻辑是，在回归方程中控制 q_i 中与误差项 ϵ_i 相关的部分 ξ_i。需要指出的是，Smith and Blundell 两步法识别模型参数需要外生变量 $\boldsymbol{z}_i$ 中至少包含一个不出现在 $\boldsymbol{x}_i$ 中的变量(若 $\boldsymbol{z}_i$ 与 $\boldsymbol{x}_i$ 相同,那么在第二步的 Tobit 回归中则存在多重共线性问题:ξ_i 可以写成 $\boldsymbol{x}_i$ 和 q_i 的线性函数)。此外，它还提供了一个检验 Tobit I 模型内生性的简便方法——可以通过检验 ρ 估计值的显著性来判断 Tobit I 模型在统计上是否存在内生性问题。

5.5.2 MLE 方法

虽然 Smith and Blundell 两步法是处理 Tobit I 模型内生性问题的流行方法，但是它存在的两个不足限制了它更为广泛的应用：第一，该方法第二步的解释变量来自第一步的估计结果，从而需要对第二步估计量的标准误进行调整；第二，也是更为重要的，当式(9-79)为离散选择模型时(比如,Probit 模型)，误差项 ξ_i 无法从模型中“拿出”，从而无法像式(9-82)那样对 q_i 中的内生部分 ξ_i 进行控制。MLE 方法可以有效避免这两个问题。

MLE 方法估计如下似然函数：

$$L=\prod_{i=1}^{N}\left[f(y_i^*|\boldsymbol{z}_i,q_i)f(q_i|\boldsymbol{z}_i)\right]^{1[y_i^*>0]}\left[\Pr(y_i=0|\boldsymbol{z}_i,q_i)f(q_i|\boldsymbol{z}_i)\right]^{1[y_i^*\leq 0]} \tag{9-83}$$

其中，$f(y_i^*|\boldsymbol{z}_i,q_i)=\left[\dfrac{1}{\sqrt{\sigma_{11}-\sigma_{12}^2\sigma_{22}^{-1}}}\phi\left(\dfrac{y_i^*-\boldsymbol{x}_i'\boldsymbol{\beta}-\theta q_i-\sigma_{12}\sigma_{22}^{-1}(q_i-\boldsymbol{z}_i'\boldsymbol{\alpha})}{\sqrt{\sigma_{11}-\sigma_{12}^2\sigma_{22}^{-1}}}\right)\right]$；$\Pr(y_i=0|\boldsymbol{z}_i,q_i)=\left[1-\Phi\left(\dfrac{\boldsymbol{x}_i'\boldsymbol{\beta}+\theta q_i+\sigma_{12}\sigma_{22}^{-1}(q_i-\boldsymbol{z}_i'\boldsymbol{\alpha})}{\sqrt{\sigma_{11}-\sigma_{12}^2\sigma_{22}^{-1}}}\right)\right]$；$f(q_i|\boldsymbol{z}_i)=\dfrac{1}{\sqrt{\sigma_{22}}}\phi\left(\dfrac{q_i-\boldsymbol{z}_i'\boldsymbol{\alpha}}{\sqrt{\sigma_{22}}}\right)$。这些表达式证明过程与前类似(留作练习)。

5.2 Tobit II 模型的内生性

在 Tobit II 模型中引入内生变量，将结果方程式(9-47)替换为：

$$y_{1i}=\begin{cases}\boldsymbol{x}_i'\boldsymbol{\beta}+\theta q_i+u_{1i} & \text{if} \quad y_{2i}=1\\ - & \text{if} \quad y_{2i}=0\end{cases} \tag{9-84}$$

其中，q_i 为内生变量，它的表达式为：

$$q_i=z_i'\boldsymbol{\phi}+\zeta_i \tag{9-85}$$

其中，z_i 为包括 $\boldsymbol{x}_i$ 在内的外生变量。

由式(9-84)、式(9-85)以及前述式(9-48)和式(9-49)给出的 Tobit II 模型，可由如下步骤来估计：(1) 利用 y_2 对 $\boldsymbol{x}_2$ 进行 Probit 回归得到 $\boldsymbol{\lambda}(\boldsymbol{x}_2'\hat{\boldsymbol{\gamma}})$；(2) 将 $\boldsymbol{z}$ 和 $\boldsymbol{\lambda}(\boldsymbol{x}_2'\hat{\boldsymbol{\gamma}})$ 作为工具变量，利用 y_1 对 $\boldsymbol{x}_1$，q 和 $\boldsymbol{\lambda}(\boldsymbol{x}_2'\hat{\boldsymbol{\gamma}})$ 进行 2SLS 回归。可以看出，这相当于将前述 Tobit II 模型 Heckman 两步估计法中的第二步由 OLS 回归替换为 2SLS 回归。如果进一步地设定 u_1，u_2 和 ζ 这三个误差项之间的联合概率形式，还可以使用 MLE 方法来估计上述含有内生变量的 Tobit II 模型。

5.3 Tobit III 模型的内生性

引入内生变量的 Tobit III 模型可由式(9-84)、式(9-85)以及式(9-72)和式(9-73)给出。其估计步骤为：(1) 利用 y_2 对 $\boldsymbol{x}_2$ 进行 Tobit 回归，得到 u_2 的估计值 $\hat{u}_2$；(2) 将 $\boldsymbol{z}$ 和 $\hat{u}_2$ 作为工具变量，利用 y_1 对 $\boldsymbol{x}_1$，q 和 $\hat{u}_2$ 进行 2SLS 回归。可见，这相当于将前述 Tobit III 模型 Heckman 两步估计法中的第二步由 OLS 回归替换为 2SLS 回归。同样地，如果进一步设定结果方程误差项，选择方程误差项以及内生变量方程误差项三者之间的联合概率分布，还可以使用 MLE 方法来估计含有内生变量的 Tobit II 模型。

习题

1. 比较说明 Tobit I 模型，Tobit II 模型以及 Tobit III 模型三类模型的异同。
2. 样本选择问题是否一定会影响估计结果，为什么？
3. 给定 $z\sim\mathcal{N}(0,1)$，证明如下不等式成立：

$$0<\text{Var}(z|z>c)<1$$

其中，c 为任意常数。

4. 给定本章式(9-34)的异方差模型：

(1) 参考命题 9.1 的证明过程，证明：

$$\mathbb{E}(y_i|x_i,y_i>0)=\beta_0+x_i\beta_1+\sigma x_i\lambda\left(\frac{\beta_0}{\sigma x_i}+\frac{\beta_1}{\sigma}\right)$$

其中，$\lambda\left(\frac{\beta_0}{\sigma x_i}+\frac{\beta_1}{\sigma}\right)=\left[\Phi\left(\frac{\beta_0}{\sigma x_i}+\frac{\beta_1}{\sigma}\right)\right]^{-1}\phi\left(\frac{\beta_0}{\sigma x_i}+\frac{\beta_1}{\sigma}\right)$ 为**逆米尔斯比率**(Inverse Mills Ratio)。

(2) 参考命题 9.3 的证明过程，证明：

$$\mathbb{E}(y_i|x_i)=\Phi\left(\frac{\beta_0}{\sigma x_i}+\frac{\beta_1}{\sigma}\right)(\beta_0+x_i\beta_1)+\sigma x_i\phi\left(\frac{\beta_0}{\sigma x_i}+\frac{\beta_1}{\sigma}\right)$$

(3) 参考命题 9.4 的证明过程，证明：

$$f(y_i|x_i,y_i>0)=\left[\frac{1}{\sigma x_i}\phi\left(\frac{y_i-\beta_0-x_i\beta_1}{\sigma x_i}\right)\right]\left[\Phi\left(\frac{\beta_0}{\sigma x_i}+\frac{\beta_1}{\sigma}\right)\right]^{-1}$$

（4）参考命题 9.5 的证明过程，证明：

$$f(y_i|x_i)=\left[\frac{1}{\sigma x_i}\phi\left(\frac{y_i-\beta_0-x_i\beta_1}{\sigma x_i}\right)\right]^{1[y_i>0]}\left[1-\Phi\left(\frac{\beta_0}{\sigma x_i}+\frac{\beta_1}{\sigma}\right)\right]^{1[y_i=0]}$$

5. 当存在样本选择时，证明参数 $\boldsymbol{\beta}$ 的 2SLS 估计量由如下公式表示：

$$\hat{\boldsymbol{\beta}}^s_{2SLS}=\left[\left(\sum_{i=1}^N s_i\boldsymbol{x}_i\boldsymbol{z}_i'\right)\left(\sum_{i=1}^N s_i\boldsymbol{z}_i\boldsymbol{z}_i'\right)^{-1}\left(\sum_{i=1}^N s_i\boldsymbol{z}_i\boldsymbol{x}_i'\right)\right]^{-1}\left[\left(\sum_{i=1}^N s_i\boldsymbol{x}_i\boldsymbol{z}_i'\right)\left(\sum_{i=1}^N s_i\boldsymbol{z}_i\boldsymbol{z}_i'\right)^{-1}\left(\sum_{i=1}^N s_i\boldsymbol{z}_iy_i\right)\right]$$

第四部分

结 构 模 型

第十章　离散选择(结构)模型

从微观层面上看，经济学研究的是行为个体基于效用最大化原则的选择问题。计量经济学中的**离散选择模型**(Discrete Choice Model)与此密切相关。与前述各章计量模型一个最为显著的差异是，离散选择模型显式地对个体选择背后的效用进行建模。这意味着离散选择模型与经济理论有着更为直接和紧密的联系，从而能够识别具有明确经济学含义的参数，这些参数通常也被称作**深层次参数**(Deep Parameters)。事实上，近年来比较流行的**结构式估计方法**(Structural Estimation Method)的一个重要基础就是离散选择模型。值得指出的是，尽管因果效应通常是我们所感兴趣的研究对象，但是识别因果效应参数并不一定意味着识别了经济学理论模型的参数(即具有明确经济学含义的结构参数)，其中的一个重要原因是(简约式模型中的)因果效应参数通常是经济理论模型中多个结构参数的函数或者组合。本章除了介绍 Logit 模型和 Probit 模型等标准离散选择模型之外，还进一步做了两个方面拓展介绍：第一，介绍考虑内生性问题的离散选择模型，主要涉及**控制函数方法**(Control Function Method)(Heckman, 1977;Hausman,1977;Heckman and Robb,1985;Rivers and Vuong,1988)、**完全信息最大似然估计**(Full Information Maximum Likelihood Estimation,FIMLE)以及 **Berry-Levinsohn-Pakes(BLP)方法**(Berry,1994;Berry et al. ,1995)等三个经典方法，其中 BLP 方法目前被广泛地应用在实证经济学研究的多个领域；第二，介绍嵌入行为个体跨期动态决策的**动态离散选择结构模型**(Dynamic Discrete Choice Structural Models)，与标准离散选择模型假设行为个体决策是静态的不同，在动态离散选择结构模型中，行为个体的决策是跨期的——行为个体在进行决策的过程中同时关注决策当期和未来的效用，且当期的决策会对其未来的效用产生影响。自 Miller(1984)、Wolpin(1984)、Pakes(1986)与 Rust(1987)等开创性研究以来，动态离散选择结构模型成为了应用微观计量经济学最为活跃的研究领域之一，目前更是被广泛地应用至经济学研究的多个重要领域(Aguirregabiri and Mira,2010)，然而目前还没有专门的计量经济学教材对此进行较为系统的介绍，有鉴于此，我们在本章对该模型进行介绍。

1. 模型设定

随机效用模型(Random Utility Model,RUM)是刻画离散选择问题最常见的框架。该模型最早由 Marschak(1960)引入经济分析，并被 McFadden(1974,1978)推广。在随机效应模型中，效用由确定性和随机性两个部分组成。具体而言，考虑行为个体面临 M 个互斥选择(Alternatives)的问题。行为个体 $i \in \{1, 2, \cdots, N\}$ 选择 $m \in \{1, 2, \cdots, M\}$ 所获得的效用可以表示为：

$$U_{im}=U(V_{im},\varepsilon_{im}) \tag{10-1}$$

其中，V_{im}表示效用U_{im}中的非随机部分，ε_{im}表示效用U_{im}中的随机部分。关于误差项ε_{im}值得说明的是，它可以被研究对象——行为个体观测到，但是无法被研究者观测到，从而也被称作**计量误差项**(Econometrician Error)。为了简化分析，通常假设V_{im}和ε_{im}这两项**分离可加**(Additive Separability)。基于此，能够得到**可加随机效用模型**(Additive Random Utility Model,ARUM)：

$$U_{im}=V_{im}+\varepsilon_{im} \tag{10-2}$$

注意到，式(10-2)可以完整地表述为$\begin{cases}U_{i1}=V_{i1}+\varepsilon_{i1}\\U_{i2}=V_{i2}+\varepsilon_{i2}\\\cdots\cdots\cdots\cdots\\U_{iM}=V_{iM}+\varepsilon_{iM}\end{cases}$。

容易看出，分离可加假定意味着可观测变量的边际效用与不可观测的误差项不相关，从而简化了模型分析。具体来说，在实际应用中，我们通常对某一可观测变量对个体选择行为的影响效应感兴趣，而这个效应往往与该变量的边际效用相关，如果误差项ε_{im}以非分离可加的方式进入效用函数$U(V_{im},\varepsilon_{im})$，那么边际效用则很有可能是误差项$\varepsilon_{im}$的函数，显然这会增加我们分析可观测变量对个体选择行为效应的难度。在本章介绍的所有模型中，**我们均维持分离可加假定成立**。除了分离可加假定之外，**本章还始终假定个体之间的决策行为互相独立**，从而意味着我们不需要对不同行为个体选择决策间的关系进行建模(即不需要模型化不同个体选择的联合概率分布,只需模型化个体的选择概率)，这也是全书大部分章节所通常施加的假定。

一般地，V_{im}可以表示为：

$$V_{im}=V(\boldsymbol{x}_{im},z_{\mathrm{i}},\boldsymbol{\pi}) \tag{10-3}$$

其中，$\boldsymbol{x}_{im}$表示随个体和选择同时变化的因素，z_i表示仅随个体变化的因素，$\boldsymbol{\pi}$为V_{im}中的参数。① 考虑个体上班交通方式选择问题，$\boldsymbol{x}_{im}$中可能包括选择特定的交通方式上班所花费的时间；z_i可能包括性别、健康状况以及收入等个体特征变量。$\boldsymbol{x}_{im}$和z_i都是能够被研究者观测到的因素，ε_{im}是无法被**研究者**观测到的因素。这里值得特别指出的是，个体i既可以观测到$\boldsymbol{x}_{im}$和z_i，也可以观测到ε_{im}。

考虑到模型的简便性，在离散选择模型分析中，往往将V_{im}设定为线性函数：

$$V_{im}=\boldsymbol{x}'_{im}\boldsymbol{\alpha}+z'_i\boldsymbol{\beta}_m \tag{10-4}$$

其中，变量系数$\boldsymbol{\alpha}$和$\begin{bmatrix}\boldsymbol{\beta}_1\\\vdots\\\boldsymbol{\beta}_M\end{bmatrix}$都是$\boldsymbol{\pi}$中的参数。可以发现，在式(10-4)中随着选择和个体变化变量$\boldsymbol{x}_{im}$的系数设定为不随选择变化的$\boldsymbol{\alpha}$，随个体但不随选择变化变量z_i的系数设定为随着选择变化的$\boldsymbol{\beta}_m$。在本章后续的介绍中，$\boldsymbol{x}_{im}$的系数还可以设定为随个体变化的形式$\boldsymbol{\alpha}_i$，该情形下的

① 值得指出的是，除了V_{im}中的参数$\boldsymbol{\pi}$之外，模型参数还通常包括刻画误差项ε_{im}联合分布的参数(这里未显性给出)。这一点可以在本章后续介绍 Probit 模型的过程中看出来。

模型被称为**随机系数模型**(Random Coefficient Model)。

命题 10.1：根据效用最大化原则(个体选择能给其带来最大效用的行为)，行为个体 i 选择 m 的概率 p_{im} 可以表示为：

$$p_{im} = \int_{\varepsilon_{i1}} \int_{\varepsilon_{i2}} \cdots \int_{\varepsilon_{iM}} I(\varepsilon_{ik} < V_{im} - V_{ik} + \varepsilon_{im}, \forall k \neq m) f(\boldsymbol{\varepsilon}_i) \mathrm{d}\boldsymbol{\varepsilon}_i \tag{10-5}$$

其中，$I(\cdot)$ 为指示函数，当括号中的逻辑表达式成立时取值为 1，反之取值为 0(下同)；$\boldsymbol{\varepsilon}_i = \begin{bmatrix} \varepsilon_{i1} \\ \varepsilon_{i2} \\ \vdots \\ \varepsilon_{iM} \end{bmatrix}$ 表示个体 i 的误差项向量。

证明：

由于 p_{im} 表示个体 i 选择 m 的概率，因此容易得到如下等式成立：

$$\begin{aligned} p_{im} &= \Pr(U_{im} = \max\{U_{i1}, U_{i2}, \cdots, U_{iM}\}) \\ &= \Pr(U_{im} > U_{ik}, \forall k \neq m) \\ &= \Pr(V_{im} + \varepsilon_{im} > V_{ik} + \varepsilon_{ik}, \forall k \neq m) \\ &= \Pr(\varepsilon_{ik} < V_{im} - V_{ik} + \varepsilon_{im}, \forall k \neq m) \\ &= \mathbb{E}_{\boldsymbol{\varepsilon}_i}[I(\varepsilon_{ik} < V_{im} - V_{ik} + \varepsilon_{im}, \forall k \neq m)] \\ &= \int_{\boldsymbol{\varepsilon}_i} I(\varepsilon_{ik} < V_{im} - V_{ik} + \varepsilon_{im}, \forall k \neq m) f(\boldsymbol{\varepsilon}_i) \mathrm{d}\boldsymbol{\varepsilon}_i \\ &= \int_{\varepsilon_{i1}} \int_{\varepsilon_{i2}} \cdots \int_{\varepsilon_{iM}} I(\varepsilon_{ik} < V_{im} - V_{ik} + \varepsilon_{im}, \forall k \neq m) f(\boldsymbol{\varepsilon}_i) \mathrm{d}\boldsymbol{\varepsilon}_i \end{aligned}$$

其中，第五个等式成立用到的是服从伯努利分布随机变量的性质。

故命题得证。

□

注意到，式(10-5)中的积分是关于向量 $\boldsymbol{\varepsilon}_i$ 的，从而是 M 重积分。根据第二章的介绍我们知道，大部分积分不具有解析表达式，通常需要借助数值方法来计算。当 M 取值较大时，计算积分的运算量将会非常大。**如何计算多重积分是离散选择模型的重点和难点之一。**

如果令 y_{im} 表示个体 i 选择 m 的虚拟变量(当个体 i 选择 m 时，$y_{im}=1$；否则 $y_{im}=0$)，并进一步假设个体之间的行为是互相独立的，用 $\boldsymbol{\theta}$ 来表示模型未知参数(具体包括 V_{im} 中的参数以及刻画误差项 ε_{im} 联合分布的参数)，那么观测数据中所有个体实际选择发生的概率可以表示为：

$$L(\boldsymbol{\theta}) = \prod_{n=1}^{N} \prod_{m=1}^{M} (p_{im})^{y_{im}} \tag{10-6}$$

可以发现，式(10-6)利用到了个体之间的决策行为互相独立这一假定。在本章余下的内容中，如不特别指明，均默认该假定成立。基于式 10-6)可得对数似然函数：

$$\ln L(\boldsymbol{\theta}) = \sum_{n=1}^{N} \sum_{m=1}^{M} y_{im} \ln p_{im} \tag{10-7}$$

到目前为止，似乎可以利用第五章介绍的 MLE 方法对参数式(10-7)中的参数 $\boldsymbol{\theta}$ 进行估计和统计推断。然而，在计量经济学中，估计模型参数往往都需要事先讨论参数本身的识别问题(Lewbel,2019)，这对于离散选择模型尤为重要。其原因在于，离散选择模型的经济学基础是个体效用最大化行为，而效用本身绝对数值的大小没有任何意义。

2. 参数识别

在离散选择模型中，行为个体基于效用最大化做出选择。根据经济理论，最终影响行为人决策的是效用的排序而非绝对数值的大小。正是因为如此，离散选择模型中的参数并不一定能够被识别，识别参数通常需要对模型进行**标准化**(Normalization)。Train(2009)将离散选择模型的识别问题归纳为两个方面：第一，**只有效用差异是重要的**(Only Differences in Utility Matter)，这一点可以从等式 $p_{im}=\Pr(U_{im}>U_{ik},\forall k\neq m)\equiv\Pr(U_{ik}-U_{im}<0,\forall k\neq m)$(行为个体的选择依赖效用之差,不依赖效用的绝对数值)中看出来。特别地，所有选择的效用同时加上任意常数不改变行为个体选择；第二，**效用标度可以是任意大于 0 的数**(The Scale of Utility is Arbitrary)，这一点可从等式 $p_{im}=\Pr(U_{im}>U_{ik},\forall k\neq m)\equiv\Pr(\lambda\cdot U_{im}>\lambda\cdot U_{ik},\forall k\neq m)$($\lambda$ 为任意大于 0 的常数)中看出来，即行为个体面临所有选择的效用同时乘以任意大于 0 的常数不改变行为个体的选择决策。

2.1 效用差异与参数识别

考虑效用 U_{im} 的如下设定形式：

$$U_{im}=\boldsymbol{x}'_{im}\boldsymbol{\alpha}+\boldsymbol{z}'_i\boldsymbol{\beta}_m+c_m+\varepsilon_{im} \tag{10-8}$$

其中，与式(10-3)相同，$\boldsymbol{x}_{im}$ 为随个体和选择变化的变量，$\boldsymbol{z}_i$ 为随个体但是不随选择变化的变量。除了可观测的 $\boldsymbol{x}_{im}$ 和 $\boldsymbol{z}_i$ 之外，还有许多影响个体效用 U_{im} 的不可观测因素，随着选择变化的常数项 c_m 就是用来刻画这些因素(关于个体)平均效用的参数。由于不同选择的效用差异而非绝对数值影响行为个体决策，因此式(10-8)中的参数 $\begin{bmatrix}\boldsymbol{\beta}_1\\ \vdots\\ \boldsymbol{\beta}_M\end{bmatrix}$ 和 $\begin{bmatrix}c_1\\ \vdots\\ c_M\end{bmatrix}$ 无法被识别。为了清楚地看出这一点，考虑如下只有 $m\in\{1,2\}$ 这两个选择的模型：

$$\begin{cases}U_{i1}=\boldsymbol{x}'_{i1}\boldsymbol{\alpha}+\boldsymbol{z}'_i\boldsymbol{\beta}_1+c_1+\varepsilon_{i1}\\ U_{i2}=\boldsymbol{x}'_{i2}\boldsymbol{\alpha}+\boldsymbol{z}'_i\boldsymbol{\beta}_2+c_2+\varepsilon_{i2}\end{cases} \tag{10-9}$$

定义 $\widetilde{U}_{i21}=U_{i2}-U_{i1}$，$\tilde{\varepsilon}_{i21}=\varepsilon_{i2}-\varepsilon_{i1}$，根据式(10-9)可得：

$$\widetilde{U}_{i21}=(\boldsymbol{x}_{i2}-\boldsymbol{x}_{i1})'\boldsymbol{\alpha}+\boldsymbol{z}'_i(\boldsymbol{\beta}_2-\boldsymbol{\beta}_1)+(c_2-c_1)+\tilde{\varepsilon}_{i21} \tag{10-10}$$

从式(10-10)中可以看出，式(10-8)将不随选择变化的变量 $\boldsymbol{z}_i$ 的系数设为随着选择变化的形式是因为，如果将 $\boldsymbol{z}_i$ 设定为不随选择变化的常数，那么根据“只有效用差异重要”原则，含有 $\boldsymbol{z}_i$ 的这一项将从模型中消失。

根据式(10-10)可知，当 $\widetilde{U}_{i21}>0$ 时，行为个体做出的选择是 2；反之，行为个体做出的选择是 1。回忆中级计量经济学知识，如果我们假定误差项 $\tilde{\varepsilon}_{i21}$ 服从特定的分布，那么我们则可估计式(10-10)：假定 $\tilde{\varepsilon}_{i21}$ 服从 Logistic 分布，式(10-10)所对应的是 Logit 模型；假定 $\tilde{\varepsilon}_{i21}$ 服从标准正态分布，式(10-10)所对应的是 Probit 模型，本章接下来的内容还会对此进一步地介绍。不难发现，无论采用什么模型，能够识别的是 $\boldsymbol{\alpha}$，$\boldsymbol{\beta}_2-\boldsymbol{\beta}_1$ 和 c_2-c_1。也就是说，只能够识别参数 $\boldsymbol{\beta}_1$ 和 $\boldsymbol{\beta}_2$(c_1 和 c_2)之差，无法识别它们各自的数值。基于此，对模型(10-9)进行标准化得到：

$$\begin{cases} U_{i1}^* = \boldsymbol{x}_{i1}'\boldsymbol{\alpha}+\varepsilon_{i1} \\ U_{i2}^* = \boldsymbol{x}_{i2}'\boldsymbol{\alpha}+\boldsymbol{z}_i'\boldsymbol{\beta}+c+\varepsilon_{i2} \end{cases} \tag{10-11}$$

其中，将式(10-9)模型参数 $\boldsymbol{\beta}_1$ 和 c_1 标准化为 0。为区分符号，将式(10-9)中的 U_{i1} 和 U_{i2} 分别用 U_{i1}^* 和 U_{i2}^* 来替代，将式(10-9)模型参数 $\boldsymbol{\beta}_2$ 和 c_2 分别用式(10-11)中 $\boldsymbol{\beta}$ 和 c 来替代。

进一步比较式(10-9)和式(10-10)可以发现，“只有效用差异重要”这一原则还导致误差项由式(10-9)两维的 $\begin{bmatrix}\varepsilon_{i1}\\ \varepsilon_{i2}\end{bmatrix}$ 变为式(10-10)一维的 $\tilde{\varepsilon}_{i21}$，即误差项的维度下降了。为了一般地讨论这个问题，回到前述多个选择的问题——行为个体 i 选择 $m\in\{1, 2, \cdots, M\}$ 的效用由 $U_{im}=V_{im}+\varepsilon_{im}$ 给出。进一步定义 $\tilde{\varepsilon}_{ikm}=\varepsilon_{ik}-\varepsilon_{im}$ 和 $\tilde{\boldsymbol{\varepsilon}}_{im}=\begin{bmatrix}\tilde{\varepsilon}_{i1m}\\ \vdots \\ \tilde{\varepsilon}_{iMm}\end{bmatrix}$(为除 $\tilde{\varepsilon}_{imm}=0$ 外的 $M-1$ 维向量)，根据式(10-5)可得：

$$P_{im}=\int_{\tilde{\varepsilon}_{im}} I(\tilde{\varepsilon}_{ikm} < V_{im}-V_{ik}, \forall k\neq m)g(\tilde{\boldsymbol{\varepsilon}}_{im})\mathrm{d}\tilde{\boldsymbol{\varepsilon}}_{im} \tag{10-12}$$

其中，积分是关于 $\tilde{\boldsymbol{\varepsilon}}_{im}$ 的，从而是 $M-1$ 重积分，比式(10-5)中的积分少了一重。

2.2 效用标度与参数识别

上一小节介绍了效用差异与离散选择模型参数的识别问题，本小节介绍效用标度与离散选择模型参数的识别问题。

考虑效用 U_{im} 的如下设定形式：

$$U_{im}=\boldsymbol{x}_{im}'\boldsymbol{\alpha}+\varepsilon_{im} \tag{10-13}$$

其中，误差项 ε_{im} 独立同分布，且 $\mathrm{Var}(\varepsilon_{im})=\sigma^2$。

由于行为个体 i 面临所有选择的效用 $\{U_{im}\}$ 同时乘以任意大于 0 的常数不改变行为个体的选择决策，因此式(10-13)给出的模型与如下模型等价：

$$U_{im}^*=\boldsymbol{x}_{im}'\left(\frac{\boldsymbol{\alpha}}{\sigma}\right)+\varepsilon_{im}^* \tag{10-14}$$

其中，$\varepsilon_{im}^*=\dfrac{\varepsilon_{im}}{\sigma}$，$\mathrm{Var}(\varepsilon_{im}^*)=1$。可以发现式(10-14)相当于将式(10-13)中误差项 ε_{im} 的方差 σ^2 标准化为 1。能够看出，能够识别的是参数 $\boldsymbol{\alpha}$ 与 σ 的比值 $\dfrac{\boldsymbol{\alpha}}{\sigma}$，但是无法分别识别出这两个参数。

在式(10-13)中，我们假设误差项独立同分布，现在放松该假定。假设误差项在不同的选择间存在异方差和相关性(但仍然假定误差项在不同个体间独立同分布)，正式地：

$$\mathrm{Var}(\boldsymbol{\varepsilon}_i)\equiv\begin{bmatrix}\sigma_{11} & \sigma_{12} & \cdots & \sigma_{1M}\\ \cdot & \sigma_{22} & \cdots & \sigma_{2M}\\ \vdots & \vdots & & \vdots\\ \cdot & \cdot & \cdots & \sigma_{MM}\end{bmatrix}\tag{10-15}$$

其中，$\boldsymbol{\varepsilon}_i=\begin{bmatrix}\varepsilon_{i1}\\ \vdots\\ \varepsilon_{iM}\end{bmatrix}$为 $M\times1$ 向量。矩阵中的 符号“·”代表对称矩阵中上三角元素所对应的下三角元素（下同）。注意到 $\mathrm{Var}(\boldsymbol{\varepsilon}_i)$不随个体变化，这是因为我们假设误差项在不同的个体间独立同分布。

为便于考察误差项具有异方差和相关性情形下参数的识别问题，考虑只有三个选择的离散选择模型，其误差项 $\boldsymbol{\varepsilon}_i\equiv\begin{bmatrix}\varepsilon_{i1}\\ \varepsilon_{i2}\\ \varepsilon_{i3}\end{bmatrix}$的方差协方差矩阵为：

$$\mathrm{Var}(\boldsymbol{\varepsilon}_i)\equiv\mathrm{Var}\left(\begin{bmatrix}\varepsilon_{i1}\\ \varepsilon_{i2}\\ \varepsilon_{i3}\end{bmatrix}\right)=\begin{bmatrix}\sigma_{11} & \sigma_{12} & \sigma_{13}\\ \cdot & \sigma_{22} & \sigma_{23}\\ \cdot & \cdot & \sigma_{33}\end{bmatrix}\tag{10-16}$$

根据“只有效用差异重要”原则，误差项 $\boldsymbol{\varepsilon}_i$ 可以标准化为 $\tilde{\boldsymbol{\varepsilon}}_{i1}\equiv\begin{bmatrix}\tilde{\varepsilon}_{i21}\\ \tilde{\varepsilon}_{i31}\end{bmatrix}\equiv\begin{bmatrix}\varepsilon_{i2}-\varepsilon_{i1}\\ \varepsilon_{i3}-\varepsilon_{i1}\end{bmatrix}$，[①] 其方差协方差矩阵为：

$$\mathrm{Var}(\tilde{\boldsymbol{\varepsilon}}_{i1})\equiv\mathrm{Var}\left(\begin{bmatrix}\tilde{\varepsilon}_{i21}\\ \tilde{\varepsilon}_{i31}\end{bmatrix}\right)=\begin{bmatrix}\sigma_{22}+\sigma_{11}-2\sigma_{12} & \sigma_{23}-\sigma_{21}-\sigma_{13}+\sigma_{11}\\ \cdot & \sigma_{33}+\sigma_{11}-2\sigma_{12}\end{bmatrix}\tag{10-17}$$

事实上，若定义矩阵 $\boldsymbol{\Gamma}=\begin{bmatrix}-1 & 1 & 0\\ -1 & 0 & 1\end{bmatrix}$，那么 $\mathrm{Var}(\tilde{\boldsymbol{\varepsilon}}_{i1})$与 $\mathrm{Var}(\boldsymbol{\varepsilon}_i)$的关系可以用如下等式来表示（留作练习）：

$$\mathrm{Var}(\tilde{\boldsymbol{\varepsilon}}_{i1})=\boldsymbol{\Gamma}\mathrm{Var}(\boldsymbol{\varepsilon}_i)\boldsymbol{\Gamma}'\tag{10-18}$$

根据“效用标度可以是任意大于 0 的数”原则，误差项 $\boldsymbol{\varepsilon}_i$ 可以进一步标准化为 $\tilde{\boldsymbol{\varepsilon}}_{i1}^*\equiv\begin{bmatrix}\tilde{\varepsilon}_{i21}^*\\ \tilde{\varepsilon}_{i31}^*\end{bmatrix}\equiv\begin{bmatrix}\dfrac{\tilde{\varepsilon}_{i21}}{\sqrt{\sigma_{22}+\sigma_{11}-2\sigma_{12}}}\\ \dfrac{\tilde{\varepsilon}_{i31}}{\sqrt{\sigma_{22}+\sigma_{11}-2\sigma_{12}}}\end{bmatrix}$，其方差协方差矩阵为：

---

① 误差项 $\boldsymbol{\varepsilon}_i$ 也可以标准化为 $\tilde{\boldsymbol{\varepsilon}}_{i2}\equiv\begin{bmatrix}\tilde{\varepsilon}_{i12}\\ \tilde{\varepsilon}_{i32}\end{bmatrix}\equiv\begin{bmatrix}\varepsilon_{i1}-\varepsilon_{i2}\\ \varepsilon_{i3}-\varepsilon_{i2}\end{bmatrix}$或者 $\tilde{\boldsymbol{\varepsilon}}_{i3}\equiv\begin{bmatrix}\tilde{\varepsilon}_{i13}\\ \tilde{\varepsilon}_{i23}\end{bmatrix}\equiv\begin{bmatrix}\varepsilon_{i1}-\varepsilon_{i3}\\ \varepsilon_{i2}-\varepsilon_{i3}\end{bmatrix}$，讨论过程类似。

$$\operatorname{Var}(\tilde{\boldsymbol{\varepsilon}}_{i1}^{*}) \equiv \operatorname{Var}\left(\begin{bmatrix}\tilde{\varepsilon}_{i21}^{*}\\ \tilde{\varepsilon}_{i31}^{*}\end{bmatrix}\right) = \begin{bmatrix} 1 & \dfrac{\sigma_{23}-\sigma_{12}-\sigma_{13}+\sigma_{11}}{\sigma_{22}+\sigma_{11}-2\sigma_{12}} \\ \cdot & \dfrac{\sigma_{33}+\sigma_{11}-2\sigma_{12}}{\sigma_{22}+\sigma_{11}-2\sigma_{12}} \end{bmatrix} \tag{10-19}$$

从式(10-19)中可以看出，只有$\dfrac{\sigma_{23}-\sigma_{12}-\sigma_{13}+\sigma_{11}}{\sigma_{22}+\sigma_{11}-2\sigma_{12}}$和$\dfrac{\sigma_{33}+\sigma_{11}-2\sigma_{12}}{\sigma_{22}+\sigma_{11}-2\sigma_{12}}$能够被识别，而参数$\sigma_{11}$，$\sigma_{12}$，$\sigma_{13}$，$\sigma_{22}$，$\sigma_{23}$以及$\sigma_{33}$无法被识别。这是因为，有六个未知数，但却只有两个方程。

3. 二值离散选择模型

以上在较为一般的意义上介绍了离散选择模型的基本设定和识别，本节具体介绍经典的二值选择模型。本小节有两个主要目的：第一，帮助读者更加深入的理解初(中)级计量经济学中介绍的二值选择模型；第二，作为一个特例对前述模型设定和参数识别进行具体展示说明。

3.1 理论模型

为与经典教科书中最基本的二值选择模型符号保持一致，考虑$m\in\{0,1\}$的模型(比如$m=1$表示购买股票;$m=0$表示不购买股票)，① 且(简便起见)假定模型效用函数只包含随个体变化的个体特征变量z_i以及随着选择变化的常数项c_m。

效用函数具体设定如下：

$$\begin{cases} U_{i0}=z_i'\boldsymbol{\beta}_0+c_0+\varepsilon_{i0} \\ U_{i1}=z_i'\boldsymbol{\beta}_1+c_1+\varepsilon_{i1} \end{cases} \tag{10-20}$$

同样地，为与经典教科书中最基本的二值选择模型符号保持一致，定义符号$U_i=U_{i1}-U_{i0}$，$\varepsilon_i=\varepsilon_{i1}-\varepsilon_{i0}$，$\boldsymbol{\beta}=\boldsymbol{\beta}_1-\boldsymbol{\beta}_0$，$c=c_1-c_0$，根据“只有效用差异是重要的”原则，式(10-20)模型与如下模型等价：

$$U_i=z_i'\boldsymbol{\beta}+c+\varepsilon_i \tag{10-21}$$

令y_i表示个体i选择的虚拟变量，那么根据式(10-21)可得：

$$y_i=\begin{cases} 1 & \text{if} \quad U_i=z_i'\boldsymbol{\beta}+c+\varepsilon_i>0 \\ 0 & \text{if} \quad U_i=z_i'\boldsymbol{\beta}+c+\varepsilon_i\leqslant 0 \end{cases} \tag{10-22}$$

式(10-22)是经典教科书中二值选择模型最为常见的设定。不难看出，参数$\boldsymbol{\beta}$和c能够被识别，但是参数$\boldsymbol{\beta}_0$，$\boldsymbol{\beta}_1$，c_0和c_1不能够被识别，参数$\boldsymbol{\beta}_0$和c_0可以标准化为任意常数，通常将它们标准化为0。现在进一步假定ε_i与z_i独立，且其分布关于0左右对称。若用$G(\varepsilon_i)$表示ε_i的累积分布函数，那么可以将$y_i=1$的(条件)概率表示为：

$$p_i=\Pr(y_i=1\mid z_i,c)=\Pr(z_i'\boldsymbol{\beta}+c+\varepsilon_i>0\mid z_i,c)=1-G(-z_i'\boldsymbol{\beta}-c)=G(z_i'\boldsymbol{\beta}+c) \tag{10-23}$$

式(10-23)通常被称为**指数模型**(Index Model)。误差项ε_i不同分布对应不同的模型。特

---

① m的取值可以是任意两个不同的数，将m的取值设定为0或1是为了与经典二值选择模型的介绍保持一致。

别地，$G(z_i'\boldsymbol{\beta}+c)=z_i'\boldsymbol{\beta}+c$ 对应的是**线性概率模型**（Linear Probability Model，LPM）。线性概率模型的一个重要的不足之处是，在拟合数据的过程中有可能得到大于 1 或者小于 0 的概率值。值得指出的是，当 z_i 中所包含的变量都是虚拟变量时，即模型为**饱和模型**（Saturated Model）时，线性概率模型不存在拟合概率大于 1 或小于 0 的不合理情形。这是因为，根据 $\Pr(y_i=1|z_i,c)=\mathbb{E}(y_i|z_i,c)$，式（10-23）本质上是对条件期望 $\mathbb{E}(y_i=1|z_i,c)$ 进行设定，而将饱和模型的条件期望设定为线性函数不存在模型误设问题（具体原因可以参见陈诗一和陈登科，2019）。

为避免出现拟合概率大于 1 或者小于 0 的不合理情形，在离散选择模型设定中，通常假设误差项 ε_i 服从 Logistic 分布，从而得到 Logit 模型。该情形下，$G(z_i'\boldsymbol{\beta}+c)$ 的表达式为：

$$G(z_i'\boldsymbol{\beta}+c)\equiv\Lambda(z_i'\boldsymbol{\beta}+c)=\frac{e^{(z_i'\boldsymbol{\beta}+c)}}{1+e^{(z_i'\boldsymbol{\beta}+c)}} \tag{10-24}$$

其中，$\Lambda(\cdot)$ 为 Logistic 分布的累积概率密度函数。可以发现，对于 Logit 模型，$G(z_i'\boldsymbol{\beta}+c)$ 介于 0 至 1 之间。值得指出的是，由于服从 I **类极值分布**（Type I Extreme Value）（也被称为 Gumbel 分布）的独立随机变量之差服从 Logistic 分布（本章第 4 节将对此给出证明），① 因此假定 $\varepsilon_i=\varepsilon_{i1}-\varepsilon_{i0}$ 服从 Logistic 分布等价于假定 ε_{i0} 和 ε_{i1} 独立且服从 I 类极值分布。进一步地，由于服从 I 类极值分布随机变量的方差等于 $\frac{\pi^2}{6}$，因此假设误差项 ε_i 服从 Logistic 分布意味着（隐含地根据“效用标度可以是任意大于 0 的数”原则）标准化了模型的刻度——将 ε_{i0} 和 ε_{i1} 的方差标准化为 $\frac{\pi^2}{6}$。

如果假设误差项 ε_i 服从标准正态分布 $\mathcal{N}(0,1)$，那么我们得到的是 Probit 模型。该情形下，$G(z_i'\boldsymbol{\beta}+c)$ 的表达式为：

$$G(z_i'\boldsymbol{\beta}+c)\equiv\Phi(z_i'\boldsymbol{\beta}+c)=\int_{-\infty}^{z_i'\boldsymbol{\beta}+c}\phi(\upsilon)\,d\upsilon \tag{10-25}$$

其中，$\phi(\cdot)$ 和 $\Phi(\cdot)$ 分别为标准正态分布的概率密度函数和累积概率密度函数。可以发现，对于 Probit 模型，$G(z_i'\boldsymbol{\beta}+c)$ 介于 0 至 1 之间。与 Logit 模型类似，这里假设误差项 ε_i 服从标准正态分布意味着（根据“效用标度可以是任意大于 0 的数”原则）标准化了模型的刻度——将 ε_i 的方差标准化为 1。

根据前述讨论，在式（10-23）给出的模型中，参数 $\boldsymbol{\beta}$ 和 c 能够被识别，但是它们并不一定是我们最终感兴趣的。一般地，我们关注 z_i 中特定变量 z_{ij}（z_i 中第 j 个变量）对 $y_i=1$ 概率 p_i 的影响 $\frac{\partial p_i}{\partial z_{ij}}$，即**边际效应**（Marginal Effect）。对于线性概率模型，边际效应等于 β_j；对于 Logit 模型，边际效应等于 $\left[\frac{e^{(z_i'\boldsymbol{\beta}+c)}}{1+e^{(z_i'\boldsymbol{\beta}+c)}}\left(1-\frac{e^{(z_i'\boldsymbol{\beta}+c)}}{1+e^{(z_i'\boldsymbol{\beta}+c)}}\right)\right]\beta_j=p_i(1-p_i)\beta_j$（证明该等式留作练习）；对于 Probit 模型，边际效应等于 $\phi(z_i'\boldsymbol{\beta}+c)\cdot\beta_j$。为便于阅读，我们将关于线性概率模型、Logit 以及 Probit 这三个模型总结在表 10-1 中。

① 若随机变量 υ 服从 I 类极值分布，那么它的概率密度函数为 $f(\upsilon)=e^{-\upsilon}e^{-e^{-\upsilon}}$。

表 10-1 不同二值离散选择模型比较

模型	ε_i 的分布	概率：$p_i=G(z_i'\boldsymbol{\beta}+c)$	边际效应：$\frac{\partial p_i}{\partial z_{ij}}$
LPM	—	$z_i'\boldsymbol{\beta}+c$	β_j
Logit	Logisitic	$\frac{e^{z_i'\boldsymbol{\beta}+c}}{1+e^{z_i'\boldsymbol{\beta}+c}}$	$\left[\frac{e^{(z_i'\boldsymbol{\beta}+c)}}{1+e^{(z_i'\boldsymbol{\beta}+c)}}\left(1-\frac{e^{(z_i'\boldsymbol{\beta}+c)}}{1+e^{(z_i'\boldsymbol{\beta}+c)}}\right)\right]\beta_j=p_i(1-p_i)\beta_j$
Probit	标准正态	$\Phi(z_i'\boldsymbol{\beta}+c)$	$\phi(z_i'\boldsymbol{\beta}+c)\cdot\beta_j$

进一步比较基于式(10-23)得到的线性概率模型、Logit 以及 Probit 这三个模型可得到如下基本结论：首先，关于模型拟合概率。线性概率模型的拟合概率可能出现大于 1 或者小于 0 的不合理结果，Logit 模型和 Probit 模型的拟合概率介于 0 至 1 之间。其次，关于特定变量 z_{ij} 边际效应。线性概率模型的边际效应是一个常数 β_j，Logit 模型和 Probit 模型边际效应都不等于 β_j，且随着变量取值变化而变化。特别地，当 $z_i'\boldsymbol{\beta}+c$ 取值使得 $p_i=1-p_i=0.5$ 时，Logit 模型边际效应 $p_i(1-p_i)\beta_j$ 最大，等于$\frac{\beta_j}{4}$；当 $z_i'\boldsymbol{\beta}+c=0$ 时，Probit 模型边际效应 $\phi(z_i'\boldsymbol{\beta}+c)\cdot\beta_j$ 最大，等于$\frac{\beta_j}{\sqrt{2\pi}}$。值得指出的是，虽然 Logit 模型和 Probit 模型边际效应都不等于 β_j，但是它们的符号却相同，这意味着在 Logit 或 Probit 模型中，我们可以基于 β_j 的符号来判断边际效应的符号；最后，关于模型的复杂度。在这三个模型中，线性概率模型最为简洁。Logit 模型的 p_i 具有解析表达式 $p_i=\frac{e^{(z_i'\boldsymbol{\beta}+c)}}{1+e^{(z_i'\boldsymbol{\beta}+c)}}$，Probit 模型的 p_i 等于正态分布随机变量的积分，从而不存在解析表达式，从这个视角来看，Logit 模型比 Probit 模型更加简洁。然而，在接下来多项选择模型中，读者将看到，与 Probit 模型相比，Logit 模型的一个不足之处是，假设了误差项独立同分布从而无法刻画不同选择之间的相关性。

根据以上介绍我们已经了解到，对于 Logit 模型而言，$p_i=0.5$ 时的边际效应(的绝对值)最大。这一点有着非常直观的解释：决策不确定性越强的行为个体，其决策越是容易受到外在因素变化的影响。为便于理解，考虑行为人特定股票购买决策($y_i=1$ 表示个体购买特定股票，$y_i=0$ 表示个体不购买特定股票)，p_i 表示个体购买特定股票的概率。p_i 的取值与 0.5 比较接近表示个体对于是否购买特定股票持无所谓态度，可以预期，一旦影响他股票购买行为的变量(比如收入)发生变化，其特定股票购买行为将很容易发生变化(即边际效应较大)；p_i 的取值与 0.5 差异比较大(比如，$p_i=0.9$ 或者 $p_i=0.1$)表示个体对于是否购买特定股票的态度比较坚定，可以预期，影响股票购买行为的变量发生变化不太可能改变其特定股票的购买决策。从图 10-1 中可以更加清楚地看到这一点。具体而言，图 10-1 绘制了 p_i 及其关于 V_i 导数(边际效应)$\frac{\partial p_i}{\partial V_i}$随 V_i 变化的曲线。可以发现，p_i 整体呈现 **S 状弯曲**(Sigmoid)，与之相对应的边际效应$\frac{\partial p_i}{\partial V_i}$随着 V_i 增加先增加后下降，当 V_i 取值使得 $p_i=0.5$ 时，边际效应的取值最大。

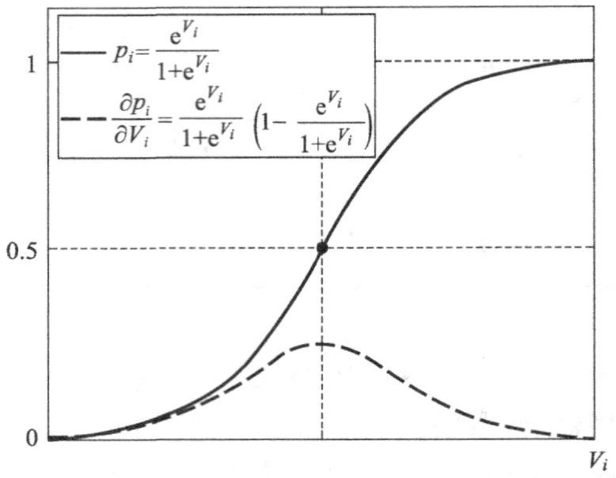

图 10-1 Logit 模型的 p_i 及边际效应$\frac{\partial p_i}{\partial V_i}$随 V_i 变化曲线

前面介绍了二值离散选择模型的设定、识别以及主要二值选择模型的性质，接下来介绍参数估计。式(10-23)模型既可以使用最小二乘法估计也可以使用最大似然法估计。首先来看最小二乘法，由于 $p_i=\Pr(y_i=1|z_i,c)=\mathbb{E}(y_i|z_i,c)$，而根据第三章的讨论我们知道，最小二乘方法本身就是对条件期望进行建模，因此二值离散选择模型参数的(非线性)最小二乘估计问题可以表述为：

$$\{\hat{\boldsymbol{\beta}}_{\text{NLS}},\ \hat{c}_{\text{NLS}}\}=\arg\min_{\{\boldsymbol{\beta},\ c\}}\left\{\sum_{i=1}^{N}(y_i-p_i)^2\right\} \tag{10-26}$$

由于最大似然函数为 $\prod_{n=1}^{N}(p_i)^{I(y_i=1)}(1-p_i)^{I(y_i=0)}$，因此二值离散选择模型参数的最大似然方法估计问题可以表述为：

$$\{\hat{\boldsymbol{\beta}}_{\text{MLE}},\ \hat{c}_{\text{MLE}}\}=\arg\max_{\{\boldsymbol{\beta},\ c\}}\left\{\sum_{n=1}^{N}[I(y_i=1)\cdot\ln p_i+I(y_i=0)\cdot\ln(1-p_i)]\right\} \tag{10-27}$$

对于 Logit 模型和 Probit 模型，式(10-26)和式(10-27)中的目标函数都是关于参数的非线性函数，从而需要迭代方法(比如,牛顿-拉普森或 BHHH 方法)来得到参数估计值。由于 Probit 模型中的 p_i 是正态随机变量的积分从而没有解析解，因此每一次参数迭代都需要(用数值方法)计算一次积分。正是因为如此，Probit 模型估计参数的计算量往往远大于 Logit 模型。此外，关于式(10-26)和式(10-27)中参数估计量的性质，可以参照第四章 M 估计方法或者第五章 MLE 方法的相关内容，这里不再重复介绍。

3.2 案例分析

基于中国家庭金融调查(CHFS)2017 年的数据，我们利用线性概率模型(LPM)、Logit 模型以及 Probit 模型实证估计了家庭成员受教育水平对中国家庭股票市场参与的影响。模型具体估计结果如表 10-2 所示。其中，第(1)列、第(3)列和第(5)列汇报的是三种模型未添加控制变量的回归结果，第(2)列、第(4)列和第(6)对应报告了添加控制变量的回归结果。可以发现，表 10-2 中所有模型估计结果都显示，有大学及以上学历成员的家庭股票市场参与率显著高于没有大学及以上学历成员的家庭，这与我们的直观感受一致。

接下来，我们具体比较分析第(2)列、第(4)列以及第(6)列汇报的回归结果。从第(2)列可以发现，变量 *College* 的系数为 0.099，根据 LPM 模型的性质这意味着，相比于没有大学及以上学历成员家庭，有大学及以上学历成员家庭股票市场参与率显著提升了 9.9 个百分点。进一步根据第(4)列和第(6)列汇报的回归结果能够看出，对于我们所关心的核心变量解释变量 *College* 而言，Logit 模型估计结果(1.760)和 Probit 模型估计结果(0.634)都远远高于 Logit 模型估计结果(0.099)。然而，值得注意的是，根据前述理论模型的介绍我们知道，这三个模型估计系数通常无法直接比较。为使比较成为可能，我们将 Logit 模型估计系数和 Probit 模型估计系数分别乘以 $\frac{1}{4}$ 和 $\frac{1}{\sqrt{2\pi}}$ 来得到(最大)偏效应 $\frac{1.760}{4}=0.440$ 和 $\frac{0.634}{\sqrt{2\pi}}=0.253$(参见表 10-1)，它们都显著大于 LPM 模型估计结果 0.099。另外，从控制变量上看，表 10-2 汇报的回归结果也具有比较直观的含义。具体而言，农村家庭股票市场参与率显著低于城镇家庭；家庭成员平均收入对家庭股票市场参与的影响呈现倒 U 形；平均而言，资产负债率较高的家庭股票市场参与率较低。

表 10-2　家庭成员受教育水平与中国家庭股票市场参与决策

	(1)	(2)	(3)	(4)	(5)	(6)
	LPM	LPM	Logit	Logit	Probit	Probit
College	0.138***	0.099***	1.760***	1.258***	0.872***	0.634***
有大学及以上学历成员虚拟变量	(0.003)	(0.003)	(0.041)	(0.043)	(0.020)	(0.022)
Rural		−0.064***		−2.667***		−1.104***
农村家庭虚拟变量		(0.003)		(0.132)		(0.048)
Income		0.086***		0.817***		0.461***
家庭成员平均收入(十万元)		(0.003)		(0.038)		(0.020)
Income^2		−0.002***		−0.042***		−0.022***
家庭成员平均收入平方		(0.000)		(0.003)		(0.002)
Debt		−0.000		−0.853***		−0.322***
家庭资产负债率(%)		(0.000)		(0.129)		(0.049)
Constant	0.035***	0.043***	−3.330***	−3.024***	−1.818***	−1.703***
常数项	(0.002)	(0.002)	(0.034)	(0.038)	(0.015)	(0.018)
样本量	38 976	38 976	38 976	38 976	38 976	38 976
R^2(拟 R^2)	0.057	0.098	0.095	0.183	0.095	0.183
预测正确率(%)	92.02	91.94	92.02	91.92	92.02	91.90
对数似然值	—	—	−9 819	−8 868	−9 819	−8 864

注释：*，** 以及 *** 分别表示在 10%，5%与 1%显著性水平下显著，括号中数字为标准误。

4. 多项选择离散选择模型

上一节介绍了二值离散选择模型，在该模型中行为个体面临两个选择。本节则介绍行为个体面临多个选择的离散选择模型。我们首先介绍最简单的 Logit 模型。值得指出的是，由于 Logit 模型假设不同选择对应的误差项独立同分布，从而经常得到与现实不相符的结论——任意两个选择概率之比与其他选择无关，这被称为**无关选择独立性**(Independence from Irrelevant Alternatives, IIA)。有鉴于此，本小节进一步介绍**嵌套 Logit 模型**(Nested Logit Model)和 **Probit 模型**，这两个模型通过放松 Logit 模型误差项独立同分布的假定来得到更加符合现实的结论。这两个模型(尤其是 Probit 模型)的一个成本是，增加了参数估计的运算量。在本节中，U_{im}具体设定形式如下：

$$U_{im}=V_{im}+\varepsilon_{im} \tag{10-28}$$

其中，$i\in\{1,2,\cdots,N\}$表示行为个体，$m\in\{1,2,\cdots,M\}$表示行为个体的选择。

4.1 Logit 模型

4.1.1 Logit 模型的核心等式

若假设误差项 ε_{im} 独立同分布，且具体服从 I 类极值分布，那么基于式(10-28)将得到 Logit 模型。误差项 ε_{im} 的概率密度函数表达式为：

$$f(\varepsilon_{im})=\mathrm{e}^{-\varepsilon_{im}}\mathrm{e}^{-\mathrm{e}^{-\varepsilon_{im}}} \tag{10-29}$$

基于式(10-29)可以很容易得到误差项 ε_{im} 的累积概率密度函数：

$$F(\varepsilon_{im})=\int_{-\infty}^{\varepsilon_{im}}\mathrm{e}^{-v}\mathrm{e}^{-\mathrm{e}^{-v}}\mathrm{d}v=\mathrm{e}^{-\mathrm{e}^{-\varepsilon_{im}}} \tag{10-30}$$

如前所述，由于 I 类极值分布随机变量的方差等于$\frac{\pi^2}{6}$，因此假设误差项 ε_{im}服从 I 类极值分布意味着将模型误差项的方差标准化为了$\frac{\pi^2}{6}$。

命题 10.2：在式(10-28)和式(10-29)的设定下，p_{im}的表达式为：

$$p_{im}=\frac{\mathrm{e}^{V_{im}}}{\sum_{k=1}^{M}\mathrm{e}^{V_{ik}}} \tag{10-31}$$

证明：(Cameron and Trivedi, 2005; Train, 2009)

结合式(10-28)和式(10-29)可得：

$$\begin{aligned}
p_{im}&=\Pr(U_{im}=\max\{U_{i1},U_{i2},\cdots,U_{iM}\})\\
&=\Pr(U_{im}>U_{ik},\forall k\neq m)\\
&=\Pr(V_{im}+\varepsilon_{im}>V_{ik}+\varepsilon_{ik},\forall k\neq m)\\
&=\Pr(\varepsilon_{ik}<\varepsilon_{im}+V_{im}-V_{ik},\forall k\neq m)\\
&=\int_{-\infty}^{\infty}\Big[\prod_{k\neq m}F(\varepsilon_{im}+V_{im}-V_{ik})\Big]f(\varepsilon_{im})\mathrm{d}\varepsilon_{im}\\
&=\int_{-\infty}^{\infty}\Big[\prod_{k\neq m}\exp(-\mathrm{e}^{-(\varepsilon_{im}+V_{im}-V_{ik})})\Big]f(\varepsilon_{im})\mathrm{d}\varepsilon_{im}
\end{aligned}$$

其中，第五个等式用到了 ε_{im} 独立假定，最后一个等式利用到的是 ε_{im} 服从 I 类极值分布。

进一步地可以得到：

$$
\begin{aligned}
p_{im} &= \int_{-\infty}^{\infty}\Big[\prod_{k\neq m}\exp(-\mathrm{e}^{-(\varepsilon_{im}+V_{im}-V_{ik})})\Big](\mathrm{e}^{-\varepsilon_{im}}\mathrm{e}^{-\mathrm{e}^{-\varepsilon_{im}}})\mathrm{d}\varepsilon_{im} \\
&= \int_{-\infty}^{\infty}\Big[\prod_{k}\exp(-\mathrm{e}^{-(\varepsilon_{im}+V_{im}-V_{ik})})\Big]\mathrm{e}^{-\varepsilon_{im}}\mathrm{d}\varepsilon_{im} \\
&= \int_{-\infty}^{\infty}\Big[\exp(\sum_{k}-\mathrm{e}^{-(\varepsilon_{im}+V_{im}-V_{ik})})\Big]\mathrm{e}^{-\varepsilon_{im}}\mathrm{d}\varepsilon_{im} \\
&= \int_{0}^{\infty}\Big[\exp(-\mathrm{e}^{-\varepsilon_{im}}\cdot\sum_{k}\mathrm{e}^{-(V_{im}-V_{ik})})\Big]\mathrm{d}(\mathrm{e}^{-\varepsilon_{im}}) \\
&= \Big\{-\Big[\sum_{k}\mathrm{e}^{-(V_{im}-V_{ik})}\Big]^{-1}\exp\Big(-\mathrm{e}^{-\varepsilon_{im}}\cdot\sum_{k}\mathrm{e}^{-(V_{im}-V_{ik})}\Big)\Big\}\Big|_{\mathrm{e}^{-\varepsilon_{im}}=0}^{\mathrm{e}^{-\varepsilon_{im}}\to\infty} \\
&= \frac{\mathrm{e}^{V_{im}}}{\sum_{k=1}^{M}\mathrm{e}^{V_{ik}}}
\end{aligned}
$$

故命题得证。

□

式(10-31)是 Logit 模型的核心等式，容易验证 $\sum_{m=1}^{M}p_{im}=1$。此外，从式(10-31)中也可以看出"只有效用差异是重要的"这一模型参数识别原则所起的作用——V_{im} 中不随选择 m 变化的因素(假设这些因素以线性可加的方式进入 V_{im})都将被消掉，从而无法在模型中得到识别。若将选择 l 作为基准,[①] 那么式(10-31)则可以等价地表示为：

$$
p_{im}=\frac{\mathrm{e}^{(V_{im}-V_{il})}}{1+\sum_{k\neq l}\mathrm{e}^{(V_{ik}-V_{il})}} \tag{10-32}
$$

在实际应用中，通常将选择 1 作为基准，此时式(10-32)变为 $p_{im}=\dfrac{\mathrm{e}^{(V_{im}-V_{i1})}}{1+\sum_{k=2}^{M}\mathrm{e}^{(V_{ik}-V_{i1})}}$ 这一常见形式。根据 Logistic 分布的性质不难发现，式(10-32)可以通过假设误差项之差 $\varepsilon_{imk}=\varepsilon_{im}-\varepsilon_{ik}$ 独立同分布且具体服从 Logistic 分布来直接得到。这意味着，假设误差项 ε_{im} 独立同分布且具体服从 I 类极值分布等价于假设误差项之差 $\varepsilon_{imk}=\varepsilon_{im}-\varepsilon_{ik}$ 独立同分布且具体服从 Logistic 分布。

我们接下来讨论 V_{im} 的具体设定形式。当 $V_{im}=\boldsymbol{x}'_{im}\boldsymbol{\alpha}$ 时(变量随着选择和个体变化,参数对所有选择和个体而言都相同)，式(10-31)变为：

$$
p_{im}=\frac{\mathrm{e}^{\boldsymbol{x}'_{im}\boldsymbol{\alpha}}}{\sum_{k=1}^{M}\mathrm{e}^{\boldsymbol{x}'_{ik}\boldsymbol{\alpha}}} \tag{10-33}
$$

在离散选择模型文献中，式(10-33)所对应的模型通常被称为**条件 Logit 模型**(Conditional Logit Model)(McFadden,1974)。当 $V_{im}=\boldsymbol{z}'_i\boldsymbol{\beta}_m$ 时(变量随着个体但不随选择变化,参数随着选择变化)，式(10-31)则变为：

① 可以将任意选择作为基准。

$$p_{im}=\frac{e^{z_i'\boldsymbol{\beta}_m}}{\sum_{k=1}^{M}e^{z_i'\boldsymbol{\beta}_k}} \tag{10-34}$$

在离散选择模型文献中，式(10-34)对应的模型通常称为**多项选择 Logit 模型**(Multinomial Logit Model,MNL)。观察式(10-33)可以发现，条件 Logit 模型中的参数 $\boldsymbol{\alpha}$ 能够得到识别，因为“只有效用的差异是重要的”这一原则不影响参数识别：将任意选择 l 作为基准，基于式(10-33)可以得到 $p_{im}=\frac{e^{(\boldsymbol{x}_{im}-\boldsymbol{x}_{il})'\boldsymbol{\alpha}}}{1+\sum_{k\neq l}e^{(\boldsymbol{x}_{ik}-\boldsymbol{x}_{il})'\boldsymbol{\alpha}}}$。观察式(10-34)可以发现，多项选择 Logit 模型中的参数 $\begin{bmatrix}\boldsymbol{\beta}_1\\ \vdots\\ \boldsymbol{\beta}_M\end{bmatrix}$ 无法得到识别，因为“只有效用差异重要”这一原则影响参数识别：将任意选择 l 作为基准，基于式(10-34)可以得到 $p_{im}=\frac{e^{z_i'(\boldsymbol{\beta}_m-\boldsymbol{\beta}_l)}}{1+\sum_{k\neq l}e^{z_i'(\boldsymbol{\beta}_k-\boldsymbol{\beta}_l)}}$，即模型只能识别参数 $\begin{bmatrix}\boldsymbol{\beta}_1-\boldsymbol{\beta}_l\\ \vdots\\ \boldsymbol{\beta}_M-\boldsymbol{\beta}_l\end{bmatrix}$，特别地若将选择 1 作为基准，能够得到识别参数的是 $\begin{bmatrix}\boldsymbol{\beta}_2-\boldsymbol{\beta}_1\\ \vdots\\ \boldsymbol{\beta}_M-\boldsymbol{\beta}_1\end{bmatrix}$。

较于条件 Logit 模型和多项选择 Logit 模型更为一般的设定是，$V_{im}=\boldsymbol{x}_{im}'\boldsymbol{\alpha}+z_i'\boldsymbol{\beta}_m$，即模型中同时包含随个体和选择变化的变量 $\boldsymbol{x}_{im}$ 以及只随个体变化的变量 z_i。此外，若将 $\boldsymbol{x}_{im}$ 的系数设定为随个体变化的形式 $\boldsymbol{\alpha}_i$，那么得到的是**随机系数 Logit 模型**(Random Coefficient Logit Model)，在本章接下来的内容中，我们将专门重点介绍该模型。为便于读者阅读，我们将 V_{im} 不同设定下的 Logit 模型总结在表 10-3 中。

表 10-3　式(10-28)中 V_{im} 不同设定下的 Logit 模型

模型	ε_{im} 的分布	V_{im} 的设定	概率 p_{im}	可被识别的参数
条件 Logit 模型 Conditional Logit Model	I 类极值分布	$\boldsymbol{x}'_{im}\boldsymbol{\alpha}$	$\frac{e^{\boldsymbol{x}'_{im}\boldsymbol{\alpha}}}{\sum_{k=1}^{M}e^{\boldsymbol{x}'_{ik}\boldsymbol{\alpha}}}$	$\boldsymbol{\alpha}$
多项选择 Logit 模型 Multinomial Logit Model	I 类极值分布	$z'_i\boldsymbol{\beta}_m$	$\frac{e^{z_i'\boldsymbol{\beta}_m}}{\sum_{k=1}^{M}e^{z_i'\boldsymbol{\beta}_k}}$	$\begin{bmatrix}\boldsymbol{\beta}_1-\boldsymbol{\beta}_l\\ \vdots\\ \boldsymbol{\beta}_M-\boldsymbol{\beta}_l\end{bmatrix}$
更为一般的设定	I 类极值分布	$\boldsymbol{x}'_{im}\boldsymbol{\alpha}+z'_i\boldsymbol{\beta}_m$	$\frac{e^{\boldsymbol{x}'_{im}\boldsymbol{\alpha}+z_i'\boldsymbol{\beta}_m}}{\sum_{k=1}^{M}e^{\boldsymbol{x}'_{ik}\boldsymbol{\alpha}+z_i'\boldsymbol{\beta}_k}}$	$\begin{bmatrix}\boldsymbol{\beta}_1-\boldsymbol{\beta}_l\\ \vdots\\ \boldsymbol{\beta}_M-\boldsymbol{\beta}_l\end{bmatrix}$ 和 $\boldsymbol{\alpha}$
随机系数 Logit 模型 Random Coefficient Logit Model	I 类极值分布	$\boldsymbol{x}'_{im}\boldsymbol{\alpha}_i$ $\boldsymbol{x}'_{im}\boldsymbol{\alpha}_i+z'_i\boldsymbol{\beta}_m$	$\frac{e^{\boldsymbol{x}'_{im}\boldsymbol{\alpha}_i}}{\sum_{k=1}^{M}e^{\boldsymbol{x}'_{ik}\boldsymbol{\alpha}_i}}$ $\frac{e^{\boldsymbol{x}'_{im}\boldsymbol{\alpha}_i+z_i'\boldsymbol{\beta}_m}}{\sum_{k=1}^{M}e^{\boldsymbol{x}'_{ik}\boldsymbol{\alpha}_i+z_i'\boldsymbol{\beta}_k}}$	$\boldsymbol{\kappa}$ $\begin{bmatrix}\boldsymbol{\beta}_1-\boldsymbol{\beta}_l\\ \vdots\\ \boldsymbol{\beta}_M-\boldsymbol{\beta}_l\end{bmatrix}$ 和 $\boldsymbol{\kappa}$

注释：模型将任意选择 l 作为基准，$\boldsymbol{\kappa}$ 表示刻画 $\boldsymbol{\alpha}_i$ 分布的参数。

4.1.2 Logit 模型的主要性质

上一小节介绍了 Logit 模型的基本公式，本小节则在此基础上介绍 Logit 模型的主要性质。根据式(10-31)，任意两个不同选择 m 和 l 被选中概率之比可以表示为：

$$\frac{p_{im}}{p_{il}}=\frac{e^{V_{im}}}{e^{V_{il}}}=e^{V_{im}-V_{il}} \tag{10-35}$$

式(10-35)左右两边同时取对数可得：

$$\ln\left(\frac{p_{im}}{p_{il}}\right)=V_{im}-V_{il} \tag{10-36}$$

其中，$\ln\left(\frac{p_{im}}{p_{il}}\right)$被称为**对数几率比**(Log Odds Ratio)，它描述的是两个选择被选中的概率之比的对数值。特别地，在二值选择模型中，对数几率比表示某个事件发生概率与不发生概率之比的对数值。

式(10-35)意味着，对于 Logit 模型而言，任意两个不同选择 m 和 l 被选中概率之比与其他第三个选择不相关。这被称为 Logit 模型的**无关选择独立性**(Independence from Irrelevant Alternatives, IIA)，然而这一性质通常与现实并不相符。

考虑 McFadden(1974)提出的**红色公交车——蓝色公交车**这一著名问题(Red Bus Blue Bus Problem)。具体而言，假定一个人上班有两个备选的交通方式——驾车和搭乘红色公交车，且这个人选择这两种交通方式上班的可能性相等，都等于$\frac{1}{2}$。现在假定多了另一备选交通方式——搭乘蓝色公交车，并假定蓝色公交车和红色公交车除了颜色不同之外没有任何差异，且个体对公交车颜色没有特定偏好。一方面，利用概率论知识并结合现实生活，我们预期个体驾车去上班的概率是$\frac{1}{2}$，搭乘公交车上班的概率为$\frac{1}{2}$(搭乘红色公交车和蓝色公交车的概率相等,都等于$\frac{1}{4}$)。另一方面，根据 Logit 模型无关选择独立性性质，蓝色公交车交通方式不影响个体选择驾车概率和搭乘红色公交车概率之比，即个人个体选择驾车和搭乘红色公交车的可能性仍然相等，此外个体搭乘红色公交车与搭乘蓝色公交车的可能性又相等，从而意味着个体驾车、搭乘红色公交车与搭乘蓝色公交车上班的可能性相等，都等于$\frac{1}{3}$，即个体选择公交车这一交通方式上班的概率是$\frac{2}{3}$，而这一结果这与前述根据概率论知识并结合现实生活得到的结果产生了矛盾。无关选择独立性的产生本质上是因为 Logit 模型假定式(10-28)中误差项 ε_{im}之间互相独立。在接下来的 4.2 和 4.3 小节中介绍的 Nested Logit 模型和 Probit 模型放松了这一假定，从而能够得到更加符合现实的结论。

现在考察 Logit 模型中可观测变量对 p_{im}的影响。首先来看随个体和选择变化的可观测变量对 p_{im}的影响：选择 m 的可观测特征 x_{im}(表示 $\boldsymbol{x}_{im}$ 中的一个变量)对概率 p_{im}的影响，即偏效应$\frac{\partial p_{im}}{\partial x_{im}}$；其他选择(不妨记为 l)可观测特征 x_{il}对概率 p_{im}的影响，即偏效应$\frac{\partial p_{im}}{\partial x_{il}}$。

命题 10.3：根据式(10-31)可得，偏效应$\frac{\partial p_{im}}{\partial x_{im}}$的表达式为：

$$\frac{\partial p_{im}}{\partial x_{im}}=\frac{\partial V_{im}}{\partial x_{im}}[p_{im}(1-p_{im})] \tag{10-37}$$

证明：

利用命题 10.2 的结论 $p_{im}=\frac{e^{V_{im}}}{\sum_{k=1}^{M}e^{V_{ik}}}$ 可得：

$$\begin{aligned}\frac{\partial p_{im}}{\partial x_{im}}&=\frac{\partial}{\partial x_{im}}\left(\frac{e^{V_{im}}}{\sum_{k=1}^{M}e^{V_{ik}}}\right)\\&=\left[e^{V_{im}}\frac{\partial V_{im}}{\partial x_{im}}\left(\sum_{k=1}^{M}e^{V_{ik}}\right)-e^{V_{im}}\frac{\partial\sum_{k=1}^{M}e^{V_{ik}}}{\partial x_{im}}\right]\left(\sum_{k=1}^{M}e^{V_{ik}}\right)^{-2}\\&=\frac{e^{V_{im}}}{\sum_{k=1}^{M}e^{V_{ik}}}\frac{\partial V_{im}}{\partial x_{im}}-e^{V_{im}}e^{V_{im}}\frac{\partial V_{im}}{\partial x_{im}}\left(\sum_{k=1}^{M}e^{V_{ik}}\right)^{-2}\\&=\frac{\partial V_{im}}{\partial x_{im}}\left[\frac{e^{V_{im}}}{\sum_{k=1}^{M}e^{V_{ik}}}-\left(\frac{e^{V_{im}}}{\sum_{k=1}^{M}e^{V_{ik}}}\right)^2\right]\\&=\frac{\partial V_{im}}{\partial x_{im}}[p_{im}(1-p_{im})]\end{aligned}$$

故命题得证。

□

命题 10.4：根据式(10-31)，偏效应$\frac{\partial p_{im}}{\partial x_{il}}$的表达式为：

$$\frac{\partial p_{im}}{\partial x_{il}}=-\frac{\partial V_{il}}{\partial x_{il}}p_{im}p_{il} \tag{10-38}$$

命题 10.4 的证明与命题 10.3 类似，这里不再具体给出，仅留作课后练习。命题 10.3 和命题 10.4 考察的是，随个体和选择变化的可观测变量对 p_{im}的影响。接下来考察只随个体变化变量 z_i(表示 z_i 中的一个变量)对概率 p_{im}的影响，即偏效应$\frac{\partial p_{im}}{\partial z_i}$。

命题 10.5：根据式(10-31)，偏效应$\frac{\partial p_{im}}{\partial z_i}$的表达式为(证明过程与命题 10.3 类似,留作课后练习)：

$$\frac{\partial p_{im}}{\partial z_i}=p_{im}\left[\frac{\partial V_{im}}{\partial z_i}-\left(\sum_{k=1}^{M}e^{V_{ik}}\right)^{-1}\sum_{k=1}^{M}\left(e^{V_{ik}}\cdot\frac{\partial V_{ik}}{\partial z_i}\right)\right] \tag{10-39}$$

可以看出，式(10-39)比式(10-37)复杂。这是因为变量 z_i 不随选择变化，对于任意选择 k 而言，导数$\frac{\partial V_{ik}}{\partial z_i}\neq0$；而变量 x_{im}只影响 V_{im}，从而导数$\frac{\partial V_{ik}}{\partial x_{im}}=0$，$\forall k\neq m$。

在未设定 V_{im} 具体形式的条件下，命题 10.3 至命题 10.5 给出了可观测变量对 p_{im} 影响的表达式。现在考察 V_{im} 为线性函数情形下 $\frac{\partial p_{im}}{\partial x_{im}}$，$\frac{\partial p_{im}}{\partial x_{il}}$ 与 $\frac{\partial p_{im}}{\partial z_i}$ 的具体表达式。简便起见，假设 $V_{im}=\alpha x_{im}+\beta_m z_i$。根据命题 10.3 可得 $\frac{\partial p_{im}}{\partial x_{im}}=\alpha[p_{im}(1-p_{im})]$，从该等式中可以看出两点重要信息：第一，偏效应 $\frac{\partial p_{im}}{\partial x_{im}}$ 的符号与参数 α 的符号相同。第二，当 $p_{im}=\frac{1}{2}$ 时，x_{im} 对 p_{im} 的影响最大。根据命题 10.4 可得 $\frac{\partial p_{im}}{\partial x_{il}}=-\alpha\cdot p_{im}p_{il}$，该等式非常符合直觉：选项 l 吸引力增强将降低行为个体选择 m 的概率。根据命题 10.5 可得 $\frac{\partial p_{im}}{\partial z_i}=p_{im}\left[\beta_m-\left(\sum_{k=1}^{M}e^{V_{ik}}\right)^{-1}\sum_{k=1}^{M}\left(e^{V_{ik}}\cdot\beta_k\right)\right]$。需要说明的是，由于参数 β_m 不能够被识别，因此实际应用中，计算 $\frac{\partial p_{im}}{\partial z_i}$ 需将模型标准化。不失一般性，将选择 1 作为基准，则有 $\frac{\partial p_{im}}{\partial z_i}=p_{im}\left\{(\beta_m-\beta_1)-\left(1+\sum_{k=2}^{M}e^{V_{ik}-V_{i1}}\right)^{-1}\left[1+\sum_{m=2}^{M}e^{V_{ik}-V_{i1}}(\beta_k-\beta_1)\right]\right\}$。可以发现，参数 $\beta_m-\beta_1$ 与偏效应 $\frac{\partial p_{im}}{\partial z_i}$ 的符号并不总是相同。为方便阅读，我们将以上内容总结在表 10-4 中。

表 10-4　多选择 Logit 模型中的偏效应

模型	一般形式的 V_{im}	$V_{im}=\alpha x_{im}+\beta_m z_i$
$\frac{\partial p_{im}}{\partial x_{im}}$	$\frac{\partial V_{im}}{\partial x_{im}}[p_{im}(1-p_{im})]$	$\alpha[p_{im}(1-p_{im})]$
$\frac{\partial p_{im}}{\partial x_{il}}$	$-\frac{\partial V_{il}}{\partial x_{il}}p_{im}p_{il}$	$-\alpha\cdot p_{im}p_{il}$
$\frac{\partial p_{im}}{\partial z_i}$	$p_{im}\left[\frac{\partial V_{im}}{\partial z_i}-\left(\sum_{k=1}^{M}e^{V_{ik}}\right)^{-1}\sum_{k=1}^{M}\left(e^{V_{ik}}\cdot\frac{\partial V_{ik}}{\partial z_i}\right)\right]$	$p_{im}\left[\beta_m-\left(\sum_{k=1}^{M}e^{V_{ik}}\right)^{-1}\sum_{k=1}^{M}\left(e^{V_{ik}}\cdot\beta_k\right)\right]$ $p_{im}\left\{\begin{array}{l}(\beta_m-\beta_1)-\left(1+\sum_{k=2}^{M}e^{V_{ik}-V_{i1}}\right)^{-1}\\ \cdot\left[1+\sum_{k=2}^{M}e^{V_{ik}-V_{i1}}(\beta_k-\beta_1)\right]\end{array}\right\}$

虽然参数 $\beta_m-\beta_1$ 与偏效应 $\frac{\partial p_{im}}{\partial z_i}$ 的符号并不总是相同，但该参数却有非常直观的含义。这需要用到式(10-36)给出的 Logit 模型对数几率比表达式 $\ln\left(\frac{p_{im}}{p_{il}}\right)=V_{im}-V_{il}$。很容易看出，在 $V_{im}=\alpha x_{im}+\beta_m z_i$ 的设定下，参数 $\beta_m-\beta_l$ 表示 z_i 的变化对对数几率比 $\ln\left(\frac{p_{im}}{p_{il}}\right)$ 的影响，即 $(\beta_m-\beta_l)\times 100$ 表示 z_i 每增加一单位相对概率 $\frac{p_{im}}{p_{il}}$ 变化的百分比。

4.2 嵌套 Logit 模型

根据以上介绍我们已经了解到，在 Logit 模型中，任意两个选择概率之比不受其他选择的影响(即无关选择独立性)，而如前所述，这一性质与现实通常并不相符。为此本节介绍**嵌套 Logit 模型**(Nested Logit Model)。该模型由 Ben-Akiva(1973)，Williams(1977)以及 McFadden(1978)等提出。在嵌套 Logit 模型中，行为个体面临的选择被划分成若干组别，且被划分至同一组别的选择具有相似特征。比如，考虑上班交通工具选择问题，某人具有乘坐地铁、公交车、开车以及乘坐出租车四种选择。一般而言，地铁和公交车具有类似的属性被划分至同一组别，而开车与乘坐出租车具有相似的属性被划分至另一组别。再比如，考虑家庭的购房决策，可以将房源以小区为单位划分为不同的组别。图 10-2 给出了最简单的嵌套 Logit 模型结构示意图。如图所示，个体面临的选择被分成 A 和 B 两组，选择 1 和选择 2 属于 A 组，选择 3 和选择 4 属于 B 组。

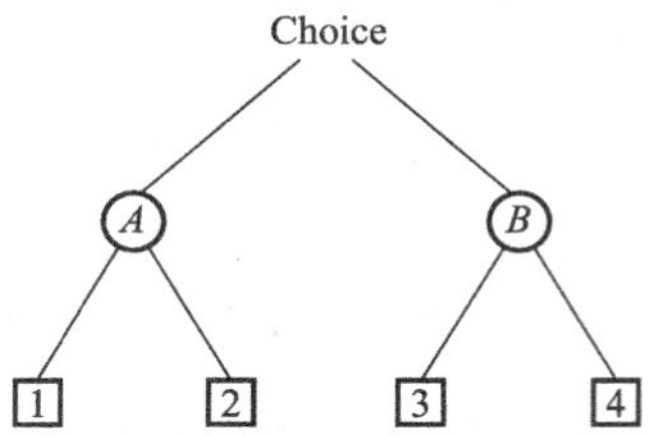

图 10-2 嵌套 Logit 模型示意图

考虑家庭的住房购买问题，假设可选住房所在的小区用符号 $c\in\{1,\ 2,\ \cdots,\ C\}$ 来表示，小区 c 中的特定住房利用符号 $m\in\{1,\ 2,\ \cdots,\ M_c\}$ 来表示(可以发现，该家庭面临的住房选择总数为 $M\equiv M_1+M_2+\cdots+M_C$)。简便起见，这里将家庭 i 购买小区 c 中 m 住房的效用函数设定如下(McFadden,1978)：

$$V_{icm}=\boldsymbol{x}'_{cm}\boldsymbol{\alpha}+z'_c\boldsymbol{\beta}+\varepsilon_{icm} \tag{10-40}$$

其中，$\boldsymbol{x}_{cm}$ 表示随着小区和住房变化的可观测特征(比如，住房的价格)，z_c 表示只随着小区变化的特征(比如，小区的公共设施齐全度和品质)。

在正式介绍嵌套 Logit 模型前，首先考虑 ε_{icm} 独立同分布且服从 I 类极值分布情形，嵌套 Logit 模型可以在此基础上非常简便地得到。根据命题 10.2，在 ε_{icm} 独立同分布且服从 I 类极值分布的情形下，我们可以很容易得到家庭 i 购买小区 c 中 m 住房概率 p_{icm} 的表达式：

$$p_{icm}=\frac{\exp(\boldsymbol{x}'_{cm}\boldsymbol{\alpha}+z'_c\boldsymbol{\beta})}{\sum_{b=1}^{C}\sum_{k=1}^{M_b}\exp(\boldsymbol{x}'_{bk}\boldsymbol{\alpha}+z'_b\boldsymbol{\beta})} \tag{10-41}$$

命题 10.6：整理式(10-41)可以将 p_{icm} 写作：

$$p_{icm}=\left[\frac{\exp(\boldsymbol{x}'_{cm}\boldsymbol{\alpha})}{\sum_{k=1}^{M_c}\exp(\boldsymbol{x}'_{ck}\boldsymbol{\alpha})}\right]\left[\frac{\exp(z'_c\boldsymbol{\beta}+IV_c)}{\sum_{b=1}^{C}\exp(z'_b\boldsymbol{\beta}+IV_b)}\right] \tag{10-42}$$

其中，$IV_c=\ln\left[\sum_{c=1}^{Mc}\exp(\boldsymbol{x}'_{cm}\boldsymbol{\alpha})\right]$，这一项被称为选择小区 c 的**包容值**(Inclusive Value)，直观上

它表示小区 c 中所有住房对家庭带来的期望效用。

由于 p_{icm} 可以视为家庭同时选择小区 c 和住房 m 的概率，因此若用 $p_{im|c}$ 表示给定选择小区 c 的条件下住房 m 被选中的概率，用 p_{ic} 表示家庭选择小区 c 的概率，那么根据概率论基础知识可以得到等式 $p_{icm}=p_{im|c}\cdot p_{ic}$。注意到 $\dfrac{\exp(\boldsymbol{x}'_{cm}\boldsymbol{\alpha})}{\sum_{k=1}^{M_c}\exp(\boldsymbol{x}'_{ck}\boldsymbol{\alpha})}$ 表示给定选择小区 c 的条件下住房 m 被选中的概率 $p_{im|c}$，因此 $\dfrac{\exp(\boldsymbol{z}'_c\boldsymbol{\beta}+IV_c)}{\sum_{b=1}^{C}\exp(\boldsymbol{z}'_b\boldsymbol{\beta}+IV_b)}$ 表示选择小区 c 的概率 p_{ic}。考虑到 IV_c 表示小区 c 中所有住房对家庭带来的期望效用，$p_{ic}=\dfrac{\exp(\boldsymbol{z}'_c\boldsymbol{\beta}+IV_c)}{\sum_{b=1}^{C}\exp(\boldsymbol{z}'_b\boldsymbol{\beta}+IV_b)}$ 这一等式也非常直观，它意味着家庭选择小区的概率不仅受到小区特征 $\boldsymbol{z}_c$ 的影响，而且还受到小区 c 中所有住房对家庭带来的期望效用 IV_c 的影响。容易看出 $p_{im|c}=\dfrac{\exp(\boldsymbol{x}'_{cm}\boldsymbol{\alpha})}{\sum_{k=1}^{M_c}\exp(\boldsymbol{x}'_{ck}\boldsymbol{\alpha})}$ 和 $p_{ic}=\dfrac{\exp(\boldsymbol{z}'_c\boldsymbol{\beta}+IV_c)}{\sum_{b=1}^{C}\exp(\boldsymbol{z}'_b\boldsymbol{\beta}+IV_b)}$ 都是 Logit 模型概率，因此命题 10.6 意味着式(10-41)给出的 Logit 模型概率可以分解为两个 Logit 模型概率相乘。接下来，我们给出命题 10.6 的具体证明过程。

证明：

根据命题 10.2 可得：

$$
\begin{aligned}
p_{icm} &= \frac{\exp(\boldsymbol{x}'_{cm}\boldsymbol{\alpha}+\boldsymbol{z}'_c\boldsymbol{\beta})}{\sum_{b=1}^{C}\sum_{k=1}^{M_c}\exp(\boldsymbol{x}'_{bk}\boldsymbol{\alpha}+\boldsymbol{z}'_b\boldsymbol{\beta})}\\
&=\left[\frac{\exp(\boldsymbol{x}'_{cm}\boldsymbol{\alpha})}{\sum_{k=1}^{M_c}\exp(\boldsymbol{x}'_{ck}\boldsymbol{\alpha})}\right]\left[\frac{\exp(\boldsymbol{z}'_c\boldsymbol{\beta})}{\sum_{b=1}^{C}\exp(\boldsymbol{z}'_b\boldsymbol{\beta})}\right]\left[\frac{\sum_{k=1}^{M_c}\exp(\boldsymbol{x}'_{ck}\boldsymbol{\alpha})\cdot\sum_{b=1}^{C}\exp(\boldsymbol{z}'_b\boldsymbol{\beta})}{\sum_{b=1}^{C}\sum_{k=1}^{M_b}\exp(\boldsymbol{x}'_{bk}\boldsymbol{\alpha}+\boldsymbol{z}'_b\boldsymbol{\beta})}\right]\\
&=\left[\frac{\exp(\boldsymbol{x}'_{cm}\boldsymbol{\alpha})}{\sum_{k=1}^{M_c}\exp(\boldsymbol{x}'_{ck}\boldsymbol{\alpha})}\right]\left[\frac{\exp(\boldsymbol{z}'_c\boldsymbol{\beta})}{\sum_{b=1}^{C}\exp(\boldsymbol{z}'_b\boldsymbol{\beta})}\right]\left[\frac{\exp(IV_c)\cdot\sum_{b=1}^{C}\exp(\boldsymbol{z}'_b\boldsymbol{\beta})}{\sum_{b=1}^{C}\exp(\boldsymbol{z}'_b\boldsymbol{\beta})\exp(IV_b)}\right]\\
&=\left[\frac{\exp(\boldsymbol{x}'_{cm}\boldsymbol{\alpha})}{\sum_{k=1}^{M_c}\exp(\boldsymbol{x}'_{ck}\boldsymbol{\alpha})}\right]\left[\frac{\exp(\boldsymbol{z}'_c\boldsymbol{\beta}+IV_c)}{\sum_{b=1}^{C}\exp(\boldsymbol{z}'_b\boldsymbol{\beta}+IV_b)}\right]
\end{aligned}
$$

故命题得证。

□

值得强调的是，式(10-41)给出的概率表达式仍然具有**无关选择独立性质**，即任意两个选择概率之比不受其他选择的影响。根据式(10-41)或根据式(10-42)可得，选择任意两个不同住房的概率之比与其他住房选择无关。特别地，将这两个不同的住房用 m 和 l 来表示，它们各自所在的小区对应记为 c 和 d(c 和 d 可以相同)，那么选择这两个住房的概率之比为 $\dfrac{p_{icm}}{p_{idl}}=$

$\dfrac{\exp(\boldsymbol{x}'_{cm}\boldsymbol{\alpha}+z'_c\boldsymbol{\beta})}{\exp(\boldsymbol{x}'_{dl}\boldsymbol{\alpha}+z'_d\boldsymbol{\beta})}$，其他任意选择都不影响这一比率。

为了克服**无关选择独立**这一缺陷，在式(10-42)中 IV_b 之前乘以一个常数 λ_b(一般地,$0\leqslant\lambda_b\leqslant1$)可得：

$$p_{icm}=\left[\frac{\exp(\boldsymbol{x}'_{cm}\boldsymbol{\alpha})}{\sum_{k=1}^{M_c}\exp(\boldsymbol{x}'_{ck}\boldsymbol{\alpha})}\right]\left[\frac{\exp(z'_c\beta+\lambda_c\cdot IV_c)}{\sum_{b=1}^{C}\exp(z'_b\boldsymbol{\beta}+\lambda_b\cdot IV_b)}\right]\tag{10-43}$$

式(10-43)就是**嵌套 Logit 模型**(Nested Logit Model)(McFadden,1978)。特别地，当 $\lambda_c=1$ 时，嵌套 Logit 模型就退化成了 Logit 模型。式(10-43)给出的模型之所以被称为嵌套 Logit 模型是因为它具有如下两个性质：第一，可以视为两层 Logit 模型的叠加。具体地，选择小区 c 中住房 m 的概率 p_{icm} 等于给定选择小区 c 的条件下住房 m 被选中的概率 $p_{im|c}=\dfrac{\exp(\boldsymbol{x}'_{cm}\boldsymbol{\alpha})}{\sum_{k=1}^{M_c}\exp(\boldsymbol{x}'_{ck}\boldsymbol{\alpha})}$ 乘以选择小区 c 的概率 $p_{ic}=\dfrac{\exp(z'_c\boldsymbol{\beta}+IV_c)}{\sum_{b=1}^{C}\exp(z'_b\boldsymbol{\beta}+IV_b)}$，$p_{im|c}$ 为第一层 Logit 模型，p_{ic} 为第二层 Logit 模型。第二，克服了 Logit 模型无关选择独立缺陷。具体而言，根据式(10-43)可得，同一小区的两个住房选择概率之比具有无关选择独立的特性，而不同小区的两个住房选择的概率之比则不具有无关选择独立的特性。特别地，对于同一小区 c 的任意两个不同住房选择 m 和 l，根据式(10-43)可得这两个选择的概率之比为：

$$\frac{p_{icm}}{p_{icl}}=\frac{\exp(\boldsymbol{x}'_{cm}\boldsymbol{\alpha})}{\exp(\boldsymbol{x}'_{cl}\boldsymbol{\alpha})}\tag{10-44}$$

从式(10-44)中能够看出，$\dfrac{p_{icm}}{p_{icl}}$ 与其他任意选择都不相关，即具有无关选择独立特性。对于两个不同小区 c 和 d 中住房选择 m 和 l，根据式(10-43)可得这两个选择的概率之比为：

$$\frac{p_{icm}}{p_{idl}}=\left[\frac{\exp(\boldsymbol{x}'_{cm}\boldsymbol{\alpha})}{\exp(\boldsymbol{x}'_{dl}\boldsymbol{\alpha})}\right]\left[\frac{\sum_{k=1}^{M_d}\exp(\boldsymbol{x}'_{dk}\boldsymbol{\alpha})}{\sum_{k=1}^{M_c}\exp(\boldsymbol{x}'_{ck}\boldsymbol{\alpha})}\right]\left[\frac{\exp(z'_c\boldsymbol{\beta}+\lambda_c\cdot IV_c)}{\exp(z'_d\boldsymbol{\beta}+\lambda_d\cdot IV_d)}\right]\tag{10-45}$$

由于 $\sum_{k=1}^{M_c}\exp(\boldsymbol{x}'_{ck}\boldsymbol{\alpha})$ 和 $\sum_{k=1}^{M_d}\exp(\boldsymbol{x}'_{dk}\boldsymbol{\alpha})$ 分别包含了小区 c 和小区 d 中所有住房选择的信息，因此从式(10-45)中可以看出，$\dfrac{p_{icm}}{p_{idl}}$ 除了与住房选择 m 和 l 自身相关外，还与这两个选择所在小区 c 和小区 d 中所有的住房选择都相关。此外，从式(10-45)中可以清楚地看到利用常数 λ 乘以 IV 所起到的重要作用——当 λ_c 和 λ_d 不等于 1 时，$\sum_{k=1}^{M_c}\exp(\boldsymbol{x}'_{ck}\boldsymbol{\alpha})$ 和 $\sum_{k=1}^{M_d}\exp(\boldsymbol{x}'_{dk}\boldsymbol{\alpha})$ 这两项不会从等式中消去，从而使得不同小区的任意两个住房选择概率之比不具有无关选择独立的特性。

根据以上介绍我们已经了解到，对于嵌套 Logit 模型，在组别内部具有无关选择独立的特性，而在组别之间不具有无关选择独立的特性。在这里我们对此给出直观的解释：首先来看组别内部具有无关选择独立特性的直观解释。由于组别内部各个选择非常类似，因此同组任意两个选择的概率受到(同组或者不同组)其他选择影响的程度相同，从而使得这两个选择概率之比不受影响。再来看组别之间不具有无关选择独立的直观解释。由于不同组别的选择存在较大差异，而同一组别的选择非常相似，因此不同组别(记为 c 和 d)的两个选择(记为 m 和 l)概率受到其他选择影响的程度存在差异。特别地，组别 c 中的某一选择对 m 被选中概率的影响要大于对 l 被选中概率的影响，这将导致选择 m 和选择 l 的概率之比最终受到组别 c 中选择的影响。

以上介绍的是嵌套 Logit 模型的设定和性质。接下来，简要介绍嵌套 Logit 模型的参数估计。估计嵌套 Logit 模型参数最直接的做法是最大化如下对数似然函数：

$$
\begin{aligned}
\ln L(\boldsymbol{\theta}) &= \sum_{i=1}^{N}\sum_{c=1}^{C}\sum_{m=1}^{M_c} y_{icm}\ln p_{icm} \\
&= \sum_{i=1}^{N}\sum_{c=1}^{C}\sum_{m=1}^{M_c} y_{icm}\ln\left(\left[\frac{\exp(\boldsymbol{x}'_{cm}\boldsymbol{\alpha})}{\sum_{k=1}^{M_c}\exp(\boldsymbol{x}'_{ck}\boldsymbol{\alpha})}\right]\left[\frac{\exp(\boldsymbol{z}'_c\boldsymbol{\beta}+\boldsymbol{\lambda}_c\cdot IV_c)}{\sum_{b=1}^{C}\exp(\boldsymbol{z}'_b\boldsymbol{\beta}+\boldsymbol{\lambda}_b\cdot IV_b)}\right]\right)
\end{aligned} \tag{10-46}
$$

其中，y_{icm}表示家庭 i 选择小区 c 中住房 m 的虚拟变量。

注意到嵌套 Logit 模型可以分解为两个 Logit，因此其中的参数可以通过如下**两步法**来估计：第一步，将组别的选择行为利用 Logit 模型来刻画，以此估计参数 $\boldsymbol{\alpha}$；第二步，将第一步估计得到的参数 $\boldsymbol{\alpha}$ 估计值 $\hat{\boldsymbol{\alpha}}$ 代入包容值，将个体组别的选择行为同样利用 Logit 模型来刻画，以此估计参数 $\boldsymbol{\beta}$。具体地，第一步估计如下对数似然函数参数 $\boldsymbol{\alpha}$ 的估计值 $\hat{\boldsymbol{\alpha}}$：

$$
\ln L_1(\boldsymbol{\alpha}) = \sum_{i=1}^{N}\sum_{c=1}^{C}\sum_{m=1}^{M_c} y_{icm}\ln p_{im|c} = \sum_{i=1}^{N}\sum_{c=1}^{C}\sum_{m=1}^{M_c} y_{icm}\ \ln\left[\frac{\exp(\boldsymbol{x}'_{cm}\boldsymbol{\alpha})}{\sum_{k=1}^{M_c}\exp(\boldsymbol{x}'_{ck}\boldsymbol{\alpha})}\right] \tag{10-47}
$$

第二步估计如下对数似然函数得到参数 $\boldsymbol{\beta}$ 的估计值 $\hat{\boldsymbol{\beta}}$：

$$
\ln L_2(\boldsymbol{\beta}) = \sum_{i=1}^{N}\sum_{c=1}^{C} y_{ic}\ln p_{ic} = \sum_{n=1}^{N}\sum_{c=1}^{C} y_{ic}\ \ln\left[\frac{\exp(\boldsymbol{z}'_c\boldsymbol{\beta}+\boldsymbol{\lambda}_c\cdot \widehat{IV}_c)}{\sum_{b=1}^{C}\exp(\boldsymbol{z}'_b\boldsymbol{\beta}+\boldsymbol{\lambda}_b\cdot \widehat{IV}_b)}\right] \tag{10-48}
$$

其中，y_{ic}表示家庭 i 选择小区 c 的虚拟变量，$\widehat{IV}_c$ 表示将第一步估计 $\hat{\boldsymbol{\alpha}}$ 代入 IV_c 得到的估计值。

与式(10-46)的一步估计法相比，式(10-47)和式(10-48)两步估计法的优点是，在参数估计过程中不需要同时对参数 $\boldsymbol{\alpha}$ 和 $\boldsymbol{\beta}$ 进行迭代，大大提升了计算速度；其缺点是，在式(10-48)中包含了估计值 $\widehat{IV}_c$，使得第二步得到的参数估计值 $\hat{\boldsymbol{\beta}}$ 包含了第一步的抽样误差，从而需要对 $\hat{\boldsymbol{\beta}}$ 的标准误进行矫正(Amemiya,1978)。

4.3 Probit 模型

除了嵌套 Logit 模型外，Probit 模型也能够处理无关选择独立问题。本小节介绍 Probit 模型的设定与参数估计。与 Logit 模型的一个重要差异是，Probit 模型的选择概率不具有显式表达式，估计模型参数从而需要借助数值方法来得到选择概率的近似值。本小节重点介绍的是

Geweke(1992)，Hajivassiliou and McFadden(1994)以及 Keane(1994)提出的数值模拟方法(Geweke—Hajivassiliou—Keane,GHK)。

4.3.1 Probit 模型设定

考虑前述式(10-2)给出的可加随机效用模型：

$$U_{im}=V_{im}+\varepsilon_{im} \tag{10-49}$$

与 Logit 模型假设误差项 ε_{im}独立同分布且服从 I 类极值分布不同，Probit 模型假定误差项 ε_{im}服从正态分布且存在相关性。正式地，

$$\boldsymbol{\varepsilon}_i=\begin{bmatrix}\varepsilon_{i1}\\ \varepsilon_{i2}\\ \vdots\\ \varepsilon_{iM}\end{bmatrix}\sim\mathcal{N}\left(\begin{bmatrix}0\\0\\ \vdots\\0\end{bmatrix},\begin{bmatrix}\sigma_{11} & \sigma_{12} & \cdots & \sigma_{1M}\\ \cdot & \sigma_{22} & \cdots & \sigma_{2M}\\ \vdots & \vdots & & \vdots\\ \cdot & \cdot & \cdots & \sigma_{MM}\end{bmatrix}\right) \tag{10-50}$$

其中，方差协方差矩阵非对角线上的元素不全为 0，这刻画了误差项之间的相关性，此外允许方差协方差矩阵对角线上的元素不相同，这刻画了误差项的异方差性。

方便起见，将式(10-50)中的方差协方差矩阵$\begin{bmatrix}\sigma_{11} & \sigma_{12} & \cdots & \sigma_{1M}\\ \cdot & \sigma_{22} & \cdots & \sigma_{2M}\\ \vdots & \vdots & & \vdots\\ \cdot & \cdot & \cdots & \sigma_{MM}\end{bmatrix}$记为 $\boldsymbol{\Omega}$，误差项 $\boldsymbol{\varepsilon}_i$ 的分布可以表示为：

$$\phi(\boldsymbol{\varepsilon}_i)=[(2\pi)^{\frac{M}{2}}|\boldsymbol{\Omega}|^{\frac{1}{2}}]^{-1}\exp\left(-\frac{1}{2}\boldsymbol{\varepsilon}_i'\boldsymbol{\Omega}^{-1}\boldsymbol{\varepsilon}_i\right) \tag{10-51}$$

式(10-49)和式(10-50)刻画了 Probit 模型，进一步结合式(10-5)，行为个体 i 选择 m 的概率 p_{im}可以表示为：

$$\begin{aligned}p_{im}&=\Pr(U_{im}=\max\{U_{i1},U_{i2},\cdots,U_{iM}\})\\&=\Pr(V_{im}+\varepsilon_{im}>V_{ik}+\varepsilon_{ik},\forall k\neq m)\\&=\int_{\boldsymbol{\varepsilon}_i}I(\varepsilon_{ik}<V_{im}-V_{ik}+\varepsilon_{im},\forall k\neq m)\phi(\boldsymbol{\varepsilon}_i)\mathrm{d}\boldsymbol{\varepsilon}_i\end{aligned} \tag{10-52}$$

根据第 2 节中“只有效用差异重要”这一离散选择模型的参数识别原则，不失一般性，将第一个选择作为基准，可以将误差项$\underbrace{\boldsymbol{\varepsilon}_i}_{M\times1}\equiv\begin{bmatrix}\varepsilon_{i1}\\ \varepsilon_{i2}\\ \vdots\\ \varepsilon_{iM}\end{bmatrix}$标准化为 $\underbrace{\tilde{\boldsymbol{\varepsilon}}_{i1}}_{(M-1)\times1}\equiv\begin{bmatrix}\varepsilon_{i2}-\varepsilon_{i1}\\ \varepsilon_{i3}-\varepsilon_{i1}\\ \vdots\\ \varepsilon_{iM}-\varepsilon_{i1}\end{bmatrix}\equiv\begin{bmatrix}\tilde{\varepsilon}_{i21}\\ \tilde{\varepsilon}_{i31}\\ \vdots\\ \tilde{\varepsilon}_{iM1}\end{bmatrix}$；进一步根据“效用标度可以是任意大于 0 的数”这一离散选择模型参数识别原则，不失一般性以 $\tilde{\varepsilon}_{i21}$ 的标准差$\sqrt{\mathrm{Var}(\tilde{\varepsilon}_{i21})}$为基准，可将 $\boldsymbol{\varepsilon}_i\equiv\begin{bmatrix}\varepsilon_{i1}\\ \varepsilon_{i2}\\ \vdots\\ \varepsilon_{iM}\end{bmatrix}$进一步标准化为 $\underbrace{\tilde{\boldsymbol{\varepsilon}}_{i1}^{*}}_{(M-1)\times1}\equiv\begin{bmatrix}\tilde{\varepsilon}_{i21}^{*}\\ \tilde{\varepsilon}_{i31}^{*}\\ \vdots\\ \tilde{\varepsilon}_{iM1}^{*}\end{bmatrix}\equiv\begin{bmatrix}\dfrac{\tilde{\varepsilon}_{i21}}{\sqrt{\mathrm{Var}(\tilde{\varepsilon}_{i21})}}\\ \dfrac{\tilde{\varepsilon}_{i31}}{\sqrt{\mathrm{Var}(\tilde{\varepsilon}_{i21})}}\\ \vdots\\ \dfrac{\tilde{\varepsilon}_{iM1}}{\sqrt{\mathrm{Var}(\tilde{\varepsilon}_{i21})}}\end{bmatrix}$。

注意到，Logit 模型假设误差项 ε_{im}服从 I 类极值分布，这意味着将误差项方差隐含地标准化为 $\frac{\pi^2}{6}$，从而不需要再对误差项进行标准化。此外，将 $\boldsymbol{V}_i \equiv \begin{bmatrix} V_{i1} \\ V_{i2} \\ \vdots \\ V_{iM} \end{bmatrix}$ 进行与 $\boldsymbol{\varepsilon}_i$ 相同的标准化：首先标准化为 $\widetilde{\boldsymbol{V}}_{i1} \equiv \begin{bmatrix} V_{i2}-V_{i1} \\ V_{i3}-V_{i1} \\ \vdots \\ V_{iM}-V_{i1} \end{bmatrix} \equiv \begin{bmatrix} \widetilde{V}_{i21} \\ \widetilde{V}_{i31} \\ \vdots \\ \widetilde{V}_{iM1} \end{bmatrix}$，再进一步标准化为 $\widetilde{\boldsymbol{V}}_{i1}^* \equiv \begin{bmatrix} \widetilde{V}_{i21}^* \\ \widetilde{V}_{i31}^* \\ \vdots \\ \widetilde{V}_{iM1}^* \end{bmatrix} \equiv \begin{bmatrix} \dfrac{\widetilde{V}_{i21}}{\sqrt{\mathrm{Var}(\widetilde{V}_{i21})}} \\ \dfrac{\widetilde{V}_{i31}}{\sqrt{\mathrm{Var}(\widetilde{V}_{i21})}} \\ \vdots \\ \dfrac{\widetilde{V}_{iM1}}{\sqrt{\mathrm{Var}(\widetilde{V}_{i21})}} \end{bmatrix}$。现在，式(10-52)可以等价地表示为：

$$
\begin{aligned}
p_{im} &= \Pr(U_{im} = \max\{U_{i1}, U_{i2}, \cdots, U_{iM}\}) \\
&= \int_{\varepsilon_i} I(\varepsilon_{ik} < V_{im} - V_{ik} + \varepsilon_{im}, \forall k \neq m)\phi(\boldsymbol{\varepsilon}_i)\mathrm{d}\boldsymbol{\varepsilon}_i \\
&= \int_{\tilde{\varepsilon}_{i1}^*} I(\tilde{\varepsilon}_{ik1}^* < \widetilde{V}_{im1}^* - \widetilde{V}_{ik1}^* + \tilde{\varepsilon}_{im1}^*, \forall k \neq m)\phi(\tilde{\boldsymbol{\varepsilon}}_{i1}^*)\mathrm{d}\tilde{\boldsymbol{\varepsilon}}_{i1}^* \qquad (10\text{-}53)
\end{aligned}
$$

值的指出的是，式(10-53)是基于选择 1 作为基准进行标准化得出的。事实上，我们可以使用任意选择作为基准。特别地，当使用选择 m 作为基准时，式(10-53)可以重新表示为：

$$
\begin{aligned}
p_{im} &= \int_{\tilde{\varepsilon}_{im}^*} I(\tilde{\varepsilon}_{ikm}^* < \widetilde{V}_{imm}^* - \widetilde{V}_{ikm}^* + \tilde{\varepsilon}_{imm}^*, \forall k \neq m)\phi(\tilde{\boldsymbol{\varepsilon}}_{im}^*)\mathrm{d}\tilde{\boldsymbol{\varepsilon}}_{im}^* \\
&= \int_{\tilde{\varepsilon}_{im}^*} I(\tilde{\varepsilon}_{ikm}^* < -\widetilde{V}_{ikm}^*, \forall k \neq m)\phi(\tilde{\boldsymbol{\varepsilon}}_{im}^*)\mathrm{d}\tilde{\boldsymbol{\varepsilon}}_{im}^* \qquad (10\text{-}54)
\end{aligned}
$$

其中，第二个等式用到的是 $\widetilde{V}_{imm}^* = 0$ 和 $\tilde{\varepsilon}_{imm}^* = 0$。

4.3.2 Probit 模型的估计与 GHK 数值模拟方法

Probit 模型参数可以通过最大化对数似然函数 $\ln L(\boldsymbol{\theta}) = \sum_{i=1}^{N}\sum_{m=1}^{M} y_{im}\ln p_{im}$ 的方式来估计。其中的一大难点是 $p_{im} = \int_{\tilde{\varepsilon}_{im}^*} I(\tilde{\varepsilon}_{ikm}^* < -\widetilde{V}_{ikm}^*, \forall k \neq m)\phi(\tilde{\boldsymbol{\varepsilon}}_{im}^*)\mathrm{d}\tilde{\boldsymbol{\varepsilon}}_{im}^*$ 为联合正态分布随机数积分，它一般没有解析表达式，从而需借助数值方法估计得到，这意味着在利用数值优化方法(比如 BHHH 方法)估计模型的过程中，每次参数迭代都需要计算一次多重积分。而根据第二章数学基础的介绍我们已经了解到，对于积分维度较大的情形，通过 Newton-Cotes 或者 Gaussian Quadrature 等数值方法来近似积分的计算量非常大。因此维度较大的积分一般通过蒙特卡罗数

值模拟(即从积分分布中抽取随机数)方法得到。不失一般性，将 p_{im} 基于数值模拟得到的数值记为 $\ddot{p}_{im}$，Probit 模型参数一般通过最大化如下对数似然函数来得到：

$$\ln L(\boldsymbol{\theta})=\sum_{i=1}^{N}\sum_{m=1}^{M}(y_{im}\ln\ddot{p}_{im}) \tag{10-55}$$

由于式(10-55)似然函数中的 $\ddot{p}_{im}$ 通过数值模拟方法得到，因此基于式(10-55)估计参数的方法被称为**最大模拟似然函数方法**(Maximum Simulated Likelihood Method, MSL)。利用该方法得到估计量的统计学性质将在本章后续部分介绍。在第二章中，我们介绍了多种蒙特卡罗数值模拟方法。这里我们介绍估计 Probit 模型最常用的 **GHK 方法**，这一数值模拟方法由 Geweke(1992)，Hajivassiliou and McFadden(1994)以及 Keane(1994)提出。接下来，我们介绍 GHK 这一蒙特卡罗数值模拟方法计算积分 $p_{im}=\int_{\tilde{\varepsilon}_{im}^*}I(\tilde{\varepsilon}_{ikm}^*<-\widetilde{V}_{ikm}^*,\forall k\neq m)\phi(\tilde{\boldsymbol{\varepsilon}}_{im}^*)\mathrm{d}\tilde{\boldsymbol{\varepsilon}}_{im}^*$ 的具体思路和步骤。

根据第二章的介绍我们已经了解到，利用蒙特卡罗数值模拟(近似)计算 $p_{im}=\int_{\tilde{\varepsilon}_{im}^*}I(\tilde{\varepsilon}_{ikm}^*<-\widetilde{V}_{ikm}^*,\forall k\neq m)\phi(\tilde{\boldsymbol{\varepsilon}}_{im}^*)\mathrm{d}\tilde{\boldsymbol{\varepsilon}}_{im}^*$ 直接的做法是：第一，从联合正态分布 $\phi(\tilde{\boldsymbol{\varepsilon}}_{im}^*)$ 中抽取随机数；第二，基于所得到的随机数判断 $I(\tilde{\varepsilon}_{ikm}^*<-\widetilde{V}_{ikm}^*,\forall k\neq m)$ 取值(0 或 1)，第三，重复第一步和第二步 S 次。若基于第 s 次抽取随机数得到的 $I(\tilde{\varepsilon}_{ikm}^*<-\widetilde{V}_{ikm}^*,\forall k\neq m)$ 用符号 I^s 来表示，那么 $\ddot{p}_{im}=\dfrac{\sum_{s=1}^{S}I^s}{S}$。但是该做法的缺陷是，在实际应用中，从联合正态分布 $\phi(\tilde{\boldsymbol{\varepsilon}}_{im}^*)$ 中抽取随机数非常困难。GHK 处理该问题的基本思路是，通过**乔利斯基分解**(Cholesky Decomposition)将从多维的联合正态分布 $\phi(\tilde{\boldsymbol{\varepsilon}}_{im}^*)$ 中抽取随机数问题转化为从多个单维的(截尾)正态分布中抽取随机数问题。

将 $\tilde{\varepsilon}_{im}^*$ 的方差协方差矩阵记为 $\widetilde{\boldsymbol{\Omega}}_m^*$，对 $\widetilde{\boldsymbol{\Omega}}_m^*$ 进行乔利斯基分解：

$$\underbrace{\widetilde{\boldsymbol{\Omega}}_m^*}_{(M-1)\times(M-1)}=\boldsymbol{L}_m\boldsymbol{L}'_m \tag{10-56}$$

其中，$\boldsymbol{L}_m=\begin{bmatrix}\rho_{11} & 0 & \cdots & 0\\ \rho_{21} & \rho_{22} & \cdots & 0\\ \vdots & \vdots & & \vdots\\ \rho_{M-1,1} & \cdot & \cdots & \rho_{M-1,M-1}\end{bmatrix}$ 表示乔利斯基分解的下三角矩阵。注意到，由于标准化，$\tilde{\boldsymbol{\varepsilon}}_{i1m}^*$ 的方差为 1，因此 $\rho_{11}=1$。

如果利用 $\underbrace{\boldsymbol{z}}_{(M-1)\times1}=\begin{bmatrix}z_1\\ z_2\\ \vdots\\ z_{M-1}\end{bmatrix}$ 来表示互相独立的标准正态分布随机变量向量，那么结合式(10-56)可得：

$$\tilde{\boldsymbol{\varepsilon}}_{im}^*=\boldsymbol{L}_m\boldsymbol{z}$$

$$=\begin{bmatrix}\rho_{11} & 0 & \cdots & 0\\ \rho_{21} & \rho_{22} & \cdots & 0\\ \vdots & \vdots & & \vdots\\ \rho_{M-1,1} & \rho_{M-1,2} & \cdots & \rho_{M-1,M-1}\end{bmatrix}\begin{bmatrix}z_1\\ z_2\\ \vdots\\ z_{M-1}\end{bmatrix}$$

$$=\begin{bmatrix}\rho_{11}z_1\\ \rho_{21}z_1+\rho_{22}z_2\\ \vdots\\ \rho_{M-1,1}z_1+\rho_{M-1,2}z_2+\cdots+\rho_{M-1,M-1}z_{M-1}\end{bmatrix} \tag{10-57}$$

结合 p_{im} 的表达式与式(10-57)可得：

$$p_{im}=\int_{\tilde{\varepsilon}_{im}^*} I(\tilde{\varepsilon}_{ikm}^* < -\widetilde{V}_{ikm}^*, \forall k\neq m)\phi(\tilde{\boldsymbol{\varepsilon}}_{im}^*)\mathrm{d}\tilde{\boldsymbol{\varepsilon}}_{im}^*$$

$$=\Pr(\tilde{\varepsilon}_{i1m}^* < -\widetilde{V}_{i1m}^*, \tilde{\varepsilon}_{i2m}^* < -\widetilde{V}_{i2m}^*, \tilde{\varepsilon}_{i3m}^* < -\widetilde{V}_{i3m}^*, \cdots)$$

$$=\begin{Bmatrix}\Pr(\tilde{\varepsilon}_{i1m}^* < -\widetilde{V}_{i1m}^*)\times\\ \Pr(\tilde{\varepsilon}_{i2m}^* < -\widetilde{V}_{i2m}^* \mid \tilde{\varepsilon}_{i1m}^* < -\widetilde{V}_{i1m}^*)\times\\ \Pr(\tilde{\varepsilon}_{i3m}^* < -\widetilde{V}_{i3m}^* \mid \tilde{\varepsilon}_{i1m}^* < -\widetilde{V}_{i1m}^*, \tilde{\varepsilon}_{i2m}^* < -\widetilde{V}_{i2m}^*)\times\\ \cdots\end{Bmatrix}$$

$$=\begin{Bmatrix}\Pr\left(z_1 < -\dfrac{\widetilde{V}_{i1m}^*}{\rho_{11}}\right)\times\\ \Pr\left(z_2 < -\dfrac{\widetilde{V}_{i2m}^*+\rho_{21}z_1}{\rho_{22}}\middle| z_1 < -\dfrac{\widetilde{V}_{i1m}^*}{\rho_{11}}\right)\times\\ \Pr\left(z_3 < -\dfrac{\widetilde{V}_{i3m}^*+\rho_{31}z_1+\rho_{32}z_2}{\rho_{33}}\middle| z_1 < -\dfrac{\widetilde{V}_{i1m}^*}{\rho_{11}},\ z_2 < -\dfrac{\widetilde{V}_{i2m}^*+\rho_{21}z_1}{\rho_{22}}\right)\times\\ \cdots\end{Bmatrix} \tag{10-58}$$

其中，第二行等式用到的是二值随机变量的性质；第三个等式用到的是联合分布与条件分布的关系；最后一个等式用到的是式(10-57)。

从式(10-58)可看出，GHK 方法将从联合正态分布 $\phi(\tilde{\boldsymbol{\varepsilon}}_{im}^*)$ 中抽取随机数的复杂问题分解为从 $\Pr\left(z_1<-\dfrac{\widetilde{V}_{i1m}^*}{\rho_{11}}\right)$，$\Pr\left(z_2<-\dfrac{\widetilde{V}_{i2m}^*+\rho_{21}z_1}{\rho_{22}}\middle| z_1<-\dfrac{\widetilde{V}_{i1m}^*}{\rho_{11}}\right)$，$\Pr\left(z_3<-\dfrac{\widetilde{V}_{i3m}^*+\rho_{31}z_1+\rho_{32}z_2}{\rho_{33}}\middle| z_1<-\dfrac{\widetilde{V}_{i1m}^*}{\rho_{11}},\ z_2<-\dfrac{\widetilde{V}_{i2m}^*+\rho_{21}z_1}{\rho_{22}}\right)$……等多个一维正态分布中抽取随机数的简单问题。其中，$\Pr\left(z_1<-\dfrac{\widetilde{V}_{i1m}^*}{\rho_{11}}\right)$ 可以通过从截取值为

$-\dfrac{\widetilde{V}_{i1m}^{*}}{\rho_{11}}$的截尾标准正态分布中抽取随机数的方式模拟来得到（参见第二章）。模拟条件概率 $\Pr\left(z_2<-\dfrac{\widetilde{V}_{i2m}^{*}+\rho_{21}z_1}{\rho_{22}}\middle|z_1<-\dfrac{\widetilde{V}_{i1m}^{*}}{\rho_{11}}\right)$ 似乎比较复杂，然而一旦给定 z_1，模拟此概率就可以通过从截取值为 $-\dfrac{\widetilde{V}_{i2m}^{*}+\rho_{21}z_1}{\rho_{22}}$ 的截尾标准正态分布中抽取随机数的方式模拟得到。类似地，条件概率 $\Pr\left(z_3<-\dfrac{\widetilde{V}_{i3m}^{*}+\rho_{31}z_1+\rho_{32}z_2}{\rho_{33}}\middle|z_1<-\dfrac{\widetilde{V}_{i1m}^{*}}{\rho_{11}},\ z_2<-\dfrac{\widetilde{V}_{i2m}^{*}+\rho_{21}z_1}{\rho_{22}}\right)$ 可以在给定 z_1 和 z_2 的条件下，从截取值为 $-\dfrac{\widetilde{V}_{i3m}^{*}+\rho_{31}z_1+\rho_{32}z_2}{\rho_{33}}$ 的截尾标准正态分布中抽取随机数的方式模拟来得到。其他条件分布可通过类似的方式模拟得到。我们将以上 GHK 方法模拟 Probit 模型概率的步骤总结在表 10-5 中。

表 10-5　Geweke—Hajivassiliou—Keane(GHK)方法模拟 Probit 模型概率的步骤

1. 模拟 $\Pr\left(z_1<-\dfrac{\widetilde{V}_{i1m}^{*}}{\rho_{11}}\right)$

   从截取值为 $-\dfrac{\widetilde{V}_{i1m}^{*}}{\rho_{11}}$ 的截尾标准正态分布中抽取随机数 z_1^s

   ① 从标准均匀分布中抽取随机数 u_1^s

   ② 计算 $z_1^s=\Phi^{-1}\left(u^r\Phi\left(-\dfrac{\widetilde{V}_{i1m}^{*}}{\rho_{11}}\right)\right)$

   ③ 将 $I\left(z_1^s<-\dfrac{\widetilde{V}_{i1m}^{*}}{\rho_{11}}\right)$ 的取值记为 I_1^s

2. 给定 $z_1=z_1^s$，模拟 $\Pr\left(z_2<-\dfrac{\widetilde{V}_{i2m}^{*}+\rho_{21}z_1}{\rho_{22}}\middle|z_1<-\dfrac{\widetilde{V}_{i1m}^{*}}{\rho_{11}}\right)$

   从截取值为 $-\dfrac{\widetilde{V}_{i2m}^{*}+\rho_{21}z_1^s}{\rho_{22}}$ 的截尾标准正态分布中抽取随机数 z_2^s

   ① 从标准均匀分布中抽取随机数 u_2^s

   ② 计算 $z_2^s=\Phi^{-1}\left(u_2^s\Phi\left(-\dfrac{\widetilde{V}_{i2m}^{*}+\rho_{21}z_1^s}{\rho_{22}}\right)\right)$

   ③ 将 $I\left(z_2^s<-\dfrac{\widetilde{V}_{i2m}^{*}+\rho_{21}z_1^s}{\rho_{22}}\right)$ 的取值记为 I_2^s

3. 给定 $z_1=z_1^s$ 和 $z_2=z_2^s$，模拟 $\Pr\left(z_3<-\dfrac{\widetilde{V}_{i3m}^{*}+\rho_{31}z_1+\rho_{32}z_2}{\rho_{33}}\middle|z_1<-\dfrac{\widetilde{V}_{i1m}^{*}}{\rho_{11}},\ z_2<-\dfrac{\widetilde{V}_{i2m}^{*}+\rho_{21}z_1}{\rho_{22}}\right)$

续表

从截取值为$-\frac{\widetilde{V}_{i3m}^{*}+\rho_{31}z_1^s+\rho_{32}z_2^s}{\rho_{33}}$的截尾标准正态分布中抽取随机数 z_3^s ① 从标准均匀分布中抽取随机数 u_3^s ② 计算 $z_3^s=\Phi^{-1}\left(u_3^s\Phi\left(-\frac{\widetilde{V}_{i3m}^{*}+\rho_{31}z_1^s+\rho_{32}z_2^s}{\rho_{33}}\right)\right)$ ③ 将 $I\left(z_3^s<-\frac{\widetilde{V}_{i3m}^{*}+\rho_{31}z_1^s+\rho_{32}z_2^s}{\rho_{33}}\right)$ 的取值记为 I_3^s …… 4. 重复以上步骤 S 次 5. 计算 $\ddot{p}_{im}$ $\ddot{p}_{im}=\left(\frac{\sum_{s=1}^{S}I_1^s}{S}\right)\left(\frac{\sum_{s=1}^{S}I_2^s}{S}\right)\left(\frac{\sum_{s=1}^{S}I_3^s}{S}\right)\cdots\left(\frac{\sum_{s=1}^{S}I_{M-1}^s}{S}\right)$

5. 随机系数模型

到目前为止，我们所介绍的模型均假设变量系数不随个体变化。然而在实际应用中，这可能是一个比较强的假设。比如，在交通方式选择问题中，行为个体本身存在的差异往往会导致选择相同交通方式带来的效用不同。根据生活经验，地铁这一交通方式的通勤时间对高收入个体的负效用一般高于低收入个体。本节介绍的**随机系数模型**(Random Coefficient Model)放松了变量系数不随个体变化的假定。在本节读者将看到，将变量系数设置为随个体变化的形式显著增加了参数估计的难度。鉴于此，本节介绍**期望-最大化算法**(Expectation Maximization Algorithms,EM)，该算法大大降低了估计随机系数模型参数的难度。

5.1 随机系数模型设定

考虑如下简单可加随机效用模型：

$$U_{im}=\boldsymbol{x}_{im}'\boldsymbol{\alpha}_i+\varepsilon_{im} \tag{10-59}$$

其中，$\boldsymbol{\alpha}_i$ 为随个体变化的参数，即随机参数，它的分布记为$f(\boldsymbol{\alpha}_i|\boldsymbol{\kappa})$，其中 $\boldsymbol{\kappa}$ 为刻画 $\boldsymbol{\alpha}_i$ 分布的参数。

若将给定 $\boldsymbol{\alpha}_i$ 条件下行为个体 i 选择 m 的概率记为 $p_{im|\boldsymbol{\alpha}_i}$，那么个体 i 选择 m 的无条件概率则可表示为：

$$p_{im}=\int_{\boldsymbol{\alpha}_i}p_{im|\boldsymbol{\alpha}_i}f(\boldsymbol{\alpha}_i|\boldsymbol{\kappa})\mathrm{d}\boldsymbol{\alpha}_i \tag{10-60}$$

式(10-59)和式(10-60)给出的模型被称为**随机系数模型**(Random Coefficient Model)。注意到，随机系数模型中的参数通常有两类：一类是随机效用方程中的参数，这些参数包括在

$p_{im|\alpha_i}$中；另一类是刻画随机参数 $\boldsymbol{\alpha}_i$ 分布的参数 $\boldsymbol{\kappa}$，这些参数包括在$f(\boldsymbol{\alpha}_i|\boldsymbol{\kappa})$中。

若假设 ε_{im}独立同分布且服从 I 类极值分布，那么将得到**混合 Logit 模型**(Mixed Logit Model)。而假设 ε_{im}服从正态分布得到的是**混合 Probit 模型**(Mixed Probit Model)。简便起见，这里介绍混合 Logit 模型。[①] 对于混合 Logit 模型而言，根据前述内容可以很容易得到给定参数 $\boldsymbol{\alpha}_i$ 条件下行为个体 i 选择 m 的概率 $p_{im|\alpha_i}$：

$$p_{im|\boldsymbol{\alpha}_i} = \frac{e^{\boldsymbol{x}'_{im}\boldsymbol{\alpha}_i}}{\sum_{k=1}^{M} e^{\boldsymbol{x}'_{ik}\boldsymbol{\alpha}_i}} \tag{10-61}$$

将式(10-61)代入式(10-60)可直接得到混合 Logit 模型中个体 i 选择 m 的无条件概率：

$$p_{im} = \int_{\boldsymbol{\alpha}_i}\left(\frac{e^{\boldsymbol{x}'_{im}\boldsymbol{\alpha}_i}}{\sum_{k=1}^{M} e^{\boldsymbol{x}'_{ik}\boldsymbol{\alpha}_i}}\right)f(\boldsymbol{\alpha}_i|\boldsymbol{\kappa})\,d\boldsymbol{\alpha}_i \tag{10-62}$$

在实际应用中，通常假设 $\boldsymbol{\alpha}_i$ 服从正态分布，即 $\boldsymbol{\alpha}_i \sim \mathcal{N}(\boldsymbol{a},\boldsymbol{\Sigma})$。[②] 该情形下，行为个体 i 选择 m 的无条件概率 p_{im}为：

$$p_{im} = \int_{\boldsymbol{\alpha}_i}\left(\frac{e^{\boldsymbol{x}'_{im}\boldsymbol{\alpha}_i}}{\sum_{k=1}^{M} e^{\boldsymbol{x}'_{ik}\boldsymbol{\alpha}_i}}\right)\phi(\boldsymbol{\alpha}_i|\boldsymbol{a},\boldsymbol{\Sigma})\,d\boldsymbol{\alpha}_i \tag{10-63}$$

5.2　随机系数模型的一般性

值得指出的是，在 $\boldsymbol{\alpha}_i \sim \mathcal{N}(\boldsymbol{a},\boldsymbol{\Sigma}_{\alpha})$的条件下，式(10-59)给出的随机系数模型可以等价地表示为：

$$\begin{cases} U_{im} = \boldsymbol{x}'_{im}\boldsymbol{\alpha} + v_{im} \\ v_{im} = \boldsymbol{x}'_{im}\boldsymbol{u}_i + \varepsilon_{im} \end{cases} \tag{10-64}$$

其中，$\boldsymbol{u}_i \sim \mathcal{N}(\boldsymbol{0},\boldsymbol{\Sigma})$。

对于任意两个不同的选择 m 和 k，根据式(10-64)可以很容易得到：

$$\mathrm{Cov}(v_{im}, v_{ik}|\boldsymbol{x}_{im}, \boldsymbol{x}_{ik}) = \boldsymbol{x}'_{im}\boldsymbol{\Sigma}\boldsymbol{x}_{ik} \tag{10-65}$$

其中，由于 $\boldsymbol{x}'_{im}\boldsymbol{\Sigma}\boldsymbol{x}_{ik}$一般不等于 $\boldsymbol{0}$，因此式(10-65)意味着随机系数模型允许误差项之间存在相关性，从而放松了 Logit 模型误差项独立的限定。

事实上，随机系数模型的一般性远超出了允许误差项之间存在相关性的范畴。McFadden and Train(2000)证明，**任意随机效用模型都可以利用随机系数模型中的混合 Logit 模型来近似**。其基本思想非常简单：当效用的刻度足够大时，在真实效用的基础上添加服从 I 类极值分布且互相独立的误差项不改变行为个体的选择。具体而言，考虑随机效用函数一般的设定 $U_{im} = U(\boldsymbol{x}_{im}, \boldsymbol{\alpha}_i, \varepsilon_{im})$，令 $\boldsymbol{\gamma}_i = \begin{bmatrix} \boldsymbol{\alpha}_i \\ \varepsilon_{i1} \\ \vdots \\ \varepsilon_{iM} \end{bmatrix}$，并假定 $\boldsymbol{\gamma}_i$ 的联合分布用$f(\boldsymbol{\gamma}_i)$来表示，那么行为个体 i 选

---

① 混合 Probit 模型的介绍类似。

② $\boldsymbol{\alpha}_i$ 分布的另一常见设定是对数正态分布。

择 m 的概率 p_{im} 则为：

$$p_{im} = \int_{\gamma_i} I(U(\boldsymbol{x}_{ik}, \boldsymbol{\alpha}_i, \varepsilon_{ik}) < U(\boldsymbol{x}_{im}, \boldsymbol{\alpha}_i, \varepsilon_{im}),\ \forall k \neq m) f(\boldsymbol{\gamma}_i) \mathrm{d}\boldsymbol{\gamma}_i \tag{10-66}$$

由于效用的刻度不影响行为个体的选择，那么则有：

$$p_{im} = \int_{\gamma_i} I\left(\frac{1}{\lambda}U(\boldsymbol{x}_{ik}, \boldsymbol{\alpha}_i, \varepsilon_{ik}) < \frac{1}{\lambda}U(\boldsymbol{x}_{im}, \boldsymbol{\alpha}_i, \varepsilon_{im}),\ \forall k \neq m\right) f(\boldsymbol{\gamma}_i) \mathrm{d}\boldsymbol{\gamma}_i \tag{10-67}$$

其中，λ 为任意大于 0 的数，$\frac{1}{\lambda}$表示效用的刻度。注意到，当效用的刻度$\frac{1}{\lambda}$足够大时，在效用 $\frac{U(\boldsymbol{x}_{im}, \boldsymbol{\alpha}_i, \varepsilon_{im})}{\lambda}$上加上服从 I 类极值分布且互相独立的误差项（不妨记为 ξ_{im}）将不改变行为个体的选择，这样就最终得到了混合 Logit 模型。正式地：

$$\begin{aligned} p_{im} &= \int_{\gamma_i} I\left(\frac{1}{\lambda}U(\boldsymbol{x}_{ik}, \boldsymbol{\alpha}_i, \varepsilon_{ik}) < \frac{1}{\lambda}U(\boldsymbol{x}_{im}, \boldsymbol{\alpha}_i, \varepsilon_{im}),\ \forall k \neq m\right) f(\boldsymbol{\gamma}_i) \mathrm{d}\boldsymbol{\gamma}_i \\ &= \int_{\gamma_i} I\left(\frac{1}{\lambda}U(\boldsymbol{x}_{ik}, \boldsymbol{\alpha}_i, \varepsilon_{ik}) + \xi_{ik} < \frac{1}{\lambda}U(\boldsymbol{x}_{im}, \boldsymbol{\alpha}_i, \varepsilon_{im}) + \xi_{im},\ \forall k \neq m\right) f(\boldsymbol{\gamma}_i) \mathrm{d}\boldsymbol{\gamma}_i \\ &= \int_{\gamma_i} \left\{ \frac{\exp\left[\frac{1}{\lambda}U(\boldsymbol{x}_{im}, \boldsymbol{\alpha}_i, \varepsilon_{im})\right]}{\sum_{k=1}^{M} \exp\left[\frac{1}{\lambda}U(\boldsymbol{x}_{ik}, \boldsymbol{\alpha}_i, \varepsilon_{ik})\right]} \right\} f(\boldsymbol{\gamma}_i) \mathrm{d}\boldsymbol{\gamma}_i \end{aligned} \tag{10-68}$$

5.3 随机系数模型估计与期望—最大化算法

本小节介绍随机系数模型的估计。结合式（10-60），随机系数模型的对数似然函数可以表示为：

$$\ln \mathscr{L}(\boldsymbol{\theta}) = \sum_{i=1}^{N} \sum_{m=1}^{M} (y_{im} \ln p_{im}) = \sum_{i=1}^{N} \sum_{m=1}^{M} \left[y_{im} \ln\left(\int_{\boldsymbol{\alpha}_i} p_{im \mid \boldsymbol{\alpha}_i} f(\boldsymbol{\alpha}_i \mid \boldsymbol{\kappa}) \mathrm{d}\boldsymbol{\alpha}_i \right) \right] \tag{10-69}$$

其中，$\boldsymbol{\theta}$ 为模型参数，包含 $p_{im \mid \boldsymbol{\alpha}_i}$ 与 $f(\boldsymbol{\alpha}_i \mid \boldsymbol{\kappa})$ 中的参数，y_{im} 表示个体 i 选择 m 的虚拟变量。

估计随机系数模型最直接的做法是，利用基于梯度的（Gradient-based）常规数值优化方法来最大化式（10-69）给出的对数似然函数。但是该做法所面临的重要挑战是，目标函数具有高度非线性化的特点且 $\boldsymbol{\theta}$ 中所包含大量参数，导致使用常规的数值优化方法（比如，牛顿拉普森方法、BHHH 方法以及 BFGS 方法等）难以得到参数的估计值。① 具体来说，$\boldsymbol{\theta}$ 除了包括 $p_{im \mid \boldsymbol{\alpha}_i}$ 中的参数之外，还包括 $f(\boldsymbol{\alpha}_i \mid \boldsymbol{\kappa})$ 中的参数 $\boldsymbol{\kappa}$。$\boldsymbol{\kappa}$ 中往往包含大量的参数，以 $f(\boldsymbol{\alpha}_i \mid \boldsymbol{\kappa})$ 为 K 维联合正态分布为例，$\boldsymbol{\kappa}$ 包含的参数个数为 $K+\frac{K(K+1)}{2}$（其中的 K 个参数是 $\boldsymbol{\alpha}_i$ 的期望值，另外 $\frac{K(K+1)}{2}$个参数是 $\boldsymbol{\alpha}_i$ 方差协方差矩阵中的参数）。如果将 $f(\boldsymbol{\alpha}_i \mid \boldsymbol{\kappa})$ 设定为**非参数**

① 对于高度非线性化且包含大量参数的目标函数，很难保证海森矩阵的正定性，海森矩阵逆的求解也非常困难。这都大大增加了使用常规数值优化方法估计模型参数的难度。

(Nonparametric) 形式，那么 κ 可能包含更多的参数。特别地，对于 $f(\boldsymbol{\alpha}_i|\boldsymbol{\kappa})=\begin{cases}\kappa_1, & \text{if} \quad \boldsymbol{\alpha}_i=\boldsymbol{a}_1\\ \kappa_2, & \text{if} \quad \boldsymbol{\alpha}_i=\boldsymbol{a}_2\\ \vdots & \\ \kappa_L, & \text{if} \quad \boldsymbol{\alpha}_i=\boldsymbol{a}_L\end{cases}$ 这一常见非参数的设定形式，$\boldsymbol{\kappa}$ 中所包含的参数个数为 L，而在非参设定中 L 往往是很大的数。

为有效缓解因模型高度非线性和高维参数为模型估计带来的困难，本节使用近年流行的**期望-最大化算法**(Expectation Maximization Algorithms, EM)来估计随机参数模型。在介绍使用 EM 算法估计随机效用模型参数的具体步骤之前，我们首先对 EM 算法本身进行介绍。

5.3.1 期望—最大化算法(Expectation Maximization Algorithms, EM)

EM 算法最早由 Dempster et al. 提出，该方法为了处理模型的缺失数据(Missing Data)问题，其基本动机是：**如果缺失数据能够被观测到，那么模型的估计难度将大大降低**。在统计计量学中，很多模型都可视为数据缺失问题(比如，随机参数模型可视为缺失随机参数 $\boldsymbol{\alpha}_i$ 的模型)，EM 算法从而被广泛应用到统计计量领域，尤其是近年非常流行的**机器学习**(Machine Learning)。对机器学习感兴趣的读者可以参考 Murphy(2012)这本经典著作。根据第二章数学基础和第五章 MLE 方法的介绍，牛顿拉普森方法、BHHH 方法以及 BFGS 方法等常规数值优化方法本质上是将复杂目标函数的优化问题转化为多个二次目标函数的迭代优化问题。与此相类似，在本小节我们将看到，**EM 算法实际上是将复杂目标函数(通常是数据缺失情形下的对数似然函数)的优化问题转化为多个简单目标函数(通常是数据完全可观测情形下的对数似然函数)的优化问题**。

5.3.1.1 期望-最大化算法的基本步骤

接下来具体介绍 EM 算法的步骤。考虑最大化如下目标函数的优化问题：

$$\begin{aligned}\ln L(\boldsymbol{\theta}) &= \sum_{i=1}^{N}\ln p(y_i|\boldsymbol{x}_i,\boldsymbol{\theta})\\ &= \sum_{i=1}^{N}\ln\left[\int_{\boldsymbol{w}_i}p(y_i,\boldsymbol{w}_i|\boldsymbol{x}_i,\boldsymbol{\theta})\mathrm{d}\boldsymbol{w}_i\right]\\ &= \sum_{i=1}^{N}\ln\left[\int_{\boldsymbol{w}_i}p(y_i|\boldsymbol{x}_i,\boldsymbol{w}_i,\pi)f(\boldsymbol{w}_i|\boldsymbol{\kappa})\mathrm{d}\boldsymbol{w}_i\right]\\ &= \sum_{i=1}^{N}\ln(\mathbb{E}_{\boldsymbol{w}_i}[p(y_i|\boldsymbol{x}_i,\boldsymbol{w}_i,\pi)])\end{aligned} \tag{10-70}$$

其中，$\boldsymbol{\theta}=\begin{bmatrix}\boldsymbol{\pi}\\ \boldsymbol{\kappa}\end{bmatrix}$ 为模型中所有的未知参数(其中，$\boldsymbol{\pi}$ 为 $p(y_i|\boldsymbol{x}_i,\boldsymbol{w}_i,\boldsymbol{\pi})$ 中的参数，$\boldsymbol{\kappa}$ 为 $f(\boldsymbol{w}_i|\boldsymbol{\kappa})$ 中的参数)，y_i 表示被解释变量，$\boldsymbol{x}_i$ 表示可观测解释变量，$\boldsymbol{w}_i$ 表示不可观测的**缺失数据**(Missing Data)。

式(10-70)中的 $\ln L(\boldsymbol{\theta})=\sum_{i=1}^{N}\ln p(y_i|\boldsymbol{x}_i,\boldsymbol{\theta})$ 表示 $\boldsymbol{w}_i$ 不可观测(缺失数据)情形下的对数似然函数，最大化该函数是我们的最终目的。但是观察式(10-70)不难发现，最大化 $\ln L(\boldsymbol{\theta})$ 的难点在于 $\ln\left[\int_{\boldsymbol{w}_i}p(y_i|\boldsymbol{x}_i,\boldsymbol{w}_i,\boldsymbol{\pi})f(\boldsymbol{w}_i|\boldsymbol{\kappa})\mathrm{d}\boldsymbol{w}_i\right]=\sum_{i=1}^{N}\ln(\mathbb{E}_{\boldsymbol{w}_i}[p(y_i|\boldsymbol{x}_i,\boldsymbol{w}_i,\boldsymbol{\pi})])$ 中的积分符号(或

者期望算子)与对算运算的位置无法互换，从而需要一并估计参数 $\boldsymbol{\pi}$ 和 $\boldsymbol{\kappa}$。一般而言，EM 算法处理这一难题分为两步：

第一步是定义如下**辅助函数**(Auxiliary Function)：

$$Q(\boldsymbol{\theta}|\boldsymbol{\theta}_t)=\mathbb{E}_{w_i}\left(\sum_{i=1}^{N}\ln[p(y_i,\boldsymbol{w}_i|\boldsymbol{x}_i,\boldsymbol{\theta})]\ \Big|\mathscr{D},\ \boldsymbol{\theta}_t\right) \tag{10-71}$$

其中，$\mathscr{D}=\{y_i,\ \boldsymbol{x}_i\}$表示可观测数据，$\sum_{i=1}^{N}\ln[p(y_i,\boldsymbol{w}_i|\boldsymbol{x}_i,\boldsymbol{\theta})]$ 为 $\boldsymbol{w}_i$ 可观测情形下的对数似然函数，$\boldsymbol{\theta}_t$ 表示参数 $\boldsymbol{\theta}$ 第 t 次迭代的取值。由此可见，辅助函数 $Q(\boldsymbol{\theta}|\boldsymbol{\theta}_t)$表示给定 $\mathscr{D}$ 和 $\boldsymbol{\theta}_t$ 条件下对数似然函数 $\sum_{i=1}^{N}\ln[p(y_i,\boldsymbol{w}_i|\boldsymbol{x}_i,\boldsymbol{\theta})]$ 的期望值。定义辅助函数 $Q(\boldsymbol{\theta}|\boldsymbol{\theta}_t)$通常被称为 EM 算法的**期望步骤**(Expectation Step,E-step)。注意到，$Q(\boldsymbol{\theta}|\boldsymbol{\theta}_t)$与 $\ln L(\boldsymbol{\theta})$的一个重要不同之处是，在 $Q(\boldsymbol{\theta}|\boldsymbol{\theta}_t)$中，对数运算紧挨着 $p(y_i,\boldsymbol{w}_i|\boldsymbol{x}_i,\boldsymbol{\theta})$，从而能够将 $p(y_i,\boldsymbol{w}_i|\boldsymbol{x}_i,\boldsymbol{\theta})$可能包括的乘积运算转化为相加运算。EM 算法的第一步可以直观地理解为，通过一定的方式将式(10-70)中的对数算子与积分算子进行交换。

最大化目标函数 $Q(\boldsymbol{\theta}|\boldsymbol{\theta}_t)$通常比最大化目标函数 $\ln L(\boldsymbol{\theta})$更加容易。其原因在于，对 $Q(\boldsymbol{\theta}|\boldsymbol{\theta}_t)$而言，估计参数 $\boldsymbol{\theta}$ 可以通过分别估计参数 $\boldsymbol{\pi}$ 和参数 $\boldsymbol{\kappa}$ 来实现。这一点可以很容易从如下简单恒等变换中看出来：

$$\begin{aligned}
Q(\boldsymbol{\theta}|\boldsymbol{\theta}_t)&=\mathbb{E}_{w_i}\left(\sum_{i=1}^{N}\ln[p(y_i,\boldsymbol{w}_i|\boldsymbol{x}_i,\boldsymbol{\theta})]\ \Big|\mathscr{D},\ \boldsymbol{\theta}_t\right)\\
&=\sum_{i=1}^{N}\mathbb{E}_{w_i}(\ln[p(y_i,\boldsymbol{w}_i|\boldsymbol{x}_i,\boldsymbol{\theta})]\ |\mathscr{D},\ \boldsymbol{\theta}_t)\\
&=\sum_{i=1}^{N}\int_{w_i}h(\boldsymbol{w}_i|\mathscr{D},\boldsymbol{\theta}_t)\ln[p(y_i,\boldsymbol{w}_i|\boldsymbol{x}_i,\boldsymbol{\theta})]\,\mathrm{d}\boldsymbol{w}_i\\
&=\sum_{i=1}^{N}\int_{w_i}h(\boldsymbol{w}_i|\mathscr{D},\boldsymbol{\theta}_t)\ln[p(y_i|\boldsymbol{x}_i,\boldsymbol{w}_i,\boldsymbol{\pi})f(\boldsymbol{w}_i|\boldsymbol{\kappa})]\,\mathrm{d}\boldsymbol{w}_i\\
&=\sum_{i=1}^{N}\int_{w_i}h(\boldsymbol{w}_i|\mathscr{D},\boldsymbol{\theta}_t)\{\ln[p(y_i|\boldsymbol{x}_i,\boldsymbol{w}_i,\boldsymbol{\pi})]+\ln[f(\boldsymbol{w}_i|\boldsymbol{\kappa})]\}\,\mathrm{d}\boldsymbol{w}_i\\
&=\sum_{i=1}^{N}\int_{w_i}h(\boldsymbol{w}_i|\mathscr{D},\boldsymbol{\theta}_t)\ln[p(y_i|\boldsymbol{x}_i,\boldsymbol{w}_i,\boldsymbol{\pi})]\,\mathrm{d}\boldsymbol{w}_i+\sum_{i=1}^{N}\int_{w_i}h(\boldsymbol{w}_i|\mathscr{D},\boldsymbol{\theta}_t)\ln[f(\boldsymbol{w}_i|\boldsymbol{\kappa})]\,\mathrm{d}\boldsymbol{w}_i
\end{aligned} \tag{10-72}$$

其中，$h(\boldsymbol{w}_i|\mathscr{D},\boldsymbol{\theta}_t)$表示 $\boldsymbol{w}_i$ 给定 $\mathscr{D}$ 和 $\boldsymbol{\theta}_t$ 的条件概率(密度函数)。需要指出的是，$p(y_i|\boldsymbol{x}_i,\boldsymbol{w}_i,\boldsymbol{\pi})$和 $f(\boldsymbol{w}_i|\boldsymbol{\kappa})$中包含的相乘运算也可以通过对数算子转化成相加运算。

根据贝叶斯法则，条件概率 $h(\boldsymbol{w}_i|\mathscr{D},\boldsymbol{\theta}_t)$可以写作：

$$h(\boldsymbol{w}_i|\mathscr{D},\boldsymbol{\theta}_t)=\frac{p(y_i,\boldsymbol{w}_i|\boldsymbol{x}_i,\boldsymbol{\theta}_t)}{p(y_i|\boldsymbol{x}_i,\boldsymbol{\theta}_t)}=\frac{p(y_i|\boldsymbol{x}_i,\boldsymbol{w}_i,\boldsymbol{\pi}_t)f(\boldsymbol{w}_i|\boldsymbol{\kappa}_t)}{p(y_i|\boldsymbol{x}_i,\boldsymbol{\theta}_t)} \tag{10-73}$$

EM 算法第二步是最大化第一步定义的条件期望 $Q(\boldsymbol{\theta}|\boldsymbol{\theta}_t)$ 来得到参数 $\boldsymbol{\theta}$ 在第 t+1 次迭代的取值 $\boldsymbol{\theta}_{t+1}$。这一步通常被称为 EM 算法的**最大化步骤**(Maximization Step,M-step)。可以正式表述为：

$$\boldsymbol{\theta}_{t+1}=\arg\max_{\{\boldsymbol{\theta}\}}\{Q(\boldsymbol{\theta}|\boldsymbol{\theta}_t)\} \tag{10-74}$$

EM 算法是一个迭代算法，其具体执行可简单总结为：给定 $\boldsymbol{\theta}$ 的初始值 $\boldsymbol{\theta}_0$，不断重复前述式(10-71)给出的期望步骤(E-step)和式(10-74)给出的最大化步骤(M-step)。读者可以发现，EM 算法本质上将复杂的 $\ln L(\boldsymbol{\theta})$ 最大化问题转化为一系列相对简单的 $Q(\boldsymbol{\theta}|\boldsymbol{\theta}_t)$ 最大化问题。为便于阅读，我们将 EM 算法的基本步骤总结在表 10-6 中。

表 10-6　EM 算法的基本步骤

1. 给定的初始值 $\boldsymbol{\theta}_0$(其取值是任意的)
2. 定义期望步骤(E-step)：

$$Q(\boldsymbol{\theta}|\boldsymbol{\theta}_t) = \mathbb{E}_{\boldsymbol{w}_i}\left(\sum_{i=1}^{N}\ln[p(y_i,\boldsymbol{w}_i|\boldsymbol{x}_i,\boldsymbol{\theta})]\ \middle|\mathscr{D},\ \boldsymbol{\theta}_t\right)$$

3. 最大化步骤(M-step)：

$$\boldsymbol{\theta}_{t+1} = \arg\max_{\{\boldsymbol{\theta}\}}\{Q(\boldsymbol{\theta}|\boldsymbol{\theta}_t)\}$$

4. 重复 2-3 步直至参数取值收敛

5.3.1.2　期望-最大化算法的理论基础

上一小节具体介绍了 EM 算法的基本内容——式(10-70)中 $\ln L(\boldsymbol{\theta})$ 的参数估计可以通过表 10-6 给出的步骤来实现。本小节介绍这一做法背后的理论基础。要证明最大化函数 $\ln L(\boldsymbol{\theta})$ 的参数可以通过表 10-6 给出的步骤得到只要证明两个命题(Murphy,2012)：

命题 10.7：$Q(\boldsymbol{\theta}|\boldsymbol{\theta}_t)$小于等于 $\ln L(\boldsymbol{\theta})$：

$$\ln L(\boldsymbol{\theta}_t) \geqslant Q(\boldsymbol{\theta}|\boldsymbol{\theta}_t) \tag{10-75}$$

且在 $\boldsymbol{\theta}=\boldsymbol{\theta}_t$ 处等号成立：

$$\ln L(\boldsymbol{\theta}_t) = Q(\boldsymbol{\theta}|\boldsymbol{\theta}_t) \tag{10-76}$$

命题 10.8：$\ln L(\boldsymbol{\theta}_t)$随着迭代次数 t 的增加而增加：

$$\ln L(\boldsymbol{\theta}_{t+1}) \geqslant \ln L(\boldsymbol{\theta}_t) \tag{10-77}$$

这两个命题的结论可以直观地总结在图 10-3 中。

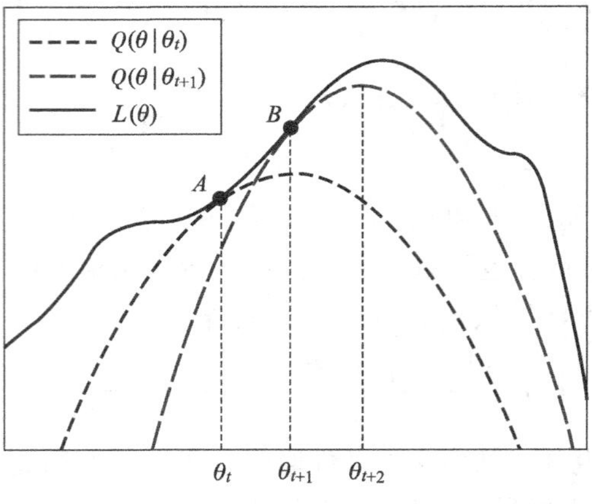

图 10-3　期望-最大化算法(EM 算法)原理示意图

注释：基于 Murphy(2012)提供的 MATLAB 软件工具包 PMTK3 绘制。

首先来看命题 10.7 的具体证明过程。

证明：

利用詹森不等式容易得到如下表达式成立：

$$
\begin{aligned}
\ln L(\boldsymbol{\theta}) &= \sum_{i=1}^{N} \ln\left[\int_{w_i} p(y_i,\boldsymbol{w}_i \mid \boldsymbol{x}_i,\boldsymbol{\theta})\mathrm{d}\boldsymbol{w}_i\right] \\
&= \sum_{i=1}^{N} \ln\left[\int_{w_i} q(\boldsymbol{w}_i)\cdot\frac{p(y_i,\boldsymbol{w}_i \mid \boldsymbol{x}_i,\boldsymbol{\theta})}{q(\boldsymbol{w}_i)}\mathrm{d}\boldsymbol{w}_i\right] \\
&= \sum_{i=1}^{N} \ln\left[\mathbb{E}_{w_i}\left(\frac{p(y_i,\boldsymbol{w}_i \mid \boldsymbol{x}_i,\boldsymbol{\theta})}{q(\boldsymbol{w}_i)}\right)\right] \\
&\geqslant \sum_{i=1}^{N} \mathbb{E}_{w_i}\left(\ln\left[\frac{p(y_i,\boldsymbol{w}_i \mid \boldsymbol{x}_i,\boldsymbol{\theta})}{q(\boldsymbol{w}_i)}\right]\right) \\
&= \sum_{i=1}^{N} \int_{w_i} q(\boldsymbol{w}_i)\cdot\ln\left[\frac{p(y_i,\boldsymbol{w}_i \mid \boldsymbol{x}_i,\boldsymbol{\theta})}{q(\boldsymbol{w}_i)}\right]\mathrm{d}\boldsymbol{w}_i
\end{aligned}
$$

其中，$q(\cdot)$表示任意概率密度函数，最后一个不等式成立用到的是詹森不等式(参见第二章的介绍)。

由于 $q(\cdot)$可以是任意分布函数，因此令 $q(\boldsymbol{w}_i)=h(\boldsymbol{w}_i \mid y_i,\boldsymbol{x}_i,\boldsymbol{\theta}_t)$可得：

$$
\begin{aligned}
\ln L(\boldsymbol{\theta}) &\geqslant \sum_{i=1}^{N} \int_{w_i} h(\boldsymbol{w}_i \mid y_i,\boldsymbol{x}_i,\boldsymbol{\theta}_t)\cdot\ln\left[\frac{p(y_i,\boldsymbol{w}_i \mid \boldsymbol{x}_i,\boldsymbol{\theta})}{h(\boldsymbol{w}_i \mid y_i,\boldsymbol{x}_i,\boldsymbol{\theta}_t)}\right]\mathrm{d}\boldsymbol{w}_i \\
&= \sum_{i=1}^{N} \int_{w_i} h(\boldsymbol{w}_i \mid y_i,\boldsymbol{x}_i,\boldsymbol{\theta}_t)\cdot\ln p(y_i,\boldsymbol{w}_i \mid \boldsymbol{x}_i,\boldsymbol{\theta})\mathrm{d}\boldsymbol{w}_i + \mathbb{L}(\boldsymbol{\theta}_t) \\
&= Q(\boldsymbol{\theta} \mid \boldsymbol{\theta}_t) + \mathbb{L}(\boldsymbol{\theta}_t)
\end{aligned}
$$

其中，$\mathbb{L}(\boldsymbol{\theta}_t)=\sum_{i=1}^{N}\left(\int_{w_i} h(\boldsymbol{w}_i \mid y_i,\boldsymbol{x}_i,\boldsymbol{\theta}_t)\cdot\ln\left[\frac{1}{h(\boldsymbol{w}_i \mid y_i,\boldsymbol{x}_i,\boldsymbol{\theta}_t)}\right]\mathrm{d}\boldsymbol{w}_i\right)$，这一项与 $\boldsymbol{\theta}$ 无关，并且大于等于 0。根据第五章 MLE 方法的介绍我们已经知道，当 $g(\boldsymbol{w}_i)=h(\boldsymbol{w}_i \mid y_i,\boldsymbol{x}_i,\boldsymbol{\theta}_t)$时，$\mathbb{L}(\boldsymbol{\theta}_t,g)=\sum_{i=1}^{N}\left(\int_{w_i} h(\boldsymbol{w}_i \mid y_i,\boldsymbol{x}_i,\boldsymbol{\theta}_t)\cdot\ln\left(\frac{g(\boldsymbol{w}_i)}{h(\boldsymbol{w}_i \mid y_i,\boldsymbol{x}_i,\boldsymbol{\theta}_t)}\right)\mathrm{d}\boldsymbol{w}_i\right)$ 取最小值 0，因此$\mathbb{L}(\boldsymbol{\theta}_t)\geqslant 0$。这就证明了$\ln L(\boldsymbol{\theta})\geqslant Q(\boldsymbol{\theta} \mid \boldsymbol{\theta}_t)$。

现在来证明 $\boldsymbol{\theta}=\boldsymbol{\theta}_t$ 处，$\ln L(\boldsymbol{\theta}_t)=Q(\boldsymbol{\theta} \mid \boldsymbol{\theta}_t)$。

注意到，$\mathbb{L}(\boldsymbol{\theta}_t)$与最大问题中所关心的参数 $\boldsymbol{\theta}$ 无关。因此，不失一般性，将$\mathbb{L}(\boldsymbol{\theta}_t)$标准化为 0。当 $\boldsymbol{\theta}=\boldsymbol{\theta}_t$ 时，$Q(\boldsymbol{\theta} \mid \boldsymbol{\theta}_t)=\ln L(\boldsymbol{\theta})$可以很容易从如下恒等变换中看出：

$$
\begin{aligned}
Q(\boldsymbol{\theta}_t \mid \boldsymbol{\theta}_t) &= \sum_{i=1}^{N} \int_{w_i} h(\boldsymbol{w}_i \mid y_i,\boldsymbol{x}_i,\boldsymbol{\theta}_t)\cdot\ln\left[\frac{p(y_i,\boldsymbol{w}_i \mid \boldsymbol{x}_i,\boldsymbol{\theta}_t)}{h(\boldsymbol{w}_i \mid y_i,\boldsymbol{x}_i,\boldsymbol{\theta}_t)}\right]\mathrm{d}\boldsymbol{w}_i \\
&= \sum_{i=1}^{N} \int_{w_i} h(\boldsymbol{w}_i \mid y_i,\boldsymbol{x}_i,\boldsymbol{\theta}_t)\cdot\ln\left[\frac{h(\boldsymbol{w}_i \mid y_i,\boldsymbol{x}_i,\boldsymbol{\theta}_t)p(y_i \mid \boldsymbol{x}_i,\boldsymbol{\theta}_t)}{h(\boldsymbol{w}_i \mid y_i,\boldsymbol{x}_i,\boldsymbol{\theta}_t)}\right]\mathrm{d}\boldsymbol{w}_i \\
&= \sum_{i=1}^{N} \int_{w_i} h(\boldsymbol{w}_i \mid y_i,\boldsymbol{x}_i,\boldsymbol{\theta}_t)\cdot\ln\left[\frac{h(\boldsymbol{w}_i \mid y_i,\boldsymbol{x}_i,\boldsymbol{\theta}_t)}{h(\boldsymbol{w}_i \mid y_i,\boldsymbol{x}_i,\boldsymbol{\theta}_t)}\right]\mathrm{d}\boldsymbol{w}_i + \sum_{i=1}^{N} \int_{w_i} q(\boldsymbol{w}_i)\cdot\ln p(y_i \mid \boldsymbol{x}_i,\boldsymbol{\theta}_t)\mathrm{d}\boldsymbol{w}_i \\
&= \sum_{i=1}^{N} \ln p(y_i \mid \boldsymbol{x}_i,\boldsymbol{\theta}_t)\int_{w_i} q(\boldsymbol{w}_i)\mathrm{d}\boldsymbol{w}_i
\end{aligned}
$$

$$= \sum_{i=1}^{N} \ln p(y_i | \boldsymbol{x}_i, \boldsymbol{\theta}_t)$$
$$\equiv \ln L(\boldsymbol{\theta}_t)$$

故命题得证。

□

再来看命题 10. 8 的证明。

证明：

$$\ln L(\boldsymbol{\theta}_{t+1}) \geqslant Q(\boldsymbol{\theta}_{t+1} | \boldsymbol{\theta}_t) \geqslant Q(\boldsymbol{\theta}_t | \boldsymbol{\theta}_t) = \ln L(\boldsymbol{\theta}_t)$$

其中，第一个不等式 $\ln L(\boldsymbol{\theta}_{t+1}) \geqslant Q(\boldsymbol{\theta}_{t+1} | \boldsymbol{\theta}_t)$ 成立用到的是命题 10. 7 的第一个结论；第二个不等式 $Q(\boldsymbol{\theta}_{t+1} | \boldsymbol{\theta}_t) \geqslant Q(\boldsymbol{\theta}_t | \boldsymbol{\theta}_t)$ 成立用到的是式(10-74)；最后一个等式 $Q(\boldsymbol{\theta}_t | \boldsymbol{\theta}_t) = \ln L(\boldsymbol{\theta}_t)$ 成立用到的是命题 10. 7 的第二个结论。

故命题得证。

□

5. 3. 2 随机系数模型估计

本小节以式(10-62)给出的混合 Logit 模型为例来介绍随机系数模型的估计。即考虑如下对数似然函数的最大化问题：

$$\ln L(\boldsymbol{\theta}) = \sum_{i=1}^{N} \sum_{m=1}^{M} \left(y_{im} \ln \left[\int_{\boldsymbol{\alpha}_i} \left(\frac{e^{\boldsymbol{x}'_{im}\boldsymbol{\alpha}_i}}{\sum_{k=1}^{M} e^{\boldsymbol{x}'_{ik}\boldsymbol{\alpha}_i}} \right) f(\boldsymbol{\alpha}_i | \boldsymbol{\kappa}) \mathrm{d}\boldsymbol{\alpha}_i \right] \right) \tag{10-78}$$

根据前述介绍，随机系数模型参数通常难以通过常规的数值优化方法估计得到。本小节介绍 EM 算法估计随系数模型的具体过程和步骤。对于联合分布 $f(\boldsymbol{\alpha}_i | \boldsymbol{\kappa})$ 的设定，我们具体考虑两种形式：一是，将 $f(\boldsymbol{\alpha}_i | \boldsymbol{\kappa})$ 设定为联合正态分布，这属于参数设定；二是，将 $f(\boldsymbol{\alpha}_i | \boldsymbol{\kappa})$ 设定为非参数(Nonparametric)形式。

5. 3. 2. 1 将 $f(\boldsymbol{\alpha}_i | \boldsymbol{\kappa})$ 设定为联合正态分布

若将 $f(\boldsymbol{\alpha}_i | \boldsymbol{\kappa})$ 为正态分布 $\phi(\boldsymbol{\alpha}_i | \boldsymbol{a}, \boldsymbol{\Sigma})$，那么式(10-78)则变为：

$$\ln L(\boldsymbol{\theta}) = \sum_{i=1}^{N} \sum_{m=1}^{M} y_{im} \ln \left[\int_{\boldsymbol{\alpha}_i} \left(\frac{e^{\boldsymbol{x}'_{im}\boldsymbol{\alpha}_i}}{\sum_{k=1}^{M} e^{\boldsymbol{x}'_{ik}\boldsymbol{\alpha}_i}} \right) \phi(\boldsymbol{\alpha}_i | \boldsymbol{a}, \boldsymbol{\Sigma}) \mathrm{d}\boldsymbol{\alpha}_i \right] \tag{10-79}$$

其中，$\{\boldsymbol{a}, \boldsymbol{\Sigma}\}$ 是我们所感兴趣的未知参数，$\boldsymbol{\alpha}_i$ 对应 EM 算法中的缺失数据 $\boldsymbol{w}_i$。因此，利用 EM 算法最大化式(10-79)中表达式的第一步为，定义如下期望函数：

$$Q(\boldsymbol{a}, \boldsymbol{\Sigma} | \boldsymbol{a}_t, \boldsymbol{\Sigma}_t) = \sum_{i=1}^{N} \sum_{m=1}^{M} \int_{\boldsymbol{\alpha}_i} y_{im} h(\boldsymbol{\alpha}_i | \mathscr{D}, \boldsymbol{a}_t, \boldsymbol{\Sigma}_t) \ln \left[\left(\frac{e^{\boldsymbol{x}'_{im}\boldsymbol{\alpha}_i}}{\sum_{k=1}^{M} e^{\boldsymbol{x}'_{ik}\boldsymbol{\alpha}_i}} \right) \phi(\boldsymbol{\alpha}_i | \boldsymbol{a}, \boldsymbol{\Sigma}) \right] \mathrm{d}\boldsymbol{\alpha}_i \tag{10-80}$$

其中，$\mathscr{D} = \{y_{im}, \boldsymbol{x}_{im}\}$。

根据式(10-73)可以得到条件概率 $h(\boldsymbol{\alpha}_i | \mathscr{D}, \boldsymbol{a}_t, \boldsymbol{\Sigma}_t)$ 具体形式：

$$h(\boldsymbol{\alpha}_i | \mathscr{D}, \boldsymbol{a}_t, \boldsymbol{\Sigma}_t) = \frac{p(y_{im} | \boldsymbol{x}_{im}, \boldsymbol{\alpha}_i, \boldsymbol{a}_t, \boldsymbol{\Sigma}_t) \phi(\boldsymbol{\alpha}_i | \boldsymbol{a}_t, \boldsymbol{\Sigma}_t)}{p(y_{im} | \boldsymbol{x}_{im}, \boldsymbol{a}_t, \boldsymbol{\Sigma}_t)} \tag{10-81}$$

其中，结合 Logit 模型概率表达式可知 $p(y_{im} | \boldsymbol{x}_{im}, \boldsymbol{\alpha}_i, \boldsymbol{a}_t, \boldsymbol{\Sigma}_t) = \dfrac{e^{\boldsymbol{x}'_{im}\boldsymbol{\alpha}_i}}{\sum_{k=1}^{M} e^{\boldsymbol{x}'_{ik}\boldsymbol{\alpha}_i}}$，$p(y_{im} | \boldsymbol{x}_{im}, \boldsymbol{a}_t, \boldsymbol{\Sigma}_t)$ 为

$p(y_{im}|\boldsymbol{x}_{im},\boldsymbol{\alpha}_i,\boldsymbol{a}_t,\boldsymbol{\Sigma}_t)$的积分，从而$p(y_{im}|\boldsymbol{x}_{im},\boldsymbol{a}_t,\boldsymbol{\Sigma}_t)=\int_{\boldsymbol{\alpha}_i}\left(\frac{e^{\boldsymbol{x}'_{im}\boldsymbol{\alpha}_i}}{\sum_{k=1}^{M}e^{\boldsymbol{x}'_{ik}\boldsymbol{\alpha}_i}}\right)\phi(\boldsymbol{\alpha}_i|\boldsymbol{a}_t,\boldsymbol{\Sigma}_t)d\boldsymbol{\alpha}_i$。

注意到，在式(10-80)中，$\frac{e^{\boldsymbol{x}'_{im}\boldsymbol{\alpha}_i}}{\sum_{m=1}^{M}e^{\boldsymbol{x}'_{im}\boldsymbol{\alpha}_i}}$与参数$\{\boldsymbol{a},\ \boldsymbol{\Sigma}\}$无关，从而不影响参数的最大化，因此式(10-80)给出的期望函数可以重新定义为：

$$Q(\boldsymbol{a},\boldsymbol{\Sigma}|\boldsymbol{a}_t,\boldsymbol{\Sigma}_t)=\sum_{i=1}^{N}\sum_{m=1}^{M}\int_{\boldsymbol{\alpha}_i}y_{im}h(\boldsymbol{\alpha}_i|\mathscr{D},\boldsymbol{a}_t,\boldsymbol{\Sigma}_t)\ln[\phi(\boldsymbol{\alpha}_i|\boldsymbol{a},\boldsymbol{\Sigma})]\,d\boldsymbol{\alpha}_i \tag{10-82}$$

将式(10-81)代入式(10-82)中并整理可得：

$$Q(\boldsymbol{a},\boldsymbol{\Sigma}|\boldsymbol{a}_t,\boldsymbol{\Sigma}_t)=\sum_{i=1}^{N}\sum_{m=1}^{M}\int_{\boldsymbol{\alpha}_i}\left\{y_{im}\frac{p(y_{im}|\boldsymbol{x}_{im},\boldsymbol{\alpha}_i,\boldsymbol{a}_t,\boldsymbol{\Sigma}_t)}{p(y_{im}|\boldsymbol{x}_{im},\boldsymbol{a}_t,\boldsymbol{\Sigma}_t)}\ln[\phi(\boldsymbol{\alpha}_i|\boldsymbol{a},\boldsymbol{\Sigma})]\right\}\phi(\boldsymbol{\alpha}_i|\boldsymbol{a}_t,\boldsymbol{\Sigma}_t)d\boldsymbol{\alpha}_i \tag{10-83}$$

按照EM算法的两个步骤，接下来需要最大化式(10-83)所给出的期望函数$Q(\boldsymbol{a},\boldsymbol{\Sigma}|\boldsymbol{a}_t,\boldsymbol{\Sigma}_t)$来得到$\{\boldsymbol{a}_{t+1},\ \boldsymbol{\Sigma}_{t+1}\}$。然而观察式(10-83)可以发现，最大化$Q(\boldsymbol{a},\boldsymbol{\Sigma}|\boldsymbol{a}_t,\boldsymbol{\Sigma}_t)$的难点是它包含正态分布的积分$\int_{\boldsymbol{\alpha}_i}\left\{y_{im}\frac{p(y_{im}|\boldsymbol{x}_{im},\boldsymbol{\alpha}_i,\boldsymbol{a}_t,\boldsymbol{\Sigma}_t)}{p(y_{im}|\boldsymbol{x}_{im},\boldsymbol{a}_t,\boldsymbol{\Sigma}_t)}\ln[\phi(\boldsymbol{\alpha}_i|\boldsymbol{a},\boldsymbol{\Sigma})]\right\}\phi(\boldsymbol{\alpha}_i|\boldsymbol{a}_t,\boldsymbol{\Sigma}_t)d\boldsymbol{\alpha}_i$。因此最大化$Q(\boldsymbol{a},\boldsymbol{\Sigma}|\boldsymbol{a}_t,\boldsymbol{\Sigma}_t)$之前，需要模拟这一积分(通常使用前述介绍的GHK方法来模拟)，即通过分布$\phi(\boldsymbol{\alpha}_i|\boldsymbol{a}_t,\boldsymbol{\Sigma}_t)$中抽取随机数的方式计算积分。结合第二章的相关内容可以很容易得到$Q(\boldsymbol{a},\boldsymbol{\Sigma}|\boldsymbol{a}_t,\boldsymbol{\Sigma}_t)$对应的模拟函数：

$$\ddot{Q}(\boldsymbol{a},\boldsymbol{\Sigma}|\boldsymbol{a}_t,\boldsymbol{\Sigma}_t)=\frac{1}{S}\sum_{i=1}^{N}\sum_{m=1}^{M}\sum_{s=1}^{S}\left\{y_{im}\frac{p(y_{im}|\boldsymbol{x}_{im},\boldsymbol{\alpha}_i^s,\boldsymbol{a}_t,\boldsymbol{\Sigma}_t)}{p(y_{im}|\boldsymbol{x}_{im},\boldsymbol{a}_t,\boldsymbol{\Sigma}_t)}\ln[\phi(\boldsymbol{\alpha}_i^s|\boldsymbol{a},\boldsymbol{\Sigma})]\right\} \tag{10-84}$$

其中，$\boldsymbol{\alpha}_i^s$表示从分布$\phi(\boldsymbol{\alpha}_i|\boldsymbol{a}_t,\boldsymbol{\Sigma}_t)$中第$s$次抽取得到的随机数，$S$表示随机数的抽取总次数。

$\{\boldsymbol{a}_{t+1},\ \boldsymbol{\Sigma}_{t+1}\}$可以通过最大化$\ddot{Q}(\boldsymbol{a},\boldsymbol{\Sigma}|\boldsymbol{a}_t,\boldsymbol{\Sigma}_t)$的方式来得到。正式地，

$$\{\boldsymbol{a}_{t+1},\ \boldsymbol{\Sigma}_{t+1}\}=\arg\max_{\{\boldsymbol{a},\boldsymbol{\Sigma}\}}\{\ddot{Q}(\boldsymbol{a},\boldsymbol{\Sigma}|\boldsymbol{a}_t,\boldsymbol{\Sigma}_t)\} \tag{10-85}$$

注意到$\phi(\boldsymbol{\alpha}_i^s|\boldsymbol{a},\boldsymbol{\Sigma})=[(2\pi)^{\frac{M}{2}}|\boldsymbol{\Sigma}|^{\frac{1}{2}}]^{-1}\exp\left[-\frac{1}{2}(\boldsymbol{\alpha}_i^s-\boldsymbol{a})'\boldsymbol{\Sigma}^{-1}(\boldsymbol{\alpha}_i^s-\boldsymbol{a})\right]$，利用$\ddot{Q}(\boldsymbol{a},\boldsymbol{\Sigma}|\boldsymbol{a}_t,\boldsymbol{\Sigma}_t)$关于参数$\boldsymbol{a}$和$\boldsymbol{\Sigma}$的一阶优化条件可以很容易得到$\boldsymbol{a}_{t+1}$和$\boldsymbol{\Sigma}_{t+1}$的解析表达式(具体求解过程留作课后练习)。$\boldsymbol{a}_{t+1}$的具体表达式为：

$$\boldsymbol{a}_{t+1}=\frac{1}{N\cdot M\cdot S}\sum_{i=1}^{N}\sum_{m=1}^{M}\sum_{s=1}^{S}\left[y_{im}\frac{p(y_{im}|\boldsymbol{x}_{im},\boldsymbol{\alpha}_i^s,\boldsymbol{a}_t,\boldsymbol{\Sigma}_t)}{p(y_{im}|\boldsymbol{x}_{im},\boldsymbol{a}_t,\boldsymbol{\Sigma}_t)}\boldsymbol{\alpha}_i^s\right] \tag{10-86}$$

$\boldsymbol{\Sigma}_{t+1}$的具体表达式为：

$$\boldsymbol{\Sigma}_{t+1}=\frac{1}{N\cdot M\cdot S}\sum_{i=1}^{N}\sum_{m=1}^{M}\sum_{s=1}^{S}\left[y_{im}\frac{p(y_{im}|\boldsymbol{x}_{im},\boldsymbol{\alpha}_i^s,\boldsymbol{a}_t,\boldsymbol{\Sigma}_t)}{p(y_{im}|\boldsymbol{x}_{im},\boldsymbol{a}_t,\boldsymbol{\Sigma}_t)}(\boldsymbol{\alpha}_i^s-\boldsymbol{a}_{t+1})(\boldsymbol{\alpha}_i^s-\boldsymbol{a}_{t+1})'\right] \tag{10-87}$$

从式(10-86)和式(10-87)中可以看出，$\ddot{Q}(\boldsymbol{a},\boldsymbol{\Sigma}|\boldsymbol{a}_t,\boldsymbol{\Sigma}_t)$的最大化问题能够得到解析解，从而难度大大低于(采用常规数值优化方法)最大化式(10-79)给出的$\ln L(\boldsymbol{\theta})$，这也是使用EM算法估计模型的动机所在。表10-7总结了利用EM算法估计$\ln L(\boldsymbol{\theta})$中参数的具体步骤。

表 10-7 EM 算法最大化 $\ln L(\boldsymbol{\theta}) = \sum_{i=1}^{N}\sum_{m=1}^{M} y_{im}\ln\left[\int_{\alpha_i}\left(\frac{e^{x_{im}'\boldsymbol{\alpha}_i}}{\sum_{k=1}^{M} e^{x_{ik}'\boldsymbol{\alpha}_i}}\right)\phi(\boldsymbol{\alpha}_i \mid \boldsymbol{a},\boldsymbol{\Sigma})\,d\boldsymbol{\alpha}_i\right]$ 的具体步骤

1. 给定的初始值 $\boldsymbol{\theta}_0$（其取值是任意的）
2. 定义期望步骤（E-step）：

$$Q(\boldsymbol{a},\boldsymbol{\Sigma} \mid \boldsymbol{a}_t,\boldsymbol{\Sigma}_t) = \sum_{i=1}^{N}\sum_{m=1}^{M}\int_{\alpha_i} y_{im} h(\boldsymbol{\alpha}_i \mid \mathscr{D},\boldsymbol{a}_t,\boldsymbol{\Sigma}_t)\ln\left[\left(\frac{e^{x_{im}'\alpha_i}}{\sum_{k=1}^{M} e^{x_{ik}'\alpha_i}}\right)\phi(\boldsymbol{\alpha}_i \mid \boldsymbol{a},\boldsymbol{\Sigma})\right]d\boldsymbol{\alpha}_i$$

其中，$\mathscr{D} = \{y_{im},\ \boldsymbol{x}_{im}\}$，$h(\boldsymbol{\alpha}_i \mid \mathscr{D},\boldsymbol{a}_t,\boldsymbol{\Sigma}_t) = \dfrac{p(y_{im} \mid \boldsymbol{x}_{im},\boldsymbol{\alpha}_i,\boldsymbol{a}_t,\boldsymbol{\Sigma}_t)\phi(\boldsymbol{\alpha}_i \mid \boldsymbol{a}_t,\boldsymbol{\Sigma}_t)}{p(y_{im} \mid \boldsymbol{x}_{im},\boldsymbol{a}_t,\boldsymbol{\Sigma}_t)}$。

3. 模拟 $Q(\boldsymbol{a},\boldsymbol{\Sigma} \mid \boldsymbol{a}_t,\boldsymbol{\Sigma}_t)$（若利用 GHK 方法，具体步骤参照表 10-5）

$$\ddot{Q}(\boldsymbol{a},\boldsymbol{\Sigma} \mid \boldsymbol{a}_t,\Sigma_t) = \frac{1}{S}\sum_{i=1}^{N}\sum_{m=1}^{M}\sum_{s=1}^{S}\left\{y_{im}\frac{p(y_{im} \mid \boldsymbol{x}_{im},\boldsymbol{\alpha}_i^s,\boldsymbol{a}_t,\boldsymbol{\Sigma}_t)}{p(y_{im} \mid \boldsymbol{x}_{im},\boldsymbol{a}_t,\boldsymbol{\Sigma}_t)}\ln[\phi(\boldsymbol{\alpha}_i^s \mid \boldsymbol{a},\boldsymbol{\Sigma})]\right\}$$

4. 最大化步骤（M-step）

$$\{\boldsymbol{a}_{t+1},\ \Sigma_{t+1}\} = \arg\max_{\{\boldsymbol{a},\ \boldsymbol{\Sigma}\}}\{\ddot{Q}(\boldsymbol{a},\boldsymbol{\Sigma} \mid \boldsymbol{a}_t,\boldsymbol{\Sigma}_t)\}$$

$\boldsymbol{a}_{t+1}$ 由如下解析表达式给出：

$$\boldsymbol{a}_{t+1} = \frac{1}{N\cdot M\cdot S}\sum_{i=1}^{N}\sum_{m=1}^{M}\sum_{s=1}^{S}\left[y_{im}\frac{p(y_{im} \mid \boldsymbol{x}_{im},\boldsymbol{\alpha}_i^s,\boldsymbol{a}_t,\boldsymbol{\Sigma}_t)}{p(y_{im} \mid \boldsymbol{x}_{im},\boldsymbol{a}_t,\boldsymbol{\Sigma}_t)}\boldsymbol{\alpha}_i^s\right]$$

$\boldsymbol{\Sigma}_{t+1}$ 由如下解析表达式给出：

$$\boldsymbol{\Sigma}_{t+1} = \frac{1}{N\cdot M\cdot S}\sum_{i=1}^{N}\sum_{m=1}^{M}\sum_{s=1}^{S}\left[y_{im}\frac{p(y_{im} \mid \boldsymbol{x}_{im},\boldsymbol{\alpha}_i^s,\boldsymbol{a}_t,\boldsymbol{\Sigma}_t)}{p(y_{im} \mid \boldsymbol{x}_{im},\boldsymbol{a}_t,\boldsymbol{\Sigma}_t)}(\boldsymbol{\alpha}_i^s - \boldsymbol{a}_{t+1})(\boldsymbol{\alpha}_i^s - \boldsymbol{a}_{t+1})'\right]$$

5. 重复 2-4 步直至参数收敛

5.3.2.2 将 $f(\boldsymbol{\alpha}_i \mid \boldsymbol{\kappa})$ 设定为非参数形式

在上一小节，我们将 $f(\boldsymbol{\alpha}_i \mid \boldsymbol{\kappa})$ 设定为正态分布这一参数形式。在实际应用中，该设定可能是比较强的限定（比如，若 $\boldsymbol{\alpha}_i$ 的取值大于 0，那么正态分布则无法准确刻画 $\boldsymbol{\alpha}_i$ 的分布），如果 $\boldsymbol{\alpha}_i$ 的真实分布不是正态分布，那么则会出现模型误设问题。有鉴于此，本小节介绍将 $f(\boldsymbol{\alpha}_i \mid \boldsymbol{\kappa})$ 设定为如下非参数形式的情形：

$$f(\boldsymbol{\alpha}_i \mid \boldsymbol{\kappa}) = \begin{cases} \kappa_1, & \text{if} \quad \boldsymbol{\alpha}_i = \boldsymbol{a}_1 \\ \kappa_2, & \text{if} \quad \boldsymbol{\alpha}_i = \boldsymbol{a}_2 \\ & \vdots \\ \kappa_L, & \text{if} \quad \boldsymbol{\alpha}_i = \boldsymbol{a}_L \end{cases} \tag{10-88}$$

其中，$\boldsymbol{\kappa} = \begin{bmatrix} \kappa_1 \\ \kappa_2 \\ \vdots \\ \kappa_L \end{bmatrix}$ 表示 $\boldsymbol{\alpha}_i$ 取给定数值所对应的概率（比如，$\kappa_1 = \Pr(\boldsymbol{\alpha}_i = \boldsymbol{a}_1)$），是我们所感兴趣的参数。值得注意的是，根据概率的性质，$\sum_{l=1}^{L}\kappa_l = 1$ 需要得到满足。

理论上，只要 L 足够大，式(10-88)给出的分布可以逼近任意分布，从而不存在模型误设问题，这是非参数设定的普遍优势，但其缺点是 $\boldsymbol{\kappa}$ 中通常包含大量参数。如果 $\boldsymbol{\alpha}_i$ 中包含 5 个随机变量，每个随机变量取 10 个值，那么 $\boldsymbol{\alpha}_i$ 取值可能数则高达 $10^5=100\,000$，从而意味着 $\boldsymbol{\kappa}$ 中包含 100 000 个未知参数。常规数值优化方法几乎不可能估计出这些参数，我们即将看到，这些参数能够通过 EM 算法比较方便地估计出来。

正式地，考虑式(10-78)中对数似然函数的最大化问题，其中 $f(\boldsymbol{\alpha}_i|\boldsymbol{\kappa})$ 是式(10-88)给出的非参数设定形式。根据 EM 算法的第一个步骤，定义如下期望函数：

$$Q(\boldsymbol{\kappa}|\boldsymbol{\kappa}_t)=\sum_{i=1}^{N}\sum_{m=1}^{M}\left\{\int_{\boldsymbol{\alpha}_i} y_{im}h(\boldsymbol{\alpha}_i|\mathscr{D},\ \boldsymbol{\kappa}_t)\ln\left[\left(\frac{\mathrm{e}^{\boldsymbol{x}'_{im}\boldsymbol{\alpha}_i}}{\sum_{k=1}^{M}\mathrm{e}^{\boldsymbol{x}'_{ik}\boldsymbol{\alpha}_i}}\right)f(\boldsymbol{\alpha}_i|\boldsymbol{\kappa})\right]\mathrm{d}\boldsymbol{\alpha}_i\right\} \tag{10-89}$$

其中，$\mathscr{D}=\{y_{im},\ \boldsymbol{x}_{im}\}$。根据式(10-73)可以得到条件概率 $h(\boldsymbol{\alpha}_i|\mathscr{D},\boldsymbol{\kappa}_t)$ 具体形式：

$$h(\boldsymbol{\alpha}_i|\mathscr{D},\boldsymbol{\kappa}_t)=\frac{p(y_{im}|\boldsymbol{x}_{im},\boldsymbol{\alpha}_i,\boldsymbol{\kappa}_t)f(\boldsymbol{\alpha}_i|\boldsymbol{\kappa}_t)}{p(y_{im}|\boldsymbol{x}_{im},\boldsymbol{\kappa}_t)} \tag{10-90}$$

其中，$p(y_{im}|\boldsymbol{x}_{im},\boldsymbol{\alpha}_i,\boldsymbol{\kappa}_t)=\dfrac{\mathrm{e}^{\boldsymbol{x}'_{im}\boldsymbol{\alpha}_i}}{\sum_{k=1}^{M}\mathrm{e}^{\boldsymbol{x}'_{ik}\boldsymbol{\alpha}_i}}$，$p(y_{im}|\boldsymbol{x}_{im},\boldsymbol{\kappa}_t)=\int_{\boldsymbol{\alpha}_i}\left(\dfrac{\mathrm{e}^{\boldsymbol{x}'_{im}\boldsymbol{\alpha}_i}}{\sum_{k=1}^{M}\mathrm{e}^{\boldsymbol{x}'_{ik}\boldsymbol{\alpha}_i}}\right)f(\boldsymbol{\alpha}_i|\boldsymbol{\kappa}_t)\mathrm{d}\boldsymbol{\alpha}_i$，$f(\boldsymbol{\alpha}_i|\boldsymbol{\kappa}_t)$ 由式(10-88)给出。

注意到 $\dfrac{\mathrm{e}^{\boldsymbol{x}'_{im}\boldsymbol{\alpha}_i}}{\sum_{k=1}^{M}\mathrm{e}^{\boldsymbol{x}'_{ik}\boldsymbol{\alpha}_i}}$ 不包含我们所关心的参数 $\boldsymbol{\kappa}$，因此式(10-89)所给出的期望函数可以重新定义为：

$$Q(\boldsymbol{\kappa}|\boldsymbol{\kappa}_t)=\sum_{i=1}^{N}\sum_{m=1}^{M}\left\{\int_{\boldsymbol{\alpha}_i} y_{im}h(\boldsymbol{\alpha}_i|\mathscr{D},\boldsymbol{\kappa}_t)\ln[f(\boldsymbol{\alpha}_i|\boldsymbol{\kappa})]\ \mathrm{d}\boldsymbol{\alpha}_i\right\} \tag{10-91}$$

进一步利用式(10-88)来计算式(10-91)中的积分，可将式(10-91)重新写作：

$$Q(\boldsymbol{\kappa}|\boldsymbol{\kappa}_t)=\sum_{i=1}^{N}\sum_{m=1}^{M}\sum_{l=1}^{L}[y_{im}h(\boldsymbol{a}_l|\mathscr{D},\boldsymbol{\kappa}_t)\ln(\kappa_l)] \tag{10-92}$$

其中，注意到与式(10-91)相比，$h(\boldsymbol{\alpha}_i|\mathscr{D},\boldsymbol{\kappa}_t)$ 被替换为了 $h(\boldsymbol{a}_l|\mathscr{D},\boldsymbol{\kappa}_t)$。

根据 EM 算法的第二个步骤，$\boldsymbol{\kappa}_{t+1}$ 可以通过最大化 $Q(\boldsymbol{\kappa}|\boldsymbol{\kappa}_t)$ 的方式来得到。正式地，

$$\boldsymbol{\kappa}_{t+1}=\arg\max_{\{\boldsymbol{\kappa}\in\mathscr{K}\}}\left\{Q(\boldsymbol{\kappa}|\boldsymbol{\kappa}_t)\ s.\,t.\ \sum_{l=1}^{L}\kappa_l=1\right\} \tag{10-93}$$

命题 10.9：式(10-93)中 $\boldsymbol{\kappa}_{t+1}$ 的第 l 个元素由如下解析表达式给出：

$$\kappa_{t+1}^{l}=\left[\sum_{i=1}^{N}\sum_{m=1}^{M}\sum_{l=1}^{L}y_{im}h(\boldsymbol{a}_l|\mathscr{D},\boldsymbol{\kappa}_t)\right]^{-1}\left[\sum_{i=1}^{N}\sum_{m=1}^{M}y_{im}h(\boldsymbol{a}_l|\mathscr{D},\boldsymbol{\kappa}_t)\right] \tag{10-94}$$

接下来我们给出命题 10.9 的具体证明过程。

证明：

基于式(10-93)可以构造如下拉格朗日乘子函数：

$$L=\sum_{i=1}^{N}\sum_{m=1}^{M}\sum_{l=1}^{L}[y_{im}h(\boldsymbol{a}_l|\mathscr{D},\boldsymbol{\kappa}_t)\ln(\kappa_l)]+\lambda\left(\sum_{l=1}^{L}\kappa_l-1\right) \tag{10-95}$$

对式(10-95)求解关于 κ_l 的一阶优化条件并整理可得：

$$\sum_{i=1}^{N}\sum_{m=1}^{M} y_{im} h(\boldsymbol{a}_l \mid \mathscr{D}, \boldsymbol{\kappa}_t) = \lambda \cdot \kappa_l \tag{10-96}$$

结合 $\sum_{l=1}^{L}\kappa_l = 1$，对式(10-96)左右两边同时进行关于 l 的连加和运算可得：

$$\sum_{i=1}^{N}\sum_{m=1}^{M}\sum_{l=1}^{L} y_{im} h(\boldsymbol{a}_l \mid \mathscr{D}, \boldsymbol{\kappa}_t) = \lambda \tag{10-97}$$

将式(10-97)给出的 λ 表达式代入到式(10-96)中可得：

$$\kappa_l = \left[\sum_{i=1}^{N}\sum_{m=1}^{M}\sum_{l=1}^{L} y_{im} h(\boldsymbol{a}_l \mid \mathscr{D}, \boldsymbol{\kappa}_t)\right]^{-1}\left[\sum_{i=1}^{N}\sum_{m=1}^{M} y_{im} h(\boldsymbol{a}_l \mid \mathscr{D}, \boldsymbol{\kappa}_t)\right] \tag{10-98}$$

不失一般性，将 κ_l 记为 κ_{t+1}^{l} 即可得到式(10-94)。

故命题得证。

□

可以发现，由于式(10-93)所刻画的最大化问题能够得到参数的解析解，因此使用 EM 算法能够很容易估计出高维度参数 $\boldsymbol{\kappa}$。为便于读者的阅读，我们在表 10-8 中总结了利用 EM 算法最大化 $\ln L(\boldsymbol{\theta}) = \sum_{i=1}^{N}\sum_{m=1}^{M} y_{im}\ln\left[\int_{\boldsymbol{\alpha}_i}\left(\frac{e^{\boldsymbol{x}_{im}'\boldsymbol{\alpha}_i}}{\sum_{k=1}^{M} e^{\boldsymbol{x}_{ik}'\boldsymbol{\alpha}_i}}\right) f(\boldsymbol{\alpha}_i \mid \boldsymbol{\kappa})\, d\boldsymbol{\alpha}_i\right]$ 来估计参数 $\boldsymbol{\kappa}$ 的具体步骤。值得指出的是，在机器学习领域中，模型参数往往具有高维度的特征，这也是 EM 算法广泛用于估计机器学习模型比较重要的原因。

表 10-8 EM 算法最大化 $\ln L(\boldsymbol{\theta}) = \sum_{i=1}^{N}\sum_{m=1}^{M} y_{im}\ln\left[\int_{\boldsymbol{\alpha}_i}\left(\frac{e^{\boldsymbol{x}_{im}'\boldsymbol{\alpha}_i}}{\sum_{k=1}^{M} e^{\boldsymbol{x}_{ik}'\boldsymbol{\alpha}_i}}\right) f(\boldsymbol{\alpha}_i \mid \boldsymbol{\kappa})\, d\boldsymbol{\alpha}_i\right]$ 的具体步骤

1. 给定的初始值 $\boldsymbol{\theta}_0$(其取值是任意的)
2. 定义期望步骤(E-step)：

$$Q(\boldsymbol{\kappa} \mid \boldsymbol{\kappa}_t) = \sum_{i=1}^{N}\sum_{m=1}^{M}\int_{\boldsymbol{\alpha}_i} y_{im} h(\boldsymbol{\alpha}_i \mid \mathscr{D}, \boldsymbol{\kappa}_t)\ln\left[\left(\frac{e^{\boldsymbol{x}_{im}'\boldsymbol{\alpha}_i}}{\sum_{k=1}^{M} e^{\boldsymbol{x}_{ik}'\boldsymbol{\alpha}_i}}\right) f(\boldsymbol{\alpha}_i \mid \boldsymbol{\kappa})\right] d\boldsymbol{\alpha}_i$$

其中，$\mathscr{D}=\{y_{im}, \boldsymbol{x}_{im}\}$，$h(\boldsymbol{\alpha}_i \mid \mathscr{D}, \boldsymbol{\kappa}_t) = \dfrac{p(y_{im} \mid \boldsymbol{x}_{im}, \boldsymbol{\alpha}_i, \boldsymbol{\kappa}_t) f(\boldsymbol{\alpha}_i \mid \boldsymbol{\kappa}_t)}{p(y_{im} \mid \boldsymbol{x}_{im}, \boldsymbol{\kappa}_t)}$，$f(\boldsymbol{\alpha}_i \mid \boldsymbol{\kappa}) = \begin{cases} \kappa_1, & \text{if} \quad \boldsymbol{\alpha}_i = \boldsymbol{a}_1 \\ \kappa_2, & \text{if} \quad \boldsymbol{\alpha}_i = \boldsymbol{a}_2 \\ \vdots \\ \kappa_L, & \text{if} \quad \boldsymbol{\alpha}_i = \boldsymbol{a}_L \end{cases}$。

3. 最大化步骤(M-step)：

$$\boldsymbol{\kappa}_{t+1} = \arg\max_{\{\boldsymbol{\kappa}\in K\}}\left\{Q(\boldsymbol{\kappa} \mid \boldsymbol{\kappa}_t)\, s.t. \sum_{l=1}^{L}\kappa_l = 1\right\}$$

$\boldsymbol{\kappa}_{t+1}$ 中第 l 个元素由如下解析表达式给出：

$$\kappa_{t+1}^{l} = \left[\sum_{i=1}^{N}\sum_{m=1}^{M}\sum_{l=1}^{L} y_{im} h(\boldsymbol{a}_l \mid \mathscr{D}, \boldsymbol{\kappa}_t)\right]^{-1}\left[\sum_{i=1}^{N}\sum_{m=1}^{M} y_{im} h(\boldsymbol{a}_l \mid \mathscr{D}, \boldsymbol{\kappa}_t)\right]$$

4. 重复 2-3 步直至参数收敛

6. 面板数据离散选择模型

到目前为止，我们都是基于截面数据来介绍离散选择模型的。然而，在实际应用中面板数据离散选择模型相对更加常见。本节介绍面板数据情形下的离散选择模型。

与截面数据离散选择模型相比，截面数据离散选择模型通常具有两个新的特征：一是能够控制和识别个体固定效应，从而允许解释变量与不随个体固定特征变化的因素相关；二是能够刻画行为个体选择时间序列相关性，从而能够捕捉行为个体选择的动态特征。正是这两个特征显著增加了面板数据离散选择模型的估计难度。具体而言，离散选择模型具有非线性特征，通常无法像线性面板数据模型那样通过差分的方式消除个体固定效应，从而需要对个体固定效应本身进行建模。常见的建模方式是将个体固定效应视作随机变量，假设服从特定形式的分布。此外，由于面板数据同时具有个体和时间维度的变异，因此理论上可以将个体固定效应视作参数用时间维度的变异来识别。该做法所面临的难点是通常会出现**偶发(或伴随)参数问题**(Incidental Parameters Problem)(Neyman and Scott,1948;Heckman,1981)。另外，由于个体选择的时间序列相关性，在求解个体选择概率的过程中，不仅需要刻画不同选择间的相关性，而且需要刻画不同时期的相关性，这大大增加了估计模型的难度。因此，在本节将看到，估计面板数据离散选择模型的方法都不同程度地对个体选择的时期相关性做出限定，以简化模型分析。

面板数据离散选择模型的重要性不仅体现在它允许模型解释变量与不随个体固定特征变化的因素相关，而且还体现在动态离散选择模型(本章第 8 小节)所对应的数据结构是面板数据。

6.1 一般设定

本小节具体介绍面板数据离散选择模型的一般性设定，并在此基础上进一步说明为便于聚焦介绍该模型主要特征而作的简化。

考虑如下可加随机效用模型：

$$U_{imt}=V_{imt}+\varepsilon_{imt} \tag{10-99}$$

其中，允许误差项 ε_{imt} 跨选择 m 和跨时期 t 同时相关。从形式上来看，式(10-99)与式(10-2)基本相同，差别在于式(10-99)多了一个时间下标 t，$t=\{1, 2, \cdots, T\}$。

考虑个体 i 在不同时期的选择向量 $\underbrace{\boldsymbol{m}}_{T\times 1}=\begin{bmatrix} m_1 \\ m_2 \\ \vdots \\ m_T \end{bmatrix}$(其中,$m_t$ 表示第 t 期的选择)发生的概率 p_{im}。

与前述式(10-5)类似，根据效用最大化原则可以很容易得到如下表达式：

$$\begin{aligned} p_{im} &= \Pr(m_1, m_2, \cdots, m_T) \\ &= \Pr(U_{im_t t} > U_{ik_t t}, \forall k_t \neq m_t \forall t) \\ &= \Pr(V_{im_t t} + \varepsilon_{im_t t} > V_{im_t t} + \varepsilon_{ik_t t}, \forall k_t \neq m_t \forall t) \end{aligned}$$

$$
\begin{aligned}
&= \Pr(\varepsilon_{ik_t t} < V_{im_t t} - V_{ik_t t} + \varepsilon_{im_t t}, \forall k_t \neq m_t \forall t) \\
&= \int_{\boldsymbol{\varepsilon}_i} I(\varepsilon_{ik_t t} < V_{im_t t} - V_{ik_t t} + \varepsilon_{im_t t}, \forall k_t \neq m_t \forall t) f(\boldsymbol{\varepsilon}_i) \mathrm{d}\boldsymbol{\varepsilon}_i \\
&= \int_{\varepsilon_{i11}} \int_{\varepsilon_{i21}} \cdots \int_{\varepsilon_{iMT}} I(\varepsilon_{ik_t t} < V_{im_t t} - V_{ik_t t} + \varepsilon_{im_t t}, \forall k_t \neq m_t \forall t) f(\boldsymbol{\varepsilon}_i) \mathrm{d}\boldsymbol{\varepsilon}_i
\end{aligned} \tag{10 - 100}
$$

其中，$\underbrace{\boldsymbol{\varepsilon}_i}_{MT\times 1} = \begin{bmatrix} \varepsilon_{i11} \\ \varepsilon_{i21} \\ \vdots \\ \varepsilon_{iMT} \end{bmatrix}$为 $MT\times 1$ 维向量。可以注意到，式中的积分是关于 $\boldsymbol{\varepsilon}_i$，从而是 $M\times T$ 重积分。在 M 和 T 取值都较大的情形下，计算式(10-100)给出的积分运算量将会非常大，几乎是不可能完成的任务。此外，联合分布 $f(\boldsymbol{\varepsilon}_i)$ 中通常包含大量的未知参数，以正态分布的设定为例，$f(\boldsymbol{\varepsilon}_i)$ 中包含的参数个数为 $MT+\frac{MT(MT+1)}{2}$(其中 MT 是 $\boldsymbol{\alpha}_i$ 期望中包含参数的个数，$\frac{MT(MT+1)}{2}$ 是 $\boldsymbol{\alpha}_i$ 方差协方差矩阵中包含的参数个数)。

模型参数可以通过最大化如下对数似然函数的方式来估计得到：

$$
\ln L(\boldsymbol{\theta}) = \sum_{i=1}^{N} \sum_{\boldsymbol{m} \in \mathscr{M}} (y_{im} \ln p_{im}) \tag{10-101}
$$

其中，y_{im}表示行为个体 i 从第 1 期至第 T 期实际选择为 $\boldsymbol{m}$ 的虚拟变量。$\mathscr{M}$ 表示 $\boldsymbol{m}$ 所有可能取值的集合，从而包含 M^T 种可能。

p_{im}中的多重积分和多维参数都会大大增加估计式(10-101)中参数的难度。在实际应用中一般需要对模型做出限定，以简化分析。面板数据离散选择模型通常对个体选择的跨期相关性做出某种限定。接下来，我们具体介绍几种常见的限定形式：第一，不同时期误差项互相独立；第二，在给定个体固定效应的条件下，不同时期误差项互相独立；第三，在给定个体固定效应的条件下，误差项服从一阶马尔可夫过程，即一旦给定上一期的误差项，当期误差项与上一期之前所有时期的误差项都不相关。可以发现，这三种对误差项的跨期相关性限定依次变弱。

6.2 不同时期误差项互相独立

对于同一个体不同时期的误差项，最简单的设定是假设它们互相独立。

命题 10.10：如果同一个体不同时期的误差项互相独立，那么 p_{im}由如下等式给出：

$$
\begin{aligned}
p_{im} &= \prod_{t=1}^{T} \int_{\boldsymbol{\varepsilon}_{it}} I(V_{im_t t} + \varepsilon_{im_t t} > V_{ik_t t} + \varepsilon_{ik_t t}, \forall k_t \neq m_t) f(\boldsymbol{\varepsilon}_{it}) \mathrm{d}\boldsymbol{\varepsilon}_{it} \\
&\equiv \prod_{t=1}^{T} \Pr(m_t) \\
&\equiv \prod_{t=1}^{T} p_{im_t t}
\end{aligned} \tag{10-102}
$$

其中，$\underbrace{\boldsymbol{\varepsilon}_{it}}_{M\times 1}=\begin{bmatrix}\varepsilon_{i1t}\\ \varepsilon_{i2t}\\ \vdots\\ \varepsilon_{iMT}\end{bmatrix}$。

从命题 10. 10 中可以看出，假设同一个体不同时期的误差项互相独立意味着，个体在不同时期的选择行为互相独立。下面给出命题 10. 10 的具体证明过程。

证明：

容易得到如下等式成立：

$$\begin{aligned}p_{im}&=\Pr(m_1,m_2,\cdots,m_T)\\&=\Pr(U_{im_tt}>U_{ik_tt},\forall k_t\neq m_t\forall t)\\&=\Pr(V_{im_tt}+\varepsilon_{im_tt}>V_{ik_tt}+\varepsilon_{ik_tt},\forall k_t\neq m_t\forall t)\\&=\prod_{t=1}^{T}\Pr(V_{im_tt}+\varepsilon_{im_tt}>V_{ik_tt}+\varepsilon_{ik_tt},\forall k_t\neq m_t)\\&=\prod_{t=1}^{T}\int_{\boldsymbol{\varepsilon}_{it}}I(V_{im_tt}+\varepsilon_{im_tt}>V_{ik_tt}+\varepsilon_{ik_tt},\forall k_t\neq m_t)f(\boldsymbol{\varepsilon}_{it})\mathrm{d}\boldsymbol{\varepsilon}_{it}\\&\equiv\prod_{t=1}^{T}\Pr(m_t)\\&\equiv\prod_{t=1}^{T}p_{im_tt}\end{aligned}\tag{10-103}$$

其中，第四个等式用到了不同时期误差项互相独立这一假定。

故命题得证。

□

将式(10-102)代入到式(10-101)容易得到估计模型参数的对数似然函数：

$$\ln L(\boldsymbol{\theta})=\sum_{i=1}^{N}\sum_{t=1}^{T}\sum_{m_t=1}^{M}(y_{im_tt}\ln p_{im_tt})\tag{10-104}$$

其中，y_{im_tt}表示个体 i 在第 t 时期选择 m_t 的虚拟变量。由此可见，在不同时期误差项互相独立假定下，面板数据离散选择模型相当于将不同个体不同时间的选择直接混合在一块。

6.3 给定固定效应的条件下不同时期误差项互相独立

上一小节假定不同时期误差项互相独立，在现实中这往往是一个非常强的假定。比如考虑个人交通方式的选择问题，同一个人在不同时期的选择往往具有高度的相关性。面板数据模型的一个重要优点是可以控制个体固定效应。在控制个体固定效应后，不同时期误差项互相独立则是一个相对较为符合现实的假定。正式地，考虑如下随机效用模型：

$$U_{imt}=V_{imt}+c_{im}+\upsilon_{imt}\tag{10-105}$$

其中，c_{im}表示个体固定效应，值得特别注意的是，该个体固定效应添加了下标 m，以刻画不同选择对同一个体具有不同效用。c_{im}添加下标 m 更重要的考虑是识别层面的，根据“只有效用的差异是重要的”这一原则，不添加下标 m 的个体固定效应 c_i 将被完全消去。此外，假定不同时期误差项 $\boldsymbol{\upsilon}_{imt}$互相独立，即假定在给定个体固定效应 c_{im}的条件下不同时期误差项互相独立。可以看到，与式(10-101)相比，式(10-105)所给出的模型控制了个体固定效应 c_{im}，或者说将个体固定效应 c_{im} 从式(10-101)误差项 ε_{imt} 中提取出来。

若将给定个体固定效应 $\boldsymbol{c}_i=\begin{bmatrix}c_{i1}\\c_{i2}\\\vdots\\c_{iM}\end{bmatrix}$ 条件下个体 i 选择 $\boldsymbol{m}$ 的概率记为 $p_{im\mid\boldsymbol{c}_i}$，并利用误差项 υ_{imt} 跨期独立的假定，那么采用类似于式(10-103)的方式可以得到：

$$p_{im\mid\boldsymbol{c}_i}=\prod_{t=1}^{T}\int_{\boldsymbol{\upsilon}_{it}}I(V_{im_tt}+c_{im_t}+\upsilon_{im_tt}>V_{ik_tt}+c_{ik_t}+\upsilon_{ik_tt},\forall k_t\neq m_t)f(\boldsymbol{\upsilon}_{it})\mathrm{d}\boldsymbol{\upsilon}_{it}\qquad(10-106)$$

其中，$\boldsymbol{\upsilon}_{it}=\begin{bmatrix}\upsilon_{i1t}\\\upsilon_{i2t}\\\vdots\\\upsilon_{iMt}\end{bmatrix}$。特别地，若假设 υ_{imt} 服从 I 类极值分布，那么根据前述 Logit 模型的介绍可以很容易得到 $p_{im_tt}=\dfrac{\exp(V_{im_tt}+c_{im_t})}{\sum\limits_{m_t=1}^{M}\exp(V_{im_tt}+c_{im_t})}$。

注意到式(10-106)所刻画的是给定 $\boldsymbol{c}_i$ 的条件概率，与此同时 $\boldsymbol{c}_i$ 无法被观测到，因此要得到无条件概率 p_{im} 需要对 $p_{im\mid\boldsymbol{c}_i}$ 求解关于 $\boldsymbol{c}_i$ 的积分。正式地，若将 $\boldsymbol{c}_i$ 的分布记为 $g(\boldsymbol{c}_i)$，那么则可以得到：

$$p_{im}=\int_{\boldsymbol{c}_i}p_{im\mid\boldsymbol{c}_i}g(\boldsymbol{c}_i)\mathrm{d}\boldsymbol{c}_i\qquad(10-107)$$

其中，$g(\boldsymbol{c}_i)$ 既可以是参数形式的(比如,联合正态分布或者联合对数正态分布)，也可以是非参数形式的。

将式(10-107)代入式(10-101)可得估计模型参数的对数似然函数：

$$\ln L(\boldsymbol{\theta})=\sum_{i=1}^{N}\sum_{\boldsymbol{m}\in\mathscr{M}}(y_{im}\ln p_{im})=\sum_{i=1}^{N}\sum_{\boldsymbol{m}\in\mathscr{M}}\left[y_{im}\ln\int_{\boldsymbol{c}_i}p_{im\mid\boldsymbol{c}_i}g(\boldsymbol{c}_i)\mathrm{d}\boldsymbol{c}_i\right]\qquad(10-108)$$

其中，y_{im} 表示行为个体 i 从第 1 期至第 T 时期实际选择为 $\boldsymbol{m}$ 的虚拟变量，$p_{im\mid\boldsymbol{c}_i}$ 由式(10-106)给出。

不难发现，估计式(10-108)与估计随机系数模型完全类似，这里不再重复。值得指出的是，由于面板数据同时具有截面和时间维度的变异，因此除了将 $\boldsymbol{c}_i$ 视为随机变量之外，还可以将 $\boldsymbol{c}_i$ 视为未知参数，与模型其他参数一起估计。然而，该做法的问题是通常会出现因参数 $\boldsymbol{c}_i$ 维度过高而引发的**偶发参数问题**(Neyman and Scott,1948;Heckman,1981)。

6.4 给定固定效应的条件下误差项服从一阶马尔可夫过程

我们进一步放松 6.2 的假定。本小节假定给定固定效应的条件下误差项服从一阶马尔可夫过程。即允许控制个体固定效应后，模型不同时期误差项 υ_{imt} 仍然存在相关性。

假设 υ_{imt} 服从一阶马尔可夫过程可以正式地表述为：

$$\Pr(\upsilon_{imt}\mid\upsilon_{imt-1},\upsilon_{imt-2},\cdots,\upsilon_{im1})=\Pr(\upsilon_{imt}\mid\upsilon_{imt-1})\qquad(10-109)$$

式(10-109)的直观含义是，一旦给定 $\boldsymbol{v}_{imt-1}$，$\boldsymbol{v}_{imt}$ 与 $t-1$ 之前所有时期的误差项都不相关。式(10-109)所对应的最简单形式是 $\boldsymbol{v}_{imt}$ 服从如下一阶自回归 AR(1) 过程：

$$\boldsymbol{v}_{imt}=\rho_0+\rho_1\boldsymbol{v}_{imt-1}+\xi_t \tag{10-110}$$

命题 10.11：在式(10-109)的设定下，给定个体固定效应 $\boldsymbol{c}_i=\begin{bmatrix}c_{i1}\\c_{i2}\\\vdots\\c_{iM}\end{bmatrix}$，个体 i 选择 $\boldsymbol{m}$ 的概率的表达式为：

$$p_{im\mid\boldsymbol{c}_i}=\prod_{t=2}^{T}\Pr(m_t\mid m_{t-1},\boldsymbol{c}_i)\Pr(m_1\mid\boldsymbol{c}_i) \tag{10-111}$$

从命题 10.11 中可以看出，假定 $\boldsymbol{v}_{imt}$ 服从一阶马尔可夫过程意味着，行为个体上一期的选择决策会对当期产生影响，即体现了个人决策的**动态效应**(Dynamic Effect)。下面，我们给出命题 10.11 的具体证明过程。

证明：

根据概率论知识，容易得到如下等式成立：

$$\begin{aligned}
p_{im\mid\boldsymbol{c}_i}&=\Pr(m_1,m_2,\cdots,m_T\mid\boldsymbol{c}_i)\\
&=\Pr(m_2,\cdots,m_T\mid m_1,\boldsymbol{c}_i)\Pr(m_1\mid\boldsymbol{c}_i)\\
&=\prod_{t=2}^{T}\Pr(m_t\mid m_{t-1},m_{t-2},\cdots,m_1,\boldsymbol{c}_i)\Pr(m_1\mid\boldsymbol{c}_i)\\
&=\prod_{t=2}^{T}\Pr\left(U_{im_tt}>U_{ik_tt},\forall k_t\neq m_t\;\middle|\;\begin{matrix}U_{im_{t-1}t-1}>U_{ik_{t-1}t-1},\forall k_{t-1}\neq m_{t-1}\\U_{im_{t-2}t-2}>U_{ik_{t-1}t-2},\forall k_{t-2}\neq m_{t-2}\\\vdots\\U_{im_11}>U_{ik_11},\forall k_1\neq m_1\\\boldsymbol{c}_i\end{matrix}\right)\Pr(m_1\mid\boldsymbol{c}_i)\\
&=\prod_{t=2}^{T}\Pr\left(U_{im_tt}>U_{ik_tt},\ \forall k_t\neq m_t\;\middle|\;\begin{matrix}U_{im_{t-1}t-1}>U_{ik_{t-1}t-1},\ \forall k_{t-1}\neq m_{t-1}\\\boldsymbol{c}_i\end{matrix}\right)\Pr(m_1\mid\boldsymbol{c}_i)\\
&=\prod_{t=2}^{T}\Pr(m_t\mid m_{t-1},\boldsymbol{c}_i)\Pr(m_1\mid\boldsymbol{c}_i)
\end{aligned}\tag{10-112}$$

其中，$U_{im_tt}=V_{im_tt}+c_{im_t}+\boldsymbol{v}_{im_tt}$，第五个等式用到了误差项 $\boldsymbol{v}_{im_tt}$ 服从一阶马尔可夫过程的假定。

故命题得证。

□

注意到，在式(10-111)中的个体固定效应 $\boldsymbol{c}_i$ 无法观测，从而需要通过积分的方式将 $\boldsymbol{c}_i$ 从模型中消除，得到无条件概率 p_{im}。将 $\boldsymbol{c}_i$ 的分布用 $g(\boldsymbol{c}_i)$ 来表示，那么可以得到：

$$p_{im}=\int_{c_i}p_{im\mid\boldsymbol{c}_i}g(\boldsymbol{c}_i)\mathrm{d}\boldsymbol{c}_i=\int_{c_i}\left[\prod_{t=2}^{T}\Pr(m_t\mid m_{t-1},\boldsymbol{c}_i)\Pr(m_1\mid\boldsymbol{c}_i)\right]g(\boldsymbol{c}_i)\mathrm{d}\boldsymbol{c}_i \tag{10-113}$$

因此，模型参数可以通过最大化如下似然函数来估计：

$$
\begin{aligned}
\ln L(\boldsymbol{\theta}) &= \sum_{i=1}^{N}\sum_{\boldsymbol{m}\in\mathscr{M}}(y_{im}\ln p_{im}) \\
&= \sum_{i=1}^{N}\sum_{\boldsymbol{m}\in\mathscr{M}} y_{im}\ln\int_{\boldsymbol{c}_i} p_{im\mid \boldsymbol{c}_i} g(\boldsymbol{c}_i)\mathrm{d}\boldsymbol{c}_i \\
&= \sum_{i=1}^{N}\sum_{\boldsymbol{m}\in\mathscr{M}} y_{im}\ln\int_{\boldsymbol{c}_i}\Big[\prod_{t=2}^{T}\Pr(m_t\mid m_{t-1},\boldsymbol{c}_i)\Pr(m_1\mid \boldsymbol{c}_i)\Big]g(\boldsymbol{c}_i)\mathrm{d}\boldsymbol{c}_i
\end{aligned} \tag{10-114}
$$

从式(10-114)中可以看出，估计模型的参数需要首先得到 $\Pr(m_t\mid m_{t-1},\boldsymbol{c}_i)$ 和 $\Pr(m_1\mid \boldsymbol{c}_i)$ 的具体表达式。根据式(10-112)，$\Pr(m_t\mid m_{t-1},\boldsymbol{c}_i)=\Pr(\boldsymbol{v}_{ik_tt}<\widetilde{V}_{it}+\boldsymbol{v}_{im_tt},\ \forall k_t\neq m_t\mid \boldsymbol{v}_{ik_{t-1}t-1}<\widetilde{V}_{it-1}+\boldsymbol{v}_{im_{t-1}t-1},\ \forall k_{t-1}\neq m_{t-1},\boldsymbol{c}_i)$（这里 t 大于 1）。然而，模型未给出 $\Pr(m_1\mid \boldsymbol{c}_i)$ 的具体表达式，这通常被称为**初始条件问题**(Initial Condition Problem)(Heckman,1981)。

在实际应用中，可以采用不同的方式来处理初始条件问题。Heckman(1981)建议的方法是，直接设定 $\Pr(m_1\mid \boldsymbol{c}_i)$ 的具体形式，然后最大化式(10-114)给出的对数似然函数。另外一个更加常见的处理方式是放弃对 $p_{im}=\Pr(m_1,m_2,\cdots,m_T)$ 进行建模，取而代之的是对给定初期选择 m_1 的概率 $p_{im_{-1}\mid m_1}=\Pr(m_2,\cdots,m_T\mid m_1)$ 进行建模(其中,下标 $\boldsymbol{m}_{-1}$ 表示除了第 1 期之外的选择)。利用基础概率论知识可得：

$$
\begin{aligned}
p_{im_{-1}\mid m_1} &= \Pr(m_2,\cdots,m_T\mid m_1) \\
&= \int_{\boldsymbol{c}_i}\Pr(m_2,\cdots,m_T\mid m_1,\boldsymbol{c}_i)g(\boldsymbol{c}_i\mid m_1)\mathrm{d}\boldsymbol{c}_i \\
&= \int_{\boldsymbol{c}_i}\Big[\prod_{t=2}^{T}\Pr(m_t\mid m_{t-1},\boldsymbol{c}_i)\Big]g(\boldsymbol{c}_i\mid m_1)\mathrm{d}\boldsymbol{c}_i
\end{aligned} \tag{10-115}
$$

其中，$g(\boldsymbol{c}_i\mid m_1)$ 为给定 m_1 条件下 $\boldsymbol{c}_i$ 的分布。最后一个等式成立用到的是 $\boldsymbol{v}_{imt}$ 服从一阶马尔可夫过程的假定，(对此等式感兴趣的读者,可具体参照式(10-111)的证明过程来验证)。

进一步比较式(10-113)和式(10-115)可以很容易发现，$p_{im_{-1}\mid m_1}=\Pr(m_2,\cdots,m_T\mid m_1)$ 和 $p_{im}=\Pr(m_1,m_2,\cdots,m_T)$ 的建模存在两点差异：第一，$p_{im_{-1}\mid m_1}$ 不需要设定 $\Pr(m_1\mid \boldsymbol{c}_i)$，而 p_{im} 需要设定 $\Pr(m_1\mid \boldsymbol{c}_i)$，正是因为如此，对 $p_{im_{-1}\mid m_1}$ 建模往往更简便；第二，计算 $p_{im_{-1}\mid m_1}$ 用到的是条件分布 $g(\boldsymbol{c}_i\mid m_1)$，而计算 p_{im} 用到的是无条件分布 $g(\boldsymbol{c}_i)$。

7. 离散选择模型的内生性问题

到目前为止，我们介绍的所有模型都未考虑到内生性问题，即都假设误差项与解释变量不相关，而在现实中这通常是一个比较强的假定。本节放松这一假定，介绍离散选择模型内生性问题的处理方法。行为个体 i 选择 m 所得到的效用由如下等式给出

$$U_{im}=V(\boldsymbol{x}_{im},w_{im},\boldsymbol{\beta}_i)+\varepsilon_{im} \tag{10-116}$$

其中，$\boldsymbol{x}_{im}$ 为外生变量，w_{im} 为内生变量(简便起见,这里假设只有一个内生变量)，$\boldsymbol{\beta}_i$ 为随个体变化的参数，其分布用 $f(\boldsymbol{\beta}_i\mid \boldsymbol{\kappa})$ 来表示，$\boldsymbol{\kappa}$ 是我们所感兴趣的模型参数。

内生变量 w_{im} 可以表示为：

$$w_{im}=\mathbb{E}(w_{im}\mid \boldsymbol{x}_{im},\boldsymbol{z}_{im})+u_{im} \tag{10-117}$$

其中，z_{im}表示w_{im}的工具变量(z_{im}维度可以大于1,这时工具变量的个数大于内生变量的个数)。$\mathbb{E}(w_{im}|\boldsymbol{x}_{im},z_{im})$表示给定$\boldsymbol{x}_{im}$和$z_{im}$条件下$w_{im}$的期望值，根据条件期望的基本性质可知，误差项$u_{im}$与$\boldsymbol{x}_{im}$和$z_{im}$都不相关(这点可以通过对式(10-117)左右两边同时取关于$\boldsymbol{x}_{im}$和z_{im}的条件期望来证明得到)。从式(10-117)中可以注意到，由于$\boldsymbol{x}_{im}$和z_{im}都是外生变量，因此变量w_{im}的内生性(只能)来自u_{im}与ε_{im}的相关性。

回忆第六章工具变量方法的介绍，式(10-116)和式(10-117)模型似乎可以通过类似于2SLS方法的两步法来估计：第一步，利用内生变量w_{im}对外生变量$\boldsymbol{x}_{im}$和z_{im}进行回归，得到w_{im}的估计值$\hat{w}_{im}=W(\boldsymbol{x}_{im},z_{im},\hat{\boldsymbol{\gamma}})$；第二步，将$\hat{w}_{im}$代入式(10-117)得到$U_{im}=V(\boldsymbol{x}_{im},\hat{w}_{im},\boldsymbol{\beta}_i)+\varepsilon_{im}$，并利用本章前述知识来估计该方程。遗憾的是，**这一看似直观的做法在处理离散选择模型内生性问题上并不能奏效**。主要原因是，对于线性模型，可以证明以上两步法所得到的估计量与工具变量估计量在数量上恰好相等(参见第六章工具变量方法第2小节的相关证明)，但是在非线性模型中没有定理保证这一点，而无论$V(\boldsymbol{x}_{im},w_{im},\boldsymbol{\beta}_i)$是$w_{im}$的线性函数还是非线性函数，$w_{im}$最终都是以非线性的形式进入离散选择模型的。

此外，似乎可以直接利用工具变量方法来估计式(10-116)中的参数$\boldsymbol{\kappa}$，即通过构建矩条件利用GMM方法最小化如下目标函数的方式来识别模型参数：

$$\left[\mathbb{E}\left(\varepsilon_{im}(\boldsymbol{\kappa})\cdot\begin{bmatrix}\boldsymbol{x}_{im}\\ z_{im}\end{bmatrix}\right)\right]'\boldsymbol{\Lambda}\left[\mathbb{E}\left(\varepsilon_{im}(\boldsymbol{\kappa})\cdot\begin{bmatrix}\boldsymbol{x}_{im}\\ z_{im}\end{bmatrix}\right)\right]$$

其中，$\boldsymbol{\Lambda}$为加权矩阵。但是最小化上式目标函数的最大问题在于无法得到$\varepsilon_{im}(\boldsymbol{\kappa})$，这是因为$\varepsilon_{im}=U_{im}-V(\boldsymbol{x}_{im},w_{im},\boldsymbol{\beta}_i)$中的效用$U_{im}$无法被观测到。

本节介绍处理离散选择模型内生性的三种比较常见方法：**控制方程方法**(Control Function Method)(Heckman,1977;Hausman,1977;Heckman and Robb,1985;Rivers and Vuong,1988)、**完全信息最大似然估计**(Full Information Maximum Likelihood Estimation,FIMLE)与Berry-Levinsohn-Pakes(BLP)方法(Berry,1994;Berry et al.,1995)。这三个方法均不同于2SLS方法。

7.1 控制函数方法

控制函数方法的思路动机是，注意到变量w_{im}的内生性来源于式(10-116)和式(10-117)中误差项ε_{im}与u_{im}的相关性，从而通过对ε_{im}与u_{im}之间关系建模的方式来处理变量w_{im}的内生性问题。具体而言，ε_{im}总是可以写成如下形式：

$$\varepsilon_{im}=\mathbb{E}(\varepsilon_{im}|u_{im})+\tilde{\varepsilon}_{im} \tag{10-118}$$

其中，$\mathbb{E}(\varepsilon_{im}|u_{im})$表示给定$u_{im}$条件下$\varepsilon_{im}$的期望值。

命题10.12：根据式(10-117)和式(10-118)的设定，可以很容易得到：

$$\mathbb{E}(\tilde{\varepsilon}_{im}|w_{im})=0 \tag{10-119}$$

该命题的具体证明过程如下：

证明：

对式(10-117)左右两边同时取关于$\boldsymbol{x}_{im}$和z_{im}的条件期望并整理可得：

$$\mathbb{E}(u_{im}|\boldsymbol{x}_{im},z_{im})=0$$

对式(10-118)两边同时取关于u_{im}的条件期望可得：

$$\mathbb{E}(\tilde{\varepsilon}_{im}|u_{im})=0$$

又因为 $w_{im}=\mathbb{E}(w_{im}|\boldsymbol{x}_{im},z_{im})+u_{im}$ 是 $\boldsymbol{x}_{im}$，z_{im} 以及 u_{im} 的函数，所以可以得到：

$$\begin{aligned}\mathbb{E}(\tilde{\varepsilon}_{im}|w_{im})&=\mathbb{E}[\mathbb{E}(\tilde{\varepsilon}_{im}|\boldsymbol{x}_{im},z_{im},u_{im})|w_{im}]\\&=\mathbb{E}[\mathbb{E}(\tilde{\varepsilon}_{im}|\boldsymbol{x}_{im},z_{im})|w_{im}]\\&=\mathbb{E}[\mathbb{E}(\varepsilon_{im}-\mathbb{E}(\varepsilon_{im}|u_{im})|\boldsymbol{x}_{im},z_{im})|w_{im}]\\&=0\end{aligned}$$

其中，第一个等式用到了迭代期望定律，第二个等式利用到了第二章中条件期望的性质 3，第三个等式用到式(10-118)，最后一个等式用到 ε_{im} 以及 u_{im} 与 $\boldsymbol{x}_{im}$ 和 z_{im} 独立。

故命题得证。

□

将式(10-118)代入到式(10-116)可得：

$$U_{im}=V(\boldsymbol{x}_{im},w_{im},\boldsymbol{\beta}_i)+\mathbb{E}(\varepsilon_{im}|u_{im})+\tilde{\varepsilon}_{im} \tag{10-120}$$

根据命题 10.12 我们知道，w_{im} 与 $\tilde{\varepsilon}_{im}$ 不相关，这意味着式(10-120)所给出的离散选择模型不存在内生性问题。可以发现，式(10-120)相当于在模型中控制了导致 w_{im} 与 ε_{im} 相关的部分 $\mathbb{E}(\varepsilon_{im}|u_{im})$。这也是该方法之所以被称为**控制方程方法**(Control Function Method)的原因。控制函数这一方法由 Heckman(1977)，Hausman(1977)以及 Heckman and Robb(1985)提出和应用，最早被 Rivers and Vuong(1988)引入离散选择模型来处理内生性问题。

基于式(10-120)，行为个体 i 选择 m(不妨用 $y_i=m$ 来表示)的概率 p_{im} 可以表示为：

$$\begin{aligned}p_{im}&=p(y_i=m|\boldsymbol{x}_{im},z_{im},u_{im})\\&=\int_{\boldsymbol{\beta}_i}\left[\int_{\tilde{\boldsymbol{\varepsilon}}_i}I(\tilde{\varepsilon}_{ik}<V_{im}+\mathbb{E}_{im}-V_{ik}-\mathbb{E}_{ik}+\tilde{\varepsilon}_{im},\forall k\neq m)g(\tilde{\boldsymbol{\varepsilon}}_i)\mathrm{d}\tilde{\boldsymbol{\varepsilon}}_i\right]f(\boldsymbol{\beta}_i|\boldsymbol{\kappa})\mathrm{d}\boldsymbol{\beta}_i\end{aligned} \tag{10-121}$$

其中，y_i 表示个体 i 的实际选择，$V_{im}=V(\boldsymbol{x}_{im},w_{im},\boldsymbol{\beta}_i)$，$\mathbb{E}_{im}=\mathbb{E}(\varepsilon_{im}|u_{im})$，$g(\tilde{\boldsymbol{\varepsilon}}_i)$ 表示 $\tilde{\boldsymbol{\varepsilon}}_i$ 的分布函数，$f(\boldsymbol{\beta}_i|\boldsymbol{\kappa})$ 表示 $\boldsymbol{\beta}_i$ 的分布函数。

特别地，如果假设误差项 $\tilde{\varepsilon}_{im}$ 服从 I 类极值分布，那么式(10-121)则可以具体写作：

$$p_{im}=\int_{\boldsymbol{\beta}_i}\left[\frac{\exp(V_{im}+\mathbb{E}_{im})}{\sum_{k=1}^{M}\exp(V_{ik}+\mathbb{E}_{ik})}\right]f(\boldsymbol{\beta}_i|\boldsymbol{\kappa})\mathrm{d}\boldsymbol{\beta}_i \tag{10-122}$$

值得指出的是，以上模型的估计事实上并不可行(Infeasible)。原因有两个：第一，$\mathbb{E}_{im}=\mathbb{E}(\varepsilon_{im}|u_{im})$ 函数形式未知；第二，u_{im} 无法被观测到。关于 $\mathbb{E}(\varepsilon_{im}|u_{im})$ 的具体函数形式，最常见的是设定为线性形式。此外，虽然 u_{im} 无法被观测到，但是它所对应的估计值 $\hat{u}_{im}$ 可以很容易地通过估计式(10-117)来得到，即 $\hat{u}_{im}=w_{im}-\hat{\mathbb{E}}(w_{im}|\boldsymbol{x}_{im},z_{im})$。

综上，利用控制函数方法来估计具有内生性问题的离散选择模型可以总结为如下两步：

(1) 利用式(10-117)估计得到 $\hat{u}_{im}=w_{im}-\hat{\mathbb{E}}(w_{im}|\boldsymbol{x}_{im},z_{im})$；

(2) 将 $\hat{u}_{im}$ 代入 $\mathbb{E}(\varepsilon_{im}|u_{im})$ 得到 $\hat{\mathbb{E}}(\varepsilon_{im}|u_{im})$，并估计如下控制了 $\hat{\mathbb{E}}(\varepsilon_{im}|u_{im})$ 的离散选择模型：

$$U_{im}=V(\boldsymbol{x}_{im},w_{im},\boldsymbol{\beta}_i)+\hat{\mathbb{E}}(\varepsilon_{im}|u_{im})+\tilde{\varepsilon}_{im} \tag{10-123}$$

7.2 完全信息最大似然估计方法

从式(10–121)中可以看出，控制函数方法本质上是利用两步法对行为个体选择的条件期望 $p(y_i=m\mid \boldsymbol{x}_{im},z_{im},u_{im},\boldsymbol{\beta}_i)$ 进行建模。换言之，控制函数方法只是刻画了基于式(10–116)的个体选择过程。事实上，式(10–116)所刻画的个体选择过程与式(10–117)所给出的内生变量决定过程可以利用最大似然方法同时进行估计，即对联合分布概率 $p(y_i=m,w_{im}\mid \boldsymbol{x}_{im},z_{im},\boldsymbol{\beta}_i)$ 进行建模。这种方法利用到了模型的所有信息，从而属于**完全信息最大似然估计方法**(Full Information Maximum Likelihood Estimation, FIMLE)。与此相比，上一小节的控制函数方法只是用到了模型的部分信息，从而属于**有限信息最大似然估计方法**(Limited Information Maximum Likelihood Estimation, LIMLE)。

根据第五章 MLE 方法的相关知识我们已经了解到，在模型正确设定的条件下，完全最大似然估计方法所得到的估计量是最有效的。此外，由于控制函数方法是两步估计，在第二步估计中需要进行标准误调整以控制第一步 $\hat{u}_{im}$ 抽样误差对模型估计的影响，然而完全信息最大似然估计是在一步中同时估计模型，从而避免了调整标准误的问题。更为重要的是，如果内生变量取值本身由离散选择模型决定，那么控制函数方法则无法用以处理离散选择模型中的内生性。为清楚地看出这一点，考虑如下模型：

$$\begin{cases} U_{im}=V(\boldsymbol{x}_{im},w_{im},\boldsymbol{\beta}_i)+\varepsilon_{im} \\ w_{im}^{*}=W(\boldsymbol{x}_{im},z_{im},\boldsymbol{\gamma})+u_{im} \\ w_{im}=m \text{ if } w_{im}^{*}=\max\{w_{i1}^{*},\ w_{i2}^{*},\ \cdots,\ w_{iM}^{*}\} \end{cases} \tag{10–124}$$

其中，w_{im} 为内生变量，且取离散的数值，$\boldsymbol{x}_{im}$ 为外生变量，z_{im} 为 w_{im} 的工具变量。第一个等式与式(10–116)完全相同，刻画的是行为个体 i 选择 m 所得到的效用，它是我们所主要关心的核心等式，第二个等式和第三个等式刻画的是内生变量 w_{im} 的决定过程，本身构成一个离散选择模型。

从式(10–124)中可以比较清晰地发现，控制函数方法无法用于估计模型。根据上一小节的介绍，由于 u_{im} 与 ε_{im} 的相关性导致了 w_{im} 的内生性，因此控制函数方法第一步获取 u_{im} 的估计值 $\hat{u}_{im}$，第二步将 $\hat{u}_{im}$ 控制在离散选择模型，以此来处理 w_{im} 所引起的内生性问题。然而在式(10–124)中，由于 u_{im} 在 w_{im} 所对应的效用方程 $w_{im}^{*}=W(\boldsymbol{x}_{im},z_{im},\boldsymbol{\gamma})+u_{im}$ 中，因此无法通过回归的方式得到 u_{im} 的估计值 $\hat{u}_{im}$，从而最终导致控制函数方法无法在这里使用。

现在考虑使用完全最大似然估计方法来估计式(10–116)和式(10–117)给出的离散选择模型，即对联合概率 $\Pr(y_i=m,w_{im}\mid \boldsymbol{x}_{im},z_{im},\boldsymbol{\beta}_i)$ 进行建模：

$$\begin{aligned} p_{im} &= \Pr(y_i=m,w_{im}\mid \boldsymbol{x}_{im},z_{im},\boldsymbol{\beta}_i) \\ &= \Pr(y_i=m\mid \boldsymbol{x}_{im},z_{im},w_{im},\boldsymbol{\beta}_i)\Pr(w_{im}\mid \boldsymbol{x}_{im},z_{im},\boldsymbol{\beta}_i) \\ &= \left[\int_{\tilde{\boldsymbol{\varepsilon}}_i} I(\tilde{\varepsilon}_{ik}<V_{im}+\mathbb{E}_{im}-V_{ik}-\mathbb{E}_{ik}+\tilde{\varepsilon}_{im},\forall k\neq m)g(\tilde{\boldsymbol{\varepsilon}}_i)\mathrm{d}\tilde{\boldsymbol{\varepsilon}}_i\right]\Pr(w_{im}\mid \boldsymbol{x}_{im},z_{im},\boldsymbol{\beta}_i) \end{aligned} \tag{10–125}$$

其中，$\mathbb{E}_{im}=\mathbb{E}\,[\boldsymbol{\varepsilon}_{im}\mid w_{im}-\mathbb{E}\,(w_{im}\mid \boldsymbol{x}_{im},z_{im})]$。

值得特别注意的是，式(10–125)中关于 $\mathbb{E}_{im}$ 的表达方式与式(10–120)中 $\mathbb{E}_{im}=\mathbb{E}\,(\varepsilon_{im}\mid u_{im})$

略有不同。这是因为,在式(10-121)中,$\Pr(y_i=m|\boldsymbol{x}_{im},z_{im},u_{im},\boldsymbol{\beta}_i)$给定的是 u_{im},而在式(10-125)中,$\Pr(y_i=m|\boldsymbol{x}_{im},z_{im},w_{im},\boldsymbol{\beta}_i)$给定的是 w_{im},从而需要将 u_{im}利用 w_{im}的表达式 $w_{im}-\mathbb{E}(w_{im}|\boldsymbol{x}_{im},z_{im})$来替换。

7.3 Berry-Levinsohn-Pakes(BLP)方法

在以上介绍的控制函数方法和完全信息最大似然估计方法中,模型允许内生变量随着个体和选择变化。当离散选择模型中的内生变量不随个体变化,而只随着选择变化时,可以利用 **Berry-Levinsohn-Pakes(BLP)方法**来处理模型的内生性问题。[①] BLP 方法由 Berry(1994)和 Berry et al. (1995)提出,它是**实证产业组织**(Empirical Industrial Organization)领域最为重要的方法论之一,目前被广泛地应用至其他实证经济学研究领域。

在 BLP 方法的经典设定中,考虑的是不同市场(地区、时期)消费者对不同品牌汽车的需求,假定模型内生性问题由汽车价格变量引起。假设共有 R 个市场,r 市场消费者可选汽车品牌种类数量为 M_r,消费者数量为 N_r。不失一般性,将 r 市场消费者 i 购买 m 品牌汽车所获得的效用表示为:

$$U_{imr}=V(\boldsymbol{x}_{mr},P_{mr},\boldsymbol{o}_i,\boldsymbol{\beta}_i)+\xi_{mr}+\varepsilon_{imr} \tag{10-126}$$

其中,$\boldsymbol{x}_{mr}$为影响消费者汽车需求的一系列外生变量。P_{mr}表示 r 市场 m 品牌汽车的价格,该变量不随个体变化,从而意味着模型假定在同一市场上,不同消费者购买相同品牌汽车的价格相同。模型内生性由 P_{mr}和误差项 ξ_{mr}相关引起,比如 ξ_{mr}可能包括 m 品牌汽车在 r 市场的信誉或者顾客体验,从而会对价格 P_{mr}产生影响。$\boldsymbol{o}_i$ 表示可观测个体特征,比如性别、民族和收入等。ε_{imr}表示随机误差项,它与 $\boldsymbol{x}_{mr}$和 P_{mr}都不相关。此外,模型中变量系数 $\boldsymbol{\beta}_i$ 随个体变化,从而是**随机系数模型**,$\boldsymbol{\beta}_i$ 的分布用 $f(\boldsymbol{\beta}_i|\boldsymbol{\kappa})$表示,$\boldsymbol{\kappa}$ 是我们感兴趣的**结构参数**(Structural Parameters)。

可以看出,式(10-126)给出的是存在**内生性问题**的**随机系数**离散选择模型。理论上,处理式(10-126)模型中内生性问题有多种方法。其中一个最直观的方法是将$\{\xi_{mr}\}$视为参数与结构参数 $\boldsymbol{\kappa}$ 一并估计,这相当于控制住了$\{\xi_{mr}\}$,模型从而不存在内生性问题。然而,这一做法的难点在于,$\{\xi_{mr}\}$中包含了大量的参数,导致估计过程在实际应用中通常难以实施。处理式(10-126)的内生性问题的其他方法还有控制函数方法与完全信息最大似然估计方法,对于这两个方法上一小节已经进行了比较详细的介绍,这里不再赘述。此外,还可以利用工具变量方法(GMM 方法)来处理式(10-126)中模型的内生性问题,即最小化目标函数$\mathbb{E}\left(\xi_{mr}(\boldsymbol{\kappa})\cdot\begin{bmatrix}\boldsymbol{x}_{mr}\\ z_{mr}\end{bmatrix}\right)'\boldsymbol{\Lambda}\,\mathbb{E}\left(\xi_{mr}(\boldsymbol{\kappa})\cdot\begin{bmatrix}\boldsymbol{x}_{mr}\\ z_{mr}\end{bmatrix}\right)$所对应的样本值来估计模型参数 $\boldsymbol{\kappa}$:

$$G(\boldsymbol{\kappa})=\left[\sum_{r=1}^{R}\sum_{m=1}^{M}\left(\xi_{mr}(\boldsymbol{\kappa})\cdot\begin{bmatrix}\boldsymbol{x}_{mr}\\ z_{mr}\end{bmatrix}\right)'\right]\boldsymbol{\Lambda}\left[\sum_{r=1}^{R}\sum_{m=1}^{M}\left(\xi_{mr}(\boldsymbol{\kappa})\cdot\begin{bmatrix}\boldsymbol{x}_{mr}\\ z_{mr}\end{bmatrix}\right)\right] \tag{10-127}$$

① 当然,也可以使用控制函数方法或者完全信息最大似然估计方法来处理模型的内生性问题。

其中，$\boldsymbol{\Lambda}$ 为加权矩阵，$\boldsymbol{z}_{mr}$ 为价格 P_{mr} 的工具变量，$\boldsymbol{x}_{mr}$ 可视为自身的工具变量。①

从式(10-127)中可以看出，误差项 $\xi_{mr}(\boldsymbol{\kappa})$ 的可得性决定了使用式(10-127)来识别模型参数的可行性。Berry(1994)和 Berry et al.(1995)提出了一个简便的方法来获取 $\xi_{mr}(\boldsymbol{\kappa})$。他们假定 ε_{imr} 服从 I 类极值分布，那么根据式(10-126)给出的模型则为混合 Logit 模型。根据前述介绍，任意随机效用模型都可以利用随机系数模型中的混合 Logit 模型来近似(McFadden and Train,2000)，因此 **BLP 模型具有很强的一般性**。在 ε_{imr} 服从 I 类极值分布设定下，r 市场消费者 i 购买 m 品牌汽车的概率 p_{imr} 可以表示为：

$$p_{imr}=\int_{\boldsymbol{\beta}_i}\left[\frac{\exp(V(\boldsymbol{x}_{mr},P_{mr},\boldsymbol{o}_i,\boldsymbol{\beta}_i)+\xi_{mr})}{\sum_{k=1}^{M_r}\exp(V(\boldsymbol{x}_{kr},P_{kr},\boldsymbol{o}_i,\boldsymbol{\beta}_i)+\xi_{kr})}\right]f(\boldsymbol{\beta}_i\mid\boldsymbol{\kappa})\mathrm{d}\boldsymbol{\beta}_i \tag{10-128}$$

BLP 方法不是将$\{\xi_{mr}\}$视为参数来估计，而是给定参数 $\boldsymbol{\kappa}$ 取值利用**校准**(Calibration)的方法来确定$\{\xi_{mr}\}$，该做法大大降低了估计模型参数的计算量。具体地，给定参数 $\boldsymbol{\kappa}$ 取值，$\{\xi_{mr}\}$取值使得模型预测汽车市场份额与实际市场份额相等。m 品牌汽车在 r 市场上的模型预测份额 $\hat{S}_{mr}$ 可以表示为：

$$\hat{S}_{mr}=\frac{1}{N_r}\sum_{i=1}^{N_r}p_{imr}=\frac{1}{N_r}\sum_{i=1}^{N_r}\int_{\boldsymbol{\beta}_i}\left[\frac{\exp(V(\boldsymbol{x}_{mr},P_{mr},\boldsymbol{o}_i,\boldsymbol{\beta}_i)+\xi_{mr})}{\sum_{k=1}^{M_r}\exp(V(\boldsymbol{x}_{kr},P_{kr},\boldsymbol{o}_i,\boldsymbol{\beta}_i)+\xi_{kr})}\right]f(\boldsymbol{\beta}_i\mid\boldsymbol{\kappa})\mathrm{d}\boldsymbol{\beta}_i \tag{10-129}$$

其中，积分 $\int_{\boldsymbol{\beta}_i}\left[\frac{\exp(V(\boldsymbol{x}_{mr},P_{mr},\boldsymbol{o}_i,\boldsymbol{\beta}_i)+\xi_{mr})}{\sum_{k=1}^{M_r}\exp(V(\boldsymbol{x}_{kr},P_{kr},\boldsymbol{o}_i,\boldsymbol{\beta}_i)+\xi_{kr})}\right]f(\boldsymbol{\beta}_i\mid\boldsymbol{\kappa})\mathrm{d}\boldsymbol{\beta}_i$ 可以通过数值模拟的方式计算，比如若 $\boldsymbol{\beta}_i$ 服从联合正态分布，该积分可以通过前述介绍的 GHK 方法来模拟获取。

利用式(10-129)获取模型预测市场份额 $\hat{S}_{mr}$ 后，ξ_{mr} 的具体取值可以通过如下迭代过程来确定：

$$\xi_{mr}^{(h+1)}=\xi_{mr}^{(h)}+\ln\left[\frac{S_{mr}}{\hat{S}_{mr}(\xi_{mr}^{(h)})}\right] \tag{10-130}$$

其中，符号 h 表示 ξ_{mr} 取值的第 h 次迭代，$\hat{S}_{mr}(\xi_{mr}^{(h)})$ 表示模型预测市场份额。

根据式(10-129)可以很容易得到，$\frac{\partial\hat{S}_{mr}(\xi_{mr}^{(h)})}{\partial\xi_{mr}^{(h)}}>0$。从式(10-130)中可以看出，当模型预测市场份额 $\hat{S}_{mr}(\xi_{mr}^{(h)})$ 小于实际市场份额 S_{mr} 时，$\ln\left(\frac{S_{mr}}{\hat{S}_{mr}}\right)>0$，$\xi_{mr}$ 第 $h+1$ 次迭代取值 $\xi_{mr}^{(h+1)}$ 变大，从而使模型预测市场份额的第 $h+1$ 次迭代取值 $\hat{S}_{mr}(\xi_{mr}^{(h+1)})$ 变大；反之则相反。这意味着，式

---

① 根据工具变量章的介绍，我们知道有效工具变量需要同时满足相关性和外生性。对于 BLP 模型而言，工具变量需要与内生变量——产品价格相关(相关性)，但是又不在消费者需求方程中(外生性)。据此，供给侧的成本冲击往往作为产品价格的工具变量。但是由于产品层面的成本变量往往难以被研究者观测到，因此 BLP(1995)利用同一公司其他产品的价格和其他公司同类产品的价格作为工具变量。Hausman et al.(1994)与 Hausman(1996)建议使用其他地区同类产品的价格作为工具变量。

(10−130)给出的迭代过程不断地调整 ξ_{mr} 的取值以使得模型预测市场份额与实际市场份额越来越接近，直至二者足够接近，将最终得到的 ξ_{mr} 记为 $\xi_{mr}(\boldsymbol{\kappa})$。因此，式(10−130)本质上是一个**不动点求解问题**(Fixed Point Problem)。Berry(1994)证明给定任意 S_{mr} 都存在唯一的 $\xi_{mr}(\boldsymbol{\kappa})$ 与之对应。Berry et al. (1995)进一步证明式(10−130)是一个**收缩算子**(Contraction Mapping)，这保证了式(10−130)中迭代过程收敛。

值得注意的是，式(10−130)给出的迭代程序是在给定参数 $\boldsymbol{\kappa}$ 取值条件下进行的，那么与此相关的一个问题是参数 $\boldsymbol{\kappa}$ 的取值是如何确定的。参数 $\boldsymbol{\kappa}$ 的取值通过基于梯度的常规数值优化方法(如牛顿拉普森方法、BHHH 方法)最小化式(10−127)给出的目标函数得到。因此，在 BLP 方法中，基于式(10−127)的参数 $\boldsymbol{\kappa}$ 迭代运算是**外层循环**(Outer Loops)，基于式(10−130)的 ξ_{mr} 迭代运算是**内层循环**(Inner Loops)。即每次参数 $\boldsymbol{\kappa}$ 迭代运算都需求解式(10−130)给出的不动点问题，即不动点问题嵌入到了参数 $\boldsymbol{\kappa}$ 的迭代过程。因此，BLP 方法的参数估计过程是一个**嵌套不动点问题**(Nested Fixed Point, NFXP)。[①] BLP 方法估计模型参数的具体步骤如表 10−9所示。

表 10−9 Berry−Levinsohn−Pakes(BLP, 1995)方法估计模型参数的具体步骤

外层循环		1. 给定参数 $\boldsymbol{\kappa}$ 的初始值 $\boldsymbol{\kappa}_0$(其取值是任意的)。
	内层循环	2. 根据求解式(10−130)给出的**不动点问题**来确定 $\xi_{mr}(\boldsymbol{\kappa})$: $\xi_{mr}^{(t+1)}=\xi_{mr}^{t}+\ln\left[\frac{S_{mr}}{\hat{S}_{mr}(\xi_{mr}^{(t)})}\right]$ 其中, $\hat{S}_{mr}(\xi_{mr}^{(t)})=\frac{1}{N_r}\sum_{i=1}^{N_r}\int_{\boldsymbol{\beta}_i}\left[\frac{\exp(V(\boldsymbol{x}_{mr},P_{mr},\boldsymbol{o}_i,\boldsymbol{\beta}_i)+\xi_{mr}^{(t)})}{\sum_{m=1}^{M_r}\exp(V(\boldsymbol{x}_{mr},P_{mr},\boldsymbol{o}_i,\boldsymbol{\beta}_i)+\xi_{mr}^{(t)})}\right]f(\boldsymbol{\beta}_i\mid\boldsymbol{\kappa})\mathrm{d}\boldsymbol{\beta}_i$ (积分可通过数值模拟方式计算,比如若 $\boldsymbol{\beta}_i$ 服从联合正态分布,该积分可以通过前述介绍的 GHK 方法来模拟获取,GHK 方法的具体步骤参见表 10−5)。
		3. 基于式(10−127)给出的目标函数 $G(\boldsymbol{\kappa})=\left[\sum_{r=1}^{R}\sum_{m=1}^{M}\left(\xi_{mr}(\boldsymbol{\kappa})\cdot\begin{bmatrix}\boldsymbol{x}_{mr}\\ z_{mr}\end{bmatrix}\right)\right]'\boldsymbol{\Lambda}\left[\sum_{r=1}^{R}\sum_{m=1}^{M}\left(\xi_{mr}(\boldsymbol{\kappa})\cdot\begin{bmatrix}\boldsymbol{x}_{mr}\\ z_{mr}\end{bmatrix}\right)\right]$ 利用数值优化方法(比如,牛顿拉普森方法)确定 $\boldsymbol{\kappa}_{h+1}$: $\boldsymbol{\kappa}_{h+1}=\boldsymbol{\kappa}_h+[-\boldsymbol{H}^{-1}(\boldsymbol{\kappa}_h)]\,\boldsymbol{g}(\boldsymbol{\kappa}_h)$ 其中, $\boldsymbol{g}(\boldsymbol{\kappa}_h)=\left.\frac{\partial G(\boldsymbol{\kappa})}{\partial\boldsymbol{\kappa}}\right\|_{\boldsymbol{\kappa}_h}$ 表示式(10−127)中 $G(\boldsymbol{\kappa})$ 的得分向量, $\boldsymbol{H}(\boldsymbol{\kappa}_h)=\left.\frac{\partial^2 G(\boldsymbol{\kappa})}{\partial\boldsymbol{\kappa}\,\partial\boldsymbol{\kappa}'}\right\|_{\boldsymbol{\kappa}_h}$ 表示海森矩阵。
		4. 重复 2−3 步直至参数 $\boldsymbol{\kappa}$ 收敛。

注释: h 表示外层循环(数值优化问题)迭代次数符号, t 表示内层循环(不动点问题)迭代次数符号。

如前所述，BLP 方法的参数估计过程是一个嵌套不动点问题，参数 $\boldsymbol{\kappa}$ 的每一次迭代都需

① 嵌套不动点问题(Nested Fixed Point, NFXP)这个术语最早由 Rust(1987)提出。

要求解一个不动点问题，从而大大降低了运算效率。为提升 BLP 方法的运算效率，Dubé，Fox and Su(2013)利用 Su and Judd(2012)提出的施加均衡约束的数学规划方法(Mathematical Programming with Equilibrium Constraints, MPEC)来估计模型参数。正式地，Dubé，Fox and Su(2013)考虑的是如下最大化问题：

$$\boldsymbol{\kappa}^* = \arg\max_{\{\boldsymbol{\kappa}\in\mathscr{K}\}} \begin{cases} G(\boldsymbol{\kappa}) = \left[\sum_{r=1}^{R}\sum_{m=1}^{M}\left(\xi_{mr}(\boldsymbol{\kappa})\cdot\begin{bmatrix}\boldsymbol{x}_{mr}\\ \boldsymbol{z}_{mr}\end{bmatrix}\right)\right]'\boldsymbol{\Lambda}\left[\sum_{r=1}^{R}\sum_{m=1}^{M}\left(\xi_{mr}(\boldsymbol{\kappa})\cdot\begin{bmatrix}\boldsymbol{x}_{mr}\\ \boldsymbol{z}_{mr}\end{bmatrix}\right)\right] \\ s.t.\ \hat{S}_{mr} = S_{mr} \end{cases} \tag{10-131}$$

其中，$\hat{S}_{mr}$由式(10-129)给出。Dubé，Fox and Su(2013)证明式(10-131)给出的参数估计量与嵌套不动点算法给出的估计量相同，但是运算效率却显著地提升。直观上，式(10-131)运算效率提升的原因是，约束条件 $\hat{S}_{mr}=S_{mr}$ 只需参数在最终解处($\boldsymbol{\kappa}=\boldsymbol{\kappa}^*$)成立即可，从而不需每次参数迭代都进行验证。

最后，关于离散选择模型内生性问题需要说明的是，控制函数方法、完全信息最大似然估计方法以及 BLP 方法一般都需要用到工具变量。根据第九章 Tobit 模型的介绍，虽然控制函数方法、完全信息最大似然估计方法可以在不使用工具变量的条件下通过函数形式识别模型参数(Identification By Functional Form)，但却可能出现弱识别(Weak Identification)的问题。

8. 动态离散选择结构模型

到目前为止，我们所介绍的离散选择模型都假设行为个体的选择决策过程是静态的，即只考虑当期的效用。然而，这是一个比较强的假定。比如，考虑行为个体的上大学决策。一般而言，上大学会产生一系列的成本，如果只是考虑当期的效用水平，那么行为个体则通常不会选择上大学。但是在现实生活中，选择上大学是一个较为普遍的现象，这是因为作为一项重要的人力资本投资，上大学能够提升未来预期收益。有鉴于此，本节介绍能够更好刻画这一现实特征的**动态离散选择结构模型**(Dynamic Discrete Choice Structural Models)。在该模型中，行为个体基于终身效用(或收益)进行决策，且当期的决策通常会对其未来产生影响。① 自 Miller(1984)、Wolpin(1984)、Pakes(1986)以及 Rust(1987)等的开创性研究工作以来，动态离散选择结构模型成为了应用微观计量经济学最为活跃的研究领域之一，目前更是被广泛应用至实证经济学的各大领域。

动态离散选择结构模型的参数估计中嵌入了**贝尔曼方程**(Bellman Equation)的求解问题，从而导致运算量非常之大。如何简化模型设定、提升估计效率是动态离散选择结构模型所要处理的重要的问题。Eckstein and Wolpin(1989)，Pakes(1994)，Rust(1994)，Miller(1997)以及 Aguirregabiria and Mira(2010)等对动态离散选择结构模型设定、估计以及应用做了充分和深

---

① 这里值得说明的是，如果行为个体的当期决策不会对未来效用产生影响，即便基于终身效用(或收益)进行决策，那么行为个体的决策行为本质上是静态的。

入的评述，对此感兴趣的读者可以参考。

本节的安排是：首先，介绍动态离散选择结构模型的一般性设定，讨论该设定下模型估计面临的困难；其次，介绍 Rust(1987)对模型设定所作的简化，并详细讲解 Rust 模型的具体估计过程；最后，介绍 Eckstein-Keane-Wolpin(EKW)模型①，为了更好地刻画现实，EKW 模型放松了 Rust 模型中的相关假定，参数估计的运算量因此也大大增加了。为此，EKW 广泛使用**蒙特卡罗数值模拟**(Monte Carlo Numerical Simulation)和**插值**(Interpolation)手段来降低运算量、提升参数估计效率。

8.1 动态离散选择结构模型的一般性设定

本小节介绍动态离散选择结构模型的一般性设定，向读者展示该设定下模型估计面临的困难。**我们首先介绍模型一般性设定的出发点是，只有知道了一般性设定下模型估计的难点所在，才能更为深刻地理解对特定模型进行简化的动机和意义。**在本节读者可以清楚地看到区分行为个体与研究者至关重要。

8.1.1 行为个体面临的问题——动态优化决策

首先来刻画行为个体的具体决策模式，这是构建动态离散选择结构模型的基础。假设行为个体 i 的终身效用由如下表达式给出：

$$\mathbb{E}\left[\sum_{t=0}^{T}\rho^{t}U(m_{it},S_{it})\right] \tag{10-132}$$

其中，假定 T 是无限的，即考察无限期模型。值得注意的是，在式(10-132)的设定中，允许状态变量随着选择的不同而不同(比如,在交通方式选择问题中,不同交通方式所花的通勤时间不同)，即用符号 S_{imt} 来表示状态变量，这里考虑到符号表述的简洁性，省略状态变量的下标 m。

根据第二章的介绍，我们可以将最大化式(10-132)终身效用的问题用如下贝尔曼方程来表述：

$$\mathbb{V}(S_{it})=\max_{\{m\in\mathscr{M}(S_{it})\}}\left\{U(m,S_{it})+\rho\int_{S_{i,t+1}}\mathbb{V}(S_{i,t+1})\mathrm{d}F(S_{i,t+1}\mid m,S_{it})\right\} \tag{10-133}$$

Lucas, Stocky and Prescott(1989)与 Acemoglu(2009)介绍了贝尔曼方程数学上的理论性质，Judd(1998)以及 Miranda and Fackler(2004)介绍了式(10-133)所示贝尔曼方程的数值求解方法，对此感兴趣的读者可以参考这些文献。贝尔曼方程数值求解方法包括经典的**倒推法**(Backward Recursion)、**函数迭代法**(Function Iteration)、**策略迭代法**(Policy Iteration)以及当前流行的**配点法**(Collocation Method)(参见本书第二章数学基础的介绍)。

若利用符号 $\mathbb{v}(m,S_{it})$ 表示 m 选择给行为个体带来的效用——**特定选择效用**(Choice Specific Utility)，那么则有：

$$\mathbb{v}(m,S_{it})\equiv U(m,S_{it})+\rho\int_{S_{i,t+1}}\mathbb{V}(S_{i,t+1})\mathrm{d}F(S_{i,t+1}\mid m,S_{it}) \tag{1-134}$$

行为个体基于式(10-134)给出的效用进行选择决策，并根据效用最大化原则挑选那个能

① 具体包括的文献有：Eckstein and Wolpin(1989,1990)，Keane et al.(1994)，Wolpin(1996,2007)。

够带来最大效用的选择。事实上，在前述各节介绍的离散选择模型中，我们也都用到了特定选择效用，比如式(10-1)中的 U_{im}(截面数据情形)与式(10-99)中的 U_{imt}(面板数据情形)等等。只不过，在前述各小节的离散选择模型中，“特定选择效用”的设定比较简单，从而不需专门讨论。

8.1.2 研究者面临的问题——估计嵌入动态优化的离散选择模型

根据上一小节的介绍读者已经了解到，行为个体面临的问题是基于式(10-134)中的效用 $\mathbb{v}(m,S_{it})$来做出选择决策。研究者与行为个体的一个重要差异是，行为个体能够观测到状态变量 S_{it}的所有信息，但是研究者只能观测到其中的部分信息。考虑工人是否继续工作的决策。状态变量 S_{it}中可能包括收入、年龄、健康状况、能力以及对所从事工作的偏好等。工人本人知道所有变量的信息，然而研究者一般只能知道其中的部分变量的信息(能力以及工人对所从事工作的偏好一般无法被研究者观测到)。因此对于研究者而言，需要将状态变量 S 分成两类：一类是可观测状态变量，用符号 X 来表示；另一类是不可观测状态变量，用符号 ε 来表示，是模型误差项。正式地，

$$S_{it}=\begin{bmatrix}X_{it}\\ \varepsilon_{imt}\end{bmatrix} \tag{10-135}$$

其中，需要说明的是，这里 ε_{imt}添加下标 m 是为了强调它表示行为个体做出选择 m 所对应的误差项。此外，为简化符号表述，我们省略了 S 和 X 中的下标 m。在现实数据中，计量经济学家通常观测到，即使可观测特征 X 都相同的个体最终选择决策也普遍存在差异。误差项 ε_{imt}很好地刻画了该现象，其背后的基本逻辑是：对于可观测特征 X 都相同的个体，他们在与选择 m 相关联的不可观测特征 ε 上存在差异，从而导致最终的选择不同。

由于误差项 ε_{imt}在不同选择和不同时期之间都有可能存在相关性，因此需要对行为个体不同时期选择的联合概率进行建模。与前述式(10-100)完全类似，行为个体选择具体为 $\underbrace{\boldsymbol{m}}_{T\times 1}=\begin{bmatrix}m_1\\ m_2\\ \vdots\\ m_T\end{bmatrix}$(其中，$m_t$ 表示第 t 期的选择)的概率可以写作：

$$\begin{aligned}p_{im}(\boldsymbol{\theta})&=\Pr(m_1,m_2,\cdots,m_T\,|\,\boldsymbol{\theta})\\&=\Pr(\mathbb{v}(m_t,X_{it},\varepsilon_{im_tt})>\mathbb{v}(k_t,X_{it},\varepsilon_{ik_tt}),\ \ \forall k_t\neq m_t\,\forall t)\\&=\int_{\boldsymbol{\varepsilon}_i}I(\mathbb{v}(m_t,X_{it},\varepsilon_{im_tt})>\mathbb{v}(k_t,X_{it},\varepsilon_{ik_tt}),\ \ \forall k_t\neq m_t\,\forall t)\,\mathrm{d}G(\boldsymbol{\varepsilon}_i)\\&=\int_{\varepsilon_{i11}}\int_{\varepsilon_{i21}}\cdots\int_{\varepsilon_{iMT}}I(\mathbb{v}(m_t,X_{it},\varepsilon_{im_tt})>\mathbb{v}(k_t,X_{it},\varepsilon_{ik_tt}),\ \ \forall k_t\neq m_t\,\forall t)\,\mathrm{d}G(\boldsymbol{\varepsilon}_i)\end{aligned} \tag{10-136}$$

其中，$\boldsymbol{\theta}$ 为模型未知参数，$\boldsymbol{\varepsilon}_i=\begin{bmatrix}\varepsilon_{i11}\\ \varepsilon_{i21}\\ \vdots\\ \varepsilon_{iMT}\end{bmatrix}$为 $MT\times 1$ 维向量。因此，式(10-136)中关于 $\boldsymbol{\varepsilon}_i$ 的积分是

$M\times T$ 重积分。$\mathrm{v}(m_t, X_{it}, \varepsilon_{im_t t})$ 由式(10-134)给出，$G(\boldsymbol{\varepsilon}_i)$ 表示 $\boldsymbol{\varepsilon}_i$ 的联合概率分布。

值得特别说明的是，本节时期符号与上一小节中的时期符号具有不同的含义。上一小节时期符号刻画的是行为个体生命周期中的时期，而本节时期符号刻画的是观测数据时期。具体而言，在上一小节，$t=1$ 表示行为个体动态优化生命周期中的初始期，而在本节 $t=1$ 表示观测数据的初始期；类似地，在上一小节，$t=T$ 表示行为个体动态优化生命周期中的最后一期，而在本节 $t=T$ 表示观测数据的最后一期。为了不增加符号表述负担以及与前述面板离散选择模型符号保持一致，我们使用了相同的时期符号，但是读者应该清楚这两节时期符号具有不同的含义。

在获取 $p_{im}(\boldsymbol{\theta})$ 后，可以通过最大化如下对数似然函数的方式来估计模型参数 $\boldsymbol{\theta}$：

$$\ln L(\boldsymbol{\theta}) = \sum_{i=1}^{N} \sum_{\boldsymbol{m} \in \mathscr{M}} [y_{im} \ln p_{im}(\boldsymbol{\theta})] \tag{10-137}$$

其中，y_{im} 表示行为个体 i 从第 1 期至第 T 时期实际选择为 $\boldsymbol{m}$ 的虚拟变量，$p_{im}(\boldsymbol{\theta})$ 由式(10-136)给出。

8.1.3 估计模型参数的难点

若不对模型施加任何假设，那么**维度诅咒**(Curse of Dimensionality)问题将使得估计动态离散选择结构模型成为一项几乎不可能完成的任务。具体地，在使用基于梯度的数值优化方法(比如,BHHH 方法)来估计模型参数过程中，每次参数迭代都需要计算一次 p_{im}，而从式(10-136)中可以看出计算 p_{im} 非常困难。总的来说，计算 p_{im} 的挑战来主要来自以下两大方面：

首先，p_{im} 是关于 $MT\times 1$ 维变量 $\boldsymbol{\varepsilon}_i$ 的积分。在行为人备选决策数 M 或者样本数据时期数 T 取值较大时，变量 $\boldsymbol{\varepsilon}_i$ 的积分是高维积分。根据第二章数学基础的介绍我们知道，利用 Newton-Cotes 或 Gaussian Quadrature 等经典数值方法来计算高维积分面临维度诅咒问题。虽然蒙特卡罗数值模拟方法能够在一定程度上缓解这个问题，但是高维积分难以计算的问题并未得到根本上的解决(比如,若 $\boldsymbol{\varepsilon}_i$ 为联合正态分布,最常用的蒙特卡罗数值模拟积分方法是 GHK 方法,从本章的表 10-5 中可以看出,GHK 方法本身也比较复杂)。

其次，p_{im} 是特定选择效用 $\mathrm{v}(m, S_{it}) \equiv U(m, S_{it}) + \rho\int_{S_{i,t+1}} \mathbb{V}(S_{i,t+1})\mathrm{d}F(S_{i,t+1} \mid m, S_{it})$ 的函数。计算 $\mathrm{v}(m, S_{it})$ 面临两大问题：第一个是计算表达式中积分，如果状态变量 S 包含多个变量，那么这个积分的计算同样非常困难；另一个是计算值函数 $\mathbb{V}(\cdot)$，回忆第二章数学基础的介绍，仅计算值函数本身运算量就非常大，因为它涉及多重循环(外层的策略迭代或函数迭代循环,中层的状态变量取值循环与里层的决策变量取值循环)，而且更麻烦的是，里层循环中嵌入了多重积分 $\int_{S_{i,t+1}} \mathrm{v}(S_{i,t+1})\mathrm{d}F(S_{i,t+1} \mid m, S_{it})$ 运算，这一点能够从式(10 - 133) 给出的贝尔曼方程中清楚地看出来。可见，在使用基于梯度的数值优化方法来估计式(10-137)所示动态离散选择结构模型的过程中，每次参数迭代都需要对应求解一次贝尔曼方程，而求解贝尔曼方程是一个不动点问题，因此式(10-137)的估计问题与前述 BLP 模型的估计问题一样都属于**嵌套不动点问题**(Nested Fixed Point,NFXP)。估计式(10-137)所需的核心运算直观地总结在图 10-4 中。

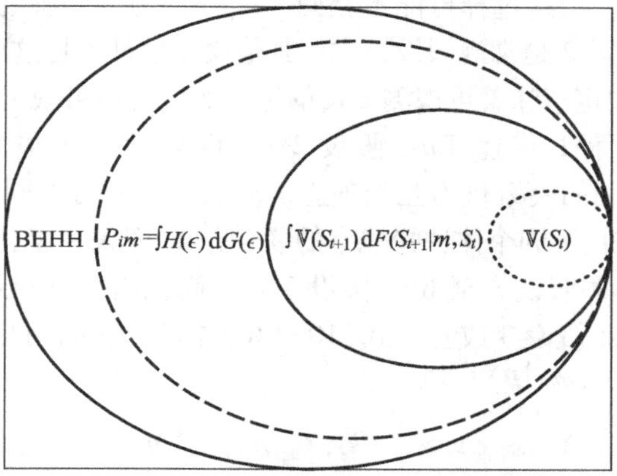

图 10-4 估计式（10-137）动态离散选择结构模型所需核心运算示意图

注释：图中略去了变量下标 i，$H(\boldsymbol{\varepsilon}_i)\equiv I(\mathbb{v}(m_t,X_{it},\varepsilon_{im_t t})>\mathbb{v}(k_t,X_{it},\varepsilon_{ik_t t}),\ \forall k_t\neq m_t\,\forall t)$。

8.2 Rust 模型

为了使动态离散选择结构模型的估计成为可能，Rust(1987)对模型进行了简化。本节具体介绍 Rust 模型这一经典动态离散选择结构模型。

8.2.1 Rust 模型的设定

我们首先将 Rust 模型的假定列出，然后结合上一小节的内容逐一介绍这些假定所要处理的问题。我们将 Rust 模型核心假设总结如下：

Rust 假设 1：分离可加(Additive Separability)，行为个体 i 在 t 时期选择 m 的所获取的效用 $U(m,X_{imt},\varepsilon_{imt})$可以表示为如下分离可加形式：

$$U(m,X_{it},\varepsilon_{imt})=u(m,X_{it})+\varepsilon_{imt} \qquad (10\text{-}138)$$

其中，$u(m,X_{it})$表示 $U(m,X_{it},\varepsilon_{imt})$中的可观测部分。① 在离散选择模型中，分离可加是一个比较常规的假设，本章前述静态离散选择模型也都施加了效用函数分离可加的假定。

Rust 假设 2：误差项跨个体独立同分布(*i. i. d* Across Agents)

Rust 假设 3：误差项跨时期独立同分布(*i. i. d* Across Time)

Rust 假设 4—Logit 误差项：误差项跨选择(Across Alternatives)独立同分布，且均服从 I 类极值分布。

Rust 假设 5：可观测状态变量条件独立(Conditional Independence of X_{it})，在给定当期选择决策与当期可观测状态变量的条件下，下一期可观测状态变量与当期误差项将不再相关，正式地：

$$F_X(X_{i,t+1}\mid m,X_{it},\varepsilon_{it})=F_X(X_{i,t+1}\mid m,X_{it}) \qquad (10\text{-}139)$$

结合 Rust 假设 3 至 Rust 假设 5 可以很容易得到：

$$F\left(\underbrace{X_{i,\ t+1},\ \varepsilon_{ik,\ t+1}}_{S_{i,\ t+1}}\mid m,\ \overbrace{X_{it},\ \varepsilon_{imt}}^{S_{it}}\right)=F_X(X_{i,t+1}\mid m,X_{it})\cdot G(\varepsilon_{ik,t+1}) \qquad (10\text{-}140)$$

---

① 注意到在前述静态离散选择模型中，$U(\cdot)$中的可观测部分利用 $\mathbb{V}(\cdot)$来表示，这里为避免与贝尔曼方程中的值函数 $\mathbb{V}(\cdot)$符号混淆，使用符号 $u(\cdot)$来表示 $U(\cdot)$中的可观测部分。

其中，考虑到下一期选择和当期选择可能不相同，$\varepsilon_{ik,t+1}$中对应选择的下标用 k 来表示。

Rust 假设 1 和 Rust 假设 2 是常规假设，本章其他模型也都维持这两个假定成立。如前所述，Rust 假设 1——分离可加假定意味着可观测变量的边际效用与不可观测的误差项不相关，从而简化了模型分析(参见本章第 1 节)。Rust 假设 2——误差项跨个体独立同分布(*i. i. d* Across Agents)意味着行为个体之间的决策行为互相独立，从而不需要对不同行为个体选择决策间的关系进行建模(即不需要模型化不同个体选择概率的联合分布,只需模型化个体的选择概率)。

我们重点逐一介绍 Rust 假设 3 至 Rust 假设 5 对于简化模型所起到的具体作用。

命题 10. 13：给定 Rust 假设 3 成立，式(10-136)中的 $p_{im}(\boldsymbol{\theta})$可以简化为：

$$\begin{aligned} p_{im}(\boldsymbol{\theta}) &= \Pr(m_1, m_2, \cdots, m_T | \boldsymbol{\theta}) \\ &= \prod_{t=1}^{T} \int_{\varepsilon_{it}} I(\mathbb{v}(m_t, X_{it}, \varepsilon_{im_t t}) > \mathbb{v}(k_t, X_{it}, \varepsilon_{ik_t t}),\ \forall k_t \neq m_t) \mathrm{d}G(\boldsymbol{\varepsilon}_{it}) \\ &\equiv \prod_{t=1}^{T} \Pr(m_t | \boldsymbol{\theta}) \equiv \prod_{t=1}^{T} p_{im_t t}(\boldsymbol{\theta}) \end{aligned} \tag{10-141}$$

其中，$\underbrace{\boldsymbol{\varepsilon}_{it}}_{M\times 1} = \begin{bmatrix} \varepsilon_{i1t} \\ \varepsilon_{i2t} \\ \vdots \\ \varepsilon_{iMt} \end{bmatrix}$。

不难发现，在式(10-141)中，计算 $p_{im}(\boldsymbol{\theta})$只需要计算 M 重积分，而计算式(10-136)中的 $p_{im}(\boldsymbol{\theta})$则需要计算 $M\times T$ 重积分。由此可见，Rust 假设 3 大大简化了模型估计。命题 10. 13 的证明过程如下：

证明：

$$\begin{aligned} p_{im}(\boldsymbol{\theta}) &= \Pr(m_1, m_2, \cdots, m_T | \boldsymbol{\theta}) \\ &= \Pr(\mathbb{v}(m_t, X_{it}, \varepsilon_{im_t t}) > \mathbb{v}(k_t, X_{it}, \varepsilon_{ik_t t}), \forall k_t \neq m_t \forall t) \\ &= \prod_{t=1}^{T} \Pr(\mathbb{v}(m_t, X_{it}, \varepsilon_{im_t t}) > \mathbb{v}(k_t, X_{it}, \varepsilon_{ik_t t}), \forall k_t \neq m_t) \\ &= \prod_{t=1}^{T} \int_{\varepsilon_{it}} I(\mathbb{v}(m_t, X_{it}, \varepsilon_{im_t t}) > \mathbb{v}(k_t, X_{it}, \varepsilon_{ik_t t}), \forall k_t \neq m_t) \mathrm{d}G(\boldsymbol{\varepsilon}_{it}) \\ &\equiv \prod_{t=1}^{T} \Pr(m_t | \boldsymbol{\theta}) \equiv \prod_{t=1}^{T} p_{im_t t}(\boldsymbol{\theta}) \end{aligned}$$

其中，第三个等式利用到了 Rust 假设 3。

故命题得证。

□

从命题 10. 13 中可以看出，虽然 Rust 假设 3 极大地简化了 $p_{im}(\boldsymbol{\theta})$，但还需计算关于 $\boldsymbol{\varepsilon}_{it}$的 M 重积分，因此计算 $p_{im}(\boldsymbol{\theta})$仍比较困难。Rust 假设 4 进一步简化了 $p_{im}(\boldsymbol{\theta})$。具体地，在 Rust 假设 4 条件下，同时结合式(10-134)、式(10-138)以及 Logit 模型公式可将式(10-141)中的 $p_{im}(\boldsymbol{\theta})$进一步简化为如下表达式：

$$p_{im}(\boldsymbol{\theta}) = \prod_{t=1}^{T} \frac{\exp\left\{u(m, X_{it}) + \rho \int_{S_{i,t+1}} \mathbb{V}(S_{i,t+1}) \mathrm{d}F(S_{i,t+1} | m, S_{it})\right\}}{\sum_{k=1}^{M} \exp\left\{u(k, X_{it}) + \rho \int_{S_{i,t+1}} \mathbb{V}(S_{i,t+1}) \mathrm{d}F(S_{i,t+1} | k, S_{it})\right\}} \tag{10-142}$$

对于式(10-142)而言，依然存在的一个难点是需要求解关于$S_{i,t+1}$的积分。由于状态变量S中同时包含了两类变量：可观测变量X和不可观测变量ε。因此求解关于$S_{i,t+1}$的积分需要对这两类变量的联合分布$F(S_{i,t+1}|m,S_{it})$建模。Rust 假设 5 对此进行了简化。这由如下命题给出：

命题 10.14：在 Rust 假定 5 成立的条件下，结合误差项独立同分布假设可得如下等式成立：

$$\int_{S_{i,\ t+1}} \mathbb{V}(S_{i,t+1})\mathrm{d}F(S_{i,t+1}|m,S_{it}) = \int_{X_{i,\ t+1}}\left[\int_{\varepsilon_{ilt}} \mathbb{V}(X_{i,t+1},\varepsilon_{ilt})\mathrm{d}G(\varepsilon_{ilt})\right]\mathrm{d}F_X(X_{i,t+1}|m,X_{it}) \tag{10-143}$$

其中，ε_{ilt}表示个体i在时期t做出选择l所对应的误差项。

观察式(10-143)可发现，现在我们不再需要对联合分布$F(S_{i,t+1}|m,S_{it})$进行建模，只需要对边缘分布$G(\varepsilon_{ilt})$和$F_X(X_{i,t+1}|m,X_{it})$分别进行建模即可，从而简化了运算。下面给出命题 10.14 的具体证明过程。

证明：

容易得到如下等式成立：

$$\begin{aligned}
&\int_{S_{i,t+1}} \mathbb{V}(S_{i,t+1})\ \mathrm{d}F(S_{i,t+1}|m,S_{it})\\
&= \int_{S_{i,t+1}} \mathbb{V}(X_{i,t+1},\varepsilon_{il,t+1})\mathrm{d}F(X_{i,t+1},\varepsilon_{il,t+1}|m,X_{it},\varepsilon_{imt})\\
&= \int_{X_{i,t+1}}\left[\int_{\varepsilon_{il,t+1}} \mathbb{V}(X_{i,t+1},\varepsilon_{il,t+1})\mathrm{d}G(\varepsilon_{il,t+1})\right]\mathrm{d}F_X(X_{i,t+1}|m,X_{it})\\
&= \int_{X_{i,t+1}}\left[\int_{\varepsilon_{ilt}} \mathbb{V}(X_{i,t+1},\varepsilon_{ilt})\mathrm{d}G(\varepsilon_{ilt})\right]\mathrm{d}F_X(X_{i,t+1}|m,X_{it})
\end{aligned}$$

其中，第一个等号成立用到的是定义式$S_{it}=\begin{bmatrix}X_{it}\\ \varepsilon_{imt}\end{bmatrix}$，第二个等号成立用到的是式(10-140)，而式(10-140)成立用到了 Rust 假设 5，最后一个等式中$\int_{\varepsilon_{il,t+1}} \mathbb{V}(X_{i,t+1},\varepsilon_{il,t+1})\mathrm{d}G(\varepsilon_{il,t+1}) = \int_{\varepsilon_{ilt}} \mathbb{V}(X_{i,t+1},\varepsilon_{ilt})\mathrm{d}G(\varepsilon_{ilt})$用到的是误差项独立同分布。

故命题得证。

□

根据式(10-143)，现在计算$p_{im}(\boldsymbol{\theta})$的关键则变成了计算**积分值函数**(Integrated Value Function)

$$\overline{\mathbb{V}}(X_{it}) \equiv \int_{\varepsilon_{imt}} \mathbb{V}(X_{it},\varepsilon_{imt})\mathrm{d}G(\varepsilon_{imt}) \tag{10-144}$$

计算积分值函数$\overline{\mathbb{V}}(X_{it})$较为直观的做法是，根据式(10-133)的贝尔曼方程得到$\mathbb{V}(S_{it})=\mathbb{V}(X_{it},\varepsilon_{imt})$，然后对$\mathbb{V}(X_{it},\varepsilon_{imt})$求积分。事实上，在 Rust 模型中，可以使用更简便的方法来计算$\overline{\mathbb{V}}(X_{it})$。具体由命题 10.15 给出。

命题 10.15：如对于 Rust 模型，如下等式成立：

$$\overline{\mathbb{V}}(X_{it}) = \ln\left(\sum_{m=1}^{M}\exp\left\{u(m,X_{it}) + \rho\int_{X_{i,t+1}} \overline{\mathbb{V}}(X_{i,t+1})\mathrm{d}F_X(X_{i,t+1}|m,X_{it})\right\}\right) \tag{10-145}$$

比较式(10-133)和式(10-145)这两个贝尔曼方程式可以发现，虽然这它们都是泛函不动点问题，但是由于式(10-145)没有最大值算子，从而运算量远远低于式(10-133)。因此我们可基于式(10-145)来直接求$\bar{\mathbb{V}}(X_{it})$，不需要利用式(10-133)中贝尔曼方程先求$\mathbb{V}(X_{it},\varepsilon_{imt})$，然后再用积分的方式来获得$\bar{\mathbb{V}}(X_{it})$。不仅如此，式(10-145)中贝尔曼方程的优势还体现在，其状态变量是X_{it}，而式(10-133)中的状态变量为$(X_{it},\varepsilon_{imt})$。

值得指出的是，从式(10-145)中可以看出，积分值函数$\bar{\mathbb{V}}(X_{it})$完全刻画了 Rust 模型的贝尔曼方程求解问题。正是因为如此，$\bar{\mathbb{V}}(X_{it})$也被称为 Rust 模型的**充分统计量**(Sufficient Statistics)。下面给出命题 10. 15 的具体证明过程。

证明：

将式(10-133)中贝尔曼方程给出的$\mathbb{V}(S_{it})$表达式代入积分值函数的定义式(10-144)可得：

$$\bar{\mathbb{V}}(X_{it})=\int_{\varepsilon_{imt}}\left(\max_{\{m(S_{it})\in\mathscr{M}\}}\left\{U(m,S_{it})+\rho\int_{S_{i,t+1}}\mathbb{V}(S_{i,t+1})\mathrm{d}F(S_{i,t+1}\mid m,S_{it})\right\}\right)\mathrm{d}G(\varepsilon_{imt}) \tag{10-146}$$

进一步利用式(10-138)以及式(10-143)可得：

$$\bar{\mathbb{V}}(X_{it})=\int_{\varepsilon_{imt}}\left(\max_{\{m(S_{it})\in\mathscr{M}\}}\left\{\begin{aligned}&u(m,X_{it})+\varepsilon_{imt}+\\&\rho\int_{X_{i,t+1}}\left[\int_{\varepsilon_{il,t+1}}\mathbb{V}(X_{i,t+1},\varepsilon_{il,t+1})\mathrm{d}G(\varepsilon_{il,t+1})\right]\mathrm{d}F_X(X_{i,t+1}\mid m,X_{it})\end{aligned}\right\}\right)\mathrm{d}G(\varepsilon_{imt}) \tag{10-147}$$

再次利用积分值函数的定义式(10-144)则有：

$$\bar{\mathbb{V}}(X_{it})=\int_{\varepsilon_{imt}}\left(\max_{\{m(S_{it})\in\mathscr{M}\}}\left\{\begin{aligned}&u(m,X_{it})+\varepsilon_{imt}+\\&\rho\int_{X_{i,t+1}}\bar{\mathbb{V}}(X_{i,t+1})\mathrm{d}F_X(X_{i,t+1}\mid m,X_{it})\end{aligned}\right\}\right)\mathrm{d}G(\varepsilon_{imt}) \tag{10-148}$$

如果某一随机变量ϵ_m独立同分布，且服从 I 类极值分布，Williams(1977)与 Small and Rosen(1981)证明如下等式成立：

$$\mathbb{E}\left(\max_{\{m\in\mathscr{M}\}}\{X_m+\epsilon_m\}\right)=\log\left(\sum_{m=1}^{M}\mathrm{e}^{X_m}\right) \tag{10-149}$$

因此在 Rust 假设 4 成立的条件下，结合式(10-148)和式(10-149)可得：

$$\bar{\mathbb{V}}(X_{it})=\log\left(\sum_{m=1}^{M}\exp\left\{u(m,X_{it})+\rho\int_{X_{i,t+1}}\bar{\mathbb{V}}(X_{i,t+1})\mathrm{d}F_X(X_{i,t+1}\mid m,X_{it})\right\}\right)$$

故命题得证。

□

综合式(10-142)、式(10-143)与式(10-144)可得，在 Rust 模型中：

$$\begin{aligned}p_{im}(\boldsymbol{\theta})&=\prod_{t=1}^{T}\frac{\exp\left\{u(m,X_{it})+\rho\int_{X_{i,t+1}}\bar{\mathbb{V}}(X_{i,t+1})\mathrm{d}F_X(X_{i,t+1}\mid m,X_{it})\right\}}{\sum_{k=1}^{M}\exp\left\{u(k,X_{it})+\rho\int_{X_{i,t+1}}\bar{\mathbb{V}}(X_{i,t+1})\mathrm{d}F_X(X_{i,t+1}\mid k,X_{it})\right\}}\\&\equiv\prod_{t=1}^{T}p_{imt}(\boldsymbol{\theta})\end{aligned} \tag{10-150}$$

8. 2. 2 Rust 模型的估计

根据上一小节的讨论，可以很容易看出，在 Rust 模型设定下，动态离散选择结构模型参数可以通过最大化如下似然函数来估计：

$$\ln L(\boldsymbol{\theta})=\sum_{i=1}^{N}\sum_{t=1}^{T}\sum_{m=1}^{M}\left[y_{imt}\ln\left(\frac{\exp\left\{u(m,X_{it})+\rho\int_{X_{i,t+1}}\bar{\mathbb{V}}(X_{i,t+1})\mathrm{d}F_X(X_{i,t+1}\mid m,X_{it})\right\}}{\sum_{k=1}^{M}\exp\left\{u(k,X_{it})+\rho\int_{X_{i,t+1}}\bar{\mathbb{V}}(X_{i,t+1})\mathrm{d}F_X(X_{i,t+1}\mid k,X_{it})\right\}}\right)\right] \tag{10-151}$$

其中，与前述类似，y_{imt}是行为个体 i 在 t 期实际选择为 m 的虚拟变量。

值得指出的是，式(10-151)中的积分一般没有显式解，从而需要利用数值的方法来近似计算。若利用蒙特卡罗数值模拟方法来计算式(10-151)中的积分，那么该情形下的最大似然估计被称为**最大模拟似然函数方法**(Maximum Simulated Likelihood Method, MSL)。

根据式(10-151)，Rust 模型的估计过程可以总结为：首先，给定参数 $\boldsymbol{\theta}$ 的初始值 $\boldsymbol{\theta}_0$，利用式(10-151)给出的贝尔曼方程计算得到$\bar{\mathbb{V}}(X_{it}\mid\boldsymbol{\theta}_0)$，可使用函数迭代法、策略迭代法或者配点法(具体参见第二章的介绍)；其次，计算积分 $\int_{X_{i,t+1}}\bar{\mathbb{V}}(X_{i,t+1}\mid\boldsymbol{\theta}_0)\mathrm{d}F_X(\boldsymbol{x}_{i,t+1}\mid m,X_{it})$，并将计算结果代入式(10-151)得到 $\ln L(\boldsymbol{\theta}_0)$。根据第二章的介绍，该积分可利用 Newton-Cotes 或者 Gaussian Quadrature 等经典数值方法来计算，但是如果 X 中变量过多，这两个方法面临维度诅咒问题，目前最常用的是蒙特卡罗数值模拟方法。接下来，利用数值优化方法(比如 BHHH 方法)更新参数 $\boldsymbol{\theta}$ 的取值；最后，重复上述步骤直至参数 $\boldsymbol{\theta}$ 的取值收敛。这一过程可以比较直观地总结在表 10-10 中。

表 10-10　Rust 模型的具体估计过程

<table>
<tr><td rowspan="3">外层循环</td><td colspan="2">1. 给定参数 $\boldsymbol{\theta}$ 的初始值 $\boldsymbol{\theta}_0$(其取值是任意的)。</td></tr>
<tr><td>内层循环</td><td>2. 计算 $\ln L(\boldsymbol{\theta}_0)$
① 求解式(10-145)给出的贝尔曼方程(不动点问题)来确定$\bar{\mathbb{V}}(X_{it}\mid\boldsymbol{\theta}_0)$：
$$\bar{\mathbb{V}}(X_{it}\mid\boldsymbol{\theta}_0)=\ln\left(\sum_{m=1}^{M}\exp\left\{u(m,X_{it})+\rho\int_{X_{i,t+1}}\bar{\mathbb{V}}(X_{i,t+1}\mid\boldsymbol{\theta}_0)\mathrm{d}F_X(X_{i,t+1}\mid m,X_{it})\right\}\right)$$
具体方法有：函数迭代法、策略迭代法以及配点法(参见本书第二章数学基础)。
② 计算如下积分
$$\int_{X_{i,t+1}}\bar{\mathbb{V}}(X_{i,t+1}\mid\boldsymbol{\theta}_0)\mathrm{d}F_X(X_{i,t+1}\mid m,X_{it})$$
具体方法有：Newton-Cotes、Gaussian Quadrature 以及蒙特卡罗模拟方法(参见本书第二章数学基础)。</td></tr>
<tr><td colspan="2">3. 基于利用数值优化方法(比如,牛顿拉普森方法)确定 $\boldsymbol{\theta}_{h+1}$：
$$\boldsymbol{\theta}_{h+1}=\boldsymbol{\theta}_h+[-\boldsymbol{H}^{-1}(\boldsymbol{\theta}_h)]s(\boldsymbol{\theta}_h)$$
其中，$s(\boldsymbol{\theta}_h)=\left.\frac{\partial\ln L(\boldsymbol{\theta})}{\partial\boldsymbol{\theta}}\right|_{\boldsymbol{\theta}_h}$ 表示式(10-127)中 $\ln L(\boldsymbol{\theta})$ 的得分向量，$\boldsymbol{H}(\boldsymbol{\theta}_h)=\left.\frac{\partial^2\ln L(\boldsymbol{\theta})}{\partial\boldsymbol{\theta}\,\partial\boldsymbol{\theta}'}\right|_{\boldsymbol{\theta}_h}$ 表示 $\ln L(\boldsymbol{\theta})$ 的海森矩阵。
4. 重复 2-3 步直至参数 $\boldsymbol{\theta}$ 收敛。</td></tr>
</table>

注释：h 表示外层循环(数值优化问题)迭代次数符号。

8.2.3 Rust 模型面临的挑战

以上两个小节介绍了 Rust 这个经典动态离散选择结构模型的设定和估计。Rust 模型极大地推动了动态离散选择结构模型的应用。尽管如此，该模型一般被认为存在两个方面的局限：假设过强与运算量过大。首先来看假设过强问题，Rust 假设 3 和 Rust 假设 4 都属于比较强的限定。具体而言，Rust 假设 3(误差项跨时期独立同分布)排除了同一行为个体在不同时期决策行为存在相关性的可能。然而在现实中，行为个体不同时期的决策行为存在高度相关性(比如,消费者总是喜欢购买特定品牌的服装或者手机)。根据本章前述对 Logit 模型的介绍，Rust 假设 4(误差项跨选择独立且均服从 I 类极值分布)导致模型具有**无关选择独立性**这一与现实不相符的特征。再来看 Rust 模型运算量过大的问题。虽然 Rust 模型极大地简化了动态离散选择结构模型的设定，但是仍然是一个嵌套不动点问题：每次参数迭代都需要对应求解一次贝尔曼方程(不动点问题)。而我们知道求解贝尔曼方程本身需要的运算量就很大，特别是在状态变量较多的情形下。我们主要介绍计量经济学家对于 Rust 模型假设过强问题的处理。对于因嵌套不动点求解导致的 Rust 模型运算量过大问题，计量经济学家也做了比较多的处理，其中比较经典的是 Hotz and Miller(1993)，对此展开介绍超出了本书的范围。

8.3 Eckstein-Keane-Wolpin 模型

为了更好地刻画现实，Eckstein-Keane-Wolpin(EKW)模型放松了 Rust 模型中的主要假定。我们简要讨论 EKW 模型的两种主要情形：第一，将个体固定效应引入模型，因此 Rust 假设 3 与 Rust 假设 4 都放松为在给定个体固定效应条件下成立，从而更加符合现实。第二，假设误差项跨时期相关。

8.3.1 固定效应

若利用符号 c_i 来表示个体固定效应，那么结合式(10-150)，给定个体固定效应 c_i 的条件概率 $p_{im}(\boldsymbol{\theta}\mid c_i)$ 可以表示为：

$$p_{imt}(\boldsymbol{\theta}\mid c_i)=\frac{\exp\left\{u(m,X_{it},c_i)+\rho\int_{X_{i,t+1}}\bar{\mathbb{V}}(X_{i,t+1},c_i)\,\mathrm{d}F_X(X_{i,t+1}\mid m,X_{it},c_i)\right\}}{\sum_{k=1}^{M}\exp\left\{u(k,X_{it}c_i)+\rho\int_{X_{i,t+1}}\bar{\mathbb{V}}(X_{i,t+1},c_i)\,\mathrm{d}F_X(X_{i,t+1}\mid k,X_{it},c_i)\right\}}\tag{10-152}$$

可以发现，式(10-150)与式(10-152)几乎具有相同的形式。唯一的不同点是，式(10-152)中增加了一个状态变量 c_i。考虑到固定效应 c_i 无法观测，假设它的分布用 $F_c(c_i)$ 来表示，那么则有：

$$p_{imt}(\boldsymbol{\theta})=\int_{c_i}p_{imt}(\boldsymbol{\theta}\mid c_i)\,\mathrm{d}F_c(c_i)\tag{10-153}$$

因此，在引入固定效应后，估计模型参数所用的对数似然函数变为：

$$\ln L(\boldsymbol{\theta})=\sum_{n=1}^{N}\sum_{t=1}^{T}\sum_{m=1}^{M}\left\{y_{imt}\ln\left[\int_{c_i}p_{imt}(\boldsymbol{\theta}\mid c_i)\,\mathrm{d}F_c(c_i)\right]\right\}\tag{10-154}$$

注意到，在式(10-154)给出的对数似然函数中，对数算子位于关于 c_i 的积分外侧。根据前述随机系数模型的介绍，这将大大增加模型估计的难度。一般地，利用 EM 算法可以比较方便的估计式(10-154)，本章第 5 节对此进行了详细的介绍，这里不再重复介绍。

8.3.2 误差项跨时期相关

清晰起见，我们考虑误差项跨期相关最简单的设定形式——误差项服从一阶马尔可夫过程。误差项的跨期相关性大大增加了模型估计的难度。在误差项服从一阶马尔可夫过程条件下，与本章前述面板数据小节中的式(10-112)类似可以得到如下等式：

$$p_{im}(\boldsymbol{\theta}) = \Pr(m_1, m_2, \cdots, m_T | \boldsymbol{\theta}) = \prod_{t=1}^{T} \Pr(m_t | \boldsymbol{\theta}, m_{t-1}) \Pr(m_1) \quad (10-155)$$

其中，$\Pr(m_t|\boldsymbol{\theta},m_{t-1})$的具体表达式为：

$$\Pr(m_t|\boldsymbol{\theta},m_{t-1}) = \Pr(\mathbb{v}_{im_t t} > \mathbb{v}_{ik_t t}, \forall k_t \neq m_t | \mathbb{v}_{im_{t-1},t-1} > \mathbb{v}_{ik_{t-1},t-1}, \forall k_{t-1} \neq m_{t-1}) \quad (10-156)$$

根据式(10-141)可知，对于 Rust 模型来说，计算 $p_{im}(\boldsymbol{\theta})$只需要计算 $\Pr(m_t|\boldsymbol{\theta})$。然而根据式(10-155)，在假定误差项服从一阶马尔可夫过程的 EKW 模型中，计算 $p_{im}(\boldsymbol{\theta})$需要计算 $\Pr(m_t|\boldsymbol{\theta},m_{t-1})$。我们知道，计算 $\Pr(m_t)$只需要考虑关于误差项$\underbrace{\boldsymbol{\varepsilon}_{it}}_{M\times 1} = \begin{bmatrix} \varepsilon_{i1t} \\ \varepsilon_{i2t} \\ \vdots \\ \varepsilon_{iMt} \end{bmatrix}$的分布，而计算 $\Pr(m_t|\boldsymbol{\theta},m_{t-1})$则需要考虑误差项$\underbrace{\boldsymbol{\varepsilon}_{it}}_{M\times 1} = \begin{bmatrix} \varepsilon_{i1t} \\ \varepsilon_{i2t} \\ \vdots \\ \varepsilon_{iMt} \end{bmatrix}$与$\underbrace{\boldsymbol{\varepsilon}_{i,t-1}}_{M\times 1} = \begin{bmatrix} \varepsilon_{i1,t-1} \\ \varepsilon_{i2,t-1} \\ \vdots \\ \varepsilon_{iM,t-1} \end{bmatrix}$的联合分布，从而难度大大增加了。

如前所述，在 Rust 模型中积分值函数$\bar{\mathbb{V}}(X_{it})$是充分统计量，它完全刻画了模型动态规划问题。而在误差项服从一阶马尔可夫过程的 EKW 模型中，动态规划问题的**充分统计量**是与$\mathbb{V}(X_{it},\varepsilon_{imt})$具有相同状态变量维度的 $\bar{\mathbb{V}}(X_{it},\varepsilon_{il,t-1}) \equiv \int_{\varepsilon_{imt}} \mathbb{V}(X_{it},\varepsilon_{imt}) \mathrm{d}G(\varepsilon_{imt}|\varepsilon_{il,t-1})$。为看出这一点，注意到如果误差项服从一阶马尔可夫过程，那么式(10-140)则变为：

$$F\left(\underbrace{X_{i,t+1}, \ \varepsilon_{ik,t+1}}_{S_{i,t+1}} | m, \ \overbrace{X_{it}, \ \varepsilon_{imt}}^{S_{it}}\right) = F_X(X_{i,t+1}|m,X_{it},\varepsilon_{imt}) \cdot G(\varepsilon_{ik,t+1}|\varepsilon_{imt}) \quad (10-157)$$

根据定义 $\bar{\mathbb{V}}(X_{it},\varepsilon_{il,t-1}) \equiv \int_{\varepsilon_{imt}} \mathbb{V}(X_{it},\varepsilon_{imt}) \mathrm{d}G(\varepsilon_{imt}|\varepsilon_{il,t-1})$，类似于式(10-145)的证明过程可以得到(留作课后练习)：

$$\begin{aligned} &\bar{\mathbb{V}}(X_{it},\varepsilon_{il,t-1}) \\ &= \int_{\varepsilon_{imt}} \left(\max_{\{m(S_{it}) \in \mathscr{M}\}} \left\{ \begin{array}{c} U(m,S_{it}) + \\ \rho \int_{X_{i,t+1}} \bar{\mathbb{V}}(X_{i,t+1}) \mathrm{d}F_X(X_{i,t+1}|m,X_{it},\varepsilon_{imt}) \end{array} \right\} \right) \mathrm{d}G(\varepsilon_{imt}|\varepsilon_{il,t-1}) \quad (10-158) \end{aligned}$$

8.4 进一步地讨论：竞争一般均衡模型与动态离散博弈模型初步

到现在为止，我们所介绍的动态离散结构模型本质上属于**单个行为人模型**(Single Agent Model)，均未考虑市场一般均衡效应和行为个体之间的博弈。首先来看一般均衡效应，假如我们对某种商品价格对消费者购买行为的影响感兴趣。单个行为人模型通常假设消费者在商品价格给定的条件下做购买决策，未讨论商品本身的价格是如何决定。而考虑一般均衡效应的动态离散结构模型则明确地讨论了商品价格的决定问题——消费者在给定商品价格的条件下做出购买决策，在此基础上将消费者的购买决策加总得到商品总需求，最后令加总需求等于消费品供给以此得到市场均衡价格。这类模型属于**竞争一般均衡模型**（Competitive Equilibrium Models）。从模型估计的角度来看，竞争一般均衡模型相当于在单个行为人模型外层添加了宏观变量的求解循环。

再来看个体之间的博弈。现实中，个体的决策通常会受到其他个体的影响，考虑个体之间博弈的动态离散结构模型属于**动态离散博弈模型**（Dynamic Discrete Games）。考虑汽车厂商特定型号汽车的生产决策。由于汽车市场属于寡头垄断市场，汽车厂商决定是否生产特定型号汽车往往会考虑其他汽车厂商的决策。该情形下，市场上汽车厂商所面临的状态变量急剧增加。这是因为，其他所有汽车厂商的特征都会影响到该汽车厂商的决策。因此这类模型求解的运算量非常大。

在动态离散结构模型中，尽管单个行为人模型未考虑市场一般均衡效应和行为个体之间的博弈，但是由于估计竞争一般均衡模型和动态离散博弈模型运算量非常大，单个行为人模型依然是目前比较流行的动态离散结构模型。

习题

1. 给定 $\boldsymbol{\varepsilon}_i \equiv \begin{bmatrix} \varepsilon_{i1} \\ \varepsilon_{i2} \\ \varepsilon_{i3} \end{bmatrix}$，$\tilde{\boldsymbol{\varepsilon}}_{i1} \equiv \begin{bmatrix} \tilde{\varepsilon}_{i21} \\ \tilde{\varepsilon}_{i31} \end{bmatrix} \equiv \begin{bmatrix} \varepsilon_{i2}-\varepsilon_{i1} \\ \varepsilon_{i3}-\varepsilon_{i1} \end{bmatrix}$ 和 $\mathrm{Var}(\boldsymbol{\varepsilon}_i) \equiv \mathrm{Var}\begin{bmatrix} \varepsilon_{i1} \\ \varepsilon_{i2} \\ \varepsilon_{i3} \end{bmatrix} = \begin{bmatrix} \sigma_{11} & \sigma_{12} & \sigma_{13} \\ \cdot & \sigma_{22} & \sigma_{23} \\ \cdot & \cdot & \sigma_{33} \end{bmatrix}$，证明如下等式成立：

$$\mathrm{Var}(\tilde{\boldsymbol{\varepsilon}}_{i1}) = \boldsymbol{\Gamma}\mathrm{Var}(\boldsymbol{\varepsilon}_i)\boldsymbol{\Gamma}'$$

其中，$\boldsymbol{\Gamma}=\begin{bmatrix} -1 & 1 & 0 \\ -1 & 0 & 1 \end{bmatrix}$。

2. 对于二值 Logit 模型证明边际效应$\dfrac{\partial p_i}{\partial z_{ij}}$的表达式为：

$$\frac{\partial p_i}{\partial z_{ij}}=\left[\frac{\mathrm{e}^{(z_i'\boldsymbol{\beta}+c)}}{1+\mathrm{e}^{(z_i'\boldsymbol{\beta}+c)}}\left(1-\frac{\mathrm{e}^{(z_i'\boldsymbol{\beta}+c)}}{1+\mathrm{e}^{(z_i'\boldsymbol{\beta}+c)}}\right)\right]\beta_j$$

其中，p_i 表示个体 i 参与项目的概率。

3. 参照命题 10.3 的证明过程，证明命题 10.4：偏效应$\dfrac{\partial p_{im}}{\partial x_{il}}$的表达式为：

$$\frac{\partial p_{im}}{\partial x_{il}}=-\frac{\partial V_{il}}{\partial x_{il}}p_{im}p_{il}$$

4. 参照命题 10.3 的证明过程，证明命题 10.5：偏效应$\dfrac{\partial p_{im}}{\partial z_i}$的表达式为：

$$\frac{\partial p_{im}}{\partial z_i} = p_{im}\left[\frac{\partial V_{im}}{\partial z_i} - \left(\sum_{k=1}^{M} e^{V_{ik}}\right)^{-1}\sum_{k=1}^{M}\left(e^{V_{ik}} \cdot \frac{\partial V_{ik}}{\partial z_i}\right)\right]$$

5. 考虑如下优化问题：

$$\{\boldsymbol{a}_{t+1}, \boldsymbol{\Sigma}_{t+1}\} = \arg\max_{\{\boldsymbol{a},\,\boldsymbol{\Sigma}\}}\left\{\frac{1}{S}\sum_{i=1}^{N}\sum_{m=1}^{M}\sum_{s=1}^{S}\left\{y_{im}\frac{p(y_{im}\mid \boldsymbol{x}_{im}, \boldsymbol{\alpha}_i^s, \boldsymbol{a}_t, \boldsymbol{\Sigma}_t)}{p(y_{im}\mid \boldsymbol{x}_{im}, \boldsymbol{a}_t, \boldsymbol{\Sigma}_t)}\ln[\phi(\boldsymbol{\alpha}_i^s\mid \boldsymbol{a}, \boldsymbol{\Sigma})]\right\}\right\}$$

其中，$\phi(\boldsymbol{\alpha}_i^s\mid \boldsymbol{a}, \boldsymbol{\Sigma}) = [(2\pi)^{\frac{M}{2}}|\boldsymbol{\Sigma}|^{\frac{1}{2}}]^{-1}\exp\left[-\frac{1}{2}(\boldsymbol{\alpha}_i^s - \boldsymbol{a})'\boldsymbol{\Sigma}^{-1}(\boldsymbol{\alpha}_i^s - \boldsymbol{a})\right]$。

（1）证明 $\boldsymbol{a}_{t+1}$ 的（解析）表达式为：

$$\boldsymbol{a}_{t+1} = \frac{1}{N\cdot M\cdot S}\sum_{i=1}^{N}\sum_{m=1}^{M}\sum_{s=1}^{S}\left[y_{im}\frac{p(y_{im}\mid \boldsymbol{x}_{im}, \boldsymbol{\alpha}_i^s, \boldsymbol{a}_t, \boldsymbol{\Sigma}_t)}{p(y_{im}\mid \boldsymbol{x}_{im}, \boldsymbol{a}_t, \boldsymbol{\Sigma}_t)}\boldsymbol{\alpha}_i^s\right]$$

（2）证明 $\boldsymbol{\Sigma}_{t+1}$ 的（解析）表达式为：

$$\boldsymbol{\Sigma}_{t+1} = \frac{1}{N\cdot M\cdot S}\sum_{i=1}^{N}\sum_{m=1}^{M}\sum_{s=1}^{S}\left[y_{im}\frac{p(y_{im}\mid \boldsymbol{x}_{im}, \boldsymbol{\alpha}_i^s, \boldsymbol{a}_t, \boldsymbol{\Sigma}_t)}{p(y_{im}\mid \boldsymbol{x}_{im}, \boldsymbol{a}_t, \boldsymbol{\Sigma}_t)}(\boldsymbol{\alpha}_i^s - \boldsymbol{a}_{t+1})(\boldsymbol{\alpha}_i^s - \boldsymbol{a}_{t+1})'\right]$$

参 考 文 献

[1] **陈诗一，陈登科**. 计量经济学. 北京：高等教育出版社，2019。

[2] **洪永淼**. 高级计量经济学. 北京：高等教育出版社，2011。

[3] **李子奈，潘文卿**. 计量经济学.5 版. 北京：高等教育出版社，2020。

[4] **Abadie, A., and Imbens, G. W.** (2006), "Large Sample Properties of Matching Estimators for Average Treatment Effects," *Econometrica*, 74(1), 235-267.

[5] **Acemoglu, D.** (2009), *Introduction to Modern Economic Growth*, Princeton University Press: Princeton.

[6] **Ackerberg, D. A., Caves, K., and Frazer, G.** (2015). "Identification Properties of Recent Production Function Estimators," *Econometrica*, 83(6), 2411-2451.

[7] **Adão, R., Kolesár, M., and Morales, E.** (2019), "Shift-share Designs: Theory and Inference," *The Quarterly Journal of Economics*, 134(4), 1949-2010.

[8] **Aguirregabiria, V., and Mira, P.** (2010), "Dynamic Discrete Choice Structural Models: A Survey," *Journal of Econometrics*, 156(1), 38-67.

[9] **Arkolakis, C., Costinot, A., and Rodríguez-Clare, A.** (2012), "New Trade Models, Same Old Gains?" *American Economic Review*, 102(1), 94-130.

[10] **Ahn, H., and Powell, J. L.** (1993), "Semiparametric Estimation of Censored Selection Models with a Nonparametric Selection Mechanism," *Journal of Econometrics*, 58(1-2), 3-29.

[11] **Anderson, T. W., and Hsiao, C.** (1982), "Formulation and Estimation of Dynamic Models Using Panel Data," *Journal of Econometrics*, 18(1), 47-82.

[12] **Andrews, I., Gentzkow, M., and Shapiro, J. M.** (2017), "Measuring the Sensitivity of Parameter Estimates to Estimation Moments," *The Quarterly Journal of Economics*, 132(4), 1553-1592.

[13] **Akaike, H.** (1973), "Maximum Likelihood Identification of Gaussian Autoregressive Moving Average Models," *Biometrika*, 60(2), 255-265.

[14] **Amemiya, T.** (1985), *Advanced Economics*, Cambridge, MA: Harvard University Press.

[15] **Amemiya, T., and MaCurdy, T. E.** (1986), "Instrumental-Variable Estimation of an Error-Components Model," *Econometrica: Journal of the Econometric Society*, 54(4): 869-880.

[16] **Angrist, J. D., and Keueger, A. B.** (1991), "Does Compulsory School Attendance Affect

Schooling and Earnings?" *The Quarterly Journal of Economics*, 106(4), 979-1014.

[17] **Angrist, J. D., and Pischke, J. S.** (2008), *Mostly Harmless Econometrics*, Princeton University Press: Princeton.

[18] **Angrist, J. D., and Pischke, J. S.** (2010), "The Credibility Revolution in Empirical Economics: How Better Research Design is Taking the Con Out of Econometrics," *Journal of Economic Perspectives*, 24(2), 3-30.

[19] **Arellano, M., and Bond, S.** (1991), "Some Tests of Specification for Panel Data: Monte Carlo Evidence and an Application to Employment Equations," *The Review of Economic Studies*, 58(2), 277-297.

[20] **Arellano, M., and Bover, O.** (1995), "Another Look at the Instrumental Variable Estimation of Error-components Models," *Journal of Econometrics*, 68(1), 29-51.

[21] **Ashenfelter, O.** (1978), "Estimating the Effect of Training Programs on Earnings," *The Review of Economics and Statistics*, 47-57.

[22] **Athey, S., and Imbens, G. W.** (2006), "Identification and Inference in Nonlinear Difference-in-differences Models," *Econometrica*, 74(2), 431-497.

[23] **Baltagi, B. H.** (2013). *Econometric Analysis of Panel Data*, John Wiley & Sons Press: New York.

[24] **Bang, H., and Robins, J. M.** (2005), "Doubly Robust Estimation in Missing Data and Causal Inference Models," *Biometrics*, 61(4), 962-973.

[25] **Bartik, T. J.** (1991), *Who Benefits from State and Local Economic Development Policies?* W. E. Upjohn Institute for Employment Research: Kalamazoo, Michigan.

[26] **Barwick, P. J., Li, S., Lin, L., and Zou, E.** (2019), "From Fog to Smog: The Value of Pollution Information (No. w26541)," National Bureau of Economic Research.

[27] **Bellman, R.** (1957), "A Markovian Decision Process," *Journal of Mathematics and Mechanics*, 6(5): 679-684.

[28] **Ben-Akiva, M. E.** (1973), *Structure of Passenger Travel Demand Models*, Doctoral Dissertation, Massachusetts Institute of Technology.

[29] **Berndt, E. R., Hall, B. H., Hall, R. E., and Hausman, J. A.** (1974), "Estimation and Inference in Nonlinear Structural Models," *Annals of Economic and Social Measurement*, 3(4): 653-665. NBER.

[30] **Bertrand, M., Duflo, E. and Mullainathan, D. S.** (2004), "How much should we trust differences-in-differences estimates?" *The Quarterly Journal of Economics*, 119(1), 249-275.

[31] **Berry, S. T.** (1994), "Estimating Discrete-choice Models of Product Differentiation," *The RAND Journal of Economics*, 242-262.

[32] **Berry, S., Levinsohn, J., and Pakes, A.** (1995), "Automobile Prices in Market Equilibrium," *Econometrica*, 841-890.

[33] **Blundell, R., and Bond, S.** (1998), "Initial Conditions and Moment Restrictions in Dynamic Panel Data Models," *Journal of Econometrics*, 87(1), 115-143.

[34] **Blundell, R., and Bond, S.** (2000), "GMM Estimation with Persistent Panel Data: An Application to Production Functions," *Econometric reviews*, 19(3), 321-340.

[35] **Blundell, R., and Dias, M. C.** (2009), "Alternative Approaches to Evaluation in Empirical Microeconomics," *Journal of Human Resources*, 44(3), 565-640.

[36] **Borusyak, K., Hull, P., and Jaravel, X.** (2020), "Quasi-Experimental Shift-Share Research Designs (No. 15212)," CEPR Discussion Papers.

[37] **Bound, J., Jaeger, D. A., and Baker, R. M.** (1995), "Problems with Instrumental Variables Estimation When the Correlation between the Instruments and the Endogenous Explanatory Variable is Weak," *Journal of the American Statistical Association*, 90(430), 443-450.

[38] **Brinch, C. N., Mogstad, M., and Wiswall, M.** (2017), "Beyond LATE with a Discrete Instrument," *Journal of Political Economy*, 125(4), 985-1039.

[39] **Broyden, C. G.** (1970), "The Convergence of a Class of Double-rank Minimization Algorithms," *Journal of the Institute of Mathematics and Its Applications*, 6: 76-90.

[40] **Bun, M. J., and Harrison, T. D.** (2019), "OLS and IV Estimation of Regression Models Including Endogenous Interaction Terms," *Econometric Reviews*, 38(7), 814-827.

[41] **Callaway, B., Goodman-Bacon, A., and Sant'Anna, P. H.** (2021), "Difference-in-Differences with a Continuous Treatment," arXiv preprint arXiv: 2107.02637.

[42] **Cameron, A. C., and Trivedi, P. K.** (2005), *Microeconometrics: Methods and Applications*, Cambridge university press: New York.

[43] **Card, D.** (1999), "The Causal Effect of Education on Earnings," *Handbook of Labor Economics*, 3, 1801-1863.

[44] **Carneiro, P., Heckman, J. J., and Vytlacil, E. J.** (2011), "Estimating Marginal Returns to Education," *American Economic Review*, 101(6), 2754-81.

[45] **Chamberlain, G.** (1982), "Multivariate Regression Models for Panel Data," *Journal of Econometrics*, 18(1), 5-46.

[46] **Chetty, R.** (2009), "Sufficient Statistics for Welfare Analysis: A Bridge between Structural and Reduced-form Methods," *Annual Review of Economics*, 1(1), 451-488.

[47] **Cox, D. R.** (1958), *Planning of Experiments*. New York: Wiley.

[48] **Davidson, R., and MacKinnon, J. G.** (1993), "Estimation and Inference In Econometrics," *OUP Catalogue*, Oxford University Press, number 9780195060119.

[49] **Deaton, A.** (2010), "Instruments, Randomization, and Learning about Development," *Journal of Economic Literature*, 48(2), 424-55.

[50] **De Loecker, J.** (2011), "Product Differentiation, Multiproduct Firms, and Estimating the Impact of Trade Liberalization on Productivity," *Econometrica*, 79(5), 1407-1451.

[51] **De Loecker, J., and Warzynski, F.** (2012), "Markups and Firm-level Export Status," *American Economic Review*, 102(6), 2437-71.

[52] **Dempster, A. P., Laird, N. M., and Rubin, D. B.** (1977), "Maximum Likelihood from Incomplete Data via the EM Algorithm," *Journal of the Royal Statistical Society: Series B*

(*Methodological*) , 39(1), 1-22.

[53] **Doraszelski, U. , and Jaumandreu, J.** (2013), "R&D and Productivity: Estimating Endogenous Productivity" *The Review of Economic Studies*, 80(4), 1338-1383.

[54] **Dubé, J. P. , Fox, J. T. , and Su, C. L.** (2012), "Improving the Numerical Performance of Static and Dynamic Aggregate Discrete Choice Random Coefficients Demand Estimation," *Econometrica*, 80(5), 2231-2267.

[55] **Durbin, J.** (1954), "Errors in Variables," *Revue de l'institut International de Statistique*, 23 -32.

[56] **Eckstein, Z. , and Wolpin, K. I.** (1989), "Dynamic Labour Force Participation of Married Women and Endogenous Work Experience," *The Review of Economic Studies*, 56 (3), 375-390.

[57] **Eckstein, Z. , and Wolpin, K. I.** (1990), "Estimating a Market Equilibrium Search Model from Panel Data on Individuals," *Econometrica*, 783-808.

[58] **Edmond, C. , Midrigan, V. , and Xu, D. Y.** (2015). "Competition, Markups, and the Gains from International Trade," *American Economic Review*, 105 (10): 3183-3221.

[59] **Fisher, R. A.** (1922), "On the Mathematical Foundations of Theoretical Statistics," *Philosophical Transactions of the Royal Society of London*, 222(594-604), 309-368.

[60] **Fisher, R. A.** (1925), "Theory of Statistical Estimation," *Mathematical Proceedings of the Cambridge Philosophical Society*, 22(5): pp. 700-725.

[61] **Fisher, R. A.** (1935), "The logic of Inductive Inference," *Journal of the Royal Statistical Society*, 98(1), 39-82.

[62] **Fletcher, R.** (1970), "A New Approach to Variable Metric Algorithms," *Computer Journal*, 13 (3): 317-322.

[63] **Gabaix, X. , and Koijen, R. S.** (2020), "Granular Instrumental Variables," National Bureau of Economic Research, No. w28204.

[64] **Gandhi, A. , Navarro, S. , and Rivers, D. A.** (2020), "On the Identification of Gross Output Production Functions," *Journal of Political Economy*, 128(8), 2973-3016.

[65] **Geweke, J.** (1992), "Evaluating the Accuracy of Sampling-based Approaches to the Calculation of Posterior Moments (with Discussion)," *Bayesian Statistics*, 4: 169-193.

[66] **Goldfarb, D.** (1970), "A Family of Variable Metric Updates Derived by Variational Means," *Mathematics of Computation*, 24 (109): 23-26.

[67] **Goldberger, A. S.** (1964), *Econometric theory*, John Wiley and Sons: New York.

[68] **Goldberger, A. S.** (1968), "The Interpretation and Estimation of Cobb-Douglas Functions," *Econometrica: Journal of the Econometric Society*, 464-472.

[69] **Goldsmith-Pinkham, P. , Sorkin, I. , and Swift, H.** (2020), "Bartik Instruments: What, When, Why, and How," *American Economic Review*, 110(8), 2586-2624.

[70] **Goolsbee, A.** (2000), "What Happens When You Tax the Rich? Evidence from Executive Compensation," *Journal of Political Economy* 108(2), 352-378.

[71] **Graybill, F. A.** (1969), *Introduction to Matrices with Applications in Statistics*, Belmont, California: Wadsworth Publishing Company, Inc.

[72] **Greene, William H.** (2008), *Econometric Analysis*, *6th Edition*, Prentice-Hall: Upper Saddle River, NJ.

[73] **Gujarati, D. N.** (2004), *Basic Econometric*, *4th Edition*, The McGraw-Hill Companies: New York.

[74] **Haavelmo, T.** (1944), "The Probability Approach in Econometrics," *Econometrica: Journal of the Econometric Society*, iii-115.

[75] **Hahn, J., Todd, P., and Van der Klaauw, W.** (2001), "Identification and Estimation of Treatment Effects with a Regression-discontinuity Design," *Econometrica*, 69(1), 201-209.

[76] **Hajivassiliou, V. A., and McFadden, D.** (1994), "A Simulation Estimation Analysis of the External Debt Crises of Developing Countries," *Journal of Applied Econometrics*, 9, 109-131.

[77] **Harberger, A. C.** (1964), "The Measurement of Waste," *American Economic Review*, 54 (3): 58-76

[78] **Härdle, W., and Linton, O.** (1994), "Applied Nonparametric Methods," *Handbook of Econometrics*, 4, 2295-2339.

[79] **Hastie, T., Tibshirani R., and Friedman J.** (2008), *The Elements of. Statistical Learning: Data Mining*, *Inference*, *and Prediction*, Springer Press: New York.

[80] **Hastings, W. K.** (1970), "Monte Carlo Sampling Methods using Markov Chains and Their Applications," *Biometrika*, 57 (1): 97-109.

[81] **Hansen, B. E.** (2017), *Econometrics*, Princeton University Press: Princeton.

[82] **Hansen, B. E.** (2021), *Econometrics*, Princeton University Press: Princeton.

[83] **Hansen, L. P.** (1982), "Large Sample Properties of Generalized Method of Moments Estimators," *Econometrica: Journal of the Econometric Society*, 1029-1054.

[84] **Hayashi, F.** (2000), *Econometrics*, Princeton University Press: Princeton.

[85] **Hausman, J. A.** (1977), "Errors in Variables in Simultaneous Equation Models," *Journal of Econometrics*, 5(3), 389-401.

[86] **Hausman, J. A.** (1978), "Specification Tests in Econometrics," *Econometrica: Journal of the Econometric Society*, 1251-1271.

[87] **Hausman, J. A., and Taylor, W. E.** (1981), "Panel Data and Unobservable Individual Effects," *Econometrica: Journal of the Econometric Society*, 49(6): 1377-1398.

[88] **Heckman, J. J.** (1977), "Sample Selection Bias as a Specification Error (with an Application to the Estimation of Labor Supply Functions)," NBER Working Paper Series, National Bureau of Economic Research, Cambridge, Mass.

[89] **Heckman, J. J.** (1979), "Sample Selection Bias as a Specification Error," *Econometrica: Journal of the Econometric Society*, 153-161.

[90] **Heckman, J. J.** (1981), "Statistical Models for Discrete Panel Data," *Structural Analysis of Discrete Data with Econometric Applications*, 114, 178.

[91] **Heckman, J. J.** (2010), "Building Bridges between Structural and Program Evaluation Approaches to Evaluating Policy," *Journal of Economic Literature*, 48(2), 356-98.

[92] **Heckman, J. J., Ichimura, H., and Todd, P.** (1998), "Matching as an Econometric Evaluation Estimator," *The Review of Economic Studies*, 65(2), 261-294.

[93] **Heckman, J. J., and Robb Jr, R.** (1985), "Alternative Methods for Evaluating the Impact of Interventions: An Overview," *Journal of Econometrics*, 30(1-2), 239-267.

[94] **Heckman, J. J., and Smith, J. A.** (1999), "The Pre - Programme Earnings Dip and The Determinants of Participation in a Social Programme. Implications for Simple Programme Evaluation Strategies," *The Economic Journal* 109(457), 313-348.

[95] **Heckman, J. J., Urzua, S., and Vytlacil, E.** (2006), "Understanding Instrumental Variables in Models with Essential Heterogeneity," *The Review of Economics and Statistics*, 88(3), 389-432.

[96] **Heckman, J. J., and Vytlacil, E. J.** (1999), "Local Instrumental Variables and Latent Variable Models for Identifying and Bounding Treatment Effects," *Proceedings of the National Academy of Sciences* 96(8), 4730-4734.

[97] **Heckman, J. J., and Vytlacil, E.** (2005), "Structural Equations, Treatment Effects, and Econometric Policy Evaluation," *Econometrica*, 73(3), 669-738.

[98] **Heckman, J. J., and Vytlacil, E. J.** (2007), "Econometric Evaluation of Social Programs, Part I: Causal Models, Structural Models and Econometric Policy Evaluation," *Handbook of Econometrics* 6, 4779-4874.

[99] **Heckman, J. J., and Vytlacil, E. J.** (2007), "Econometric Evaluation of Social Programs, Part II: Using the Marginal Treatment Effect to Organize Alternative Econometric Estimators to Evaluate Social Programs, and to Forecast Their Effects in New Environments," *Handbook of Econometrics*, 6, 4875-5143.

[100] **Hoch, I.** (1962), "Estimation of Production Function Parameters Combining Time-series and Cross-section Data," *Econometrica: Journal of the Econometric Society*, 34-53.

[101] **Holland, P. W.** (1986), "Statistics and Causal Inference," *Journal of the American Statistical Association*, 81(396), 945-960.

[102] **Horvitz, D. G., and Thompson, D. J.** (1952), "A Generalization of Sampling without Replacement from a Finite Universe," *Journal of the American Statistical Association*, 47(260), 663-685.

[103] **Hotz, V. J., and Miller, R. A.** (1993), "Conditional Choice Probabilities and the Estimation of Dynamic Models," *The Review of Economic Studies*, 60(3), 497-529.

[104] **Hsiao, C.** (2014), *Analysis of Panel Data*, Cambridge university press: New York.

[105] **Hsieh, C. T., and Klenow, P. J.** (2009), "Misallocation and Manufacturing TFP in China and India," *The Quarterly Journal of Economics*, 124(4), 1403-1448.

[106] **Huber, P. J.** (1967), "The Behavior of Maximum Likelihood Estimates under Nonstandard Conditions," *Proceedings of the Fifth Berkeley Symposium on Mathematical Statistics and Prob-

ability, 1(1): 221-233.

[107] **Huber, P.** (1981), *Robust Statistics*, John Wiley Press: New York.

[108] **Imbens, G. W.** (2010), "Better LATE than Nothing: Some Comments on Deaton (2009) and Heckman and Urzua (2009)," *Journal of Economic Literature*, 48(2), 399-423.

[109] **Imbens, G., and Angrist, J.** (1994), "Identification and Estimation of Local Average Treatment Effects," *Econometrica*, 62(2), 467-475.

[110] **Imbens, G. W., and Rubin, D. B.** (2015), *Causal Inference in Statistics, Social, and Biomedical Sciences*, Cambridge University Press: New York.

[111] **Imbens, G. W., and Wooldridge, J. M.** (2009), "Recent Developments in the Econometrics of Program Evaluation," *Journal of Economic Literature*, 47(1), 5-86.

[112] **Judd, K. L.** (1998), *Numerical Methods in Economics*, MIT Press: Cambridge.

[113] **Keane, M. P.** (1994), "A Computationally Practical Simulation Estimator for Panel Data," *Econometrica*, 95-116.

[114] **Kelejian, H. H.** (1971), "Two-stage Least Squares and Econometric Systems Linear in Parameters but Nonlinear in the Endogenous Variables," *Journal of the American Statistical Association*, 66(334), 373-374.

[115] **LaLonde, R. J.** (1986), "Evaluating the Econometric Evaluations of Training Programs with Experimental Data," *The American Economic Review*, 604-620.

[116] **Lee, D. S., and Lemieux, T.** (2010), "Regression Discontinuity Designs in Economics," *Journal of Economic Literature*, 48(2), 281-355.

[117] **Lee, M. -J.** (2002), *Panel Data Econometrics: Methods-of-Moments and Limited Dependent Variables*, San Diego, Academic Press.

[118] **Levinsohn, J., and Petrin, A.** (2003), "Estimating Production Functions Using Inputs to Control for Unobservables," *The Review of Economic Studies*, 70(2), 317-341.

[119] **Lewbel, A.** (2012), "Using Heteroscedasticity to Identify and Estimate Mismeasured and Endogenous Regressor Models," *Journal of Business & Economic Statistics*, 30(1), 67-80.

[120] **Lewbel, A.** (2019), "The Identification Zoo: Meanings of Identification in Econometrics," *Journal of Economic Literature*, 57(4), 835-903.

[121] **Li, H. B, Shi, X. Z., and Wu, B. Z.** (2015), "The Retirement Consumption Puzzle in China," *American Economic Review P&P*, 105 (5): 437-41.

[122] **Li, Q., and Racine, J. S.** (2007), *Nonparametric Econometrics: Theory and Practice*, Princeton University Press: Princeton.

[123] **Lu, Y., and Yu, L.** (2015), "Trade Liberalization and Markup Dispersion: Evidence from China's WTO Accession," *American Economic Journal: Applied Economics*, 7(4), 221-53.

[124] **Lukacs, E.** (1975), *Stochastic Convergence, 2nd Edition*, Academic Press: New York (1975).

[125] **Manski, C. F.** (1988), "Identification of Binary Response Models," *Journal of the American Statistical Association*, 83(403), 729-738.

[126] **Manski, C. F.** (1988), "Analog Estimation Methods in Econometrics," Chapman & Hall/CRC Monographs on Statistics & Applied Probability. Chapman and Hall.

[127] **Manski, C. F.** (1993), "Identification of Endogenous Social Effects: The Reflection Problem," *The Review of Economic Studies*, 60(3), 531-542.

[128] **Marschak, J.** (1953), "Economic Measurements for Policy and Prediction," In *Studies in Econometric Method*, ed. William C. Hood and Tjalling C. Koopmans, 1-26. New York: Wiley.

[129] **Marschak, J.** (1960), "Binary Choice Constraints on Random Utility Indications", in K. Arrow, ed., *Stanford Symposium on Mathematical Methods in the Social Sciences*, Stanford University Press, Stanford, CA, 312-329.

[130] **Marshall, A.** (1890). *Principles of Economics*. London: Macmillan.

[131] **McCrary, J.** (2008), "Manipulation of the Running Variable in the Regression Discontinuity Design: A Density Test," *Journal of Econometrics*, 142(2), 698-714.

[132] **McDonald, J. F., and Moffitt, R. A.** (1980), "The Uses of Tobit Analysis," *The Review of Economics and Statistics*, 318-321.

[133] **McFadden, D.** (1974), "Conditional Logit Analysis of Qualitative Choice Behavior" in P. Zarembka (Eds.) *Frontiers in Econometrics*, New York Academic press.

[134] **McFadden, D.** (1974), "The Measurement of Urban Travel Demand," *Journal of Public Economics* 3, 303-328.

[135] **McFadden, D.** (1978), "Modelling the Choice of Residential Location," *Spatial Interaction Theory and Planning Models*, 75-96.

[136] **McFadden, D., and K. Train** (2000), "Mixed MNL Models for Discrete Response," *Journal of Applied Econometrics* 15, 447-470.

[137] **Metropolis, N., Rosenbluth, A. W., Rosenbluth, M. N., Teller, A. H., and Teller, E.** (1953), "Equation of State Calculations by Fast Computing Machines," *The Journal of Chemical Physics*, 21(6): 1087-1092.

[138] **Miller, R. A.** (1984), "Job Matching and Occupational Choice," *Journal of Political Economy* 92(6), 1086-1120.

[139] **Miranda, M. J., and Fackler, P. L.** (2004), *Applied Computational Economics and Finance*, MIT press: Cambridge.

[140] **Modigliani, F., and Brumberg, R. E.** (1954). "Utility Analysis and the Consumption Function: An Interpretation of Cross-section Data," *Journal of Post Keynesian Economics*.

[141] **Moulton, B. R.** (1986). "Random Group Effects and the Precision of Regression Estimates," *Journal of Econometrics*, 32(3), 385-397.

[142] **Mundlak, Y.** (1961), "Empirical Production Function Free of Management Bias," *Journal of Farm Economics*, 43(1), 44-56.

[143] **Mundlak, Y.** (1978), "On the pooling of time series and cross section data," *Econometrica: Journal of the Econometric Society*, 69-85.

[144] **Murphy, K. P.** (2012), *Machine Learning: a Probabilistic Perspective*, MIT press: Cambridge

[145] **Nelson, F. D.** (1977), "Censored Regression Models with Unobserved, Stochastic Censoring Thresholds," *Journal of Econometrics*, 6(3), 309-327.

[146] **Newey, W. K.** (1984), "A Method of Moments Interpretation of Sequential Estimators," *Economics Letters*, 14(2-3), 201-206.

[147] **Newey, W. K.** (1985), "Generalized Method of Moments Specification Testing," *Journal of Econometrics*, 29(3), 229-256.

[148] **Newey, W. K., and McFadden, D.** (1994), "Large Sample Estimation and Hypothesis Testing," *Handbook of Econometrics*, 4, 2111-2245.

[149] **Neyman, J. S.** (1923). "On the Application of Probability Theory to Agricultural Experiments," *Annals of Agricultural Sciences*, 10, 1-51.

[150] **Neyman, J. S., and Scott, E. L.** (1948), "Consistent Estimates Based on Partially Consistent Observations," *Econometrica: Journal of the Econometric Society*, 1-32.

[151] **Nickell, S.** (1981), "Biases in Dynamic Models with Fixed Effects," *Econometrica: Journal of the Econometric Society*, 1417-1426.

[152] **Olley, G. S., and Pakes, A.** (1996), "The Dynamics of Productivity in the Telecommunications Equipment Industry," *Econometrica*, 64(6), 1263-1297.

[153] **Pakes, A.** (1986), "Patents as Options: Some Estimates of the Value of Holding European Patent Stocks," *Econometrica*, 54, 755-84.

[154] **Pearl, J.** (2009). *Causality*. Cambridge University Press.

[155] **Pearl, J., and Mackenzie, D.** (2018). *The Book of Why: the New Science of Cause and Effect*. Basic Books.

[156] **Powell, J. L.** (1984), "Least Absolute Deviations Estimation for the Censored Regression Model," *Journal of Econometrics*, 25(3), 303-325.

[157] **Rao, C. R.** (1948), "Large Sample Tests of Statistical Hypotheses Concerning Several Parameters with Applications to Problems of Estimation," *Mathematical Proceedings of the Cambridge Philosophical Society*, 44 (1): 50-57.

[158] **Rao, C. R.** (1973), "Representations of Best Linear Unbiased Estimators in the GaussMarkoff Model with a Singular Dispersion Matrix," *Journal of Multivariate Analysis*, 3(3), 276-292.

[159] **Rivers, D., and Vuong, Q. H.** (1988), "Limited Information Estimators and Exogeneity Tests for Simultaneous Probit Models," *Journal of Econometrics*, 39(3), 347-366.

[160] **Robins, J. M., and Rotnitzky, A.** (1995), "Semiparametric Efficiency in Multivariate Regression Models with Missing Data," *Journal of the American Statistical Association*, 90(429), 122-129.

[161] **Robins, J. M., Rotnitzky, A., and Zhao, L. P.** (1995), "Analysis of Semiparametric Regression Models for Repeated Outcomes in the Presence of Missing Data," *Journal of the*

American Statistical Association, 90(429), 106-121.

[162] **Robinson, P. M.** (1988), "Root-N-consistent Semiparametric Regression," *Econometrica*, 931-954.

[163] **Rosenbaum, P. R., and Rubin, D. B.** (1983), "The Central Role of the Propensity Score in Observational Studies for Causal Effects," *Biometrika*, 70(1), 41-55.

[164] **Roy, A. D.** (1951), "Some thoughts on the Distribution of Earnings," *Oxford Economic Papers*, 3(2), 135-146.

[165] **Rubin, D. B.** (1978), "Bayesian Inference for Causal Effects: The Role of Randomization," *The Annals of Statistics*, 34-58.

[166] **Rust, J.** (1987), "Optimal Replacement of GMC Bus Engines: An Empirical Model of Harold Zurcher," *Econometrica*, 999-1033.

[167] **Shanno, David F.** (1970), "Conditioning of Quasi-Newton Methods for Function Minimization," *Mathematics of Computation*, 24 (111): 647-656.

[168] **Simpson, E. H.** (1951), "The Interpretation of Interaction in Contingency Tables," *Journal of the Royal Statistical Society*, 13(2), 238-241.

[169] **Small, K. A., and Rosen, H. S.** (1981), "Applied Welfare Economics with Discrete Choice Models," *Econometrica*, 105-130.

[170] **Smith, R. J., and Blundell, R. W.** (1986), "An Exogeneity Test for a Simultaneous Equation Tobit Model with an Application to Labor Supply," *Econometrica*, 679-685.

[171] **Steyvers, M.** (2011). "Computational Statistics with MATLAB," University of California, Irvine, psiexp. ss. uci. edu/research/teachingP205C, 205.

[172] **Stock, J. H., and Watson, M. W.** (2012), *Introduction to Econometrics*. New York: Pearson.

[173] **Stockey, N. L., Lucas, R. E. and Prescott, E. C.** (1989), *Recursive Methods in Economic Dynamics*, Harvard University Press: Cambridge.

[174] **Su, C. L., and Judd, K. L.** (2012), "Constrained Optimization Approaches to Estimation of Structural Models," *Econometrica*, 80(5), 2213-2230.

[175] **Tauchen, G.** (1985), "Diagnostic Testing and Evaluation of Maximum Likelihood Models," *Journal of Econometrics*, 30(1-2), 415-443.

[176] **Theil, H.** (1983), "Linear Algebra and Matrix Methods in Econometrics," *Handbook of Econometrics*, 1: 3-65.

[177] **Thistlethwaite, D. L., and Campbell, D. T.** (1960), "Regression-discontinuity Analysis: An Alternative to the Ex Post Facto Experiment," *Journal of Educational psychology* 51 (6), 309.

[178] **Tobin, J.** (1958), "Estimation of Relationships for Limited Dependent Variables," *Econometrica*, 24-36.

[179] **Train, K. E.** (2009), *Discrete Choice Methods with Simulation*, Cambridge University Press: New York.

[180] **Vytlacil, E.** (2002), "Independence, Monotonicity, and Latent Index Models: An Equivalence Result," *Econometrica*, 70(1), 331-341.

[181] **Wald, A.** (1940), "The Fitting of Straight Lines if Both Variables are Subject to Error," *The Annals of Mathematical Statistics*, 11(3), 284-300.

[182] **Wasserstein, R. L., Schirm, A. L., and Lazar, N. A.** (2019), "Moving to a World beyond "p< 0.05"," *The American Statistician*, 73: 1-19.

[183] **White, H.** (1980), "A Heteroskedasticity-consistent Covariance Matrix Estimator and a Direct Test for Heteroskedasticity," *Econometrica*, 48(4), 817-838.

[184] **White, H.** (1982), "Maximum Likelihood Estimation of Mis-specified Models," *Econometrica: Journal of the Econometric Society*, 1-25.

[185] **White, H.** (1984), *Asymptotic Theory for Econometricians*, 1st *Edition*, Academic Press: New York.

[186] **White, H.** (2001), *Asymptotic Theory for Econometricians*, *Revised Edition*, Academic Press: San Diego.

[187] **Williams, H. C.** (1977), "On the Formation of Travel Demand Models and Economic Evaluation Measures of User Benefit," *Environment and Planning A*, 9(3), 285-344.

[188] **Wolpin, K. I.** (1984), "An Estimable Dynamic Stochastic Model of Fertility and Child Mortality," *Journal of Political Economy* 92(5), 852-874.

[189] **Wooldridge, J. M.** (2002), *Econometric Analysis of Cross Section and Panel Data*, MIT Press: Cambridge.

[190] **Wooldridge, J. M.** (2005). "Fixed-effects and Related Estimators for Correlated Random-Coefficient and Treatment-effect Panel Data Models," *Review of Economics and Statistics*, 87(2), 385-390.

[191] **Wooldridge, J. M.** (2008), "Violating Ignorability of Treatment by Controlling for Too Many Factors," *Econometric Theory*, 21(5), 1026-1028.

[192] **Wooldridge, J. M.** (2008), "Instrumental Variables Estimation of the Average Treatment Effect in the Correlated Random Coefficient Model," *Modelling and Evaluating Treatment Effects in Econometrics*, Emerald Group Publishing Limited.

[193] **Wooldridge, J. M.** (2009), "On Estimating Firm-level Production Functions Using Proxy Variables to Control for Unobservables," *Economics letters*, 104(3), 112-114.

[194] **Wooldridge, J. M.** (2010), *Econometric Analysis of Cross Section and Panel Data*, MIT Press: Cambridge.

[195] **Wright, S.** (1934), "The Method of Path Coefficients," *The Annals of Mathematical Statistics*, 5(3), 161-215.

[196] **Zhou, X., and Xie, Y.** (2019), "Marginal Treatment Effects from a Propensity Score Perspective," *Journal of Political Economy*, 127(6), 3070-3084.

教学支持说明

建设立体化精品教材，向高校师生提供整体教学解决方案和教学资源，是高等教育出版社“服务教育”的重要方式。为支持相应课程教学，我们专门为本书研发了配套教学课件及相关教学资源，并向采用本书作为教材的教师免费提供。

为保证该课件及相关教学资源仅为教师获得，烦请授课教师清晰填写如下开课证明并拍照后，发送至邮箱 songzhw@hep.com.cn 或 Lifl2@hep.com.cn，也可通过 QQ 525472494 或 739549258，进行索取。

咨询电话：010-58581020　编辑电话：010-58556651

证　　明

兹证明__________大学__________学院/系第______学年开设的______________课程，采用高等教育出版社出版的《________________》（主编________）作为本课程教材，授课教师为__________，学生____个班，共______人。授课教师需要与本书配套的课件及相关资源用于教学使用。

授课教师联系电话：____________________ E-mail：____________________

学院/系主任：____________（签字）

（学院/系办公室盖章）

20____年____月____日

反盗版举报电话　(010) 58581999　58582371　58582488

反盗版举报传真　(010) 82086060

反盗版举报邮箱　dd@hep.com.cn

通信地址　北京市西城区德外大街 4 号

高等教育出版社法律事务部

邮政编码　100120